Will man das breit gefächerte Panorama heutiger Staatsformen im europäischen und außereuropäischen Bereich überblicken und ihre politischen Ideengehalte sachkundig nachvollziehen, so muß man weit in die Geschichte zurückgehen: bis in das klassische Griechenland.
Die zweieinhalb Jahrtausende der faszinierenden Geschichte politischen Denkens, politischer Ideen, Programme und Entwürfe werden in diesem Kompendium für den Leser lebendig und anschaulich dargestellt.
Für die Antike werden beispielsweise die drei klassischen Tragiker Aischylos, Sophokles und Euripides, ferner u. a. Thukydides, Platon und Cicero ausführlich gewürdigt, für das frühe Christentum Ambrosius von Mailand und Augustin, für die Epoche des Mittelalters Thomas von Aquin, Wilhelm von Ockham und Dante, für die Frühe Neuzeit Luther, Machiavelli, Hobbes, Montesquieu, Rousseau und Adam Smith. Unter den Vätern der amerikanischen Verfassung werden Hamilton und Jefferson eingehend behandelt.
Die großen miteinander konkurrierenden Staatssysteme erläutern die Verfasser am Beispiel ihrer einflußreichen Repräsentanten. Abbé Sieyès, Kant und Hegel stehen für den politischen Liberalismus ein, Metternich, v. Haller und Disraeli für den Konservatismus, Marx, Engels, Lenin für den Sozialismus, Mussolini für den Faschismus und Hitler für den Nationalsozialismus.
Daneben richten die Verfasser ihren Blick über die Grenzen des europäisch-amerikanischen Kulturkreises hinaus. Als Verfechter eines politischen Nationalismus unterschiedlichster Prägung werden so zentrale Persönlichkeiten vorgestellt wie Ho Chi Minh und Mao Tse-tung, Gandhi und Nehru, Senghor und Nasser. Zudem wird nach den Ereignissen des 11. September 2001 der islamischen Welt und dem Fundamentalismus in dieser Region ein besonderes Augenmerk gewidmet.

Die Autoren werden am Schluß des Bandes vorgestellt.

Unsere Adresse im Internet: www.fischer-tb.de

Hans Fenske / Dieter Mertens
Wolfgang Reinhard / Klaus Rosen

Geschichte der politischen Ideen

Von der Antike bis zur Gegenwart

Fischer
Taschenbuch
Verlag

Aktualisierte Neuausgabe
Veröffentlicht im Fischer Taschenbuch Verlag,
einem Unternehmen der S. Fischer Verlag GmbH,
Frankfurt am Main, April 2003

Die Originalausgabe erschien 1981 im Athenäum Verlag GmbH, Königstein/Ts.

Die vorliegende Ausgabe ist eine erneute Aktualisierung der
1987 erstmals im Fischer Taschenbuch Verlag erschienenen,
von den Autoren durchgesehenen Ausgabe.
Für diese Ausgabe:

Gesamtherstellung: Clausen & Bosse, Leck
Printed in Germany
ISBN 3-596-15756-0

Inhalt

Dritter Teil
Vom italienischen Humanismus bis zum Vorabend der Französischen Revolution
Von Wolfgang Reinhard

Vierter Teil
Politisches Denken von der Französischen Revolution bis zur Gegenwart
Von Hans Fenske

Vorwort

Die Geschichte der politischen Ideen von den Anfängen bis zur Gegenwart in nur einem Band zu bieten, mag als Versuch anmuten, das Thema »in der Nußschale« zu präsentieren. Daran ändert wenig, daß die Darstellung, abgesehen von einigen Grenzüberschreitungen, auf den europäisch-amerikanischen Kulturkreis konzentriert ist. Was von den Anfängen des griechischen Staatsdenkens bei Homer bis zum Zusammenbruch des Kommunismus in jüngster Zeit von einer Vielzahl politischer Denker zu den menschlichen Lebensordnungen gesagt wurde, läßt sich auf dem beschränkten Raum einiger hundert Seiten nur dann behandeln, wenn man die Darstellung auf Grundlinien reduziert. Allein die Autoren von Rang können namentlich besprochen, nur die großen Gestalten der politischen Ideengeschichte in einiger Breite behandelt werden. Es kann, mit einem Wort, nur darum gehen, einen einleitenden Überblick zu geben.
Trotz dieses Zwanges zur Konzentration ließ sich unser Vorhaben rechtfertigen, weil derartige Zusammenfassungen bei der wachsenden Spezialisierung der Diskussion einerseits immer notwendiger, andererseits aber immer seltener werden. Im englischen und französischen Sprachraum wurden solche Arbeiten auch in jüngerer Zeit herausgebracht oder neu aufgelegt, in Deutschland jedoch nicht.
Die vier Verfasser waren bemüht, nicht nur vier individuelle Beiträge nebeneinanderzustellen, sondern sie möglichst zu einem einheitlichen Ganzen zu verbinden. Angesichts der Knappheit des Raumes mußte die handfeste Information vor der sublimen Interpretation oder der Diskussion von Kontroversen rangieren. Es sollte weiter nicht nur auf politische Fragen im engeren Sinne, sondern auch auf den wirtschaftlichen Bereich geblickt werden. Wichtige Verbindungslinien zwischen einzelnen Denkern sollten nachgezogen werden. Einigkeit bestand auch darin, daß die im Laufe der Jahrhunderte vorgetragenen Ansichten über das Zusammenleben der Menschen nicht nur in sich, sondern stets auch vor dem Hintergrund der jeweiligen politischen Realitäten beleuchtet werden sollten. Es liegt auf der Hand, daß die Situationen, aus denen die verschiedenen Ideen hervorwuchsen, und die Wirkungen, die diese Gedanken entfalteten, nur sehr kurz angesprochen werden konnten: Der Schwerpunkt einer Ideengeschichte muß in den Konzeptionen und Utopien politischer Philosophie liegen, aber sie darf diese nicht von ihren Bindungen an die politische Praxis der Epochen ablösen.
Äußerlich kommt die beabsichtigte einheitliche Gestaltung in der durchgehenden Zählung der Kapitel, in gleichartiger Gliederung der Hauptabschnitte und im Verzicht auf Fußnoten zum Ausdruck; nötige Belege für wörtliche Zitate werden im Text in Klammern gegeben.

Es bleibt zu hoffen, daß die gemeinsame Arbeit die bei der Planung in sie gesetzten Erwartungen einigermaßen erfüllt.
Für die Neuausgabe 2003 wurden Kapitel 53 und 54 aktualisiert und in der Bibliographie neu erschienene Titel gegen ältere ausgetauscht.

Speyer, Freiburg und Bonn, im Oktober 2002
Hans Fenske, Dieter Mertens, Wolfgang Reinhard, Klaus Rosen

Teil I
Griechenland und Rom

Von Klaus Rosen

Einleitung

Nach heutigem Sprachgebrauch läßt sich der Begriff »politische Ideen« wohl auch mit »Staatsdenken« oder »Gedanken über den Staat« wiedergeben. Eine solche Erklärung, die »politisch« mit »staatlich« gleichsetzt, wäre für die Antike zu eng. Sie hat weder den abstrakten Begriff »Staat« noch seinen uns geläufigen Inhalt gekannt – und nur der Einfachheit halber wenden wir das aus dem lateinischen *status* = Stand, Zustand kommende Wort auf antike Verhältnisse an. An den Eigenbezeichnungen, mit denen die antiken Staaten nach außen auftraten, ist abzulesen, daß der antike ›Staat‹ in viel stärkerem Maße als personale Gemeinschaft empfunden wurde: Der athenische Staat waren »die Athener«, der spartanische (ladedaimonische) Staat »die Lakedaimonier«, und der römische Staat war »das römische Volk« *(populus Romanus)*. Der athenische Historiker Thukydides ließ 413 v. Chr. seinen Landsmann Nikias als Feldherrn zu athenischen Truppen sprechen: »Ein Staat, das sind seine Männer« (7,77,7). Für Cicero waren der Staat *(res publica* = die öffentliche Sache) und »die Sache des Volkes« identisch *(De re publica* 1,39). Und noch Augustin tröstete 410 n. Chr. die Christen, nachdem die Ewige Stadt von den Goten erobert worden war: Rom (d. h. der römische Staat, nicht nur die Stadt), was ist das anderes als die Römer? *(Sermo* 81,9).

Der personale Charakter des Staates war von der Machtverteilung und den Entscheidungskompetenzen im Innern unabhängig. Er galt für die athenische Demokratie wie für die spartanische Aristokratie, und er änderte sich auch in Rom mit dem Übergang von der Republik zur Kaiserzeit offiziell nicht. In den traditionellen Monarchien der griechischen Welt erschienen aus dem gleichen Grund die Könige nie mit dem Königstitel; König Philipp von Makedonien war einfach »Philipp, Sohn des Amyntas«. Nur nichtgriechische Herrscher wiesen sich durch den Königstitel aus und verrieten dadurch in den Augen der Griechen, daß es bei ihnen neben der Alleinherrschaft keine eigentliche staatliche Gemeinschaft gab; erst unter persischem Einfluß nahmen später auch die hellenistischen Könige den Königstitel an.

Das Staatliche einer solchen Personengemeinschaft bestand darin, daß sie ihren Mitgliedern eine Rechtsordnung im Innern und Schutz nach außen bot; zugleich stellte sie eine religiöse Einheit dar. Die (fiktive) gemeinsame Abstammung, die Institutionen oder das Territorium waren keine konstituierenden Bestandteile der Staatlichkeit. Die staatliche Gemeinschaft war für sich als Ganzes wie für den einzelnen Bürger ein Zweckverband. Die antiken Theorien zur Staatenbildung hoben daher stets den Nutzen als eine der Ursachen oder die einzige Ursache staatlicher Zusammenschlüsse hervor, und Aristoteles eröffnete seine *Politik*

mit der Feststellung: »Da wir sehen, daß jeder Staat eine Gemeinschaft ist und jede Gemeinschaft um eines Gutes willen entstanden ist...«. Der individuelle Utilitarismus neben dem kollektiven widerlegt die idealisierende Anschauung, im personalisierten antiken Staat habe es den modernen Gegensatz von Staat und Gesellschaft nicht gegeben. In Rom stand der *res publica* ausdrücklich die *res privata* gegenüber.
Das politische Denken der Antike befaßte sich in erster Linie mit den Regeln des Zusammenlebens innerhalb der staatlichen Gemeinschaft, und es hatte daher im Gegensatz zu heute mehr mit Recht, Moral und Religion zu tun als mit ›Politik‹, Regierung und Ämtern. Die Regeln bildeten die ungeschriebene Verfassung, und das Nachdenken über sie war nie bloße Analyse politischer und gesellschaftlicher Zustände; selbst speziellere Untersuchungen boten keine ›reine Wissenschaft‹. Ausgesprochen oder unausgesprochen ging es um Kritik an bestehenden Verhältnissen, was innerhalb des personalen Staatsverbandes Kritik am Verhalten seiner Mitglieder bedeutete. Ziel war es, die Verhältnisse zu reformieren, und das konnte nach antiker Auffassung nur heißen, die Moral der Mitglieder zu bessern. Bestimmte rechtliche und sittliche Normen sollten befolgt oder wieder befolgt werden.
Kritik und Reformstreben kennzeichnen bereits die ersten Zeugnisse des politischen Denkens, die sich in der ältesten griechischen und römischen Literatur finden. Lange bevor es eine eigentliche politische Literatur gab, äußerte sich die politische Gedankenwelt in epischer und dramatischer Dichtung und Geschichtsschreibung, in Griechenland auch in Philosophie und Lyrik. Die Aussagen und ihre Wirkungsabsicht standen nicht im Widerspruch zum sehr viel weiteren künstlerischen und gedanklichen Kontext, mit dem sich die Verfasser an die Öffentlichkeit wandten. Kritik und Reform bestimmten auch die im engeren Sinn politische Literatur, die sich später entwickelte. Noch ihr jüngstes Produkt, der hellenistische und kaiserzeitliche Fürstenspiegel, in dem der Monarch an die Stelle der Bürger trat, verleugnete dieses Erbe nicht.
Kritik und Reform als Wesenszüge der politischen Ideenwelt besagen, daß deren einzelne Äußerungen in engem Zusammenhang mit ihrer jeweiligen historischen Situation standen und ohne sie im Grunde nicht zu verstehen sind. Selbst späte politische Literatur, die auf eine reiche Tradition zurückgreifen und sich der Topoi einer entwickelten politischen Grammatik bedienen konnte, hatte daher als Reaktion auf bestimmte historische Umstände einen individuellen Charakter.
Aus dem bisher Gesagten geht hervor, daß eine angemessene Behandlung der politischen Ideen der Antike mehrgleisig verfahren und ihren Gegenstand dauernd von verschiedenen Seiten einkreisen müßte. Auf die einzelnen Disziplinen verteilt wären es die Geistes- und Literaturgeschichte, die politische und soziale Geschichte, die Rechts- und Verfas-

sungsgeschichte. Die fächerübergreifende Forderung erklärt, warum wir noch immer keine befriedigende Gesamtdarstellung für Griechenland und Rom, geschweige denn für die ganze Antike haben. Um Gesamtskizzen – auch von ihnen gibt es nicht viele – haben sich bezeichnenderweise weniger Altertumswissenschaftler als Politologen bemüht, die die Notwendigkeit empfanden, auf die Fundamente der politischen Ideenwelt Europas zurückzugehen oder sie zu vergleichenden Studien heranzuziehen. Die Darstellungen der Altertumswissenschaft beschränkten sich sehr viel mehr auf einzelne Zeitabschnitte oder einzelne Autoren (vgl. Bibliographie), aufbauend auf einer Fülle von Spezialuntersuchungen. Die obige Forderung führt auch zur Apologie in eigener Sache. Eine Darstellung, der 100 Seiten erlaubt sind, ist zu unbefriedigenden Lösungen gezwungen: Sie kann lexikonartig die Gesamtepoche abhandeln und so eine billige Vollständigkeit beanspruchen. Sie kann sich, wie es ›Gesamtdarstellungen‹ gerne tun, auf die wichtigsten Autoren beschränken, deren Hauptwerke das Wort »Staat« oder »Politik« bereits im Titel tragen, Plato, Aristoteles, Cicero und Augustin. Ich habe versucht, die Anfänge in Griechenland und die große Zeit des 5. und 4. Jahrhunderts verhältnismäßig ausführlich zu Wort kommen zu lassen. Cum grano salis könnte man zur Rechtfertigung sagen, daß im Hellenismus, in der römischen Republik und in der Kaiserzeit bis zum Christentum wirklich Neues sowieso nicht hinzugekommen sei. Zur Kaiserzeit und zum Christentum hätte allerdings gerade deshalb sehr viel mehr gesagt werden müssen, weil von hier die direkten Verbindungslinien zu den politischen Ideen des Mittelalters gehen. Andererseits schien es mir gerade in einem Gesamtwerk über die politischen Ideen Europas einschließlich einzelner außereuropäischer Wirkungsbereiche sinnvoll zu sein, deren Anfänge und erste Blüte als individuellen Entwicklungsprozeß genauer zu betrachten. Denn im Unterschied zu sämtlichen späteren Epochen hat sich dieser Prozeß unbelastet von vorhergehenden Theorien vollzogen, und er hat sich offensichtlich so reich entfaltet, daß er eine bis heute spürbare und in der politischen Terminologie sichtbare Wirkung gehabt hat.
Die *magna opera* der Literatur sind die Leitlinien meiner Darstellung, woraus sich erklärt, daß für Griechenland die Polis im Mittelpunkt steht und an zweiter Stelle das Königtum folgt, während die anderen Staatsformen, der Stammstaat und der Bundesstaat, nicht zu Wort kommen; sie kamen auch in der antiken Literatur nur wenig zu Wort. Im Sinne des erwähnten Zusammenhangs von Geschichte und politischer Gedankenwelt habe ich einzelnen Kapiteln des griechischen Teils knappe historische Einführungen vorangestellt und auch im römischen Teil immer wieder auf historische Entwicklungen verwiesen. Einer umfassenden Darstellung verbliebe außerdem noch die übergreifende Frage, inwieweit die politischen Ideen ihrerseits die Geschichte beeinflußt haben. Es ist die

wichtigste und schwierigste Frage des Themas überhaupt, und sie entzieht sich einer eindeutigen Antwort.
Bei der Wiedergabe der griechischen Wörter habe ich lediglich den Akut als Betonungszeichen verwendet.

1. Die Anfänge des politischen Denkens im Epos

Homer

Das griechische Staatsdenken beginnt für uns mit dem ersten griechischen Dichter, *Homer.* Sein Name steht für die Verfasser, die in der zweiten Hälfte des 8. Jh. die *Ilias* und die etwas jüngere *Odyssee* geschrieben haben. Auch für die Folgezeit geben uns zunächst nur Dichter unmittelbaren Einblick in die politische Entwicklung. Bei Homer finden sich noch Nachklänge der Umwälzungen, durch die in archaischer Zeit überall in der griechischen Welt das erbliche Königtum vom Adel abgelöst wurde. Damit verschwanden zugleich die großen Territorialherrschaften, und die Polis wurde zur vorherrschenden staatlichen Einheit. Für ihre Verbreitung im 7. Jh. ist aufschlußreich, daß sich damals die kleine Gemeinde Dreros im abgelegenen Kreta mit diesem Namen bezeichnete. Stellung und Selbstverständnis des Adels in den Stadtgemeinden kamen im Gebrauch des Königstitels *basileús* (Plural: *basileís)* zum Ausdruck. In Sparta blieb das Doppelkönigtum mit eingeschränkten Befugnissen bestehen, andere Staaten behielten ein sakrales, manchmal befristetes Königsamt bei. Für die unteren Volksschichten wirkte sich das Adelsregiment eher nachteilig aus. Sie gerieten in starke wirtschaftliche Abhängigkeit, und die Schuldknechtschaft breitete sich aus. Forderungen aus dem Volk lauteten daher nicht notwendig auf politische Macht, sondern auf wirtschaftliche Erleichterungen und auf eine neue Rechtsordnung, die Sicherheit gegenüber willkürlicher Adelsjustiz bot.
Im 7. Jh. gab es aber auch schon vereinzelt »das Volk«, den *dḗmos* als politische Entscheidungsinstanz. Wir haben dafür ein inschriftliches Zeugnis von der Insel Chios, das von Beschlüssen des Volkes spricht, Volksführer *(dḗmarchoi)* und Adlige *(basileís)* nebeneinander stellt und einen Volksrat als Appellationsgericht nennt. Die Urkunde aus der ersten Hälfte des 6. Jh. zeigt einen offensichtlich schon länger bestehenden Zustand, der aber von allgemeiner Demokratie noch weit entfernt war. Obwohl *dḗmos* immer als Kollektivum benutzt wird – das Wort kann auch für die Gesamtgemeinde stehen –, lag sein politisches Gewicht tatsächlich

nur bei der Oberschicht der nichtadligen Bevölkerung, die durch Gewerbe und aufblühenden Seehandel zu Reichtum gekommen war und dem grundbesitzenden Adel eine Mitbestimmung am Leben der Polis abverlangte. Vielerorts wurde der Aufstieg des Demos zusätzlich durch einen Wandel im Kriegswesen begünstigt: Im 8. Jh. verschwand der adlige Einzelkämpfer, und die Phalanx der schwerbewaffneten Hopliten setzte sich durch. Sie rekrutierte sich aus denjenigen Bürgern, die für die teure Ausrüstung aufkommen konnten, während die Ärmeren als Leichtbewaffnete dienten oder Hilfsdienste verrichteten.
Demokratisierende Tendenzen und die damit verbundenen inneren Unruhen konnten auch in anderer Richtung ausgenützt werden. Im 7. und vor allem im 6. Jh. machten sich einzelne Adlige zu Vorkämpfern der politischen und wirtschaftlichen Interessen des Demos und erlangten auf diese Weise eine monarchische Stellung, von den Gegnern Tyrannis genannt. Andere Tyrannen kamen mit fremder Militärhilfe oder – in Kleinasien und auf den Inseln – mit persischem Gold und mit Söldnern zur Herrschaft. Es gelang ihnen aber nur selten, die Tyrannis zu vererben. Dazu war der Widerstand des Adels zu groß, der nun seinerseits dem Demos bisweilen entgegenkam. Der Sturz eines Tyrannen konnte also auch die Demokratisierung fördern. Das war insbesonders in Athen der Fall, wo Kleisthenes 507, drei Jahre nach der Vertreibung der Tyrannenfamilie der Peisistratiden, eine Verfassungsänderung durchführte, die zum Eckstein der attischen Demokratie des 5. Jh. wurde.
Der Gegensatz von Adel und Demos beherrscht das politische Denken bei Homers Nachfolgern, die im Unterschied zum Epiker erstmals als individuelle Persönlichkeiten auftreten und auch dort, wo sie auf die Parteiungen eingehen, im eigenen Namen sprechen und klare Stellung beziehen. Die Poesie Homers ist komplizierter. Sie schließt historische Elemente aus verschiedenen Epochen ein, von der mykenischen Zeit (16.–13. Jh.) bis in die Gegenwart des Dichters. Die politisch-gesellschaftlichen Zustände in *Ilias* und *Odyssee* sind insgesamt gleichsam die Summe eines dreiviertel Jahrtausends, und ihre Mischung ergibt ein künstlerisches Gebilde, dessen reale Teile oft nur schwer zu sondern und zeitlich festzulegen sind. Gewiß lassen sich an vielen Stellen der epischen Handlung reale Bezüge herstellen, und man hat das auch getan, angefangen wohl von Homers Zuhörern bis zu den heutigen Lesern: Wenn der Sänger die Welt adliger Basileis, ihre Lebensweise, ihre Taten und ihre Wertvorstellungen ausbreitete, gab es wohl keinen adligen Basileus in seinem Publikum, der sich nicht selbst angesprochen fühlte und sich bis zu einem gewissen Grad mit den Heroen identifizierte. Und die großen Konflikte zwischen den Basileis, um die *Ilias* und *Odyssee* angelegt waren und die die dunklen Seiten der Adelsgesellschaft zur Genüge beleuchteten, mochten manchen Mann aus dem Demos mit Genugtuung erfüllen und in

seiner Kritik an lebenden Basileis bestärken. Aber das historische Umfeld des Dichters wird nur an wenigen Stellen so transparent, daß man von einer konkreten politischen Aussage sprechen kann. Das bekannteste und auffälligste Beispiel ist die *Diapeira* im zweiten Buch der *Ilias,* die noch zur Exposition gehörende Auseinandersetzung zwischen den griechischen Königen vor Troja und ihren heimkehrwilligen Truppen. Die Stimme des Dichters spricht aus der berühmten Sentenz, die Odysseus den zu disziplinierenden Soldaten in der Heeresversammlung entgegenhält: »Nichts Gutes ist die Herrschaft der Vielen, der eine soll Herr und König sein, dem Zeus... das Zepter und die Rechtssprüche gab, damit er über sie walte« (2,204–206). Nur Thersites, der häßlichste Grieche vor Troja, wagt gegen die göttlich legitimierte Vormachtstellung der Könige zu opponieren, ein Querulant, der »nicht dem Kosmos gemäß mit den Herrschern Streit suchte« und am Ende von Odysseus zur Schadenfreude der Versammlung Prügel bezieht. Die Auseinandersetzung spiegelt den Widerspruch, der sich im 8. Jh. gegen traditionelle Herrschaftsverhältnisse erhob. Sie finden in Homer einen Verteidiger, der die Bewegung einzelnen Demagogen anlastet, die wie Thersites Unruhe in den Demos getragen haben. Ein Hinweis auf wirtschaftliche Gründe der Unruhe könnte darin liegen, daß Thersites den Neid der Mitkrieger gegen den Vorzug anspricht, den die Könige bei der Beuteteilung haben.

Opposition, die aus dem Demos kommt, setzt eine Stadtgemeinde voraus. Auch die Gerichtsszene auf dem Schild des Achill (Il. 18,497–508) und der Phäakenstaat im 7. und 8. Buch der *Odyssee* nehmen sich innerhalb der epischen Handlung wie Lehrbeispiele einer Polisgemeinschaft aus. Bei den Phäaken herrscht König Alkinoos (= der mit dem Verstand Starke), ein Vorläufer des späteren idealen Philosophenkönigs. Er steht einem Kreis von 12 Basileis und weiteren adligen Ratgebern vor; zusammen beraten und beschließen sie, und der auf dem Marktplatz versammelte Demos nimmt ihre Entscheidungen ohne Widerrede entgegen. Vor einzelnen Aufmüpfigen in Adel und Volk muß man sich allerdings selbst hier hüten (6,274; 7,16–17; 8,140 ff.). Doch insgesamt verläuft das Leben innerhalb der dreigliedrigen Ordnung harmonisch. Das abschreckende Gegenbild zu den Phäaken zeigt Homer im 9. Buch der *Odyssee* in der urtümlichen Welt der Kyklopen. Ihnen fehlt nicht nur die bäuerliche, sondern auch die damit verbundene politische Kultur. Es gibt keine Gesetze und Versammlungen, jeder lebt für sich in Höhlen, kümmert sich nicht um den anderen und richtet selbstherrlich über seine Frauen und Kinder (9,106–115). Ein geregeltes, um Gerechtigkeit bemühtes Rechtswesen gehört zu den höchsten Gütern einer Polis: Auf dem Schild des Achill entscheiden Greise über die Geldbuße für einen Mord. Ein Verbrechen, das früher zur Sippenfehde mit ihrer Kette von Folgeverbrechen geführt hätte, wird nun in der Polis friedlich durch ein von beiden Parteien aner-

kanntes Schiedsverfahren gesühnt. An einer anderen Stelle, einem Wendepunkt der *Ilias,* schildert Homer in einem eindrucksvollen Gleichnis die Folgen, die nach den Freveltaten der Männer eintreten, »welche mit Gewalt auf dem Markt krumme Richtersprüche fällen und das Recht hinaustreiben, ohne sich um die Rache der Götter zu kümmern«. Zeus schickt zur Strafe Überschwemmungen, die alles mit sich fortreißen (16,384–392). Es scheint, als habe sich der Dichter selbst in warnender Empörung über Ungerechtigkeit, die er erfahren oder mitangesehen hat, fortreißen lassen. Ein Gegengleichnis steht in der *Odyssee,* ebenfalls an einem Wendepunkt der Handlung: Odysseus spricht vom Ruhm eines guten Königs, der gottesfürchtig über seine Leute herrscht und die Gerechtigkeit hochhält, unter dessen Regierung die Erde von Fruchtbarkeit strotzt und die Menschen gedeihen (19,106–114). Odysseus selbst ist das Muster eines solchen Basileus, zu Hause in der patriarchalisch geordneten Welt seines Gutshofes, wie gegenüber seinem Volk, über das er »wie ein gütiger Vater« waltet (2,234).
Im belehrenden Ideal und seinem verwerflichen Gegenstück sind das Institutionelle und das Moralische eng verflochten. Gerade an den genannten gegenwartsnahen Abschnitten wird sichtbar, wie für Homer lobenswerte politische Ordnung zugleich eine Rechtsordnung ist, die von den Göttern kommt und von ihnen geschützt wird. Er bezeichnet sie mit *thémis* oder *díkē,* zwei Wörtern, die konkret den Richterspruch oder Prozeß meinen und die, zwischen konkreter und abstrakter Bedeutung schwankend, insbesondere in den obigen Stücken Kernbegriffe sind. (Il. 2,206; 16,388; 18,508; Od. 9,106: die »themislosen« Kyklopen; 19,111: die »Wohlgesetzlichkeit« *(eudikía)* des guten Königs). Den Widerspruch zum heroischen Leben, das über dem Gesetz steht, da es ein vorbestimmtes Schicksal erfüllt oder sich direkter Hilfe eines Gottes erfreut, brauchte der Dichter nicht aufzulösen, er gehörte zu seiner Poesie. Doch das sporadische Thema von der Bedeutung, die Themis und Dike für die menschliche Gesellschaft haben, wurde von seinen Nachfolgern entschieden aufgegriffen und vertieft.

Hesiod

Hesiod aus dem boiotischen Askra, kaum viel jünger als der Odysseedichter, fleht im Proömium seiner »Werke und Tage« *(érga kaí hēmérai)* zu Zeus, er möge Gerechtigkeit *(díkē)* schicken. Der Anruf führt sogleich die Dike als ein zentrales Thema des Gedichtes ein. Hier spricht ein Mann des Demos, der Unrecht erlitten hat und sich vom höchsten Gott Hilfe erhofft, weil der die Menschen nach ihrem Tun erhöht und erniedrigt. Die Zuversicht Hesiods ist zugleich Warnung an die Mächtigen, die das Recht gebrochen haben. Eigene Zuversicht und mahnender Vorwurf verbinden sich auch in den späteren Ausführungen, die das Eingangsthema aufnehmen: die durch »krumme Richtersprüche« vertriebene Dike bringt Unglück über die Polis und die Wohnstätten der Bürger (220–224). Sie, die Tochter des Zeus, sitzt neben ihrem Vater und meldet ihm die Gesinnung der Ungerechten, der Demos aber muß es büßen, wenn die adligen Gerichtsherren (Basileis) krummes Recht sprechen. Bei dieser Einsicht drängt es den Dichter, sich direkt an die »geschenkefressenden Könige« zu wenden und sie drohend aufzufordern, nur noch »gerade Worte zu sprechen und krumme Urteile ganz zu vergessen«. Denn »Zeus' Auge sieht alles«, und es entgeht ihm nicht, welches Recht eine Polis im Innern pflegt (256–269). Er hat den Menschen eine Rechtsordnung gegeben, die das Gesetz enthält – Hesiod verwendet dafür als erster das Wort Nomos –, sich der Gewalt zu enthalten; die Tiere haben keine Dike und fressen sich deshalb gegenseitig auf. Wie Zeus die Ungerechten selbst oder ihre Nachfahren bestraft, so gibt er denen, die die Dike wahren, Glück und Gedeihen. Der Mensch ist also nicht einfach dem Schicksal ausgeliefert, sondern hat die Möglichkeit, es zu gestalten (275–285). In diese allgemeine soziale Ethik ordnet der Dichter persönliche Lebensumstände ein. Sie betreffen das Verhältnis zu seinem Bruder Perses, zu seiner Arbeitswelt und zu seiner Polisgemeinde, und sie sind in einer Wechselwirkung selbst wieder Beispiele, die die allgemeinen Aussagen erläutern und bekräftigen. Perses hat den Dichter bei der Teilung des vom Vater hinterlassenen Bauerngutes übervorteilt und den nachfolgenden Prozeß vor dem Gerichtshof der Basileis in der Stadt durch Bestechung für sich entschieden. Der Bruder ist der erste, immer wieder namentlich angesprochene Adressat, den Hesiod über die Dike belehren will. Handfeste Argumente fehlen nicht: Ein Bauer, der täglich seinen Lebensunterhalt mühsam verdienen muß, kann sich das Prozessieren nicht leisten (27–35). An die Stelle der homerischen Adelsgesellschaft, in der um Ruhm und Beute gekämpft wurde, tritt bei Hesiod der Lebenskampf des kleinen Bauern und Handwerkers. Dazu liefert der Dichter eine umfangreiche mythisch-religiöse Begründung, die der vom Adel verachteten Handarbeit ein eigenes Ethos gibt. Bereits in seinem älteren Epos über die Entstehung der Welt und der Götter, der *Theogonie,* hat er die verschiedenen Beschwernisse des menschlichen Lebens als Kind der Nacht personifiziert, darunter den Streit, die Eris (225–226). In den *Erga* trennt er zwischen der guten und der bösen Eris. Die gute spornt einen Mann dadurch zur Arbeit an, daß er sieht, wie sein Nachbar durch Fleiß zu Reichtum kommt. Der Neid ist das wichtigste ökonomische Stimulans, und Hesiod überträgt gleichsam den agonalen Ehrgeiz der Aristokratie auf die Wirtschaftsverhältnisse des Demos. Mit einer einprägsamen, ironisch pointierten Beispielreihung verwahrt er sich e silentio dagegen, ein Thersites zu sein, der den Neid als

Stachel zum Klassenkampf ansieht: »Der Töpfer ärgert sich über den Töpfer und der Baumeister über den Baumeister; der Bettler beneidet den Bettler und der Dichter den Dichter« (11–26). Trotz der schlechten Erfahrung mit den adligen Herrn zieht Hesiod die überlieferte Ordnung nicht in Zweifel; selbst die böse Eris macht er ausdrücklich nur für den *schlechten* Krieg und Streit verantwortlich (14).
Der harte Alltag zwingt Hesiod, die Agora in der Polis, den Marktplatz, wo Gericht gehalten und Politik gemacht wird, den wirtschaftlich unabhängigen und mit Geschenken gnädig zu stimmenden Basileis zu überlassen. Er tut es zweifellos in dem Wissen, daß in vielen Städten außerhalb des kargen Boiotien die Basileis längst nicht mehr die unbeschränkten Herren der Agora sind. Zur Hoffnung auf die ausgleichende Gerechtigkeit des Göttervaters tritt die mythisch überhöhte Resignation, im eisernen und letzten Zeitalter zu leben, nachdem Prometheus den Göttern das Feuer gestohlen und Zeus sich dafür mit den Übeln aus dem Faß der Pandora gerächt hat (42–179). Zeus wird eines Tages auch das jetzige Menschengeschlecht vernichten, wenn sich alle persönlichen Beziehungen in Familie und Gesellschaft aufgelöst haben und die sie bindenden sittlichen Werte zerstört sind. *Aidôs* und *Némesis* werden dann die Erde verlassen und in den Olymp zurückkehren (180–201). Auch schon Homer hatte in Aidos, der hemmenden Scham, das Recht zu verletzen, und in Nemesis, der verdammenden Verachtung, die den Rechtsbrecher trifft, Fundamente der gesellschaftlichen Ordnung gesehen. Hesiod verarbeitete in dem apokalyptischen Bild Anschauungen aus der vorderasiatischen Mythologie und wurde so zum Vermittler eines Gedankengutes, das für die europäische Geistesgeschichte von größter Bedeutung werden sollte.

2. Lyrische Dichtung und vorsokratische Philosophie

Archilochos, Tyrtaios, Solon

Eine eigentliche historische Krise, die als individuelles Ereignis in das Eiserne Zeitalter eingetreten wäre, sah Hesiod nicht, oder er heilt es wie Homer nicht vereinbar mit der epischen Form, sie direkt einzubeziehen. Der politische Wandel und die durch ihn hervorgerufene Opposition zu den bisherigen adligen Wertvorstellungen und Lebensformen äußert sich

unmittelbar zum ersten Mal bei *Archilochos* von Paros (ca. 680–640). In provozierenden kleinen Gedichten desavouiert er homerisches Heldentum: Leichten Herzens bekennt er, seinen Schild bei der Flucht aus einer Schlacht zurückgelassen zu haben; sein Leben sei ihm lieber, und einen Schild könne er sich wieder kaufen (6 D).* Der gestelzt einherschreitende Feldherr mit gedrehten Locken und glattrasiertem Gesicht ist ihm ein Greuel, lieber mag er den kleinen krummbeinigen, der sicher auf den Füßen steht und dessen Herz voller Mut ist (60 D). Die hochtrabenden Anschauungen der Adelsgesellschaft haben sich überlebt. Was in einer keineswegs freidlicher gewordenen Welt allein zählt, ist der praktische Nutzen. Aber auch das idealisierte Selbstverständnis der Bürgergemeinschaft vergleicht Archilochos nüchtern mit der unerfreulichen Realität: Niemand gilt mehr das Geringste bei seinen Mitbürgern, wenn er gestorben ist; man jagt lieber der Gunst eines Lebenden nach, und am schlimmsten behandelt man den Sterbenden (64 D). Bei solcher Kritik nimmt der Dichter eine Zwischenposition ein, in der er außerhalb der Polis steht und doch zugleich als deren Bürger erscheint, der mahnend in ihr wirken will. Die Kritik zielt insbesondere auf die Macht der öffentlichen Meinung, in der auch schon Homer und Hesiod eine Instanz gesehen haben, von der die soziale Stellung des einzelnen abhängt. Archilochos bedient sich dieser Macht bei seinen persönlichen Invektiven, die die Reputation des Getroffenen zerstören sollen. Aber er ist sich auch der dunklen Seite der öffentlichen Meinung bewußt (9 D), die er selbst als Sohn eines Adligen und einer Sklavin zu spüren bekommen hat.
Es ist nicht verwunderlich, daß die Spartaner Archilochos' Gedichte als eine Gefahr für ihren ›Kosmos‹ ansahen. Dessen Herold wurde zur Zeit des Zweiten Messenischen Krieges (640–620) *Tyrtaios*. Die langwierigen Eroberungszüge gegen die benachbarten Messenier haben das Gesicht des Militärstaates endgültig geprägt. Seine Vollbürger, die Spartiaten, waren die »Gleichen«, gleich im Kampfverband der Phalanx wie im kollektiven Leben der Polis, das auf ständige kriegerische Bereitschaft ausgerichtet wurde. Die völlige Einheit von Krieger und Bürger verherrlicht Tyrtaios in der Elegie 9 D. Begeistert schildert er zunächst das Idealbild des Phalanxkämpfers, der tapfer in der Reihe vorstürmt und sich nicht scheut, sein Leben zu opfern. Die zweite Hälfte des Gedichts malt den Ruhm aus, der den aus der Schlacht Heimgekehrten oder den Gefallenen erwartet. Die Leistung in der Kampfgemeinschaft entscheidet über das Ansehen des einzelnen Spartiaten und seiner Nachkommen. Die öffentliche Meinung, die anders als bei Archilochos mit sich selbst einig ist, tritt

* Die Zählung der Fragmente ist die der Anthologia Lyrica Graeca ed. E. Diehl (D), Leipzig 1922–25[3] (Nachdruck 1949ff.), die auch in der zweisprachigen Ausgabe von Treu angegeben wird.

als unbestechliche Hüterin des kriegerischen Staatsideals auf. Ihr muß der spartanische Bürger bedingungslos Genüge tun, um seinen Platz in der Gesellschaft zu wahren.

Spartas egalitäre, nach außen sich abschließende Kriegerkaste, deren Unterhalt die versklavten Heloten aufbringen mußten, war zugleich eine Antwort auf die wirtschaftlichen und sozialen Veränderungen des 7. Jahrhunderts, die jedoch ein Einzelfall blieb. Zukunftsträchtiger, wenn auch nicht leichter, war der athenische Weg, der zu einem Ausgleich der harten inneren Gegensätze zu gelangen versuchte. *Solon* war der Mann, der ihn als erster betrat, »der erste Staatsmann auf dem Boden Europas, der diesen Namen verdient« (H. Bengtson). Im höchsten athenischen Amt, dem Archontat, wurde er 594/93 zum Schiedsrichter *(diallaktḗs)* gewählt. Er setzte drei umfassende, nicht mehr in allen Details deutliche Reformen durch, die sozial, wirtschaftlich und politisch eng miteinander verzahnt waren und die die Polis auf ein neues Fundament stellten: eine allgemeine Schuldenannulierung *(seisáchtheia)* und das Verbot, in Zukunft »auf den Leib zu leihen«, sollte den inneren Frieden herstellen; eine Regelung des Exports, des Münzwesens, der Maße und Gewichte galt sowohl den Interessen der grundbesitzenden Aristokratie als auch dem Bauernstand und den Handeltreibenden; eine timokratische Einteilung der Bürgerschaft in vier Klassen mit abgestuften politischen Rechten richtete sich gegen die traditionelle Vorherrschaft der adligen Geschlechterverbände.

In seiner großen Staatselegie, der sogenannten *Eunomie* (3 D), teilt Solon die Einsichten mit, die er vom Zustand der Polis gewonnen hat, und lehrt, welche Schritte zu einem guten Staat führen. Die Rolle des belehrenden Mahners erinnert an Hesiod, dessen ethische Weltordnung spürbaren Einfluß auf ihn ausgeübt hat. Allerdings löst sie der Politiker an wichtigen Stellen aus ihrer metaphysischen Verankerung: Der programmatische Gedichtanfang »Unsere Stadt« benennt nicht nur die Gesamtheit der Athener als Adressaten, sondern läßt die Polis auch als den gemeinsamen Besitz aller Bürger, nicht einer Klasse erscheinen. Wie jede politische Krise, so kommt auch Athens innere Zerrissenheit, die *stásis,* nicht von den Göttern, die im Gegenteil die Stadt auf ewige Zeiten schützen werden. Die Stasis hat allein eine menschliche Ursache, die Habsucht der führenden Männer des Volkes, die in ihrer schrankenlosen Gier die Dike verletzen. Solches moralische Fehlverhalten muß zwangsläufig jedem Staat eine Wunde schlagen, die sich zum Bürgerkrieg entwickelt und in der Niederlage gegen den äußeren Feind endet. Indem Solon die athenischen Verhältnisse in eine allgemeine Gesetzmäßigkeit einordnet, erhöht er nicht nur die Glaubwürdigkeit seiner Analyse, sondern verstärkt auch die Dringlichkeit seines Anliegens. Solange die Macht in den Händen einer begrenzten Zahl von adligen Familien lag, konnte man Schwierigkeiten der Polis für deren Schwierigkeiten halten und sich distanzieren.

Nun wird diese Möglichkeit ausgeschlossen: Das Unglück des Staates verfolgt den einzelnen bis in sein Privatleben hinein, »keine Hoftore vermögen es mehr fernzuhalten, und einen hohen Zaun überklettert es«. In einem seiner Gesetze hatte Solon deshalb gefordert, bei einer Stasis müsse jeder Bürger Partei ergreifen. Das abschließende Kontrastbild einer »guten Verfassung *(eunomía)*, die »alles schön und recht macht« und die die zerstörerischen Leidenschaften in der Polis ausrottet, hält Solon für so überzeugend, daß er auf alle praktischen Hinweise, wie sie zu erreichen sei, verzichtet. Die Aufzählung der politischen Laster, die dank der Eunomie aus dem Staat verschwinden werden, gerät zu einem Katalog moralischer Forderungen, die an den verantwortungsbewußten Bürger zu stellen sind. Wer sie erfüllt, hat die Gewißheit, alles so gut und so klug eingerichtet zu haben, wie das den Menschen überhaupt möglich ist. Dieser Schlußgedanke hebt noch einmal den Zusammenhang hervor, der zwischen der moralischen Qualität des Handelns und dessen Ausgang besteht. Diese Kausalität erlaubt nicht nur, den Mitbürgern optimistisch einen wünschenswerten Zustand als erreichbar vorzustellen, sondern die darin enthaltene Aussicht auf Erfolg macht das Lehren politischer Moral überhaupt erst sinnvoll.
Mit dem Willen, Politik rational zu erklären, um rationale Politik zu machen, ging Solon gegen Hesiods Resignation im Mythos vom Eisernen Zeitalter an. Allerdings blieb ihm nicht die Erfahrung erspart, daß überzeugende Pläne im Alltag zerrinnen und wohlmeinende Reformabsichten an der menschlichen Natur scheitern können. Den unteren Klassen, denen er die Volksversammlung geöffnet hatte, hielt er später vor (8 D), sie sollten sich selbst, nicht den Göttern Vorwürfe machen, wenn man sie weiterhin knechte; denn für sich sei jeder ein Fuchs, zusammen aber seien sie Hohlköpfe, die den Redner in der Volksversammlung nicht nach seinen Taten beurteilen, sondern dem Schmeichler auf den Leim gehen. Solon schließt sogar die Gefahr nicht mehr aus, daß das Volk in seiner Dummheit einem Tyrannen anheimfallen könne (10 D), und er erinnert an eine Grundregel politischer Klugheit, mit der er die Bürger auch sonst zur Wachsamkeit anhält: Gefahren für den Staat muß man in ihren Anfängen bekämpfen; so hat man die beste Aussicht auf Erfolg.
In seinem politischen Rechenschaftsbericht (24 D), der zugleich ein Lehrstück für Staatsmänner ist, bekennt Solon stolz, daß er der Versuchung zur Tyrannis widerstanden habe. Dem geknechteten Volk konnte er deshalb die versprochene Freiheit geben, weil er bei seiner Tätigkeit Macht und Recht verbunden und in seinen Gesetzen für Hoch und Niedrig das ihnen Zukommende bestimmt habe. Realistischer als Hesiod weiß er, daß Recht ohne Macht hilflos bleibt und nur derjenige ein guter Politiker ist, der zwischen den Gegensätzen den versöhnenden Kompromiß herstellt. Immer wieder kommt Solon auf das rechte Maß als Ausgleich der Ex-

treme zu sprechen, ein Problem, das die Philosophie und das Staatsdenken der Griechen nicht mehr loslassen sollte. Ein Volk gehorcht dann seinen Führern am willigsten, wenn es zwischen Zügellosigkeit und Zwang gehalten wird, und nicht anders ist es im Leben des Menschen, wo zuviel Reichtum Hybris erzeugt (5 D). Der Frevler aber verfällt früher oder später Zeus' Gerechtigkeit, wie die Musenelegie (1 D) in Übereinstimmung mit Hesiod mahnt. Auch dessen Gedanken von der stimulierenden Kraft der beruflichen Konkurrenz nimmt Solon auf, billigt aber das Streben in einzelnen Erwerbszweigen nur insoweit, als es nicht in Habgier ausartet und die göttliche Strafe auf sich zieht. In der *Eunomie* hatte Solon die Habgier angeprangert, weil sie nach einer weltimmanenten Gesetzlichkeit den Staat zerstört. Am Ende aber beruft er sich mit Hesiod wieder auf die religiöse Grundlage der Moral. Sie scheint ihm die letzte Rettung für sein Werk zu sein, von dem er fürchtet, daß es im Streit der Parteien zerrieben werden könne. Seine Ahnung hat Solon nicht getrogen. Er mußte noch die Anfänge der Tyrannis des Peisistratos erleben, der mit seiner Familie Athen ein halbes Jahrhundert beherrschte. Seine Gedichte aber galten fortan als eine Quelle der politischen Weisheit. Er wurde unter die Sieben Weisen gerechnet, und später machte man ihn sogar zum Vorläufer der Sophisten, der eine Schule praktischer Politik begründet habe.

Die Vorsokratiker

Während Solon noch nicht mit dem mythisch-religiösen Weltbild brach, wurde es in seinem Jahrhundert konsequenter von den ionischen Denkern im kleinasiatischen Milet angegriffen, von *Thales, Anaximander* und *Anaximenes.* Sie fragten nach dem Anfang der Dinge, der *archḗ,* beobachteten Naturerscheinungen, trieben Mathematik und wandten sich gegen herkömmliche Göttervorstellungen. Der Mensch und die Gesellschaft waren nur ein Gegenstand unter anderen, denen die ›Naturphilosophen‹ oder ›Vorsokratiker‹, die oft auch politisch tätig waren, ihre Aufmerksamkeit zuwandten. Bei ihrer Suche nach ›natürlichen‹ Ursachen gingen sie den entscheidenden Schritt »vom Mythos zum Logos«, der sich in der Folgezeit unabhängig von ihren Einzelaussagen auch auf die Analyse politischer Vorgänge auswirkte. Als Anaximander erklärte, das Seiende habe seinen Ursprung im Grenzenlosen *(ápeiron)* und kehre notwendigerweise auch wieder dorthin zurück, bezog er das individuelle menschliche Leben und das Leben der Gemeinschaft mit ein. Denn in einer Analogie zu sozialen Verhältnissen sah er als Bewegungsprinzip von Werden und Vergehen eine alle Dinge verbindende Rechtsordnung, in der diese »einander Buße und Vergeltung für das Unrecht geben, gemäß der Ordnung der Zeit« (VS 12 B 1).* Selbst in der Götterwelt gab es für Anaximander ein langfristiges Auf und Ab von immer neuen Generationen von Göttern (A 17).

Trotz persönlicher Beziehungen und gegenseitiger geistiger Einflüsse bildeten die Milesier keine Schule, wie ein späterer philosophiegeschichtlicher Anachronismus behauptete. Besser trifft der Begriff Schule auf die Anhänger des Pythagoras zu. Deren soziale und politische Ideen galten zwar zunächst den eigenen Gemeinschaften, zu denen sie sich zusammenschlossen, aber schon die älteste, die *Pythagoras* im unteritalischen Kroton nach 532/31 gegründet hatte, war nicht lediglich ein religiös-philosophischer Zirkel, sondern übte innerhalb der Stadt einen starken politischen Einfluß zugunsten der Aristokratie aus. Der Gründer war selbst von adliger Herkunft und hatte seine Heimat Samos vor dem Tyrannen Polykrates verlassen. Seine aristokratischen Vorstellungen haben sich auch in der späteren Tradition niedergeschlagen, zu der die Fragmente des Aristotelesschülers Aristoxenos das meiste beitragen.

Allerdings läßt sich das ursprünglich nur mündlich tradierte Gedankengut nicht mehr in jedem Fall von jüngeren Zusätzen trennen, und erst recht ist die Scheidung zwischen Pythagoras und seinen frühen Schülern kaum mehr möglich. Die aristokratische Politik der Pythagoräer war die praktische Fortsetzung ihrer philosophischen Lehre: Die Harmonie der Seinswelt, deren Urgrund die Zahl ist und deren dingliche Erscheinungen sich in Zahlenproportionen ausdrücken lassen, galt es auch im Staat zu verwirklichen. Daher war Anarchie, die auch sonst von der adligen Propaganda der Zeit gerne mit Demokratie gleichgesetzt wurde, das größte Übel. Aristokratische Einstellung verrät der Satz, daß die von den Vorfahren überlieferten Bräuche und Gesetze, selbst wenn sie schwere Mängel enthielten, immer noch besser als jede andere Ordnung sind. Der demokratischen Gleichheit widerspricht auch die Verbindung, die die pythagoreische Seelenwanderung zwischen der existentiellen Hierarchie der Dinge und der hierarchischen Struktur der Gesellschaft herstellt: Die menschlichen Seelen durchwandern nach dem leiblichen Tod verschiedenwertige Pflanzen und Tiere, deren Rang jeweils ihrem vorausgegangenen Verhalten entspricht. Es gilt also, im Leben den höchsten moralischen Anforderungen gerecht zu werden. Ein Fürstenspiegel befahl den Herrschenden, nicht nur verständig, sondern auch menschenfreundlich zu sein, und für die Untertanen genügte es nicht zu gehorchen, sie hatten

* Die Fragmente der Vorsokratiker werden zitiert nach ihrer Nummer in Diels-Kranz, Die Fragmente der Vorsokratiker 1–3, Berlin 1951[6] (VS). Diels-Kranz trennen nach biographischen und philosophiegeschichtlichen Zeugnissen (Abschnitt A) und den eigentlichen philosophischen Aussagen (Abschnitt B), deren wörtliche Fragmente gesperrt gedruckt und in einer unteren Spalte übersetzt werden. Beide Abschnitte sind jeweils durchnumeriert.

die Herrschenden auch zu lieben. Pythagoreische Gemeinden, in denen geistige und moralische Erziehung bis hin zu Diät- und Askesevorschriften einen wichtigen Platz einnahmen, entwickelten bisweilen ein rigides System der Überwachung. Die Erziehung war nach Altersstufen gegliedert und nahm vom Kind bis zum Greis jeden in die Pflicht; es gab auch Ansätze zur Frauenemanzipation. Die Verbindung von politischer Theorie und praktischer Ethik hatte auf das spätere Staatsdenken, vor allem auf Platon, großen Einfluß. Pythagoras selbst mußte sich noch im hohen Alter vor den politischen Widerständen in Kroton nach Metapont zurückziehen, wo er auch gestorben ist.
Wie Pythagoras wich auch der adlige *Xenophanes* von Kolophon um 540 vor einem Tyrannen aus seiner Heimatstadt und wanderte nach dem unteritalischen Elea aus. Als Rhapsode führte er dann ein unstetes Wanderleben in Großgriechenland und im griechischen Mutterland. Hatten die Vorsokratiker bisher Prosa geschrieben, so knüpft Xenophanes mit seinen Gedichten je nach Thema an Hesiod, die Lyrik oder die Elegie an (VS 21). Den Mahnungen Hesiods und Solons fügt er eine neue Wendung hinzu. Selbstbewußt tritt er als Philosoph seinen adligen Standesgenossen entgegen, denen der Sport die liebste Beschäftigung und der Sieg in Olympia die höchste Ehre ist: Meine Weisheit *(sophía)* ist besser als die Kraft von Männern und Pferden, denn selbst wenn eine Stadt unter ihren Bürgern über hervorragende Boxer, Fünfkämpfer, Ringer und Läufer verfügt, so steht es deshalb mit ihrer Eunomie um nichts besser, und auch olympischer Lorbeer macht die Küchen in der Stadt nicht fett (B 2). Die Verse nehmen Platons Gedanken vorweg, daß ein Mann der Weisheit der beste Politiker ist. An Archilochos erinnert B 3, wo Xenophanes seine Mitbürger in Kolophon kritisiert, weil sie den Luxus der benachbarten Lyder übernommen haben. Er deutet an, daß ihre orientalische Verweichlichung der Grund dafür war, daß sich ein Tyrann über sie erheben konnte. An das Fundament der herkömmlichen Polisreligion rührt seine Kritik an den Göttern Homers und Hesiods, deren anthropomorphe Erscheinung er als Produkt menschlicher Vorstellung entlarvt (B 11; 12; 14–16). Für ihn gibt es über allen Göttern und Menschen einen höchsten Gott, der ein geistiges Wesen ist, »den Sterblichen weder an Gestalt noch an Gedanken ähnlich« (B 23–26). Im übrigen hält Xenophanes alles religiöse und sonstige Wissen für relativ, ist aber auch überzeugt, daß »die Götter nicht von Anfang an den Sterblichen alles enthüllt haben, sondern diese mit der Zeit forschend auf das Bessere stoßen« (B 18). Dahinter steckt in Umrissen eine Kulturentstehungstheorie. Anders als Hesiod, der den Abstieg des Menschen vom Goldenen bis ins Eiserne Zeitalter behauptet hatte, glaubt der Philosoph an eine Entwicklung, die sich aus der Erfahrung nährt. Hesiod und Xenophanes stehen für die beiden Grundpositionen von Verfall und Fortschritt in der Geschichte, die aus

dem Nachdenken über den Menschen und den Staat nicht mehr verschwinden sollten.
Stärker als seine Vorgänger wandte sich *Heraklit* von Ephesos (ca. 550–480) politischen Überlegungen zu, obwohl auch sie nur einen Teil seiner Philosophie ausmachten (VS 22). Der Angehörige des höchsten Stadtadels, der auf ein Königsamt zugunsten seines Bruders verzichtete, war ein Kritiker der Aristokratie, aber mehr noch der Demokratie. Gegen die demokratische Gleichmacherei in seiner Heimatstadt kämpfte er mit schlagkräftigen Sentenzen: »Alle erwachsenen Ephesier sollten sich aufhängen und den Knaben die Stadt überlassen, weil sie Hermodoros, ihren nützlichsten Mann, hinausgeworfen und gesagt haben: Kein einzelner von uns soll der nützlichste sein, und wenn, dann anderswo und bei anderen« (B 121). Heraklit hielt seinen Mitbürgern vor: »Einer zählt für mich soviel wie zehntausend, wenn er der Beste ist« (B 49); und: »Es ist auch Gesetz, dem Rat eines einzelnen zu folgen« (B 33). Hier klingt erneut das Bild vom Philosophenherrscher an, den Heraklit allerdings schwerlich in einem der zeitgenössischen Tyrannen gesehen hat. Eher übertrug er auf die Führung der Polis die Auffassung, die er von seiner eigenen geistigen Leistung hatte: »Von allen, deren Worte ich gehört habe, kommt keiner zu der Erkenntnis, daß Weisheit etwas ist, was von allen anderen Dingen getrennt ist« (B 108). Er selbst unterstrich die Trennung durch seine schwierige Gedankenführung, die ihm den Beinamen »der Dunkle« einbrachte. Adel und Volk wollte er mit einem Wunsch treffen, der die Sorge um die öffentliche Moral in Sarkasmus hüllte: »Möge euch nie der Reichtum ausgehen, Ephesier, damit ihr euch mit eurer Unzucht selbst an den Pranger stellt« (B 125 a). Gegen Ehrgeiz jeder Art richtete sich seine Erkenntnis: »Für die Menschen wäre es nicht besser, wenn ihnen alles zuteil würde, was sie begehren« (B 110). Doch hielt er den Adel eher für fähig, moralische Forderungen zu erfüllen, die er in einzelnen Gnomen äußerte: »Eines wählen die Besten vor allem anderen, Ruhm, der gegenüber vergänglichen Dingen ewig ist; die große Masse aber ist vollgefrssen wie das Vieh« (B 29). Zwar war Heraklit überzeugt, es sei »allen Menschen zuteil geworden, sich zu erkennen und vernünftig zu sein« (B 116). Aber soziale Unterschiede als Wesensunterschiede lagen letztlich im allgemeinen Weltprinzip des »Krieges« begründet, wie sein berühmtester Satz besagt: »Krieg ist der Erzeuger und Herrscher aller Dinge, die einen macht er zu Göttern, die anderen zu Menschen, die einen zu Sklaven, die anderen zu Freien« (B 53). Allerdings ist die daraus abgeleitete menschliche Rechtsordnung unvollkommen, da sie immer nur einzelne Akte als recht oder unrecht klassifiziert, während Gott das Ganze überblickt und alles schön, gut und recht findet (B 102). Daraus folgt aber auch, daß der einzelne wie die Polis zu größerer Vollkommenheit gelangen können, wenn sie das göttliche Gesetz stu-

dieren und ihm zu folgen versuchen; denn von ihm leiten sich alle menschlichen Gesetze ab, wie das komprimierte Fragment B 114 ausführt. So fügen sich die Einzelgesetze selbst zu einer absoluten Norm *(nómos)* zusammen, »für die das Volk kämpfen muß wie für eine Mauer« (B 44).

Theognis und Pindar

Die umfassende Sicht der älteren vorsokratischen Philosophie, die ihr in der Geschichte der politischen Ideen einen wichtigen Platz gibt, ging in der jüngeren Vorsokratik des 5. Jahrhunderts verloren bzw. spaltete sich: die Eleaten, Parmenides, Zenon und Melisos, konzentrierten sich auf die Ontologie, während gesellschaftlich-politische Fragen zur Domäne der Sophisten wurden. In der wirtschaftlichen und politischen Krise, die die Aristokratie des griechischen Mutterlandes seit der zweiten Hälfte des 6. Jahrhunderts mit zunehmender Schärfe traf, verkündeten die Dichter *Theognis* von Megara (ca. 544/540–480) und *Pindar* von Theben (ca. 522/518–440) noch einmal die alten Adelsideale. Theognis' elegische Spruchgedichte, die sich als Mahnreden an den geliebten Knaben Kyrnos wenden, zeigen die Aristokratie bereits in der Defensive. Zum Teil bieten sie realistische Schilderungen der neuen politischen Verhältnisse in Megara, die den Dichter, Sproß einer vornehmen, aber anscheinend verarmten Familie, selbst getroffen haben. In Pindars Chorlyrik kommt das adlige Selbstverständnis noch ungebrochener zum Ausdruck. Das lag ebenso an persönlichen Umständen wie am Anlaß der Gedichte, die die adligen Sieger der großen panhellenischen Feste feierten. Theognis' überlieferte Verse bilden eine lockere Sammlung, deren Einzelstücke bei Symposien vorgetragen und später vielfach erweitert wurden. In zwei sich aufeinander beziehenden Elegien des Anfangsteiles der Sammlung (27–52; 53–68) gibt er je ein Situationsbild vom drohenden Umsturz in der Stadt und von der neuen Lage, die sich durch die demokratischen Veränderungen ergeben haben. Die Vorwürfe gegen die neuen Politiker, denen in der antidemokratischen Literatur ein zähes Leben beschieden sein sollte, lassen im Kontrast die ideale Welt der Aristokratie erscheinen, zu der der Dichter den Adressaten hinführen will: Selbstsüchtige Führer des Demos, denen nichts am Gemeinwohl liegt, korrumpieren eine Bürgerschaft, in der noch Ordnung herrscht, und geben Unwürdigen die Gerichte. Eine solche Politik sät im Staat Zwietracht und muß im Bürgerkrieg enden, aus dem ein Tyrann hervorgehen könnte. In dieser Prognose klingt zum erstenmal der Gedanke vom Umschlag der Verfassungen an: die Aristokratie wird von der Demokratie abgelöst, auf die eine Tyrannis folgt. Das zweite Gedicht, das den Machtwechsel voraussetzt, enthüllt die existentiellen Schwächen des demokratischen Regiments: Die neuen

Herren haben keine Tradition und verfügen daher weder über praktisches politisches Wissen noch über moralische Normen. Das führt dazu, daß sie selbst heimlich einander verlachen und sich gegenseitig betrügen. Der drohende Bürgerkrieg zeichnet sich nun genauer ab: Die Demokratie wird sich selbst zerfleischen und auf diese Weise die Stadt dem Tyrannen ausliefern. Wenn Theognis abschließend dem Jüngeren empfiehlt, den Emporkömmlingen höflich zu begegnen, ohne sich ernsthaft mit ihnen einzulassen, so ist das nicht nur eine praktische Verhaltensregel, sondern die zwingende Folge, die sich aus der adligen Erziehungs- und Lebensgemeinschaft ergibt. Denn der Umgang mit den Anhängern der Volksherrschaft, den ›Schlechten‹, wie sie mit einem traditionellen Begriff bezeichnet werden, macht den Charakter schlecht. Kyrnos aber soll im Verkehr mit seinen Standesgenossen, den ›Guten‹, einen guten Charakter ausbilden und Klugheit erwerben. Mit der Aufforderung, sich gezielt die ›Guten‹ auszusuchen, verrät Theognis ungewollt die Risse in der Aristokratie. Die geschlossene Adelsgesellschaft, in die man hineingeboren wurde und deren Werte man in ungebrochenem Selbstverständnis übernahm, existiert nicht mehr. Für sie war Tugend *(aretḗ)* noch eine angeborene Eigenschaft, die zur Physis des Adligen gehörte. Auch Theognis vertritt an anderer Stelle diese Auffassung. Indem er hier die Arete als erlernbar ansieht, widerspricht er sich nicht selbst, wie Platon gemeint hat. Er äußert vielmehr die Einsicht des Pädagogen, in einer gewandelten Zeit genüge natürliche Veranlagung nicht mehr, sondern müsse durch planvolle Erziehung ergänzt werden. Voraussetzung für den Erfolg ist auf jeden Fall adliges Blut, für dessen Reinhaltung Theognis kämpft. Heftig attakkiert er Standesgenossen, die wirtschaftlicher Vorteile wegen ihre Töchter mit Neureichen verheiraten. Solons Gedichte kennt er gut, und er folgt ihm in der Beurteilung des ungerechten Reichtums; aber zum konstruktiven Ziel des Atheners, einen echten Ausgleich zwischen den Ständen zu schaffen, findet sein Konservatismus keinen Zugang.
Auch für Pindars Adelsverständnis ist die in einer langen Geschlechterfolge vererbte Tugend grundlegend. Zum festen Bestandteil seiner Siegesgedichte gehörte das Lob der Vorfahren des Siegers, an deren Spitze oft ein Gott oder Heros steht. Der Gewinner ist als Sieger geboren, und der sportliche Erfolg, nicht mehr der kriegerische Kampf, ist die höchste Form adliger Arete. Pindar räumt höchstens ein, daß die Tugend während einzelner Generationen aussetzen oder verborgen bleiben kann. Nachdem Reichtum und Macht nicht mehr länger Privilegien der Aristokratie waren, blieb der Anspruch vornehmen Blutes die letzte Schranke, die der Demos nicht überschreiten konnte. Auf das Volk wirft Pindar nur selten einen kurzen Blick: Die große Masse hat ein blindes Herz (*Nemeen* 7,23–24), und Volksherrschaft bedeutet, daß »der wüste Haufe die Stadt inne hat« *(Pythien*, 2,87). Der Dichter tröstet sich, daß man mit Gott

nicht hadern darf, der einmal der einen, dann wieder der anderen Verfassung Ruhm verleiht. Und ob Monarchie, Aristokratie oder Demokratie, der »Mann der geraden Rede« ragt überall heraus (P. 2,86–89). Es sind zaghafte Ansätze, sich mit der neuen Entwicklung zu versöhnen. Auch die Tyrannen, die Pindar besingt, sieht er als Männer an, die das Adelsideal erfüllen. In den Städten, die vom Adel gelenkt werden, herrscht Eunomie, und um sie zu erhalten, muß die Gleichheit des Standes gewahrt bleiben; denn zu großer Ehrgeiz des einzelnen führt zum Bürgerkrieg (Fg. 201 Snell). Die Angst vor ihm läßt den Dichter die Ruhe preisen, Hesychia, »die wohlgesinnte Tochter der Dike, die die Städte am größten macht« (P. 8,1). Ihr Garant ist die Aristokratie als Mittlere Verfassung zwischen den Extremen Königtum und Demokratie (P. 11,52–53). Pindar, der sich gleichfalls mit Solon auseinandersetzte, verschob dessen politische Mitte. Von den Staatswesen seiner Zeit kam für ihn Spartas Kosmos dem Ideal am nächsten. Mit Pindar begann die Bewunderung für die Spartaner, die zum Ausweis aristokratischer Gesinnung wurde, so wie Demokraten Athen als Vorbild und Vormacht ansahen. Die geistige Auseinandersetzung um die rechte Verfassung war Spiegel des politischen Kampfes, den die beiden Städte um die Vorherrschaft in Griechenland führten. Ihr Antagonismus, der sich nach der gemeinsamen Abwehr der Perser 480/479 entwickelte, beherrschte die griechische Geschichte des 5. Jh. und endete schließlich im Peloponnesischen Krieg 431–404.

3. Das athenische Jahrhundert

Das 5. Jahrhundert ist die große Zeit der Stadt Athen, die mit ihrem politischen Aufstieg in die Rolle einer »Lehrerin von Hellas« (Perikles bei Thukydides 2,41,1) hineinwuchs. Ihr innerer Wandel zur Demokratie und ihre äußere Machtentfaltung waren eng miteinander verknüpft und schufen die Grundlage für ihre geistig-kulturelle Führerstellung. Der attische Staat wurde damit auch zum zentralen Gegenstand des politischen Denkens, und er ist es bis heute geblieben. Er würde seine Vorzugsstellung selbst dann behalten, wenn wir über mehr Selbstzeugnisse aus anderen griechischen Staaten verfügten, wo vergleichbare demokratische Prozesse stattfanden oder wo konservative Aristokratien die traditionellen Verfassungsformen verteidigten. Athens demokratische Entwicklung verlief weder geradlinig noch nach vorbedachtem Plan. Auch wurde sie weniger vom Demos selbst als ›von oben‹ vorangetrieben, von den Auseinandersetzungen adliger Fraktionen, für die die Namen ihrer konkurrierenden Protagonisten stehen: Kleisthenes und Isagoras, Themistokles und Aristides, Komon und Ephialtes und dessen Nachfolger Perikles. Ihre Auseinandersetzungen entzündeten sich nicht ausschließlich an den innerstaatlichen Verhältnissen, sondern waren mit außenpolitischen Zielsetzungen verknüpft. Die Reform des Kleisthenes 508/7 war der wichtigste Schritt auf dem Weg zu einer demokratischen Verfassung. Seine politisch-territoriale Neugliederung Attikas brach endgültig mit der Vorherrschaft der großen adligen Geschlechter, die sich vornehmlich auf lokale Gefolgschaften in den einzelnen attischen Regionen gestützt hatten. Die politische Führung lag auch dann noch beim Adel. Aber wer nun Politik machen wollte, mußte sich um Anhänger innerhalb des Gesamtdemos bemühen, und dadurch erhielt die Volksversammlung ein stärkeres Gewicht. Den wichtigsten äußeren Anstoß für die Weiterentwicklung brachten die Perserkriege 490 und 480/79, in deren Verlauf Athen zur bedeutendsten griechischen Seemacht aufstieg. Doch die auf der Flotte beruhende neue Machtstellung ließ sich nur behaupten, wenn sie von der gesamten Bürgerschaft mitgetragen wurde. Dazu bedurfte es mehr als nur der materiellen Anreize, die Athens Führung im neugegründeten Delisch-Attischen Seebund bot. Die Bereitschaft des Demos konnte auf Dauer nur dadurch gewonnen werden, daß er an der zum hegemonialen Machtzentrum gewordenen Polis unmittelbar beteiligt wurde. Seit 487 wurden die Strategen von der Volksversammlung gewählt, und Wiederwahl war möglich. Durch ihre kombinierten militärischen und zivilen Aufgaben entwickelten sie sich zum mächtigsten Beamtenkollegium. Dagegen wurde das Archontat, die ehrwürdige Domäne der Aristokratie, zu einem Losamt mit Vorwahl und verlor an politischem Einfluß. Ephialtes beschränkte 461 den Adelsrat des Areopag auf die Blutsgerichtsbarkeit. 458/57 eröffnete Perikles dem ›Mittelstand‹ der Zeugiten das Archontat und führte für die 6000 Richter am Volksgericht Tagegelder ein. Später dehnte er die Diäten auch auf andere Ämter aus. Die Bezahlung für politische Tätigkeit, für Tätigkeit also in eigener Sache, erregte mehr Aufsehen als manche institutionelle Neuerung. Immer mehr machten der adligen Führungsschicht auch Politiker aus dem Demos Konkurrenz. Die Redefertigkeit von Demagogen, Volksführern ohne Amt und somit ohne Rechenschaftspflicht, konnte in der Volksversammlung Mehrheitsbeschlüsse herbeiführen. Die Beschlüsse brauchten keineswegs kurzsichtig zu sein, und »Demagoge« war ursprünglich durchaus ein neutraler Begriff. Aber die Demokratisierung vergrößerte die von Solon erkannte Gefahr, daß in Lebensfragen der Polis Rhetorik statt Sachverstand, Karrieredenken statt Verantwortungsbewußtsein den Ausschlag gaben. Die rechte Führung der Demokratie stand für das Staatsdenken des 5. Jh. im Mittelpunkt, sooft es an die neue Verfassung die alte Frage nach dem besten Zustand des Staates stellte. Für ein entscheidendes Moment der Verfassungswirklichkeit wurden dabei in traditioneller Weise moralische Maßstäbe festgelegt, denen gegenüber institutionelle Mechanismen wie schon früher von geringerem Belang zu sein schienen. Denn im Demos sah die politische Theorie eher das zu regierende Kollektiv, als die eigenverantwortlichen Mitbürger aus den unteren Volksschichten. Dafür war zum Teil gewiß die soziale Herkunft der Autoren verantwortlich, aber es spiegelte sich darin auch ihre Auffassung von einer organischen Entwicklung: Selbst die Endstufe der Demokratisierung war alles andere als ein revolutionärer Umschlag, der eine andere Klasse zur Herrschaft gebracht hätte. Der Gegensatz zwischen alten Traditionen und neuen politischen Formen förderte die Ausbildung von schärfer umrissenen, funktionaleren Verfassungsbegriffen. Wörter wie *eunomía* = »Wohlgesetzlichkeit« und *agathoí/áristoi* = »die Guten/Besten«, d. h. die Aristokratie, hatten eine allgemeine qualifizierende Bedeutung. In Konkurrenz zum Kunstwort *dēmokratía,* das möglicherweise während der kleisthenischen Reformen entstanden ist und zunächst lediglich die numerische Überlegenheit bei der Herrschaft des Demos bedeutete, erhielten auch sie eine quantifizierende Nuance und typologische Verfestigung. Da *dēmokratía* aber nur einen Aspekt der Demokratie betraf, trat es zunächst noch hinter den Begriffen *isēgoría* = »gleiches Recht der Rede« und *isonomía* = »Gleichheit vor dem Gesetz« zurück, da sie die entscheidenden Neuerungen greifbarer zum Ausdruck brachten.

Aischylos

Wer in Athen vor einer größtmöglichen Öffentlichkeit zu politischen Problemen Stellung nehmen wollte, konnte sich keine bessere Gelegenheit wünschen als eines der großen Götterfeste, bei denen die gesamte Bürgerschaft als politische und religiöse Gemeinde versammelt war. Die Dichter der Tragödien, die an den Großen Dionysien, dem Staatsfest zu Ehren des Gottes Dionysos (Bacchus) aufgeführt wurden, ergriffen die Gelegenheit. Die Einheit von staatlicher und kultischer Existenz der Polis bot ihnen dafür die natürliche Voraussetzung. Der Schritt in die unmittelbare Gegenwart war auch deshalb nicht groß, weil die mythologischen Stoffe, die auf die Bühne kamen, für das Publikum stets lebendige Geschichte blieben. Der Gegenwartsbezug war kein aktualisierender Exkurs, sondern integraler Bestandteil der Handlung. Eine weitere, eng damit verbundene Voraussetzung war, daß sich die Dichter in erster Linie als Bürger verstanden, die ihre Poesie, ihr »handwerkliches Erzeugnis«, in den Dienst der Polis stellten. Nichts ist dafür so bezeichnend wie die wahrscheinlich selbstverfaßte Grabschrift des *Aischylos,* des ältesten der drei klassischen Tragiker (525/4–456/5). Er rühmt sich darin allein seiner Teilnahme an den Perserkriegen. Schon eine jüngere Epoche war verwundert, daß er kein Wort über seine Dichtung verlor, für die ihm die Athener dreizehnmal den Vorzug vor seinen Konkurrenten gegeben hatten, die mit ihm in Wettbewerb um eine Aufführung ihrer Dramen getreten waren. Auch Sophokles (497/6–406/5), der hohe athenische Ämter bekleidete, unterschied sich in seinem Selbstverständnis nicht von Aischylos. Auf sie beide bezieht sich Aristoteles mit der Feststellung, daß die Personen der älteren Tragödie politisch, nicht rhetorisch sprechen. Er versteht hier »politisch« im ursprünglichen Sinn und denkt an die vielen aischyleischen und sophokleischen Helden, die in einen tragischen Konflikt mit ihrer Polis geraten. Nach heutigem Sprachgebrauch ist der jüngste der Trias, der rhetorische Euripides (485–407/6), der politischste Dichter. Bei ihm schlägt die politische Umwelt unverblümter und häufiger durch als bei seinen Vorgängern. Allerdings stehen viele seiner Gestalten als autonome Individuen über allen Polisbindungen. Wie sich die kultischen und politischen Voraussetzungen der Tragödie nicht voneinander trennen lassen, so bildet sie auch in ihrer Zielsetzung eine Einheit von religiöser Verehrung und dichterischer Ansprache an die miterlebende und mitfeiernde Gemeinde. Der Tragiker wird zum politischen Mentor der Polis und führt die Rolle weiter, die Dichtung in Griechenland schon immer gespielt hat. Im Mythos hat Athen zwar keinen hervorragenden Platz, und daher erscheint die Stadt auch in den Tragödien weniger häufig als die großen Sagenzentren Argos und Theben. Aber letztlich sind immer die Polis Athen und ihre im Theater versammelten Bürger gemeint.

Der politische Erzieher Aischylos tritt am deutlichsten in den 472 aufgeführten *Persern* auf, der ältesten seiner sieben erhaltenen Tragödien und der einzigen, die ausschließlich Zeitgeschichte auf die Bühne bringt. Die Gestalt des besiegten Perserkönigs Xerxes, der voller Hybris die Grenzen seiner Macht überschritten hat und dafür von Zeus bestraft worden ist, wird im Rückblick auf ein Jahrfünft athenischer Expansion zur eindringlichen Warnung. Das Gegenbild eines maßvollen Herrschers erscheint in Xerxes' totem Vater Dareios: Er hat den Nomos der Bürger gewahrt und Kriege so geführt, daß sie den Familien kein Leid gebracht haben (852–853). Aischylos vermittelt seine politische Aussage, indem er in erkennbar unhistorischer Weise ein älteres Perserreich zum demokratischen Polisstaat mit einem idealen Führer macht und in der Niederlage des Tyrannen Xerxes den Anstoß für die Perser sieht, zum Nomos zurückzukehren und als freie Bürger ihre Meinung zu äußern (584–597) – dies eine Anspielung auf die Verfassungsänderungen seit der Vertreibung der Peisistratiden. Auch in den folgenden Tragödien beschäftigt sich Aischylos innerhalb des jeweiligen tragischen Konflikts mit der Demokratie. Ihr

Idealbild zeichnet er in den *Schutzflehenden* (Hiketiden): In der Demokratie regiert der Demos souverän die Polis, und politische Entscheidungen werden durch die Abstimmung aller Bürger gefällt (607–608; 699). Es ist eine Herrschaft *(archē)*, die vorausplant, für das allgemeine Wohl sorgt und das Gastrecht – die alte Grundlage aller zwischenstaatlichen Beziehungen – einhält, um so Kriege zu vermeiden. Die Demokratie ehrt die Götter, die Dike und die Vorfahren; sie ist also nicht revolutionär, sondern bleibt den bisherigen religiösen und moralischen Bindungen treu (700–709). Sie handelt durch ihren Führer, und wie sie es tut, wie gut sie ist, hängt ausschließlich von dessen Charakter und Fähigkeiten ab. Mit König Pelasgos in den »*Schutzflehenden*« und deutlicher noch mit dem Ödipussohn Eteokles in den »*Sieben gegen Theben*« stellt Aischylos vorbildliche Regenten des Demos dar. Sie sind die Protagonisten, aus deren Rolle sich die Bedeutung abliest, die der Dichter der rechten Führung einer Demokratie beigemessen hat. Eteokles sagt den Thebanern im richtigen Augenblick, was sie zu tun haben (1–3). Er erinnert sie an ihre vornehmste Pflicht, die Stadt gegen die angreifenden Feinde zu verteidigen, und er ist selbst bereit, sein Leben zu opfern, um der wahren Dike gegen die »pseudonyme Dike« des eigenen Bruders zum Sieg zu verhelfen (670–671).

Nur wo menschliche und göttliche Gerechtigkeit in Übereinstimmung gebracht werden, löst sich der tragische Konflikt. Ein Beispiel dafür sind die *Eumeniden,* die Schlußtragödie der *Orestie,* die die athenische Polis selbst in den Mittelpunkt stellen. Die *Orestie,* die einzige auf uns gekommene Trilogie, ist Aischylos' jüngstes Werk. Es wurde 458 aufgeführt, drei Jahre nach dem Verfassungsumsturz des Ephialtes, der den entmachteten alten Adelsrat des Areopag auf die Blutgerichtsbarkeit beschränkte und die Demokratie erweiterte. Aischylos legitimiert das Richteramt des Areopag, das Athene persönlich im Prozeß gegen den Muttermörder Orest einrichtet. Wo sogar Götter sich entzweit haben, wird die Polis zur Wahrerin des Rechts, in ihr findet der einzelne Rettung. Umgekehrt hatte Aischylos in den *Sieben gegen Theben* gewarnt, daß in einer ungerechten Polis selbst derjenige vor der Strafe der Götter nicht gefeit sei, der alle Tugenden in sich vereine (602–614, wo erstmals die vier Kardinaltugenden zusammengestellt werden). Athen aber läuft Gefahr, die guten alten Gesetze durch neue Zusätze zu verunreinigen. Daher befiehlt Athene in den *Eumeniden* den Bürgern, die Mitte zwischen Anarchie und Despotie einzuhalten und die Ehrfurcht vor dem Areopag zu bewahren: »Denn welcher Sterbliche bleibt noch in der Dike, wenn er nichts mehr fürchtet?« (681–710). Schon vorher hatten die Erinnyen, die Rachegöttinnen, versichert: »Allem Mittleren hat Gott die Kraft gegeben« (530). Der solonische Gedanke von der Mittleren Verfassung hat Aischylos stark beeindruckt. Er schien die Lösung für die inneren Gegensätze zwischen Adel und Demos zu bieten, die allein mit den Verfassungsänderungen nicht verschwunden waren. Sorge spricht daher aus dem Schluß der Trilogie: Nach dem Freispruch für Orest bemüht sich Athene sofort, die unterlegenen Rachegöttinnen zu versöhnen. Ihre vordringliche Bitte lautet, sie mögen Bürgerkriege abwenden (858–863), wozu sich die Eumeniden bereit erklären (976–987).

Sophokles

Harmonie zwischen der göttlichen Dike und dem Nomos der Polis war für Aischylos noch möglich, weil beide ihrem Wesen nach identisch waren; der städtische Nomos war, wie im Falle des athenischen Areopags, eine göttliche Schöpfung. Bei *Sophokles* bleibt ihre Vereinigung das unerreichbare Ideal. Zwar läßt er in der *Antigone* den Chor verkünden: »Wenn man die Gesetze des Landes und die verpflichtende Dike der Götter erfüllt, dann blüht die Polis« (368–369). Und im *König Ödipus* betet der Chor darum, ein reines Leben führen zu dürfen, über dessen Worten und Taten die Gesetze stehen, die nicht von Menschennatur, sondern von Zeus im Himmel geschaffen sind und ewig dauern (863–872). Aber in der tragischen Handlung, wo Nomos und Dike miteinander in Widerspruch geraten, gibt es keine harmonische Lösung mehr. In der Antigone vertritt König Kreon den Nomos der Stadt (24; 191), dem zufolge der für das Vaterland im Zweikampf gefallene Eteokles bestattet werden darf, während sein toter Bruder Polyneikes als Vaterlandsverräter den Vögeln zum Fraß dienen soll. Der Nomos richtet sich an der Staatsräson aus, und indem sich Kreon zusätzlich auf Zeus beruft (184), benutzt er, subjektiv ehrlich, Religion als Mittel, die Achtung vor dem Gesetz zu erhöhen. Antigone übertritt das Gesetz und ehrt den toten Bruder. Sie bestreitet, daß Kreons Gebot etwas mit Zeus und Dike zu tun hat. Indem sie ihre schwesterliche Pflicht erfüllt, gehorcht sie »den ungeschriebenen und unerschütterlichen göttlichen Gesetzen, die kein Sterblicher außer Kraft setzen kann ..., die ewig leben und von denen niemand weiß, woher sie gekommen sind« (450–457). Für diesen Gehorsam stirbt sie und stürzt dadurch Kreon selbst ins Unglück. Billigt man beiden Antagonisten Tragik zu – die Deutung des Stückes ist bekanntlich umstritten – und reduziert Kreon nicht einfach auf den Machtmenschen, der verdientermaßen scheitert, so enthält der tiefgründige moralische Konflikt des 442 aufgeführten Dramas eine unmittelbare Lehre: Der Dichter fordert seine Mitbürger auf, angebliche oder tatsächliche Interessen Athens sorgfältig auf nachteilige Folgen zu überdenken. Denn seitdem der Kalliasfriede 449 den Krieg mit Persien offiziell beigelegt hatte, Athen aber weiterhin am Seebund festhielt, verstärkte sich der schon seit langem aufgekommene

Vorwurf, die Stadt sei eine Tyrannin, die brutal ihre eigenen Ziele verfolge. Bisweilen wurde Kreon mit Perikles gleichgesetzt, der nach 449 dem imperialen Gedanken in Athen neue Ziele setzte. Die Gleichung ist sicher ebenso unzureichend wie die häufig geäußerte Meinung, Sophokles sei ein überzeugter Vertreter perikleischer Politik gewesen.
Man hat Sophokles' Tragödien häufig mit Herodots Historien zusammengestellt und in Weltanschauung und politischer Einstellung verwandte Züge entdeckt. Doch die Parallelen im Werk der beiden Zeitgenossen, die sich wahrscheinlich in Athen persönlich begegnet sind, sollten nicht die Unterschiede verwischen, zu denen sicher auch die Unterschiede der Herkunft, der Bildung und des Lebensweges beigetragen haben.

Herodot

Die ionische Philosophie, die über die permanente Bewegung des Kosmos und der Natur spekulierte, hat stark auf das Geschichtsbild *Herodots* (ca. 484–425) gewirkt. Der »Vater der Geschichtsschreibung« – *pater historiae* nennt ihn Cicero – stammte aus Halikarnaß im südwestlichen Kleinasien und hatte möglicherweise nichtgriechische Vorfahren. Herodot sieht Geschichte als einen Kreislauf (1,207,2), in dem das menschliche Schicksal zwischen Höhen und Tiefen schwankt. Die Bewegung wird vor allem dort sichtbar, wo hohes Glück umschlägt und in eine Katastrophe mündet. Der Mensch vermag große Taten zu vollbringen, und der Historiker verkündet im Proömium, er wolle mit seinem Werk Großtaten von Hellenen und Barbaren dem Vergessen entreißen. Aber es gibt keine absolute historische Größe. Programmatisch zieht er daraus in der Einleitung die Folgerung für seine Darstellung: »Von den Staaten, welche in alter Zeit groß waren, sind viele klein geworden, die aber zu meiner Zeit groß waren, die waren früher klein. Da ich nun weiß, daß menschliches Glück niemals beständig ist, werde ich sie beide in gleicher Weise erwähnen« (1,5,4). Persien ist der große Staat, dessen Aufstieg und nachfolgende Niederlagen gegen die Griechen Herodot in den Mittelpunkt seines Werkes stellt. Aber auch an zahlreichen Einzelschicksalen verfolgt er sein Leitmotiv. Exemplarisch verkörpert es sich in den Gestalten des Lyderkönigs Kroisos und des Tyrannen Polykrates von Samos, die beide den Persern unterliegen. In der orientalischen Monarchie und in der griechischen Tyrannis, wo Herrscher und Staat identisch sind, entscheidet das Schicksal des Herrschers auch über das Schicksal des Staates. Die Biographien von Königen und Tyrannen machen folglich zu einem großen Teil die politische Geschichte solcher Staaten aus.
Die Struktur eines freien griechischen Staates verbietet eine vergleichbare Identifizierung. Dessen Einheit und Stärke hängen nicht von persön-

lichen Herrschaftsverhältnissen ab, sondern von seiner Verfassung, dem Nomos. Der Nomos ist der Herrscher, dem die Bürger in Freiheit gehorchen (7,104). Als antithetische Entwicklung zur persischen Geschichte stellt sich für Herodot die griechische Geschichte dar, in der der Aufstieg der beiden Protagonisten Sparta und Athen im Sieg über die Perser gipfelt. Ihre Erfolge liegen in ihrer Verfassung begründet: Sparta, das in alter Zeit beinahe die schlechtesten Gesetze von ganz Hellas gehabt hatte, überwand erst dann seine Schwierigkeiten und gewann die volle Vorherrschaft in der Peloponnes, als Lykurg ihm zur Eunomie verholfen hatte (1,65). Athen, das unter der Tyrannis des Peisistratos und seiner Söhne schwächer als alle Nachbarn war, entwickelte sich zur Führungsmacht, nachdem die Peisistratiden gestürzt und die Demokratie eingeführt worden war. Denn solange die Athener für die Tyrannen schuften mußten, waren sie absichtlich faul. Ihr Tätigkeitsdrang erwachte, als sie frei wurden und für sich selbst arbeiten konnten (5,78). In Sparta wie in Athen schufen die Verfassungsreformen die Voraussetzung für die äußere Machtentfaltung. In dieser Deutung vereinigt Herodot Anregungen der Sophistik mit älterem politischem Gedankengut, das bis zu Solon zurückgeht, der ihm als Ideal eines weisen Staatsmannes gilt. Mit der Rolle, die der Historiker bei beiden Verfassungsänderungen dem delphischen Orakel zuschreibt, steht er solonischer Religiosität näher als sophistischem Rationalismus. Dagegen verbindet sich sophistischer Einfluß mit eigenen Erfahrungen, die er bei seinen weiten Reisen im Mittelmeerraum gewonnen hatte, wenn er im Völkervergleich dem Nomos nur eine relative Gültigkeit zubilligt (3,38); er will allem Fremden Gerechtigkeit widerfahren lassen, wie er bereits im Proömium andeutet. Darin liegt eine Warnung, in ihm den vorbehaltlosen Anhänger der Demokratie oder gar der attischen Demokratie zu sehen.

Auch die Argumentationskette in dem fiktiven Streitgespräch, das zwei persische Adlige mit König Dareios über die beste Verfassung führen (3,80–82), spricht eher für den skeptisch prüfenden Historiker. Er stellt Vorzüge und Nachteile von Demokratie, Aristokratie und Monarchie einander gegenüber und überläßt es dem Leser, ob er mit ihm die kritische Distanz teilen oder einen der Redner zum intellektuellen Sieger erklären will; denn über den historischen Sieger, Dareios, kann es keinen Zweifel geben. Otanes, der die Debatte mit der Verteidigung der Demokratie eröffnet, bringt gegen die Monarchie vor, daß ihre Allmacht selbst den Sittlichsten zur Hybris verführe, da jeder von Natur aus Mißgunst *(phthónos)* in sich trage. Folglich leiht der Monarch Verleumdungen sein Ohr, wendet sich gegen die Besten, freut sich an den Schlechten und wird schließlich zum Tyrannen, der die überlieferten Gesetze zerstört. Herrscht dagegen das Volk, so besteht Gleichheit vor dem Gesetz, Isonomie, wie Herodot hier mit »dem schönsten Namen von allen« die Demokratie bezeichnet. In ihr werden Ämter erlost, die Amtsinhaber sind rechenschaftspflichtig, und Entschlüsse müssen der Gemeinde vorgelegt werden. Der zweite Redner, Megabyxos, hält das Volk für eine nutzlose, unvernünftige und überhebliche Masse, die im Gegensatz zum Monarchen nicht einmal weiß, was sie will. Denn rechtes Handeln hat man ihr nie gezeigt, so daß sie nur wirre und übereilte Politik betreiben kann. Man soll daher den besten Männern die Staatsgewalt übergeben, da sie die besten Entscheidungen treffen werden. Dareios läßt die Kritik des Megabyxos an der Demokratie gelten, hält aber beiden Vorrednern entgegen, daß sie ihre Einwände jeweils mit Entartungserscheinungen der entgegengesetzten Verfassung begründet haben. Nimmt man jedoch die drei Verfassungen in ihrer vollendeten Form, so ist die Monarchie mit dem Besten als König vorzuziehen, da er für das allgemeine Wohl am besten sorgt. Die Konkurrenz in der Aristokratie, wo jeder der erste sein will, führt zu Feindschaften, diese zu Parteiungen, die Parteiungen zu Mord und Totschlag, eine Entwicklung, die dann doch wieder damit endet, daß ein einzelner die Herrschaft übernimmt. Ein ähnlicher Prozeß läuft in der Demokratie ab, wo sich zwangsläufig die Schlechten breitmachen. Unter ihnen gibt es zwar statt der Feindschaften Freundschaften, die aber für den Staat nicht weniger verderblich sind. Schließlich steht auch hier einer aus dem Volk auf, legt den Übeltätern das Handwerk und wird als Alleinherrscher anerkannt. Herodot verarbeitet in der Debatte eine Theorie vom zwangsläufigen Niedergang und Umschlag der drei Grundverfassungen, die sich in einem Kreislauf ablösen. Die Theorie, zu der sophistische Diskussionen beigetragen haben, ohne daß wir Näheres sagen können, kommt seiner Vorstellung vom dauernden Wandel in der Geschichte entgegen. Offensichtlich hat der unbekannte Verfasser auch schon die drei Idealtypen und ihre Verfallsformen zu Paaren zusammengestellt, wobei ihm aber nur Monarchie und Tyrannis als eindeutiges und anerkanntes Begriffspaar zur Verfügung standen. Wenigstens vermeidet Herodot in der Debatte die Neuprägungen Demokratie und Aristokratie, wie denn auch später die Begriffspaare bei beiden Verfassungen schwankten. Der Historiker kennt ferner Überlegungen, ob der Kreislauf der Verfassungen unterbrochen werden kann, und er läßt in Dareios jemanden zu Wort kommen, der diese Möglichkeit am ehesten der Monarchie einräumt.

Aufmerksam verfolgte Herodot auch andere zeitgenössische Erörterungen, die den Staat nicht mehr als göttliche Schöpfung und Gegenstand himmlischer Fürsorge ansahen, sondern sein Werden und seine Besonderheit aus natürlichen Lebensbedingungen ableiteten. Im Corpus der *Hippokratischen Schriften* ist eine im 5. Jh. entwickelte Theorie überliefert, daß das Klima nicht nur die Konstitution des Menschen, sondern auch seinen Charakter bestimme. Herodot erweiterte die Theorie auf die regional verschiedenen Herrschaftsformen und verknüpfte sie an prominenter Stelle mit seinem Leitmotiv vom Aufstieg und Fall des Perserreiches: Nach der Vertreibung der letzten Perser vom europäischen Festland beschließt er sein Werk mit einer Diskussion, die der Staatsgründer und Eroberer Kyros mit einigen Persern geführt haben soll. Als sie ihm vorschlugen, das kleine und rauhe Stammland der Persis zu verlassen und in einer angenehmeren Landschaft des Reiches zu siedeln, habe er das abgelehnt mit der Begründung, daß sie dann sicher aus Herren zu Knechten würden: »Denn aus weichlichen Gegenden pflegen weichliche Menschen hervorzugehen, und nirgends auf der Welt wachsen zugleich eine herrliche Vegetation und kriegstüchtige Männer.« Damals hätten sich die Perser überzeugen lassen, und Herodots letzter Satz lautet: »Sie zogen vor, in einem armen Land Herren zu sein, statt in einem üppigen Knechte.« Ähnlich hatte bereits vorher der Spartanerkönig Demaratos, der als Verbannter am Perserhof lebte, dem König Xerxes die Genese griechischen Wesens und damit den Gegensatz zwischen der orientalischen Despotie und den freien griechischen Staatsformen erklärt: »In Hellas hat es von jeher Armut gegeben, Tüchtigkeit hat es sich erst durch Weisheit und einen starken Nomos erworben, mit ihrer Hilfe erwehrt sich Hellas nun der Armut und der Tyrannis« (7,102,1). Solche wissenschaftlichen Deutungen vertragen sich bei Herodot durchaus mit älterer religiöser Betrachtungsweise. Konsequenter Rationalist war erst sein Nachfolger, der athenische Adlige Thukydides (geb. ca. 460).

Thukydides

Thukydides verfolgt nach seinen Worten im Methodenkapitel (1,22) ein doppeltes Ziel: Er will den am Peleponnesischen Krieg Interessierten eine zuverlässige Darstellung geben und sie zugleich anhand dieses Themas darüber aufklären, »was sich in Zukunft wieder einmal gemäß menschlicher Natur in gleicher oder ähnlicher Weise ereignen wird«. Der Peloponnesische Krieg dient ihm als Fallstudie, um Strukturen aufzuzeigen, die sich in der Geschichte gleichbleiben und die daher auch stets wieder vergleichbare Wirkungen hervorrufen. Sein Ehrgeiz ist es, mit seinem Werk einen »unvergänglichen Schatz« bereitzustellen, der den zukünftigen Geschichtsbetrachter instand setzen wird, die eigene Zeitgeschichte besser zu begreifen. So kann aus historischer Analyse politische Prognose werden. Nachdrücklich versichert er, daß er den größten aller bisherigen Kriege beschreibe (1,1,1–3;23,1–3), mit dem sich weder der Trojanische Krieg Homers, noch die Perserkriege, Herodots Thema, messen können. Das heißt aber, daß der Peloponnesische Krieg deutlicher als je zuvor die allgemeinen Strukturen menschlichen Handelns zutage treten läßt (3,82,2); bisher hat es noch nie einen so aufschlußreichen Gegenstand historischer Betrachtung gegeben. Damit übernimmt Thukydides nicht notwendig Heraklits Wort vom Krieg als dem Vater aller Dinge. Er gibt nur der politisch-militärischen Geschichte seiner Zeit den ihr gebührenden Vorrang und rechtfertigt die thematische Begrenzung seiner Historiographie.

Dem doppelten Ziel des Werkes, der Vermittlung von historischem Wissen und politischer Analyse, dienen die zwei ebenfalls im Methodenkapitel erörterten Darstellungsformen: die auf eigenem Erleben und unmittelbarer Zeugenbefragung beruhende Ereignisgeschichte und die Reden, die einzelnen Persönlichkeiten an entscheidenden Stellen in den Mund gelegt werden. Die Reden geben den Fakten gleichsam ihre geistige Dimension. In ihrem Inhalt verarbeitet Thukydides tatsächliche Äußerungen und Anschauungen der Redner mit eigenen Erkenntnissen über den Ablauf des Geschehens. Stillschweigend überläßt er es dem Leser, ob er sich mit dem von ihm gebotenen historischen Wissen begnügen oder aus ihm praktische Folgerungen für sein eigenes politisches Handeln ziehen will. Ausdrücklich warnt er jedoch, in seinem Werk nur den ästhetischen Genuß suchen zu wollen, da seiner Darstellung das fabulierende Element fehlen werde; sie werde kein Ohrenschmaus sein, weil ihm nicht daran liegt, nur ein ephemeres Glanzstück zu schaffen. Die Kautel gilt sowohl für die Geschichtserzählung – man hört die Distanz zu Herodot heraus – wie für die Reden, die nichts mit der effektvollen Rhetorik gemein haben, durch die vor allem das attische Publikum verwöhnt war (vgl. 3,38,7). Der Historiker zielt von vornherein auf eine beschränkte Zahl qualifizierter und ernsthafter Wißbegieriger, die auch nicht mit der von manchen Sophisten genährten Erwartung kommen, »politische Technik« könne man sich aus der Geschichte einfach und rasch aneignen.

Den selbstbewußten Ansprüchen sophistischer Theoretiker widerspricht allein schon die Art, wie sich die Persönlichkeit des Verfassers in seinem Werk darstellt. Obwohl er den Krieg von Anfang an mit größter Aufmerksamkeit verfolgt hat (1,1,1) und selbst im Kriegsjahr 424 athenischer Stratege war (4,104–107), ist er mit eigenen direkten Urteilen ebenso sparsam wie mit biographischen Hinweisen. Nach einem militärischen Fehlschlag war er verbannt worden und hatte die Gelegenheit wahrgenommen, sich ungehindert auf der Gegenseite zu informieren (5,26). Trotzdem tritt er nie mit der Überlegenheit des über den Parteien stehenden Richters auf, und ebenso hütet er sich vor der Klugheit des rückblikkenden Geschichtsdenkers. Aus der persönlichen Zurückhaltung scheint die Skepsis zu sprechen, ob es überhaupt möglich sei, komplexe politische Vorgänge vollständig zu erfassen. Bei den Reden geht Thukydides der Schwierigkeit in gewisser Weise dadurch aus dem Weg, daß er die meisten als Rededuelle (Antilogien) gestaltet, die unterschiedliche Auffassungen und Interessen zu Wort kommen lassen. Protagoras und andere Sophisten hatten gelehrt, daß jede Sache zwei Seiten habe und daß man »das schwächere Wort zum stärkeren machen müsse«. Thukydides folgt ihnen insoweit, als er allen Beteiligten (*hékastoi:* das Wort erscheint 1,22,1 zweimal) Gehör verschafft. Inwieweit daher einzelne Äußerungen in den Reden jenseits ihres unmittelbaren Kontextes die tatsächliche Meinung des Historikers wiedergeben, ist eine Frage, die im Grunde seiner Intention zuwiderläuft. Auch das gängige Verfahren, konkrete politische Positionen aus den sympathischen oder unsympathischen Eindrücken zu bestimmen, die Personen und Handlungen hinterlassen, muß zu widersprüchlichen Ergebnissen führen, wenn der Verfasser bewußt vermeidet, in den Parteigegensätzen Stellung zu beziehen. Zugespitzt könnte man sagen, daß es Thukydides geradezu auf kontroverse Deutungsmöglichkeiten angelegt hat, wie sie sich in der modernen Forschung vor allem beim Bild des Perikles und der attischen Demokratie ergeben haben (vgl. die Diskussion zwischen H. Flashar, Der Epitaphios des Perikles. Seine Funktion im Geschichtswerk des Thukydides. SB Heidelberg 1969, und K. Gaiser, Das Staatsmodell des Thukydides. Zur Rede des Perikles für die Gefallenen. Heidelberg 1975). Die Frage wird noch komplizierter, wenn man die »Entstehung des thukydideischen Geschichtswerkes« berücksichtigt, deren einzelne Phasen seit F. W. Ullrichs so betitelter Untersuchung von 1846 umstritten sind. Entgegen der Bescheidenheit im Methodenkapitel verzichtet Thukydides allerdings nicht darauf, Geschichte in eine hohe künstlerische Form zu bringen. Er rechnet wohl auch damit, daß seine Leser, die den Ausgang und die Fortsetzung des historischen Dramas kennen, dessen Akteure ex eventu beurteilen; aber das ist ihre Sache. Wo es darauf ankommt, politische Strukturen herauszuarbeiten, ist der Feind ein ebenso dankbares Objekt wie der Freund: »Man darf nicht glauben, daß ein Mensch sich vom anderen groß unterscheide« (1,84,4). Zum Bild der attischen Demokratie und Herrschaft trägt daher *Perikles'* Hymnus auf Athen im »Epitaphios« (2,59–64) nicht weniger bei als die demagogische Kritik Kleons (3,37–40), die Anklagen der korinthischen Kriegstreiber (1,68–71) nicht weniger als die zynische Selbstdarstellung der Athener im »Melierdialog« (5,85–111), das Staunen über deren scheinbar unverwüstliche Leistungskraft nicht weniger als die unausgesprochene Vergegenwärtigung der Katastrophe, die schließlich doch eingetreten ist. Thukydides ist überzeugt, daß Politik und Moral zusammengehören und bezieht den Zusammenhang in seine Analyse mit ein. Aber auch hier hütet er sich vor direkten moralischen Urteilen. Mit der gleichen Nüchternheit, mit der er die Pest in Athen schildert, von der er selbst befallen wurde, legt er dar, wie die Seuche in der Bürgerschaft alle familiären und gesellschaftlichen Bindungen aufgelöst hat (2,48–53). Der Kontrast zu dem hohen Lied auf attischen Bürgersinn, das Perikles wenige Kapitel zuvor im »Epitaphios« angestimmt hatte, ist offenkundig, wie überhaupt Komposition und Darstellung ein wichtiges Mittel gerade der moralischen Bewertung sind, aber eben eines, das den Historiker der persönlichen Stellungnahme enthebt. Die kommentarlosen Berichte über das Abschlachten ganzer Bürgerschaften, der Platäer durch die Spartaner (3,68), der Melier durch die Athener (5,116), vermitteln dem Leser noch die Erschütterung, die den Historiker selbst ergriffen hat. Aber auch sie sind Teil der politischen Analyse, die jedesmal in den vorausgehenden Verhandlungen die Logik einer brutalen, doch in sich rationalen Machtpolitik registriert. Die düsteren Szenen illustrieren den Sittenverfall auf beiden Seiten, zu dem Thukydides in der »Pathologie« (3,81–83), die an das Bürgerkriegsgemetzel in Kerkyra anschließt, eine allgemeine Diagnose liefert: Die inneren und äußeren Wirren des Krieges haben in ganz Griechenland die bisher gültigen ethischen Maßstäbe verkehrt. Die alten Tugendbegriffe werden noch benutzt, aber sie haben sich mit verhängnisvollen neuen Inhalten gefüllt.

Die im 5. Jh. aufblühende medizinische Diagnostik übte einen starken Einfluß auf Thukydides aus. Wie der Arzt eine Krankheit an ihren Symptomen diagnostiziert, die nicht mit den Krankheitsursachen gleichzusetzen sind, so unterscheidet der Historiker in der »Pentekontaëtie«, dem Abriß über die 50 Jahre seit dem Abzug der Perser aus Griechenland (1,88–118), zwischen vordergründigen Anlässen *(aitíai)* und der tieferen Ursache *(próphasis)* des Peloponnesischen Krieges: Die Prophasis lag in der wachsenden Macht Athens auf der einen Seite und der dadurch hervorgerufenen Furcht Spartas auf der anderen. Der Arzt untersucht den menschlichen Körper, um hinter das Geheimnis einer Krankheit zu kommen, der Historiker muß die Natur *(phýsis)* des Menschen, seine natürlichen Verhaltensweisen *(trópoi)* untersuchen, um hinter das Geheimnis nicht nur eines so gewaltigen Krieges, sondern der Geschichte überhaupt zu kommen. Bereits das Methodenkapitel leitet andeutend die gleichbleibende Struktur politischer Geschichte aus dem gleichbleibenden Wesen des Menschen ab. Ausdrücklich stellt die Pathologie die Unabänderlichkeit ihrer Ergebnisse unter die Prämisse: »solange die Natur der Menschen dieselbe sein wird« (3,82,2). Stillschweigend schließt Thukydides die Götter, die noch bei Herodot als historisches Momentum erschienen waren, aus der Geschichte aus. Damit ist nichts über ihre Existenz gesagt, und auf die religiöse Haltung des Historikers dürfte am ehesten das modifizierte Protagoraswort treffen (VS 80 B 4): Über die Wirkung der Götter in der Geschichte kann ich nichts wissen, weder ob es sie gibt, noch ob es sie nicht gibt. Greifbar und somit Thema für den Historiker ist allein die Wirkung, die die Religion auf die Geschichte ausübt, weil Menschen an die Götter, ihre Orakel und ihre Gerechtigkeit glauben und sich dadurch in ihren Entschlüssen beeinflussen lassen. Daneben ist sich Thukydides nur zu gut bewußt, daß vor allem im Krieg mit unvorhergesehenen Ereignissen zu rechnen ist, die plötzlich eine ganz neue Lage schaffen können. Man braucht nicht nur an Vorgänge wie die Pest zu denken, sondern die Verhältnisse können aus sich heraus eine Eigendynamik entwickeln, für die die Physis der Beteiligten allein keine hinreichende Erklärung mehr bietet (1,122,1). Hier bleibt dem Historiker nur noch der Verweis auf die Tyche, den unpersönlichen, rational nicht faßbaren Zufall.

Die menschliche Natur hat zwei Urtriebe, das Streben nach Freiheit und nach Herrschaft. Die grundlegende Feststellung findet sich in der Rede des sonst unbekannten Atheners Diodotos (3,45,6–7), die zu den bedeutendsten des Geschichtswerkes gehört; Thukydides hat ihre Kerngedanken wohl deshalb keinem seiner berühmteren Mitbürger gegeben, um ihre allgemeine Gültigkeit anzudeuten. Diodotos fügt erläuternd hinzu, daß die beiden Triebe zwanghaft das Handeln des Menschen bestimmen. Folglich ist Politik der primäre Wirkungsbereich der menschlichen Physis, und Aussagen über sie sind Aussagen über das Wesen des Staates (vgl. 3,45,1–2). Umgekehrt wird sich der Historiker, der in der Physis die Causa prima der Politik erkannt hat, vorrangig der politischen Geschichte widmen, der Geschichte vom Kampf um Macht und Freiheit. Die vielfältigen Formen des politischen Lebens innerhalb eines Staates und zwischen den Staaten lassen sich alle auf diese beiden Grundtriebe zurückführen. Daraus ergibt sich ein anthropologisch-politisches Modell, dessen Einzelglieder in einer logischen Ordnung voneinander abhängen und das historische Einzelereignisse zu Phänomenen einer strengen Gesetzlichkeit werden läßt. Im Unterschied zum »Methodenkapitel« und zur »Pathologie« stellt Thukydides das Modell nirgends zusammenfassend dar, sondern kreist es, vor allem in den Reden, in zahlreichen Aussagen ein, wobei die Terminologie oft variiert. Die Theorie wird gewissermaßen dramatisiert, und der vorgegebene Rahmen ermöglicht vorzüglich, sie in all ihren verschiedenen Aspekten darzustellen: Zwei Großmächte prallen im Bündnis mit mittleren und kleinen Staaten aufeinander, die Bündnisse verändern sich, neutrale Staaten werden mithineingezogen, und in vielen Staaten kämpfen Aristokraten und Demokraten um die Vorherrschaft. Unmittelbarer Anlaß, die Herrschaft zu ergreifen, können Ehrgeiz, Furcht und Nutzen sein. Auch sie sind elementare Triebkräfte der menschlichen Natur, die der Stärkere befriedigt, indem er den Schwächeren unterwirft (1,76,2; 5,89; 105,2). Der Schwächere, der nun selbst in seinem eigenen Freiheitsverlangen beschränkt ist, wird sich allerdings nicht mit dem neuen Zustand abfinden (3,46,5; 4,63,2). Daher ist jede Herrschaft immer schon auf Konflikt angelegt. Zum Konflikt kommt es auch durch den der Herrschaft innewohnenden Drang, sich stets weiter auszudehnen (3,82,8). Die Expansion wird die noch unabhängigen Nachbarstaaten mobilisieren, bevor sie selbst zu deren Opfer werden (4,64,5;

92,4; 7). Die Pentekontaëtie ist das beste Beispiel eines solchen Mechanismus, der unausweichlich auf den Krieg zuläuft (1,68–71; 86,5; 88; 118,2; 121,1). Andererseits kann derjenige, der einmal zur Macht gekommen ist, sich ihrer nicht mehr ohne weiteres entledigen. Er ist um seiner eigenen Sicherheit willen gezwungen, die Opposition in den unterworfenen Staaten mit Gewalt niederzuhalten. Unausweichlich verwandelt sich seine Herrschaft in eine Tyrannis, das Schicksal des attischen Seebundes (1,75,4–5; 122,3; 124,3; 2,63,2; 3,37,2; 6,76,3). Thukydides unterstreicht immer wieder die Zwangsläufigkeit solcher Prozesse, und der Leser mag an ihnen über die Tragik der Macht nachsinnen. Er selbst verbietet sich solche Meditationen, die die Sache des Dichters, nicht des rationalen Historikers sind.

Sophistische Ideen haben Thukydides' Vorstellung beeinflußt, daß Politik ein Machtkampf sei, der durch die menschliche Natur konditioniert werde. Bei einem zweiten Gedankenkreis, was eine gute Verfassung ausmache, war er stärker dem älteren Staatsdenken verpflichtet. Er ging dem Problem auch außerhalb der Reden nach und nahm verschiedentlich die Gelegenheit wahr, persönlich Stellung zu beziehen. Das Thema kontrastiert in gewisser Weise mit dem der Machtpolitik, das von der Dynamik und Unruhe im Staat und in den zwischenstaatlichen Beziehungen handelt. Denn das entscheidende Qualitätsmerkmal einer Verfasssung ist für Thukydides ihre Stabilität. Dementsprechend führt er 1,18,1 Herodots These, daß Verfassung und Machtanstieg eines Staates unmittelbar zusammenhängen, weiter: Sparta hat seit vierhundert Jahren dieselbe gute Verfassung (Eunomie), und ihr verdankt es seine Stärke. 8,24,4 kommt er darauf bei einem Vergleich der Insel Chios und Sparta zurück. Von allen ihm bekannt gewordenen Staaten haben allein diese beiden Glück und Besonnenheit miteinander verbunden und haben, je mächtiger sie wurden, desto unerschütterlicher ihre innere Ordnung bewahrt. Die zwei Stellen enthalten zugleich indirekte Aussagen über die attische Demokratie. Im Gegensatz zu Sparta erreichte sie immer nur für begrenzte Zeit einen befriedigenden Zustand. Das eine Mal war es in den Jahren vor dem Peloponnesischen Krieg, als dem Perikles in den äußeren und inneren Verhältnissen die Quadratur des Zirkels gelang: Mit einer maßvollen, vorsichtigen Politik führte er die Stadt auf den Gipfel ihrer Macht, und zugleich bändigte er den Demos, ohne ihm seine Freiheit zu nehmen (2,65,5; 8). Zumindest solange Frieden herrschte, war er der ideale Führer, wie ihn die Staatslehre für eine gutfunktionierende Demokratie gefordert hatte. Als der Überläufer Alkibiades in Sparta die attische Demokratie anklagte, mußte er doch zugeben, daß sie Athen zur größten und freiheitlichsten Stadt gemacht habe. Aber das sei ein prekärer Zustand gewesen, und seine Familie – die Alkmeoniden, zu denen Perikles gehörte – habe es sich zur Aufgabe gemacht, ihn zu bewahren (6,89,6). Daß man im Urteil über Perikles dessen Kriegspolitik nicht ausklammern darf und daß von ihr aus Schatten auch auf seine übrige Ära fallen, macht Thukydides in einer späteren persönlichen Bemerkung 8,97,2 deutlich: Die Reformverfassung des Theramenes von 411/10 sei die beste gewesen, die Athen zu seinen Lebzeiten gehabt habe. Indem sie oligarchische und demokratische Elemente mischte, erfüllte sie das solonische Ideal einer Mittleren Ordnung. Allerdings fand sie ein rasches, für Athen typisches Ende: Die Ruhepause, die sie der Stadt in einer verzweifelten Lage verschaffte, gab sofort wieder der radikalen Demokratie Auftrieb, die das Intermezzo beendete. Allgemein bedauert Thukydides in der »Pathologie« (3,82,8), daß die vielen inneren Wirren, die das Kriegsgeschehen begleiteten, in ganz Griechenland den Mittelstand, also das stabilisierende Element, zum Verschwinden gebracht haben; er wurde zwischen den radikalen Flügeln aufgerieben.

Die herodoteische Auffassung von der Macht eines Staates muß also ergänzt werden. Es kommt nicht allein auf die Verfassung an, die nur Instrument für den Erwerb der Macht ist, aber nicht ihre Dauer garantiert. Im Gegenteil, die Eigendynamik der Macht schlägt auf sie selbst zurück und führt zu ihrem Verfall. Dauernder Machtbesitz eines Staates hängt ausschließlich von den moralischen Eigenschaften seiner Bürger ab, an erster Stelle, wie die spartanische Geschichte lehrt, von deren Besonnenheit *(sophrosýnē)*. Hierin unterscheiden sich Athener und Spartaner grundlegend. Immer wieder setzt sich Thukydides mit dem gegensätzlichen ›Nationalcharakter‹ beider Völker auseinander. Der Gegensatz durchzieht die großen Verhandlungsreden der Korinther, Athener und Spartaner, die in Sparta unmittelbar vor Kriegsausbruch gehalten werden (1,68–86). Dabei kommen durchaus auch die negativen Verhaltensweisen zur Sprache, die die Sophrosyne der konservativen Spartaner begleiten, Engstirnigkeit, Mißtrauen und Schwerfälligkeit (1,68,1). Perikles entwirft im »Epitaphios« am Ende des ersten Kriegsjahres ein großartiges Kontrastbild vom athenischen Wesen, seiner Freiheit, Großzügigkeit und Bildung, durch die Athen zur Lehrmeisterin von Hellas geworden sei (2,35–46). Sophrosyne kommt allerdings in diesem Hymnus nicht vor. Der Ruf nach ihr wird vier Jahre später laut, als die Volksversammlung über die Bestrafung des abgefallenen Bündners Mytilene berät. In deutlicher Anspielung auf Sparta verlangt der Demagoge Kleon eine rigorose, engstirnige Sophrosyne, mit der sich ein Staat besser regieren lasse als mit rechtschaffener Liberalität (3,37,3). Auch sein Gegenspieler Diodotos fordert Besonnenheit, aber eine, die die Bürger veranlaßt, auf ihre guten Ratgeber zu hören (3,42,5). Genau das tun die Athener bei der sizilischen Expedition 416–413 nicht, die so zum schwerwiegendsten Verstoß gegen eine besonnene Politik wird und zehn Jahre vor der endgültigen Niederlage die Vorentscheidung bringt. Thukydides bemerkt 8,1,3, nachdem die

Hiobsbotschaft von der Vernichtung des Expeditionsheeres in Athen eingetroffen ist: Im ersten Schreck entschlossen sich die Athener zu besonnener Beschränkung und setzten ein zehnköpfiges Beraterkollegium ein, ein Anfangsschritt auf dem Weg zu den Reformen von 411/10. Aber sarkastisch fügt er hinzu: »Und überhaupt waren sie in ihrer augenblicklichen übermäßigen Furcht bereit, wie beim Volk so üblich, Ordnung zu halten.« Dies ist nur eine von mehreren Spitzen gegen den attischen Demos, die besagen, daß der Demokratie allgemein die Sophrosyne fehlt; sie bleibt erstes und wichtigstes Qualifikationsmerkmal der Aristokratie (3,82,8). Letztlich hat die Tatsache, daß es auf der einen Seite Sophrosyne gab, auf der anderen nicht, den griechischen Dualismus und damit den Ausgang des 5. Jh. entschieden.

4. Die Krise der Polis

Euripides

Wie man Herodot und Sophokles gerne zusammenstellt (S. 43), so auch Thukydides und *Euripides*. Die Schulung durch die Sophistik, die beide Athener erhalten haben, und die Art ihrer Zeitkritik gerade auch gegenüber ihrer Heimatstadt, geben dieser Paarung eine größere Berechtigung. Der oben verfolgten Linie von Aischylos zu Sophokles gibt Euripides unter dem Einfluß der Sophistik eine neue Wende, die in seinem vielgestaltigen Werk allerdings nur eine geistige und künstlerische Form ist neben anderen, wo der ›Rationalist‹ den beiden Vorgängern näher steht. Dike ist nicht länger die über der Stadt thronende göttliche Macht, sondern wird in die Polis hereingeholt. Als Rechtsordnung ist sie wie der Nomos, ihre gesetzliche Fixierung, in der staatlichen Natur einer menschlichen Gemeinschaft oder auch in der gemeinsamen Kultur aller Griechen begründet. Ebenso kann sich der einzelne kraft seiner Natur, nicht als Träger einer metaphysischen Macht, auf eine persönliche Dike berufen. Der gute Bürger wird allerdings stets seine daraus resultierenden Ansprüche der Dike der Polis unterordnen und keine ihr feindliche Gewalt in seinem Haus oder in der Stadt dulden (*Andromache* 779–787). Die euripideischen *Schutzflehenden,* deren Thema bereits Aischylos in den verlorenen *Eleusiniern* behandelt hatte und die eine Art Paralleldrama zu Sophokles' *Antigone* bilden, zeigen in bewußtem Kontrast zu den Vorgängern die ›verweltlichte‹ Dike: Die Mütter der sieben argivischen Heroen, die mit Polyneikes vor Theben gefallen sind, kommen nach Athen und bitten König Theseus, er möge sich für die Herausgabe der unbestatteten Leichen einsetzen. Theseus willigt ein, weil das Begräbnis von Toten »panhellenischer Nomos« ist; er warnt die Thebaner unter Kreon, die Dike verkommen zu lassen und mit ihrer Hartnäckigkeit ganz Hellas zu beleidigen (526–538). Nur am Rande und konventionell ist noch von den Göttern die Rede (563; 594–595). Euripides macht die *Schutzflehenden* auf weite Strecken geradezu zu einer Debatte über die ideale Demokratie mit Theseus als ihrem beredten Anwalt. Der König verkörpert den vorbildlichen Volksführer, von dem der gute Ruf einer Stadt abhängt und ohne den sie zugrunde geht (191–192; 877–879). Er wendet sich gegen die Jugend, die ohne Rücksicht auf das Volk aus Ehrgeiz oder Habgier Krieg anfängt; er tritt für den ›Mittelstand‹ ein, der allein staatstragend ist, während die Reichen immer nur mehr haben wollen und die Armen sich voller Neid von den aufwiegelnden Reden schlechter Politiker einfangen lassen (229–247). Im Streitgespräch mit Theseus (399–461) zählt der Gesandte des thebanischen Königs Kreon verbreitete Einwände gegen die Demokratie auf: Die Masse kann gar nicht regieren, sie wird nur von gewinnsüchtigen Demagogen hin- und hergerissen, die ihre verkehrten Ratschläge durch noch verkehrtere übertrumpfen und sich so der Verantwortung entziehen. Sie brauchen immer rasche Erfolge, und deshalb werden Entscheidungen hastig gefällt, statt daß man Einsichten mit der Zeit reifen läßt. Der arme Bauer auf dem Lande, der keineswegs dumm ist, aber sich für die Politik der Stadt nicht freimachen kann, muß mitansehen, wie so mancher Gauner und Habenichts durch sein Geschwätz beim Volk zu Amt und Würden kommt. Ohne auf die Vorwürfe einzugehen, preist Theseus in seiner Antwort die Vorteile der Demokratie, an erster Stelle die Rechtsgleichheit von Arm und Reich, die zugleich die wichtigste Freiheit ist. Sie wird durch allgemeine geschriebene Gesetze, nicht durch den Rechtsentscheid eines einzelnen garantiert. Zur Freiheit und Gleichheit gehört auch, daß es jedem offensteht, ob er sich durch politische Tätigkeit auszeichnen oder im stillen sein Leben verbringen will. In der Demokratie wird es stets genügend junge Bürger geben, die sich engagieren, während sie in der Monarchie als Gefahr angesehen und unterdrückt werden. Auch die wirtschaftliche Aktivität und das Familienglück sind dort größer, wo der Bürger nicht fürchten muß, daß ihm ein Tyrann das Erarbeitete wegnimmt oder seine Töchter entführt. Im Nachruf auf die gefallenen Argiver stellt Euripides vier der Helden als Idealtypen von Polisbewohnern vor (860–900): Kapaneus, der bescheidene Reiche, offen im Umgang mit allen, ein guter Freund, der sein Wort hält; Eteokles, der tüchtige Arme, unabhängig weil unbestechlich, ein Feind schlechter Polisführer, aber nicht der Polis; Hippomedon, der tapfere Krieger, der sich von Jugend auf gestählt hat, um für den Staat zu kämpfen; Parthenopaios, der sympathische Zugezogene

(Metöke), der mit den Einheimischen nicht zankt, seine neue Heimat liebt und von allen geliebt wird.
Die *Schutzflehenden* wurden 424 oder bald danach aufgeführt, als der Peloponnesische Krieg bereits im achten Jahr stand. Mit der Darstellung der argivischen Mütter trat die Tragödie leicht erkennbar für Athens geplante Annäherung an Argos ein. Aber mehr noch war sie massives Lehrstück eines überzeugten Anhängers der demokratischen Verfassung. Angesichts der bedenklichen inneren Veränderungen, die seit Perikles' Tod 429 eingetreten waren und die zu immer schrilleren demagogischen Tönen in der Volksversammlung führten, wollte Euripides zeigen, wie eine echte Demokratie aussah. Vielleicht dachte er dabei auch an Gegner wie den unbekannten Verfasser, der etwa in diesen Jahren eine kritische Bestandsaufnahme der attischen Demokratie schrieb, die für uns das erste attische Prosawerk ist. Da sie in das Corpus der Schriften Xenophons geriet, wird sie als *Pseudoxenophontische Verfassung der Athener (athenaíon politeía)* zitiert, oder man spricht vom »Alten Oligarchen«. Der Verfasser hat zur Demokratie ein zwiespältiges Verhältnis. Grundsätzlich lehnt er sie ab, weil es in ihr den Schlechten, die sich von Armut und Unbildung treiben lassen, besser geht als den Guten (1,1; 5). Nicht Eunomie, sondern Freiheit und Herrschaft ist ihr höchstes Ziel, dem sie ohne Rücksicht auf die Folgen nachjagen; ihre Zuchtlosigkeit wirkt sich sogar auf die Sklaven und Metöken aus (1,8–9). Nur die Aristokratie ist in der Lage, Zügellosigkeit und Ungerechtigkeit auf ein Minimum zu beschränken (1,5). Die geringere Zahl der Entscheidungsträger macht sie verläßlicher, während die demokratische Masse sich immer nur die Erfolge zuschreiben will. Für Mißerfolge sucht sie Sündenböcke und ist nie um eine Ausrede verlegen, um Beschlüsse oder Verträge zu brechen, die nicht mehr opportun sind (2,17). Andererseits spricht der Autor mit widerwilliger Anerkennung von den geschickten institutionellen und sozialpolitischen Methoden, mit denen die Demokratie ihre Herrschaft sichert: Ämter, die als Pfründe dienen, werden erlost, und nur in die entscheidenden militärischen Stellen werden Reiche gewählt, die mit ihrem Vermögen haften müssen; Arme werden bereichert, um sie als Anhänger zu gewinnen (1,3–4). Wirtschaftliche Vorteile sind überhaupt ein wichtiger Anreiz in der Demokratie, da jeder schließlich sich selbst der nächste ist (3,20). Demokratie, Seeherrschaft und wirtschaftliche Überlegenheit Athens hängen untrennbar zusammen: Der Demos, der die Flotte bemannt, regiert zu Hause und herrscht über die Mitglieder des Seebundes, wo er nach Möglichkeit Gesinnungsgenossen an die Macht gebracht hat (2,14; 3,10). Ausführlich werden politische Unterdrückung und wirtschaftliche Ausbeutung der Bündner dargestellt (1,14–2,12). Auch hier handelt die Demokratie mit größter Effektivität. Angesichts der Lebensfähigkeit einer solchen Verfassung, die noch aus ihren Fehlern Kraft schöpft (1,8),

hält der Verfasser Hoffnungen auf einen Sturz der Demokratie, über den man in Adelskreisen nachgedacht zu haben scheint, für eine Illusion (1,1; 3,12). Stattdessen plädiert er für eine Reform in kleinen Schritten, da selbst größere Verbesserungen nicht durchführbar seien (3,9).

Aristophanes

Aristophanes schrieb 405 die Komödie *Die Frösche,* in der Euripides und Aischylos im Hades um den ersten Rang als Tragiker streiten; Euripides war zwei, Sophokles ein Jahr zuvor gestorben. Der Wettstreit entscheidet sich an der moralischen Frage, wer der bessere Lehrer der athenischen Bürger gewesen sei (954–1056). Aischylos erhält den ersten Preis, und es wird ihm erlaubt, auf die Erde zurückzukehren, um Athen »durch gute Ratschläge zu retten und die Unvernünftigen zu erziehen« (1501–1503). Zu einem Zeitpunkt, als Athen im Endkampf mit Sparta stand, trat der Komödiendichter nachdrücklich für die Tragödie als politische Erzieherin ein. Aischylos verkündet: »Was für Knaben der Lehrer ist, der Weisung gibt, das ist für Erwachsene der Dichter« (1054–1055). Der konservative Aristophanes, der die Auswüchse der radikalen Demokratie verurteilte, sah im erzieherischen Wirken der aischyleischen (und sophokleischen) Tragödie die beste Waffe gegen die Sophistik. Vor deren bedenklichen Folgen warnte er, indem er den von ihr beeinflußten Euripides als Verderber der Athener darstellte und ihn gegen Aischylos verlieren ließ (vgl. S. 65).

Die Sophistik

Wie wir gesehen haben, beschränkten sich die vorsokratischen »Naturphilosophen« keineswegs auf die Erforschung von Naturphänomenen. Ihr Name rechtfertigt sich mehr als durch ihre eigene Philosophie durch den Gegensatz zur nachfolgenden *Sophistik,* die sich in der zweiten Hälfte des 5. Jh. vor allem in Athen verbreitete. Die Sophisten konnten die vielfältigen Einflüsse ihrer Vorgänger nicht leugnen, aber sie konzentrierten sich im Unterschied zu ihnen auf die menschliche *sophía.* Sie meinten mit *sophía* nicht nur die philosophische Weisheit, sondern in einem ursprünglichen umfassenden Sinn alle handwerklichen und geistigen Fähigkeiten des Menschen. Sie vertraten das Ideal einer vielseitigen Bildung und erboten sich, diese *polymathía* gegen Bezahlung zu vermitteln. Das aufblühende Athen mußte solche Männer besonders anziehen. Sie kamen mehr aus den östlichen und westlichen Gebieten des Griechentums als aus dem Mutterland und bildeten nie eine Gruppe oder Schule, zumal viele das

Leben als Wanderlehrer vorzogen. In Athen war auch die Nachfrage nach ihrem vorrangigen Lehrgebiet, der Rhetorik, am größten. Denn reden zu können wurde in der Demokratie zur wichtigsten Erfordernis einer politischen Karriere. Wer künftige Politiker lehrte, wie man mit sprachlichen Mitteln den Gegner widerlegt und die Volksversammlung für sich gewinnt, ließ diesen Erfahrungsbereich schwerlich außer acht, wenn er über den Staat selbst nachdachte. Wir können den Zusammenhang von Theorie und Praxis nur vage bei einzelnen Sophisten fassen, da die häufig verzerrende Polemik ihrer Gegner dazu geführt hat, daß die Originalwerke fast ganz verlorengegangen sind. Sicher aber sind ihre Staatstheorien nicht denkbar ohne die Kritik, die die Naturphilosophen an traditionellen Vorstellungen geübt hatten und die vor allem bei den etwas jüngeren Sophisten in radikale Anschauungen mündeten.

Protagoras aus Abdera (ca. 485–410) kehrte den Mythos vom Goldenen Zeitalter um und erklärte die Entstehung der Kultur und des Staates aus der ursprünglichen Mangelhaftigkeit des Menschen. Was diesem Mangel abgeholfen hat, ist daher auch unverzichtbarer Bestandteil jeder gegenwärtigen staatlichen Gemeinschaft: Den Urmenschen hatte einst Prometheus das Feuer geschenkt, und durch eigene Erfindungskraft hatten sie sich Kleidung, Behausung und Nahrung verschafft. Da sie beständig Gefahr liefen, von wilden Tieren ausgerottet zu werden, schlossen sie sich in Städten zusammen. Aber sie beherrschten noch nicht die Kunst der Politik *(politikḗ téchnē),* und so zerstreuten sie sich immer wieder im Streit, bis sie von Zeus als einigendes Band Gesittung und Recht erhielten, und zwar alle ohne Ausnahme (Platon, *Protagoras* 320–322). Gesittung und Recht sind also auch die beiden Tugenden, zu denen jeder Bürger einer demokratischen Polis im Interesse der inneren Harmonie des Staates erzogen werden muß. Sie bilden das moralische Fundament der Verfassung, dessen ›nationale‹ Gültigkeit nicht dadurch beeinträchtigt wird, daß es im ›internationalen‹ Vergleich einzelstaatlicher Nomoi nur eine relative Gültigkeit hat. Protagoras' berühmter *Homomensura-Satz* (»der Mensch ist das Maß aller Dinge«) hatte für ihn vor allem erkenntnistheoretische Bedeutung, auch wenn er dann leicht zur Begründung eines ethischen Relativismus verwendet werden konnte. Der Sophist beanspruchte selbst, ein Tugendlehrer zu sein. Er gestand zu, daß die Natur des Menschen über den möglichen Grad seiner Erziehung entscheidet. Es gibt Menschen, die besser veranlagt sind, aber auch sie bedürfen der Übung. Mit dieser vermittelnden Haltung löste Protagoras die Physis von der Standesbindung. Von Perikles wurde er 444 beauftragt, die Verfassung für die Kolonie Thurioi zu entwerfen, die gemäßigt demokratisch war.

Gorgias von Leontinoi (ca. 483–376) kam als Gesandter seiner Heimatstadt 427 nach Athen. Dort und in Olympia setzte er sich für die Eintracht aller Griechen ein. Der Bruderkampf der Griechen im Peloponnesischen

Krieg hatte ihn zum Propagandisten des panhellenischen Friedensgedankens gemacht, den im 4. Jahrhundert vor allem sein Schüler Isokrates weiterführte. In der Rhetorik sah Gorgias nicht mehr nur eine politische Waffe, sondern erhob sie zur Herrscherin über die Politik und das gesamte öffentliche Leben (Platon, *Gorgias* 452d–e): Derjenige Politiker, der die Redekunst mit dem nötigen Sachwissen über Krieg und Frieden, Gesetzgebung und Finanzen, Ausfuhr und Einfuhr verbindet, kann seine Mitbürger ohne physische Gewalt zu seinen Sklaven machen. Wenn er dazu noch den rechten Augenblick *(kairós)* abwartet – Gorgias hat sich ausführlich mit dem Kairos befaßt – ist er allen überlegen. Um eines guten Zweckes willen darf er sogar die Wahrheit zugunsten der Wahrscheinlichkeit zurückstellen. Vor allem diese Lehre von der »berechtigten Täuschung« machte später aus den Rede- und Weisheitslehrern die ›Sophisten‹. Gorgias selbst schloß die moralische Zielsetzung mit ein, und er hatte sie auch bei der Ausdeutung eines zweiten folgenreichen Gedankens nicht geleugnet, dem Naturrecht des Stärkeren: »Die Natur hat es eingerichtet, daß das Stärkere vom Schwächeren nicht behindert wird, sondern das Schwächere vom Stärkeren beherrscht und gelenkt wird und das Stärkere führt, das Schwächere aber folgt« (Gorgias, *Helena 6)*. Gorgias sah darin ein in der Welt wirksames allgemeines Prinzip, doch in der aufgewühlten Zeit des Peloponnesischen Krieges war man rasch dabei, mit ihm eine hemmungslose Machtpolitik zu rechtfertigen; Thukydides bot dafür im »Melierdialog« eine Illustration.

Hippias von Elis, jünger als Protagoras und Gorgias, zog aus der Relativität des Nomos zwei zukunftsträchtige Folgerungen: Die Menschen sind von Natur aus gleich; und: Unterschiede zwischen ihnen sind lediglich das Ergebnis des Nomos. Er ist nicht, wie Pindar gesagt hatte, der König, sondern der Tyrann der Menschen, der vieles gegen ihre Natur erzwingt (Platon, *Protagoras* 337c–d). Die Einzelgesetze einer Polis aber sind nichts anderes als Vereinbarungen der Bürger, ein ›Gesellschaftsvertrag‹ (Xenophon, *Memorabilia* 4,4,13). Daher können solche zeitgebundenen, zweckmäßigen Regeln des Zusammenlebens je nach Lage auch wieder geändert werden. Hippias stellt ihnen die »ungeschriebenen Gesetze« gegenüber, unter denen er diejenigen allgemeinen Normen versteht, die wie die Achtung vor den Eltern bei allen Menschen gleich, folglich göttlichen Ursprungs sind (Xenophon, ib. 4,4,19–20). Bereits vor der Stoa sah Hippias im Menschen zugleich den Weltbürger und den Polisbürger.

Dank Platons *Gorgias* und *Politeia* wurden die Sophisten Kallikles und Thrasymachos die bekanntesten Vertreter vom Naturrecht des Stärkeren. Für *Kallikles,* der nur durch Platon bekannt ist, sind Gesetze nichts anderes als eine Zuflucht der Schwachen gegen die Starken. Ein Starker zertritt sie und handelt kraft seiner Physis autonom; das meint Pindar

mit seinem Wort vom Nomos als dem König der Sterblichen und Unsterblichen (Platon, *Gorgias* 483a–484c). *Thrasymachos* von Chalkedon, der wie die meisten Sophisten während des Peloponnesischen Krieges in Athen wirkte, definiert Gerechtigkeit als den Vorteil des Stärkeren, von dem zugleich der Schwächere profitiere. So erlasse jede Regierung, unabhängig vom Verfassungstyp, den sie darstellt, Gesetze zum eigenen Nutzen wie zum Nutzen der Regierten (Platon, *Politeia* 1,338–339). Daß Thrasymachos' gegenwartsbedingte Analyse nicht notwendig Einverständnis mit den machtpolitischen Kämpfen seiner Zeit bedeutete, wie Platon anzunehmen scheint, beweist ein anderweitig überliefertes Fragment aus einer *Politeia* des Sophisten (VS 85 B 1). Er kritisiert dort Fehler der neueren athenischen Verfassungsentwicklung und trauert der »Verfassung der Väter« *(pátrios politeía)* nach, unter der die Jüngeren geschwiegen und die Älteren den Staat ordnungsgemäß verwaltet haben. Nicht den Göttern, sondern allein den Regierenden ist das jetzige Unglück anzulasten; Solon hatte sich schon ähnlich geäußert. Aber entgegen der alten Warnung, daß Wohlleben die Bürger entzweie, läßt jetzt das Unglück die Zwietracht wachsen, da sich zwei Parteien im Staat befehden. Zu Unrecht beruft sich jede der beiden auf die »Verfassung der Väter«, die tatsächlich allen Bürgern gemeinsam gehört. Thrasymachos will als Lehrer zwischen die Parteien treten und sie über die identischen Teile ihrer Programmatik aufklären, die als Basis für eine Versöhnung der Bürgerschaft dienen können. Seine Schrift gehört in die Zeit nach 413, als militärische Rückschläge die athenische Demokratie erschütterten und die Machtkämpfe mit der Aristokratie 411–410 zu Verfassungsänderungen führten. *Pátrios politeía* lautete auf beiden Seiten das Schlagwort. Seine ideologische Dehnbarkeit machte es für die jeweiligen Machthaber ebenso geeignet wie für deren Gegner, die ihre Politik als Wiederherstellung eines älteren Zustandes ausgaben.
Zu den Aristokraten, die beim Verfassungsumsturz 411 führend beteiligt waren, gehörte der Sophist *Antiphon* aus dem attischen Demos Rhamnus, dessen Verhältnis zum namensgleichen Redner nicht eindeutig zu bestimmen ist. Ein Papyrusfragment (VS 87 B 44) überliefert von ihm eine sehr ›sophistische‹ Interpretation der Gesetzestreue, die vom Wesensunterschied zwischen positivem Recht und Naturrecht ausgeht: Dem positiven Recht zu gehorchen und Gerechtigkeit zu üben, bringt dem Bürger nur Nutzen, solange er beobachtet wird, also auch bestraft werden kann. Andernfalls soll er den gewachsenen Gesetzen der Natur folgen, zu denen die menschlichen Vereinbarungen meist im Widerspruch stehen und denen sich zu verweigern auf jeden Fall Schaden bringt. Wer an Standesunterschieden festhält und die natürliche Gleichheit der Menschen mißachtet, verhält sich wie ein sogenannter Barbar; denn tatsächlich macht die Natur zwischen Hellenen und Barbaren keinen Unterschied.

Ungeklärt bleibt, wie sich Antiphons eigene politische Tätigkeit mit diesem Grundsatz vertrug.
Radikaler Aristokrat war auch der Sophist *Kritias,* Platons Onkel und einer der Führer der »Dreißig Tyrannen«, die nach Athens Niederlage im Peloponnesischen Krieg 404–403 ein Schreckensregiment in der Stadt errichteten. Zu seiner ausgedehnten Schriftstellerei gehörten politische Elegien in der Nachfolge von Solon und Theognis und Verfassungen von Städten. Im Satyrspiel *Sisyphos* behandelte er die natürliche Entstehung des Nomos und der Religion (VS 88 B 25), die, des mataphysischen Ursprungs entkleidet, ihre absolut bindende Kraft verlor: Anfangs lebten die Menschen wie Tiere, ungeordnet und dem Stärksten untertan, und es gab weder Lohn für die Guten noch Strafe für die Schlechten. Dann vereinbarten sie Gesetze. Es waren Strafgesetze, die offene Gewalttaten ahndeten, aber geheime Verbrechen nicht verhinderten. Um auch die heimlichen Übeltäter abzuschrecken, erfand ein Schlauer die Götterfurcht. Er führte göttliche Mächte ein, die alles sahen und hörten. Zur besseren Wirkung ließ er seine Phantasiegötter im Himmel wohnen, weil die Menschen über Himmelserscheinungen wie Blitz und Donner erschraken und sich über andere nützliche wie Sonne und Regen freuten.
Eine andere Version für die Entstehung der Religion bot der Sophist *Prodikos* von Keos (VS 84 B 5): Auf einer primitiven Stufe verehrten die Menschen Nahrungsmittel wie Getreide und Wein und nützliche Dinge in der Natur wie Wasser, Feuer, Sonne und Mond als Götter. Später, auf einer höheren Stufe, sahen sie in den Erfindern und Verbreitern nützlicher Techniken Götter, und so wurden aus den Urhebern des Getreide- und Weinanbaus Demeter und Dionysos.
Der aus dem letzten Drittel des 5. Jahrhunderts stammende Traktat des sogenannten *Anonymus Jamblichi* (VS 89) setzte sich mit den Staatslehren der Sophisten auseinander. Einerseits folgte er Protagoras und definierte den guten Staatsbürger als einen Mann, bei dem natürliche Veranlagung und ein dauerndes sittliches Streben zusammenkommen; der Beste sei derjenige, der dank seiner erworbenen Tüchtigkeit der größten Zahl von Mitbürgern in Wort und Tat nütze. Andererseits lehnte er die Lehre vom Recht des Stärkeren ab. Sie widerspreche dem Wesen des Nomos, und die Tyrannis, die sich damit rechtfertige, sei zum Scheitern verurteilt. Da nämlich der Nomos aufgrund der menschlichen Physis, nicht als göttliche Schöpfung, König sei, werden sich die Menschen stets gegen die naturwidrige Herrschaftsform erheben. Es wäre denkbar, daß der Anonymus Jamblichi als Programmschrift direkt gegen Leute wie Kritias veröffentlicht wurde, um mit ihrer Lehre auch ihren politischen Kurs zu bekämpfen.
Demokrit aus Abdera (ca. 460–370) beschäftigte sich wie die Sophisten mit der Entstehung von Kultur und Staat. Aber seine enzyklopädische

Gelehrsamkeit hob ihn über sie hinaus, und mit seiner an Leukipp anschließenden Atomtheorie gehört er in den Kreis der ionischen Naturphilosophen: Mit seinem Landsmann Protagoras stimmt er darin überein, daß armselige Lebensbedingungen und Furcht vor wilden Tieren die Menschen erstmals gezwungen haben, sich zusammenzuschließen und gegenseitige Verständigung zu suchen, woraus sich die Sprachen entwikkelt haben (VS 68 B 5; vgl. B 144). Aber das war lediglich der äußere historische Vorgang. In ihm wirkte eine tiefere Kraft, bei der es sich nicht nur um eine Art Gemeinschaftstrieb handelte, sondern um das die gesamte belebte und unbelebte Natur durchdringende Prinzip, daß sich gleich zu gleich gesellt (B 164). Technik und Kunst entwickelten die Menschen anschließend, indem sie die Tiere nachahmten, das Weben der Spinnen, den Nestbau der Schwalben und den Gesang der Vögel (B 154). Der mechanischen Zwangsläufigkeit, die Demokrits Naturbild und Evolutionstheorie beherrscht, entspricht der utilitäre Rationalismus in seinen Ideen zu Staat und Gesellschaft: »Recht ist, das Nötige zu tun, unrecht, das Nötige nicht zu tun, sondern zu verdrängen« (B 256). Demokrit gibt zwar zu, daß »das Herrschen von Natur aus dem Stärkeren eigen ist« (B 267), und daß »die Gesetze an sich keinen hindern würden, nach seinen Fähigkeiten zu leben«. Aber dann würde jeder dem anderen Schaden zufügen und aus Neid würde Bürgerkrieg (*stásis*) entstehen (B 245). Der Nomos wird zum praktischen bürgerlichen Sittenkodex, der das menschliche Zusammenleben reguliert und erleichtert. Er trägt seinen Wert in sich, und wer sich gegen ihn vergeht, ja wer bereits den Vorsatz dazu hat, muß mit dem Tode bestraft werden (B 257–260); auch die übrigen Strafgesetze sind mit aller Strenge anzuwenden (B 262). Andererseits sind die Pflichten für die Polis allen übrigen Pflichten vorzuziehen, und gute Politik rechtfertigt sich durch ihr Ergebnis: »Denn ein wohlgeführter Staat ist die größte Stütze, und darin ist alles enthalten; ist er in Ordnung, so ist alles in Ordnung, geht er zugrunde, so geht alles zugrunde« (B 252). Daher profitieren die wirtschaftlich stärkeren Bürger davon, wenn sie Solidarität mit den Schwächeren üben und ihnen Geld vorschießen (B 255). Auf diese Weise kann die größtmögliche Zahl von Menschen zu dem »Wohlsein« und der »Frohgemutheit« kommen, die für Demokrit das Glück ausmachen und denen er eine eigene Schrift gewidmet hat. Voraussetzung ist allerdings eine demokratische Verfassung, ja Armut in der Demokratie ist dem angeblichen Glück unter einem Herrscher in dem Maße vorzuziehen, wie Freiheit der Knechtschaft (B 251).
Viele der Lebensregeln, die der »lachende Philosoph« empfahl, erinnern in ihrer handfesten Moral an die weitverbreiteten Spruchweisheiten, die den sogenannten Sieben Weisen zugeschrieben wurden. Das Gedankengut ist historisch kaum zu fixieren. Die Definitionen des besten Staates scheinen allerdings in die Zeit Demokrits zu passen, der auch die im

4. Jahrhundert entworfenen Staatsutopien beeinflußt hat: »Die Sieben Weisen wurden gefragt: Welches ist der beste Staat? Und als erster erwiderte Solon: Der, in dem die nichtbetroffenen Bürger einen Verbrecher nicht weniger verfolgen und bestrafen als derjenige, gegen den er sich vergangen hat. Als zweiter Bias: In dem alle das Gesetz wie einen Tyrannen fürchten. Als dritter Thales: Derjenige Staat, in dem es weder allzu Reiche noch allzu Arme gibt. Als vierter Anacharsis: In dem man, während alles andere gleich eingeschätzt wird, den Vorrang nach der Tüchtigkeit bemißt und die Zurücksetzung nach der Schlechtigkeit. Als fünfter Kleobulos: Wo die Bürger den Tadel mehr fürchten als das Gesetz. Als sechster Pittakos: Wo den Schlechten nicht erlaubt ist zu herrschen und den Guten nicht erlaubt ist nicht zu herrschen. Als siebter Chilon: Der Staat, der am meisten auf die Gesetze, am wenigsten auf die Redner hört.« (Plutarch, *Gastmahl der Sieben Weisen* 11,154d).

5. Staatsutopien und Reformprogramme

Der eigentliche Sieger des Peloponnesischen Krieges hieß Persien, mit dessen Gold Sparta schließlich Athen niedergerungen hat. Der athenisch-spartanische Dualismus war beendet, aber nachträglich erwies sich, daß er während der Pentekontaëtie für Griechenland doch auch eine gewisse Stabilität gebracht hatte. Sie wiederherzustellen war Sparta auf die Dauer weder politisch noch militärisch in der Lage. Während die kleinasiatischen Griechen erneut unter persische Herrschaft kamen, zersplitterten sich die Staaten des Mutterlandes auch nach 404 in einer fast ununterbrochenen Folge von kleineren und größeren Kriegen, und wie im 5. Jh. vermengten sich häufig äußere und innere Anlässe. Aber während früher der Kampf um die politische Vormacht in der Polis gegangen war, die der Demos nicht länger der Aristokratie überlassen wollte, handelte es sich jetzt vor allem um soziale Auseinandersetzungen zwischen einer reichen, nicht mehr nur adligen Oberklasse und einer armen Unterschicht, die vielfach von den Kriegswirren besonders hart getroffen worden war. Im Wandel der Zielsetzung verriet sich eine allgemeine Distanz zum Politischen, die sich auch sonst bemerkbar machte. Aristoteles deutet die sozialen Gründe der innenpolitischen Kämpfe in seiner *Verfassung der Athener* indirekt an, wenn er sich verwundert, daß die Gründe gerade in Athen nicht wirksam wurden (40,3). Dort blieb die extrem aristokratische Herrschaft der »Dreißig« ein einjähriges Zwischenspiel, nachdem die Demokratie 403 wiederhergestellt wurde. Insgesamt wahrte Athen

fortan seinen inneren Frieden, obwohl die Auflösung des Seebundes eine ebenso schwere wirtschaftliche wie machtpolitische Einbuße bedeutete. Bewies die Demokratie damit ihre Lebenskraft, so blieb doch nicht aus, daß sich auch hier der private Bereich der Bürger gegenüber dem eigentlich politischen erweiterte. Vor allem in Athen läßt sich diese Entwicklung, die ins 5. Jh. zurückreichte und durch den Peloponnesischen Krieg beschleunigt wurde, genauer verfolgen. Einige aufschlußreiche Indizien verwiesen auf sie: Berufspolitiker, die in der Rhetorik ihr wichtigstes Werkzeug hatten, eroberten in immer stärkerem Maße die politische Bühne; für den Besuch der Volksversammlung mußten Tagegelder eingeführt und mehrfach erhöht werden, damit bei Abstimmungen das erforderliche Quorum zusammenkam (Aristoteles, *Verfassung der Athener* 41,3); in der Komödie lösten gesellschaftliche Inhalte die politischen ab; in der bildenden Kunst, vor allem in der Grabkunst, trat der Öffentlichkeitsbezug zurück zugunsten der familiären Thematik. Auch in Sparta löste sich der alte Kosmos in einem langen Prozeß auf, wodurch periodisch schwere innere Krisen ausgelöst wurden.
Die Entpolitisierung wirkte sich auf das Staatsdenken aus, für das Athen, dessen kultureller Vorrang durch die Niederlage nicht beeinträchtigt wurde, weiterhin der wichtigste Katalysator blieb. Züge einer geistigen Distanz zur unmittelbaren politischen Umwelt schlugen sich in zwei Denkformen nieder, die selbst nicht neu waren, jetzt aber größeres Gewicht gewannen. Die eine war die Staatsutopie, die andere die Idealisierung der Vergangenheit. Beide Formen waren in ihrem Ausgangspunkt nahe verwandt, und insbesondere die zweite war gewiß auch eine Reaktion auf die desillusionierenden Anschauungen der Sophistik. Soweit sie die athenische Geschichte betraf, stand sie in enger Verbindung zur aufblühenden Lokalgeschichte. Hellanikos von Lesbos, ein jüngerer Zeitgenosse Herodots und Verfasser der ersten attischen Geschichte (Atthis) erhielt mehrere Nachfolger. Ihre Werke sind bis auf Fragmente verloren, aber wir können ihren Einfluß in der rhetorischen Publizistik verfolgen, die sich nun ebenfalls verstärkt historischer Argumente bediente. Die Atthidographen statteten die »Verfassung der Väter« mit allen guten Eigenschaften aus, die sie als unerläßlich für eine gesunde Polis ansahen, und legitimierten aus einer weitgehend fiktiven Historie ihre politischen Anschauungen und Absichten. Euripides war mit den *Schutzflehenden* vorausgegangen. Der Volksführer Theseus wurde nun zum vorbildlichen Gesetzgeber, eine Rolle, die man auch Drakon, Solon oder Kleisthenes gab. Die alte Vorstellung, daß jede menschliche Kulturleistung einmal von einem Gott oder von einem genialen Menschen erfunden worden sei, wurde auf die Polisordnung übertragen. Die Verfassung erschien nicht als Ergebnis einer geschichtlichen Entwicklung, sondern als Akt eines weisen Staatsmannes.

Xenophon

Die Atthidographen und diejenigen, die sich von ihnen ihre politischen Argumente holten, traten gewöhnlich für eine gemäßigte Demokratie ein. Die aristokratische Opposition sah ihr Vorbild in einem idealisierten Sparta (Lakonien). Im 5. Jahrhundert hatten ›lakonisierende‹ athenische Adlige immer wieder auf Ausgleich mit Sparta gedrängt. Gewisse Züge des ›Lakonismus‹ finden sich bei Thukydides, und tiefen Einfluß übte er später auf Platon aus. Der radikale Oligarch Kritias pries 403 die spartanische Verfassung als die beste in Griechenland und ließ mit Berufung auf spartanische Vorbilder seinen Gegner Theramenes hinrichten (Xenophon, *Hellenika* 2,3,34). Im 4. Jahrhundert erging es dem Lakonismus wie dem athenischen Traditionalismus. Was er an politischer Aktualität verlor, gewann er im Staatsdenken an Bedeutung. Allerdings war das Bild, das er vom alten Sparta zeichnete, nicht weniger weit von der historischen Wirklichkeit entfernt als das alte Athen der Atthidographen. Kritias, der das spartanische Leben in Poesie und Prosa verherrlichte, wurde zum Ahnherrn einer ausgedehnten Spartaliteratur. Wir besitzen noch die *Verfassung der Lakedaimonier* des Atheners *Xenophon*, der als Verbannter viele Jahre auf der Peloponnes lebte.

Der Atthis entsprechend beschreibt er die spartanische Staats- und Gesellschaftsordnung als Werk des mythischen Gesetzgebers *Lykurg*, der von der Kinderzeugung bis zur Herrschaft der Könige alles geregelt habe. Grundlegend ist die körperliche und moralische Erziehung der Jugend. Die Knaben werden so auf das Leben im Kollektiv mit seinen frugalen, auf kriegerische Tüchtigkeit ausgerichteten Sitten vorbereitet. Xenophon muß allerdings zugeben (14,1), daß sich die Spartaner seiner Zeit längst nicht mehr nach Lykurgs Gesetzen richten. Mit seiner Darstellung will er dazu beitragen, daß die alten Lebensformen und vor allem die unübertroffene Erziehung wiederbelebt werden (2,14). Inhalt und Absicht rükken die angeblich historische Schrift in die Nähe der Staatsutopien (vgl. S. 65f).

Hippodamos und Phaleas

Aristoteles bezeichnet *Phaleas* von Chalkedon und *Hippodamos* von Milet – beide gehören noch ins 5. Jh. – als die ersten, die utopische Staatsentwürfe verfaßt haben (*Politik* 2, 1266a 39–40; 1267b 28–30). Doch eine Wurzel der neuen Gattung, der Wunsch, Fehler des staatlichen Lebens zu verbessern, reicht bis in die Anfänge des politischen Denkens zurück. Nur beschränkt sich die Utopie jetzt nicht mehr auf die Reform des eigenen Staates, sondern zeigt, wie der beste Staat überhaupt beschaffen sein

muß. Die politische Wirkungsabsicht unterscheidet sie von literarischen Utopien wie dem Phäakenstaat Homers. Hippodamos, der wie Herodot und Protagoras an der Gründung der Kolonie Thurioi teilnahm, war Architekt und berühmt für seine quadratischen Stadtgrundrisse, in denen sich alle Straßen rechtwinklig schnitten. Mathematisch gegliedert ist auch die Staats- und Gesellschaftsordnung seiner Idealpolis. Sie soll aus zehntausend Männern bestehen, die sich auf drei Gruppen verteilen, Handwerker, Bauern und Krieger. Grund und Boden sind ebenfalls dreigeteilt in heiliges Land, dessen Erträge dem Götterkult dienen, in öffentliches Land, von welchem die Krieger leben, und in Privatland für die Bauern. Da es nach Hippodamos nur drei Prozeßmaterien gibt, Beleidigung, Schädigung und Totschlag, genügen drei Gesetzesarten. Die Polis ist eine Demokratie, in der alle Beamten vom Volk gemeinsam gewählt werden und die drei Verwaltungsmaterien besorgen, nämlich Angelegenheiten der Polis, der Fremden und der Waisen. Kinder, deren Väter im Krieg gefallen sind, sollen auf Staatskosten erzogen werden. Rangunterschiede in der Bürgerschaft gibt es nur nach den Verdiensten, die man sich um die Polis erworben hat.
Phaleas sah die Übel der Polis vor allem in der Ungleichheit des Besitzes. Er plädierte für Kommunismus und hatte auch einen Vorschlag, wie er zu verwirklichen sei: die Reichen sollten die Töchter ihrer armen Mitbürger mit einer Mitgift ausstatten, ihren eigenen Töchtern aber keine geben, so daß sich mit der Zeit ein Ausgleich herstellte. Um künftige Veränderungen zu unterbinden, sollte entsprechend dem gleichen Vermögen auch die Kinderzahl staatlich festgelegt werden. Aristophanes kannte wahrscheinlich Phaleas' Entwurf, als er 392 in den *Ekklesiazusen* einen athenischen Staat darstellte, in dem die Frauen die Herrschaft übernahmen und Gütergemeinschaft, Frauengemeinschaft und Essensgemeinschaft einführten. Bereits mit dem »Wolkenkuckucksheim« der *Vögel*, die 414 auf die Bühne kamen, verriet der Komödiendichter, daß er mit den zeitgenössischen Reformideen vertraut war.
Die attische Tragödie, die für einen starken Führer des Demos plädierte, wollte selbstverständlich keinen Monarchen. Aber in der Sophistik wurde ernsthaft über die Vorzüge der Monarchie nachgedacht. Der Nichtathener Herodot war unbefangen genug, um die Diskussion, die ihn als Historiker des Perserreiches besonders interessierte, zu berücksichtigen. Für das Interesse, das Xenophon an der Monarchie nahm, könnte man zunächst persönliche Gründe anführen. Er war einer der griechischen Generäle, die den jungen persischen Prinzen Kyros 401 auf seinem verhängnisvollen Zug gegen seinen regierenden Bruder Artaxerxes II. begleiteten. In der *Anabasis* gibt er einen lebendigen Bericht über das Unternehmen und die Rückkehr der »Zehntausend«. In seiner *Kyrupädie* vertritt er jedoch die für einen athenischen Adligen erstaunliche Auffassung, daß

die Monarchie alle anderen Staatsformen überrage und daß es dafür im menschlichen Alltag und in der Tierwelt überzeugende Parallelen gebe (1,1,1–3). Das Werk, das historischer Roman, Fürstenspiegel und Staatsutopie in einem ist, erzählt die weitgehend fiktive Geschichte des Reichsgründers Kyros d. Gr. Xenophon stellt den Perserkönig als den Idealherrscher dar, der alle Tugenden in sich vereinigt, die einen guten Monarchen ausmachen. Es handelt sich vor allem um Gerechtigkeit und Menschenfreundlichkeit, aber auch Ehrgeiz und Lerneifer. Als Feldherr zeigt Kyros seine Besonnenheit und Selbstbeherrschung. Er ist der überlegene militärische Stratege, dessen Kriegsvorbereitung, Taktik, Führung und Versorgung des Heeres geradezu ein Lehrbuch der Kriegskunst ergeben. Die Kyrupädie sollte weitreichende Bedeutung für das Herrscherbild der gesamten Antike haben. Mit der monarchischen Herrschaft beschäftigte sich Xenophon auch in der Lebensbeschreibung des Spartanerkönigs Agesilaos, den er wahrscheinlich persönlich kannte. Die Biographie geriet ihm zu einem Panegyrikus mit paradigmatischen Zügen. Agesilaos verkörperte die besten Tugenden des alten Spartanertums.

Isokrates

Isokrates bietet in seinen Schriften das reichhaltigste Spektrum der politischen Ideenwelt des 4. Jh. Der wortgewaltige Publizist, ein Schüler des Gorgias, setzte sich in seinem langen Leben – er starb 338 im Alter von 98 Jahren – mit allen geistigen Richtungen und politischen Bewegungen der Zeit auseinander. Er gab offen zu, daß es ihm nicht auf neue Ideen ankam, sondern daß er seine Sprachkunst einsetzen wollte, um die Gedanken anderer zu sammeln und in vollendeter Form vorzutragen (*An Nikokles* 41). Zwar verurteilte er die Philosophen (»Sophisten«), die wirklichkeitsfremde Staatsutopien entwarfen (*Philippos* 12–13), und trat immer wieder für eine realistische Politik ein. Aber die visionären Ziele, die er in seinen literarischen Musterreden der griechischen Staatenwelt setzte, blieben kaum weniger hinter der Wirklichkeit zurück, und bei den Bildern einer edlen Vergangenheit, die er seinen athenischen Mitbürgern zur Nachahmung empfahl, bestach am ehesten seine Sprachkunst. Nicht zu unterschätzen ist dagegen sein Einfluß als Lehrer. Von seiner um 390 eröffneten Rhetorenschule sagte Cicero, aus ihr seien, wie aus dem trojanischen Pferd, lauter Fürsten hervorgegangen (*Über den Redner* 2,94). Isokrates hatte in seiner Jugend Sokrates gehört, aber sein Bildungsprogramm, das er in der Rede *Helena* darlegte, verurteilt die sokratisch-platonische Tugend- und Wissensphilosophie als Wortklauberei. Sie bringe den Schülern überflüssige Dinge bei mit einem Wahrheitsanspruch, der hinfällig geworden sei, seitdem einzelne Vorsokratiker und Sophisten

nachgewiesen hätten, daß es ein absolutes Sein nicht gebe und daß jede Aussage falsifizierbar sei (1–6; vgl. *Gegen die Sophisten* 8). Erst recht sei die Behauptung der Sokratiker lächerlich, politisches Wissen zu besitzen. Wäre es der Fall, so würden sie es in der politischen Arena erproben (9–10). Statt leerer Theorien gelte es, den Schülern praktische Wahrheiten zu vermitteln und ihre Empirie zu trainieren. Denn »es ist bei weitem besser, über nützliche Dinge eine zutreffende Meinung zu haben, als über Unnützes bis ins letzte Bescheid zu wissen« (5); die Ausführungen zum Verhältnis von Theorie und Praxis eröffneten eine der folgenreichsten Diskussionen der Bildungsgeschichte. In Isokrates' Bildungsziel – er nannte es auch *philosophía* – kam der Rhetorik eine zentrale Aufgabe zu, durch die sie sich von der bloßen Überzeugungstechnik abhob, die eine jüngere Sophistengeneration gelehrt hatte (*Gegen die Sophisten* 9ff.). Seine Rhetorik erfüllt einen moralischen Anspruch, der in der Kausalkette Gutes denken – Gutes reden – Gutes tun begründet ist. Der verantwortungsbewußte Redner zielt auf die sittliche Besserung seiner Zuhörer, und sie lassen sich von ihm überzeugen, weil sie auch von seiner lauteren Persönlichkeit eingenommen werden (*Antidosis* 274–278).
Auf dieser Grundlage ruhten die politischen Programme, die Isokrates zu den ihn bewegenden großen Themen entwarf: Erneuerung der attischen Demokratie, allgemeiner Friede in Griechenland und panhellenischer Perserkrieg. Er scheute sich nicht, dem Makedonenkönig Philipp II. zu erklären, daß er dank guten Denkens und guter Bildung eine geistige Führerstellung einnehme und daß sie ihm das Selbstvertrauen gebe, als politischer Berater aufzutreten und sich sogar an Könige zu wenden (*Philippos* 82). Für Athen will er die Rückkehr zur gemäßigten Demokratie, die Solon und Kleisthenes eingerichtet haben und die sich durch ihre großen Taten bewährt hat. Sie war einmal die Mittlere Verfassung, die ihre Bürger weder unterdrückt hat, noch ihnen unter dem Etikett »Volksherrschaft, Freiheit, Gleichheit und Glück für alle« die Zügel locker gelassen hat. Wer sich nicht fügte, den hat sie verfolgt und bestraft und so alle Bürger besser und vernünftiger gemacht. Vor allem aber verdankte die Polis ihren damaligen guten Zustand der Tatsache, daß sie Gleichheit nicht als Gleichmacherei praktizierte, sondern jedem das ihm Gebührende zugestand. Daher wurden Ämter nicht verlost, sondern man wählte für sie die Besten und Fähigsten in der Hoffnung, die Masse der Bürger werde sich nach dem Vorbild ihrer Führer ausrichten (*Areopagitikos* 20–22). Wahrscheinlich erblickte Isokrates wie bereits Thukydides in der Mittleren Verfassung des Theramenes die kurzlebige Verwirklichung seines Ideals; Theramenes soll einer seiner Lehrer gewesen sein. Reform der Demokratie bedeutete für Isokrates vor allem auch moralische Reform. Anstelle des Privatismus sollte wieder der echte Polisgeist treten, wie ihn die Generation vor den Perserkriegen vorgelebt hatte. Damals »verpraß-

ten die Bürger das öffentliche Gut nicht, als gehöre es ihnen, und öffentliche Angelegenheiten vernachlässigten sie nicht, als ob es sich um fremde Dinge handle« (*Panegyrikos* 76).

Im *Panegyrikos* begründet Isokrates aus der Geschichte auch die Neuordnung Griechenlands und den daran anzuschließenden panhellenischen Perserfeldzug. Er weiß, daß das Thema nicht neu ist (3). Sein Lehrer Gorgias hatte den panhellenischen Gedanken bereits vertreten, und der in Athen lebende Redner Lysias hatte auf den Olympischen Spielen 388 den Griechen ein weitblickendes Programm der inneren und äußeren Erneuerung vorgetragen: »Es ist wichtig, die gegenseitigen Kriege zu beenden, einträchtig nach Sicherheit zu streben, sich der (jüngsten) Vergangenheit zu schämen, um die Zukunft in Sorge zu sein und mit den Vorfahren zu wetteifern, die den auf fremdes Gut lüsternen Barbaren ihren Besitz nahmen, die Tyrannen vertrieben und eine allen gemeinsame Freiheit schufen« (*Olympiakos* 6). Lysias' Appell zur Einheit war allerdings vage geblieben, und Isokrates will nun im Unterschied zu seinen Vorgängern eingehend den Weg erörtern, auf dem sich ein solches nationales Programm für die Griechen verwirklichen läßt (3–4): Athen und Sparta, die bisher mit ihren Bünden einander auszustechen versuchten und dadurch Griechenland dem Perser geöffnet haben, müssen zu gleichen Teilen die Führung der griechischen Staaten übernehmen (15–17). Sparta dürfte allerdings kaum dafür zu gewinnen sein, da es von alters her die falsche Auffassung vertreten hat, ihm allein komme die Vorherrschaft zu. Deshalb muß man ihm beweisen, daß Athen die eigentliche Vormacht ist (18). Das ist für Isokrates der Anlaß, ein Prachtgemälde von Athens historischer Rolle zu entwerfen, das die künftige Führung legitimieren soll; Panegyrik, Grabrede, Atthis und Kulturentstehungstheorien liefern ihm die Themen. Athens Erfahrung und Befähigung, Alter und Größe, Autochthonie und Verdienst um Hellas rechtfertigen nicht nur den Anspruch auf die Hegenomie, indirekt weisen sie auch – entgegen dem derzeitigen Augenschein – die Würdigkeit der Bewerberin nach (22-27). Verdient hat sich die Stadt dadurch gemacht, daß sie den Griechen die Feldfrüchte und die Mysterien gebracht, den griechischen Machtbereich durch Kolonisation und Kampf gegen die Barbaren erweitert, Handel, Gewerbe und Kunst entwickelt und so Griechenlands materielle und geistige Kultur geschaffen hat (28–50). Mit dem thukydideischen Perikles sieht Isokrates Athen als die »Erzieherin von Hellas« und verlängert diese Rolle in die mythische Vorzeit zurück. Die Abwehrschlacht gegen die Amäzonen zählt nun ebenso wie der Abwehrkrieg gegen die Perser (51–74), der ein Modell der kommenden Neugliederung und ihres vorrangigen Zieles bietet: In edlem Wetteifer haben damals Athen und Sparta die Hellenen vor der Sklaverei gerettet. Als Hegemonialmächte haben beide die kleineren Staaten mit größter Rücksicht behandelt und die eigenen Interessen zugunsten des gemeinsamen Vaterlandes zurückgestellt. Und wie damals die Athener die größere Last getragen haben und deshalb als Führer anerkannt wurden, so steht ihnen auch im bevorstehenden Perserkrieg wieder die Führung zu (75–99). Die Vorwürfe, die in der Zeit des Seebundes und des Peloponnesischen Krieges gegen Athens Herrschaft laut geworden sind, hätten in Wirklichkeit den Spartanern zu gelten, die ihre Macht zum Schaden Griechenlands gebraucht haben und sich jetzt endlich um der höheren Aufgabe willen fügen sollten (100–133). Denn die Schwäche Persiens fordert geradezu den Kampf heraus, damit endlich die schmähliche Vertragspolitik der vergangenen Jahre revidiert und durch das gemeinsame Unternehmen zugleich die klägliche Zerrissenheit Griechenlands beendet wird (134–186). Es scheint, als habe sich Isokrates an seiner eigenen Vision berauscht. Denn tatsächlich konnte die Adresse an Sparta, die wie ein Gegenstück zur lakonisierenden Literatur klingt, dort nur als Affront gelesen werden. Sie mußte den Argwohn gegen die athenischen Bestrebungen verstärken, die alten Bündner wieder zu sammeln, auch wenn Isokrates schwerlich direkte Propaganda für den 378 gegründeten Zweiten Attischen Seebund machen wollte.

Der »Allgemeine Friede« (*koinê eirênê*), den Isokrates, Lysias und andere Redner propagierten, traf sich mit einer verbreiteten Friedenssehnsucht und mit den Anstrengungen einsichtiger Politiker, denen es auch tatsächlich gelang, mehrmals eine größere Zahl griechischer Staaten auf diese Formel zu einigen. Aber Friedensverträge konnten den griechischen Partikularismus auf die Dauer nicht bändigen. Auch Isokrates mußte einsehen, daß sich die griechische Staatenwelt aus eigener Kraft nicht reformieren, geschweige denn der Heilmittel bedienen werde, die er ihr anbot. Es bedurfte dazu der starken Macht eines einzelnen Herrschers. Um 370 schien ihm der Tyrann Jason von Pherai ein sölcher Retter werden zu können, wenig später der Tyrann Dionysios I. von Syrakus. Nachdem Athen 346 mit Philipp II. Frieden geschlossen hatte, wandte er sich schließlich an den Makedonenkönig. Im zukünftigen Einiger Griechenlands sah Isokrates zugleich den Führer des panhellenischen Feldzuges gegen Persien. Der Appell an einen Monarchen war für ihn kein Bruch mit seinen bisherigen Vorstellungen. Denn der König sollte Griechenland nicht seiner Herrschaft eingliedern, sondern Vorsteher (*prostátēs*) eines Bundes freier Staaten sein, so wie erst ein starker Prostates die Demokratie zu einer guten Staatsform machte. Der Korinthische Bund, in den Philipp die Griechen nach seinem Sieg bei Chaironeia 338 zwang, war dann allerdings nicht die Gemeinschaft autonomer Poleis, von der Isokrates geträumt hatte. Ob er den Bund begrüßt hat, dessen Gründung er gerade noch erlebte, läßt sich nicht mehr eindeutig feststellen.

Ratgeber des Herrschers, als der er im *Philippos* auftritt, war Isokrates auch in den Sendschreiben gewesen, die er zwischen 374 und 370 an den jungen kyprischen Thronfolger Nikokles geschickt hatte und die zusammen einen umfassenden Fürstenspiegel ergeben. Die Regierungsanweisungen der ältesten Schrift, *An Nikokles*, decken sich zu einem guten Teil mit den Aufgaben einer gemäßigten Demokratie: Der König soll seine Untertanen in der Mitte zwischen Unterdrückung und Zügellosigkeit halten und den besten den ihnen zukommenden Vorrang zugestehen (16;23). Seine erste Aufgabe ist es, für die Wohlfahrt des Staates zu sorgen, und deshalb die Arbeit zu fördern und Prozeßhändel zu unterbinden (10;18). Er soll sich die Pflege der Religion und den Schutz der Fremden angelegen sein lassen, sich in Kriegstheorie und Kriegsrüstung martialisch zeigen, aber sich friedfertig von ungerechten Angriffen zurückhalten, und in den Beziehungen zu schwächeren Staaten soll er die Goldene Regel beachten (20–42). Viele Verhaltensvorschriften für die persönliche Lebensführung des Königs wiederholen altbekannte praktische Lebensregeln, wie sie auch für einen guten Polisbürger gelten: Freunde nach ihrer Würdigkeit und nach dem Nutzen für den Staat auswählen, auf Kritiker statt auf Schmeichler hören, Selbstbeschränkung und Selbstkontrolle üben, auf seinen guten Ruf bedacht sein, nur Anständiges reden und tun, auf weise Männer hören und den Lehren der großen Dichter folgen (27ff.). Im *Euagoras* verherrlicht Isokrates den verstorbenen Vater des Nikokles als einen Idealherrscher, in der Absicht, dem Sohn ein verpflichtendes Vorbild vor Augen zu stellen. Der *Nikokles* schließlich gibt sich als eine Rede des jungen Königs an sein Volk. Er vergleicht in ihr Monarchie, Aristokratie und Demokratie und verteidigt die Vorzüge der Alleinherrschaft, die wieder die gemäßigte Demokratie der übrigen Schriften ist.

6. Platon

Platon beendet den Dialog *Phaidros* mit einem bemerkenswerten Lob auf die Redekunst des Isokrates: Sokrates stellt im Gespräch mit Phaidros den jungen Isokrates weit über Lysias und begründet sein Urteil damit, daß sich bei ihm natürliche Anlage und ethische Absicht verbinden. Dann prophezeit Sokrates noch, Isokrates werde, falls er seine vorhandenen philosophischen Gaben ausbilde, zum führenden Redner werden. Platon schrieb Sokrates die angebliche Prophezeiung über seinen Schüler zu einer Zeit zu, als dieser seine Rhetorik bereits deutlich von der sokratischen Philosophie abgesetzt hatte. Man sah deshalb in den Schlußworten des *Phaidros* einen ironischen Hieb auf Isokrates, der die in ihn gesetzten Erwartungen nicht erfüllt habe. Doch tatsächlich erkennt Platon unvoreingenommen dessen Kunst an und deutet, taktvoller als Isokrates selbst in der *Helena* und in *Gegen die Sophisten*, die unterschiedlichen philosophischen Grundlagen der eigenen Rhetorik an, die der Dialog zuvor erörtert hat: Wahrer Redner kann nur der sein, der über die Dinge, die er vorträgt, ein wahres, nicht nur ein wahrscheinliches Wissen besitzt (259e; 272e).* Platons noble Auseinandersetzung galt einem Mann, mit dem er in seiner politischen Haltung vieles gemeinsam hatte: die Unzufriedenheit mit den Verhältnissen in Athen und Griechenland, das lebenslange Nachdenken über mögliche Wege der Reform, schließlich die Einsicht, daß die griechische Staatenwelt vor allem einer moralischen Erneuerung bedurfte. Wenig später als Isokrates, zwischen 387 und 385, eröffnete Platon seine Schule, die *Akademie*, und auch für ihn verbanden sich in der Gründung die Distanz zur praktischen Politik und der Wunsch, durch schriftliche und mündliche Unterweisung langfristig in die Politik hineinzuwirken.

Das Verhältnis zu Sokrates und Athen

Im *Siebten Brief* berichtet Platon über seine Entwicklung als politischer Denker und gibt mit seiner Autobiographie zugleich einen tiefen Einblick in die geistige Lage der Zeit. 427 als Sohn einer athenischen Adelsfamilie geboren und nach Herkunft und Neigung zur politischen Tätigkeit berufen, wurde er als Jüngling zuerst von der Schreckensherrschaft der »Dreißig« abgestoßen. Dann enttäuschte ihn die wiederhergestellte Demokratie, die seinen Lehrer und Freund *Sokrates* (»den unter die gerechtesten aller damaligen Menschen zu zählen ich mich nicht scheuen würde«) wegen Gottlosigkeit hinrichtete: »Als ich das sah, dazu die Politiker, die Gesetze und die Sitten, da erschien es mir mit zunehmendem Alter immer schwieriger, Politik zu betreiben.« Ein konkretes Hindernis kam hinzu. Er hätte bei seinen Freunden keine Unterstützung gefunden, und es wäre für ihn nicht leicht gewesen, neue Freunde zu gewinnen, ein Zeichen, wie verbreitet die politische Abstinenz war. Er habe auch dann noch auf eine günstige Gelegenheit gehofft, in die Politik einzutreten, und er habe unaufhörlich über eine Verbesserung des Staates nachgedacht. Schließlich habe er einsehen müssen, daß überall die Verfassungen verderbt seien und daß Heilung für die Schäden in Staat und Gesellschaft nur aus der Philosophie kommen könne. Daraus leitete er seine berühmte Maxime ab: »Die Übel des Menschengeschlechts werden nicht eher aufhören, als bis das Geschlecht der richtigen und wahren Philosophen zur politischen

* Platon wird zitiert nach den viergeteilten Seiten (a–d) der Ausgabe von H. Stephanus, Paris 1578.

Herrschaft gelangt ist, oder das Geschlecht der führenden Männer in den Staaten durch irgendeine göttliche Fügung wahrhaft philosophiert« (7,324c–326b).

Nach der Abwendung von der athenischen Politik hoffte Platon dieses Ideal in Syrakus verwirklichen zu können. Aber die Reise zum Tyrannen Dionysios I. (388–387) und zwei weitere Reisen zu dessen Nachfolger Dionysios II. (367–365; 361–360) endeten ebenfalls enttäuschend, wie er in dem an die sizilischen Freunde gerichteten *Siebten Brief* berichtet. Er scheiterte an der politischen Realität, wie sein Lehrer an ihr gescheitert war.

Der *homo politicus* Sokrates, den Platon in der *Apologie* darstellt, ist auch ein Stück Autobiographie. Der literarische Prozeßbericht vergegenwärtigt das Vorbild, dem sich Platon sein Leben lang verpflichtet fühlte, und verrät damit etwas vom Selbstverständnis des Verfassers: Die zeitlich begrenzten Aufgaben eines Soldaten und Ratsherrn erfüllte Sokrates als selbstverständliche Bürgerpflicht und widersetzte sich nur dort, wo er zu unrechtem Tun aufgefordert wurde. Im übrigen aber hörte er auf eine innere göttliche Stimme, die ihn davor warnte, in der herkömmlichen Weise Politik zu treiben (31d). Seine Politik bestand darin, daß er die Athener lehrte, den materiellen Dingen ihren richtigen Rang zu geben. »Denn nicht aus Reichtum entsteht Tugend, sondern aus Tugend entstehen den Menschen Reichtum und alle anderen Güter, sowohl privat wie im Staat« (30b). Folglich versuchte Sokrates, jeden seiner Mitbürger zu überreden, »sich nicht mehr eher um seinen äußerlichen Besitz zu sorgen, als bis er sich um sich selbst gesorgt habe, auf daß er so gut und so vernünftig wie möglich werde, und sich auch nicht um die äußerlichen Angelegenheiten der Polis zu sorgen, bevor er sich nicht um die Polis selbst gesorgt habe, und es in allen anderen Dingen genauso zu halten« (36c). Selbstbewußt bekannte Sokrates: »Ich glaube, niemals ist euch in der Polis ein größeres Gut zuteil geworden als dieser mein Dienst für den Gott« (30a). Er verrichtete den Dienst bedingungslos als Bürger seiner Polis, und sein Gehorsam gegenüber ihren Gesetzen ging so weit, daß er das Todesurteil gelassen annahm. Er weigerte sich, die ihm angebotene Gelegenheit zur Flucht zu benutzen und trank ruhig den Giftbecher.

Platon sieht sich als Erbe und Fortsetzer von Sokrates' Wirken, den er deshalb in fast allen seinen Dialogen zum Wortführer macht. Bereits die frühen definitorischen Dialoge sind insofern politisch, als Sokrates in ihnen nach dem Wesen politischer Tugenden fragt, die den Bürger in der Polis auszeichnen: die Tapferkeit im *Laches*, die Freundschaft im *Lysis*, die Besonnenheit im *Charmides*, die Frömmigkeit im *Eutyphron*. In der *Apologie* ist Sokrates selbst der vorbildliche Polisbürger, der die Einheit von moralischer und politischer Existenz so vollkommen verkörpert wie vor ihm noch kein anderer Athener. Im *Gorgias*, einem der bedeutendsten platonischen Dialoge, erscheint er auf der nächsthöheren Stufe als der einzige wirkliche Staatsmann, den Athen im 5. Jh. hervorgebracht hat. Denn er verhilft der Rhetorik, dem wichtigsten Instrument in der Demokratie, zu ihrer wahren Bestimmung und widerlegt die falschen Auffassungen seiner sophistischen Gesprächspartner Gorgias, Polos und Kallikles: Die rhetorische Technik der Sophisten, die über die Dinge spricht, ohne ihr Wesen zu kennen, vermittelt nur ein Scheinwissen, und der Redner, der sich mit ihr begnügt, kann niemanden über Recht und Unrecht belehren. Er vermag in den Zuhörern lediglich Lust zu erzeugen und sie mit Schmeicheleien zu gewinnen, aber seine tatsächliche Macht ist gering. Echte Rhetorik ist sittlichen Normen verpflichtet, deren Grundlage darin besteht, daß jeder Mensch nach dem Guten als höchstem Lebensziel strebt und so seine Glückseligkeit erreicht. Daher ist der Tyrann, der seine Macht zu Verbrechen benutzt, der unglücklichste von allen Menschen, wie es überhaupt besser ist, Unrecht zu erleiden als Unrecht zu tun. Kallikles kann diese moralische Position durch die Gleichsetzung des Guten mit dem Angenehmen und die Lehre vom Naturrecht des Stärkeren nicht erschüttern. Für den guten Rhetor, der seine Kunst richtig beherrscht, ergibt sich die Pflicht, stets in Wort und Tat dafür zu sorgen, »daß in den Seelen seiner Mitbürger Gerechtigkeit, Besonnenheit und jede andere Tugend einziehe, Unrecht aber, Zügellosigkeit und Schlechtigkeit daraus verschwinden« (504d–e). Der Redner und Staatsmann – die Begriffe sind austauschbar geworden – soll also an erster Stelle Erzieher seines Volkes sein, und Platon, der das dramatische Datum des Dialogs innerhalb des Vierteljahrhunderts nach Perikles' Tod schwanken läßt, stellt fest: Von allen Politikern der Zeit ist keiner dieser Forderung gerecht geworden, und der moralische Zustand der Athener beweist, daß auch vorher die größten Namen der attischen Demokratie versagt haben, Miltiades, Themistokles, Kimon und der jüngst verstorbene Perikles. Sie haben Athen nur äußerlich groß (»aufgedunsen«) gemacht, und ihre Klagen über die schlechten Mitbürger fallen auf sie selbst zurück. Athen hat die Therapie eines strengen Arztes nötig. Auf den Diagnostiker Thukydides folgt der Therapeut Platon, der in Sokrates einen solchen Arzt vorstellt. Dieser redet den Bürgern nicht nach dem Mund, sondern hält ihnen unerbittlich das wahre Gute vor Augen, selbst auf die Gefahr hin, daß man ihn eines Tages auf Leben und Tod anklagen wird. Prophetisch versichert er, er werde leichten Herzens in den Tod gehen, überzeugt, daß seine Seele danach mit den Seelen anderer Gerechter und Frommer auf der Insel der Seligen weiterleben werde. Mit diesem Glaubensbekenntnis verläßt Sokrates seine bisherige rationale Argumentation und leitet zum abschließenden Mythos vom Totengericht über, der die Glaubenswahrheit vertieft: Nach dem Tode des Leibes werden die unsterblichen Seelen ohne Ansehen der Träger von den Totenrichtern danach gerichtet, ob sie im Leben Gutes oder Böses getan haben. Für sühnbare Vergehen erhalten sie zeitliche Strafen, durch die sie von der Ungerechtigkeit gereinigt werden. Diejenigen Seelen aber, für deren Verbrechen es keine Sühne gibt, kommen in die Unterwelt, und so befinden sich dort auch die Seelen der bösen Herrscher und Tyrannen. Durch den Schlußmythos wird die Tätigkeit des Staatsmannes zur religiösen Pflicht und zur Seelsorge in doppeltem Sinn: Sorge um die Seelen der Mitbürger und Sorge um das Heil der eigenen Seele.

Der *Staat*

Im *Gorgias* wendet sich Platon noch an die Polis Athen und ihre Bürger, dagegen gilt die *Politeia*, das Hauptwerk seiner mittleren Jahre, *dem* Staat. Die Stadt Athen oder vielmehr ihr Hafen ist nur noch Ort der einleitenden Rahmenhandlung, und man hat in Sokrates' Eröffnungsworten »ich ging gestern zusammen mit Glaukon (i. e. Platons Bruder) in den Piräus hinab«, einen symbolischen Ausdruck für die Abkehr vom bisher angesprochenen Wirkungsbereich gesehen. Dazu paßt, daß sich das gesamte Werk von zehn Büchern – die Einteilung stammt nicht von Platon – als Sokrates' Nacherzählung vor einem anonymen Personenkreis gibt. Erst nachträglich nennt Platon im *Timaios* die Namen der angeblichen Zuhörer, und bezeichnenderweise ist auch jetzt nur ein Athener unter ihnen, sein eigener Großvater Kritias. Auch im *Siebten Brief* deutet Platon an, daß die *Politeia* eine Wende in seinem Leben und Denken darstellt: Die dort zitierte Maxime von den Philosophenkönigen, die allein die Rettung bringen können, ist der Kerngedanke des Werkes. In mehrfacher Weise ist der *Gorgias* Ausgangspunkt der *Politeia*. Sokrates erwies dort die Gerechtigkeit als höchstes menschliches Gut und als Ziel aller Staatsführung. Was genau Gerechtigkeit sei, ließ er offen. Im Disput mit Kallikles bemerkte er, daß es ohne Gerechtigkeit weder menschliche noch göttliche Gemeinschaft gebe (507e). Aber auch darauf ging er nicht näher ein, sondern beließ es bei der Gerechtigkeit als einer individuellen Tugend. Zwölf Jahre später, etwa im Jahr 374, fährt die *Politeia* hier fort: Wie muß ein Staat aussehen, in dem die Gerechtigkeit verwirklicht werden kann, welche Verfassung (*politeía*) muß er haben? Sokrates' greiser Gastgeber Kephalos, ein reicher Geschäftsmann, schneidet das Thema an, als er gesteht, ein zufriedenes Alter zu verleben in dem Bewußtsein, von seinem Reichtum immer den rechten Gebrauch gemacht zu haben. Er habe Gerechtigkeit geübt, die mit einem Wort des Dichters Simonides darin bestehe, »jedem das Seine zu geben« (331b; e; 332c). Sokrates erweitert die Auffassung des Kephalos vorläufig dahin, daß Gerechtigkeit den Freunden nützt und den Feinden schadet. Der Sophist Thrasymachos, ein Geistesverwandter des Kallikles, protestiert. Er definiert Gerechtigkeit als den Nutzen des Stärkeren; der Stärkere aber, der über Schwächere herrscht, weiß stets, was ihm nützt. In Analogiebeispielen zwingt Sokrates jedoch den Sophisten zu dem Eingeständnis, daß Herrschaft eine Dienstleistung ist und Dienstleistungen (»Handwerkskünste«) primär denen nützen, die sie in Anspruch nehmen, unabhängig von dem Nutzen, den sie ihren Urhebern bringen. Übernimmt nun ein Guter die Herrschaft, so denkt er gar nicht an seinen Nutzen, sondern will lediglich die Regierung der Schlechten verhindern. Auch Thrasymachos' zweite These, Ungerechtigkeit sei nützlich und daher eine Tugend, ist falsch. Sie widerlegt sich, wenn man die Wirkung der Ungerechtigkeit konsequent durchdenkt: ob es sich um eine Polis, ein Heer oder eine Räuberbande handelt, Ungerechtigkeit der Mitglieder erzeugt in jeder Gemeinschaft Zwietracht und führt zu deren Zerfall. Absolute Ungerechtigkeit macht sogar den einzelnen und die Gemeinschaft handlungsunfähig. Auch Glück ist bei der Ungerechtigkeit unmöglich. Denn wie jedes Werkzeug oder menschliche Organ seine spezifische Eigenschaft und Zweckhaftigkeit, seine »Tugend« besitzt, so hat die Seele in der Gerechtigkeit die ihr eigene Tugend, weshalb der Mensch, der sie verwirklicht, zwangsläufig glücklich ist. Mit diesem Schluß des ersten Buches der *Politeia*, das vielleicht ursprünglich ein eigener Dialog *Thrasymachos* war, lenkt Platon auf das Schlußthema des *Gorgias* zurück. Aber noch ist nicht geklärt, was Gerechtigkeit selbst ist, und außerdem hat Thrasymachos, der sich nicht geschlagen gibt, die Macht der Realität auf seiner Seite: Ungerechten geht es häufig besser als Gerechten, und Sokrates' Behauptung im *Gorgias*, Unrecht leiden sei besser als Unrecht tun, erscheint als lächerliches Paradoxon. Daher eröffnet Platons Bruder Glaukon im zweiten Buch erneut die Diskussion, indem er den Advokaten der Volksmeinung spielt: Gerechtigkeit ist ein Gut, das wir ausschließlich wegen seiner Folgen lieben. Auch genügt bereits der Schein der Gerechtigkeit, und jeder, der sich unter einer Tarnkappe durch Unrecht Vorteile verschaffen kann, tut das. Platons zweiter Bruder Adeimantos fügt ergänzend die Beobachtung hinzu, daß Väter ihre Söhne zur Gerechtigkeit erziehen, auch wenn sie ihnen an sich gleichgültig ist. Sie schätzen sie nur wegen ihrer Wirkung für den guten Ruf, und um ihren Ermahnungen Nachdruck zu verleihen, zitieren sie die Dichter, die von guten Menschen und deren Belohnung durch die Götter fabeln.

Mit solchen sophistischen Scheinthesen geben Platons Brüder Sokrates, der ihre wahre Gesinnung kennt, den Anstoß, eine Politeia zu entwerfen. Denn um nach den langen Vorüberlegungen die Gerechtigkeit endgültig zu erfassen, will er sie nicht länger am Individuum, sondern an einer geschlossenen Vielzahl von Individuen, dem Staat, studieren und sie gleichsam im Vergrößerungsglas betrachten: »Wenn ihr also wollt, so laßt uns zunächst an den Staaten untersuchen, was die Gerechtigkeit ist. Danach wollen wir sie entsprechend am einzelnen beobachten und die Ähnlichkeit des größeren Objekts an der Erscheinungsform des kleineren prüfen... Wenn wir nun in Gedanken einen Staat vor unseren Augen entstehen ließen, würden wir dann nicht auch seine Gerechtigkeit und Ungerechtigkeit entstehen sehen?« (369a). Die den Hauptteil einleitende Disposition hebt noch einmal den Leitgedanken des Gesamtwerkes hervor, der expressis verbis erst wieder im Verlauf des vierten Buches und dann im neunten und zehnten Buch erscheint. Er soll über der Stoffülle, die sich beim Entwurf der *Politeia* ergibt, nicht in Vergessenheit geraten. Ein historisches Gebilde wie der Staat verrät bereits durch seine Entstehung und sein Wachstum etwas von seinem Wesen. Deshalb beginnt Sokrates sein Gedankengebäude mit den Anfängen des staatlichen Lebens. Wie Protagoras und Demokrit sieht er im Mangel die Ursache, warum sich Menschen zusammenschließen; gemeinsam ist der Lebenskampf leichter zu bewältigen. Um die elementaren Bedürfnisse nach Nahrung, Wohnung und Kleidung besser befriedigen zu können, kommt es in diesem rudimentären Staat bald zur Arbeitsteilung, je nachdem, wie sich einer als Bauer, Maurer, Weber oder Schuster eignet. Was er über den eigenen Bedarf hinaus produziert, tauscht er gegen andere Waren ein. Wird der Staat größer, übernehmen Kaufleute, die sich für schwere körperliche Arbeit nicht eignen, den Warentausch. Markt und Geld entstehen, und der Handel weitet sich über den Staat hinaus aus. Mit der Zeit wachsen allerdings auch die Ansprüche seiner Bewohner, und das Verlangen nach Zivilisation, Luxus und Unterhaltung führt zu neuen Berufen, solange bis der steigende Aufwand die Ressourcen des Staates erschöpft und als Ausweg nur die Expansion auf Kosten der Nachbarn bleibt. So wird das menschliche Verlangen, immer besser zu leben, zur Ursache aller Kriege. Für die Kriegführung braucht man möglichst gute Soldaten, und es entsteht das Militär, der Stand der Wächter (*phýlakes*). Damit ist Platon beim ersten großen Thema der Staatsgründung angelangt, der Natur der Wächter, ihrer Erziehung und Lebensweise, die bis ins letzte Drittel des 5. Buches behandelt werden. Die Wächter sind der tragende Stand des Musterstaates. Aus ihnen geht der Stand der Herrscher (*árchontes*) hervor, die das zweite große Thema bilden, das nach einzelnen Vorverweisen vom Ende des 5. Buches an bis zum Ende des 7. dominiert. Zu Herrschern werden diejenigen, die unter den Wächtern von Jugend auf hervorragen und dem Staat am nützlichsten sind. Der dritte Stand, in dem die Bauern und Handwerker (*dēmiurgoí*) zusammengefaßt sind, bildet kein eigenes Thema. Er zählt nur als Dienst- und Nährstand, der für den Unterhalt der beiden anderen Stände aufkommen muß. Demiurgen, die sich dafür eignen, können zu Wächtern aufsteigen, während schlechte Wächter in den dritten Stand versetzt werden.

Für jeden der drei Stände gibt es eine natürliche Disposition, die einem der drei Teile entspringt, aus denen die menschliche Seele besteht. Die Herrscher verkörpern den Vernunftteil der Seele (*logistikón*), die Wächter den Mutteil (*thymoeidés*) und die Demiurgen den Triebteil (*epithymētikón*). Jedem Stand ist auch eine gesell-chaftlich-ethische Grundnorm zugeordnet, eine dem Seelenteil korrespondierende Kardinaltugend: die Weisheit den Herrschern, die Tapferkeit den Wächtern, die Besonnenheit den Demiurgen. In Platons *Politeia* decken sich anthropologische und politische Ordnung, das alte Ideal der Identität von Mensch und Bürger wird wiederhergestellt. Überwölbt und durchzogen wird dieser Kosmos von der Gerechtigkeit, die darin besteht, daß jeder Stand insgesamt und innerhalb eines Standes jedes einzelne Glied entsprechend der spezifischen Veranlagung und Tugend »das Seine tut« (441 d–e). Das ist der Normalzustand, die ›Gesundheit‹ des Staates und der Einzelseele. Um sie zu erreichen und zu bewahren bedarf es einer umfangreichen Erziehung; die sokratisch-platonische Paideia gipfelt im Erziehungsprogramm der *Politeia*. Bei den Wächtern kommt es zunächst nicht, wie man vermuten würde, auf die körperliche Ertüchtigung an, sondern auf die Bildung ihrer Seelen durch Dichtung und Musik. Um schädliche Einflüsse fern zu halten, sind die bunten Erzählungen verboten, die Homer und Hesiod vom Leben der Götter bieten. Dichter müssen vielmehr ein zutreffendes Bild vermitteln von einem höchsten göttlichen Wesen, das gut, unveränderlich und wahrhaftig ist. Unwürdiges Verhalten von Göttern und Menschen oder sonstige häßliche Dinge dürfen nicht Gegenstand der Literatur werden. Auch ist nur solche Musik im Staate zugelassen, die die Tugend fördert. Die körperliche Ertüchtigung der Wächter durch Gymnastik folgt erst an zweiter Stelle. Denn entgegen der landläufigen Auffassung bildet die gute Seele einen guten Körper aus. Eine gesunde Diät für Leib und Seele macht Ärzte und Advokaten überflüssig, die immer ein Zeichen moralischen Verfalls sind. Die richtige Erziehung wird von Generation zu Generation stets bessere Wächter hervorbringen, und sie werden alle politischen und sozialen Aufgaben meistern, die sich im weiteren Verlauf dem Staat stellen, etwa das Staatsgebiet angemessen zu beschränken oder die geeigneten Lebensformen zu entwickeln. Zu diesen gehört, daß Mädchen in gleicher Weise wie Jungen durch Musik und Gymnastik erzogen werden und Frauen an der Staatsverwaltung und am Krieg teilnehmen. Denn zwischen weiblicher und männlicher Natur bestehen keine existentiellen Unterschiede, sondern nur graduelle in der Körperkraft. Vom Nützlichkeitsstandpunkt aus muß man auch für Frauen- und Kindergemeinschaft plädieren, für Aufhebung des Privatbesitzes und Privatlebens und für eine geregelte Paarung der Geschlechter, die eine optimale Qualität und Quantität des Nachwuchses garantiert. Der vollendete Kommunismus wird allen Zwist unter den Wächtern verhindern und sie zu glücklichen Menschen machen.

Platon ist sich bewußt, wie sehr er mit dieser extremen Wendung seiner Staatskonstruktion die Leser schockieren wird. Er sieht die Gefahr, daß man seine ganze *Politeia* als Hirngespinst abtun wird, und muß sich nun der Frage stellen, inwieweit sie zu verwirklichen sei. Er erinnert zunächst wieder daran, daß die *Politeia* auf der Suche nach der völligen Gerechtigkeit entworfen wird. Sie ist Paradigma eines idealen Staates, und je weiter sich ihm die historischen Staaten annähern, um so besser werden sie sein (472e–473a). Letztlich entscheidend ist eine einzige Änderung, »wahrlich keine kleine und leichte, aber eine mögliche«. Unvermittelt läßt Platon den Sokrates zur zentralen Aussage der *Politeia* übergehen: »Wenn nicht in den Staaten entweder die Philosophen Könige sein werden oder diejenigen, die sich jetzt Könige und Dynasten nennen, wahrhaft und zureichend philosophieren werden und eben das in eins zusammenfällt, politische Macht und Philosophie, wenn ferner nicht die Mehrzahl der Naturen, die jetzt immer nur in eine der beiden Richtungen gehen, zwangsweise ausgeschlossen wird, wird es kein Ende der Übel für die Staaten geben, ja ich glaube sogar nicht einmal für das Menschengeschlecht, und auch dieser unser Staatsentwurf wird nicht eher zu verwirklichen sein und das Licht der Sonne erblicken« (473c–e). Axiomatisch steht der Kernsatz genau in der Mitte des Gesamtwerkes, und der Schluß von Buch 5 sowie die Bücher 6 und 7 liefern für ihn den Beweis, indem sie die Natur des zur Herrschaft berufenen Philosophen bestimmen. Die echte philosophische Physis strebt, durch ein eigenes Erziehungsprogramm vor allem in Geometrie, Astronomie und Dialektik geleitet, nach dem Wissen der wahren Dinge, den hinter den Objekten existierenden Ideen. In der Hierarchie der Ideen steht an der Spitze das Gute, das soviel wie Gott ist. Platon verknüpft hier seine Staatslehre mit der schon in früheren Dialogen entwickelten Ideenlehre.

Nachdem mit dem 7. Buch die Konstruktion des Idealstaates abgeschlossen ist, bleibt noch, die historischen Staatsformen zu untersuchen, um herauszufinden, wie groß ihr Abstand zum Ideal ist. Nach der üblichen Einteilung der Verfassungen ist der Idealstaat eine Aristokratie, eine »Herrschaft der Besten«. Ihr am nächsten kommt eine Verfassung wie die spartanische, eine Timokratie. Die weiteren Formen, Oligarchie, Demokratie und Tyrannis entfernen sich in absteigender Linie vom Ideal. Alle Staatsformen stehen in einem sie verbindenden historischen Prozeß, durch den sich die schlechteren aus den vorhergehenden besseren entwikkeln; auch Mischformen können vorkommen. An sich ist kaum denkbar, daß die beste Verfassung je auseinanderfällt, da der wichtigste Anlaß des Verfalls, Zwietracht der herrschenden Schicht, in ihr nicht vorkommt. Aber da sich in der menschlichen Natur, wie in der tierischen und pflanzlichen, alles in einem bestimmten Umlauf wandelt und die Wächter auch einmal zur Unzeit Kinder zeugen, die minderwertig sind und nicht mehr die vollkommene Erziehung erhalten, so tritt ein Niedergang ein wie in Hesiods Zeitalterlehre (545c–547c). Die menschliche Natur ist auch für den Wandel der historischen Verfassungen verantwortlich. Denn was für den Idealstaat in der Vollendung zu postulieren ist, trifft in minderer Form auf die Wirklichkeit zu: Jeder Verfassungstyp entspricht einem besimmten Seelenzustand seiner Bürger. In der Timokratie verlangen sie nach Ehre (*timē*), in der Oligarchie nach Reichtum, in der Demokratie nach Freiheit; und während bei den Timokraten noch der Mutteil der Seele vorherrscht, werden Oligarchen, Demokraten und Tyrannen nur noch vom Triebteil bestimmt. Im vollkommenen Staat, wo die Bürger das vollkommene Glück besitzen, gibt es auch kein Verlangen nach irgendwelchen Änderungen. Dagegen wird in der Timokratie der Ehrgeiz, der sich zunächst ausschließlich auf das Wohl des Staates richtet, allmählich materialistisch und verwandelt die Verfassung in eine Oligarchie. Das Geldregiment in der Oligarchie führt zu zügelloser Herrschaft und spaltet den Staat in Arme und Reiche. Werden die Armen noch durch verarmte und entmachtete Reiche verstärkt, so verjagen sie schließlich die Machthaber und richten eine Demokratie ein. Die Demokratie wird dadurch zerrüttet, daß in ihr der Drang nach Freiheit immer größer wird, so daß das Volk schließlich einem einzelnen die Macht übertragen muß, der sich dann zum Tyrannen aufschwingt. Es hängt wohl mit Platons Erfahrungen in Sizilien zusammen, daß er sich am Ende des 8. und im 9. Buch so ausführlich mit der Entstehung der Tyrannis und mit Charakter, Lebensweise und Regierungsstil des Tyrannen beschäftigt. Wir erfahren nicht, ob sich auch aus der Tyrannis noch eine Staatsform entwickelt. Aristoteles' Vorwurf, Platon habe den Entwicklungsprozeß der Verfassungen nicht zu einem Kreislauf gerundet (*Politik* 5, 1316a 25ff.), verkennt dessen Absicht, nun wieder in der Bestimmung der Gerechtigkeit fortzufahren. Zu ihr tragen die breiten Erörterungen über den Tyrannen insofern bei, als sie den Inhaber der ungerechtesten Herrschaftsform als den unglücklichsten Menschen erweisen. Und wie im *Protagoras* führt ein Mythos, der den Lohn der gerechten Seelen und die Strafe der ungerechten im Jenseits beschreibt, am Ende des 10. Buches das Hauptthema zum krönenden Schluß.

Die *Gesetze*

Die Art, wie Platon in der *Politeia* mehrmals versichert, der Musterstaat sei tatsächlich zu realisieren oder die bestehenden Staaten könnten sich ihm wenigstens annähern (471e ff.; 499c–d; 541a), verrät, daß er sich sehr wohl bewußt ist, wie schwierig jeder Schritt auf das Ideal zu in der Praxis sein würde. Im Gedankenspiel kann er sich damit begnügen, die innere Logik, mit der die Einzelteile aufeinanderpassen, stillschweigend als die Antriebskraft zu nehmen, die den Gesamtbau errichtet. Konkrete Anweisungen braucht er nicht zu geben, in Übereinstimmung mit dem sokratischen Optimismus, daß jeder das Gute tut, der es kennt. Mit den Gesetzen (*Nómoi*), dem großen Alterswerk in zwölf Büchern, das sein Schüler Philippos von Opus nach seinem Tode 347 herausgegeben hat, betritt er einen gangbareren Weg. Er übernimmt die Rolle des Verfassungsschöpfers, die die politische Publizistik der Zeit bisher mit den historischen Namen Theseus, Drakon und Solon verbunden hat (S. 63). In der *Politeia* hätten sich Gesetze mit dem Erreichen des Erziehungszieles bei Wächtern und Philosophenherrschern selbst überflüssig gemacht. Noch im Dialog »Der Staatsmann« (*Politikós*), den er um 365/360, in der Mitte zwischen *Politeia* und den *Gesetzen* schreibt, sieht er in der Staatskunst ausschließlich ein theoretisches Wissen, das sich von allem praktischen Wissen unterscheidet. Die *Gesetze* wollen diese Auffassung nicht revidieren, sondern von ihr eine Brücke zur Wirklichkeit schlagen. Daher verteidigt Platon erneut den Kommunismus der *Politeia* als das Ideal, als die »erste Verfassung«, die man anstreben müsse. Was er jetzt mache – wieder in der Form einer Staatsgründung, die ein anonymer Athener, der Kreter Kleinias und der Spartaner Megillos durchspielen –, sei nur die zweite Ordnung (739b–e). Für sie ist ebenfalls ein tugendhafter Herrscher mit monarchischer Gewalt erforderlich, der aber weniger Philosoph als praktischer Gesetzgeber ist (709e–712a). Durch seine Gesetze sollen die Bürger, die nicht länger in völlig unterschiedliche Klassen getrennt sind, zu der einen Tugend geführt werden, in der sich die vier Kardinaltugenden vereinen. Bei den verschiedenen Gesetzesmaterien, die vom vierten Buch an die Regierung, die Verwaltung, Familie, Erziehung, Wirtschaft und Religion behandeln, greift Platon auf viele Regelungen des griechischen Staats-, Privat- und Strafrechts zurück oder modifiziert sie. Es gibt Zwangsmaßnahmen aller Art, Gesetzeswächter werden gewählt (754c–d), und zum Schluß wird eine Geheimbehörde eingerichtet, die im Morgengrauen tagt und als Hüterin der Tugend die Gesetze auf Widersprüche überprüft. Sie ist der »Anker des gesamten Staates« (961c). Doch wichtiger ist, daß den Gesetzen Proömien vorangestellt werden, die deren Notwendigkeit erläutern und die Bürger zu williger Zustimmung und Befolgung veranlassen (722e–723b). Mit den Proömien ist Platon zum echt sokratischen Überreden zurückgekehrt, das der Sokrates der *Politeia* unterlassen hatte in der Überzeugung, daß Wissen notwendig zum Handeln führe. Realistischer geht Platon nun auch das Problem der Macht an. Der Philosophenherrscher der *Politeia* bedurfte keiner Beschränkung. Doch außerhalb des vollkommenen Staates hilft nur Teilung der Macht gegen deren Mißbrauch. Der Mythos von der Gründung der drei dorischen Staaten Argos, Messene und Sparta erläutert diese Einsicht (682b–684b): In allen drei Monarchien schworen sich die Könige und ihre Untertanen, so lange die beiderseitigen Kompetenzen zu achten, wie sie nicht überschritten würden. Ferner verpflichteten sich sowohl die drei Könige wie ihre Völker in wechselseitigen Eiden, dem Nachbarstaat Hilfe zu leisten, falls dort der Status quo verletzt würde. Mit der Machtteilung zwischen König und Volk deutet Platon den Gedanken einer Mischverfassung an, die von nun an in der Verfassungstheorie eine beherrschende Rolle spielen sollte. Sein größter Schüler, Aristoteles, war allerdings nicht der Meinung, daß er sich mit den *Gesetzen* tatsächlich der Realität genähert hätte.

7. Aristoteles

Aristoteles, 384 in Stageiros (Stageira) an der nordgriechischen Küste als Sohn eines Arztes geboren, trat 367 in die Akademie ein und gehörte ihr 20 Jahre lang bis zu Platons Tod an. Anschließend nahm er eine Einladung des philosophisch gebildeten Tyrannen Hermeias von Atarneus an und lebte bis 345 im kleinasiatischen Assos. Zwei Jahre verbrachte er in Mytilene auf Lesbos bei seinem Schüler Theophrast. 343 wurde er von Philipp II. als Lehrer des Kronprinzen Alexander (d. Gr.) nach Makedonien berufen. Nach Philipps Ermordung 336 kehrte er nach Athen zurück und gründete 335 eine eigene Schule, das Lykeion, nach einer angeschlossenen Wandelhalle auch Peripatos (= Umgang) genannt. Der athenisch-makedonische Krieg, der nach Alexander des Großen Tod 323 ausbrach, zwang ihn, auf die Insel Euboia auszuweichen, wo er im folgenden Jahr starb.

Politische Empirie und der beste Staat

Im 4. Buch der *Politik*, etwa in der Mitte des Gesamtwerkes, wirft Aristoteles die grundsätzliche Frage auf: »Welches ist denn nun die beste Verfassung und welches die beste Lebensform für die Mehrzahl der Staaten und für die Mehrzahl der Menschen, wenn man weder eine Tugend zum Maßstab nimmt, die für die Normalbürger nicht erreichbar ist, noch eine Erziehung, die glückliche Naturanlagen und Lebensbedingungen voraussetzt, noch eine Verfassung, die nur ein Wunschgebilde ist, sondern eine Lebensform, die der großen Masse die Teilnahme ermöglicht, und eine Verfassung, die die Mehrzahl der Staaten übernehmen kann?« (1295a

25–31).* Mit Details aus der *Politeia* und den *Gesetzen* setzt sich Aristoteles in der *Politik* immer wieder auseinander (S. 86ff.,93). Hier dagegen ist eine der Stellen, wo er, ohne seinen Lehrer zu nennen, dessen allgemeinen wissenschaftlichen Ansatz kritisiert. Platon ist wirklichkeitsfremd, weil er erst ein unerreichbares Ideal aufstellt und dann verlangt, die Wirklichkeit habe sich nach dem Ideal zu richten. Wer jedoch nach dem besten Staat sucht, weil er bestehende Verhältnisse reformieren will, muß den umgekehrten Weg gehen und zunächst fragen, in welchem Umfang sich der gewöhnliche Staat und der gewöhnliche Sterbliche überhaupt ändern können. Das Bild vom besten Staat muß eine empirische, keine abstrakt-philosophische Grundlage haben. Man kann die Bedeutung von Aristoteles' Kritik noch präzisieren: Es geht ihm an dieser Stelle nicht darum, Platons Staatsphilosophie selbst anzugreifen oder ihm den Wunsch nach ihrer Verwirklichung vorzuhalten. Er will nur auf einen einzelnen, aber entscheidenden methodischen Fehler aufmerksam machen und damit zugleich den eigenen unterschiedlichen Denkansatz erläutern. Seine politischen Überlegungen beginnen mit der Analyse historisch gewachsener Staats- und Gesellschaftsformen. Dabei bestätigt sich ihm die alte Einsicht Solons, auf den er sich neben den Gesetzgebern Lykurg und Charondas von Katane beruft (1296a 18–20): Die Staaten mit einer Mittleren Verfassung sind allen anderen Staatsformen überlegen. Wer allerdings von Aristoteles als einem Realisten im Gegensatz zum Idealisten Platon spricht, darf nicht übersehen, daß er als erstes Qualifikationsmerkmal einer Mittleren Politeia – ganz im Sinne Platons, wenn auch inhaltlich abweichend – ein existentielles Moment nennt: Die Entscheidung für die Mittlere Verfassung ist die gleiche wie die für die wahrhaft glücklichmachende Tugend, die ebenfalls ein Mittel zwischen zwei extremen Verhaltensweisen ist; Aristoteles erinnert daran, daß er in seinen ethischen Schriften darüber ausführlich gehandelt hat. Der Gegensatz zu Platon zeigt sich jedoch, wenn er als zweites Kriterium sofort die ökonomischen Verhältnisse einführt: Die Mittlere Verfassung ruht auf denen, die mit ihrem Besitz zwischen den Reichen und den Armen stehen. Die Mittelschicht, die eine dem Staatsleben förderliche Homogenität hat, sucht im Staat Sicherheit und bietet sie ihm zugleich, während ihm die beiden anderen Klassen jeweils auf ihre Weise Schaden zufügen. Deshalb wird eine politische Gemeinschaft um so besser sein, je größer die Mitte gegenüber den Flügeln ist (1295b 37–38; 1296b 38–39). Die Mittlere Verfassung ist eine naturgemäße Ordnung (1295b 28), und Aristoteles gibt ihr in einer Neuklassifizierung der Verfassungstypen einen eigenständigen Rang zwischen der Oligarchie der Reichen und der Demokratie der

* Aristoteles wird zitiert nach den zweispaltigen Seiten (a/b) und Zeilenzahlen der Ausgabe von I. Bekker, Berlin 1831–1870. Nachdruck 1960.

Armen. Das Lob der Mitte enthält ein weiteres, eng an die beiden anderen anschließendes Kriterium, das Aristoteles' politisches Denken so stark beherrscht hat, daß es in der *Politik* zu einem Leitmotiv geworden ist, der friedliche und der revolutionäre Wandel im Staatsleben. Mit allen anderen Befürwortern einer Mittleren Verfassung teilt er die Sorge vor einem gewaltsamen Umsturz, einer Stasis: »Denn wo die Mitte stark ist, gibt es am wenigsten Revolutionen und Streitigkeiten unter den Bürgern« (1296a 8–9). Der Gesetzgeber muß daher stets die Mittelschicht besonders berücksichtigen, und falls er für eine Oligarchie oder eine Demokratie Gesetze macht, muß er die Mitte zur jeweiligen Führungsklasse hinzunehmen. Eine solche Empfehlung, die den Idealstaat an mögliche politische Konstellationen und simple Mehrheitsverhältnisse anpaßt, hätte Platon nie gegeben.

Das Nebeneinander von ›realistischen‹ und ›idealistischen‹ Zügen findet sich in der *Politik* immer wieder. W. Jaeger sprach von ihrem »Janusantlitz« (Aristoteles. Grundlegung einer Geschichte seiner Entwicklung; Berlin 1955², 276) und glaubte, es sei genetisch zu erklären; in die *Politik* sei eine frühe Phase des Akademikers Aristoteles und eine spätere des Peripatetikers eingegangen. Ein Teil der Forschung nach Jaeger vertrat die Ansicht, beide Seiten gehörten im Denken des Aristoteles zusammen. Sie verbinden sich dennoch nicht zu einem geschlossenen System. Das Schaffen des Empirikers, der auf den verschiedensten Wissensgebieten fortwährend Material sammelte und verarbeitete, war ein Prozeß mit stets neuen Resultaten. Das macht die Analyse seines Denkens schwierig, und die Art, wie seine Ergebnisse schriftlich festgehalten wurden, erhöht noch die Schwierigkeit: Von den sogenannten exoterischen Schriften, die vor der Schulgründung geschrieben wurden und für ein weiteres Publikum bestimmt waren, sind nur Fragmente auf uns gekommen. Die *Politik* gehört zu den allein erhaltenen Abhandlungen (Pragmatien), die aus dem Lehrbetrieb hervorgegangen sind. Es handelt sich um Vorlesungen, die entweder von Hörern mitgeschrieben oder von Aristoteles selbst als Manuskripte redigiert wurden. Der Titel *Politiká* = »politische Sachen«, im Unterschied zu *Politeia*, drückt gut den sammelnden und diskurrierenden Charakter des Werkes aus. In ihm sind zweifellos mehrere zeitlich getrennte ›Schichten‹ vereinigt. Daraus und aus der nichtliterarischen Form des Lehrvortrags sind Widersprüche im Detail und zahlreiche Unebenheiten in der Gedankenfolge zu erklären, die eine umfangreiche Forschung hervorgerufen haben. Ob die vorliegende Textgestalt und ihre Anordnung in acht Büchern insgesamt noch vom Verfasser stammt oder auf einen späteren Bearbeiter zurückgeht, ist selbst nach einer vierhundertjährigen Diskussion noch umstritten. Keiner der bisherigen Eingriffe in den Text hat jedoch befriedigt und die Grundthemen der Bücher 2; 4–6; 7–8 der *Politik* stimmen mit der Gliederung überein, die Aristoteles am Schluß der *Nikomachischen Ethik* für ein Werk über Gesetzgebung und Politik ankündigt (10,1181b 15–24): »Zuerst nun werden wir eine Untersuchung darüber anstellen, was im einzelnen von den Früheren richtig gesagt worden ist (= Buch 2); dann werden wir aufgrund von gesammelten Verfassungen untersuchen, was sowohl die Staaten wie die einzelnen Verfassungen erhält oder zerstört und aus welchen Gründen die einen gut verwaltet werden, die anderen nicht (= Buch 4–6). Nach dieser Untersuchung dürften wir vielleicht eher zusammenfassend erkennen, welche Verfassung die beste ist, wie eine jede geordnet sein und welcher Gesetze und Bräuche sie sich bedienen muß (= Buch 7–8). So wollen wir denn mit unserer Darlegung beginnen.« Zu den hier genannten Themen finden sich auch Hinweise in den Büchern 1 und 3, doch offensichtlich wurden diese erst nach der in der *Nikomachischen Ethik* vorgestellten Konzeption mit den übrigen Büchern der *Politik* zu einem Gesamtwerk vereinigt.

Der Ankündigung voraus geht der Nachweis, daß Ethik und Politik notwendig zusammengehören: Die Tugend bedarf der Gewöhnung durch Erziehung, die Erziehung muß durch Gesetzgebung geregelt werden, Gesetzgebung aber ist Sache der Politik (*Nikomachische Ethik* 10,1179b 20ff.). Politik wird zur Helferin der Ethik, und damit ist auch dem Staat sein Ziel vorgegeben. Aristoteles hat es bereits im achten Buch der *Nikomachischen Ethik* angedeutet, wo er die Freundschaft und andere Gemeinschaftsformen der staatlichen Gemeinschaft als Unterglieder zuordnet. Sie alle stimmen in der Zweckursache, dem Nutzen ihrer Mitglieder, überein. Mit der exakten teleologischen Definition des Staates eröffnet er dann die *Politik*: »Da wir sehen, daß jeder Staat eine Gemeinschaft ist und jede Gemeinschaft um eines Gutes willen entstanden ist – denn alle tun alles wegen eines mutmaßlichen Gutes – so ist klar, daß alle Gemeinschaften nach einem Gut streben, in besonderem Maße aber und nach dem obersten von allen Gütern die oberste von allen Gemeinschaften, die alle anderen einschließt. Sie aber ist der sogenannte Staat und die staatliche Gemeinschaft« (1,1252a 1–7). Die ausführliche inhaltliche Bestimmung des obersten Gutes folgt nach verstreuten Einzelhinweisen erst zu Beginn des 7. Buches der *Politik*, einleitend zur Untersuchung über den besten Staat: Der Zweck des Staates ist das Glück seiner Bürger, und da Glück in der Tugend besteht, ergibt sich, »daß die beste Verfassung diejenige Ordnung ist, in der ein jeder sich am besten verhält und glücklich lebt« (7,1324a 23–25). Dagegen geht es Aristoteles im 1. Buch zunächst darum, das Wesen des Staates anhand seiner konstituierenden Teile und seines Telos zu bestimmen. Das Buch mit seiner ungleichmäßigen Ausführung ging wohl aus ehemals selbständigen Exposés (u. a. »Über Ökonomie«) hervor, die nachträglich der *Politik* als Einleitung vorangestellt wurden.

Das Wesen des Staates (*Politik* 1–3)

Keimzelle des Staates ist die dem Fortpflanzungstrieb entspringende Gemeinschaft von Mann und Frau. Daneben tritt als zweite Urform die Gemeinschaft von Herr und Sklave. Sie ist ebenso naturbedingt wie die Ehe, denn sie beruht auf dem Prinzip von Herrschaft und Gehorsam, das die gesamte Natur durchzieht. Beide Gemeinschaften bilden die Familie (*oikía* = das Haus), deren Aufgabe es ist, den Lebensunterhalt zu besorgen. Eine Anzahl von Familien ergeben ein Dorf, dessen Zweck bereits über die reine Befriedigung der Alltagsbedürfnisse hinausgeht. Mehrere Dörfer vereinigen sich schließlich zum Staat. Erfolgt der staatliche Zusammenschluß selbst noch zur Sicherung der Subsistenz, so ist das Ziel des vollendeten und autarken Staates das gute Leben seiner Bürger, dessen moralischer Inhalt im übrigen bei Aristoteles durchaus Raum läßt für materielle Lebensqualität. Der höherrangigen Gemeinschaft entspricht also jeweils ein höherrangiges Telos. Da der Mensch von Natur aus ein geselliges, mithin politisches Wesen ist (1,1253 a 2–3), ist auch der Staat als die übergeordnete Einheit ein Produkt der Natur. Die Annahme der Sophisten, Not und Schwäche habe den Menschen zu staatlichem Zusammenschluß geführt, wird in eine umfassendere Theorie von der organischen Entwicklung des Staates eingefügt. Rückgreifend auf die Hausgemeinschaft untersucht Aristoteles anschließend genauer das Verhältnis von Herr und Sklave, eine der drei ursprünglichen Herrschaftsformen neben der des Gatten über die Gattin und des Vaters über die Kinder. Ihre naturbedingte Grundlage unterscheidet sie grundsätzlich von der politischen Herrschaft, die ein Zweckverband von Freien und Gleichen ist (1,1255 b 19; vgl. 7,1328 a 35). Nachdrücklich verteidigt Aristoteles noch einmal die natürliche Sklaverei, der die seit der Sophistik sich verbreitende Auffassung von der natürlichen Gleichheit aller Menschen entgegentrat. Erläuternd vergleicht er dazu die Herrschaft der Seele über den Leib und die des Verstandes über die Affekte und spielt mit dem Vergleich auf die entscheidenden existentiellen Mängel der Sklavennatur gegenüber der Herrennatur an. Es ist die traditionelle Grenze, die der Grieche auch zwischen sich und den Barbaren errichtete. Ihr folgte Aristoteles, als er an Alexander nach Persien den brieflichen Rat sandte, er solle den Griechen ein Hegemon, den Barbaren ein Herr (= »despotisch«) sein und die einen als Freunde und Hausgenossen, die anderen als Tiere und Pflanzen behandeln (Fg. 658 Rose). Von der natürlichen Sklaverei ist das Rechtsinstitut der Sklaverei zu trennen, wonach Kriegsgefangene als Sklaven verkauft werden. Allerdings ist die Trennung ohne Belang für die ökonomische Bedeutung und Funktion der Sklaverei, auf die Aristoteles innerhalb der zur Politik gehörenden Hauswirtschaft (*oikonomía*) näher eingeht. Der Sklave ist Teil des Hausbesitzes, er ist beseeltes Werkzeug,

das bei der Beschaffung des Lebensunterhaltes die unbeseelten Werkzeuge ihrer Bestimmung gemäß einsetzt. Anstelle einer systematischen Behandlung der übrigen Teile des Staates folgt darauf ein langer Exkurs über Besitz und Erwerb als Teilgebiete der Hauswirtschaftskunst.
Einleitend zum 2. Buch der *Politik*, dem Überblick über frühere Verfassungstheorien und anerkannt gute bestehende Verfassungen, nennt Aristoteles erstmals das Ziel des Gesamtwerkes: »Da wir eine Untersuchung darüber beabsichtigen, welches die beste von allen Staatsverfassungen ist für diejenigen, die so weit wie möglich wunschgemäß leben können...«. Unauffällig bezeichnet er mit diesen Worten zugleich, worin er sich von den zu behandelnden Theoretikern unterscheidet. Sein bester Staat ist kein erdachtes und einer imaginären Gemeinde verordnetes Ideal, sondern orientiert sich umgekehrt an den realisierbaren Vorstellungen von Bürgern aus Fleisch und Blut. Dementsprechend unterstreicht er, daß es ihm nicht um kluge Gedankenexperimente geht, sondern daß er echte Mängel bei seinen Vorgängern aufzeigen will. Die Staatsdefinition in Buch 1 ging von den Bestandteilen der staatlichen Gemeinschaft aus. Parallel dazu folgen nun allgemeine Überlegungen zur Teilhabe der Bürger am Staat: Gewiß ist es gut, wenn die Bürger soviel wie möglich am Staat gemeinsam haben. Das darf aber nicht bis zum Kommunismus und zur Frauen- und Kindergemeinschaft gehen, die Sokrates in Platons *Politeia* vertreten hat. Absolute Einheit würde den Staat sogar aufheben, und selbst der platonische Kommunismus würde sich gegen die Gemeinschaft richten: »Denn das Gemeingut der meisten erhält am wenigsten Fürsorge; sie kümmern sich nämlich vorzüglich um das eigene Gut, weniger um das gemeinsame, oder nur so weit, wie es den einzelnen betrifft; gegenüber den übrigen Dingen aber sind sie eher nachlässig in der Annahme, daß sich ja ein anderer darum kümmere, so wie bei der Hausdienerschaft allzu viele Diener bisweilen weniger leisten als eine geringere Zahl« (1261 b 33–38). Die Nachteile der Besitzgleichheit bilden den gewichtigsten Einwand, den Aristoteles erst gegen die *Politeia*, dann gegen die *Gesetze* vorbringt. Merkwürdigerweise berücksichtigt er dabei nie, daß Platon oft genug seine Werke als Gedankenexperimente bezeichnet hatte, die von der Wirklichkeit zu trennen seien. Andererseits muß Aristoteles zugeben, daß zumindest der platonische Bauernstand bei Frauen- und Kindergemeinschaft leichter zu regieren ist und weniger zum Umsturz neigt (1262 a 40–b 3). Ob Verfassungsentwürfe oder Realverfassungen, die Stabilität ist ein immer wiederkehrender Maßstab, der auch an die Utopien des Phaleas von Chalkedon und Hippodamos von Milet angelegt wird. Unter den historischen Verfassungen sind die spartanische, kretische und karthagische trotz einzelner Fehler die besten. Bei ihrer ausführlichen Darstellung verwandte Aristoteles wahrscheinlich Material aus der Sammlung von 158 Verfassungen, die er zusammen mit

seinen Schülern unternahm (S. 99), und für Sparta konnte ihm auch die umfangreiche idealisierende Spartaliteratur als Quelle dienen. Ein Überblick über historische Gesetzgeber, darunter Solon, beschließt das 2. Buch. In einer Art Nachtrag werden in bunter Reihenfolge einzelne ihrer Verordnungen angeführt.

Zu Beginn des 3. Buches stellt Aristoteles erneut die Frage nach dem Wesen des Staates. Sie soll jetzt nicht mehr von den kollektiven Untergliederungen her beantwortet werden, sondern von den Individuen, die die staatliche Gemeinschaft ausmachen, den Staatsbürgern. Die Methode, das Ganze aus seinen Teilen zu bestimmen, bleibt die gleiche. Der Bürger wird zunächst funktional, durch seine Teilnahme am politischen Entscheidungsprozeß und an der Rechtsprechung bestimmt (1275 a 23–24; 1275 b 18–20). Aristoteles denkt dabei insbesondere an die Angehörigen einer demokratischen Polis, die, wie er ergänzend definiert, über wenigstens soviele Bürger verfügen soll, wie zu einer autarken Existenz erforderlich sind. Die folgende juristische Definition des Politen ist von der Verfassungsform unabhängig, und je nach Polis ist der Kreis der Berechtigten enger oder weiter: Bürger ist derjenige, dessen Vater bzw. Eltern oder Großeltern oder sogar Urgroßeltern Bürger waren. Die rechtlich festgelegte Exklusivität wird allerdings hinfällig, wenn Verfassungsänderungen neuen Schichten das Bürgerrecht verleihen. Damit ist das Stichwort gefallen für ein weiteres Problem, auf das Aristoteles keine bündige Antwort gibt: Was macht angesichts von Verfassungsänderungen die Kontinuität eines Staates aus, sieht man einmal von der äußerlichen Identität des Staatsgebietes und der Generationenfolge der Bürger ab? Sind nach einem Verfassungsumschwung die bisher bestehenden Verträge noch verbindlich?

Der Bürger muß auch nach seinem Ethos bestimmt werden, und wie so oft in der aristotelischen Ethik steht das Ergebnis im Widerspruch zu Platon: Ist die Tugend des tüchtigen Bürgers und des tüchtigen Mannes identisch? Diese ist absolut, jene ist relativ und muß vor allem der Verfassung und ihren jeweiligen Anforderungen entsprechen (1276 b 30–31). Platon hätte wieder einer solchen Unterscheidung nicht zugestimmt. Aristoteles fordert nur vom vollkommenen Herrscher, zugleich dem vollkommenen Menschen, er müsse alle Tugenden in sich vereinigen. Vom Bürger kann man das nicht verlangen, obwohl er sich, wenn er gut ist, gleichermaßen auf das Herrschen wie auf das Beherrschtwerden versteht. Ob einer Bürger ist oder nicht, hängt in vielen Staaten auch von der sozialen Stellung ab, und nicht zuletzt ist die Art des Bürgerrechts je nach Verfassung verschieden. Aristoteles bereitet damit auf das zweite große Thema des 3. Buches vor, die einzelnen Verfassungstypen. Wie bisher beginnt er mit einer Definition des Gegenstandes: »Eine Verfassung ist die Ordnung eines Staates bezüglich sämtlicher Regierungsgewalten und besonders derjenigen, die über alles entscheidet. Denn überall entscheidet die Regierungsgewalt der regimentsfähigen Bürger (*políteuma*) eines Staates, und sie ist folglich die Verfassung. So meine ich z. B., daß in den Demokratien das Volk (*dēmos*) entscheidet, in den Oligarchien dagegen eine Minorität (*olígoi* = die Wenigen). Jede von beiden nennen wir Verfassung, und genauso halten wir es auch mit den übrigen Verfassungen« (1278b 9–15). Geht man vom utilitären Telos des Staates aus, so sind alle Verfassungen gut, wenn sie auf das Gemeinwohl zielen; diejenigen aber, die nur dem Wohl der Regierenden dienen, sind Entartungen der guten Verfassung (1279a 17–20). Vorweg wird damit das Kriterium festgelegt, nachdem das folgende Schema der Verfassungen zu beurteilen ist. Mit Königtum-Tyrannis, Aristokratie-Oligarchie und Politeia-Demokratie übernimmt Aristoteles die übliche Dreierpaarung, wobei nur beim dritten Paar auffällt, daß er den Begriff der Demokratie für eine entartete Massenherrschaft verwendet. Er kritisiert hier Platon, der im *Politikós* 291e–292a entgegen einer allgemein üblichen Unterscheidung jede Form von Volksherrschaft als Demokratie bezeichnet und sich ausdrücklich mit fünf Verfassungen begnügt. Aristokratie und Politeia unterscheiden sich nicht nur durch die Zahl der an der Regierung beteiligten Bürger, sondern die jeweilige Regimentsfähigkeit ist auch ökonomisch bedingt. Das hatte Platon ebenfalls gesehen. Dagegen widerspricht Aristoteles seinem Lehrer, indem er erneut die ethischen Aufgaben des Staates je nach Verfassung differieren läßt. Die Gerechtigkeit, Platons totale Tugend, kommt immer nur in spezifischen Teilerscheinungen vor. Falls man sie in der Gleichheit sieht, so ist einzuschränken, daß es eine Gleichheit zwischen Ebenbürtigen sein muß, wie umgekehrt Ungleichheit zwischen Unebenbürtigen ebenfalls gerecht sein kann. Gerade bei sozial bedingten Verfassungsformen und Verfassungsänderungen ist die Frage, was gerecht sei, äußerst schwer zu beantworten. Zugunsten der Masse ist immerhin zu sagen, daß sie in sich ein hohes Maß an kollektiver Klugheit vereinigt, und wenn man sie bis zu einem gewissen Grad an der Regierung beteiligt, bindet man auch ihre revolutionären Tendenzen. Aristoteles tritt hier deutlich für das verbreitete Ideal einer gemäßigten, ›solonischen‹ Demokratie ein, der er bereits im 2. Buch den Namen »Politeia« gegeben hatte (1266a 27–28). Sie bedarf einer homogenen Elite, die nicht nur um die Ämter konkurriert und mit ihren Steuern die Aufwendungen des Staates trägt, sondern auch um Bildung und Tugend wetteifert: »Denn lediglich aus Armen könnte ein Staat wohl ebensowenig bestehen wie nur aus Sklaven« (1283a 18–19). Auch das alte Argument gilt noch, daß der Nachkomme von guten Vorfahren selbst gut ist. Eine derart ausgezeichnete Gruppe einem mechanischen Gleichheitsprinzip zu unterwerfen, wäre ebenso ungerecht, wie einen einzelnen zu unterdrücken, der alle seine Mitbürger überragt: »Denn ein solcher dürfte wohl wie ein Gott unter Menschen sein« (1284a 10–11).

Daran anknüpfend erörtert der letzte Teil des 3. Buches Vorzüge und Nachteile der Königsherrschaft. Einleitend werden fünf Formen der Basileia vorgestellt, vom ›konstitutionellen‹ Heerkönigtum der Spartaner bis zur ›absoluten‹ Universalmonarchie, wo der König über alle in eigener Machtvollkommenheit regiert. Auch jetzt zieht Aristoteles der Einzelherrschaft die Herrschaft einer qualifizierten Mehrheit vor, sofern sie gesetzmäßig handelt, ihre gemeinsame Klugheit einsetzt und inneren Zwist vermeidet. Auch ist es besser, wenn der Gebrauch der Macht gesetzlich geregelt ist und so menschliche Affekte gezügelt werden: »Denn das Gesetz ist leidenschaftslose Vernunft« (1287 a 32). Dagegen läuft eine Basileia stets Gefahr, zu einer naturwidrigen Tyrannis zu entarten. Gefahrenherde bilden in der Monarchie ferner die Armee und die Söhne des Königs. Es gibt jedoch Menschen, bei deren Natur eine Königsherrschaft angebracht ist. Ragen in dem Fall der Throninhaber und sein Geschlecht durch ihre Tugend hervor, und zwar im Urteil der Regierten, so ist ihre Basileia durchaus gerecht (1288 a 37 ff.). Indem Aristoteles nicht nur die schlechten Verfassungen von den guten trennt, sondern auch die Nachteile der guten sieht, fordert er zum Oberthema der *Politik* die Frage heraus, ob es überhaupt eine beste Verfassung gibt, und zu Beginn des vierten Buches führt er aus, wie man sich dem Problem methodisch zu nähern habe.

Der relativ beste Staat (*Politik* 4–6)

Die politische Wissenschaft hat zu untersuchen, »1. welches die ideale Verfassung ist und wie beschaffen sie am ehesten sein müßte, wenn es nach Wunsch ginge und kein Hindernis von außen bestünde; 2. welche Verfassung welchen Menschen angemessen ist (denn viele sind vermutlich gar nicht in der Lage, die absolut beste Verfassung zu erreichen, so daß der tüchtige Gesetzgeber und der wahrhafte Politiker sowohl die schlechthin ideale wie die relativ beste kennen muß); 3. welches die den Umständen gemäße Verfassung ist (denn man muß es auch verstehen, die gegebene Verfassung in die Untersuchung einzubeziehen, wie sie entstanden ist und auf welche Weise sie möglichst lange erhalten bleibt...); 4. muß man neben all dem die Verfassung herausfinden, die in allen Staaten am ehesten paßt, denn die meisten, die sich über das Verfassungsleben äußern, machen zwar schöne Worte, reden aber am Nutzen vorbei« (1288 b 22–37). Nicht nur der letzte Satz, sondern die ganze Methodendiskussion richtet sich gegen Platon und andere Theoretiker, die ihre Utopien mit einem falschen Realitäts- und Nützlichkeitsanspruch geschrieben haben; Aristoteles wird diesen Punkt in den Büchern 7 und 8 näher ausführen. Die Punkte 2–4 legen Leitlinien für die zusammengehörigen Bücher 4–6 fest. I. Düring hat ihnen als Motto das Bismarckwort vorangestellt: »Die Politik ist die Lehre vom Möglichen« (Aristoteles. Darstellung und Interpretation seines Denkens, Heidelberg 1966, 499–500). Zunächst behandelt Aristoteles aber die verschiedenen Spielarten der Demokratie und Oligarchie und legt bei den Unterschieden den Nachdruck auf die sozial bedingte jeweilige Zahl derer, die sich an der Herrschaft beteiligen. Einer Demokratie, in der eine von Demagogen beherrschte Volksversammlung alles durch Abstimmungen entscheidet, spricht er überhaupt den Titel einer Verfassung ab. Denn sie kennt im Grunde weder eine Regierung noch Gesetze, sondern das Volk macht nur Tagespolitik ohne Blick für das Allgemeine (1292a 4–37). Mit dieser Charakteristik fällt Aristoteles stillschweigend das Urteil über die radikale attische Demokratie. Auch die Tyrannis ist keine Verfassung (1293b 29–30). Daß die Unterarten von Oligarchie und Demokratie hier nicht einfach einen Nachtrag zu Buch 3 bilden, wo lediglich das Königtum vollständig behandelt wurde, wird bei der folgenden Beschreibung der sogenannten Politeia deutlich, die in Buch 2 und 3 als eine realisierbare beste Verfassung erschienen war. Sie ist eine Mischung aus Elementen der Demokratie und Oligarchie, weshalb man sie mit dem einen wie dem anderen Namen belegen könnte (1294b 15–16). Unter den historischen Verfassungen weist die spartanische eine solche Mischung auf und kommt der Politeia nahe. Im zweiten Buch hatte Aristoteles die Beständigkeit Spartas damit erklärt, daß allen Teilen des Volkes an der Dauer der Verfassung gelegen sei (1270b 21–22); die gleiche Bedingung überträgt er jetzt auf die Politeia (1290b 39–40). Von ihr unterscheidet er die eigentliche Mischverfassung, der er einen Exkurs über die drei Arten des Mischens vorausschickt, nämlich zwei Dinge ganz miteinander zu vereinen, die Mitte zwischen zwei Dingen zu suchen oder nur Teile von ihnen zu mischen. Die Mittlere Verfassung, die er im folgenden als Gegenmodell zu Platons *Politeia* entwirft, geht von der zweiten Art aus, und der zweite Punkt der Methodendiskussion, die Realisierbarkeit eines Modells, ist ihre Prämisse. Er zieht auch den 3. Punkt der Methodendiskussion heran, den er bereits dort mit der anzustrebenden Dauer der Verfassung verknüpft hatte. Als Grundbedingung eines stabilen Staatswesens bezeichnet er nun nicht mehr das gemeinsame Wollen aller Teile der Bürgerschaft, sondern modifiziert: »Der staatsbejahende Teil muß stärker sein als derjenige, der den Bestand der Verfassung nicht will« (1296b 15–16). Der vor der Stasis Besorgte verkündet den Grundsatz noch an mehreren anderen Stellen der *Politik*.

Der letzte Teil des 4. Buches ist eine geschlossene Abhandlung über die Struktur des Staates nach seinen drei Funktionsteilen: ›Legislative‹ (»der über gemeinsame Angelegenheiten beratende Teil«), ›Exekutive‹ (»der Teil bezüglich der Ämter, d. h. welche worüber zu bestimmen haben und wie die Wahl dazu stattzufinden hat«) und ›Judikative‹ (»der rechtsprechende Teil«). Es geht also nicht so sehr um ›Gewalten‹ und ›Gewaltenteilung‹, und Aristoteles ist hier kein antiker Montesquieu, wie man verschiedentlich geglaubt hat. Wieder bezieht er sich vorweg auf die Methodendiskussion: »Bei allen drei Teilen muß der tüchtige Gesetzgeber prüfen, was jeder Verfassung zuträglich ist; wenn sie in Ordnung sind, muß zwangsläufig auch der Staat in Ordnung sein, und Verfassungen müssen sich voneinander unterscheiden, wenn sich jeder einzelne dieser Teile unterscheidet« (1297 b 35–1298 a 3). Für die folgende Funktionsbeschreibung der drei Teile hat Aristoteles wohl seine Sammlung von Verfassungen durchmustert, nennt aber nur an wenigen Stellen eine bestimmte Polis, da es ihm auf eine Typisierung und Zuordnung nach Verfassungskategorien ankommt. Deshalb verzichtet er auch auf Wertungen und überlegt lediglich mögliche Verfassungskombinationen. So gibt es, geht man von der Besetzung der Ämter aus, vier Grundtypen, je nachdem ob Amtsinhaber gewählt oder erlost werden und ob alle Bürger oder nur eine begrenzte Zahl am Besetzungsverfahren beteiligt sind. Nimmt man die verschiedenen Arten der Wahlkreise hinzu und entscheidet sich teils für Los-, teils für Wahlämter, so ergeben sich zwölf Kombinationen, unter ihnen demokratische, oligarchische, aristokratische und solche, die zur Politeia gehören (1300 a 19–b 7). Mit dieser Strukturanalyse hat Aristoteles Neuland betreten.

Thukydides hatte die eigentliche Ursache aller politischen Bewegungen und Revolutionen einzig und allein im Machtstreben der menschlichen Natur gesehen. In der Themenangabe zum 5. Buch über Ursachen des Verfassungswandels benutzt Aristoteles auffällig den Plural: welche, wieviele und wie beschaffene Gründe gibt es für solche Wandlungen? Und im Gegensatz zum konstatierenden Historiker fragt der belehrende Philosoph auch sogleich, welche Möglichkeiten im allgemeinen bestehen, um den Wandel im Verfassungsleben zu unterbinden, und wie sich im besonderen einzelne Verfassungen erhalten lassen. Anstelle des neutralen Begriffs *metabolē* = Wandlung benutzt Aristoteles im folgenden eher *stásis* = Aufstand, das Gewalttätigkeit oder den Willen zur Gewalt bei einer oder allen beteiligten Parteien einschließt und sich oft mit dem modernen Begriff »Revolution« deckt. Allgemeine Voraussetzung jeder Stasis ist die Tatsache, daß es Ungleichheit gibt. Die Stasis kann ausbrechen, weil Menschen nach Gleichheit streben, oder auch, weil sie sich aus einer Überlegenheit heraus mit einer bestehenden Gleichheit nicht abfinden; der erste Fall tritt in Oligarchien ein, wo sich der Demos erhebt, der zweite in Demokratien, wo sich die Aristokraten dagegen wehren, auf eine Stufe mit dem Volk gestellt zu werden. Die unmittelbaren Anlässe dagegen sind sehr vielfältig. Sie können psychologischer Art sein: Die Benachteiligten werden von Ehrsucht und Neid getrieben, oder sie haben Angst. Auf seiten der Mächtigen tragen eher konkrete Fehler wie Überheblichkeit, Geringschätzigkeit oder übermäßige Machtkonzentration zur Stasis bei, besonders wenn die von der Regierung Ausgeschlossenen in der Überzahl sind. Verfassungen können sich auch ohne Stasis ändern durch Amtserschleichung oder durch Nachlässigkeit gegenüber Amtsbewerbern, die Verfassungsfeinde sind (1303a 14–18). Nicht übersehen werden dürfen die fast unmerklichen schrittweisen Verschiebungen, die schließlich zu großen Veränderungen im Gesetzeswesen führen. Mit einzelnen geschichtlichen Beispielen illustriert Aristoteles seine Gliederungspunkte, und aus der historischen Wirklichkeit griechischer Kolonisations- und Emigrantenzüge ergibt sich auch ein eigener Typ der Stasis, bei der verschiedene Volksgruppen innerhalb einer Polis aufeinanderstoßen. Kurz verweist Aristoteles auf die Rolle, die List und Gewalt bei Verfassungsänderungen spielen, um dann noch einmal eigens und mit zahlreichen neuen Beispielen die verfassungsspezifischen Umschwünge durchzumustern. Für die Demokratie gibt er den Demagogen und ihrem Kampf gegen die Reichen die Schuld. In alten Zeiten, als die Volksführer zugleich Heerführer waren, schwangen sie sich gewöhnlich zu Tyrannen auf. Wenn in einer Oligarchie, die den Demos unterdrückt, dem Volk aus den Reihen der Oligarchen ein Führer erwächst, so verläuft die Entwicklung ähnlich. Ist die Zahl der Regimentsfähigen sehr klein, entsteht möglicherweise sogar innerhalb der Oberschicht Zwist, der in eine Demokratie oder Politeia mündet. Wenn Oligarchen ihr Vermögen verprassen, verfallen sie häufig auf den Ausweg, sich selbst oder einen anderen zum Tyrannen zu machen. Die alte Erfahrung bestätigt sich, daß eine in sich einige Oligarchie schwerlich an sich selbst zugrunde geht (1306a 10–11). Nachdem Aristoteles im 4. Buch Politeia und Aristokratie als gute Verfassungen den Entartungen Demokratie und Oligarchie entgegengestellt hatte, sieht er dementsprechend jetzt den Hauptgrund ihres Verfalls darin, daß sie von der Gerechtigkeit abweichen, d. h. daß sich die rechte Mischung der demokratischen und oligarchischen Verfassungselemente, auf der ihr Vorzug beruht, verändert (1307a 6–10). Lediglich am Schluß des Abschnittes deutet er an, daß Verfassungen auch durch äußere Gewalt abgelöst werden und daß Sparta und Athen ihren Einfluß auf schwächere Staaten sicherten, indem sie ihnen ihre eigene Verfassung oktroyierten (1307b 20–24).

Für den Erhalt von Verfassungen bietet Aristoteles eine Anzahl von praktischen Maßnahmen, die teils selbstverständliche Verhaltensregeln sind, teils sich an bestehenden Bestimmungen griechischer Poleis orientieren (1307b 26–1308b 38): Gesetzwidrigkeiten sind schon im kleinen zu unterbinden; Mißtrauen ist angebracht gegen rhetorische Kniffe, mit denen die Masse beeinflußt wird; den Regierenden empfiehlt sich ein vernünftiger Umgang mit den Regierten; die Amtsdauer muß kurz, die Amtsgewalt beschränkt sein; Wachsamkeit gegen verfassungsfeindliche Tendenzen ist nötig; periodisch müssen die Steuern an den jüngsten Staatsausgaben überprüft und neu festgesetzt werden; wichtig ist eine Sittenaufsicht; gesetzliche Bestimmungen und Einrichtungen sollen Bereicherung im Amt unterbinden, und Beamte haben Rechenschaft über ihre Amtsführung abzulegen; die Reichen dürfen nur in Maßen belastet werden, und Arme sollen öffentlich unterstützt werden. Es folgen die moralisch-intellektuellen Voraussetzungen, die von Anwärtern auf die höchsten Regierungsämter zu verlangen sind. Im Vergleich mit Platon werden sie wieder unverhältnismäßig kurz abgetan, und man gewinnt den Eindruck, als schiebe Aristoteles nicht nur ihn, sondern die gesamte griechische Tradition beseite. Bewerber müssen über drei Eigenschaften verfügen: Treue zur bestehenden Verfassung, beste fachliche Qualifikation und Gerechtigkeit, die verfassungskonform ist. Denn wie bereits früher gesagt wurde, hat Gerechtigkeit je nach der Verfassung einen eigenen Charakter. Von den Idealforderungen wird man in der Praxis Abstriche machen müssen, und bei mehreren Amtsbewerbern wird man denjenigen vorziehen, der dem Ideal am nächsten kommt (1309 a 32–b 7). Schließlich erinnert Aristoteles an zwei Fundamente der Stabilität, die er schon mehrfach gebührend gewürdigt hatte, nämlich eine verfassungstreue Majorität und eine starke Mitte (1309 b 13–19). Gesondert werden Gewinn und Erhalt der Basileia und der Tyrannis behandelt. Von den vorherigen Ergebnissen lassen sich einige übertragen; aber nicht zuletzt ein umfangreiches historisches Material und seine literarische Bearbeitung veranlassen Aristoteles, bei der Tyrannis die persönlichen Motive des Machthabers und seiner Gegner zu unterstreichen. Nur eine untergeordnete Rolle spielt der Sturz des Tyrannen von außen. Die Basileia ist allein schon durch ihre Qualitäten stabiler: Der König, der durch Tugend hervorragt, die eigene Ehre mit der Sorge um das Wohl der Untertanen verbindet und von der freien Zustimmung der Regierten getragen wird, ist ungefährdet, solange er nicht zum Tyrannen entartet, also seine Tugend vergißt, materiellen Eigennutz verfolgt und sich übermäßige Gewalt aneignet. Gefahr entsteht für ihn auch, wenn sich seine Gefolgsleute entzweien. Aufschlußreich ist ein aktueller Seitenblick mit merkwürdiger terminologischer Differenzierung: »Heute entstehen keine Basileiai mehr, sondern wenn etwas entsteht, so sind es eher Monarchien und Tyrannenherrschaften, denn die Basileia beruht auf freiwilliger Herrschaft, die über die wichtigeren Angelegenheiten entscheidet; heute aber gibt es viele Ebenbürtige, und niemand ragt so sehr hervor, daß er der Größe und Würde der Königsherrschaft gewachsen wäre« (1313 a 3–8). Das trifft nicht auf die makedonische Monarchie zu, die ja eine traditionelle Basileia war. Aber daß in diesen Jahren Alexander d. Gr. das Persische Reich eroberte und als überragender König eine neue Herrschaft begründete, hat Aristoteles in der *Politik* wie auch sonst mit keinem Wort erwähnt. In einem unorganischen Nachtrag geht er noch mit Platons Verfallstheorie im 7. Buch der *Politeia* ins Gericht. Wieder kümmert ihn nicht der Gesamtgehalt des Werkes, sondern er kritisiert, zum Teil aufgrund seiner bisherigen Ergebnisse und historischer Exempla, einzelne Aussagen: Minderwertige Nachkommen können nicht nur eine ideale, sondern jede Verfassung zerstören. Ferner ist Platons absteigende Linie des Verfalls von Verfassungen falsch; denn auch der Umschlag von Demokratien zu Oligarchien kommt vor, und zwar nicht deshalb, weil es in der Demokratie Geldgierige gibt, sondern weil einige die allgemeine Gleichheit ablehnen. Ebensowenig sind die materiellen Anlässe, die Platon bei anderen Verfassungsumschwüngen anführt, stichhaltig.

Das 6. Buch gibt sich selbst als Ergänzung zum Schlußteil des 4. Buches über die 3 ›Gewalten‹ im Staat und zum 5. Buch: Es sei noch nicht genügend berücksichtigt worden, daß der demokratische und der oligarchische Grundtyp der Verfassung in mehreren Variationen und Kombinationen auftritt, und es gelte, die für jeden Staat individuell passende und damit bestmögliche Verfassung einzurichten. Das Wort »einrichten« oder ein Synonym fällt häufig, so als habe es sich bei Buch 6 ursprünglich um einen Traktat für Gesetzgeber und Verfassungsgründer gehandelt (vgl. 1319b 33–34). Ausführlich wird die Demokratie, knapper die Oligarchie behandelt, und der Schluß bietet eine umfassende Übersicht über die Ämter in der Polis. Alle drei Teile des Buches bringen neue Einzelheiten neben manchen Wiederholungen. Zu Beginn erläutert Aristoteles anhand der Demokratie in bemerkenswerter Weise das typisierende Verfahren des Soziologen: »Man muß für diesen Untersuchungsgang alle demokratischen Elemente und das, was zu Demokratien gehört, heranziehen; hat man das Material zusammengestellt, so ergeben sich daraus die Erscheinungsformen der Demokratie, und es wird deutlich, daß es statt einer mehrere und verschiedene Demokratien gibt« (1317a 18–22). Die Unterschiede liegen nicht nur in der unterschiedlichen Zusammensetzung des Demos begründet, wie in Buch 4 gezeigt wurde, sondern sie sind der Freiheit, die das Wesen der Demokratie ausmacht, inhärent. Die Freiheit schließt Gerechtigkeit und Gleichheit ein. Im öffentlichen Leben bedeutet sie, daß jeder unabhängig von seiner sozialen Stellung alternierend an der Regierung teilnimmt und sich regieren läßt, daß Entscheidungen nach Mehrheitsbeschlüssen fallen und daß folglich die Armen entscheiden, da sie die Mehrheit haben. Im privaten Bereich heißt Freiheit, leben zu können wie man will (1317b 11–13). Zum Kernproblem der Utopisten, wie die Gleichheit herzustellen sei, hat Aristoteles auch keine schlüssigen Lösungen anzubieten. Möglich wäre, durch Steuern die Reichen zu belasten, die es dann aber als ungerecht empfinden werden, wenn sich ihre Leistungen nicht in politischem Einfluß auszahlen. In Bemerkungen wie dieser klingt Aristoteles' Reserve gegenüber der Demokratie

durch, obwohl er bei der folgenden Klassifizierung die erste und älteste von vier Arten der Demokratie, die Volksherrschaft in einem Agrarstaat, bewundert. Er klassifiziert jetzt nicht mehr nach Institutionen, sondern nach Ständen, und die Qualität der einzelnen Demokratieformen beurteilt er – in der traditionellen Wertung Bauern-Hirten-städtische Masse der Handwerker, Krämer und Taglöhner – nach der Qualität des sie tragenden Standes. Unter diesen Voraussetzungen will er nicht eine schlechtere Demokratie durch eine bessere ersetzen, sondern den Gesetzgebern nur Mittel empfehlen, wie sich Fehler, zu denen die Masse neigt, vermeiden lassen. Die Bauern sind ideale Demokraten, weil ihnen ihr geringes Vermögen und ihre angespannte Arbeit nur wenig Zeit für Politik läßt und ihr politischer Ehrgeiz bescheiden ist. In einigen Staaten tritt man sein Wahlrecht sogar an Wahlmänner ab, oder man bezieht oligarchische Elemente mit ein, indem Inhaber der höchsten Ämter besondere materielle, fachliche oder moralische Qualifikationen aufweisen müssen. Vor allem in alter Zeit gab es eigens Gesetze, um die bäuerliche Demokratie zu bewahren: der Landbesitz war begrenzt und durfte nicht zu weit vom städtischen Zentrum liegen; er durfte nicht unbeschränkt verkauft oder beliehen werden. Gut ist auch die Demokratie, in der die Mehrzahl der Bürger aus Hirten besteht, nicht zuletzt, weil sie besonders tüchtige Krieger sind. Der zweite und dritte Typus der Demokratie mit der städtischen Masse als Staatsvolk wird summarisch abgetan. Die Masse hat Zeit, um sich häufig zu versammeln, und deshalb empfiehlt Aristoteles als probates Mittel, daß keine Volksversammlung ohne die Landbevölkerung abgehalten werden darf. Am Ende der Skala steht die radikale Massendemokratie, die von Demagogen durch großzügige Verleihung des Bürgerrechts aufgeschwemmt wird und in der das Gewicht des niederen Volkes gegenüber Adel und mittlerem Bürgertum über das rechte Maß hinaus verschoben ist. Immerhin hält es Aristoteles nun sogar für möglich, durch sozialpolitische Maßnahmen dieser Extremform Ordnung und Dauer zu verleihen. So muß man verbieten, daß Demagogen lediglich Prozesse führen, um das Vermögen der Verurteilten zu konfiszieren und daß die große Masse nur von Tagegeldern lebt. Man muß für angemessenen Wohlstand der Armen sorgen, wovon auch die Reichen profitieren. So kann man etwa Staatsgelder zum Ankauf oder wenigstens zur Anzahlung von Bauernstellen aufwenden, oder Wohlhabende können Startkapital für Handwerksbetriebe zur Verfügung stellen (1320a 4ff.).
Zur ersten und maßvollsten von drei Stufen der Oligarchie, die der sogenannten Politeia nahekommt, macht Aristoteles den interessanten Vorschlag einer unterschiedlichen Steuer, je nachdem, ob ein Bürger für niedere oder höhere Ämter qualifiziert ist. Auch soll die Besteuerung so weit greifen, daß die Regimentsfähigen in der Mehrheit sind, aber immer noch aus dem »besseren Demos« stammen (1320b 21–29). Ein Sonderkapitel

über das Heer in Oligarchie und Demokratie vertritt die Auffassung, daß zwischen Territorium und Verfassung eines Staates ein Zusammenhang besteht: Ein Land, wo man gut reiten kann, bildet eine extreme Oligarchie aus, die reich genug ist, um zu Pferde zu kämpfen. Mildere Oligarchien gibt es dort, wo das Land für Schwerbewaffnete geeignet ist und Wohlhabende sich die Hoplitenrüstung leisten können.
Der umfangreiche Behördenkatalog zum Schluß betrifft »zusammenfassend gesagt die Religion, den Krieg, die Einkünfte und Ausgaben, den Markt, die Innenstadt, den Hafen und das Umland, die Justiz, das Notariat, den Vollzugsdienst, den Gefängnisdienst, Abrechnung, Prüfung und Rechenschaftsablage der Beamten und schließlich die Behörden, die über die öffentlichen Angelegenheiten beraten« (1322b 30–37). Sie alle sind »notwendige Behörden«, unabhängig von der Verfassung. Nur unter den angefügten Sonderbehörden gibt es solche, die wie die Sittenaufsicht über Frauen und Knaben für die Oligarchie typisch sind; die Begründung in diesem Fall lautet, daß die Armen ihre Frauen und Kinder als Dienstpersonal heranziehen, da sie sich Sklaven nicht leisten können. Aber auch einzelne Regierungsbehörden wie der demokratische Rat haben verfassungsspezifischen Charakter.

Politische Ethik und Erziehung (*Politik* 7–8)

Die beiden letzten Bücher der Politik über die beste Verfassung, den besten Staat wollen laut Überschrift des ersten Satzes eine »angemessene Untersuchung« sein. Von Realisierung wie im 6. Buch ist zunächst nicht die Rede, obwohl im Verlauf der Untersuchung Appelle an den Staatsmann und den Gesetzgeber zur Genüge die didaktischen Ziele des politischen Lehrers verraten. »Angemessen« ist die Untersuchung, weil sie wie alle bisherigen Bücher von der Analyse der Wirklichkeit ausgeht. Sie ist also kein Gedankenexperiment, wie Platon die *Politeia* (369a) und die *Gesetze* (702d) in der Themenangabe genännt hatte. Diese blieben »unangemessen«, da sie die Wirklichkeit vernachlässigten und dennoch von ihrem Verfasser als realisierbare Modelle angesehen wurden. Dem großen Gegenspieler gilt auch der Einwand: »Aber im Detail bei solchen Dingen zu verweilen und darüber zu reden, ist überflüssig; denn es ist nicht schwer sie auszudenken, viel schwerer aber sie durchzuführen; denn das Reden ist Sache des Wunsches, das Gelingen aber Sache des Glücks« (1331b 18–22; vgl. 1328a 19–21). Das hat Aristoteles nicht davon abgehalten, den wirklichkeitsnäheren *Gesetzen* seines Lehrers manche Anregung zu entnehmen. Die beiden zusammengehörigen Bücher 7 und 8 haben einen sorgfältigen Stil und eine klare Gliederung in vier Teile, die Aristoteles durch Dispositionsangaben markiert: die philosophisch-ethischen Voraussetzungen des besten Staates (1323a 19–1325b 32); seine materiellen Voraussetzungen (1325b 33–1331b 23); seine Verfassung (1331b 24–1334b 5); die Erziehung im besten Staat (1334b 6ff.). Die Themen der drei ersten Teile werden allerdings nicht streng auseinandergehalten, und auch im vierten Teil finden sich Bemerkungen zu ihnen. Im dritten Teil erhalten wir statt der Verfassung im Grunde eine Fortsetzung des ersten Teiles über die ethischen Grundlagen des besten Staates. Wie uneingelöste Vorverweise zeigen, war das Erziehungsprogramm, das das Ende des 7. Buches und das gesamte 8. Buch füllt, nicht der geplante Schluß. Aber sicher sind nicht mechanische Textverluste dafür verantwortlich, daß wir keine abgerundete Gesamtdarstellung besitzen.

Aussagen über den besten Staat setzen Kenntnis des besten, d. h. wünschenswertesten Lebens voraus. Das aber ist ein Leben, in dem die Tugend der Seele den höchsten Rang einnimmt. Aristoteles begnügt sich mit einer Skizze und verweist auf die ausführlicheren Darlegungen in seinen publizierten ethischen Schriften. Nachzutragen bleibt, daß das Glück des einzelnen und das des Staates identisch sind und daß das Leben im Staat dem außerhalb des Staates vorzuziehen ist. Den Meinungsstreit, ob Tugend in der Vita activa oder Vita contemplativa bestehe, entscheidet Aristoteles für jene. Er wendet sich aber gegen den Schluß, Aktivität des Staates bedeute, über Nachbarstaaten zu herrschen, und zwar auch solche, die nicht von Natur aus zur Unterwürfigkeit bestimmt seien. Der Gedanke der naturbedingten Herrschaft über Sklaven und Untertanen in der Monarchie wird auf zwischenstaatliche Verhältnisse übertragen, obwohl Aristoteles sogleich versichert, Kriege dürften nicht Selbstzweck sein, ein guter Gesetzgeber müsse mit den Nachbarn einen angemessenen Modus vivendi suchen und in jedem Staat sei ein Leben in Freiheit selbstverständlich vorzuziehen. Bei den äußeren Bedingungen des besten Staates legt Aristoteles das Schwergewicht auf Lage und Bevölkerungszahl. Die Geschichte der griechischen Kolonisation bot gerade zu diesen beiden Themen eine reiche Erfahrung, die sich nicht zuletzt in Utopien wie der des Hippodamos von Milet niederschlug; auch Platon nahm für seine *Gesetze* eine Koloniegründung zum Anlaß. Wie bei allen natürlichen und künstlichen Gebilden gibt es beim Staat eine organische Größe, die bei der mittelgroßen Polis mit überschaubarer Bürgerzahl liegt. Ihre politischen und wirtschaftlichen Vorteile leuchten unmittelbar ein: Eine Massenbevölkerung zu regieren ist schwer, vielleicht sogar unmöglich, da sie an der staatlichen Ordnung nicht partizipieren kann; die anerkannt guten Staaten sind daher nie übervölkert. Da man sich ferner im Großstaat nicht kennt, weiß man auch nicht, wer für politische Aufgaben geeignet ist. Der Umfang des Territoriums soll so groß sein, daß der Staat autark ist und den Bürgern ein wohlhabendes, weder zu üppiges noch zu armseliges Leben ermöglichen kann. Nähe zum Meer fördert Import und Export und

erleichtert Hilfe im Kriegsfall; später folgen noch Empfehlungen für Mauerbau und Verteidigung. Eine Seemacht soll allerdings nicht größer sein, als es Abschreckung der Feinde und militärische Hilfe für verbündete Nachbarn erfordern. Das Ideal der Mitte sieht Aristoteles überhaupt im griechischen ›Nationalcharakter‹ gegeben, wie er in einem Exkurs in Anlehnung an eine bekannte völkerpsychologische Theorie (S. 45f.) feststellt: Die Griechen leben in der Mitte zwischen den kulturlosen, aber tapferen Völkern der kalten Nordregionen und den künstlerischen, aber kraftlosen Asiaten. Dementsprechend ist ihre Wesensart ein Mittel zwischen den Extremen. Sie sind mutig, scharfsinnig und eifrige Verteidiger ihrer Freiheit und ihrer (relativ) guten politischen Verhältnisse. Bildeten die Griechen einen Einheitsstaat, so würden sie über alle herrschen (1327b 21–35). Auch hier versagt sich Aristoteles einen aktuellen Verweis auf Philipp II. und Alexander d. Gr.
Der Einwand, daß das glückliche Leben und mithin der glückliche Staat nicht für alle in gleicher Weise erreichbar sind und daß daraus die verschiedenen Verfassungsformen entstehen, führt von den materiellen Voraussetzungen zu den Aufgabenbereichen, die jeder Staat zu besorgen hat: Nahrung, Handwerk, Militär, Wohlstand, Religion, Rechtswesen. Die Oligarchie unterscheidet sich von der Demokratie dadurch, daß sie den Zugang zu diesen Bereichen nach Ständen festlegt. Deren wesentliche Trennungslinie verläuft zwischen Regierenden und Kriegern auf der einen, Handwerkern und Bauern auf der anderen Seite. Die unteren Stände dürften kaum in der Lage sein, Tugend und mithin das beste Leben zu erreichen. Sie sind nur notwendige Bestandteile des Staates und können auch aus Sklaven oder Barbaren bestehen, während es sich bei den beiden ersten Ständen um integrale Teile handelt. Hier spricht wieder der Kritiker der demokratischen Gleichheit, der auch im folgenden Teil den Wechsel zwischen Regieren und Regiertwerden nur als die zweitbeste Möglichkeit ansieht, da es echte und dauernde Überlegenheit der einen über die anderen kaum gibt und das Alternieren zur Selbstkontrolle bei der Machtausübung zwingt. Daß gerade der Machtwechsel das eigentliche Problem ist, wird ebensowenig wie früher bemerkt, vielmehr wird das Problem nun nach Art Platons durch das Postulat ausgeräumt, der Gesetzgeber müsse die Bürger zur Tugend erziehen. Eine dichotomische Psychologie und Tugendlehre schließt sich an, die eine neue Verbindung zum Telos des Staates herstellt: Die Seele besteht aus einem ranghöheren Vernunftteil und einem Teil, der keine Vernunft hat und dem anderen Teil gehorchen muß. Dementsprechend ist auch das Leben zweigeteilt in Arbeit und Muße, Krieg und Frieden, Notwendigkeit oder Nützlichkeit und Schönheit. Ziele des glücklichen Lebens, also auch Ziele des Staates können nur die höherrangigen Werte sein. Darauf hat ein Gesetzgeber seine Erziehung zu richten, während die historischen Gesetzgeber immer nur

den Nutzen und Erfolg angestrebt haben. Er muß dazu von den drei Wegen, die zur Tugend führen, zwei in Harmonie bringen, nämlich die Gewöhnung und die Vernunft, ungeachtet des dritten Weges, der natürlichen Veranlagung.

Damit hat Aristoteles den Grund gelegt für das umfassende Erziehungsprogramm des vierten Teiles. Er beginnt mit der Ehe, dem kleinsten Element des Staates, und schlägt damit ohne direkte Anspielung einen Bogen zum ersten Buch der *Politik*. Vor allem die Anfangsabschnitte mit ihren praktischen Ratschlägen, u. a. für Eheschließung und Kinderzeugung, Säuglingspflege und Hygiene, nähern sich, stärker noch als manche Passagen in Platons *Politeia* und *Gesetzen*, der ›Hausväterliteratur‹. Auch medizinisches Schrifttum hat seine Spuren hinterlassen. Bei der Jugenderziehung im 8. Buch schlägt Aristoteles wie üblich einen mittleren Weg zwischen den Extremen vor, gerade auch weil er sieht, wie in der gegenwärtigen Pädagogik die Erziehungsziele umstritten sind: Ist der Nutzen fürs Leben oder die Tugend wichtiger? Den bloßen Nutzen lehnt er sogar beim Unterricht in den ›Realien‹ ab und warnt vor den Gefahren eines übermäßigen sportlichen und kriegerischen Trainings. Gedanken über die Rolle des Spiels, die Bedeutung der schöpferischen Muße, die bildende und entspannende Funktion der Musik und des eigenen Musizierens sind einmal mehr Antwort auf einzelne Ausführungen in Platons *Politeia* wie insgesamt auf deren kollektiven Zwang. Ein Satz kurz vor dem abrupten Schluß der *Politik* ist eine Gegenthese, die nicht nur einen letzten Vorwurf gegen den Sokrates der *Politeia* einleitet, sondern auch als Motto über dem Gesamtwerk stehen könnte: »Es gibt zwei Ziele, das Mögliche und das Angemessene, und alle müssen mehr nach ihnen streben« (1342b 17–20).

Von den übrigen verlorengegangenen politischen Schriften des Aristoteles nehmen die Titel *Der Staatsmann* und *Über das Gerechte* unmißverständlich auf Platon Bezug. Dagegen haben Sammlungen wie *Die Sitten der Barbaren* und *Die Rechtsbescheide griechischer Städte* ihr Vorbild in der Sammlertätigkeit der älteren ionischen Wissenschaft. Von ihr führt auch eine Linie zu den 158 Verfassungen griechischer und einiger nichtgriechischer Städte, die Aristoteles und seine Schüler gesammelt haben. Seit einem Papyrusfund von 1890 haben wir fast vollständig die *Verfassung der Athener*. Aristoteles hat ihre beiden Teile, einen historischen und einen systematischen, wahrscheinlich selbst geschrieben und um 328 publiziert. Unterschiede, ja Widersprüche zur *Politik*, die man gegen seine Verfasserschaft anführte, erklären sich aus der unterschiedlichen Quellenlage, Darstellungsform und Absicht. Im Rahmen der Sammlung begnügt sich Aristoteles damit, Entwicklung und Funktion der athenischen Verfassung zu beschreiben. Theoretische Überlegungen treten zurück, während die *Politik* umgekehrt von Fall zu Fall historische Ereignisse und reale Verhältnisse anführt. Gleich bleibt sich die Ablehnung der radikalen Demokratie und die Vorliebe für eine maßvolle demokratische Verfassung.

8. Der Hellenismus

Monarchisches Ideal und monarchische Ideologie

Der Sieg, den Philipp II. 338 bei Chaironeia über die Griechen errang, und der Korinthische Bund, mit dem er ihnen die makedonische Hegemonie aufzwang, bedeuteten für Griechenland einen tiefen Einschnitt, aber sie waren nicht der Todesstoß für die griechische Polis als Staatsform. Deren Bedeutung nahm schrittweise ab, seitdem Alexander mit der Eroberung des Perserreiches das politische Schwergewicht vom griechischen Mittelmeerraum weg nach dem Osten verlagert hatte, und mehr noch, seitdem sich nach seinem Tode 323 die großen hellenistischen Nachfolgemonarchien herausbildeten, die einen dauernden Strom griechischer Siedler und Söldner an sich zogen. Mit dem Verlust der politischen Bedeutung verlor die Polis auch in der politischen Ideenwelt an Interesse, und an ihre Stelle trat die Monarchie, die ja kein neues Thema war. Nachträglich erwies sich die Aufmerksamkeit, die ihr in der Literatur des 4. Jahrhunderts entgegengebracht worden war, fast als eine geistige Vorbereitung. Auf diesem Grundstock baute das Staatsdenken auf, als es auf die neue historische Situation antwortete. Es war vor allem die Stoa, die sich zur führenden philosophischen Richtung des Hellenismus entwickelte, gefolgt von der epikureischen Lehre, während die ›Polisphilosophien‹ der Akademie und des Peripatos zurücktraten. Die gleichbleibende moralische Betrachtungsweise erleichterte den neuen Philosophien den Anschluß. Sie war auch das Bindeglied für die wachsende Zahl von Fürstenspiegeln, die schon bisher von philosophischen Erörterungen über die beste Basileia wesentliche Anregungen empfangen hatten. Ihre unmittelbaren Vorbilder waren Xenophon und Isokrates, weniger Platon und Aristoteles. Von den zahlreichen philosophischen und didaktischen Schriften, meistens mit dem Titel »Über das Königtum«, sind jedoch nur dürftige Reste auf uns gekommen.
Der Moralismus wirkte auch unmittelbar in die politische Praxis hinein, wenn es um ideologische Rechtfertigung der neuen Herrschaften ging. Aus der alten Forderung, wer König sein wolle, müsse über ein Höchstmaß an Tugend verfügen, wurde die Feststellung, daß der regierende

Monarch das Tugendideal verkörpere. Die Selbstaussagen der Herrscher und die offiziellen Bestätigungen der Untertanen, die sich in den urkundlichen Texten der Inschriften und Papyri finden, benutzten noch die gleichen vertrauten Tugendbegriffe. Deren Inhalte aber verschoben sich in dem Maß, wie die monarchischen Machtstrukturen sich von der Vorstellung eines Poliskönigtums unterschieden, von dem die Staatsphilosophie des 4. Jahrhunderts im Grunde immer ausgegangen war. *Dikaiosýnē*, die vornehmste Herrschertugend, war daher nicht mehr so sehr die Gerechtigkeit, die innerhalb eines festen Nomos das Recht des einzelnen wahrt, sondern ähnlich der sie nun oft ersetzenden *philanthropía* ein huldvoller Akt des Machthabers, der selbst das »lebende Gesetz« war. In dieser Umkehrung des alten Satzes vom Nomos als dem König drückte sich die Identität von Herrscher und Staat aus. Wenn man sie als Absolutismus bezeichnet, so bleibt doch zu berücksichtigen, daß das Heer oder der informelle Rat der »Freunde« der Macht des Throninhabers Grenzen ziehen konnte. Herrscherepiklesen wie »Helfer«, »Wohltäter« und »Heiland«, die ebenfalls nicht neu waren, stellten den König in die Nähe der Götter. Letzte Stufe dieser Entwicklung war die kultische Verehrung des lebenden Herrschers, und auch hier reichten die Wurzeln weit zurück; das früheste Beispiel eines solchen Kultes fällt ins Ende des 5. Jahrhunderts. Gerade in diesem Bereich ist aber an den neuen Einschlag östlicher Traditionen zu denken. Nach dem Vorbild Alexanders gaben sich die Seleukiden in Asien als Nachfolger der Perserkönige, die Ptolemäer in Ägypten als Nachfolger der Pharaonen. Gegenüber der einheimischen Bevölkerung war das eine politische Notwendigkeit. Wie weit sich jedoch in der Herrscherideologie griechische und orientalische Elemente gegenseitig befruchteten und durchdrangen, wird infolge der schlechten Quellenlage weiterhin eine Streitfrage bleiben. Der Herrscherkult der griechischen Städte war zugleich politisches Mittel, um einen übermächtigen Dynasten zur Wahrung prekärer Freiheiten zu bestimmen oder einem Hilfegesuch Nachdruck zu verleihen. Ein Beispiel dafür ist der Hymnus, den die Athener 291 auf den in der Stadt eingetroffenen makedonischen König Demetrios Poliorketes sangen: »Sei du gegrüßt, Sohn des mächtigen Gottes Poseidon und der Aphrodite. Denn die anderen Götter sind entweder weit weg, oder sie haben keine Ohren, sie existieren nicht, oder sie kümmern sich nicht im geringsten um uns. Dich aber sehen wir hier anwesend, nicht in Holz oder Stein, sondern wahrhaft. Wir flehen zu Dir, verschaffe uns Frieden, Geliebtester, denn Du bist der Herr« (Duris von Samos). Gerade bei Demetrios hätte jedoch der Gegensatz zwischen angenommener Göttlichkeit und wirklichem Verhalten nicht größer sein können, und man mußte kein Makedonengegner sein, um den Hymnus als unwürdige Schmeichelei zu empfinden.

Der Zwiespalt zwischen Herrscherideologie und machtpolitischer Wirklichkeit blieb auch sonst nicht verborgen. Nüchtern wandte sich der unbekannte Autor, der im byzantinischen Lexikon *Suda* s. v. *Basileia* zitiert wird, gegen panegyrische Verbrämungen: »Weder (von königlichen Vorfahren ererbte) Naturanlagen noch die Gerechtigkeit verschafft den Menschen Königsherrschaften, sondern denen fallen sie zu, die ein Heer führen und kluge Politik machen können, Männer wie Philipp einer war und die Nachfolger (*diádochoi*) Alexanders.« Die Feststellung trifft auf die Herrschaftsübernahme aller Diadochen zu. Deren Grundlage war allein das Siegerrecht, das sich genaugenommen mit dem sophistischen Recht des Stärkeren deckte. Es gab Stimmen, die den Monarchen rieten, auf alle moralischen Rechtfertigungen zu verzichten, wenn wichtige Interessen auf dem Spiele standen. Eine nachträglich ausgestaltete Episode aus dem Leben Alexanders d. Gr. argumentierte so: Als Alexander im Zorn seinen Lebensretter Kleitos erschlagen hatte und darauf in eine Depression verfiel, half ihm Anaxarchos, der die herkömmliche Schulphilosophie verachtete, darüber hinweg, indem er ihm den Widerspruch vorhielt, in dem sein Verhalten zu seiner übergesetzlichen Stellung stand: »Das ist Alexander, auf den jetzt die ganze Welt blickt; er liegt da und weint wie ein Sklave, der Gesetz und Tadel der Menschen fürchtet, denen er selbst Gesetz und Recht sein sollte. Denn er hat gesiegt, um zu führen und zu herrschen, aber nicht, um einem leeren Schein nachzugeben und zu dienen. Weißt du nicht, daß Zeus die Dike und die Themis neben sich sitzen hat, damit alles, was der Herrscher tut, gesetzlich und rechtlich sei?« (Plutarch, *Leben Alexanders* 52; vgl. Arrian, *Alexandergeschichte* 4,9,7–8). Die ethisch-philosophische Auffassung von der Basileia wird zuvor in der Person der Kallisthenes ironisch abgewertet: Er, der Neffe des Aristoteles, habe versucht, Alexander mit sanften philosophischen Ermahnungen zu trösten. Die Episode spielt auf die Diskussion an, die in den verschiedenen philosophischen Richtungen der hellenistischen Zeit über Alexander geführt wurde. Seine Gestalt wurde für die gegensätzlichsten Herrscherauffassungen zum Exemplum, das über die Diadochenzeit hinaus auch immer wieder politisch wirksam wurde.

Die Stoa

Die Stoa, für die die Legitimität der Herrschaft im ethischen Vorrang des Machthabers lag und die darin vor allem Platon folgte, sah in Alexander gerne den Gewaltmenschen, den sie mit den Topoi des traditionellen Tyrannenbildes verurteilte. Ihr Idealkönig war der Weise, der die naturgemäße Vernunft verwirklicht. Bereits durch sein rationales, leidenschaftsloses Wesen erweist er sich als ein Souverän, ja als ein Gott

(SVF 1,216–218; 3,617. 3,606; 607).* Bei ihm ist die Basileia, die keiner Rechenschaft unterworfen ist, in besten Händen, und aus seiner moralischen Überlegenheit erwächst ihm das Recht und die Pflicht, für die Gemeinschaft tätig zu werden (SVF 3,697). Der von ihm regierte Staat bildet im kleinen den monarchisch gegliederten Kosmos ab (SVF 3,617; vgl. 3,696). Antigonos Gonatas, Sohn des Demetrios Poliorketes und Schüler Zenons von Kition, des Gründers der Stoa, prägte als makedonischer König die berühmte Formel, die Basileia sei ein ehrenvoller Knechtsdienst (*éndoxos douleía*). Solcher Gesinnung stand in der Stoa von Anfang an ein Kosmopolitismus gegenüber, der nicht nur mit der Polis brach, sondern selbst die Grenzen der neuen Großreiche für unnatürlich hielt. Als *Zenon* um 300 in Athen seine Schule gründete, die sich nach ihrem Versammlungsort, der »Bunten Halle« (*Stoá poikílē*), nannte, verkündete er in seiner Frühschrift *Politeia*: Alle Weisen sind sich Bürger, Freunde, Verwandte und – selbst im Sklavenstand – Freie, während ihre Frauen und Kinder für sie Feinde sind (SVF 1,222; Diogenes Laertius 7,33). Visionär entwarf Zenon einen Weltstaat, in dem es keine eigenständigen Städte und Dörfer mehr gab, sondern alle Menschen ein Gemeinschaftsleben unter einer einheitlichen Ordnung führten (SVF 1,257; 262). *Chrysipp* von Soloi (281–208), das dritte Schulhaupt der Stoa und im Unterschied zum Phöniker Zenon ein Grieche, suchte zwischen politischem Engagement und einer sich in Träumen verlierenden Spekulation zu vermitteln. Er empfahl dem Weisen, sich je nach den Umständen für eine Tätigkeit im Staat zu entscheiden und sie zeitlich zu begrenzen (SVF 3,695–697). Nachdrücklich trat er für die natürliche Gleichheit aller Menschen ein und erklärte die Sklaverei zu einer bloß juristischen Konvention, während allein das sittliche Verhalten jemanden zum Sklaven mache (SVF 3,349 ff.). Chrysipp nahm das athenische Bürgerrecht an, das Zenon strikt abgelehnt hatte. Zenon hatte sich auch der Bitte des Antigonos Gonatas versagt, als Ratgeber an den makedonischen Königshof zu kommen, und hatte statt dessen seinen Lieblingsschüler *Persaios* geschickt. Persaios und andere Mitglieder der ersten Schülergeneration eröffneten eine bis zum Ende der Antike reichende Reihe von Staatsmännern, die von der stoischen Philosophie geprägt wurden. In der unmittelbaren politischen Wirkung hat die Stoa Platons Akademie und Aristoteles' Peripatos weit übertroffen. Doch die eigentliche Konkurrenz der Stoa und gerade auch ihrer Staatslehre war der »Garten« *Epikurs* (341–270), dessen quietistische Maxime *Lebe im Verborgenen* sich am weitesten vom alten Polisgeist entfernte. Das Verhältnis des epikureischen Weisen zum

* Die Stoikerfragmente werden zitiert nach Band- und Fragmentzahl der Ausgabe von H. von Arnim, Stoicorum Veterum Fragmenta (SVF) 1–4; Leipzig 1903–1924; Nachdruck Stuttgart 1968.

Staat ergibt sich aus der Rangordnung seiner Werte. An der Spitze steht die Lust, die infolge der Unerschütterlichkeit der Seele (*ataraxía*) möglichst wenig beeinträchtigt werden soll. Das Recht des Staates und die persönliche Verpflichtung gegenüber der Gesellschaft enden dort, wo sie das individualistische Lebensziel bedrohen. An den überlieferten moralischen Normen wird der Epikureer festhalten, weil ein Vergehen Angst vor Strafe nach sich zieht, also Unruhe erzeugt und die Lust vermindert. In diesem Sinne wirkt auch die Götterfurcht, obwohl es Götter nicht gibt. Das egoistische Lustprinzip läßt keine familiären Bindungen zu, sondern nur Freundschaften; die Epikureer pflegten einen regelrechten Freundschaftskult.

Panaitios

Panaitios von Rhodos (ca. 180–110), der hervorragendste Vertreter der Mittleren Stoa – die Bezeichnung ist nicht antik – reformierte die in doktrinäre Erstarrung verfallende stoische Philosophie, indem er sie erneut mit platonischen und mehr noch mit aristotelischen Gedanken verschmolz. Sein Hauptwerk *Über das rechte Handeln*, das uns einigermaßen kenntlich ist, weil es Cicero in seiner Schrift *Über die Pflichten* bearbeitet hat, sieht den Staat als eine natürliche Gemeinschaft an, die auf den eng zusammengehörenden Tugenden Gerechtigkeit und Wohltätigkeit beruht. Aufgabe der Gerechtigkeit ist es, niemandem zu schaden, von dem man nicht durch ein Unrecht herausgefordert worden ist, und stets das Staatsgut und das Privatgut auseinanderzuhalten. Das eine darf so wenig zweckentfremdet werden wie das andere, auch wenn Privateigentum nicht von Natur aus existiert, sondern erst durch historische Entwicklung und Rechtssatzung entstanden ist (Cicero, a. O. 1,20–21). Die Wohltätigkeit bemißt sich nach der Nähe, in der Geber und Empfänger zueinander stehen, angefangen von der engsten Gemeinschaft, der Familie, über die der Freunde und Mitbürger bis zu der des Menschengeschlechts. Die sozialen Bindungen innerhalb der *societas humana* werden überhöht durch ethische, die in einer vernünftigen Weltordnung begründet sind (a. O. 1,45–58). »Weil wir aber, wie von Platon (*9. Brief*, 358a) so herrlich geschrieben wurde, nicht für uns allein geboren sind und das Vaterland einen Teil unserer Existenz fordert, einen Teil die Freunde, und weil nach stoischer Lehre alles, was auf Erden entsteht, zum Nutzen der Menschen geschaffen wird, die Menschen also um der Menschen willen geboren sind, damit sie selbst sich gegenseitig nützen können, müssen wir hierin der Natur als unserer Führerin folgen, durch wechselseitige Pflichterfüllung unseren Beitrag zum gemeinsamen Nutzen leisten und durch Geben und Empfangen, durch unsere künstlerischen Fähigkeiten, handwerklichen Tätigkeiten und finanziellen Mittel unter den Menschen das Band der menschlichen Gesellschaft festigen« (a. O. 1,22). Panaitios, der in Beziehung zu hohen römischen Adligen wie Scipio Africanus d. Jg., dem Zerstörer Karthagos, stand, spielte eine wichtige Vermittlerrolle bei der Ausprägung eines römischen Humanismus.

Polybios

Griechen hatten schon seit längerer Zeit fasziniert den Aufstieg Roms verfolgt. Sie fragten sich, wie es eine italische Polis fertigbrachte, erst zur Vormacht in Italien, dann zur Herrscherin im westlichen Mittelmeerraum aufzusteigen, um nun, im 2. Jahrhundert, das hellenistische Staatensystem in die Abhängigkeit zu zwingen und endgültig zur Weltmacht zu werden. *Polybios* gab darauf mit seinem Geschichtswerk die Antwort. Geboren um 200 als Sohn des Lykortas von Megalopolis, der mehrmals Stratege des Achaiischen Bundes gewesen war, kam Polybios 168 nach Rom als einer der 1000 Romgegner, die der Bund nach dem römischen Sieg über Makedonien ausliefern mußte. Er fand Aufnahme im Vaterhaus des damals achtzehnjährigen Scipio Africanus, dessen Freundschaft er gewann, und lernte so römische Gesellschaft und Politik aus unmittelbarer Nähe kennen. Er entschloß sich, für seine interessierten Landsleute, aber auch für römische Leser das entscheidende halbe Jahrhundert seit den Anfängen des Zweiten Punischen Krieges darzustellen, von 220 bis 168. Später führte er sein Werk in insgesamt 40 Büchern bis zum Epochenjahr 146 herab, bis zur Zerstörung Karthagos und der endgültigen Unterwerfung Griechenlands. Polybios will nicht nur Ereignisgeschichte bieten, sondern die tieferen Ursachen des einmaligen Vorganges aufklären »wie und durch welche Art von *Politeia* besiegt fast die gesamte bewohnte Erde in nicht ganz 53 Jahren unter die alleinige Herrschaft der Römer gefallen ist« (1,1,5). Er schließt sich also der griechischen Staatslehre an, die seit dem 5. Jahrhundert ausführlich begründet hatte, daß Stärke und Festigkeit eines Staates auf seiner Verfassung beruhen. Den unmittelbaren Beweis, daß die Theorie auch für Rom gültig ist, liefert ihm die Niederlage gegen Hannibal 216 bei Cannae, eine der größten Katastrophen der römischen Geschichte; denn bei der Verfassung zeigt sich wie beim Menschen der wahre Charakter erst im Unglück (6,2,5–7): »Obgleich nämlich die Römer damals eindeutig besiegt wurden und an militärischer Kraft unterlegen waren, haben sie durch die Eigentümlichkeit ihrer Verfassung und ihre vorzügliche Umsicht nicht nur die Herrschaft über Italien zurückgewonnen und dann die Karthager besiegt, sondern sind in kurzer Zeit auch Herren des ganzen Erdkreises geworden« (3,118,8–9). Nachdem Polybios daher die römische Geschichte im

3. Buch bis Cannae geführt und im 4. und 5. Buch die synchrone Geschichte der hellenistischen Welt behandelt hat, widmet er das gesamte 6. Buch der römischen Verfassung: »Denn wir sind der Meinung, daß ihre Beschreibung nicht allein zur historischen Darstellung gehört, sondern daß sie allen Interessierten und Politikern bei der Reform und Neueinrichtung von Verfassungen einen wichtigen Beitrag leisten kann« (3,118,12). Mit seiner historisch-politischen Analyse verfolgt er also ein didaktisches Ziel, wie es in der griechischen Historiographie und Staatsphilosophie auch bisher üblich war. *Pragmatische Historie* nennt er die Art seiner Geschichtsschreibung, die den Nützlichkeitsanspruch methodisch und stilistisch dadurch rechtfertigt, daß sie auf sorgfältiger Quellenarbeit und auf eigener Erfahrung des Verfassers beruht und einen nüchternen Stil pflegt, der sich an das Wesentliche hält. Von Buch 6 an besitzen wir die polybianischen Historien allerdings nur noch in Fragmenten, wobei von diesem Buch wenigstens die wichtigsten Teile erhalten geblieben sind.*

Ein einleitender Überblick über die drei bekannten Verfassungspaare und ihren Kreislauf bereitet in Buch 6 das wichtige Thema der Verfassungskonstanz vor und führt die vergleichende Methode als heuristisches Mittel ein: Der *Kreislauf der Verfassungen* und seine spezifischen endogenen Ursachen ergeben einen gesetzmäßigen Prozeß. Dabei durchläuft die einzelne Verfassung eine gleichsam biologische Entwicklung, aus der zu schließen ist, daß auch die römische Verfassung einen natürlichen Anfang hat (6,4,13). Es empfiehlt sich deshalb zunächst, dem Ursprung staatlichen Lebens nachzugehen. Polybios sieht ihn ähnlich wie die Sophisten und wie Platon in der mangelhaften Natur des Menschen (6,5,7), nicht wie Aristoteles im natürlichen Drang zur Geselligkeit. Im Urstadium der menschlichen Gesellschaft, etwa nach einer Sintflut, geht es zunächst zu wie im Tierreich, der Stärkere übernimmt die Führung und unterwirft sich die anderen. Erst mit der Zeit stellt sich das Gefühl für Zusammengehörigkeit und für gesellschaftliche Normen heraus. Zu seiner Genese liefert Polybios eine interessante Theorie: Ursache ist die Goldene Regel und ihre Anwendung im Generationenvertrag, der seinerseits aus dem Geschlechts- und Fortpflanzungstrieb hervorwächst. Genauer gesagt entwickeln sich die Begriffe von Pflicht und Gerechtigkeit, sobald die Goldene Regel von einem Mitglied der Gemeinschaft verletzt wird und die Mitmenschen als vernunftbegabte Wesen erkennen, daß sie selbst einmal betroffen sein könnten. Ähnlich ist die Reaktion, wenn jemand für empfangene Hilfe keinen Dank abstattet. Andererseits führen Dankbarkeit

* Zitiert wird Polybios nach der Ausgabe von Th. Büttner-Wobst, Polybii Historiae, vol. I–V, Leipzig 1904–1905, Nachdruck Stuttgart 1962–1963. Je nach Anordnung der Fragmente verschiebt sich in anderen Ausgaben die Buch- und Kapitelzählung.

und der sich schärfende Sinn für das Nützliche und Gute dazu, daß der Starke, der hilft und jedem das ihm Gebührende zukommen läßt, also Gerechtigkeit übt, allgemeine Zustimmung auf sich vereinigt. Man verteidigt ihn in seiner Führerstellung selbst dann, wenn er alt geworden ist und nicht länger seine Körperkraft, sondern nur noch seine Vernunft einsetzen kann; jeder Wechsel brächte nämlich Nachteile. So entsteht aus der urtümlichen Einherrschaft die »wahre Basileia«, ein auf monarchischer Legitimität ruhender Staat (6.7.1). In der Annahme, daß sich Eigenschaften vererben, akzeptiert man auch die Nachkommen des Königs als Herrscher. Sollten sie aber einmal Unzufriedenheit hervorrufen, so wird man die folgenden Könige nicht mehr nach ihren körperlichen, sondern nach ihren geistigen Fähigkeiten wählen, da sich inzwischen eine Hierarchie der Werte herausgebildet hat. Die Wende zur Tyrannis und deren Ablösung durch die Aristokratie haben keinen machtpolitischen, sondern einen gesellschaftlichen Grund: Wenn spätere Könige, die nicht mehr länger für den Schutz ihrer Untertanen und die Sicherung des Lebensnotwendigen zu sorgen brauchen, die bisherige allgemeine Gleichheit in der Lebenshaltung aufgeben und überheblich werden, erregen sie Neid und werden von den edelsten Männern verjagt. Es ist das alte hesiodeische Motiv vom *phthónos*. Den Befreiern überträgt man aus Dankbarkeit die Regierung. Bei der Entstehung und dann bei der Entartung der Aristokratie wiederholt sich im Plural der Vorgang, der bereits in der Monarchie abgelaufen war. Neid und Haß sind folglich auch die Geburtshelfer der Demokratie, und dazu kommt die historische Erfahrung, die die Menschen mit dem monarchischen und dem oligarchischen Regiment gemacht haben. »Da ihnen aber allein noch die ungebrochene Hoffnung auf sich selbst geblieben ist, wenden sie sich ihr zu, verwandeln die Oligarchie in eine Demokratie und nehmen Sorge und Verantwortung für das Gemeinwohl in die eigene Hand« (6,8,3). Ihr höchstes Gut ist die Freiheit, verkörpert in der Redefreiheit, die erst ihren Wert verliert, wenn die Enkel heranwachsen und sie für eine Selbstverständlichkeit halten. Jetzt brechen Klassengegensätze auf, weil ehrgeizige Reiche mit Hilfe ihres Geldes an die Macht drängen und die Masse bestechen. Die Volksherrschaft verwandelt sich in eine Herrschaft der Fäuste (*cheirokratía*), sonst auch Pöbelherrschaft (*ochlokratía*) genannt; beide Neuprägungen erscheinen bei Polybios zum ersten Mal. Agitiert nun ein Tollkühner, den Armut von Staatsämtern ausschließt, unter der Masse, die nur noch auf fremde Kosten leben will, so kommt es zur Revolution, die Gegner werden ermordet oder vertrieben, und das Land wird aufgeteilt. Am Ende steht wieder ein Alleinherrscher, der eine Kreislauf hat sich geschlossen und eröffnet zugleich den nächsten.

Die Kenntnis der Verfassungszyklen, dieser »Ökonomie der Natur« (6,9,10), ermöglicht es dem Historiker, genau den Entwicklungsstand eines Staates zu bestimmen und ihm seine weiteren Lebensstationen zu prophezeien, wobei er sich höchstens im Zeitplan irren kann. Es ist der alte Anspruch, das Gesetz der Geschichte gefunden zu haben, aus dem sich die Zukunft vorausberechnen läßt, und Polybios wird nun sogar zum Seher für Rom: »Denn wie, nach dem eben Gesagten, mit einer jeden anderen Verfassung, so wird es auch mit dieser gehen, daß sie nach einem naturgesetzlichen Anfang und Aufschwung einen naturgesetzlichen Umschlag ins Gegenteil erleben wird; man kann das meinen späteren Ausführungen entnehmen« (6,9,13–14). Man hat diese Worte und das Kapitel 6,57, auf das sie verweisen, für einen Nachtrag gehalten aus der Zeit, als Polybios sein Werk fortsetzte. Mit Skepsis habe er die jüngste Entwicklung Roms verfolgt, die ungerechtfertigte Zerstörung Karthagos und Korinths im Jahre 146, den moralischen Verfall einer plötzlich reich gewordenen Aristokratie, die Verarmung des Bauernstandes in Italien, schließlich die blutige Unterdrückung der gracchischen Reformversuche 133 und 122. Nun habe er sich gezwungen gesehen, die Hauptthese im 6. Buch zu revidieren. Sie besagt, daß die römische Verfassung aus dem Kreislauf herausfällt, weil sie keinen der drei Verfassungstypen darstellt, sondern aus allen dreien in ihrer guten Form gemischt ist. Wahrscheinlicher ist eine andere Erklärung für die Prophezeiung: Polybios hat von Anfang an die Vorzüge der römischen Mischverfassung mit der Anakyklosislehre verbunden und nie Roms Ewigkeit postuliert, sondern nur eine in der Geschichte einmalige Dauer seiner Blütezeit festgestellt. Selbst Platon läßt seinen Idealstaat der Vergänglichkeit alles Gewordenen zum Opfer fallen, und Polybios versichert 6,57,1, vielleicht in Anspielung auf die platonische *Politeia* 8,546a, daß es auch für Verfassungen jeder Art von dem ehernen Naturgesetz keine Ausnahme gebe. In ihrer guten Mischung ist die römische Verfassung allein mit der spartanischen vergleichbar (der man ja damals gleichfalls keine unbeschränkte Dauer mehr zubilligen konnte). Aber Spartas Politeia ist das Werk des einzelnen Gesetzgebers Lykurg, der das Mittel gegen die Anakyklosis entdeckt hat. Daher ist die römische Staatsordnung der spartanischen überlegen, weil sie nicht auf theoretischen Überlegungen beruht, sondern in vielen militärischen und politischen Kämpfen gewachsen ist, bei denen die Römer aus jedem ihrer Fehler gelernt und den Staat Schritt für Schritt verbessert haben (6,10,12–14).

Platon hatte die Mischung von Monarchie und Demokratie, Aristoteles die von Oligarchie und Demokratie in Betracht gezogen; dessen Schüler *Dikaiarch* aber schrieb anhand des spartanischen Beispiels einen *Tripolitikos*, den man als Quelle für Polybios angesehen hat. Mit der dreiteiligen Verfassung scheint sich ferner die Stoa befaßt zu haben (SVF 3,700, wo die Zuweisung an Chrysipp aber nicht sicher ist). Platon hat auch schon die gleichgewichtige Machtverteilung als entscheidendes Moment hervorgehoben, wie es Polybios tut, während Aristoteles kaum über die Funktionsverteilung hinausgegangen ist. Für Rom gilt wie für Sparta, daß durch die Mischung »kein Teil über Gebühr sich ausdehnen und in die ihm inhärenten Fehler verfallen kann, sondern daß sich alle Teile in ihrer Macht gegenseitig aufwiegen, so daß keiner von ihnen den Ausschlag gibt und ein zu hohes Übergewicht erlangt und die Verfassung auf lange Zeit in einem austarierten Gleichgewicht verharrt, jeweils nach dem Prinzip des Kreuzens gegen den Wind« (6,10,7). Dieses System von »checks and balances« erläutert Polybios dann genauer in einem Überblick über den römischen Staatsaufbau (6,11–17), in dem die Consuln das monarchische Element bilden, der Senat das aristokratische und das Volk in der Volksversammlung das demokratische. Was er aber über Befugnisse und gegenseitige Beziehungen der drei Teile sagt, also über die Verfassungsnorm, ist lückenhaft und nicht immer fehlerfrei. Erst recht läßt sich die Verfassungswirklichkeit nicht in den theoretischen Rahmen der Mischverfassung zwängen. Doch er hat die Theorie selbst nirgends in Frage gestellt, und auch die späteren Symptome des Niedergangs haben ihn wahrscheinlich nicht bewogen, sie kritisch zu überprüfen. Eine Kritik hätte ihn zudem gehindert, den für Rom angenommenen älteren Idealzustand auch nach seinen gesellschaftlich-moralischen Bedingungen und Konsequenzen zu rühmen, wie er es am Schluß des ersten Teiles tut (6,18). Mit diesem Lob kommt er im engeren Sinne seiner erzieherischen Aufgabe nach, die sich, der programmatischen Ankündigung entsprechend (S. 106), vor allem im 6. Buch stellt: Niemals spielen die drei Verfassungslemente in Gefahren ihre Macht gegeneinander aus, vielmehr lassen sie gerade dann Eintracht und Überlegenheit des römischen Staates hervortreten, weil sie einander mit ihren Gegenmaßnahmen übertreffen wollen. Der politische Topos, äußere Bedrohung erzwingt Burgfrieden, bewahrheitet sich also bei den Römern besonders eindrucksvoll, während sie einen zweiten Topos, Sicherheitsgefühl und Reichtum nach einem Sieg führen zu Leichtsinn, Luxus und Überheblichkeit, ebenso nachdrücklich widerlegen. Auch im moralischen Bereich werden sofort die Gegenkräfte wirksam, die das rechte Maß wiederherstellen und so einen dritten Topos außer Kraft setzen, daß nämlich auf Sittenverfall Staatsverfall folgt.

Polybios legt im weiteren Verlauf des 6. Buches, wo er Roms Heeresordnung beschreibt und seine Politeia mit den bisher anerkannten Musterverfassungen Spartas, Kretas und Karthagos vergleicht, immer stärkeres Gewicht auf die Moral. 6,47,1 bekennt er: »Ich glaube nämlich, daß jede Verfassung zwei Fundamente hat, die darüber entscheiden, ob ihre Kräfte und Strukturen nachzuahmen oder abzulehnen sind. Dies sind Sitten und Gesetze.« Sie entscheiden auch über das Privatleben der Bürger, und der letzte Teil des 6. Buches gibt Auskunft über Eigentümlichkeiten der römischen Gesellschaft, die alle deren hohen moralischen Stand zeigen. Als Polybios zum Schluß 6,57 noch einmal auf den naturgesetzlichen Wandel der Verfassungen zu sprechen kommt, beschränkt er die nachfolgende historische Erklärung seiner Ursachen darauf, daß sich in einem mächtig und reich gewordenen Staat schädlicher Ehrgeiz, Habsucht und Verschwendung breitmachen und eine Ochlokratie heraufführen. Er denkt dabei selbstverständlich an Rom, ohne den Namen zu nennen. Der Leser mochte das Kapitel als aktuelle Gegenwartsanalyse oder als theoretisierende Zukunftsprognose auffassen. Im zweiten Fall war unüberhörbar, daß der Historiker vor einer Gefahr warnen wollte, über deren Eintritt er sich aber nicht festlegte, um nicht in Widerspruch zum vorherigen Lob der Mischverfassung zu geraten; die zeitliche Unsicherheit solcher Prognosen hatte er ja ausdrücklich festgestellt. Eine Präzisierung hätte zudem bedeutet, aus dem dynamischen Vorgang der »checks and balances« einen Moment herauszugreifen und ihm eine Geltung zuzulegen, die schon wenig später überholt sein konnte. Wichtiger war, die Warnung ernst zu nehmen, also die Dynamik der Verfassung in Gang zu halten und damit ihre Vorzüge in eine zeitlich nicht abzugrenzende Zukunft fortzusetzen. Auch im Themenrückblick auf das 6. Buch äußert sich Polybios zur Gegenwart bewußt vage: er habe Entstehung und Aufstieg der römischen Politeia, danach ihre Blüte und ihren allgemeinen Zustand geschildert, sowie ihre Vor- und Nachteile gegenüber anderen Verfassungen (6,57,10); Blüte und Zustand der Verfassung sind also nicht identisch. Zweifellos war Polybios mit der Diskussion vertraut, die in Rom seit dem Ende des 2. Punischen Krieges, seit dem Aufblühen einer eigenen römischen Literatur, über Größe und Eigenart des römischen Staates geführt wurde. Die spärliche Überlieferung läßt jedoch nicht zu, thematische Parallelen eindeutig mit persönlicher Bekanntschaft und unmittelbarer literarischer Beziehung in Verbindung zu bringen.

9. Die römische Republik

Fabius Pictor und die römische Staatsethik

Das griechische Staatsdenken hatte von Anfang an hinter dem Besonderen das Allgemeine gesucht. Homer war es in der »Diapeira« um *das* Königtum gegangen, nicht nur um die Basileia im Kleinasien seiner Zeit; als Thukydides und Platon über Athen nachdachten, dachten sie zugleich über *den* Staat nach. Römisches Staatsdenken hatte einen einzigen konkreten Gegenstand: Rom. Für den Römer war seine Stadt mit *dem* Staat identisch. Folglich wäre es ihm auch nicht in den Sinn gekommen, außerhalb Roms einen besseren Staat zu suchen, weder in der Wirklichkeit noch in Gedanken. Er hatte den besten Staat, oder vielmehr, die Vorfahren hatten ihn errichtet. Römisches Staatsdenken, das mit dem griechischen die reformerisch-moralische Absicht teilte, war daher auch nicht utopisch, in die Zukunft schauend, sondern historisch, der Vergangenheit zugewandt. Um die Schäden der Gegenwart zu beheben, mußte man nur den guten früheren Zustand wiederherstellen, und Fehler ließen sich vermeiden, wenn man der »Sitte der Vorfahren« (*mos maiorum*) folgte. Daß der Staat früher tatsächlich gut war, daß es sich nicht um eine Fiktion wie bei der *pátrios politeía* handelte (S. 59; 63), dafür gab es einen einfachen und schlagenden Beweis, die römische Geschichte selbst: Ein schlechter Staat hätte nie geleistet, was Rom geleistet hat.

Dieses Beweises bediente sich bereits der älteste römische Historiker, der aus einem der führenden Adelsgeschlechter stammende *Fabius Pictor*. Um 200 schrieb er eine römische Geschichte auf griechisch, in der er ausführlich die Gründung Roms und die Zeitgeschichte des 3. Jahrhunderts behandelte, um die griechische Welt über die Eigenarten und Vorzüge römischer Politik zu belehren. Mit der Geschichte seit dem Ersten Punischen Krieg (264–241) wandte er sich insbesondere gegen Angriffe, die von griechischen Historikern wie *Philinos* von Akragas gegen die Römer vorgetragen worden waren. Polybios hat Fabius benutzt, und so können wir in Umrissen feststellen, daß er erstmals Themen angeschnitten hat, die fortan zum festen Bestandteil des römischen Staatsdenkens gehörten: Die Römer haben keine Angriffskriege geführt. Alle ihre Siege und mithin ihre Herrschaft in Italien haben sie gewonnen, weil es galt, Feinde abzuwehren und gerechte Ansprüche zu behaupten. Von außen bedroht mußten sie nicht nur sich selbst, sondern auch ihre Bundesgenossen verteidigen, die auf ihre Treue (*fides*) bauten und ihres Schutzes gegen die Überheblichkeit des gemeinsamen Gegners bedurften. Jeder Krieg war daher ein gerechter Krieg (*bellum iustum*), für den sie vorher im Fetialritus die Zustimmung der Götter eingeholt hatten. Wenn sich die Unterlegenen durch Unterwerfung (*deditio*) in die Hand der Sieger begaben, erfuhren sie deren Milde. (Daß sich hier Ideologie und Wirklichkeit genausowenig wie in jeder anderen offiziellen Selbstdarstellung deckten, spricht nicht gegen die ehrliche persönliche Überzeugung, die eine starke Antriebskraft für die selbstbewußte römische Politik war.) Schließlich empfahl es sich für die Besiegten, in ein Bündnis mit dem römischen Volk einzutreten und in ihrer Treue – *fides* verpflichtete beide Seiten – unter keinen Umständen wankend zu werden, da sie sonst unerbittlicher Bestrafung verfielen. Roms militärische Überlegenheit beruht also auf seiner moralischen Überlegenheit. Die *mores* als Fundament des Staates, das schien eine griechische Vorstellung zu sein, und es wäre denkbar, daß

Fabius mit griechischer Sprache und Darstellungsform auch geistige Anregungen von griechischen Vorgängern aufgenommen hat. Römisch war, daß die *mores*, die in den auswärtigen Beziehungen wirksam wurden, gleichsam mit dem römischen Völkerrecht identisch waren; zwischen juristischer Form und moralischem Gehalt gab es keine Trennung.

Ebenso eng waren im Inneren *mores*, Staatsaufbau und Gesellschaft verflochten. »Grundwerte der Staatsgesinnung« (V. Pöschl) hatten in Rom eine viel größere Bedeutung als in Griechenland, eine Tatsache, der die lateinische Philologie seit den bahnbrechenden Arbeiten von R. Heinze mit besonderer Aufmerksamkeit nachgegangen ist. Die Grundwerte waren vor aller literarischen Darstellung im Bewußtsein der Öffentlichkeit so fest verankert, daß sie geradezu zum Ausdruck der Staatlichkeit werden konnten. Die Elogien auf den Scipionensarkophagen, eines der frühesten lateinischen Sprachdenkmäler, bieten dafür ein bemerkenswertes Zeugnis. Die beiden älteren Elogien waren kurz nach 200 den Namen der fast 100 bzw. 50 Jahre zuvor Verstorbenen hinzugefügt worden, aber ihre Gedankenführung entstammte einer langen Tradition: Lucius Cornelius Scipio, der 298 Consul war, wird zuerst als tapferer und weiser Mann gerühmt, dessen äußere Erscheinung seiner *virtus* geglichen habe; dann werden seine Ämter genannt und schließlich seine militärischen Eroberungen. Ebenso beginnt das Elogium für seinen gleichnamigen Sohn, dessen Namen in der ursprünglichen Grabinschrift bereits die Ämter Aedil, Consul, Censor hinzugefügt worden waren, mit dem Ruhmeszeugnis, er sei nach allgemeiner Auffassung in Rom unter den guten Männern der beste gewesen. Es folgen an zweiter Stelle nochmals die Ämter, und an dritter werden die Kriegstaten und eine Tempelgründung erwähnt. Aufbau und monumentaler Stil der Elogien stellen die Hierarchie der Werte dar, die das Leben eines römischen Adligen bestimmten und aus denen seine Leistung für die Gemeinschaft hervorging. Die Leistung wiederum entschied über sein Ansehen, das ihm der Konsens der Gemeinschaft bestätigte. Der gesellschaftliche Konsens, der in der Realität zunächst einmal derjenige der adligen Standesgenossen war, wirkte unabhängig von jeder Institution auch als selbstregulierende Kontrollinstanz. Er sorgte für Eintracht im Staate, was eine gewisse Egalität innerhalb der adligen Führungsschicht einschloß. Eine politische Ursache der Größe Roms lag darin, daß es gelang, über individuelle Interessen hinaus diese Eintracht immer wieder herzustellen und sie für allgemein anerkannte Ziele zu nutzen. Die Römer vergaßen nie, welche Bedeutung *consensus* und *concordia* für den Aufstieg ihres Staates gehabt hatten.

Ennius und Cato

Einige Jahre nach den Scipionenelogien begann der Dichter *Ennius*, der kein Stadtrömer, sondern ein Messaper aus Calabria war, seine *Annalen*, ein Epos von der Geschichte Roms. Sein berühmtester Hexameter gab der römischen Staatsauffassung ihren gültigen Ausdruck: *moribus antiquis res stat Romana virisque*. Die doppelte Bedeutung von *stat* besagt sowohl, daß der römische Staat in seinen überlieferten Sitten und seinen Männern besteht, als auch, daß er durch sie besteht und fest steht. Römisch ist in dem Vers, wie in den Scipionenelogien, die Konkretisierung und Personalisierung des Staates, der »öffentlichen Sache« (*res publica*) oder »römischen Sache« (*res Romana*). Nicht von Institutionen ist die Rede, die die Verfassung des Staates ausmachen, sondern von Männern, die Träger moralischer Eigenschaften und als solche Träger von Ämtern sind. In der niedergehenden Republik wird der Historiker Sallust den Ehrgeiz von unqualifizierten Leuten beklagen, die nach den höchsten militärischen und zivilen Ämtern streben, »so als ob Praetur, Consulat und alle anderen Stellen dieser Art an sich schon herrlich und großartig seien und nicht vielmehr nur soweit Geltung haben, wie die tätige Kraft (*virtus*) derer geht, die sie einnehmen« (*Jugurthinischer Krieg* 4,8). Die Personalisierung bedeutet aber auch eine Gefahr für den Staat. Er funktioniert nur so lange, wie sich die Bindung von Macht und *mores* nicht lockert. In eben den Jahren hat man Ennius' Gönner Scipio Africanus Maior, dem Sieger über Hannibal und Urenkel des älteren Lucius Cornelius Scipio, den Vorwurf gemacht, er habe die Bindung zerrissen; mit seiner übergroßen Machtstellung sei er über die Res publica hinausgewachsen. Wortführer seiner Gegner war der politische Neuling *Marcus Porcius Cato* (»der Zensor«), der hartnäckigste Verteidiger des alten Römertums. Sein Geschichtswerk *Origines* (= Ursprünge) war ein Teil seines Kampfes gegen den wachsenden Individualismus adliger Standesgenossen. Der Plural Origines war ein Programm. Es ging Cato nicht nur um Roms Ursprünge, die im ersten Buch behandelt wurden, sondern auch um die der anderen italischen Stämme und Städte, denen er mit Buch 2 und 3 sogar den doppelten Umfang widmete. Der römische Staat war weder eine griechische Polis mit verhältnismäßig bescheidenem Territorium, noch eine Symmachie wie die attische oder spartanische, noch ein Bundesstaat wie der achaiische oder aitolische. Zu seinem Aufstieg hat ganz Italien beigetragen. Die größte Leistung aber hat der *populus Romanus* selbst vollbracht. Hier findet sich der polybianische Gedanke von der kollektiven staatsbildenden Kraft des römischen Volkes wieder, ohne daß sich die gegenseitige Abhängigkeit klären ließe. Cato hat jedoch, wie man Ciceros Paraphrase (*De re publica* 2,2–3) entnehmen kann, viel nachdrücklicher das römische Volk insgesamt als historisch handelndes Subjekt

herausgestellt. Bei der Behandlung der römischen Geschichte in den Büchern 4–7, die vom Ersten Punischen Krieg bis zum Spanischen Krieg 150/149 reichten, ging er sogar so weit, daß er keinen einzigen militärischen Führer mit Namen nannte. Möglicherweise war er der Meinung, daß Roms kollektives Genie (*cuncta ingenia conlata in unum* Cic. a. O. 2,12) auch die gemischte römische Verfassung erfunden habe; er kannte jedenfalls die Theorie und billigte Karthago eine Mischverfassung zu.
Fabius Pictor, Ennius und Cato trafen sich im Bestreben, die moralische und politische Eigenart und Eigenwertigkeit der Römer gegenüber den Griechen herauszuarbeiten. Aus dem Gegensatz zur griechischen Welt begründeten sie die eine, apologetische Seite des römischen Staats- und Geschichtsdenkens. Cicero faßte eineinhalb Jahrhunderte später das Verhältnis der beiden Kulturen so zusammen: »Es war immer meine Auffassung, daß die Unsrigen alles entweder von sich aus und mit größerer Klugheit als die Griechen erfunden oder das von ihnen Übernommene verbessert haben, und zwar das, was sie für wertvoll genug erkannt hatten, daß man sich darum bemühe. Denn auf Sitten und Lebensweisen, gesellschaftliche und familiäre Verhältnisse geben wir wahrlich besser und ordentlicher acht, den Staat aber haben unsere Vorfahren zweifellos mit besseren Institutionen und Gesetzen versehen. Was soll ich erst über das Kriegswesen sagen? Auf diesem Gebiet haben die Unsrigen mit Tapferkeit und mehr noch mit Disziplin Hervorragendes geleistet. Die Dinge schließlich, die sie durch Veranlagung, nicht durch literarische Bildung erreicht haben, entziehen sich überhaupt dem Vergleich mit Griechenland oder mit irgendeinem anderen Volk. Denn wo hat es jemals einen solchen Ernst gegeben, eine solche Beharrlichkeit, Hochherzigkeit, Rechtschaffenheit, Treue, ja eine so herausragende Tüchtigkeit auf jedem Gebiet, daß man sie unseren Vorfahren an die Seite stellen könnte? Nur in der Wissenschaft und in jeder Art von Literatur übertraf uns Griechenland, was nicht schwer war, da wir uns darin zurückhielten« (*Tusculanische Gespräche* 1,1–3). Cato verkörperte solchen Römerstolz am entschiedensten, weil er in der Zeit nach dem Zweiten Punischen Krieg (218–201), als die griechische Kultur immer stärker in Rom vordrang, deren geistige Bedrohung am nachhaltigsten empfand. Seine Gegenwehr machte ihn nicht zum Griechenhasser, als der er oft hingestellt wird. Er anerkannte die intellektuellen Vorzüge der Griechen auf einzelnen Wissensgebieten und befürwortete eine pragmatische Haltung, wie er sie seinem Sohn mit den Worten empfahl: er solle griechische Literatur zwar lesen, sie sich aber nicht einverleiben, denn wenn sie sich durchsetze, verderbe sie alles. Catos eigentliche Befürchtung galt den moralischen Folgen eines uneingeschränkten römischen Hellenismus, und sie verband sich mit der Sorge vor den tiefgreifenden Veränderungen, die Roms neugewonnener, mit jedem Sieg größer werdender Reichtum im Leben von

Adel und Volk hervorrief. Mit kerniger Beredsamkeit kämpfte er vor Senat, Volksversammlung und Gerichten gegen das schlechte Neue; sein Consulat 195 und die berühmte Censur 184 waren Höhepunkte des Kampfes. Viele Gedanken aus den Reden gingen in die zeitgenössischen letzten Bücher der *Origines* ein, die er unmittelbar vor seinem Tod 149 abschloß; einige Reden nahm er im Wortlaut auf. So wurde er auch zum bedeutendsten Anreger der zweiten, zensorisch-kritischen Seite im politischen Denken der Römer. Die Staatskritik schlug sich stärker als die Apologie in der römischen Historiographie nieder. Da deren Verfasser meist selbst im politischen Leben standen oder gestanden hatten und Geschichtsschreibung als Fortsetzung ihrer öffentlichen Tätigkeit ansahen – die Gründer Fabius Pictor und Cato waren auch hierfür beispielhaft –, wurde die Kritik an innerrömischen Verhältnissen unmittelbar aus den politischen Auseinandersetzungen gespeist. Der Kritik am Imperium lieferte auch »der geistige Widerstand gegen Rom« manche Argumente, die die römischen Historiker vor allem in eingelegten Reden freimütig benutzten. Zu den Gedanken- und Ausdrucksformen der Staatskritik trug die griechische Literatur bei; dort fand der römische Moralismus viele Topoi, die genau auf Rom zu passen schienen und glaubwürdig übernommen werden konnten.

Poseidonios

Der Panaitiosschüler *Poseidonios* von Rhodos (ca. 135–51) ließ in seinen Historien die gegensätzlichen Aspekte der römischen Innen- und Außenpolitik zu Wort kommen. Wie die dürftigen Fragmente noch zeigen, standen bei ihm positive und negative Urteile nebeneinander. Als Fortsetzer des Polybios bot er mit seinem Geschichtswerk die reichhaltigste Darstellung der Epoche nach 146, für die er sich auf ausgedehnte eigene ethnographisch-geographische Forschungen und auf bedeutende römische Gewährsleute stützte. Auf die römische Geisteswelt übte er einen starken Einfluß aus. Mit Polybios sah er in der Vernichtung Karthagos die große Wende der römischen Politik, die die festgefügte moralische Ordnung untergrub, nachdem diese bereits in der Zeit nach dem Dritten Makedonischen Krieg (171–168) angeschlagen worden war. Welche Schäden sich daraus für das Imperium ergaben, wurde in den Kriegen der Folgezeit deutlich, wo die Milde gegenüber dem Feind einer hinterhältigen und brutalen Politik Platz machte. Konnte man zuvor wie im Falle der spanischen Barbarenstämme die römische Expansion damit rechtfertigen, daß die moralisch und geistig überlegenen Römer ähnlich den weisen Königen des Goldenen Zeitalters Friede und Ordnung brachten und daß ihre gerechte Herrschaft für die Unterworfenen auch von materiellem Nutzen war, so wurden jetzt die guten Ansätze durch die rücksichtslose Ausbeutung der Provinzen zerstört, bei der sich die römischen Ritter hervortaten. Scipio Nasica hatte recht gehabt, als er Catos Forderung nach Zerstörung Karthagos entgegentrat mit der alten Einsicht, eine gewisse Furcht vor dem äußeren Feind (*éxothen phóbos*) sei ein heilsamer Zügel für den Staat. Andererseits kann Poseidonios von einzelnen senatorischen Politikern berichten, die ihr Handeln an der *philanthropía* ausrichten und, wie Pompeius in den Ostprovinzen, eine weitsichtige Reichspolitik betreiben. Hier erkennt der Stoiker Ansätze für eine zukünftige befriedete Oikumene, in der sich die Gleichheit der Menschen verwirklichen läßt. Im Innern allerdings spaltet der Wandel von der alten frugalen Lebensweise zu Luxus und Zügellosigkeit Adel und Volk. So erst gewinnt der demagogische Caius Gracchus 123 die Möglichkeit, Ritter und Plebs gegen den Senat aufzuhetzen (Diodor 34/35, 25, 1), während vor Ausbruch des Bundesgenossenkrieges (91) umgekehrt der Senat die Italiker gegen die Plebs mobilisiert (Diodor 37,2,1–2). Die verschiedenen Sklavenkriege seit 136 hätten niemals ausbrechen und die Res publica erschüttern können, wenn nicht römische Großgrundbesitzer die einfachsten Regeln der Menschlichkeit gegenüber ihren Sklavenmassen mit Füßen getreten hätten. Und schließlich nimmt der schlimmste Bürgerkrieg, den Rom je erlebt hat, im Jahre 88 damit seinen Anfang, daß sich mehrere Männer, unter ihnen Marius, von der Größe der zu erwartenden Beute verlockt, das Kommando im Mithridatischen Krieg streitig machen und durch ihre Agitation nun sogar die Plebs in sich selbst zersetzen (Diodor 37,2,12). Zweifellos kannte Poseidonios griechische Stasistheorien und zog sie zur Deutung der jüngeren römischen Geschichte heran.

Sallust

Poseidonios war eine wichtige Quelle für Sallusts Geschichts- und Staatsauffassung, auch wenn die Beziehungen nicht immer eindeutig auszumachen sind. Der politische Aufsteiger *Sallust* (86–34 v. Chr.), der es in Caesars Diensten bis zum Proconsulat von Africa brachte (47), hatte zur Senatsaristokratie ein distanziertes Verhältnis. Nach Caesars Ermordung 44 zog er sich aus der Politik zurück, um sich ganz der Geschichtsschreibung zu widmen. Die jüngere römische Geschichte erschien ihm als eine Zeit der Auflösung der Res publica, und er stellte sich die Aufgabe, drei Abschnitte zu beschreiben, in der sie nachhaltige Schläge erlitten hatte. Er begann mit der *Catilinarischen Verschwörung* von 63, ließ den *Jugurthinischen Krieg* (115–111) folgen und arbeitete bis zu seinem Tode an den nur fragmentarisch erhaltenen *Historien*; sie behandelten die zwölf Jahre nach Sullas Tod 78, in denen das Restaurationswerk des Diktators zerstört wurde. Über die Einzelperioden hinaus sucht Sallust die Gründe der Gesamtentwicklung von Werk zu Werk schärfer zu erfassen und breitet insgesamt eine umfassende Theorie vom Niedergang Roms aus. Dessen Beginn setzt er in den beiden früheren Monographien noch in das Epochenjahr 146. Im philosophisch getönten Proömium des *Catilina* wird die gesamte Vorgeschichte, der Aufstieg Roms von der unbedeutenden Gemeinde zur Weltherrschaft, zu einer einzigen Demonstration römischer Virtus (6–9). Deren Triebkraft ist das menschliche Streben nach Ruhm, Ehre und Herrschaft. Nachdem die Virtus sich im Verlauf der Geschichte aufs höchste verwirklicht hat und der letzte äußere Feind verschwunden ist, entartet sie geradezu zwangsläufig in der nachfolgenden Ruhezeit, da die ihr zugrunde liegende Dynamik mit dem abschließenden Ergebnis nicht auch zur Ruhe gekommen ist. Die Einzeltugenden, die sich im guten nicht mehr betätigen können, schlagen in ihre entsprechenden Laster um, und die Res publica wird durch das zum Ehrgeiz entartete Ruhmesstreben zerstört. Nur vage macht Sallust für den plakativ gezeichneten Umschlag auch die Fortuna verantwortlich (10, 1).

Wie sich genau die Veränderungen im Innern des Staates ausgewirkt haben, beschreibt der Historiker dann im sogenannten Parteienexkurs des *Jugurthinischen Krieges* (41–42). In sallustischer Kürze erhalten wir einen entwicklungsgeschichtlichen Abriß über die ständische Ordnung, die ökonomische Situation, die sittlichen Zustände und die politischen Entscheidungskräfte, die die spätrömische Republik nach dem Sturz Karthagos, nachdem die disziplinierende Furcht weggefallen war, geprägt haben: »Da begann der Adel seinen gesellschaftlichen Vorrang, das Volk seine Freiheit willkürlich auszunützen, ein jeder suchte für sich zu raffen, zu zerren und zu rauben. So wurde alles in zwei Teile auseinandergezogen, und die Res publica (=»die gemeinsame Sache«), die sich in der Mitte befand, wurde zerrissen. Übrigens hatte der Adel, weil er eine geschlossene Gruppe (*factio*) bildete, das Übergewicht, während die Macht der Plebs lose und zersplittert und daher trotz numerischer Überlegenheit von geringerer Wirkung war. Die Willkür einiger weniger (*pauci*) bestimmte über die Politik in Krieg und Frieden, sie verfügten über die Finanzen, die Provinzen, die Magistraturen, über Ehren und Triumphe; das Volk dagegen wurde von Kriegsdienst und Not bedrückt. Die Feldherren rissen zusammen mit ein paar Leuten die Kriegsbeute an sich, und inzwischen wurden die Eltern und kleinen Kinder der Soldaten, sofern sie einen mächtigeren Nachbarn hatten, von Haus und Hof vertrieben. So machte sich im Verein mit der Macht maß- und zuchtlose Habsucht breit, die alles besudelte und verwüstete, die weder Vernunft noch Religion achtete, bis sie sich selbst ins Verderben stürzte. Denn sobald sich Männer aus dem Adel fanden, die den wahren Ruhm einer ungerechten Machtstellung vorzogen, geriet die Bürgerschaft in Bewegung, und wie ein Erdbeben begann sich Bürgerzwist zu regen« (41,5–10). Ein Beispiel sind die Gracchen, denen Sallust jedoch vorhalten muß, daß sie bei ihrem Kampf für das Volk ebenfalls zu wenig Mäßigung bewiesen haben: »denn ein Guter läßt sich lieber besiegen, als daß er Unrecht mit schlechten Mitteln besiegt« (42,3). Ihre gegnerischen Standesgenossen waren allerdings noch schlimmer, und Sallust warnt: »Eine solche Politik hat in der Regel große Staaten zugrunde gerichtet, wenn den einen jedes Mittel recht ist, um die anderen zu besiegen und sich an den Besiegten allzu hart zu rächen« (42,4). Das Kriterium für Sallusts Urteil ist also die Einstellung zum Volk, aber er übersieht nicht, daß es eine wirklich gute Politik selbst auf dessen Seite nicht mehr gibt. Im guten wie im bösen liegen die politischen Entscheidungen nur noch in der Hand weniger Männer aus der Aristokratie, während das römische Volk früher, als es trotz der Klassenunterschiede in Eintracht lebte, geschlossen gehandelt hat. Die falsche Vorstellung einer archaischen Volksdemokratie verleitet den Historiker dazu, die Verfassungswirklichkeit, die während der ganzen Republik nie anders als oligarchisch war (*olígoi = pauci*), zur noch jungen Depravation eines langen ehemaligen Idealzustandes zu machen. Selbst das polybianische Modell der »checks and balances«, das er zweifellos gekannt hat, wäre für ein so harmonisches Bild altrömischer Politik zu funktional gewesen. Auch als er sich im Proömium der fragmentarisch erhaltenen Historien berichtigt und die Wendemarke 146 modifiziert, geht Sallust nicht wie der Grieche auf Verfassungsdetails ein. Ausschlaggebend ist allein das moralische Fundament des Staates. Das aber schien nun nicht erst erschüttert worden zu sein, seitdem die Furcht vor den Karthagern, sondern seitdem die Furcht vor dem letzten König Tarquinius Superbus weggefallen war, also seit dem Beginn der Republik 510. Die politischen und wirtschaftlichen Gründe für den Bürgerkrieg, der damals ausbrach und kaum mehr aufhörte, blieben die gleichen, ein hartes Adelsregiment, gegen das sich die durch dauernde Kriege verarmte Plebs wehrte (Fg. 11). Die tiefere Ursache aber war die Schlechtigkeit der menschlichen Natur, »die sich ruhelos und ungezähmt in dauerndem Wettstreit um Freiheit, Ruhm oder Herrschaft befindet« (Fg. 7). Sallust ist noch pessimistischer geworden, die düstere jüngste Vergangenheit ist innerhalb der römischen Gesamtgeschichte nicht mehr nur die kürzere Folgeperiode einer großartigen, um vieles längeren Epoche. Lediglich der Zweite Punische Krieg habe Adel und Volk gezwungen, ihre Streitigkeiten zu unterbrechen, die Zerstörung Karthagos habe sie dann aber erst recht wieder entzündet (Fg. 12–16).

Für den zeitgenössischen Leser, der sich Sallusts Auffassung zu eigen machte, konnte es keinen Zweifel mehr geben, daß am Ende der Entwicklung der Zusammenbruch der Res publica stand. Von den moralischen Prämissen des Geschichtsablaufes ausgehend, deutet der Historiker selbst an zwei auffälligen Stellen diesen Schluß an: »Eine Herrschaft wird leicht durch die Fähigkeiten erhalten, durch die sie zunächst erworben wurde; aber ihr Schicksal ändert sich mit ihren Sitten, sobald statt Arbeit Faulheit, statt Selbstbeherrschung und Gerechtigkeit Gier und Überheblichkeit eingedrungen sind. Denn Herrschaft geht immer vom weniger Guten auf den jeweils Besten über« (*Catilina* 2,4–6). Im *Jugurtha* ermahnt der sterbende Numiderkönig Micipsa seine Erben mit der berühmten Sentenz: »Denn durch Eintracht (*concordia*) wachsen kleine Dinge, durch Zwietracht aber zerfallen die größten« (10,6). Jeder Römer mußte sich sagen, daß die numidische Geschichte selbst den besten Beweis für die Wahrheit des Satzes geliefert hatte. Sallust hat nicht nur die römische Staatskritik auf ihren Höhepunkt geführt, er hat sie auch zu Ende gedacht. In einer Zeit, als Bürgerkriege wieder die Republik bedrohten, denen sie dann auch endgültig unterlegen ist, gab Sallust einer Tradition, die in Rom immer mehr war als nur Literatur, eine Brisanz, die kein Schriftsteller, auch nicht sein großer Nachfolger Tacitus, je wieder erreicht hat.

10. Cicero

Das politische Programm

Sallust und seine Leser hatten noch das Kampfwort *concordia* im Ohr, mit dem das prominenteste Opfer im Bürgerkrieg nach Caesars Tod, der am 7. Dezember 43 ermordete *Cicero*, zur Rettung der Republik aufgerufen hatte. Der Tote blieb für Sallust der große geistige Anreger und Gegenspieler, auf dessen »Glauben an Rom« (J. Vogt) er mit seinem ersten Geschichtswerk eine nachdrückliche, von jedem persönlichen Ressentiment freie Antwort gab. Cicero (geb. 106), dem dank rhetorischer Begabung und unermüdlicher politischer Tätigkeit der Aufstieg aus dem Ritterstand bis zum Consulat gelungen war, hatte im Jahre 63 als Consul Catilinas Verschwörung aufgedeckt. Doch in Sallusts Augen war er mit diesem Erfolg gerade nicht zum »Retter des Vaterlandes« geworden, als den er sich in seinen vier *Catilinarischen Reden* hingestellt hatte. In den folgenden Jahren schwankte Ciceros Urteil über den Staat zwischen Hoffnung und Verzweiflung, und in dieser war sich Sallust mit ihm einig. Im Consulat hatte er das Programm einer »Eintracht der Stände« (*concordia ordinum*) entwickelt, mit dem er die Annäherung von Rittern und Senatoren, die die Furcht vor einer Revolution zusammengeführt hatte, zur dauernden Grundlage der Politik machen wollte. Die Illusion zerbrach rasch an den Interessengegensätzen beider Stände. Aber kurz vor seinem Tod beschwor Cicero in den *Philippischen Reden* noch einmal die *concordia* gegen den neuen Catilina Marcus Antonius (4,14; 11,36). Mit *concordia ordinum* hatte er im engeren Sinn die politische Konstellation gemeint, die sich in den Lebensfragen der Res publica einstellen sollte. Der Ruf nach dem »Konsens aller Guten« war dagegen ein allgemeineres, mehr ideologisches Programm. Es erweiterte die alte Gleichsetzung der »Guten« (*boni*) oder »Besten« (*optimi*) mit dem Adel und bezog sämtliche römischen Bürger ein, die an den überlieferten Fundamenten des Staates nicht rütteln lassen wollten. In seinem konservativen Inhalt war es im Grunde identisch mit Ciceros Politik und flexibel genug, deren Schwenkungen mitzumachen. In der *Verteidigungsrede für Sestius* aus dem Jahre 56 erhob er die *boni* geradezu zu einer neuen Klasse, deren Angehörige eine gemeinsame politische Anschauung und Lebenshaltung über alle Standesgrenzen hinweg verbinde, ohne daß dadurch der Vorrang der konservativen Aristokratie beeinträchtigt werde (96–98). Deren politisches Ziel lautete »Ruhe mit Würde« (*oitum cum dignitate*); es war die griffige Formel gegen Revolution. *Dignitas*, das Ansehen, das sich auf politische Leistung stützte und das insbesondere der Adlige und Amtsträger genoß, sollte in Harmonie mit der Res publica bleiben und so die Ruhe der Bürger sichern. Die Harmonie wurde gestört, wenn einige wenige (*pauci*) ihre *dignitas* aus falschem Ehrgeiz und Machtstreben über das rechte Maß steigerten. Unter dem beschönigenden Etikett »Volksfreunde« machten sie sich bei der Masse ›populär‹, indem sie deren Forderungen vertraten. Tatsächlich aber verfolgten sie ihre selbstsüchtigen Ziele und spalteten die Einheit des Staates. Zu den *pauci*, die ihre *dignitas* über die *res publica* stellten, gehörte Caesar, der in seinem Consulat 59 die Senatsmehrheit in einer Kette von Demütigungen ihre Ohnmacht fühlen ließ und wenige Wochen nach Ciceros *Rede für Sestius* das Triumvirat des Jahres 60 mit Pompeius und Crassus erneuerte.

De re publica

Cicero hatte damals von den drei maßlosen Männern geschrieben, auf die alle Macht übergegangen sei, hatte die Sklaverei des Senats beklagt und diagnostiziert, daß der Staat an einer neuartigen tödlichen Krankheit dahinsieche, für die es keine Medizin gebe (*Briefe an Atticus* 2,9,2; 18, 1; 20,3). Mit seinen beiden großen Werken »Über den Staat« (*De re publica*) und »Über die Gesetze« (*De legibus*), die er zwischen 54 und 51 bzw. in seiner letzten Lebenszeit schrieb, versuchte er trotzdem, für Rom ein Heilmittel zu finden. (Die sechs Bücher *De re publica* sind nur fragmentarisch zu etwa einem Drittel überliefert; vollständig haben wir das Schlußstück, Scipios Traum. Von *De legibus* sind die drei ersten Bücher bis auf kleinere Lücken und den Schluß des 3. Buches erhalten.) Die ausgesprochene Absicht war, den Römern eine Darstellung des besten Staates und der besten Gesetze zu geben und so einen Mangel gegenüber der griechischen Staatstheorie wettzumachen. Äußerlich fällt die Parallelität zu Platons *Politeia* und den *Gesetzen* auf. Aber daß Cicero lediglich ein Stück Geistesgeschichte schaffen wollte, wie behauptet worden ist, das hätte eine für die römische Antike kaum denkbare, für den in die Kämpfe seiner Zeit verstrickten und um das Schicksal der Res publica besorgten Politiker eine unmögliche Abstinenz bedeutet. Wenn in *De re publica* der direkte Verweis auf die Gegenwart fehlt, so deshalb, weil er mit dem Grundthema gegeben war: der Staat der Vorfahren war der beste. Daß dessen Darstellung und die daran anschließenden Erörterungen ein didaktisches Ziel einschlossen, bedurfte für römische Leser keiner Erläuterung, da auch sie der selbstverständlichen Überzeugung waren, die Vergangenheit sei gut, man müsse sie bewahren oder wiederherstellen. Den eigentlichen Gegenwartsbezug bot die dramatische Inszenierung und ihr Datum: Der jüngere Scipio Africanus, der Zerstörer Karthagos, und seine Freunde führten im Jahr 129 das Gespräch über den Staat, siebzehn Jahre, nachdem, wie bekannt, der endgültige Niedergang des Staates eingesetzt hatte und vier Jahre nach den Unruhen des Tiberius Gracchus, der als Revolutionär gebrandmarkt wird (1,31; 3,41). Die Teilnehmer, von denen einige die höchsten Ämter bekleidet hatten, diskutierten also schon unter dem Eindruck der Krise, die seitdem andauerte. Ihrer Kritik am moralischen Verfall, etwa 5,1–2, brauchte kein Leser etwas hinzuzufügen, es sei denn die resignierende Feststellung, daß inzwischen alles schlimmer geworden war.

Unter dieser Voraussetzung gewinnt das 2. Buch von De re publica seinen besonderen Rang. Ausgehend vom Catowort, der römische Staat sei aus der Klugheit vieler Männer in vielen Generationen erwachsen, schildert Scipio seine Anfänge und sein Werden bis zu den Ständekämpfen und den Zwölftafelgesetzen (450). Ciceros wichtigste Quelle ist das 6. Buch des Polybios (vgl. 2,27), aber er macht aus dessen analytischem Querschnitt einen historischen Längsschnitt. Scipio, der selbst noch in Anwesenheit des Polybios mit Panaitios über den Staat diskutiert hat (1,34), betont einleitend, daß das römische Staatsdenken im Unterschied zum griechischen keine utopischen Konstruktionen benötigt, da es das unübertroffene lebendige Exemplum vor Augen hat (2,2–3; vgl. 2,22; 66). Wiederholt weist er die Überlegenheit durch den Vergleich mit griechischen Staaten und mit Karthago nach. Die Leistungen der Gründer, vor allem des zweiten Königs Numa Pompilius, legten nicht nur die politischen Fundamente, sondern sie bildeten überhaupt römisches Wesen aus: »Und zuerst verteilte Numa die Äcker, die Romulus im Krieg gewonnen hatte, an die einzelnen Bürger und lehrte sie, wie sie ohne Verwüstung und Raub allein durch Ackerbau über alle Lebensgüter reichlich verfügen konnten, er pflanzte ihnen die Liebe zu Ruhe und Frieden ein, wodurch Gerechtigkeit und Treue am leichtesten wachsen.« Insbesonders schuf Numa den Götterkult und im Zusammenhang mit ihm Markt- und Festtage. »Durch diese Regelungen führte er die Gemüter der Leute, die durch Kriegslust bereits verwildert und verroht waren, zu Menschlichkeit und Sanftheit. Als er so 39 Jahre in höchster Friedlichkeit und Eintracht regiert hatte..., starb er, nachdem er die beiden vorzüglichsten Säulen für einen dauerhaften Staat errichtet hatte, religiöse Bildung und milde Gesinnung« (2,26–27). Nach der Vertreibung des zum Tyrannen entarteten letzten Königs Tarquinius 510 wurde eine ideale Mischverfassung eingerichtet: »Damals hielt also der Senat die *res publica* in der Weise in der Hand, daß im freien Volk einiges wenige durch das Volk, das meiste durch die Autorität des Senats und nach Brauch und Herkommen entschieden wurde, und daß die Consuln nicht länger als ein Jahr die Amtsgewalt hatten, die ihrer Art und Rechtsbefugnis nach königlich war. Und am wichtigsten Moment, um die Macht des Adels zu bewahren, wurde mit Nachdruck festgehalten, nämlich daß Volksversammlungen nicht rechtsgültig waren, wenn sie nicht durch autoritativen Senatsbeschluß gebilligt worden waren« (2,56). Es war genau das Moment, an dem sich alle Verfassungskrisen seit den Gracchen entzündet hatten; ein mahnender Fingerzeig ad spectatores, an die Betroffenen, war überflüssig. Die Aktualität wird ebenso spürbar in der Korrektur an Aristoteles, zu der sich Cicero, wie schon Polybios, aufgrund der ersten Jahrzehnte republikanischer Geschichte gezwungen sah: Die Ständekämpfe legten offen, daß die römische Verfassung durch ihre Mischform keineswegs vor Veränderungen gefeit war; sie unterlag der »natürlichen Dynamik und Kreisbewegung« aller Verfassungen (2,45; 62; vgl. 1,45). Die Auseinandersetzungen zwischen Adel und Plebs boten aber auch ein wegweisendes Modell: Damals haben Einsicht und Führungskunst einzelner Adliger die politischen und sozialen Probleme – die sich von denen der späteren Zeit nicht unterschieden – befriedigend gelöst und die Eintracht im Staat wiederhergestellt.

Für beide historischen Abschnitte in Buch 2, die Königszeit und die Frühe Republik, liefert das erste Buch die theoretische Grundlage. Die Untersuchung über die drei bekannten Verfassungstypen, ihre Entartungsformen und den Kreislauf, in dem sie sich ablösen, führen zu dem Schluß, daß die Mischverfassung die relativ stabilste und daher beste Staatsform ist (1,42–45; 69); Aristoteles und Polybios werden damit bestätigt. Aber auch die Stoa und Platon kommen zu ihrem Recht. Denn auffälligerweise verteidigt Scipio ausführlich die Vorzüge der Monarchie (1,54–64), die ihr Ebenbild in der hierarchischen Struktur des Kosmos und der menschlichen Seelenteile habe. Die römische Königszeit mit ihren guten Königen zu Beginn und ihren Tyrannen am Ende illustriert das entscheidende Argument für die Monarchie, die Achtung des Herrschers vor Recht und Gesetz. Das Recht aber ist das konstituierende Element des Staates, wie Cicero in der Staatsdefinition feststellt, die er am Anfang der theoretischen Erörterungen Scipio in den Mund legt (1,39): »Es ist also der Staat (*res publica*) die Sache des Volkes (*res populi*), Volk aber ist nicht jede Vereinigung von Menschen, die auf irgendeine Weise zusammengewürfelt wurde, sondern die Vereinigung einer Menge, die sich aufgrund einer gemeinsamen Anschauung bezüglich des Rechts und einer Gemeinsamkeit bezüglich des Nutzens zusammengefunden hat.« Die Definition bestimmt ihren Gegenstand zunächst etymologisch (*populus* < *publica*); hier spricht allein der Römer. Dann folgt nach griechischem Vorbild die genetische Wesensbestimmung; Platons und Aristoteles' Vorgehen wird in einem Satz komprimiert, der zugleich ihre unterschiedlichen Auffassungen vom Ziel des Staates vereinigt. Die beiden Teile der Definition spiegeln gewissermaßen die beiden Quellenbereiche des Gesamtwerkes, den historischen römischen Staat und die griechische Theorie. Inhaltlich deutet sich die Definition selbst, wenn man die etymologische Bestimmung gleichfalls als Ausdruck einer Genese nimmt. Die zwei Teildefinitionen umfassen einen geschichtlichen Prozeß, der sein Ziel mit der *res publica* erreicht hat; das Anfangswort der Definition ist das historische Endprodukt: Der Wille, Recht und Nutzen zu verwirklichen, macht aus einer bloßen Menschenansammlung ein Volk. Recht und Nutzen sind also »Sache des Volkes«. Die dauernde Verwirklichung dieser Sache, die Vielfalt der materiellen und geistigen Bedingungen, die dazu erforderlich ist, ergibt begrifflich wie real ein selbständiges Ganzes, eben die *res publica*. Es ist eine Art Zirkeldefinition, deren logisches Schlußglied alle vorherigen Glieder in einen größeren Zusammenhang stellt und sich der modernen Abstraktion »Staat« nähert. *Res publica* ist Norm, Sache und Prozeß in einem. Ihr ursprüngliches Antriebsmoment sieht Cicero mit Aristoteles und gegen Platon nicht in der Schwäche der menschlichen Natur, sondern in deren Geselligkeitstrieb, dem zuletzt genannten historischen Anfangsglied.

Die Staatsdefinition schließt zwei wichtige Folgerungen ein: *Res publica* ist von der Verfassung unabhängig, meint also nicht, ›Republik‹; auch die römische Königszeit war schon ein Staat. Die inhaltliche Bestimmung des Staatszieles aber entzieht derjenigen Gemeinschaft, die soweit entartet ist, daß sie ihren Mitgliedern nicht länger Recht und Nutzen gewährt, den Rang eines Staates. Das 3. Buch, dessen lückenhafte Überlieferung durch die Referate der Kirchenväter Laktanz und Augustin ergänzt wird, zieht diese Folgerung. Als Advocatus diaboli vertritt Furius Philus (Consul 136) die Position des Akademikers Karneades: Die unterschiedlichen

Göttervorstellungen, Sitten und Gebräuche der einzelnen Völker sprechen gegen die Existenz eines Naturrechts; und wer Gerechtigkeit mit der Forderung »jedem das Seine« gleichsetzt und sie strikt erfüllt, gerät in absurde Widersprüche. Es gibt daher lediglich ein positives Recht, und das ist eine Funktion des Nutzens. Folglich »ist es ein Gebot der Weisheit, Machtmittel zu vermehren, Reichtümer zu vergrößern und Grenzen auszudehnen« (3,24); und: »den einzelnen geht es wie den Völkern: kein Staat ist so dumm, daß er nicht lieber ungerecht herrschen, als ungerecht versklavt sein will« (3,28). Scipios Freund Laelius (Consul 140) widerspricht: Es gibt ein absolutes Gesetz, das in Einklang mit der Natur steht, den einzelnen ebenso wie alle Staaten bindet und mit der rechten Vernunft, schließlich mit Gott identisch ist. Wer sich gegen das Gesetz vergeht, vergeht sich gegen sich selbst, und das ist die schwerste Strafe. Das Individuum kann ihr durch den Tod entrinnen. Für einen Staat aber besteht die Strafe gerade im Tod, denn an sich muß er so eingerichtet sein, daß er ewig dauert (3,33–34). Laelius deckt das metaphysische Fundament auf, das nicht nur Roms Mischverfassung zugrundeliegt und sie beständiger als andere Verfassungen macht, sondern auch die römische Reichsherrschaft trägt: Das Imperium ist ausschließlich durch gerechte Kriege entstanden, und ebenso gerecht wird die in diesen Kämpfen erworbene Herrschaft ausgeübt. »Denn sehen wir nicht, daß gerade den Besten von der Natur selbst die Herrschaft zum größten Nutzen der Schwachen gegeben wurde?« (3,36). Rom hat, im Einklang mit der Natur und kraft seiner Moral, das Doppelziel des Staates auf alle unterworfenen Völker ausgedehnt. Wer allerdings als Amtsträger vom hohen moralischen Anspruch der Gründer des Reiches abweicht, wie es Tiberius Gracchus getan hat, der wird, wie in der Stadt, so anschließend in der Provinz die Rechte der dortigen Bewohner verletzen und römische Herrschaft verhaßt machen (3,41). Ähnliche Überlegungen hatte Poseidonios in seinem Geschichtswerk anhand einer Reihe von schlechten Beispielen angestellt. Mit dem dritten Buch antwortete Cicero auch auf die platonische *Politeia:* Es gab eine Zeit, da war Rom der gerechte Staat, nach dem Platon gesucht hat. Und wie dieser mit den *Gesetzen* praktische Ausführungsbestimmungen zur *Politeiä* geliefert hat, so bietet Cicero nun im 4. Buch die schon früher (2,64) geforderte Erörterung, welche moralischen und rechtlichen Bestimmungen im einzelnen den besten Staat ausmachen und ihn stabil erhalten. Die Theorie läßt sich auch jetzt nicht von der römischen Wirklichkeit trennen. In einem der wenigen erhaltenen Fragmente greift Scipio auf die Staatsdefinition zurück und begeistert sich, daß sowohl Roms ständischer Aufbau wie »das übrige in weiser Voraussicht eingerichtet wurde im Hinblick auf jene Gemeinschaft der Bürger, die dem glücklichen und ehrenhaften Leben dient« (4,3). Aber deutlicher als vorher klingen nun auch Besorgnisse wegen der Mißstände an, die sich inzwischen eingeschlichen haben (4,2).

Die Thesen des 3. und 4. Buches werden in *De legibus* noch einmal aufgenommen. Cicero vertieft die Beziehungen zwischen Naturrecht – er spricht jetzt von Naturgesetz –, höchster Vernunft, göttlicher Schöpfung und Gotteserkenntnis. Sie bilden eine Kette, in der ein Glied das andere bedingt und sittliches Handeln im individuellen und im staatlichen Leben garantiert. Mit dieser von der Stoa geprägten Erkenntnis fühlt sich Cicero, der hier selbst mit seinem Bruder Quintus und seinem Freund Atticus den Dialog führt, dazu berufen, Gesetzgeber für den besten Staat zu werden. Für das Rollenspiel sind Platons *Gesetze* das gegebene Exemplum (3,1). Aber bei der Gesetzesmaterie, der religiösen in der zweiten Hälfte von Buch 2 und der magistratischen in Buch 3, kann er nicht anders, als sich an römische Vorbilder anzulehnen, »da in jenen Büchern *Über den Staat* Scipio Africanus offensichtlich überzeugend dargelegt hat, daß von allen Staaten der unsrige in seinem früheren Zustand der beste gewesen ist« (2,23). Es bleibt dann nur noch, alle Fehlerquellen zu beseitigen, die zu Roms gegenwärtiger Misere geführt haben, und man erhält eine so vollkommene Verfassung, wie sie noch kein Philosoph entworfen hat. Der Gesetzgeber Cicero wird damit zum Kritiker, und bei der Behandlung des Volkstribunats, der Waffe der Popularen, entgeht er auch nicht der Versuchung, sein eigenes politisches Verhalten zu rechtfertigen (3,21–26). In der Rolle des Reformers und Gesetzgebers kommt schließlich eindeutig die Wirkungsabsicht zum Vorschein, die er mit beiden Staatsschriften verfolgt. Wie die erste Hälfte von *De legibus* mit Buch 3 und 4 von *De re publica,* so ist die Gesetzgebung der zweiten Hälfte eng mit Buch 5 und 6 verbunden. Nach dem besten Staat entwirft Cicero dort das Bild des besten Staatsmannes. Erhalten sind Fragmente, die von ihm fordern, er solle rechtskundig sein und den Staat wie ein Gutsverwalter verwalten, also nicht wie ein Herr (5,5; vgl. 1,63). Er hat die Bürger so zu erziehen, daß sie nicht nur durch Furcht, sondern durch Scham vom Unrecht abgehalten werden (5,6). Ferner muß sein Ziel sein, sie zu einem glücklichen Leben zu führen, wobei Glück materiellen Wohlstand, Anerkennung und Tugendhaftigkeit umfaßt (5,8). Voraussetzung ist, daß er selbst in höchstem Maße über Tugend und Geist, Arbeitskraft und Fleiß verfügt, tapfer und hochherzig ist und den Tod nicht fürchtet (5,9). Allein ein solcher Mann wird fähig sein, Rom aus dem moralischen Tiefstand zu führen. »Denn unsere Laster, nicht ein Unglücksfall sind schuld, daß bei uns die *res publica* dem Wort nach zwar noch existiert, daß wir sie aber tatsächlich schon längst verloren haben« (5,2).

In der abschließenden Traumszene, die wie der Schlußmythos in Platons *Gorgias* und *Politeia* dem guten Staatsmann den himmlischen Lohn verheißt, erhält Scipio von seinem Großvater, dem älteren Scipio Africanus, den Auftrag, Rom zu retten: Er möge, nachdem er die gewöhnliche Ämterlaufbahn beendet und die höchsten Ehren erhalten habe, als *dic-*

tator den Staat ordnen, wenn er den ruchlosen Händen seiner Verwandten entflohen sei. Da Scipio kurz nach der angeblichen Traumerzählung starb, scheint Cicero zunächst nur anzudeuten, daß ihm die Vollendung seiner Laufbahn versagt blieb und Roms Rettung schon damals ein unerfüllter Traum war. Die fiktive Mahnung und die durch sie hervorgerufene Erinnerung würden dann aber in einen merkwürdigen Gegensatz zum Pathos der Szene wie überhaupt zum Charakterbild Scipios in *De re publica* und zu der auf ihn zutreffenden Beschreibung des Staatsmannes in Buch 5 und 6 geraten. Cicero wollte also offensichtlich auf diese herausfordernde Weise einen nahen Retter Roms ansprechen. Bisher ist es allerdings nicht gelungen, den Namen, der dann auch der des eigentlichen Adressaten von *De re publica* wäre, eindeutig zu bestimmen. Hat Cicero hier, wie schon vorher beim *rector* und *moderator* des Staates – er vermeidet den festgelegten Begriff *princeps* –, an eine bestimmte Person gedacht oder nur allgemein auf künftige starke Reformer aus der Aristokratie gehofft, die sich an *De re publica* orientieren würden? Hat er – zumindest zu Beginn des Werkes – Pompeius im Auge gehabt oder von vornherein sich selbst angesprochen? Unabhängig von der Antwort betrifft die Prophezeiung eine weitere erstrangige Zeitfrage, die schon bisher den Gegensatz zwischen der Mischverfassung und Scipios Anerkennung für die Monarchie durchzogen hatte: Dessen Charakter und seine Ausführungen über den guten Herrscher und Staatsmann hätten allen Befürchtungen den Boden entzogen, daß sich die Diktatur, das ursprünglich streng befristete Notstandsamt, unter seinen Händen zu einer persönlichen Herrschaft über den Staat hätte auswachsen und die republikanische Freiheit beenden können; Diktatur und Freiheit wären bei ihm kein Widerspruch gewesen. Denn »Dictator« und »Wiederherstellung der Republik« erinnerten zu gut an die unbefristete Diktatur Sullas »zur Gesetzgebung und Wiederherstellung der Republik«, die 30 Jahre zuvor die alte Befürchtung bestätigt hatte, daß der Reformer des Staates immer zugleich sein potentieller Unterdrücker sei.

11. Der Principat

De re publica erregte nach der Veröffentlichung im Frühjahr 51 sofort Aufsehen, und hätte man Cicero daraufhin gerufen, er wäre sicher gekommen, um zum zweiten Mal Retter des Vaterlandes zu werden. Mit dem Bürgerkrieg zwischen Caesar und Pompeius 49–48 war der Gedanke daran hinfällig geworden. Die nachfolgende Diktatur Caesars war nach dem Urteil Ciceros und der senatorischen Kreise, aus denen schließlich die Verschwörung hervorging, eine Tyrannis von der Art, wie sie *De re publica* warnend geschildert hatte. Brutus, das Haupt der Verschwörer, ehrte den Mentor der Republik, als er nach dem Mord den Namen Ciceros ausrief. Die Machtkämpfe, die sofort nach Caesars Tod ausbrachen und in denen der Senat nie mehr wirklich die Führung zurückgewann, machten rasch deutlich, daß inzwischen die innere Kraft der Republik gebrochen war. Seneca warf später Brutus vor, er habe völlig verkannt, daß in der Gesellschaft der Boden für die Monarchie längst bereitet war: »Brutus habe den Königstitel (Caesars) gefürchtet, obwohl der Zustand des Staats unter einem gerechten König am besten sei, oder er habe gehofft, die Freiheit werde sich dort einstellen, wo der Herrschaft wie der Unterwürfigkeit so reicher Lohn winkte, oder er habe geglaubt, daß sich die Bürgerschaft wieder in den früheren Zustand zurückversetzen ließe, nachdem die früheren Sitten verloren gegangen waren, und daß es dort wieder zu allgemeiner Rechtsgleichheit kommen und die Gesetze wieder ihren Platz einnehmen würden, wo er Tausende und aber Tausende von Menschen streiten sah, nicht ob sie, sondern wem sie dienen sollten« (*Über die Wohltaten* 2,20,2). Caesar selbst, für den die *res publica* »nur noch ein Name ohne Körper und Gestalt« war, hatte gewarnt: »Es sei nicht so sehr in seinem als im Interesse des Staates, daß er am Leben bleibe; er habe schon genügend Macht und Ruhm erlangt. Wenn ihm etwas zustoße, werde der Staat nicht ruhig bleiben und in beträchtlich verschlechtertem Zustand Bürgerkriege erleiden« (Sueton, *Leben Caesars* 77,1; 86,2). Mit zwiespältigem Gefühl gab Cicero seiner Besorgnis recht: »Dein Wirken hält das Heil aller Bürger und den gesamten Staat umfaßt« (*Für Marcellus* 25).

Augustus

Der Gründer des römischen Kaisertums selbst trat allen derartigen Einsichten und angeblichen historischen Notwendigkeiten in seinem »Tatenbericht« (*Res gestae*) entgegen. *Octavian Augustus,* der Adoptivsohn und Erbe Caesars, schloß mit dem Sieg bei Actium 31 v. Chr. die Zeit der Bürgerkriege ab und errichtete in viereinhalb Jahrzehnten seine Herrschaft als Princeps. Die *Res gestae* (»Monumentum Ancyranum«), an denen er wohl während vieler Jahre redigierte, wurden nach seinem Tod 14 n. Chr. vor seinem Mausoleum in Rom aufgestellt und in Abschriften im ganzen Reich verbreitet. Augustus legte mit ihnen nicht nur Rechenschaft ab, sondern gab Antwort auf die Wünsche und Sehnsüchte der vorausgegangenen Epoche und auf das große Thema vom Niedergang der Republik. Im ersten Satz stellt er verbindlich fest: »Ich habe die *res pu-*

blica, die von der Herrschaft einer Gruppe (*factio*) unterdrückt war, in die Freiheit geführt.« Befreiung von einer Factio heißt auch, daß danach im Staat wieder Eintracht herrschte; das vielbeschworene Ziel der Vergangenheit war erreicht. Im 25. Kapitel erklärt Augustus dazu, daß ihm vor Actium ganz Italien, Gallien, Spanien, Africa, Sizilien und Sardinien den Gefolgschaftseid geleistet haben. Auf dieser Grundlage wurde er zum Retter und Befreier des Staates. Dem Anfangskapitel korrespondiert das vorletzte Kapitel (34) der *Res gestae.* Es ist gleichsam die Magna Charta des Principats, die das Kernproblem Ciceros und der letzten 150 Jahre der Republik zu lösen vorgab: »Als ich nach Beendigung der Bürgerkriege durch allgemeinen Konsens (*consensus universorum*) die volle Macht erhalten hatte, übertrug ich in meinem 6. und 7. Consulat (28 und 27 v. Chr.) die *res publica* aus meiner Amtsgewalt in die Befugnis des Senats und des römischen Volkes. Für dieses mein Verdienst wurde ich durch Senatsbeschluß ›Augustus‹ genannt.« Der Befreier hat die Freiheit der wiederhergestellten Republik auch später nie angetastet. Das tiefsitzende Mißtrauen vor der Übermacht eines einzelnen, das immer wieder großen Männern zum Verhängnis geworden war, angefangen vom älteren Scipio bis zu Caesar, wurde zu seinen Lebzeiten gegenstandslos. Und doch erhielt er in einmaliger Weise die Anerkennung für die in den *Res gestae* aufgezählten Leistungen. Es gelang ihm ein Kunstwerk, mit dem er alle politischen Propheten widerlegte. Er wurde als Garant seines Befreiungsaktes in die Neuordnung einbezogen, ohne daß die Grenzen der erneuerten Res publica sogleich gesprengt wurden. Der Ehrenname ›Augustus‹ und die weiteren Auszeichnungen, die beiden Lorbeerbäume, die zusammen mit der Bürgerkrone den Eingang seines Hauses schmückten, und der goldene Schild im Senatsgebäude, der ihm die vier Kardinaltugenden bestätigte, umgaben ihn mit einer kultischen Sphäre. Sie hob ihn über den einzelnen Mitbürger, nicht aber über das Verfassungsgefüge des Gesamtvolkes hinaus. Die zwei Säulen der Republik, die Annuität und Kollegialität der Ämter, wurden nicht angetastet, wie Augustus im nachfolgenden zentralen Satz der *Res gestae* kategorisch erklärt: »An Autorität – das lateinische *auctoritas* hat die gleiche Wurzel wie *Augustus* – habe ich alle überragt, an Amtsgewalt aber habe ich um nichts mehr besessen als die anderen, die in meinen jeweiligen Jahresämtern meine Kollegen waren.« Die Proklamation zum *Vater des Vaterlandes,* zu der sich im Jahre 2 v. Chr. der Senat, der Ritterstand und das ganze römische Volk vereinen, ist die höchste Würdigung seines Wirkens und bildet daher den passenden Schluß der *Res gestae* (35). Der Titel *princeps,* »der Erste«, mit dem sich Augustus einige Male eher beiläufig bezeichnet, bedurfte keiner Proklamation, da er nach alter Tradition auf der öffentlichen Meinung beruhte. Sein Träger führte mit ihm eine ehrwürdige Reihe republikanischer Principes weiter. Wie sie hat er sich dank seiner *virtus* um den Staat verdient gemacht. Es hätte römischem Tugenddenken widersprochen, auf die machtpolitischen und materiellen Bedingungen solcher *virtus* und der auf ihr beruhenden, ausschließlich persönlichen Vorrangstellung einzugehen. Es war auch nicht Sache eines Tatenberichtes, die politischen Auswirkungen zu erörtern, die sich zwangsläufig auf der politischen Bühne in Rom ergaben, auf der nun ein Mann mit einer solchen *auctoritas* stand. Dieser Bereich bewies dem antiken Kritiker, jener beweist dem modernen Betrachter, daß der Principat tatsächlich eine Monarchie war.

Tacitus

Der staatsrechtliche Grundgedanke der *Res gestae,* die Wiederherstellung der Republik, und die Beschreibung der individuellen, nichtmagistratischen Vorrangstellung des Augustus, enthielten den Schluß, daß es eine Principatsverfassung gar nicht geben konnte. Die autoritative Art, wie Augustus das republikanische Erbe in den Neubau des Staates einbezog, wirkten sich auch in der Folgezeit so stark aus, daß die Monarchie nie zu einem wirklich autonomen Selbstverständnis gekommen ist, daher auch keine institutionalisierte Verfassung ausgebildet hat. Sie lebte mit dem Widerspruch, der sich aus der verpflichtenden Tradition einerseits und der tatsächlichen Machtentfaltung des Principats und seiner Entwicklung zum Dominat andererseits ergab. Das Staatsdenken der Kaiserzeit kreiste zu einem großen Teil um diesen Widerspruch. Man konnte ihn hervorheben, wie es *Tacitus*, der schärfste Analytiker des Principats (ca. 55–120 n. Chr.) am Beginn seiner *Annalen* tat, der römischen Geschichte von Tiberius bis Nero (14–68 n. Chr.). Der Historiker macht die Gegenrechnung zu den *Res gestae* auf, ohne sie zu nennen, und entlarvt ihren Verfasser, der nur ideologische Rechtfertigung betrieben habe. Wie die historischen Fakten beweisen, hat er nicht die *libertas* wiederhergestellt, sondern die Herrschaft einer Gruppe durch seine eigene Herrschaft ersetzt. Augustus hätte allerdings nie Erfolg haben können ohne die innere Bereitschaft des römischen Volkes. Nun erscheint der *consensus universorum,* auf den er sich so stolz berufen hatte, als Servilität, die alle Stände in gleicher Weise erfaßt hat. In einer passiv gewordenen Bürgerschaft kann es keine *libertas* mehr geben: »Im Innern blieb alles ruhig, die Ämter hatten noch die gleichen Bezeichnungen, die Jungen waren nach dem Sieg bei Actium geboren, und schon die meisten Älteren zwischen den Bürgerkriegen. Wer war denn noch da, der die alte Republik erlebt hätte? Nachdem sich so der Zustand des Staates verwandelt hatte, war von der alten, ungebrochenen Moral nichts mehr vorhanden; die Gleichheit war beseitigt, und alle harrten nur noch der Befehle des Princeps« (1,3,7–4,1). Beim Regierungsantritt des Tiberius (14–37 n. Chr.) ist das

Verhalten noch entwürdigender: »In Rom stürzten sich Consuln, Senatoren und der Ritterstand in die Knechtschaft« (1,7,1). Bei einer solchen allgemeinen Unterwürfigkeit wird das Festhalten an der republikanischen Fassade erst recht zur Farce, und keinem macht Tacitus den Vorwurf der Heuchelei heftiger als dem Augustusnachfolger Tiberius.
Dem kritischen Historiker des Principats waren die Gegenargumente seiner Verteidiger wohlvertraut. In einer früheren Schrift, dem *Dialog über die Redner,* hatte Tacitus sie durch den Rhetor *Maternus* zu Wort kommen lassen (40–41). Maternus hält den wirren Verhältnissen, die (zuletzt) in der Republik geherrscht hatten, die Vorteile des Principats entgegen, vor allem Ruhe und Frieden; republikanische Freiheit war allzu oft in Zügellosigkeit ausgeartet. Maternus ist kein blinder Apologet, sondern wägt Nutzen und Nachteil beider Staatsformen gegeneinander ab. So verkörpert er das Dilemma, das nicht nur für Tacitus galt; es hatte bereits die großen Augusteer Vergil, Horaz und Livius bewegt. Ganz in ihrem Sinn lautete das Urteil, das Tacitus zu Beginn der *Historien* über die Schlacht von Actium und ihre Folgen fällte und das er später im Annalenproömium völlig außer acht ließ: »als man bei Actium gekämpft hatte und es für den Frieden vorteilhaft war, daß alle Macht auf einen einzigen übertragen wurde ...« (1,1,1). Die tatsächliche Rückkehr zur Republik war eine nicht einmal wünschenswerte Illusion: »Wenn der ungeheure Körper des Reiches ohne einen Lenker (*rector*) stehen bleiben und sich im Gleichgewicht halten könnte, wäre ich der rechte Mann, mit dem die Republik wieder beginnen sollte«, sprach der Interimskaiser Galba in den *Historien* (1,16,1), nachdem die julisch-claudische Dynastie mit Neros Sturz ein unrühmliches Ende genommen hatte.
Die Geschichte der Dynastie hatte Tacitus aber auch gezeigt, daß es für den Zustand des Reiches allein auf den Charakter des *rector* ankam. Seine ganze Darstellung in den Annalen bot dafür den Beweis, woraus sich wiederum der Rückschluß ergab, falls es eines solchen noch bedurfte, daß jeder der Principes ein Monarch war. Galba zog daraus die richtige Konsequenz: Nicht mehr Blutsbande, sondern die *virtus* sollte darüber entscheiden, wer Nachfolger im Principat wurde. Der regierende Princeps sollte den jeweils Besten adoptieren und zum Nachfolger designieren. Galba trug seine Lösung bei der Adoption und Designation des jungen Adligen Piso vor (H. 1,15–16) und schloß mit dem Ausblick: »Du wirst über Menschen regieren, die weder die ganze Knechtschaft noch die ganze Freiheit ertragen können.« Daher sollte das Adoptivkaisertum den Mittelweg gehen zwischen der bisherigen Herrschaft, wo die Bürger sich als Untertanen gaben und so auch behandelt wurden, und der Ungebundenheit der Republik. Das neue politische Ideal bestand darin, die Macht des Principats, soweit sie gut und notwendig war, mit den echten Werten der Republik zu verschmelzen. Tacitus hatte eine Zeitlang die Hoffnung,

das Ideal werde sich verwirklichen lassen, nachdem die flavische Dynastie ähnlich wie die julisch-claudische geendet hatte und Nerva (96–98) und Trajan (98–117) Galbas gescheiterten Versuch wieder aufnahmen: Nerva »versöhnte (»vermischte«) die einst unvereinbaren Gegensätze Principat und Freiheit miteinander«, und unter Trajan »blieb die öffentliche Sicherheit nicht nur Hoffnung und Wunsch, sondern schuf Vertrauen in den Wunsch und gewann Kraft« (*Leben des Agricola* 3,1). Man mußte also nicht fürchten, die neugewonnene *libertas* könne wie einst in der Republik in *licentia* umschlagen. Der alte Gedanke vom Vorzug und der Stabilität der Mischverfassung erscheint hier in neuem Gewand. Schon vor Tacitus gab es Stimmen, die auch in Augustus' Herrschaft dieses Ideal verwirklicht sahen. Ein Gewährsmann des im 3. Jh. schreibenden griechischen Historikers Cassius Dio gehörte dazu. Dio behauptete, Augustus habe »die Monarchie mit der Demokratie gemischt und so den Römern die Freiheit bewahrt und ihnen noch dazu Ordnung und Sicherheit verschafft« (56, 43, 4). Weder Dio noch seine Quelle dürften die Übereinstimmung mit Platons *Gesetzen* bemerkt haben (S. 81).

Plinius

Tacitus' Freund *Plinius der Jüngere* (61 oder 62 – ca. 113 n. Chr.) preist Trajan dafür, weil unter ihm »Principat und Freiheit das gleiche Forum benutzen« (*Panegyrikus* 36,4); der Kaiser sei sich bewußt, »wie verschieden von Natur aus Principat und Dominat sind« (45,3); er selbst gebe sich als Bürger, nicht als Herr (2,3). Wer wie Plinius den Principat anerkannte, konnte sich mit der Selbstdarstellung der Kaiser identifizieren. Deren kondensierte Äußerungen waren die Titulaturen und Beinamen auf Münzen und in Inschriften. Wie die *Res gestae* des Augustus kannten sie keinen Widerspruch zwischen Republik und Principat. Ämter (Consulat; Volkstribunat) und Feldherrngewalt (Imperium), *virtutes* und – in den Siegerbeinamen – *res gestae* trugen noch die alten Namen, obwohl sie sich mit neuen Inhalten gefüllt hatten. Selbst Kultnamen oder der Dominustitel schliffen sich so weit ab, daß sie mit den republikanischen Bestandteilen harmonierten. Die in den Titulaturen aufgeführten Tugenden und Taten legitimierten die Stellung des Herrschers auch dort, wo diese seine magistratischen Befugnisse überschritt. Sie bildeten die ideologische Deckung seines eigentlichen Machtbereiches; Herrscherideologie ersetzte gleichsam die Verfassung.

Seneca

Die Herrscherverehrung und deren literarische Äußerungen wie der *Panegyricus* des Plinius waren das verstärkte Echo kaiserlicher Selbstdarstellung. Davon wollte sich Tacitus absetzen, als er versicherte, er werde den Mittelweg gehen zwischen »Schmeichelei, dem häßlichen Laster der Knechtschaft, und böswilliger Kritik, der ein falscher Schein der Freiheit innewohnt« (H. 1,1,1). Die wissenschaftliche Methode war zugleich eine geistige Haltung. Um in ihrem Sinn allerdings die Politik zu beeinflussen, mußte man versuchen, auf den Herrscher als die entscheidende politische Kraft Einfluß zu nehmen. Tacitus wußte, »daß es vieler Mühe bedarf, um dem Princeps zu raten« (H. 1,15,4). *Senecas* Schrift »Über die Milde« (*De clementia*), die der Philosoph und Politiker (4 v. Chr. – 65 n. Chr.) für seinen Schüler Nero kurz nach dessen Regierungsanfang (54 n. Chr.) verfaßte, war ein Beispiel solcher Mühe, zu der rhetorisches Geschick und psychologisches Verständnis gehörten. Seneca lehnte sich stark an hellenistische Fürstenspiegel an, was sich für den Anhänger der Stoa um so mehr verstand, als auch die äußeren Bedingungen ähnlich waren: Der Principat näherte sich immer stärker der absolutistischen Basileia des Hellenismus. Die zahlreichen literarischen Parallelen zwischen hellenistischem und kaiserzeitlichem Herrscherideal, dessen wesentliche Züge in *De clementia* enthalten sind, waren zugleich sachliche Parallelen. Selbst unter einem vielversprechenden Regenten, für den man Nero zunächst allgemein hielt, war der Freiraum eng geworden. Das galt erst recht für denjenigen, der nicht den Mittelweg des Tacitus ging, sondern sich wie Seneca von vornherein auf die Seite des Machthabers stellte. Zwar behauptete Seneca, wie später Tacitus und Plinius mit der Formel *principatus et libertas,* der römische Kaiser habe sich seit langem der *res publica* eingefügt und beide ließen sich nicht mehr ohne Schaden voneinander trennen (1,4,3). Aber wie wenig er in dem Verhältnis ein Gleichgewicht sah, belegt bereits seine einleitende Captatio benevolentiae, ein als Monolog Neros gestalteter Panegyricus, der das Grundthema der Schrift umreißt (1,1,2–4). Der junge Herrscher lobt sich, weil er seiner unbeschränkten Macht Zügel angelegt habe: »Die Strenge habe ich beiseite gelegt, aber die Milde halte ich bereit; ich passe so auf mich auf, als ob ich den Gesetzen, die ich aus der Versenkung und Dunkelheit ans Licht geholt habe, Rechenschaft geben müßte.« *Clementia* ist Ausfluß einer Überlegenheit, neben der es keine andere Macht- oder Rechtsposition gibt. Sie ist eine ausschließlich moralische Verhaltensweise des Höheren gegen den Niederen, in deren Umkreis Mäßigung, Nachgiebigkeit, Mitleid, Hochherzigkeit und die Fähigkeit des Verzeihens stehen. Innerhalb dieses Begriffsfeldes wird der Idealherrscher der Kaiserzeit immer wieder beschrieben. Seneca will durchaus Milde und Gerechtigkeit (*iustitia*) –

hellenistische Literatur und römische Tradition – verbinden, um so zu verhindern, daß Principat und Republik noch weiter auseinanderstreben. Aber er kündigt selbst schon die weitere Entwicklung an, die schließlich dazu führt, daß *iustitia* in der *clementia* aufgeht: Nero erwähnt die Möglichkeit, er könne sich den wiederbelebten Gesetzen unterwerfen, lediglich, um sie sofort auszuschließen. Von hier ist nur ein kleiner Schritt zu dem Rechtsprinzip: »Was dem Kaiser gefällt, hat Gesetzeskraft« (*Digesten* 1,4,1).

Senecas Lehrschrift lag ein von der Rhetorik beeinflußtes didaktisches Konzept zugrunde, das sich an den politischen Gegebenheiten orientierte. In der absoluten Monarchie entscheidet die Tugend des Herrschers über den Zustand des Staates. Fehlt sie, so bleibt dem Philosophen und Erzieher nur der Weg, den Herrscher zu bitten und zu überzeugen, daß er sich um sie bemühe und ihr entsprechend handle. Diesen Prozeß der Selbsterziehung kann er einmal dadurch fördern, daß er den ideellen und praktischen Wert hervorhebt, den die Tugend für den Herrscher hat. So legt Seneca dem Kaiser ausführlich dar, daß ihm *clementia* die Treue seiner Untertanen und damit die Sicherheit seines Thrones garantiert (1,11,4–13). Für ein zweites Mittel stehen der Eingangsmonolog und andere panegyrische Stellen. Der Philosoph muß zum Lobredner werden und wie dieser dem Herrscher die erwünschte Tugend bestätigen in der Hoffnung, der Adressat möge von sich aus alles tun, um das Lob nicht Lügen zu strafen. Wie ungewiß auch dann noch der Erfolg war, bewies Senecas eigenes Schicksal. Er konnte Neros Schreckensherrschaft nicht verhindern und wurde schließlich von ihm zum Selbstmord gezwungen.

Aus *clementia* und *securitas* ergibt sich für Seneca, der auch hier älteren Überlegungen folgt, die Legitimität der Macht. Das Verbindungsglied ist der Nutzen, den Herrscher wie Untertanen voneinander haben: Eine milde Regierung dient dem öffentlichen Wohl (*salus publica*). Die Bürger und das Heer würdigen den »ehrenvollen Knechtsdienst« – *nobilis servitus* (1,8,1) ist die Übersetzung der stoischen Maxime des Antigonos Gonatas (S. 103) –, den der gute Herrscher auf sich nimmt, und sie vergelten ihn mit Loyalität (1,13,1; 4–5). Auch ihnen liegt nur an seinem Wohl (1,3,4; 10,2; 19,7). Aus dauernder Milde entsteht schließlich dynastische Legitimität, die den rechtmäßigen Machthaber vom Tyrannen unterscheidet (1,11,4). Caesar waren solche Zusammenhänge wohlvertraut, und er setzte die *clementia Caesaris* als politische Waffe ein. Seine Gegner beurteilten ihn allerdings als *tyrannus*; das Wort bezeichnet später den Gegenkaiser, den schlechten Herrscher, dem damit die Legitimität abgesprochen wird. Mit dem utilitaristischen Legitimitätsbegriff hängt zusammen, daß bei Seneca, im Gegensatz zu hellenistischen Vorgängern, die religiösen Grundlagen der Legitimität und die göttliche Erhöhung des Kaisers zurücktritt oder sich auf konventionelle Wendungen beschränkt.

12. Das Christentum

Die Apologetik

Das christliche Staatsdenken machte sich den utilitaristischen Clementiabegriff zunutze, als es in der 2. Hälfte des 2. Jahrhunderts die ersten Schritte zu einer geistigen Annäherung an das römische Reich unternahm. Die vorherige Distanz zu Rom schloß zwei gegensätzliche Einstellungen ein, die sich beide auf die Heilige Schrift stützten. Man konnte mit der Apokalypse Rom ablehnen als die Dirne Babylon, die die Christen verfolgte. Oder man nahm die römische Herrschaft als gottgegeben hin (Paulus, *Römer* 13) und gab »dem Kaiser, was des Kaisers ist« (Marcus 12,17). Als der kleinasiatische Bischof *Melito* von Sardes um 170 eine Apologie des Christentums an Kaiser Marcus Aurelius schickte, wandte er sich an einen philosophisch gebildeten Herrscher, der sich wie kein zweiter um *philanthropía* (= *clementia*) bemühte, der aber auch kurz zuvor grausam die Christen verfolgt hatte (und später eine weitere große Verfolgung in Gallien zuließ). Melito legt ihm dar, daß die christliche Religion (»Philosophie«) im römischen Reich zu derselben Zeit aufgeblüht sei, als mit der Herrschaft des Augustus eine neue glückliche Epoche begonnen habe. Nach der Unterdrückung durch Nero und Domitian, die andeutend als »schlechte Principes« charakterisiert werden, sei das Christentum durch Marc Aurels zwei Vorgänger, die »guten Principes« Hadrian und Antoninus Pius, geschützt worden. »Nun ist es ganz besonders für Deine Herrschaft zu einem herrlichen Gut geworden.« Melito schließt in der Überzeugung, der Kaiser werde seine Wünsche erfüllen, da er gegenüber den Christen eine Haltung einnehme, die noch viel milder und philosophischer als die seiner Vorgänger sei (Eusebios, *Kirchengeschichte* 4,26,7–11).

Im Jahre 177 richtete der christliche Philosoph *Athenagoras* eine zweite *Apologie* an Marcus Aurelius und seinen Sohn und Mitregenten Commodus, in der er die Vorwürfe der Gottlosigkeit und Unzucht entkräftet, die mehrfach Anlaß zu Christenverfolgungen waren. Auch er appellierte zum Schluß an die Mäßigung und Milde der beiden Kaiser und unterstützte seinen Appell mit dem Hinweis auf die religiös und politisch begründete Zweckgemeinschaft von christlicher Loyalität und kaiserlicher Legitimität: Die Christen verdienen ein ruhiges und friedliches Leben, da sie für den Fortbestand der Dynastie und die Mehrung des Reiches beten und in allen Dingen folgsame Untertanen sind.

Auf dem Synchronismus von Christi Geburt und Augustus' Herrschaft baut *Origines,* der fruchtbarste Denker der frühen Kirche, in der 2. Hälfte des 3. Jahrhunderts eine politische Theologie (E. Peterson) auf, die dem

Imperium eine providentielle Rolle zuerkennt (*Gegen Celsus* 2,30): Christus wurde von Gott in die Welt geschickt, als mit der Friedenszeit des Augustus die besten äußeren Bedingungen für die Ausbreitung seiner Religion eingetreten waren. Denn nachdem die Völker unter der Herrschaft eines Monarchen geeint waren, gab es keine Kriege mehr, die die neue Friedensbotschaft diskreditiert und die Apostel an ihrem Sendungsauftrag behindert hätten. Davon ausgehend erweitert Origines das Hauptargument der früheren Apologetik: Die Christen zeigen sich mit ihrem Gebet für die *salus publica* nicht nur als loyale Bürger, sondern sie beten aus Dankbarkeit für die Dienste, die das Imperium dem Christentum geleistet hat (und auch weiterhin leisten wird). Mit einem neuen Selbstbewußtsein tritt *Tertullian* auf, der erste lateinische Kirchenvater (ca. 160–225). Sein *Apologeticum* ist eher eine Angriffs- als eine Verteidigungsschrift: Das Gebet der Christen für Kaiser und Reich ist mehr als nur Ausweis der Loyalität, es ist Fundament des römischen Staates, der nur so seinen welthistorischen Aufgaben gerecht werden kann (32, 1; 39,2). Auch zeigt der moralische Vergleich zwischen Christen und Heiden, daß jene überhaupt die besseren Bürger sind. Das führt zu dem unerhörten Satz: »Der Kaiser gehört eher uns, er ist von unserem Gott eingesetzt worden« (33,1). Da die Zahl der Christen immer mehr zunimmt, scheint für Tertullian in künftiger Zeit sogar ein christliches römisches Reich nicht mehr ausgeschlossen zu sein. Hier liegt eine geistige Wurzel der »constantinischen Wende der Kirche«.

Eusebios

Als Constantin der Große (306–337) das Christentum nach seinem Sieg über den Gegenkaiser Maxentius 312 anerkannte und seine Entwicklung zur offiziellen Reichsreligion begann, ging es für die Kirche nicht mehr um ihre Stellung im Staat, sondern neben und mit dem Staat. Als erster antwortete *Eusebios* (ca. 263–339), der ›Hoftheologe‹ Constantins, auf die neue Lage. Von Origines übernahm er den Gedanken, daß der Frieden und die Einheit der Völker zu Beginn des Principats den Boden für das Christentum bereitet hatten. Aber er stellte daneben eine überraschende Wechselwirkung: Der Monotheismus, der mit Christus in die Welt kam, förderte seinerseits die Verbreitung der monarchischen Idee und die Ausbildung der Monarchie (*Lob Constantins* 16,2–4). So fand die alte Poliskultur, in der sich Vielgötterei, Vielstaaterei und eine Vielzahl von inneren und äußeren Kriegen miteinander verflochten hatten, ihr Ende. Damals kam es zum ersten Mal zu einer Einheit der Menschen, die vorher unter der Vielherrschaft oder unter der Tyrannis gelebt hatten (*Evangelische Verkündigung* 3,7,30–35; 7,2,22). Der beiderseitige Nutzen, den christliche Religion und römisches Reich bei ihrer ersten Begegnung hatten, enthielt ein in die Zukunft weisendes Programm, das sich unter Constantin, für Eusebios der Höhepunkt der römischen Geschichte (*Kirchengeschichte* 10,9,6), erfüllte. Der erste christliche Kaiser stellte die absolute Einheit des Reiches her und bildete als Freund Gottes mit seiner irdischen Herrschaft die göttliche Herrschaft nach (*Lob Constantins* 1,6–2,5); der alte Gedanke vom göttlichen Urbild der Monarchie, der immer auch ein legitimierendes Element enthielt, ließ sich leicht verchristlichen, solange man das theologische Problem der Trinität nicht anrührte. Die Lösung des schwierigen politischen Problems, wie das Verhältnis von kaiserlicher und kirchlicher Gewalt zu regeln sei, lautete in den Worten Constantins, die Eusebios' *Biographie* überliefert: »Ihr sollt Aufseher über die Menschen in der Kirche sein, ich aber will über sie außerhalb der Kirche der von Gott bestellte Aufseher sein« (4,24). Der kirchliche und der staatliche Bereich bleiben klar getrennt, und diesem gehörten Heiden und Christen als Bürger des Reiches an. Dementsprechend verteilten sich die Aufgaben der göttlich legitimierten Amtsträger. Constantin nahm für sich bewußt den Bischofstitel (*episkopos* = Aufseher = Bischof) in Anspruch, der ebenso die Gleichrangigkeit staatlicher und kirchlicher Amtsgewalt betonen, wie ein durch die Übertragung hinzugewonnenes Gewicht des Kaisers andeuten konnte.

Ambrosius

Für *Ambrosius,* Bischof von Mailand (ca. 340–397), war der Kaiser nicht mehr der Freund Gottes, sondern Glied einer Hierarchie; aus dem »ehrenvollen Knechtsdienst« für den Staat, als der monarchische Herrschaft einmal gegolten hatte (S. 103; 133), wurde der Dienst an der Kirche: »Während alle Menschen, die unter römischer Oberhoheit leben, Euch, den Herrschern und Fürsten der Erde, dienen, dient Ihr selbst dem allmächtigen Gott und dem heiligen Glauben. Denn nicht anders kann das Heil sicher sein, als wenn ein jeder den wahren Gott, also den Gott der Christen, von dem alles regiert wird, wahrhaftig verehrt.« Mit diesen Worten fängt der Brief an, mit dem Ambrosius im Jahre 384 bei Kaiser Valentinian II. verhindern wollte, daß die stadtrömische Senatsaristokratie den Altar der Göttin Victoria, ein altes Symbol römischer Größe, wieder im Senatsgebäude aufstellte, nachdem er schon zweimal auf Veranlassung von Valentinians Vorgängern entfernt worden war. Mit »Heil« (*salus*) meinte Ambrosius das Seelenheil und das Heil des Staates (*salus publica*), eine Identifizierung, die weitreichende Konsequenzen hatte: Nicht nur die zwingende Wahrheit des Christentums, auch die Interessen des Reiches lassen nicht zu, daß der Kaiser der heidnischen Forderung nachgibt. Wer sich so gegen die Kirche, die Hüterin des Seelenheiles verginge, würde sich gegen das Heil des Staates vergehen. Staat und Kirche sind eine Gemeinschaft geworden mit gemeinsamen Zielen, über deren Einhaltung die Kirche wacht. Das seelsorgerische Anliegen des Bischofs wird zum Zwangsmittel gegen den Kaiser, dem er drohend vor Augen hält, daß mögliches Unglück für das Reich die zwangsläufige Folge einer glaubenslosen und damit staatsfeindlichen Politik sei.

Mittlerweile sind die Heiden diejenigen geworden, die die kaiserliche *clementia* anrufen müssen. Die Fronten haben sich verkehrt, die Argumente bleiben dieselben. Wie früher die christlichen Apologeten, so sucht jetzt *Symmachus,* der Wortführer des Senats, in seinem Antrag – es ist die 3. *Relatio,* die sich offiziell an Valentinian und seine beiden Mitregenten Theodosius I. und Arcadius richtet – die Herrscher davon zu überzeugen, daß die Heiden loyale Bürger sind und daß ihre Religion für die kaiserliche Politik, die Legitimität der Dynastie und das Wohlergehen des Reiches nützlich und unentbehrlich ist. Symmachus' Beweisführung mündet in die feierliche Schlußbitte: »Möge Euere Milde den unsichtbaren Schutzmächten aller Religionen Huld erweisen und ganz besonders denen, die einst unseren Vorfahren beigestanden haben. Sie mögen Euch schützen, von uns aber verehrt werden. Wir bitten um das Verhältnis unter den Religionen, welches dem vergöttlichten Vater Euerer Majestät die Herrschaft erhalten hat und welches auf einen glücklichen Princeps rechtmäßige Erben folgen ließ« (3,19). Die *clementia* des Kaisers, die Symmachus auch eingangs erfleht (3,2; vgl. 3,6), bedeutet für ihn also Rückkehr zu einer toleranten Religionspolitik, wie sie der »vergöttlichte Vater« Valentinian I. verfolgt hatte. In der Mitte der *Relatio* läßt er die personifizierte greise Roma auftreten mit einem historischen Rückblick: »Diese meine Religion hat den Erdkreis meinen Gesetzen unterworfen, diese Opfer haben Hannibal von den Mauern, die Gallier vom Capitol zurückgetrieben« (3,9). Es war das gewichtigste Argument der Heiden – das der vorsichtige Symmachus vor dem christlichen Kaiser nicht in eigenem Namen anzuführen wagte –, und es besagte zugleich, daß an der schwierigen Lage des Imperiums allein das Christentum schuld sei, das den Götterkult immer wieter zurückgedrängt hat. Die Bedrohung des Reiches von außen, vor allem durch die Germanen, und der Niedergang des alten Glaubens im Innern führten in den heidnischen Adelskreisen der westlichen Reichshälfte zu einer geradezu religiösen Verehrung von Roms großer republikanischer Vergangenheit, einer Zeit, in der man noch nichts vom Kaisertum wußte und Christus noch nicht geboren war. »Rom als Idee« wurde zum geistigen Mittelpunkt der kulturellen Renaissance der Spätantike. Für ihre geringe politische Bedeutung war symptomatisch, daß Symmachus' *Relatio* als literarisches Kunstwerk bewundert, aber seine Bitte unter dem massiven Druck des Ambrosius abgeschlagen wurde.

Folglich war die geistige Bewegung auch für die Kirche keine ernsthafte Bedrohung mehr, zumal sie selbst für das kulturelle Erbe der griechisch-römischen Vergangenheit immer offener wurde. Nur noch einmal sah es so aus, als hätten die Heiden doch recht, im Jahre 410, als Alarich Rom eroberte. Der Schock ging tief und ließ viele an der Kirche zweifeln. Für die Heiden war es eine zwiespältige Bestätigung, und in keinem Augenblick bestand Aussicht auf eine echte ›Revolution‹, die die Weltgeschichte zurückgedreht hätte. Aber es zeigte sich doch, wie eng auch bei den Christen die innere Bindung an den heidnischen römischen Staat noch war. Selbst der Kirchenvater *Hieronymus* fragte sich damals erschrocken: »Wenn Rom zugrunde geht, was ist dann noch sicher?« (*Brief* 123, 16). Für ihn war »in einer einzigen Stadt der ganze Erdkreis untergegangen« (*Zu Ezechiel* 1, Vorwort). *Augustin* (354–430) aber beschloß, mit solcher Anhänglichkeit an die Konkurrentin der Kirche endgültig Schluß zu machen. Das Ergebnis war sein Hauptwerk »Über den Gottesstaat« (*De civitate Dei*) in 22 Büchern, das zur großen Abrechnung mit dem römischen Staat, seiner Religion und seiner Geschichte wurde, aber auch das bisherige christliche Staatsdenken korrigierte. In der zusammenfassenden Revision seiner Schriften (*Retractationes* 69) und in einem *Brief* an seinen Schüler *Firmus* gibt Augustin selbst eine Gliederung der *Civitas Dei:* Der erste Teil in 2 × 5 Büchern ist eine Apologie gegen die Heiden. Die Bücher 1–5 gelten dem aktuellen Anlaß und richten sich gegen diejenigen, die das Wohl des Staates von der Vielgötterei abhängig machen und Katastrophen mit der Unterdrückung ihres Kultes erklären. Die Bücher 6–10 widerlegen die Anschauung, Götterverehrung sei lediglich für das Leben nach dem Tode nützlich, auf irdische Vorgänge habe sie keinen Einfluß. Der zweite Teil in 3 × 4 Büchern behandelt die Entstehung von Gottesstaat und Weltstaat, ihren historischen Verlauf oder vielmehr ihre Entwicklung und schließlich das ihnen gesetzte Ziel. Eine knappe Beschreibung des Gottesstaates und seines Verhältnisses zum Weltstaat gibt Augustin bereits am Ende des 1. Buches (1,35): Er ist zunächst ein Pilgerstaat auf der Erde, vermischt mit dem Weltstaat. Auf seiner Pilgerschaft hat er nicht die übliche Form eines Staates, sondern bildet eine Familie, deren königliches Oberhaupt Christus ist. Erst mit dem jüngsten Gericht wird die Trennung vom Weltstaat kommen. Dann wird sich auch entscheiden, wer seine Bürger sind. Denn seine Zusammensetzung in der Welt ist vorläufig. Es gibt selbst Mitglieder der Kirche, die ihm nicht endgültig angehören werden; der Gottesstaat ist also nicht einfach mit der Kirche gleichzusetzen. Andererseits hat er jetzt noch Feinde, die tatsächlich »prädestinierte Freunde« sind.

Das bisherige christliche Staatsdenken hatte immer auf dem Boden des römischen Reiches gestanden, zuletzt eines Imperium Romanum christianum. Es war damit dem heidnischen römischen Staatsdenken gefolgt, für das alles, was außerhalb Roms bestand, keinen eigenen Wert hatte. Augustin aber ging es nicht mehr nur um Romkritik, obwohl der apologetische erste Teil voll davon ist und er auch ausgiebig von der reichhaltigen älteren heidnischen und christlichen Kritik Gebrauch machte. Vielmehr sollte auf die materielle Zerstörung der ›Ewigen Stadt‹ durch die Barbaren – die von den Zeitgenossen allerdings übertrieben wurde – die geistige Zerstörung folgen. »Rom als Idee« mußte fallen, um Platz für eine neue Welt- und Heilsordnung zu machen. Eine Besserung der äußerlichen Verhältnisse Roms, d. h. der Römer blieb von diesem geistigen Kampf unberührt. Gegen eine derartige *regeneratio imperii* hatte Augustin nichts einzuwenden. Aber sie war nebensächlich, so wie Rom auch in den Büchern 11–22 nur noch eine Nebenrolle spielt. Für die universale Auseinandersetzung zwischen Gottes- und Weltstaat, die Augustin vor allem anhand des Alten Testaments von der Erschaffung der Welt bis zu Christi Geburt verfolgt, war römische Geschichte unerheblich. Bezeichnend ist auch, daß Rom in den Inhaltsangaben der *Retractationes* und des *Firmusbriefes* nicht erscheint. Mit der entschiedenen Abwendung von der ganzen römischen Geschichte trat Augustin aus der Antike heraus und half mit, das Staatsdenken des Mittelalters und eine neue Roma christiana vorzubereiten.

Teil II
Geschichte der politischen Ideen im Mittelalter

Von Dieter Mertens

Otto Herding (1911–2001)
zum Gedenken

13. »Mittelalter« – Heilsgeschichte – Politik

Der Gymnasialrektor *Christoph Cellarius* (1634–1707) hat sein Kompendium der alten Geschichte zweimal herausgebracht; das erste Mal (1675) führte er es bis Christi Geburt, das zweite Mal (1685) bis zu Konstantin. Zuerst folgte Cellarius der heilsgeschichtlichen Periodisierung der Weltgeschichte, die in der Patristik entwickelt und im »Mittelalter« maßgeblich wurde und unsere Zeitrechnung »nach Christi Geburt«, so wie sie Dionysius Exiguus um 525 errechnete, noch heute bestimmt. 1685 verwendete Cellarius jedoch die Periodeneinteilung der humanistisch verstandenen Bildungsgeschichte in Antike, Mittelalter und Neuzeit und projizierte sie – erstmals universalhistorisch verallgemeinert – auf die Staatengeschichte. Die von Konstantin bis zur Eroberung Konstantinopels reichende Zeit beschrieb Cellarius sodann (1688) als die »barbarischen Jahrhunderte« des *medium aevum.* Daran schloß er (1693) die Darstellung der *historia nova* an. Mit dieser nunmehr profanen Epocheneinteilung der Weltgeschichte hat Cellarius in der Geschichte der Geschichtsschreibung selber Epoche gemacht. Seine Trias hat sich durchgesetzt, wenngleich mit mehr Erfolg als Recht. Denn sie wird allein schon den drei Herrschafts- und Kulturbereichen, welche die antike Mittelmeerwelt ablösten, also dem griechisch-byzantinischen, dem islamisch-arabischen und dem lateinisch-fränkischen, nicht gerecht. Sie gilt nur für den letzten; der erste kennt nicht die »neue« und der zweite nicht die »antike« Epoche, so daß die »mittlere« auch nicht ihr Mittel-Alter ist. Der Begriff des Mittelalters erfüllt darum nicht das Erfordernis, klar und deutlich zu sein, sondern bezeichnet nur vage ein ganz grob gerechnetes und mit je verschiedenen Grenzen und Gründen zu umfassendes Jahrtausend in der Geschichte der Nachfolger des Römerreiches.

In diesem profanhistorisch bestimmten Mittelalter hat jede der drei Nachfolgekulturen *ihrerseits* in sakralen Ären die Jahre der Heilsgeschichte im Hinblick auf ihr Ende gezählt: Byzanz die Jahre des Bestehens der Welt und der Regierung des jeweiligen Kaisers, der Weltherrschaft Gottes also und seines Stellvertreters; der Westen die Dauer des neuen Bundes als der mittleren Zeit zwischen der Menschwerdung und der Wiederkunft Christi; der Islam die Jahre des Bestehens der religiös-politischen Gemeinschaft der Muslime, die mit der Emigration (hedschra) des Propheten nach Medina begann. Die heilsgeschichtliche Deutung bestimmt hier wie dort die geschichtliche Existenz und ist darum der verbindliche Rahmen des politischen Tuns und Denkens. So ist Politik als Praxis und als Theorie »letzten Endes« auf die Religion bezogen. Die Religion stellt der Politik ihre vornehmsten heilsgeschichtlichen Aufgaben: den Schutz und die Ausbreitung des wahren Glaubens. Politische

Gemeinschaften formieren sich darum zugleich als Glaubensgemeinschaften, die Andersgläubige bei sich allenfalls dulden, sie aber nicht herrschen lassen können. Und umgekehrt folgt die Politik dem weltweiten Missionsauftrag der monotheistischen Religion (vgl. Matth. 28,19f.; Koran 34,27) durch die Idee monarchischer Weltherrschaft als Anspruch oder als Fiktion. Aus diesen theologischen Prämissen der Politik wurden jedoch im byzantinischen, islamischen und lateinischen Kulturbereich nicht dieselben Folgerungen abgeleitet.*

14. Byzanz

Für die byzantinische Zuordnung von Religion und Politik blieb das römisch-hellenistische Erbe eine bestimmende Grundlage. Denn das byzantinische Reich setzt das römische staatsrechtlich wie ideologisch und darum auch – als Reich der Rhomäer (griech., = Römer) – mit seinem Namen fort.

Der römische Kaiser der Antike hatte nicht nur über den gesamten öffentlichen Bereich – über den zivilen und militärischen so gut wie den kultischen – verfügt, sondern war zuletzt auch selbst ein Gegenstand des öffentlichen Kultes geworden. Den Sakralbereich hatte er in seiner Eigenschaft als oberster Priester (*pontifex maximus*) regiert. Mit Konstantin gelangte diese Aufgabe an die christlichen Kaiser. Seit Theodosius I. das Christentum zur alleinigen Staatsreligion erhob (378), führten sie den Titel eines heidnischen Oberpriesters nicht mehr (379), doch verwalteten sie nach dem Vorbild Konstantins die neue Reichskirche: sie beriefen und leiteten kirchliche Versammlungen und verliehen deren Beschlüssen Gesetzeskraft, trafen kirchliche Verordnungen und beeinflußten die Besetzung der Bischofs- und Patriarchenstühle. Das Gottkaisertum, das eben noch ein Skandalon gewesen war, erfuhr erstaunlich leicht die christlich entschärfende Umdeutung in ein stark überhöhtes Gottesgnadentum des

* Im Text werden Abkürzungen für folgende Quellenausgaben verwendet: CJCan = Corpus Juris Canonici, 2 Bde. (Bd. 1: Decretum Magistri Gratiani, Bd. 2: Decretalium collectiones) ed. E. Friedberg, Leipzig 1879, Repr. Graz 1959. – CJCiv = Corpus Juris Civilis, Editio stereotypa 3 Bde. (Bd. 1: Institutiones, ed. P. Krüger, Digesta, edd. Th. Mommsen-P. Krüger; Bd. 2: Codex Iustinianus, ed. P. Krüger; Bd. 3: Novellae, edd. R. Schoell-W. Kroll), Berlin 1970-1973. – MGH Conc., Epp., Ldl = Monumenta Germaniae Historica, Concilia, Epistolae, Libelli de lite. – MPG = Migne, Patrologiae cursus completus, Series Graeca. – MPL = Migne, Patrologiae cursus completus, Series Latina. – Rahner = H. Rahner, Kirche und Staat im frühen Christentum. München 1961.

Kaisers, welcher nun in Nachahmung der Herrschaft des einen Gottes und seines Logos Christus über den Kosmos als Gottes Freund und Günstling über die Erde waltet, als Verkünder seines Willens (Hypophet) das Menschengeschlecht zur Erkenntnis des Logos führt und über die Gesetze der wahren Frömmigkeit belehrt und es so errettet.

Das geschichtliche Sendungsbewußtsein des vorchristlichen Rom, das sein Imperium als eine göttlich gewollte und dauernd währende Erfüllung der Geschichte verstanden hatte, konnte vom christlich gewordenen römischen Reich ebenfalls – trotz gegenteiliger Deutungen im lateinischen Westen – ohne Schwierigkeiten aufgenommen werden. Nunmehr »eine einzige Stätte des wahren Gottesdienstes«, galt das neue, christliche Rom als die Erfüllung von Gottes Heilsplan mit der Welt in dieser Welt – eine vorweggenommene und zur Ruhe gebrachte Eschatologie, die mittels der spätantiken Reichs- und Kaiseridee zur politischen Ideologie des Gegenwärtigen umgedeutet ist. *Eusebios von Kaisareia* (ca. 260–ca. 340), der theologische Berater und spätere Biograph Konstantins, hat sie am breitesten – und zwar in seiner Rede zum dreißigjährigen Regierungsjubiläum Konstantins (335) – als politische Theologie entfaltet und das politische Denken in Byzanz damit bis zuletzt nachhaltig prägen können. Denn Byzanz hat die historische Entwicklung des 4. Jahrhunderts als zeitlose Norm akzeptiert.

Der so reibungslos erscheinende Übergang vom römischen zum byzantinischen politischen Denken ist durch die Anerkennung eines allerdings unrömischen Prinzips ermöglicht worden: die funktionale Trennung von Imperium und Sacerdotium, von Herrscheramt und Priesteramt. Der christliche Kaiser steht zwar allein und kaum bestritten an der Spitze der vertikalen (hierarchischen) Ordnung, um auf Erden Gottes Macht und die Ordnung des Kosmos zu repräsentieren; aber bei aller daraus hergeleiteten Heiligkeit fungiert er deshalb nicht etwa als christlicher Priester. So hat *Justinian I.* (527–565) in seiner 6. Gesetzesnovelle (von 535) die kirchlichen Dogmen und die Stellung der Bischöfe wohl als Gegenstand seiner hingebendsten kaiserlichen Sorge bezeichnet, aber er hat ebenso die göttliche Herkunft nicht allein des Kaisertums, sondern auch des Bischofsamtes betont (Rahner S. 298f.).

Noch prononcierter drückte es Kaiser *Johannes Tzimiskes* (969–976) aus: »In diesem Leben und auf dieser Erde kenne ich zwei Ämter: das Priestertum (*hierosyne*) und das Kaisertum (*basileia*). Dem einen hat der Schöpfer der Welt die Sorge um die Seelen, dem anderen die Herrschaft über die Leiber anvertraut, damit keiner dieser Teile (d. h. Leib und Seele) Schaden leide, sondern heil und unversehrt erhalten bleibe« (Leon Diakonos, MPG 107, Sp. 805). In Byzanz wurde aus der Unterscheidung der Ämter freilich nicht wie im Westen eine Zwei-Gewalten-Lehre abgeleitet, welche die Institutionen »Kirche« und »Staat« als zwei »vollkommene« Gemeinschaften einander gegenüberstellt; Priestertum und Kaisertum wurden vielmehr im Sinn von 1. Kor. 12 als verschiedene Gaben des einen Geistes (*pneuma*) begriffen, als komplementäre Autoritäten und Erscheinungsweisen derselben Christenheit, die darum unweigerlich zur Zusammenarbeit verpflichtet sind, zu dem von Justinian geforderten »guten Zusammenklang« (*symphonia agathe/consonantia bona*). Daß im Einklang dieser »Symphonie« der Kaiser den Ton angibt, versteht sich nicht nur aus dem historischen Faktum der vom Kaiser (Konstantin) bewirkten Wende, sondern ebenfalls aus dem umfassenderen Pneuma des Kaisers, durch das sein Kirchenregiment auch theologisch legitimiert ist. Unterscheidung und »Zusammenklang« der Gaben entsprechen den geheimen Plänen der göttlichen *oikonomia* (Zweckmäßigkeit); die im Kaisertum kulminierende Repräsentanz der Macht Gottes entspricht der universellen Ordnung.

Ordnung (*taxis*) und Zweckmäßigkeit (*oikonomia*) sind Grundkategorien des byzantinischen politischen Denkens; weit über ihren Ursprung hinaus – der erste entstammt dem römischen Militärwesen, der zweite der christlichen Ethik – erhalten beide Begriffe universelle Bedeutung. So soll sich alle irdische Ordnung an dem Urbild vollkommener Ordnung, der himmlischen, orientieren und sie nachahmen: in Gestalt des symbolbeladenen liturgieähnlichen Hofzeremoniells, das als »kaiserliche Ordnung« im 10. Jh. wohl von dem Kaiser *Konstantin VII. Porphyrogennetos* selbst (913–959) ausführlich beschrieben wurde; ferner in Gestalt der festen Rangordnungen überhaupt – Gleichheit macht Ordnung und *symphonia* unmöglich –, die in allen Bereichen, nicht nur des Militärs, auch der Verwaltung, der Kirche, der sozialen Gruppen, galten und in entsprechenden »Ordnungen« (*taktikä*) aufgezeichnet wurden. »Ordnung« bezeichnet das statische Prinzip, »Zweckmäßigkeit« das dynamische – ein Mittel, um die unvollkommene irdische Ordnung in bestmöglicher Weise zu vervollkommnen. Wie die göttliche *oikonomia* durch Menschwerdung und Erlösung die gestörte Ordnung wiederherstellt und die juristische *oikonomia* Widersprüche der Rechtsordnung mit der Wirklichkeit ausgleicht, so realisieren dieses Prinzip in der Politik alle Maßnahmen, die aufkommende Unordnung auf bestmögliche, d. h. zweckmäßigste Weise beseitigen: sei es, daß der Kaiser unwirksame Gesetze abrogiert oder die Institutionen flexibel fortentwickelt, sei es, daß ein Kaiser, der doch ein Verwalter des Reiches sein sollte, als eigennützig kritisiert oder – wie übrigens sehr oft – mittels einer Revolte durch einen anderen ersetzt wird. Der prinzipiellen Unwandelbarkeit der Ordnung entsprechen die Stabilität der Kaiseridee und die Kontinuität ihrer Darstellung und Verherrlichung im Zeremoniell und den Schriften der Rhetoren. Der Flexibilität des *oikonomia*-Prinzips entspricht die Labilität des Verfassungsrechts.

Die politische Theologie des byzantinischen Reiches war keiner ernsthaften Konkurrenz alternativer politischer Theorien ausgesetzt trotz der offenbaren Tatsache, daß sie sich mit der Realität schließlich immer weniger deckte. Denn die Vermittlung zwischen Anspruch und Wirklichkeit konnte nicht durch die Preisgabe der »Ordnung«, sondern nur durch die Strapazierung des *oikonomia*-Prinzips vollzogen werden – oder sie mußte unterbleiben. In den Sekten und in kräftigen Strömungen der Volks- und Mönchsfrömmigkeit lebten Anschauungen, die mit der offiziellen Ideologie nicht vereinbar waren. Es hat auch von philosophischer, kirchlicher und juristischer Seite Ansätze gegeben, die Kaisertheologie entweder überhaupt in Zweifel zu ziehen oder wenigstens die aus dem umfassenden Pneuma des Kaisers abgeleiteten Rechte gegenüber der Kirche und dem Staat auf andere Weise zu begründen.

Theodoros Metochites (1270–1332), als erster Minister des Kaisers Andronikos II. (1282–1338) einer der ranghöchsten Vertreter der offiziellen Ideologie, sieht sich in seinen philosophischen Essays hingegen als Steuermann des kenternden Reichsschiffes und bekennt den pessimistischen Glauben an ein blindwaltendes Geschick, das dem Reich ein unheilvolles Ende bereiten werde. Kurz vor dem tatsächlichen Ende, als der Kaiser der Rhomäer schon ein türkischer Vasall war, gab der gelehrte Staatstheoretiker *Georgios Gemistos Plethon* (ca. 1360–1452), Propagator der platonischen Philosophie auch in Florenz, alle Grundlagen der gültigen politischen Ideologie preis zugunsten eines letzten, radikalen Rettungsversuchs. Er wollte den noch kräftigsten byzantinischen Teilstaat, Morea auf der Peloponnes, in dessen Hauptstadt Mistra unweit des antiken Sparta er lehrte, zu einem Staat nach platonischem Vorbild und zum Ausgangspunkt für eine Wiedergeburt des Reiches durch das Hellenentum machen: anstatt auf Monotheismus und Christentum auf altgriechischem Götter- und Schicksalsglauben sowie neuplatonischen Normen basierend und geordnet nach dem Vorbild des alten Sparta, wie es Plutarchs »Lykurgos« schildert. Dieser Entwurf Plethons war als ganzer nur wenigen Eingeweihten bekannt, und der erste Patriarch unter türkischer Herrschaft, Gennadios II. (1454–1456), ließ die Schrift verbrennen. Denn er sah im plethonischen Heidentum eine der Ursachen des Untergangs, den Abfall von der gottgewollten Ordnung – wogegen Plethons Forderung nach einer neuen Staatsgesinnung die durch die Feudalisierung des Reiches verlorene, aber für den Überlebenskampf notwendige Flexibilität zurückgewinnen wollte.

Die *Kirche* hat sich mit dem Kirchenregiment des Kaisers mehr praktisch als theoretisch auseinandergesetzt. Die totale Kirchenherrschaft Kaiser Leons III. (717–741), der seine Ablehnung der Bilderverehrung gewaltsam durchsetzte, oder der außerordentliche politische Einfluß des Patriarchen Michael Kerrularios (1043–1058), der dem Kaiser seine antilateinische Politik aufzwang, sind ohne institutionelle oder theoretisch-

systematische Konsequenzen geblieben. Auch als eine Synode im späten 14. Jh., frühere Ansätze z. B. aus der Kanonistik aufnehmend, die Rechte des Kaisers in der Kirche (zu denen inzwischen sein Schutz vor Exkommunikation zählte) anstatt aus seinem originären göttlichen Recht aus alten, von der Kirche gewährten Vorrechten ableitete, tat sie dies nicht, um das Problem der »Freiheit der Kirche« grundsätzlich zu entscheiden, sondern um bestimmte Eingriffe des Kaisers abzuwehren. Die Überzeugung von der prinzipiellen und unlöslichen Einheit des *imperium* mit dem *sacerdotium* blieb verbindlich. Darum war es für den Patriarchen *Antonios IV.* (1389–1397) undenkbar, daß der Moskauer Großfürst Vassilij I. seinen Bischöfen die liturgische Fürbitte für den Kaiser untersagte und damit nur noch die eine Kirche, aber nicht auch den einen Kaiser anerkennen wollte (der dem Türken-Sultan schon Tribut zahlen mußte). Auf die kirchliche und politische Einheit der Ökumene, das Einheitsprinzip des Eusebios, sollte der Großfürst weiterhin verpflichtet werden.
Die Vorstellungen, die von *juristischer* Seite entwickelt wurden, befaßten sich mit der Schwäche des Verfassungsrechts, ohne daß sie dabei seine Kehrseite, die theologische Verankerung der Kaiseridee, ausdrücklich in Frage stellten. Diese ließ ja viele Probleme offen, da sie nichts darüber aussagte, wie der »von Gott erwählte Kaiser« von den Menschen zu finden und wie dem Mißbrauch seiner Herrschaft zu begegnen sei. Über die Thronbesetzung entschieden entsprechend den Machtverhältnissen weniger der wählende Senat als vielmehr der designierende Kaiser oder das proklamierende Heer. Gegen Willkürherrschaft bot der oft geübte Staatsstreich ein praktisches Gegengewicht; ein theoretisches Gegengewicht enthielten die kaiserlichen Gesetzbücher andeutungsweise selbst, indem sie dem – von den Rhetoren favorisierten – Prinzip, der Kaiser sei an die Gesetze nicht gebunden (*princeps legibus solutus est,* Digesten I, 3, 21), das die Juristen interessierende Prinzip der Bindung an das Gesetz (Institutiones II, 17, 8; Codex I, 14, 4) zur Seite stellten. An das letztere konnten weiterreichende Gedanken vom Vorrang des Rechts und des Gemeinwesens anknüpfen, wie sie die Gesetzesdefinition der *Epanagogē* (nach 879), der »Einleitung« zu einer Neukodifikation des römischen Rechts, enthält: Demosthenes (384–322) zitierend, versteht sie das Gesetz als Gemeinschaftsvertrag (*syntheke*) der Bürger. Erheblich weiter geht um 1300 der Gelehrte *Manuel Moschopulos* in einem Traktat über den dem Kaiser zu leistenden Treueid. Manuel knüpft an Platons Darlegungen über die Entstehung der Polis an (Politeia 369 b) und baut den gesamten Staat von »unten« her auf dem Zusammenschluß der Menschen zum Gemeinwesen auf; im Kaiser sieht er den bestellten Schiedsrichter, dem alle ihre Loyalität schwören – nicht um die geheiligte Person des Kaisers zu schützen, sondern um das Gemeinwesen zu erhalten. Der Gegensatz zur hierarchischen Vorstellung vom Stellvertreter Gottes, der niemandes

außer Gottes bedarf, könnte nicht größer sein; ihn aber theoretisch und politisch auszufechten, erlaubten die ideengeschichtlichen und politischen Bedingungen nicht.
Folgenreicher als die latenten Gegen- oder Nebenströmungen war das Beharrungsvermögen der offiziellen politischen Theologie, die sogar die historische Existenz des Reiches überdauert hat. Dabei erzwang das Insistieren auf dem universalen Anspruch angesichts des zwischenzeitlichen und schließlich unwiederbringlichen Verlustes der realen Macht eine zunehmende Betonung des Ideellen. Zunächst mußte ein fingiertes politisches Adoptionssystem die Mängel ökumenischer Herrschaft durch die Herstellung eines ideellen Vorrangs ausgleichen. Das schon früh (5.–7. Jh.) ausgebildete und bis zuletzt gehandhabte Hilfsmittel war die Konstruktion einer *Familie der Könige,* welcher der byzantinische Kaiser als »Vater« in väterlicher Gewalt vorsteht. Er stufte alle übrigen Herrscher, meist ungefragt, als Brüder, Söhne oder Freunde ein, faßte deren Geschenke als Anerkennung und die seinigen als Hulderweise auf, um stets die Idee der Universalität seiner Herrschaft zu wahren. Im Zeremonienbuch des Kaisers Konstantin Porphyrogennetos ist der Aufbau der »Familie der Könige« systematisch voll entwickelt. Diese Konstruktion hat auch den Rahmen für die gewundene und später ignorierte Anerkennung des fränkischen Kaisertums geboten.
Zudem stützte sich der byzantinische Anspruch in wachsendem Maß auf die Überzeugung von der Überlegenheit der *griechischen* Kultur. Das Reich der Rhomäer entfernte sich – trotz seinem programmatischen Namen – immer weiter von den römisch-antiken Kulturtraditionen: Als das Reich mit seiner ohnehin griechischen, alle Potenzen an sich ziehenden Hauptstadt auf nahezu nur griechisch sprechende Gebiete beschränkt war, wurde das nationale Element kulturell allein bestimmend. Der entschiedene Rückgriff auf das griechisch-antike Erbe, das den Gebildeten – in Byzanz waren es immer auch Laien – dieses ›römischen Reiches griechischer Nation‹ nur ihnen eignende Traditionen erschloß, sicherte ihnen im Bewußtsein stets und in der Tat bis zum 12. Jh. die kulturelle Führung, freilich um den Preis der Selbstgenügsamkeit und weithin auch der Bindung an die Orthodoxie. Durch Hellenentum und Orthodoxie hob sich Byzanz über die barbarischen und häretischen oder ungläubigen Völker, vornehmlich die lateinischen und islamischen.
Die orthodoxe Kirche war denn auch die stärkste Stütze der politischen Ideologie des Kaisertums, blieb nur der Kaiser selber orthodox (was im Streit um die Bilderverehrung im 8. und 9. Jh. und im Zeitalter der Unionsverhandlungen mit dem Westen vom 13. bis 15. Jh. nicht immer selbstverständlich war). Die Kirche bürgte für die religiöse Begründung der Ideologie und borgte ihr schließlich ihren großen Einfluß auf die Reichsbevölkerung und die missionierten Völker. Der schon angeführte

Brief des Patriarchen Antonios an den Moskauer Großfürsten von ca. 1393 zeigt, wie die einst von den Kaisern des 4. Jhs. zu ökumenischer Geltung erhobene Kirche nun ihrerseits den ökumenischen Anspruch der schwindenden Kaisermacht vertrat, wie sie von einer Schuldnerin zur Gläubigerin geworden war. Die bloße ›liturgische Universalität‹ des Kaisers, deren Anerkennung Antonios forderte, genügte dem Hofprediger *Joseph Bryennios* (ca. 1350 – ca. 1431) noch zuletzt als klarer Beweis, daß die Identität des Rhomäer-Reichs und der orthodoxen Kirche mit der Ökumene von Gott gewollt sei.

Wesentlich mit dem Argument der Orthodoxie konnten die Moskauer Großfürsten 50 Jahre nach dem Untergang des Reiches dessen ideologisches Erbe reklamieren. Die Kirche habe weder im alten, ersten Rom noch im neuen, zweiten Rom (Konstantinopel) eine bleibende Stätte gefunden, da beide vom rechten Glauben abgewichen und darum gefallen seien, und sie sei deshalb zum dritten Rom geflohen, d. h. zur ›heiligen Stadt Moskau‹ und dem ›neuen großen Rußland‹; zwei Rom-Reiche seien gefallen, doch das dritte stehe und ein viertes werde es nicht geben. Mit diesen rudimentären Gedanken brachte der Mönch *Filofej von Pskov* (Philoteus von Pleskau, gest. 1547) nach 1510 in verschiedenen Schreiben, die er u. a. an die Großfürsten richtete, die sich nun Zaren nannten, das an die ausgefeilte byzantinische Ideologie anknüpfende Sendungsbewußtsein des Moskauer Staates auf griffige Formeln.

Im Hinblick auf die divergierenden Unterströmungen in Byzanz und auf die andersartige Entwicklung des politischen Denkens im Westen bleibt das Festhalten an der Grundkonzeption der Kaiser- und Reichsidee, und sei es auch nur in Protokoll und Zeremoniell, in Liturgie und kulturellem Selbstverständnis, das Hauptcharakteristikum des byzantinischen politischen Denkens. Dieses Beharren bedeutet zugleich das Fehlen offen und grundsätzlich geführter Auseinandersetzungen über politische Theorien, wie sie das lateinische Mittelalter reichlich kannte und an die Neuzeit weitergab. Die wichtigsten Gründe für diesen Unterschied zwischen Byzanz und dem Westen sind folgende: a) die Funktion des antiken Erbes – es bedeutete für Byzanz einen selbstverständlichen, teils gegenwärtigen oder vergegenwärtigten, teils abgeschichteten Teil der eigenen Geschichte; für den Westen hingegen eine in selektiven Rezeptionen bewältigte Herausforderung; b) die Stellung des Kaisers – er verkörperte stets, auch schon bevor er das Christentum zur einzig erlaubten Religion erhob, die Einheit des Reiches; im Westen war das römische Kaisertum untergegangen, so daß die lateinische Kirche zeitweilig allein zentrale Funktionen ausübte und dem neuen westlichen Kaisertum als älteres und selbständiges Einheitsprinzip gegenübertreten konnte; c) die Kaisertheologie – durch die Stützung des unifizierenden, jeden tiefgreifenden Dualismus in einer christlichen Welt theoretisch ausschließenden Monismus beraubte sich die östliche Kirche selbst der Möglichkeit, als konkurrierendes Einheitsprinzip zu fungieren, wogegen die westliche Kirche der Kaiseridee eine papalistische, das Kaisertum umgreifende Ekklesiologie gegenüberstellte; d) die Kirchenstruktur – die Ostkirche hat, bei aller rechtlichen und moralischen Autorität des Patriarchen von Konstantinopel, stets einen synodalen und pluralistischen Charakter besessen und weder in der Praxis noch in der Theorie eine der westlichen Papstkirche oder dem östlichen Kaisertum vergleichbare zentralistische Struktur ausbilden können; e) Mönchtum und Wissenschaft – das Mönchtum des Ostens wie des Westens intendiert den gelebten Widerspruch gegen die Weltbemächtigung der Kirche und artikuliert ihn in seinem monastischen Schrifttum; aber es besitzt im Osten, der die Institution zentral organisierter Orden nicht kennt, viel mehr die Züge einer charismatischen Bewegung; als solche nimmt es im Gegensatz zu den Wissenschaftsorden des Westens an der methodisch reflektierten Bewältigung des säkularen Erbes der Antike nicht teil, sondern wehrt sich in tiefem Mißtrauen gegenüber der westlichen Scholastik gegen deren Rezeption – wie z. B. gegen die griechischen Thomas-Übersetzungen des Demetrios Kydones (ca. 1324 – ca. 1398) und seiner Schüler; f) die äußere Bedrohung – während der Westen, von äußeren Bedrohungen seiner Existenz seit dem 10. Jh. verschont, sich politisch und geistig vielgestaltig entfalten konnte, wurde Byzanz von allen Wanderungs- und Expansionsbewegungen – den germanischen, slawischen, persischen, lateinischen (d. h. den Kreuzzügen), türkischen – kontinuierlich betroffen und darum zu dauernder politisch-militärischer Selbstbehauptung und ideologischer Selbstvergewisserung gezwungen; der fortschreitende Verlust von Reichsgebieten und kulturell bedeutsamen Metropolen verhinderte die Ausbildung einer größeren Vielfalt.

15. Islam

In dem einen Jahrhundert zwischen Mohammeds Tod (632) und den Schlachten bei Poitiers (732) und am Thalās (751; in der heutigen Tadschikischen Sowjetrepublik) dehnten die Anhänger des Propheten das islamische Herrschaftsgebiet nach Westen bis zur maghrebinischen und iberischen Atlantikküste und nach Osten bis zu den Flüssen Jaxartes (Syr-Darja) und Indus aus, so daß es in den Pyrenäen an das fränkische Reich und im Pamir an die chinesische Einflußzone stieß. Diese rasche und gewaltige Expansion beendete (711) die Existenz des christlich-arianischen

Westgoten- und (651) des zoroastrischen Sassanidenreiches und beraubte dazwischen Byzanz zweier Drittel seines Imperiums: der kultur- und bevölkerungsreichen Provinzen Palästina, Syrien und Ägypten samt allen afrikanischen Gebieten. Der Islam wurde damit kraft Eroberung der dritte Teilhaber an der Nachfolge der christianisierten hellenistisch-römischen Antike – neben Byzanz und dem lateinischen Westen als deren unmittelbaren und mittelbaren Erben. Wohl verbinden Mohammeds Anknüpfung an den jüdisch-christlichen Monotheismus und an alttestamentliche Überlieferungen sowie die Aneignung kultureller Leistungen und Traditionen der unterworfenen Gebiete den Islam im Ursprung und in der Fortentwicklung mit wesentlichen Elementen der antik geprägten Mittelmeerwelt, doch anders als die lateinisch- und griechisch-christlichen Erben des christianisierten Römerreiches verdankt der Islam seine Eigenständigkeit und die Antriebe zur Schaffung neuer politischer Ordnungen allein sich selbst, d. h. der neuen Religion in arabischer Sprache.
Religiöses, nicht politisches Denken steht am Anfang des Islam: die von Mohammed seit ca. 610 bei Mekka erfahrenen und mit unerschütterlichem Prophetenbewußtsein verkündeten Offenbarungen von dem einen Gott als dem unendlich erhabenen Schöpfer, Wohltäter und Richter der Menschen und seiner Forderung nach ›unbedingter Ergebung‹ (= *islām*). Auch als sich Mohammed 622 aus seinem Stammesverband in Mekka löste (*hedschra*), um mit seinen Anhängern nach der Oase Jathrib, der künftigen »Stadt (= *Medina*) des Propheten«, umzusiedeln und dort als religiöser und politischer Führer die Herrschaft zu übernehmen, machte er das religiöse Prinzip zum leitenden: Die Glaubensgemeinschaft, nicht die Stammes- oder Siedlungsgemeinschaft, konstituierte die Gemeinde (*umma*) von Medina. Ihre Organisation und rechtliche Ordnung, ihre Selbstbehauptung und Expansion erwiesen Mohammed tatsächlich als bedeutenden politischen Führer, aber die Gemeinde »der Gott sich völlig Ergebenden« (*Muslime*) verstand den Propheten gemäß seinem Selbstverständnis als den Boten Allāhs, der selber die umma ordnet und leitet vermittels seiner an den Propheten weiterhin ergehenden Offenbarungen, nunmehr in zunehmendem Maß ritueller und rechtlicher Bestimmungen anstatt kerygmatischer Botschaften. In dem Jahrzehnt von der Hedschra bis zum Tod Mohammeds wurde die islamische Zuordnung von Religion und Politik festgelegt, um als Ideal von kanonischer Gültigkeit fortan festgehalten zu werden. Sie besteht in der Einheit, ja Identität beider. Christlichem, namentlich abendländischem Denken ist solche Identität fremd, da sie die für das westliche Denken grundlegende Unterscheidung von geistlicher und weltlicher Ordnung, kirchlichem und weltlichem Recht, Kirche und Staat nicht kennt. Es gibt im Islam wohl einen Klerus, jedoch keine organisierte Kirche und mithin auch keinen von ihr abgehoben zu denkenden »Staat« (für den auch keine angemes-

durch das Vorbild Davids (Sure 38,25) gestützt ist. Der Kalif soll Verteidiger des Glaubens, Wahrer der Gerechtigkeit, Leiter der Gebete (*imām*) und Führer im Krieg zugleich sein.

Doch unter der Dynastie der Abbasiden (750–1258) verselbständigten sich, angefangen mit Spanien (756), mehrere Regionen unter eigenen Machthabern und sogar Kalifen, ebenso Generäle (Emire) und Zivilbeamte (Wesire) der abbasidischen Kalifen, so daß geistliche und weltliche Macht faktisch auseinandertraten. Es war die Aufgabe der scharī'a-Gelehrten, diese Situation mit dem Anspruch der Überlieferung in Einklang zu bringen. Dabei mußten sie zu der zentralen Frage Stellung nehmen, wie der Kalif zu bestimmen sei: ob allgemeiner Konsens jeden geeigneten Muslim erheben könne (der Konsens legitimierte schon die vorislamischen Araberhäuptlinge), ob Verwandtschaft mit dem Propheten (die direkte über Mohammeds Tochter Fātima oder die indirekte über die männliche Seitenverwandtschaft aus dem Stamme Kuraisch) nötig und ob Designation statthaft sei.

Der Rechtsgelehrte *al-Māwardī* (974–1058), der zugunsten der ohnmächtigen Abbasiden-Kalife schrieb, vertrat weitgehend die an der ältesten Tradition orientierte Auffassung. Er hielt an der koranischen Begründung des Kalifen- (= Imām-)Amtes fest, an seiner Einheit und Einzigkeit. Da es nur *einen* Gott gebe, dürfe es auch nur *einen* Stellvertreter seines Propheten geben (vgl. Sure 21,22). Damit und mit der Forderung kuraischitischer Abstammung erklärte er die gleichzeitigen Fatimiden- und Umajjaden-Kalifen für illegitim, wogegen andere Gelehrte das historische Faktum der Spaltung wenn nicht rechtfertigten, so doch unter der Bedingung zuließen, daß die Kalifen geographisch weit genug voneinander entfernt wären.

Auch bei der Definition der Herrschaftsaufgaben ist al-Māwardī nicht bereit, die faktisch eingetretene Entwicklung zu rechtfertigen. Sein Katalog der wichtigsten Pflichten des Kalifen erneuerte das umfassende theokratische Ideal, das die geistlichen, richterlichen, administrativen, finanziellen und militärischen Aufgaben in der Hand des Kalifen vereinigt: Er muß den Glauben der Urgemeinde vor häretischer Verfälschung bewahren; Gerechtigkeit üben und Rechtsbrecher nach dem islamischen Gesetz bestrafen; Leben und Eigentum der Muslime erhalten; das Herrschaftsgebiet des Islam schützen und ausdehnen; Steuern gemäß den koranischen Vorschriften erheben und die gesamte Verwaltung und Staatstätigkeit persönlich überwachen. Rechtssetzung und Gesetzgebung zählen bezeichnenderweise nicht zu den Aufgaben des Kalifen. Denn Recht und Gesetz sind der (sunnitischen) Theorie zufolge ein für allemal geoffenbart und abgeschlossen, so daß es allein noch das Finden und Anwenden im Rahmen der scharī'a geben kann (was oftmals nur durch Rückprojektionen und nachträgliche Erfindungen möglich war). Damit tritt an die Stelle

des Gesetzgebers der rechtskundige und von Rechtsgelehrten beratene Kalif, wie ihn die aus dem Persischen in den Islam übertragene Literatur der Fürstenspiegel beschreibt.
In den Fragen der Sukzession des Kalifats und der Ausformung des Verwaltungsapparates ist al-Māwardī eher bereit, den Tatsachen Rechnung zu tragen. Er hält am Prinzip der Wahl seitens moralisch und intellektuell qualifizierter Wähler fest (ohne deren Kreis eindeutig zu bestimmen), löst dieses Prinzip jedoch durch den Rekurs auf Nachfolgeregelungen aus der vorbildlichen Frühzeit und mittels der Vertragstheorie wieder auf, so daß er schließlich die der persischen Tradition entsprechende Übung dynastischer Sukzession (ohne eine Festlegung auf die Primogenitur), welche die Abbasiden durch fünf Jahrhunderte praktizierten, rechtfertigen kann. Designation sei möglich, denn die zwei ersten der »rechtgeleiteten Kalifen« hätten ihre Nachfolger bestimmt – freilich gleichsam als die am höchsten qualifizierten Wähler –, und die formale Zustimmung der übrigen werde ersetzt durch den Vertrag des neuen Kalifen mit der Gemeinde, d. h. durch seine Bindung an die Kalifenpflichten und durch die in einem Gehorsamsversprechen erteilte Zustimmung der (irrtumsfreien, wenn einigen) Gesamtgemeinde.
Der Verselbständigung der Machtausübung, ihrer Entfernung von den heiligen Gesetzen der scharī'a, mußte al-Māwardī bei der Behandlung der Rechtspflege am meisten entgegenkommen. Konnte die Machtfülle der Wesire und der Provinzstatthalter (Sultane), selbst wenn sie eine usurpierte war, theoretisch immerhin als Delegation gedeutet werden, wodurch die Einheit von Religion und Macht im Kalifat behauptet werden konnte, so trat ihr Zweispalt in der Entwicklung des Gerichtswesens allzu deutlich zutage. Der quādi, der gemäß der scharī'a richtet, wurde nämlich mehr und mehr von den Gerichten der Exekutivorgane verdrängt, die es in der Frühzeit nicht gegeben hatte und die an die heiligen Gesetze weniger gebunden waren. Al-Māwardī konnte nicht umhin, ihnen trotz ihrer Unvereinbarkeit mit der Überlieferung, was fromme Muslime vor der Übernahme eines Richteramtes zurückschrecken ließ, den Vorrang im Gerichtswesen einzuräumen.
Spätere Juristen und Theologen rückten das Verhältnis der Inhaber der effektiven Macht zum Kalifat in den Mittelpunkt. Dabei verschob sich das Interesse vom Ideal des Kalifats auf die Frage nach dem Zustand des Gemeinwesens, der »guten Ordnung der Religion«. *Al-Ghazālī* (1058–1111), der größte Theologe des Islam, der mehrere Schriften zugunsten eines noch sehr jungen Kalifen verfaßte, verlangte die schon von al-Māwardī geforderten Qualifikationen des Kalifen nun auch von den »ausführenden Organen«, den wirklichen Machthabern. Dementsprechend verpflichtete er die Muslime nunmehr ausdrücklich auf den Gehorsam gegenüber den Sultanen. Diese setzten die Ordnung durch; warum

sollten sie dann nicht auch das Recht haben, ihrerseits den Kalifen zu designieren? Al-Ghazālī bejahte diese Frage, wurde indes von *Ibn Jamā'a* (1241–1333) noch überboten. Ibn Jamī'a rechtfertigte sogar die gewaltsame Besetzung des Kalifenthrones, auch dann, wenn ein Sultan sich auf solche Weise selber zum Kalifen macht. Einen Vertrag mit der Gemeinde braucht er nicht mehr einzugehen; denn die Gemeinde schuldet ihm absoluten Gehorsam von der Amtsübernahme an. Die Aufrechterhaltung der Ordnung – d. h. auch der Einheit des Islam –, selbst durch ein tyrannisches Sultanat, verdiene immer noch den Vorzug vor der Anarchie. Die Einheit des Islam erhält also unbedingten Vorrang vor der Legitimität seiner Führung. *Ibn Taimījja* (1263–1328) befaßte sich dann schon gar nicht mehr mit dem Kalifat. Ihm kam es darauf an, daß das Leben der Gemeinde mit der scharī'a in Einklang steht. Deswegen wollte er den Einfluß der ›ulamā‹, der unabhängigen Theologen und Gesetzeslehrer, auf die Gemeinde und ihre Verwaltung stärken. Denn in den *›ulamā‹*, nicht in den Kalifen oder Sultanen, sah er die Hüter der heiligen Überlieferung, von denen allein noch eine Reform der muslimischen umma ausgehen könne. – Die der Wirklichkeit zum Trotz behaupteten oder vor ihr kompromißbereit oder resignierend zurückweichenden juristisch-theologischen Lehren spiegeln die Unmöglichkeit wider, die geoffenbarten Grundsätze religiös-politischer Ordnung in die Realität zu übertragen; sie beweisen aber gleichzeitig das Bemühen, die Kluft zwischen religiöser Autorität und politischer Macht zu überbrücken, um ihre ideale Identität wo auch immer zu retten: im Leben der umma, in der Einheit des Islam oder auch nur, in der Hoffnung auf bessere Zeiten, als Forderung auf dem Papier.

Die islamischen Philosophen (falāsifa) haben ebenso wie die Deuter der religiösen Überlieferung (ulamā) den Widerspruch zwischen Ideal und Wirklichkeit in der Geschichte der Muslime zu erklären. Sie nehmen aber nicht die geoffenbarten Gesetze zum Ausgangspunkt politischer Theorien, sondern die griechisch-hellenistische Philosophie, jedoch mit dem Ziel, durch sie die Offenbarung zu verstehen. Denn sie glauben, daß Philosophie und Offenbarung zu derselben Wahrheit führen; sie sind – mit Einschränkung auch Ibn Rushd – sogar überzeugt, daß überhaupt erst die Philosophie ein tieferes Verständnis der Offenbarung ermögliche.

Al-Fārābī (gest. 930), arabisierter Türke aus Transoxanien und lange in Bagdad und Aleppo lehrend, verfaßte als erster unter den Philosophen politische Schriften: über den Idealstaat, die Staatsleitung, über die Erlangung des Glücks sowie eine Zusammenfassung von Platons »Gesetzen«. Die »Politik« des Aristoteles stand weder ihm noch später dem Ibn Rushd zur Verfügung, wohl aber der größte Teil der Nikomachischen Ethik, so daß hauptsächlich Platons politische Philosophie zur Geltung kam. Al-Fārābī war zwar als Aristoteliker berühmt, als der »zweite Lehrer« (nach

Aristoteles), doch dies vorwiegend wegen seiner Rezeption der Logik, auf die sich auch seine Überzeugung von der den ›ulamā‹ überlegenen Erkenntnis der Philosophen stützt. Al-Fārābīs politische Philosophie ist in die Seinslehre seiner natürlichen Theologie eingebettet. Zur ›Politik‹ führt ihn die Frage, was das höchste Gut des Menschen sei und wie es erlangt werden könne. Das höchste Gut schlechthin – so der gläubige Muslim al-Fārābī – ist die Seligkeit in der künftigen Welt; die höchste irdische Vollkommenheit – so der Philosoph al-Fārābī – besteht in der Betrachtung alles Seienden und der Erkenntnis ihres ersten Prinzips, d. h. der Erkenntnis Gottes. Sie zu erreichen, ist das Gemeinwesen notwendig. Denn um die natürliche Bedürftigkeit zu überwinden, bedarf der Mensch der wechselseitigen Hilfe; er bedarf ihrer erst recht, um zur Betrachtung des Seienden befähigt zu werden. Der *Idealstaat* ist darum dasjenige Gemeinwesen, dessen Bürger sich in der Weise verbinden, daß der Aufstieg von der Wahrnehmung der physischen Welt zur rein geistigen Spekulation, der philosophischen Erkenntnis Gottes, möglich wird. Dadurch werden die individuellen Fertigkeiten, Tugenden und Befähigungen zu politischen. Die politische Wissenschaft lehrt zu unterscheiden, was förderlich und gut und was hinderlich und schlecht ist im Hinblick auf das Ziel des Gemeinwesens. Das Zusammenwirken befähigt freilich nicht jedermann zur höchsten philosophischen Erkenntnis, sondern bringt die soziale Sphäre als Stadtstaat, Nation, zivilisierte Menschheit in dieselbe Ordnung, in der sich alles Seiende insgesamt und die Kräfte des Individuums befinden. Das Individuum als Organismus dient darum als Vorbild des Staatsaufbaus. Das Herz, Zentralorgan und Sitz der höchsten geistigen Fähigkeiten des Menschen, regiert die nach ihrer natürlichen Funktion abgestuft geordneten Organe, die nächsten unmittelbar, die entfernteren mit ihrer Hilfe mittelbar bis hin zu den entferntesten, die nur noch passiv regiert werden. Dementsprechend soll der Philosoph über den ständisch abgestuften Staat als König regieren. Indem al-Fārābī diese von griechischer Philosophie und Naturlehre inspirierte Konstruktion auf den muslimischen Staat bezieht, muß er Offenbarung und Vernunft sowohl systematisch als auch geschichtlich in ein Verhältnis setzen. Offenbarung ist möglich, indem Gott die theoretische Vernunft des obersten Herrschers aktiviert und erleuchtet, der dann mittels der praktischen Vernunft zum prophetischen Gesetzgeber (faßbar in der scharī'a) wird. Philosoph, Prophet, Gesetzgeber und religiöser Führer (imām) zugleich war nach sunnitischem Verständnis allein Mohammed; nach schiitischer Lehre, der al-Fārābī nahesteht, sind es alle mit Gott direkt verbundenen Imame der Schī'a. Der ideale Herrscher des islamischen Staates muß, so al-Fārābī, Philosoph und religiöser Führer in einem sein. Denn nur als Philosoph versteht er den inneren Sinn der scharī'a, kann er sie vernunftgemäß verstehen lehren und sie zum höchsten Zweck des Gemeinwesens richtig anwenden. Und nur als imām kann er die lediglich zu wörtlichem Schriftverständnis, aber nicht zu philosophischer Erkenntnis befähigte Masse zu Befolgung des Gesetzes erziehen. Der Widerspruch zwischen idealem und wirklichem Zustand des Gemeinwesens kann darum nur durch die Ausschaltung der Philosophen aus der Staatsführung erklärt werden. Ohne sie werden die Gemeinwesen »unwissend«: ohne Wissen um das Ziel des Menschen und seines Gemeinwesens und die diesem Ziel entsprechende Ordnung.

Ibn Sīnā (ca. 975–1037), der im Abendland unter seiner spanisch-lateinischen Namensform Avicenna berühmte Philosoph und Mediziner persischer Herkunft, knüpft in seiner politischen Philosophie an al-Fārābī an, nicht in Schriften zur Politik, sondern zur Metaphysik und zum Prophetentum. Er verbindet wie al-Fārābī platonische und islamische Vorstellungen über den idealen Staat, doch mit bezeichnenden Unterschieden. Einerseits stellt er entsprechend seinen mystischen Anschauungen den Propheten deutlich über die Philosophen, andererseits äußert er sich, von praktischen Erfahrungen und juristischen Studien angestoßen, auch zu konkreten Fragen des Gemeinwesens. Während al-Fārābī philosophische Erkenntnis und Prophetentum möglichst nahe aneinanderrückte, betont Ibn Sīnā den gnadenhaften Charakter der Prophetengabe, die philosophische Kenntnisse und Erkenntnisse nicht voraussetze. Zwar kann, wer sich auch philosophisch um die Erkenntnis Gottes und seines Gesetzes bemüht, das Glück der Kontemplation erlangen, aber er soll deswegen noch nicht Herrscher und Imam sein. Denn das Fundament der politischen Gemeinschaft, das Grundgesetz ihres Überlebens in dieser Welt und für das Jenseits, besteht in der Befolgung des geoffenbarten Gesetzes (scharī'a). Ibn Sīnās Qualifikationsanforderungen an das Kalifat nähern sich darum der orthodoxen Rechtslehre und legen Wert auf die effektive Ordnung der politischen Gemeinschaft. Von daher rühren seine Überlegungen zu bestimmten Bereichen wie Finanzen und Familienrecht, aber auch zu Usurpation, Tyrannei und Tyrannenmord. Ibn Sīnā verurteilt Usurpation nicht schlechthin. Denn einen unfähigen Kalifen zu wählen, bedeute Abfall vom Glauben. Darum handle recht, wer einen unfähigen Kalifen verdränge und absetze. Ein tyrannischer Kalif, der nicht mehr abgesetzt werden kann, müsse getötet werden. Dies zu unterlassen, verdiene Strafe; es zu tun, sei dagegen das gottgefälligste Werk nächst dem Bekenntnis zum Propheten. Hier geht Ibn Sīnā weit über die Lehren der Juristen hinaus, die zunehmend für das Erdulden ungerechter Herrschaft plädierten.

Im Vergleich zu al-Farābī beurteilte Ibn Sīnā die Rolle der Philosophie gegenüber der Offenbarung zurückhaltender: Offenbarung ergeht, ohne daß philosophische Disposition notwendig, geschweige denn ursächlich wäre (Gottes Allmacht wird im Islam niemals angetastet), die Offenbarung ist allerdings nachträglich durch philosophische Beweisführung als wahr zu erweisen. Ibn Sīnā verschmolz darum auch nicht wie al-Fārābī den platonischen Philosophen-König mit dem idealen muslimischen Herrscher. *Ibn Ruschd* (= Averroes, 1126–1192), Philosoph und Arzt am Hof der Almohaden in Spanien, wich in Erwiderung theologischer Kritik an Ibn Sīnā scheinbar weiter zurück: Der Philosoph könne die verborgene Wahrheit einiger Glaubenssätze und Vorschriften der Offenbarung (z. B. göttliche Vorsehung, Zeremonialgesetze) nicht evident und zwingend (apodeiktisch) beweisen. Aber nicht der Theologe, sondern nur der Philosoph könne überhaupt durch apodeiktischen Beweis in die innere Bedeutung der scharī'a eindringen und sei darum ihr ausschließlicher Wächter und Deuter. Damit hat Ibn Ruschd auch schon die Rolle der Philosophen im muslimischen Staat festgelegt. Die geoffenbarte scharī'a ist die ideale Verfassung des muslimischen Staates, denn nur sie führt die Menschen – auch die Philosophen – zu ihrem Ziel, dem diesseitigen und jenseitigen Glück. Weil die Offenbarung des Propheten abgeschlossen ist, sind die Philosophen als die Interpreten ihres Wahrheitsgehaltes in dieser Hinsicht die Nachfolger des Propheten. Da nun aber, wie die Erfahrung lehrt (und wie al-Fārābī mit Platons Hilfe schon theoretisch erwog), nicht alle Fähigkeiten eines idealen Kalifen in einer einzigen Person zu finden sind – religiöse Führerschaft und praktische Gesetzeskunde, Kriegführung, theoretische Wahrheitserkenntnis –, müssen die Aufgaben von (wenigstens) einer weiteren Person wahrgenommen werden, um gleichsam durch originäre Teilhabe am Kalifat der scharī'a als der besten Verfassung in allen ihren Dimensionen gerecht zu werden. Ibn Ruschd mag die Herrschaft seines almohadischen Gönners gedeutet haben, jedenfalls hat er in Auseinandersetzung mit der griechischen und nun auch arabischen politischen Philosophie die Idee der islamischen Theokratie flexibel weiterentwickelt und einige der Widersprüche zwischen Ideal und Wirklichkeit interpretierend überwunden.

Obwohl die Philosophen und die theologischen bzw. juristischen Deuter der scharī'a sich wegen der Unterschiedlichkeit ihrer Denkansätze bekämpften, waren sie sich in der Methode ihres Denkens dennoch gleich: sie deuteten die geschichtliche Differenz zwischen dem Zustand des muslimischen Gemeinwesens in ihrer jeweiligen Gegenwart und in der idealen Frühzeit systematisch und normativ, ohne die geschichtliche Entwicklung selbst in ihrem Ansatz und ihrer Methode zur Geltung zu bringen. Diesen Schritt tat *Ibn Chaldūn* (1322–1406), Gelehrter, Geschichtsschreiber und Politiker aus dem islamischen Westen, in der seinem Geschichtswerk vorangestellten umfangreichen »Einleitung« (*Muqāddima*). Sie blieb beinahe wirkungslos bis zu ihrer Wiederentdeckung im 19. Jahrhundert, ist aber eine der originellsten Leistungen für lange Zeit.

Auch Ibn Chaldūn deutet den Wandel der islamischen Herrschaft, doch

begnügt er sich nicht damit, ihre Frühzeit als ideale Erfüllung der geoffenbarten bzw. philosophisch bewahrheiteten Norm zu betrachten. Er sieht in ihr vielmehr einen vergangenen Höhepunkt in der Entwicklung der menschlichen Kultur. Aus deren geschichtssoziologischer Analyse entwickelt er – am Islam als Beispiel – seine politische Theorie.
Die Vernunftsbeweise der Philosophen – das geoffenbarte Gesetz sei erforderlich nicht allein für das jenseitige, sondern auch für das diesseitige Glück und die Existenz des Menschen – erledigt Ibn Chaldūn mit einem geschichtlichen Argument: »Existenz und Leben der Menschen sind auch ohne Prophetie von Dauer ... Die Buchbesitzer und diejenigen, welche Propheten folgen, sind wenige im Verhältnis zu den Heiden, welche kein (Offenbarungs-)Buch haben; diese sind nämlich die Mehrheit in der Welt. Trotzdem haben sie reiche und denkwürdige Ereignisse gehabt, ganz davon zu schweigen, daß sie gelebt haben.« Die physische Existenz der Menschen wird durch ihren Zusammenschluß gesichert; aber die Sicherung dieses Zusammenschlusses selbst, seine Bewahrung vor dem Zerfall, wie vor allem seine über die Erhaltung der Existenz hinausgehende Entfaltung in materieller und geistiger Kultur bedarf einer einigenden, zu physischer Macht und gesetzlicher Dauerherrschaft drängenden Kraft. Ibn Chaldūn nennt sie *'asabijja* und bezeichnet damit den Willen einer Gemeinschaft, eine soziale und politische Organisation zu schaffen. Die 'asabijja kommt anders als Machiavellis virtù nicht einem Individuum, sondern einer Gruppe zu, und ein Herrscher vermag nur auf die 'asabijja seiner Anhänger gestützt zu herrschen. Das Substrat der 'asabijja kann die engere oder weitere Blutsverwandtschaft einer Sippe oder eines Stammes sein, aber auch in der Verbundenheit durch eine Idee bestehen. Von der Kraft und Art der 'asabijja hängt die Geschichte einer Staatsbildung ab. Sie erlangt die größte Ausdehnung, Festigkeit und Dauer, wenn die sie tragende 'asabijja eine Religion ist; ist es die (innerlich ergriffene, noch nicht zu einer Gesetzeslehre erstarrte) islamische, dann – so Ibn Chaldūn als gläubiger Muslim – ist es, vielmehr war es, die beste, weil den Willen Gottes erfüllende Herrschaft Mohammeds und der vier rechtgeleiteten Kalifen.
Anhand dieses Modells gelingt Ibn Chaldūn eine Fülle von differenzierten Analysen über die Bedinungen des Entstehens, Funktionierens und Verfallens staatlicher Macht in ihren Typen und geschichtlichen Realisierungen vom Nomadentum über die Stadt bis zum Großreich. Indem er Mentalität, Religion, Recht, Wirtschaft, Wissenschaften und Künste als Faktoren der Staatsbildung in seine Analyse einbezieht, entsteht sein geschichtssoziologischer Entwurf der menschlichen Kultur.
Ibn Chaldūn war sich wohl zu Recht bewußt, eine neue Wissenschaft begründet zu haben. Der Unterschied zu den Gelehrten der scharī'a und der Philosophie ist in der Tat größer als deren Differenzen untereinander. Die

›ulamā‹ verstehen Politik aus der scharī'a als deren Ausführung; die falāsifa deuten umgekehrt die antike Staatstheorie auf die scharī'a hin als den mit oder ohne Einschränkung gelingenden, jedenfalls einzig möglichen Vernunftbeweis der Offenbarung. Ihr gemeinsamer Boden ist die Idee des Gesetzes. Ibn Chaldūn begreift den Staat anstatt vom Gesetz von der Macht her. Der Staat (mulk) beruht auf einem kollektiven Willen zur Macht ('asabijja) nicht um ihrer selbst willen, sondern als Voraussetzung für menschliche Kultur; er ist darum nicht mehr nur ein Verfallsprodukt der zerbrochenen Identität von Religion und Politik. Denn diese Identität ist für ihn nicht die Vorbedingung für die Realisierung des Gemeinwohls, sondern nur deren vollkommene islamische Form.

16. Lateinisches »Mittelalter«

Das »Mittelalter« ist nicht so einheitlich gewesen, wie es der Begriff suggeriert. Denn einerseits wird die Antike von drei verschiedenen Macht- und Kulturbereichen abgelöst; andererseits bildet von diesen der lateinische Westen, dem der Mittelalter-Begriff entstammt und auf den er zuerst angewendet wurde, im politischen Denken – entsprechend seiner politischen Geschichte – eine zunehmend deutlicher und größer werdende Vielfalt aus, deren Spannungen und Widersprüche nicht unterdrückt, sondern zur Geltung gebracht und an die Folgezeit weitergegeben werden. Darin unterscheidet sich der lateinische Westen von den byzantinischen und islamischen Nachfolgern der Antike, bei denen die in Ansatz und Methode von den herrschenden religiös-politischen Doktrinen abweichenden Entwürfe keine weiterreichende Wirkung entfalten konnten. In keinem der drei Kulturbereiche ist überhaupt das Erbe der Antike so virulent geworden wie in dem lateinischen. Die verschiedenen Phasen und Formen seiner Aneignung versetzen jeweils auch das politische Denken in Bewegung und bringen neue Auffassungen hervor.
Diese Dynamik wurde wesentlich dadurch ermöglicht, daß dem lateinischen Mittelalter keine fest fixierte Zuordnung von Religion und Politik, weder als historisches Faktum noch als theologische Doktrin, vorgegeben war. In Byzanz verdankte die Kirche ihre Stellung dem spätantiken Kaisertum und dankte es ihm durch die gültige theologische Deutung der Monarchie in den von Eusebios festgelegten Grundzügen. Im Islam war die Identität von Religion und Politik in der religiös-politischen Führerschaft Mohammeds normativ grundgelegt, von den ersten Kalifen beglaubigt und in der scharī'a verpflichtend expliziert worden. Im lateinischen

Westen jedoch brach mit der Auflösung der weströmischen Herrschaft die staatliche Kontinuität ab und stellte die Kirche auf sich selbst. Augustins Deutung des Verhältnisses von Religion und Politik trug dieser Lage schon im Vorgriff Rechnung. Er leitete Religion und Politik aus einander ausschließenden Prinzipien ab. Der Religion gewann er dabei ihre durch Eusebios verkürzte eschatologische Dimension zurück; Staat und Politik, nützlich durch ihre Ordnungsfunktion, doch auf einem verkehrten Prinzip beruhend, ordnete Augustin ganz der profanen Sphäre zu. Diese prinzipielle Trennung wurde indes nicht aufrechterhalten und trat vor allem mit dem Anschluß der Germanenreiche an die römische Kirche in den Hintergrund. Pastorale Verantwortung der Hierarchie und kirchenpolitisches Interesse des Papsttums führten dazu, den christlichen Königen in Anknüpfung an den von Augustin anerkannten Ordnungszweck des Staates, aber weit darüber hinausführend, einen Dienst an und in der Kirche zuzuweisen: das *ministerium regis* als Schutz der Kirche nach innen und außen. Damit wurde das Verhältnis von Religion und Politik wiederum ganz in den Kirchenbegriff verlagert. Und das Herrscheramt wuchs aus der profanen Sphäre heraus, wie die kirchliche Weihe und Salbung der Frankenherrscher deutlich manifestieren. Religion und Politik wurden einander wieder zugeordnet bis hin zu ihrer Verschmelzung im theokratischen Amtsgedanken sowohl zugunsten des Königtums, das seine Verantwortung für die Kirche geltend machte, als auch zugunsten des Papsttums, das sich – wie Gregor VII. – auf seine Verantwortung für die Welt berief.

Da die Auseinandersetzung zwischen den unterschiedlichen Konzeptionen mit den Argumenten der christlichen Tradition nicht zu entscheiden war – auf diese Tradition beriefen sich alle, zumal auf Augustin –, wurden Lösungen mit Hilfe des nichtchristlichen antiken Gedankengutes gesucht. Dabei gewann die Auseinandersetzung eine neue Dimension. Sie wurde Teil der seit der patristischen Zeit erstmals mit neuen – den aristotelischen – Quellen bestrittenen Erörterung über das Verhältnis von Natur und Übernatur. Die Politik wurde nun wiederum, wie von Augustin, aber mit völlig veränderter Begründung und Wertung, im Profanbereich fundiert als Teil einer rechtgerichteten Schöpfungsordnung. Jetzt erst konnte die Politik, anders als bei Augustin, Gegenstand eines expliziten wissenschaftlichen Interesses werden. Doch die Konzeption rief den Widerspruch der sich auf Augustin berufenden Denkschule hervor, welche ›Herrschaft‹ nur innerhalb des von der Kirche vermittelten Erlösungswerkes legitimiert sah.

In bewußtem Abstandnehmen von dieser wiederum unentschiedenen Auseinandersetzung über die prinzipielle Verankerung von Religion und Politik konzentrierten sich die Humanisten auf die Lebenspraxis. Von der Vereinbarkeit »natürlichen«, d. h. vor allem heidnisch-antiken Wissens und christlicher Offenbarung optimistisch überzeugt, dabei aber dem Willen den Vorrang vor der abstrahierenden Vernunfterkenntnis einräumend, verbinden sie Ansätze thomistischer und augustinischer Herkunft, doch nicht in systematischer, sondern in politisch-pädagogischer Absicht, d. h. in der Absicht, den Menschen zur Wahrnehmung seiner Rolle im Gemeinwesen moralisch und intellektuell zu befähigen.

Das zentrale Problem, mit dem es das mittelalterliche politische Denken zu tun hat und das aus der heilsgeschichtlichen Prämisse der Politik folgt, ist die christliche Herrschaft, bald präzisiert als das Verhältnis von Kirche und christlichem Königtum. Die Erörterung dieses Verhältnisses führt notwendig zu zwei korrespondierenden Problemen: dem des Universalismus, d. h. zu der Frage, ob, von wem und in welcher Weise die Einheit der Heilsgeschichte zu repräsentieren sei; sowie zu dem Problem der Abgrenzung kirchlich-hierarchischer und weltlicher Herrschaftsaufgaben, d. h. zu einer Bestimmung des Staatszwecks und der zweckmäßigen Ordnung. Dadurch bewegt sich das politische Denken des Mittelalters, angestoßen durch die Politik als praktisches Handeln, zwischen Geschichtstheologie, Ethik, Recht und Philosophie – oft nur faßbar als einer ihrer Aspekte –, seit dem 13. Jh. vornehmlich bezogen auf die »Politik« und »Ethik« des Aristoteles und durch deren Rezeption die ›Politik‹ als wissenschaftliche Disziplin entwickelnd. (Mit den eben verwendeten typographischen Auszeichnungen werden die Bedeutungen des Wortes Politik auch fortan unterschieden.)

Im Zuge ihrer Distanzierung von den scholastischen Auseinandersetzungen verdecken die Humanisten durch den Begriff des Mittelalters den Spannungsreichtum gerade auch des politischen Denkens der von ihnen so bezeichneten Zeit, ebenso die Tatsache, daß auch dessen Leistungen wesentlich durch sukzessive Rezeptionen christlichen und nichtchristlichen Gedankengutes der Antike bewirkt worden war. Um diesen Vorgang sichtbar zu machen, werden im folgenden zunächst die Schichten mittelalter-lichen politischen Denkens abgetragen, und zwar ausgehend von den politisch-theoretischen Implikationen des humanistischen Mittelalter-Begriffs (Kap. 17).

Da das politische Denken des Mittelalters erstens die transzendente Legitimation der Herrschaft, das Gottesgnadentum der Könige, nicht aber die Wahl durch das Volk, d. h. den Adel, in den Mittelpunkt rückt, da zweitens die seit dem 13. Jh. einsetzenden gegenläufigen Herrschaftsbegründungen »bürgerlich«, vom *civis* ausgehend argumentieren, und da drittens schließlich die zivile Argumentationslinie in die monarchische einmündet – der *status regalis* führt schließlich zum Begriff des Staates (W. Mager) –, werden im folgenden entsprechend der Entwicklung der Legitimations- und Strukturprobleme königlicher (bzw. kaiserlicher) und dann auch päpstlicher Herrschaft die Manifestationen dieser Probleme im politischen Denken verfolgt (Kap. 18–22).

Der Adel als solcher gerät kaum in das Licht der politischen Theorie.

Ungesalbt und ungekrönt, ungleich durch seine Adelsherrschaft und sein Geschlechtsbewußtsein auch dem civis, wird er nicht zum theoretischen Prinzip einer Konzeption vom Gemeinwesen; er erscheint entweder unbestimmt als Volk oder als Teil eines regimen mixtum oder er wird, als Landesherr, durch eine Rechtsfiktion – wie es im 14. Jh. geschieht – dem Kaiser gleichgestellt. Schon an dieser Differenz zwischen politischer Theorie und geschichtlicher Wirklichkeit zeigt sich, daß das politische Denken nicht deren Spiegel, sondern ein Teil von ihr ist.

17. Schichten, Quellen und Methoden politischen Denkens

Humanismus: Sprache und politische Pädagogik

Der Mittelalter-Begriff ist lediglich ein Abfallprodukt des Selbstverständnisses der Renaissance, die sich – über das von ihr so benannte Mittel-Alter hinweg – vorrangig an einem in unermüdlicher und folgenreicher Entdeckungsarbeit erweiterten Kanon christlicher und heidnischer Autoren der Antike orientierte. Der Mittelalter-Begriff ist zudem, bevor er im 17. Jahrhundert verallgemeinert und zur Periodisierung der Weltgeschichte schlechthin verwendet wurde, einem nur sehr engen Beobachtungsfeld abgewonnen: der Entwicklung der lateinischen Sprache.
Dieses ist ein genuin humanistisches Kriterium (und der Humanismus ist der Kern der Renaissance). Nach der Überzeugung der Humanisten ist es sogar, weil ein sprachliches, zugleich das entscheidende Kriterium für die Gesittung und politisch-gesellschaftliche Existenz (*humanitas und civilitas*) des Menschen überhaupt. Denn die Humanisten sind mit der durch Cicero vermittelten Tradition (*De inventione* I,2f., *De oratore* I,8, 32f.) der Ansicht, daß aus bloß natürlicher Schwäche und Bedürftigkeit die einst »in den Feldern wie wilde Tiere weit umherschweifenden« Menschen niemals geordnete Gemeinwesen begründet hätten, wäre nicht ein weiser und sprachmächtiger Mann dazwischengetreten, dessen Vernunft- und Redekraft (*ratio atque oratio*) die Menschen zusammengeführt, ihre geistigen Kräfte geweckt und sie zu vernünftigem, d. h. nützlichem und sittlich-rechtlichem Zusammenleben angeleitet hätte. Die Humanisten sind weiterhin mit Cicero der Ansicht, daß die von dem ersten gemeinschaftsgründenden Redner geleistete Aufgabe als eine gemeinschaftserhaltende fortbestehe: durch überzeugende Rede die Menschen zu formen. Beredsamkeit, gebunden an Sitte und Recht – das zusammen ist

eloquentia –, bedeute darum schon fast die ganze Wissenschaft vom Gemeinwesen (*civilis scientia*).

Wenn also kraft der Beredsamkeit die Menschen überhaupt erst Menschen und politische Wesen sind, ist der Zustand ihrer Sprachkultur ein durchaus umfassendes und buchstäblich epochemachendes Kriterium, welches politische Theorie nicht nur einschließt, sondern ein politisches Theorem selber ist.

Die Bedeutung des Lateinischen sehen die Humanisten begründet durch den Verlauf einer geschichtlichen Entwicklung, in die sie sich bewußt hineinstellen, um sie mitzugestalten. Die Römer hätten einst alle Welt und Wissenschaft römisch gemacht, aber durch die Schuld der Geschichte, nicht ihre eigene, Reich und Herrschaft, ja sogar Rom selbst verloren. So klagt *Lorenzo Valla* (1407–1457). Die römische Sprache verbinde indes, sagt Valla weiter, immer noch viele Völker, namentlich die in Italien, Gallien, Spanien, Germanien, Pannonien, Dalmatien, Illyrien: »denn überall dort ist römisches Reich, wo römische Sprache herrscht« (*ibi namque Romanum imperium est, ubicumque Romana lingua dominatur*); aber die Barbaren hätten sie fast zernichtet. Valla bläst zu einem neuen Kampf um Rom – Rom nicht als Sitz der Macht, sondern als Mutter der Wissenschaften verstanden –, zum Kampf gegen das »barbarische« Mittelalter.

Die produktive Aneignung der lateinischen Sprache durch das europäische Mittelalter blieb dabei unverstanden und galt deshalb nichts. So ist der Mittelalter-Begriff von den Humanisten nicht als ein die »mittelalterliche« Epoche erhellender, sondern sie suggestiv denunzierender Begriff eingeführt worden. Es sei ein finsteres, ein bloß mittleres, d. h. zu überspringendes Zeitalter, welches zwischen Boethius († 524), »dem letzten der Gebildeten«, und der eigenen Zeit liege. Einem solchermaßen programmatisch vorgetragenen Desinteresse konnte »das Mittelalter« darum leicht zur – oft unbegriffenen – begrifflichen Einheit gerinnen. Der mindestens bis in das 17. Jahrhundert siegreiche und bis heute folgenreiche sprachorientierte Humanismus war selbst zunächst nichts anderes als eine begrenzte, aber eigenständige, bald immer umfassender und polemisch begründete Position innerhalb des spätmittelalterlichen Geisteslebens.

Berufsmäßig die Nachfolger der Rhetoriker der beiden vorangehenden Jahrhunderte, waren die Humanisten des 14. und 15. Jahrhunderts Lehrer der sprachlichen Fächer Grammatik, Rhetorik und Poetik an höheren und hohen Schulen sowie städtische oder fürstliche Sekretäre. Sie bildeten das überkommene Stoffgebiet um mittels der Neuwertung und erweiterten die Kenntnis der antiken Texte, richteten es entschieden auf die Moralphilosophie aus und gaben ihm als *studia humanitatis* (die den Menschen bildenden, bessernden Studien) eine gesteigerte Bedeutung, aufgrund derer sie sich zur Kritik an der Ausrichtung und dem Betrieb der anderen Wissenschaften verpflichtet fühlten. Die Humanisten nehmen den Nutzen für den als Individuum und als Gemeinschaftswesen sittlich handelnden Menschen zum Maßstab. So rücken sie anstatt der Logik die moralisch-praktischen Wissenschaften, d. h. Ethik und Politik, in den Mittelpunkt und messen an ihnen die übrigen Fächer. Diese verfehlen das ihnen neu gesetzte Ziel durch ein ihrer Disziplin zwar genügendes, aber für das rechte Handeln nicht mehr nützes Erkenntnisstreben ebenso wie durch eine unwirksame, die Menschen nicht mehr treffende Sprache. Damit wachsen die humanistischen Studien über die vorbereitende Rolle des früheren Sprachstudiums hinaus und erhalten die richtungweisende und steuernde Funktion einer Wissenschaftsethik, eine Funktion, die Aristoteles (Nikomachische Ethik I, 1094 a 28) der ›Politik‹ zuwies.

Diese Kritik wurde von den Humanisten auch gegen die traditionellen Autoritäten der moralisch-praktischen Wissenschaften selbst gewendet. Wenn z. B. *Petrarca* (1304–1374) klagt, die Lektüre der Ethik des Aristoteles habe ihn wohl gelehrter, aber nicht besser gemacht; wenn *Erasmus von Rotterdam* (1469–1536) fragt, wer denn die dickleibige Ethik des Thomas von Aquin immer bei sich tragen könne, dann messen sie den Nutzen dieser grundlegenden Bücher über die Theorie des guten Handelns für das Handeln selber aus. Sie zweifeln nicht an ihrem Wahrheitsgehalt, sondern verzweifeln an ihrer praktischen Brauchbarkeit. Nicht die Erkenntnis, sondern Vermittlung und Vollzug der Wahrheit ist das sie bewegende Problem. Nur einen einzigen Satz hat Petrarca darum aus Aristoteles' Ethik herausgezogen: was Tugend sei, fragen wir nicht um zu wissen, sondern damit wir tugendhaft werden, weil wir anders keinen Nutzen von ihr hätten (1103 b 27). Mit demselben Satz definiert *Coluccio Salutati* (1331–1406) die Aufgabe der Politik und der Gesetze (*De nobilitate legum et medicinae,* cap. 38): Sie sollen die Menschen zum guten Handeln führen.

Als überzeugende Vermittler ethisch-politischer Normen gelten den Humanisten nicht mehr die den universitären Vorlesungen über Ethik und Politik entstammenden scholastischen Aristoteles-Kommentare und die logisch fragenden und folgernden Quaestionen-Werke. An deren Stelle setzten sie die antiken Texte selbst – neben und sehr oft an Stelle des logischen Aristoteles vor allem die rhetorisch durchgeformten Texte wie die Ciceros, Senecas, Sallusts und Livius' – und die von den Humanisten selber neu gestalteten rhetorisch-kommunikativen Literaturformen der Rede, des Briefs, des Dialogs, der essayistischen Abhandlung und ihre Geschichtsschreibung.

Unter der von Seneca genommenen Devise »Lang ist der Weg über die Belehrung, kurz und wirksam ist er durch die Beispiele (*longum est iter per praecepta, brevis et efficax per exempla,* Epistulae morales I, 6, 5)« vollzog sich ein Wandel der Methode und eine Verschiebung des Stoffgebietes politischer Ethik. Den nicht zu leugnenden Verlust an theoretischer Systematik und Stringenz sahen die Humanisten mehr als wettgemacht durch eine den Menschen zur Zustimmung und zum rechten Handeln bewegende Eloquenz. Ihre Rhetorik ist politische Pädagogik, die auf einen Wandel nicht der Institutionen, sondern der Personen zielt und sie vom Fürsten herab bis zum Schüler zu »guten« Gliedern des Gemeinwesens formen soll.

Aristoteles-Rezeption und politische Wissenschaft

Mit der oft befehdeten Scholastik, auf deren Kosten die Humanisten den Mittelalter-Begriff prägten, haben sie freilich mehr gemein als ihre Polemik erkennen läßt. Es ist weniger das gemeinsame (doch unterschiedlich zielende) Zurückgreifen auf die nichtchristliche antike Tradition, als vielmehr der gedankliche Ansatz, der dieses erst ermöglicht. Die scholastische Aristoteles-Rezeption erarbeitete verschärfte und bewußte Unterscheidungen von Glaube und Wissen, Theologie und Philosophie, Gnade und Natur, auch Kirche und »Staat«. Dabei wurde, vor allem im Gefolge des Thomas von Aquin (ca. 1225–1274), der Natur und in ihr dem Menschen eine eigene, dem natürlichen Intellekt erkennbare ziel- und zweckgerichtete Ordnung zuerkannt, die als eine eigene von Gott geschaffen und gewollt sei; die natürliche Ordnung müsse nicht etwa, weil der fehlgeleitete Wille und die unerleuchtete Erkenntnis des Menschen sie verkehrt hätten, durch das Gnadenwirken Gottes aufgehoben werden: sie werde durch die Gnade vielmehr vollendet. Die Auffassung also, daß nicht eine verkehrte »Ordnung« (die diesen Namen dann eigentlich gar nicht mehr verdiene) der richtigen Ordnung entgegenstehe und von ihr überwunden werde, sondern daß es statt dessen eine durchgehend recht gerichtete, gestufte Doppelordnung gebe, ist den meisten Scholastikern und Humanisten gemein. In dieser Hinsicht beruhen die scholastische Rezeption der Philosophie des Heiden Aristoteles und die humanistische Aneignung der heidnisch-antiken Autoren auf derselben gedanklichen Voraussetzung. Die Heiden galten ihnen nicht länger nur als die »unrechtmäßigen Besitzer« (Augustin, *De doctrina christiana* 2,31,48) einiger mit dem christlichen Glauben vereinbarer Wahrheiten und ethischer Regeln und der christlichen Verkündigung dienlichen Künste, sondern sind nun rechtmäßige und unentbehrliche Lehrer eines breiten Fundaments des »natürlichen« Wissens. So erst kann das antike philosophische Gedankengut die Wechselwirkung entfalten, die zuvor, im frühen Mittelalter, blokkiert war: Die antiken Autoren bleiben nicht ein Instrument tradierender christlicher Wissenschaft, sondern wirken verändernd und normierend auf sie zurück.

Die Umwandlung des Denkens in der Scholastik ist ein komplexer und bald sehr stürmischer Prozeß. Nicht eigentlich sein Beginn, aber ein erster Höhepunkt des gläubigen Einsatzes intellektueller Forschung zugunsten der Theologie ist in den Werken *Anselms von Canterbury* (1033/34–1109) zu erkennen. In der Auseinandersetzung mit der wissenschaftlich zunächst überlegenen, weil früher hellenisierten islamischen und jüdischen Philosophie und Theologie erlebte die Wissenschaft des lateinischen Mittelalters eine epochale Veränderung ihrer Denkansätze, Methoden, Stoffe und Institutionen. Die Geschichte der politischen Theorie ist von diesem Vorgang entscheidend betroffen.
Zunächst vermittelten die um 1130 im Kontakt mit Byzanz entstandenen Übersetzungen des Jakob von Venedig die vollständige Kenntnis der bisher nur teilweise bekannten logischen Schriften des Aristoteles. In einem viel größeren zweiten Schub erhielt der lateinische Westen bis um die Mitte des 13. Jahrhunderts endlich den ganzen Aristoteles latinus zur Verfügung – die Metaphysik, die ethischen und die naturphilosophischen Schriften – samt den allerdings meist neuplatonischen pseudo-aristotelischen Werken sowie den entsprechenden Kompendien, Kommentaren und Traktaten der islamischen und jüdischen Philosophen. Aus Spanien (Toledo) kamen die meisten arabisch-lateinischen, vornehmlich aus Italien die griechisch-lateinischen Übersetzungen; der Vorort ihrer wissenschaftlichen Aneignung wurde Paris, die Organisationsform ihrer (von der kirchlichen Aufsicht beargwöhnten) Erforschung die dortige Universität, eine um 1200 gebildete »Vereinigung« (*universitas*) der Magister zugunsten des unbehelligten Aristoteles-Studiums. Erst gegen Ende dieses zweiten Schubs kam neben der ersten Gesamtübersetzung der Nikomachischen Ethik, angefertigt von dem Bischof von Lincoln, Robert Grosseteste (um 1168–1253), die auch den Arabern bislang unbekannte »Politik« des Aristoteles dem Westen vor Augen. Sie wird vergleichsweise spät, aber darum auch im Gesamtzusammenhang der aristotelischen Philosophie rezipiert, ohne den sie ihre umwälzende Wirkung auf das politische Denken nicht hätte entfalten können. Um 1260 vervollständigte der Bravanter Dominikaner Wilhelm von Moerbeke (ca. 1215–1285) am päpstlichen Hof in Viterbo seine frühere fragmentarische Übertragung. Damit erhielt die wissenschaftliche Disziplin der ›Politik‹ erstmals eine selbständige Textbasis.
Wohl reservierten scholastische Einteilungen der weltlichen Wissenschaften schon vorher der ›Politik‹ einen Platz, und zwar als drittes Teilgebiet der praktischen Philosophie: als politische Ethik (*ethica politica* oder *publica* oder *civilis*) nach der Individualethik (*ethica solitaria*) und nach der Lehre vom Hauswesen (*ethica oeconomica*). Doch es war eine Planstelle, die unbesetzt blieb. Denn diese Einteilungen kennen kein der ›Politik‹ spezifisch zugehöriges Buch. Deswegen hält sich z. B. eine Pariser Wis-

senschaftseinteilung aus der ersten Hälfte des 13. Jahrhunderts nicht lange mit diesem Fach auf: »Die beiden letzten Teile der Ethik, nämlich Ökonomik und Politik, werden nach den einen im Römischen Recht (*leges*) und im kirchlichen Recht (*decreta*) überliefert; nach anderen in Ciceros Schrift über die Pflichten (*De officiis*); wieder andere sagen, daß Aristoteles in arabischer Sprach ein Lehrbuch darüber verfaßt habe, das uns aber noch nicht übersetzt worden ist. Darum lassen wir diese Unterteilung beiseite.« (Grabmann 1941, S. 9). Erst durch die Rezeption der aristotelischen Schrift wird darum die ›Politik‹ ein wissenschaftliches Fach, das seit Thomas von Aquin einen eigenen Namen trägt: »politische Wissenschaft« (*scientia politica*).
Als Disziplin des Universitätsunterrichts spielt die ›Politik‹ freilich keine herausragende Rolle. Denn sie bleibt dort der Individualethik nachgeordnet und wird mancherorts gar nicht in Vorlesungen behandelt. Doch wer fortan politische Fragen auf philosophischer Grundlage behandelt, kann den Aristoteles nicht mehr beiseite lassen. Oder es muß auf ganz anderer Basis argumentiert werden: theologisch-hierokratisch oder juristisch-historisch, was auch ausgiebig getan wird. Die aus den universitären Vorlesungen hervorgegangenen »Politik«-Kommentare sind nicht die einzigen und nicht die wirksamsten Orte der Aneignung der aristotelischen »Politik« im Mittelalter. Die Lehre vom Gemeinwesen kann ja anders als für Aristoteles für den christlich-scholastischen Denker nicht die Haupt- und Leitdisziplin der praktischen Wissenschaften sein (*principalissima, architectonica scientia*). Das vom Gemeinwesen bezweckte Glück des einzelnen wird vom Ziel seiner ewigen Seligkeit überragt und dementsprechend behält die Individualethik ihren Vorrang, bleibt die ›Politik‹ eingeordnet in den Aufbau der Wissenschaften, dessen Spitze über aller neugewonnenen Eigenständigkeit der Philosophie die Theologie hält, weil eben sie das letzte Ziel des einzelnen wie des gesamten Universums bedenkt. Darum hat das scholastische Denken aber auch vielfältigen Anlaß zum Rekurs auf die »Politik«: neben den speziellen Kommentaren, ob diese nun den Litteralsinn eruieren oder ihn in Quaestionen (Problem-Erörterungen) weiterschreitend diskutieren, ebenfalls innerhalb der großen systematisch-theologischen Werke wie z. B. Thomas' *Summa Theologica* oder vor allem in den Fürstenspiegeln sowie den Traktaten über die Grundlagen und das Verhältnis weltlicher und geistlicher Gewalt. Es handelt sich hierbei um die sog. Publizistik, meist wissenschaftliche Streitschriften, die zwar dem akademischen Raum entstammen, doch nicht für den Unterricht bestimmt sind.

›Politik‹ und Rechtswissenschaft

Die Verlegenheit, noch ohne den Besitz des aristotelischen Buches die ›Politik‹ durch die Zuweisung eines eigenen Textes inhaltlich und methodisch als ein Fach unter den philosophischen Fächern zu bestimmen, ist beträchtlich. Denn die Hinweise der zitierten Pariser Einleitung in die Wissenschaften führen zu ganz verschiedenen Disziplinen. Im traditionellen Rahmen der Moralphilosophie verbleibt allein die Nennung von Ciceros Schrift *De officiis*. Wohl wird sie in der ersten Hälfte des 13. Jahrhunderts gelegentlich als Textbuch für das universitäre Examen in der ›Politik‹ genannt, doch konnte sie nicht wie wenig später die aristotelische »Politik« im Rahmen eines ganz neuen Denkansatzes das Fach systematisch begründen. Das politisch einschlägigere Werk Ciceros »Über den Staat« stand nicht zur Verfügung. Denn von ihm sind bis 1820 nur die sporadischen Referate in Laktanz' (3./4. Jh.), Nonius' (4. Jh.) und Augustins (354–430) Schriften sowie das religiöse *Somnium Scipionis* bekannt. Was die Schrift *De officiis* zu leisten vermag, zeigt die ein knappes Jahrhundert zuvor entstandene ethisch-politische Literatur aus dem Umkreis der »humanistischen« Schule von Chartres, namentlich der gewichtige *Policraticus* des *Johannes von Salisbury* (ca. 1115/20–1180). Johannes benutzt Ciceros pflichtenethische Leitbegriffe des »Ehrbaren« (*honestum*) und »Nützlichen« (*utile*), um Prinzipien und Grenzen für die angemessene (»billige«) Auslegung und Anwendung des Rechts aufzuzeigen – womit er freilich die am positiven Recht interessierten Fachjuristen wenig beeindruckte, die nach dem Grundsatz »Dies geht Cicero an, nicht das Recht« (*nihil hoc ad ius, ad Ciceronem*) eine deutliche Trennungslinie zogen.

Die Nennung der beiden Rechte führt aus dem Kompetenzbereich der Moralphilosophen und der Philosophen überhaupt heraus. Denn das Kirchenrecht gehört als ein (sich freilich bald verselbständigendes) Gebiet der praktischen Theologie den Theologen, weil es sich zunächst als die fortschreitende kirchliche Entfaltung und Applikation biblischer Normen versteht. Und das Römische Recht (gemeint ist die Kodifikation Kaiser Justinians aus den Jahren 529–565), dessen Stoff und Studium seit der Wiederentdeckung der Digesten und verschollener Teile des Codex und der Novellen im 11. Jahrhundert umfangreich und komplex werden und so aus dem Artes-Studium herauswachsen, ist Sache der professionellen Juristen.

Der Hinweis auf die beiden Rechte als Quellen der ›Politik‹, den auch noch (um 1250) die bedeutende Wissenschaftslehre des Pariser Magisters *Robert Kilwardby,* eines Engländers, späteren Dominikaners und Kardinal-Erzbischofs von Canterbury (gest. 1279) gibt, trifft indes völlig zu, sofern er nicht auf die Grundlage eines wissenschaftlichen Fachs ›Politik‹, sondern auf die enorme Bedeutung der Rechte für die Herrschaftsauffassung und die Ausbildung politischer Theorien bezogen wird. Denn im sog. Investiturstreit, also seit dem ausgehenden 11. Jahrhundert, verbinden und durchdringen sich politischer Kampf, politische Theorienbildung und Rechtswissenschaft immer enger. Kaum eine politische Theorie kann mehr ohne eine juristische Begründung und kaum eine politische Auseinandersetzung ohne eine solche Theorie auskommen. Darum werden die kanonistisch-theologische und die römisch-säkulare Rechtswissenschaft, werden die professionellen Rechtslehrer unmittelbar für die theoretische Begründung der Politik und ihre Schüler zunehmend auch für die praktische Durchführung in Anspruch genommen. Diese Verbindung von Rechtswissenschaft und Politik erreicht schnell die Spitzen geistlicher und weltlicher Gewalt und wirkt von dort in die Breite.

Mit der seit dem 12. und 13. Jahrhundert ausgreifenden Verschriftung und Systematisierung des Rechtslebens wandeln sich Gestalt und Selbstverständnis der Christenheit und ihrer Glieder. Die Christenheit ist zwar nach wie vor identisch mit der Kirche (*ecclesia*) als dem mystischen Leib Christi (*corpus Christi mysticum*), welcher alle Getaufen, Kleriker wie Laien, umfaßt. Aber die lateinische Kirche nimmt jetzt eine immer bestimmtere, vom Papsttum ausgehende und auf das Papsttum ausgerichtete institutionalisierte Rechtsgestalt an, die den ost-westlichen Bruch in der Christenheit endgültig und in ihrem westlichen Teil die päpstlich geführte Ämterhierarchie der Ordinierten (Geweihten) allein strukturbestimmend werden läßt. An dieser auf dem kirchlichen Amt und der Sakramentsverwaltung basierenden Hierarchie sollen die Könige – bisher auch nach kirchlicher Auffassung durch die Salbung sakramental geweihte Personen – fortan keinerlei Anteil haben. Sie sollen an der Spitze der scharf gesonderten Laienwelt stehen und wie diese insgesamt ein der Hierarchie der Kleriker nachgeordneter Teil der Kirche sein. Denn der Papst sei alleiniger Stellvertreter (*vicarius*) Christi und die Geweihten allein vermittelten alle Gnade Gottes, auch den Königen, welche wohl das Amt hätten, die Kirche zu schützen, aber in geistlichen Dingen nicht mitregieren sollten.

Die hochmittelalterliche Kirchenreform, die seit *Papst Gregor VII.* (1073–1085) solche in einem spirituellen Anliegen wurzelnden Forderungen erhebt und durchzusetzen sucht, wirft damit das zugleich rechtliche Problem auf, wer innerhalb des einen corpus Christi mysticum all die Fragen letztlich zu entscheiden habe, welche die heilswirksame Lebensform der Christen in der Welt betreffen. Ihre Lösung lautet von vornherein römisch (denn die Übereinstimmung mit der römischen Kirche sei notwendig) und schließlich juristisch: Die aktualisierten älteren Regeln (*canones*) und das von den Päpsten, die seit *Alexander III.* (1159–1181) bezeichnenderweise selbst bedeutende Juristen sind, in einem raschen

rechtsschöpferischen Prozeß fortentwickelte Kirchenrecht regeln verbindlich die Formen christlichen Lebens in der Welt.
Weltliche Herrschaft gerät dadurch ideell und politisch in die Defensive, das deutsche Königtum sogar in tiefe Krisen. Die deutschen Könige und Kaiser sind wegen ihrer Vormachtstellung im Abendland, der Unverzichtbarkeit ihres Einflusses auf die Reichskirche, wegen ihres besonderen Verhältnisses zur römischen Kirche die Hauptbetroffenen der päpstlichen Neubestimmung des Verhältnisses von Kirche und Welt. Sie sind darum zu einer eigenen Bestimmung ihrer Legitimation und ihres Rechts herausgefordert. Diese kann freilich nicht so klar und folgerichtig ausfallen wie die päpstliche. Das Kaisertum, das die höchste Würde weltlicher Herrschaft verkörpert, hat seinerseits nie beansprucht, über der höchsten geistlichen Gewalt zu stehen (auch wenn einzelne Parteigänger solches gelegentlich dartaten). Es will als gleichgeordnet anerkannt sein, ebenso unmittelbar von Gott eingesetzt und vor Gott verantwortlich wie die geistliche. Aber seine Gleichordnungslehre ist gegenüber der päpstlichen Frage nach der letzten Verantwortlichkeit entscheidend im Nachteil; denn der Gleichordnungslehre ist diese Frage wesensfremd. Deswegen will und kann das Königtum die ihm aufgezwungene Frage nicht beantworten. Es will statt dessen sein überkommenes Recht und seine heilige Würde wahren und mögliche Streitpunkte wie bisher statt eh in der Theorie je in der Praxis lösen, durch politische Auseinandersetzung oder Einigung. Doch unter dem Zwang, die bestrittene Stellung verteidigend klären zu müssen, sammeln die deutschen Könige und Kaiser Titel und Argumente aus verschiedenen Quellen: aus der Bibel, der Geschichte, dem Herkommen und dem römischen Recht. Ihr unmittelbares Gottesgnadentum finden sie in der Bibel (z. B. Dan. 4,14; 3 Kge 14,14; Röm. 13,1–6) begründet, in der theokratischen Kaiserherrschaft Konstantins und Karls d. Gr. vorgebildet, im Herkommen verankert und im Justinianischen Recht fixiert und beglaubigt.
Kaiser und Könige haben aus jeder dieser Quellen schon früher geschöpft, (vereinzelt) auch aus dem römischen Recht. Aber nun werden sie zusammengeführt zu einem kräftigeren Fluß der Argumentation; zuerst in Ravenna von dem rechtskundigen *Petrus Crassus,* einem Laien, dessen Schrift zur Verteidigung der Königsherrschaft Heinrichs IV. von 1080/84 (*Defensio Heinrici IV. regis,* MGH Ldl 1, S. 432–453) um ›Gesetz und Recht‹ (*lex*) kreist und dabei ausgiebiger, als es bisher geschah, das Römische Recht benutzt, nun auch die seit einem halben Jahrtausend nicht mehr herangezogenen Digesten. Seither ist die Verbindung der die Rechtskodifikation des römischen Kaisers Justinian studierenden und deutenden Gelehrten mit den deutschen Kaisern und Königen nicht mehr abgerissen. Diese Verbindung wird ermöglicht durch die politische Rom-Idee. Sie bezeichnet die Überzeugung, es seien das fränkische und das

deutsche Kaiserreich nicht bloß das erneuerte, sondern das kraft gottgewollter Herrschaftsübertragung (*translatio imperii*) ununterbrochen bis zur Endzeit fortbestehende römische Reich, dessen Kaiser man in der Salierzeit bis auf Augustus oder Caesar hinauf durchzuzählen beginnt und dessen großem Rechtsbuch fortdauernde Geltung zugesprochen wird. So stützen sich der Anspruch des nun römisch-deutschen Kaisertums und die Autorität des römischen Rechts gegenseitig. Mittels römisch-rechtlicher Maximen definiert das Kaisertum sich als gottunmittelbar und universal, begreift es das Reich als heilig (*sacrum imperium*), den Kaiser als schöpferischen Gesetzgeber – analog zur Papstkirche und mit ihr konkurrierend. Durchgehend beeinflußt das römische Recht Idee und Stil vor allem der staufischen Kaiserherrschaft, mehrfach auch ihre Herrschaftsausübung in Italien.

Die *Rezeption des römischen Rechts* hat sich indes als ein sehr komplexer und vielfältig folgenreicher Vorgang erwiesen. So profitieren Papsttum und Kirche noch intensiver von der neuen Rechtswissenschaft. Das klassische kanonische Recht, dessen »Vater« *Gratian* um 1140 (als Lehrer der Theologie im Kloster St. Felix und Naborius, noch nicht als Kirchenrechtler an der Universität) ebenfalls in Bologna wirkt und dessen »Vollender«, die großen Juristenpäpste, an der Bologneser Universität beide Rechte studierten, gleicht sich dem römischen Recht theoretisch und praktisch vielfach an, ja verdankt ihm überhaupt seine überlegene juristische Durchformung. Gerade in der Heimat der römisch-deutschen Kaiser kommt römisches Recht zuerst – d. h. seit der vom IV. Laterankonzil (1215) ausgehenden päpstlichen Reformpolitik – auf dem Umweg über das kirchliche Recht zur Geltung und wirkt darüber hinaus in den weltlichen Bereich durch sein Rechtsdenken und das Vorbild kodifizierten Rechts überhaupt. Das Kirchenrecht läßt überdies dort, wo es keine Bestimmungen trifft, das römische Recht gelten und spricht (*Decretum Gratiani* D. X,XI) schließlich noch dem Gewohnheitsrecht subsidiäre Gesetzeskraft zu. (Weltlicherseits gilt die umgekehrte Reihenfolge.) Damit aber das Gewohnheitsrecht solchermaßen als Gesetz gehandhabt werden kann, muß es aufgezeichnet werden (ebd. D. I,5). Dies geschieht in der Tat seit ca. 1220 in rascher Folge überall in Europa, in Deutschland beginnend mit dem Sachsenspiegel, der seinerseits die Kenntnis kanonischen Rechts zu erkennen gibt. Die überkommene Weise rechtlichen Verfahrens, deren Wahrung und Durchsetzung als die Hauptaufgabe der Politik angesehen wurde, gerät in den Sog der neuen Rechtswissenschaft. Seit den letzten Jahrzehnten des 13. Jahrhunderts verstehen sich die weltlichen Rechtssatzungen und Kodifikationen in ganz Europa weniger als die schriftliche Bewahrung des Gewohnheitsrechts, denn vielmehr als Gesetzgebung aus königlicher (im Reich auch aus kaiserlicher) Machtvollkommenheit, gleichgültig ob in Wirklichkeit nur das im Konsens mit den Großen der Reiche gefundene, redigierte oder veränderte und nun königlich approbierte Herkommen oder tatsächlich einmal ausschließlich königliches Gesetz verkündet wird. Hier manifestiert sich ein neues Denken über Herrschaft und Recht. Die Doktrin von der königlichen Gesetzgebungsvollmacht ist verfassungsrechtlich allerdings nur eine glanzvolle Theorie, die mit der grauen Wirklichkeit, in der Rechte und Ansprüche verschiedener Kräfte gemischt sind, noch lange nichts gemeinsam hat. Doch staatsrechtlich ist sie von aktueller Bedeutung. Denn sie gibt einer politischen Theorie rechtlichen Ausdruck, mit deren Hilfe der Wandel von der Idee der christlichen Einheit zur Vorstellung einer politischen Gemeinschaft gleichgeordneter christlicher Königreiche und Herrschaften, der sich im 13. und 14. Jahrhundert vollzieht, begriffen und beschleunigt wird. Die Maxime dieser Theorie lautet: Der König, der einen Höheren nicht anerkennt, ist Kaiser in seinem Königreich (*rex superiorem non recognoscens in regno suo est imperator*), kurz: *rex imperator in regno suo*. Sie ist wiederum ein Ergebnis der Wechselwirkung römischen und kirchlichen Rechts, in deren Verlauf aus dem (grammatischen) Nebensatz einer Dekretale *Innozenz' III.* (*Per venerabilem,* Migne PL 124, Sp. 1132; CICan., ed. Friedberg II, Sp. 714) der politisch-theoretische Haupt-Satz der europäischen Könige abgeleitet wird. Die Rechtsfiktion setzt sie in den Stand, das anfänglich abgelehnte Kaiserrecht zu einer Stütze ihrer königlichen Eigenständigkeit umzubilden – gegen den kaiserlichen und bald auch gegen den päpstlichen Universalismus. Die Vorstellung eines machtvollkommenen gesetzgebenden Kaisers ist justinianisch, ihre Anwendung auf die Könige – anstatt auf den römisch-deutschen Kaiser allein – ist hingegen kanonistisch, und wird aus der kirchlichen in die legistische Rechtswissenschaft übernommen, so z. B. in Frankreich, England, Kastilien, Ungarn, Polen; Bartolus von Saxoferrato (1313/14–1357) bezieht die Maxime auf Städte Reichsitaliens, Philipp von Leiden z. B. auf die Grafschaft Holland.

Die Rechte und die neue Rechtswissenschaft erlangen seit dem 11. und 12. Jh. eine doppelte Bedeutung für die Politik. Sie prägen die Herrschaftsauffassung, indem sie Deutungs- und Begründungselemente politischen Handelns und politischer Ansprüche bereitstellen. Sie verändern sodann die Herrschaftsausübung, indem sie es ermöglichen, daß Gesetzgebung als Herrschaftsaufgabe erkannt und ergriffen wird. Die systematische Einordnung gesetzgeberischer Tätigkeit in die Staatslehre ist indes eine Leistung der Scholastik; sie wurde durch Thomas von Aquin vollzogen.

Herrscherethik und christliche Herrschertheologie

An der methodischen Rationalität, mit welcher die Rechtswissenschaft, die scholastische Philosophie und Theologie betrieben wurden, dürfen die wissenschaftlichen Bemühungen der vorangehenden Jahrhunderte nicht durchweg gemessen werden. Denn das frühe Mittelalter ist mehr auf die Aneignung der Autoritäten als auf ihr rationales Fortdenken ausgerichtet. Kann man von politischer Theorie im Mittelalter ohnehin erst sprechen seit der Rezeption der aristotelischen »Politik« und der dadurch ermöglichten Emanzipation der ›Politik‹ von der *ethica politica* zur *scientia politica,* so war zuvor schon Robert Kilwardby vorsichtig genug, die beiden Rechte (*iura canonica et civilia*) nicht wegen ihrer spezifischen Materie oder Form, sondern nur *ex effectu,* auf Grund ihrer Wirkung und Anwendung, zur politischen Ethik zu zählen (ed. A. G. Judy, S. 126). Er verweist auf das in diesen Rechten geregelte Gerichtsverfahren und präzisiert damit sehr konkret und aktuell die ein gutes Jahrhundert ältere und allgemeinere Definition der *ethica publica,* die er aus der Wissenschaftslehre des *Hugo von St. Viktor* (ca. 1096–1141) zitiert (*Didascalicon* II, 19): »Die öffentliche Ethik dient, da ihre Aufgabe die Sorge für das Gemeinwesen ist, dem Wohl aller: durch die Einsicht ihrer vorausschauenden Klugheit (*providentia = prudentia*), durch die wägende Gerechtigkeit (*iustitia*), die standhafte Tapferkeit (*fortitudo*), die geduldige Mäßigung (*temperantia*).« Politik ist nach diesem älteren Verständnis die Ausübung bestimmter Tugenden seitens derer, denen »die Sorge für das Gemeinwesen« obliegt – nicht etwa auch die Theorie der Gesetzgebung oder eines gut geordneten Gemeinwesens und seiner Institutionen. Denn in dem Maß, in dem das Gemeinwesen sich noch nicht in dauernden Institutionen entfaltet, sondern auf personale Herrschaft gestellt ist, fällt auch die Lehre von der Politik zusammen mit der Lehre von den persönlichen Tugenden der Herrschenden. Dies ist in den frühmittelalterlichen Schriften zur Herrscherethik, den Mahnschreiben und Fürstenspiegeln der Fall.

Die Tugenden, die Hugo von St. Viktor aufzählt, bilden schon das Grundgerüst der antiken Tugendlehre. Hugo zitiert hier denn auch (und mit ihm folglich Kilwardby) ganz wörtlich aus einem Kommentar des *Boethius* (zu Porphyrius' »Einführung in die Kategorien des Aristoteles«, CSEL 48,1 S. 9). Hier wie dort erläutern die vier Tugenden die Ethik des ›öffentlichen‹ Handelns. Die Wissenschaftslehre des frühen Mittelalters nimmt die vier Tugenden zwar auf, doch nicht um wie Boethius und Hugo speziell die »Sorge für das Gemeinwesen«, sondern um vielmehr generell die Philosophie des rechten Handelns zu definieren. Hierin folgt sie *Isidor von Sevilla* (600–636, *Etymologiae* II, 24, 5–6). Isidor gliedert die Philosophie entsprechend der stoischen, angeblich auf Platon zurückzuführenden Tradition in Physik, Ethik und Logik und definiert dabei die Ethik insgesamt mittels der vier Tugenden. Er bevorzugt diese ›platonische‹ Dreiteilung der Philosophie vor der aristotelischen Zweiteilung, nach welcher die Philosophie in die theoretische und die praktische zerfällt und die praktische ihrerseits in Ethik, Oekonomik und Politik (s. o.). Das aristotelische Schema, das allein zu einer ausdrücklichen Bestimmung des öffentlichen Handelns führt, wird indes erst zur Zeit Hugos – im 12. Jahrhundert – unter arabischem Einfluß wieder wirksam. Die Wissenschaft des frühen Mittelalters kennt somit, Isidors ›platonischer‹ Einteilung folgend, keine spezifische öffentliche Ethik. Sie behandelt sogar die antikphilosophische Ethik überhaupt nicht als einen eigenständigen Bereich, sondern assimiliert sie, an der Hand der Kirchenväter, von vornherein der christlichen Morallehre, der sie gegebenenfalls im Hinblick auf den Herrscher nur besondere Akzente verleiht.

Schon *Ambrosius,* der älteste der großen Kirchenväter des Westens (ca. 339–397), der die vier Tugenden erstmals *Kardinaltugenden* benennt, führt sie in die Bibelauslegung und die Sittenlehre der lateinischen Kirche ein. Nach seiner Überzeugung verdankten die »Weisen dieser Welt« ihre Kenntnis dieser Tugenden (wie z. B. Cicero, *De officiis* 1,5, 15–17; *De inventione* 2, 53–54) letztlich ohnehin der ältesten Quelle aller Weisheit, der Bibel. Die Bibel jedenfalls erschließt erst ihr rechtes Verständnis: Grund und Ziel der Tugenden ist Gott, sie sind nichts anderes als eine Entfaltung der Gottesliebe. In diesem Verständnis erfährt die Tugend der Gerechtigkeit (der Cicero *religio* und *pietas* subsumierte) die bedeutendste christlich-theologische Ausweitung. Sie wird gleichgesetzt mit der Liebe zu Gott und dem Nächsten, d. h. der Beachtung der Gesetze Gottes, so z. B. von Augustin und ihm folgend von *Alcuin* (ca. 730–804). Die Gerechtigkeit »ergießt sich« über alle anderen Tugenden (Augustin, MPL 40, Sp. 51), so daß das Vierer-Schema an Bedeutung einbüßt. Die so umfassend gedachte Gerechtigkeit, die Gott und den Menschen ›gerecht‹ wird und darum zumeist den deutlicheren Doppelnamen *Frömmigkeit* (pietas) *und Gerechtigkeit* (iustitia, nun in einem engeren Sinn) trägt, bildet den Kern der auf den Herrscher angewandten Ethik. Er soll die Gesetze Gottes beachten und ihnen auch Beachtung verschaffen. Seine Gerechtigkeit muß sich darum in der umfassenden, nicht nur rechtlichen »Zurechtweisung« (*correctio*) seiner Untertanen bewähren. Dies ist das an Karl den Großen und andere Herrscher herangetragene Programm Alcuins.

Die maßgebenden Quellen dieses ganz und gar christlichen Programms sind die Bibel und die sie ausdeutende Theologie der Kirchenväter, namentlich Augustins und Papst Gregors des Großen (590–604).

Das Alte und das Neue Testament enthalten in der Tat eine Fülle von Bestimmungen über Herrscher und Volk, z. B.: daß Gott allein Herrschaft und Macht gehöre (Ps. 61,12; Röm. 13,1; Judas 25); daß er sie dem

König übertrage (1 Kge 2,10; Sap. 6,4; Dan. 4,14); ihn über das Volk setze, damit er Gesetze gebe und in Gerechtigkeit richte (2 Paral. 1,11); daß der Herrscher gnädig sein (Ecclus. 10,17) und sich nicht überheben (Ecclus. 32,1), daß er auf gute Ratgeber hören solle (Prov. 29,12); daß der Priester den abirrenden König zu mahnen und zu tadeln habe (2 Kge 12); daß das Volk der von Gott eingesetzten Gewalt untertan und gehorsam sei (Röm. 13,1–2; 1 Petr. 2,13). Das Alte Testament enthält über Vorschriften hinaus den Typus rechter Königsherrschaft über das Volk Gottes. Die Herrscher der Römer, die »die heiligen Märtyrer im Feuer verbrannten oder mit dem Schwert verstümmelten oder zum Zerfleischen den wilden Tieren vorwarfen«, gelten weder als Vorgänger noch als Vorbilder der Frankenherrscher (*Lex Salica,* Längerer Prolog). In der israelitischen Königsherrschaft ist die christliche praefiguriert. Der rechtgläubige Frankenkönig ist darum – in der mit Christus angebrochenen neuen Ära – der neue David, der neue Salomon, und er herrscht nach ihrem Typus (*figura,* Bild) über das neue Volk Davids, das auserwählte, »erlauchte Volk der Franken, das Gott (sich) geschaffen hat« (ebd.). Israel ist der Typus der besten Herrschaftsordnung und des Zusammenwirkens von Herrscher und Priester. Der alttestamentliche »Typus« bedeutet dabei nicht Vorgänger oder Vorbild, denen das »Neue« nur nachfolgte oder nacheiferte. Das Alte wird vielmehr im Neuen gesteigert erfüllt. Denn das Alte ist wohl der Grund, aber nicht der Sinn des Neuen. Den Sinn gibt Christus, der »das Gesetz und die Propheten erfüllt« hat (Mt. 5,17) und darum wahrer König und Priester ist. Insofern ›trägt‹ der neue David als *rex et propheta* zugleich den Typus Christi.

Durch diese typologische Spannung zwischen »alt« und »neu« wird das politische Denken des christlichen Frühmittelalters schöpferisch, während es sich seit dem hohen Mittelalter an der Spannung zwischen antiker säkularer und christlicher Überlieferung entzündet. Entsprechend unterschiedlich sind auch die Denkmethoden: Anstatt schlußfolgernd und Widersprüche logisch auflösend zum Beweis zu schreiten, überschaut typologisches Denken aus eschatologischer Warte vergleichend die Fakten der Heilsgeschichte, um Bedeutungszusammenhänge »spekulierend« herzustellen. Auf diese Weise erhält die dem Herrscher nahegebrachte Deutung seines Handelns eine Dimension, in der das Politische in der Heilsgeschichte unmittelbar aufgeht.

Dieses Denken wird nicht erst literarisch in den Briefen Alcuins oder in dem frühesten der karolingischen Fürstenspiegel, der *Via regia* des *Smaragd von St. Mihiel* (um 810) faßbar, sondern äußert sich vorher und nachher in den am Herrscher vollzogenen liturgischen Handlungen und in der Symbolik seiner Herrschaftszeichen. Kronen als Zeichen der Königsherrschaft vielleicht schon seit Chlodwig, sicher aber die Salbung zum König von Gottes Gnaden seit Pippin dem Jüngeren (751), die weitgehend Salo-

mons Thron nachgebildete Gestalt des Steinthrons Karls d. Gr. im Aachener Münster, dann der hohepriesterliche Ornat Ottos I. samt seiner königspriesterlichen Krone manifestieren sinnfällig und konzentriert ein politisches Denken, das sich erst durch den typologischen Bezug auf das Alte Testament erschließt. Daß Karl d. Gr. alttestamentliche Gebote wie Sabbatruhe und Zehntzahlung in seinem Reich zu Gesetzen erhob und andere aus dem Alten Testament begründete, zeugt für die unmittelbare Wirksamkeit dieses Denkens. Die Königsweihe verwirklicht die christliche Erfüllung des alttestamentlichen Typus in der Liturgie. Denn die mit der Weihe verbundene Salbung, an den Frankenkönigen seit 751 vollzogen, macht den König entsprechend den im Alten Testament geschilderten Handlungen und verwendeten Formeln (bes. 1 Kge 10,1ff.; 16,1ff.) zum *christus Domini,* dem Gesalbten des Herrn, womit der König zugleich den Namen Christi trägt.
Die liturgischen Gebete der Weiheordnungen (Ordines) bekräftigen zuallererst den alten Kerngedanken christlicher Welt- und Herrschaftsauffassung: daß alle Macht von Gott dem Schöpfer komme, der die Könige in ihr Amt einsetze. Doch die meisten Ordines gehen weiter. Sie folgen einem im Mittelalter fälschlicherweise dem Augustinus zugeschriebenen und darum um so mehr gelesenen Bibelkommentar des 4. Jahrhunderts, einem Werk des sog. Ambrosiaster, das (antike Herrschervergötterung neuplatonisch-christlich umdeutend) den König wegen seiner Stellung in der Weltordnung das »Abbild« und den »Stellvertreter Gottes« (*imago Dei, vicarius Dei*) nennt. Hier tritt zum theokratischen Dienst- und Amtsgedanken die Vorstellung von der Teilhabe an Gottes Macht und Heiligkeit. Dies anerkennt die kirchliche Herrscherweihe. Denn sie gilt bis zur Ausbildung der Lehre von der Sieben-Zahl der Sakramente im 12. Jahrhundert als ein (theologisch nicht näher definierte) Sakrament, dessen Empfang den Herrscher in die Hierarchie der geweihten Amtsträger einrückt, nach weit verbreiteter Ansicht neben oder sogar über die Bischöfe. Dem König kommt dann nicht nur typologisch der Name Christi, sondern auch kirchlich-hierarchisch die Stellvertretung Christi zu. Er ist damit in die größtmögliche Nähe zu Christus gestellt. Der theokratische Amtsgedanke erscheint zum monarchisch-theokratischen Hierarchiegedanken gesteigert. In ihm ist die staatskirchliche Praxis des frühmittelalterlichen Königtums fundiert. Die Könige haben bis zum Investiturstreit entsprechend gehandelt, indem sie sich wie schon Chlodwig zur Leitung der Kirche ihres Reiches berufen fühlten; seit den Karolingern nehmen die theologischen Ausdeutungen der Herrscherstellung beträchtlich zu. In ihrer Zeit erfährt das hierarchische Denken zudem neue, eigenartige Anstöße aus den christlich-mystischen Schriften eines unbekannten Syrers, der an der Wende vom 5. zum 6. Jahrhundert unter dem unmittelbaren Einfluß des Neuplatonikers Proklos (412–485) schrieb, sich aber für den Athener

Paulus-Schüler Dionysius vom Areopag (Apg. 17,34) ausgibt. Eine byzantinische Gesandtschaft Kaiser Michaels II. überreichte 827 Ludwig dem Frommen den noch erhaltenen Codex mit den griechischen Werken des *Ps.-Dionysius Areopagita,* darunter den Schriften über die »Hierarchien« (Ps.-Dionysius prägte diesen Begriff): über die »himmlische« und ihre irdische Entsprechung, die »kirchliche Hierarchie«. *Johannes Scotus Eriugena* (ca. 810 – ca. 877), der Leiter der Hofschule Karls des Kahlen, schuf die einflußreichen Übersetzungen. Ps.-Dionysius legt dar, daß jedes Wesen der Vermittlung des nächst höheren bedürfe, um sich Gott zuzuwenden, denn die Tätigkeit Gottes erreiche nur die obersten Wesen; »die Wesen jeder zweiten Ordnung können immer nur durch die einer ersten Ordnung zum göttlichen Licht emporgeführt werden« (Migne PG 3, 504 C). In der kirchlichen Hierarchie tun dies die Bischöfe. Wird der König ihnen gleich- oder gar noch vorangestellt, dann ist der Gipfel christlicher Herrschertheologie tatsächlich erreicht und die Parallele zur byzantinischen Kaisertheologie unverkennbar.
Doch die Unterschiede zwischen West und Ost sind bedeutsamer. Während die byzantinische Monarchie auf die Kaisertheologie nicht verzichten konnte, vermochte das westliche Königtum die weitgehende Destruktion der mystischen Herrschertheologie im Investiturstreit zu überdauern: nicht nur dank dem Bündnis mit der erneuerten römischen Rechtswissenschaft oder einem rationaler gefaßten Amtsgedanken, sondern auch dank seiner ältesten, germanischen Grundlage, der Zugehörigkeit zu einer adligen, letztlich mythisch legitimierten Königssippe (auch wenn die Zugehörigkeit durch eine sagenhafte Ansippung erst nachträglich hergestellt wurde). Eine solche Grundlage kennt das byzantinische Kaisertum nicht.

Genealogie und heidnische Theologie

In der Sprache Alcuins ist Karl d. Gr., wenn er das Gesetz Gottes (*lex Dei*) im Volk verbreitet, nicht nur König wie David, sondern zugleich auch Prediger wie David (MGH Epp. IV, nr. 41). Alcuin bezeichnet damit typologisch den Missionsauftrag der Frankenherrscher, den Pippin und Karl von den Merowingern übernahmen und mit Hilfe der Angelsachsen energisch ausführten. Noch nicht in typologischer, dafür aber in um so deutlicherer politischer Formulierung wird er schon Chlodwig, dem ersten der katholischen Frankenkönige und nicht-arianischen Germanenkönige, bei seiner Taufe (498) auf den neuen Heilsweg mitgegeben. Der burgundische Bischof *Avitus von Vienne* (ca. 460–518) verknüpft, als er Chlodwig zur Taufe beglückwünscht, Mission und fränkische Reichsbildung: Chlodwig komme die Aufgabe der Glaubensausbreitung zu und, darauf gründend, das Recht der Oberherrschaft über die bekehrten heidnischen Stämme. Avitus' Brief ist in doppelter Hinsicht ein Schlüsseldokument des politischen Denkens beim Übertritt des fränkischen Königtums von der heidnisch-germanischen zur christlichen Religion (MGH AA VI, 2 Nr. 46). Er skizziert vorausschauend die politische Bedeutung eines fränkischen katholischen Reiches als westliches Komplement zum griechisch-katholischen Kaisertum und beleuchtet rückschauend die Grundlagen der Königsherrschaft, die Chlodwig für unverzichtbar erachtet.

Sein fränkisches Königtum ist legitimiert erstens in der mythischen Abstammung von einem göttlichen Ahnen an der Spitze der Genealogie, dessen Kraft sich seinen Abkömmlingen im ererbten Blut und in der ›zeitweiligen Vergöttlichung‹ mitteilt, die sie beim periodischen Vollzug des Kultes erlangen; und zweitens in dem durch den »Kult von staatswegen« geförderten »Heil«, das im Königsgeschlecht (*stirps regia*) als Königsheil wirkungsmächtiger als in den anderen Adelsgeschlechtern sein und sich z. B. im Waffenglück und Erntesegen manifestieren muß. Es handelt sich, mit einem Wort, um das Erbcharisma der Königssippe, das sie ihren Stammesverwandten vermittelt, die sie repräsentiert. Das Erbcharisma bildet das in heidnischer Theologie verankerte religiöse Fundament der politischen Gemeinschaft und der Herrschaft des vorchristlichen fränkischen Königtums.

Da Chlodwig dieses Fundament mit der Taufe nicht einfach preisgeben kann, ist ein Kompromiß notwendig. Ihn teilt Avitus' Brief mit: Chlodwig verzichtet auf die Göttlichkeit seiner Abkunft sowie den damit verbundenen Kult und betrachtet die Merowinger-Genealogie nur noch als Stammbaum adeliger Menschen. Chlodwig gewinnt aus der Taufe erstens auf das höchste gesteigerte Adeligkeit (*fastigium generositatis*), so daß er nun sich selbst als christlichen Spitzenahn seiner rechtgläubigen Nachkommen betrachten darf (der dereinst im Himmel regieren wird), und zweitens Heiligkeit (*sanctitas*), die, wie er glaubt und die Kirche ihn glauben läßt, seinen Waffen denselben Erfolg gibt, welchen bisher das Königsheil (*felicitas*) gewährte. Es ist Chlodwig nicht darum zu tun, in einem radikalen Wandel nunmehr »zu verehren, was er verbrannt, und zu verbrennen, was er verehrt hat«, sondern die alte germanisch-theologische Fundierung von Königtum und Adel christlich umzuprägen, so daß auch die politische Funktion der Religion, die Hauptstütze »staatlicher« Autorität und das wichtigste Bindemittel »staatlicher« Gemeinschaftsbildung zu sein, erhalten bleibt und sie überdies gerade durch ihre christliche Umprägung zur Integration der unterschiedlichen germanischen und romanisch-christlichen Bestandteile des fränkischen Großreichs befähigt wird.

Schon Chlodwigs Königtum vereinigt in sich die Elemente zweier älterer (vor allem mit Hilfe der vergleichenden Religionsgeschichte in durchaus nicht unumstrittener Weise erschlossener) Formen des Königtums: Elemente eines relativ erblichen, im Thing, der Versammlung der Kult- und Rechtsgemeinschaft in Erscheinung tretenden Königtums aus den seßhaften und agrarischen Perioden der Germanenstämme, das durch Geblüt und Kult Anteil am Wesen des Gottes hat und durch sein »Heil« den Frieden und das Wohlergehen des ackerbauenden und viehzüchtenden Stammes verbürgt; dazu Elemente des ursprünglich auf Eignung zu militärischer Führung beruhenden Heerkönigtums aus der Wanderungs- und Landnahmezeit, das die Gefolgsleute durch heilige Eide an sich bindet, um sie in den Eroberungskrieg zu führen, und, wenn es im Sieg sein »Heil« erweist, ebenfalls Bestand und Erblichkeit gewinnen kann. Die Verschmelzung beider Formen, längst vor Chlodwig und keineswegs nur bei den Franken erkennbar, prägt am folgenreichsten in seiner merowingischen, durch das Erbcharisma des einen Königsgeschlechts (*stirps regia*) und durch seine Herrschaft über mehrere Stämme charakterisierten Gestalt das mittelalterliche Königtum. Obwohl christliche Königsvorstellungen sehr viele Quellenaussagen über germanisches Königtum wie auch dieses selbst stark überformt haben, scheint es doch richtig zu sein, folgende strukturbestimmende Elemente des mittelalterlichen Königtums auf germanische Grundlagen zurückzuführen: die Verbindung von Eignung und Adeligkeit des Königs und die Bindung der Königsherrschaft an den Konsens der Großen. Die erstere manifestiert sich in der Geblütsheiligkeit mit ihrem Erbcharisma. Die Konsensbindung kommt dadurch zur Geltung, daß nicht nur die königliche Rechtsprechung selbst, sondern – modern gesprochen – auch Gesetzgebung, Verwaltung und machtpolitische Entscheidungen in der Form eines Gerichtsverfahrens vollzogen werden, in welchem die Großen an dem Urteil entscheidenden Anteil haben.

Komplexität der Rezeptionen

Die in den vorstehenden Abschnitten schichtweise abgetragenen Formationen lassen sich zwar nach dem vorherrschenden Erscheinungsbild und dem Alter ihrer Lagerung im politischen Denken des lateinischen Mittelalters unterscheiden und gesondert beschreiben, doch darf dabei zweierlei nicht vergessen werden: Erstens ist jede Schicht älter als ihr Vorkommen im Mittelalter, und zweitens sind die mittelalterlichen Formen ihrer Lagerung komplexe Gefüge oder Mischungen.
Jede Schicht war schon vor ihrer Einlagerung im Mittelalter mehr oder weniger starken Verschmelzungsprozessen ausgesetzt. So gehen dem Übertritt Chlodwigs zum Christentum mehrere Jahrhunderte des Zusammenlebens von Germanen mit der antik und christlich geprägten und or-

ganisierten Bevölkerung der eroberten Provinzen voraus, die auf Religion und Recht der Germanen nicht ohne Einfluß geblieben sind. Mehr noch bedeutet ihre Bekehrung und Belehrung anhand der lateinischen Bibel und der lateinischen Kirchenväter eine weitreichende Romanisierung. Daß die Bibel der historische Ursprung aller Wissenschaft und Weisheit sei – diese apologetische Hilfskonstruktion des Ambrosius und Cassiodors (ca. 485 – ca. 580) z. B., die sich gegen die gebildeten Verächter der Bibel richtete, kann rezeptionsgeschichtlich gesehen für die lateinisch missionierten Germanenvölker einige Geltung beanspruchen. Denn deren Romanisierung legt den Grund für die weiteren Antike-Rezeptionen. Begriffe und Vorstellungen des römischen Rechts beeinflussen nicht erst die lateinischen Aufzeichnungen der germanischen Volksrechte im frühen oder die Rezeption seit dem hohen Mittelalter, sondern wirken auch schon auf die Sprache der lateinischen Bibelübersetzungen – deren wichtigste die seit dem 7. Jahrhundert zunehmend und seit dem 9. Jahrhundert überwiegend verbreitete (›Vulgata‹-)Fassung des Hieronymus (ca. 347–420) ist –, besonders dort, wo die Bibel wie im Pentateuch vom Gesetz oder wo sie, wie in den Büchern der Könige, von der Königsherrschaft handelt.
Der lateinischen Aristoteles-Rezeption des 12. und 13. Jahrhunderts gehen ebenfalls Verschmelzungsprozesse voraus; ganz andere zwar, aber auch sie erleichtern die Aneignung. Es handelt sich um zwei zunächst weit auseinander liegende, doch zuletzt ineinandergreifende Vorgänge: erstens um die aristotelisch-logische Schulung, von Boethius dem lateinischen Westen vermittelt, wo aber inhaltlich, durch Augustins mächtige Autorität gestützt, neuplatonische Grundpositionen maßgeblich sind; und zweitens um die neuplatonische Interpretation der aristotelischen Philosophie in der arabischen und jüdischen Philosophie und Theologie des 11. und 12. Jahrhunderts durch Avicenna (980–1037), Avencebrol (ben Gabirol, ca. 1020 – ca. 1070) und Algazel (1059–1111). In ihrer Deutung ist Aristoteles den Gelehrten des christlichen Westens wie z. B. dem bedeutenden Übersetzer und Vermittler Dominicus Gundissalinus (Mitte 12. Jh.) zuallererst verständlich, bevor im 13. Jahrhundert die aristotelische Philosophie selbst, besonders durch Albertus Magnus und Thomas von Aquin, klarer herausgearbeitet wird – um nun in die bisherige abendländische Tradition eingeführt zu werden. Bevor der Humanismus die antiken Autoren in dem politischen Sinn des antiken orator-Ideals las – des umfassend gebildeten orator, der nach Quintilian (I, Prooem. 10) der eigentlich politische und zur Verwaltung der öffentlichen und privaten Angelegenheiten geeignete Mann sei (*vir ille vere civilis et publicarum privatarumque rerum administrationi accomodatus*) – und es dem juristischen, philosophischen und theologischen Spezialistentum entgegenhielt, waren die meisten dieser Autoren schon längst geistiger Besitz des

Mittelalters. Doch wurden sie im Mittelalter anders gelesen, nämlich in der von den lateinischen Kirchenvätern vorgezeichneten ambivalenten Haltung (die Gratian, Decretum, Dist. XXXVII, um 1140 mit übersichtlichen Zitaten wieder einschärft), derzufolge eine sprachliche Ausbildung anhand der heidnisch-antiken Literatur für den Zugang zur Heiligen Schrift und für ihre Verteidigung zwar notwendig sei, jedoch ohne daß diese Literatur einen normierenden Eigenwert erhalten dürfe. Die Schwierigkeit, den Humanismus zu definieren und so die alten Verschmelzungsprozesse von der neuen und massiven »Einlagerung« der antiken Literatur zu unterscheiden, liegt zu einem guten Teil darin begründet, daß die patristischen Vorbehalte schon bei der christlichen Einschmelzung der saeculares litterae im Mittelalter enger oder, oft genug, weiter ausgelegt werden, und daß andererseits die sprachmächtigen der spätantiken christlichen Autoren (wie Augustinus und Hieronymus) zu den bevorzugt aufgesuchten Quellen des Mittelalters wie auch Humanismus gehören. Die humanistische Neuwertung der saeculares litterae vollzieht sich wesentlich im politischen Denken, d. h. im Hinblick auf den *vir vere civilis* als Mitglied des Gemeinwesens; über das ihm zukommende Ethos hofft man, aus den antiken Autoren mehr zu erfahren als aus der Jurisprudenz, die vom *ius civile,* oder der politischen Philosophie, die vom *animal civile,* oder der Theologie, die wohl vom Gläubigen (*fidelis*), aber nicht eigentlich von *civis* handelt.

Die fortgesetzten Einfügungen immer weiterer Schichten antiken Gedankengutes – der lateinisch geprägten Bibel und Patristik, des römischen Rechts, der aristotelischen Philosophie und der säkularen Literatur der Antike – führen zu Lagerungsformen, die einerseits komplexer werden, da die ›jüngeren‹ Schichten die älteren nicht zudecken, sondern durchdringen, andererseits dank der methodischen Reflexion der Juristen und Philosophen präzisere Strukturen erhalten. Dabei ist das politische Denken in besonders hohem Maße der Wechselwirkung äußerer und eigener Dynamik ausgesetzt. Es wird einerseits vom politischen Handeln angestoßen und zur Deutung neuer Entwicklungen herausgefordert; und es wird andererseits von der Mehrdeutigkeit seiner jeweiligen Denktraditionen und der Ausweitung seiner Denkansätze und Quellen in Gang gehalten, um im Horizont des Selbstverständnisses auf die politisch Handelnden zurückzuwirken.

18. Königtum vor dem Investiturstreit

Sakrales Königtum und Kaiseridee

Die Herrschaft der Karolinger ist von grundlegender Bedeutung nicht nur für die geschichtliche Entwicklung des lateinischen Westens überhaupt, sondern auch für die Geschichte der politischen Ideen, und dieses in mehrfacher Hinsicht. Karolingische Herrschaft vereinigt in bestimmender Weise germanisch-fränkische und spätantik-christliche Traditionen, setzt politisches Denken in Bewegung und wird später Gegenstand unterschiedlicher historisch argumentierender Theorien. Die für die politische Ideengeschichte bedeutsamen Vorgänge sind Teil eines epochalen Bündnisses zwischen dem vom oströmischen Reich sich lösenden und nach Westen wendenden Papsttum und dem fränkischen Königtum.

Es handelt sich zunächst um die Ablösung der Merowingerherrschaft. Ein erstes Prinzip enthält die Antwort des Papstes Zacharias auf die Anfrage des fränkischen Hausmeiers Pippin des Jüngeren: ob es gut sei oder nicht, daß die (merowingischen) Könige des Frankenreichs keine königliche Gewalt besäßen. Der Papst erteilte 750 den Bescheid, es sei besser, daß der wirkliche Inhaber der Gewalt König heiße als der, welcher ohne Königsgewalt geblieben sei, damit die Ordnung (*ordo*) nicht verwirrt werde. Wenn der Bescheid des Papstes diese Begründung enthielt, dann ist er nicht allein aus der von Augustinus gebilligten Ordnungsfunktion der (im Prinzip auf verkehrter Selbstliebe beruhenden) Macht zu verstehen, sondern mehr noch aus der zum sog. politischen Augustinismus veränderten, »Staat« und Kirche einander zuordnenden Position der Päpste *Gelasius I.* (492–496) und *Gregor d. Gr.* (590–604), derzufolge Päpsten und Bischöfen eine geistliche Verantwortung für die Könige zukommt und weltliche Herrschaft einen Dienst für das Jenseits leistet, indem sie dem Bösen wehrend und das Gute fördernd »den Weg zum Himmel breiter macht« (Gregor d. Gr., Register III,61). Der Kirche muß es darum auf die effektive Wahrnehmung eines solchen Dienstes ankommen. So besitzt für sie das Prinzip der Eignung (Idoneität) Vorrang vor dem der dynastischen Legitimität, wobei der Begriff der Eignung mehrfaches bedeuten kann. Ungeeignet ist sowohl der bloß den Königs*namen* tragende machtlose König (*rex inutilis,* den später Innozenz IV. juristisch definiert) als auch der unwürdige (*rex iniquus*), vom ungerechten König (*rex iniustus*) ganz zu schweigen, da er als ungerechter nicht mehr König, sondern Tyrann ist. Das Idoneitätsprinzip enthält, vom kirchlichen auf den politischen Bereich übertragen, eine enorme politische Brisanz, wie seine spätere Anwendung zeigt. 750 diente es dazu, den dann durch die Königswahl Pippins (751) vollzogenen Sturz der Merowinger vorzubereiten.

Der zweite für die politische Ideengeschichte bedeutsame Vorgang ist Pippins Königssalbung durch die fränkischen Bischöfe (751) und noch einmal, unter Einbeziehung seiner Söhne, durch den Papst in Saint-Denis (754). Durch die Salbung nach alttestamentlichem Vorbild wird das fränkische Königtum zum christlich-sakralen Königtum von Gottes Gnaden, ist der König nicht nur vom Volk gewählt, sondern auch von Gott erwählt (*gratia Dei rex Francorum*). Er ist nun doppelt legitimiert und doppelt verpflichtet: durch das herkömmliche Recht (vgl. die Konsensbindung) und das göttliche Gesetz. Das letztere verleiht dem sakralen Königtum neue ideelle und politische Dimensionen, die in der theokratischen Herrschaftsauffassung Karls d. Gr. und seiner Umgebung sehr deutlich faßbar werden. Daß die Salbungen nicht nur Pippins Person, sondern auch sein Geschlecht heiligten, damit zur neuen *stirps regia* erhoben und das soeben mißbilligte Geblütsrecht neu legitimierten, widerspricht zwar kirchlichem Idoneitätsdenken, ist aber Ausdruck des politischen und politische Prinzipien etablierenden Bündnisses zwischen Pippin und dem Papsttum. Das Gottesgnadentum eines Geschlechts und nicht nur einer Person bedeutet aus kirchlicher Sicht einen Widerspruch in sich, den die Kirche nur zeitweilig hat beiseite drängen, aber nicht endgültig hat beseitigen können.
Der dritte maßgebliche Vorgang ist die Kaiserkrönung Karls d. Gr. (800). So wie Karls Vater Pippin 751 die Königsmacht mit dem Königsnamen verband, verbindet Karl die Herrschaft über sein Großreich, das die ehemals römischen Provinzen Gallien, Germanien und Italien samt der Stadt Rom umfaßt, mit dem Kaisernamen römischer Tradition. Erst die Übereinstimmung von Sache und Name – so die zugleich philosophische und politische Theorie –, hier von Herrschertaten und Herrschertitel, entspricht der Wahrheit, denn anders wäre der Name »falsch«, »leer«, »unnütz« wie der byzantinische Kaisername in bezug auf den Westen. Indem fränkische Macht sich mit dem römischen Titel verbindet, folgt sie einer Ordnungsvorstellung, die mit der byzantinischen im Prinzip und in der Politik kollidiert: im Prinzip, weil Karl sich im Unterschied zu Byzanz von der Übereinstimmung von Name und Sache nicht dispensiert; in der Politik, weil er der byzantinischen Kaiserideologie einen solchen Dispens (ihre *oikonomia*) nicht zubilligt und auf der Anerkennung seines erworbenen kaiserlichen Ranges besteht. Wie der päpstliche Bescheid von 750 und die Salbungen von 751/754 ist auch das Kaisertum Karls d. Gr. mehrdeutig auslegbar, sobald einzelne Momente dieser Vorgänge isoliert und herausgehoben werden. Die Idoneität kann auch gegen die neue Legitimität gewendet, die Weihe des Königs kann gegenüber der Weihe der Bischöfe geltend gemacht werden. Am vieldeutigsten ist das neue Kaisertum. Karls *Renovatio Romani imperii* bedeutete eine Berufung auf den Beginn *christlicher* Herrschaft und knüpfte darum an Konstantin und

Theodosius an, nicht an die heidnischen Kaiser, und überließ den eigentlichen Römer-Titel und mit ihm die Betonung *römischer* Kontinuität getrost den Byzantinern. Dennoch wurde seine Renovatio zu einer Voraussetzung der zuerst im ausgehenden 10. Jh. deutlich werdenden Einbeziehung römischer Kontinuität in das (nun deutsche) Kaisertum. Karls Anspruch, seine kaiserliche Stellung der Entfaltung fränkischer Königsmacht namentlich in Italien zu verdanken (*rex Francorum et Langobardorum*), stützte im Lichte der ganz ähnlichen Erneuerung des Kaisertums durch Otto d. Gr. sowohl die Auffassung, das Kaisertum sei ein Verdienst militärischer Leistung, diente aber auch der Fortführung antiker und augustinisch-christlicher Romkritik, die das Imperium auf schiere Gewalt gegründet sah. Und die Tatsache der päpstlichen Krönung konnte, obwohl Karl sie keineswegs als konstitutiv für sein Kaisertum ansah – er nannte sich bewußt *von Gott gekrönt* und hieß (813) seinen Sohn Ludwig entsprechend byzantinischen Brauch sich selbst zum Mitkaiser krönen –, bald zu einem Erfordernis der Kaisererhebung und dann zum Ansatzpunkt der päpstlichen Translationstheorie werden, nach der es allein die Päpste waren, die das Kaisertum von den Griechen auf die Franken bzw. Deutschen übertrugen und darum auch die Wahl des deutschen Königs, weil künftigen Kaisers, im Rahmen des Kirchenrechtes regelten (Bulle *Venerabilem* Innozenz' III. von 1202, CICan. ed. Friedberg, II, Sp. 79–82).

Ein zweifellos weltgeschichtliches Ergebnis des päpstlich-fränkischen Bündnisses ist die kirchliche und politische Verselbständigung des lateinischen Westens (also bei weitem nicht des ganzen geographischen Europa). Die Päpste entzogen sich rechtlich und politisch dem byzantinischen Reich mittels fränkischer Hilfe, und der christliche Glaube römischer Orthodoxie bildete umgekehrt ein wesentliches Element des fränkischen Großreichs und blieb während seiner Dekomposition das wichtigste. Zudem trennten die lateinische und die griechische Kirche sich immer weiter aufgrund dogmatischer, kultischer und kirchenpolitischer Differenzen. Seit der Verurteilung des Konzils von Nicaea (787), des letzten von der Ostkirche als ökumenisch anerkannten, durch Karl d. Gr., der auf seinem Frankfurter Gegenkonzil (794) die Rolle eines Schützers der Rechtgläubigkeit wahrnahm, hat keine Synode mehr die allseitige Anerkennung gefunden. Während aber der Primatsanspruch des Papsttums, den nach längerer Latenzzeit Nikolaus I. (858–867) wieder massiv, auch gegenüber Byzanz, geltend machte, auf die gesamte Kirche, nicht nur ihren lateinisch sprechenden Teil, gerichtet war und das Papsttum somit mehr wollte, als es für die Herausbildung des Abendlandes tatsächlich bewirkte, hat Karl den Byzantinern nur die Anerkennung des tatsächlich Erreichten abverlangt. Er hat aus seinem Kaisertitel römischer Tradition gleichwohl keine universalen politischen Ansprüche und auch keine Gebietsansprüche abgeleitet. Die Forderung, daß es nun zwei Kaiser geben solle, war allein im Licht universaler Ansprüche ein *Zweikaiserproblem.* In der Zeit, in der die Einheit des von Karl geschaffenen Reiches bestand, begegnen die Begriffe »Europa« und »Occidens« als Ausdruck des neuen westlichen Selbstbewußtseins. Als diese Einheit im 9. Jh. zerfiel und als das westliche Kaisertum sich auf die römische Imperiumsidee und universale Kaiseridee berief, wurde dieser mit Karl d. Gr. verbundene politische Europa-Begriff unscharf und obsolet; er war politisch zu weit und ideologisch zu eng.

Karolingische Fürstenspiegel: Smaragd von St. Mihiel

Die Christianisierung des germanischen Königtums unterstellte die Herrscher einer vorgegebenen objektiven Normenordnung: dem göttlichen Gesetz des Evangeliums und der Bibel insgesamt. Damit wurde das Königtum in ein ganz neues Spannungsfeld gerückt. Zuvor erwies sich seine Gerechtigkeit darin, daß es »nach Recht«, d. h. in rechtlicher, auf dem Konsens beruhender Verfahrensweise herrschte – die Auffassung von dem nicht gemachten, sondern nur zu findenden Recht, welchem germanisches und mit ihm mittelalterliches Königtum unterstehe, gehört der jüngeren Rechtshistorie, nicht der Geschichte des germanischen Rechts an –; nun trat zu dieser modalen, gleichsam horizontalen Bindung eine inhaltlich-normative, also vertikale Bindung, eben die Unterstellung unter die *lex Evangelii.* Die Gerechtigkeit des Herrschers muß sich nun auch, ja vor allem in der Erfüllung dieser Normenordnung erweisen. Mit dieser neuen Dimension des Königtums befassen sich die karolingischen Fürstenspiegel. Ihr sind freilich verschiedene Aspekte abzugewinnen: der Bezug des Königtums zum Gesetz des Evangeliums kann einerseits aus der Taufe und den einen jeden Christen betreffenden Verpflichtungen abgeleitet werden – so verfährt *Smaragd von St. Mihiel*; der Bezug kann andererseits als die besondere Aufgabe des Königs als des *minister Dei* gedeutet werden – so verfahren z. B. Jonas von Orléans und Hinkmar von Reims. Die Königssalbung dient jedoch keinem der Fürstenspiegel als Ausgangspunkt ihrer Ethik. Die Fürstenspiegel sind unabhängig von dem politischen Akt der Herrscherweihe gestaltet. Zudem erfordert die Unterstellung unter das Evangelium als erstes die Tugend der Demut (*humilitas*). Die Erhöhung des Herrschers in der Salbung zum David-Königtum gilt als Folge, nicht als Ursache der *humilitas*.

Nach den älteren, von verschiedenen Geistlichen an Könige gerichteten Mahnschreiben ist das *Via regia* betitelte Werk des Abtes Smaragd von St. Mihiel (gest. ca. 830) der früheste karolingische Fürstenspiegel (um 810). Herrscherethik bedeutet für ihn auf den König gewendete christ-

liche Ethik und ist im Prinzip derselbe »Königsweg« der Tugenden, der alle Christen von dem in der Taufe verliehenen »königlichen Priestertum« (1 Petr. 2,9) zum himmlischen Reich führen soll. Gottes- und Nächstenliebe, das Halten der Gebote, Gottesfurcht, Weisheit, Klugheit, Gerechtigkeit, Friedfertigkeit usw. werden dem König stets als die »königlichen Tugenden« vorgestellt in dem doppelten Sinn der allgemeinen Gültigkeit und der stärker bindenden Verpflichtung für den, der zudem »König hier auf Erden« ist, sei es der (erschlossene) Adressat Karl d. Gr., seien es andere Könige. Eigentliche Herrschaftsaufgaben treten darum zurück. Der Unterhalt der Kirche und die Aufsicht über sie ergeben sich aus der Verehrung Gottes, geordnete Rechtsprechung, der Schutz der Armen, rechtes Maß und Gewicht beruhen auf der allgemein-christlichen Pflicht zur Gerechtigkeit und Nächstenliebe; bei der Heerführung ist allein entscheidend, daß der König in Gott den wahren Kriegsherrn erkennt. So ist und bleibt die vornehmste Aufgabe des Herrschers, die *via regia* in einer für sein Volk, d. h. die christliche Gemeinde vorbildlichen und zielstrebigen Weise zu gehen, angespornt durch die Vorbilder der alttestamentlichen Könige. Smaragd sieht den König in erster Linie als Glied der Gemeinschaft der Getauften. Daraus leitet er auch die überraschendste Forderung seines Fürstenspiegels ab: die Freilassung der Sklaven. Da die Unfreiheit nicht von der Natur, sondern von der Sünde herrühre, solle die Erlösungsgnade mit der Freilassung der Sklaven beantwortet werden. Diese wie alle anderen Vorschriften weiß Smaragd mit Bibelzitaten zu belegen, denn er will politisches Handeln, näherhin die dieses Handeln leitende Gesinnung, ganz der biblischen Norm unterstellen, genauso wie es die im Auftrag Karls d. Gr. verfaßten Libri Carolini II,30 (MGH Conc. 2 Suppl., S. 96) ca. 790 formulieren: »In den heiligen Schriften findet sich die Norm, durch die geregelt wird, wie sich die Vorgesetzten zu den Untergebenen und die Untergebenen zu den Vorgesetzten zu verhalten haben, wie weltlicher Rat mit kluger Überlegung gehandhabt, wie die Heimat verteidigt, der Feind abgewehrt, draußen und drinnen im Haus verwaltet wird.«
Ein Problem, das schon wenig später entscheidende Bedeutung erhält, wird in Smaragds *Via regia* nicht erörtert: der Dualismus von geistlicher und weltlicher Gewalt, geschweige denn ihr Konflikt. Die *Via regia* entspricht damit dem Denken und der Herrschaftspraxis Karls d. Gr. und den Anfängen Ludwigs d. Fr.; ihre mit Beirat und Zustimmung der weltlichen und geistlichen Großen erlassene Gesetzgebung regelt weltliche und kirchliche Angelegenheiten bis ins einzelne der Moral und Bildung. Die liturgischen und kirchenrechtlichen Normen werden dabei zwar von Rom übernommen, aber ihre Applizierung und Durchsetzung in der fränkischen Reichskirche gelten als herrscherliche Aufgabe. Denn Reich und Reichskirche sind ungeschieden Gegenstand einer umfassenden königlichen

lichen Verantwortung. Die Aufgabe des Papstes sei es – so schreibt Karl d. Gr. programmatisch an Leo III. zu dessen Amtsantritt (MGH Epp. IV, Nr. 93, S. 137f.) –, den König durch sein Gebet zu unterstützen, die Aufgabe des Königs aber sei es, Christi Kirche nach außen zu schützen und in ihrem Innern den reinen Glauben zu festigen.
Bevor die die königliche Kirchenherrschaft einschränkenden und ihr schließlich vehementen Widerstand entgegensetzenden Vorstellungen von der kirchlichen Weltverantwortung darzustellen sind, soll zunächst noch auf die geschlossenste Manifestation der Idee des sakralen Königtums eingegangen werden.

Liturgie und Herrschaftszeichen

Die Herrschaft Ottos I. (936–973), die von der Aachener Krönung (936) an karolingische Traditionen in programmatischer Weise aufnahm, führte zu einer erneuten und sogar intensivierten Sakralisierung des Königtums. Sie fand ihren authentischen Ausdruck nicht in Fürstenspiegeln oder anderen Traktaten, sondern in der um 960 zusammengestellten Beschreibung der Liturgie der Königskrönung, dem sog. *Mainzer Ordo,* sowie in der Symbolik der gleichzeitig angefertigten (und seit dem 12. Jh. so benannten) »Reichskrone«.
Im »Mainzer Ordo«, kompiliert im Mainzer Kloster St. Alban und eingefügt in ein in ganz Europa verbreitetes Pontifikale, wird gleichzeitig aus königlicher und kirchlicher Sicht die Stellung des Herrschers durch liturgische Handlungen und Gebete bestimmt. Der Ordo gibt die Herrschaftsauffassung wieder, die Otto I. sich zu eigen gemacht hat, und ist von großem Einfluß auf die Auffassung vom Gottesgnadentum der europäischen Könige.
Die Herrscherweihe ist im »Mainzer Ordo« in die größtmögliche Nähe zur Bischofsweihe gerückt. Der neue König soll wie ein erwählter Bischof von Klerus und Volk erhoben und von drei Bischöfen geweiht werden. Hinter dem vorangetragenen Evangelium wird der König unter dem Gesang »Siehe, ich sende meinen Boten« (Exod. 23,20) prozessionsweise in die Kirche eingeholt, wo er vor dem Altar sich »demütig« niederwirft. Sodann bekennt er, die Kirchen und ihre Leiter und das ganze Volk gerecht, gottesfürchtig und umsichtig zu schützen und zu regieren; Klerus und Volk, an Röm. 13,1 (d. h. der von Gott gesetzten Herrschaft untertan zu sein) gemahnt, bekräftigen den Gehorsam. Die anschließenden Gebete berufen die vorbildlichen Herrschertugenden der Propheten und Könige des Alten Testaments, die darauf folgende Salbung mit dem Katechumenenöl an Haupt, Brust, Schulterblättern und Armgelenken beruft mit Worten die Salbung der Priester, Könige und Propheten, namentlich

die Davids durch Samuel, und erinnert durch ihre Gebärden an Tauf- und Bischofssalbung, ohne jedoch das früher auch bei der Königssalbung benutzte höherrangige Chrisma zu verwenden. Aus dem Unterschied der Öle wurde indes erst als Ergebnis des Investiturstreits ein Argument für den Unterschied von Herrscher- und Bischofsweihe gezogen, dem »Mainzer Ordo« kommt es dagegen auf die Ähnlichkeit der Weihen an. Bei der Übergabe von Schwert, Ring und Spangen und Mantel, Szepter und Stab und schließlich der Krone, die den »Ruhm der Heiligkeit« anzeige (nach Ecclus 45,14), kommt diese Ähnlichkeit, ja sogar die Teilhabe am Bischofsamt ins liturgische Wort: Mit Christus, dem Gesalbten vor aller Zeit und Herrscher in Ewigkeit, verbinde ihn Salbung und Königsname, er trage Christi Typus, Namen und Stellvertretung. Und: Er sei durch die Krönung Teilhaber des bischöflichen Amtes, damit er, wie die Bischöfe Hirten und Lenker der Seelen *in interioribus* seien, *in exterioribus* die wahre Verehrung Gottes, den starken Schutz der Kirche, die nützliche Ausübung der Herrschaft verwirkliche. Wenn der König dann vom Altar hinweg durch den Chor zum Thron geführt und auf ihn gesetzt wird, fällt eine zusammenfassende Formulierung für seine neue Stellung in der Kirche: Er sei Mittler zwischen Klerus und Volk so wie Christus Mittler sei zwischen Gott und den Menschen. Der König wird also aus der Laienschaft herausgenommen, wenn er von Gott durch die Weihehandlung der Bischöfe in die Herrschaft eingewiesen wird. *Vicarius Christi* wird darum Konrad II. anläßlich seiner Krönung (1024) genannt.
Die Reichskrone, die als Ganzes und in jedem Detail – von der achteckigen Grundform über die Email-Bilder bis zu Zahl, Größe, Farbe und Anordnung der Edelsteine – ein wohldurchdachtes und nur mit Hilfe des Alten Testaments und der Apokalypse zu entschlüsselndes Symbolsystem verkörpert, bringt die sakrale Dimension des Königtums noch stärker zur Darstellung. Die Bilder zeigen auf der einen Seite Könige, auf der anderen Propheten des Alten Testaments. Die Krone wurde zudem über einer Mitra aus Stoff getragen, die von dem einzigen Kronenbügel in zwei Hökker, zwei »Hörner« nach rechts und links geteilt wurde, so daß das Haupt des Königs mit der »goldenen Krone über der Mitra« bedeckt war wie das Haupt des alttestamentlichen Hohenpriesters (Ecclus 45,14). Auch die Gewandung des Königs entspricht der des Hohenpriesters. Der König erscheint als der Hohepriester des neuen, auf das himmlische Jerusalem bezogenen Gottesvolkes, er ist *rex et propheta* und ist damit weit in den geistlichen Bereich hineingestellt.
Die in der für die Folgezeit maßgeblichen ottonischen Liturgie und »Staats«-Symbolik vorgetragene Ideologie bedeutet eine enorme Steigerung des geistlichen Charakters des Königtums, durch welche die Grenzen zwischen *interiora* und *exteriora*, geistlicher und weltlicher Zuständigkeit, verwischt sind. Daß das Königtum ideologisch und auch in der politi-

schen Wirklichkeit Verantwortung für die Kirche übernahm und sie regierte, geschah unter Otto I. ohne Widerspruch, ja unter der Mitwirkung führender Geistlicher (wie Ottos Bruder Brun von Köln, Erzbischof, Erzkanzler, Reichsfürst, politischer und theologischer Berater des Königs). Ottos Kaiserkrönung steigerte seine Herrscherauffassung kaum mehr, sondern zog zusätzlich das Papsttum in den kaiserlichen Verantwortungsbereich, was in dem Ottonianum genannten Vertrag zum Ausdruck kam, der wohl die Existenz des Kirchenstaats bekräftigte, aber gleichzeitig jedem neuen Papst einen vor der Weihe zu schwörenden Eid zugunsten des Kaisers abverlangte.

19. Kirchliche Weltverantwortung und päpstliche Primatsidee

Kirchliche Selbstverantwortung: Bischöfe und Synoden

Das christliche Sakralkönigtum ist die ideologische Grundlage des früh- und hochmittelalterlichen »Staatskirchentums«, der königlichen Leitung der Reichs- bzw. Landeskirche durch Einsetzung ihrer höheren Würdenträger, mit Auswirkungen sogar auf die römische Kirche selbst. Zwar nicht der Entstehung, aber der Wirkung nach entspricht diesem Vorgang das auf die niederkirchliche Ebene bezogene, aber bald auf bedeutende Klöster und Bistümer ausgreifende Eigenkirchenwesen, das dem weltlichen Kirchengründer die Verfügungs- und Gerichtsgewalt über Gut und Klerus »seiner« Kirchen beläßt und die amtskirchliche Zuständigkeit aushöhlt. So förderlich das Eigenkirchenwesen für die Vermehrung der Kirchengründungen auch war, und so gewissenhaft das Königtum seine kirchlichen Aufgaben auch wahrnahm, der Unterschied von geistlicher und weltlicher Zuständigkeit wurde auf allen Ebenen in fortschreitendem Maße verwischt. Eine Krise der Herrschaft mußte zwangsläufig zu einer Krise der Kirche, vorab der Amtskirche werden. Dieser Fall trat Ende der 820er Jahre durch den Konflikt Ludwigs d. Fr. mit seinen Söhnen ein. Die Krise führte zur Behauptung der Selbstverantwortlichkeit der Kirche, die sich zunächst mit theologischen und dann auch mit juristischen Argumenten wappnete.
Die wichtigste Autorität zugunsten einer Unterscheidung von geistlichen und weltlichen Aufgaben bot ein im Mittelalter immer wieder, namentlich seit dem Pariser Reichskonzil von 829 mit Nachdruck zitierter Satz aus einem im Jahr 494 an den byzantinischen Kaiser gerichteten Brief des

Papstes *Gelasius I.*: »Zwei sind es nämlich, erhabener Kaiser, durch die an oberster Stelle diese Welt regiert wird: die geheiligte Autorität der Priester (*auctoritas sacrata pontificum*) und die königliche Gewalt (*regalis potestas*). Unter diesen ist das Gewicht der Priester um so schwerer, als sie sogar für die Könige der Menschen vor dem göttlichen Gericht Rechenschaft geben müssen« (H. Rahner S. 255f.). Gelasius verändert hier die Position Augustins, indem er Kirche und staatliche Gewalt einander zuordnet und ihre Gemeinsamkeit betont; er steht am Beginn des »politischen Augustinismus«. Im Vergleich zu der byzantinischen Kaisertheologie eusebianischer Prägung treten aber die Unterscheidung von *regnum* und *sacerdotium* und die subtile Höherwertung der geistlichen Autorität gegenüber der weltlichen Macht hervor. Im 9. Jh. wird das Gelasius-Wort dahin gedeutet, daß »diese Welt« die eine Kirche bedeutete, die nicht nur »an oberster Stelle« doppelt regiert werde, sondern durchgehend aus zwei Ständen, Priesterschaft und Laienschaft bestehe; daß die »königliche Gewalt« wie das bischöfliche Amt in erster Linie ebenfalls ein von Gott verliehenes Amt (*ministerium*) sei, dessen Inhaber die Priester nicht bloß mit ihrem Gebet zu unterstützen, sondern in wachsamer Aufsicht zu mahnen haben.

Auf den großen fränkischen Reichsversammlungen der Jahre 828 und 829 werden die neuen Grundsätze der Zuordnung des geistlichen und weltlichen Bereichs auf der Basis einer neuen Grenzziehung und rechtlich fixierbaren Kompetenzentrennung proklamiert. Der Angelpunkt ist die Verwaltung und rechtliche Zugehörigkeit des Kirchengutes. Es soll unangefochten in den Aufgabenbereich der Bischöfe gehören, und umgekehrt sollen die Bischöfe von amtsfremden weltlichen Aufgaben befreit sein (*libertas episcopalis, sacerdotalis*). Der Reformplan des Abtes *Wala von Corbie* unterscheidet dabei in der einen Kirche unter ihrem Haupte Christus nicht nur die beiden ordiens der Priester und Laien, sondern ordnet jedem eine eigene *respublica*, einen eigenen »Gemeingutbereich« zu: Kirchengut und Königsgut bilden je eine *respublica*, nicht vermischt, aber zusammenwirkend, beide geleitet von Amtsträgern. Die von Bischof *Jonas von Orléans* redigierten Akten des Pariser Konzils (829) und sein darauf gestützter Fürstenspiegel beschreiben ausführlich deren Aufgaben, die des Königs nach Isidor von Sevilla: nur der sei »rex« und werde seinem Namen gerecht, der sich selbst, sein Haus und sein Reich in »rechtem Handeln« »regiere« und »korrigiere«, sonst sei er ein Tyrann. Das Bild des Tyrannen gewinnt nun breiten Raum, um aufzuzeigen, wie der König durch Verletzung der ethischen Normen sein Amt verliert; das Geblütsrecht wird als Legitimitätsgrund ausdrücklich abgelehnt. Über die Einhaltung der Normen aber haben die Bischöfe zu wachen. Denn sie haben – Jonas zitiert ein bei Rufin, Historia ecclesiastica I,2 überliefertes Wort Konstantins, das an 1 Kor. 2,15 angelehnt ist – über die Könige zu urtei-

len, können selber aber von den Menschen nicht gerichtet werden. Noch dient dieses Wort nicht der Etablierung des päpstlichen Jurisdiktionsprimats, sondern soll das geistliche Mahnrecht der Bischöfe begründen.
Die in den genannten Reichsversammlungen abgesteckten Positionen werden in den nachfolgenden Krisen des spätkarolingischen Reiches mit unterschiedlicher Akzentsetzung weiter entfaltet. Erzbischof *Agobard von Lyon* (816–840) betont, auf der Basis des allgemeinen Priestertums aller Gläubigen, die Würde und Verantwortung der Amtspriester, die er vor den Übergriffen des Königs und den Auswirkungen des Eigenkirchenwesens schützen will. *Hinkmar von Reims*, Erzbischof (845–882) und geistlicher Staatsmann, der die patristische Tradition in voller Breite einschließlich der Kriegerethik in die Herrscherethik einbringt, arbeitet mit häufigem Rückgriff auf Gelasius den Gewaltendualismus scharf heraus, um einerseits den Amtscharakter des Königtums, andererseits die Unabhängigkeit der Bischöfe, in erster Linie der Metropoliten zu behaupten – unter Zurückweisung vasallitischer oder lehnrechtlicher Bindungen an den König sowie päpstlicher Einmischung in die Landeskirche. Hinkmar leitet das Aufsichtsrecht der Bischöfe nicht allein aus ihrer geistlichen Verantwortung ab, sondern zusätzlich aus der bischöflichen Mitwirkung an der Königssalbung. Die Herrschersalbung gerät damit in den Sog der Zweigewaltenlehre, freilich noch ohne juristische Fixierung. Die kirchliche Eigenverantwortung aber wird immer deutlicher zu einer kirchlichen Weltverantwortung ausgedehnt. Aus der Sicht der westfränkischen Theologen des späten Karolingerreiches muß die Herrschertheologie des ein Jahrhundert jüngeren »Mainzer Ordo« und der Reichskronensymbolik ebenso als Rückschritt erscheinen wie die staatskirchliche Praxis der Ottonen.

»Tyrannenspiegel«: Atto von Vercelli

Die im 9. Jh. breiter entfaltete Tyrannenlehre ist nicht nur das Gegenbild der Ethik des *rex iustus*, sie ist auch ein Reflex der Herrschaftskrisen. Der Tyrann unterstellt sich nicht der Norm des Evangeliums und wird darum wesentlich mit der Kategorie des Hochmuts (*superbia*) begriffen. Ganz anders geht *Atto*, Bischof von Vercelli (924 – ca. 960), das Phänomen des Tyrannen in seinem *Polypticum* (»Vielblätterbuch«) an. Seine Schrift ist ebenfalls ein Reflex auf die Zeitereignisse, diesmal der oberitalienischen Machtkämpfe vor dem Eingreifen Ottos I. Doch Atto analysiert generell die Machttechnik tyrannischer Herrschaft und stellt sie als eine in verschiedene Möglichkeiten aufgegliederte, logisch-gesetzmäßige Abfolge von Übeltaten dar, die alle aus dem unrechten Herrschaftserwerb durch Verschwörung hervorgehen (cap. 2–11). Wie halten sich Tyrannen an der Herrschaft? Wie erwehren sie sich der Ansprüche ihrer eigenen Helfershelfer? Wie verhalten sich Ritter, Richter, Untertanen? Wie reagieren die auswärtigen Fürsten? Es gibt auf Jahrhunderte hin keine Schrift, die auf solche Fragen mittels systematisierter Analyse von Beobachtungen antwortet wie die Attos. Erst nach dieser Aufdeckung tyrannischen Machtgebrauchs kommt Atto in einem kürzeren und blasseren Teil auf die rechtmäßig erworbene, in persönlicher Rechtlichkeit ausgeübte, die gottgewollten Unterschiede der Stände respektierende Herrschaft zu sprechen. Attos Polypticum geißelt die dem Bösen folgende Welt, aber redet keinesfalls der Auflehnung das Wort. Es ist auch nicht von zwei Gewalten die Rede oder von den Mahnungen der Bischöfe – es sei denn, man nehme diese Mahnschrift des Bischofs Atto, welche »das Lot anlegen« will, selber dafür.

Kirchenreform und Papsttum: Investiturstreit

Das Streben der fränkischen Kirche nach größerer Autonomie machte nicht bei synodalen Reformprogrammen, Fürstenspiegeln und kritischen Traktaten halt, sondern suchte ihre Ziele auch rechtlich abzusichern. Diesem Zweck – besser: auch diesem Zweck – diente eine mehrteilige, sehr umfangreiche Fälschung bzw. Verfälschung von Kaisergesetzen, Konzilsbeschlüssen und päpstlichen Dekretalen. Die Dekretalen sind der wichtigste Teil, um 850 gefertigt, vorgeblich von einem Isidorus Mercator gesammelt und darum heute pseudo-isidorische Dekretalen genannt. Sie enthalten u. a. die älteste Überlieferung der sog. *Konstantinischen Schenkung*, in der Kaiser Konstantin über seine wunderbare Lepraheilung durch die von Papst Silvester gespendete Taufe berichtet, dem er dafür kaiserliche Macht und Insignien, die Stadt Rom und alle Provinzen in Italien und dem Westen übergeben habe, um sich selber aus Rom zurückzuziehen. Die Dekretalen bieten vieles über die kirchliche Struktur, über Sakramente und kirchliches Leben und waren darum auch vielseitig verwendbar. In den Fälschungen insgesamt ist eine mehrfache Frontstellung zum Schutz der Diözesanbischöfe unübersehbar: Weltliche, erzbischöfliche und synodale Eingriffe sollen abgewehrt werden. Zu diesem Zweck erfährt die Zuständigkeit der päpstlichen Gerichtsbarkeit eine weite Ausdehnung. Damit erhielten die Päpste ohne eigenes Zutun eine primatiale Machtfülle zugewiesen, die sie nach dem Willen der episkopalistischen Fälscher gewiß nicht realisieren sollten, und die sie tatsächlich erst seit der zweiten Hälfte des 11. Jhs. wahrnehmen konnten. Denn dafür war es erforderlich, daß das Papsttum die kirchliche Reform selber in die Hand nahm. Bis dahin aber versehen die theokratischen Könige – in höchster Steigerung Kaiser *Heinrich III.* (1039–1056) – im Sinne des Staatskir-

chentums und des Eigenkirchenrechts unangefochten und erfolgreich diese Aufgabe. Die kirchlichen Reformbewegungen, deren berühmtester monastischer Vertreter Cluny und sein rasch wachsender Klosterverband gewesen ist, opponierten dagegen keineswegs. Im Gegenteil, gerade Cluny und das Königtum verbanden sich zur Verchristlichung der verweltlichten Christenheit, ihrer Kleriker wie ihrer Laien.
Politische Sprengkraft gewann die Reform erst durch die Ideen jenes Kreises, dan der von Heinrich III. auf den päpstlichen Stuhl erhobene Elsässer *Leo IX.* (1049–1054) in Rom versammelte und der bald mit unheimlicher Konsequenz ein geistlich-politisches Programm entwickelte und durchsetzte. Es verbindet die sittliche Erneuerung der Kirche mit ihrer organisatorischen, greift also bisher erhobene Forderungen auf, sucht sie aber mit neuen Mitteln zu verwirklichen und gelangt darüber zu weiteren Forderungen. Die neuen Ideen erfuhren ihre erste wirksame und kompromißlose Darlegung in der Schrift des Kardinals *Humbert von Silva Candida* »Gegen die Simonisten« (*Adversus Simoniacos*, MGH Ldl 1,S. 95–253) von 1057/1058. Die umfangreiche Schrift greift von den beiden bisher wesentlichen Reformthemen, der Priesterehe und der Simonie (= Erwerb geistlicher Ämter durch Gegenleistungen), allein das zweite auf. Humbert macht die ganze bisherige Ordnung als den Feind der Reform aus. Denn er faßt die »Wahl« und Investitur, d. h. die Besetzung und Ausstattung geistlicher Amtsträger durch Laien, insgesamt unter den Begriff der Simonie. Das betraf die Eigenkirchenherren, die Priester für »ihre« Kirchen ernennen, sowohl wie die Könige, welche Bischöfe ohne streng kanonische Wahl in die Bistümer einweisen, und schließlich auch den Kaiser, der Einfluß auf die Papstwahl nimmt. Das geistliche Amt und seine materielle, die geistliche Amtsausübung erst ermöglichende Ausstattung seien untrennbar, die Investitur somit eine geistliche Handlung. Darum machen sich der Simonie alle schuldig, die der bisher gültigen, aber nunmehr für widergöttlich erklärten Ordnung entsprechend handelten, investierende Laien wie investierte Geistliche; auch die Könige sind für Humbert Laien, die sich keine priesterlichen Aufgaben anmaßen dürfen, wie es besonders die verdammenswerten Ottonen getan hätten. Sie alle gehören zum Antichrist, der sich als Christus ausgibt; sie sind die falsche Kirche in der wahren. Die wahre, vom Einfluß der Laien auf die Sakramentsverwalter freie Kirche müsse sich gegen die falsche erheben. Deshalb ruft Humbert das Volk zum Widerstand gegen simonistische Fürsten und Priester auf.
Humbert will also das Simonieproblem nicht bloß als ein sittliches und disziplinäres, sondern als ein grundlegendes Ordnungsproblem erweisen. *Gregor VII.* (1073–1085) stärkte den von Leo IX. auf vielen »Papstreisen« praktisch zur Geltung gebrachten Primat theoretisch und politisch, um die neuen Reformforderungen, d. h. die Beseitigung der alten theo-

kratischen Ordnung, durchzusetzen. Im Umkreis der kurialen Reformer entstanden damals Rechtssammlungen, die mit Hilfe Pseudo-Isidors (aber auf Kosten der bischöflichen Gewalt und damit gegen die Absicht der Fälscher) den päpstlichen Primat juristisch festigten und ausdehnten. Gregor selbst hat in 27 Leitsätzen, dem sog. *Dictatus papae* (Das Register Gregors VII., ed. E. Caspar I Berlin 1920, S. 201 ff.), die allgemeine und die Amtskirche streng zentralistisch auf die päpstliche Jurisdiktionsgewalt verpflichtet: Bischöfe und Bistümer, Synoden, jede Kirche unterliegt seinem und seiner Legaten Eingriff, den er auch auf neugeschaffenes Recht gründen kann (*pro temporis necessitate novas leges condere*); er kann Untertanen von ihrer Treuepflicht entbinden und Kaiser absetzen. Indem Gregor dieses beanspruchte Recht auch ausübte und politisch durchsetzte, überschritt er alle bisher von der Amtskirche eingehaltenen Grenzen. Er mahnte nicht mehr nur und verhängte nicht allein die Exkommunikation, sondern focht die politischen Konsequenzen aus. Gregor sah indes die Rangfolge umgekehrt: Die Absetzung findet nach seinem Verständnis noch innerhalb der Kirche statt und untersagt dem König Heinrich IV. wegen Amtsmißbrauchs »nur« die Ausübung seiner Funktion innerhalb der ecclesia universalis. Die Exkommunikation ist erst der weitergehende Schritt, denn sie erst schließt Heinrich aus der Kirche selber aus (bzw. erklärt, daß Heinrich sich von ihr getrennt habe).

Die eine Kirche als die Versammlung aller Gläubigen ist also nach wie vor das bestimmende Leitbild von der christlichen Welt mit all ihren Einrichtungen, deren eine das Königtum ist. Doch die übernatürliche Zielsetzung der Kirche wird schärfer erfaßt und ihre Struktur wird verändert. Die Kirche erhält ein sichtbares Haupt, unter dem Klerus und Laien scharf geschieden sein sollen. Die Laien werden von der Mitwirkung an der kirchlichen Ordnung ausgeschlossen, und der Klerus erhält einen klaren, hierarchisch verfaßten und im Papsttum gipfelnden Aufbau. Jeder im Sinne dieser Zweiteilung unklare halbgeistliche Status wird zugunsten der einen oder anderen Seite definiert: Der königliche »Mittler zwischen Klerus und Volk« wird der laikalen, der weltliche Kirchenbesitz dem hierarchischen Bereich zugeordnet (Hoheitsrechte und Reichsgut dem König zurückzuerstatten, erwies sich in der Tat 1111 als undurchführbar). Daß *regnum* und *sacerdotium* trotz konventioneller Beschwörung gegenseitiger Liebe und Unterstützung nicht mehr wie zuvor unter ihrem gemeinsamen unsichtbaren Haupt Christus nebeneinander stehen, ist unausweichlich. Die richtige Ordnung bestehe darin, lehrt Humbert, daß das sacerdotium (d. h. nun: das Papsttum) als »die Seele« vorab anmahne (*praemonere*), was zu tun sei, und das regnum als der Kopf des Leibes dann bei der Ausführung vorangehe. Gregor hat den Normalfall nicht anders verstanden. Doch der Konfliktfall machte deutlich, daß dieses

Modell ungenügend war; das *praemonere* reichte nicht aus. Gregor stützte sich darum auf die Gehorsamspflicht der Christen und auf die päpstliche Binde- und Lösegewalt. Damit wurde klar, daß das Normensystem, dem sich christliches Königtum unterstellt hatte, im Verlauf des Kampfes um die *libertas ecclesiae* – die Freiheit der Kirche, ihren überirdischen Auftrag wahrzunehmen – neu definiert wurde. Es besteht nicht mehr in der *lex Evangelii* allein, auf deren Auslegung und Applizierung der Herrscher gar noch Einfluß nehmen könnte, sondern es ist die vom Papsttum für viele Bereiche und überdies mit dem Anspruch der Irrtumslosigkeit ausgelegte, in mannigfachen Rechtssätzen festgelegte göttliche *lex* – Glaubens- und Jurisdiktionsprimat sind ungeschieden. Das Normensystem hat sich zum Kirchenrecht in der Hand der Päpste gewandelt, dem mittels der Disziplinargewalt Anerkennung und Gehorsam verschafft werden soll.

Die königliche Theokratie ist dadurch in Frage gestellt, aber die päpstliche Hierokratie ist noch nicht an ihre Stelle getreten. Allerdings werden deren Umrisse in dem Konfliktfall erkennbar. Es ist das Paradox der im 11. Jh. durchdringenden Kirchenreform, daß die Kirche zur Erlangung ihrer geistlichen Identität stärker als je zuvor politisch werden mußte. Um die Welt für einen überirdischen Zweck zu gewinnen, gab die Amtskirche alte Vorbehalte gegenüber der Welt auf (und überließ deren Verwirklichung vornehmlich Eremiten und Ketzern). Sie änderte dabei auch ihre Einstellung zum Krieg. Sie verlieh dem Rittertum wie früher dem Königtum eine christliche Legitimation als Dienst für die Kirche; sie griff, wo die weltliche Gewalt ausfiel, zur Selbsthilfe und organisierte die Gottesfrieden; sie förderte die Reconquista und die Kreuzzüge, schuf geistliche Ritterorden. In den Kreuzzügen manifestiert sich die im 11. Jh. neu gewonnene Rolle des Papsttums als europäische Führungsmacht mit universalem Anspruch am deutlichsten.

Christenheit und Papsttum: Innozenz III.

Gregor VII. war kein theoretischer Denker und hat die von ihm bewirkte Wende in den Strukturen der Christenheit nicht konsistent begründet. Die von ihm mehr praktisch entschiedene Frage, wer letztverantwortlich die Christen zu ihrem jenseitigen Heil zu führen habe, wurde erst von *Innozenz III.* (1198-1216) fundiert beantwortet. Die vom Reformpapsttum in Gang gesetzte Diskussion, auf deren Vielstimmigkeit hier gar nicht eingegangen werden kann, entsprach in ihrem zugunsten der neuen Ordnung argumentierenden Zweig bis hin zu Innozenz III. durchaus dem doppelten, spirituellen und juristischen Ansatz Gregors VII. Die Theologen vertieften die spirituelle Dimension des Begriffs der Kirche als der

Einheit der Gläubigen, und die Kanonisten präzisierten die Vorstellungen von den Aufgaben der hierarchisch verfaßten Amtskirche, dem sacerdotium. Innozenz, der in Paris Theologie und in Bologna Recht studiert hatte, vereinigte beide Sichtweisen.

Eine bedeutende Richtung der Theologie des 12. Jh. verbindet theologische Spekulation mit der geschichtlichen, um in der Gesamtheit der Erscheinungen eine sinnvolle Ordnung und Bedeutung für das Überirdische zu erkennen, umfassend interessiert wie die Scholastik, aber durch die Methode spekulierender Intuition dem älteren typologischen Denken näher stehend. Ihre Deutung des Verhältnisses der beiden Gewalten will nicht historische Argumente sammeln, sondern die Ordnung der Kirche in der gesamten Heilsgeschichte, dem Erlösungswerk Christi, erkennen. *Hugo von St. Viktor* (in Paris, gest. 1147) ist der wichtigste Vertreter dieser Richtung. Für ihn bedeutet die Kirche in der Geschichte die immer zahlreicher werdende, an den Sakramenten zu erkennende Gefolgschaft (*familia*) Christi; sie ist Christi, des Hauptes der Welt, organisch gegliederter Körper, den der heilige Geist belebt und eint. Kleriker und Laien sind die zwei Seiten des Körpers; ihnen entsprechen zwei Lebensprinzipien: die vom heiligen Geist belebte Seele und das von der Seele belebte körperliche Leben. Der Klerus sorgt für das Leben aus dem Geist und gibt es weiter. Aus dieser Doppelfunktion erwächst die geistliche Gewalt. Weltliche Gewalt besitzt nur die eine Funktion, für das irdische Leben zu sorgen. Dazu wird sie von der geistlichen eingerichtet, unterrichtet und, wenn nötig, auch gerichtet. Hugo, seinen Zeitgenossen »ein zweiter Augustinus«, verbindet die heilsgeschichtliche Perspektive Augustins mit mystisch-spekulativen Gedanken des Dionysius Areopagita. Die Funktion der Geistvermittlung strukturiert die Kirche, aber das ist Hugo erst in zweiter Linie wichtig. Entscheidend ist für ihn die augustinisch-spirituelle Deutung der Kirche als ganzer, d. h. die Unterscheidung der *familia Christi* von der des Teufels.

Der *Papstspiegel Bernhards von Clairbaux* (1090–1153), seine um 1152 dem Papst Eugen III. gewidmeten Bücher »Über die Betrachtung« (*De consideratione*), kommt zu einem vergleichbaren Ergebnis, freilich nicht vor dem Hintergrund heilsgeschichtlicher Deutung, sondern religiös bestimmter Gegenwartskritik. Bernhard versteht nicht und billigt nicht den neuen, vom Recht geprägten Amtscharakter des Papsttums und definiert das Verhältnis der zwei Gewalten darum mit dem Ziel, das Papsttum für die spirituelle Führerschaft freizuhalten. Denn vom Gesetz Gottes, nicht Justinians, solle der päpstliche Hof widerhallen. Um dem Papst seine übergeordnete Aufgabe zu verdeutlichen, arbeitet er die Unvergleichbarkeit seiner Würde heraus: Der Ordnung nach sei er der Priesterkönig Melchisedech, durch die Macht Petrus, durch die Salbung Christus; er sei der alleinige *vicarius Christi*, alle anderen versähen Teilaufgaben (*pars sollicitudinis*), nur er allein habe die ganze Vollmacht und Verantwortung (*plenitudo potestatis*). Als Bernhard dem Papst rät, wie er sich zu den aufständischen Römern verhalten solle, kombiniert er die schon früher zur gleichnishaften Bestimmung geistlicher und weltlicher Aufgaben verwendeten Bibelstellen (Luk. 22,38; Joh. 18,11) von den zwei Schwertern, mit welchen die Jünger Jesu angekündigte Bedrängnis abwehren wollten bzw. von dem Schwert, das Petrus während der Verhaftung Jesu zog, aber nicht ziehen sollte. Bernhard spricht dem Papst beide Schwerter zu, das geistliche und das materielle, aber nur das erste sei von der Kirche selbst zu gebrauchen, das zweite dagegen von den Kriegern für die Kirche auf den Wink des Papstes und den Befehl des Herrschers. Das Hauptanliegen Bernhards ist nicht die ohnehin manches offen lassende Unterordnung der weltlichen Gewalt, sondern die spirituelle Leitung der Kirche durch einen Papst, der das Evangelium verkündet.

Die Kanonisten handeln ebenfalls nicht eigentlich von der weltlichen Gewalt (und selten nur vom Kaisertum), sondern von der Kirche in ihrer Rechtsgestalt. Gratian trennte beide Gewalten sorgfältiger als Gregor VII.: Die Absetzung eines Herrschers sei eine Folge der Exkommunikation, die alle eidlichen Bindungen an ihn aufhebt; sie bleibt also eine religiöse Maßnahme. Das materielle Schwert könne die Kirche zwar nicht selbst führen, aber auf zweierlei Weise führen lassen: indem sie die weltliche Gewalt an ihr Amt des Kirchenschutzes erinnert, aber auch indem sie (wie z. B. beim Kreuzzug) aus eigener Autorität zu den Waffen ruft. Erst Gratians Schüler behandelten das grundsätzliche Problem, ob der Kaiser und die Könige ihr Schwert aus der Hand des Papstes erhalten hätten. Die Argumente der Befürworter gründen sich auf die juristisch verstandene Binde- und Lösegewalt, das (wieder unmittelbar politisch gedeutete) Depositionsrecht und die Herrscherweihe, durch die die weltliche Gewalt übertragen werde; ferner auf die Konstantinische Schenkung und Bernhards Zwei-Schwerter-Lehre. So erscheint im Extremfall die weltliche Gewalt als ein ausführendes Organ der geistlichen, der *Papst als verus imperator* und der *Kaiser als vicarius papae*.

Der Bologneser Kanonist *Huguccio von Pisa* (gest. 1210) hält hingegen die Institution des Kaiser- bzw. Königtums für prinzipiell unabhängig, schränkt dies aber doch durch zahlreiche Abhängigkeiten im einzelnen wieder ein: Der Kaiser/König unterstehe der geistlichen Jurisdiktion; er könne also gebannt werden. Im Bereich der Temporalia könne gegen den das Recht verweigernden Kaiser mangels eines höher stehenden Gerichts an den Papst appelliert werden. In entsprechender Weise könne der Papst zusammen mit den Fürsten eines Reiches (jedoch keine Seite allein) einen Herrscher nach vorangegangenen Mahnungen und Kirchenstrafen absetzen. Der Papst ist also nach Huguccios Auffassung der oberste geistliche Richter der Christenheit, dessen Gerichtsbarkeit sich in zweifacher

Weise auf die Temporalia erstreckt: sie ist subsidiär, also nur dann zuständig, wenn es kein höheres Gericht mehr gibt, und sie ist indirekt wirksam.

Innozenz III. faßt die theologischen und die kanonistischen Vorstellungen in seiner stets von theoretischen Begründungen begleiteten Herrschaftspraxis zusammen. Sein »Modell« geht, kurz zusammengefaßt, von der Einheit der *christianitas*, der Gesamtheit des christlichen Volkes aus, der der Papst als oberster geistlicher Lehrer vorsteht – dies ist die spirituelle Seite. Aber die *christianitas* ist rechtlich faßbar gegliedert in die Sozialordnungen der Laien und der Kleriker, die der Laien wiederum in die politischen Ordnungen der regna und des Imperiums (das Imperium ist für Innozenz nicht universell, sondern ist durch den speziellen Zweck, die römische Kirche zu schützen, ausgezeichnet), die der Priester in die eine hierarchische Ordnung der Amtskirche. Allein diese geistlich-hierarchische Ordnung besitzt eine universelle Spitze, eben die römische Kirche mit dem Papst, für Innozenz nicht mehr nur Nachfolger Petri, sondern *vicarius Christi*, und dieses auch im juristischen Sinn der Stellvertretung. Die regna sind von der Universalität der päpstlichen Stellung doppelt betroffen: kraft der den gesamten populus christianus generell erfassenden geistlichen Jurisdiktionsgewalt (*plenitudo potestatis*) und kraft der allein dem Papsttum zukommenden, den Königen und Kaisern aber mangelnden universellen Qualität. Die geistliche Jurisdiktionsgewalt erlaubt es dem Papst, über die Sündhaftigkeit von Handlungen (*ratione peccati*) auch der Könige zu urteilen und damit indirekt in den weltlichen Bereich hineinzuwirken. Sein Universalitätsmonopol gestattet es ihm, in allen wohlbegründeten Fällen (*casualiter, certis causis inspectis*), die nur oberhalb der regna zu lösen sind oder die dem Papst zur Lösung hinaufgereicht werden, auch im weltlichen Bereich zu entscheiden.

Hierokratische Weltverantwortung: Innozenz IV.

Nach Innozenz III. wurde das spirituelle Kirchenverständnis vom juridischen völlig überlagert. Die Päpste des 13. Jhs. haben die Kirche »erbarmungslos justifiziert« (H. Heimpel), indem sie die von Gregor VII. beanspruchte beschränkte Rechtssetzungsvollmacht unbeschränkt ausübten und entsprechend umschrieben. Deshalb konnte Bodin (De re publica I,8) von *Innozenz IV.* (1242–1254) sagen, er sei es gewesen, der die höchste, von Gesetzen nicht gebundene Macht definiert habe. Das Kirchenrecht des 13. Jhs. hat in der Tat dem frühmodernen Staat wichtige Instrumentarien der Machtkonzentration zur Verfügung gestellt, indem es mittels des römischen Rechts u. a. die Vorstellung von juristischer Körperschaft und des durch das positive Recht nicht gebundenen Gesetzgebers rascher fortentwickelte als die Legisten selbst. Bevor indes diese ungewollte Hilfe wirksam werden konnte, dehnte das Kirchenrecht seine Zuständigkeit immer weiter aus: indem die Kirche wegen der Kompetenz, ihre Zuständigkeit in geistlichen Dingen selbst zu definieren, den Lehrprimat zugunsten des geistlichen Jurisdiktionsprimats einsetzte, und indem sie das Depositionsrecht durch einseitige und exzessive Auslegung des Grundsatzes von der gegenseitigen Hilfe weltlicher und geistlicher Gerichtsbarkeit erheblich erweiterte. Anläßlich der Entmachtung des portugiesischen Königs Sancho II. entwickelte Innozenz IV. die Lehre vom *rex inutilis*, dem der Papst – ebenso wie auch Herzögen und Grafen – einen *curator* vorsetzen könne, wenn sie ihren Herrschaftsbereich nicht zu verteidigen oder wenn sie Frieden und Gerechtigkeit nicht zu wahren verstünden. Der Herrscher wird nicht mehr nur als *rex iustus* oder *minister Dei*, sondern als *publicae utilitatis minister* betrachtet; das tat auch schon Johannes von Salisbury; doch das Papsttum vindiziert nun Mitsprache bei der Auslegung des Begriffs der *utilitas publica* (gemeiner Nutzen). Die Absetzung Kaiser Friedrichs II. (wegen Friedensstörung) stützte sich sowohl auf diese neue weltliche Zuständigkeit als auch auf neue Kriterien aus dem geistlichen Bereich (Häresie, Eidbruch). Die theoretische Grundlage bot ein von Innozenz IV. vorgetragenes neues Verständnis des Christus-Vikariats der Päpste: sie seien Stellvertreter Christi nicht nur als des Herrn der Kirche, sondern als des *dominus naturalis*. Folglich könnten die Päpste theoretisch auch Heiden bestrafen, wenn diese gegen das Naturrecht verstießen. Mit dieser Begründung ist der universale Primat über die Heilsordnung hinaus auf die natürliche Ordnung ausgedehnt. Bevor der Staat philosophisch als ein eigenständiger Bereich der Naturordnung etabliert wurde, besetzte das Papsttum dieses Feld durch die Einbeziehung des Naturrechts in seine päpstliche *plenitudo potestatis* und legte vorerst juristisch den Grund für eine umfassende hierokratische Weltverantwortung.

20. Die weltliche Herrschaft und ihr Recht

Römisches Recht und Herrscheridee

Die Bestreitung des geistlichen Charakters des Königstums rief als Reaktion zunächst seine verstärkte Behauptung und Entfaltung hervor, ganz extrem und mit der Negierung des päpstlichen Primats einhergehend in den Traktaten des sog. normannischen Anonymus (um 1100). Aus der

Zwei-Schwerter-Lehre leiteten die Könige die Gleichberechtigung beider Gewalten ab. Die anfangs des 12. Jhs. erreichte politische Einigung über die königliche Investitur – für das Reich im *Wormser Konkordat* (1122) – bedeutete einen Kompromiß ohne grundsätzlich neue politische Ideen. Zukunftsweisend war allein die Inanspruchnahme des römischen Rechts.

Petrus Crassus benützte es – im Unterschied zu den seit der Jahrtausendwende zu beobachtenden Berührungen zwischen dem Kaisertum und der beginnenden römischen Rechtswissenschaft – 1080/1084 erstmals zugunsten der Selbständigkeit und Unabsetzbarkeit des Königs, ohne freilich auf die rex-imago-dei-Formel des sog. Ambrosiaster und das diesem Vorstellungsbereich zugehörige Herkommen zu verzichten, dessen bestrittene Gültigkeit Petrus formal allerdings ebenfalls mit dem römischen Recht begründet. So konnte er Papst Gregor um so massiver der Rechtsverletzung und unerhörter Neuerung beschuldigen. Der Einleitungssatz aus Justinians Institutionen – die Kaiserliche Majestät sei nicht nur durch Waffen geziert, sondern müsse auch durch Gesetze bewehrt sein –, mit dem Petrus auf die eigene, von der Gesetzgebung (anstatt nur der Rechtsmaterie) bestimmte Rechtsordnung der Könige verweist, eröffnete dem aus dem Sakralbereich verdrängten Königtum eine neue Quelle heiliger, ja gewissermaßen priesterlicher Würde. Sie kommt in dem mit liturgischer Anspielung und römisch-rechtlicher Diktion formulierten Prolog des sizilianischen Gesetzbuchs Rogers II. (*Assisen von Ariano*, um 1140) zur Sprache: »Durch die Darbringung dieser Gabe nimmt das Amt des regnum ein Recht des sacerdotium für sich in Anspruch, weshalb ein weiser und gesetzeskundiger Mann die Ausleger des Rechts als Priester des Rechts bezeichnet.« Die römisch-rechtliche Prädikation »heilig« (*sacer*) für alles Kaiserliche – die Person des Kaisers, seine Gesetze usw. – wurde zum neuen Kennzeichen der Gottunmittelbarkeit weltlicher Herrschaft, die keinesfalls weltlich sein oder sich säkularisieren lassen wollte.

In dieser Absicht fügte Kaiser *Friedrich I.* seit 1157 dem Imperium das Wort sacrum bei und ergänzte 1158 den berühmten Zwei-Gewalten-Satz des Gelasius. Dieser hatte allein die priesterliche Autorität heilig genannt, nicht aber die königliche Macht. Friedrich pochte nun darauf, daß auch das Imperium seine heilige Autorität habe, eben die Kaisergesetze: »Zwei sind es, von denen unser Reich regiert werden muß, die heiligen Gesetze der Kaiser und die gute Gewohnheit unserer Vorgänger und Väter« (MGH Const. I, Nr. 167). Die neue Legitimation ersetzt nicht die alte, sondern verbindet sich mit ihr. Darum bezeichnet sich Friedrich ebenso im Sinne des Sakralkönigtums als *christus Domini* wie er auch als Fortsetzer der römischen Kaisergesetzgebung eine *lex sacrae* zugunsten des Bologneser Studiums den justinianischen *sacrae leges* in Justinians Codex (IV, 13,5) selber einfügen läßt.

Parallel zur Vertiefung und Verlagerung der päpstlichen Ansprüche behauptete oder besetzte *Friedrich II.* umkämpfte Felder: Gegen das Universalitätsmonopol der geistlichen Gewalt setzte er den universellen Anspruch auch der weltlichen; die päpstliche Vorstellung von der plenitudo potestatis bezog er mit Bernhards, von Innozenz III. benutzten Worten auf das Kaisertum; das päpstliche Rechtssetzungsmonopol bestritt er durch seine sizilianische Gesetzgebung (Konstitutionen von Melfi), die zugleich die Ausweitung kirchlicher Rechte beschnitt; gegen die Entgeistlichung des Königtums setzte er den Kult der iustitia, deren »Vater und Sohn, Herr und Knecht« der Herrscher sei – das Gegenstück zur päpstlichen Vikariatsidee.

Das *Bündnis des Kaisertums mit der römischen Rechtswissenschaft* hat seinen Schwerpunkt in der Ideologie: im politischen Selbstverständnis namentlich der staufischen Herrschaft und in den theoretischen Erörterungen der Juristen über das Imperium und die regna. Der Sache nach tangiert die Ideologie, entsprechend der vom justinianischen Recht beanspruchten Geltung im gesamten römischen Reich, nun das Verhältnis des Kaisertums zu den übrigen Reichen auf ehemals römischem Boden, und sie betrifft ferner entsprechend der justinianischen Vollmacht des Kaisers die Stellung des Herrschers in seinem Reich. Darum äußert sich das Selbstverständnis sowohl in der geschichtlichen und politischen Deutung der Rolle des Imperiums als auch in der Gesetzgebungsideologie des Imperator, von der Aufnahme einzelner Bestimmungen des römischen Rechts einmal abgesehen.

Otto von Freising (1114/1115–1158), Oheim Barbarosses, Schüler Hugos von St. Viktor, Zisterzienser und Reichsbischof, hat die Geschichte des fränkisch-deutschen Reiches mittels augustinisch inspirierter Geschichtstheologie und der von Hieronymus interpretierten Danielprophetie (Daniel 2,31ff,) über die vier den Geschichtsablauf gliedernden Weltreiche gedeutet. Demnach ist das fränkisch-deutsche Reich die bis zum Weltende existierende, durch Übertragung (*translatio imperii*) ermöglichte Fortsetzung des römischen Reiches in seiner heilsgeschichtlichen Funktion, die irdische, in die sichtbare Kirche eingetretene Macht zu repräsentieren. Ihrer Einigkeit mit dem sacerdotium kommt eine heilsgeschichtliche Dimension zu, ihre Uneinigkeit im Investiturstreit ist darum ein Menetekel für das Ende der Geschichte.

Die so verstandene Universalität des Imperiums bedeutet keine Weltherrschaft. Die staufische Politik hat Weltherrschaftspläne ebenfalls nicht verfolgt. Auch für sie repräsentiert das mit anderen Reichen in »Freundschaft« verbundene Kaisertum die »römisch« benannte Einheit weltlicher Macht im Rahmen der göttlichen Weltordnung. Dieses soll auch der Imperator Constantinopolitanus anerkennen. Umgekehrt geht darum der Konflikt zwischen Päpsten und Stauferkaisern die ganze Welt an; denn er bedroht nicht nur einen Fürsten aus dem corpus der weltlichen Herrscher, sondern er bedroht weltliche Herrschaft, das weltliche Schwert, prinzipiell. Das Problem, ob dem Kaiser als dem dominus mundi, von dem die staufische Propaganda mit dem römischen Recht (Digesten 14, 2, 9 Vulgatfassung) häufig spricht, eine tatsächliche Weltherrschaft zukomme, bestand politisch gar nicht, auch wenn die Päpste dies unterstellten. Das dominium mundi war nicht hinsichtlich des Eigentums (quantum ad proprietatem) gedacht, sondern hinsichtlich des einen der zwei Schwerter, es war das »spirituale« des Kaisertums; sein »temporale« war und blieb die konkrete, auf der Königsgewalt basierende Harrschaft.

Rex Imperator

Den Juristen, die von der fortdauernden Geltung des römischen Rechts ausgingen und es als das Recht des Imperiums ihrer Gegenwart ansahen, machte dagegen der *dominus mundi* ihres Rechtsbuches systematische Probleme. Als Nachfolger Justinians wäre allein der Kaiser legitimer Gesetzgeber und die Könige hätten keine Vollmacht, Recht zu setzen. Nach – freilich nicht einhellig vertretenen – Lehrmeinungen Bologneser Legisten, welche die *Glossa ordinaria* des *Accursius* (vor 1228) resümiert, sollte die geschichtliche Differenz zwischen Justinians und Friedrichs Reich juristisch irrelevant sein: Wenngleich die Franzosen dem (gegenwärtigen) Kaiser nicht durch Lehnseide untertan seien, so seien sie es doch in Hinsicht auf das römische Reich, da sie zum Reich Justinians gehört hätten. Unter den Kanonisten, die in der Regel vom Imperium als weltlicher Machtbefugnis schlechthin sprachen, ohne speziell das Kaisertum zu meinen, vertraten Huguccio und besonders scharf *Johannes Teutonicus* (ca. 1180–1252) den Standpunkt, alle Könige müßten dem Kaiser untertan sein. Daß dem nicht so war, sei lediglich de facto, nicht de iure der Fall. Den Legisten fiel die Anerkennung dieses Faktums – zuerst vorsichtig bei *Azo* ca. 1150–1220) – schwer, schwerer noch, eine positive Begründung für die Unabhängigkeit der Könige zu finden, und sie brachten sie schließlich auf dem Umweg über die Lehre von den Notsituationen und dem Kampf *pro patria* dann erst zustande, als der Staat schon philosophisch im Naturrecht fundiert wurde.
Den Kanonisten, die für die Geltung ihres Rechts eine Reichskontinuität nicht brauchten, standen mehrere Wege offen, das Faktum zu begründen. Die Errichtung eines Imperiums durch Gewalt schaffte kein Recht, Könige und Kaiser würden gleichermaßen durch Wahl und Salbung ins Recht gesetzt; so argumentierte *Richardus Anglicus* (Ende 12. Jh.). Durchschlagend wurde aber die Interpretation eines Kausalsatzes der Bulle Innozenz' III. *Per venerabilem* (1202; CJCan II, Sp. 714–716): Für

einen französischen Grafen sei der Papst keine kompetente weltliche Instanz, da der Graf seinem König unterstehe; wohl aber sei er es für den französischen König, »da dieser König einen Höheren in weltlichen Dingen keineswegs anerkennt« (*cum rex ipse superiorem in temporalibus minime recognoscat*). Schon um 1210 machte *Alanus Anglicus* aus dem »nicht anerkennen« ein »nicht haben« und aus »diesem König« »jedweden König«. Jeder König habe in seinem regnum soviel Recht wie der Kaiser in dem Imperium; denn der Papst habe die Teilung in regna (division regnorum), die einem Völkerrechtsparagraphen der Digesten (1,1,5) entspreche, approbiert. Mit zusätzlichen nationalen Begründungen setzte sich diese Argumentation bei den Kanonisten des 13. Jhs. durch. Sie sollte den Königen freilich nicht zu ihrer »Souveränität« verhelfen – es ging den Kanonisten ohnehin nur um die temporalia –, sondern der päpstlichen Universalität über allen regna das Feld freiräumen, auf dem die Päpste seit Innozenz IV. (1243–1254) immer aktiver wurden. Friedrich II. hatte das erkannt und erfahren und warnte die übrigen Fürsten.
Der Grundsatz *rex in regno suo est imperator regni sui* – wie er schließlich in der Formulierung des *Baldus* (1327–1400) lautet – war nicht revolutionär, da er die Beziehungen der Völker untereinander nicht entscheidend änderte, aber er ermöglichte es, den Grundsatz der Gleichberechtigung der europäischen Monarchien zu definieren und zu festigen. Die frühmittelalterlichen Tributärverhältnisse und die späteren zwischenstaatlichen Lehnsverhältnisse waren im Hochmittelalter durch eine klare Scheidung – Integration oder Selbständigkeit – abgelöst worden. Allerdings nutzte das Papsttum seit Gregor VII. systematisch und bis zum 14. Jh. erfolgreich den überstaatlichen Freiraum zur Herstellung von Lehnsabhängigkeiten (Sizilien, Aragon, Kroatien, England u. a.), zunächst für die Förderung der Kirchenreform, dann für unmittelbare Eingriffe. Als diese Abhängigkeit abgeschüttelt wurde, diente der päpstlich-kanonistische Satz als Argument *gegen* die Päpste. Das kräftigste Fundament der Gleichberechtigung der Könige war und blieb jedoch das Gottesgnadentum.

Königtum und Konsens

Die *rex-imperator-Formel* bestimmt das Königtum vom Kaisertum her, freilich nicht vom deutschen Kaisertum, für dessen »Ursprung und Vollendung« die »Gunst des apostolischen Stuhles« (*principaliter et finaliter, favor apostolicus*) nach Innozenz' III. Worten erforderlich sein sollte, sondern vom gottunmittelbaren (Nov. 73 praef.), machtvollkommenen, gesetzgebenden Kaisertum Justinians. Die reges-imperatores konnten mit Hilfe des römischen Rechts ihrer Stellung im Königreich eine Unabhängigkeit, ähnlich der aus der Salbung zum rex Dei gratia und vicarius Christi herrührenden sakralen Überhöhung, zuschreiben, die sie aber in der Ausübung ihrer Herrschaft nicht besaßen. Die legitimierenden Ideen sind gleichwohl kein überflüssiges Beiwerk, das die Begrenztheit der Herrschaftsrechte nur verdecken sollte, sondern sie sind ihr notwendiges Komplement. Denn im Legitimationsbereich – seien es Theorien, Proklamationen, symbolische Handlungen oder Herrschaftszeichen, die die Person des Herrscher überhöhen – kommen transpersonale Staatsvorstellungen zur Geltung, die im Regelwerk der vornehmlich persönlichen Herrschaftsbeziehungen nur unvollkommen aufscheinen und die für die Veränderung dieser Beziehungen auf moderne Staatlichkeit hin unabdingbar waren. Der ganze breite Legitimationsbereich gehört zur »Verfassung« des mittelalterlichen »Staates«, wie ja auch moderne Verfassungen nicht darauf verzichten, das kodifizierte Regelwerk der institutionalisierten Herrschaftsbeziehungen eingangs zu legitimieren.

In der Theorie wird im 12. und 13. Jh. unter dem Einfluß des römischen Rechts der König als Gesetzgeber erfaßt, der nicht mehr im gerichtsförmlichen Verfahren »nach Recht« entscheidet, sondern »aus der Fülle seiner Macht« Gesetze erläßt. Tatsächlich bleibt aber die »Gesetzgebung« nach wie vor, wie die Königsherrschaft im wesentlichen überhaupt, an den Konsens der Großen gebunden. Mag auch das Machtgewicht des Königtums zu Zeiten wie z. B. Karls d. Gr. so bedeutend sein, daß der Konsens nicht verweigert werden kann, so gehört es doch zum verbindlichen Verfahren, ihn einzuholen, so daß sich die Machtgewichtung auch wieder umkehren kann. Die Theorie vom gesetzgebenden König kann zwar die Konsensverpflichtung lockern und das Verhältnis des Herrschers zum Recht aktivieren. Aber die gescheiterten Rechtskodifikationen wie Alfons' X. von Kastilien »siebenteiliges« Gesetzbuch Siete Partidas (ca. 1256–1263), das erst 1348 angenommen wurde, wie auch Wenzels II. böhmisches Landrecht (1294) und Karls IV. böhmische Majestas Carolina (1355) markieren die Grenzen herrscherlicher Rechtssetzungsaktivität.

Mittelalterliches Königtum hat es stets mit einer Vielzahl von Herrschaftsträgern zu tun, die ihm aus eigenem Recht oder in privilegierter Selbständigkeit gegenüberstehen. Nicht (Gesetzes-)Befehl und Gehorsam, sondern (vertragliche) Gegenseitigkeit der Verpflichtungen ist das Prinzip der Herrschaft über Freie. Seine bedeutendste Ausformung hat dieses Prinzip im hochmittelalterlichen *Lehnswesen* gefunden. Das Lehnswesen beruht auf einem Einzelvertrag auf Lebenszeit zwischen Lehnsmann und Lehnsherrn, der dingliche und persönliche Beziehungen zum Inhalt hat. Consilium (Rat, vornehmlich im Gericht), auxilium (Hilfe, vornehmlich Waffendienst) und fidelitas (»negative« Treue, die das Schadentrachten unterläßt) leistet der Mann; Unterhalt, d. h. die

Hergabe des Lehens, Schutz und ebenfalls Treue leistet der Herr. Die Kehrseite der vertraglichen Beziehung bildet ein Widerstandsrecht im Falle der Vertragsverletzung, das auch den Mann zum rechtmäßigen Bekriegen des Herrn in der Fehde ermächtigt. Dieses Fehderecht ist von dem germanischen und dem kirchlichen Widerstandsrecht gegen den seine Herrscherpflichten verletzenden König zu unterscheiden, obwohl sie in der Wirkung häufig zusammengehen. Im 12. Jh. erfuhr das Lehnswesen seine größte Entfaltung und diente zur Regelung weiter Bereiche der wirtschaftlichen, gesellschaftlichen und politischen Beziehungen einschließlich zwischenstaatlicher. Im deutschen Reich gingen ursprünglich anders geartete Beziehungen in großem Umfang im Lehnswesen auf, indem Ämter mit Lehen verbunden, die Temporalien der Reichskirche (als Folge des Wormser Konkordats) und die Vergabe von Reichsrechten in das Lehnsrecht einbezogen, die Stammesherzogtümer zerschlagen und die Ministerialen lehnsfähig gemacht wurden. Gleichzeitig mit ihrer Ausweitung stuften und verschränkten sich die Lehnsverhältnisse, ohne daß das Königtum diesen Prozeß durch die Einführung eines Treuevorbehalts der Untervasallen zu seinen Gunsten hätte lenken können. Je größer vielmehr die Aufgaben waren, die das Königtum durchführen wollte, desto mehr mußte es gleichzeitig die Stellung der Kronvasallen verbreitern und festigen, deren Mitwirkung es in Anspruch nahm, sich also durch Machtausübung selber schwächen. So kassierte Karl IV. in der *Goldenen Bulle* (1356) unter Berufung auf die kaiserliche plenitudo potestatis (Kap. 13) alle die Kurfürsten einengenden früheren kaiserlichen Privilegien, um die Kurfürsten zur Mitarbeit am Reich zu gewinnen. Nicht das Königtum, sondern die Landesherrschaft ist in Deutschland über den »Personenverbandsstaat« hinausgelangt und hat die in ihrer Hand gesammelten Befugnisse – in einem langen Prozeß – mit Hilfe des römischen Rechts strukturieren und festigen können.
Dem französischen Königtum gelang es hingegen mittels der Steigerung der sakralen Elemente des Königtums zu einem wirksamen Königskult, mittels der günstigen Ausformung des Lehnswesens und dem gezielten Einsatz einer legistisch geschulten, nicht feudalisierten Beamtenschaft, seine oberlehnsherrliche und oberrichterliche Stellung auszubauen. Ein wichtiges Zeugnis für Theorie und Praxis des französischen Königtums sind die 1283 von dem Legisten Philippe de Beaumanoir in französischer Sprache aufgezeichneten *Coutumes de Beauvaisis*. Ein königlicher Beamter fixiert hier geltendes territoriales Recht und billigt den Baronen »Souveränität« in ihrer Baronie zu. Er stellt aber andererseits den König als »Souverän über alle«, der durch Erlasse (establissements) zum allgemeinen Nutzen neues Recht schaffen könne, das von jedermann zu halten sei nach (ed. Salmon, nr. 1043, nach Digesten 1,4,1: *Quod principi placuit, legis habet vigorem*). Dennoch besitzt der König keine unbe-

schränkte Gesetzgebungskompetenz. Denn er ist, wie Beaumanoir darlegt, an die Mitwirkung des »Großen Rats«, an vernünftige Gründe und das allgemeine Wohl gebunden. Die Setzung neuen Rechts ist im Unterschied zur Theorie vom Gesetzgeber nicht die Regel für den Normalfall, sondern die Ausnahme im umgrenzten Notfall (wie z. B. Kriegsgefahr, Krieg, Hungersnot). Beaumanoirs Beschreibung des geltenden Rechts bleibt notwendigerweise hinter der Theorie zurück. Aber sie zeigt mit den Begriffen der Notfälle und des gemeinen Wohls die »Schwachstellen« des Lehnstaats auf. Es sind eben die Bereiche, durch deren Erörterung die römische Rechtswissenschaft die Machtkonzentration vorantrieb. Der Kampf um die Kompetenz, diese Begriffe verbindlich zu definieren, ist der Kampf um den modernen Staat.

Im England des 13. Jhs. wurden aus der Rechtsfiktion des rex-imperator keine die Wirklichkeit überschießenden Theorien abgeleitet, sondern im Gegenteil ging die Theorie mit der Entwicklung der Verfassungsinstitutionen aus dem Prinzip der Konsensbindung im gleichen Schritt. *Henry de Bractons* (ca. 1216–1268) systematisierende Beschreibung des angelsächsischen Rechts benützt sogar das römische Recht selbst, um dessen absolutistische Tendenzen abzublocken. Er tut dies mittels der Maxime, die für die Repräsentationslehre große Bedeutung gewonnen hat: »Was alle angeht, muß auch von allen gebilligt werden« (*Quod omnes tangit, ab omnibus comprobetur*. Cod. 5,59,5,3). Deshalb biegt er den von Beaumanoir herangezogenen Satz der Digesten von vornherein im Sinne des Konsensprinzipes um: Gesetzeskraft habe – auch wenn es ungeschrieben sei wie das Common Law –, was mit Rat und Zustimmung der Großen, der Billigung des Gemeinwesens und mit der Autorität des Königs an ihrer Spitze beschlossen sei.

21. Philosophie und politische Theorie

Ethik und Seinsordnung: Johannes von Salisbury

Die erste philosophische Deutung und Kritik der durch die hochmittelalterlichen Umwälzungen in Politik und Wissenschaft veränderten Herrschaftsauffassung und -praxis bietet der *Policraticus* des *Johannes von Salisbury* (ca. 1115/1120–1180). Als Johannes sein umfangreiches Werk 1159 abschloß und seinem Freund Thomas Becket, damals Kanzler Heinrichs II. von England, widmete, war er nach zwölfjährigem Pariser Studium Sekretär des Erzbischofs von Canterbury, in dessen Auftrag er mehrmals zur päpstlichen Kurie reiste. Diese Missionen sind ein Zeichen für den Zentralisierungsprozeß der Kirche, der mit den Ansprüchen Heinrichs II. an die englische Kirche zusammenstieß; ein Konflikt, von dem Johannes persönlich betroffen wurde.

Der Untertitel des »Policraticus« lautet »Von den Torheiten der Höflinge und den Spuren (= Lehren) der Philosophen«; er soll den Gegensatz von Sein und Schein bezeichnen. Die Höflinge, die den Fürsten schmeicheln, der Astrologie, Magie, der Jagd und anderen Vergnügungen huldigen, führen nur eine traurig endende Komödie vom blinden Glück auf; Sein gewinnt der vernunftbegabte Mensch durch Erkenntnis der Seinsordnung, seiner Stellung und Aufgabe in dieser Ordnung, und das dementsprechende Verhalten. Der Gegensatz zielt über das Intellektuelle aufs Ethische, und in diesem Sinn ist wohl auch der gräzisierte Titel zu verstehen: der poly-craticus »vermag viel«, weil er den Spuren der Philosophen folgt. Der Titel meint wohl mehr als speziell die Herrschaft oder den Herrscher eines Gemeinwesens (polis), denn das Buch ist mehr als ein Fürstenspiegel.

Mit den Fürstenspiegeln der Karolingerzeit ist es ohnehin nur durch die ethische Betrachtungsweise verbunden; von diesem allgemeinen Zusammenhang abgesehen, markiert der »Policraticus« einen gänzlichen Neuansatz politischer Literatur, in Gegenstand, Methode und spezieller Zielsetzung nicht vergleichbar und literarisch nicht von ihnen abhängig. Johannes holt weit aus, um die Höflinge über die richtige, d. h. ethische, Auffassung ihrer politischen Aufgabe zu belehren, er handelt vom Gemeinwesen und, wie schon angedeutet, von der Seinsordnung.

Das Problem der Seinsordnung ist fundamental, denn es betrifft das Verhältnis von natürlicher und sittlicher Ordnung. Ist der Mensch, wie die Höflinge den Astrologen glauben, von kosmischer Gesetzmäßigkeit determiniert? Johannes setzt sich mit der spekulativen platonischen Kosmologie seiner Lehrer in Chartres auseinander, weil er die sittliche Freiheit gefährdende Tendenzen sieht. Die Natur, definiert Johannes mit Platons Timaeus, sei Gottes Wille. Gott habe die Seinsordnung und ihr Gesetz geschaffen, demzufolge jedes Geschaffene seinem Wesen entsprechend an Gott teilhabe. Dieses Gesetz ist die aequitas (Angemessenheit, Billigkeit). Es determiniert nicht. Denn der einzelne Mensch kann sich dieser Ordnung einfügen, d. h. seiner Natur entsprechen und dadurch wirklich »sein«, oder sich ihr entziehen und nur dem Schein nach sein. Die natürliche Ordnung des Menschen ist das Gemeinwesen, das seinerseits nach dem Gesetz der aequitas existiert. Im Gemeinwesen hat jeder seine Aufgabe (officium). Um dieses Offiziensystem zu verdeutlichen, erscheint dem Autor, seinem naturphilosophischen Ansatz entsprechend, der Vergleich des Gemeinwesens mit dem Körper und seinen Organen besonders angemessen, zumal die Natur auch im Mikrokosmos des Menschen demselben Gesetz folge. »Das Gemeinwesen ist ein Körper, der durch göttliches Gnadengeschenk belebt wird und der sich nach dem Geheiß der höchsten aequitas bewegt und von dem Steuer der Vernunft geleitet wird« (V,2; ed. Webb I, S. 282). Johannes führt den Vergleich aus zur Bestimmung der officia: Die Priester sind die Seele, die dem Körper Leben gibt; der Fürst ist das Haupt; der »Senat« das Herz; Augen, Ohren und Zunge sind Richter und Provinzstatthalter; die Krieger die Hände..., die Bauern und Handwerker die Füße. Jedes officium muß seine und darf nur seine Aufgabe erfüllen. Die höfische Jagd, um deretwillen die Jagd denen verboten wird, denen sie zukommt, bedeutet also eine Konfusion der officia.

Die aequitas als das ontologische Lebensgesetz auch des Gemeinwesens wird von der Vernunft erkannt, in der iustitia als dem Ordnungsprinzip des Gemeinwesens verwirklicht und in positiven Gesetzen (*forma iustitiae*) greifbar. Über den König kommt das Seinsgesetz in der öffentlichen Ordnung zur Geltung; er ist *publicae utilitatis minister et aequitatis servus* (Diener des öffentlichen Wohls und Knecht der aequitas; IV,2, ed. Webb I, S. 238). Er verwirklicht die aequitas, indem er die Gerechtigkeit liebt und die Gesetze entsprechend formt und anwendet. Dieser Zusammenhang macht die Gesetzlichkeit rechter Herrschaft aus; der Herrscher, der diesen Zusammenhang unterbricht – an die Stelle von aequitas und iustitia seinen eigenen Willen setzt und nach ihm als autonomer Gesetzgeber die Gesetze formt –, ist ein Tyrann. Es ist darum »billig und recht« (*aequum et iustum*), den gestörten Zusammenhang wiederherzustellen, und dies mit der vielerörterten Konsequenz: »Den Tyrannen zu töten, ist nicht nur erlaubt, sondern billig und recht« (III, 15, ed. Webb I, S. 232). Doch diese Folgerung schränkt Johannes mehrfach ein und erweitert zugleich den Begriff des Tyrannen. Jedermann im Gemeinwesen, die Geistlichen nicht ausgenommen, kann in anologer Weise zum Tyrannen in seinem Bereich werden; und die Tötung des »öffentlichen Tyrannen« soll nur unter Vorbehalten und als letzter Ausweg gerechtfertigt sein.

Johannes behandelt die *Tyrannenfrage* nicht als ein Problem der Verfassung, sondern der sittlichen Ordnung. Es geht darum zu weit, die Vorbehalte verfassungsmäßig zu deuten und die dann übrigbleibenden Unterschichten als die verfassungsmäßig berechtigten Tyrannentöter auszumachen. Die Frage der Tyrannentötung ist nur Teil des ethischen Gesamtproblems von Sein und Schein, das Johannes durch Belehrung, d. h. durch Veränderung des Verhaltens lösen will. Die vestigia philosophorum, von denen er handelt und über deren grundlegende Bedeutung der »Policraticus« aufklärt, führen zur Erkenntnis und Wiederherstellung des Zusammenhangs der Ordnung des Gemeinwesens mit der Seinsordnung. Deswegen muß die höfische Welt und ihr voran der König als *rex literatus* philosophisch gebildet sein. »Philosophie« bedeutet für

Johannes in erster Linie die antiken Autoren – von den Dichtern bis zu den Philosophen –, die Johannes wie niemand sonst in seinem Jahrhundert kennt und nützt. Die philosophische Erkenntnis der natürlichen Ordnung steht aufgrund des Naturbegriffs (natura = Dei voluntas) nicht in Gegensatz zur göttlichen Gnade. Aber der Naturbegriff führt noch nicht zu einer Erklärung des Staates aus der Natur, sondern eröffnet der natürlichen Pflichtenlehre erstmals ein weites Feld.

Begründung des Gemeinwesens aus der Natur: Thomas von Aquin

Thomas von Aquin (1224/1225–1274) vollzieht die bedeutendste Veränderung im politischen Denken, indem er es auf eine neue Grundlage und in einen neuartigen systematischen Zusammenhang stellt und eine neue Methode vermittelt. Diese Leistung ist Teil seiner umfassenderen: der Einarbeitung des aristotelischen Denkens in die bisherige christliche Tradition. Deshalb bleibt Thomas' politisches Denken ohne den Kontext seiner Philosophie und Theologie unverständlich. Die aristotelische Ethik und Politik bieten ihm neuen Stoff aus neuer Perspektive, doch für die Methode des Denkens ist die aristotelische Metaphysik und Erkenntnislehre entscheidend. Durch sie gelingt es, das Sein so zu denken, daß aus ihm Geschehen erklärbar wird, oder umgekehrt formuliert: daß Geschehen und – in der Ethik und Politik – Handeln als die Verwirklichung des Wesens (»Natur«) erkennbar werden. Die *Teleologie*, d. h. die Einheit zielgerichteter Verwirklichung der Natur, tritt an die Stelle des Dualismus von Idee und Wirklichkeit, Urbild und Abbildern.
In christlicher Rezeption bedeutet diese teleologische Denkform, daß Gott als der Urheber (*principium*) und das Ziel (*finis*) des Prozesses der Verwirklichung aufgefaßt wird, der Prozeß selber aber – auf den Bereich des Handelns und Erkennens bezogen – dem Menschen aufgegeben bleibt. Damit wird menschlichem Handeln und Erkennen ein Freiraum geschaffen, der für das politische Denken grundlegende Bedeutung besitzt. Um dies im Blick auf Johannes Salisbury zu verdeutlichen: Nicht die Rückwendung vom Schein zum wirklichen Sein, die Bewahrung der Analogie von Seinsordnung und politischer Ordnung sind der Inhalt der ›Politik‹, sondern die Verwirklichung der Natur des Menschen. Daß der Staat ein naturgemäßes Gebilde und der Mensch von Natur staatenbildend sei, mit dieser Definition des Aristoteles (»Politik« 1253a1) argumentiert Thomas immer wieder (*homo naturaliter est animal politicum*). Mit dieser Bestimmung muß er jedoch die bishin gültige Lehre vom Ursprung des Staates verwerfen. Danach entstanden Herrschaft und Unterordnung als Folge der Sünde (vgl. Augustin, De civitate Dei 19,15; Gregor d. Gr. Mo-

ralia 21–32) und hat Herrschaft die Sündhaftigkeit der Menschen zurückzudrängen.
Thomas erörtert darum die Frage, ob ursprünglich, d. h. im Stand der Unschuld, schon der Mensch über den Menschen herrschte (*Summa theologica* I, 97,4). Bei der Beantwortung überwindet er die Autorität Augustins mit Hilfe des Aristoteles. Für Augustin gab es am Anfang nur den Hirten, d. h. die Herrschaft des Menschen über unvernünftige Tiere. Thomas differenziert nun mit Hilfe des Aristoteles: Herrschaft über Unfreie, die nur zum Nutzen des Herrn tätig sind – das ist Aristoteles' Hausherrschaft –, gab es nicht; Herrschaft über Freie, die zum eigenen und gemeinen Wohl tätig sind – d. i. politische Herrschaft –, gab es durchaus. Denn Unfreiheit – so Thomas mit der Tradition gegen Aristoteles – existiert nicht von Natur aus, sondern als Sündenfolge; aber der Zusammenschluß der Freien unter einheitlicher Leitung – so Thomas mit Aristoteles gegen die Tradition – entspringt der Natur des Menschen.
An die Stelle der typologischen Unterscheidung von Kain und Abel (Herrschaftsgründer und Hirte) tritt die aristotelische Unterscheidung von Haus und Herrschaft. Die Herrschaft (über Freie) aber wird aus der Sozialnatur des Menschen erklärt, die zu politischer Organisation drängt, weil die Menschen über die Sicherung des Lebens hinaus sich verwirklichen wollen und »Glück« erstreben und dies nur so erlangen können. Das Gemeinwesen entsteht dadurch, daß die Menschen sich zuerst zum Zweck des Überlebens als »Notgemeinschaft« zusammenschließen und diese dann zu dem übergeordneten Zweck der »natürlichen Vervollkommnung«, der Entwicklung ihrer Kräfte und Fähigkeiten (»Tugenden«), als Vernunft- und Willensgemeinschaft bewußt und zweckmäßig gestalten. Die positive Wertung des Ursprungs und die positiven Zwecksetzungen des Staates, welche rationaler Erkenntnis zugänglich sind, kennzeichnen den neu gewonnenen Freiraum politischen Handelns, den »emanzipatorischen« Charakter der Formel *homo naturaliter est animal politicum*.
Der Staat gründet in der Schöpfungsordnung, nicht in der Erlösungsordnung. Aber die Natur ist von Gott geschaffen, und sie ist auf Gott ausgerichtet, er ist ihr erster Beweger und ihr höchstes Gut. Auch der Mensch hat darum über seinen natürlichen Zielen ein übernatürliches. Die Zweckpyramide (*ordo finium*) reicht über den Bereich der Natur hinaus und wird erst im Bereich der Gnade vollendet. Insofern hat »Natur« einen restriktiven Sinn, ist der Staat allein von Natur aus und ist der Mensch allein natürlicherweise ein Gemeinschaftswesen. Die ›Politik‹ reicht nur, das höchste irdische Ziel, das Glück des homo rationalis in der Kontemplation zu erlangen. Für das darüber hinausreichende Glück, die Seligkeit jenseitiger Gottesschau, ist die ›Politik‹ in doppeltem Sinn unzuständig. Das höchste Gut und letzte Ziel des ganzen Universums zu beden-

ken, ist Gegenstand zunächst der natürlichen Theologie und dann der Offenbarungstheologie; und den über den Staatszweck hinausreichenden Zweck des homo christianus, zur Anschauung Gottes zu gelangen, erstreben die Menschen in der »überpolitischen« und übernatürlichen Gemeinschaft des corpus Christi mysticum. Erst für die unmittelbare Gottesschau bedarf es menschlicher Gemeinschaft nicht mehr, nur der *sola anima fruens Deo* (Summa theol. I^{a} II^{ae}4,8). Augustins apolitische Devise »Gott und die Seele möchte ich erkennen, sonst nichts« (Soliloquia I,2) gilt für Thomas nur im Jenseits.

Der Staat entsteht also, weil die Menschen als Teil der Schöpfung ihrem Zweck entsprechend handeln. Die Zweckgerichtetheit der Schöpfung und des in ihr handelnden Menschen ist ihr Gesetz. Den verschiedenen Zwecken entsprechen darum verschiedene Gesetze. 1. Dasjenige der Schöpfungsordnung insgesamt ist das »ewige Gesetz« (*lex aeterna*), ihr unabänderliches Bewegungsprinzip, das sie auf Gott als summum bonum, das höchste und gemeinsame Gut des Universums hinordnet und diese Bewegung anderen Arten von Gesetz verbindlich macht. – 2. Soweit und weil der Mensch als Vernunftwesen durch Erkenntnis an der lex aeterna teilhat, ist sie sein Naturgesetz (*lex naturalis*), d. h. vernunftgemäßes Handeln, der Zusammenschluß zur Gesellschaft, die Ausrichtung auf das gemeinsame Wohl, die Entfaltung der Kräfte im Glücksstreben. Der Dekalog gehört für Thomas zu den unmittelbaren und darum allgemeinverbindlichen Folgerungen aus den Prinzipien der lex naturalis. – 3. Soweit und weil der Mensch als natürlich-politisches Wesen zur konkreten Ordnung des Gemeinwesens die Gebote der lex naturalis und die mittels der praktischen Vernunft daraus abgeleiteten Regelungen als Gesetze aufstellt, gibt es das menschlicherseits gegebene Gesetz (*lex humana, lex humanitus posita*). Steht es zur lex naturalis in Widerspruch, kann es nicht Gesetz sein. Hier also ist die systematische Stelle des »menschlichen Gesetzgebers«, den man exemplarisch aus dem Justinianischen Vorbild kannte (Thomas zitiert das römische Recht sehr oft). Der menschliche Gesetzgeber ist nach Thomas gebunden an das Naturgesetz, ist Herr seiner gemäßen Anwendung und Durchsetzung, er ist um des Staatszwecks willen aber auch verpflichtet zur Gesetzgebung.

Thomas hat die aristotelische Politik in das übergreifende System eines ordo finium und des entsprechenden ordo legum hineingestellt, am ausführlichsten in der Summa theologica (bes. I^{a}II^{ae}). Die daraus folgenden Konsequenzen für den Aufbau des Gemeinwesens behandelt zusammenfassend sein unvollendeter Fürstenspiegel *De regimine principum*. Daraus wird deutlich, daß der Aufbau des Gemeinwesens durch den Zusammenschluß der vielen noch nicht vollgültig den Staat konstituiert, weil dieser, um über die Sicherung der privaten Wohlfahrt hinauszugelangen, unbedingt des Gesetzgebers bedarf, der die Gemeinschaft auf das Ge-

meinwohl hinlenkt. Denn das Gemeinwohl ist mehr als die Summe des Privatwohls. Hier bewirkt die jenseits der Politik liegende Zielsetzung der politischen Gemeinschaft – letztlich das eine höchste Gut – Differenzen zu Aristoteles. Die konstitutive Funktion der einheitlichen Lenkung erhält ein prinzipiell größeres Gewicht. Und: je einheitlicher die Leitung, desto nützlicher. Für Thomas erfüllt den Zweck einheitlicher Leitung am besten die Monarchie; relativ am besten die »konstitutionelle« Wahlmonarchie, weil sie am ehesten der Tyrannis vorbeugt.
Die teleologische Methode ermöglicht Thomas schließlich eine neue Begründung des Verhältnisses von geistlicher und weltlicher Gewalt. Sie dienen unmittelbar verschiedenen Zielen, doch mittelbar demselben. Der Staat muß darum den Bürgern das Erstreben des Endzwecks ermöglichen, den sie als Glieder der vom Papst geführten Kirche unmittelbar anstreben. In geistlichen Dingen unterstehen darum die Fürsten dem Papst, sonst nicht. Thomas hat dies allerdings nicht im einzelnen ausgeführt, scheint jedoch – weil er die kirchliche Absetzung tyrannischer Herrscher nicht billigt – im Unterschied zur kirchlichen Politik seiner Zeit einer deutlichen funktionalen Gewaltentrennung zuzuneigen.
Thomas hat die mit dem Investiturstreit eingeleitete *Entsakralisierung der Herrschaft* und die damit einsetzenden Versuche einer neuen Legitimierung systematisch durchdacht und erklärt. Gegenüber seiner christlich-aristotelischen Deutung des Staates im Rahmen einer positiven Wertung der Weltlichkeit der Welt insgesamt erscheinen die früheren Rückgriffe auf das römische Recht und die natürliche Ethik wie tastende Versuche. Darüber hinaus hat Thomas durch den Aufweis politischer Zwecke – zwischen den Polen der natürlichen Entstehung und der übernatürlichen Zwecksetzung menschlicher Gemeinschaft – die Politik als Feld rationaler Gestaltung und Erörterung, also auch als Wissenschaft, wiederbegründet.

Umkämpfter Thomismus: Aegidius Romanus versus Johannes Quidort

Thomas' Aristoteles-Verarbeitung hat dem älteren, aus Ethik, Gottesgnadentum und Rechtswissenschaft abgeleiteten politischen Denken eine Methode, theoretische Fundierung und systematische Einordnung geboten, welche das politische Denken grundsätzlicher, komplexer und differenzierter machte, zumal die großen kirchenpolitischen Kämpfe zwischen den Päpsten und den französischen Königen bzw. römisch-deutschen Kaisern in den nachfolgenden Jahrzehnten eine umfangreiche wissenschaftliche Publizistik hervorbrachten, die ihre Themen wohl in einseitiger, aber darum nicht weniger grundsätzlicher und scholastisch ausgreifender

Argumentation behandelt. Thomas hatte das Gemeinwesen auf ein neues Prinzip gegründet. Dies zwang zu grundsätzlicher Stellungnahme: Sollten die natürlichen und übernatürlichen Ordnungen des Menschen wie bisher aus dem einen Prinzip der Gnade oder – wie durch Thomas – aus dem zweifachen Prinzip der Schöpfung (Natur) und der Gnade erklärt werden? Politische Theorie ist darum nach wie vor, jedoch grundsätzlicher als zuvor, eine Theorie über geistliche und weltliche Gewalt zugleich und ändert sich durch ständige Neubestimmung des Verhältnisses beider. Dieser Zusammenhang bleibt also wichtig. Wie sich früher Papsttum und Kaisertum durch wechselseitige Nachahmung beeinflußt haben – etwa im Bereich der Herrschaftszeichen, der Vorrechte, der Gesetzgebung –, so werden nun Vorstellungen über Herrschaftsaufbau und -strukturen zwischen beiden Seiten gewechselt – so in der Körperschafts- und Repräsentationstheorie –, so daß z. B. ein Königreich als corpus mysticum und die Kirche als corpus politicum bezeichnet werden kann. Vor allem war die in Aristoteles' »Politik« aufgewiesene Entstehung des politischen Gemeinwesens geeignet, schon bekannte Konsenspraxis und Konsenstheorien in ein neues Licht zu rücken und weiterzuentwickeln.

Die beiden politisch bedeutendsten Schriften des Augustinereremiten *Aegidius Romanus* (ca. 1243–1316) sind nur schwer miteinander in einen systematischen Zusammenhang zu bringen. Denn in dem an Philipp den Schönen von Frankreich gerichteten Fürstenspiegel *De regimine principum* (1277/1279), dem erfolgreichsten mittelalterlichen Fürstenspiegel überhaupt, argumentiert Aegidius weithin aristotelisch-thomistisch; dagegen sind in der Schrift »Über die kirchliche Gewalt« (*De ecclesiastica potestate*, 1301/1302) – der wichtigsten Grundlage für Bonifaz' VIII. dogmatische Lehräußerungen der Bulle »Unam sanctam« (1302) – die älteren Denkansätze und -traditionen bestimmend. Der Aristoteles-Benutzung fehlt die Konsistenz, indes fehlt nicht eine beiden Schriften gemeinsame Grundhaltung. Beiden Werken ist trotz der Aristoteles-Benutzung gemeinsam, daß sie die Folgen eines thomistischen oder gar averroistischen Aristotelismus nicht zulassen wollen. Die neue Erklärung der Welt mochte in der Lage sein, sie zu verändern. Aristoteles lehrte, Verfassungen zu erörtern; mußte doch die Entwicklung des Staates vom Zusammenschluß der einzelnen her nicht notwendigerweise zur Monarchie führen, jedenfalls nicht zu einer eigengesetzlichen, jenseits der Gesamtheit legitimierten. Auch Ägidius' Fürstenspiegel kommt auf den totus populus als Gesetzgeber zu sprechen (3,2,27), freilich nicht ernsthaft. Denn Aegidius liest aus Aristoteles eine definitive Entscheidung für die Monarchie, sogar Argumente zugunsten der Erbmonarchie heraus. Somit kann er dann auch die liturgisch- und juristisch-sakralen Vorstellungen über das Königtum wieder aufnehmen und als Denkprinzipien geltend machen. Der König als »Halbgott« und »lebendes Gesetz« (*princeps semideus, lex*

animata) bietet ihm das Hauptargument zur Beantwortung der aristotelischen Frage, ob es besser sei, daß das Gesetz oder der beste einzelne regiere (»Politik« 1286 b). Aegidius' Antwort ist unzweideutig. Es sei besser, vom König als vom Gesetz regiert zu werden (*melius est regi rege quam lege*; 3,2,29). Der König sei das lebendige Medium zwischen dem natürlichen und dem positiven (dann also vom König allein verfügbaren) Gesetz; er könne angemessener regieren als ein starres Gesetz. Was aber hindert ihn an der Tyrannei? Die Erziehung. Eben dazu gibt es Fürstenspiegel, die – wie der des Aegidius – zur angemessenen flexiblen »Ergänzung« des Naturgesetzes anleiten wollen. Um die partikularen Rechtskreise nicht zu gefährden, wurde auch von französischen Zeitgenossen des Aegedius, die weniger monarchistischen Eifer an den Tag legten, die Alternative »König oder Gesetz« übernommen und mit demselben Ergebnis beantwortet.
Die Schrift *De ecclesiastica potestate* verarbeitet neue Erfahrungen, vor allem den Kampf zwischen Papst Bonifaz VIII. und dem französischen König Philipp dem Schönen um die Jurisdiktion über den Klerus. Sie gehört einer fortan ein halbes Jahrhundert herrschenden und die eben noch blühende Gattung der Fürstenspiegel ablösenden Reihe themengleicher Traktate an; sie verfolgt einen anderen Zweck und folgt eindeutiger formulierten Prinzipien. Sie will – wie auch die Bulle »Unam sanctam« – die christliche Einheit der Welt wieder herbeizwingen, die – theoretisch gesprochen – aufgrund der Wirkungen des Aristotelismus in zwei unverbundene Bereiche, den der Natur und den der Gnade, zu zerfallen drohte. Darum ersetzt Aegidius die aristotelisch-thomistischen Prämissen durch solche, die Augustin und dem hochmittelalterlichen Augustinismus, besonders Hugo von St. Viktor, entnommen sind. Aegidius sieht die Natur wieder ganz durch die Erbsünde bestimmt: die menschliche Natur strebt nicht von sich aus zum Guten. Und zu Gott, dem *summum bonum*, führt nur die *summa potestas* des *vicarius Dei*. Darum kann Aegidius das teleologische Denken des Thomas nicht übernehmen. Er konterkariert die Teleologie mittels der Hierarchienlehre des Ps.-Dionysius, indem er den zielgerichteten *ordo finium* durch den hierarchisch gedachten *finis ordinum* umdeutet. Nicht die natürliche Ausrichtung auf die Zwecke schafft und ordnet die ihnen entsprechenden Bereiche (also das Streben nach natürlicher Vollendung den Staat), sondern die vorgegebenen Ordnungen bestimmen die Zwecke, und zwar bestimmt die jeweils höhere Ordnung den Zweck der jeweils niedrigeren. Also sind die zeitlichen Güter um des Leibes, dieser um der Seele, diese um des von der Kirche vermittelten Heiles willen da. Der Angelpunkt des aegidianischen Systems ist darum der Zusammenhang von Taufe und Eigentumslehre, von Heil und Herrschaft. Für Aegidius kann nur der Getaufte zeitliche Güter legitim (= zum richtigen Zweck) besitzen; so ist auch Herrschaft nur durch die

Heilsvermittlung der Kirche und unter ihren Normen legitim. Die geistliche Gewalt bestimmt folglich den Zweck der weltlichen (sie tritt nur bedingt an ihre Stelle, aber lenkt sie stets); anders wäre die weltliche Macht ohne Zweck und Berechtigung. Daß es außerhalb der Kirche kein imperium (Herrschaft) gebe, sagten mit Augustin schon die Kanonisten. Aegidius begründet dies durch sein theologisches System. Es gipfelt im Papst, dem vicarius Dei. Seine Macht ist »primär«, nur sie ist universal. Sie legitimiert die »sekundäre« weltliche, und diese ist partikulär in jedem Sinn: sie erstreckt sich in ihrem jeweiligen Reich nur auf Güter und leibliches Dasein der Laien. Gregors VII. Satz aus dem *Dictatus papae*, daß allein der römische Pontifex universal genannt werden könne, ist von Aegidius konsequent zu Ende gedacht worden. Die aus dem spirituellen Charakter der päpstlichen Macht abgeleitete päpstliche Universalität erscheint bei ihm nach allen Dimensionen (*forma et perfectio*) hin ausgeweitet: als *universale dominium* und universale Jurisdiktion über alle *spiritualia* und *temporalia*, als Lehrprimat über allen (partikularen) Wissenschaften, als einzige Heilsvermittlerin und darum – gegen den Aristotelismus – als Repräsentantin des einzigen Denkprinzips.

Später kehrt *John Wyclif* (ca. 1330–1384) in seinen Schriften De civili dominio (1376/1378) und De officio regis (1379) zentrale Gedanken des Aegidius um und wendet sie gegen die Amtskirche. Ein sündiger Klerus könne weder weltlichen Besitz zu Recht innehaben noch geistliche Funktionen gültig ausüben, er sei von der weltlichen Macht zu enteignen und zu reformieren. Stellvertreter Gottes sei vielmehr der König, der selbst noch als Tyrann respektiert werden müsse.

Der Dominikaner und Pariser Magister *Johannes Quidort* (Johannes von Paris, um 1270–1306) widerspricht dem Aegidius unmittelbar in der Abhandlung »Über königliche und päpstliche Gewalt« (*De regia potestate et papali*, 1302), einem der klarsten und bedeutendsten unter den zahlreichen Traktaten, die in dem halben Jahrhundert seit etwa 1300 entstanden. Johannes erkennt in Aegidius' Postulat der generellen päpstlichen Oberherrschaft (Primärgewalt) die extreme Gegenposition zu der Auffassung der Waldenser, die Nachfolger der Apostel dürften weder Besitz noch Herrschaft kennen und illegitim sei die Kirche seit Konstantin. Johannes sieht hier – nimmt man »die Waldenser« als Stichwort für einen breiteren Bereich der teils ketzerischen, teils (unter Mithilfe des Aegidius) verketzerten religiösen Bewegungen – einen im ganzen durchaus zutreffenden Zusammenhang zwischen der Armutsbewegung und dem pneumatischen Kirchenverständnis der Spiritualen auf der einen und der wesentlich durch Eigentum, Herrschaft und Jurisdiktion definierten Kirche auf der anderen Seite. Johannes will den Extremen auf dem Mittelweg entgehen, befaßt sich aber darum ebenfalls ausführlich mit Herrschaft, Eigentum und kirchlicher Jurisdiktion.

Johannes' Prämissen sind aristotelisch-thomistisch. Das Königtum wahrt das Gemeinwohl der natürlichen politischen Gemeinschaft am besten; eine Weltmonarchie könnte aber der natürlichen Verschiedenheit der Völker, ihrer Lebensbedingungen und ihrer Kultur, nicht gerecht werden; deshalb muß es mehrere Reiche geben. Dagegen ist in der übernatürlichen Gleichheit aller Menschen eine einheitliche Leitung der Kirche möglich und als geistlicher Lehr- und Jurisdiktionsprimat nötig. Johannes bejaht die Gleichsetzung von *spiritualis* und *universalis* auch bezüglich des Papsttums, aber er schreitet von dort aus nicht mit der hierokratischen Theorie weiter zum *dominium universale* im Sinne des Aegidius, sondern beharrt darauf, umgekehrt die Universalität streng spirituell zu verstehen. Die Kirche, sagt er, wirkt durch das Wort, ihre Wirkung ist darum räumlich unbegrenzt, aber ohne Zwangsgewalt (das gilt für die Verkündigung wie für die Jurisdiktion). Die weltliche Macht wirkt physisch, durch das Schwert, und sie ist darum räumlich begrenzt. Zu einer anlogen Unterscheidung gelangt Johannes mittels der Kategorie des Besitzes. Die politische Gemeinschaft beruht auf Privateigentum (*dominium*). Das Kirchengut ist dagegen keines Menschen Eigentum, sondern gehört der Orts- oder der Gesamtkirche als ganzer; die Oberen und der Papst sind lediglich Verwalter (*administrator, dispensator*). Johannes lehnt ausdrücklich die (wenig später von dem Kanonisten Johannes Andreae vertretene) Rechtsfiktion ab, Christus sei der Eigentümer des Kirchengutes, so daß der Papst vermöge des Christus-Vikariats dann doch wieder als Eigentümer erscheint. Der Papst, so Johannes von Paris, sei *administrator* und unterliege im Falle des Mißbrauches dem Urteil der Gesamtheit, vertreten durch das Kardinalskollegium oder das Generalkonzil.

Johannes tut mit dieser Deutung einen kühnen Griff. Er verknüpft die Korporations- und Repräsentationslehren, welche die Kanonistik des 13. Jhs. bezüglich der Einzelkirchen (z. B. Stifte, Abteien, Bistümer) entwickelt hatte, und überträgt sie erstmals auf die Gesamtkirche. Der Papst (die Person, nicht das Amt) ist von der Gesamtheit der Gläubigen eingesetzt, um im Sinn ihres Zwecks, ihres geistlichen »Gemeinwohls«, zu handeln, und er kann unter bestimmten, von Johannes über den Zweckgedanken erweiterten Bedingungen von den Vertretern der Gesamtheit abgesetzt werden. Auf dieser Basis wendet er die Idoneitätsforderung auf das Papstum an. Analog zum *rex inutilis* des Kirchenrechts gibt es nun den »papa inutilis«.

Die Antriebe zu Johannes' neuer, »konstitutioneller« Ekklesiologie entstammen der aristotelisch-thomistischen Lehre von der Wahlmonarchie und der gemischten »Verfassung«, die er mit dem – wohl von der dominikanischen Ordensverfassung beeinflußten – Vorschlag eines gewählten Repräsentativorgans ergänzt. Der *consensus humanus* und die *cooperatio humana* (im Unterschied zur *operatio Dei*) besitzen für Johannes' Traktat dieselbe fundamentale Bedeutung wie für Aegidius Taufe und *ordo*-Hierarchie. Johannes gelangt auf diesem Wege zu einer deutlichen Trennung von Kirche und »Staat«. Auf seinem Mittelweg zwischen Hierokraten und »Waldensern« hat er den »Staat« weltlich und die Kirche nicht arm, aber geistlich gemacht, sie dabei nicht spiritualisiert, sondern mit einer klaren Struktur versehen.

Universale Monarchie: Dante

Die kontroversen Konzeptionen des Aegidius und des Johannes von Paris waren sich in einem Punkte einig: für den kaiserlichen *dominus mundi* eines Teils der Juristen und den staufischen bzw. – mit Heinrich VII. (1308–1313) – luxemburgischen Anspruch universaler kaiserlicher Geltung gab es keine philosophisch-theologische Grundlage. In diesem Punkt trafen sich auch andere Vertreter der beiden gegnerischen Lager, sei es *Jakob von Viterbo* (gest. 1307/08), der sich erstmals systematisch mit dem Kirchenbegriff befaßt (*De regimine christiano*, 1301/1302) und in der Kirche selbst das vollkommenste *regnum* sieht; sei es der französische Advokat *Pierre Dubois* (gest. nach 1321), der in seiner Kreuzzugsschrift (*De recuperatione terrae sanctae*, 1306), welche u. a. das Reformmodell eines weltlichen Gemeinwesens entwirft, ganz energisch bestreitet, daß es eine Weltmonarchie geben könne oder je gegeben habe. Daß es sie geben müsse, versuchte der Admonter Abt *Engelbert* (um 1250–1331) zur Zeit Heinrichs VII. in einem Traktat *Über Ursprung, Verlauf und Ziel der Reiche, besonders des römischen* zu erweisen. Dies philosophisch zu tun, gelingt ihm aber nicht. Die Beweiskraft seiner aristotelisch-thomistischen Argumente führt nicht bis zum gesteckten Ziel, so daß er die traditionelle, die Politik transzendierende Legitimierung des Reiches, seine heilsgeschichtliche Funktion, zu Hilfe holen muß.
Dante (1265–1321) behauptet darum völlig zu Recht, daß das Problem der *temporalis monarchia*, der universalen Herrschaft eines einzigen über alle Herrschaften, über alles was nach der Zeit gemessen wird, philosophisch-politisch noch nicht bewiesen worden sei. Um solches zu tun, erörtert Dante in seiner Schrift *De Monarchia* (um 1317) diese drei Fragen: ob die Weltmonarchie zum Wohl der Welt nötig sei; ob sie zu Recht vom römischen Volk übernommen worden sei; ob sie von Gott unmittelbar abhänge oder von seinem Diener oder Stellvertreter. Die *Universalität des Kaisertums* ist der Angelpunkt. Sie wird nicht aus der Gleichordnung der zwei Schwerter oder der historischen und rechtlichen Römernachfolge abgeleitet, sondern erstmals philosophisch aus der Natur des Menschen und ihrem spezifischen Ziel begründet, um damit dann umgekehrt das

Herrschaftsrecht der Römer und die Eigenständigkeit weltlicher Herrschaft zu schützen. Dante muß über Aristoteles und Thomas hinausgehen, da mit deren Argumenten (wie man an Engelbert von Admont studieren kann) nur die natürliche politische Einheit der *civitas* oder des *regnum*, aber nicht der universalen Menschheitskultur insgesamt (*universalis civilitas humani generis*) zu erweisen ist. Die Brücke vom *regnum* zum *genus humanum* baut sich Dante mit Hilfe der (abgewandelten) Lehre des Averroes vom universellen Intellekt. Die *Erkenntnistätigkeit* sei nur der Menschheit als ganzer möglich. Die Aktivierung der *Erkenntnisfähigkeit*, der höchsten des Menschen und damit Ziel des Gemeinwesens, wird demnach nur in der politischen Einheit des *genus humanum* möglich. Nur sie schafft auch mit dem Weltfrieden die nötige Voraussetzung, und diesen wiederum bewirkt allein der Weltmonarch, der selber nichts mehr begehren kann und die universale Eintracht herstellt. Diese Einheit aller Menschen und damit die höchste Verwirklichung menschlicher *civilitas* wurde seit dem Sündenfall und der Vertreibung aus dem Paradies erstmals und seither letztmals im Reich des Augustus geschichtliche Wirklichkeit. Es ist darum das Ziel seiner Vorgeschichte und Maßstab der folgenden Geschichte. Das zeitliche Glück, die höchste Aktivierung menschlicher Fähigkeit (*virtus*) war also unter Augustus erreicht – wie im irdischen Paradies. Zum überirdischen Ziel der Menschheit, dem Glück der Gottesschau im himmlischen Paradies, kann menschliche Kraft ohne die Hilfe des göttlichen Lichts nicht aufsteigen. Daß der Sohn Gottes im Reich des Augustus Mensch wurde, hat das augusteische »Paradies« zur Voraussetzung und bestätigt nach Dantes Auffassung die Bedeutung, die er ihm zumißt. Augustus und Christus – das bedeutet, daß da »kein Dienst für die (irdische und die himmlische) Seligkeit des Dieners entbehrte« (I,16). Hier macht Dante seine Philosophie geschichtlich anschaubar und deutet zugleich die Geschichte philosophisch. Von dieser Warte aus erkennt man, was es für Dante heißt, daß seither die Begehrlichkeit (der Fürsten, Städte und der Kirche) das Reich zerrissen und die Dekretalisten, welche die Dekretalen über die Bibel stellen, die Kirche ihrer Identität beraubt hätten.

Die Definition der *temporalis monarchia* und ihre geschichtliche Konkretisierung in Augustus deuten die Antworten auf die zweite und dritte Frage schon an: Die natürliche *virtus* legitimierte die Römer zur temporalis monarchia, und die übernatürliche Aufgabe des Papstes hat mit dem Besitz von temporalia nichts zu tun. Die Trennung beider Bereiche setzt sie indes nur frei, ihrem »Dienst für die irdische und himmlische Seligkeit« nach der Maßgabe von Augustus und Christus nachzukommen.

Der Dominikaner *Guido Vernani* ist Dantes Monarchia in einer »Widerlegung« (1327) entgegengetreten, wesentlich mit augustinischen Argumenten. Mit ihnen konnte er Dantes thomistischen philosophischen Ansatz und seine Geschichtsdeutung zugleich treffen. Das von Dante daraus entwickelte Bild des Menschen, der aus eigener Kraft zum »irdischen Paradies«, d. h. zu seiner wahren Natur gelangt, war das eigentliche Ärgernis.

22. Strukturen der Herrschaft

»Volkssouveränität«: Marsilius von Padua

So unterschiedlich das aristotelische Gedankengut von Thomas, Johannes von Paris und Dante auch verarbeitet wurde, es diente stets dazu, die relative Eigenständigkeit natürlichen politischen Handelns zu begründen und seinen Aktionsraum abzustecken. Dabei hatte zunächst die philosophische Legitimierung angesichts der theologischen Tradition und die entsprechende Abgrenzung der »Gewalten« den Vorrang vor der Strukturierung des politischen Handlungsbereiches.

Marsilius von Padua (ca. 1275/1280–ca. 1342), Philosoph und Arzt, vollzieht hier eine folgenreiche Wende. Der Gegenstand seines umfangreichen Hauptwerkes *Defensor pacis* (Verteidiger des Friedens, 1324) sind Aufbau und Funktionieren des Staates. Die Wirkursachen sind Marsilius wichtiger als die Zweckursachen. Wenn er im zweiten Buch des Defensor von der Kirche handelt, dann deshalb, weil für ihn die Kirche – nicht eigentlich als christliche, sondern als Religion überhaupt – eine Funktion *im* Staat besitzt.

Der Defensor ist während der Auseinandersetzungen zwischen Johannes XXII. und Ludwig dem Bayern abgeschlossen und dem deutschen König gewidmet. Kaisertum oder Universalmonarchie sind aber nicht Gegenstand seiner Untersuchung – daß eine solche zugunsten der Universalmonarchie ausfallen würde, sagt er deutlich genug (I,17,10) –; Ludwigs Kampf mit der Kurie ist für Marsilius so gut wie der französische nur ein Exempel des Problems, das er lösen will: das Problem des Unfriedens, d. h. des gestörten Funktionierens des Staates, bewirkt durch den Anspruch der Päpste auf die plenitudo potestatis. Dieses Problem konnte Aristoteles noch nicht kennen; also will Marsilius dessen »Politik« fortschreiben.

Der »Friede« des Marsilius ist eine Formalursache: die *bona disposicio*, der gute Zustand eines vernunftgemäß eingerichteten Staates, in dem jeder Teil seine Funktion unbeeinträchtigt wahrnehmen kann. Zweck- und Wirkursache dieses Funktionierens sind rein innerweltlich: die Überwindung der Insuffizienz des einzelnen und der einzelnen Stände und Berufe durch den Zusammenschluß der vielen und die Ordnung dieses Zusammenschlusses durch die Vernunft der vielen selbst, d. h. zumindest im Prinzip durch die Gesamtheit der politischen Gemeinschaft. Weiterreichende Zwecke und Wirkungen wie die Realisierung höchster menschlicher Fähigkeiten treten dabei zurück. Die Gesamtheit ist der autonome »menschliche Gesetzgeber« (*legislator humanus*). Ausschlaggebend ist allein sein Wille. Dessen Grenze bildet nicht die Bindung an metaphysische Normen höherer leges-Ordnungen wie bei Thomas, sondern nur die Vernunft, die, wie Marsilius überzeugt ist, den legislator humanus hindert, etwas anderes als das der Allgemeinheit Förderliche zu tun. Er ist die Wirkursache der Gesetze (weil er allein sie beschließt und mit Zwangscharakter ausstattet), der Regierung (indem er sie wählt, z. B. einen König, an das Gesetz bindet und zur Rechenschaft zieht) und der Gesellschaftsordnung (da die gewählte Regierung die übrigen Bestandteile des Gemeinwesens in ihre Funktionen einsetzt). Die Gesellschaftsordnung besteht aus Berufsgruppen und Ständen. Einer von ihnen ist der Priesterstand.

Marsilius überträgt wesentliche Elemente der Gesetzgebungsideologie, die Bonifaz VIII. 1298 in der Promulgationsbulle seines Dekretalenbuches Liber sextus (CJCan., ed. Friedberg II, S. 934 f.) entwickelt hatte, auf den kollektiven legislator humanus. »Volkssouveränität« orientiert sich an päpstlicher Vollmacht.

Marsilius' legislator humanus ist die Gesamtheit, jedoch nicht ungegliedert oder uneingeschränkt: »Gesetzgeber ... ist das Volk oder die Gesamtheit der Bürger oder deren gewichtigerer Teil (*valentior pars*) durch ihre Abstimmung oder Willensäußerung« (I,12,3). Das »Volk« sind nicht die Individuen, sondern gestaffelte Stände; Kinder, Unfreie, Fremde und Frauen sind nicht »Bürger«; und aus der valentior pars sind ausgeschlossen, die – man könnte sie »cives inutiles« nennen – zu gemeinsamer Beschlußfassung untauglich sind, sei es aus Bosheit oder Unvernunft. Marsilius' »Volkssouveränität« basiert also nicht auf individueller Gleichheit und ist nicht im modernen Sinn zu verstehen, sondern vor dem Hintergrund der oberitalienischen Stadtverfassung des 13. und beginnenden 14. Jahrhunderts. Obwohl Marsilius' Verfassungsmodell nicht von einer bestimmten, etwa der Paduaner Stadtverfassung abgeleitet werden kann, hat die Kenntnis und Erfahrung des städtischen Verfassungslebens Oberitaliens seinem politischen Denken entscheidende Impulse verliehen und sein Interesse auf die Herrschaftsstrukturen gelenkt, worin er dem Aristoteles näher steht als die mittelalterlichen Aristoteliker vor ihm. In dieser aristotelischen, mittelalterliches Konsensdenken antik umdeutenden Vermittlung ist der Defensor pacis der erste Beitrag der mittelalterlichen Stadt zur politischen Theorie. Masilius macht den Versuch, dem Auf-

stieg des Bürgertums und des niederen Adels durch ein von städtischen Erfahrungen inspiriertes Modell gerecht zu werden, in dem ständische Korporationen ihrerseits korporativ zusammengeschlossen sind.
Marsilius hat die Priester als einen Stand des Gemeinwesens diesem ein- und untergeordnet. Er begründet dies in einem Gesamtentwurf der Kirchenverfassung. Darin richtet er die Kirche nach einigen Grundsätzen seiner Staatslehre ein. Der kirchliche Gesetzgeber ist die Gesamtheit des Gemeinwesens in ihrer Eigenschaft als Kirchenvolk (*legislator humanus fidelis*). Seine Beschlüsse haben jedoch keinerlei Zwangscharakter, es sei denn, der legislator humanus stattet sie damit aus. Daß es über die Ortskirche hinaus eine hierarchisch organisierte Papstkirche gibt, beruht allein auf historischer Entwicklung; Marsilius will sie nicht rückgängig machen, aber konzilaristisch verändern. Das von den Ortskirchen mit Priestern und Laien beschickte Generalkonzil trifft Lehrentscheidungen und setzt den Papst ein und auch ab, der nun nicht mehr ist als ein ausführendes Organ des Konzils und ein Repräsentant der Einheit des Glaubens.

Notfall- und Widerstandsrecht: Wilhelm von Ockham

Indem Marsilius die Herrschaft strikt an das Gesetz und beide an den Konsens der Gesamtheit band, suchte er ungerechte Herrschaft institutionell zu verhindern. Ein Notfall- oder Widerstandsrecht brauchte er daher nicht zu entwickeln. Einer seiner theologischen Kritiker, der Franziskaner *Alvarus Pelagius* (ca. 1275/1280– 1350), Verfasser einer *Summa de statu et planctu ecclesiae* (1330/1332 und 1335/1340) und eines Fürstenspiegels (1341/1344), findet aus dem Dilemma zwischen päpstlicher Vollgewalt und ihrem verderbenbringenden Mißbrauch nur zu der franziskanischen Hoffnung auf einen reinen Papst. Der aus England stammende Franziskaner *Wilhelm von Ockham* (ca. 1285–1338), der letzte Begründer einer großen Schulrichtung der Scholastik, wird von einem vorpolitischen Denkansatz her zum Kritiker der Kurie und des Marsilius zugleich: vom Glauben des Christen als dem Ausdruck individueller Freiheit. Von diesem Punkt aus erscheinen kirchliche und weltliche Organisationen als menschlich geprägte Einrichtungen, freilich nicht beliebige; denn Imperium und Papstkirche sind aus den in Gottes absoluter Macht (potentia absoluta) stehenden unzähligen Möglichkeiten die verwirklichten regulären Ordnungen, sie beruhen auf seiner potentia ordinata. Dabei hat Gott dem Papst die geistliche Leitung der Kirche übertragen – wozu er darüber hinaus sich befugt glaubt, ist lediglich menschlichen Rechts, ist ihm bestenfalls von den Gläubigen übertragen worden. Die römische Kirche ist die äußere Form der vom Geist geleiteten unsichtbaren Kirche (ecclesia universalis) und mit dieser nicht voll identisch. Auch ein Konzil ist dies nicht. Doch kann es im Notfall, wenn ein Papst häretisch ist – er wird es allein schon durch den Anspruch auf die plenitudo potestatis –, dieses feststellen. Doch irren kann auch ein Konzil. Denn gegen Irrtum hilft keine menschliche Organisationsform, sondern nur die Gnade, so daß dem Glaubensgehorsam des einzelnen Christen, namentlich dem den Glauben mit Verstand und Willen erfassenden Gelehrten, die Stellvertretung der ecclesia universalis zufallen kann. Die Freiheit des Forschens ist darum für die Kirche von enormer Wichtigkeit.

Das Weltimperium ist nach Ockham die von Gott verfügte und ursprünglich von den Menschen durch die Übertragung der Macht auf den Kaiser verwirklichte Organisationsform zur Erreichung des Gemeinwohls. Wenn Gott diese beste Form weltlicher Herrschaft nicht (mehr) zuläßt, dann geschieht dies, um die Sünden zu strafen. Ockham argumentiert zugunsten der Weltmonarchie im Interesse des einzelnen Menschen. Die Herrschaft des obersten Monarchen, wesentlich Straf- und Friedensgewalt, findet ihre Grenze an der Freiheit des einzelnen, die sie nur im Notfall zugunsten des Gemeinwohls antasten darf. Umgekehrt werden der Herrschaft gegenüber, wenn sie versagt, eine Reihe von Notstandsmaßnahmen wirksam, denkbar bis hin zu dem Recht des Bauern, einen tyrannischen Kaiser zu töten. Wenn geistliche und weltliche Macht in die Zuständigkeit der anderen Seite übergreift – was wiederum durch den Anspruch auf die plenitudo potestatis der Fall ist –, liegt sogar ein extremer Notfall vor, der Widerstand zur unbedingten Pflicht macht.

Ockhams *Widerstandslehre* erwächst aus der Analyse konkreter Konflikte und politischer Handlungsspielräume. Sie bedeutet im Kern einen Appell an das Naturrecht, sie entbindet aber nur stufenweise von der gesetzten Ordnung. Denn die Verpflichtung zum aktiven Widerstand wandert von oben nach unten, nimmt aber niemanden aus. Die Entlarvung von Machtmißbrauch – hier spielt wieder das Urteil der Gelehrten über die Erfordernisse der konkreten Situation eine besondere Rolle – und passiver Widerstand sind allerdings jedermanns Pflicht von vornherein.

Ockham und Marsilius gehen von ganz unterschiedlichen Ausgangspunkten aus. Marsilius hat aus der Position des politischen Philosophen auch über die Kirche gehandelt und ihr dabei eine völlig neue, an den Prinzipien der Entstehung und des Aufbaus eines Staates orientierte Verfassung verschrieben. Ockham hat als Theologe ein – wenn auch mit unverkennbarer Sprengkraft versehenes – Notrecht zur Wiederherstellung einer ursprünglich gesetzten Ordnung entwickelt. Deshalb hat nicht Marsilius, sondern ein konservativ und entschärft, im Rahmen der vorangehenden Kanonistik interpretierter Ockham den Konziliarismus von Konrad von Gelnhausen (ca. 1320–1390) und Heinrich von Langenstein (1325–1397) bis zum Konstanzer Konzil beeinflußt. Erst seit mit dem

Konstanzer Dekret »Frequens« (1417) und den Erklärungen der Basler Versammlung über die Stellung des Konzils der Kirche eine andere Verfassung gegeben werden soll, wird der Einfluß des Marsilius stärker und wird die Auseinandersetzung über den Konziliarismus ein Streit über politische Theorien. Marsilius hat indes auf die konziliare Bewegung des 15. Jahrhunderts vor allem deswegen wirken können, weil von juristischer Seite eine ebenfalls von der Herrschaftsorganisation der Stadt beeinflußte Theorie eines auf der Gesamtheit aufruhenden, mit selbstgesetzter, die Gemeinschaft nicht transzendierender Spitze versehenen Herrschaftsaufbaus entwickelt wurde, die sich auf die Kirchenstruktur übertragen ließ.

Stadtregiment: Bartolus von Saxoferrato

Aristoteles »schmecke den Juristen nicht«, sagt *Bartolus* (1313/1314–1357), der bis in das 16. Jh. einflußreichste doctor legum. Aristoteles schmeckte ihnen nicht aus begreiflichen Gründen. Die Vorstellung des mit gesetzgeberischer Vollmacht ausgestatteten kaiserlichen dominus mundi, von dem sich die Autorität des römischen Rechts herleitete, widersprach dem aristotelischen Konzept der sich in der Polis organisierenden Bürgergemeinde. Die Juristen erklärten die *lex regia*, d. h. die in den Digesten (1,4,1 pr.) und Institutionen (1,2,6) enthaltene, auf die Bestallung Vespasians (69) durch die lex de imperio zurückgehende Konstruktion Ulpians (gest. 228), wonach die kaiserliche Gewalt überhaupt vom Volk auf den Kaiser übertragen worden sei, für einen endgültigen und unwiderruflichen Akt. Cola di Rienzo, der den verschollenen bzw. unerkannten Text der lex de imperio 1345/1346 wiederentdeckte, behauptete seine Widerrufbarkeit und zog daraus politische Konsequenzen im Sinn einer immer noch aktuellen Herrschaftsberechtigung des römischen Volkes. Doch als endgültige Übertragung verstanden – so die Glossa ordinaria und die Mehrheit der Juristen –, bot die lex regia gegenüber päpstlichen Ansprüchen eine willkommene Stütze kaiserlicher Unabhängigkeit, und sie wurde in diesem Sinn von Ravennater und Bologneser Juristen seit Beginn der Investiturstreits verwendet; Friedrichs II. *Liber augustalis* leitet die kaiserliche Gesetzgebungsvollmacht ebenfalls aus der lex regia ab.

Um die lex regia zu einer Legitimation der kommunalen Verfassung umzudeuten, mußte sie aus dem unmittelbaren Zusammenhang mit dem Kaisertum gelöst werden. Hier hatte schon der rex-imperator-Grundsatz bezüglich der Königtümer vorgearbeitet; der Bologneser Kanonist *Alanus Anglicus* hatte die lex regia für *jedes* Volk in Anspruch genommen, um den rex-imperator-Grundsatz zu untermauern. Bartolus nimmt den

rex-imperator-Grundsatz zwar auf, doch folgert er aus ihm keine de iure oder de facto bestehende Unabhängigkeit vom Imperium – eine solche kann er nicht anerkennen –; er vereinbart jenen Grundsatz mit dem dominium mundi vielmehr in der Weise, daß er die Weltherrschaft als eine allgemeine Oberherrschaft (regularitas) von der Jurisdiktionsgewalt abhebt und sodann analog zu den regna auch freie Städte, die keine höhere Jurisdiktion über sich anerkennen, als in sich selbständige, sich selbst regierende Körperschaften (universitates) unterhalb der kaiserlichen regularitas auffaßt. Das städtische Gewohnheits- und Statutarrecht vermag er vermittels der von der lex regia verbürgten ursprünglichen Gewalt des Volkes als Gesetze aufzufassen, die das Volk durch stillschweigende Zustimmung anerkannt bzw. sich selbst gegeben habe. So ist »die Stadt sich selber Herr« (*civitas sibi princeps*) und kann für ihren Verband die Gesetzgebungs- und Jurisdiktionsvollmacht des princeps selber wahrnehmen (s. auch S. 228).
Für die Interpretation der Stadtverfassung selbst kann die Körperschaftslehre sehr flexibel gehandhabt werden und noch durchaus oligarchische Herrschaftsformen erfassen, wenn es z. B. heißt, der Rat oder gar nur der Podestà repräsentiere das Volk bzw. die Absichten des Volkes (*mentem populi*) und hätten somit dessen Vollmachten. Hier wie auch bei der als unwiderruflich verstandenen lex regia greift die Frage, ob es sich um eine »aufsteigende« oder »absteigende« Herrschaftsbegründung handle, daneben. Die Körperschaftstheorie war, zusammen mit der Repräsentationslehre, nunmehr so gestaltet, daß sie im 14. und 15. Jahrhundert zur Erfassung quantitativ und qualitativ unterschiedlichster universitates dienen konnte, vom Stiftskapitel bis zum Reich und zur universalen Kirche. Sie erwies sich damit ähnlich absorptionsfähig wie im hohen Mittelalter das Lehnswesen. Nur war sie häufiger als dieses ein juristisches Erklärungsmodell anstatt eines praktizierten Rechtsinstituts.

Umstrittene Verfassungsprinzipien: das Basler Konzil

Die Kontroversen des Basler Konzils (1432–1449) über die Struktur der Kirche sind für die politische Theorie von besonderem Interesse, nicht weil nun radikaler als früher die Gottunmittelbarkeit der päpstlichen Gewalt bestritten wurde, sondern weil die kirchliche Auseinandersetzung ausdrücklicher und ausgiebiger als zuvor um politische Prinzipien geführt wurde. Die Reform von Kirche und Reich hatten schon der Konziliarist *Dietrich von Niem* (ca. 1340–1418) und viele seiner Zeitgenossen in engstem Zusammenhang gesehen: die Grundsätze für die beiden Reformen seien die gleichen, der Kaiser sollte die Kirche und die Kirche das Reich reformieren. In Basel ging es vielmehr generell um Verfassungsprinzipien. Die Kirche verstand sich so weitgehend als politisch und juristisch definierbare Herrschaftsinstitution, und wesentliche Rechtsvorstellungen waren so sehr im Zusammenwirken beider Rechte ausgestaltet worden, daß die Identität weltlicher und kirchlicher Verfassungsstrukturen von keiner Seite bestritten wurde, sondern allein die Verfassungsform umkämpft war. Die Kompetenzabgrenzungen zwischen geistlichem und weltlichem Herrschaftsverband regelten bezeichnenderweise wie zwischen selbständigen Mächten nunmehr Konkordate (die einseitige staatliche Regelung blieb die Ausnahme).

Das beiden Seiten gemeinsame Problem der Herrschaftsstruktur bestand darin: ob sie – in der seit Thomas gebräuchlichen politischen Terminologie gesprochen – »politisch« sei, d. h. auf dem Zusammenschluß unter einer selbstgesetzten Leitung beruhe, oder ob sie »monarchisch« sei, d. h. von einer eigengesetzlichen Spitze ausgehe. Die Kirche sei zwar ein *corpus mysticum*, führte die streng konziliaristische, hauptsächlich von Thomas Strzempinski und Jakob von Paradies verfaßte Stellungnahme der Krakauer Universität aus (1442), sie sei aber zugleich ein *corpus politicum*, wie jede andere politische Gemeinschaft (*communitas politica*).

Schon vor dem Konstanzer Konzil hatte der Kardinal und Konziliarist *Franciscus Zabarella* (gest. 1417) die lex regia zum Beweis der Superiorität der Gesamtheit der Gläubigen über den Papst verwendet: Das römische Volk habe die Macht dem Kaiser nur widerruflich übertragen und bleibe mithin das Fundament der Macht, ebenso verhalte es sich mit den Gläubigen und dem Papst. *Johannes von Segovia* (gest. 1458) ging sogar die ganze aristotelische Verfassungslehre durch, um politikwissenschaftliche Erkenntnisse auf die Kirchenverfassung zu beziehen.

Auf der Gegenseite argumentierte der Dominikaner *Johannes von Torquemada* (1388–1468) ebenso politisch, nur in umgekehrter Richtung (*Summa de ecclesia* von 1449; II,107): Wie jede wohlgeordnete respublica einen einzigen Regierenden mit ungeteilter Autorität über sich habe, so müsse das auch in der kirchlichen Gemeinschaft (*communitas*) sein. Auf beiden Seiten wurde dabei immer wieder Aristoteles' »Politik« zitiert, doch nur bei den Konziliaristen bestimmt er den Denkansatz.

Zentrale philosophisch-politische Begriffe hatten indes eine juristische Bedeutung erhalten. *Societas-communitas-universitas* und *unitas* bezeichneten nicht lediglich den Zusammenschluß zum Gemeinwesen, sondern bedeuteten »Korporation« und juristische »persona ficta« im Sinn der fertig ausgebildeten Körperschaftslehre. Demnach liegt alle Vollmacht und Jurisdiktion bei der Gesamtheit (*universitas*), die allein Gesetze beschließen darf (*ius statuta condendi*), und zwar mit einfacher Mehrheit, die sich Verwalter (*administrators*) bestellt und einen Leiter (*rector*), welcher der Gesamtheit als ihr *minister* untergeordnet bleibt, also z. B. bei der Vernachlässigung des Gemeinwohls absetzbar ist. Die universitas kann auch durch die Versammlung (*concilium*) von Repräsentanten vertreten werden, die dann dieselbe Vollmacht haben wie die universitas selbst; denn das concilium ist nicht ein Organ der universitas, wie es Rektor und Verwalter sind, sondern ist rechtlich mit der universitas identisch.

Diese Rechtsgestalt der Korporation wurde in der konziliaristischen Diskussion seit dem 14. Jh. mit zunehmender Vollständigkeit und Konsequenz auf Kirche, Konzil und Papsttum übertragen. Einen entscheidenden Schritt tat das Basler Konzil mit der Einführung des Mehrheitsprinzips. Das bedeutete, da die Versammlung aus unterschiedlichen Ständen der Kirche bestand, daß nun alle hierarchischen, durch sakramentale Weihen bestimmten Unterschiede bei der Ausübung der konziliaren Vollmacht aufgehoben wurden. Mit dieser Ausschaltung der spezifisch geistlichen Strukturierung war die größtmögliche Angleichung an weltliche Verhältnisse vollzogen.

Die päpstliche Partei, von Johannes von Torquemada, dem »Defensor fidei«, hervorragend vertreten, hakte bei der Vorstellung der juristischen, d. h. fiktiven Person ein, um die Anwendung der Korporationslehre auf die Gesamtkirche ad absurdum zu führen. Eine universitas besitzt keine Seele (*universitas non habet animam*), hält Torquemada entgegen (Summa II,71). Dies ist ein Kernsatz der Korporationstheorie selbst, den sie gerade zur juristischen Unterscheidung der Gesamtheit von ihren wechselnden Gliedern benützt – für Bartolus das Zentralproblem der Staats- und Körperschaftslehre –, den Torquemada aber nun philosophisch auf den Gegensatz des Nominalismus zum Realismus bezieht, um ihn gegen die Konziliaristen zu wenden. Torquemanda macht sich die philosophische Inkonsequenz der Körperschaftslehre zunutze. Diese konstituiert die universitas zunächst in nominalistischer Weise als bloßen Namen (*nomen intellectuale, nomen iuris*), stattet sie sodann aber durch eine fictio iuris mit eigener Wesenheit aus. Die Rechtsfiktion, so Torquemada, macht das *corpus fictum* (die Gesamtheit im Unterschied zu ihren Mitgliedern) nicht real; es könne nicht Weihen empfangen und die Binde- und Lösegewalt nicht ausüben. Die Konstituierung einer unitas aus der universitas führt nach Torquemada also ins Leere. Seine vom neuplatonischen Realismus geprägte Herrschaftslehre schreitet umgekehrt von der Einheit zur Vielheit. Größte Realität besitzt die Einheit, die alle Fähigkeit und Vollmacht in sich schließt (*totalitas, plenitudo potestatis*), die untergeordnete Vielheit nimmt nur an ihr teil. Eine Gemeinschaft gibt sich demnach keine Ordnung, sondern dank einer hierarchischen Ordnung existiert sie überhaupt erst.

So wie das politische Denken der Konziliaristen von Aristoteles bestimmt ist, beruht das der Papalisten auf Ps.-Dionysius, den Torquemada an entscheidenden Stellen beruft. Den Konziliaristen wiedersprechend, entfal-

tet er den hierarchischen Ansatz mit energischer, ebenfalls im juristischen Denken geschulter Konsequenz. Schärfer noch als Aegidius Romanus, Bonifaz VIII. oder Jakob von Viterbo deutet er den Christus-Vikariat des Papstes als Repräsentation der Person Christi. Insofern ist der Papst Haupt und Leib zugleich; in ihm ist virtuell die ganze Macht (*totalitas* – die Anwendung dieses Begriffes ist neu – *et plenitudo totius potestatis*) der Kirche überhaupt, die eines jeden Amtes und die der Konzilsversammlung. Darum ist der Papst mehr und anderes als die aktuelle Kirche unter ihm. Der Papst kann aber auch – und hier ergänzt Torquemada die Zuständigkeit des obersten Hierarchen durch die aus dem Zweckdenken abgeleiteten Ausnahme-Befugnisse – um des Gemeinwohls willen auf jeder Ebene der Hierarchie unmittelbar eingreifen.
Die konziliaristischen und papalistischen Strukturentwürfe der Kirche werden, wie gesagt, stets als allgemeine politische, korporative oder monarchische Herrschaftsstrukturen formuliert. Jede Partei suchte Anhängerschaft unter den weltlichen Mächten aufgrund ihrer politischen Prinzipien. Johannes von Segovia stellte die Behauptung der päpstlichen Propaganda in Abrede, daß die Prinzipien des Konziliarismus die Stellung der Fürsten untergrüben (»die von Gott eingesetzte Monarchie suchen sie zu einer Demokratie herunterzubringen«) und verwies statt dessen, beschönigend freilich, auf die bestehenden Konsensbindungen der Königsherrschaft. Die Papalisten hielten hingegen die Möglichkeiten ihres am Papsttum entwickelten »absolutistischen«, nur eine originäre Machtquelle kennenden Modells vor Augen. Die Konziliaristen blieben erfolglos. Ihr Versuch, die an dem Vorbild kommunaler Selbstregierung philosophisch und juristisch entwickelten Prinzipien auf die Gesamtkirche anzuwenden und zudem noch den weltlichen Herrschern anzuempfehlen, scheiterte. Doch die Ausarbeitung der mittelalterlichen Konsenslehren unterschiedlicher Provenienz und Geltung zu einer allgemeinen politischen Theorie ist weit über das 15. Jahrhundert hinaus wirksam geworden. Auf der anderen Seite avancierte im 15. und 16. Jahrhundert ein gewaltiges Werk des *Augustinus von Ancona* (ca. 1270/1273–1328), seit dem späten 16. Jahrhundert Augustinus Triumphus genannt, zum Standardwerk der hierokratischen Lehre der geistlichen und weltlichen Souveränität des Papstes, die *Summa de ecclesiastica potestate* von 1326.

Spätmittelalterliche Reichstheorie

Die Bemühungen der Basler Parteien um weltliche Anhängerschaft veranlaßten *Enea Silvio Piccolomini* (1405–1464, 1458–1464 = Pius II.), damals im Dienst des deutschen Königs Friedrich III., bei diesem mit einem Traktat über »Ursprung und Autorität des römischen Reiches« (*De ortu et auctoritate imperii Romani*, 1446) für die päpstliche Partei zu werben.

Dieser Zweck bewirkt, daß die Schrift anders ausfällt als die politischen Theorien über das Reich vor ihm und nach ihm. Alexander von Roes, Lupold von Bebenburg, Nikolaus von Kues und Peter von Andlau versuchen, wenn auch unter sehr verschiedenen Gesichtspunkten, politische Veränderungen theoretisch zu unterfangen. Enea verzichtete darauf, seine Beschreibung der »großen und bewunderungswürdigen Autorität des (künftigen) Kaisers (Friedrich) über alle Völker, Nationen, Fürsten und Könige« (ed. Kallen S. 96) mit der Realität seiner Herrschaft in Beziehung zu setzen. Enea folgt weithin der *Monarchia* (um 1435) seines Lehrers, des Juristen *Antonio de Roselli* (1386–1466). Diese schloß in der Behandlung der Befugnisse der Kirche an Dantes *Monarchia* an, was der Schrift Rosellis später (1496) Entgegnung und Verbot durch den Inquisitor Heinrich Institoris, Mitautor des »Hexenhammers«, eintrug. Enea aber streift das Verhältnis von Reich und Kirche nur kurz, läßt die Kompetenzabgrenzung dabei offen und konzentriert sich vielmehr auf eine eingängige Darstellung der »absolutistischen« Kaiserlehre, die Roselli, am monarchischen Prinzip interessiert, aus dem römischen und kirchlichen Recht gleichermaßen erhob. Enea kommt es auf die Herausarbeitung der – der päpstlichen Gewaltfülle analogen – *summa potestas... summaque auctoritatis plenitudo* (ed. Kallen S. 92) des römischen Königs als des »Herrn des Erdkreises« an.

Die traditionelle Auffassung von der heilsgeschichtlichen Funktion des römisch-deutschen Reiches – das letzte vor der Endzeit zu sein und durch seinen Bestand das Kommen des Antichrist aufzuhalten – erwähnt Enea nur nebenbei, um nichts auszulassen. Das Denken *Alexanders von Roes*, eines Kölner Kanonikers des 13. Jhs., dessen »Denkschrift über den Vorrang des Reiches« (*Memoriale de prerogativa Romani imperii*, 1281) Enea kennt, ruht ganz in dieser Auffassung. Wer das Reich nicht anerkennt, zu seiner Zerstörung beiträgt, sei, so Alexander, ein Vorläufer des Antichrist. Um die Anerkennung des Reiches durch Franzosen und Italiener zu erleichtern und zugleich den Deutschen dessen Führung zu sichern, unterscheidet er drei Aufgaben in der Christenzeit statt bisher zwei und verteilt sie auf die genannten Völker. Den Italienern komme das Papsttum, den Franzosen das Studium der Wissenschaft, den Deutschen das Kaisertum zu. Historische und völkerpsychologische Argumente begründen seine neuartige Sicht von Reich und Christenheit, die hochmittelalterliche Theorie und spätmittelalterliche Wirklichkeit zu vereinigen sucht und dabei erstmals die Nationen als Gliederungsprinzip und die Wissenschaft als neue »Weltmacht« begreift.

In historischer und juristischer Beweisführung will des nachmaligen Bamberger Bischofs *Lupold von Bebenburg* (gest. 1363) 1340 verfaßte »Ab-

handlung über die Rechte des Königtums und des Kaisertums« (*Tractatus de iuribus regni et imperii*) der Wirklichkeit der regna gerecht werden. Lupold war Bologneser Doktor des Kirchenrechts und stand der legistischen Auffassung vom Imperium fern. Ihn bewegte aber zugleich, wie er selbst sagt, »glühender Eifer für sein Heimatland Deutschland«, das er gegen die päpstlichen Ansprüche wappnen will. Wie läßt sich das umstrittene Kaisertum rechtlich beschreiben? Lupold geht die Frage von den Rechtswirkungen der Übertragung der Kaiserwürde auf Karl d. Gr. an. Er differenziert darum zwischen dem rex Francorum et Langobardorum aus eigener Macht und dem Kaiser, und kommt im Ergebnis zu einer Unterscheidung des Reichskaisertums im deutsch-burgundisch-italienischen Reich, das durch die Wahl der Kurfürsten, welche das Volk vertreten, rechtsgültig besetzt wird, von dem universalen Kaisertum, das mit der römischen Kaiserkrönung verliehen wird. Als Kaiser in seinem dreiteiligen Reich herrscht er unabhängig, wie es jeder rex-imperator in regno suo aufgrund des in der Geschichte erkennbaren Gewohnheitsrechts tut. Als Weltkaiser ist er oberste Berufungsinstanz und Kirchenvogt. Lupold läßt also gegen die legistische Kaiserlehre die faktische Ordnung zu rechtlicher Geltung kommen. Das Weltkaisertum hat keinen römisch-rechtlichen Grund, ist nicht Gewalt und »herrscht« nicht; es hat vielmehr einen religiösen Grund (im göttlichen Recht) und es »hütet« pax et iustitia.
Ockham hat als Anhänger Ludwigs des Bayern Lupolds Schrift kritisiert und allein das Weltkaisertum kraft der römischen lex regia gelten lassen. Das Weltkaisertum entspringt seiner Auffassung nach dem Wirken der potentia ordinata Gottes, der gegenüber Lupolds Anerkennung geschichtlich entwickelter Rechte nichtig ist. In Ockhams Erörterung der Kaiserfrage spielt darum die fränkisch-deutsche Geschichte keine Rolle.
Aus Traktaten von Thomas' De regimine principum über Alexander von Roes bis Eneas oben genannter Schrift (doch ohne Lupolds Werk zu kennen), aus juristischer Literatur, den beiden Rechten und dem geltenden Reichsrecht hat *Peter von Andlau* (ca. 1420–1480), Kirchenrechtler an der neuen Universität in Basel, als erster und lange als einziger das »Staats- und Verfassungsrecht« des Reiches, soweit es deutscher Nation war, herausgehoben. Sein zweiteiliger *Libellus de Caesarea monarchia* (1460) ist ein Mosaikwerk hauptsächlich aus den genannten Quellen, historisch im ersten, juristisch im zweiten Teil. Das Werk ist hochmittelalterlich in seiner Reichstheologie – das römisch-rechtliche dominium mundi hat er erwähnt, aber auf sich beruhen lassen –, kanonistisch in seiner Gewalten- und Translationslehre, monarchistisch in seiner Verfassungslehre. Letzteres jedoch nicht im Sinn des Enea Silvio, der von den Ständen nicht spricht, vielmehr bezieht Peter Reichstage, Adel und Städte ein. Doch sie repräsentieren nicht das Reich gegenüber dem Kaiser, sondern erhöhen und festigen das Kaisertum.

Philosophie des Konsenses: Nikolaus von Kues

Nikolaus von Kues (1401–1464), den Autor der *Concordantia catholica* (1433), verbindet vieles mit den zuvor genannten Theoretikern. Den *Defensor pacis* des Marsilius hat er während der Niederschrift der Concordantia kennengelernt und noch eingearbeitet. Wie die Konziliaristen ist er von der Superiorität des Konzils über den Papst überzeugt, Konsens und Repräsentation sind für ihn zentrale Begriffe. Mit den papalistischen Autoren verbindet ihn die Berufung auf Ps.-Dionysius, der in seinem Denken einen entscheidenden Platz einnimmt. Mit den deutschen Reichstheoretikern teilt er den konservativen Reichsglauben und kennt und bedenkt die deutschen Verhältnisse. Und dennoch bedeutet dies alles bei ihm etwas ganz anderes.

Denn Nikolaus verbindet die hierarchischen Vorstellungen des christlichen Neuplatonismus mit den Konsens- und Repräsentationslehren der Körperschaftstheorie in der Weise, daß er den hierarchischen Stufenbau nicht von der einheitlichen und allein alles Sein vermittelnden Spitze abhängen und in fortschreitend vermittelter Teilhabe an der Einheit breiter und gleichzeitig partikulärer und schwächer werden sieht, sondern daß er den Stufenbau auf der Basis aufruhen und die Wahrheitsnähe und Repräsentationskraft der darüberliegenden Stufen von der Breite und Intensität des sie tragenden Konsenses bestimmt sieht. Es ist eine umgekehrte Aktivierung der ps.-dionysischen Hierarchie. Sie hat zur Voraussetzung, daß der Konsens eine theologische Qualität erhält: »Das viele verschiedene Menschen, die an einem Ort versammelt und in die größte Freiheit des Redens gestellt sind, in völliger Eintracht ein Urteil fällen, ist nicht menschlich, sondern göttlich« (II,4, § 78). Die Einhelligkeit ist die Gewähr der Wahrheit. Darum ist die Autorität sowohl des Konzils als auch des Papstes relativ in bezug auf den *consensus omnium*, und ist das Selbstsein des einzelnen abhängig von seiner Teilnahme am Konsens.

Die einzelnen treten nicht wie bei Marsilius und der von den Konziliaristen angewendeten Körperschaftslehre hinter der verselbständigt gedachten *universitas* zurück, vielmehr bleibt jede Vertretung und jedes Amt auf den *consensus omnium* zurückbezogen, so daß sich das Konzil nur bedingt auf seine Identität mit der Gesamtkirche und das Papsttum sich nicht auf eine vorgegebene Stellvertretung Christi kraft Amtes berufen kann. Abgestuft gilt dieser Bezug für Teilbereiche, ihre Versammlungen und ihre Ämter. Immer entsteht Einheit durch den Konsens der Vielheit und bleibt durch ihn bedingt.

Nikolaus von Kues hat seine zunächst an der Konzilsproblematik entwikkelten Grundsätze im 3. Buch der Concordantia catholica auf das Reich angewendet und Reformvorschläge daraus abgeleitet. Sie sind nur auf Deutschland zugeschnitten, obwohl Nikolaus grundsätzlich an der heilsgeschichtlichen Notwendigkeit des universalen Imperiums festhält. Da die universale Einheit aber nicht zu erreichen ist und Einheit von unten her entsteht, ist es für Nikolaus durchaus konsequent, auf die konkreten, geschichtlich gewachsenen Verhältnisse nur des deutschen Reiches einzugehen und nicht etwa seine abstrakte Staatslehre vorzutragen. Seinen Grundgedanken entsprechend geht Nikolaus vom consensus omnium als wichtigstem Prinzip auch politischer Strukturen aus, das in einem gestuften Repräsentationssystem verwirklicht werden soll. Es dient vornehmlich der Rechtsprechung und Gesetzgebung und kulminiert in einer allgemeinen, periodisch tagenden Reichsversammlung, die die Kurfürsten, nicht aber (wie die weiterbestehenden Reichstage) die geistlichen und weltlichen Fürsten umfaßt, dafür jedoch dem Bürgertum und den Universitäten neben Geistlichkeit und Adel eine vollberechtigte Vertretung ermöglicht. Nikolaus will die ständische Ordnung nicht aufgehoben wissen; er aktiviert sie, um sie zu stabilisieren. Denn dem consensus entspricht die freie Unterordnung (*libera subiectio*) unter das rechtsverbindlich Beschlossene. Eine freie, rationalistische Verfügbarkeit der Herrschafts- und Gesellschaftsordnung ist aus dem Konsensprinzip nicht abzuleiten. Die Einheit, die aus der Vielheit entsteht, ist durchaus im Sinn der Tradition gedacht. Sie sollte den Dualismus von König und ständischem Reich überwinden, ohne – wie z. B. Enea Silvio – in dem (vom deutschen Königtum abgesehen) durchaus zukunftsweisenden Absolutismus der Devise *quod principi placuit, legis habet vigorem* (was der Herrscher beschließt, hat Gesetzeskraft; Digesten 1,4,1) das Heil der Herrschaft zu suchen. Für Nikolaus gilt dagegen: Der *vigor legis* besteht aus der Eintracht und Unterordnung derer, die sich durch die Eintracht binden (II,2, § 110).

Monarchie, Staat und Nation

Die auf dem Basler Konzil mit großer publizistischer Breitenwirkung umkämpfte Alternative zwischen »politischem« und monarchischem Regiment ließ der Erörterung der »gemischten« Herrschaftsform (*regimen mixtum*) oder des kombinierten *dominium regale et politicum*, das *John Fortescue* in der englischen »Verfassung« erkannte, keinen Raum. Das konziliaristische Verfassungsmodell stieß auf den geschlossenen Widerstand der regalia regimina vom Papst bis zum englischen König Heinrich VI., weil es das Haupt-Glieder-Verhältnis rein innerweltlich definierte, wogegen die Monarchen kraft des Christus-Vikariats oder des Gottesgnadentums eine überweltliche Repräsentanz beanspruchten: Allein das Haupt ragt in eine andere Welt (Torquemada, Summa II,26).

Trotzdem barg die Lehre von der universitas, die mehr und anderes ist als alle einzelnen und die als persona ficta über allem Wechsel der Personen identisch bleibt, nicht nur Gefahren, sondern auch große Chancen für das caput regale: wenn es nämlich, anstatt sich als dienendes Haupt dem corpus politicum eingliedern zu lassen, umgekehrt das corpus politicum sich angliedert, ohne seine das corpus transzendierende Stellung aufzugeben. Eben dieser Schritt wurde im 14. Jahrhundert, mit Hilfe der kirchlichen Doktrin, in die Deutung des Königtums durch den Juristen *Lucas de Penna* (1320–ca. 1390) vollzogen und von den Papalisten des 15. Jhs. wirksam propagiert.

Das papalistische Verständnis der Kirche als corpus mysticum vereinigte die Idee einer trotz wechselnder Mitglieder kontinuierlich bestehenden Einheit mit der Vorstellung von einem das corpus transzendierenden Haupt, dem gegenüber das corpus keinen Selbststand besitzt. »Der Papst, der ›die Kirche‹ genannt werden kann« (*papa qui dici potest ecclesia*), definierte Aegidius Romanus (*De ecclesiastica potestate* III, 12; S. 209). Es kam nun darauf an, hieraus Folgerungen zu ziehen und diese Doktrin auf die weltlichen monarchischen Gewalten zu übertragen. Dies tat Torquemada. Er sprach – immer unter dem Aspekt der strukturellen Gleichförmigkeit päpstlicher und weltlich-monarchischer Herrschaft – dem Papst die *totalitas* kirchlicher Macht zu und definierte ihn als *tota ecclesia virtualiter*. Zugleich erfaßte er die Gläubigen bzw. die königlichen Untertanen (*subditi, regnicolae*) mit den Begriffen *communitas* oder *universitas*. Er nutzte die egalisierende Kraft dieser Körperschaftsbegriffe bewußt, indem er sowohl die Ableitung aller Gewalt vom monarchischen Haupt als auch das unmittelbare Eingriffsrecht auf allen Ebenen hervorhob (Summa II,26,52,83).

Die Einbeziehung der universitas in das monarchische Haupt hat zur Voraussetzung, daß dieses als ebenso transpersonal begriffen wird wie die universitas. Die Trennung zwischen der Person der Königs und dem Amt und seinen Rechten findet sich in den verschiedenen Stadien der Geschichte des Königtums und seines ständischen Widerparts angelegt, man denke nur an die Krone als Fiktion oder die Rolle der Krönungseide, in denen die Unveräußerlichkeit der Rechte zu beeiden war. Torquemada, der ohnehin stets prinzipiell und nur vom Amt spricht, unterscheidet ausdrücklich zwischen dem princeps als Besitzer natürlicher Fähigkeiten oder übernatürlicher Gnade – als solcher ist er der universitas eingegliedert – und dem princeps als Inhaber der ganzen jurisdiktionellen Macht – als solcher ist ihm die universitas angegliedert. Unabhängig von seinem Gnadenstand als konkrete Person besitzt er das besondere unentgeltliche Gnadengeschenk (*gratia gratisdata*) der potestas iurisdictionis (Summa II,82). Es ist ein wesentlicher Unterschied, ob die speziellen Würden und Rechte des Königtums von der jeweiligen Person abgehoben werden, ober ob die universitas in das Königtum einbezogen gedacht wird. Im ersten Fall wird die Herrschaft objektiviert und stabilisiert. Im zweiten

Fall wird das Herrschaftsverhältnis neu definiert: Das Königtum wird als ein sein Reich konstituierendes Prinzip begriffen. Das Königreich erscheint dann als eine neu konstituierte Einheit, die anstelle überkommener ständischer Vielheit gelten soll. Es wird der Schritt zur Theorie einer einheitlichen Staatsgewalt vollzogen, und zwar ohne unmittelbare Inanspruchnahme des römischen Rechts.
Schon zu Beginn des 15. Jahrhunderts hatte der Theologe *Johannes Gerson* (1363–1429), der bald weithin als ein neuer Kirchenvater galt, dem französischen König in einer Rede dreierlei Leben zugesprochen, dem dreigestuften ordo der Zwecke und Gemeinschaften des Thomas von Aquin entsprechend: ein körperlich-individuelles, ein bürgerlich-politisch-allgemeines und ein geistlich-gnadenhaftes. Das zweite Leben des Königs (*vita civilis, politica aut universalis*) wird ganz und gar mit Begriffen des nicht-monarchischen, d. h. des »politischen« Regiments der universitas bezeichnet, eben um die universitas in das überindividuelle Leben des Königs zu integrieren. Gerson entwickelt daraus jedoch keine politisch-theoretischen Folgerungen über die höchste und einheitliche Gewalt, wie es Torquemada tut, sondern politisch-ethische Forderungen für den König und die »Bürger« gleichermaßen; eine Ethik also für die als ein Ganzes aufgefaßten öffentlichen Beziehungen, die das *regale regimen* den ethischen Normen der *vita civilis et politica* unterstellt. Die Identifizierung der öffentlichen Person des Königs mit dem Ganzen wird in der Herrschaftstheorie vorweggenommen, um sie sogleich mittels einer Zivilethik zu unterfangen.
Gerson nimmt hier, ohne selber Humanist zu sein – seine Zivilethik besteht allein aus den vier Kardinaltugenden –, eine Position ein, die die Mehrzahl der Humanisten des 15. Jhs. gegenüber Monarchie und universitas eingenommen hat. Sie setzen indes an die Stelle der vier Kardinaltugenden, die gleichsam nur den kleinsten gemeinsamen Nenner einer allgemeinen, König und »Bürger« umfassenden *vita civilis* darstellen, nunmehr ein breit entfaltetes Bildungs- und Erziehungsprogramm, mit dem sie eine neue Epoche der vita civilis heraufführen wollen, ethisch orientiert und gebunden an die lateinische Sprachkultur. Sie fördern nicht schlechthin die Zustimmung zu dem politischen Konzentrationsprozeß der Macht, den Torquemadas Theorie wiedergibt, sondern fordern den Konsens zu gemeinsamen Bildungsinhalten und Normen – eine concordantia nicht in metaphysischer oder institutioneller, sondern politisch-ethischer Absicht.
Ein für das politische Denken nachhaltig wirksamer Komplex dieses Programmes ist die historische und ethische Fundierung der Vorstellung von der Nation als dem gemeinsamen Ganzen. Sie steht zu der oben mit Lorenzo Vallas Worten bezeichneten lateinisch-europäischen Gemeinsamkeit in unverkennbarer Spannung, trägt indes einer langen Entwicklung

Rechnung, die nun präzisiert und politisiert wird. An den Universitäten und auf den spätmittelalterlichen Konzilien gab es »Nationen«, die die Angereisten zu teils sehr eng, teils sehr umfassend umschriebenen Herkunftsgemeinschaften zusammenfaßten. Seit dem 15. Jh. wird der Begriff zunehmend an die politischen Einheiten der Monarchien und an die Sprachgemeinschaften gebunden und durch die Darstellung der Geschichte dieser Einheiten als Nationalgeschichte unterbaut, zugleich mit bleibenden Urteilen und Vorurteilen über das eigene Volk und fremde Völker ausgestattet. Zudem wird der Versuch unternommen, die Vorstellung der Nation ethisch und emotional anzureichern, d. h. Treuebindungen moralischer oder gar rechtlicher Art mit der Nation zu verknüpfen. Ein wichtiges Mittel ist die Erweiterung und Verlagerung bestehender oder auch (namentlich in der juristischen Literatur seit dem 13. Jh. unter dem Rechts- bzw. Pflichttitel *pugna pro patria*) herausgearbeiteter Bindungen und Pflichten in der Rechtsgemeinschaft des Heimatlandes (*terra, patria*) oder der Heimatstadt (*patria*) zugunsten der Nation bzw. des regnum. Diese werden dann als übergeordnetes »gemeinsames Vaterland« (*patria communis*) und als Fürsten wie »Bürger« gemeinsam verpflichtendes *bonum commune* erklärt.

23. Vergleichender Aspekt: Säkularisierung

Der Humanismus (dessen expliziter Beitrag zur politischen Theorie im folgenden Teil dieses Buches dargestellt wird) vollzieht die letzte der großen Rezeptionen antiken Gedankengutes im lateinischen Westen, zumal seit dem 15. Jh. auch das griechisch-byzantinische Erbe einbezogen wird. Der Humanismus macht weder »mittelalterlichem« politischen Denken ein Ende – im Königtum z. B. sind die ältesten, vor dem Investiturstreit grundgelegten Schichten, mit der Geblütsheiligkeit angefangen und mit dem Gottesgnadentum als ihrem wichtigsten Element, weiter wirksam – noch macht er mit der Säkularisierung politischen Denkens den Anfang. (Wobei Säkularisierung gerade wegen der großen Bedeutung des Gottesgnadentums nicht im modernen, prinzipiellen Sinn zu verstehen ist, sondern als eine wachsende Eigengesetzlichkeit des Weltlichen.) Diese setzt vielmehr schon im Mittelalter selber ein, zwar nicht als solche intendiert und verstanden, aber doch faktisch wirksam, indem die in relative Eigenständigkeit versetzten Bereiche der Rechte und der Philosophie im politischen Denken sich eigengesetzlich auswirken und zur Geltung kommen. Hierin, so scheint es, unterscheiden sich die Entwicklungen der drei Nachfolgekulturen der Antike während des sog. Mittelalters wesentlich. In Byzanz und im Islam hat das säkulare Erbe der Antike nicht in der Weise Spannungen erzeugen und Veränderungen bewirken können wie im lateinischen Westen. Denn nur hier wird die in der anfangs hergestellten Einheit von sacerdotium und regnum gegebene, unmittelbar heilsgeschichtlich-religiöse Funktion der Politik umgewandelt in das ungelöste Spannungsverhältnis von geistlicher und weltlicher Gewalt. Der Investiturstreit, durch den die weltliche Gewalt aus ihrer unmittelbar religiösen Funktion verdrängt wird, bedeutet hier eine Wende. Doch ist in diesem Zusammenhang insbesondere auf die Entwicklung der Kirche selbst, nämlich das jüngere Kirchenrecht der Dekretalen und ihrer Dekretalistik zu verweisen. Denn sie hat weitgehend auf genuine, geglaubte theologische Argumentation verzichtet (was übrigens Dante, Paradiso IX, 133–135 prägnant formuliert) und statt dessen im Austausch mit der legistischen Jurisprudenz die Kirche als päpstliche summa potestas, jurisdictio usw. weltlich-juristisch bewiesen. Dadurch aber hat das Kirchenrecht zugleich der frühmodernen Auffassung von Herrschaft und Staat wesentlich vorgearbeitet, namentlich der vollen Ausbildung des Begriffs der Souveränität, deren staatliche Verwirklichung nicht zuletzt die Kirche selbst durch ihre eigene, im Weltlichen konkurrierende Existenz als monarchisch regierte res publica christiana in und über den Staaten gleichzeitig verhinderte.

Teil III

Vom italienischen Humanismus bis zum Vorabend der Französischen Revolution

Von Wolfgang Reinhard

24. Leitmotive politischen Denkens

Das Fundamentalproblem, mit dem es das politische Denken dieser Epoche zu tun hat, ist das »Werden des modernen Staates«. Freilich ist diese Formel zu teleologisch, um den historischen Sachverhalt ganz zu treffen. Sie suggeriert den modernen Staat als notwendigen Endpunkt der weltgeschichtlichen »Normalentwicklung«, während er doch erst als Ergebnis spezifisch europäischer Konstellationen zustande kam und von Europa in die Welt »exportiert« wurde. Er ist auch kein notwendiges Resultat der Geschichte, sondern eines, zu dem es theoretische wie praktische Alternativen gegeben hat. Solche Alternativen sind für die Entfaltung der politischen Ideen wichtig, obwohl auch sie im Sinne des Prinzips der Heterogonie der Zwecke schließlich von dem Fundamentalprozeß des »Wachstums der Staatsgewalt« in Dienst genommen werden können. »Wachstum der Staatsgewalt«, diese Formel bezeichnet zwar ebenfalls einen gerichteten Prozeß, aber keinen, bei dem das Ergebnis feststeht. Es handelt sich vielmehr zunächst einfach darum, daß unter der bunten Fülle der Träger vielfältiger Formen personaler Herrschaft, wie sie für das Mittelalter kennzeichnend ist, Inhaber bestimmter zentral und hoch plazierter Positionen Macht zu akkumulieren beginnen, mit dem mehr oder weniger erfolgreich verwirklichten Ziel, Herrschaft für die eigene Position zu monopolisieren. Solche »Schlüsselpositionen« sind häufig monarchische, so daß das Wachstum der Monarchie zum sog. »Absolutismus« und die Auseinandersetzung damit ein Hauptthema der Ereignis- wie der Ideengeschichte des Zeitalters darstellt.
Als erste Reaktion auf die Erscheinungsformen politischen Wachstums entsteht bei Machiavelli eine neue Analyse politischen Verhaltens. Die Lehre von der Politik war traditionell eine Fortsetzung der Ethik gewesen. Nun aber vermittelt sie Herrschaftswissen, das sich durch Brauchbarkeit auszeichnet, Brauchbarkeit auch zur Legitimierung einer nach bisherigen Maßstäben als »unmoralisch« erscheinenden Politik (Kapitel 25). Doch zugleich erneuern Humanisten die traditionelle politische Ethik durch den sittlichen Impuls von Reformvorstellungen, deren bemerkenswerte Rationalität mit der Radikalität utopischer Entwürfe aber zugleich erstmals »Dialektik von Aufklärung« theoretisch demonstriert (Kapitel 26). Der dritte Anstoß kam von der Reformation, freilich weniger von ihrer Theologie als infolge der praktischen Notwendigkeit, den neuen Glauben im Bunde mit ständischen Kräften gegen altgläubige Monarchen zu verteidigen. So wurden Vorstellungen von Widerstand und Volkssouveränität lebendig (Kapitel 27), übrigens bei den Altgläubigen in derselben Lage nicht anders, dort aber vertieft durch eine den Bedürfnissen einer Welt werdender autonomer Staaten angepaßte Natur- und Völker-

rechtslehre (Kapital 28). Doch nehmen die konfessionellen Konflikte und sozialen Krisen ein solches Ausmaß an, daß sich der starke Staat als einzige Zuflucht erweist (Kapitel 29).
Die Verzögerung dieser Konflikte in England führt dort bei Hobbes bereits zur Verbindung ihrer theoretischen Bewältigung mit der neuen Wissenschaft (Kapitel 30); die Aufklärung des 18. Jahrhunderts bringt dann die entscheidende Steigerung sämtlicher neuer Impulse (Kapitel 31–34). Politik wird zwar nach wie vor metapolitisch begründet, die Maßstäbe »Natur« und »Vernunft« sind nicht neu, aber sie werden künftig unter Ausklammerung der Transzendenz angewandt. Es bleibt beim Gemeinwohl als Ziel, aber Gemeinwohl kulminiert nun nicht mehr im jenseitigen Heil, sondern im diesseitigen Glück. Daraus gewinnt die weltimmanente Rationalität emanzipatorischen und humanitären Schwung; Freiheit und Selbstbestimmung werden wichtige Parolen. Zugleich aber ermöglicht sie in dialektischem Umschlag weiteres Wachstum der Staatsgewalt auf Kosten der eben erst entdeckten Würde des Individuums, theoretisch durch bestimmte Folgerungen aus der Identitätsphilosophie Rousseaus (Kapitel 31), praktisch im sog. »aufgeklärten Absolutismus« (Kapitel 32). Selbst in der amerikanischen Revolution erweist sich diese Ambivalenz britischer Freiheitstradition und europäischer Aufklärung als unaufhebbar (Kapitel 34). Obendrein erfolgt die Befreiung der Menschheit zugleich im Interesse des Aufstiegs des Bürgertums. In den Menschenrechtsprogrammen und der rasch an Bedeutung gewinnenden politischen Ökonomie beginnen der bürgerliche Wirtschaftsmensch und die moderne Wirtschaftsgesellschaft ihren Dialog mit der nicht mehr mit ihnen identischen Staatsgewalt (Kapitel 33).

25. Analyse der wachsenden Staatsgewalt zu Beginn der Neuzeit

Republikanischer Humanismus in Florenz

Das Wachstum der Staatsgewalt beginnt bereits im Mittelalter, Reflexion darüber ist aber erst möglich, als gebildete Laien den Klerus in der intellektuellen Führung abzulösen beginnen, französische Juristen und italienische Humanisten. Vor allem als Florenz um 1400 durch Mailand in seiner Existenz bedroht scheint, zeichnen sich neue Ansätze im politischen Denken ab. Während bei *Dante Alighieri* (1265–1321) und bei *Francesco Petrarca* (1304–1374) der Patriotismus noch in den Universalismus der

Reichsidee eingebettet bleibt, steht bei *Coluccio Salutati* (1331–1406), Kanzler von Florenz und Haupt der zweiten Humanistengeneration, bereits die Florentiner *civitas* oder *res publica* neben der *monarchia* oder dem *imperium*, ganz ähnlich wie schon bei dem Juristen *Bartolus von Sassoferrato* (1314–1357). Wie Dante verdammt Salutati in *De Tyranno* (1400) die Cäsarmörder und bejaht damit die mittelalterliche Ordnung des Kaisertums. Aber in seinen Staatsbriefen profiliert er sich als engagierter Republikaner und Feind des Mailänder »Tyrannen«. Ausschlaggebend ist in dieser noch unentschiedenen Situation, daß Salutati in der humanistischen Begegnung mit der Antike politisches Denken kennengelernt hat, dem es nicht um Deduktion aus Prinzipien, sondern um richtiges Verhalten in konkreten Situationen geht. Gottes Vorsehung wird nicht bestritten, aber erst der Erfolg vermag zu zeigen, ob der Politiker ihren Absichten gemäß gehandelt hat. *Nächstenliebe* als Motiv einer neu aufgewerteten politischen vita activa und durch humanistische Studien erworbene *prudentia* der jeweiligen Lagebeurteilung bilden die Grundlage dieser zukunftweisenden Rechtfertigung der praktischen Politik.
Eindeutiger äußern sich Salutatis Nachfolger *Leonardo Bruni* (1361 – 1444) und seine Zeitgenossen, die sogenannten »Bürgerhumanisten«. Der imperialen Sprache der Mailänder Humanisten tritt das Latein der römischen Republik entgegen. Das negative Bild des Tacitus von der römischen Kaiserzeit wird bewußt dem republikanischen Ideal Ciceros gegenübergestellt. Cäsar wird zum Schurken und sein Mörder Brutus zum Helden. Mit einem neuen Verhältnis zur Antike entsteht ein neues politisches Identitätsbewußtsein in Florenz. Die ewig gültige politische Wertordnung wird aufgelöst und das eigene Gemeinwesen mit seiner idealisierten Verfassung tritt beinahe schon als »historische Individualität« in den Vordergrund.
Die Medici-Signorie 1434–1494 verunsichert diesen Republikanismus. Ist den Florentinern die nicht mehr rein ethisch gesehene politische *virtù* abhanden gekommen? Oder besitzen nur noch die Medici diese Tugend? Oder ist alles nur Walten der *fortuna*? Eine Zuflucht bietet der im 15. Jahrhundert von venezianischen Humanisten geschaffene Venedig-Mythos, nach dem die politische Stabilität Venedigs auf der aristotelischen Mischverfassung mit Ausgewogenheit zwischen dem Einen (dem Dogen), den Wenigen (dem Senat) und den Vielen (dem Gran Consiglio) beruht. Dieser antikisierende Venedig-Mythos bleibt ein Leitmotiv des abendländischen Republikanismus.
Das neue Regime nach dem Sturz der Medici beruhte freilich weniger auf institutionellen Anleihen bei Venedig als auf dem Charisma des Dominikaners *Girolamo Savonarola* (1452–1498). Dessen Traktat *Circa el reggimento e governo della città di Firenze* (1498) folgt vertrauten thomistischen und florentinischen Mustern, verbunden durch die Idee einer

besonderen Auserwähltheit der Stadt Florenz. Machiavelli jedenfalls scheint mehr vom Führertum Savonarolas als vom Inhalt seiner Botschaft beeindruckt gewesen zu sein.
Das Regiment der Aristokratie, die den Propheten vernichtet hat, erweist sich aber der kritischen Lage zwischen Franzosen, Spaniern und italienischen Mächten, insbesondere dem expandierenden Cesare Borgia, nicht gewachsen, trotz der Wahl des Pietro Soderini zum Gonfaloniere (Staatsoberhaupt) auf Lebenszeit im Jahre 1502. 1512 sind die Medici wieder an der Macht; eine Diskussion über die Zukunft des Staates beginnt. Hierher gehören Machiavellis Hauptschriften. Nach erneuter Vertreibung 1527 kehren die Medici 1530 mit dem Heer Kaiser Karls V. zurück, dieses Mal für immer. 1537 kommt Cosimo I. ans Ruder, der Florenz und die Toskana zu einem modernen absolutistischen Fürstenstaat umgestaltet.

Machiavelli und Guicciardini

Niccolò Machiavellis (1469–1527) politisches Denken beruht auf vierzehnjähriger politischer Praxis und guter Kenntnis lateinischer Autoren, beides verbunden durch patriotisches Engagement. An den Tausenden von Schriftstücken, die er als Sekretär der außen- und militärpolitischen Behörde entworfen hat, läßt sich die Entfaltung seiner Leitvorstellungen lange vor seinen klassischen Schriften nachweisen. Letztere entstammen seiner persönlichen Krise nach dem Sturz der Republik, der er gedient hatte. Höchstwahrscheinlich hat er in der ersten Jahreshälfte 1513 einen Teil des ersten Buches seines politischen Hauptwerkes, der *Discorsi sopra la prima deca di Tito Livio* (zitiert: D I–III), verfaßt (sicher bis I 18, vielleicht bis I 46), dann in der zweiten Jahreshälfte 1513 in einem Zug den *Principe* (zitiert: P), schließlich 1515–1517 die Bücher II und III der *Discorsi*. In der Folgezeit bahnt sich eine Annäherung an die Medici an. Neben literarischen Werken entsteht die *Arte della Guerra* (1520) und als Auftragsarbeit des Medici-Papstes Clemens VII. eine Geschichte von Florenz (1520–1525). 1527 mit den Medici zu Fall gekommen, stirbt Machiavelli in Armut und Enttäuschung.
Die drei Bücher der *Discorsi* sollen der Innenpolitik, der Außenpolitik nebst Krieg und der Rolle der führenden Männer gewidmet sein. Aber Machiavelli hält sich nicht an eine streng sachliche Gliederung und folgt auch nicht genau dem Text, den er kommentieren will, Livius' Geschichte der römischen Republik bis 293 v. Chr. Er wählt Textstellen aus, knüpft daran Überlegungen, die er mit zusätzlichen Textstellen oder Beobachtungen aus der eigenen Erfahrung ergänzt. Dabei folgt er manchmal der Logik des Sachzusammenhangs über mehrere Kapitel hinweg, manchmal dem

Aufbau des Livius, manchmal überhaupt keinem Ordnungsprinzip. Die dabei entstehenden sachlichen Widersprüche sind bis heute nicht vollständig geklärt.
Seine Fragestellung ist eine humanistische, denn wie die Kunst, die Rechtswissenschaft und sogar die Medizin seiner Zeit von antiken Quellen lebt, so möchte er am antiken Exempel der römischen Republik Politik lehren, natürlich im Blick auf die gescheiterte Republik Florenz. Da Mensch und Politik sich gleichbleiben, kann man aus der Geschichte erfolgversprechendes politisches Handeln lernen (D I Einleitung, 39, III 43), so aus den Anfängen Roms etwas über die Grundlagen von Gemeinwesen überhaupt (D I 1–18). Als die Vermehrung der Menschen sie zum geordneten Zusammenleben zwang, entstanden die Begriffe »gut«, »böse« und »Gerechtigkeit«. Zuerst wurde der Stärkste zum Oberhaupt gewählt, bald aber der Klügste und Gerechteste. Durch unwürdige Erben entartete diese Monarchie zur Tyrannis, die von den Edelsten gestürzt und durch Aristokratie ersetzt wird. Auch diese wird korrumpiert und durch eine Volkserhebung beseitigt. Doch die Demokratie entartet ebenfalls bis zur Anarchie, aus der man sich wieder in die Monarchie eines großen einzelnen flüchtet, womit dieser nach Polybios und Aristoteles entworfene Kreislauf unerbittlich von neuem beginnt. Nur eine Mischung aus Fürsten-, Adels- und Volksherrschaft wie in Rom garantiert wenigstens vorübergehend größere Stabilität. In Rom beruhte diese Mischung auf dem Dauerkonflikt zwischen Adel und Volk (D I 2). Die natürliche Bosheit der Menschen hat die Adeligen zur Unterdrückung des Volkes veranlaßt, bis dieses sie der Kontrolle der Volkstribunen unterwarf; nun waren sie durch Gesetze und die daraus folgende Erziehung gezwungen, gut zu handeln (D I 3–4). Nur so konnte das Volk die bürgerliche Freiheit sichern, die für Machiavelli eher Freiheit *von* tyrannischer Bedrückung als Freiheit *zu* politischer Partizipation ist (D I 16). Eine konfliktfreie Stabilisierung hingegen würde zur Stagnation führen (D I 6). Besser ist es, die Mißstimmung gegen einflußreiche Leute durch institutionelle Kanalisierung auszunutzen (D I 7–8).
Freilich nicht in der Ausnahmesituation des Gründers eines Gemeinwesens. Romulus ist entschuldigt, wenn er seinen Bruder tötete, weil die Alleinherrschaft die unbedingte Voraussetzung einer Neugründung ist – Meinungsverschiedenheiten unter einer Mehrzahl von Menschen verhindern die Ordnung des Gemeinwesens. Nicht daß der Mord sittlich gut wäre, aber der politische Erfolg entschuldigt ihn. »Tadel verdient nicht, wer Gewalt braucht, um aufzubauen, sondern um zu zerstören« (D I 9). Zu den Zerstörern zählt bei Machiavelli nach der Tradition des Florentiner Republikanismus auch Caesar (D I 10).
Wichtiger noch als der politische Gründer Romulus ist der Religionsstifter Numa, »denn wo Religion ist, läßt sich leicht eine Kriegsmacht auf-

richten, wo aber Kriegsmacht ohne Religion ist, läßt sich diese nur schwer einführen«. Gottesfurcht ist die Ursache für die Größe der Staaten, ihr Schwinden die Ursache des Verfalls (D I 11). Deshalb ist die von der römischen Kurie ausgehende Korruption am politischen Niedergang Italiens schuld (D I 12). Machiavellis Religion ist also nicht nur ein Manipulationsinstrument in der Hand der Herrschenden (D I 13–15), sondern ernstgenommene Grundlage von Sittlichkeit und Bürgertugend. Aber sie ist nicht das höchste Gut, sondern in geradezu antik anmutender Weise auf das konkrete Gemeinwesen als obersten Wert bezogen (D I 11–12, II 2), Gedanken, die von Montesquieu und Rousseau wieder aufgegriffen werden. Man kann Machiavellis Christlichkeit also nicht ohne weiteres in Frage stellen, höchstens ihren Tiefgang. Sein frommer Tod allerdings ist Legende.

Religion als Grundlage der sittlichen Ordnung ist daher auch Grundlage der Freiheit, Ein verderbtes Volk kann seine Freiheit sowenig behaupten wie eines, das unter Fürstenherrschaft steht (D I 16–17). Doch wie kann dann ein korrumpiertes Florenz und krisengeschütteltes Italien zur Freiheit zurückgeführt werden? Nur wenn ein neuer »Gründer« mit unumschränkter Macht Verfassung und Gesetze entsprechend neugestaltet. Freilich »setzt die Erneuerung der Verfassung einen trefflichen Mann voraus, die gewaltsame Inbesitznahme der Macht aber einen schlechten, und so wird nur äußerst selten der Fall eintreten, daß ein Mann mit guten Absichten auf schlimmen Wegen Fürst wird, ein schlechter aber, der Fürst geworden ist, wird schwerlich gut handeln und seine schlimm erworbene Macht zu Gutem benutzen« (D I 18).

An dieser Stelle mag sich Machiavelli entschlossen haben, dem kranken Italien im *Principe* das Gift der Tyrannis als Kur zu empfehlen. *De principatisbus* (wie der eigentliche Titel dieser im Gegensatz zu den *Discorsi* sorgfältig durchkomponierten Schrift lautet) beginnt mit der Analyse der verschiedenen Typen von Fürstenherrschaft und der dazugehörigen spezifischen Wachstums- und Verfallsfaktoren. Machiavelli unterscheidet ererbte von neuerworbenen Fürstentümern, dabei je vier Arten von Angliederung und Neubildung, und schließlich als besondere Gattung das geistliche Fürstentum (P 1–11). Im Mittelpunkt stehen neugebildete Herrschaften, besonders jene, die zustande gekommen sind, weil die *virtù* eines Francesco Sforza die von der *fortuna* gebotene *occasione* genutzt hat (P 6), oder jene, die das Glück und fremde Waffen einem Cesare Borgia in den Schoß geworfen haben, wobei zur Behauptung auch ein gewisses Maß von *virtù* erforderlich ist (P 7). Eine Neugründung auf Volksgunst oder Verbrechen allein ruht demgegenüber auf einer viel schwächeren Grundlage, obwohl gut eingesetzte Grausamkeiten politisch produktiv zu wirken vermögen. »Gut angewandt kann man diejenigen nennen – wenn anders man das Schlechte gut nennen darf –, die ein

Fürst begeht aus Notwendigkeit, um sich zu sichern, und bei denen er späterhin nicht verharrt, sie vielmehr, soweit möglich, zum Wohl der Untertanen zu wenden versucht« (P 8).
Nach Behandlung des Kriegswesens, wobei sich Machiavelli wie stets im Gegensatz zum technischen Fortschritt für Bürgermiliz und Infanterie gegen Söldner, Reiterei, Artillerie und Festungen einsetzt (P 12–14, 20), kehrt er zu diesem Gegenstand zurück, »wie ein Fürst sich gegenüber seinen Untertanen oder seinen Freunden verhalten soll«. Diesen Kapiteln (P 15–23, bes. 15–19) verdankt Machiavelli seinen Ruf. Wie realistisch klingt doch die Einleitung: »Zwischen dem Leben, wie es ist und wie es sein sollte, ist ein so gewaltiger Unterschied, als seine Erhaltung bewirkt; ein Mensch, der immer nur das Gute tun wollte, muß zugrunde gehen unter so vielen, die nicht gut sind. Daher muß ein Fürst, der sich behaupten will, auch imstande sein, nicht gut zu handeln und das Gute zu tun und zu lassen, wie es die Umstände erfordern.« Publikumswirksamer Schein ist wichtiger als Wirklichkeit; doch darf der Fürst auch schlechten Ruf nicht scheuen, solange man ihm herrschaftsstabilisierende Eigenschaften zuschreibt (P 15,18). So ist Grausamkeit besser als Milde, denn einmal kann Grausamkeit gegen wenige Milde gegen viele sein, zum anderen kann der Fürst Furcht erzeugen, Liebe aber nicht; er soll sich aber nur auf das verlassen, was in seiner Macht steht (P 17). Angesichts der Bosheit der Menschen braucht der Fürst auch sein Wort nicht zu halten, wenn er sich dadurch schaden würde. Neben den menschlichen Waffen des Rechts führt er auch die tierischen der Gewalt, die Brutalität des Löwen und die List des Fuchses, doch stets unter dem Anschein von Treue und Gottesfurcht. Denn Augenschein und Erfolg bestechen den Pöbel »und in der Welt gibt es nur Pöbel« (P 18). Inbegriff aller Erfolgsrezepte ist es, die Untertanen nicht von der Furcht zu Haß und Verachtung zu treiben, etwa indem man ihre Frauen und ihr Eigentum antastet (P 19). Die positive Kehrseite dazu ist der Erwerb von Ansehen durch aufsehenerregende Maßnahmen (P 21). Ein Mann, der sich an diese Regeln hielte, könnte Italien von den Fremden befreien und stabilisieren – der *Principe* schließt mit einem flammenden Appell an den vielversprechenden Lorenzo de' Medici (P 24, 26).
Obwohl die *Discorsi* im Gegensatz zum *Principe* für Republiken geschrieben sind, finden sich hier wie dort dieselben Verhaltensregeln (D III 6, 17, 19–23, 40, 42). Sie ergeben sich ja nicht nur aus der hier wie dort behandelten Ausnahmesituation des »Gründers«, sondern aus Machiavellis Weltbild überhaupt, zunächst aus seinem politischen Glaubensbekenntnis: »Wo es um das Sein oder Nichtsein des Vaterlandes geht, gibt es keine Bedenken, ob gerecht oder ungerecht, mild oder grausam, löblich oder schimpflich; man muß vielmehr alles beiseite setzen und die Maßregel ergreifen, die ihm das Leben rettet und die Freiheit erhält« (D III 41).

Die ideale, weil freiheitliche Verfassung ist die Republik, deren Überlegenheit über die Monarchie nach innen und außen Machiavelli mit vieler Mühe nachzuweisen versucht (D I 57–59, II 1–4, III 34). Der Widerspruch zur Verachtung des Pöbels wird durch den Hinweis aufgehoben, das durch gute Gesetze geleitete Volk sei zu innerer Freiheit und äußerer Kraftentfaltung fähig; gute Gesetze aber beruhen auf Erziehung, diese auf Religion (D II 2). Die notorische Langsamkeit republikanischer Entscheidungsprozesse (D I 38, II 15) muß durch eine institutionalisierte Ausnahmeregelung ergänzt werden (D I 34), improvisierte Sondergewalt ist republikfeindlich (D III 24).
Heruntergekommenen Gemeinwesen und Religionen ist durch *rinnovazione* wieder aufzuhelfen, diese besteht aber nicht in »Innovation«, sondern wie stets bis ins 17. Jahrhundert in Rückkehr zu den Ursprüngen. Konkret ist entweder gesetzliche Vorsorge oder eine große »Gründerfigur« erforderlich (D III 1). Doch erscheinen solche Erwartungen im Lichte von Machiavellis tiefster Gedankenschicht eitel, widersprechen sie doch seinem kosmologischen Determinismus und anthropologischen Pessimismus. Er wagt es nicht, sich für die Ewigkeit der Welt zu entscheiden, legt dem Leser aber den Gedanken nahe, nicht zuletzt durch Übernahme des dazugehörigen kosmologischen Zyklus der Antike: »Wenn alle Länder derart übervölkert sind, daß sie sich nicht mehr ernähren, noch sich durch Auswanderung helfen können, weil alle Teile der Erde besetzt und voll sind, und wenn die menschliche Tücke und Bosheit ihren Gipfel erreicht hat, so muß die Welt sich notwendig auf eine der drei Arten (Pest, Hungersnot oder Überschwemmung, R.) reinigen, damit die Menschen, zusammengeschmolzen und gezüchtigt, bequemer leben und wieder besser werden« (D II 5). Verknüpft durch die Bosheit der Menschen, die zu immer weiter reichender Verderbnis führt, ordnet sich dem als zweiter Zyklus derjenige der Verfassungen ein (s. o. zu D I 2). In diesem langfristigen Rahmen bestimmt *fortuna*, deren Verhältnis zu Gott nicht ganz geklärt wird (P 25), mittels der inneren *necessità* der sich gleichbleibenden Triebe des Menschen und der äußeren *necessità* der Umstände den Gang der Dinge. Im *Principe* gesteht Machiavelli seinen Hang zum totalen Determinismus, fährt aber fort: »Um unsere Willensfreiheit nicht ganz preiszugeben, halte ich nichtsdestoweniger dafür, daß Fortuna wohl zur Hälfte Herrin ist über unsere Taten, aber die andere Hälfte, oder fast soviel, unserer Leitung überläßt.« Wie ein wilder Strom müsse das Geschick durch in ruhigen Zeiten errichtete Dämme gebändigt werden, denn bei Hochflut gibt es keinen Widerstand (P 25). In den *Discorsi* hingegen ist Machiavelli konsequenter Fatalist geworden: »Es ist eine unumstößliche Wahrheit, die die ganze Geschichte bezeugt, daß die Menschen das Schicksal zwar befördern, aber nicht aufhalten können. Sie können seine Fäden spinnen,

nicht aber zerreißen. Gleichwohl dürfen sie sich ihm nie überlassen. Da sie seine Absicht nicht kennen und es krumme und unbekannte Wege geht, müssen sie immer hoffen und im Hoffen sich nie ergeben, in keiner Lage und keiner Not« (D II 29).

Für den politisch handelnden Menschen kommt deshalb alles darauf an, die von *fortuna* gebotene *occasione* wahrzunehmen. Nur ein Handeln, das sich an die von *fortuna* geschaffenen Umstände anpaßt, kann Erfolg haben. Doch kann der Mensch sich überhaupt anpassen? Viel eher muß der Einklang von Handeln und Situation durch *fortuna* mitgeliefert werden. Denn der Mensch kann seine Natur nicht ändern und geht überdies nicht von bewährten Erfolgsrezepten ab, auch wenn die Umstände sich wandeln (P 25, D III 8–9). Da die Wege *fortunas* aber dunkel bleiben, ist nur heroisches Handeln möglich mit der Hoffnung, daß *fortuna* und *virtù* zusammenkommen und zusammenpassen. *Virtù*, mannhaftes und zugleich wohlkalkuliertes politisches Wollen und Handeln, ist der stets unterlegene, aber nie besiegte Gegner und Partner der *fortuna* in der Geschichte – kein Wunder, daß Machiavelli die Sympathie der Faschisten genoß, freilich ein Machiavelli, wie man ihn erst nach Nietzsche und Sorel sehen konnte, denn von Haus aus gehören die Begriffe *fortuna, virtus* und *necessitas* zur stoischen wie zur mittelalterlichen Tradition.

Machiavelli mit all seinen denkerischen Errungenschaften ist Produkt einer Tradition und einer Konstellation, der Krise von Florenz. Das wird unmißverständlich deutlich, wenn dieselben Grundgedanken auch bei seinem Zeitgenossen *Francesco Guicciardini* (1483–1540) auftauchen. Obwohl Mitarbeiter der Medici im Kirchenstaat und in Florenz, blieb Guicciardini immer von dem Problem der politischen Rolle seines Standes, der Aristokratie, zwischen dem Fürsten und dem Volk fasziniert. Im *Dialogo del reggimento di Firenze* (1521–1525) schlägt er als Lösung noch eine gemischte Verfassung venezianischen Musters vor. Von Cosimo I. kaltgestellt wie vor ihm Machiavelli von der Republik, sucht Guicciardini die politische und private Krise durch Geschichtsschreibung zu bewältigen. 1535/37–1540 entsteht die *Storia d'Italia*, die berühmte Darstellung der Ereignisse zwischen 1492 und 1534.

Auch ihm ist die Freiheit Italiens und die Größe von Florenz das höchste Ziel, aber während Machiavelli in seinen Antrieben Optimist bleibt, neigt Guicciardini zu skeptischer Resignation. Gerade dies macht ihn jedoch mehr als jenen zum Realisten und Historisten. Er bestreitet die exemplarische Bedeutung der Römer für die Politik. In seinem theoretischen Hauptwerk, den *Ricordi politici e civili* (1527–1530) (zitiert: R), steht neben dem Satz: »Die Vergangenheit erleuchtet die Zukunft, da die Welt im Grunde immer gleichblieb« (R I 114) die Warnung: »Es ist grundfalsch, die Römer in jedem Satz zu zitieren; denn eine Stadt, die nach

Roms Beispiel gelenkt werden sollte, müßte auch die gleichen Lebensbedingungen besitzen« (R II 110). Und: »Es ist sehr gefährlich, sein Urteil auf früheren Erfahrungen aufzubauen, denn wenn die Beispiele, an die man denkt, nicht völlig gleich sind und nicht ganz auf den neuen Fall passen, dann kann die kleinste Abweichung im Tatbestand für Wirkung und Erfolg schwerwiegende Veränderungen bedingen – und diese vielleicht geringfügigen Abweichungen kennt eben nur ein besonders geschultes Auge« (R II 117).

Nachdenken bringt Erfolg (R I 75) oder ist zumindest würdiger, als sich blind dem Geschick zu überlassen (R I 160) wie die Volksmasse, dieses Ungeheuer (R I 123). Alle menschliche Umsicht allein genügt nicht, es bedarf auch des Glücks (R II 30), denn »wer alles der Vernunft und dem menschlichen Können zuschreibt und die Macht des Schicksals so weit wie möglich ausschalten will, muß doch wenigstens anerkennen, daß es schon etwas bedeutet, ob seine Geburt gerade in eine Zeit fällt, die diejenigen Fähigkeiten und Vorzüge, durch die er sich auszeichnet, schätzt... Wer freilich sein Wesen je nach den Zeitumständen ändern kann, was äußerst schwierig, vielleicht sogar unmöglich sein dürfte, wäre der Gewalt des Schicksals weniger unterworfen« (R II 31).

Auch die anthropologischen Aussagen Guicciardinis sind behutsamer als jene Machiavellis, kommen aber zu ähnlichen Ergebnissen. »Die Menschen neigen von Natur zum Guten, wenigstens so, daß alle, denen das Üble nicht gerade Nutzen oder Vorteil bringt, eher das Gute als das Schlechte tun. Da ihre Natur jedoch nicht unüberwindlich ist und unzählige Gelegenheiten sie zum Bösen verlocken, verraten sie oft aus Eigennutz ihre Natur. Weise Gesetzgeber erfanden darum Strafe und Auszeichnung als Zaum und Sporn, nicht um die Leute zu vergewaltigen, sondern zur Rettung der eigenen Natur, und der Staat, der diese Mittel nicht genügend anwendet, zählt die wenigsten glücklichen Bürger, was wir täglich in Florenz erfahren« (R I 3). »Untertanen lassen sich nicht ohne Strenge beherrschen.« Man soll die Strenge aber durch Sachzwänge legitimieren (R I 85). Freiheit ist um der Gerechtigkeit willen da und nicht umgekehrt; sie bedeutet nicht Beteiligung an der Herrschaft, sondern Freiheit von Unterdrückung. Wo Monarchien oder Oligarchien Gerechtigkeit gewährleisten, bedarf es daher keiner politischen Freiheit, keines Freistaates (R I 143, II 109).

Der Fürst ist für die Untertanen da, der umgekehrte Fall bedeutet Tyrannis (R I 92). Das ändert aber nichts daran, daß Staaten nur mit Gewalt groß werden (R I 95) und Herrscher gezwungen sind, sämtliche aus dem *Principe* bekannten machiavellistischen Mittel einzusetzen (R I 51, 120, II 1, 74, 142, 147), insbesondere die Künste der Lüge und Verstellung (R I 27, 45, 118, II 132, 199). Manche Erkenntnis dieser Art ergibt sich aus der Analyse der Diplomatie (R I 24, II 153) oder des päpstlichen

Herrschaftssystems (R II 3), obwohl oder gerade weil Guicciardini an der »Priesterbande« kein gutes Haar läßt (R II 28). Zuviel Religion ist ungesund und hält von Taten ab (R I 31).

Doch neben den mit Machiavelli gemeinsamen Ideen kommen auch spezifische Leitvorstellungen Guicciardinis zum Ausdruck: der Glaube des konservativen Juristen und Administrators an die ordnungsstiftende Macht von Gesetzen als solchen und der Anspruch des Florentiner Aristokraten auf Selbstverwirklichung in der Politik.

Machiavellismus und Staatsraison

»Staatsraison« bedeutet Rationalisierung (im doppelten Wortsinn) und Legitimierung der von Machiavelli und Guicciardini beobachteten politischen Wachstumsphänomene. Danach ist der Herrscher berechtigt, ja sogar verpflichtet, sich im Interesse des Gemeinwesens notfalls über Recht und Moral hinwegzusetzen. In den Anfängen der Neuzeit schrieb sich die werdende Staatsgewalt übrigens ausdrücklich das Recht zu, bei Bedarf Untertanen und Gegner ohne ordentliches Gerichtsverfahren umbringen zu lassen. Anders als im Werk von *Meinecke* wird Staatsraison in diesem engeren Sinn heute nicht mehr primär als überzeitliches philosophisches Problem, sondern vor allem als Artikulation der Betroffenheit von den besonders brutalen politischen Wachstumsformen zu Beginn der Neuzeit betrachtet. Für diese Auffassung spricht auch der Bedeutungswandel von »Staatsraïson« zu Beginn des 17. Jahrhunderts (s. Kapitel 29).

Daß Machiavelli und nicht Guicciardini der Lehrer dieser Staatsraison geworden ist, obwohl letzterer den Begriff 1523 zuerst verwendet hat, hängt mit der Veröffentlichung ihrer Werke zusammen. Die *Arte della guerra* wurde 1521 bei Lebzeiten Machiavellis gedruckt, die *Discorsi* kamen 1531, der *Principe* und die Geschichte von Florenz 1532 heraus, übrigens mit Billigung Papst Clemens' VII. Guicciardinis *Ricordi* hingegen erlebten erst 1576 eine lückenhafte Ausgabe. Um diese Zeit war Machiavellis Staatsraison seit Jahrzehnten ein Stein des Anstoßes geworden.

Bereits 1539 denunziert Kardinal Pole in der *Apologia Reginaldi Poli ad Carolum Quintum super quatuor libris a se scriptis De unitate ecclesiae* seine Gegner König Heinrich VIII. von England und dessen Minister Thomas Cromwell als Befolger der teuflischen Ratschläge des Florentiners. Es geht dabei aber um mehr als um den hinfort für Propagandazwecke häufig wiederholten Vorwurf »machiavellistischer« Unmoral. Pole artikuliert den Protest des traditionellen Platonismus und Thomismus gegen die offene Bejahung säkularisierter Politik. Nachzuweisen ist Machiavellis Einfluß jedoch nicht bei Heinrich VIII. und Cromwell, sondern bei ihrem Mitarbeiter *Stephen Gardiner* (ca. 1483–1555), als dieser im Dienst der

katholischen Königin Maria und ihres Gatten Philipp von Spanien zwischen 1553 und 1555 einen Traktat über die Stabilisierung der katholischen Monarchie in England weitgehend bei Machiavelli abschrieb.
Freilich zitierte Gardiner seinen Gewährsmann nicht, denn Machiavelli war inzwischen allgemein verurteilt worden. Die Jesuiten verbrannten ihn in effigie in Ingolstadt, und 1559/1564 kamen seine Schriften auf den römischen Index der verbotenen Bücher. Von protestantischer Seite wurde er in der ebenso unbedeutenden wie weitverbreiteten Propagandaschrift von *Innocent Gentillet* (ca. 1540–1595): *Discours sur les moyens de bien gouverner... Contre Nicolas Machiavel Florentin* (1576) zum Urheber der Mordpolitik der Florentinerin Katharina von Medici in der Bartholomäusnacht (1572) gemacht.
Das protestantische England Elisabeths war daher zurückhaltend mit offener Machiavellirezeption; auf der Bühne blieb der »Machiavellist« der Schurke. Einflüsse lassen sich zwar nachweisen, am deutlichsten bei *Walter Raleigh* (ca. 1552–1618), konsequente und z. T. offene Entlehnung findet aber erst bei dem politischen Pragmatiker *Francis Bacon* (1561–1626) statt. Er lehnt nur wenige extreme Ratschläge des *Principe* ab – und natürlich ist sein Staat Monarchie, nicht Republik. In der Revolutionszeit ist der Vorwurf des »Machiavellismus« in der Propaganda beider Seiten beliebt; immerhin hatten die Puritaner *William Perkins* (1558–1602), *William Ames* (1576–1633) und *John Winthrop* (1588–1649) eine kasuistische Theologie entwickelt, die viel »machiavellistisches« Handeln als *prudence* legitimierte – ganz ähnlich wie ihre Todfeinde, die Jesuiten: ein glänzender Beweis für bestehende Sachzwänge.
Denn auch auf dem Kontinent war eine offene Machiavelli-Rezeption aus religiösen Gründen unmöglich. Nichtsdestoweniger war er allerorten als Lehrmeister des starken monarchistischen Staates bekannt und geschätzt (wohl nicht ganz in seinem Sinn). In romanischen Ländern lernte man, mittels des sog. »Tacitismus« machiavellistische Doktrin mit offiziellem Anti-Machiavellismus zu verbinden. Tacitus spielte für Machiavelli selbst keine besondere Rolle, erst der Niederländer *Justus Lipsius* (1547–1606) hat ihn 1572 als politischen Denker vorgestellt. Franzosen und Italiener folgten seit den 1570er Jahren seinem Beispiel. Der eigentliche Schöpfer des Begriffs »Staatsraison«, *Giovanni Botero* (1540–1617), benutzt in *Della ragion di Stato* (1589) Tacitus, um Machiavellis Lehren zu verkünden. »Staatsraison ist Kunde von Mitteln, die geeignet sind, eine Herrschaft zu begründen, zu erhalten und zu erweitern.« Diese Mittel sind Herrschertugenden, die richtige (!) Behandlung der Untertanen, Befestigungen und Intrigen gegen äußere Feinde, Geld und eine blühende Wirtschaft, schließlich der sachgerecht geführte Krieg.
Mit *Discorsi (!) ...sopra Cornelio Tacito* eröffnet *Scipione Ammirato* (1531–1601) aus Florenz die Reihe der eigentlichen »Tacitisten«. Er löst

das Staatsraisonproblem hierarchisch: der öffentliche Nutzen hat Vorrang vor dem privaten, aber der religiöse wiederum vor dem staatlichen. Bedeutender ist *Trajano Boccalini* (1556–1613), dessen Hauptwerk *Ragguagli di Parnaso* (Berichte vom Parnaß) (1612/13) durch Witz und Gedankenreichtum besticht. Boccalini schildert die Gesetze der Politik, die im Gegensatz zu allen Gesetzen stehen, und entlarvt die Heuchelei der Politiker. In einem neuerdings entdeckten Dialog erklärt er z. B. die deutsche Reformation zynisch als Produkt der Staatsraison deutscher Fürsten gegen die Übermacht Karls V. Aber diese Aufklärung erfolgt unverbindlich, zum Vergnügen einer Elite. Tacitus wird als Brillenmacher bestraft, weil seine Brille die Untertanen scharfsichtiger macht als wünschenswert. Boccalini bleibt konservativ; die Politik in ihrer entlarvten Abscheulichkeit ist notwendig. Nicht nur Venedig, auch die Türkei ist sein Ideal. Unter den Bedingungen des inzwischen herangewachsenen »Absolutismus« verbindet sich in Italien machiavellistisch scharfsichtige Analyse mit ganz unmachiavellistischer Resignation.
Nach Boccalini bringt der »Tacitismus« kaum mehr Neues zustande. Doch hat er den Boden bereitet für einen neuartigen, auf der Logik des Petrus Ramus beruhenden Versuch zur Bewältigung des Problems. *Kaspar Schoppe* (1576–1649), ein deutscher Konvertit, hat 1618/19 eine *Apologia* Machiavellis verfaßt und das Thema 1623 mit der *Paedia politices* wiederaufgegriffen, indem er die Welt der Politik mit ihrer eigenen strengen Logik säuberlich von der Welt der Religion und Moral scheidet. Was Machiavelli schildert, ist nichts anderes, als was schon Aristoteles und Thomas von Aquin behandeln: der Tyrann. Doch was kann vom wirklichen statt vom sein-sollenden Staat reden anderes heißen? Nur loben darf ein Politiktheoretiker diese Art von Verhalten in keinem Fall.

Monarchie und Tradition

Machiavelli wurde rezipiert, weil er Probleme der Zeit aussprach, Probleme, die nicht auf Italien beschränkt waren. Ein Politiker wie Ferdinand von Aragon diente ihm wie Guicciardini als Muster. Doch auch andere Monarchen bemühten sich damals, ihrer Herrschaft mit »machiavellistischen« Methoden eine »staatlichere« Gestalt zu geben: Ludwig XI. von Frankreich, Heinrich VII. von England, Mathias Corvinus von Ungarn, selbst Kaiser Friedrich III. entbehrt nicht ganz solcher Züge. Und in Polen, wo es an der Realität fehlt, wird von *Jan Ostroróg* (1436–1501) im *Monumentum pro Reipublicae ordinatione* (1475/77?) und dem in Polen tätigen italienischen Humanisten *Filippo Callimaco Buonaccorsi* (1437–1496) wenigstens das Programm der starken Monarchie verkündet. Theoretische Grundlagen waren längst vorhanden, denn seit dem

Spätmittelalter wurden die Lehren des römischen und des kanonischen Rechts über die Stellung des *Princeps* bzw. des Papstes auch auf Könige übertragen, einschließlich der Befugnis, über das Recht zu verfügen. Mit der Aristotelesrezeption und Marsilius von Padua hatte weltliche Herrschaft ohnehin mehr Eigengewicht im Rahmen des mittelalterlichen Theoriekosmos erhalten. Die *Ratio status publicae utilitatis* als Handlungsmaxime blieb zwar theoretisch in Recht und Billigkeit eingebunden, doch war das Prinzip der Staatsnotwendigkeit in diesem Rahmen im Vordringen.

Zunächst wurde königliche Gewalt noch begrenzt gesehen. *Sir John Fortescue* (ca. 1390–ca. 1476) beschrieb England in *De laudibus legum Angliae* noch als ein *dominium politicum et regale*. Damit ist eine Mischverfassung, aber nicht im Sinn des Aristoteles, sondern im Sinn einer doppelten »Majestät« (den Begriff »Souveränität« gibt es in diesem Zusammenhang noch nicht) des Volkes und des Königs gemeint. Wer immer das »Volk« sein mag, in der Regel handelt es sich um die Stände, beim Erlaß von Gesetzen und der Erhebung von Steuern ist der König an seine Zustimmung gebunden. Richter sind dem Recht, nicht dem Willen des Monarchen unterworfen. Darin besteht der Unterschied zum »absoluten« *dominium regale*. Auch der König ist an das Recht gebunden, aber ohne daß diese Bindung einklagbar wäre; sie ist allein politischer und moralischer Natur.

Wenig später kommt *Claude de Seyssel* (1450–1520) in *La Grant Monarchie de France* zu entsprechenden Ergebnissen. Die königliche Gewalt wird gezügelt durch die Religion, die ziemlich selbständige Justiz, die sog. »Grundgesetze« des Reichs, besonders das Veräußerungsverbot für Krongut und die salische Erbfolge, sowie die gewohnheitsrechtlichen Befugnisse der Stände, etwa die Steuerbewilligung oder der Anspruch des Adels auf die hohen Ämter. Aber das System bietet keine Garantie gegen monarchische Willkür und kann auch theoretisch leicht umgewandelt werden. Unter dem »absolutistischen« Regime Franz' I. zählt *Jean Ferrault* 1520 bereits die alleinige Legislative, die Steuer- und die Kirchenhoheit sowie eine Art Gewaltmonopol zu den Rechten des Königs. Der humanistische Jurist *Guillaume Budé* (1467–1540) hält sich mit *L'institution du prince* (zwischen 1515 und 1519 für Franz I.) zwar noch an die traditionelle Gattung der Fürstenspiegel, verkündet darin aber einen *rex a legibus solutus* im neuen Sinn einer *plenitudo potestatis* der *majesté royalle*. Nur die Rücksicht auf die metajuristische Rationalität des Rechts unterscheidet diesen Herrscher noch vom Tyrannen. Der Weg zur Souveränitätstheorie Bodins ist nicht mehr weit.

Selbst im England der Tudors wird die königliche Hoheit aufs äußerste gesteigert und zwar nicht nur ideologisch. Die in der Gewissenspflicht des Herrschers, für Gerechtigkeit zu sorgen, begründete *Equity*-Rechtsprechung wurde in Konkurrenz zum Common Law beinahe zu einer Hoheit über das Recht emporstilisiert. Dazu kam die Übernahme der Kirchenhoheit durch Heinrich VIII., die durchaus parlamentsunabhängig aufgefaßt wurde. Der Bereich der ausschließlichen königlichen Zuständigkeit, der sog. »Prärogative«, erfuhr auf diese Weise eine gewaltige Ausweitung. Die theoretischen Traktate zu diesem Prozeß bleiben aber überall der Tradition verhaftet und muten neben Machiavelli und Guicciardini fast naiv an.

Philippe de Commynes

Der eisige Wind des neuen Denkens weht statt dessen in einem Werk der Geschichtsschreibung, den *Mémoires*, die der flämische Adelige *Philippe de Commynes* (ca. 1447–1511) zwischen 1489 und 1498 über die Jahre 1464–1498 geschrieben hat. Hauptthema ist die Politik König Ludwigs XI. von Frankreich, zu dem Commynes aus dem Dienst Karls des Kühnen von Burgund übergegangen ist. Ein Fürst, der immer mächtiger werden will und jedes Mittel zu diesem Zweck einsetzt, vor allem die Stärken und Schwächen anderer Menschen. Die Mittel und Wege einer solchen, mit ganz neuer Nüchternheit und Rationalität kalkulierten Politik unterscheiden sich kaum von dem, was Machiavelli empfiehlt. Nur mit dem Krieg als Mittel der Politik geht Commynes aufgrund seiner Erfahrungen weit behutsamer um.
Ein grundlegender Unterschied besteht allein in der Vorstellung vom Wirken Gottes in der Geschichte. Nicht nur daß Eingriffe der Vorsehung die große Unbekannte im politischen Kalkül bleiben – damit wäre »Gott« nur ein anderer Name für Machiavellis *fortuna* –, nein, Gott belohnt und bestraft schon in dieser Welt, und zwar fürstliche Überheblichkeit besonders dadurch, daß er den Verstand des Fürsten trübt und ihn so durch eigene Fehlentscheidungen ins Verderben führt. Diese recht vordergründige Sicht der Vorsehung ist keine Besonderheit Commynes', sie ist typisch für den frommen Politiker der Zeit, z. B. auch für Kaiser Karl V.
Das Handeln Gottes ist bei Commynes noch tiefer motiviert. Er allein ist der Richter der Mächtigen, weil er allein auf die Klagen der Gequälten zu antworten vermag. »So muß man denn in Anbetracht der Schlechtigkeit der Menschen und besonders der Großen, die nicht erkennen und glauben, daß es einen Gott gibt, einsehen, daß ein jeder Herr und Fürst notwendig seinen Widerpart haben muß, um in Furcht und Demut gehalten zu werden, denn anders könnte niemand unter oder neben ihm leben« (Buch V 18–20). Dieser Sachverhalt beruht auf der metaphysischen Struktur der Welt, auf der Tatsache, daß Gott keinen Menschen vom Leiden ausgenommen hat. Solche Gedanken, die bei Commynes mehr sind

als salvatorische Lippenbekenntnisse, liegen Machiavelli fern, aus dieser Sicht wirkt er tatsächlich fast als Neuheide. Aber diese christlichen Ideen sind bei Commynes nie penetrant, sie durchdringen die Erörterung der Praxis nicht, sondern bleiben auf einer eigenen Ebene. Das politische Handeln folgt eigenen Gesetzen, so daß umgekehrt der Versuch naheliegt, wie Ludwig XI. Gott in das politische Kalkül einzubeziehen und ihn durch Wohlverhalten auf die eigene Seite zu holen.

26. Humanistisches Reformprogramm und Utopie

Erasmus von Rotterdam

Erasmus von Rotterdam (1466–1536), der einflußreichste Vertreter des nordalpinen Humanismus, äußert sich zur Politik nicht als Politiker, sondern als christlicher Moralist. Demgemäß bieten seine Schriften zwar eine scharfsichtige Schilderung der erschreckenden Wachstumsphänomene der Staatsgewalt, aber weder institutionelle Reformvorschläge noch Rezepte für erfolgreiches Handeln, sondern regulative Ideen für politisches Wollen. Soweit bleibt er im Rahmen der antiken und mittelalterlichen Tradition, greift aber in den Inhalten darüber hinaus. Umrisse eines humaneren und rationaleren Gemeinwesens zeichnen sich ab.
Seine politischen Schriften sind Gelegenheitsprodukte oder Auftragsarbeit: 1515 die *Institutio Principis christiani* (zitiert: In) für den jungen Karl V., 1516 die *Querela Pacis* zu einem geplanten Friedenskongreß. Dazu bestimmte Stellen der kommentierten Sentenzensammlung *Adagia* und der lehrhaften und amüsanten *Colloquia familiaria*, die beide häufig erweitert und neu aufgelegt wurden.
Wie der traditionelle politische Moralismus setzt Erasmus nicht bei Institutionen, sondern bei Personen an, deren Wollen und Handeln es zu beeinflussen gilt. Er bleibt daher bei der üblichen monarchischen oder gemischten Verfassung des Gemeinwesens und der Erbmonarchie. Eine Wahl des Herrschers wäre zwar besser, aber da die Erbmonarchie allgemein üblich ist, bleibt nur der Weg, durch Erziehung der Prinzen auszugleichen, was durch Fehlen des Wahlrechts versäumt wird. Bildsamkeit des Menschen ist ja eine humanistische Grundvorstellung. Es »muß in das Brachland der kindlichen Persönlichkeit der Same des Guten geworfen werden... Nichts nämlich dringt so tief ein und haftet so fest, als was in diesen ersten Lebensjahren gepflanzt wird« (In 1). Der zukünftige Herrscher soll Philosoph werden, aber nicht im Sinne Platos, sondern im Sinne der erasmianischen »Philosophia Christi«, die auf Nachfolge Christi hin-

ausläuft. In Politik übersetzt, Richtschnur des Handelns ist das Gemeinwohlprinzip. Daß dieses Prinzip durch die ihm innewohnende Staatsraison zu unmoralischen Handlungen führen könnte, ist für Erasmus kein Problem. Vielmehr ist das entsprechende Verhalten charakteristisch für den Tyrannen, der dem idealen Herrscher als Anti-Ideal gegenübergestellt wird. In jedem Fürsten schlummert beides; es gilt nun, den realen Herrscher durch Erziehung möglichst weit dem idealen anzunähern. So wird der größere erste Teil der *Institutio* zum Erziehungstraktat mit aufschlußreichen Lektüreempfehlungen für den Prinzen: die Bibel und antike »Moralisten« dominieren, Geschichte hingegen hat eher abschrekkende Beispiele zu bieten.

Auch wenn Erasmus das pädagogische Vorfeld verläßt und zur Politik kommt, bleibt er erwartungsgemäß in den Grundsatzfragen recht konventionell; die zukunftsweisende Sprengkraft seiner Gedanken entfaltet sich nicht in umwälzender Fundamentalanalyse, sondern eher beiläufig in Ergänzungen und Detailvorschlägen. So wird das Gemeinwesen wie üblich in Analogie zum menschlichen Körper oder zur Familie begriffen. »Was ist der König anderes als der Vater der Menge?« (In 1). Einer Menge, die wegen ihrer schlechten Eigenschaften einen Vormund dringend braucht. Freilich ist der Staat nicht mit dem Fürsten identisch. »Auch wenn der Fürst fehlt, bleibt der Staat« (In 6). Und wenn das Gemeinwesen ganz im Sinne der mittelalterlichen Scholastik durch einen Unterwerfungsvertrag unter den Fürsten zustande kommt, so doch nicht infolge der aristotelischen natürlichen Soziabilität der Menschen, sondern zur Befriedigung der menschlichen Bedürfnisse, eine in die Zukunft weisende Komponente.

Wenn das politische Handeln auf die Wohlfahrt des Volkes gerichtet ist, so spielt für den Humanisten die Erziehung, übrigens auch die der Mädchen, abermals eine zentrale Rolle. Erziehung ist auch der beste und im Grunde einzige Weg zu Innovationen, denn direkte Veränderungen sind gefährlich. »Der Herrscher muß jede Neuerung, soweit es möglich ist, vermeiden. Denn selbst, wenn es eine Änderung zum Besseren ist, so beleidigt doch schon die Neuheit selbst. Und niemals wurden die Verfassung eines Staates (*Reipublicae status*), oder gewohnte Formen des öffentlichen Lebens (*publica civitatis consuetudo*) oder von alters gut geheißene Gesetze ohne Revolution (*tumultu*) geändert. Wenn daher diese Institutionen halbwegs erträglich sind, wird man keine Neuerung vornehmen dürfen, sondern es wird günstiger sein, sie entweder zu ertragen oder sie auf geeignete Weise den Bedürfnissen anzupassen. Wenn aber etwas nicht geduldet werden darf, muß es korrigiert werden, aber mit Geschick und allmählich« (In 3).

Auch zur Finanzpolitik äußert sich Erasmus auf den ersten Blick konservativ, denn er vertritt die Auffassung, daß die Staatsgewalt möglichst ohne Besteuerung der Untertanen auszukommen habe. Das widerspricht dem Wachstum der Staatsgewalt, das durch Eskalation von Steuer und Krieg zustande kommt. Konsequenterweise ist Erasmus auch ein Kriegsgegner. Wenn aber Steuern sein müssen, dann nur befristet. Und vor allem sind die kleinen Leute zu schonen; nicht Artikel des Grundverbrauchs dürfen besteuert werden, sondern die Luxuswaren (In 3).

Die Gesetzgebung hat mit Plato gesprochen dem Urbild der Gerechtigkeit und des Guten zu entsprechen. Gesetze müssen also allein am Gemeinwohl orientiert sein, und der Herrscher selbst hat sich ihnen zu unterwerfen. Es darf nur wenige und klare Gesetze geben; sie sollen nie zugunsten einer Gruppe oder im Interesse der Staatskasse erlassen werden. Das Gesetzgebungsprogramm des Erasmus weist weniger in die Richtung des Liberalismus, für den man den Humanismus häufig in Anspruch nimmt, als in die des modernen Wohlfahrts- und Erziehungsstaates, wenn er verlangt, Gesetze hätten nicht nur zu verbieten, sondern auch zu belehren, und wenn er auf folgende Rangfolge der Motive zu ihrer Beobachtung Wert legt: zuerst der Pflichtgedanke, dann die Hoffnung auf Belohnung, zuletzt die Furcht vor Strafe. Nicht selten fühlt man sich an den Moralisten Rousseau erinnert.

Was die Strafen angeht, so hat der Herrscher die Ursachen der Kriminalität zu bekämpfen und nicht nur diese selbst. Die Ursachen liegen für Erasmus aber vor allem in den Wertvorstellungen der Zeitgenossen, denen Macht und Reichtum das Wichtigste sind. Freilich hätten die Politiker bei einer sittlichen Erneuerung mit gutem Beispiel voranzugehen. Müssen Strafen sein, dann sind zunächst leichtere in heilender, nicht abschreckender Absicht anzuwenden. Erst als ultima ratio ist die Todesstrafe zulässig. Das gilt auch für Ketzerei. Erasmus ist kein Verfechter von Toleranz im Sinne eines modernen Pluralismus, aber von skeptischer und humaner Behutsamkeit im Umgang mit dem Irrtum und vor allem den Irrenden. Strafen müssen dem Gewicht der Vergehen entsprechen; die übliche scharfe Ahndung von Eigentumsdelikten ist also verfehlt. Außerdem sind alle gleich oder höchstens die gesellschaftlich Schwachen bevorzugt zu behandeln. Die *Humanitas legum* vermag deren Benachteiligung auszugleichen, indem sie die Schädigung eines Armen strenger straft als die eines Reichen, den Beamten strenger als den Plebejer.

Beamte sind streng im Interesse des Gemeinwohls auszuwählen und haben entsprechend zu handeln; unsachliche Stellenbesetzungs- und Entscheidungskriterien haben zu verschwinden (In 7). Auch damit war Erasmus seiner Zeit weit voraus und nimmt Errungenschaften des 18. und 19. Jahrhunderts vorweg. Das Gemeinwohlprinzip gilt aber nicht nur für die Administratoren, sondern auch für die Untertanen. Alle Glieder des Gemeinwesens haben durch Arbeit zu dessen Wohlfahrt beizutragen, Müßiggänger sind zur Arbeit anzuhalten oder zu entfernen. Das gilt für

Bettler wie für unnütze Berufe, z. B. Makler, Kuppler, viele Kaufleute, überzählige Diener, Berufssoldaten, viele Klosterinsassen, ja für den gesamten Adel, der wieder eine persönliche Auszeichnung werden sollte (In 6).

Bei der Kritik der Bündnis- (In 8) und der damit zusammenhängenden Heiratspolitik (In 9) spielt das Argument, daß diese Politik auf Krieg hin orientiert sei, eine zentrale Rolle. Krieg aber ist für Erasmus das politische Übel schlechthin, Krieg mag im Notfall etwa zur Verteidigung gegen die Türken zulässig sein – bereits ein Präventivschlag gegen sie ist zu verwerfen. Krieg ist teuer und führt zur Belastung des Volkes; er entbindet Leidenschaften und Bosheit, muß er doch mittels des Abschaums der Menschheit geführt werden. Krieg ist unmenschlich, denn die Natur lehrt den Menschen Harmonie, gleichartige Lebewesen leben überwiegend in Eintracht. Krieg ist unchristlich, denn die ganze Lehre Christi von Frieden und Brüderlichkeit ist anders als das Alte Testament gegen den Krieg gerichtet. Krieg unter Christen ist Bürgerkrieg. Damit ist die traditionelle, auf Augustinus zurückgehende Lehre vom gerechten Krieg überwunden, nach der Kriege für edle Ziele oder zur Bestrafung von Übeltaten erlaubt sind. Für Erasmus aber gibt es keinen gerechten Krieg – und wenn es einen gäbe, welchem Politiker erschiene sein jeweiliges Anliegen wohl nicht gerecht? (In 11, Querela Pacis).

Wenn Krieg unter Christen Bürgerkrieg ist, dann deshalb, weil Erasmus zwar vom werdenden autonomen Einzelstaat ausgeht und das Imperium ablehnt, nichtsdestoweniger an der Existenz einer übergeordneten *Respublica christiana* festhält, der politischen Existenzform der kirchlichen Gemeinschaft. Auch wenn sie nicht mehr organisierbar ist, die Aufgabe der Friedenswahrung könnte sie wahrnehmen durch ein Vertragssystem und die Einrichtung verbindlicher Schiedsgerichte aus Gelehrten, Geistlichen und Politikern.

Sind die Reformideen des Erasmus unrealistisch? Insofern sie einen hohen moralischen Anspruch an den Politiker stellen gewiß. Daß sie aber nur auf den Appell an den guten Willen bauen müssen, kann man ihnen nicht zum Vorwurf machen, denn angeblich wirklichkeitsnähere Denker sind auch nicht weitergelangt. Auch Machiavelli, Guicciardini und Commynes haben noch nicht über Verfahren zur Kontrolle des politischen Prozesses nachgedacht; von der institutionellen Zähmung der Politik sind wir noch weit entfernt. Bis dahin aber kehren Gedanken des Erasmus als Ideale immer wieder.

Thomas Morus

Man macht sich kaum einer Übertreibung schuldig mit der Behauptung, die so originelle und anregende *Utopia* des *Thomas More* (1478–1535) enthalte keine Einzelvorstellung, die nicht bereits bei Erasmus zu finden sei. Aber Morus geht weiter, indem er diese Ideen entweder stärker auf konkrete politische Wirklichkeit bezieht oder sie mittels seiner höchst produktiven Phantasie zu einem in sich geschlossenen Entwurf ausgestaltet. Als bedeutender Jurist an der Schwelle einer politischen Laufbahn brachte er für das eine, als abgründig belesener Humanist für das andere die besten Voraussetzungen mit. Plato ist ihm ebenso selbstverständlich vertraut wie Plutarchs Bericht über Sparta oder Tacitus' »Germania«. Der Lukian-Übersetzer kennt antike Satiriker und Komödienschreiber so gut wie den *»Gottesstaat«* des Augustinus, über den er eine Vorlesung gehalten hat. Er hat die antiken Ethnographen so gut gelesen wie die Berichte über das neu entdeckte Amerika. Dem Kenner unter seinen Lesern war daher vieles vertrauter Bildungsbesitz, die *Utopia* viel weniger neuartig als aus heutiger Perspektive, in der sie am Anfang einer neuen Literaturgattung steht, des utopischen Staatsromans. Aber auch diese Perspektive hat ihr Recht, denn Morus hat seinen Stoff so schöpferisch verarbeitet, daß er nicht mehr auf Quellen festzulegen ist.

De optimo reipublicae statu, deque nova insula Utopia, libellus vere aureus, nec minus salutaris quam festivus, clarissimi disertissimi viri Thomae Mori inclytae civitatis Londoniensis civis et Vicecomitis erschien erstmals 1517. Es handelt sich um einen fiktiven Dialog zwischen Morus und dem soeben aus den Ländern hinter Amerika heimgekehrten Reisenden Raphael Hythlodeus (Leeres redend!), der von verkehrten, aber auch von vielen vorbildlichen Einrichtungen bei jenen Völkern zu berichten weiß. Doch warum stellt er seine Erfahrungen nicht in den Dienst eines Fürsten? Weil neuartige Vorschläge keinen Anklang finden. Hat etwa der Hinweis etwas gefruchtet, daß die bedrohliche Zunahme von Landstreicherei und Diebstahl in England systembedingte Folge des Drohnendaseins der Oberschicht und ihrer Einhegung des Ackerlandes ist, letztlich aber einer Erziehung, die den wirtschaftlichen Erfolg prämiert? »Was anderes als Diebe züchtet ihr, um sie dann zu hängen?« (zitiert nach: Complete Works Bd. 4 S. 70). Wer sich der Machterweiterung der Fürsten, dem Wachstumsprozeß der Staatsgewalt, entgegenstellen wollte, predigt tauben Ohren und wird selbst korrumpiert, meint Hythlodeus. Morus erwidert: »du mußt es vielmehr auf Umwegen versuchen und dich bemühen, ... was du nicht zum Guten wenden kannst, wenigstens möglichst wenig schlecht ausfallen zu lassen« (Works S. 98ff).

Die alles durchdringende Korruption ist nicht so leicht zu beseitigen; nach Hythlodeus beruht sie auf dem Privateigentum und dem dadurch geför-

derten Egoismus. Freilich wird die Entfremdung des Menschen hier im Unterschied zu Marx in typisch humanistischer Weise als moralische gesehen. Dem Hinweis Morus', daß ohne Eigentum der Antrieb zur Arbeit und die Wurzel des Wohlstandes fehlen würde, begegnet Hythlodeus mit dem Bericht vom Erfolg der kommunistischen Gesellschaft der Utopier.
Die Insel Utopia, deren Geographie viele bewußte Parallelen zu England aufweist, besteht aus 54 Stadtbezirken, die in wirtschaftlicher Symbiose und einem alle zwei Jahre stattfindenden Bevölkerungsaustausch mit ihrer ländlichen Umgebung leben. Die Bevölkerung gliedert sich in Großfamilien von ca. 40 Personen, die zu je 30 und dann 300 einem gewählten Beamten unterstehen. Alle 6000 Großfamilien werden von einem gewählten Gouverneur und je nach Wichtigkeit der Sache von einem engeren oder einem weiteren Rat oder der Volksversammlung regiert. Für die gesamte Insel tritt einmal jährlich eine Versammlung von je drei Vertretern jeder Stadt zur Beschlußfassung über gemeinsame Angelegenheiten zusammen. Genau geregelte Verfahren der Beratung und Beschlußfassung schließen die Möglichkeit tyrannischer Usurpation aus.
Jeder betreibt Landwirtschaft und ein Handwerk. Einige sind widerruflich zum Studium beurlaubt; aus ihrem Kreis werden Amtsträger und Priester rekrutiert. Da es keinen Müßiggang gibt, weder Adel noch Mönche, und auch die Frauen arbeiten, braucht jeder nur sechs Stunden am Tag seinem Gewerbe nachzugehen. Die übrige Zeit dient der Bildung und der nach ihrer erzieherischen Wirkung sorgfältig geplanten Erholung. Da für alle Bedürfnisse gemeinsam gesorgt wird und alle gleich sind, gibt es kein Erwerbsinteresse und kein Geld. Zudem sind die Utopier zur Verachtung von Gold und Silber erzogen; diese Metalle werden nur für außenpolitischen Einsatz gehortet.
Das Erziehungssystem, das solche Früchte hervorbringt, ist durch und durch humanistisch. Alle Kinder beiderlei Geschlechts werden in die Wissenschaften eingeführt, die besten weitergefördert. Neben der Musik pflegen die Utopier besonders die Naturwissenschaften einschließlich der Astronomie – Astrologie aber lehnen sie ab. Von Feinheiten der Logik oder Metaphysik halten sie wenig, um so mehr von der Moralphilosophie. Als Eudaimonisten (oder in der Sprache der Zeit: Epikureer) halten sie die Lust und das Glück für das höchste Gut. Auch die unsterbliche Seele ist zu ewigem Glück als Lohn der Tugend bestimmt. Es kommt also alles auf einen richtigen Begriff von »Lust« an. Lust hat der Ordnung der Natur und der Tugend zu folgen, sonst endet sie in Unlust. Daher hat die seelische Lust, etwa das Bewußtsein, gut gehandelt zu haben, den Vorrang vor körperlicher.
Aus der salvatorischen Klausel des Hythlodeus, weiter könne menschliche Vernunft nicht gelangen, ob göttliche Offenbarung weiterführe, stünde bei seinem Bericht nicht zur Debatte, hat man schließen wollen,

Morus stelle den natürlichen Menschen im Gegensatz zum Christen dar. Eine solche Deutung kann aber leicht in die Irre gehen, denn einen Kantischen Pflichtbegriff gibt es noch nicht. Vielmehr gehört ein vergeistigter Eudaimonismus nicht nur seit Lorenzo Vallas *De voluptate* (1431) und *Erasmus Epicureus* (1533) zum Programm der neuen Humanität, sondern auch zur Lehre des Thomas von Aquin. Morus bleibt also durchaus im Rahmen der Tradition, so »aufklärerisch« sich manches im nachhinein auch ausnehmen mag. Die lernbegeisterten Utopier versäumen es keineswegs, durch Vermittlung des Hythlodeus klassische Bildung und das Christentum zu rezipieren, das letztere vor allem deswegen, weil Christus die ihnen so vernünftig erscheinende Gütergemeinschaft geboten habe.

Gütergemeinschaft heißt nicht Frauengemeinschaft; vielmehr herrscht strenge Moral. Die Ehepartner werden sorgfältig im Hinblick auf das lebenslange Zusammenleben ausgesucht; Ehescheidung ist nur in Ausnahmefällen möglich. Auf Ehebruch steht Zwangsarbeit. Ansonsten setzen die Richter die Strafen fest, gehen in der Regel aber nur bis zu Zwangsarbeit mit Aussicht auf Begnadigung. Den Sträflingen bleiben besonders inhumane Tätigkeiten wie z. B. das Metzgerhandwerk überlassen. Da jeder Bürger die wenigen und einfachen Gesetze kennt und im Zweifelsfall die einfachere Auslegung bevorzugt wird, sind Juristen überflüssig.

Eine Bündnispolitik mit ihrem Opportunismus kennen die Utopier nicht. Krieg verabscheuen sie. Im Konfliktfall versuchen sie mit allen Mitteln beim Gegner Verrat und Mord zu stiften; besser ein paar schuldige Leute leiden als viele unschuldige. Für Kampfhandlungen benützen sie Söldner (die betreffende Stelle ist eine Satire auf die Schweizer des 16. Jahrhunderts). Für den äußersten Fall, in dem sie selbst die Waffen ergreifen müssen, sind sie aber aufs beste geschult, und zwar Männer wie Frauen. Kriegerische Konflikte können durch Überbevölkerung der Insel entstehen, denn in diesem Fall werden auf dem benachbarten Festland Kolonien angelegt, mit einem Assimilationsangebot an die Ureinwohner. Notfalls wird Waffengewalt angewandt, weil es Unrecht sei, vorhandenes und nicht benötigtes Land denen vorzuenthalten, die es brauchen. Diese Ausführungen werden gerne als Legitimation englischer Außen- und Kolonialpolitik interpretiert; ungeachtet der Tatsache, daß von den betreffenden Methoden erst geraume Zeit nach Morus in größerem Umfang Gebrauch gemacht wurde.

Es gibt bei den Utopiern verschiedene religiöse Richtungen, jedoch einen religiösen Grundkonsens, den sie für unbedingt erforderlich halten (eine *religion civile* nach *Rousseau*): eine höchste Gottheit, ein Leben nach dem Tode, die Belohnung der Guten und die Bestrafung der Bösen. Im übrigen hat der Staatsgründer Toleranz eingeführt, nicht nur mit Rücksicht auf den Frieden, sondern auch auf die Religion selbst. Die Wahrheit wird

sich mit geistigen Mitteln durchsetzen, im Streit der Waffen aber behalten doch nur die schlechtesten Menschen die Oberhand. Es gibt wenige, aber hochqualifizierte Priester und Priesterinnen. Der Gottesdienst besteht in Gebet und Gesang. Die rationale Durchgestaltung der Religion kulminiert darin, daß unheilbar Kranke mit Erlaubnis der Priester freiwillig aus dem Leben scheiden dürfen.
Abschließend preist Hythlodeus die utopischen Zustände, weil nur so Gerechtigkeit und Gleichheit zu verwirklichen sind. Anderswo sind Gemeinwesen ja nichts als eine Verschwörung der Reichen, die unter diesem Rechtstitel für ihre eigenen Interessen sorgen. Freilich ist die Verfassung nicht ohne weiteres übertragbar, denn dem steht nicht nur die Habgier, sondern auch die *superbia* im Wege, die Glück nicht am eigenen Nutzen, sondern am Nachteil des anderen mißt.
Da Morus im Dialog dem Hythlodeus, d. h. sich selbst, nicht selten widerspricht, ist seine Intention als Verfasser der *Utopia* bis heute kontrovers. Waren sein Kommunismus, seine sozialkritischen und humanitären Impulse ernst gemeint, wenn er als königlicher Rat (seit 1518) und Lordkanzler (1529–32) nachweislich nicht in diesem Sinn gehandelt hat? Wenn die *Utopia* aber nicht in diesem Sinn als Programm eines Mannes gelten darf, »der jeden Tag englischer Minister werden kann« (*Hermann Oncken*), ist sie dann als außenpolitischer Entwurf zu begreifen, vielleicht sogar als Dokument des britischen »cant«, der unter der Maske der Gerechtigkeit machiavellistische Machtpolitik treibt? Oder ist die Utopie ein völlig unverbindliches, rein literarisches Erzeugnis, ein geistreiches Spiel mit Paradoxen und eine in Morus' Leben längst überfällige Demonstration von Gelehrsamkeit? Letztgenannte Deutung kommt der christlich-konservativen entgegen, die Morus konsequent von seinem Lebensende her als christlichen Büßer und katholischen Märtyrer sieht. Als solcher kann er aber Kommunismus, Euthanasie u. dgl. gar nicht ernst gemeint haben, es muß sich also um Ironie handeln. Diese Deutung übersieht nicht nur, daß ein Katholik des 16. Jahrhunderts eine weitaus distanziertere Stellung zum Privateigentum beziehen konnte als heute, sie geht überdies von der stillschweigenden Voraussetzung aus, daß der Humanist der Jahre 1515/16 genau dieselben Auffassungen gehabt haben müsse wie der Lordkanzler runde 20 Jahre später.
Aus der Unlösbarkeit des Problems ergibt sich m. E. der Schluß, daß wir mit einer bewußt hergestellten Mehrschichtigkeit und Mehrdeutigkeit der *Utopia* rechnen müssen. Schließlich war Morus selbst ein mehrschichtiger und komplizierter Charakter. Und die humanistische Kunstform des Dialogs erlaubte es ihm, mehrere attraktive Denkmöglichkeiten parallel durchzuspielen.

Ob verbindlich oder nicht, die *Utopia* reagiert auf die soziale Krise Englands und auf die politische Unmoral, die für den frühneuzeitlichen Wachstumsschub der Staatsgewalt charakteristisch ist. Ihre Antwort transzendiert die Wirklichkeit aber nicht nur durch Begründung von Idealen wie Erasmus, sondern durch den Entwurf einer in sich geschlossenen möglichen anderen Welt. Literarisch entsteht »eine Welt, die sich durch ein hohes Maß an Vollendung auszeichnet. Dieser Entwurf ist ein Gedanken-Experiment, aber er ist nicht als bloßes Spiel gemeint, sondern beansprucht eine gewisse Verbindlichkeit des So-soll-es- und So-kann-es-sein. Utopia ist das Land Nirgendwo, das einmal – nicht in Gänze, aber in wesentlichen Strukturen – Irgendwo sein soll«. (*Nipperdey*). Dieses Verfahren macht Schule, *Utopia* bleibt nicht allein.
Utopien scheinen mit Krisen zusammenzuhängen. Jedenfalls hat auch die größte Krise des frühen 16. Jahrhunderts, die Reformation, ihre Utopien hervorgebracht. In der Flugschrift *Fünfzehn Bundtsgenossen* des *Johann Eberlin von Günzburg* (ca. 1468–1533) wird uns in Nr. 10 und Nr. 11 von einem Psitacus (Ohrenbläser) ein Land *Wolfaria* (von »Wohlfahrt«?) vorgestellt, eine zwar nicht kommunistisch, aber stark genossenschaftlich organisierte Bauerngesellschaft. Handel und Handwerk, Klerus und Adel sind zwar vorhanden, aber streng an Funktion und Leistung orientiert, denn der Gemeinnutzen ist oberstes Prinzip, Luxus und Anhäufen von Reichtum streng verpönt, kurz eine Art von »nivellierter Mittelstandsgesellschaft«.
Solche Vorstellungen kehren wieder, etwa in *Friedrich Weigands Reichsreformplan* während des Bauernkriegs. Radikaler »utopisch« ist die *Lanndsordnung* des Tiroler Bauernführers *Michael Gaismair* (ca. 1491–1532). Nicht Kommunismus, aber strikte gesellschaftliche Gleichheit ist die Grundlage; Privilegien und – Städte werden abgeschafft. Dieses Ideal-Tirol isthandels- und kaufleutefeindlich, aber man kann es sich leisten, weil die Bergwerke genügend öffentliche Einkünfte bieten. Hier wie bei Eberlin ist der Angelpunkt des Systems die innere Erneuerung des Menschen, zu der sich die äußere wie Ursache und Folge zugleich verhält. Freilich erschöpft sich diese Erneuerung nicht in der Überwindung von Habsucht und Hoffart durch Gemeineigentum und Gleichheit wie bei Morus, sie möchte darüber hinaus eine schriftgemäße Ordnung im Sinne der Reformation Zwinglis verwirklichen.
In der Reformationszeit fließt ein zweiter Strom zukunftsorientierten Denkens mit dem utopischen zusammen, das chiliastische, das im Unterschied zum utopischen bereits eine mittelalterliche Tradition hat. Für *Nipperdey* ist die Utopie ungeachtet antiker Vorbilder etwas spezifisch Neuzeitliches. Im Mittelalter konnte es Utopie gar nicht geben, weil die

richtige Ordnung immer präsent, höchstens verderbt war. Nicht Neubau, sondern Wiederherstellung des richtigen Zustandes, Reform, lautete stets das Programm. Und wo von revolutionärer Neuordnung die Rede war, wie bei den Chiliasten, da wurde diese nicht vom Tun des Menschen, sondern vom eschatologischen Eingreifen Gottes erwartet. Der Mediävist *Seibt* hat diese allzu scharfe Grenzziehung korrigiert. Zwar kennt das Mittelalter die literarische Utopie so gut wie nicht, statt dessen aber verwandte Entwürfe. Zum einen sind die sog. »evangelischen Räte« Christi (Armut, Ehelosigkeit, Gehorsam) ein ständig präsenter Entwurf einer religiös begründeten besseren Welt. Die Versuche zu ihrer Verwirklichung im Mönchtum weisen daher ausgesprochen utopische Züge auf, besonders was die monastische Gütergemeinschaft als christlichen Idealkommunismus angeht. Zum anderen handelt es sich um die erwähnten chiliastischen Strömungen. Ein Mönch, der Zisterzienser *Joachim von Fiore* (ca. 1130–1202) hat mit dem »Dritten Reich« des Heiligen Geistes, das nach demjenigen des Vaters, dem Alten Testament, und demjenigen des Sohnes, dem Neuen Testament, heraufziehen werde, eine der wirkungsvollsten Mythen einer besseren Zukunft entworfen. Dazu kommt das »Tausendjährige Reich« Christi mit den Auserwählten am Ende der Welt. Derartige chiliastische Ideen gelten nach ethnologischen Erkenntnissen als typische Begleiterscheinungen kultureller Krisenzeiten. Dennoch mag das Mittelalter diese Endzeit als alleiniges Werk Gottes aufgefaßt haben. Doch bei den böhmischen Taboriten des frühen 15. Jahrhunderts finden wir die Vorstellung, die Auserwählten seien berufen, der Ankunft dieser Endzeit mit dem Schwert nachzuhelfen. Damit sind wir bei einer vom Menschen entworfenen besseren Welt und ihrer revolutionären Verwirklichung, beim Zusammenhang von Utopie und Revolution, bei Thomas Müntzer und dem Täuferreich von Münster. Und bei radikalen Strömungen der englischen Revolution.

Auch die italienische und deutsche Renaissance hat ihre eigene Art von Utopie, die geplante Idealstadt eines Filarete, Leonardo oder Dürer, Städte, denen meistens ein stilisiertes Gesellschaftsbild zugrunde liegt. Sie sind freilich ein Dokument für Ambivalenz von Rationalität, denn verwirklicht wurden solche Entwürfe vom Absolutismus.

Die Utopien der nächsten Generation, der »großen Krise des 17. Jahrhunderts« in Südeuropa, handeln nur noch von Städten, so die 1602 begonnene, 1623 gedruckte und 1630 erneut überarbeitete *Civitas Solis* (Sonnenstadt) des umstrittenen Dominikaners *Tommaso Campanella* (1568–1639), der Empiriker und Theologe, Verschwörer gegen Spanien und chiliastischer Schwärmer von spanischer, päpstlicher und französischer Weltherrschaft gewesen ist. Es läßt sich durchaus ein Zusammenhang zwischen seinem Revolutionsprogramm für Süditalien und seiner Utopie herstellen, obwohl seine Sonnenstadt auf Ceylon liegt. Sie wird

von einem Priester namens *Sol* und drei weiteren Würdenträgern (*Pon, Sin, Mor*) regiert; die letzteren sind für Kriegswesen, Handwerk und Wissenschaft, Fortpflanzung und Gesundheitswesen zuständig. Sie verkörpern jeweils höchsten Sachverstand, *Sin* beherrscht z. B. sämtliche Handwerke, *Sol* schließlich alles, was man wissen und können kann. Die gegenüber Morus gesteigerte Wissenschaftsgläubigkeit schlägt sich auch in Andeutungen über wunderbare Maschinen nieder, vor allem aber in der Ausweitung rationaler Planung auf das Gebiet der Fortpflanzung. Nicht in freier Promiskuität, sondern mittels unbeschränkter Verfügung des Staates über die Personen wird sorgfältig kalkulierte Menschenzüchtung betrieben. Die leitende Wissenschaft dabei ist die Astrologie, die Erasmus und Morus als Humbug abgelehnt hatten. Bereits die Bezeichnung *Sonnenstadt* geht auf stoische Ideen von einem durch die Gestirne geleiteten Gemeinwesen zurück.
Bezeichnenderweise finden sich in einer Utopie von völlig anderem Charakter aus dem Milieu des deutschen Luthertums bei allen Unterschieden ähnliche Momente. Die *Reipublicae christianopolitanae descriptio*, kurz *Christianopolis*, zu deutsch *Christianstadt* des *Johann Valentin Andreae* (1586–1654) ist ebenfalls durch Wissenschaftsgläubigkeit geprägt, Astrologie, aber auch Theologie eingeschlossen. Seine Kenntnis der Manuskripte Campanellas hat Andreae nicht daran gehindert, alles viel biederer, bisweilen fast spitzweghaft zu gestalten. Gemeinwirtschaft wird nur angedeutet, die kalkulierte Paarung ist durch die vorbildliche christliche Familie ersetzt. Aber Andreaes Anliegen ist ja ein anderes. Ihm geht es um eine innerlutherische Krise, um den Entwurf einer Verwirklichung der Impulse des Prä-Pietismus, einer neuen Art konsequenter Nachfolge Christi. Die Gründung von Geheimgesellschaften gilt nun als Mittel zu diesem Zweck.
Gründung von Gesellschaften zu vielerlei guten Zwecken ist kennzeichnend für das 17. Jahrhundert. Eine derartige Idee steht auch im Mittelpunkt der unvollendet gebliebenen Utopie des britischen Lordkanzlers *Francis Bacon* (1561–1626), der *Nova Atlantis* von 1626. Die Insel Bensalen im Stillen Ozean verfügt nicht zuletzt dank ihrer sorgfältig gewahrten Isolierung über vorzügliche Institutionen. Am wichtigsten ist das »Haus Salomons«, ein Orden oder eine Gesellschaft zur planmäßigen Erforschung der Natur, der zu diesem Zweck unbegrenzte Mittel und Autorität zur Verfügung stehen. Sie besitzt riesige Laboratorien für Experimente und einen Apparat zur Auswertung von Berichten, die Spione aus fernen Ländern bringen. Vermutlich hat Bacon mit dieser Utopie die Gründung einer naturforschenden Gesellschaft anregen wollen, die 1660/62 in der »Royal Society« erstmals Wirklichkeit wurde.
Starker Wirklichkeitsbezug kennzeichnet auch andere englische Werke, die formal zu den Utopien zu rechnen sind, etwa *Harringtons Oceana*

(s. u. Kapitel 30). Doch nach *Nipperdey* ist dies kennzeichnend für die zweite Phase der Utopie überhaupt, die er die »programmatische« nennt. Ursprünglich war der Wunsch- und Wissensraum der Utopie nicht gleich ihrem Könnensraum gewesen (was bei der Interpretation des Morus häufig übersehen wird). Nun aber kann Utopie zum Leitbild des Handelns werden, denn die Selbstbestimmung des Menschen scheint näher gerückt, bald ist von der Überwindung selbstverschuldeter Unmündigkeit die Rede, die Aufklärung steht vor der Tür. Im neuerungsfreudigen 18. Jahrhundert wird die Utopie folglich zur wohlfeilen Dutzendware, »nicht mehr die Zeit der großen Utopien, wohl aber die große Zeit der Utopien« (*Nipperdey*).

Nach der Französischen Revolution ist ein weiterer Schritt möglich, denn die Realisierung von Utopien erscheint jetzt greifbar nahegerückt, Utopie wird vom Programm zur Prognose, denn das Vertrauen in wissenschaftliche Rationalität kulminiert nun in einem fast unbegrenzten Vertrauen in die Machbarkeit der Welt durch den Menschen.

Der vierte und vorläufig letzte Schritt dürfte der zur Anti-Utopie unserer Gegenwart sein, die den Glauben an Tugend und Wissenschaft durch den Entwurf einer schlimmeren Welt ad absurdum führt. Doch nicht allein weil wir nicht mehr an die Perfektibilität des Menschen zu glauben vermögen, ist utopisches Denken heute nicht mehr nachvollziehbar. Historische Kritik hat uns auch gelehrt, daß Utopien stets mit geschlossenen Systemen arbeiten – nicht umsonst sind Inseln so beliebt, Systeme mit möglichst wenig Außenkontakten und konsequenter innerer Interdependenz, so daß eine Veränderung an einer strategischen Stelle, z. B. bei den Eigentumsverhältnissen, genügt, und alles wandelt sich zum Besten. Vor allem aber sind utopische Systeme nicht nur räumlich, sondern auch zeitlich aus der Geschichte herausgenommen, durch einen Bruch mit der Vergangenheit am Anfang und durch den Wegfall der Zukunft auf der anderen Seite. In Utopia steht Geschichte still, im Paradies gibt es keine Zukunft. Wir aber wissen, daß keine kollektive Auswanderung aus der Geschichte möglich ist.

27. Reformation zwischen Obrigkeit und Widerstand

Problemlage

Niemand von den Führern der Reformation war primär politischer Denker. Die politischen Ideen der Reformation sind daher nur im Medium der Theologie zu begreifen, als Antwort von Theologen auf die mit dem Wachstum städtischer oder staatlicher Gewalt verbundenen Probleme, bisweilen sogar in Form von Gutachten. Dabei waren sich die Theologen untereinander keineswegs einig, ja manchmal finden sich selbst bei ein und demselben Denker unterschiedliche Ansätze, etwa bei Luther. Nicht selten hängt es von der Situation ab, welcher Ansatz zum Tragen kommt, denn die politische Selbstverteidigung der reformatorischen Bewegung ist für die politischen Ideen mindestens ebenso wichtig wie die Theologie. Es ist daher nicht nur sachfremd, von einer Einheit des politischen Denkens der Reformation auszugehen, sondern auch die übliche Globalcharakteristik: autoritäres Luthertum – demokratischer Calvinismus hält einer genaueren Untersuchung nicht stand.
Daß Luther und Melanchthon sich vom Radikalismus distanzieren mußten, ändert nichts an der Tatsache, daß sich im frühen reformatorischen Denken utopisch-chiliastische Elemente finden, an die radikales Denken anknüpfen konnte. Die großen Propagandaschriften Luthers von 1520, besonders *An den christlichen Adel deutscher Nation*, gehen durchaus von der Vorstellung aus, daß die korrupte Kirche und Gesellschaft nach Grundsätzen des Evangeliums neugeordnet werden können und müssen. Objektiv war Luther also keineswegs vollständig im Recht, wenn er sich von den aufständischen Bauern mißverstanden fühlte.
So konnte die Reformation als politische und soziale Krise das utopische Denken zur Blüte bringen, weil der Mischcharakter der Bewegung das Einströmen des religiösen Chiliasmus in das Bett der politischen Utopie gefördert hat. Insofern gehören auch die wenig konkreten chiliastischen Impulse von Thomas Müntzer über das Täuferreich zu Münster bis zur entsprechenden Komponente der Englischen Revolution mit zum politischen Denken der Reformation.
Reformatorischer Radikalismus erschöpft sich jedoch nicht in revolutionärer Aktion. Friedlicher Radikalismus oder radikale Friedlichkeit ist langfristig sogar wichtiger als die Gewalt. Friedliche Täufer ziehen sich in exklusiven Freiwilligkeitsgemeinden aus der Welt zurück, bis zur Auswanderung in ein kommunistisches Utopia (die Hutterer in Mähren). Nach außen lehnen sie die Bekleidung von Ämtern, den Gebrauch des

Schwertes, den Kriegsdienst und die Eidesleistung ab, üben aber untereinander strenge Disziplin. Ihre Antwort an die expandierende Staatsgewalt ist leidende oder aktive Negation, freilich nie gewaltsame. Doch trennt sie nicht nur der Verzicht auf Gewalt vom späteren Anarchismus; bedeutsamstes Kennzeichen ist vielmehr ihr radikaler Biblizismus, der die Schrift beim Wort nimmt. Die Probleme, die sich aus dem reformatorischen Schriftprinzip für die politische Theologie ergeben, hat Luther auch gesehen, aber er hat eine andere Lösung gefunden.

Martin Luther

Martin Luther (1483–1546) hat sich zur Politik sowenig wie zur Theologie jemals umfassend systematisch geäußert, sondern hier wie dort fallweise theologische Schwierigkeiten mit Hilfe seiner Grundaxiome gelöst und aus diesen Lösungen Handlungsanweisungen für das praktische Leben abgeleitet, formal ganz ähnlich wie Erasmus und sogar Machiavelli. Wichtigste Quelle ist die Schrift *Von weltlicher Obrigkeit, wie weit man ihr Gehorsam schuldig sei* von 1523 (Weimarer Lutherausgabe, zitiert: WA, Bd. XI 245–280), ergänzt durch die Abhandlung *Ob Kriegsleut auch in seligem stande sein können* von 1526 (WA XIX 623–662) und zahlreiche Äußerungen in anderen Schriften, in Gutachten, Predigten, Briefen und Tischreden, nicht zuletzt zu konkreten Schwierigkeiten der protestantischen Politik.
Auch die »Obrigkeitsschrift« ist schon im Titel als Gelegenheitsarbeit zu erkennen, handelt sie doch nicht vom Gemeinwesen als Ganzem, sondern vom schriftgemäßen Verhältnis zwischen Obrigkeit und Untertanen, vor allem wenn die Obrigkeit vom evangelischen Christen Unevangelisches verlangt, etwa die Auslieferung von Lutherbibeln. Ausgangspunkt ist die Anfrage, wie sich widersprüchliche Aussagen der Bibel im Hinblick auf politisches Handeln des evangelischen Christen zusammenreimen lassen. Auf der einen Seite das strenge Gehorsamsgebot in Römer 13,1–2 und 1 Petrus 2,13–14, wo die Obrigkeit und ihre Schwertgewalt auf den Willen Gottes gegründet wird. Auf der anderen Seite das Gebot der Feindesliebe in Matthäus 5, 44 und des Verzichts auf Selbstverteidigung in Römer 12, 19 und Matthäus 5, 38ff., der Bergpredigt, wonach Christen auf das Schwert verzichten müssen.
Luther lehnt zunächst die traditionelle Lösung ab, nach der die Moral der Bergpredigt nur für einen besonderen Stand der Vollkommenheit gelten soll. Sie gilt für alle Christen; ein besonderer Stand der Geistlichen oder Mönche existiert nicht, sein Anspruch ist Anmaßung (WA XI 248f.). Damit ist die traditionelle Scheidung von geistlich und weltlich aber nicht beseitigt, sie wird nur aus dem Bereich politischer Organisation in das

menschliche Gewissen und die Steuerung des individuellen Verhaltens verlegt. Der Christ kann nämlich beiden sich widersprechenden, aber gleich verbindlichen Weisungen der Schrift gerecht werden, weil das Gebot des Gewaltverzichts sich auf den Bereich seiner privaten Moral bezieht, während im Dienst des Nächsten die Pflicht zur Gewaltanwendung besteht; Kampf für das Recht des Nächsten ist nicht minder geboten als Verzicht auf das eigene Recht. Daß beide Bereiche in der politischen Praxis je länger desto weniger säuberlich zu trennen sind, wird seit Luther mit einem auf Römer 13 gegründeten Vertrauensvorschuß für die Obrigkeit überwunden (WA XI 254f., vgl. 278).

Aus einer dualistisch strukturierten Gesellschaft wird bei Luther dualistisch strukturiertes Verhalten; er forciert die Internalisierung des traditionellen heilsgeschichtlichen Dualismus des Augustinismus. Alle Menschen gehören entweder zum Reich Gottes oder zum Reich der Welt; die Mitgliedschaft in einem der beiden Reiche schließt die andere aus. Zum Reich Gottes gehören die an Christus Glaubenden, die sich infolge der rein geistlichen Lenkung durch Gottes Wort so verhalten, daß für sie Gesetz und Obrigkeit schlicht überflüssig sind. Doch sind diese wahren Christen eine winzige Minderheit, die nur von Gott selbst identifiziert werden kann. Die Mehrzahl der Menschen ist trotz Taufe ungläubig und gehört deshalb zum Reich der Welt und unter das Regiment des Gesetzes und des Schwertes; da sie stets zum Bösen neigt, muß sie mit Gewalt oder wenigstens durch Furcht vor Strafe davon abgehalten werden. Diesem Zweck dient die weltliche Obrigkeit, die daher das Schwert führt, während das geistliche Regiment anders als bisher keine schwertgewaltige Obrigkeit ist, sondern allein durch Verkündigung des Evangeliums wirkt, um die Menschen selig zu machen.

Ausschlaggebend ist die Unterscheidung zwischen den beiden Reichen einerseits, den beiden Regimenten andererseits, eine Differenzierung, die Luther der Sache nach kennt, auch wenn er die Begriffe unterschiedslos verwendet; die *begriffliche* Trennung geht auf *Johannes Heckel* zurück. Während zwischen beiden Reichen eine scharfe Grenze besteht, wirken die beiden Regimente unter dem Personal beider Reiche, weil diese Grenze im Diesseits nicht erkennbar ist. Das Regiment Christi versucht alle Getauften durch das Wort gläubig und damit selig zu machen, auch jene, die zum Reich der Welt gehören. Das Regiment der weltlichen Obrigkeit ist für die wenigen Angehörigen des Reiches Gottes im Prinzip überflüssig, praktisch aber ebenfalls zuständig, weil der Christ sich zum Nutzen seines Nächsten bereitwillig als Untertan und Steuerzahler dem weltlichen Regiment unterordnet, ja es gegebenenfalls selbst in die Hand nimmt – hier trennt sich Luthers Weg von dem des Täufertums. Das Reich der Welt mag vom Teufel sein, das weltliche Regiment ist es keineswegs, sondern nach Paulus von Gott eingesetzt und autorisiert, selbst wenn es

im Regelfall in ungerechter, ja tyrannischer Weise ausgeübt wird. In einer dem Menschen nicht faßbaren Weise ist schließlich auch der Teufel mit seinem Reich der Welt der Herrschaft Gottes unterworfen, auch wenn dies erst am Jüngsten Tag offenbar werden wird. Wegen dieser indirekten Wirksamkeit Gottes durch die weltliche Obrigkeit, ja den Teufel selbst, spricht Luther an anderen Stellen (z. B. 1532 WA XXXVI 385) von der Schöpfungsordnung der Welt als dem Reich oder Regiment Gottes »mit der linken Hand«, eine Formel, die obrigkeitsfromme Lutheraner leicht zu einer neuen Zweigewaltenlehre zurechtbiegen konnten.
Die Bewertung der weltlichen Obrigkeit als Christendienst hat Luther nicht daran gehindert zu sehen, daß das politische Geschäft abscheulich ist und selten aus christlichen Motiven betrieben wird. Auch im Milieu des sächsischen Territorialstaates konnte man offenbar ähnliche Erfahrungen mit der expandierenden Staatsgewalt machen wie in Florenz. Luther bedroht die Fürsten sogar in ganz ähnlichen Worten wie Thomas Müntzer mit dem vom Volk gegen sie zu vollstreckenden Zorn Gottes, nur daß bei ihm anders als bei Müntzer das Volk zu diesem Tun nicht berechtigt ist, sondern nur durch eigenen Frevel in geheimnisvoller Weise den Willen Gottes verwirklicht (WA XI 265, 268, 270).
Das Paradox, daß das Wirken der Obrigkeit bei Luther in Gottes Willen begründet und dennoch nicht selten böse ist, wird nach seinem Wesen nur verständlich, wenn man die eschatologische Dimension seiner Lehre im Auge behält. Nur dann ist ein solches Wagnis sinnvoll – und letztlich ungefährlich. Luthers Glaube an das nahe Bevorstehen des Jüngsten Tages ist eine notwendige Bedingung der Zwei-Reiche-Lehre, die ohne diese Dimension ein höchst gefährlicher politischer Entwurf wäre. Nur wenn man diesen grundlegenden Unterschied zum weltlichen Denken Machiavellis ignoriert, rückt Luther nicht nur in seiner Phänomenologie, sondern auch in seiner Intention in dessen Nähe. Nur aus ihrem theologischen Zusammenhang gerissen, kann Luthers Lehre als Freisetzung der Politik in einen ihr zugewiesenen autonomen Bereich aufgefaßt werden. Und allein die Eschatologie kann den ursprünglichen vollständigen Verzicht auf politischen Widerstand begreiflich machen.
Auch die recht konventionellen Ausführungen zu politischen Einzelfragen verstärken zunächst den Gesamteindruck einer politischen Lehre, die den jeweiligen Besitz der Macht mit dem Glanz eines göttlichen Auftrags prämiiert und legitimiert und ihren Inhaber auch noch von den üblichen geistlichen Bevormundungsversuchen befreit, indem sie das bisherige Überangebot an Regeln christlicher Weltgestaltung theologisch als Illusion erweist: Die Welt läßt sich nicht nach dem Evangelium regieren (WA XI 251f.). Also eine Lehre, die dem Legitimationsbedürfnis der wachsenden Staatsgewalt soweit entgegenkommt, daß sie später als Grundlage des preußisch-deutschen Machtstaates begriffen werden

konnte. Doch diese Folgerungen sind nicht ganz legitim, denn sie sind nur möglich unter Eliminierung der eschatologischen Dimension. Luthers Entwurf der politischen Welt war nicht weniger als Provisorium gedacht als das von ihm angeregte landesherrliche Kirchenregiment. Dauerlösungen waren ihm nicht wichtig, rechnete er doch mit dem Anbrechen des Jüngsten Tages noch bei seinen Lebzeiten oder zumindest in absehbarer Zeit. Was bis dahin an Korrekturen nötig sein würde, sollte das Wort Gottes durch seine Verkündiger bewirken. Beides hat sich als Irrtum erwiesen. Aber dieser Irrtum hat Luther zum antiutopischen Denker schlechthin gemacht: Er hat die katholische Utopie der evangelischen Räte ebenso aufgehoben wie die radikal-evangelische des Chiliasmus und die säkulare einer moralisch-politischen Besserung des Menschen, aber alles unter der Bedingung des baldigen Jüngsten Tages. Abzüglich dieser Bedingung kann platter Obrigkeitskult daraus werden.
Luther leistet dem sogar Vorschub, wenn er selbst nicht nur von der Zwei-Reiche-Lehre her denkt. Je länger desto mehr tritt bei ihm für das Zusammenleben von Kirche und Welt das Modell der drei Stände oder Hierarchien in den Vordergrund: Ökonomie, d. h. Familie und Beruf, Politik und Kirche sind alle drei gleichrangige Stiftungen (bisweilen spricht er sogar von »Regimenten«) Gottes. Damit ist zwar die mittelalterliche Wertrangabfolge von geistlich zu weltlich abgeschafft, die traditionelle Harmonie aber wiederhergestellt. Der Entwurf beruht ja nicht auf theologischen Paradoxien, sondern auf dem Naturrecht. In dessen Rahmen ist der Mensch Mitarbeiter Gottes in der weltlichen Schöpfungsordnung, in diesem »Reich Gottes zur linken Hand« gilt die Ordnung der Ratio. Und wenn die Billigkeitsgrundsätze der natürlichen Vernunft der Erfüllung des Liebesgebots näher kommen als Gesetze (WA XIX 279–281, 631f.), dann soll die Vernunft dem Recht übergeordnet bleiben – und diese Vernunft hat der Fürst (WA XI 272f.).

Reformatorische Variationen

Einführung und Organisation der Reformation durch die Obrigkeiten folgt ja ebenfalls nicht der eschatologisch befrachteten Zwei-Reiche-Lehre, sondern der Tradition des monistischen Corpus Christianum. Infolgedessen enthält das Glaubensbekenntnis der Fürstenreformation, die *Confessio Augustana* (1530) nur Anklänge an die Zwei-Reiche-Lehre, während eine monistische Ordnungstheologie dominiert.
Ihr wichtigster Verfasser, *Philipp Melanchthon* (1497–1560), dessen Einfluß auf das politische Denken des Luthertums kaum überschätzt werden kann, bevorzugte als Humanist vor den lutherischen Paradoxa die erasmianische Vorstellung vom Fürsten als Erzieher seiner Untertanen.

Spätestens im *Kommentar zur aristotelischen Politik* von 1530 hat er sich wieder ganz der vorbehaltlosen Bejahung der naturgesetzlichen politischen Ordnung nach Aristoteles, Cicero und der Stoa zugewandt. Die inhaltliche Konkretisierung der abstrakten Naturrechtsprinzipien leisten für Melanchthon der Dekalog und das römische Recht. Damit läßt sich schließlich auch die Kirchenherrschaft der weltlichen Obrigkeit aus einer vorübergehenden Notlösung (so Luther und Melanchthon noch 1539) in einen legitimen Dauerzustand verwandeln (1556).
Andere Reformatoren gehen von vorneherein von solchen Vorstellungen aus, weil in dem städtischen Milieu, in dem sie wirken, eine einheitlich geprägte *Civitas Dei* weit eher realisierbar scheint als bei Luther, für den das Reich Gottes auf Erden nur spirituell, sonst aber allein im Jenseits existieren kann. Zwar unterscheidet *Huldrych Zwingli* (1484–1531) durchaus ähnlich wie Luther die göttliche von der armseligen und für das Heil wertlosen menschlichen Gerechtigkeit. Aber letztere gehört mit zur göttlichen Ordnung unter dem Evangelium, Stadtgemeinde und Kirchengemeinde sind identisch. Als »Schulmeister der Gerechtigkeit« hat die weltliche Obrigkeit eine auf Herrschaft und Botschaft Christi gegründete Vollmacht zur Regulierung der äußeren Verhältnisse der Kirche, auch wenn sie sich vom Prediger sagen lassen muß, was das Evangelium verlangt.
Martin Bucer (1491–1551) geht als wichtigster Reformator Straßburgs von ganz ähnlichen Idealen aus. Für ihn ist die Kirche trotz ihres grundsätzlich spirituellen Charakters doch in der Gemeinde konkret vorhanden, mit ihren Gemeindeämtern und ihrem Anspruch auf Kirchenzucht, dem sich freilich die weltliche Obrigkeit in Straßburg so wenig beugt wie in Zürich – auch in Städten ist der Wachstumsprozeß der Staatsgewalt irreversibel. Bucer weist der Obrigkeit auf der anderen Seite durchaus eine Rolle im Rahmen der Kirche zu, sie ist Hüterin beider Tafeln des Dekalogs und verwirklicht mit kirchlichen Amtsträgern gemeinsam die *Civitas Dei.* Bucer bekommt Gelegenheit, diese Vorstellungen nach Hessen, Kurköln und am Ende seines Lebens nach England zu übertragen. *De Regno Christi* (gedruckt 1557) ist sein politisches Programm für den evangelischen König Eduard VI. Die Idee der Königsherrschaft Christi als des Integrationspunktes von Kirche und Welt, die heute gerne zur »Überwindung« der Zwei-Reiche-Lehre herangezogen wird, erscheint bei Bucer zum ersten Mal in voller Klarheit. Vielleicht hat Calvin sie wie so manches andere von ihm übernommen.

Johannes Calvin

In *Johannes Calvin* (1509–1564) erreicht die städtisch-republikanische Linie ihren Höhepunkt. Als Reformator der zweiten Generation kann er auf Erfahrungen seiner Vorgänger aufbauen. Auch er ist Humanist so gut wie Theologe, aber von Haus aus nicht Priester, sondern Laie und Jurist. Seine politischen Vorstellungen haben in Genf institutionellen Niederschlag gefunden. Dokumentiert sind sie in einem gewaltigen Œuvre, in dem sich aber anders als bei Luther auch eine systematische Zusammenfassung seiner Gedanken findet, die *Institutio Christianae Religionis*, deren letztes Kapitel *De politica administratione* die politischen Ideen enthält (Buch IV, Kapitel 20, mit 32 Abschnitten, zitiert: In IV 20, 1–32). Allerdings wurde die *Institutio* von 1535/36 bis 1669 ständig erweitert und überarbeitet, obwohl die Grundlinien gleichbleiben.
Ansatz ist die reformatorisch-dualistische Unterscheidung der beiden Regimente (In III 19, 15; 20, 1), das eine, das sich auf das ewige Heil des inneren Menschen bezieht, das andere, das zur Herstellung der bürgerlichen Gerechtigkeit bestimmt ist, die in äußerer Sittlichkeit besteht. Der Sünde wegen hat Gottes Güte das weltliche Regiment zur Erhaltung des Menschengeschlechts eingerichtet. So steht fest, »daß die geistliche Herrschaft Christi und die bürgerliche Ordnung ganz verschiedene Dinge sind« (In IV 20, 1). Aber sie stehen deswegen nicht beziehungslos nebeneinander, auch der Staat zählt zu den »äußeren Mitteln oder Werkzeugen, durch die Gott uns zur Gemeinschaft Christi beruft und in ihr erhält« (In IV 1, 1). Eine grundsätzliche Trennung von Staat und Kirche ist nicht möglich, weil beide denselben Herrn haben, Christus, denn alle Herrschaft ist »ein Abbild der Königsherrschaft unseres Herrn Jesus Christus« (Corpus Reformatorum Bd. 53, 132). Daher haben Obrigkeiten (*magistratus*) »ihren Auftrag von Gott, sind mit göttlicher Autorität ausgestattet und spielen überhaupt die Rolle Gottes, an dessen Stelle sie gewissermaßen handeln« (In IV 20, 4). Darum ist ihre erste Aufgabe nicht wie üblich die Wahrung von Friede und Recht, sondern die Fürsorge für die rechte Gottesverehrung. Sie haben »den äußeren Gottesdienst zu pflegen und zu schützen, die reine Lehre ... und den Bestand der Kirche zu verteidigen, unser Leben mit der menschlichen Gesellschaft in Einklang zu bringen, unser Verhalten nach der bürgerlichen Gerechtigkeit zu richten, uns miteinander zu versöhnen und allgemein Frieden und Ruhe aufrechtzuerhalten« (In IV 20, 2). Der Staat ist auch hier Hüter beider Tafeln, aber er steht im Dienst der Kirche, ist letztlich um ihretwillen da. So wenig wie bei Luther gibt es den christlichen Staat, der aus eigenem Recht zur Verwirklichung des Heils beiträgt, das wäre Vermischung der Regimente. Bei beiden gibt es nur das weltliche Regiment, das in seinem weltlichen Bereich weltlich handelt, aber aus christlichem Antrieb. Doch

während beim Luther der Zwei-Reiche-Lehre nur das Individuum in Dienst genommen wird und der Staat nur mittelbar, stellt Calvin die Institution unmittelbar unter das Gesetz Christi.
Verteidigung der reinen Lehre: In Wahrnehmung dieser Aufgabe hat der Genfer Rat 1553 den Antitrinitarier Servet verbrannt. Ausbreitung des Evangeliums: Zu diesem Zweck läßt er auf der Genfer Akademie Diener des Wortes für ganz Europa ausbilden. Dies alles aber, ohne daß Calvin ein Kirchenregiment im Sinne deutscher Fürsten zugestehen möchte, auch wenn er in der Praxis zu Zugeständnissen bereit war. Nur in ihrem eigenen Bereich ist die Obrigkeit Stellvertreter Gottes mit Anspruch auf Gehorsam, Dienstleistungen und Steuern der Untertanen, mit dem Recht, sie zu züchtigen und gegebenenfalls zu töten und gerechte Kriege zu führen. Begründung und Kautelen sind recht konventionell, interessanter ist die Tatsache, daß Calvin sich ausführlich mit staatsfeindlichen Argumenten der Radikalen auseinandersetzen muß.
Der zweite Bestandteil der Politik nach dem *Magistratus* ist die *Lex*, das Gesetz (In IV 20, 14–21). Da nach Cicero die Obrigkeit das lebende Gesetz ist, steht sie über dem positiven Gesetz, ist aber dem göttlichen und natürlichen Gesetz unterworfen. Da Calvin nach Cicero am Gesetz die Rechtsform (*constitutio*) und die Billigkeit (*aequitas*) unterscheidet, ist die Obrigkeit hinsichtlich der ersteren frei, hinsichtlich der letzteren aber gebunden, denn alle Gesetze müssen der Billigkeit und dem göttlichen Liebesgebot entsprechen.
Dritter Baustein der Politik ist das Volk (*populus*), häufiger als Untertanen (*subditi*) bezeichnet (In IV 20, 22–32). Für sie gibt es nur Gehorsam und Einbringen der geforderten Leistungen, weil man nach Römer 13, 1, Titus 3, 1 und 1 Petrus 2, 13 »keiner Obrigkeit widerstehen kann, ohne zugleich Gottes Autorität zu widerstehen« (In IV 20, 23), selbst wenn die Obrigkeit noch so ungerecht herrscht (In IV 20, 25).
Es war sicherlich nicht diese Lehre, die Calvin zum Ahnherrn der Demokratie gemacht haben könnte. Aber in den für ihn selbst eher marginalen Überlegungen zur Legitimität von Herrschaft, zur besten Staatsform und zum Widerstand gegen die Obrigkeit sind Ansätze enthalten, die unter veränderten politischen Umständen eine ungeahnte Wirkung entfalten konnten. Zunächst freilich ergibt sich aus Calvins strengen Maßstäben für ein legitimes Regiment kein Widerstandsrecht, die Sanktionen bleiben überirdischer Art: »Audiant principes, et terreantur« (In IV 20, 31). Aber Calvin ist kein Freund der absoluten Monarchie. Der Monarch muß Ratgeber haben, die darauf sehen, daß die Gesetze und ihre Ausführungen gut und nützlich sind; durch solche Ratsgremien unterscheidet sich die Monarchie von der Tyrannis (Corpus Reformatorum Bd. 29, 557). Wegen der Gefahr der Tyrannis ist die Monarchie ohnehin nicht die beste Staatsform; »wenn jene drei Regierungsformen (Monarchie, Aristokratie, Demokra-

tie, *R.*), die die Philosophen darstellen, an und für sich betrachtet werden, würde ich keineswegs bestreiten, daß die Aristokratie oder eine Mischform aus dieser und der *Politie* (*Demokratie* hat einen pejorativen Beigeschmack, *R.*) alle anderen bei weitem überragen« (In IV 20, 8). Die Kirche von Genf war oligarchisch verfaßt, das maßgebende Gremium, die *vénérable compagnie des pasteurs* ergänzte sich durch Kooptation. Im französischen Calvinismus hat sich die stärker »demokratische« Kirchenverfassung des »Kongregationalisten« *Morely*, bei der die Entscheidungen der Gemeinde überlassen bleiben sollten, nicht durchsetzen können. Es blieb beim »Presbyterianismus«, bei dem die Ältesten (*Presbyter*) den Ton angaben, eine Oligarchie von Pastoren und Adeligen.

Widerstandsrecht und Monarchomachen

Der Adel hatte damals ein zwiespältiges Verhältnis zur Monarchie, deren Expansion vor allem auf Kosten seiner politischen Rechte ging. Deshalb war es von ausschlaggebender Bedeutung für die weitere Entwicklung, auch diejenige der politischen Ideen, daß die Reformation gezwungen war, im Interesse ihrer Selbsterhaltung sich mit dem Adel zu verbünden und ihm ein Widerstandsrecht zuzugestehen, das sie den Untertanen im allgemeinen und den Bauern im besonderen eben erst nachdrücklich verweigert hatte.

Bei der Erörterung des frühneuzeitlichen Widerstandsproblems ist zu beachten, daß es sich noch nicht im modernen Sinn um Widerstand gegen die Staatsgewalt als Monopolisten legitimer Gewaltanwendung handelt. Noch haben einzelne ein Recht auf Waffen und ihren Gebrauch zur Durchsetzung ihres Rechts, denn die Obrigkeit ist keineswegs die Quelle des Rechts, zumindest nicht die einzige. Vielmehr ist die Monarchie ja gerade erst im Begriff, derartige Exklusivbefugnisse zu erwerben. Das gibt der Widerstandsproblematik des 16. und 17. Jahrhunderts ihre besondere Sprengkraft. Das Problem an sich ist ja nicht neu, es gibt Traditionen christlichen, antiken und germanischen Ursprungs, an die angeknüpft werden kann. Aus christlicher Sicht gibt es zunächst nur Gehorsam oder aber Gehorsamsverweigerung bei sündhaftem Ansinnen der Obrigkeit, jedoch einschließlich der Bereitschaft zum Martyrium. Demgegenüber steht die Vorstellung, daß Herrschaft zwar letztinstanzlich von Gott, unmittelbar aber vom Volk stamme und eine Sache auf Gegenseitigkeit sei. Dieser Sachverhalt wird in der Idee des Herrschaftsvertrags (*pactum*) konkretisiert. Das *pactum* kann bloße Umschreibung der nirgends niedergelegten, weil selbstverständlichen Befugnis zur Absetzung des Herrschers bei Rechtsverletzung sein. Es kann sich aber im Spätmittelalter auch um ausdrückliche Verträge der Fürsten mit ihren in »Stän-

den« organisierten Untertanen handeln, so z. B. in den Niederlanden. Die zunehmende Institutionalisierung der Herrschaftsverhältnisse schränkt die Absetzbarkeit des Herrschers auf den Fall ein, daß er durch notorische Rechtsverletzung zum Tyrannen entarte. Dagegen gibt es drei Heilmittel: die Absetzung durch einen Höheren, konkret meistens den Papst, die Absetzung durch das Volk, für die aber wenig konkrete Spielregeln existieren, die Tötung durch einen einzelnen, der vieldiskutierte Tyrannenmord. Nach *Thomas von Aquin* wird häufig der Usurpator (*tyrannus ex defectu tituli*) unterschieden von einem zum Tyrannen verkommenen legitimen Herrscher (*tyrannus ex parte exercitii*). Der Tyrannen-Begriff der Reformation ist noch weiter verschärft, weil es hier nicht nur um Verletzung menschlicher Rechte, sondern um Bedrückung des endlich wieder rein erstandenen Evangeliums geht.
Bei *Zwingli* sind die beiden Traditionsstränge nicht ganz zum Ausgleich gebracht. Auf der einen Seite lehrt er wie Luther und Calvin den unbedingten Gehorsam auch gegenüber einer ungerechten Obrigkeit bzw. den passiven Widerstand mit Bereitschaft zum Martyrium. Daneben aber steht die traditionelle Doktrin, daß das Volk zur Absetzung einer ungerechten Obrigkeit befugt sei, allerdings in geordneter, »verfassungsmäßiger« Weise. Ein Wahlherrscher wird von seinen Wählern abgesetzt, ein Erbfürst nach den *Schlußreden* von 1523 von einer qualifizierten Mehrheit des Volkes, während er nach dem *Commentarius de vera et falsa religione* von 1525 geduldig zu ertragen ist.
Luther verkündet 1523 das heroische Radikalchristentum in seltener Reinheit; das petrinische »Gott mehr gehorchen als den Menschen« (Apostelgeschichte 5, 29) schließt Leidensbereitschaft ein. Im gewaltsamen Aufruhr um der Reformation willen (Wittenberger Unruhen 1522, Bauernkrieg 1524/25) sieht er das Werk des Teufels, denn der »Herr Omnes«, der Pöbel, hat kein Recht auf Widerstand und politische Aktivität. Wenn es sich freilich um Bedrohung seines Landesherrn, des Kurfürsten von Sachsen, handelt, findet Luther Modifikationen dieses Grundmusters. Zunächst will er ihm ein Widerstandsrecht nur gegen eine Bedrohung durch seinesgleichen zugestehen, nicht aber gegen den Kaiser als seine Obrigkeit (es sei denn, der Kurfürst kämpfe völlig selbstlos nicht für die eigene Stellung, sondern nur für das Seelenheil der Untertanen). In der bedrohlichen Lage nach dem Scheitern der Augsburger Ausgleichsbemühungen 1530 anerkennt Luther zwar immer noch kein theologisch begründetes Widerstandsrecht, aber er läßt sich durch Philipp von Hessen und sächsische Juristen belehren und ändert sein Verständnis der Reichsverfassung: Da der Kaiser nicht der Herr der Fürsten ist, sondern diese die Herrschaft mit ihm teilen, steht ihnen als *magistratus inferiores* in bestimmten Fällen ein Widerstandsrecht gegen den *magistratus superior* zu. Daraufhin wurde 1531 der Schmalkaldische Bund abgeschlossen.

Luthers letztes Wort aber sind die 70 Thesen von 1539, in denen der Widerstand gegen den Kaiser sogar zur Pflicht wird, weil er der Verbündete des apokalyptischen Ungeheuers, des Papstes, ist. Luthers Kollegen haben nach seinem Tod dem Kurfürsten sogar einen Präventivschlag gegen den Kaiser zugestanden.
Auch *Calvin* fügt um diese Zeit der *Institutio* einen Abschnitt über die *populares magistratus* ein, die wie die Ephoren in Sparta zur Dämpfung königlicher Machtlust eingerichtet sind. Wo es Ständeversammlungen gibt, haben diese die Pflicht, gegen die Bedrückung des Volkes durch die Könige einzuschreiten – in welcher Weise wird freilich nicht gesagt (In IV 20,31).
In der Bedrängnis nach dem Sieg des Kaisers im Schmalkaldischen Krieg schrieben kompromißlose Lutheraner, die sich in die unbezwungene Festung Magdeburg zurückgezogen hatten, 1550 den Traktat *Bekändtnuß, Unterricht und Vermahnung der Pfarrherren und Prediger der Christlichen Kirchen zu Magdeburg*. Grundlage sind Luthers Thesen von 1539, sie gehen aber an zwei Stellen über ihn hinaus. Erstens kann jeder Fürst, nicht nur der Papst und seine Diener zum apokalyptischen Tyrannen, der göttliches und natürliches Recht mit Füßen tritt, entarten. Zweitens wird das Widerstandsrecht von Fürsten auch auf den Rat von Magdeburg ausgedehnt, auch er ist ein *magistratus inferior*.
In der relativen Sicherheit nach dem Augsburger Religionsfrieden hat das Luthertum diese Gedanken aufgegeben. Und als man sich im Dreißigjährigen Krieg wieder gegen den katholischen Kaiser wehren mußte, wurden eher Argumente des Reichsrechts herangezogen (s. u. Kapitel 29) als grundsätzliche Widerstandstheorien, denn man wollte sich gegen die Calvinisten abgrenzen, an die inzwischen die Führung in Sachen Widerstand übergegangen war. Die Ausbreitung des Calvinismus über Europa hat in verschiedenen Ländern zu Unruhen geführt, in der Regel deshalb, weil die Calvinisten zur Verteidigung gegen eine katholische Monarchie ein Bündnis mit ständischen Kräften eingingen. Am bedeutsamsten sind wohl die acht »Hugenottenkriege« in Frankreich zwischen 1562 und 1598. Zwar hat Calvins Mitarbeiter *Théodore de Bèze* (1519–1602) in einer Streitschrift anläßlich der Verbrennung Servets *De haereticis a civili magistratu puniendis* bereits 1554 die Magdeburger Lehren übernommen und in Konkretisierung der These Calvins festgestellt, lokale Magistrate hätten in religiösen Dingen das Recht, höheren Widerstand zu leisten. Aber zunächst handelt es sich nur darum, daß französische Hochadelige (die als *magistratus inferiores* gelten können) die Machtverhältnisse in ihrem Sinn zu revidieren versuchen.
Eine zweite Phase beginnt 1568, als der Hof die den Hugenotten gemachten Zugeständnisse widerrief und in bedrohlicher Weise mit Spanien kooperierte. Nun wurde die verfassungsmäßige Beschränkung der könig-

lichen Macht und die Bindung der Krone an das Gemeinwohl ausdrücklich betont. Bis zum Anspruch auf ein ebenso verfassungsmäßiges Widerstandsrecht ist es nur noch ein Schritt. Dieser Schritt wird gegangen unter dem Eindruck des Hugenottenmassakers der Bartholomäusnacht 1572; jetzt werden Widerstandsrecht, Absetzung des Königs und Volkssouveränität diskutiert. Da diese Autoren die Monarchie zumindest in der üblichen protoabsolutistischen Gestalt in Frage stellen, bezeichnet sie *William Barclay* (1543–1608) in einer monarchistischen Schrift von 1600 als *monarchomachos* (Monarchiebekämpfer). Für ihn zählt freilich auch sein schottischer Landsmann *George Buchanan* (1506–1582) dazu, der anläßlich vergleichbarer Konflikte in Schottland in *De iure regni apud Scotos* 1579 die Bestellung und Absetzung der Könige durch das Volk und den Tyrannenmord proklamiert hatte. Ferner schließt er auch katholische Gegner der Monarchie ein (dazu Kapitel 28). Die Priorität gebührt jedoch drei oder vier französischen Calvinisten, die man heute im engeren Sinn als Monarchomachen bezeichnet.
François Hotman (1524–1590) war nicht nur einer der bedeutendsten Juristen seiner Zeit und fanatischer Calvinist, sondern auch ein aggressiver Politiker und Publizist. Knapp der Bartholomäusnacht entkommen, veröffentlichte er 1573 in Genf die Schrift *Franco Gallia*, in der er mittels Untersuchungen der französischen Geschichte die richtigen altfranzösischen Verfassungsgrundsätze herausarbeiten möchte. Vom gallischen, römischen und fränkischen Frankreich kommt er zur Sache, um die es ihm geht: Die Könige wurden in Frankreich vom Volk »oder den Ständen wie wir sagen« gewählt und abgesetzt. Es handelt sich um eine Mischverfassung, in der eine Volks- bzw. Ständeversammlung alljährlich über die wichtigsten öffentlichen Angelegenheiten beriet und entschied. König und Königtum sind ja nicht identisch. So gibt es neben den Würdenträgern, die vom König ernannt werden und mit seinem Tod automatisch ihre Stellung verlieren, auch solche, die vom Land bestellt sind und daher vom König nicht ohne weiteres abgesetzt werden können. Das gehört zu den sogenannten Fundamentalgesetzen des Königreiches, denen auch der Herrscher unterworfen ist. Hotmans Traktat war so einflußreich, daß Jean Bodins monarchistisches Hauptwerk (Kapitel 29) als Erwiderung darauf zu verstehen ist.
Weniger wirkungsvoll war die 1574 anonym erschienene Schrift *Du droit de Magistrats sur leurs subjects*, weil zunächst nicht bekannt war, daß der Verfasser *Théodore de Bèze* hieß. Doch dürfte sie das Dokument beeinflußt haben, mit dem die Niederländer 1581 die Absetzung Philipps II. gerechtfertigt haben. Ihre Bedeutung besteht nicht in neuen Grundsätzen, sondern in der Anwendung der bisherigen auf das konkrete Problem des Widerstands gegen einen zum Tyrannen entarteten legitimen Herrscher. Da Herrschaft ein Verhältnis auf Gegenseitigkeit ist, bedeutet Ty-

rannis Bruch des Herrschaftsvertrags durch den Herrscher. Die Stände, die ihn eingesetzt haben, können ihn nun auch absetzen. Sind die Stände am Zusammentreten verhindert, haben die *Magistrate*, d.h. Beamte und Hochadelige, den Widerstand einzuleiten, denn sie sind zuerst dem Reich, dann dem Herrscher verpflichtet. D.h., der inzwischen erzielte Zugewinn an Institutionalisierung wird gegen den werdenden Staat gekehrt. Theoretisch ist Bèzes Verfassung die einer demokratisch legitimierten Monarchie, faktisch eine Aristokratie der sog. Magistrate.

Noch deutlicher äußern sich 1579 die *Vindiciae contra tyrannos, sive de princips in populum populique in principem legitima protestate* (Strafgericht gegen die Tyrannen)... Unter dem römisch-republikanischen Pseudonym *Stephano Junio Bruto Celta auctore* verbergen sich vermutlich der von Melanchthon beeinflußte und zeitweise in sächsischen Diensten stehende *Hubert Languet* (1518–1581) und der »letzte Ritter des Hugenottentums« aus der Umgebung des Thronprätendenten Heinrich von Navarra, *Philippe Duplessis-Mornay* (1549–1623). Die Antwort auf die Widerstandsfrage beruht auf der Vorstellung eines doppelten Bundes, zunächst zwischen Gott, König und Volk im Sinne des Alten Bundes. Damit wird die Verletzung göttlicher Gesetze durch den König Vertragsbruch, der Widerstand legitimiert. Dann ein Bund zwischen König und Volk, auf dem die Herrschaft beruht, denn das Volk als Ganzes steht höher als der König, der nur der erste Diener im Gemeinwesen ist. Deswegen steht der König auch im weltlichen Bereich unter dem Gesetz, deswegen legitimiert ungerechte Herrschaft auch hier Widerstand, freilich nicht der einzelnen oder der unorganisierten Volksmassen, sondern der Männer, »die das gesamte Volk im ganzen Reich und jeder Stadt legitim repräsentieren«, der Amtsträger einerseits, der Stände andererseits. Notfalls genügt auch eine Minderheit.

Wenn wir von der kaum angedeuteten Behandlung aktueller Probleme durch die Monarchomachen absehen, so ist nicht zu bestreiten, daß sie den alten Gedanken der Volkssouveränität neu belebt und konkretisiert an die Zukunft weitergegeben haben und dadurch Vorläufer Rousseaus und der modernen Demokratie geworden sind. Aber mit den Grundbegriffen *Vertrag* und *Volk* ist damals etwas völlig anderes gemeint. Das *pactum* ist eine Fiktion, eine Chiffre für die Gegenseitigkeit von Herrschaftsverhältnissen. Auch wenn für den *contrat social* nach Rousseau ähnliches gelten mag, so ist er doch Ausdruck eines politischen Willens, wovon bei den Monarchomachen keine Rede sein kann. Ihr Gemeinwesen ist nicht durch den politischen Willen der Menschen rational zustande gekommen, sondern es ist stets schon vorhanden. Das kommt durch die Beteiligung Gottes an dem Vertrag zum Ausdruck. Während es sich bei Rousseau darum handelt, wie vereinzelt existierende Gleiche durch ihren Willen ein Gemeinwesen konstituieren, gibt es bei den Monarchomachen keine einzeln existierenden Gleichen, keine politischen Individuen. Ihr *Volk* ist nicht das Volk der egalitären Demokratie, sondern das einer Aristokratie: nur in stets vorgegebenen Verbänden vorhanden, nur in hierarchischer Differenzierung handlungsfähig. Volk im Sinne von Totalität der Bevölkerung ist zu politischem Handeln weder befähigt noch berechtigt. Die Monarchomachen haben eine kaum geringere Abneigung gegen politische Aktivität des Pöbels als Luther – nicht ohne Grund, der politisch aktive Pöbel ist im Frankreich des 16. Jahrhunderts in der Regel katholisch.

28. Katholiken zwischen Monarchie, Volkssouveränität und Völkerrecht

Problemlage

Wie die sachliche Beurteilung lutherischer und calvinistischer Ideen durch die politische Tradition Deutschlands bzw. der angelsächsischen Länder erschwert wird, so ist die richtige Einschätzung des Verhältnisses von katholischen und protestantischen Theorien des 16. Jahrhunderts durch ehrwürdige Konfessionskonflikte verzerrt. Wenn *Ranke* 1835 »Die Idee der Volkssouveränität in den Schriften der Jesuiten« entdeckt hat, dann wollte er damit keineswegs eine Errungenschaft herausstellen, sondern den aktuellen Vorwurf, der Protestantismus sei der Urheber der Revolutionen, an seine Erfinder zurückgeben. Sobald die Revolution politisch salonfähig geworden war, entdeckte man calvinistische Freiheitshelden und jesuitische Absolutisten, auch diese in Übereinstimmung mit den historischen Fakten. M. a. W. das protestantische wie das katholische Denken hat seine Monarchisten und seine Monarchomachen, so daß eine unbefangenere Sicht der Dinge hier wie in anderen Bereichen eher eine Parallelität als einen Gegensatz der Konfessionen feststellen kann. Es kommt nicht nur darauf an, *wer* jeweils Absolutist oder Widerstandstheoretiker gewesen ist, sondern vor allem *wann* und *wo* er das war. Unter entsprechenden Umständen reagieren die politischen Denker der feindlichen Konfessionen nämlich nahezu gleich – und schreiben voneinander ab, ohne es zuzugeben. So haben z. B. die französischen Katholiken mit zeitlicher Verschiebung auf Grund der politischen Konstellation genau dieselben Phasen der Entwicklung ihres politischen Denkens durchlaufen wie die Hugenotten, eine zunehmende Radikalisierung in drei Schritten und eine gemeinsame Bekehrung zum Absolutismus im 17. Jahrhundert (s. Kapitel 29).

Damit sollen bestehende Unterschiede nicht geleugnet werden. So enthielt die thomistische Philosophie Ansatzpunkte für radikales Denken, die auf reformatorischer Seite erst von den Monarchomachen wiederentdeckt wurden. Und die Herausforderung durch die speziellen Probleme der spanischen Monarchie begünstigte die Anfänge des modernen Völkerrechts.

Francisco de Vitoria und die Schule von Salamanca

Francisco de Vitoria (1486–1546), humanistisch gebildeter Dominikaner und Theologieprofessor in Salamanca, hat für beides die Grundlagen gelegt, indem er als erster wieder auf Thomas von Aquin zurückgegriffen, dabei aber neue Lösungen gefunden hat. Sein ungeheurer Einfluß als akademischer Lehrer hat sich in keinem Buch niedergeschlagen; nur Nachschriften seiner Wiederholungskurse, der *Relectiones theologicae*, wurden nach seinem Tod 1557 veröffentlicht. Wichtig sind hier: *De potestate civili* (1528), *De potestate ecclesiae* (1532/33), *De Indis* (1539) und *De iure belli* (1539) (zitiert: civ, ecc, Ind, iur, mit Nummern).
Als Thomist und Aristoteliker geht Vitoria vom Naturrecht aus, den Grundsätzen, die der Vernunft entsprechen und allgemein anerkannt sind. Demgemäß sind Gemeinwesen keine menschlichen Erfindungen und Kunstprodukte, sondern beruhen auf der natürlichen Soziabilität des Menschen einerseits, der absoluten Notwendigkeit einer Staatsgewalt für Ordnung, Schutz und Bedürfnisbefriedigung andererseits (civ 5). Die öffentliche Gewalt stammt also aus dem Naturrecht und damit von Gott (civ 6). Zwar ruht diese Gewalt ursprünglich beim ganzen Gemeinwesen, sie ist aber in der Regel einem Monarchen anvertraut, und zwar unwiderruflich, so daß es keine zwei Gewalten mehr gibt, eine des Gemeinwesens und eine des Herrschers, und auch ein Rekurs vom König an das Volk ausgeschlossen bleibt (civ 7–8). Widerstand lehnt Vitoria, der vor dem konfessionellen Zeitalter lehrt, mit ganz ähnlichen Argumenten wie Erasmus ab: Bürgerkrieg ist schlimmer als Tyrannis.
Wichtiger sind Vitorias Gedanken zur Stellung Spaniens im Weltreich Karls V. und über die zwischen 1519 und 1543 gewonnenen Länder in der Neuen Welt. In diesem Zusammenhang hat er als erster die theoretische Abgrenzung des modernen souveränen Nationalstaates nach außen durchgeführt und das sich daraus neu ergebende Problem der »internationalen« Beziehungen in Angriff genommen, das es bis dahin nicht geben konnte, weil es keine »Nationalstaaten« gab.
Abgrenzung nach außen bedeutet zunächst Abgrenzung gegen die damals noch höchst lebendigen Oberherrschaftsansprüche des Papsttums. Da Christus keine weltliche Macht besessen oder seinen Nachfolgern

übertragen hat, ist der Papst nicht der Herr der Welt (ecc 5, 1; Ind 1) und besitzt keine politische Hoheit über Christen oder gar Heiden außerhalb des Kirchenstaates. Vor allem aber ist das einzelne Gemeinwesen unmittelbar zu Gott, die weltliche Gewalt ist der geistlichen keineswegs als Instrument zu höheren Zwecken unterworfen. Freilich sind Kirche und Staat damit sowenig wie bei Luther im modernen Sinn getrennt. Im Interesse von Glauben und Sittlichkeit hat der Papst ein begrenztes Einwirkungsrecht auf die Politik; so muß er z. B. einen Fürsten, der vom Glauben abfällt, absetzen und die Untertanen vom Treueid entbinden. Doch ist diese Kompetenz nicht sehr tiefgreifend, denn ein Apostat verliert eo ipso sein Herrschaftsrecht, und der Papst hat keinerlei Einfluß auf die Bestellung des Nachfolgers.

In solchem Denken ist auch für die religiöse Begründung des Weltkaisertums so wenig Platz wie für die naturrechtliche. Das scholastische Prädikat *societas perfecta* wird von Vitoria unmißverständlich dem werdenden modernen Einzelstaat zugesprochen, mit den drei Kennzeichen: Autonomie, eigene Gesetze und eigene Behörden.

Die Autonomie derartiger naturrechtlich begründeter Gemeinwesen ist konsequenterweise nicht auf die Christenheit beschränkt, sondern legitimiert auch Heidenstaaten. Kein heidnischer Herrscher darf abgesetzt werden, nur weil er ungläubig ist. Damit sind viele der Rechtsgründe für die spanische Herrschaft in Amerika ins Wanken geraten. Aus päpstlicher oder kaiserlicher Weltherrschaft ist sie sowenig abzuleiten wie aus dem Entdeckerrecht, dem Missionsauftrag oder der Bestrafung von Sünden gegen das Naturrecht. Vitorias Legitimationsgründe sind weit subtilerer Art und weisen in die Zukunft, insofern sie auf Handels-, Missions- und Akkulturationsfreiheit hinauslaufen. So sind Kriegs- und Eroberungsgründe: die Behinderung des naturrechtlich garantierten freien Handels und Verkehrs unter den Völkern, der Schutz unschuldiger Opfer der Barbarei, die Behinderung der freien Verkündigung des Evangeliums und die Wahrnehmung der Interessen der Bekehrten. Das letztlich auf Aristoteles zurückgehende Argument des *Juan Ginés de Sepulveda* (ca. 1489–1573) von der natürlichen Inferiorität der Indianer kann Vitoria von seinen Prämissen her theoretisch nicht völlig entkräften, widerlegt es aber mit jener Empirie, die bei ihm bereits eine so große Rolle spielt: »Ich glaube, daß sie nur deshalb so unverständig und stumpf sind, weil sie armselig und ungebildet aufwachsen; denn auch unter unseren Bauern sind viele den Tieren sehr ähnlich« (Ind 22–23).

V. betrachtet die indianischen Gemeinwesen als eigenständige »Völkerrechtssubjekte«, um den modernen Begriff zu gebrauchen. Allerdings ist sein Völkerrecht noch nicht das moderne. »Die Regeln, welche die natürliche Vernunft unter allen Völkern aufgestellt hat, werden Völkerrecht genannt« (Ind 2). Es besteht nicht nur in zwischenstaatlichen Vereinba-

rungen, sondern hat als Teil des Naturrechts Gesetzescharakter, kann also nicht von einem Volk außer Kraft gesetzt werden. D. h. es gibt eine übernationale Rechtsgemeinschaft, die Menschheit ist eine politische Gemeinschaft, die im Völkerrecht ihr Gesetz hat (civ 21). Weil aber diese Weltgemeinschaft nicht organisiert ist, muß es den gerechten Krieg geben, weil nur so durch Ausschaltung der Tyrannen das Wohl der ganzen Menschheit gesichert werden kann. Drohender Angriff und schweres Unrecht sind die beiden gerechten Kriegsgründe – falls vorher alle Mittel friedlicher Konfliktbereinigung ausgeschöpft werden. Kriegerische Gewaltanwendung ist aber allein Sache der Obrigkeit. Wenn die Gedanken Vitorias hier wie in einigen anderen Punkten eine gewisse Verwandtschaft mit solchen seines Zeitgenossen Martin Luther aufweisen, dann dürfte der gemeinsame Grund in der Auseinandersetzung mit dem damaligen Entwicklungsstand der Staatsgewalt zu suchen sein.
Obwohl die spanischen politischen Theoretiker der Mitte des 16. Jahrhunderts sich keineswegs nur aus Schülern Vitorias rekrutieren, war sein Einfluß doch so bedeutend, daß man sie nicht ganz korrekt, aber doch zutreffend als *Schule von Salamanca* zusammenfassen kann. Von ihr sind übrigens auch wichtige Beiträge zur Wirtschaftstheorie geleistet worden. Zu nennen sind neben Vitorias Ordensbruder *Domingo de Soto* (1494–1560) vor allem der Kirchenrechtler *Diego de Covarrubias y Levya* (1512–1577), dessen *Practicarum quaestionum liber* (1566) spanisches Denken an Althusius und Grotius vermittelt hat. Die Grundlagen des modernen Naturrechts, das schließlich in die Aufklärung münden sollte, wurden von der Antike und Thomas von Aquin an Grotius, Pufendorf usf. weitergegeben, neben den genannten vor allem durch den Laienjuristen *Fernando Vázquez de Menchaca* (ca. 1512–ca. 1569), der ohne den Theologen zu widersprechen in der *Illustrium controversiarum... pars prima* (1559/64) durch Anknüpfen an Cicero und Seneca doch neue, säkulare Akzente gesetzt hat. Die Definition: »Das natürliche Recht ist nichts anderes als die rechte Vernunft, die der Menschheit nach dem Willen des Schöpfers angeboren ist« ermöglicht eine Dynamisierung des Natur- und Völkerrechts (die noch mehr oder weniger identisch sind). Es handelt sich nämlich damit nicht mehr um einen von Anfang an festen Kodex, sondern um das Produkt einer Art von Entwicklung von einem primären staats-, eigentums- und ehelosen Urzustand zu dem Sekundärzustand der Kultur. Der Urzustand hat bei den Scholastikern eine geringe Rolle gespielt. Vázquez führt ihn nach Cicero in die Moderne ein, zusammen mit den folgenreichen Vorstellungen eines schädlichen Einflusses der Kultur auf den Menschen und einer mit seiner natürlichen Güte zusammenhängenden ursprünglichen Freiheit und Gleichheit. Damit ist die Lehre des Aristoteles von einer Sklaverei von Natur aus hinfällig. Ihr wird der Satz des römischen Rechts gegenübergestellt, nach dem der

Mensch von Natur frei ist, auch wenn er durch die weitere Entwicklung des Völkerrechts zum Sklaven wurde.
Herrschaft ist nur legitim, wenn sie vernunftgemäß und auf einen Vertrag mit den Beherrschten gegründet ist. Alles staatliche Handeln muß aus dem natürlichen Recht ableitbar sein. »Der Staat ist nicht um des Königs willen da, sondern der König um des Staates willen, das heißt für das Wohl von Land und Volk. Wenn dem aber so ist, so hat die Rechtsvermutung zu gelten, daß das Volk dem Fürsten nur dasjenige Maß von Befugnissen übertragen hat, das für die Erfüllung seiner Aufgabe erforderlich ist; es gilt ferner, daß die Übertragung jederzeit ohne weiteres zurückgenommen oder eingeschränkt werden kann« (nach *Reibstein*. Völkerrecht Bd. 1, S. 306f.).
Obwohl Vázquez in königlichem Dienst stand, war er der erste, der aus der seit Vitoria gängigen Völkerrechtslehre den Grundsatz der Freiheit der Meere so umfassend abgeleitet hat, daß *Grotius* sich später weitgehend auf ihn stützen konnte. Auch *Pufendorf* hat sich in der Naturrechtstheorie noch auf ihn bezogen, während *Thomasius* ihn mit einem gleichnamigen Jesuiten verwechselt und den Bann des Schweigens über ihn wie den Aristotelismus im allgemeinen und die spanische Schule im besonderen verhängt hat.

Katholische Monarchomachen in Frankreich

Die Ansätze zu Volkssouveränitätstheorien bei den behandelten katholischen Denkern bleiben zunächst Theorie, denn das Verhältnis zur Obrigkeit und das Widerstandsrecht werden für die Katholiken erst gegen Ende des 16. Jahrhunderts in Frankreich zum Problem. 1584 starb der letzte Bruder des kinderlosen Königs Heinrich III. Nun war der Calvinistenführer Heinrich von Navarra nächster Erbe der Krone. Auch nach dessen Übertritt zum Katholizismus im Jahre 1594 blieb seine Rechtgläubigkeit weiter umstritten. Rechtgläubigkeit des Herrschers war aber das Leitmotiv für das politische Denken strenger Katholiken im französischen Bürgerkrieg. Damit vermischen sich von Fall zu Fall unterschiedliche Anteile von Proto-Nationalismus, von ständischen Programmen und Volkssouveränitätsideen und bisweilen ein sozialer Radikalismus, der in dem stärker aristokratisch geprägten Hugenottenmilieu nicht auftaucht.
Als König Heinrich III. 1576 den Calvinisten Zugeständnisse machen muß, greifen die Katholiken auf frühere lokale Selbstschutzorganisationen zurück und gründen unter Führung des Hauses Guise die *Liga* zur Bewahrung des Katholizismus. Die Loyalität gegenüber dem Glauben bekommt Vorrang vor der Treue zur Krone. Mittel zum Zweck war der Versuch, die Krone an die Kontrolle der 1576 im Gegensatz zu 1561 von

den Katholiken beherrschten Generalstände zu binden. Da der König der neuen Situation von 1584 durch Annäherung an die Calvinisten Rechnung zu tragen sucht, wird er persönlich diffamiert und es tauchen Treueide auf ihn mit der Vorbehaltklausel auf *tant qu'il se montrera catholique*. 1588 endete der Versuch, die auch aus sozialen Gründen aufsässigen Pariser zur Raison zu bringen, mit einem Aufstand gegen den König und der Errichtung eines kleinbürgerlichen Revolutionsregimes in Paris. Als Heinrich III. im Winter 1588 durch Ermordung der Guisen seine Handlungsfreiheit wiederzugewinnen versuchte und sich mit Heinrich von Navarra zusammentat, entband die Sorbonne die Untertanen vom Treueid und erklärte bewaffneten Widerstand für gerechtfertigt.

Unter den Mitgliedern der Sorbonne befand sich der Theologe, Pfarrer und Prediger *Jean Boucher* (1548–1644), dessen Schrift *De iusta Henrici Tertii abdicaptione e Francorum rege libri quattuor* eine der wichtigsten Zusammenfassungen des Liga-Denkens darstellt. Mit bewußter Spitze gegen bereits veröffentlichte pro-absolutistische Abhandlungen (Bodin!) wird festgestellt, daß Volk und Kirche zur Absetzung des Königs berechtigt seien. Kirche, das ist der Papst; Volk, das sind nicht die Massen, sondern die korporativen Organe, die Stände, die die eigentlichen Inhaber der *Majestas publica*, der Souveränität, sind. So wird Heinrich III. selbst durch seine ständefeindliche Politik zum Majestätsverbrecher. D. h. die Unterscheidung von Königreich und König wird gegen den Herrscher gekehrt, wie schon bei den protestantischen Monarchomachen, bei denen Boucher heftiger abgeschrieben hat als jeder andere prominente Ligapublizist. Abgesehen von der Erwartung des päpstlichen Eingreifens unterscheidet er sich von ihnen vor allem durch die Rechtfertigung des Tyrannenmordes auch im Falle eines legitimen Herrschers, der zum Tyrannen erklärt worden ist. Diese auch anderswo gelehrte Lektion wurde beherzigt, Heinrich III. 1589 erdolcht; Boucher konnte die »Heldentat« noch in die Schlußkapitel seines Buches einbauen.

Doch nun kam es darauf an, nicht nur die Beseitigung des Tyrannen zu rechtfertigen, sondern den Nachfolgeanspruch des rückfälligen Häretikers Heinrich IV. zu widerlegen. Beides versucht das umfangreiche Kompendium *De uista Reipublicae Christianae in Reges impios et haereticos authoritate* (1590) eines *Guilelmus Rossaeus*, der entweder mit dem englischen Emigranten *William Reynolds* oder mit dem ligistischen Bischof *Guillaume Rose* identifiziert wird. Das Gemeinwesen und seine Ämter gehen auch hier aus natürlichen Bedürfnissen hervor, sind also auf das Naturrecht gegründet. Die Form der Regierung hingegen wird vom Volk bestimmt und ist damit nur menschlichen Rechts. Die Monarchie ist die beste Regierungsform, aber sie ist nie durch Gottes Gnaden, sondern stets durch Vertrag zustandegekommen. Jeder Herrscher wird gewählt; in Frankreich erfüllt die Krönungszeremonie die Funktion einer Wahl. Das

Volk oder seine Mehrheit, aber anscheinend im Sinne der mittelalterlichen *melior et sanior pars*, behält daher das Recht, den Herrscher wieder abzusetzen. Eine gute Monarchie beruht auf *consensus* des Volkes; das ist auch deswegen nötig, weil die auf bloßem menschlichen Recht beruhende *suprema potestas* des Monarchen keine Verfügung über das Eigentum der Untertanen einschließt, denn dieses ist naturrechtlichen Ursprungs und hat daher eine höhere Dignität als die Monarchie. Besteuerung ohne Zustimmung der Untertanen macht den Herrscher zum Tyrannen wie Heinrich III., der aber durch Mißachtung der Gesetze und der Moral noch in einem zweiten Sinn Tyrann war. Heinrich von Navarra hingegen ist als Häretiker per definitionem Tyrann eines dritten Typs, denn Rechtgläubigkeit des Herrschers ist das wichtigste Grundgesetz des Königreiches. Tyrannen aber dürfen wie bei Boucher von jedem getötet werden.
Doch da die Liga keinen attraktiven Thronkandidaten zu bieten hatte, war der Erfolg Heinrichs IV. nach seinem Übertritt zum Katholizismus nicht aufzuhalten, obwohl der publizistische Streit noch eine Weile weiterging. Das radikalste Produkt der Liga, der *Dialogue d'entre le manant et le maheustre* (1594), angeblich von *Louis Morin sieur de Cromé*, bringt kaum neue »monarchomachische« Argumente gegenüber Boucher, Rossaeus und anderen. Seine Radikalität besteht vielmehr in bitterer Konfrontation sozialer Gruppen. *Manant* und *maheustre* sind vermutlich Schimpfwörter für bürgerliche Ligaanhänger und für Aristokraten. Der Adel ist der Träger der Häresie, die Adeligen der verschiedenen Parteien führen auf Kosten des Volkes einen lustigen Krieg untereinander. Die großen Gerichtshöfe (Parlamente) sind Stützen der Blutsauger. Die oberste politische Autorität gebührt statt dessen den Vertretern des einfachen Volkes, bei dem die Rechtgläubigkeit ihren Sitz hat. Diese Rechtgläubigkeit ist nach *Ascoli* ausschlaggebend, er läßt nur konfessionelle Radikalität gelten, während *Baumgartner* u. a. den sozialen Radikalismus stärker betonen und die Schrift näher als jede andere aus dem Kreis der Monarchomachen an Vorstellungen der modernen Demokratie heranrücken. Immerhin war sie so beliebt, daß ein Royalist umgehend eine im entgegengesetzten Sinn überarbeitete Fassung auf den Markt brachte, die zunächst als einzige die planmäßige Vernichtung ligistischer Dokumente durch Heinrich IV. überlebt hat.

Jesuiten gegen weltliche Kirchenhoheit

Der genannte *Dialogue* ist stärker gallikanisch orientiert als *Boucher* und *Rossaeus* und daher zurückhaltender als jene, was Eingriffe des Papstes angeht. An und für sich sind aber solche Eingriffe, die selbst Vitoria nicht völlig ausgeschlossen hat, im katholischen Europa durchaus noch üblich,

denn die Päpste bleiben bei ihren mittelalterlichen Oberhoheitsvorstellungen. Im späten 16. und frühen 17. Jahrhundert werden diese Ansprüche aus mehreren konkreten Anlässen erneut zum Problem der politischen Theorie und Praxis, wobei sich eine einigermaßen paradoxe Konstellation ergibt. Theologen des Jesuitenordens ziehen gegen Versuche des wachsenden Absolutismus ins Feld, seine Gewalt auch auf das kirchliche Gebiet auszudehnen, nicht im Namen von Gewissensfreiheit und Menschenwürde, sondern im Dienst des politisch überlebten Machtwillens des Papsttums. Sie argumentieren dabei aber nicht ohne Einfluß Vitorias so behutsam und gelangen zu so weitreichenden Ergebnissen, daß Konflikte mit dem römischen Auftraggeber sich nicht ganz vermeiden ließen und vor allem die spanischen Vertreter dieser Gruppe zu den wichtigsten Anregern für das moderne Natur- und Völkerrecht und die neuere Wirtschafts- und Sozialtheorie geworden sind.
Das päpstliche Eingreifen in Frankreich gemäß den Wünschen der Liga stieß rasch an eine politische Grenze: die Päpste benötigten den französischen König, wie immer er heißen mochte, als Gegengewicht gegen Spanien. Auf England brauchte Rom weniger Rücksicht zu nehmen. Pius V. hatte 1570 Elisabeth I. abgesetzt und ihre Untertanen vom Treueid entbunden. Ihr Nachfolger *Jakob I.*, Protestant, aber auch Sohn der hingerichteten Maria Stuart, betrieb zunächst eine den Katholiken nicht unfreundliche Schaukelpolitik, bis er die englische Krone auf dem Kopf und den Frieden mit Spanien in der Tasche hatte. Dann begann er sich 1604 durch neue Katholikenverfolgung als guter Protestant zu profilieren. Die daraufhin betriebene »Pulververschwörung« führte 1606 zu der Auflage für alle Katholiken, einen Eid abzulegen, in dem das Recht des Papstes, Könige abzusetzen, zum Widerstand gegen sie aufzurufen und Tyrannenmord zu legitimieren, bestritten wurde. Nicht nur politische Selbstverteidigung nach außen, sondern Verwirklichung des absolutistischen Selbstverständnisses des Monarchen nach innen waren der Anlaß. 1598 bereits hatte der gelehrte König in *The True Law of Free Monarchies* den alten, gegen Kaiser und Papst gerichteten englischen Rechtsgrundsatz, daß der König seine Gewalt unmittelbar von Gott habe, im Sinne eines innenpolitischen Gottesgnadentums jenseits parlamentarischer Kontrolle interpretiert.
Die römische Verurteilung dieses Eides wurde durch den Jesuitenkardinal *Roberto Bellarmino* (1542–1621) begründet, der daraufhin mit Jakob selbst und dem in Frankreich lebenden katholischen Royalisten *William Barclay* in einen heftigen publizistischen Schlagabtausch über das Thema der päpstlichen Gewalt geriet. Um die Alternative päpstliche oder staatliche Kirchenhoheit ging es auch bei einem Konflikt Roms mit Venedig (1606/7) – Venedig, das seinerseits gute Beziehungen zu England und den französischen Gallikanern unterhielt und bei dieser Gelegenheit seinen

republikanischen Freiheitsmythos erneut propagierte. Auch hier kämpfte Bellarmino in vorderster Reihe. Neben diesen verschiedenen Streitschriften sind sein Hauptwerk *De controversiis* (1586–1593) und der für den polnischen Prinzen Ladislaus verfaßte Fürstenspiegel *De officio principis christiani* (1619) die wichtigste Quelle für seine politischen Ideen. Auch für Bellarmino geht das Gemeinwesen aus der Menschennatur hervor und stammt somit von Gott ihrem Schöpfer, eine vorstaatliche Zeit kann es nicht gegeben haben. Also beruht die Staatsgewalt als Inbegriff der notwendigen Über- und Unterordnung nicht auf einem Consensus des Volkes, obwohl sie von ihm durch Vertrag weitergegeben wird. Die Verfassung, die dabei je nach den Umständen zustande kommt, ist Bestandteil des *ius gentium*, das für Bellarmino nicht mehr mit unwandelbaren Naturrechtssätzen, sondern mit Ableitungen daraus nach konkreten Bedürfnissen identisch ist, wodurch das *ius gentium* wandelbar wird und in die Nähe des positiven Rechts rückt. Damit ist die konkrete Staatsgewalt aber auf menschliche Setzung reduziert, d. h., es ist unmöglich, die absolute Monarchie in quasi-naturrechtlicher Weise aus der Schöpfungsordnung abzuleiten, wie in mancherlei Weise in England und Frankreich versucht wurde. Dennoch ist Bellarmino Anhänger eines starken Staates; in Sachen Widerstand äußert er sich je länger, desto zurückhaltender. Alles scheint auf die Befugnisse des Papstes hinauszulaufen, um des Seelenheils willen einen Tyrannen und Häretiker abzusetzen und sein Reich einem anderen zu übertragen. Das ist die berühmte *potestas indirecta in temporalibus*, die in Rom soviel Anstoß erregte wie in London oder Paris, denn Papst wie König beanspruchten damals den *direkten* Zugriff auf den Bereich des anderen. An dem als Autorität für weltliche Kirchenhoheit im 16. Jahrhundert erneut rezipierten *Marsilius von Padua* scheiden sich nicht selten die Geister.
Die vier führenden spanischen Jesuiten der Zeit, die Erben der »Schule von Salamanca«: Molina, Gabriel Vázquez, Mariana und Suárez waren naturgemäß weniger engagiert als ihr römischer Ordensbruder. Aber Mariana wurde von Barclay unter die Monarchomachen gerechnet, und Suárez hat seine wichtige *Defensio fidei* (1613) in päpstlichem Auftrag gegen Jakob I. verfaßt. *Luis de Molina* (1535–1600) hingegen hat als nahezu empirisch arbeitender Moraltheologe vor allem Beiträge zur Sozial- und Wirtschaftstheorie geleistet, während *Gabriel Vázquez* (1549–1604) durch eine höchst eigenwillige Naturrechtslehre die von dem gleichnamigen Juristen eingeleitete Ablösung des Naturrechts von der Theologie weiter förderte.

Juan de Mariana (1536–1624) ist ein widerspruchsvoller Denker, der in mancher Hinsicht quer zu den Tendenzen der Zeit liegt. Zu Unrecht ist er nur dadurch berühmt, daß eines seiner Bücher wegen seiner keineswegs ungewöhnlichen Lehre vom Tyrannenmord nach der Ermordung Heinrichs IV. in Paris verbrannt – und von Cromwell im Prozeß gegen Karl I. von England zitiert wurde. Mariana stand im Dienst der Inquisition und hat sie kritisiert, ebenso seinen eigenen Orden. Er war Theologe und zugleich ein von Erasmus beeinflußter Humanist sowie ein von Machiavelli und Guicciardini angeregter Geschichtsschreiber. Als spanischer Patriot schreibt er Geschichte zur Verherrlichung seines Vaterlands. Das hindert ihn aber nicht daran, die absolutistischen Tendenzen der Monarchie anzugreifen und die königliche Münzverschlechterungspolitik anzuprangern.
Die umstrittene Schrift *De rege et regis institutione* (1599) wurde als Fürstenspiegel für den späteren Philipp III. verfaßt. Trotz strafferer Systematik verleugnet sie das Vorbild des Erasmus nicht. Die übliche neuscholastische Vorstellung von der Entstehung des Gemeinwesens wird erweitert um den Gedanken, daß zuvor ein friedlicher Urzustand zu einem allgemeinen Chaos degeneriert sei. Die beste Staatsform ist die Monarchie, aber eine durch ständische Mitbestimmung eingeschränkte Monarchie; die Wiederbelebung der Stände in Spanien legt er dem Prinzen ans Herz. Dazu kommt die Einschränkung durch regionale Autonomie und durch Euphoren, eine Rolle, die er den spanischen Bischöfen zugedacht hat – vom Papst ist nicht einmal die Rede. Außerdem ist der Herrschaftsvertrag im Prinzip kündbar. Der Herrscher hat keine Verfügung über das Privateigentum der Untertanen, deshalb ist Münzabwertung als verschleierte Besteuerung ohne Zustimmung der Betroffenen rechtswidrig. Der König ist an die Gesetze gebunden, sogar seine eigenen: »princeps legibus solutos non est.« Entartet er zum Tyrannen, darf er vom Volk abgesetzt und nach allerhand Kautelen und der Verurteilung durch die Stände auch getötet werden. Können die Stände nicht zusammentreten, darf ihn ein Privatmann auf Grund einer eindeutigen öffentlichen Meinung und des Urteils weiser Männer töten, eine eher unklare als im Rahmen der Zeit besonders radikale Lösung. Im übrigen zeichnet sich die Schrift durch ebenso pragmatische wie zukunftsweisende Einzelvorschläge aus, etwa die Ablehnung der religiösen Toleranz mit dem Argument, religiöse Einheit sei die Voraussetzung für die politische; oder die schroffe Verneinung der angeblichen Fähigkeit des gesalbten Monarchen, Skrofulöse durch Berührung zu heilen; oder der Vorschlag, das in Spanien geltende Prinzip der Rassenreinheit bei der Besetzung von Stellen im Interesse des Landes durch das Verdienstprinzip zu ersetzen.

Im Gegensatz zu Mariana ist *Francisco Suárez* (1548–1617) der große und abschließende Systematiker. Im Rahmen seines umfangreichen Gesamtwerkes finden sich seine politischen und sozialen Ideen vor allem in der Rechtsphilosophie *De legibus ac Deo legislatore* (1612) und in der erwähnten *Defensio Fidei adversus Regem Angliae* (1613). Daß seine politischen Ideen im Rahmen der Rechtsphilosophie stehen, kennzeichnet die Art seiner Fragestellung: politische und soziale Beziehungen sind für Suárez Rechtsbeziehungen, was ihn allerdings nicht hindert, das reale Verhalten der Menschen mitzuberücksichtigen. Recht (*ius*) ist erstens subjektives Recht, der Rechtsanspruch einer Person auf irgend etwas, zweitens objektives Recht, gleich Gesetz. Gesetz (*lex*) wird definiert als »gerechte und beständige allgemeine Vorschrift, die hinreichend bekanntgemacht ist«. Die verschiedenen Arten von Gesetz korrespondieren in ihrer Hierarchie einer Hierarchie von Gemeinwesen:

- *Lex aeterna* . . . . Universum
- *Lex temporalis* . . . . zeitliche Menschenwelt
  - *Lex naturalis* . . . . *Communitas humanae generis*
  - *Lex positiva* . . . . *Communitas politica vel mystica*
    - *Lex divina* . . . . *Communitas ecclesiastica*
    - *Lex humana* . . . . *Communitas humana*
      - *Lex canonica* . . . . *Ecclesia catholica*
      - *Lex civilis* . . . . *Communitas perfecta*
Communitas imperfecta

Dabei ist mit *Communitas mystica* traditionsgemäß eine Organisation, nach heutigem Sprachgebrauch eine juristische Person gemeint. Auch die Unterscheidung zwischen *Lex divina*, göttlicher Offenbarung, und kanonischem Recht menschlicher Setzung entspricht der Tradition.

In diesem Gesamtrahmen ist Suárez erstmals zu einer klaren Definition des Völkerrechts in bezug auf das übergeordnete Naturrecht gelangt. Beide Begriffe sind seit der Antike bekannt. Für die römischen Juristen ist Völkerrecht ein Zwischending zwischen Naturrecht und positivem Recht, entweder jenes Recht, das für alle Gemeinwesen gilt, nicht nur für eines von ihnen, oder jenes, das für alle Menschen im Unterschied zu den Tieren gilt. So unterschied auch Thomas von Aquin ein den Menschen und Tieren gemeinsames von einem spezifisch menschlichen Naturrecht, das von der menschlichen Vernunft als derjenigen Fähigkeit abhängt, die dem Menschen gestattet, verbindliche Schlüsse aus primären Normen zu ziehen (etwa »Du sollst nicht töten« aus »Man darf niemandem Böses antun«). Völkerrechtlich aber ist im Unterschied zum Naturrecht jenes *positive* Recht, das bei allen Völkern Geltung hat. Die Frage, wie weit es mit dem abgeleiteten, sekundären Naturrecht identisch ist, bleibt offen, das Völkerrecht in begrifflichem Schwebezustand

zwischen Naturrecht und positivem Recht. Vitoria hat neue inhaltliche Probleme in Angriff genommen, das rechtsdogmatische Problem aber ungelöst gelassen.
Nach Suárez ist Naturrecht mit der Vernunftnatur des Menschen gegeben. Es entstammt nicht dem menschlichen Willen, sonst wäre es *Lex positiva*, sondern dem Willen des Schöpfers, insofern ist es *Lex divina*, freilich nicht im üblichen Sinn ausdrücklicher göttlicher Offenbarung, sondern vermittelt durch das Licht der Vernunft. Es ist aber nicht mit dem ewigen Gesetz des Schöpfers identisch, weil es erst mit dem Menschen zu existieren beginnt, daher ist es bloße *Lex temporalis*. Im Hinblick auf Erkennbarkeit und Wandelbarkeit unterscheidet Suárez verschiedene Stufen von Naturrecht. Erstens jederzeit einsichtige und verbindliche Prinzipien (z. B. »Böses ist zu unterlassen«). Zweitens daraus abzuleitende Vorschriften, die zeitweise unbekannt sein können (z. B. die Gebote des Dekalogs). Drittens mittelbar ableitbare Vorschriften, die von der ungeschulten Vernunft nicht ohne weiteres erkannt werden können (z. B. Verbot des vorehelichen Geschlechtsverkehrs). Für die zweite und dritte Kategorie ist Wandelbarkeit nicht auszuschließen, freilich nicht durch Veränderung der Vorschrift, sondern ihres Gegenstandes, wodurch die Vorschrift hinfällig werden kann.
Diese drei Gruppen sind Naturrecht mit Vorschriftscharakter (*ius naturale praeceptivum*, oder: *positivum*). Ihnen steht Naturrecht mit Erlaubnischarakter (*ius naturale permissivum*, oder: *negativum*) gegenüber, denn in bestimmten Bereichen hat die Natur keine Gebote aufgestellt, sondern die Entscheidung menschlicher Freiheit überlassen. Aber die auf solche Weise geschaffenen Institutionen bekommen dadurch Rechtscharakter. Diese auf den ersten Blick übertrieben scharfsinnig anmutende Unterscheidung hat weitreichende Bedeutung: laut Suárez wären nach den natürlichen Gegebenheiten eigentlich Gütergemeinschaft, Demokratie und Freiheit als Lebensformen zu erwarten, de facto dominieren aber Privateigentum und Monarchie und die Sklaverei ist allgemein verbreitet. Infolgedessen sind diese Institutionen nur durch die Annahme eines Freiraums verbindlicher menschlicher Selbstbestimmung zu legitimieren. Sie werden dadurch aber doch soweit relativiert, daß ihnen Prinzipien von höherer Dignität, etwa die Menschenrechte, entgegengestellt werden können, allerdings noch nicht bei Suárez.
Suárez ist also kein Verfechter des uneingeschränkten Privateigentums im modernen Sinn. Er kennt nicht nur Restbestände des Urkommunismus wie die Allmende, sondern auch ein höheres Recht der Gemeinschaft auf das Eigentum des einzelnen, das sie diesem ja stets nur bedingt überlassen hat. So gehören die Güter der Reichen nach Naturrecht den Armen, Überfluß genießt keinen Rechtsschutz, wer davon nicht austeilt, ist ein Räuber. Das Privateigentum entstammt nicht dem positiven Naturrecht,

sondern nur dem positiven »bürgerlichen« Recht und dem Völkerrecht.
Völkerrecht ist für Suárez *nicht* mit den sekundären Vernunftschlüssen aus dem Naturrecht identisch, sondern es ist eindeutig positives Recht. Wie aber können nirgends kodifizierte Sätze (z. B. »Gesandte sind unverletzlich«) positives Recht sein? In ihrer Eigenschaft als Gewohnheitsrecht, denn nach Suárez und der Tradition schafft Gewohnheit (*consuetudo*) Recht, wo noch keines existiert. Gewohnheit legt bestehendes Recht aus, neue Gewohnheit vermag sogar bestehendes Recht zu ändern, Gewohnheitsrecht hat in gewisser Weise einen höheren Rang als positives Recht. Man kann geradezu von einer Art stillschweigender Gesetzgebung durch das Volk sprechen. Damit wird auch das Völkerrecht wandelbar, denn es ist nichts anderes als das bei der überwiegenden Mehrheit der Völker geltende Gewohnheitsrecht *inter se*, im zwischenstaatlichen Verkehr, und *intra se*, soweit es überall dieselben Rechtsvorstellungen gibt (z. B. über Kauf und Verkauf). Natürlich ist bei diesem »inneren« Völkerrecht ein Einfallstor für das Naturrecht gegeben, faktisch tritt diese zweite Kategorie gegenüber der ersten, dem Völkerrecht im modernen Sinn, in der weiteren Entwicklung völlig in den Hintergrund.
Voraussetzung dieser neuartigen Lösung des Völkerrechtsproblems ist die von Vitoria geschaffene Vorstellung vom autarken Einzelstaat, dem Suárez die Bezeichnung *Communitas perfecta* verleiht, die früher der Kirche oder dem Imperium vorbehalten war. Die höchste Gewalt im Gemeinwesen stammt vom Volk, daher kann es kein monarchisches Gottesgnadentum geben. Sie wird durch eine unwiderrufliche *translatio*, nicht eine kündbare *delegatio* auf die Obrigkeit übertragen, durch einen ausdrücklichen oder stillschweigenden Vertrag. Die Eroberung wäre ein Fall von stillschweigendem Vertrag. Da Suárez den Zusammenschluß der Menschen durch einen Gesellschaftsvertrag von der Weiterübertragung der Staatsgewalt durch einen Herrschaftsvertrag unterscheidet, kann er Widerstand gegen die Staatsgewalt mit Verletzung des Herrschaftsvertrags durch den Fürsten begründen und bedarf keines Gewaltvorbehaltes seitens des Volkes.
Freilich ist die Autarkie des Einzelstaates wie bei Erasmus und Vitoria noch keine totale, es gibt noch keine Souveränität, denn die politische Hoheit des einzelnen Gemeinwesens ist dadurch eingeschränkt, daß die Menschheit nicht nur eine einheitliche Spezies darstellt, sondern auch eine Art von politischer und juristischer Einheit (De lege II 19,9). Sie untersteht eben nicht nur Gottes Gesetzgebung im Naturrecht, sondern auch ihrer eigenen gemeinsamen Rechtsetzung durch das Völkerrecht.

29. Politische Integration gegen religiöse Desintegration

Modrevius und die Reform Polens

Die Lösung, sich aus dem konfessionellen Konflikt, der zum Bürgerkrieg auszuarten beginnt, in die Arme eines starken neutralen Staates zu flüchten, liegt angesichts des Wachstums der Staatsgewalt allzu nahe, um nicht beizeiten diskutiert zu werden. Dabei entsteht allerdings die Schwierigkeit, daß religiöse Neutralität der Staatsgewalt zunächst gar nicht denkbar ist. Ansonsten aber hat besonders der autoritäre Reformhumanismus durch Erasmus, Morus und Melanchthon bei allen Konfessionen entsprechende geistige Grundlagen hinterlassen. So ist auch der Reformtheoretiker des polnischen Gemeinwesens *Andrzej Frycz Modrzewski / Andreas Fricius Modrevius* (ca. 1503–ca. 1572) erasmianischer Reformhumanist, der freilich den spezifischen Problemen Polens Rechnung tragen muß.
Die Verbindung Adel und Reformation wird hier durch die politischen Verhältnisse besonders brisant. Zehn Prozent der Bevölkerung gehören dem adeligen Stand an. Seit 1501 gibt es ein legales Widerstandsrecht des Hochadels und 1505 wird die Gesetzgebung an den seit 1493 bestehenden Reichstag gebunden. Zugleich werden die Bürger aus der Politik verdrängt und die Bauern dem Adel ausgeliefert, der sich seinerseits dem Zugriff der königlichen Justiz weitgehend zu entziehen wußte. Dennoch blieb die Monarchie zunächst stark genug, um sich dem Vorwurf absolutistischer Bestrebungen auszusetzen.
Modrevius stammt aus dem kleinen Adel. Nach Reisen durch Europa, wobei er sich mit Melanchthon anfreundete, und Tätigkeit in der Politik wurde er durch kirchlichen Druck ins Privatleben gedrängt, als sein 1548/49 verfaßtes Hauptwerk *Commentariorum de Republica emendanda libri quinque* 1554 im evangelischen Basel erstmals vollständig veröffentlicht wurde. Buch IV *De ecclesia*, das fast die Hälfte des Werkes umfaßt, vertritt nämlich einen Reformkatholizismus mit Priesterehe, Kommunion unter beiden Gestalten und Entmachtung des Papstes und der Bischöfe zugunsten regelmäßig stattfindender Konzilien und Synoden. Politik in engerem Sinn behandelt Modrevius in den Büchern I *De moribus*, II *De legibus*, III *De bello* und V *De schola*. Grundlage des Gemeinwesens sind die entwicklungsgeschichtlich zuerst auftretenden Sitten (*mores*), ein Begriff, mit dem nicht nur das richtige Verhalten, sondern auch die diesem zugrunde liegende sittliche Haltung gemeint ist. Demgegenüber bleibt die Rechtsordnung nach Entstehung und Bedeutung sekundär, so daß sich Modrevius zu dem Satz versteigen kann: »Nicht so sehr durch Edikte

und Dekrete, sondern durch sein Beispiel soll der König herrschen« (19). Richtiges politisches Leben wird daher wie bei Erasmus zur Sache der Erziehung, so daß Modrevius der Schule neben der Kirche ein eigenes (kurzes) Buch widmet. Freilich nicht dem Erziehungsgeschäft als solchem, sondern der politischen Aufgabe der Heranbildung von Mitgliedern des Gemeinwesens. Daher ist die Schule Sache des Staates, obwohl die Finanzierung durch Kirchengüter erfolgen soll.

Mit seinen Grundvorstellungen bleibt Modrevius im üblichen humanistischen Rahmen, originell sind seine Lösungen der spezifisch polnischen Probleme. Seine Begriffe von Staat und Verfassung sind aus Aristoteles und Cicero entnommen. Aber in der polnischen Variante der idealen Mischverfassung steht der König unter dem Gesetz, *princeps legibus solutus* ist die Formel der Tyrannei. Das positive Recht hat ohnehin nur so lange Geltung, als es mit dem durch die menschliche Vernunft erkannten göttlichen Naturrecht übereinstimmt. Gesetze erläßt der König im Reichstag, die Rechtsprechung soll aber streng von König und Reichstag getrennt und auf Lebenszeit bestellten Richtern übertragen werden, deren Hierarchie in einem obersten Appellationsgericht gipfelt. Damit ist nicht nur das rechtsstaatliche Prinzip richterlicher Unabhängigkeit, sondern auch die Gewaltenteilung angedeutet, freilich ohne daß Modrevius letzteren Grundsatz ausdrücklich ausgesprochen hätte.

Er verfolgt ja keineswegs die Absicht, das polnische Gemeinwesen weiter zu schwächen, vielmehr möchte er einen nicht-absolutistischen starken Staat entwerfen. Damit hat er eine Tradition geschaffen, die ungeachtet royalistischer Stimmen wie der des Hofpredigers aus dem Jesuitenorden *Pjotr Skarga* (1536–1612) die beherrschende blieb, beim aristokratischen Theoretiker *Jan Zamoyski* (1542–1605), der in *De Senatu Romano libri duo* (1563) Polen mit den Kategorien des Republikaners Cicero behandelte, und sogar in der Rezeption des Absolutisten *Jean Bodin* durch *Aleksander Olizarowski* (1618–1659) in *De politica hominum societate libri tres* (1651).

Wichtigstes Zentralisierungsinstrument ist für Modrevius das Recht; daher schlägt er eine gesamtpolnische Einheitskodifikation des geltenden Rechts vor. Ferner ein zentrales Heer und zu dessen Unterhalt eine Finanzreform mit einem zentralen Staatsschatz, einer allgemeinen Einkommens- und Vermögenssteuer mit nach Bedarf wechselnder Höhe bei gleichbleibender Progression und zwecks Wirtschaftsförderung die verzinsliche Ausleihe von Geldern des Staatsschatzes an Untertanen – ein revolutionärer Gedanke im Zeitalter des Zinsverbots. Bauern und Bürger sollen teilweise Steuerbefreiung genießen, während der Adel ganz und die Kirche sogar verstärkt heranzuziehen wären.

Aber Modrevius' sozialpolitische Ideen vertragen keine anachronistische Modernisierung. Er bestreitet weder die Vorrechte des Adels noch seinen

Anspruch auf Leistungen der Bauern. Aber er will die Freiheit dieser Bauern gewahrt wissen und den Bürgern das ihnen vom Adel verweigerte Recht auf Landbesitz einräumen, vor allem deswegen, weil er als humanistischer Moralist vom Geblütsadel zum Leistungsadel und zur sozialen Mobilität zurückkehren möchte. Da der Geburtsadel aber nicht abzuschaffen ist, schlägt er seine Ergänzung durch einen durch staatliche Ernennung zu schaffenden Ritterstand vor. Die politische Gleichheit bleibt beschränkt: Bürger und Bauern sollen bei der Königs- und Bischofswahl mitwirken, anscheinend auch bei der Besetzung des Obergerichts, nicht aber im Reichstag. Hingegen ist Modrevius ein entschiedener Verfechter der Gleichheit vor dem (Straf-)Gesetz; die Vorrechte des Adels vor Gericht sollen abgeschafft und für alle die gleichen Strafen eingeführt werden – ein Vorschlag, den *Jean Bodin* absurd fand.
Doch Modrevius geht von der wesenhaften Gleichheit der Menschen aus. Freilich sind Freiheit und Gleichheit wie später bei *Montesquieu* primär nicht Rechte des Individuums gegen Staat und Gesellschaft, denn nicht vor deren unentwickelter Macht muß es geschützt werden, sondern vor Willkür anderer Individuen. So ist die Eigentumsgarantie vor allem als Schutz der Bürger und Bauern vor Übergriffen des Adels gedacht. Aber der Freiheitsgedanke führt Modrevius immerhin zu der Forderung nach religiöser Toleranz, ungeachtet des grundsätzlich aufrechterhaltenen Ideals der Glaubenseinheit. Obwohl diese Forderung angesichts der bunten religiösen Landkarte Osteuropas nahelag, waren es vor allem seine Toleranzideen, durch die er bis ins 17. Jahrhundert in Westeuropa Einfluß ausgeübt hat, u. a. auf *Grotius* und *Bayle*.

Französische »Politiques« und Jean Bodin

Toleranz als geistiges und erst recht als politisches Prinzip gibt es im 16. Jahrhundert noch nicht; der Anspruch der sich bekämpfenden Religionsparteien ist auf beiden Seiten metapolitisch begründet und daher unaufgebbar. Der Versuch, das Problem unter Ausklammerung theologischer Aspekte rein politisch anzugehen und auf diese Weise zu lösen, erscheint als verwerflicher Machiavellismus (obwohl Machiavelli selbst keine religiöse Toleranz verkündet hat, weil das Problem für ihn nicht existierte). Die Bezeichnung derartiger primär politisch denkender Leute als »Politiker« (in Frankreich *politiques*) hat ausgesprochen pejorativen Charakter; »Politiker« bleibt bis ins 17. Jahrhundert ein Schimpfwort, der entsprechende positiv besetzte Begriff aus derselben Wurzel lautet im Deutschen *Polizey* (vgl. Kapitel 32).
Der erste namhafte »Politiker« in Frankreich war der Jurist und Humanist *Michel de l'Hospital* (1503–1573). Als Gefolgsmann der streng katho-

lischen Guisen Kanzler geworden, betrieb er im Dienste Katharinas von Medici eine Politik der Stärkung der Krone und des Arrangements mit den Calvinisten im Interesse des Landes. Er rechtfertigte diese Politik in Reden und Denkschriften, etwa im *Traité de la réformation de la justice*. Er war nicht nur bereit, die traditionelle Glaubenseinheit aufzugeben, sondern auch die geheiligte Vorstellung einer unwandelbaren Verfassung, freilich zugunsten der Krone, denn die notwendige Anpassung des Rechts an die Umstände sollte Sache des Königs sein, dem er zu diesem Zweck die unbeschränkte Gesetzgebungshoheit zuschrieb.

Der Bürgerkrieg, an dem l'Hospital 1568 scheiterte, wurde zum Anstoß für die Erben seines Geistes. Dieser Krieg legte nach dem Empfinden der Zeitgenossen die wesenhafte Bosheit des Menschen bloß, den lebenden Widerspruch zum *animal sociale* des Aristotelismus. Den angeblichen Glaubenskämpfern geht es nur um ihre Interessen, wirksamen Schutz kann die Religion nur vom König erfahren. Da die materialen Unterschiede der Bekenntnisse nicht zu versöhnen sind, hat das formale Prinzip des Friedens den Vorrang, das nur durchzusetzen ist, wenn der Wille des Monarchen das einzige Gesetz ist. Widerstand ist unmöglich, weil die schlimmste Tyrannei nicht schlimmer sein kann als Bürgerkrieg. Aus dieser Sicht der Dinge hat Bodin systematische Konsequenzen gezogen.

Jean Bodin (1529–1596) ist der typische *politique*, zugleich aber ein humanistischer Gelehrter von umfassenden Kenntnissen und universalen Interessen, die sich auch in seinem politischen Denken niedergeschlagen haben, obwohl seine geistesgeschichtliche Bedeutung weit über diesen Aspekt hinausreicht. Der ehemalige Ordensschüler und gegen Lebensende Verfasser eines erst im 19. Jahrhundert veröffentlichen Dialogs *Heptaplomeres* über die Relativität aller Glaubensbekenntnisse hing wohl einem gelinde judaisierenden Deismus an: ein persönlicher Schöpfergott, den die menschliche Vernunft aus der Welt erkennen kann, hat die Harmonie des Universums errichtet. Aber als Jurist in Toulouse gelingt es ihm nicht, die Konflikte zu entschärfen. Ab 1561 in Paris, 1567 bis 1576 im Dienst der Krone, widersetzt er sich zweimal der Veräußerung der Domänen, das zweite Mal anläßlich der Ständetagung von Blois, um die weitere Finanzierung des Bürgerkriegs zu verhindern. Zu diesem Anlaß erscheint 1576 sein politisches Hauptwerk, die *Six Livres de la République* (zitiert mit Buch, Kapitel, Seite der Ausgabe von 1583/1961), die er nach dem erzwungenen Rückzug ins Privatleben 1586 in lateinischer Sprache herausbringt.

Bodin ist Gelehrter nicht nur als Verfasser einer historischen Methodologie (1566), einer Untersuchung über die Inflation (1568), aber auch eines Handbuchs für Hexenprozesse (1580), sondern nicht zuletzt auch im Umgang mit Politik; die *Six Livres* sind nach Methodologie und Gelehrsamkeit die erste wissenschaftliche Verfassungstheorie. Die antiken Philosophen, Historiker und Geographen stehen ihm ebenso zu Gebot wie die modernen, die Bibel so gut wie die jüdische Tradition von Talmud und Kabbala, die juristische Literatur aller Art nicht weniger als die Dokumente der französischen Geschichte und die aktuelle Literatur. Juristische und ramistische Methode schlagen sich in der strategischen Rolle der Definitionen nieder.

Das Buch beginnt mit der Definition des Staates: »Der Staat ist die dem Recht gemäß geführte und mit souveräner Gewalt ausgestattete Regierung einer Vielzahl von Familien und dessen, was ihnen gemeinsam ist« (I 1,1). Das gesamte Werk ist die Entfaltung dieser Definition: Buch I behandelt die Grundlagen des Gemeinwesens, Buch II die Staatsformen, Buch III die Institutionen, Buch IV den Verfassungswandel und seine Kontrolle, Buch V die nötige Anpassung an die Umstände und die Staatsaufgaben, Buch VI die Machtmittel und die Frage nach der besten Staatsform.

Die Rechtmäßigkeit der Regierungsführung besteht in Übereinstimmung mit dem Naturrecht, über dessen Inhalt sich Bodin allerdings nicht zusammenfassend äußert. Oberster Staatszweck ist nicht die äußere Wohlfahrt, sondern das wahre Glück der Individuen, das traditionsgemäß in der Erkenntnis Gottes, des Menschen und der Natur und in der daraus resultierenden echten Gottesverehrung besteht. Elementarbaustein des Staates ist die Familie als »die dem Recht gemäße Lenkung der dem Familienoberhaupt unterworfenen Personen und dessen, was ihnen eignet« (I 1, 10). Die *patria potestas* des Hausvaters ist Vorbild und Abbild der Staatsgewalt (I 2–4). Damit übernimmt Bodin aber auch die traditionelle Begrenzung der Staatsgewalt durch das Haus als Freistatt, in der im Prinzip auch die souveräne Staatsgewalt nichts zu suchen hat. Sein Gemeinwesen beruht auf der ausdrücklichen Unterscheidung von *chose de propre* und *chose publique*. Obwohl er keine Eigentumstheorie entwickelt, entzieht er das Privateigentum für den Regelfall dem Zugriff des Staates. D. h. kein Fürst darf nach Belieben Steuern erheben; das Steuerbewilligungsrecht des englischen Parlaments wird von Bodin vielmehr als der Normalfall betrachtet (I 8, 140; 8, 157; VI 2, 856; 8, 877). Außerhalb des Hauses ist der Hausvater, und nur dieser, Bürger (*citoyen*), d. h. ein freier Untertan (*franc subiect*) im Gegensatz zum Sklaven, denn die Untertänigkeit unter die Staatsgewalt berührt weder seine Rechte als Person noch die Verfügung über sein Eigentum (I 6,68).

Solange es kein Gemeinwesen gab, hatte jeder Familienchef die unbegrenzte Gewalt. Machtgier, Habsucht und Rachedurst führten zum Kampf der Sippen untereinander, bis der Anführer der Sieger Herr über alle, seine Verbündeten Untertanen, die Besiegten aber Sklaven geworden sind. So entstand der Staat als Garant von Frieden nach innen und von Schutz nach außen. Allerdings vermeidet Bodin die Vorstellung eines

Vertrages an dieser Stelle ebenso wie dort, wo er von der wechselseitigen Verpflichtung von Herrscher und Untertan handelt (IV 6, 610f.). Es darf keine Handhabe gegen die Staatsgewalt geben, denn diese ist souverän.

Souveränität nicht mehr als höchsten Rang innerhalb eines Kontinuums von Herrschaft, sondern als eine besondere, höchste *Qualität* von Herrschaft neu definiert zu haben, ist die folgenreichste Leistung Bodins. »Die Souveränität ist die absolute und dauernde Gewalt eines Gemeinwesens, die die Lateiner *Majestas* nennen... das heißt, die höchste Befehlsgewalt« (I 8, 122). Die lateinische Ausgabe steigert die Begriffsschärfe: »Majestas est summa in cives ac subditos legibusque soluta potestas.« Durch Übersetzung der traditionellen Formel des römischen Rechts *princeps legibus solutus* (Digesten 1, 3, 31) mit *absolute Gewalt* wird Bodin zum begrifflichen Begründer des sog. »Absolutismus«.

Erstes Merkmal der Souveränität ist allerdings die Abwesenheit jeder zeitlichen Befristung, denn wer befristet, hätte ja eine höhere Gewalt. Die Absolutheit der Gewalt besteht in der uneingeschränkten Verfügung über Güter, Bürger und das ganze Gemeinwesen einschließlich des Rechts, diese Gewalt nach Belieben weiterzuübertragen, *superiorem non recognoscens*, weder im Innern des Gemeinwesens noch außerhalb, auch nicht dem Gesetz unterworfen, freilich mit einer Ausnahme. An die Gesetze Gottes bzw. der Natur ist auch der Souverän gebunden, d. h. aber auch an Gebote oder Verbote, die unmittelbar auf das Naturrecht gegründet sind. So muß er im Regelfall Verträge einhalten (deshalb kein Herrschaftsvertrag mit den Untertanen!) und die Sphäre der Familie und des Privateigentums respektieren. Der Souverän ist aber nur für die Steuerbewilligung, nicht für die Gesetzgebung an die Zustimmung der Untertanen gebunden; die parlamentarische Gesetzgebung Englands ist für Bodin nur eine besonders wirkungsvolle Art der Promulgation. Auch an Gesetze seiner Vorgänger oder seine eigenen ist der Souverän nicht gebunden. Bodin bezieht sich hier ausdrücklich auf das Vorbild der *plenitudo potestatis* des Papstes, den ersten Fall von Absolutismus in der Theoriegeschichte. Er besteht sogar auf dem einer starken Staatsgewalt abträglichen traditionellen Grundsatz, daß Verfügungen von Herrschern prinzipiell nur für deren Lebzeiten gelten und von den Nachfolgern zumindest stillschweigend bestätigt werden müssen – hier zeigt sich, wie personalistisch Bodins Souveränitätsbegriff trotz allem noch geblieben ist (I 8, 132). Nur die »Grundgesetze der Monarchie« (*lois fondamentales*) sind auch für den Souverän bindend, und zwar offenbar deshalb, weil ihre Nichtbeachtung einer Selbstaufhebung der Souveränität gleichkäme. Dazu zählen vor allem die Thronfolgeregelung und das von Bodin verteidigte Veräußerungsverbot für Krongut.

Die weitere Umschreibung der Souveränität beruht auf der Unterschei-

dung von Recht und Gesetz: das Recht »bringt nichts als Billigkeit, das Gesetz aber einen Befehl« (I 8, 155). Nun ist aber »das Gesetz nichts anderes als der vom Souverän unter Einsatz seiner Macht erlassene Befehl« (ebd.). Diese Gesetzgebungshoheit (und nicht wie noch bei *l'Hospital* die Rechtsprechung letzter Instanz) ist für Bodin der Inbebriff der Souveränität, aus der alle anderen Souveränitätsrechte abgeleitet werden: die Entscheidung über Krieg und Frieden, die Ernennung der Beamten, die Stellung der obersten Appellationsinstanz, das Begnadigungsrecht, der Anspruch auf Treue der Untertanen, und zwar ausschließlich, nicht mehr in Konkurrenz mit anderer Herrschaft, die Hoheit über die Münze, Maße und Gewichte, Steuer und Zölle, zumindest was die Erhebung angeht (I 10, 223–247).
Die begriffliche Konzentration der Souveränität auf das Gesetzgebungsmonopol ist die wichtigste Leistung Bodins für die theoretische Begründung des modernen Staates, weil so erstmals eine einheitliche und eindeutige Staatsgewalt möglich wird. Bis dahin sprach man von *Regalien*, das sind einzelne Rechte, die zwar aus dem Königtum als letzter Quelle abgeleitet werden, ansonsten aber frei disponible und addierbare Einzelgrößen bleiben. Nun aber sind diese Befugnisse – inhaltlich nichts anderes als die aufgezählten Souveränitätsrechte – nicht mehr isolierte Einzelgrößen, sondern integrierende Bestandteile eines Ganzen, der souveränen Staatsgewalt.
Bodin unterscheidet Staatsform (*estat d'une république*) und Regierungsform (*gouvernement*). Für die erstere ist maßgebend, wer die Souveränität innehat; da diese unteilbar ist, kann es keine gemischten, sondern nur die drei reinen klassischen Staatsformen geben, während bei der Regierungsform vielerlei Kombinationen möglich sind. Hierher gehört auch die Tyrannis, gegen die Widerstand allerdings unzulässig ist.
Beste Staatsform scheint auf den ersten Blick die Demokratie zu sein, weil sie Freiheit und Gleichheit verwirklicht. Aber die natürliche politische Ungleichheit der Menschen erweist dies rasch als Illusion. Die wahre Freiheit des Volkes besteht nicht in politischer Partizipation, sondern in der Nutzung des Eigentums in Sicherheit, ohne Furcht vor Beeinträchtigung der Ehre, des Lebens und der Familie (VI 4, 948f.). Da die Mehrheit immer unehrlich und böse ist, begünstigt sie ihresgleichen, oder wie Xenophon gesagt hat: »die Schlechtesten sind die Grundlage der Demokratie« (VI 4, 943). So ist die Monarchie die beste Staatsform, entspricht sie doch der Familienstruktur und dem Postulat der im Kosmos niedergelegten höchstrangigen Art von Gerechtigkeit, der harmonischen, die in sorgfältig abgewogener Weise jeden beteiligt, wobei dem Verdienstprinzip eine wichtige Auswahlfunktion zukommt.
Für die Praxis beharrt Bodin auf der antiken Vorstellung einer Abhängigkeit des Volkscharakters und damit der optimalen Verfassung von den

klimatischen Bedingungen (V 1). Was seine Ratschläge zum politischen Handeln angeht, ist er oft nicht weit von Machiavelli entfernt, angefangen mit der Prämisse: »ein schlechter Mensch ist ein guter König« (II 4, 295). Aber Bodins Fürst ist Machiavellist nur, wenn es um Staatserhaltung geht, nicht aber zwecks unnötiger Machterweiterung. Hier hat das Recht den Vorrang, denn das Recht ist für Bodin nicht Mittel zum Staatszweck wie für Machiavelli, sondern der Staatszweck selbst.

Lipsius und Grotius

Bodin war nicht der einzige Lehrer des Staates des 17. Jahrhunderts. Im stärker bürgerlich-republikanisch geprägten Milieu der Niederlande wurden eigenständige Antworten auf den konfessionellen Bürgerkrieg gefunden, die gemäß dem Zwang zum Ausgleich der Kräfte eine Tendenz zu stärkerer Säkularisierung der Politik aufweisen. So hat der Altphilologe und Tacituseditor *Joost Lips/Justus Lipsius* (1547–1606) neben der Praxis mehrfachen Glaubenswechsels auch einen theoretischen Ausweg gefunden, die Erneuerung der Stoa und der römischen politischen Tugenden. In *De constantia libri duo qui alloquium praecipue continent in publicis malis* (1584) und *Politicorum seu civilis doctrinae libri sex* (1589) läuft das richtige politische Verhalten auf ein realisierbares Bündnis von Macht und Tugend hinaus. Innerhalb der von Schicksal und Vorsehung gesetzten Grenzen ist der Mensch zur Selbstverantwortung aufgerufen. Den äußeren und inneren Schwankungen stehen die Kräfte des Geistes gegenüber, die den Menschen zur Seelenstärke im Lebenskampf mit den öffentlichen und privaten Übeln befähigen. Die Lehre von der Politik ist so zunächst eine elitäre Tugendlehre, dann eine Lehre von der konkreten Anwendung der wichtigsten Herrschertugend Klugheit (*prudentia*), die sich nicht selten in der Nähe Machiavellis und Boteros bewegt.

Lipsins hat mit dem Angebot eines zwar christlich-humanistischen, aber überkonfessionellen Ideals einem allgemeinen Bedürfnis der Zeit Rechnung getragen. Da er zudem nicht kleinlich war, bot er dem Politiker Gelegenheit, bei der Ausübung seines Geschäftes doch ein gutes Gewissen zu behalten. Beides dürfte seinen gewaltigen Einfluß erklären. Er und nicht Bodin war der Lieblingsautor des deutschen Absolutisten Maximilian I. von Bayern. Für die französischen Politiker steht er neben Bodin, während er in Spanien eine Welle der Senecarezeption anregt, die ihrerseits Klugheitslehren hervorbringt. In den Niederlanden beeinflußt er die oranische Heeresreform. Vor allem aber prägt seine harte Willensphilosophie moralischer Leistungssteigerung und unbedingter Pflichterfüllung die Führungsgruppen Brandenburg-Preußens (*Oestreich*).

Der Universalgelehrte *Huigh de Groot/Hugo Grotius* (1583–1645) gehört der nächsten Generation an und geht daher von anderen Problemen aus. Als Rechtsanwalt der Vereinigten Niederländisch-Ostindischen Kompanie erstattet er ein Rechtsgutachten über das Prisenrecht (*De iure praedae*) der Niederländer an Schiffen des portugiesischen Indienreiches. Ein Kapitel daraus wurde 1609 als Manifest anläßlich der Waffenstillstandsverhandlungen mit Spanien unter dem vielsagenden Titel *Mare liberum sive de iure quod Batavis competit ad Indicana commercia dissertatio* veröffentlicht. Mit den von Spaniern entwickelten Grundsätzen, besonders dem Recht jedes Volkes mit jedem anderen Handel zu treiben, wurden die holländischen Interessen gegen Spanien und später auch England verteidigt.

Grotius war nicht nur ein geschickter Jurist, sondern auch ein frommer Mann und großer Theologe, wobei seine Frömmigkeit allerdings recht undogmatisch und seine Theologie ziemlich rationalistisch ausfallen. Außerdem war er von Anfang an auf Wiedervereinigung der Konfessionen ausgerichtet. Er gehört in die Tradition des von ihm verehrten Erasmus von Rotterdam. So blieb er bis in die Gegenwart den Orthodoxen verschiedener Richtungen verdächtig. Als politischer Vertreter der religiös toleranten bürgerlichen Oberschicht wurde er 1619 nach deren Niederlage lebenslänglich eingekerkert. Nach seiner abenteuerlichen Flucht hielt er sich hauptsächlich in Paris auf, 1635–1645 als schwedischer Botschafter. Dort entstand sein 1625 gedrucktes politisches Hauptwerk *De Jure Belli ac Pacis libri tres* (zitiert nach Buch, Kapitel, Abschnitt, Unterabschnitt), das ihn zum »Vater des Völkerrechts« und Anreger eines säkularisierten Naturrechts gemacht hat, obwohl es nur von seinen theologischen Absichten her völlig verstanden werden kann. Aber der überkonfessionelle Ansatz seines christlichen Moralismus enthält ex post gesehen tatsächlich eine latente Säkularisierungstendenz. Sein Buch formuliert einen christlich-humanistischen Basiskonsens des Abendlandes; dadurch wurde es zum Erfolg. Und dadurch wurde Grotius zum Lehrer jener Auffassung von Recht und Moral der Völkergemeinschaft, die hinter der Genfer Konvention, den Haager Konferenzen, den Kriegsverbrecherregelungen beider Weltkriege, dem Völkerbund und der UNO steht.

Für ihn ist Recht auf die natürliche Vernunft und den Willen Gottes gegründet. Die Hauptgrundsätze des Naturrechts werden entweder direkt durch Ableitung aus der vernünftigen Beschaffenheit von Natur und Gesellschaft gewonnen oder indirekt durch empirischen Nachweis ihrer Geltung bei allen zivilisierten Völkern (I 1 XII 1). Beim positiv menschlichen Recht wird dasjenige der staatlichen Obrigkeit von dem der Familie und dem Völkerrecht unterschieden, »welches durch den Willen aller oder vieler Völker seine verbindliche Kraft erhalten hat« (I 1 XIV 1). Laut Geschichte, Bibel und menschlichem Bewußtsein ist der Krieg und sogar die Fehde zulässig; Grotius' Anliegen ist nicht die Unterbindung des Krieges, sondern seine Humanisierung durch rechtliche Regulierung, der

Versuch, den Krieg zu einem geordneten Rechtsgeschäft zu machen und ihn dadurch zu bändigen. Demgemäß handelt das erste Buch von den Grundbegriffen, das zweite von den Kriegsgründen, wobei sehr weit ausgeholt wird, so daß viele Bereiche des Rechts zur Sprache kommen, das dritte von der Kriegführung und erst ganz am Ende kurz vom Friedensschluß.

Gerechter Grund zu einem Krieg ist eine Rechtsverletzung; der Krieg wird zur Fortsetzung des Rechtsstreites mit anderen Mitteln, nachdem andere Versuche, etwa ein Schiedsverfahren (II 23 VIII), gescheitert sind. Gerechte Gründe sind also Verteidigung, Erlangung dessen, was man uns schuldig ist, und Bestrafung von Verbrechen (II 1 I–II; II 22–26). Präventivkriege zur Verhinderung des Machtzuwachses eines potentiellen Gegners sind unzulässig (II 1 XVII).

Da Kriege häufig aus Eigentumsansprüchen entstehen, werden die Rechte über Sachen und Personen ausführlich diskutiert (II 2–10), einschließlich der Rechtsprobleme freiwilliger Zusammenschlüsse. Dabei darf die Feststellung besonderes Interesse beanspruchen, daß dort naturrechtlich der Mehrheitsbeschluß gilt, wobei Stimmengleichheit den Stand der Dinge unverändert läßt (II 5 XVII–XVIII). Es folgen Ausführungen über Versprechungen und Verträge, über das Gesandtschaftsrecht und die Strafe als Rahmenkategorie des Kriegsrechts (II 11–17, 18, 20–21). Wie schon in der Antike hat Strafe nicht der Rache, sondern der Abschreckung, der Wiedergutmachung oder der Besserung zu dienen (II 20 IV ff.). Ein Volk kann für die Verbrechen seiner Beherrscher nur bestraft werden, wenn es zugestimmt hat oder durch Nachlässigkeit schuldig geworden ist. Anscheinend ist nur bei einer echten kollektiven Schuld die Wegnahme von Gebieten und dgl. zulässig (II 21 VII–XVII).

Die eigentlichen völkerrechtlichen Grundsätze der Kriegführung bieten zunächst in den ersten Kapiteln von Buch III ein barbarisches Bild, soll doch z. B. der Sieger nach Belieben über Leben und Tod der Gefangenen und ihrer Nachkommen verfügen dürfen. Doch fährt Grotius weiter: »Ich muß auf früher Gesagtes zurückkommen und den kriegführenden Staaten beinahe alles das wieder entziehen, was ich ihnen bisher scheinbar, aber nicht wirklich zugestanden habe. Denn bei Beginn … habe ich schon gesagt, daß man oft von Rechten und von Erlaubtem spricht, nur weil keine Strafe darauf steht« (III 10 I 1). Anscheinend gibt es Völkerrechtsgrundsätze, die dem Naturrecht widersprechen, zumindest legt Grotius diesen Schluß nahe (III 10 II 2). Denn nun werden die gesamten bisher entwickelten Grundsätze im Sinne größerer Humanisierung durch völkerrechtliche Soll-Bestimmungen wieder eingeschränkt; so ist z. B. mehr oder weniger die ganze nichtkriegführende Bevölkerung zu schonen (III 11 VIII ff). Vor allem aber werden genaue Regeln festgelegt: für die förmliche Kriegserklärung (III 3 bes. XI), für die Behandlung von

Neutralen (III 17) und Privatpersonen im Krieg (III 18), für Treu und Glauben gegen den Feind, Verträge im Krieg und Friedensschlüsse danach (III 18–24).
Ist es Grotius gelungen, durch diese Regeln den Krieg einer Ordnung zu unterwerfen, seine Reichweite juristisch zu begrenzen und ihn im Ablauf und den Folgen kalkulierbar zu machen? Zeitweise mochte es den Anschein haben. Aber in den zahlreichen bewaffneten Konflikten nach 1945 wird tunlichst vermieden, einen Krieg im Sinne des Grotius zu führen, etwa eine formelle Kriegserklärung auszusprechen. Gewiß, teilweise hat es sich um Bürgerkriege gehandelt oder die Kriegführenden versuchten auf diese Weise völkerrechtliche Beschränkungen zu umgehen – für Gefangene einer Polizeiaktion gilt die Genfer Konvention nicht. Vor allem aber ist der Krieg ideologisch geächtet und mit publizistischen Sanktionen belegt, so daß sich niemand mehr leisten kann, offen Krieg zu führen. Grotius hat den Krieg also nicht humanisiert, er hat ihn nur gezwungen, sich zu maskieren.

Absolutismus und Staatsräson in Frankreich

Mit *Heinrich IV.* (1589/93–1610) beginnt die Wende zum Absolutismus, freilich noch nicht in allen Bereichen der Politik, aber im Selbstverständnis und dem Programm des Herrschers und seiner Mitarbeiter. »Es ist verderblich, dem Urteil der Öffentlichkeit zu unterwerfen, wofür man allein Gott und seinem Gewissen verantwortlich ist«, schrieb Heinrich 1609 an Jakob I. von England. Und die Hugenotten fügten sich in das neue Denksystem ein, vor allem seit die neue Monarchie durch das Edikt von Nantes 1598 zum Garanten ihrer Existenz geworden war. Sogar die Monarchomachen Hotman und Duplessis-Mornay werden Monarchisten, und auf den calvinistischen Akademien des 17. Jahrhunderts wird der Pastorennachwuchs im absolutistischen Sinne instruiert. Die katholischen Kritiker königlicher Ansprüche, die Jesuiten an der Spitze, erlebten im Zuge des 17. Jahrhunderts ebenfalls ihre Bekehrung zum Absolutismus.
Diese Tendenzwende ist wichtig angesichts der Tatsache, daß mit der vorläufigen Lösung der Religionsfrage die administrative Zentralisierung und der wachsende Geldbedarf des Staates wieder in den Vordergrund treten, Wachstumstendenzen, denen Theoretiker wie Bodin z. T. durchaus mit Vorbehalten gegenüberstanden. Die Monarchie bedurfte daher zusätzlicher Legitimation und fand diese in der interkonfessionellen Idee des Gottesgnadentums, die sich Anfang des 17. Jahrhunderts allgemein durchsetzt. Da der Ursprung der Souveränität damit außerhalb des Staates liegt, fallen alle noch verbleibenden Einschränkungen weg, soweit sie

nicht als ausdrücklich göttliche Setzung nachzuweisen sind. Auf der anderen Seite ist in diesem Zusammenhang 1610 in einer Aussage von *Michel Roussel* die Identität von Monarch und Staat zum Extrem gesteigert: »Les particuliers ne sont pas l'estat, ains suiects à l'estat, mais le Prince est luy seul l'estat.« Auch wenn Ludwig XIV. den Ausspruch »L'Etat c'est moi« nicht getan hat, die Formel ist längst Bestandteil der französischen politischen Theorie, ungeachtet der Lehre des Juristen *Charles Loyseau* (1564–1627), die jede Herrschaft, auch die des absoluten Monarchen, an ein Territorium bindet und damit die noch stark personalistische Souveränitätslehre Bodins in Richtung auf den modernen Staat weiterentwikkelt.

Der Premierminister *Armand-Jean du Plessis de Richelieu* (1585–1642) hat in Theorie und Praxis den Absolutismus weiter gesteigert und zum erstenmal offen Machtgewinn als Staatszweck verkündet. Dabei stand er mehr als bisher unter außenpolitischem Legitimationsdruck, führte er doch als überzeugter Katholik im Bunde mit Protestanten Krieg gegen katholische Mächte. Der ehemalige Hugenottenführer Duc *Henri de Rohan* (1579–1638) hat zu diesem Thema 1638 die Schrift *De l'Interest des Princes et Estats de la Chrestienté* veröffentlicht, in der die außenpolitische Wendung der überkommenen Staatsräson offenbar wird. »Die Fürsten kommandieren den Völkern, und das Interesse kommandiert den Fürsten.« Ziel des Interesses ist das Wachstum des Einzelstaates; eine Völkerrechtsgemeinschaft gibt es nicht, nur Kampf. So läuft die Politik auf die richtige Interessenanalyse hinaus. Richelieu persönlich dürfte dieses kalte Machtstaatsdenken allerdings noch mit christlichen Motiven überhöht haben.

Ludwig XIV. (1638/43–1715) ist vor allem durch seine Praxis für den Absolutismus maßgebend geworden; seine Schriften, von denen die *Mémoires pour l'instruction du dauphin* am wichtigsten sind, gehen trotz Rezeption von *Machiavelli* und *Hobbes* nur mit der Betonung der persönlichen Machtausübung durch den Herrscher über das übliche hinaus. In der ersten Hälfte seiner Regierungszeit konnte sich Ludwig auf den seit Heinrich IV. hergestellten allgemeinen Konsens stützen. Selbst die religiöse Opposition der *Jansenisten* und der *Protestanten* blieb bei der absolutistischen communis opinio. Erst nach Aufhebung des Edikts von Nantes 1685 kehrten im Exil *Michel Levassor* (1648–1718) mit den *Soupirs de la France esclave qui aspire après la liberté* und *Pierre Jurieu* (1637–1713) in seinen *Lettres pastorales* an die verbliebenen Hugenottengemeinden zum ständischen Volkssouveränitätsdenken der Monarchomachen zurück. Dagegen polemisiert der Hofideologe *Jacques-Bénigne Bossuet* (1627–1704) mit der *Politique tirée de Propres paroles de l'Ecriture Sainte* (1709 gedruckt). Gehorsam ist darin das Leitmotiv, Autorität steht sogar noch höher als die geheiligte Monarchie. Aber eine neue Zeit kündigt sich darin an, daß Bossuet wie Ludwig selbst nicht nur auf das Gottesgnadentum, sondern unter dem Einfluß von *Hobbes* zusätzlich auf die Vernunft baut. Wegen der menschlichen Bosheit bedarf das Gemeinwohl einer starken Hand.

Johannes Althusius

Obwohl die französische Entwicklung die maßgebende Tendenz im damaligen Europa verkörpert, fehlt es nicht an alternativen Entwürfen. So hat der calvinistische Jurist *Johannes Althaus/Althusius* (1557–1638), 1586–1604 Professor in Herborn, 1604–1638 Ratssyndikus in Emden, 1603 eine *Politica, methodice digesta, atque exemplis sacris et profanis illustrata* (zitiert: P. mit Kapitel und Abschnitt der 3. Aufl. von 1614/1961) veröffentlicht, die sich gegen *Bodin* wendet und offensichtlich von nichtabsolutistischen Gemeinwesen wie der Republik der nördlichen Niederlande und dem Reich her denkt. Nicht zu Unrecht kann man Althusius den letzten Monarchomachen nennen, der das calvinistische Denken des 16. Jahrhunderts in ein System gebracht hat. Das Alte Testament ist die am häufigsten zitierte von den zahlreichen antiken und modernen Quellen seines Werkes, das zwar auf dem Naturrecht beruht, aber einem Naturrecht, das eingebettet bleibt in die Souveränität des gerechten Gottes und seine Prädestination. Althusius kennt keinen freien Willen, der Mensch wird von Gott an seinen Platz in der Welt gestellt. Damit ist eine Gründung des Gemeinwesens durch einen wie immer gearteten menschlichen Willensakt für ihn nicht einmal denkbar; er kommt als Vorläufer Rousseaus nicht in Frage.

Auf der anderen Seite ist Althusius aber kein konfessioneller Polemiker, sondern tritt mit dem Anspruch auf, als erster Politik wissenschaftlich zu behandeln, indem er die politischen Gegenstände aus Philosophie, Jurisprudenz und Theologie herauslöst und nicht mehr nach Tugend, Recht oder Frömmigkeit, sondern nach der Politik selbst fragt. Dabei wird sich die monarchische Souveränitätslehre des Bodin als typischer Juristenirrtum erweisen. Althusius' Verfahren folgt weit strenger als Bodin den Regeln der ramistischen Logik, in der es darauf ankommt, durch Definition und fortlaufende Untergliederung der Begriffe ein erschöpfend differenziertes Bild der Wirklichkeit zu gewinnen.

So beginnt er mit der Definition von Politik, dem Leitgedanken seines Werkes: »Politik ist die Kunst, die die Menschen zur Einrichtung, Pflege und Bewahrung ihres Gemeinschaftslebens zusammenführt. Daher heißt sie ›Symbiotike‹, Kunst des Zusammenlebens. Zusammenleben ist der Gegenstand der Politik. Die Zusammenlebenden verpflichten sich durch ausdrückliches oder stillschweigendes Übereinkommen (*pactum*) zur

Kommunikation über alles, was zum genossenschaftlichen Leben nötig und nützlich ist. Ziel des Zusammenlebens ist eine fromme, gerechte, schickliche und glückliche Lebensgemeinschaft (*Symbiosis*), der es an keinem nötigen oder nützlichen Ding fehlt. Um dieses allein menschenwürdige Leben zu führen, ist niemand sich selbst genug (*autarkes*) oder von der Natur hinreichend ausgestattet« (P 1, 1–3). Weil die aristotelische Naturnotwendigkeit des Gemeinwesens mit der Vorstellung des *pactum* verbunden ist, kann dieses kein Vertrag (*contractus*) sein, sondern ist die Chiffre für den naturgegebenen Zustand.

Leitvorstellung Althusius' ist die quasi-biologische *Symbiosis*; die politischen Grundphänomene wie die Macht ergeben sich (heute würde man sagen: funktional) aus den Notwendigkeiten des Zusammenlebens, das in Kommunikation mit dem Ziel der Autarkie besteht (P 1, 6). Dadurch entstehen Güter (*res*), Dienstleistungen (*opera*) und das Recht (*Juris communio*), das die Leitung des Gemeinwesens und die Beteiligung der Genossen an Gütern und Dienstleistungen regelt (P 1, 8–10). Als allgemeines Grundgesetz für das Gemeinschaftsleben (*Lex communis*) bestimmt das Recht, daß es ungeachtet der in jedem Fall gültigen Volkssouveränität im Interesse des Gemeinwohls stets Obrigkeit und Untertanen geben muß, wobei die erstere zum Schutz und zur Wohlfahrt der Untertanen befehlen darf und letztere gehorchen müssen, solange nichts Ungerechtes befohlen wird (P 1, 10–18). Im Rahmen dieses Grundprinzips aber folgt jede Genossenschaft ihrem eigenen Recht (*Lex propria*), das ihre Regierung und die Verteidigung von Gütern und Dienstleistungen je verschieden regelt (P 1, 19–21).

Das Buch läuft dann auf die Behandlung der verschiedenen Arten von Gemeinschaften hinaus, wobei zunächst die einfachen und privaten (*consociatio simplex privata*) wie Familie, Verwandtschaftsverband, (Berufs-) Genossenschaft (P 2–4) von den gemischten und öffentlichen unterschieden werden, freilich nicht im Sinne eines grundsätzlichen qualitativen Unterschiedes von *privat* und *öffentlich* wie heute; wer Althusius die »Privatisierung des öffentlichen Bereichs« oder auch das Gegenteil unterstellt, denkt anachronistisch, noch handelt es sich um ein Kontinuum. Traditionellen Vorstellungen entspricht auch, daß sich die komplexen Genossenschaften nicht aus Individuen, sondern aus den kleineren Gemeinschaften zusammensetzen, der Staat aus Gemeinden (*universitates*) und Provinzen (*provinciae*) niederländischen Zuschnitts (P 5–8).

Der Staat (*politia, imperium, regnum, populus, respublica*) ist die letztinstanzliche Gemeinschaft, ein Universalreich oder eine Universalkirche gibt es nicht mehr. Sein Kennzeichen ist die Souveränität (*jus majestatis*), die in der *potestas imperandi* und der *suprema jurisdictio* besteht, während die Gesetzgebung im Gegensatz zu *Bodin* beim Volk bleibt (P 9, 15–16). Althusius besteht auch ausdrücklich darauf, daß die Souveränität unteilbar beim Volk liegt, von dem sie delegiert und unter Umständen auf verschiedene Ämter verteilt wird, freilich ohne daß damit mehrere Gewalten aus einer entstünden. Das ist noch keine Gewaltenteilung, aber eine Vorstufe dazu (P 9, 19). Diese Gewalt ist nicht die höchste, denn sie bleibt unter Gott und dem Naturrecht, d. h. aber auch unter den meisten positiven Gesetzen, die ja nur verbindlich sind, weil sie dem Naturrecht entsprechen (P 9, 20–21).

Nun werden die Inhalte der staatlichen Lebensgemeinschaft erörtert (P 9–17), zum Schluß mit einer gewissen Wiederholung die Formen ihrer Verwaltung (P 18–39). Als Hüter beider Tafeln des Dekalogs hat der Staat die volle Kirchenhoheit einschließlich der Sorge um die Erziehung (P 9, 28–45). Er reguliert Handel, Verkehr, Münze, Maße, Gewichte und sogar die Sprache, erhebt Abgaben, verleiht Privilegien und organisiert die Verteidigung sowie die Beratung mit den Untertanen, nach der traditionellen Formel mittelalterlicher politischer Partizipation: Rat und Hilfe (*consilium et auxilium*).

Die Verwaltung des Staates erfolgt durch zweierlei gewählte Beauftragte des Gesamtvolkes, die sog. *Ephoren* und den *summus magistratus*. Beide sind nur Besitzer, nicht Eigentümer der höchsten Gewalt. Wer von ihnen die Zehn Gebote, das Gemeinwohlprinzip oder seine Vollmachten übertritt, wird zum Privatmann, dem niemand mehr Gehorsam schuldet (P 18, 25–28; 8, 40–42). Althusius wiederholt die Widerstandslehre der Monarchomachen (P 38). Die *Ephoren* »sind Behörden, denen vom Volk die Aufgabe gestellt ist, in seinem Namen die Rechte des politischen Ganzen gegenüber dem Inhaber der höchsten Gewalt zu vertreten (P 18, 48)... Ihre erste Pflicht ist es, im Namen des Volkes den Summus Magistratus zu wählen. Die zweite, innerhalb der Grenzen ihrer Amtsbefugnis als Hüter und Verteidiger der Freiheit des Volkes und jener Rechte, die es dem Inhaber der höchsten Gewalt nicht übertragen, vielmehr sich selbst vorbehalten hat, zu wirken. Die dritte Pflicht fordert, im Falle der Untauglichkeit des Summus Magistratus oder wenn er vorübergehend an der Regierung behindert sein sollte, ein Kuratorium zu bilden, bis ein neuer Summus Magistratus gewählt ist. Ihre vierte Pflicht verlangt, daß sie einen zum Tyrannen entarteten Inhaber der höchsten Gewalt absetzen. Die fünfte Pflicht endlich gebietet ihnen, den Summus Magistratus zu verteidigen und seine Rechte zu schützen« (P 18, 63–89). Die verbreitetste Art Ephoren sind ständische Gremien (P 18, 107–124).

Wahl und Einsetzung des *summus magistratus* wird im Unterschied zur Begründung des Gemeinwesens als *contractus* bezeichnet; zur Erbfolge reduzierte Wahl ist möglich, dann erfolgt aber bei der Einsetzung die Bindung an die Grundgesetze des Reiches. Kein König hat die volle oder absolute Gewalt (P 19–20). Dieser Gedanke bestimmt auch die Einzelausführungen zur Verwaltung, ungeachtet der Tatsache, daß seine politische Klugheit sich durchaus der Ratschläge *Machiavellis* und *Boteros* zu bedienen weiß, die beide ausdrücklich zitiert werden. Aber die Ständeversammlungen, ihre Organisation und ihr Stimmrecht werden als integrierender Bestandteil des Staates ausführlich behandelt (P 33), ebenso die Prinzipien des Umgangs mit den Untertanen, die man auf die Formeln *Gemeinwohlprinzip* (P 37, 1–61) und *Subsidiaritätsprinzip* (P 37, 62–78) reduzieren könnte. In diesem Zusammenhang finden sich auch Rudimente der späteren Grundrechte, nämlich die Garantie von Freiheit und Eigentum (P 37, 80–82, 111).

Diskussion über die Reichsverfassung

Im Augsburger Religionsfrieden 1555 bereits, endgültig im Westfälischen Frieden 1648 wurde in Deutschland das Religionsproblem gelöst nach der Formel: Einheitsreligion im Territorium, religiöse Gleichberechtigung im Reich. Dieser Modus vivendi war aber nur möglich, weil es im Reich die Sonderform eins »zweigeschossigen« Gemeinwesens gab, bei der Reich wie Territorium beanspruchen konnten, Staat zu sein oder zu werden. Wir dürfen nicht von den Verhältnissen des 18. oder gar 19. Jahrhunderts her denken; im 17. Jahrhundert gab es zunächst noch keine souveränen Territorien, sondern ein Problem, um das heftig gerungen wurde, vor allem von Professoren der lutherischen Universitäten Helmstedt, Gießen und Jena. *Bodins* Auffassung vom Reich als einer Aristokratie, einer Fürstenrepublik, fand wenig Anklang, denn die Betonung der kaiserlichen Rechte entsprach dem Schutzbedürfnis des Luthertums gegen Katholiken und Calvinisten damals am besten. Dazu kam die obrigkeitsfreundliche Tradition des Luthertums und seine durch Melanchthon veranlaßte Neufestlegung auf Aristoteles als Autorität der Philosophie. So war etwa *Henning Arnisaeus* (ca. 1575–1636) in Helmstedt nicht nur Aristoteliker (*Doctrina politica in genuinam methodicem, quae est Aristotelis, reducta* 1606), sondern Reichsmonarchist (*De iure majestatis libri tres* 1610). Mit *Bodin* und gegen *Althusius* verwirft er die Volkssouveränität: Souverän ist nicht, von wem die Staatsgewalt ausgeht, sondern wer sie innehat. Und das ist für ihn merkwürdigerweise der Kaiser!
Weit konventioneller wird die Stellung des Kaisers als Souverän im Sinne Bodins durch einen Vertreter der »Gießener Schule« begründet. *Dietrich Reinking* (1590–1664) lehnt die weltliche politische Theorie mit ihrer »Betrieg-Kunst« der Staatsräson ab und möchte eine *Biblische Polizey* (1653), eine rein lutherische, auf *pietas* und *justitia* gegründete Staatslehre schaffen. Im *Tractatus de regimine saeculari et ecclesiastico* (1619) ist der Kaiser als Haupt des vierten Weltreichs nach Daniel souverän, gebunden nur an Gottes Recht und die Grundgesetzte des Reiches, etwa den Augs-

burger Religionsfrieden (sic!). Aber durch kaiserliche Verleihung besitzen die Landesherren ein abgeleitetes *ius summi post principem seu imperatorem imperii*, eine nicht mehr wie noch im Westfälischen Frieden als Bündel von Regalien, sondern im Bodinschen Sinne einheitlich aufgefaßte Hoheit.

Fast wie eine Art Nutzanwendung Reinkingscher Theorie für das Territorium sieht *Veit Ludwig von Seckendorffs* (1626–1692) *Teutscher Fürstenstaat* (1656) aus, ein nach dem Modell Ernsts des Frommen von Sachsen-Gotha (1641–1675) gestaltetes Lehrbuch *christlicher policey* in Verwaltung, Kirche und Finanzwesen, um die Untertanen nicht nur fromm, sondern auch glücklich zu machen.

Eleganter ließ sich das Problem der Reichsverfassung mit den Kategorien des *Althusius* lösen, der Souveränität, die beim Volk bleibt, während die Staatsgewalt an einen *summus magistratus* delegiert und ihre Ausübung von *Ephoren* überwacht wird, zumal Althusius selbst sie bereits auf Reich, Kaiser und Stände bezogen hatte. *Hermann Kirchner* von der reformierten (sic!) Universität Marburg hat in seiner *Respublica* (1608) als erster zwei neue Begriffe für die von Althusius unterschiedenen Arten oberster Gewalt eingeführt: *Majestas realis*, das oberste Recht am Staat, das unzerstörbar der Allgemeinheit vorbehalten bleibt, und *majestas personalis*, jenes Maß an Rechten, das dem *summus magistratus* übertragen ist. Weiterentwickelt wurde diese Lehre im lutherischen Raum, schulebildend, durch *Dominicus Arumaeus* (1579–1673) in Jena, nach dessen *Discursus academici de jure publico* (1620–1623) der Kaiser nur die *majestas personalis* besitzt, während die *majestas realis* bei der durch die Stände vertretenen Allgemeinheit bleibt.

Von anderen Autoren wurde diese *doppelte Souveränität* durch die Teilung der *majestas personalis* zwischen Kaiser und Ständen weiter differenziert. Besonders einflußreich war *Christoph Besold* (1577–1638) in Tübingen mit *Politicorum libri II* (1618), vor allem aber *Johannes Limnaeus* (1592–1663), der in *Juris publici Imperii libri IX* (1629–1634) die Unterscheidung von realer und personaler Souveränität durch die *Status-mixtus-Lehre* ergänzt. Danach ist die von der realen Souveränität geschaffene Organisationsform der personalen (*status*) auch als gemischte möglich. Subjekt der realen Majestät des Reichs ist das Volk, das verkörpert durch die Stände dem Kaiser die personale Majestät überträgt; die Gesamtheit der Stände verkörpert also die reale Majestät. Die Ausschaltung des Volkes durch diese Vertretung wurde bereits durch *Tobias Paurmeister* (*De iurisdictione Imperii Romani libri duo* 1608) mit der Unterscheidung aktiver und passiver Reichsbürger legitimiert, ein Gedanke, der das heute geltende Prinzip der absorptiven Repräsentation vorwegnimmt. Der Kaiser des *Limnaeus* ist nicht im Bodinschen Sinn souverän, sondern nur erster Administrator, der diese Verwaltung nach den von den Vertretern

der realen Majestät aufgestellten Regeln auszuüben hat, bei Strafe der Absetzung durch diese Repräsentanten. Neben dem Kaiser gibt es aber noch andere Organe der Majestas personalis: die Kurfürsten, die Gesamtheit der Stände sowie zwei oder drei dieser Organe gemeinsam. Gesetzgebung und Justiz werden gemeinsam ausgeübt. Da der Gedanke einer Rechtspersönlichkeit des Staates noch wenig entwickelt war, bedeutet die heute schwerfällig anmutende Unterscheidung zwischen *Majestas realis* und *Majestas personalis* einen Fortschritt zur Bewältigung des Problems der Vereinbarkeit von Volkssouveränität und Monarchie. Daher wurden die Gedanken der deutschen Reichsjuristen herangezogen, als es in England um die konstitutionelle Bindung des Königtums ans Parlament ging, wie sie in der *Glorious Revolution* verwirklicht wurde.
Im Reich freilich kehrten die Feinde Habsburgs im Dreißigjährigen Krieg zur Aristokratie-These Bodins zurück. Unter dem Pseudonym *Hippolytus a Lapide* hat *Bogislaw Philipp von Chemnitz* (1605–1678) 1640 mit der *Dissertatio de ratione status in Imperio nostro Romano-Germanico* den Reichstag für den Souverän und den Kaiser für einen Beamten erklärt, der sich Befugnisse angemaßt habe. Dagegen veröffentlichte der vielseitige *Samuel Pufendorf* (1632–1694) 1667 pseudonym den *Severini de Monzambano Veronensis, de statu imperii Germanici ad Laelium fratrem, dominum Trezolani, liber unus*. Nach heute noch lesenswerten Ausführungen über Entstehung und Zustand der Reichsverfassung kommt er darin zum Schluß, man müsse das Reich »einen irregulären und einem Monstrum ähnlichen Körper nennen..*nicht mehr* beschränkte Monarchie..*noch nicht* eine Föderation mehrerer Staaten..vielmehr ein Mittelding zwischen beiden« (Kapitel 6). Da ein Staat sich fast nie zu seiner Urform zurückführen läßt, während der Niedergang von selbst weiterläuft, »wird man auch Deutschland nicht...zur monarchischen Staatsform zurückführen können; zum Staatenbund entwickelt es sich hingegen selbst« (Kapitel 8).
Pufendorfs Empirie baut auf dem Werk des Helmstedter Politikwissenschaftlers *Hermann Conring* (1606–1681) auf, für den ungeachtet seines grundsätzlichen Aristotelismus Anweisungen zum richtigen politischen Handeln nicht durch Fortsetzung der Individualethik mit anderen Mitteln, sondern nur auf Grund der empirisch-historischen Untersuchung des Sachverhalts zu gewinnen sind. Freilich bleibt es bei dem aristotelischen a priori, daß der Staat stets auf den Zweck des Gemeinwohls gerichtet sei; machiavellistische Staatsräson wird mit dem Argument abgewiesen, daß letztlich nur das sittlich Gute politisch wahrhaft nützlich sein könne. Ein aus heutiger Sicht besonders interessanter Versuch, Aristotelismus und Empirie zu verbinden, ist seine Vorlesung *Examen rerumpublicarum totius orbis*, eine Art vergleichender Verfassungsgeschichte und Regierungslehre.

Das Problem der Reichsverfassung war infolge der Stabilisierung der Verhältnisse im Westfälischen Frieden in den Hintergrund getreten. Vielleicht war dadurch die Unbefangenheit möglich, mit der *Gottfried Wilhelm Leibniz* (1646–1716) neue Ideen entwickelte. Seiner philosophischen Vorstellung eines hierarchischen und harmonischen Universums aus in sich geschlossenen Monaden unter der Herrschaft Gottes entspricht sein politisches Ideal. Zuoberst die *Respublica christiana* unter der Führung von Kaiser und Papst. Die päpstliche Oberhoheit wird für den ökumenisch engagierten Lutheraner Leibniz möglich durch einen Bund autonomer Kirchen. Mit diesem philosophischen Föderativprinzip löst er auch das alte Problem der Reichsverfassung. Sowohl Reich als auch Territorien sind souveräne Staaten, aber mit gestufter Souveränität. D. h. unter Verwendung älterer reichsrechtlicher Entwürfe (*Reinking, Besold, Ludolph Hugo* [ca. 1630–1704] u. a.) konzipiert er anscheinend als erster einen modernen Bundesstaat, wie er in schmerzhaftem Prozeß in den USA verwirklicht wurde; bis dahin hat es nur Verbindungen staatenbündischen Charakters gegeben.

30. Englische Revolutionen und Reflexionen

Vom »Tudor-Commonwealth« zum Konflikt

Die starke Monarchie der Tudors beruhte auf breitem Konsens, so daß Elisabeths I. bisweilen absolutistisch formuliertes Selbstverständnis kaum Anstoß erregte. Als man aber gegen Ende des 16. Jahrhunderts nach der Souveränität im Sinne Bodins fragte, wurde diese in traditioneller Weise dem *King-in-Parliament*, dem Zusammenwirken des Monarchen mit der Vertretung aller Engländer, zugeschrieben (vgl. *Thomas Smith* [1513–1577] und die in den 1560er Jahren verfaßte, aber 1583 gedruckte Schrift *De Republica Anglorum*). Nach *Richard Hookers* (ca. 1553–1600) *Of the Laws of Ecclesiastical Polity* (1594–1597) erstreckt sich diese Hoheit auch auf die Kirche, in Hookers scholastischer Weise formuliert: die Substanz *society*, der jeder Engländer unter der Gewalt des *King-in-Parliament* angehört, hat zwei Akzidentien, *commonwealth* und *church*.

Das war gegen die Ansprüche der calvinistischen *Puritaner* geschrieben, deren Forderung nach radikaler Kirchenreform schon unter Elisabeth den Fundamentalkonsens gefährdet hatte. Die Behauptung der traditionellen königlichen Kirchenhoheit zusammen mit Versuchen, die vom Par-

lament unabhängigen königlichen Befugnisse (*prerogative*) insbesondere in der Steuererhebung und im Rechtswesen zu steigern, wurden aber unter der neuen Dynastie der Stuarts nicht mehr hingenommen, obwohl sie nur die Politik der Tudors fortsetzten. Die absolutistische Theorie *Jakobs I.* (1603–1625) in *The True Law of Free Monarchies* (1598), nach der die Krone ererbter Familienbesitz, der Monarch Herr über Leben und Eigentum (!) seiner Untertanen und nicht Mitglied, sondern Herr des *body politic* ist, spielt eine geringere Rolle als die Praxis, wurde sie doch kaum rezipiert.
Wichtiger war der Konflikt mit den Autonomieansprüchen des Juristenstandes, in dem *Sir Edward Coke* (1552–1634) (*Institutes of the Laws of England* 1628/44) zum parlamentarischen Sprecher der Opposition wurde. Nach ihm steht das von unabhängigen Richtern verwaltete *Common Law* als Summe der Weisheit von Jahrhunderten nicht nur über der Krone, sondern sogar über dem *King-in-Parliament*. Noch in der Amerikanischen Revolution wurde mit Coke argumentiert, ein dem Vernunftrecht und Herkommen widersprechendes Parlamentsgesetz sei nichtig. Unter Cokes Mitwirkung wird 1628 in der *Petition of Right* parlamentarische Zustimmung zu Besteuerung und Einquartierung sowie Anwendung des *Common Law* in der Justiz gefordert und bewilligt. Die Opposition beruft sich zur Begründung parlamentarischer Kontrolle und individueller Freiheitsrechte auf die Magna Charta von 1215, in der England erstmals »das Joch der normannischen Eroberer« abgeschüttelt habe. So hat der englische Parlamentarismus seine Wurzeln in der Magna Charta, aber nicht in ihrer Realität, sondern in ihrem im 17. Jahrhundert geschaffenen Mythos.

Revolutionäres Denken

1640 brach der Konflikt zwischen den beiden Teilhabern an der Souveränität offen aus, die Bürgerkriege endeten mit der Hinrichtung des Königs (1642–1649). Während bisher das Parlament außerhalb der Verbindung *King-in-Parliament* rechtlich nicht existierte, ganz anders als die Krone, wurde nun insbesondere von *Henry Parker* (1604–1652) (*Observations upon Some of His Majesties late Answers and Expresses* 1642, *Jus Populi* 1644) die Souveränität für das Parlament allein beansprucht, und zwar gegen Coke auch die Hoheit über das Recht. Nach der üblichen Repräsentationstheorie ist nämlich das Volk, von dem die Gewalt ausgeht, mit dem Parlament so vollkommen identisch, daß es keinen Rekurs vom Parlament an das Volk geben kann: das Parlament *ist* das Volk, *ist* der Staat. Für die Praxis plant Parker aber kein modernes parlamentarisches Regime, sondern möchte die traditionelle Monarchie beibehalten. Da Bo-

din, Althusius und die deutsche Reichspublizistik längst rezipiert sind, kann er erstmals für die aus der ungeteilten Souveränität abgeleiteten Vollmachten die *Gewaltenteilung* in Legislative, Exekutive und Jurisdiktion vorschlagen.
1649 wurde die Monarchie abgeschafft und eine parlamentarische Republik (*commonwealth*) errichtet, die 1653 von der Militärdiktatur Oliver Cromwells (*protectorate*) abgelöst wurde. Der Dichter *John Milton* (1608–1674) hat diese Entwicklung von 1641 bis 1660 mit politischen Flugschriften begleitet (am wichtigsten: *Areopagitica* 1644, *The Tenure of Kings and Magistrates* 1649, *First Defence of the People of England* 1651, *Second Defence of the English People* 1654) und dabei die Verbindung von theoretischer Volkssouveränität und praktischer Oligarchie legitimiert.
Oligarchische Interessenpolitik von Exrevolutionären und Militärdiktatur pflegen nicht alle Revolutionäre zu überzeugen, zumal auch die Versuche einer populären Rechtsreform an der Lobby der Common Lawyers scheiterten. So hat auch die Englische Revolution ihren radikalen Flügel, der in den Krisenjahren 1647–1649 den Höhepunkt seiner Bedeutung erreichte. Am wichtigsten sind die *Levellers*, beinahe eine moderne Partei mit Massenbasis in der Armee und der Londoner Bevölkerung, einem publizistischen Propagandaapparat und einem charismatischen Führer, *John Lilburne* (ca. 1616–1657). Ihre geistigen Wurzeln reichen in die radikalprotestantische Sektentradition wie in die aufkommende »freigeistige« Philosophie hinein; vielleicht könnte man *William Walwyn* und den bisweilen an *Hobbes* erinnernden *Richard Overton* als repräsentativ für diese beiden Tendenzen auffassen, die wir vor allem aus ihren Flugschriften kennen. Die Bewegung beginnt mit Lilburnes *England's Birth-Right Justified* 1645, wo als Abhilfe für die zahlreichen Beschwerden der Mittel- und Unterschichten gefordert wird, das Unterhaus durch jährliche Wahlen aus einer mittels fiktiver Repräsentativität legitimierten Oligarchie in eine echte Vertretung des souveränen Volkes zu verwandeln. Im Herbst 1647 folgt mit dem ersten *Agreement of the People*... ein nach Inhalt und Form revolutionärer Verfassungsvorschlag. Es war nämlich eine Ratifizierung nicht durch das Parlament, sondern durch die Unterschrift aller Wahlberechtigten vorgesehen, d. h. erstmals in der Geschichte sollte in einem revolutionär wiederhergestellten Naturzustand ein konkreter, nicht-ständischer, demokratischer Herrschaftsvertrag geschlossen werden. Demokratisch, insofern nicht nur Gewissensfreiheit und Rechtsgleichheit, sondern ein beinahe allgemeines Wahlrecht auf dem Programm standen (Frauen, Nichtselbständige und Wohlfahrtsempfänger ausgeschlossen). Ende Oktober / Anfang November 1647 wurde in Putney zwischen der Armeeführung und Leveller-Vertretern über das *Agreement* debattiert. Dabei wurde die These, daß auch der ärmste Engländer nur der Regierung unterstellt sei, der er sich durch seine Stimmabgabe selbst

unterworfen habe, durch Berufung auf die Rechtstradition und die Bindung politischer Rechte an das Eigentum abgewiesen. Ein drittes *Agreement* sah 1649 nichtsdestoweniger ein jährlich von den über 21jährigen Männern gewähltes Parlament aus 400 besoldeten, aber nicht beamteten und nicht wiederwählbaren Mitgliedern vor. Doch dieses Parlament soll kein Recht haben, religiöse Zwangsgesetze zu erlassen, die allgemeine Wehrpflicht einzuführen, von Gesetzen zu dispensieren, Gerichtsurteile aufzuheben, die Geltung der Todesstrafe auszuweiten, in die lokale Selbstverwaltung einzugreifen usf.

Das Scheitern der Levellers führte zu einer Blüte noch radikalerer Gruppen, von denen die *True Levellers* oder *Diggers* dank ihres Theoretikers *Gerrard Winstanley* am besten bekannt sind. Dieser begann 1648 mit der Erwartung der bevorstehenden Wiederkunft Christi, identifizierte jedoch in der Folgezeit Gott mehr und mehr mit der Vernunft, die Heilsgeschichte mit der individuellen Geschichte; bei ihm taucht erstmals die Vorstellung vom unschuldigen, von seiner Umwelt korrumpierten Kind auf. Da Sündenfall und Privateigentum zusammenhängen, gründet Winstanley 1649 eine agrarkommunistische Siedlung zwecks Vollzug der Befreiung durch gemeinsame Bearbeitung von Allmendland. Nach Zerstörung der Gemeinschaft versucht er, durch *The Law of Freedom in a Platform; or, True Magistracy Restored* 1652 Cromwell selbst für seine Utopie zu gewinnen. Der Boden und seine Produkte sind dort gemeinsames Eigentum, Lohnarbeit und Geld abgeschafft, aus gemeinsamen Speichern werden alle nach ihren Bedürfnissen versorgt. Nur Wohnung und Gebrauchsgegenstände bleiben Privatbesitz. Mit dieser Befreiung der Erde und des Menschen verschwinden Sünde und Unglück von selbst. Die Familienväter und gewählte Vertreter regieren das Land. Neben einem Informationssystem zur Willensbildung ist die Umwandlung des Gottesdienstes in eine politische und weiterbildende Veranstaltung vorgesehen; Erziehung und »Wissenschaft« spielen eine große Rolle.

Winstanley mag ein Vorläufer des modernen Kommunismus gewesen sein, aber nicht mehr als ein Vorläufer. Denn er bleibt religiös motiviert, wenn auch durch eine rationalistisch gefärbte Religion, und er ist kein Revolutionär, er will die Grundbesitzer nicht expropriieren, sondern sie und die Obrigkeit überzeugen.

Wie für Winstanley ist auch für den unabhängigen Republikaner *James Harrington* (1611–1677) die Eigentumsfrage der Schlüssel für die Situation, obwohl er in der programmatischen Utopie *The Commonwealth of Oceana* (1656) und in *A System of Politics* (posthum 1700) zu anderen Ergebnissen kommt. Für ihn zählt nicht das Herkommen, sondern das Vernünftige, seine Lehrer sind *Hobbes* und *Machiavelli*. Sein Ideal ist die Republik Venedig, deren politische Stabilität er in England einführen möchte. Politische Stabilität beruht auf wirtschaftlicher, diese auf stabiler

Verteilung von Landbesitz. Gibt es nur einen Landbesitzer, herrscht Monarchie, gibt es mehrere, kommt es zu aristokratischen Veränderungen. Unter den Tudors aber ist Landbesitz an breitere Kreise gelangt, ohne daß das politische System sich angepaßt hätte. Die Folge war die Revolution. Zur Stabilisierung werden die Landbesitzverhältnisse festgeschrieben und Besitzobergrenzen eingeführt, eine juristische Perpetuierung der *landed gentry*. Alle selbständigen Männer haben das Wahlrecht, aber die sog. *Ritter* mit über 100 Pfund Einkommen wählen nicht nur drei von den sieben Abgeordneten ihres »Stammes« in die zentrale Versammlung, sondern außerdem die beiden *Senatoren* der zweiten Kammer. Von diesen wird alljährlich eine bestimmte Anzahl ersetzt; das Prinzip der Rotation der Ämter ist von zentraler Bedeutung. Der Senat berät und schlägt vor, die Abgeordneten stimmen ohne Beratung ab. Für Abstimmungen will Harrington das geheime Verfahren nach venezianischem Muster (*ballot*) einführen; bis dahin und noch lange waren Abstimmungen meist öffentlich. Für den religiösen Bereich ist eine Staatskirche mit freiwilliger Mitgliedschaft und Toleranz für andere Gruppen vorgesehen. Nicht so sehr Harringtons Grundgedanken als einige seiner Detailvorschläge zur Wahrung des politischen Gleichgewichts sind uns vertraut, weil sie in amerikanische und französische Verfassungen eingegangen sind.
Freilich erschöpft sich das Denken der Revolutionszeit nicht in innovatorischer Euphorie. Wie zuvor in Frankreich haben die Schrecken des Bürgerkriegs die Verbreitung einer pessimistischen Anthropologie gefördert, die sich in verschiedenen Lagern findet, und bei Thomas Hobbes zu radikaler Großartigkeit gesteigert wird.

Hobbes und Spinoza

Der Pfarrerssohn *Thomas Hobbes* (1588–1679) ist durch lebenslange Kontakte mit der hochadeligen Familie Cavendish geprägt. Auf Grund seiner guten Kenntnis der Antike, Aristoteles eingeschlossen, beginnt er mit einer Thukydides-Übersetzung (1628). Anscheinend ist sein pragmatisch-rationales Politikverständnis zuerst von Thukydides und den Sophisten bestimmt, bevor er 1629 Euklid und die universale Anwendbarkeit des geometrischen Beweises entdeckt und sich in der Folgezeit, insbesondere bei mehreren Aufenthalten in Frankreich und Italien, mit der neuen Philosophie und Naturwissenschaft befaßt. So hat er als erster politische Theorie im Rahmen eines *modernen* philosophischen Systems betrieben. Aus praktischen Gründen hat er aber den politischen Teil des in den 1630er Jahren konzipierten Gesamtsystems vorgezogen: 1640 verfaßte er die *Elements of Law natural and politic* (1889 veröffentlicht) im Dienst der Monarchie, 1642 erschien der dritte Teil der *Elementa Philosophiae*,

1647 in endgültiger Fassung: *De Cive*, ein Versuch, durch politische Aufklärung zu wirken; Hobbes glaubte an die Kraft wissenschaftlicher Ideen. Wenig verändert, aber ausgereifter und ausführlicher ist das Hauptwerk von 1651, *Leviathan or the Matter, Forme and Power of a Commonwealth Ecclesiastical and Civil* (zitiert: L. mit Teil und Kapitel), und dessen gestraffte und entschärfte lateinische Fassung von 1668/70. 1655 folgt der erste Teil des Gesamtsystems *De Corpore* (Logik, Ontologie, Physik), 1658 der zweite, *De Homine*, eine als Psychologie der Wahrnehmung und Affekte konzipierte Anthropologie. Diese philosophischen Grundlagen der Politik werden aber auch im *Leviathan* entwickelt (L I 1–9).
Ausgangspunkt ist die Sinneswahrnehmung, die durch Druck auf das entsprechende Sinnesorgan zustande kommt (L I 1). Physikalische Körper, ihre Bewegung und der Widerstand gegen diese Bewegung sind Elementarkategorien Hobbes'schen Denkens. Was bleibt, nachdem der Druck aufhört, ist Einbildung (*imagination*). Alte Einbildung nennt man Erinnerung, gehäuft aber Erfahrung. Einbildung, die durch Wörter oder Zeichen Dritter hervorgerufen wird, heißt Verstehen (*understanding*) (L I 2). Einbildungen oder Gedanken, was dasselbe ist, folgen entweder ungeordnet oder geordnet aufeinander. Geordnete Gedankenfolge wird durch das Verlangen bewirkt, Ursachen oder Wirkungen zu finden. Dabei nennen wir den Schluß von der Erinnerung an Vergangenes auf Zukünftiges Klugheit oder gar Weisheit. Die Sinnengebundenheit des Denkens wirkt begrenzend; etwas Unendliches, z. B. Gott, ist nicht vorstellbar und daher auch nicht denkbar (L I 3). Die Wörter als wichtigste Zeichen zur Mitteilung von Denken sind Namen der Dinge. Die Untersuchung ihres richtigen Gebrauchs kulminiert in der Feststellung: Wahrheit besteht in der korrekten Verbindung von Begriffen, »denn Wahr und Falsch sind Attribute der Rede, nicht der Dinge. Und wo es keine Rede gibt, gibt es weder Wahrheit noch Falschheit« (L I 4). Da Denken nichts anderes ist als das Addieren oder Subtrahieren von Vorstellungen, gibt es dafür mathematisch exakte Regeln. Vernunft ist dann dieses Addieren und Subtrahieren, soweit es sich an Regeln und Konventionen hält, über die man sich hinsichtlich der Bedeutung allgemeiner Namen geeinigt hat, d. h. die Definitionen. Planmäßiger Gebrauch der Vernunft zur Erkenntnis von Ursachen und Folgen ist Wissenschaft (*science*), deren Vermehrung dem Nutzen der Menschheit dient (L I 5).
Vorstellung stammt also aus Bewegung, ebenso kann aber auch Bewegung aus Vorstellung stammen. Die kleine innere Bewegung, die der äußeren vorangeht, nennt man Streben, positiv Trieb oder Verlangen, negativ Abneigung. Die Gegenstände seines Verlangens nennt der Mensch »gut«, diejenigen seiner Abneigung »böse«. »Gut« und »böse« sind also keine absoluten, mit der Natur der Dinge gegebenen Begriffe, sondern Festsetzungen des Menschen bzw. des Staates. Verlangen ist mit Lust,

Abneigung mit Unlust verbunden. Diese Empfindungen sind Leidenschaften (*passions*), die Hobbes in ein System bringt, um darauf den Staat zu begründen. Wenn im Menschen mehrere Leidenschaften wirken, ist er zur Überlegung (*deliberation*) gezwungen, deren Ergebnis Wille(nsentschluß) (*will*) heißt (L I 6), wobei die Leidenschaften allerdings die Verstandestätigkeit zu beeinträchtigen vermögen (L I 7).
Die stärkste Leidenschaft ist das Verlangen nach Macht (L I 8), die abstrakt gesehen in den gegenwärtigen Mitteln zur Erlangung künftiger Güter besteht. Bei der Analyse der verschiedenen Arten von Macht (*power*) spielt Rangordnung eine große Rolle, denn Ehre ist eine Art von Macht. Der Adel kommt dabei aber schlecht weg, denn Hobbes kennt ganz andere Maßstäbe: »Der Wert eines Menschen ist wie bei allen anderen Dingen auch sein Preis, d. h. soviel wie für den Gebrauch seiner Macht gegeben wird. Und daher ist er keine absolute Größe, sondern hängt vom Bedarf und Urteil eines anderen ab... Und wie bei anderen Dingen so bestimmt auch beim Menschen der Käufer, nicht der Verkäufer den Preis. Ein Mensch mag sich, wie meistens, so hoch einschätzen wie möglich, sein wahrer Wert beträgt nicht mehr als die Einschätzung durch andere« (L I 10). Damit aber führt Hobbes nach *Macpherson* implizit eine neue, nicht mehr mechanisch-neutrale, sondern soziale Definition von Macht ein, denn auf einem Markt bedeutet ungleiche Macht sofort Macht über andere Menschen. Rastloses Streben nach zusätzlicher Macht, und sei es nur zur Sicherung der bereits erworbenen, ist also die stärkste Leidenschaft. Daneben ist die wichtigste die Furcht. Furcht gepaart mit Unwissenheit, die sich die Welt nicht erklären kann, flüchtet sich in Religion, was sich sowohl gottgesandte Religionsstifter wie Betrüger zunutze gemacht haben, um Gehorsam zu finden (L I 11–12).
Die Furcht stiftet auch den Staat. Die natürliche Ungleichheit der Menschen fällt nämlich gegenüber ihrer natürlichen Gleichheit kaum ins Gewicht, wenn man bedenkt, daß der Schwächste den Stärksten töten kann. Dadurch entsteht Gleichheit der Erwartungen, Konkurrenz des Strebens und Feindschaft. Die Folge sind Mißtrauen und der Versuch, dem potentiellen Feind durch Präventivschläge zuvorzukommen. Dabei sucht jeder dem anderen soviel Anerkennung wie möglich abzunötigen. Aus Gewinnsucht, Sicherheitsbedürfnis und Ruhmgier ergibt sich aber, »daß die Menschen, solange sie ohne eine gemeinsame Macht leben, die sie alle in Furcht hält, im Kriegszustand leben; und zwar im Krieg aller gegen alle«, nicht unbedingt in ständigen Kampfhandlungen, aber in dauernder Kampfbereitschaft, so daß das Leben kulturlos und einsam, armselig und kurz bleibt. Dieser Naturzustand ist zwar ein theoretisches Konstrukt, das die den Staat begründenden Triebkräfte offenlegen soll, aber Hobbes hält daran fest, daß er bei manchen Wilden, in der Situation des Bürgerkriegs (!) und im Verhältnis der Staaten untereinander real vorhanden ist,

womit wir gleich seine Vorstellungen von internationaler Politik kennengelernt haben (vgl. L II 30). Die Folge des Krieges aller gegen alle ist, daß es weder Recht noch Unrecht, weder Mein noch Dein gibt; aber auch, daß die Todesfurcht die Menschen friedlich macht (L I 13).

Naturrecht (*right of nature, jus naturale*) ist zwar die Freiheit, alles zu tun, was zur Selbsterhaltung als zweckmäßig angesehen wird. Freiheit (*liberty*) ist schlicht die Abwesenheit von Hindernissen. Aber das Naturgesetz (*law of nature, lex naturalis*) ist etwas anderes: eine allgemeine Vernunftregel, die *gebietet*, das eigene Leben zu erhalten. Daraus ergibt sich als erstes Naturgesetz: Suche den Frieden und halte ihn ein, oder verteidige dich mit allen Mitteln. Und als zweites: Behandle andere, wie du selbst behandelt sein möchtest (L I 14). Aus diesen beiden obersten Naturrechtssätzen leitet Hobbes nun dreizehn weitere ab, zu denen sowohl Völkerrechtssätze (z. B. Gesandten ist Geleit zu gewähren) als auch Moralprinzipien zählen (z. B. man darf niemanden verachten, sondern muß andere als seinesgleichen ansehen) (L I 15). Nun wäre mit der Beobachtung dieser Naturgesetze der kriegerische Naturzustand bereits beendet. Aber sie haben in diesem Zustand keine Verbindlichkeit, weil kein Gesetzgeber ihre Beachtung erzwingt. Erst wenn der Staat sie sich zu eigen macht, bekommen sie Gesetzeskraft (L II 26).

Zur Gründung des Staates sind aber noch zwei weitere Kategorien nötig, der Vertrag (*contract*) und die Vertretung (*person, representative*). Auf Freiheiten verzichtet man durch Verträge, deren Einhaltung der Staat garantiert bzw. im vorstaatlichen Zustand die Furcht vor den Folgen des Vertragsbruchs. Freilich geht die Pflicht zur Selbsterhaltung vor, auf sie kann man nicht verzichten, eine wichtige Eingrenzung des Staates! (L I 14). Ein Vertrag kann die Vertretung aller durch einen beinhalten, dadurch wird aus den Vertretenen eine Einheit, eine künstliche Person, eben der *Leviathan*. Die Vertretung ist allerdings auch durch eine Mehrzahl möglich. Innerhalb dieses Gremiums gilt dann das Mehrheitsprinzip, damit ein einheitlicher Wille zustande kommt (L I 16–17).

Im Interesse ihrer Selbsterhaltung verzichten die Menschen auf die Freiheit und errichten vertraglich eine Herrschaft über sich. Der Staat ist ein *Kunstprodukt* zum Zweck der kollektiven Sicherheit, nicht wie bei Aristoteles notwendige Folge der geselligen Natur des Menschen. Die notorischen Konflikte der Einzelinteressen untereinander und mit dem Gemeinwohl bei Hobbes können mit *Macpherson* als Verallgemeinerung der Verhältnisse einer bestimmten sozio-ökonomischen Entwicklungsphase angesehen werden. Dessenungeachtet hat Hobbes das Verdienst, erstmals das Konfliktmodell im Gegensatz zum traditionellen Harmoniemodell radikal zu Ende gedacht zu haben. Hier übertragen alle einzelnen ihre gesamte Macht auf eine Person oder Versammlung und sehen diese als ihre Verkörperung an, so daß alles, was von dieser Vertretung in Sachen Gemeinwohl und Sicherheit unternommen wird, als von ihnen selbst getan gilt, und sie das eigene Wollen und Urteil diesem Wollen und Urteil unterwerfen. Dieser einzige Vertrag ist also nicht bloß Herrschafts-, sondern zugleich auch Gesellschaftsvertrag. Durch ihn kommt der Staat (*common-wealth, civitas*) zustande und zugleich die Staatsgewalt des Souveräns (*soveraigne*) (L II 17). Natürlich entstehen kaum Gemeinwesen auf diese Weise (*by institution*), denn normal ist ihre Ableitung aus der elterlichen Gewalt oder aus Eroberung. Da aber die Furcht vor dem Eroberer dieselben konstitutiven Wirkungen hat wie die gegenseitige Furcht im Vertragsmodell, gelten auch hier dieselben Grundsätze (L II 20).

Aus Form und Zweck des Vertrags ergeben sich die wesentlichen Kompetenzen des Souveräns, die großenteils am Ziel politischer Stabilität orientiert sind: Souverän und Verfassung können von den Untertanen nicht gewechselt werden; er kann seine Gewalt nicht verwirken, es gibt also keinen Widerstand mehr mit dieser Begründung; Minderheiten müssen sich fügen; der Souverän kann kein Unrecht tun; er kann nicht bestraft werden. Er kann alle für Frieden und Sicherheit notwendigen Maßnahmen nach innen und außen treffen, einschließlich der sehr wesentlichen Kontrolle der Erziehung und öffentlichen Meinung (vgl. L II 30). Seine Gesetze verleihen dem Naturgesetz erst seine Verbindlichkeit, durch sie kommt »gut« und »böse«, »Recht« und »Unrecht« ebenso wie Eigentum zustande. Er steht über dem Gesetz, dieses gilt aber, solange er nicht ausdrücklich anders verfügt (L II 26–28). Weiter gehören dazu die Rechtsprechung, die Entscheidung über Krieg und Frieden einschließlich des zur Kriegführung nötigen Besteuerungsrechts: Eigentum gibt es nur mit einem Vorbehalt zugunsten des Souveräns, der es durch sein Gesetz ja erst ermöglicht hat. Schließlich ist die Vergabe von Ämtern und Ehren sowie die Belohnung und Bestrafung der Untertanen ausschließlich seine Sache. Keines dieser Rechte ist für die Souveränität entbehrlich oder kann übertragen werden, obwohl es andere staatliche Rechte gibt, die übertragbar sind (z. B. Markt- oder Münzrecht). Damit ist die Gewaltenteilung ebenso illusorisch (L II 18, 29) wie die Unterscheidung der klassischen aristotelischen Staatsformen, obwohl die Monarchie Hobbes' Vorstellungen am besten entspricht. Übrigens gelten ihm die angeblichen Entartungsformen Tyrannis, Oligarchie und Ochlokratie oder Anarchie nur als Bezeichnungen von Gegnern für dieselben Sachen (L II 19).

Wichtiger als die Untersuchung der einen oder anderen interessanten Einzelfrage ist die Klärung des Problems, wieweit der »totale« Staat Hobbes' seinen Untertanen überhaupt noch Freiräume läßt. Erstens schafft sein »Rechtspositivismus«, nach dem bis zu gegenteiliger Verfügung nur gilt, was ausdrücklich gesetzt ist, ein hohes Maß von Rechtssicherheit; nicht zufällig hat Hobbes als erster den für liberales (!) Straf-

recht grundlegenden Satz *nulla poena sine lege* systematisch entfaltet. Zweitens sind häufige legislative und administrative Eingriffe des Souveräns, die geeignet wären, Rechtsunsicherheit zu schaffen, von der im Vergleich zu heute rudimentären Staatsgewalt der Frühen Neuzeit nicht zu erwarten. Und wo der Souverän sich nicht geäußert hat, kann der Untertan tun und lassen, was er will. Drittens darf von vorneherein nichtigen Befehlen des Souveräns Widerstand geleistet werden, d. h. solchen, die das Gebot der Selbsterhaltung verletzen. Da der Staat den Untertanen töten darf, ihm aber nicht gebieten kann, sich selbst zu töten, hat sogar der Soldat im Krieg gegen »Himmelfahrtskommandos« ein Recht auf Feigheit. Viertens erlischt jede Verpflichtung der Untertanen, wenn der Staat seinen Stiftungszweck, Sicherheit zu garantieren, nicht mehr erfüllt. So ist Widerstand zwar nicht Rechtens, hat sich ein Aufstand aber so ausgeweitet, daß der Staat gefährdet ist, hat Hobbes nichts mehr dagegen einzuwenden (L II 21), denn der Tod des Leviathan steht vor der Tür.
Ansonsten kommt alles darauf an, Konstruktionsfehler bei der Errichtung dieses künstlichen Menschen zu vermeiden. Einer der gefährlichsten beruht auf der Vorstellung, es gäbe eine autonome kirchliche Ordnung neben der staatlichen. Der Souverän entscheidet auch über die Religion, Kirche und Staat sind identisch, die Geistlichen sind Staatsbeamte. Zum ewigen Heil ist der Glaube an Christus und der Gehorsam gegen die Gebote notwendig, letztere aber sind mit den staatlichen Gesetzen identisch, die ja auch die natürlichen einschließen; andere als staatliche Gesetze gibt es nicht. Mittels Bibelkritik weist Hobbes sogar nach, daß das Reich Gottes nichts anderes ist als der Staat, der nach dem Jüngsten Tag eine neue Gestalt mit ewig lebenden Bewohnern bekommen wird. Da eine unkörperliche Seele nicht existieren kann, muß Hobbes eine Wiedererweckung der Toten auf Erden annehmen; ein zwischenzeitlicher Himmel der Seelen ist für ihn nicht denkbar (L III 38, IV 44).
Die zweite Hälfte des *Leviathan* ist der Erörterung solcher Probleme und der Bekämpfung des Katholizismus und Presbyterianismus gewidmet (L III 32–43, IV 44–47). Dabei widerlegen Umfang und Art der Argumentation m. E. die beliebte These, dieser allzuoft ignorierte zweite Teil habe rein taktische Bedeutung gehabt, Hobbes sei im Grunde Atheist. Dabei will der zeitgenössische Vorwurf des Atheismus oft nicht mehr besagen, als daß wir es mit einem unorthodoxen Denker zu tun haben. Und daß heute Materialismus und Christentum als unvereinbar gelten, braucht nicht zu besagen, daß man im 17. Jahrhundert nicht mit der Möglichkeit einer Synthese rechnen konnte.
Außerdem will der absolute Staat des Hobbes nicht den Glauben zwingen; die Gedanken und der Glaube bleiben frei, nur im Bekenntnis muß sich private Vernunft der öffentlichen unterwerfen. Auch hier ist Hobbes liberaler als seine Interpreten. Doch gibt es eine Tradition liberaler Deu-

tung von *Jeremy Bentham* und *James Mill* über den Hobbes-Editor *Molesworth* zum ersten deutschen Hobbes-Forscher *Tönnies*, obwohl die derzeitige deutsche Renaissance eher von Konservativen getragen wird. Seinen englischen Zeitgenossen allerdings galt Hobbes aus demselben Grund als verwerflich, aus dem er in Frankreich rezipiert wurde: als Absolutist.

Das liberale Moment kam hingegen im niederländischen Milieu zum Tragen, bei dem Philosophen *Baruch de Spinoza* (1632–1677), dem ein Staatskirchentum unter den »liberalen« De Witt Schutz vor der intoleranten Calvinistenpartei bedeutete, die er in seinem *Tractatus Theologico-Politicus* 1670 angreift. Dieser Gegner erklärt die nur für heutige Begriffe merkwürdige Verbindung von rationalistischer Bibelkritik und Staatslehre. Theokratie und Prophetentum des Alten Testaments werden ad absurdum geführt, um den calvinistischen Prädikanten die Möglichkeit zu nehmen, sich darauf zu berufen. Daher wird das Gemeinwesen rein säkular nach dem Vorbild von Hobbes begründet. Aber Spinoza verbindet dies mit einem bereits im modernen Sinn liberalen Programm. Letzter Zweck des Staates ist nämlich nicht zu herrschen, sondern die Beziehungen der Menschen so zu ordnen, daß die Individuen durch ungehinderte Entfaltung ihrer geistigen und körperlichen Kräfte ihrer Selbstverwirklichung nachgehen können. Deshalb ist der Zweck des Staates die Freiheit. Und diese Freiheit ist vom Hobbesschen Staat nicht bedroht, weil für Spinoza, der nicht mit weiterem Wachstum der Staatsgewalt rechnet, eine freiheitsbedrohende Kompetenzaufhäufung beim Staat gar nicht machbar ist. Freilich bedarf es dazu institutioneller Vorkehrungen, über die er sich vor allem im unvollendeten *Tractatus politicus* (posthum veröffentlicht) äußert. Obwohl er dort die Demokratie nach Monarchie und Aristokratie nicht mehr behandelt hat, läßt sich aus der Kombination beider Traktate doch schließen, daß ihm die Demokratie für seinen Staatszweck am besten geeignet erschien, weil sie der natürlichen Freiheit am nächsten kommt. Der einzelne überträgt nämlich hier seine Rechte nicht so, daß er hinfort nicht mehr zu Rate gezogen würde, sondern an eine Gesamtheit, deren Teil er bleibt. Zusätzlich entwirft Spinoza bei Behandlung der Aristokratie ein System wechselseitiger Kontrollen, wie es inzwischen für die moderne Demokratie kennzeichnend geworden ist.

Verfassungsdiskussion der Restaurationszeit

Nach der Wiederherstellung der Stuartmonarchie 1660 wurden zwar gesellschaftliche Errungenschaften der Revolution beibehalten, das politische Ringen um Königtum und Kirche begann jedoch aufs neue, nun freilich zwischen ebenbürtigen Gegnern. Dabei verzichteten die Monarchisten auf Heranziehung von Hobbes, weil dieser den traditionellen Apparat des monarchischen Legitimismus brutal ignoriert hatte. Ihren Ansprüchen wurde eher *Sir Robert Filmer* (ca. 1588–1653) gerecht, dessen Schriften besser sind als ihr von der boshaften Kritik *John Lockes'* geprägter Ruf. *Patriarcha: or The Natural Power of Kings*, 1642 oder früher verfaßt, kursierte als Manuskript und wurde 1680 von den Royalisten, den *Tories*, gedruckt. Nach Filmer ist ein Naturzustand freier und gleicher Menschen, die durch Vertrag auf ihre politische Freiheit verzichtet haben sollen, logisch wie historisch unmöglich und widerspricht dem Bild der politischen Autorität in der Bibel. Politische Gewalt ist in ihrem Kern nichts anderes als die Gewalt des Vaters über die Familie, die *patria potestas* des *pater familias*. Damit knüpft Filmer an eine seit der Antike weitverbreitete Vorstellung an, der wir bei Bodin begegnet sind, die aber auch für den »linken« *Winstanley* selbstverständlich ist. Solche Lehren standen in allen Katechismen. Filmer nutzte also ein gewaltiges Potential selbstverständlicher Vorstellungen und war deshalb ein weit gefährlicherer Gegner der Parlamentspartei, als wir es uns heute, nach *Locke*, vorstellen können. Adam hat als Vater der Väter von Gott absolute Gewalt über die Schöpfung erhalten. Alles Königtum leitet sich von ihm her, denn Könige sind entweder Väter ihrer Völker oder Erben der Väter oder Usurpatoren von Vaterrechten. Aber in jedem Fall ist ihre Autorität legitim, denn sie ist natürlich, während das Ergebnis des sog. Gesellschaftsvertrags gerade wegen seiner Künstlichkeit hinfällig ist. Damit ist der Staat aber immer absolute Monarchie; Tyrannis kann es nicht geben, denn es liegt nicht im Interesse des Vaters, die eigene Familie zu schädigen.

Ideologisch weniger effektiv, dafür aber problemnäher waren die juristischen Lösungsversuche. *Sir Mathew Hale* (1609–1676) hatte es mit einer parlamentarisch beschränkten königlichen Souveränität versucht. Wichtiger wurde *George Lawson* (gest. 1678) mit der vor 1657 entstandenen *Politica Sacra et Civilis* von 1660 und *Examination of the Political Part of Mr. Hobs his Leviathan* 1657. Er verarbeitet *Bodin, Besold, Arnisaeus* und *Grotius* und bereitet mit seiner modifizierten Theorie des *King-in-Parliament* die parlamentarisch kontrollierte Monarchie von 1689 vor. Die *Community* ist Inhaber der *majestas realis*. Diese ruht aber, nachdem die *Community* Regeln für die Ausübung der *majestas personalis* durch zu diesem Zweck geschaffene Organe aufgestellt hat. Nur im Widerstandsfall, für den Lawson bereits die Lockesche Lösung vorwegnimmt, fällt sie an das Volk zurück. Neben den genannten Regeln ist die *majestas personalis* auch an das göttliche und natürliche Recht gebunden, sie steht nur über dem positiven Recht. Die Rechte und *Acts of Personal Majestie* gliedert Lawson zunächst in die Regelung der Außenbeziehungen und der inneren Befugnisse, wobei im inneren Bereich »alle *Jura Majestatis* auf die legislative, judikative und exekutive Gewalt zurückgeführt werden können«. Damit ist aber keineswegs die Souveränität geteilt, die reale Majestät liegt beim Volk, die personale bei *King, Lords and Commons* als einer einheitlichen Institution. Obwohl die praktischen Funktionen aufgeteilt sind und die Exekutive sich in der Hand des Königs befindet, wird die Einheit doch erhalten, weil die Legislative, die den beiden anderen Funktionen übergeordnet ist, bei der Gesamtinstitution verbleibt.

Zunächst freilich mußte sich die Parlamentspartei der *Whigs* mit dem absolutistischen Anspruch *Filmers* und der Könige auseinandersetzen. *Algernon Sidney* (1622–1683), ein Hocharistokrat parlamentarischer Observanz, der nach seiner Rückkehr aus der Verbannung 1677 so gefährliche Wege ging, daß er 1683 hingerichtet wurde, schrieb die erst 1698 gedruckten und viel gelesenen *Discourses concerning Government*. Danach hat Gott niemanden zur Herrschaft bestimmt, sondern den Menschen mit der Vernunft das natürliche Recht verliehen, Gesetze und Regierungen einzurichten und erforderlichenfalls abzuändern. Außerdem ist kein einzelner Mensch so gut, daß man ihm absolute Macht anvertrauen könnte. Die korrumpierende Wirkung der Macht wird hinfort zum liberalen Glaubensbekenntnis.

Locke und das Eigentum

John Locke (1632–1704) aus dem Kaufleute- und Juristenmilieu war klassisch-aristotelisch wie modern-naturwissenschaftlich gebildet und auf vielerlei Gebieten erfolgreich. So bilden seine Schriften zu vielen Themen zwischen Theologie und Volkswirtschaft kein einheitliches Corpus, sind aber von der gemeinsamen Grundtendenz eines pragmatischen Synkretismus in liberaler Absicht geprägt. Gerade seine *Two Treatises of Government* sind ein Gelegenheitsprodukt. Da sie 1690 anonym mit der Vorbemerkung erschienen, sie sollten den Thron des neuen Königs stützen helfen, hat man angenommen, sie seien zur Rechtfertigung der *Glorious Revolution* 1689 geschrieben. Demgegenüber konnte *Peter Laslett* zeigen, daß sie wahrscheinlich schon 1679 im Auftrag des Locke nahestehenden Whig-Führers Shaftesbury in Angriff genommen wurden, um die Tory-Autorität *Sir Robert Filmer* zu widerlegen. Dieser und nicht Hobbes ist Lockes Gegner. Der erste Traktat *The False Principles and Foundation of Sir Robert Filmer and His Followers* polemisiert mit ermüdender Gelehrsamkeit gegen ihn, wobei die 169 Paragraphen in elf Kapiteln nur einen Teil des Ganzen darstellen. Da der Rest verloren ist, wissen wir nicht, wie Locke mit Filmers Einwänden gegen den Minoritätscharakter der Parlamentsherrschaft oder die Ahistorizität des Gesellschaftsvertrags fertig geworden ist. Im zweiten Teil, dem *Essay concerning the True Original, Ex-*

tent, and End of Civil Government (zitiert mit Kapitel und Paragraphen), legt Locke seine eigene Lehre dar, schiebt aber mehrfach Exkurse zur weiteren Widerlegung Filmers ein.

So wendet er sich von vorneherein gegen Filmers Vermischung der Gewalten: die Gewalt des Vaters über die Kinder, des Gatten über die Gattin, des Herrn über den Knecht, der Obrigkeit über die Untertanen sind grundverschiedene Dinge (I 2, IV 52–76, VII 77–86). Die politische Gewalt (*political power*) ist »ein Recht, für die Regelung und Erhaltung des Eigentums Gesetze mit Todesstrafe und folglich auch allen geringeren Strafen zu schaffen, wie auch das Recht, die Gewalt der Gemeinschaft zu gebrauchen, um diese Gesetze zu vollstrecken und den Staat gegen fremdes Unrecht zu schützen, aber nur zugunsten des Gemeinwohls« (I 3).

Zur Erklärung ihrer Entstehung rekurriert auch Locke auf den Naturzustand (*state of nature*) völliger Gleichheit (*equality*) und Freiheit (*freedom*). Diese Freiheit ist aber nicht Zügellosigkeit (*licence*), sondern bewegt sich im Rahmen des Naturgesetzes (*law of nature*), das den einzelnen nicht nur zur Selbsterhaltung, sondern auch zur Arterhaltung, d. h. Respektierung der Selbsterhaltung des Mitmenschen verpflichtet. Zur Durchsetzung dieses Rechtes besitzen einzelne oder Koalitionen von einzelnen im Naturzustand eine Strafgewalt zur Abschreckung und Wiedergutmachung. Dieses Richten in eigener Sache ist anfechtbar, aber weniger anfechtbar als die absolute Monarchie, wo nur einer in eigener Sache richtet. Im Prinzip freilich ist der Naturzustand friedliches Zusammenleben in gegenseitigem Wohlwollen; erst durch den Versuch, Gewalt über andere Menschen zu bekommen, entsteht sekundär der Kriegszustand (*state of war*), dessen Beendigung wie bei Hobbes ein wichtiger Grund zum Verlassen des Naturzustands ist (II 4–15, III 16–21, IV 22–24).

Im Unterschied zu Hobbes aber wird der Mensch bereits im Naturzustand Eigentümer, ja er gelangt sogar bis zur Geldwirtschaft. Aus dem ursprünglichen Gemeineigentum darf der Mensch sich aneignen, was er zum Leben benötigt. Dieser Prozeß der Aneignung ist Arbeit, die Arbeit aber das unbestreitbare Eigentum des einzelnen, der von Anfang an Eigentümer seiner Person ist. Indem er Arbeit als sein Eigentum in die Dinge einbringt, macht er auch sie zu seinem Eigentum, etwa den Boden, indem er ihn bearbeitet, denn die Arbeit schafft 90 Prozent des Wertes der Güter (V 40–43). Aber die Möglichkeit der Aneignung erreicht rasch eine Grenze: Der Mensch kann sich sinnvollerweise nicht mehr aneignen, als er nutzen kann. Der Verderb setzt eine unübersteigbare Schranke – bis zur Erfindung des Geldes, einer nicht-verderblichen Sache, gegen die man verderbliche Güter eintauschen kann, und die sich unbegrenzt vermehren läßt (V 25–51). Mit dem Eigentum wächst aber im Naturzustand auch dessen Gefährdung, die Freude an der Freiheit sinkt, die Menschen bevorzugen Zusammenschluß und Bindung. »Das große und hauptsächliche Ziel, weshalb Menschen sich zu einem Staatswesen zusammenschließen und sich unter eine Regierung stellen, ist also die Erhaltung ihres Eigentums« (*property*) (IV124), d. h. »ihres Lebens, ihrer Freiheiten und ihres Vermögens« (*lives, liberties, estates*) (IV 123). Im Naturzustand fehlt nämlich ein konkretes Gesetz zur Regelung des Zusammenlebens und Sicherung des Eigentums, ein unparteiischer Richter für Konfliktfälle und eine Gewalt, die dessen Urteile vollstreckt. Darum verzichten die Menschen zugunsten des Gemeinwesens (*society*) auf die Freiheit, alles zur Selbsterhaltung Nötige zu tun, und auf die Strafgewalt gegen Rechtsbrecher, auf die erstgenannte Befugnis freilich nicht uneingeschränkt (IX 123–130).

Warum aber wird das *Eigentum* zwischen *Bodin* und *Locke* immer mehr zu einem Zentralproblem der politischen Theorie? Offenbar, weil es gilt, das Privateigentum vor dem Zugriff der wachsenden Staatsgewalt, der Besteuerung, zu schützen. Dahinter steht der fundamentale Wandel vom Eigentum als Herrschaft (*dominium*) zum Eigentum als Zuordnung (*proprietas*), die Entstehung des *Privat*eigentums, die erst möglich und notwendig wird durch die Ausbildung eines *öffentlichen* Sektors auf der Gegenseite, der Herrschaft mehr und mehr monopolisiert. *Grotius* schrieb 1608, daß *dominium* ursprünglich Verfügungsgewalt über Gemeineigentum bedeutet habe, jetzt aber gleich *proprietas* geworden sei, was Eigentum unter Ausschließung jedes Rechtes eines Dritten bedeute. War Eigentum ursprünglich eine Variante der in vielfacher Form und Intensität über die Gesellschaft verteilten *Herrschaft*, so wird *Herrschaft* nun bis zum 17. Jahrhundert von einer Instanz, dem *Staat*, monopolisiert. Eigentum kann also nur durch Verzicht auf seine Herrschaftsqualität vor dem Zugriff des Staates gerettet werden; kommt es doch bei Hobbes erst durch den Staat zustande. Dem »Sachzwang« zur *Privatisierung* des Eigentums werden in paralleler Entwicklung die Rezeption des römischen Rechts und gleichsinnige Modifikationen des Common Law gerecht. Bei Locke wird sein *nicht*staatlicher Charakter dadurch gewährleistet, daß ihm im Gegensatz zu Hobbes Entstehung im *vor*staatlichen Raum zugeschrieben wird. Daher das ursprüngliche enge Junktim mit den gegen den Zugriff der Staatsgewalt zu schützenden *Grundrechten*, deren Inbegriff es bei Locke geradezu darstellt, obwohl er auch den engeren Eigentumsbegriff kennt.

Zunächst geht es allerdings nicht um den Schutz des Menschen *vor* der Staatsgewalt, sondern *durch* die zu diesem Zweck erst zu errichtende Staatsgewalt, obwohl deren Bindung an den Schutz als Zweck in diesem Sinn gemeint ist. Das Gemeinwesen entsteht nun nicht durch die aristotelische Soziabilität des Menschen, die Locke zwar ebenfalls kennt, aber ausschließlich auf die Familie bezieht (VII 77–84), sondern durch einstimmigen Gesellschaftsvertrag. »So ist der Anfang und die tatsächliche

Konstituierung einer politischen Gesellschaft nichts anderes als die Übereinkunft einer zur Mehrheitsbildung fähigen Anzahl freier Menschen, sich zu vereinigen« (VIII 99). In der einmal bestehenden *political society* gilt das Mehrheitsprinzip, dessen Anerkennung ausdrücklicher Bestandteil des Gesellschaftsvertrages ist – sonst wäre die Gesellschaft ja funktionsunfähig. Locke hat als erster das Mehrheitsprinzip einigermaßen ausführlich begründet (VIII 97). Auf diese Weise und nicht, wie *Filmer* es sich vorstellt, sind in Geschichte und Gegenwart tatsächlich Gemeinwesen entstanden (VIII 100–112). Der Mensch ist ja nicht an die Regierung gebunden, unter der er geboren ist; nicht stillschweigende, sondern ausdrückliche Zustimmung bindet ihn unwiderruflich (VIII 112–122), ein wichtiges Argument für die Entwicklung in Amerika.

Welche der traditionellen Bezeichnungen dem Staat zukommt, hängt davon ab, in welchen Händen die oberste Gewalt, die *Legislative*, liegt (X 132). Sie setzt mit den Gesetzen die Regeln fest, nach denen die anderen Gewalten zu handeln haben. Doch hat auch ihre Befugnis genau umschriebene Grenzen: Sie bleibt bei ihrem Handeln an den Zweck der Erhaltung der Menschen gebunden; Gesetze und die Ordnung ihres Vollzugs haben das Ziel, die Staatsgewalt an feste und allgemein bekannte Regeln zu binden; auch die Legislative kann Eigentum nur mit Zustimmung der Eigentümer und zu deren Schutz antasten; sie kann ihre Befugnis nicht weiterübertragen, denn das wäre das Ende des einmal etablierten politischen Systems (XI 134–142).

Die Trennung der Gewalten übernimmt Locke selbstverständlich aus der englischen Verfassung seiner Zeit, rechtfertigt sie aber ausdrücklich mit der Anfälligkeit des Menschen für Machtgier (XII 143). Neben der Legislative gibt es die *Exekutive*, die die Gesetze nach innen zu vollstrecken hat, und die *Föderative*, die für die äußere Sicherheit zuständig ist. Obwohl beide üblicherweise in denselben Händen liegen, ist die begriffliche Unterscheidung notwendig, weil Außenpolitik nicht nach Gesetzen, sondern wie bei Hobbes nach den Regeln des Natur- bzw. Kriegszustandes stattfindet (XII 144–148). Anschließend wird die spezifisch englische Verschränkung der theoretisch getrennten Gewalten diskutiert, besonders der Anteil des Königs an der Legislative und sein Recht, diese einzuberufen.

Obwohl Gemeinwesen häufiger durch Eroberung als durch Vertrag entstehen (XVI 175), wird Herrschaft allein durch Konsens legitimiert. Ein Sieger im Krieg erwirbt keine, oder wenn es sich um einen gerechten Krieg handelt, nur sehr begrenzte Rechtsansprüche. Das Recht auf Unversehrtheit seiner Person und seines Eigentums kann dem Menschen nicht genommen werden (XVI 175–196) – hier kommt wie bei der Behandlung der Grenzen der Legislative eine Art von Grundrechtegarantie zur Sprache, die in die Behandlung der Tyrannei und des Widerstandes einmündet. Usurpation kann durch Konsens legitimiert werden (XVII 198), aber jede Herrschaft gegen das Recht ist Tyrannei, mag sie von einer legitimen oder illegitimen Instanz ausgehen (XVIII 199–210). Ihr darf ebenso Widerstand geleistet werden wie einer Exekutive, die die Legislative behindert oder in deren Struktur eingreift (XIII 155, XIX 212–220). Im Extremfall, wenn die Legislative als höchste Gewalt im Staat, der jeder zum Gehorsam verpflichtet ist (XI 134), ihre Grenzen überschreitet und das Gemeinwohl mißachtet, bleibt dem Volk die höchste Gewalt, die Legislative abzuberufen (XIII 149). In all diesen Fällen handelt es sich formal nicht um Widerstand gegen die Staatsgewalt, sondern um Selbstauflösung der Staatsgewalt durch Mißachtung ihres Daseinszwecks, des Gemeinwohls (X 131). Sie stellt den Natur- oder besser den Kriegszustand wieder her, indem sie dem Volk den Krieg erklärt. Es handelt sich um Rebellion im Sinne von re-bellare (wieder Krieg führen), aber um Rebellion der Regierung, nicht des Volkes (XIX 226).

Zwei Probleme bleiben noch. Dem Einwand, daß so weitgehendes Widerstandsrecht angesichts der Fehlbarkeit der Regierenden und des keineswegs ungetrübten Urteils der Regierten eine Quelle ständigen Aufruhrs sein müsse, begegnet Locke mit einem politischen »Trägheitsprinzip« als Stabilisierungsfaktor: Widerstand von Einzelpersonen ist irrelevant; bis die Masse der Untertanen in Bewegung kommt, muß viel geschehen, so viel, daß die Regierung den Aufruhr ihren eigenen Fehlern zuzuschreiben hat. Damit beantwortet Locke auch die zweite Frage, wer eigentlich darüber befindet, ob die genannten Anlässe zum Widerstand gegeben sind. Darüber gibt es keinen irdischen Richter, sondern nur das Urteil Gottes. Das Volk aber befindet darüber, ob es den Himmel anrufen soll (XIV 168, XIX 240–243), d. h., wenn die Massen einmal in Bewegung gekommen sind, entscheidet Gott darüber, wer im Recht ist, indem er den Erfolg verleiht. Locke befindet sich hier auf der Linie uralter politischer Traditionen, die u. a. die europäischen Volksaufstände der Frühen Neuzeit getragen haben. Wie in der Frage des Naturrechts, so steht er auch hier zwischen den Zeiten.

Das gilt sogar für seine Stellungnahme zur *Toleranzfrage* (*Epistola de Tolerantia/A Letter concerning Toleration* 1689). Der »Klassiker« christlicher Intoleranz, wie sie uns vor allem bei Calvin begegnet ist, war *Aurelius Augustinus* (354–430). Nach ihm hat die christliche Obrigkeit den heidnischen Kult zu vernichten, darf auch die Heiden verfolgen, nicht aber zum Glauben zwingen. Anders bei irrenden Christen, den Ketzern. Da unverschuldetes Festhalten an einem widerlegten Irrtum nicht denkbar war, galt für sie der verfremdete Grundsatz aus Lukas 14,23 »zwinge sie hereinzukommen«. Kurzum: »Es gibt eine ungerechte Verfolgung, die Verfolgung der Kirche Christi durch die Gottlosen; und es gibt eine gerechte Verfolgung, die der Gottlosen durch die Kirche Christi ... Die Kirche verfolgt aus Liebe, die Gottlosen aus Grausamkeit« (nach *Lecler* Bd. 1 S. 122). In der Reformationszeit blieben die meisten Gruppen jeweils für ihren Glauben bei diesen Grundsätzen, nur bei den Humanisten verbreitete sich langsam die Vorstellung, daß das Gegenseitigkeitsgebot des Naturrechts ein gewisses Maß an Duldung und Menschlichkeit beinhalte. Außerdem hatte für sie das christliche Leben größeres Gewicht als die Korrektheit der Dogmen. Die Verbrennung Servets in Genf 1553 und der Ausbruch der Hugenottenkriege 1562 veranlaßten *Sebastian Castellio* (1515–1563) zu ersten Schriften in diesem Sinn. Obwohl die Praxis im Laufe der Zeit in manchen Ländern zu einem gewissen Maß an Toleranz geführt hat, blieb es doch bei Ausnahmen für als politisch gefährdet erachtete Gruppen. So auch bei Locke, für den zwar Toleranz als einzige Haltung dem christlichen Liebesgebot entspricht und die Staatsgewalt keinerlei Zuständigkeit für Glaubensfragen besitzt, der aber doch staatsgefährdende Lehren von der Duldung ausschließt. Das sind solche, die wie der Atheismus die öffentliche Moral untergraben, oder wie der Katholizismus einem auswärtigen Herrn gehorchen. Erst *Pierre Bayle* (1647–1706) hat Toleranz auf offene Skepsis gegenüber absoluten Wahrheitsansprüchen einerseits und den Nachweis der Vereinbarkeit von Tugend und Atheismus andererseits gegründet.

Von der »Glorious Revolution« zum 18. Jahrhundert

Ausschlaggebend für die weitere Entwicklung wurde die Tatsache, daß schließlich nur noch wenige Tories an der strengen Lehre von der Monarchie göttlichen Rechts festhielten, sondern eine Art mittlerer Partei dominierte, deren Stimme vorzüglich in *The Character of a Trimmer* (1688) von *George Saville Marquess Halifax* zum Ausdruck kommt. Ihm geht es im Sinne der optimalen britischen Mischverfassung und ihrer Kombination von Herrschaft mit Freiheit um die rechte Mitte zwischen Monarchie und Republik, zwischen Katholizismus und Calvinismus, während bezeichnenderweise mit dem patriotischen Engagement für das außenpolitische Programm britischer Seeherrschaft des Guten nie zuviel getan werden kann.
Auf solcher Grundlage konnten die seit der Revolution strittigen Verfassungsprobleme gelöst werden. In revolutionärer Weise wurde 1688/89 Jakob II. von einem nicht ganz legitim zustande gekommenen Parlament durch seine Tochter und deren Gatten Wilhelm III. ersetzt; man blieb also bei der legitimen Dynastie. Eine Reihe von Gesetzen (*Bill of Rights* 1689, *Act of Settlement* 1701, *Regency Acts* 1705 und 1707, *Triennial Act* 1694 und *Septennial Act* 1716) umschrieb das neue Regierungssystem. Die Krone stand künftig unter dem Gesetz und war damit zu einem Staatsamt

geworden. Unabhängigkeit des Richter wurde durch Ernennung *during good behaviour* garantiert, Rechtsgarantien gegen Willkürjustiz vorgesehen. Die politische Initiative blieb bei der Krone, die Souveränität sollte bei *King, Lords and Commons* gemeinsam liegen; insofern als das Parlament mit zeitweiligem fiktiven Rekurs auf das Volk als eigentlichen Souverän die Krone vergeben und die Kompetenzkompetenz in Anspruch genommen hatte, mit faktischer Schwerpunktverlagerung zu seinen Gunsten. Die Souveränität des Parlaments setzte sich dann im 18. Jahrhundert auch in der Theorie langsam durch. 1689 aber war dies das Revolutionäre an der »Glorreichen Revolution«, der ersten, die offiziell so bezeichnet wurde.

Revolution, seit langem ein Begriff für astronomische Zyklen, bedeutet in dieser Übertragung nicht nur Umwälzung, sondern sehr gezielt auch Rückkehr zum guten Alten. Von nun an, im 18. Jahrhundert, tritt diese Komponente zurück und Revolution wird zur Bezeichnung für Umwälzungen aller Art. Für *Voltaire* waren z. B. die Reformation oder die Aufklärung selbst geistige Revolutionen. Eine ähnlich unscharfe Verwendung läßt sich in Deutschland und Italien nachweisen, bis nach einer ersten Einengung auf die Politik bei *Turgot* in der Französischen Revolution der moderne politische Revolutionsbegriff entsteht.

In England bleibt das neueingerichtete System vergleichsweise stabil. So konnte es seinen klassischen Ausdruck im Werk eines Juristen finden, in den *Commentaries on the Laws of England* (1765–1768) des *Sir William Blackstone* (1723–1780), deren Einfluß auf England und Amerika kaum überschätzt werden kann. Für ihn beruht die Weisheit des britischen Regierungssystems in der Ausgewogenheit des monarchischen, aristokratischen und demokratischen Elements in *King, Lords and Commons*, wodurch eine optimale Berücksichtigung aller Interessen im Lande gewährleistet sei. Freilich handelt er eher von Ideal- als von Realzuständen, denn das britische System hatte sich in aller Stille von 1689 weg auf den modernen Parlamentarismus hin entwickelt und evolutionär zwei institutionell nicht vorgesehene demokratische Einrichtungen geschaffen: parlamentarische Ministerverantwortlichkeit und legitime Opposition. Freilich sollte es beiden trotz erster theoretischer Erhellung durch *Henry Saint-John Viscount Bolingbroke* (1678–1751) noch lange an Anerkennung fehlen. Das Auftreten von Parteien und eines Premierministers schmeckte nach Korruption und Günstlingswirtschaft, Opposition bewegte sich in der Nähe von Landesverrat.

31. Absolutismus und Aufklärung in Frankreich

Absolutismuskritiker und Frühaufklärer

Die Krise, in die das Regime Ludwigs XIV. durch die Folgen seiner aggressiven Politik und Naturkatastrophen seit den 1680er Jahren geraten war, brachte Kritik hervor, insbesondere aus dem Kreis der Aristokratenopposition um den Thronfolger, den Herzog von Burgund. Dessen Erzieher *François Fénelon* (1651–1715) verteidigt aus christlicher Sicht das Individuum gegen Despotismus. Zu dessen Mäßigung schlägt er eine Hierarchie aristokratischer Ständeversammlungen vor, die in alle drei Jahre einzuberufenden Generalständen gipfeln sollten (*Tables de Chaulnes* 1711). Im Erziehungsroman *Les aventures de Télémaque* (1699 veröffentlicht) hatte er bereits eine Agrarutopie entworfen, das Land *Salente*, wo auf der Grundlage der Tugend mit dem Ziel des Glücks alles vom Staat geregelt wird. »Wir wollen Salente gründen«, wird *Robespierre* sagen.
Die Erneuerung und eine gewisse Rationalisierung der Ständevertretungen und Vorschläge zur Verbesserung der Lage des einfachen Volkes sind Leitmotive sämtlicher Reformer dieser Zeit. Bei dem frustrierten Hochadeligen *Louis de Saint-Simon* (1675–1755) kommt der nach dem Tod Ludwigs XIV. zeitweise verwirklichte Vorschlag hinzu, die Ministerien durch hocharistokratische Ratskollegien zu ersetzen. Weniger reaktionär fallen einige wirtschafts- und sozialpolitische Vorschläge bei *Henri de Boulainvilliers* (1658–1722) aus (*Pour rendre l'Etat puissant et invincible, et tous les sujets de ce même Etat heureux et riches*): der Handel als Inbegriff des nationalen Wohlstandes soll vollständig in einer staatlichen Supergesellschaft organisiert werden, so gewinnbringend, daß alle sich freiwillig anschließen. Die Finanzierung erfolgt über Kredite eines ebenfalls staatlichen einheitlichen Bankensystems. Dritter Baustein des Entwurfs ist eine Fürsorgebehörde in jeder Gemeinde, der auch die Erziehung und wegen ihrer genauen Kenntnis der Untertanen die Steuerfestsetzung übertragen wird. Von der Kritik des Steuersystems kommt *Pierre de Boisguilbert* (1646–1714) zum Vorschlag einer gleichmäßigen Belastung der Bevölkerung. Aber der Reichtum beruht für ihn nicht mehr auf Geld, das nur vermittelnde Funktion hat, sondern auf Bodenschätzen, Produktion und Verbrauch, den er durch Freiheit für Angebot und Nachfrage stimulieren möchte.
Selbst der streng loyale Marschall *Sébastien de Vauban* (1633–1707) schließt sich mit der *Dîme royale* 1698/1707 der Reformtendenz an. Der eigentliche Reichtum besteht in der Bevölkerung. Zu deren Entlastung und zur Wirtschaftsförderung schlägt er eine einheitliche Einkommenssteuer auch für Privilegierte vor, mit günstigen Sätzen für den Handel. Da

dies aber nur mit einer strafferen Verwaltungsorganisation als bisher möglich ist, soll das Land nach dem Vorbild der Armee ohne Rücksicht auf die Geschichte radikal neu gegliedert werden – wie später in der Revolution. Keiner der Reformer möchte das Wachstum der Staatsgewalt aufhalten; im Gegenteil, sie weisen ihr den Weg der Rationalisierung.
Der *Abbé de Saint-Pierre Charles-Irénée Castel* (1658–1743) verbindet mit der Rückkehr von der Ministerherrschaft zum Kollegialprinzip (*Discours sur la Polysynodie* 1718) die Rekrutierung dieser Räte nicht aus dem Kreis des Adels, sondern mittels Prüfungen aus dem Milieu der neuen Bildung (*Projet pour perfectionner le Gouvernement des Etats* 1733), ein Vorschlag, der auf eine Machtübernahme durch das Bürgertum im Schoße des Absolutismus hinauslief. Ein anderes Modell zur politischen Mobilisierung breiterer Kreise entwirft der zeitweilige Außenminister Marquis *René Louis d'Argenson* (1694–1757), den Versuch einer Synthese von absolutem Königtum und Demokratie durch regionale Differenzierung. Adel und Stände sollen ihre Vorrechte verlieren. Auf oberer Ebene soll eine leistungsorientierte Karrierebeamtenschaft, auf unterer Ebene, in den Gemeinden und Provinzen, kommunale Selbstverwaltung mit dem Recht der Steuererhebung an die Stelle des bisherigen Systems treten. Bürokratie und Demokratie sollten gemeinsam die Aristokratie überwinden, im Interesse einer weiteren Steigerung der Staatsmacht. Der Gedanke der durch Partizipation gesteigerten Einheit der Staatsgewalt hat vermutlich den Anlaß gegeben, daß Argensons Denkschrift von 1737 *Jusqu'où la démocratie peut-elle être admise dans un état monarchique?* auf *Rousseaus* Anregung 1764 als *Considérations sur le gouvernement ancien et présent de la France* gedruckt wurde.

Vico und Montesquieu

Aufklärung bedeutet keineswegs nur schematischen Rationalismus, sie ist im Rahmen ihrer Grundpostulate: weltimmanentes Glück durch mündige Vernunft, durchaus für relativierende Betrachtung des Konkreten aufgeschlossen, sei es im Sinne historischer Entwicklung oder geographisch-soziologischer Differenzierung. Mit der historischen und der vergleichenden Methode entbindet aufgeklärter Rationalismus seine eigene Überwindung aus sich selbst. Maßgebend daran beteiligt ist der Neapolitaner *Giambattista Vico* (1668–1744), so maßgebend, daß er den Höhepunkt seines Einflusses erst im 19. Jahrhundert erreichte. In *La scienza nuova* (1725, Endfassung 1744) versucht er eine vernünftige Theorie der Vorsehung. Da diese sich nur menschlicher Sekundärursachen bedient und *verum* und *factum* konvertibel sind, ist Erkenntnis der Gesetze der Geschichte möglich, weil der erkennende Menschengeist derselbe ist, der die Geschichte hervorbringt. Auch irrationale Produkte dieses Geistes wie Mythen sind deshalb einzubeziehen. Die Geschichte schreitet in Gestalt einer Spirale fort (*corsi e ricorsi*), wobei die Verfassung der den Geist tragenden Nation jeweils deren Entwicklungsstand entspricht. So gelangt Vico wie Machiavelli zu einem Verfassungszyklus, der mit der Rückkehr zur Monarchie endet.

Der zweite Denker dieser Richtung, *Charles-Louis de Secondat de Montesquieu* (1689–1755), hat Vico gekannt, wesentliche Einflüsse sind aber nicht nachzuweisen. Montesquieu gehört zum Amtsadel der Parlamentsjuristen, wendet sich aber einer Laufbahn als Literat und Wissenschaftler zu. Vor allem nach dem Englandaufenthalt 1729–1731 treibt er universal angelegte Studien, deren Frucht die *Considérations sur les causes de la grandeur des Romains et de leur décadence* (1734) und das Hauptwerk *De l'Esprit des lois* (1748) (zitiert: Buch und Kapitel) geworden sind. Montesquieu stellt von breiteren Voraussetzungen aus erneut die Machiavelli-Frage nach der optimalen Gestalt von Politik gemäß ihren eigenen Gesetzen, wobei er sowenig wie jener wertfreie Herrschaftstechnik lehren, sondern im Hinblick auf bestimmte Ziele aufklären will. Wie Machiavelli inspiriert er sich an der Geschichte der Römer: »Sie besiegten alle Völker durch ihre Grundsätze; aber als sie es soweit gebracht hatten, konnte ihre Republik nicht dauern. Sie mußten eine neue Regierungsform einführen: und die den früheren entgegengesetzten Grundsätze, die in dieser neuen Regierungsform angewandt wurden, brachten ihre Größe zu Fall« (*Considérations* Kapitel 18). D. h., in der Geschichte wirken gesetzmäßige Ursachen, die dafür sorgen, daß die unbestreitbaren historischen Zufälle sich in einer bestimmten Richtung auswirken.

Diesem Zusammenhang möchte das Hauptwerk nachgehen, indem es die Vielfalt menschlicher Sitten und Gesetze nicht aus Zufällen, sondern aus dem Wirken bestimmter Prinzipien ableitet, die aus der Natur der Dinge gewonnen und an konkretem Datenmaterial überprüft werden. Die ungeheure Fülle des historischen, ethnographischen und juristischen Datenmaterials zusammen mit dem damals üblichen, »vorwissenschaftlichen« lockeren Aufbau und ausschweifenden Stil läßt das Werk auf 31 Bücher mit 605 Kapiteln anschwellen. Ziel ist Aufklärung als Befreiung der Menschen von ihren Vorurteilen durch Einsicht in den wirklichen Zusammenhang der Dinge. Engerer Untersuchungsgegenstand sind dem Juristen Montesquieu die Gesetze, in denen Politik ihren Niederschlag findet, nicht wie bei Machiavelli das politische Handeln an sich. »Gesetze im weitesten Sinn des Wortes sind Beziehungen, die sich aus der Natur der Dinge mit Notwendigkeit ergeben« (I 1). Im einzelnen werden dann unterschieden: Naturgesetze im naturwissenschaftlichen Sinn, Naturgesetze als vorgegebene Regulierung menschlichen Verhaltens und positive Gesetze, die sich die Menschen geben (I 2–3).

Das erste Naturgesetz entsteht wie bei Hobbes im Naturzustand aus der Furcht, es lautet aber nicht wie dort Kampf, sondern Friede. Das zweite und dritte Naturgesetz beziehen sich auf Nahrungssuche und Fortpflanzung, das vierte auf Vergesellschaftung (I 2). Erst diese bringt Machttrieb und Kampf hervor, weil die Menschen sich nach ihrem Zusammenschluß nicht mehr schwach fühlen; für den Urzustand wären solche Verhaltensweisen viel zu kompliziert. Zur Bewältigung dieser Konflikte müssen sich die Menschen nun dreierlei Gesetze geben: solche des Völkerrechts für Beziehungen zwischen den Völkern, solche des Staatsrechts für Beziehungen zwischen Regierenden und Regierten, solche des Bürgerrechts für Beziehungen der Bürger untereinander. Obwohl die beiden letzteren Anwendungsfälle der immer und überall gleichen menschlichen Vernunft darstellen, können sie ihren Zweck doch nur erfüllen, wenn sie der individuellen Natur des jeweiligen Volkes optimal angepaßt sind. Zu derartiger Anpassung hat die Vernunft aber eine Fülle von Umständen zu berücksichtigen, deren Untersuchung Gegenstand des Buches ist und seine Gliederung bestimmt: Die Bücher II–XIII sind den Beziehungen zwischen Gesetzen und den verschiedenen Varianten und Aktivitäten politischer Systeme gewidmet (z. B.: wie müssen Steuergesetze aussehen, die eine Demokratie stabilisieren sollen?). Die Bücher XIV–XXV befassen sich mit der Natur des Landes und seiner Bewohner – wir würden von Umweltfaktoren des politischen Systems sprechen (z. B. welche Gesetze sind einem heißen Klima angemessen?). Die Bücher XXVI–XXXI schließlich stellen eine Art von Gesetzgebungslehre dar, denn Gesetze werden auch durch immanente Faktoren bestimmt (z. B. ihren Gegenstand oder die Absichten des Gesetzgebers). Als Paradigma wird in den Büchern XXVIII–XXXI eine französische Rechtsgeschichte geboten.

Das gesamte Beziehungsgeflecht wird von Montesquieu als »Geist« (*esprit*) der Gesetze bezeichnet. Damit ist im Französischen primär der »Sinn« der Gesetze oder die »Intention des Gesetzgebers« gemeint, also etwas viel Rationaleres und Vordergründigeres als jene verschwommene und romantische Figur des kollektiven Unterbewußtseins, der »Volksgeist« nach *Herder* und *Hegel*. Für die erste deutsche Montesquieu-Übersetzung 1753 hat *esprit* auch noch nichts mit »Geist« zu tun. Viel eher entspricht dem späteren deutschen Begriff die in Buch XIX behandelte, durch das Ensemble von Politik und Umwelt geprägte, kennzeichnende Geisteshaltung eines Volkes, die so stark ist, daß sie durch Gesetze kaum geändert werden kann, vielmehr die Gesetze ihrem Maßstab zu unterwerfen haben. Doch auch dieses komplexe Phänomen, das für Montesquieu merkwürdigerweise nur ein Faktor unter anderen ist, würde man heute lieber als »Mentalität« oder »politische Kultur« bezeichnen.

Montesquieu unterscheidet drei Regierungsarten, aber in einer vom üblichen Schema abweichenden Weise: die republikanische mit den beiden

Varianten Demokratie und Aristokratie, die monarchische, in der ein einzelner nach festen Gesetzen regiert, die despotische, in der Willkür eines einzelnen regiert (II 1). Obwohl *Hulliung* Montesquieu neuerdings wieder zum Republikaner machen will, gilt er in der Regel als Monarchist. Unumstritten steht allerdings fest, daß die Despotie für ihn die schlechteste Staatsform überhaupt ist, selbst wenn sie unter bestimmten klimatischen Bedingungen als angebracht erscheint. Will er den französischen Absolutismus kritisieren, dann rückt er ihn in die Nähe der Despotie. Sein Ideal ist die politische Freiheit (XI–XII), »das Recht alles zu tun, was die Gesetze erlauben. Wenn ein Bürger tun könnte, was die Gesetze verbieten, dann hätte er keine Freiheit mehr, weil die anderen ebenfalls diese Macht hätten« (XI 3). Da Freiheit für viele Staaten aber kein Staatszweck ist (XI 5), brauchen Demokratie und Aristokratie keineswegs von vorneherein freiheitliche Staatsformen zu sein. Politische Freiheit gibt es nämlich nur dort, wo der natürlichen menschlichen Neigung zum Machtmißbrauch Schranken gezogen sind. »Um den Mißbrauch der Macht zu verhindern, muß vermöge einer Ordnung der Dinge die Macht der Macht Schranken setzen« (*le pouvoir arrête le pouvoir*) (XI 4).
Man hat Montesquieus Aussage bisweilen auf die Untersuchung der Gewaltenteilung in jenem Staat, in dem Freiheit Verfassungszweck ist, nämlich England, reduzieren wollen (XI 6). Aber er verkündet hier kein Idealprogramm, sondern behandelt die spezifischen englischen Verhältnisse, denen er im übrigen auch durchaus kritisch begegnet (XIX 27). Außerdem handelt es sich nicht um eine einheitliche Doktrin. Er unterscheidet zunächst gesetzgebende, richterliche und vollziehende Gewalt (*puissance législative, p. de juger, p. exécutrice*) und legt dar, wie abträglich die Verbindung von zwei oder drei Gewalten in einer Hand der Freiheit sei, gleichgültig, ob es sich um einen Despoten oder eine Republik wie das vielgepriesene Venedig handele. Dann aber schildert er eine andere Art Gewaltenteilung, diejenige des englischen Selbstverständnisses, das von der englischen Wirklichkeit abweicht: eine Rechtsprechung, die als eigene Gewalt kaum in Erscheinung tritt, eine Exekutive, die an der Legislative teilhat, und eine Legislative, die die Exekutive kontrolliert, und in sich in eine Adels- und eine Volksvertretung gegliedert ist.
Montesquieu will damit weder eine wertfreie Analyse Englands noch ein Modell der Gewaltenteilung geben; die Übertragbarkeit der englischen Gewaltenteilung ist anderer Art: Die freiheitliche englische Verfassung kennt drei Organe für die drei Kräfte der Gesellschaft, Krone, Volk und Aristokratie. Dabei kommt der letzteren dank ihrer Zwischenstellung zwischen den beiden anderen die ausgleichende Rolle zu, die die Monarchie erst zur gemäßigten und gesetzmäßigen Staatsform macht. Aus ihr rekrutieren sich die sog. »Zwischengewalten«, die strukturell den Unterschied von Monarchie und Despotismus ausmachen (II 4). Da sie für

Montesquieu in Frankreich durch die Parlamentsaristokratie verkörpert werden, verteidigt er die Stellung dieser seiner eigenen Kaste einschließlich der umstrittenen Ämterkäuflichkeit auf das entschiedenste (V 18).
Insgesamt behandelt Montesquieu zunächst die »Natur«, wir würden sagen: »Struktur« der drei bzw. vier Staatsformen (II). Dabei sind für Republiken die Wahlen und die Klasseneinteilung der Bevölkerung besonders wichtig (II 2). Die Menschen sind von Geburt zwar gleich, werden durch die Gesellschaft ungleich, aber durch die Gesetze wieder gleich, insofern sie nur die Gesetze und ihresgleichen als Herren über sich haben (VIII 3). Für die Monarchie sind die genannten Zwischengewalten ausschlaggebend (II 4), während die Despotie selbst in der Delegation ihrer Macht Einmannherrschaft bleibt (II 5).
Aus der »Natur« ergeben sich die »Prinzipien«, besser: Wert- oder Leitvorstellungen des Handelns (III), für die Demokratie die politische Tugend, im Unterschied zur privaten definiert als Liebe zu Vaterland und Freiheit (III 3), in der Aristokratie die Mäßigung (III 4), in der Monarchie das auf Prestige gerichtete Ehrgefühl (III 6), in der Despotie die Furcht (III 9). Wie bei Hobbes sind also auch bei Montesquieu Leidenschaften die Triebkraft des politischen Systems, freilich spezifiziert nach verschiedenen Typen. Deswegen muß Erziehung die künftigen Bürger auf die Leitwerte des jeweiligen Systems ausrichten (IV).
Diesen Leitvorstellungen müssen die konkreten Normen, also die Gesetze, im einzelnen angemessen sein (V–VII). Verfassungswandel durch Verfall einer Regierungsform beginnt fast immer mit dem Verfall der Wertvorstellungen (VIII 1). Der Prozeß erfolgt gesetzmäßig, aber nicht linear oder zyklisch. Wichtig ist dabei die Größe des Staates. Aus verschiedenen Gründen fahren kleine Länder am besten als Republiken, mittlere als Monarchien, während Großreiche despotisch organisiert sein müssen, so daß z. B. große Monarchien zur Entwicklung in eine Despotie tendieren (VIII 16–20).
Nach Behandlung der typischen Formen des Militärwesens (IX–X) und der Freiheitlichkeit von Verfassungen (XI, s. o.) folgt die davon sorgfältig unterschiedene Untersuchung der Freiheit des einzelnen Bürgers (XII), die im Unterschied zur philosophischen Willensfreiheit in der Sicherheit oder wenigstens dem Bewußtsein davon besteht. Da auch unter der freiheitlichsten Verfassung über diesen Bereich bestimmte Gebräuche der Praxis entscheiden, ist der Bürger meistens weniger frei, als die betreffende Verfassung eigentlich erfordert (XII 1). Konkret handelt es sich vor allem um die Strafjustiz und ihr Verfahren einschließlich politischer und religiöser Prozesse. Gemäß dem Junktim von *liberty and property* kommen anschließend die Steuern zur Sprache (XIII).
Mit dem Klima beginnt in Buch XIV die Behandlung der Umweltfaktoren. Wenn Leidenschaften in der Politik den Ausschlag geben, diese aber

in verschiedenen Klimaten verschieden sind, müssen die Gesetze dem jeweiligen Klima gerecht werden bzw. umgekehrt müssen bestimmte Institutionen als klimabedingt begriffen werden, so vor allem die verschiedenen Formen der Knechtschaft, die Sklaverei im engeren Sinn (XV), die geknechtete Stellung der Frau, die Montesquieu Haussklaverei nennt (XVI) und die politische Knechtschaft der Despotie (XVII). Obwohl Montesquieu die Sklaverei grundsätzlich ablehnt – bekannt ist seine satirische »Rechtfertigung« der zeitgenössischen Negersklaverei (XV 5) –, sind alle drei Arten angesichts der klimatisch bedingten Leidenschaftlichkeit der Menschen mancherorts notwendig.
Über Bodenbeschaffenheit (XVIII) und Mentalität (XIX, s. o.) gelangt er zur Behandlung wirtschaftlicher Probleme (XX–XXII), wobei eine Fülle zeitgenössischer Zusammenhänge glänzend analysiert werden. Ungeachtet der Kritik an der französischen Wirtschaftspolitik und dem Staatsschuldenwesen (XXII 10, 17–18), gilt Geld bereits ausschließlich als Wertmaßstab, Papiergeld ist selbstverständlich (XXII 1–2). »Ein Mensch ist nicht arm, weil er nichts besitzt, sondern weil er nicht arbeitet« (XXIII 29). Damit wird auch die Förderung der Bevölkerungsvermehrung durch Familienpolitik leichter machbar (XXIII).
Schließlich die Religion (XXIV–XXV), deren Vorschriften ja nicht selten das zuwege bringen, woran politische Gesetze scheitern, und zwar ungeachtet der objektiven Wahrheit der Glaubenssätze (XXIV 19) rein auf Grund der Anhänglichkeit der Menschen (XXV 2). Christentum paßt besser zur gemäßigten Verfassung, dabei der Protestantismus zur Republik, der Katholizismus zur Monarchie, der Islam hingegen zur Despotie (XXV 35). Auch wenn Montesquieu nur die politische Dimension der Religion behandeln will, die für die wahre und die falsche gleich ist (XXV 1) – angesichts solcher Ideen und der Bevorzugung der Stoa vor dem Christentum (XXIV 10) bedarf es keiner Kirchenkritik (XXV 5–7, 13) oder der Forderung nach Toleranz (XXV 8): Das Werk kommt bereits 1751 auf den Index der verbotenen Bücher, was seine universale Verbreitung aber keineswegs verhindert hat. Der Einfluß Montesquieus ist vielmehr dermaßen allgegenwärtig, daß es wenig aussagt, festzustellen, irgendein Denker sei von ihm beeinflußt, solange nicht ermittelt wird, *was* jeweils rezipiert wurde. Dadurch wird freilich häufig der betreffende Denker besser gekennzeichnet als die Wirkung Montesquieus.

Hochaufklärung im Zeitalter der *Encyclopédie*

So macht *François-Marie Arouet gen. Voltaire* (1694–1778) Montesquieu eigentlich den Vorwurf, nicht das Buch geschrieben zu haben, das *er* geschrieben hätte. Und obwohl Voltaire als Begründer der Kultur- und

Geistesgeschichte Montesquieus Vorstellung von der einheitlichen Prägung eines Volkes nahesteht, geht es ihm in der Politik nicht um Gesetze des Systems, sondern um praktische Reformen wie Gedankenfreiheit, Toleranz, faires Strafverfahren, Abschaffung der Folter und dgl. Von der Struktur des Gemeinwesens hat dieser gerissene Geschäftsmann sehr konservative Vorstellungen englischen Zuschnitts. Freiheit ist für ihn fast ausschließlich private Freiheit, deren Begründung er daher vom starken Staat erwarten kann. Vom Absolutismus erwartet er als Bürger die Überwindung der Adelsherrschaft durch eine moderne Bürokratie. Gleichheit und Volkserziehung sind ihm ein Greuel: »Nicht den Arbeiter muß man bilden, sondern den Bürger... Wenn der Pöbel zu denken anfängt, ist alles verloren...« (1766, nach *Touchard* S. 404).

Die Aufklärer wollten Erzieher der Führungsgruppen sein, am besten der Könige; der Rest würde sich dann von selbst ergeben. Erst in den 1770er Jahren entsteht eine Art von politischem Aktionsprogramm der *philosophes*. So äußert sich auch das wichtigste Dokument der Hochaufklärung, die 1751–1780 veröffentlichte *Encyclopédie*, nicht nur aus Gründen der Zensur so konventionell, daß man behaupten konnte, ihre politische Theorie stamme mehr oder weniger von *Locke*. Verfasser der wichtigsten politischen Artikel waren *Louis de Jaucourt* (1704–1779) und *Denis Diderot* (1713–1784). Sie sehen den Naturzustand optimistischer als *Hobbes*; Jaucourt betrachtet schon vor Rousseau das Verlassen des Urzustandes als Abstieg, während Diderot sogar zur aristotelischen natürlichen Soziabilität des Menschen zurückkehrt. Demgemäß verliert der Grundvertrag an Gewicht und findet bei Diderot nicht zwischen Individuen, sondern zwischen natürlichen Verbänden statt. Dennoch besitzt der Staat anders als früher bereits eine eigene Identität; die Begriffe *volonté générale, volonté de tous, volonté particulière* tauchen hier bereits *vor Rousseau* auf. Chancengleichheit und Gleichheit vor dem Gesetz wird bejaht, Gleichheit des Besitzes als Illusion verworfen. Hingegen sind alle Menschen frei geboren, Staatsautorität kann daher nur auf Vertrag oder Usurpation beruhen, traditionelle Legitimitätsvorstellungen sind verschwunden. Freiheit besteht in der Unterwerfung unter die von der Gesellschaft eingesetzte Legislative, der auch der Monarch unterworfen ist. Gesetzmäßige Regierung und Rechtsgarantie vor allem für das Eigentum machen den Unterschied zur Tyrannei aus. Aber der Staat ist bereits ein starker Staat im Besitz des Gewaltmonopols, Montesquieus Zwischengewalten sind verschwunden.

Grundlage des Ganzen ist ein säkularisiertes Naturrecht mit der menschlichen Vernunft als einziger Quelle. Es kann aus den Affekten abgeleitet und durch Vergleich des positiven Rechts der Völker ermittelt werden. Diese materialistisch-atheistische Linie wird über Diderot hinaus von *Claude-Adrien Helvétius* (1715–1771) (*De l'esprit* 1758, *De l'homme*

1772) und *Paul-Henri d'Holbach* (1723–1789) (*Le christianisme dévoilé* 1756, *Système de la nature*, 1770, *La politique naturelle*... 1773) weitergeführt. Sie verbinden freilich philosophischen Radikalismus mit politischem Konservatismus. *Holbach* verachtet den Pöbel und lehnt Revolution ausdrücklich ab (*La politique* II § 26), während *Helvétius* immerhin bereits das ethische Prinzip vom größten Glück der größten Zahl formuliert und erkennt, daß die Vereinigung der Einzelinteressen zum Gesamtinteresse durch die aufkommenden Klassengegensätze gefährdet ist.

Jean-Jacques Rousseau

Jean-Jacques Rousseaus (1712–1778) Herkunft aus Genfer Kleinbürgermilieu hat auf das Staatsmodell seines *Contrat social* in doppelter Weise abgefärbt. Nicht die Genfer Verfassung hat als Vorbild gedient, wohl aber die Idee des Kleinstaates mit direkter Demokratie, den Rousseau in der antiken Polis wiederfindet. Und auch sein kleinbürgerliches Gleichheitsideal kann auf diese Ursprünge zurückgeführt werden.
Ebenso bedeutsam für sein Denken ist seine qualvolle Pubertät und die Existenz als ausgehaltener Geliebter einer zweifelhaften Dame 1729–1740, nicht nur durch die Entfaltung seiner Sensibilität und Sentimentalität, sondern auch durch Steigerung seiner Neurose, in der seine Werke verwurzelt sind. Selbstverständlich stehen sie auch in Sachzusammenhängen und geistesgeschichtlichen Traditionen, aber nie zuvor sind Leben und Denken in solchem Ausmaß identisch.
Dieser Sachverhalt bleibt aber keine Privatangelegenheit, sondern führt dazu, daß erstmalig bestimmte Grundprobleme des modernen Menschen ausgesprochen werden, Grundprobleme auch seiner politischen Existenz. Und sie werden nicht zufällig von einem Psychopathen formuliert, denn erstens handelt es sich vor allem um den pathogenen Zustand der Selbstentfremdung und zweitens hat Rousseau selbst dadurch für weitere Eskalation seiner Neurose gesorgt, daß er in deren Vollzug erstmals die Rolle des modernen Intellektuellen mit seinem ambivalenten Verhältnis zur Gesellschaft geschaffen und gelebt hat.
Zwischen 1740 und 1750 findet er in Paris auf der Suche nach Erfolg Anschluß an die maßgebenden Kreise. Da bringt ein Preisausschreiben der Akademie von Dijon die Wende: Hat der Fortschritt der Künste und Wissenschaft zur Reinigung der Sitten beigetragen? Im sog. *ersten Discours* (1750) verneint Rousseau die Frage: Im Maß des Fortschritts sind die Seelen verdorben worden; der Mensch beherrscht alle Fertigkeiten, aber er ist kein Bürger mehr. Aus dieser Einsicht zieht Rousseau die Konsequenz und versucht, aus dieser korrumpierenden und korrupten Gesellschaft in ein Dasein als unabhängiger Intellektueller zu emigrieren. Die

ständige Ambivalenz dieser Rolle, die darin liegt, daß solche Unabhängigkeit auf Nachfrage durch eben diese verabscheute Gesellschaft beruht, versucht er durch typisch neurotisches Hinwegleugnen etwa noch vorhandener Bindungen zu überwinden.

An diesem Punkt ergibt sich bereits das Grundpostulat seiner politischen Theorie: Der politische Mensch im Vollsinn ist für Rousseau nur als tugendhafter Mensch denkbar. Daraus erklärt sich das Mißverhältnis zwischen der Großartigkeit seiner Grundvorstellungen und der Dürftigkeit seiner Ratschläge für die Praxis. Daraus erklären sich auch die nicht aufhebbaren Widersprüche seiner Theorie. Der individuellen wie der politischen Tugend aber steht die gesellschaftliche *Entfremdung* im Weg, die Rousseau der Sache nach (der Begriff stammt von *Hegel*) in das Denken einführt. Der Mensch der Gesellschaft lebt nie in sich selber, er ist ständig fremdbestimmt durch eine nur dem Schein nach existierende öffentliche Sittlichkeit, die sich als gesellschaftliche *opinion* artikuliert. Doch da Rousseau ungeachtet seines Widerspruchs gegen die aufgeklärte Gesellschaft seiner Zeit deren Vertrauen in die natürliche Güte des Menschen teilt, kann man den Menschen und die Gesellschaft ändern. So hängen das pädagogische und das politische Programm Rousseaus aufs engste zusammen.

Zunächst versucht er, sich anläßlich eines zweiten Preisausschreibens von Dijon im sog. *zweiten Discours* (*Discours sur l'origine de l'inégalité parmi les hommes*) 1754 über die Wurzeln des Problems im hypothetischen Urzustand klarzuwerden. Sein Naturzustand unterscheidet sich allerdings erheblich von demjenigen seiner Vorgänger. Er weigert sich, den gegenwärtigen Menschen als den natürlichen anzunehmen. Und die Vernunft, von der man bisher auszugehen pflegte, ist für Rousseau eine relativ späte Errungenschaft des Menschen. Der Unterschied zum Tier und die Fähigkeit zur Höherentwicklung bestehen in der Willensfreiheit, nicht in der Vernunft. Zunächst lebt der Mensch fast isoliert, bewegt von den vormoralischen und vorrationalen Grundtrieben zur Selbsterhaltung (*amour de soi*) und zum Mitleid (*commisération*). Problemlose Ernährung und Paarung führen zur Vermehrung der Menschen, die Güter werden knapp und die Versorgung schwieriger. Dadurch kommt es zum Verlassen des unschuldigen Zustandes, zur Entwicklung von Vernunft und Sprache und zur Entstehung, nicht etwa Gründung von Familie und Stämmen. Nun erst bricht das Goldene Zeitalter an, in dem der Mensch bereits zum bewußten Lebensgenuß befähigt ist, ohne bereits die Leiden der Zivilisation, Unfreiheit und Ungleichheit, Unechtheit und Selbstwiderspruch, zu kennen. Der »Sündenfall« ist die Arbeitsteilung, weil durch sie der Mensch vom Menschen abhängig wird. Wie bei *Locke* entsteht durch Be-Arbeitung Eigentum, aber ungleiches Eigentum. Nun erst wirkt sich die natürliche Ungleichheit der Talente in ständigem Wettstreit aus, der zwar zum Fortschritt führt, aber die Seelen korrumpiert. Der Selbsterhaltungstrieb (*amour de soi*) degeneriert zur Eigensucht (*amour propre*), bei der der Mitmensch bloßes Mittel für die Zwecke des eigenen Ich geworden ist; die spontane *commisération* gegenüber dem Mitmenschen wird durch eiskaltes Interessenkalkül ersetzt. Damit ist der Zustand des Hobbesschen Kampfes aller gegen alle erreicht. Da die Reichen am meisten darunter zu leiden haben, überreden sie die anderen zum Gesellschafts- und Herrschaftsvertrag. Wenn dann die Beauftragten des Gemeinwesens sich in Eigentümer der Macht verwandelt haben, ist der korrupte Staat, wie Rousseau ihn kennt, fertig.

An welcher Stelle ist anzusetzen, um diesen Prozeß in bessere Bahnen zu lenken? Diese Frage versucht Rousseau im Entwurf im *Discours sur l'économie politique* (1755 in Bd. 5 der *Encyclopédie*) zu beantworten, endgültig in seinen zwischen 1757 und 1759 entstandenen und 1762 veröffentlichten Hauptwerken *Emile ou de l'éducation* und *Du contrat social; ou, principes du droit politique* (zitiert: Buch und Kapitel). Die pädagogische »Verweigerung« des Emile gilt ja nicht absolut, sondern nur gegenüber der gegenwärtigen korrupten Gesellschaft. Emile ist kein Wilder, sondern ein Mensch, der gesellschaftlichen Zwängen entzogen zur natürlichen Tugend findet. Diese Tugend des Individuums aber ist Bedingung der Möglichkeit einer besseren Gesellschaft. So ist das vorletzte Wort des *Emile* eine Kurzfassung des *Contrat social*.

Daneben existiert ein erster Entwurf *Contrat social*, das sog. »Genfer Manuskript«. Die Unterschiede der drei Fassungen sind nicht groß; laut *Derathé* rückt ihre Entstehungszeit ohnehin noch stärker zusammen. Aber das »Genfer Manuskript« enthält ein Kapitel über die Menschheit als Gemeinschaft, das später weggefallen ist. Vor allem wird hier gesagt, daß nicht eine Geschichte der realen Entstehung von Staaten geschrieben werden soll, sondern eine Methode dargelegt wird, wie man die Rechtsgrundlage einer optimalen Verfassung schaffen kann.

Am Anfang steht ein rhetorischer Trompetenstoß: »Der Mensch ist frei geboren und überall liegt er in Ketten« (I 1), ebenso im *Emile*: »Alles, was aus den Händen des Schöpfers kommt, ist gut, alles entartet unter den Händen des Menschen« (*Emile* I). Dann aber ist im *Contrat social* zunächst nicht von Freiheit, sondern von der Rechtsgrundlage der Ordnung die Rede. Sie kann nicht aus der Natur, sondern ausschließlich aus Vereinbarung stammen. Das sog. Recht des Stärkeren ist keines und ein Unterwerfungsvertrag unter einen Herrscher ist ebenfalls nichtig, weil der Mensch dadurch seine Freiheit aufgibt, die ihn zum Menschen macht (I 1–5). Sobald also die Menschen an dem Punkt ankommen, an dem das Verharren im Naturzustand nicht länger möglich ist, »muß eine Gesellschaftsform gefunden werden, die mit der gesamten gemeinsamen Kraft aller Mitglieder die Person und die Habe jedes einzelnen Mitglieds vertei-

digt und beschützt; in der jeder einzelne, mit allen verbunden, dennoch nur sich selbst gehorcht und so frei bleibt wie zuvor.« Das leistet der Gesellschaftsvertrag (*contrat social*), durch den jeder sich vollständig der Gemeinschaft übereignet; da dies durch alle in gleicher Weise geschieht, hat keiner dadurch einen Nachteil. Sein Text könnte etwa lauten: »Jeder von uns stellt der Gemeinschaft seine Person und seine ganze Kraft zur Verfügung, unter der obersten Leitung des Gemeinwillens (*volonté générale*); und wir empfangen dafür als ein Körper jedes Glied als unzertrennlichen Teil des Ganzen.« So entsteht auf der Stelle eine Rechtsperson mit gemeinsamem Ich, Leben und Willen, früher *Stadt*, heute *Staat* genannt bzw. wenn sie aktiv tätig ist: *Souverän*. Die einzelnen Mitglieder heißen *Bürger* (*citoyens*), insofern sie an der Souveränität teilhaben, *Untertanen*, insofern sie den Gesetzen unterworfen sind (I 6).
Die so entstandene Kollektivperson ist sich selbst gegenüber an keinerlei Grundgesetz gebunden, auch nicht an den Gesellschaftsvertrag, denn niemand kann sich durch Vertrag mit sich selber binden, sondern nur durch Vertrag mit Dritten. Der Bürger aber ist dem Staat gegenüber nie mehr Dritter, sondern stets mit ihm identisch. Umgekehrt kann der Staat der *Gesamtheit* seiner Angehörigen nie schaden wollen, denn der Gemeinwille kann sich nicht zu sich selbst im Widerspruch befinden. Weil aber der einzelne einen dem Gemeinwillen widersprechenden Partikularwillen entwickeln kann, ist die Zwangsgewalt des Staates gegen einzelne bis zum Recht über Leben und Tod Bestandteil des Gesellschaftsvertrags. Doch obwohl der einzelne Leben und Eigentum vorbehaltlos dem Staat übergeben und nur als bedingte Gabe des Staates wiedererhalten hat, ist sein Besitz auf dieser Rechtsgrundlage sicherer als im Naturzustand (I 7, II 5). Außerdem kann der einzelne nicht nur unbegrenzt über das verfügen, was ihm die Staatsgewalt (vorläufig) läßt, der Gemeinwille kann auch per definitionem gar nichts anderes wollen, als was der Gesellschaft nützt, und ist stets auf Allgemeines gerichtet, kann sich also mit dem einzelnen gar nicht befassen, um ihn zu begünstigen oder zu benachteiligen (II 4).
Weil der Gemeinwille die Kräfte des Staates gemäß dem Gemeinwohl lenkt, kann er nicht irren, denn er zielt ja immer auf das allgemeine Beste. Wenn er ganz andere Ziele im Auge hat oder irrtümlich etwas für das Gemeinwohl hält, was den Interessen des Staates widerspricht, dann handelt es sich um etwas anderes: den Gesamtwillen (*volonté de tous*), nicht den Gemeinwillen (*volonté générale*). »Während der letztere nur auf das Gesamtinteresse zielt, geht es dem ersteren um das Privatinteresse, denn er ist nur die Summe der Einzelinteressen.« Das Gemeinwohl ist für Rousseau *nicht* die Summe der Einzelegoismen, schon eher eine Art Interessenausgleich, denn er schlägt einen Weg vor, wie der Gesamtwille in den Gemeinwillen transformiert werden kann: »Nehmt von diesem

Willen die Extreme, die sich aufheben, weg, so bleibt als Summe der Differenzen der Gemeinwille.« Aber der Gemeinwille hat eine andere Qualität, er ist selten der Wille aller, auch nicht ohne weiteres der Wille der Mehrheit, Volksbeschlüsse sind nicht immer richtig, denn man will immer sein Bestes, sieht es aber nicht immer (II 1, 3).
Daß ein so selbstloser Gemeinwille der politischen Erfahrung widerspricht, kann nur daran liegen, daß alle bisherige Erfahrung solche mit korrumpierter Politik ist. Der Gesamtwille (*volonté de tous*) entspricht der Eigensucht (*amour propre*) wie der Gemeinwille (*volonté générale*) der Selbsterhaltung (*amour de soi*). Aber wenn der Staat auf den Gemeinwillen gegründet wird, dann bedeutet der Übergang des Menschen aus dem Naturzustand (*état de la nature*) in den Zustand des Bürgers (*état civil*) eine grundsätzliche sittliche Wandlung. Anstelle von Instinkt und Begierde tritt die Vernunft und die Stimme der Pflicht, Fähigkeiten und Ideen des Menschen erweitern sich, seine Seele läutert sich, er wird vom Tier zum Menschen. Er verliert die natürliche Freiheit, alles zu begehren und nehmen, die nur Sklaverei und Begierde ist, und gewinnt die bürgerliche Freiheit, die zwar unter dem Gesetz des Gemeinwillens steht, aber dieses Gesetz hat der Mensch sich selbst gegeben. »Gehorsam dem Gesetz gegenüber, das man sich selbst gegeben hat, ist (politische, W. R.) Freiheit« (I 8). »Da die (politische, W. R.) Tugend nur diese Übereinstimmung der Einzelwillen mit dem Gemeinwillen ist, kann man dasselbe mit einem Wort zusammenfassen: Macht, daß die Tugend regiert« (*Economie politique* II). Solange diese Tugend vorhält, ist der auf sie gegründete Gemeinwille unzerstörbar, denn als tugendhafter Wille kann er nicht seine eigene Negation wollen; ein derartiger Wille wäre bereits nur noch Gesamtwille. Rousseaus auf den Gemeinwillen gegründeter Staat ist also kein wertneutraler Organisationsvorschlag politischer Technologie, sondern ein sittliches Reformprogramm, ein Programm für den neuen Menschen des *Emile*!
Freilich erhebt sich heute mehr denn je die Frage, ob das Problem der Vereinbarkeit individueller Freiheit und staatlichen Zwangs mit dem Konstrukt des Gemeinwillens wirklich gelöst ist. Handelt es sich bei Rousseaus Voluntarismus tatsächlich um die kopernikanische Wende der politischen Ideengeschichte, weil sie erklärt, wie der Mensch in Gemeinschaft frei bleiben kann, indem er nur dem Gesetz gehorcht, das er sich selbst gegeben hat (*Vossler*)? Oder ist dies nicht vielmehr die demokratische Wurzel des modernen Totalitarismus, der Staat, der den Bürger mit sich identifiziert, um ihn total zu beanspruchen und sogar die »richtige« Gesinnung von ihm zu verlangen (*Talmon*)? Ist politische Freiheit, soweit vorhanden, nicht viel eher die Frucht von Staatsverneinung als von Staatsbejahung? Besitzen wir sie trotz Rousseau und nicht wegen ihm (*Ritter*)? Vermutlich hat Rousseau diese in seinem Denken angelegte

Ambivalenz selbst nicht gesehen. Doch könnte man dazu bemerken, daß dieses kritische Freiheitsbewußtsein ja nichts anderes ist als der Gemeinwille, der als »politische Kultur« einer Nation eine stärkere Freiheitsgarantie darstellt als alle institutionellen Vorkehrungen.
Aus diesem Fundamentalkonstrukt des Gemeinwillens ergibt sich bei Rousseau als erstes, daß die Souveränität stets beim Staatsvolk liegen muß und nicht übertragen werden kann; Macht kann man übertragen, nicht aber den Willen – wollen kann man immer nur selbst. Der Gemeinwille kann also keinen monarchischen Einzelwillen an die eigene Stelle setzen (II 1). Souveränität besteht in Gesetzgebung, in allgemeinen Beschlüssen des Volkes über sich selbst. Auf dieser obersten Ebene gibt es weder Gewaltenteilung noch Repräsentation. Insofern ist Rousseau Anhänger der direkten Demokratie, die für ihn sogar die einzig legitime Staatsform darstellt (II 2, 6, III 15).
Da das Volk zwar das Gute will, aber nicht immer weiß, was das Gute ist, führt Rousseau als Geburtshelfer den Gesetzgeber, besser: Verfassungsgeber vom Typ des Lykurg ein, der auf Grund besonderen Wissens die Verfassung formuliert, die der Gemeinwille dann in Kraft setzt (II 6, 7, vgl. 12). Schwierig ist dabei nicht die Wahl der Staatsform, denn es gibt nur eine, sondern die Voraussetzungen: zivilisatorische Reife des Volkes, geeigneter Umfang des Staatsgebiets, Überfluß und Frieden (also nicht etwa Revolution) usf. Der Bedingungen sind so viele, daß Rousseau schließlich nur ein Land in Europa sieht, das für einen *contrat social* reif wäre: Korsika (II 8–10). Auf Wunsch von Korsen hat er dann vermutlich 1765 ein *Projet de constitution pour la Corse* im Sinne der Grundgedanken des *Contrat social* ausgearbeitet. Aus sozialen und politischen Gründen problematischer war ein zweiter Entwurf, die *Considérations sur le gouvernement de Pologne et sur sa réformation projettée* von 1771. Zum einen setzt ein Staat im Sinne Rousseaus die Befreiung der polnischen Bauern voraus, denn das Glück als Verfassungsziel beruht auf Freiheit und Gleichheit. Gleichheit ist die Voraussetzung der Freiheit, denn nur wenn keiner so reich ist, daß er einen anderen kaufen kann, und keiner so arm, daß er sich verkaufen muß, gibt es keine andere Abhängigkeit als diejenige vom Gemeinwillen (II 11). R. schreibt für eine Idealgesellschaft von unabhängigen kleinbürgerlichen Produzenten.
Zudem ist Polen für einen Staat im Sinne des *Contrat social* zu groß; ein solches Land braucht eine stärkere Regierung, als Rousseau für wünschenswert hält (III 1). Von der Ebene der Staatsform und der Legislative mit ihren unveränderlichen Grundsätzen unterscheidet er nämlich sorgfältig die Ebene der Regierung, auf der viele Variationen möglich sind. Hier gibt es die Gewaltenteilung (III 2–3), Wahlen und die üblichen reinen und gemischten Regierungsformen, wobei Rousseau auf *dieser* Ebene eine gewählte Aristokratie der direkten Demokratie vorzieht

(III 4–7). Es ist ja die Aufgabe der Regierung, als eine Zwischenkörperschaft zwischen der Gesamtheit der Bürger als dem Souverän und den Bürgern als einzelnen Untertanen die allgemeinen Beschlüsse, die Gesetze, in Einzelmaßnahmen, Verwaltungsakte umzusetzen, was dem Gemeinwillen per definitionem nicht möglich ist. Wenn beide Kompetenzen dauernd bei der Volksversammlung lägen, könnte eine gefährliche Vermischung der Befugnisse die Folge sein. Allerdings benutzt jede Regierung ihren körperschaftlichen Partikularwillen nicht nur zum Vollzug des Gemeinwillens, sondern auch zur Durchsetzung ihrer kollektiven Sonderinteressen gegen den Gemeinwillen. Da sich auf diese Weise letztlich jede Regierung aus dem Diener zum Herrn des Volkes macht, kann sogar eine gute Verfassung mit einer relativ schwachen und ständig kontrollierten Regierung diesen Verfall nur aufschieben, nicht aber aufhalten. Eine solche Verfassung ist aber nur in einem kleinen Land möglich (III 1–2, 10–18).
Rousseaus Darlegungen zu einzelnen Institutionen in Buch IV sprechen m. E. mehr für seine Begeisterung für die antike Polis als für seinen politischen Sachverstand. Wichtig ist nur noch die Erörterung des Verhältnisses von Religion und Staat (IV 8). Obwohl Rousseau weit mehr als Hobbes und Montesquieu ein religiöser, wenn auch nicht kirchlicher Mensch gewesen ist, beharrt er darauf, daß die Religion der einheitlichen Staatsgewalt zu unterstehen habe. Deshalb taugt der Katholizismus nichts. Die antike Polisreligion wäre zwar politisch ideal, beruht aber auf Unwahrheit und Unduldsamkeit und kommt deshalb nicht in Frage. Und das wahre, aufgeklärte Christentum des Herzens, zu dem Rousseau sich selbst bekennt, ist leider apolitisch und, schlimmer noch, kosmopolitisch. Doch da der Staat darauf achten muß, daß die Religion seiner Bürger seine eigenen Ziele verstärkt und nicht schwächt, bleibt ihm nur, von Staats wegen eine gemeinsame Minimalreligion (*religion civile*) zu befehlen: Glaube an die Vorsehung, Belohnung und Bestrafung im ewigen Leben, Heiligkeit des Gesellschaftsvertrags und der Gesetze, Verbot der Unduldsamkeit. Wer ihr nicht anhängt, wird ausgewiesen, wer abfällt, mit dem Tode bestraft, freilich nicht aus religiösen, sondern aus politischen Gründen – nach Überwindung der religiösen kündigt sich die politische Inquisition an.
Die Verwirklichung einer intoleranten Bürgerreligion dieser Art im revolutionären »Kult der Vernunft« 1793 hat den Eindruck verstärkt, daß Rousseau der geistige Urheber der radikalen Französischen Revolution gewesen sei. In Wirklichkeit wurden die Gedanken des *Contrat social* erst im Laufe der revolutionären Entwicklung zur Legitimation jakobinischer Ziele und Maßnahmen herangezogen. Der gewaltige Einfluß Rousseaus *vor* der Revolution beruht aber weniger auf dem *Contrat social* als auf der allgemeineren Botschaft seiner übrigen Werke. So galt er keineswegs als

auf eine Richtung festgelegt und wurde auch von konservativer Seite für ihre Zwecke herangezogen.

Weltfrieden und Völkerrecht

Rousseau ist Patriot und Vorläufer des modernen Nationalismus. Doch widerspricht eine Weltgemeinschaft tugendhafter Republiken seinen Grundsätzen nicht. Er hat daher 1761 den *Projet pour rendre la paix perpétuelle en Europe* des *Abbé de Saint-Pierre* (1713) trotz Vorbehalten erneut publiziert. Danach sollte ein europäischer Bund mit Gesandtenkongreß und Gerichtshof Besitzstände garantieren, Konflikte friedlich regeln und Störenfriede gmeinsamen Sanktionen unterwerfen. Bescheidener und folgenreicher waren Versuche, dem Völkerrecht des *Grotius* eine zeitgemäße säkulare Gestalt zu geben. *Jean-Jacques Burlamaqui* (1692–1748) stellt 1747 in *Principes du droit naturel* Natur- und Völkerrecht unter die Devise des vernünftigen Strebens nach Glück. *Christian Wolff* (1679–1754) ordnet das Naturrecht den Rechtsquellen Gott-Natur-Vernunft, das Völkerrecht menschlicher Setzung zu; sein *Jus gentium methodo scientifica pertractatum* (1749) ist ein Ergänzungsband zu seinem *Jus Naturae*. Völkerrecht ist nun nicht mehr Recht zwischen Einzelmenschen, sondern ausschließlich zwischen Staaten, denen inzwischen der Charakter juristischer Personen zugeschrieben wird. Da nur noch die von ihnen gesetzten Rechte und Pflichten verbindlich sind, bedient sich Wolff, um nicht auf bloße zwischenstaatliche Vereinbarungen beschränkt zu werden, der Fiktion eines Weltstaates, einer Art Demokratie aus juristischen Personen, Staaten, die durch ihren Gemeinwillen für alle verbindliches Recht setzt. Bei Wolffs Schüler *Emer de Vattel* (1714–1767) heißt diese Konstruktion *société des nations* – offensichtlich befinden wir uns auf dem Weg zum Völkerbund und zur UNO. Vattel hält jedoch weniger von dieser positivistischen Konstruktion, weil für ihn naturrechtliches Völkerrecht wieder stärker im Mittelpunkt steht. Sein Buch *Le Droit des Gens ou principes de la loi naturelle appliqués à la conduite et aux affaires des nations et souverains* (1758) verdankt seinen großen Einfluß freilich vor allem seinem Charakter als »moderne« Kompilation stark humanitärer Tendenz. Neben diesen Versuchen, durch Völkerrecht auch juristische Personen moralischen Prinzipien zu unterwerfen, lebt bei dem Skeptiker *Voltaire* auch das Hobbes'sche Bild der internationalen Beziehungen als des Kampfes aller gegen alle weiter. Gewiß, der Aufklärer ist Weltbürger, praktisch kann Aufklärung aber nur auf der Basis des Einzelstaates realisiert werden.

Politischer und sozialer Radikalismus

Für das bisher behandelte politische Denken der Aufklärung ist die Verbindung von philosophischem Radikalismus mit politischem und sozialem Konservatismus kennzeichnend; bis zu einem gewissen Grad selbst für Rousseau. Die Ablehnung eines revolutionären Umsturzes ist selbstverständlich. Doch bringt das 18. Jahrhundert je länger desto mehr radikale Stimmen hervor. Am Anfang steht das merkwürdige »Testament«, genauer *Mémoire des pensées et des sentiments*... des biederen und erfolgreichen langjährigen Landpfarrers *Jean Meslier* (1664–1729), der in diesen posthumen Aufzeichnungen das Christentum ausführlich und das bestehende Herrschaftssystem in Kürze als ein einziges Betrugsmanöver zur Gängelung und Ausbeutung des Volkes denunziert. Nach Vertreibung der Tyrannen soll eine atheistische, materialistische und eudaimonistische Weltordnung unter Führung der Vernünftigsten eingerichtet werden. Genauer äußert sich ein gewisser *Morelly*, dessen Identität bis heute ungeklärt ist, in der *Basiliade* (1753), einer Utopie, und dem *Code de la nature*... (1755). Der archimedische Punkt seines pädagogischen Moralismus ist das Privateigentum, das als Ursache aller Entartung beseitigt werden muß. In der neuen Ordnung gehört dem einzelnen nur das, was er gerade braucht, werden alle Bürger auf öffentliche Kosten unterhalten und beschäftigt, tragen aber auch alle nach ihren Kräften zum Gemeinwohl bei. Die Arbeit wird so gestaltet, daß sie freudig geschehen kann. Die Organisation der nach wie vor agrarischen Gesellschaft ist dezentralisiert; Amtsinhaber können jederzeit abberufen werden. Die sog. »utopischen Sozialisten« *Fourier, Blanc, Proudhon* und *Owen* konnten bei Morelly anknüpfen. Auch der Abbé *Gabriel Bonnot de Mably* (1709–1785) (*Des droits et des devoirs du citoyen* 1758/1789, *Entretiens de Phocion*... 1763, *Doutes proposés aux philosophes économistes*... 1768, *De la legislation*... 1776, *Observations sur le gouvernement et les lois des Etats-Unis d'Amérique* 1784) ist Kommunist. Maßgebend ist für ihn die Verschmelzung von Tugend und Politik in *Platos* Staat und dem antiken Sparta-Mythos. Er diskutiert aber auch »zweitbeste« realisierbare Lösungen, strenge Erziehung, Gesetze gegen Luxus und Handel, Agrar- undRanggesetze gegen Ungleichheit unter den Bürgern. Obwohl er den Bürgerkrieg als Instrument der Befreiung bejaht, zieht er den Weg der Reformen vor, nicht zuletzt wegen seines Mißtrauens gegen den Pöbel. Für Frankreich setzt er auf die Parlamente und die Stände, denn er neigt anders als Rousseau zum Repräsentativsystem. Derartige kommunistische Tendenzen bilden keine Ausnahme. Auch der spätere Girondistenführer *Jacques Pierre Brissot de Warwille* (1754–1793) wäre zu nennen, denn auf seine Polemik gegen das Eigentum geht *Proudhons Formel* zurück: *La propriété, c'est le vol.* Vielleicht am schärfsten formuliert der Advokat

Simon-Nicolas-Henri Linguet (1736–1794) (*Théorie des lois viciles* 1767, *Annales politiques, civiles et littéraires du XVIIIe siècle* 1777–1792). Statt der glücklichen Anarchie des Urzustandes entstanden durch Usurpation Eigentum und durch Gewalt Gesellschaft. Das Interesse des Eigentums verbindet die Gesellschaft mit ihrer politischen Führung; die Gesetze dienen primär dem Schutz des Eigentums. Die Lasten trägt die Masse der Armen und Ausgebeuteten. Während der Sklave als Eigentum umsorgt wurde und so seinen festen Platz in der Gesellschaft hatte, führt die Freisetzung der Leibeigenen und Sklaven zur völligen Verelendung einer Masse von Lohnarbeitern, die eigentlichen Opfer des gegenwärtigen Gesellschaftszustandes. Ihre Lage wird eingehend analysiert, einschließlich des Gesetzes der sinkenden Löhne. Linguet proklamiert keine soziale Revolution, aber er sieht sie voraus.

Physiokraten und Condorcet

Die Polemik der jüngeren Radikalen wendet sich ausdrücklich gegen die Reformeuphorie der einflußreichen Gruppe der sog. *Physiokraten*, deren Gründer *François Quesnay* (1694–1774) gewesen ist. Sein *Tableau économique* (1758), eine Broschüre von wenigen Seiten über die chronische Finanzkrise, ist die erste graphische Darstellung des Wirtschaftsprozesses und die erste ökonomische Kreislauftheorie überhaupt. Die Bevölkerung wird darin erstmals in »Klassen« eingeteilt, freilich einstweilen nur in logische. Die *classe productive* erzeugt in Landwirtschaft, Bergbau und Gewerbe durch einen möglichst hohen Überschuß den Wohlstand, den sie an die Grundbesitzer, die *classe des propriétaires* weitergibt, deren Ausgaben wiederum die Existenz einer *classe stérile* einschließlich Handel und eines Teils des Gewerbes ermöglicht. *Victor de Riqueti Marquis de Mirabeau* (1715–1789) entwickelte dazu die physiokratische Steuerlehre (*Théorie de l'impôt* 1760) einer einheitlichen Besteuerung nur der Grundbesitzer und schrieb zusammen mit Quesnay die *Eléments de la philosophie rurale* (1763), eine Gesamtdarstellung der Doktrin. *Pierre Samuel du Pont de Nemours* (1739–1817) war der Publizist der »Schule« – von ihm stammt auch ihr Name (1767), während *Paul-Pierre Mercier de la Rivière* (1720–1793) im *Ordre naturel et essentiel des sociétés politiques* (1767) eine umfassende Staats- und Gesellschaftstheorie entwarf. Naturrecht und Eigentum sind die Grundbegriffe, wichtigste Form des Eigentums ist der Grundbesitz, die einzige Quelle des Wohlstandes. Natur und naturgemäße Wirtschaft leben von der Freiheit: *laissez faire* (= Gewerbefreiheit), *laissez passer* (= Aufhebung der Binnenzölle) heißt die Losung. Der Staat ist dazu da, diese natürliche Freiheitsordnung durchzusetzen und zu garantieren. Zu diesem Zweck muß er stark sein, ein monarchischer Despotismus, dem die Untertanen bedingungslos unterworfen sind. Doch von seinem Zweck her steht er unter dem Naturgesetz und den diesem Naturgesetz entsprechenden positiven Gesetzen, es ist ein *Despotisme legal*.

In diesem Punkt unterscheidet sich *Anne Robert Jacques Turgot* (1727–1781) von der »Schule«, vor allem mit dem Reformprogramm, durch das der ehemalige Intendant 1774–1776 als Generalkontrolleur der Finanzen Frankreich zu sanieren versuchte. Auch er will die Staatsmacht stärken, aber der Absolutismus soll ein anderes Gesicht bekommen, sich aus einem System persönlicher Herrschaft zum Verwaltungsstaat wandeln. Völlige Freigabe des Getreidehandels, Gewerbefreiheit und Steuerreform werden in Angriff genommen, eine Verwaltungsreform wird entworfen: Bei den Gemeinden beginnend, soll ein System gewählter Versammlungen Beratung und Selbstverwaltung übernehmen, unterhalb der Zentrale soll es keine Bürokratie mehr geben. Der Einfluß von *Boisguilbert* und *d'Argenson* ist offenkundig. Aber nur Grundbesitzer sind wahlberechtigte Vollbürger, gegen die Unterschichten hat Turgot ebensolche Vorbehalte wie gegen die englische und später die amerikanische Verfassung mit ihrer Gewaltenteilung. So bleibt umstritten, ob ihm tatsächlich eine parlamentarische Monarchie als Endziel vorschwebte, oder sich antiabsolutistische Folgen unbeabsichtigt aus seiner Lehre ergaben, die ja bis zu einem gewissen Grad die Selbstabdankung des Absolutismus bedeutete.

Mitarbeiter Turgots war *Marie-Jean-Antoine-Nicolas Caritat Marquis de Condorcet* (1743–1794), »der letzte Enzyklopädist«, »das geistige Resümée des 18. Jahrhunderts«. Tatsächlich wollte er Voltaire *und* Rousseau folgen und erstrebte für sich eine Synthese des menschlichen Wissens auf der Grundlage der Mathematik. Selbstgestellte Hauptaufgabe der *philosophes*, die sich seit 1770 zunehmend politisch zu engagieren begannen, ist die Verfechtung der Menschenrechte gegen die Machthaber. In *De l'influence de la révolution d'Amérique* hat Condorcet 1786 einen Katalog formuliert: das Recht auf freie Selbstentfaltung, solange andere dadurch nicht daran gehindert werden, und auf Sicherheit vor Gewalt, das Recht auf freien Besitz und Gebrauch des Eigentums, die Unterwerfung allein unter das Gesetz und die Gleichheit vor dem Gesetz, die alleinige Herrschaft des Gesetzes unter Ausschaltung aller Willkür. Grundproblem seiner sozialen Mathematik wird die Ermittlung des Konsenses, vor allem seit er sich im Lauf der Revolution trotz seiner ursprünglichen Vorbehalte gegen den Pöbel zum allgemeinen Stimmrecht (sogar der Frauen!) bekehrt hatte. In seinem Verfassungsentwurf von 1792 versucht er diese Frage mit Hilfe der Primärversammlungen der lokalen Wählerschaft (*assemblées primaires*) zu lösen, die in der weiteren Verfassungsentwicklung noch ihre Rolle spielen sollten.

32. Naturrecht, Aufklärung und Absolutismus in Deutschland

Naturrecht und Aufklärung

Bis zu *Conring* einschließlich waren die deutschen Reichsrechtslehrer ihren philosophischen Grundlagen nach Aristoteliker. Als erster hat sich der vielseitige *Samuel Pufendorf* (1632–1694) von diesen Fesseln freigemacht und unter dem Einfluß von *Galilei, Descartes, Grotius* und *Hobbes* ein eigenes Naturrechtssystem entwickelt: *De Jure Naturae et Gentium Libri VIII* (1672), ergänzt durch das bald weitverbreitete kurze Kompendium *De Officio Hominis et Civis juxta legem Naturalem Libri II* (1673); er stellt aber keinen radikalen Neuanfang dar, Aristoteles wird nicht wie bei *Hobbes* verworfen, sondern fleißig zitiert, die Scholastik rezipiert, wohl durch Vermittlung des *Grotius*, der die Hauptquelle darstellt. Pufendorf will das traditionelle Naturrecht nicht beseitigen, sondern verbessern und weiterführen. Das Neue besteht im Stellenwert und Charakter dieses seines Naturrechts. Es ist nicht mehr integrierender Bestandteil eines theologischen Systems wie bei *Suárez*, sondern als Teil der praktischen Philosophie ein autonomes Prinzip, aus dem das *Recht* deduziert wird. Zwar ist es nach wie vor letztinstanzlich durch Gottes Schöpfungsordnung legitimiert, aber von dieser metajuristischen Grundlegung wird alsbald abgesehen. Faktisch handelt es sich um ein säkularisiertes, ohne göttliches Eingreifen in sich schlüssiges Gebäude, das nicht nur rational deduziert, sondern durch Beobachtung der Natur und des Handelns der Menschen auch empirisch begründet wird. Säkularisierung und Systematisierung hat Pufendorf selbst als seine Errungenschaften bezeichnet.

Im Unterschied zu *Hobbes* kennt er neben der physischen eine geistig-sittliche Natur des Menschen als Reich der Freiheit und Vernünftigkeit. Freilich ist die Natur verdorben, die Freiheit eingeschränkt, doch wäre der Mensch in einem nur als fiktiv betrachteten Naturzustand zwar sittlich anfällig, aber nicht unbedingter Feind seiner Mitmenschen. Grundsätzlich ist der Mensch aber trotz Verpflichtung zur Selbstvervollkommnung auf Gemeinschaft angelegt, denn *personalitas* und *socialitas* bedingen und steigern sich gegenseitig. Die höchste Form der menschlichen Gemeinschaft, der Staat, ist freilich nicht eo ipso von Natur oder durch göttliche Stiftung gegeben, sondern kommt durch ausdrückliche menschliche Setzung in drei Schritten zustande: Zuerst gründen die Menschen durch den Gesellschaftsvertrag eine Gemeinschaft zum gegenseitigen Schutz ihrer Schwäche, dann beschließen sie über die Regierungsform und errichten drittens durch den Unterwerfungsvertrag eine Obrigkeit, der sie gegen Sorge um das Gemeinwohl Gehorsam versprechen. Prinzipiell bleibt es also bei Rechten und Pflichten auf Gegenseitigkeit und einem Widerstandsrecht bei Rechtsverletzungen der Obrigkeit. Pufendorf führt als Absolutist diesen Gedanken nicht weiter aus; für ihn ist Herrschaft im Grunde immer legitim, entweder durch Zustimmung der Beherrschten oder weil sie sich nachträglich am Gemeinwohl orientiert, Willkürherrschaft ist kaum denkbar. »Empirisch« gesehen kommt aber Naturrecht in staatlicher Realisierung nirgends in reiner Form, sondern jeweils den Bedingungen des einzelnen Gemeinwesens angepaßt vor. Durch Umkehrung dieses Gedankengangs erhält also die jeweils konkret vorhandene Obrigkeit eine höhere Dignität als eine bloß positiv-rechtliche, denn es wird zunächst einmal ihre Übereinstimmung mit dem Naturrecht unterstellt. In diesem Rahmen ist die Staatsgewalt souverän im Sinne *Bodins*, Stände und dgl. haben für Pufendorf keine Existenzberechtigung, nur so kann sie ihre Aufgabe im Dienst des Gemeinwohls erfüllen. Auch die Kirche als Konkurrenz der Staatsgewalt wird nicht geduldet, Religion ist Sache der Innerlichkeit. Der Herrschaftsanspruch der katholischen Kirche wird Anlaß zu scharfer Kritik. Ganz offensichtlich steht Pufendorfs politisches Denken trotz säkularisierter Gestalt in der Tradition des Luthertums und enthält Momente, die für das deutsche politische Selbstverständnis noch beträchtliche Bedeutung erhalten sollten.

Die ungeheuer vielfältigen, zum Teil höchst pragmatischen, ja fast zynischen politischen Entwürfe *Gottfried Wilhelm Leibniz'* (1646–1716) lassen sich derzeit schwer in ein System bringen. Immerhin gehört eine Reihe seiner originellen Vorschläge zum Programm des Vernunftsstaates der Aufklärung oder gar des modernen Wohlfahrtsstaates (Versicherungen, Witwen- und Waisen»renten« aus Steuermitteln, Arbeitsbeschaffung usf.).

Um die Wende zum 18. Jahrhundert ist in Deutschland der Begriff »Politik« nicht nur neben »Polizey« hoffähig geworden; in den Schriften des Moralisten *Christian Weise* (1642–1708) taucht »politisches« d. h. kluges Verhalten auch im Privatleben als besondere Kategorie des Politischen auf. Nicht daß es dieses Verhalten nicht schon immer gegeben hätte; seine gesonderte Erfassung als eine Art von politischem Privatleben erscheint bemerkenswert. Wahrscheinlich meldet sich hier erstmals die vom absolutistischen Staat zur politischen Nicht-Partizipation verurteilte »bürgerliche Gesellschaft« zu Wort.

Der Aufstieg des brandenburg-preußischen Absolutismus wurde gerechtfertigt und geistig geprägt von den Lehren des *Christian Thomasius* (1655–1728), des umstrittenen Professors der preußischen Universität Halle. Umstritten, weil er sowohl dem Pietismus Franckes, Speners und Zinzendorfs als auch Grotius, Pufendorf, Locke und der westeuropäischen Frühaufklärung nahestand, und weil er zugleich Naturrechtslehrer und Absolutismustheoretiker gewesen ist. Seine *Institutionum*

Jurisprudentiae Divinae libri tres (1688) und die *Fundamenta Juris Naturae et Gentium* (1705) schließen eng an *Grotius* und *Pufendorf* an und setzen die Säkularisierung des Naturrechts weiter fort. Thomasius hat Grotius zum eigentlichen Vater des Natur- und Völkerrechts erhoben und die Erinnerung an seine spanischen Vorläufer aus dem Bewußtsein getilgt.
Wie bei *Hobbes* steht der Mensch auch bei Thomasius nicht unter der Herrschaft der Vernunft, sondern des affektgeleiteten Willens. Aber die Vernunft in Gestalt der wissenschaftlichen Moralphilosophie und Politik rät dem Menschen zu Entscheidungen im Sinne des *summum bonum*, das in der Ruhe besteht, individuell im inneren Frieden als dem Gleichgewicht der drei Hauptaffekte Wollust, Geldgier und Ehrgeiz, kollektiv in Ruhe und Ordnung weniger auf Grund von Zwang als infolge geeigneter Erziehung. Zum Zwecke dieses Glückes gründen die Menschen im Pufendorfschen Dreischritt den Staat. Das dadurch errichtete *imperium*, die Souveränität, ist unumschränkt. Maßgebend ist dafür die zu Unrecht aus *Grotius* abgeleitete Einengung des Rechtsbegriffs auf das Erzwingbare, auf das mit Sanktionen belegte *iustum* gegenüber dem naturrechtlich ebenfalls gebotenen, aber offensichtlich nicht erzwingbaren *honestum* und *decorum*. Es liegt nahe, daraufhin die Moral dem Privatleben, das Recht dem öffentlichen Leben zu reservieren. Wie die Vernunft dem Menschen nur zu raten vermag, das Gute zu tun, so hat auch die Gewissensbindung des Fürsten an das Naturrecht unter diesen Umständen nur den Charakter eines Rates. Nichts ist erzwingbar und niemand hat ein Recht zu prüfen, ob der Fürst diesem Anspruch gerecht wird.
Der konkrete Staat des Thomasius ist immer absolutistischer deutscher Territorialstaat, das Problem der Reichsverfassung, das noch Pufendorf und Leibniz beschäftigt hatte, ist für ihn gelöst. Den Staatszweck Ruhe und Ordnung kann nur eine Staatsgewalt gewährleisten, die alles Recht und alle Macht in Händen hat. Die Souveränität im Reich liegt in diesem Sinn bei den Territorien; die Befugnisse des Kaisers werden zwar nicht bestritten, es wird aber ausdrücklich festgehalten, daß die Fürsten sie auch in Anspruch nehmen könnten. Recht kann ja veralten und von der Vernunft neu gestaltet werden; das Alter des Rechts, einst das stärkste Argument für seine Geltung, das man sich denken konnte, wird am Beginn des Zeitalters aufklärerischer Innovationsfreude zur Schwäche! Das Reich ist nicht mehr in staatsrechtlichen, sondern nur noch in völkerrechtlichen Kategorien zu fassen. Da Gesetzgebung und Recht der Territorien vom Reich unabhängig sind, ist Rechtseinheit des Reiches kein erstrebenswertes Ziel. Das römische Recht gilt nicht mehr ohne weiteres und Reichsrecht bricht Landesrecht nicht, eher umgekehrt.
Der Fürst eines Territoriums ist also unumschränkter Inhaber aller Gewalt, die in der Gesetzgebungsbefugnis kulminiert. Auch die äußere Gestalt der Kirche ist ihm unterworfen, nicht aber der Glaube. Da Glück der

Staatszweck ist und unbeeinträchtigter Genuß des Eigentums wesentlich zum Glück gehört, soll der Fürst seine Verfügungsgewalt über alles Eigentum als *jus eminens* nur ausnahmsweise in Anspruch nehmen und auf Steuern verzichten, aber dies kann nicht erzwungen werden. Der Fürst hat zwar dem *dictamen rectae rationis* zu folgen – aber dem seiner eigenen Ratio!

Der eigentliche *Maître à penser de l'Allemagne* im 18. Jahrhundert wurde laut Voltaire *Christian Wolff* (1679–1754), dessen Ansehen wohl nicht nur auf seinen ca. 250 Veröffentlichungen, sondern auch auf seiner spektakulären Vertreibung von der Universität Halle unter Androhung des Stranges durch Friedrich Wilhelm I. im Jahre 1723 beruht. Angeblich hat sich der Pietismus unter Ausnutzung seiner Beziehungen zum Hof seines aufklärerischen Gegners entledigt, der von der Mathematik und Naturwissenschaft immer weiter in die Philosophie vorgedrungen war. Friedrich II. hat ihn übrigens sofort nach seinem Regierungsantritt 1740 aus Marburg nach Halle zurückgeholt.

Wie Thomasius an Pufendorf, so knüpft Wolff an Leibniz an, daneben an Aristotelismus und Scholastik; Thomas von Aquin war ihm wohlvertraut. Wolff ist in solchem Ausmaß Systematiker, daß zwischen seinen für die politische Ideengeschichte wichtigen Werken kaum entwicklungsbedingte Widersprüche festzustellen sind: von der sog. *Politik* (*Vernünftige Gedanken von dem gesellschaftlichen Leben der Menschen, und insbesonderheit dem gemeinen Wesen, zu Beförderung der Glückseligkeit des menschlichen Geschlechts* 1721, gedruckt 1726) über die beiden Aufsätze von 1730, *De rege philosophante et philosopho regnante* und *Theoria negotiorum publicorum*, zum Hauptwerk *Jus naturae methodo scientifica pertractatum* (1740–1748) mit dem *Jus gentium* (1749) als Anhang und dem kurzen Abriß *Institutiones juris naturae et gentium* (1754).

Die Ausarbeitung der Grundformel: Wille Gottes = Naturrecht = Moral = Wahrheit zu einem alle menschlichen Wissensgebiete umfassenden System war Ziel und Leistung des Wolffschen Denkens, das Vorgehen dabei streng deduktiv *more geometrico*. Dieser *Rationalismus* unterscheidet sich vom sog. *Empirismus* aber nicht durch Vernachlässigung der Wirklichkeit, insofern unterstellt würde, daß alle Aussagen implizit bereits in den obersten Prinzipien enthalten sein müßten, sondern »nur« durch den Versuch, die vorgefundene Wirklichkeit mittels strenger Definitionen und Einordnen in ein System endgültig auf den Begriff zu bringen. Daher ist der Unterscheidung von Moral und Recht nach Thomasius, die sich auch bei Wolff nicht ganz umgehen läßt, eine grundsätzliche Einheit beider in der praktischen Philosophie des Naturrechts vorgeordnet. Der Spannung zwischen diesen beiden Ebenen entspricht in der politischen Theorie der immer noch umstrittene Widerspruch zwischen dem absolutistischen und »liberalen« Wolff.

Natürliches, im Diesseits freilich nicht zu erreichendes Ziel des Menschen ist für Wolff Vollkommenheit, ein aktivistischeres und optimistischeres Programm als die Ruhe und Ordnung des Thomasius. Da Vervollkommnung dem Menschen aber nur im Zustand der Vergesellschaftung möglich ist, erfolgt die vertragliche Gründung des Staates. Die Selbstvervollkommnung ist Pflicht, also geht die Pflicht dem Recht logisch voran. Doch leitet Wolff aus den Pflichten dem Menschen angeborene Rechte ab, die auf die späteren Menschenrechte hinauslaufen. Weil die angeborene Pflicht aller Menschen gleich ist, sind alle Menschen von Natur aus gleich. Daraus wird die Rechtsgleichheit abgeleitet und aus dieser die angeborene Freiheit aller Menschen, die nur am Naturrecht bzw. der Freiheit des anderen ihre Grenze findet. Aus diesem Konzept ergibt sich dann das Recht auf Leben, Unversehrtheit des Körpers und der Ehre, auf Nahrung und Medikamente, auf Kleidung und Wohnung, auf Arbeit, Erziehung und Bildung. Ergänzt um den »Winck« in der *Politik*, »daß eine Politie (oder Freye Republik) sich am besten für polirte Völcker schicket, so man um Verstand und Tugend sich bemüht«, ergeben diese Ausführungen das Bild eines »liberalen« Wolff.

Aber der Katalog der angeborenen Rechte bezieht sich auf den vor- und außerstaatlichen Zustand; daher fehlt auch das Eigentum auf der Liste. Im staatlichen Zustand ist gemeinsame Vervollkommnung in der Regel nicht in der Staatsform einer freiheitlichen Demokratie möglich, weil die Menschen unfähig sind, das Vernünftige zu erkennen und entsprechend zu handeln. Also ist eine starke Zwangsgewalt nötig, deren Befehl Gesetz ist. Damit kehrt Wolff von seinem grundsätzlichen Rationalismus zu einem Voluntarismus im Sinne des Thomasius zurück. Dieser starke Staat strebt nun nicht nur nach Vervollkommnung der natürlichen Personen, sondern auch nach seiner eigenen, ist er doch auch Person – Rechtsperson. Demgemäß entwickelt Wolff ein Aktionsprogramm für den Staat, das diesem je nach Standpunkt des Lesers die Bezeichnung »sozialer Wohlfahrtsstaat« oder »absolutistischer Polizeistaat« einbringt, obwohl Wolff selbst diese Aussage vorzieht: »Regierende Personen verhalten sich zu den Untertanen wie Väter zu den Kindern« (*Politik* § 264).

Auf diese Weise wird Wolff sowohl den aufgeklärten als den absolutistischen Bedürfnissen seiner Zeit gerecht, ein wichtiger Grund für seine Popularität. Planmäßig wurde er zum Lieblingsphilosophen Friedrichs II. gemacht, bis dieser sich skeptischeren Richtungen der Aufklärung zuwandte. Aber die späteren Reformer des preußischen Justizwesens *Johann Heinrich Casimir von Carmer* (1726–1801), *Carl Gottlieb Svarez* (1746–1798), *Ernst Ferdinand Klein* (1744–1810) stehen ebenso unter seinem Einfluß wie *Karl von Martini* (1726–1800), der die österreichischen Reformen und Kodifikationsversuche maßgeblich beeinflußt hat. Wolffs

Lehren wurden sogar im katholischen Südeuropa rezipiert und bis ins 20. Jahrhundert hinein geschätzt. Durch Lehre und Einfluß ist er zum Philosophen des *aufgeklärten Absolutismus* geworden.

Aufgeklärter Absolutismus

Die Leitidee des erst seit dem 19. Jahrhundert so bezeichneten *Aufgeklärten Absolutismus* (*Roscher*) ist nicht neu, es handelt sich um den häufig in der Geschichte wiederholten platonischen Topos, daß zur Optimierung des Gemeinwohls Philosophen Könige oder Könige Philosophen sein müssen. Neu ist nur, daß die empfohlene Philosophie hier diejenige der Aufklärung ist, was bestimmte Konsequenzen mit sich bringt, insbesondere für die Legitimation, das Aktionsprogramm und das weitere Wachstum der Staatsgewalt. Sehr präzise Vorstellungen dieser Art haben die *Physiokraten* entwickelt. *Turgots* Wirken blieb zwar Episode, aber der Markgraf und schließlich Großherzog *Karl Friedrich von Baden* (1738–1811) hat nicht nur 1769–1806 regelmäßig mit *Mirabeau* bzw. *Du Pont* korrespondiert und selbst für seinen Nachfolger den physiokratischen *Abrégé des principes de l'économie politique* (1772) verfaßt, sondern sich ohne viel Erfolg mit Reformen aus physiokratischem Geist versucht. Eine gewisse Bedeutung hatte die Physiokratie auch für die Reformen des Großherzogs *Leopold von Toskana* (1765–1790), freilich neben Einflüssen aus Österreich, das mit Leopolds Bruder Joseph einen der profiliertesten Vertreter des aufgeklärten Absolutismus aufweist.
Am berühmtesten ist *Friedrich II. von Preußen* (1740–1786), nicht nur wegen seiner Erfolge, sondern auch wegen seiner politischen Schriften, insbesondere dem *Antimachiavell* (1739/40), den beiden *politischen Testamenten* (1752, 1768) und dem *Essai sur les formes de gouvernement et sur les devoirs des souverains* (1781). Zunächst hält Friedrich der düsteren Anthropologie Machiavellis die Theorie einer besseren Natur des Menschen entgegen sowie ein Ethos der Fürstenpflicht, das in der Forderung gipfelt, der Fürst müsse gütig, menschlich und mitempfindend sein, seine höchste Pflicht sei es, am Glück der Menschen zu arbeiten. Politik hat moralisch zu sein und der Besitz von Macht enthält die Verpflichtung, Gutes zu tun und das Wohl der Menschheit zu fördern. Obwohl Friedrich der Interessenpolitik gewissen Raum läßt, nimmt sich der Angriff auf Schlesien im selben Jahr daneben doch etwas merkwürdig aus. Die politischen Testamente behandeln mit pragmatischer Ausführlichkeit die Rechtspflege, die Wirtschafts- und Finanzpolitik, die Innen- und Außenpolitik mit dem Kriegswesen. Nach dem Grundsatz: »Die Politik ist die Kunst, mit allen geeigneten Mitteln stets den eigenen Interessen gemäß zu handeln. Dazu muß man seine Interessen kennen« (1752), läuft sowohl die merkantilistische Entwicklungspolitik als auch die Sorge um die Wohl-

fahrt der Untertanen letztlich auf Steigerung der Staatsmacht hinaus. Das wird deutlich, wo diese Politik gegenüber den Bauern und dem Adel an selbstgesetzte Grenzen stößt. Der »unaufgeklärte« Friedrich Wilhelm I. (1713–1740) war hier weiter gegangen. Dennoch schließt sich Friedrichs Politik im Ganzen durchaus an diese und noch ältere brandenburg-preußische Traditionen an. Neu und aufgeklärt sind eigentlich nur die Justizreform und das Staatsverständnis. Das Rechtswesen wird nach Effizienz- und Billigkeitsgesichtspunkten reformiert, Gleichheit vor dem Gesetz angestrebt, u. a. dadurch, daß der Monarch theoretisch auf Eingriffe in schwebende Verfahren verzichtet. Und Friedrich bezeichnet sich von Anfang bis zum Ende als bloßen ersten Diener und Magistrat des Staates, der sich pflichtgemäß seinen Mitbürgern nützlich erweist und dafür eine Art Gehalt bezieht. Nicht das Dienstethos ist dabei bemerkenswert, sondern die Staatsidee, die Überwindung der noch bei Friedrich Wilhelm I. vorherrschenden patrimonialen Vorstellung durch die Objektivation des Staates und entsprechende vollständige Säkularisierung und Funktionalisierung der Rolle des Monarchen. Freilich zeichnet sich damit ein Ansatz zur Selbstaufhebung dieses aufgeklärten Absolutismus ab: Was geschieht, wenn der Monarch dieser Rollenbeschreibung nicht gerecht wird?
Die Gedanken Kaiser *Josephs II.* (1765/80–1790) haben sich nicht in Publikationen niedergeschlagen, sind aber aus Verfügungen und Denkschriften leicht zu rekonstruieren. Auch Joseph baut bereits auf Reformen seiner Mutter Maria Theresia (1740–1780) und ihrer aufgeklärten Mitarbeiter auf. Aber in Österreich stehen der gegenüber Preußen verspäteten Zentralisierung und Rationalisierung der Verwaltung größere strukturelle Schwierigkeiten im Weg. Dazu kommt die Auseinandersetzung mit der katholischen Kirche (*Josephinismus*), als Erziehung und Kultus unter strengen Nützlichkeitsgesichtspunkten staatlicher Leitung unterworfen werden. Da sich der stärker emanzipatorisch bestimmte Kaiser mit der Bauernbefreiung (1781/82), die Friedrich II. nicht für opportun gehalten hatte, und mit Proklamationen von Freiheit und Gleichheit (1786, s. u.) mit der traditionellen aristokratischen Gesellschaftsordnung anlegte, ließen sich bei seinem plötzlichen Tod nicht alle Reformen behaupten.
Als Kronprinz erhielt Joseph 1754 Rechtsunterricht durch *Christian August Beck* (1720–1784), der auf Pufendorf aufbaute. Entsprechend wurde der spätere Großherzog und Kaiser Leopold 1761 durch den Wolffianer *Martini* instruiert. Noch wichtiger als Quelle sind die Vorträge des *Svarez* vor dem preußischen Kronprinzen, dem späteren Friedrich Wilhelm III. ab 1791, weil gleichzeitig 1791 das *Allgemeine Gesetzbuch für die preußischen Staaten* verkündet wurde, für das Carmer und Svarez 1784–1787 den Entwurf vorgelegt hatten. 1792 wurde es zwecks Ausmerzung einiger »gefährlicher« Bestimmungen suspendiert, etwa § 79 (1791): »Die Gesetze und Verordnungen des Staates dürfen die natürliche Freiheit und

Rechte der Bürger nicht weiter einschränken, als es der gemeinschaftliche Endzweck erfordert.« 1794 trat es mit dem weniger »republikanischen« Titel *Allgemeines Landrecht für die preußischen Staaten* in Kraft. Auch in Österreich wurden die grund- und naturrechtlichen Bestimmungen aus dem *Ersten Teil eines Bürgerlichen Gesetzbuchs* (1786) und dem von *Martini* entworfenen *Bürgerlichen Gesetzbuch für Westgalizien* (1797) *im Allgemeinen Gesetzbuch für die gesamten deutschen Erbländer der österreichischen Monarchie* (1811) gestrichen.

Die gemeinsamen Grundvorstellungen des *aufgeklärten Absolutismus* laufen auf die vertragliche Begründung des Staates und Einrichtung der Monarchie zum Zwecke von Sicherheit und Glück hinaus. Daraus ergibt sich ein Katalog bedeutender Befugnisse der Staatsgewalt, aber auch eine Liste davon nicht berührter Grundrechte der Untertanen. Das bedeutet aber Selbstbeschränkung, ja partielle Abdankung des überkommenen Absolutismus. Die Idee, eine *Verfassung* zu erlassen, die Mißbräuche des »Despotismus« ein für alle Mal ausschließen sollte, wie sie Leopold von Toskana 1779–1782 verfolgte, ist daher nur konsequent. Freilich bedeutet der rationalisierte administrative Zentralismus mit seiner planmäßigen Intervention in allen Lebensbereichen auch einen bedeutenden Wachstumsschub für die Staatsgewalt. Darüber hinausgehende Zugewinne sind auf der Grundlage des alten Systems nicht mehr möglich, sondern nur mittels breiterer Partizipation und Konsens der Bevölkerung. Das ist das Problem des deutschen 19. Jahrhunderts.

Die deutschen *Juristen* beschränken sich freilich nicht auf das Modell des aufgeklärten Absolutismus. *Johann Georg Schlosser*s (1739–1799) Kritik am preußischen Gesetzbuch geht von einer stärkeren Bejahung geschichtlicher Gegebenheiten aus, bis hin zu einer Art Proto-Positivismus. Vom Reich her denkt der größte Staatsrechtler der Zeit, *Johann Jakob Moser* (1701–1785) (*Teutsches Staatsrecht* 1737–1754, *Neues Teutsches Staatsrecht* 1766–1775). Er lehnt das neue Natur- und Vernunftrecht ab und ist in einer bis dahin unbekannten Unparteilichkeit historischer Rechtspositivist. Aber gerade darauf beruht seine Forderung nach Rechtssicherheit und seine Verteidigung ständischer Rechte gegen den Herzog von Württemberg, wobei er freilich über den Konservatismus seiner Auftraggeber hinaus eine Art von ständischem Reformprogramm zu entwerfen versucht. Sein ältester Sohn *Friedrich Carl Moser* (1723–1798), 1772–1780 darmstädtischer Minister, setzt diese Verbindung von Reichspatriotismus und territorialer Reform fort; er vermag sogar den geistlichen Fürstentümern positive Seiten abzugewinnen. Bei dem osnabrückischen Politiker *Justus Möser* (1720–1794) schließlich überlagert die Vielfalt der gewachsenen historischen Phänomene die aufgeklärten Grundmuster von Gesellschaftsvertrag und Gemeinwohl. Aber gerade diese Vielfalt ist Garant der Freiheit.

Im Unterschied zu Westeuropa wird im Deutschland des 18. Jahrhunderts das mehr oder weniger merkantilistische Wirtschaftsdenken institutionalisiert. Von Haus aus handelt es sich bei dieser sog. *Kameralistik* um die Lehre von der Maximierung der Einkünfte der fürstlichen »Kammer«, wie wir sie bereits bei *Seckendorff* finden. Ihre Praxisnähe ist freilich bei den Vorläufern im 17. Jahrhundert nicht immer von der üblichen »Projektemacherei« zu unterscheiden, nicht einmal bei *Johann Joachim Becher* (1635–1682), dem Begründer der Richtung. Aber sein *Politischer Diskurs von den eigentlichen Ursachen des Auf- und Abnehmens der Städt, Länder und Republiken* (1668) fügt der politischen Theorie ein neues Glied ein, indem er erstmals die *societas civilis* als Wirtschaftsgemeinschaft versteht, die sich durch *consumption* selbst reguliert, allerdings ohne daß er zum Gedanken des Wirtschaftskreislaufs vorgestoßen wäre. Grundlage ist der Bevölkerungsreichtum der drei *produktiven Stände*, der Bauern, Handwerker und Kaufleute. Der Staat bekommt die Aufgabe, das öffentliche Wohl unter diesem neuen Aspekt zu fördern, etwa durch merkantilistische Außenhandelspolitik. Während Becher vom Reich her denkt, wendet *Philipp Wilhelm von Hörnigk* (1640–1714) in *Oesterreich über alles, wenn es nur will* (1684) die neue Lehre mit antifranzösischer Spitze auf das Habsburgerreich an – wie bei *Colbert* ist Wirtschaftspolitik Fortsetzung oder Vorbereitung des Krieges mit anderen Mitteln. Anders als Hörnigk orientiert sich *Wilhelm von Schröder* (1640–1688) nicht mehr am Interesse des Ganzen, sondern an den fiskalischen Bedürfnissen der österreichischen Obrigkeit im Hinblick auf die Finanzierung großer außenpolitischer Projekte. Die Disziplinierung der Untertanen wird damit aber ebenso wichtig wie die Förderung der Wirtschaft.

Im 18. Jahrhundert wird Kameralistik Universitätsfach zur Ausbildung von Staatsdienern. *Johann Gottlob Heinrich Justi* (1702–1771) in Wien, Göttingen und Berlin verbindet Kameralistik und Naturrechtslehre. Oberster Staatszweck ist das allgemeine Glück. Wegen der Uneinsichtigkeit des Pöbels führt der Weg zum Glück des einzelnen aber nur über die Wohlfahrt des Ganzen, für die der einzelne gehorsam und eifrig zu wirken hat; im Dienst des Staatszwecks bleiben ihm nur Pflichten, keine Rechte. Der ursprünglich gegebene freiheitliche Ansatz wird für die Praxis wieder zurückgenommen (*Staatswirtschaft*... 1755). Die notwendige Koordination von Staatswohlfahrt und Privatinteresse leistet die als *Polizei* bezeichnete innere Verwaltung. »Die Policey Wissenschaft besteht in den Lehren, das allgemeine Vermögen des Staates zu erhalten und zu vermehren und zu Beförderung der gemeinschaftlichen Glückseligkeit einzurichten und geschickt zu machen« (*Grundsätze der Policey Wissenschaft*

1756). *Josef von Sonnenfels* (1733–1817) geht den Schritt zum modernen Polizei-Begriff, zur Trennung von Politik und Ökonomie im Sinne einer Einengung der Staatsaufgaben. Die *Grundsätze der Policey, Handlung und Finanzwissenschaft* (1787) und das *Handbuch der inneren Staatsverwaltung* (1794) sehen das Staatsinteresse nicht in der Füllung der Staatskasse, sondern in der Förderung des individuellen Wohlstandes. Zwar wird auf staatliche Eingriffe nicht verzichtet, aber sie haben sich auf Anreize, Beseitigung von Wettbewerbsstörungen und die notwendige innere Sicherheit zu beschränken.
In engem Zusammenhang mit der Verwissenschaftlichung der Politik als Verwaltungslehre entsteht die *Statistik*, bei *Gottfried Achenwall* (1719–1772) in Göttingen als »Staatskunde« konzipiert. Und *Johann Peter Süßmilch* (1707–1767) hat in *Die göttliche Ordnung des menschlichen Geschlechts, aus der Geburt, dem Tode und der Fortpflanzung desselben erwiesen* (1741) mit der Theorie zur preußischen »Peuplierungspolitik«, der Volkszahl Staatsmacht bedeutete, die Anfänge der modernen Demographie geschaffen.

33. Politische Ökonomie und britische Moralphilosophie

»Die Politische Ökonomie verfolgt als Zweig der Wissenschaft, die eine Lehre für den Staatsmann und Gesetzgeber entwickeln will, zwei unterschiedliche Ziele. Einmal untersucht sie, wie ein reichliches Einkommen zu erzielen oder der Lebensunterhalt für die Bevölkerung zu verbessern ist, zutreffender, wodurch der einzelne in die Lage versetzt werden kann, beides für sich selbst zu beschaffen, und ferner erklärt sie, wie der Staat oder das Gemeinwesen Einnahmen erhalten können, mit deren Hilfe sie öffentliche Aufgaben durchführen. Die Politische Ökonomie beschäftigt sich also mit der Frage, wie man Wohlstand und Reichtum des Volkes und des Staates erhöhen kann« (*Adam Smith, Wealth of Nations*, Buch IV Einleitung).
Physiokratie und Kameralistik sind also »Schulen« Politischer Ökonomie. Ursprünglich lagen solche Zusammenhänge dem politischen Denken freilich fern, in der Antike wegen der reinlichen Scheidung von Politik und Ökonomie, im Mittelalter und den Anfängen der Neuzeit umgekehrt wegen der Selbstverständlichkeit des Zusammenhangs. Daher kommt es in der Praxis bald nach Entfaltung der Geldwirtschaft zu Versu-

chen, durch Wirtschaftsförderung die Einkünfte der Herrscher zu steigern, wobei naturgemäß der Handel als Pionier der Geldwirtschaft eine besondere Rolle spielt. Als daher in der säkularen wirtschaftlichen Trendwende der sog. »Krise« des 17. Jahrhunderts das Denken über die Wirtschaft von politischen statt von theologischen Schwierigkeiten Impulse erhielt, entwickelt sich mit dem erstmals von *Adam Smith* so bezeichneten *Merkantilsystem* das erste wirtschaftspolitische Gedankensystem, das trotz seiner Uneinheitlichkeit diesen Namen verdient.
Der Niedergang der spanischen Macht seit Ende des 16. Jahrhunderts wird bereits von den Traktaten der erst neuerdings genauer bekannten *Arbitristas* begleitet. Im unglücklichen spanischen Nebenland Neapel veröffentlicht 1613 *Antonio Serra* seinen merkantilistischen *Breve Trattato delle cause che possono far abbondare li regni d'oro et d'argento dove non sono miniere*. In Frankreich beginnt die merkantilistische Diskussion bereits in der Ära Heinrichs IV. *Antoine de Montchrestien* (1575–1621) prägt 1615 mit dem *Traité de l'Economie Politique* die Bezeichnung für die neue Richtung des Denkens. In England erregen Handelsbilanzprobleme schon im 16. Jahrhundert Interesse. Die Geschäfte der Ostindischen Kompanie lösen dann für fast 100 Jahre eine fruchtbare wirtschaftspolitische Diskussion aus. Weil aber Armut und Arbeitslosigkeit seit den Tagen des Morus und der elisabethanischen Gesetzgebung als Herausforderung empfunden werden, kommt es hier erstmals zur quantifizierenden Anwendung der neuen empirischen Wissenschaften auf soziale und wirtschaftliche Zusammenhänge. Sir *William Petty* (1623–1687) begründet eine *politische Arithmetik*, die statt Analogien und intellektuellen Argumenten nur solche verwenden will, die auf sinnlicher Naturbeobachtung beruhen und sich vorzüglich in Zahlen, Gewichten und Maßen ausdrükken lassen. In der *Political Anatomy of Ireland* (1691) vergleicht er eine Politik ohne Kenntnis der Wirtschaft und Gesellschaft mit medizinischer Kurpfuscherei. Sein Freund *John Graunt* (1620–1674) hat nach diesen Grundsätzen die erste Untersuchung demographischer Daten durchgeführt.
Im 18. Jahrhundert wird die Wirtschaft integrierender Bestandteil der politischen Theorie (vgl. Kapitel 31 und 32), man nähert sich der Auffassung, wirtschaftliche Blüte als Grundlage menschlichen Glücks sei der eigentliche Zweck der Politik. Freilich geht damit die Dissoziierung der Wirtschaftsgesellschaft von der Politik Hand in Hand.
Während der spanische Merkantilismus gegen den französischen oder deutschen abfällt, hat *Italien* eine einflußreiche Politische Ökonomie merkantilistischen Ursprungs hervorgebracht. Der neapolitanische Abbate *Ferdinando Galiani* (1728–1787) verbreitet mit *Della moneta libri cinque* (1750) merkantilistische Gedanken *Serras* und distanziert sich von den Vorstellungen der ihm aus Paris wohlbekannten Physiokratie. Empi-

rischer geht *Antonio Genovesi* (1712–1769) in den *Lezioni di commercio e di economia civile* (1756) vor, sein Anliegen ist vor allem die Reform seiner Heimat. So wird der für ihn 1754 in Neapel eingerichtete erste Lehrstuhl für Wirtschaftswissenschaft in Europa zu einem Zentrum der aufgeklärten Reformbewegung Italiens. In der zweiten Jahrhunderthälfte ist der bedeutendste politische Denker Italiens ein Ökonom: *Pietro Verri* (1728–1797), bekannt durch die zusammen mit seinem Bruder Alessandro herausgegebene Zeitschrift *Il Caffé* (1764–1766) und die *Memorie storiche sulla economia dello stato di Milano* (1763). Zweck des Staates ist das Glück aller, der Gemeinnutzen als Summe oder Einklang aller Einzelnutzen, näherhin die Prosperität. Zur Erreichung dieses Zieles ist ein starkes, aber im Sinne des aufgeklärten Absolutismus an Gesetze gebundenes Regime das beste, obwohl auch Sympathien für eine konstitutionelle Monarchie britischen Zuschnitts zu beobachten sind. *Cesare Beccaria* (1738–1794) ist vor allem durch sein Werk *Dei delitti e delle pene* (1764) weltberühmt geworden als aufgeklärter Verfechter einer Modernisierung des Strafrechts einschließlich der Abschaffung der Folter und der Todesstrafe. Viel zu wenig ist hingegen bekannt, daß auch er auf einem von der österreichischen Regierung 1768 in Mailand für ihn errichteten Lehrstuhl Politische Ökonomie gelehrt und zwölf Jahre vor *Bentham* die berühmte utilitaristische Formel *la massima felicità divisa nel maggior numero* populär gemacht hat. In seinem Gefolge zieht auch *Gaetano Filangieri* (1752–1788) aus Neapel in seiner *Scienza della legislazione* (1780–1788) die juristische Tradition in aufgeklärte Zweifel. Der individualistische Utilitarismus erreicht bei ihm einen Höhepunkt. Der Staat hat Sicherheit und Ordnung zu schaffen, damit der Bürger ungehindert nach seinem Glück streben kann. Nur weil doch Machttrieb und Eigennutz den einzelnen leiten, bedarf es gewisser Beschränkungen im Interesse der Allgemeinheit.

Die eindrucksvollste und einflußreichste Ausbildung haben diese gemeineuropäischen Grundvorstellungen aber in England erfahren, weil sie hier eine Verbindung mit einer ihnen adäquaten und kongenialen Moralphilosophie eingingen. So konnte hier nicht nur eine glänzende Analyse des Verhaltens des neuen Wirtschaftsmenschen, sondern auch eine Rechtfertigung dieses Verhaltens zustande kommen. Daher liegen in der britischen Politischen Ökonomie und Moralphilosophie die Wurzeln des modernen Liberalismus.

Der Arzt *Bernard de Mandeville* (1670–1733), Sohn eines Hugenotten und einer Holländerin, hat 1705 ein satirisches Gedicht in Knittelversen veröffentlicht: *Der grollende Bienenstock, oder: wenn Schurken ehrlich werden* (*The Grumbling Hive, or Knaves turn'd Honest*), nach dem Vorbild von LaFontaines Fabeln kurz die *Bienenfabel* genannt. Das Gedicht war so heftig umstritten, daß Mandeville es bis 1724 um einen Kommentar und drei ergänzende Abhandlungen, 1728 um einen zweiten Teil aus sechs philosophischen Dialogen ergänzte. Da wir noch weitere Schriften Mandevilles besitzen, u. a. eine Verteidigung der Prostitution und eine Abhandlung über das Verbrechen, ist für die Selbstauslegung der Bienenfabel bestens gesorgt.

Ihr Grundgedanke besagt, daß die wirtschaftliche und kulturelle Blüte eines Gemeinwesens nicht auf den Tugenden, sondern auf den Lastern seiner Mitglieder beruht. Geiz und Verschwendung, Eitelkeit und Neid, Eigennutz und Korruption lassen die Räder der Produktion sich drehen, schaffen Nachfrage und damit Arbeitsplätze, Prosperität und sogar bedeutende Erzeugnisse der Kultur. Als die Bienen durch ein Wunder plötzlich tugendhaft werden, verschwindet die Nachfrage, Arbeitslosigkeit und Flucht durch Auswanderung breiten sich aus. Dank ihrer Tugendhaftigkeit vermag sich die Gemeinschaft zwar zu behaupten, aber unter armseligen Bedingungen. Man könnte Mandeville als vorzeitigen Anti-Rousseau interpretieren, führt er doch dessen grundlegendes Tugendpostulat ad absurdum und zeigt auf, wie kläglich und unrealistisch ein tugendhafter Kleinstaat im Zeitalter expandierender wirtschaftlicher und politischer Großmächte dasteht.

Wie Machiavelli will Mandeville den Menschen nicht zeigen, wie sie sein sollen, sondern wie sie sind. Der Mensch ist eine von Leidenschaften angetriebene Maschine, auch Vernunft und Wille stehen im Dienst der Leidenschaften – die moderne psychologische Kategorie der *Rationalisierung* wird bereits vorweggenommen. Die auf dem vertrauten Weg über Urzustand, Gesellschaftsvertrag, Ausbildung des Privateigentums und Arbeitsteilung entstandene bürgerliche Gesellschaft beruht auf Armut und billiger Arbeit der Massen, eine andere Möglichkeit gibt es nicht. Bildung für die Armen ist sinnlos und gefährlich, denn sie macht sie nur unzufrieden. Ihre Trunksucht schafft Einkommen und Arbeitsplätze in der Schnapsindustrie. Prostitution schützt ehrbare Frauen. Geiz fördert die Akkumulation, Verschwendung die Zirkulation von Geld, ihr Zusammenspiel die Prosperität. Freilich ist das System der Individualinteressen in der Regel nicht im Gleichgewicht und bedarf daher politischer Regulierung. Weil Moral dafür nützlich ist, wurde wie durch Priesterbetrug die Religion, so durch Politikerbetrug die Moral geschaffen.

Hier liegt ein Widerspruch zur Unentbehrlichkeit der Laster, der sich noch steigert, wenn Mandeville eine zweite, objektive Entstehungsgeschichte der Moral darlegt. Sein »Immoralismus« beruht also auf dem Vorhandensein von Moral. Wie Machiavelli diagnostiziert er ein Problem, ohne eine Lösung anbieten zu können. Aber die Diagnose ist bereits revolutionär, denn bisher hatte alles politische Denken stets die Tugend für die einzige solide Grundlage des Gemeinwesens und ihre Förderung daher für dessen wichtigste Aufgabe gehalten. Ebenso war man sich darüber einig, daß wirtschaftliche Aktivität, besonders im Waren- und Geldgeschäft, dieser Tugend höchst abträglich sei und daher unter strenger gesellschaftlicher Kontrolle und Beschränkung stattzufinden habe. Mandeville erkennt, daß beides unter den Bedingungen seiner Umwelt nicht mehr zutrifft, vermag aber nicht zu sehen, daß es sich um einen Konflikt zwischen alten und neuen Werten und Normen handelt. Er kann die Nützlichkeit der Laster aufdecken, aber zur Umwandlung der bisherigen Laster in neue Tugenden fehlen ihm die Kategorien.

Aber der Nachweis der Tugendhaftigkeit des wohltemperierten Individualinteresses bleibt in diesem Milieu nicht aus. Er erfolgt durch die sog. *schottische Moralphilosophie* einer Reihe von Denkern, die besonders an den Universitäten Glasgow und Edinburgh im Rahmen der verwandten Integrationsdisziplinen Moralphilosophie bzw. Politische Ökonomie ein Bündel korrespondierender Grundvorstellungen entwickelt haben. Der Ausgangspunkt ist freilich ganz und gar nicht derjenige Mandevilles, im Gegenteil, der erste Vertreter dieser Richtung, Adam Smiths Lehrer *Francis Hutcheson* (1694–1747), greift mit seinem *moral sense* auf das moralische a priori von Mandevilles Gegner *Shaftesbury* zurück.

Sir James Stewart (1712–1780) etabliert in seiner *Inquiry into the Principles of Political Oeconomy* (1767) bereits die Wirtschaft als entscheidende Determinante sozialen Wandels. Das moderne Wirtschaftssystem ist jedoch dermaßen kompliziert, daß willkürliche Eingriffe absolutistischen Stils sich von selbst verbieten. Nur behutsame systemkonforme Steuerung durch die Politik ist möglich. Ein empfindliches Uhrwerk verträgt keine groben Eingriffe, muß jedoch ständig, aber behutsam reguliert werden. Daher führen wirtschaftliche Sachzwänge zu größerer politischer Freiheit.

Der stark enzyklopädische Charakter der schottischen Moralphilosophie erlaubt es nicht, *David Hume* (1711–1776) allein als skeptizistischen Philosophen oder als Historiker zu sehen. Erst als sein umfassend angelegtes Grundwerk *A Treatise of Human Nature*... (1739/40) nicht reussierte, ging er zu Einzeluntersuchungen über, wobei die neben seinen erkenntnistheoretischen und moralphilosophischen Hauptwerken erscheinenden *Essays und Treatises* (1741–1777) wichtige Beiträge zur Politik enthalten: u. a. *That Politics may be reduced to a Science, Of the first Principles of Government, Of Parties in general, Of the Parties of Great Britain*, alle 1741, *Of the Original Contract* 1748, die Utopie *Idea of a Perfect Commonwealth* 1752, *Of the Origin of Government* 1777. Seine Untersuchungen sind nicht selten mehrschichtig, weil sie rationalistische Abstraktionen *und* konkrete empirische Analysen einschließen, etwa wenn Verfassungen als Ergebnis des Widerstreits von monarchischem und republikanischem Prinzip aufgefaßt werden und dies sowohl in eine republikanische Utopie als auch in die Bejahung der britischen Verfassung mit

ihrem Gleichgewicht beider Prinzipien mündet; wenn das entstehende Parteienwesen theoretisch verworfen, nichtsdestoweniger aber erstmals erfolgreich empirisch analysiert wird.
Menschliche Sittlichkeit gründet auf dem Gegensatz Lust/Nutzen – Unlust/Schaden. Da die Leidenschaften das Handeln antreiben, kommt auch sittliches Handeln eher durch Neigung als durch Vernunft zustande. Diese Neigung ist aber nicht nur auf das eigene Ich, sondern, wie sich empirisch zeigen läßt, dank elementarer Kommunikation von Gefühlen (*sympathy*) auch auf den Nächsten gerichtet. Grundsätzlich besteht also kein Gegensatz zwischen Nächstenliebe und Eigenliebe, zwischen Vernunft und Leidenschaft, die letztere ist nicht verwerflich, wie eine philosophische Tradition wollte. Streben nach Glück besteht für die meisten Menschen in Aktivität; die Ethik der Aktivität löst diejenige der Muße ab, letztere wird als Müßiggang zum Laster. Streben nach Luxus ist ebenfalls gut, denn daraus und aus der Aktivität erwächst der Fortschritt und die Prosperität – Mandevilles Welt ist legitimiert.
Humes Empirismus läßt aber weder ein göttliches oder natürliches Recht noch einen ursprünglichen Gesellschaftsvertrag zu. Vielmehr ist die *society* von Anfang an gegeben; als dann Eigentum, Tauschgeschäft und Vertrag für den einzelnen zu kompliziert werden, ist die zweite Erscheinungsform der *civil society*, der Staat, erforderlich. Die Gesellschaft ist nützlich; in diesem Sinn ist die beste Begründung der Staatsgewalt ihr Vorhandensein. Alles kommt bei Hume auf das rechte Gleichgewicht an, hier zwischen Autorität und Freiheit. Der Gehorsam der Untertanen auf der einen Seite beruht auf deren *opinion of interest*, der Überzeugung vom Nutzen der Staatsgewalt, und ihrer *opinion of right*, der Überzeugung von ihrer Legitimität. Ein Regime kann nur so lange bestehen, als es wenigstens bei einer strategischen Minderheit wie der Polizei diese *opinion* aufrechterhalten kann. Dem stehen auf der anderen Seite drei Prinzipien gegenüber, die die Freiheit garantieren sollen: die Regierungsgewalt wird genau umschrieben, sie hat unparteiisch zu wirken und muß kalkulierbar sein.
Humes Freund *Adam Smith* (1723–1790) ist nicht nur der Begründer der Theorie der Marktwirtschaft durch *An Inquiry into the Nature and Causes of the Wealth of Nations* (1776), sondern ein Universalgelehrter, dessen Ziel eine umfassende Philosophie oder Kulturgeschichte der Menschheit gewesen ist. Von den Vorarbeiten dazu ist neben der *Inquiry* mindestens noch die *Theory of Moral Sentiments* (1759) zu berücksichtigen. Dann kann nicht das falsche Bild eines vulgärliberalen Smith entstehen, der angeblich den »Nachtwächterstaat« und die Formel »Gemeinwohl ist gleich Summe der Einzelegoismen« proklamiert haben soll. Zwar ist für Smith tatsächlich die entscheidende Triebkraft für die Vergesellschaftung des Menschen und die Entstehung von Wohlstand das Streben des einzel-

nen nach Verbesserung seiner wirtschaftlichen *und* sozialen Lage, also nicht mehr die Furcht oder die Schwäche. Doch um produktiv zu sein, muß dieser Egoismus aufgeklärt und reguliert sein durch das ursprüngliche Gefühl der Sympathie für den Mitmenschen, aus dem der Sinn für Gerechtigkeit hervorgeht, durch Regeln der Ethik und der Gerechtigkeit, deren Notwendigkeit die Menschen durch Erfahrung *und* Vernunft herausgefunden haben, durch positive Gesetze eines Staates, die mit ihren Sanktionen die Einhaltung solcher Normen erst zu garantieren vermögen. Im Zustand des Wohlstandes schließlich wird das Erwerbsinteresse zusätzlich durch die Konkurrenz anderer Erwerbsinteressen korrigiert.
Sobald nun der Mensch im Interesse seiner Wohlfahrt die Art seiner produktiven Tätigkeit ändert, bilden sich dem neuen Verfahren besser angemessene Formen des Eigentums und daraus auch andere gesellschaftliche und politische Strukturen aus. Doch die Abfolge der vier Entwicklungsstufen Jäger und Sammler, Hirten, Ackerbauern, arbeitsteilige Tausch- und Handelswirtschaft ist nicht wie bei *Marx* eine gesetzmäßige.
Die entwickelte Marktwirtschaft vermag nur zu funktionieren, wenn die »klassischen« Staatsaufgaben in ihrem Land richtig wahrgenommen werden: Verteidigung, Justiz und Polizei, »Infrastruktur«, bes. Verkehrswesen, dazu noch Bildung und Gesundheitswesen. Direkte Staatseingriffe in Marktmechanismen lehnt Smith im Regelfall zwar ab, ist sich aber über die Bedeutung des öffentlichen Sektors und seine Verflechtung mit dem Markt über die Steuern völlig im klaren; rund die Hälfte des Hauptwerks ist dem Staat gewidmet. Dabei bleibt Smith gegenüber der Integrität der Politik ebenso mißtrauisch wie gegenüber den Kosten staatlicher Maßnahmen, denn die Staatsgewalt steht nicht unter heilsamem Konkurrenzdruck. Jedes Monopol aber ist von Übel.
Das äußerst fruchtbare Denken der *schottischen Schule* wurde in universalhistorisch-soziologischer Richtung vor allem durch *Adam Ferguson* (1723–1816) weitergeführt, während *John Millar* (1735–1801) als Soziologe und Rechtshistoriker erneut die befreiende Wirkung der wirtschaftlichen und gesellschaftlichen Weiterentwicklung herausgearbeitet hat. So könnte man sogar den anarchistischen Radikalismus des Engländers *William Godwin* (1756–1836) nicht nur vor dem Hintergrund der radikalen Whig-Tradition, sondern auch vor dem des Optimismus der Politischen Ökonomie sehen: Der Staat ist ein notwendiges Übel, ohne das die Gesellschaft vorläufig nicht auskommen kann. Insofern ist Anarchismus nichts anderes als radikaler Liberalismus.

34. Revolution und Verfassung Nordamerikas

Tradition und Aufklärung

Die amerikanische Revolution hat keine glänzenden philosophischen Entwürfe hervorgebracht; ihre Bedeutung für die Geschichte der politischen Ideen liegt in der erfolgreichen Synthese in praktischer Absicht, einer Synthese verschiedener Strömungen des europäischen Denkens, insbesondere der Aufklärung, und der englischen politischen Tradition unter den besonderen Bedingungen der amerikanischen Umwelt, die dem Individuum eine größere Chance zur Selbstbestimmung und Selbstentfaltung eingeräumt haben als diejenigen Europas. So konnte *Hartz* behaupten: Lockes Freiheitslehre ist in Europa normatives Postulat, in Amerika simple Beschreibung der Realität gewesen.
Bereits der neuenglische *Puritanismus* konnte sich nur entfalten dank der kolonialen Situation einer Neugründung in der Wildnis. So konnte die von calvinistischen Theologen in Europa theoretisch entwickelte Stiftung eines Gemeinwesens in der alttestamentarischen Form eines Bundes mit Gott (*covenant*) erstmals vollständig durch die kongregationalistischen Presbyterianer von Massachusetts verwirklicht werden. Nach ihrem Theologen *John Cotton* (1584–1652) ist ein solcher Vertrag wegen der sündigen Menschennatur notwendig, in seinen Inhalten aber variabel, soweit es sich nicht darum handelt, erstens das Gemeinwesen an der Bibel auszurichten und zweitens im Hinblick auf den Machttrieb der gefallenen Natur die Befugnisse aller Amtsinhaber genau zu umschreiben. Auch nach dem politischen Führer *John Winthrop* (1588–1649) ziehen kirchliche und weltliche Amtsträger im Sinne der Genfer »Theokratie« am selben Strang. Von demokratischer Freiheit und Gleichheit kann nicht die Rede sein, auch wenn das Volk durch *covenant* der Amtsträger mit ihm Quelle der Amtsvollmacht ist. Aristokratische Formen dominieren, die *mixt Aristocratie* (*Winthrop*) besteht aus *Magistrates* und *Freemen*, die Autorität bzw. Freiheit des Gemeinwesens verkörpern. Beide wirken zusammen im *General Court*, dem aber nur Kirchenmitglieder angehören können. Denn hier ist Freiheit nicht diejenige der korrupten Natur, nach Belieben Böses zu tun, sondern diejenige einer *civil or federal liberty*, nur das zu tun, was gut ist.
Gegen die Intoleranz dieses Gemeinwesens, die europäische Vorbilder in den Schatten stellte, gab es für Dissidenten die Möglichkeit auszuwandern. So gründete *Thomas Hooker* (1586–1647) Connecticut und *Roger Williams* (1604–1683) Rhode Island, eine Kolonie mit dem Prinzip der Toleranz und der Trennung von Kirche und Staat, freilich im Interesse der Kirche, die nur so als Freiwilligkeitsgemeinde mit hohen Ansprüchen exi-

stieren konnte. Doch wurde auf diese Weise der *covenant* erstmals säkularisiert und die Kirche zu einer Korporation im Gemeinwesen wie eine Handelsgesellschaft. Die unvermeidliche Auflösung des rigiden Calvinismus verlief aber nicht geradlinig. So bekommt die von *Jonathan Edwards* (1703–1758) angeregte Erweckungsbewegung (*The Great Awakening*) als Vorbild einer Massenbewegung und durch Mobilisierung chiliastischen Potentials Bedeutung für die Revolution.

Die puritanische Opposition gegen die Stuartmonarchie führt natürlich zur Rezeption antimonarchistischer Veröffentlichungen; *Milton* und *Sidney* hatten fast kanonische Bedeutung. Ebenso die Schriften radikaler Whigs des 18. Jahrhunderts, die die englische Tradition politischer Reformforderungen aufrechterhielten. Die enge Verbindung des englischen politischen Denkens mit der Tradition des Common Law war ebenfalls für Amerika maßgebend; besonders auf *Coke* und *Blackstone* wurde ständig zurückgegriffen. Eine Schlüsselfunktion hat dabei der Begriff *constitution*; von den Vorzügen der »richtigen« englischen Verfassung und ihren darin enthaltenen Rechten waren die Kolonien geradezu besessen (*Bailyn*). Da sich im größeren politischen Freiraum Amerikas Postulate englischen Rechts leichter schriftlich niederlegen ließen, gab es von Anfang an ausdrückliche Verfassungsurkunden; die Revolution betritt hier kein völliges Neuland. Zwei Momente dieses juristischen Komplexes sollten besonders bedeutsam werden. Zum einen der alte englische Grundsatz *no taxation without representation*, zum anderen die Vorstellung, daß die Kolonien kraft ihrer königlichen *Charter* nur der Krone, nicht aber dem Parlament unterstellt seien. Sie wird zwar erst 1765, massiv 1771 in der Diskussion eingesetzt, aber *Winthrop* hatte schon 1632 festgestellt, daß der *General Court* von Massachusetts ein Parlament sei.

Gegenüber diesen englischen Traditionen treten andere geistesgeschichtliche Einflüsse in den Hintergrund. Die gebildeten amerikanischen Führer disponierten zwar ebenso souverän über antike Topoi republikanischer Tugend wie über die Klassiker der Aufklärung und des Naturrechts; *Grotius* und *Pufendorf, Hobbes, Harrington* und *Locke, Burlamaqui* und *Vattel, Beccaria* und *Voltaire, Montesquieu* und *Rousseau* werden häufig zitiert, ihr wirklicher Einfluß ist aber ziemlich begrenzt. Ebenso derjenige der britischen Politischen Ökonomie und Moralphilosophie. Nur *Locke* hat größere Bedeutung bekommen, vermutlich deswegen, weil er wie kein anderer in die traditionelle englische Verfassungsproblematik hineingehört und praktikable Anregungen zu ihrer Lösung bietet. Zudem wurde er von den Protestanten als Vermittler zwischen Glauben und Vernunft akzeptiert.

Amerikas Maßstäbe setzten sich auch in der Aufklärung durch. Ihr prominentester Vertreter *Benjamin Franklin* (1706–1790) ist Verkünder eines von aufgeklärtem Utilitarismus geprägten bürgerlichen Lebensstils mit Mäßigkeit, Sparsamkeit, Ordnung usf. als bevorzugten Tugenden. Er ist der erste moderne Selfmademan, der sein Leben bewußt mittels rationalen Kalküls, einer Art universaler Kosten-Nutzen-Rechnung, gestaltet. Als Prophet des *American Way of Life* hat er die amerikanische politische Kultur entscheidend geprägt. Auch an konkreten Ideen fehlte es ihm nicht. Im wirtschaftlichen Bereich war er mit Adam Smith einig, im politischen brachte er 1754 unter dem Druck der Indianerfrage den Vorschlag in die Diskussion, einen Bund der Kolonien mit Delegiertenversammlung und königlichem Generalgouverneur zu gründen. Innenpolitisch war er radikaler Demokrat, Anhänger des allgemeinen Männerwahlrechts und eines jährlich zu erneuernden Einkammerparlaments. Sklavenhaltung und -handel waren aber mit seinen Idealen durchaus vereinbar.

Als kolonialer Agent in London lernte er den ruinierten *Thomas Paine* (1737–1809) kennen und schickte dieses publizistische Naturtalent nach Philadelphia. Im Januar 1776 griff Paine mit dem Pamphlet *Common Sense* in den Konflikt mit dem Mutterland ein. In verständlicher Sprache wird hier die bislang eher verhaltene Argumentation der Amerikaner durch einen radikalen Republikanismus ersetzt. Man darf Gesellschaft und Staat nicht verwechseln, denn die Gesellschaft ist aus unseren Bedürfnissen entstanden, der Staat aus unserer Schlechtigkeit, ein Zeichen des Sündenfalls wie die Kleidung, bestenfalls ein notwendiges Übel. Wenn aber Regierung sein muß, dann ist Quelle der Souveränität der Wille der Mehrheit oder gegebenenfalls ihrer gewählten Vertreter. Monarchie ist Usurpation. Die vielgepriesene englische Verfassung mit ihrem Gleichgewicht zwischen monarchischer Tyrannei, aristokratischer Tyrannei und dem republikanischen Element, dem Unterhaus, verdient das Lob nicht, denn die Tyrannei hat die Überhand, selbst wenn sie nach außen vorsichtiger geworden ist. Da die Verbindung mit England den amerikanischen wirtschaftlichen und politischen Interessen nur schädlich, Regierung aber eine Frage des Nutzens ist, müssen sich die Amerikaner im eigenen Interesse unabhängig machen und eine ihren Zwecken dienliche republikanische Regierung schaffen. Angeblich wurden von dieser »Bibel der amerikanischen Revolution« binnen drei Monaten 120000 Exemplare verkauft, vielleicht auch deshalb, weil Paine, obwohl er sich zum radikalen Aufklärer entwickelt, neben dem Sündenfall auch andere biblische Argumente heranzuziehen weiß, etwa die Verwerfung des Königtums bei Samuel.

Er hat die weitere Entwicklung der Revolution mit Pressekommentaren, den sog. *Crisis Papers* (1776–1783) begleitet und dort 1777 angeblich als erster die Bezeichnung *The United States of America* geprägt. Nach seiner Rückkehr nach Europa 1787 setzte er sich 1791/92 in *The Rights of Man* mit *Burke* auseinander. Wegen ihres egalitären und sozialen Programms wurde diese Schrift zum eigentlichen Manifest der britischen Arbeiterbewegung.

Samuel Adams (1722–1803) war vor allem als Organisator revolutionärer Kader und publicity-trächtiger Zwischenfälle tätig. Als politischer Denker benutzte er die ganze Breite der zur Verfügung stehenden Argumente, war aber dabei der wohl konsequenteste Demokrat seiner Zeit. Als einziger lehnte er die auch bei Republikanern übliche Verachtung der Massen ab und erklärte diejenige Verfassung für die beste, die das größte Maß von Gleichheit garantiert. Damit war er seiner Zeit voraus; denn die amerikanische Revolution war eine politische, keine soziale Revolution.

Unabhängigkeitserklärung und Verfassungen

Wie der Entwurf *Thomas Jeffersons* legt die *Unabhängigkeitserklärung* vom 4. Juli 1776 im zweiten Abschnitt ihre politische Philosophie dar: Gleichheit und der Besitz von Grundrechten sind evidente Grundausstattung des Menschen; zu den letzteren gehören *Leben, Freiheit und das Streben nach Glück*. Regierungen haben diesen Zielen zu dienen; widrigenfalls können sie vom Volk, an dessen Konsens sie gebunden sind, ersetzt werden. Das soll nicht voreilig geschehen, ist aber Pflicht, wo Tyrannis droht. Nun wird detailliert dargelegt, wie der britische König Unrecht auf Unrecht gehäuft hat, bis am Schluß das Bild eines Tyrannen entsteht, dem zu Recht der Gehorsam aufgekündigt wird. Das englische Parlament wird als Gegner kaum erwähnt, weil man es bereits nicht mehr anerkannte und weil eine Volksvertretung wie ein Staat als Rechtspersönlichkeit nicht so leicht zum Tyrannen zu stilisieren ist wie ein Monarch.

Inhaltlich handelt es sich um die communis opinio der aufgeklärten Naturrechtslehre; wo von Konsens und Widerstand die Rede ist, läßt sich der Einfluß *Lockes* wohl nicht übersehen. Aber dieser theoretische Abschnitt war zunächst nicht so wichtig wie die Abrechnung mit Georg III., die sie absichern sollte. Dort aber wird das uralte Motiv des Widerstands gegen einen Tyrannen aufgegriffen und eine beinahe lehensrechtliche Absage an einen Fürsten formuliert, der seine Herrscherpflichten verletzt und dadurch seine Untertanen ihrer Verpflichtung entledigt. Insofern steht die Unabhängigkeitserklärung in »ständischen Rechtstraditionen« (*Angermann*) der *Monarchomachen*, der Absetzung Philipps II. 1581, der Hinrichtung Karls I., der *Bill of Rights* von 1689 und ist nicht von *Rousseau* abhängig.

1776/77 gaben sich 10 der 13 Gründerstaaten eine neue *Staatsverfassung*, Massachusetts folgte 1780. Keineswegs überall wurde in diesen Dokumenten der Anspruch auf Volkssouveränität festgehalten und nur in Mas-

sachusetts erfolgte eine Befragung des Souveräns zur Verfassung. Grundrechtserklärungen schufen sechs Staaten (Virginia, Delaware, Pennsylvania, Maryland, North Carolina, Massachusetts), so daß auch die Frage nach dem konkreten Inhalt von Freiheit nicht eindeutig und allgemein zu beantworten ist. Freiheit als politische Partizipation war keineswegs gleichmäßig verwirklicht; in fünf Staaten waren nur Protestanten amtsfähig. Und das Gleichheitsprinzip der Unabhängigkeitserklärung war gegen England gerichtet und nicht zum unbeschränkten inneren Gebrauch bestimmt, selbst die Grundrechtserklärungen haben es nur in drei Staaten aufgenommen. Amerika war keine Gesellschaft von Gleichen, wohl aber eine Gesellschaft von Eigentümern, denn die Eigentumsgarantie ist viel weiter verbreitet. Und in sämtlichen Staaten galt ein Zensuswahlrecht.
Strukturprinzipien der neuen Verfassungen waren überall die möglichst gleichmäßige Repräsentation in der Legislative und die Gewaltenteilung mit gegenseitiger Kontrolle der Gewalten. Ferner galt das Zweikammersystem mit ein oder zwei Ausnahmen als unentbehrlich zur weiteren Ausbalancierung des Ganzen und zur Entschärfung unvermeidlicher Konflikte zwischen Legislative und Exekutive.
Als man daher vom Staatenbund zum Bundesstaat übergehen mußte, lag bereits reiches Erfahrungsmaterial für die Bundesverfassung von 1787 vor, das direkt oder über die vier Entwürfe, von denen der Virginia-Plan der einflußreichste war, mitberücksichtigt wurde. Für die Gestaltung der Bundesgewalt mit einer Zweikammerlegislative, einer Einmannexekutive und einem obersten Gerichtshof haben besonders die Verfassungen von New York und Massachusetts als Vorbilder gedient. Das zweite Grundproblem, der Ausgleich zwischen Zentralgewalt und Einzelstaaten, zusätzlich kompliziert durch Interessengegensätze zwischen Süd und Nord, Grenze und Küste, großen und kleinen Staaten, wurde durch Kompromisse gelöst. So bekam die neue Bundesverfassung einen pragmatischen und recht undoktrinären Charakter. Was die Präambel an Staatszwecken aufzählt, hat nichts vom philosophischen Schwung der Unabhängigkeitserklärung an sich, ist aber durchaus damit zu vereinbaren: Verbesserung der Union, Sicherung von Gerechtigkeit, Ruhe und äußere Sicherheit, Wohlfahrt und Freiheit können mit mehr oder weniger Tiefgang gedeutet werden. Man hat ausgezählt, daß eine Reihe von Denkern zwischen *Aristoteles* und *Hume* in den Verfassungsdebatten je einmal, *Locke* und *Vattel* je zweimal zitiert wurden, nur *Montesquieu* siebenmal, aber nur einmal im Zusammenhang der Gewaltenteilung. Anderes ist indirekt eingeflossen, man denke an *Harringtons* Organisationsvorschläge. Aber aus ideengeschichtlicher Sicht ist die Bundesverfassung eher ein wirres Konglomerat als eine imposante Synthese. Dazu kommt ihre konservative Zurückhaltung in Grundsatzfragen, etwa der Verzicht auf einen Grundrechtekatalog oder die Übernahme traditioneller briti-

scher Vorstellungen. So kommen z. B. Parteien in der Verfassung nicht vor, und dem republikanischen Monarchen, dem Präsidenten, stehen Behördenchefs und nicht parlamentarisch verantwortliche Minister unter einem Premierminister zur Seite. Das längst etablierte System der Kabinettsregierung hatte in England immer noch etwas Anrüchiges an sich. Aber ungeachtet der Furcht der Verfassungsväter vor zuviel Demokratie und ihrer autoritär-aristokratischen Tendenzen haben der pragmatische Kompromißcharakter und die Zurückhaltung gegenüber Festschreibungen die neue Verfassung für verschiedenartige Interpretationen offengehalten und damit den Grund zu ihrer Bewährung gelegt.

Alexander Hamilton, *The Federalist* und John Adams

In der Debatte um die Ratifizierung der Bundesverfassung zwischen den *Federalists* (im Gegensatz zum heutigen deutschen Sprachgebrauch Anhänger einer starken Zentralgewalt) und den *Anti-Federalists* (oder *States Right Party*) haben drei der »Verfassungsväter« 1787/88 in New Yorker Zeitungen 85 Artikel veröffentlicht, die 1788 unter dem Titel *The Federalist* (zitiert: Nummer des Artikels) als Buch erschienen und als eine Art authentischer Interpretation die Entwicklung des amerikanischen Verfassungsverständnisses maßgebend beeinflußt haben. *Alexander Hamilton* (1757–1804) hat 51, *James Madison* (1751–1836) 29 und *John Jay* (1745–1829) 5 Artikel verfaßt; bei Nr. 55 käme statt Madison auch Hamilton in Frage.
Der Initiator und wichtigste Autor *Hamilton* war konservativer Monarchist und verabscheute Republikanismus kaum weniger als Demokratie. Sein Vorschlag, den Präsidenten und durch diesen die Gouverneure auf Lebenszeit zu bestellen, hatte aber keine Mehrheit gefunden. In seiner Menschenverachtung und dem ihr korrespondierenden Glauben an den starken Staat steht Hamilton *Hobbes* und dem Skeptiker *Hume* mit dessen latentem Konservatismus am nächsten. Vor allem aber kennt und schätzt er *Adam Smith*, denn auch sein stärkstes Interesse gehört Handel und Industrie. Freilich verlangt die kritische Lage massivere Eingriffe als bei Smith vorgesehen, Eingriffe im Interesse der Besitzenden, denn Hamilton begründet das Regime auf der Herrschaft der Besitzenden, die er nicht nur für unvermeidlich, sondern für wünschenswert hält und später mit seiner Finanzreform gezielt fördert. Im *Federalist* freilich hält er sich mit diesem Programm etwas zurück.
Um zu beweisen, daß der Verfassungsvorschlag zur Stabilisierung der gewohnten Regierungsform, der Freiheit und des Eigentums geeignet sei, behandelt die Artikelserie nacheinander folgende Themen: »Die Union ist für unsere politische Prosperität von entscheidendem Wert« (1–14),

»Die bestehende Konföderation ist untauglich zur Bewahrung der Union« (15–22), »Zur Erreichung des Zieles bedarf es eines Regimes, das mindestens so stark ist, wie es der Entwurf vorsieht« (23–36), »Die vorgeschlagene Verfassung entspricht den wahren Prinzipien eines republikanischen Regimes« (37–84), »Sie entspricht der eigenen (New Yorker, W. R.) Staatsverfassung« (85). Die Abhandlungen verstehen sich als Beitrag zur politischen Wissenschaft, die wie die Mathematik auf gewissen dem *Common Sense* evidenten Axiomen beruht, nur die Ableitungen der Vernunft daraus sind hier nicht so präzise wie dort (31), weil der Mensch ja weniger von der Vernunft als von den Leidenschaften bewegt wird. Daher ist auch der Staat notwendig, »weil die Leidenschaften der Menschen sich nicht ohne Zwang den Geboten der Vernunft und der Gerechtigkeit fügen wollen« (15). Auch in der Politik folgen die Menschen ihren jeweiligen Eigeninteressen, deren Unterschiede sich vor allem aus der Eigentumsverteilung ergeben (10). Die Regulierung dieser Interessen ist die Hauptaufgabe der Gesetzgebung; die Regierung ist daher von Parteien geprägt (ebd., von *Hamilton*). Interessenausgleich ist aber nicht das alleinige Ziel der Politik; der Mensch ist nicht nur der Egoist des *Hobbes*, sondern auch das *Zoon politicon* des Aristoteles. Die menschliche Natur rechtfertigt nicht nur Mißtrauen und Vorsicht, sondern auch Achtung und Vertrauen; ein republikanisches Regime beruht sogar auf diesem Vertrauen (55, wahrscheinlich von *Madison*).
Bei der Rechtfertigung der Verfassung nach Gesichtspunkten der äußeren und inneren Sicherheit sowie der wirtschaftlichen Wohlfahrt (dazu bes. 11) ist die Begründung des neuartigen Modells eines Bundesstaates in Auseinandersetzung mit einem nicht ganz korrekt interpretierten *Montesquieu* (9) und den aus Antike und Moderne bekannten Staatenbünden besonders bedeutsam. Trotz eines unscharfen Souveränitätsbegriffs wird die entscheidende Neuerung, die erstmals den modernen Bundesstaat ins Leben treten läßt, klar erfaßt: Die Bundesgewalt ist bürgerunmittelbar geworden, sie existiert nicht mehr nur durch Vermittlung der Einzelstaaten und ist damit nicht mehr von deren gutem Willen abhängig, denn sie leitet sich unvermittelt von der Gesamtnation her. Ihre Gesetze gelten für alle Bürger *vor* denen der Teilstaaten. Sie hat ihre eigenen, direkt beim Bürger erhobenen Einnahmen und besitzt die Vollmacht, alle nötigen Gesetze und Maßnahmen zu erlassen, wobei Bundesrecht Landesrecht bricht (9, 15, 23, 33).
Die Republik ist nicht nur föderativ, sondern auch repräsentativ (14), wobei die Volksvertreter keineswegs einen repräsentativen Querschnitt durch die Bevölkerung darstellen, sondern im Regelfall der Oberschicht entnommen sein werden (36). Die Gewaltenteilung sieht eine geteilte und auf wechselseitige Hemmung und Balance angelegte Legislative ebenso vor wie die Unabhängigkeit der Richter (9). Nur dadurch, »daß

die Personen, welche die einzelnen Zweige verwalten, die notwendigen verfassungsmäßigen Mittel besitzen und ein persönliches Interesse daran haben, sich den Übergriffen der anderen Zweige zu widersetzen«, also nicht durch Trennung, sondern durch Verschränkung der geteilten Gewalten, kann angesichts der Befugnisse des Bundes (40–46) die Tyrannis nicht nur eines einzelnen, sondern auch der Legislative verhindert werden. »Das private Interesse des einzelnen wird so zum Wächter über die Rechte der Öffentlichkeit gemacht« (51).

Wie bei *Montesquieu* wird die richterliche Gewalt als die schwächste betrachtet, obwohl doch der Anti-Federalist *Robert Yates* (1738–1801) ebenfalls 1788 (*Letters of Brutus*) vorhersagte, das oberste Gericht werde sich kraft seiner nicht ausdrücklich vorgesehenen, aber dem Geist der Verfassung wie der englischen Common-Law-Tradition entsprechenden Befugnis auf Prüfung der Verfassungsmäßigkeit von Gesetzen zu einer mit dem Parlament konkurrierenden Legislative entwickeln (vgl. 81). Expansionstendenzen der Legislative selbst erschienen den *Federalists* viel bedrohlicher.

Der Vorschlag, in Krisen oder gar in regelmäßigen Abständen die Entscheidung des Volkes anzurufen, erscheint zwar sinnvoll, weil »das Volk die einzige legitime Quelle der Macht« ist (49) und dem Souverän natürlich nicht das Recht auf Verfassungsrevision bestritten werden kann (28, 40). Es ist aber nicht zu erwarten, daß die Leidenschaften der Massen einer kritischen Situation gewachsen sein werden (49, 50). Bedenken wegen des Fehlens einer Grundrechtserklärung werden zunächst durch Hinweis auf verschiedene Rechtsgarantien im Verfassungstext selbst entschärft (I 9 u. III 2, 3). Im Grunde ist eine derartige Erklärung aber überflüssig, denn sie ist ja als Einschränkung einer volksfremden Gewalt entstanden, während hier das Volk über sich selber bestimmt. Und die Einschränkung der Befugnisse von einzelnen Staatsorganen könnte dann sogar gefährlich werden, wenn Vollmachten eingeschränkt würden, die ihnen die Verfassung gar nicht verleiht. Was soll z. B. eine Garantie der Pressefreiheit, wenn es keine verfassungsmäßige Möglichkeit ihrer Beeinträchtigung gibt? (84). Beide Überlegungen richten sich gegen Einwände von Hamiltons Gegner *Thomas Jefferson*.

Von Jefferson zu Hamilton bewegte sich *John Adams* (1735–1826), der erste Vizepräsident und zweite Präsident der USA, ebenso gelehrt wie realistisch und daher revolutionärem Schwung eher abgeneigt. Der menschlichen Natur mag er nicht trauen, denn der Mensch ist nur gut, wenn er muß. Da sich menschliche Selbstsucht hauptsächlich in ökonomischer Aggression äußert, kann es keine soziale Gerechtigkeit, sondern nur die Polarität zwischen Reich und Arm, Herr und Knecht geben. Daher entartet jede Demokratie durch Fraktionskämpfe und endet durch Selbstmord in der Despotie. Nur im institutionellen Gleichgewicht ruht begrenzte Hoffnung auf Stabilität. Adams' konservative Wende erfolgt unter dem Eindruck der Französischen Revolution; den Zusammenhang von Besitz und Macht hatte ihn aber bereits *Harrington* gelehrt.

Thomas Jefferson und die Menschenrechte

Thomas Jefferson (1743–1826) hat seine Belesenheit dazu benutzt, idealistische Momente der französischen Aufklärungsphilosophie mit der manchmal allzu realistischen englischen Tradition zu verschmelzen. Sein Vertrauen in das Volk war größer, sein Bedarf an starkem Staat geringer als bei seinen Gegnern. Er interessierte sich weniger für Stabilität als für die Verantwortlichkeit der Regierung gegenüber dem Willen der Mehrheit. Daher forderte er den verfassungsmäßigen Rekurs an das Volk und zeitweise sogar so etwas wie die permanente Revolution.
Stärke und Schwäche seiner radikaldemokratischen Position hängt mit ihrer bewußten Bindung an das spezifische Milieu des amerikanischen Südens und Westens zusammen. Sein Demokratiemodell beruht auf lokaler Selbstverwaltung und Konzentration der darüber hinausgehenden Befugnisse bei überschaubaren, von den Interessen des Volkes noch kontrollierbaren Einheiten, den einzelnen Staaten. Die *Federalists* schlagen mit ihrer starken Zentralregierung jenen Weg ein, der Europa in die Tyrannei geführt hat. Da die Zentralregierung viel zu weit weg ist, um noch vom Willen der Mehrheit der Bürger kontrolliert zu werden, kann sie ungestört imm immer mehr Macht anhäufen und dem unausweichlichen Drang zur eigenen Vergrößerung folgen. Bezeichnenderweise hält Jefferson daher nicht viel vom Common Law und seinem Grundsatz richterlicher Prüfung politischer Akte. Die dadurch zustande kommende Kompetenzerweiterung des obersten Gerichtshofs ist für ihn nur eine Spielart des bedrohlichen Wachstums der zentralen Staatsgewalt. Starke Regierungen sind aber wenig mehr als effiziente Besteuerungsmaschinen zum Unterhalt der Armee und zur Beschaffung von Mitteln und Stellen für die Angehörigen der Oligarchien. Doch Jeffersons Alternative kann nur in einer agrarischen Welt funktionieren. Obwohl er sich der längerfristigen Notwendigkeit von Industrie und Handel nicht verschließen kann, bleibt für ihn ein wenigstens mehrheitlich agrarisches Amerika die notwendige Voraussetzung der Demokratie. Er fürchtet das entstehende Industrieproletariat nicht weniger als die Oligarchie der Kaufleute und Fabrikanten. Ungeachtet dieser offenkundigen Beschränktheit gehen von seinen Ideen bis heute wichtige Impulse aus.
Jefferson hat an dem von ihm formulierten Menschenrechtsideal der Unabhängigkeitserklärung festgehalten: *Leben, Freiheit und Streben nach Glück*. Als Gesandter in Paris hat er 1789 am Entwurf der französischen

Menschenrechtserklärung mitgewirkt. 1791 wurde auch in Amerika auf Drängen mehrerer Staaten mit den als *Bill of Rights* bezeichneten ersten zehn Verfassungszusätzen (*amendments*) eine Grundrechtserklärung verabschiedet: Religions-, Rede-, Presse-, Versammlungs- und Petitionsfreiheit (1), Waffenbesitz (2), Freiheit von Einquartierung (3), Unverletzlichkeit von Person, Haus und Besitz (4), geordnetes Strafverfahren, Geschworenengerichte, Schutz des Eigentums (5–8), Vorbehalt der nicht ausdrücklich dem Bund zugewiesenen Rechte für die Einzelstaaten und das Volk (9–10). Ihr Urheber *James Madison* folgt damit den entsprechenden Erklärungen der Staaten, insbesondere der *Virginia Bill of Rights* von 1776, die in Artikel 12 erstmals auch eine Garantie der Pressefreiheit enthält. Weiter beinhaltet sie in den Artikeln 2–7 Grundsätze demokratischer Regierungsweise, die bereits in die Bundesverfassung eingegangen sind, mit der bemerkenswerten Ausnahme des Widerstandsrechtes, das inzwischen seinen Zweck gegen England erfüllt hatte und unter einem demokratischen Regime nur zum Problem werden konnte.

Es ist aber sicherlich verfehlt, die Grund- und Menschenrechtserklärungen Amerikas als rein praktisch-politisch und ausschließlich an der englischen Rechtstradition orientiert der aufgeklärt-doktrinären französischen Erklärung von 1791 gegenüberzustellen, ungeachtet der durchaus vorhandenen unterschiedlichen Schwerpunkte. Soweit es um konkrete Sicherung des Bürgers gegen Übergriffe der Staatsgewalt geht, folgen die amerikanischen Erklärungen natürlich der britischen Tradition von der *Magna Charta* 1215 über die *Petition of Right* 1627, die *Habeas Corpus Act* 1679, die *Bill of Rights* 1689 bis zu einer Reihe entsprechender kolonialer Dokumente. Aber in die Vorstellung von traditionellen britischen Freiheitsrechten sind doch bereits allgemeinere Ideen von der Würde der menschlichen Person eingegangen, wie sie in der Antike, bes. von der Stoa und vom Christentum entwickelt und von Humanisten und Naturrechtslehrern weiter entfaltet wurden, freilich sehr abstrakt und ohne viel politische Bedeutung.

Doch als mit dem Wachstum der monarchischen Staatsgewalt auch der Widerstand gegen sie zunahm und durch die Verbindung von reformatorischer und aristokratischer Opposition besondere Sprengkraft erhielt, wurde seit dem 17. Jahrhundert die Verteidigung von Rechtspositionen mit solchen philosophischen Argumenten untermauert. Jetzt erst war der Rückgriff auf diese Tradition möglich und nötig, denn erst jetzt hatten sich klare Fronten gebildet, seit die unaufhaltsam wachsende monarchische Zentralgewalt an die Stelle des diffusen Kontinuums von vielerlei autonomer Herrschaft ihren *Staat* als den Monopolisten der Herrschaft gesetzt hatte. Jetzt erst konnte überhaupt eine zu schützende *private* Sphäre von einer *öffentlichen* geschieden werden. In radikalen Schriften der englischen Revolution, in der deutschen Naturrechtslehre, bei *Grotius, Spinoza* und *Locke*, in der französischen und der deutschen Aufklärung wird dann die übliche Behauptung von Rechtspositionen gegen Machthaber radikalisiert zu der Idee, daß dem Menschen von Natur aus Rechte eigen sind, auf die kein legitimer Zugriff der Staatsgewalt möglich ist.

Doch nicht bevor solcher Zugriff versucht werden kann, wird man sich dessen bewußt. Die Formulierung der Menschenrechte gehört daher in den weiteren Zusammenhang des Widerstandes gegen die wachsende Staatsgewalt. Erfolgreicher Widerstand wie in Amerika verhilft bestimmten Formulierungen zu Weltruhm und fast kanonischer Geltung. Aber zugleich legen die Ereignisse in Amerika bereits die moderne Problematik der Menschenrechte offen: Wie können sie gegen einen Staatswillen behauptet werden, der sich mit dem Volkswillen identisch erklärt? Sind sie künftig überflüssig, weil sie dem Prinzip ihres Ursprungs widersprechen? Oder wandelt sich ihre Funktion aus dem Schutz des Gesamtvolkes vor dem Staat in den Schutz der Minderheiten vor dem hinfort staatstragenden Willen der Mehrheit?

Vierter Teil

Politisches Denken von der Französischen Revolution bis zur Gegenwart

Von Hans Fenske

Vorbemerkung

In der Entwicklung der politischen Ideen stellte die Französische Revolution einen tiefen Einschnitt dar. Sie entsprang der Tatsache, daß die einhundertjährige Geistesarbeit der Aufklärung hier besonders intensiv vorangetrieben worden war, aber in der politischen und gesellschaftlichen Wirklichkeit einen allzu geringen Niederschlag gefunden hatte, daß also ein weitentwickeltes gesellschaftliches Bewußtsein auf anachronistische Strukturen traf, deren Aufbrechung erhebliche Kraft kostete; auf sie wirkten zudem vielfältige politische und wirtschaftliche Vorgänge hin. Ideengeschichtlich war die Revolution nicht eigentlich ein Neubeginn, vielmehr zog sie die Summe aus der gedanklichen Tätigkeit von Generationen. Aber sie konstituierte den vollausgebildeten Liberalismus und die vollentwickelte demokratische Konzeption als politische Mächte hohen Ranges. Parallel dazu bildete sich sehr schnell die konservative Gegenposition aus. Die Revolution bewirkte, daß sich die Formen des politischen Disputs änderten. So lebhaft die politisch-geistige Diskussion vor der Revolution auch geführt worden war, es handelte sich dabei gemeinhin doch nur um eine Angelegenheit relativ kleiner Kreise. Die Revolution aber politisierte das Volk, zunächst in Frankreich, von da ausstrahlend in weite Regionen des übrigen Europa. Politische Ideen wurden gleichsam zu einer täglich und an allen Ecken und Enden gehandelten Gebrauchsware. Dabei kam es zu heftigen Meinungsgegensätzen. Es bildeten sich in Pro und Contra politische Lager, erste Formen politischer Parteien mit einer ausgesprochenen Präge- und Bindungskraft traten ans Licht. Die Parteien wurden sogleich die neuen Strukturelemente des politischen Lebens, und sie blieben es seither unangefochten, mochte auch der Politisierungsgrad der Bevölkerung zunächst wieder erheblich abnehmen. Die innere Geschichte der europäischen Staaten im 19. und 20. Jh. war in außerordentlichem Maße eine Geschichte von Parteikämpfen und damit von Auseinandersetzungen politischer Ideen und der mit ihnen verbundenen materiellen Interessen. Daß die politischen Ideen der Moderne derart als breite Strömungen lebten, muß immer berücksichtigt werden, auch wenn ihre Entwicklung vornehmlich an den Äußerungen einzelner Theoretiker betrachtet wird.

35. Die Fundierung des klassischen Liberalismus

Einleitender Überblick

Das 19. Jh. war das Zeitalter des klassischen Liberalismus. Keine andere politische Gedankenwelt prägte diese Zeit so sehr wie er, auch nicht der Konservativismus, der sein erbittertster Gegner und kräftigster Konkurrent war. Er gewann 1789 in Frankreich im ersten stürmischen Anlauf die politische Macht und erregte damit ungeheuren Eindruck in ganz Europa. Damit kam ein Prozeß in Gang, der im Laufe der folgenden Jahrzehnte den Liberalismus in den europäischen Staaten entweder zur führenden politischen Kraft machte oder ihm doch wenigstens nachhaltigen geistigen Einfluß sicherte, so daß er auf die rechtliche und faktische Gestaltung der Lebensverhältnisse prägend einwirken konnte. Es kann nicht Aufgabe der Ideengeschichte sein, die Stationen dieses Weges nachzuzeichnen. Der in Frankreich 1789 gewonnene Boden konnte nur partiell behauptet werden, es bedurfte vielfacher heftiger Kämpfe und der Überwindung zahlreicher Rückschläge, ehe das Land knapp drei Generationen später wirklich liberalisiert war. Die wichtigste Etappe auf diesem Wege war die Julirevolution von 1830, die den großbürgerlichen Liberalismus wieder in den Besitz der ab 1799 an *Napoleon* verlorenen und, nach dessen Scheitern, an die Bourbonen zurückgefallenen Macht brachte, und die, weit wichtiger, tiefste Wirkung auf das übrige Europa hatte. Im Gefolge der Julirevolution löste sich Belgien von den Niederlanden und entwickelte sich zum liberalen Modellstaat schlechthin, dessen Verfassung das Vorbild einer ganzen Reihe weiterer Verfassungen wurde. In Reaktion auf die Julirevolution wurde gleichsam präventiv in England die Staatsreform eingeleitet, die das Vereinigte Königreich im mittleren Jahrhundertdrittel zu einem ausgeprägt liberalen Gemeinwesen machte. Um 1870 hatte der Liberalismus seine größte Bedeutung erreicht. In den meisten europäischen Staaten saßen jetzt entweder Liberale in der Regierung, oder sie hatten doch die Möglichkeit, ihren Prinzipien legislativ Geltung zu verschaffen. Unmittelbar auf diesen Höhepunkt folgte ein schneller Abstieg. Im letzten Viertel des 19. Jhs. begannen die Menschen zunehmend das Vertrauen in die Gültigkeit der liberalen Doktrinen zu verlieren, auch waren sie nicht mehr bereit, den bisherigen liberalen Führungsschichten weiter zu folgen. So mußte der klassische Liberalismus entweder vor neu entstehenden Massenbewegungen zurückweichen oder sich an sie anpassen und damit sein Gesicht wandeln.

Die breite Verankerung im politischen Leben des 19. Jhs. wäre nicht möglich gewesen, wenn das liberale Denken nicht eine lebhafte Resonanz in der Bevölkerung gefunden hätte. Der Liberalismus war vielfach eine

Volksbewegung, die Anhänger in allen sozialen Schichten vom Adel bis zum 4. Stand hatte, wenn die Schwerpunkte auch eindeutig in der Oberschicht und im Mittelstand lagen und zumal die Führungsgruppen aus den Kreisen von Besitz und Bildung kamen. Höhere Verwaltungsbeamte und Richter, Lehrende an Universitäten und höheren Schulen, Rechtsanwälte, Ärzte und Publizisten zählten ebenso zu seinen Wortführern wie Kaufleute und Industrielle. Er hatte unzweifelhaft in den Städten eine breitere Basis als auf dem Lande, aber es wäre grundverkehrt, ihn ausschließlich als städtisch-bürgerliches Phänomen zu sehen. Auch in der Landbevölkerung fand er Anklang und, namentlich unter Grundbesitzern mittlerer Größe, Vorkämpfer.

Da der Liberalismus eine so breite Bewegung war, läßt er sich für einen längeren Zeitraum und für viele verschieden strukturierte Regionen nur mit Schwierigkeiten auf einen Nenner bringen, und so wurde denn auch häufig darüber geklagt, daß der Begriff unscharf sei. In der Tat hatte liberales Denken außerordentlich viele Nuancen und deckte ein breites Feld von Meinungen zwischen Konservativismus auf der Rechten und den Demokraten auf der Linken ab. Er konnte sowohl liberalkonservativ wie liberaldemokratisch verstanden werden, und man konnte sich bemühen, zwischen diesen beiden Positionen eine ausgewogene Mitte zu halten. Gemeinsam war den verschiedenen Ausprägungen das Bemühen, die Menschen von unnötigen Bindungen zu emanzipieren und möglichste Freiheit im staatlichen und gesellschaftlichen Leben zu erreichen, damit jeder seine Fähigkeiten unbehindert entwickeln und mit seinem eigenen Nutzen zugleich dem allgemeinen Fortschritt am besten dienen könne. Nur war zwischen den einzelnen liberalen Richtungen strittig, wo die Grenzen der Freiheit liegen sollten. Schließlich ist darauf hinzuweisen, daß der wirtschaftliche Liberalismus eine breitere Resonanz fand als der politische. Auch viele Konservative hingen wirtschaftsliberalen Vorstellungen an.

Die Erklärung der Menschen- und Bürgerrechte

Die Geschichte des liberalen Denkens weist viele Zeugnisse von hohem geistigen Rang und tiefgreifender Wirkung auf. Am stärksten dem allgemeinen Bewußtsein prägte sich die französische *Erklärung der Menschen- und Bürgerrechte* vom 26. August 1789 ein. So blieb das Konzept eines Menschenrechtskatalogs nicht Besitz der Liberalen, sondern wurde im 19. Jh. allgemein rezipiert. Der 1789 formulierte knappe Text von 17 Artikeln faßte die Überzeugungen und Ziele der französischen Liberalen als, wie die Präambel sagte, unbestreitbare Prinzipien zusammen. Die Menschen werden frei und gleich an Rechten geboren und bleiben es auch,

verkündete Art. 1. Diese Rechte, so erläuterte Art. 2, sind natürlich und unwandelbar, sie heißen Freiheit, Eigentum, Sicherheit und Widerstand gegen Unterdrückung; ihre Wahrung ist das Ziel jedes Gemeinwesens. Zur Gewährleistung dieser Rechte und damit zum Wohle aller wurde in den Art. 12 und 13 ausdrücklich eine öffentliche Gewalt gefordert, für deren Unterhalt eine die Staatsbürger nach ihrer Leistungsfähigkeit heranziehende Steuer erhoben werden sollte. Quell der staatlichen Willensbildung war nach Art. 3 und 6 die Gesamtheit der Staatsbürger, die Nation. (Danach konnte dem Monarchen nur die Rolle eines Staatsorgans bleiben. In den Bestimmungen der Verfassung von 1791 kam das auch klar zum Ausdruck: Der König hatte die ausführende Gewalt durch Minister in von der Verfassung festgelegten Formen auszuüben; er regierte nur durch das Gesetz.) Jeder hatte das Recht, entweder persönlich oder durch seine Vertreter an der Gesetzgebung teilzunehmen. Die durch die Mitwirkung aller zustandegekommenen Gesetze mußten für alle gleichermaßen gelten. Jeder hatte Zugang zu allen öffentlichen Würden, Stellen und Ämtern, einzig die Befähigung durfte dabei als Prüfstein gelten. In den Art. 14 und 15 wurde ergänzend ausdrücklich erklärt, daß alle Staatsbürger das Recht hatten, entweder selbst oder durch ihre Vertreter die öffentlichen Finanzen und die Verwaltung zu kontrollieren. Art. 16 gab die Grundlinien der Verfassung, indem er die Garantie der Rechte und die Gewaltenteilung ausdrücklich als Bestandteile der Verfassung forderte. Die Freiheit wurde in Art. 4 als das Recht bezeichnet, all das zu tun, was anderen nicht schadete. Die Freiheit des einzelnen fand somit ihre Grenze in der der anderen, ihre Beschränkung bedurfte eines Gesetzes. Was nicht ausdrücklich verboten war, durfte gemäß Art. 5 nicht behindert werden. Eine Reihe von Artikeln bestimmte die Freiheitsrechte genauer: Der einzelne sollte sicher sein vor willkürlicher Anklage, Verhaftung und Verurteilung, er sollte im Falle der Anklageerhebung bis zum Erweis des Gegenteils als unschuldig gelten. Ausdrücklich wurde die Meinungsfreiheit bekundet; niemand durfte wegen seiner religiösen Überzeugungen beunruhigt werden. Der abschließende Art. 17 nannte das schon in Art. 2 als unwandelbares Recht bezeichnete Eigentum nochmals unverletzlich und heilig; niemand durfte seiner beraubt werden, es sei denn gegen eine angemessene und vorbestimmte Entschädigung zur Deckung eines gesetzlich festgestellten öffentlichen Bedürfnisses.
Die Freiheit des Individuums, Gleichheit aller vor dem Gesetz und Regelung des Gemeinwesens durch alle Staatsbürger vermittels des Gesetzes, das waren die Grundforderungen der französischen Liberalen, die es unmittelbar zu verwirklichen galt, denen aber auch eine überzeitliche Geltung zugeschrieben wurde. Die Menschenrechtserklärung wurde ab Mitte Juli auf Antrag des *Marquis de Lafayette* durch eine unter *Mirabeau* tagende Kommission formuliert. Aus der Rolle Lafayettes, der ab 1777

am amerikanischen Unabhängigkeitskrieg teilgenommen hatte, wollte *Georg Jellinek* zu Beginn dieses Jahrhunderts schließen, daß die Menschenrechte eigentlich amerikanischen Ursprungs seien. Er führte sie von da weiter auf die Reformation zurück. In der zugespitzten Form, es handle sich in Frankreich nur um die Nachahmung eines fremden Beispiels, ließ sich die These nicht halten, aber es wäre ebenso verfehlt, ausschließlich auf französische Quellen zu blicken. Lafayette jedenfalls dachte in den Anfängen der Revolution nicht als erster an eine Katalogisierung der Menschen- und Bürgerrechte. Dieser Gedanke tauchte in der lebhaften publizistischen Diskussion in Frankreich im Winter 1788/89 mehrfach auf. Die gewichtigste dieser Forderungen stammte aus der Feder des Abbé *Emmanuel Joseph Sieyès* (1748–1836). Sie wurde im Februar 1789 gemeinsam mit den ›Empfehlungen des Herzogs von Orléans an seine Vertreter in den Bailliagen‹ anonym publiziert. (Pol. Schr. 197ff.). Sieyès bezeichnete hier eine Erklärung der Rechte als dringendstes Erfordernis der Nation, und er meinte, der Nutzen eines solchen Dokuments werde darin bestehen, »jedermann die großen gesellschaftlichen Rechte vor Augen zu stellen«. Damit werde der gesetzgebenden Körperschaft »das gesellschaftliche Ziel gesetzt, zu dessen Erreichung sie geschaffen und eingerichtet worden ist« (ebda. 214ff.). Sowohl diese Schrift wie die Diskussionsbeiträge anderer Autoren zählten schon wesentliche Punkte auf, die in einer solchen Erklärung zu berücksichtigen waren.

Sieyès

Mit Sieyès tritt eine der großes Gestalten des beginnenden klassischen Liberalismus in unser Blickfeld. Dieser aus dem Kleinbürgertum der Provence stammende, zum Diözesankanzler in Chartres aufgestiegene Geistliche faßte in seinen Schriften unmittelbar vor Ausbruch der Revolution die Formeln des Frühliberalismus, wie sie im Laufe des 18. Jhs. entwickelt worden waren, zusammen und verdichtete sie zum Konzept des von einer einheitlichen Nation ausgehenden, repräsentativ verfaßten liberalen Rechtsstaates. Von allen Verfassungsdenkern des 18. gewann er so den größten Einfluß auf die Verfassungspolitik des 19. Jhs.
Besondere Bedeutung hatte seine im Januar 1789 vorgelegte Schrift *Was ist der Dritte Stand?*, eine Broschüre, die innerhalb weniger Tage in rund 30000 Exemplaren verkauft wurde und deshalb eine der erfolgreichsten politischen Flugschriften wurde, die je erschienen. Wie kein anderer verstand es Sievès, zündend und mitreißend zu formulieren und das einprägsam in Worte zu fassen, was viele dachten. Schon die ersten Sätze klangen wie eine Fanfare. Sie lauteten: »Der Plan dieser Schrift ist ganz einfach. Wir haben uns drei Fragen vorzulegen: 1. Was ist der Dritte Stand? –

Alles! 2. Was ist er bis jetzt in der politischen Ordnung gewesen? – Nichts! 3. Was verlangt er? Etwas zu sein!« (Pol. Schr. 119) Der Autor legte dar, daß der Dritte Stand mit seinen 25 Millionen Menschen gegenüber den 200 000 Angehörigen von Adel und Geistlichkeit die vollständige Nation umfasse, alle Arbeit leiste, den größten Teil der öffentlichen Funktionen übernehme, aber nicht das Recht der politischen Mitwirkung habe. Ohne ihn wären die Privilegierten nichts, während ohne sie alles sehr viel besser getan würde. So konnte Sievès denn weitergehen und die bevorrechteten Stände unmißverständlich aus der Nation ausschließen: Alles, was nicht Dritter Stand sei, könne sich der Nation nicht zurechnen. Die Frage, was der Dritte Stand werden wolle, beantwortete Sieyès mit »Etwas«. Er wolle durch aus seiner Mitte hervorgegangene Vertreter repräsentiert werden, deren Zahl solle in den Generalständen so groß sein wie die von Adel und Geistlichkeit zusammen, und es solle nach Köpfen und nicht nach Ständen abgestimmt werden. Der Autor betonte nachdrücklich, daß nur die Nation die französische Verfassung verbessern könne, entweder, indem der Dritte Stand sich selber als Nationalversammlung konstituiere oder indem er an die Nation appelliere. Diese Schrift trug Sievès die Wahl in die Generalstände ein, und zwar für den Dritten Stand, dem er eigentlich nicht angehörte. In den Ständen war er es, der durchsetzte, daß der Dritte Stand sich am 17. Juni 1789 zur Nationalversammlung erklärte und damit den entscheidenden Schritt aus den bisherigen politischen Verhältnissen heraus tat. Somit war Sieyès dafür verantwortlich, daß aus der revolutionären Gärung die offene Revolution wurde. In der Nationalversammlung hatte er zwar einigen Einfluß auf die Ausarbeitung der Verfassung, konnte aber keine politische Führungsrolle gewinnen. Die Revolution der Jakobiner überlebte er mit Anpassungsvermögen und stieg in der Zeit des Direktoriums schließlich zu einem der fünf Direktoren auf. Wie er 1789 die Revolution eigentlich eröffnet hatte, so schloß er sie 10 Jahre später wieder, als er Napoleon an die Macht half, um der drohenden Anarchie zu steuern. Auch unter Napoleon bewährte sich seine Anpassungsfähigkeit, er behielt hohe Positionen, trug aber zur politischen Diskussion fortan nichts mehr bei.

Sieyès war eher Praktiker als tiefschürfender Denker. Er ging nicht von einer umfassenden Fundierung des Liberalismus aus, sondern von der Frage, wie sich eine gute Regierung erreichen und mit der Freiheit der Individuen verbinden lasse. »Denn nur eine gute Verfassung kann den Bürgern wieder ihre natürlichen und gesellschaftlichen Rechte verschaffen, deren Genuß gewährleisten, allem Guten, das geschieht, Beständigkeit verleihen, und bewirken, daß alles Schlechte, das man getan hat, allmählich ausgelöscht wird« (*Überblick über die Ausführungsmittel, die den Repräsentanten Frankreichs 1789 zur Verfügung stehen*, 1788, Pol. Schr. 22ff, hier S. 23). Er zweifelte nicht daran, daß das Streben nach

Freiheit tiefgreifende Folgen haben, daß daraus auch ein Streben nach Vernunft werden werde, so daß die Menschen »endlich dieser wahren Wohltäterin der Menschen gehorchen, von der alle Kenntnisse und Einrichtungen stammen, die das Schicksal der Menschheit nach und nach gebessert haben«. (ebda.)

Sieyès stand völlig auf dem Boden der Volkssouveränität und der Gleichheit vor dem Gesetz. »Ich stelle mir das Gesetz«, so schrieb er sehr bildhaft, »als Mittelpunkt einer gewaltigen Kugel vor; zu ihm befinden sich alle Bürger auf der Kugeloberfläche ausnahmslos in derselben Entfernung und nehmen dort gleiche Plätze ein; alle sind sie gleichermaßen vom Gesetz abhängig, alle übertragen sie ihm den Schutz ihrer Freiheit und ihres Eigentums; und diese bei allen gleichen Rechte sind es, was ich die gemeinsamen Bürgerrechte nenne« (Dritter Stand, Pol. Schr. S. 188f). Und weiter: Alle diese Individuen stehen gegenseitig in Beziehungen, gehen untereinander Verpflichtungen ein und treiben Geschäfte, immer unter der gemeinsamen Bürgschaft des Gesetzes. Das Gesetz hat jeden Angriff auf Person oder Eigentum des einzelnen zu unterdrücken, aber es darf nicht hindern, daß jeder nach seinen natürlichen oder erworbenen Fähigkeiten oder auch nach Zufällen seinen Besitz ausdehnt, im Rahmen der Gesetze, ganz nach seinen Neigungen, sein Wohlergehen fördert. Es muß jeden Bürger in allem schützen, was er sein kann, bis zu dem Augenblick, da das, was er sein will, anfängt, dem gemeinschaftlichen Interesse zu schaden. Das war das volle Programm des liberalen Rechtsstaates. Die Freiheit der Bürger, verstanden gleichermaßen als Freiheit des eigenen Handelns und Freiheit von äußerer Beeinflussung, war ihm »der alleinige Zweck aller Gesetze« (Überblick über die Ausführungsmittel, Pol. Schr. 76).

Verfassungsorganisatorisch unterstrich Sieyès in allen seinen Arbeiten mit Nachdruck den Grundsatz der Stellvertretung. Eine arbeitsteilige Gesellschaft mußte der Natur der Sache entsprechend den gemeinsamen Willen durch gewählte Repräsentanten bilden lassen. Er zweifelte nicht daran, daß damit auch in der Politik die Geeignetsten in führende Positionen einrücken würden. Von hier aus ging es weiter zur Gewaltenteilung, die ihm nach der alten liberalen Formel die beste Garantie für Freiheit und Wohlfahrt der Bürger war. In der konkreten Ausgestaltung der Gewaltenteilung unterschied er sich von *Montesquieu* nicht unerheblich. Er betonte nachdrücklich, daß die Gewaltenteilung eine organisierte Einheit sein müsse, stellte deshalb Gesetzesvorschlag, Gesetzesvotierung und Gesetzesvollzug als öffentliche Funktionen nebeneinander und wies sie an, gemeinsam auf dasselbe Ziel, die Glückseligkeit der Individuen, hinzuwirken. Nur die Administration im engen technischen Sinne verstand er als ausführende Gewalt, die mit dem Treffen der Entscheidungen befaßten Organe bezeichnete er zusammenfassend als gouvernement. Die Errichtung eines Verfassungsgerichtshofs war ihm selbstverständlich.

Wenngleich Sieyès konsequent für die Herstellung der Gleichheit aller vor dem Gesetz eintrat, war er keineswegs bereit, auch die politische Gleichheit anzuerkennen. Er setzte sich im Gegenteil im Verfassungsausschuß der Nationalversammlung dafür ein, daß das Wahlrecht gestuft würde. Die Unterscheidung von Passiv- und Aktivbürgern ging auf seinen Vorschlag zurück. Aktivbürger konnte nur sein, wer eine direkte Steuer im Wert von mindestens drei Arbeitstagen zahlte; er verglich diese Gruppe mit den Aktionären einer großen Gesellschaft, wie ihm mit einem damals verbreiteten Bild der Staat als ein großes gesellschaftliches Unternehmen erschien. Die Wahl sollte indirekt über Wahlmänner erfolgen, die Steuern im Wert von 10 Arbeitstagen zu erlegen hatten. Die zu Abgeordneten Wählbaren mußten rund das Zehnfache des für die Wahlmänner festgelegten Satzes steuern. Das bedeutete, daß in dem durch die Revolution modernisierten Frankreich die Zahl der passiv Wahlberechtigten kleiner war als die des Ersten und Zweiten Standes im Ancien Régime. Auf den Staat des Privilegiums durch Geburt folgte der des großen Besitzes. Ausgehend von der Volkssouveränität kämpfte Sieyès nicht für ein demokratisches Gemeinwesen, sondern formulierte mit Hilfe von Wahlrechtsbeschränkungen den bürgerlich-liberalen Staat des 19. Jhs. Dieses hochzensitäre Konzept wirkte in den nächsten Jahrzehnten äußerst folgenreich. Der Liberalismus tat sich überall sehr schwer, das allgemeine Wahlrecht anzuerkennen.

Kant

Wie Sieyès am Beginn des vollentwickelten französischen Liberalismus steht, so der Königsberger Philosoph *Immanuel Kant* (1724–1804), der bedeutendste Denker an der Schwelle der jüngeren Neuzeit, am Anfang des deutschen. Seine politische Philosophie ist fest eingebunden in die Philosophie seiner zweiten Lebenshälfte, wir finden hier also eine viel tiefer und viel umfassender angelegte Begründung des Liberalismus als bei Sieyès. Kant wollte Verwirklichung der Vernunft, er wollte, wie er in dem kleinen Aufsatz *Was ist Aufklärung?* (1783) formulierte, eine »wahre Reform der Denkungsart« (Werke, hg. Weischedel, VI, 55), er wollte, daß der Mensch den Ausgang aus seiner selbstverschuldeten Unmündigkeit fände, sich seines eigenen Verstandes bedienen lernte. Über das vernünftige Denken sollte er zum vernünftigen Tun kommen. Als Leitsatz stellte Kant in der *Kritik der praktischen Vernunft* (1788) den kategorischen Imperativ auf: Jeder einzelne müsse stets so handeln, daß die Maxime seines Willens jederzeit zugleich als Prinzip einer allgemeinen Gesetzgebung gelten könne.
Politischen Fragen widmete Kant eine ganze Reihe kleinerer Schriften

aus den Jahren 1784 bis 1798, beginnend mit den *Ideen zu einer allgemeinen Geschichte in weltbürgerlicher Absicht* (1784, ebda., 33ff.). Hier entwickelte er in 9 Sätzen seine Vorstellungen von einer Annäherung an die Vollendung der gesellschaftlichen Ordnung. Er ging davon aus, daß in der Geschichte eine Naturabsicht walte, die zwar am einzelnen Menschen nicht ohne weiteres sichtbar werde, aber doch an der ganzen Gattung zu erkennen sei. Er hielt es, da das den Menschen auszeichnende Vermögen die Vernunft sei, für naturgemäß, daß sich am Menschen diejenigen Anlagen, die auf den Gebrauch seiner Vernunft gerichtet seien, naturgesetzlich entwickelten, und zwar dahin, daß der Mensch alles, was seine Vernunft betrifft, gänzlich aus sich selbst herausbringe. Der Mensch müsse sich durch eben diese Vernunft selbst produzieren. Das Mittel dazu sei ein Antagonismus in der Natur des Menschen: so sehr er auch dazu neige, sich zu vergesellschaften, so ausgesprochen sei doch die Tendenz, sich zu isolieren. Gerade in dieser »Unvertragsamkeit« erblickte Kant die Ursachen für eine gesetzmäßige Ordnung der menschlichen Gesellschaft. Die »Erreichung einer allgemein das Recht verwaltenden bürgerlichen Gesellschaft« (ebda., S. 39) erschien ihm als höchste Aufgabe der Natur für die Menschengattung, und zwar dergestalt, daß Freiheit unter äußeren Gesetzen im größtmöglichen Grade mit unwiderstehlicher Gewalt verbunden angetroffen werde; nur das sei eine vollkommen gerechte bürgerliche Verfassung. Allerdings hielt Kant dieses Ziel nur für annäherungsweise zu verwirklichen. Da der Mensch nun einmal aus so krummem Holze gemacht sei, könne nichts ganz Gerades gezimmert werden. Zudem wies er darauf hin, daß die Errichtung einer vollkommenen bürgerlichen Verfassung von der Schaffung eines gesetzmäßigen äußeren Staatenverhältnisses abhängig sei, da ja die dem Menschen eigene Ungeselligkeit auch in den Beziehungen der Staaten wirksam werde. Es müsse deshalb ein Völkerbund gebildet werden, »wo jeder, auch der kleinste, Staat seine Sicherheit und Rechte, nicht von eigener Macht, oder eigener rechtlicher Beurteilung, sondern allein von diesem großen Völkerbund . . ., von einer vereinigten Macht, und von der Entscheidung nach Gesetzen des vereinigten Willens, erwarten könnte« (42). Mit der Friedenssicherung durch einen Staatenbund hielt Kant den Zustand für erreicht, in dem die Natur alle ihre Anlagen in der Menschheit völlig entwickeln könne. Das Friedensproblem hatte mithin für ihn zentrale Bedeutung.

Diese Gedanken nahm Kant in der 11 Jahre später veröffentlichten Schrift *Zum ewigen Frieden* (1795, ebda. 195ff.) wieder auf. Hier forderte er für die Staatenverhältnisse, daß kein Friedensschluß mit einem geheimen Vorbehalt den Stoff eines künftigen Krieges enthalten dürfe, daß kein Staat sich in Verfassung und Regierung eines anderen einmische, daß stehende Heere abzuschaffen seien und Schulden um der Rüstung willen nicht gemacht werden dürften. Das Völkerrecht sollte auf einem Föderalismus freier Staaten beruhen. Hinsichtlich der innerstaatlichen Verhältnisse verlangte Kant, daß die bürgerliche Verfassung in jedem Staat republikanisch sei. Damit meinte er nicht die Staatsform. Als Staatsformen bezeichnete er Monarchie, Aristokratie und Demokratie. Sowohl die Aristokratie wie die Monarchie konnten eine republikanische Verfassung darstellen, nur die Demokratie, die er einzig in ihrer direkten Form sah, nicht. Denn: Die Demokratie gründete eine ausführende Gewalt, die alle über einen und notfalls auch gegen ihn beschließen ließ. Kant hielt das für einen Widerspruch des allgemeinen Willens mit sich selbst und mit der Freiheit. Ja, die Demokratie erschien ihm geradezu als Despotismus, weil in ihr der Staat Gesetze, die er selbst gegeben habe, eigenmächtig vollziehe. Kennzeichen des »Republikanism« war ihm demgegenüber die Absonderung der ausführenden Gewalt von der gesetzgebenden. Die republikanische Verfassung hatte die Sicherung der Freiheit, der staatsbürgerlichen Gleichheit und der allen gemeinsamen Gesetze zu gewährleisten. Sie mußte »erstlich nach Prinzipien der Freiheit der Glieder einer Gesellschaft (als Menschen); zweitens nach Grundsätzen der Abhängigkeit aller von einer einzigen gemeinsamen Gesetzgebung (als Untertanen); und drittens... nach dem Gesetz der Gleichheit derselben (als Staatsbürger«) gestiftet sein (204). Nur sie ging für ihn aus der Idee eines ursprünglichen Vertrages hervor, auf der alle rechtliche Gesetzgebung eines Volkes gegründet sein mußte. So überrascht es nicht, daß Kant in der *Metaphysik der Sitten* (1797) den Republikanismus als einzige rechtmäßige Verfassung bezeichnete, so wie die französische Menschenrechtserklärung nur dann von Verfassung hatte reden wollen, wenn Gewaltenteilung bestand. Nur er könne allmählich einen Zustand herbeiführen, wo allein das Gesetz selbstherrschend sei und an keiner besonderen Person hänge. Kant nannte drei Gewalten oder den allgemeinen vereinigten Willen in dreifacher Person: die Herrschergewalt oder Souveränität in der des Gesetzgebers, die vollziehende Gewalt (zufolge dem Gesetz) in der des Regierers und die rechtsprechende Gewalt als Zuerkennung des Seinen eines jeden nach dem Gesetz in der des Richters. Keine der drei Gewalten durfte die Funktion der anderen usurpieren, aber sie mußten dennoch eng zusammenarbeiten, um jedem durch ihr Zusammenwirken sein Recht zukommen zu lassen. Nur wenn der Gesetzgeber die Gesetze nicht zugleich auch vollzog, hielt Kant die Freiheit für gewährleistet. Neben einer Repräsentation des Volkes mußte also ein Regierer stehen, dessen Gewalt zwar von der ursprünglichen obersten Gewalt des Volkes abgeleitet war, dem Kant aber doch weitgehende Vollmachten einräumte. Für die Rechtsprechung sollten die Staatsbürger von Fall zu Fall Richter wählen. Als Staatsbürger betrachtete Kant diejenigen, die sich durch ihre wirtschaftliche Selbständigkeit dazu qualifiziert hatten. Auch er kannte also den Aktivbürger, und der Gedanke an ein Zensuswahlrecht war ihm ganz selbstverständlich. So wurde der Trennungsstrich zur Demokratie von Kant sehr deutlich gezogen, auch ihm ging es, wie Sieyès, zentral um den liberalen Rechtsstaat, und sein Bemühen um die Sicherung der Rechtsstaatlichkeit befruchtete das Denken des 19. Jhs. tief.

36. Wirtschaftsliberalismus

Say, Malthus, Ricardo

Das wirtschaftsliberale Denken war in der zweiten Hälfte des 18. Jhs. in Frankreich durch die Physiokraten, in England in einer der physiokratischen Auffassung überlegenen Analyse vornehmlich durch Adam Smith ausgebildet worden. In seiner ›Theorie der ethischen Gefühle‹ (1759) hatte Smith festgestellt, daß das Streben nach Eigennutz durchaus das allgemeine Wohl fördere, da die Vermehrung des Wohlstandes die Voraussetzung jeden Fortschrittes sei. In seiner Glasgower Vorlesung aus dem Jahre 1763 hatte er die volkswirtschaftliche Untersuchung begonnen und dabei unterstrichen, daß die Arbeitsteilung den Wohlstand eines Landes erhöhe, in seinem Hauptwerk von 1776, den *Untersuchungen über die Natur und die Ursachen des Volkswohlstandes*, hatte er schließlich sein nationalökonomisches System breit ausgeführt. Auf dieser Basis stand die Gruppe der später von Marx so genannten *Klassiker*, die Engländer *Malthus*, *Ricardo* und *J. St. Mill*, der Franzose *Say*, die Deutschen *Rau* und *v. Thünen* und einige andere. Zu Beginn des 19. Jhs. wurde die liberale Wirtschaftstheorie in enger Verbindung mit dem politischen Liberalismus maßgeblich von Say, Malthus und Ricardo bestimmt. Von ihnen hing nur Say dem frühliberalen Optimismus uneingeschränkt an, daß die Wirtschaft alle Probleme aus sich heraus lösen könnte. Malthus und Ricardo dagegen nahmen aus der konkreten sozialen Situation Englands Grund zu schweren Sorgen, damit Bedenken vertiefend, die auch Smith schon gekommen waren, die er aber doch vernachlassigen zu dürfen gemeint hatte. Es kennzeichnet die Kraft ihrer individualistischen Vorstellungen, daß sie gleichwohl von einer Intervention des Staates in das Wirtschaftsleben nichts wissen wollten und die liberalen Prinzipien uneingeschränkt hochhielten.
Jean-Baptiste Say (1767–1832), zunächst Publizist, dann Unternehmer und schließlich akademischer Lehrer, gewann mit seinem *Traité d'économie politique* (1803, dt. 1807) erhebliche Bedeutung als Popularisator der Ideen von Adam Smith – in Deutschland wirkte in diesem Sinne unter

anderen der Königsberger Kameralist *Christian Jakob Kraus* (1753 bis 1807) –, aber er legte die Thesen seines Lehrmeisters nicht nur einfach dar, sondern übte auch erhebliche Kritik an ihnen und ergänzte sie so. Das tat er namentlich dadurch, daß er immaterielle Produkte in ihrer Bedeutung mit den materiellen gleichstellte, daß er Boden, Kapital und Arbeit als gleichrangige Produktionsfaktoren bezeichnete und daß er die Probleme des Absatzes neu durchdachte. Er führte aus, daß schon die bloße Tatsache der Herstellung eines Produktes sogleich anderen Produkten Absatzmöglichkeiten eröffnete, da der Produzent den Wert des Produkts nicht brachliegen lassen, sondern es möglichst bald verkaufen wolle, um den Erlös dann wiederum schnell für den Kauf eines anderen Produktes auszugeben. Daraus folgerte er, daß Güterproduktion und Güternachfrage stets gleich seien, eine Ansicht, die von der späteren Kritik sehr in Zweifel gezogen wurde. Die Einkommensverteilung regelt sich nach Say so, daß jeder einen gerechten Preis für seinen Beitrag zum Gemeinwohl erhielte. Aus Malthus' Bevölkerungslehre entnahm er die Gewißheit, daß es eine dauernde Arbeitslosigkeit nicht geben könne. Bleibe die Nachfrage nach Arbeitskraft hinter der Zahl der Arbeitssuchenden zurück, dann fielen die Löhne auf ein Maß, das nicht ausreicht, die Klasse der Armen sich vollzählig erhalten zu lassen, die Familien, die mit allzu vielen Kindern und Krankheiten geschlagen seien, würden untergehen, demzufolge das Angebot an Arbeitskräften sinken und entsprechend der Preis für Arbeit wieder steigen. Sein ganzes System war eine unbedingte Verteidigung des Status quo und des freien Spiels der Kräfte.
Thomas Robert Malthus (1766–1834), Sohn eines Landedelmannes und zunächst Geistlicher in der Provinz, dann Professor für Geschichte und Nationalökonomie am College der East India Company, machte sich einen Namen mit dem 1798 anonym veröffentlichten, ab 1803 in rascher Folge in veränderten Fassungen wiederaufgelegten *Essay on the Principle of Population*. In scharfer Absetzung von Adam Smith vertrat Malthus die These, daß die Freiheit nicht ohne weiteres eine Steigerung des Volkswohlstandes nach sich ziehe. Entwickele sich die Bevölkerung schneller als die Zahl der für die Befriedigung ihrer Bedürfnisse bereitgestellten Güter, sei im Gegenteil mit einer Verschlechterung zu rechnen. Der Autor war davon überzeugt, daß sich die Bevölkerung, wenn ihr Wachstum nicht gehemmt werde, alle 25 Jahre verdoppele, also in geometrischer Folge (2, 4, 8, 16) zunehme. Ein entsprechendes Wachstum der Nahrungsmittelproduktion hielt er für unmöglich, vielmehr würden die Mittel zum Unterhalt nur in arithmetischer Folge (1, 2, 3, 4) vermehrt, wie sich aus dem Gesetz des abnehmenden Bodenertragszuwachses einwandfrei ergebe. Damit zeichneten sich künftige politische und soziale Katastrophen ab; ein besitzloser Mob erschien Malthus als akute Gefährdung der Freiheit. Es mußte also darum gehen, den Bevölkerungszuwachs einzu-

schränken. Aus liberalen Prinzipien und aus Gründen der Praktizierbarkeit hielt er ein Einschreiten des Staates für untunlich. Die Empfängnisverhütung widersprach seinen christlichen Überzeugungen. Nur in der Enthaltsamkeit, einer Heraufsetzung des Heirats- und Gebäralters, erkannte er einen gangbaren Weg. Allerdings galt das nur in einer auf materieller Ungleichheit beruhenden Gesellschaftsordnung. Malthus sah die Gesellschaft, wie er später einmal schrieb, in zwei Klassen zerfallen, in die große, die ihre Arbeitskraft zur Verfügung stellte und an sich wenig Interesse an der Verbesserung der Gesamtlage hatte, und in die kleine, die Kapital akkumulierte und für Verbesserungen investierte. Der Beitrag der großen Masse zum Fortschritt mußte demgegenüber in der sittlichen Zurückhaltung liegen. Die vermögenslosen und einkommensschwachen Schichten sollten durch die Verhältnisse gezwungen sein, entweder sehr spät oder gar nicht zu heiraten. Durch Aufhebung der Armengesetze wollte Malthus diesen Zwang noch unterstreichen.
Da das liberale System wohl die rechtliche, nicht aber die faktische Gleichheit wollte, erschien es Malthus als wirksamste Barriere gegen das Massenelend und damit als sicheres Mittel zur Beförderung des Fortschritts. Der Liberalismus Malthus' war infolge der in England bedrängenderen sozialen Probleme entschieden härter als der optimistische von Sieyès oder Kant, die die soziale Dimension gar nicht erkannt hatten und alles von einer Freisetzung der Persönlichkeit erwarteten. Malthus mußte sich deshalb scharfe Angriffe gefallen lassen. Gleichwohl wurden seine bevölkerungspolitischen Auffassungen sehr einflußreich.
Weniger Resonanz fanden Überlegungen, die er einige Jahre später gegen die seines Erachtens allzu optimistische Sicht des Wirtschaftslebens durch Ricardo richtete. In seinen *Principles of Political Economy* (1820) unterstrich er, daß ein Anwachsen der Produktion einen Anstieg der Nachfrage voraussetze, daß es deshalb, anders als Say oder Ricardo meinten, sehr wohl Überproduktionskrisen geben könne, die gekennzeichnet seien durch ein Zuviel an Kapital im Verhältnis zu den Absatzmöglichkeiten. Zur Abhilfe empfahl er öffentliche Arbeiten, den Ausbau des Binnenhandels und die Ausweitung des Exports. Er wollte mithin jetzt auf Not und Elend durch Mittel der Wirtschaftspolitik einwirken und korrigierte damit zum Teil seine Thesen aus dem zwanzig Jahre älteren Bevölkerungsessay. Die Härte seiner früheren Auffassungen wurde abgeschwächt, dem Befinden der breiten Masse mehr Aufmerksamkeit gewidmet. Eine Wendung vom Liberalismus zur Demokratie und die Bereitschaft zur durchgreifenden Veränderung der Verhältnisse bedeutete das jedoch nicht.
Auch *David Ricardo* (1772–1823), ein englischer Makler, dem sein Wohlstand erlaubte, sich von der Börse zurückzuziehen und als Privatgelehrter seinen nationalökonomischen Neigungen nachzugehen, und der so in sei-

ner letzten Lebensphase zum Vollender der klassischen Nationalökonomie wurde, sah keinen Grund, die bestehenden sozialen Strukturen zu ändern. Er widmete seine wissenschaftliche Arbeit den Problemen der Einkommensverteilung und des wirtschaftlichen Wachstums, seine wichtigste Publikation wurden die *Principles of Political Economy and Taxation* (1817), ein Buch, das ein halbes Jahrhundert hindurch in England fast unbestrittene Geltung hatte und ganz erheblichen Einfluß auch außerhalb des Landes gewann.
Ricardo fragte, wie die Verteilung der Produkte des Fleißes unter die Klassen sich regelte. Er nannte drei Klassen: Landbesitzer, Unternehmer und Arbeiter. Die Grundeigentümer erhielten Rente dafür, daß sie andere, die Pächter, auf ihrem Grund und Boden arbeiten ließen (– das selbständige Bauerntum war in England ja weitgehend verschwunden –), die Unternehmer zogen aus ihrem Anlagekapital Profit, die Arbeiter bekamen für den Einsatz ihrer Arbeitskraft Lohn. Den Landbesitzern stand Ricardo als einer untätigen Schicht skeptisch gegenüber, die Arbeiter bewertete er mit Malthus als passiv, der Unternehmerschaft galt seine Vorliebe, war sie es doch, die mit dem Einsatz ihres Kapitals den Arbeitern die Möglichkeit der Existenz gab. Anders als Say hielt Ricardo es nicht für zulässig, den Wert eines Gutes aus dem Mechanismus von Angebot und Nachfrage zu erklären. Der Marktpreis könnte sehr stark schwanken, deshalb müsse man vielmehr vom natürlichen Preis ausgehen, der sich von der in jeder Ware enthaltenen Arbeitsmenge ableite. Bilde sich der Marktpreis mit den wechselnden Bedingungen von Angebot und Nachfrage kurzfristig, so der natürliche Preis langfristig, wobei der Marktpreis um den natürlichen Preis schwanke, teils darüber und teils darunter liege. Den natürlichen Preis der Ware Arbeit definierte er als denjenigen Preis, »welcher nötig ist, die Arbeiter in den Stand zu setzen, einen wie den anderen, sich zu erhalten und ihr Geschlecht fortzupflanzen ohne Vermehrung oder Verminderung« (Grundsätze, S. 81). Dabei gab er zu, daß der natürliche Preis von Land zu Land nach den jeweiligen Gewohnheiten und Gebräuchen eines Volkes wechseln könne. Prinzipiell erkannte er auch eine Tendenz nach oben, da angesichts der neuen technischen Möglichkeiten die Preise für Fertigwaren sänken. Dieser Erkenntnis ging er jedoch nicht weiter nach, sondern meinte im Anschluß an die Prognosen von Malthus, daß das Angebot an Arbeitskraft stärker steigen werde als die Nachfrage nach Arbeitern, so daß der Arbeitslohn fallen mußte. Seine Prognose über die Lohnentwicklung wurde später von Lassalle als ehernes Lohngesetz vulgarisiert. Wie Malthus erwartete Ricardo Abhilfe von der Enthaltsamkeit der Arbeiterschaft und sprach sich gegen die Armengesetze aus. Auch in die Lohngestaltung sollte der Staat ebensowenig wie in andere Verträge eingreifen.
Für die Unternehmergewinne konstatierte Ricardo ebenfalls eine sin-

kende Tendenz. Er sah voraus, daß die Zunahme der Bevölkerung dazu zwingen werde, Böden von immer geringerer Fruchtbarkeit zu bearbeiten. Daraus ergebe sich, daß der Anteil der Grundrenten am Volkseinkommen ansteige. Da nun der Lohnanteil, orientiert am Existenzminimum, etwa gleich bleibe, müsse der Anteil des Kapitalgewinns notwendig fallen. Ricardo betrachtete diese These, die vor allem über Marx weiterwirkte, als ein Grundgesetz der wirtschaftlichen Entwicklung, das bedenkliche Aussichten eröffnete. Nur bei ausreichender Gewinnrate hielt er nämlich das wirtschaftliche Wachstum für gesichert. Der Zeitpunkt, an dem das Wachstum aufhören mußte, schien ihm aber schon absehbar. Immerhin schienen ihm technische Neuerungen und vor allem der Übergang zum Freihandel eine Verlangsamung des Sinkens der Unternehmergewinne zu ermöglichen. So äußerte er sich insgesamt nur bedingt pessimistisch.
Der von *William Richardson* (1698–1775) begründeten und von Adam Smith systematisierten Freihandelslehre gab Ricardo wesentliche Impulse durch seine Theorie der komparativen Kosten, derzufolge jedes Land vom Ausland die Waren bezog, deren Kosten im Inland relativ höher sind, und das exportierte, was im Inland relativ billiger war. Er erachtete Freihandel deshalb stets als vorteilhaft. Er wies aber auch darauf hin, daß ein Land selbst dann aus dem Außenhandel Vorteile ziehen könne, wenn es seinen Partnern zunächst in allen Bereichen unterlegen sei. Empfange es mehr als es exportiere, so müsse es schließlich Geld versenden. Dadurch würden die Inlandspreise negativ beeinflußt, und das wiederum wirke sich erschwerend für den Import und erleichternd für den Export aus. Voraussetzung für diesen Mechanismus war ihm, daß überall der Goldstandard galt und keine Zölle erhoben wurden.

Manchesterliberalismus. Richard Cobden

Die von Ricardo natürlich nicht allein bewirkte Freihandelsdiskussion hatte einen ersten Erfolg, als 1820 die Londoner Kaufmannschaft und, ihr folgend, noch im selben Jahre die von Edinburgh in einer Petition an das Parlament forderten, die staatlichen Beschränkungen des Handels möchten aufgegeben werden. In der Tat begann unter dem Handelsminister William Huskisson in den frühen 20er Jahren eine Reform des britischen Außenhandelssystems. Ihren wichtigsten Sieg errang die wirtschaftliche Reformpartei mit der nach siebenjähriger Agitation der Anti-Corn-Law-League unter Führung von Richard Cobden 1846 beschlossenen Beseitigung der Kornzölle, ihren Höhepunkt erreichte sie im britisch-französischen Handelsvertrag von 1860, dem sogenannten Cobden-Vertrag.
Richard Cobden (1804–1865) stieg aus kleinen Anfängen zum bedeuten-

den Baumwollfabrikanten und zum Haupt des nach seinem Wirkungsort benannten Manchestertums auf. Er begann seine politische Karriere in den 30er Jahren mit zwei Flugschriften, *England, Irland und Amerika* und *Rußland* (1836), in denen er ein System des Friedens durch freien Handel skizzierte. Cobden wandte sich hier scharf gegen die seines Erachtens ihrem Wesen nach kriegslüsterne Aristokratie, gegen das kontinuierliche britische Ausgreifen in Übersee und überhaupt gegen die englische Neigung, sich in fremde Angelegenheiten einzumischen. Er verstand sich als konsequenter Antiimperialist, wollte aber die britische Weltstellung nicht preisgeben, nur wollte er sie durch das Medium des Handels gewahrt wissen. Er wies den gewerbefleißigen Klassen des Landes den Weg, mit der Kraft des Handels die Zivilisation der ganzen Welt zu beeinflussen und in allen Völkern »den wohltätigen Hang zum Frieden« zu fördern (Rußland, 42f.) Nur die freie Entfaltung des Welthandels biete eine Sicherung gegen den Krieg, vom Wohlergehen der Gewerbetreibenden hänge die Stellung Englands ab. Deshalb müsse die »natürliche Politik jedes Kabinetts..., das die wahren Interessen unseres Handelsstaates zu fördern« wünsche, »Verminderung der Steuern und Zölle..., Verminderung unserer Flotte und unseres Heeres« sein (ebda., 105f.). Eine Preisgabe der Kolonien wollte er ebensowenig wie zwei Generationen vor ihm Smith, und er verfocht auch keineswegs einen bedingungslosen Pazifismus. Für die britischen Interessen war er notfalls gewillt, zu den Waffen zu greifen, nur meinte er, daß ein vollständiges Freihandelssystem einen solchen Schritt unnötig mache.

Kontinentale Manchesterliberale. Prince-Smith und Bastiat

Lebhaftester Vorkämpfer des Freihandels in Deutschland wurde der aus England stammende *John Prince-Smith* (1809–1874), der seit 1836 publizistisch und seit den 40er Jahren auch organisatorisch in diesem Sinne tätig war. Wie Cobden vertrat er die These, daß die Nationen in Wirklichkeit keine antagonistischen Interessen im erwerblichen Verkehr haben und »daß vollkommene Handelsfreiheit den letzten Rest des internationalen Antagonismus, das Feld der bewaffneten Diplomatie« aufheben werde. Er knüpfte daran die Folgerung, daß dann auch »das Bedürfnis einer absoluten, zentralisierenden Regierung« verschwinden werde, daß also »durch den Völkerfrieden, welchen der freie Handel auf ewig befestigen muß, die Freiheit des Bürgers am sichersten zu erreichen ist«. *(Über Handelsfeindseligkeit*, 1843, GS 2, 147*)*. Prince-Smith unterstrich, daß die Regierung dazu da sei, einen jeden im Genusse der Früchte seiner Betriebsamkeit zu schützen, sie überschritte ihre Befugnisse, ja, sie handle wider ihre Pflichten, wenn sie, wie es bei einer Schutzzollpolitik unum-

gänglich sei, dem einen seine erworbene Habe wegnehme, um sie dem anderen zu geben. Für Freihandel sprachen nach seiner Meinung deshalb das elementarste Gefühl der Gerechtigkeit und die wirtschaftliche Klugheit. Nur die völlige erwerbliche Freiheit war geeignet, den Wohlstand des Landes zu fördern. Freihandel mußte selbstverständlich mit gänzlicher politischer Freiheit Hand in Hand gehen. So verlangte Prince-Smith eine Verfassung, die die Untertanen zu Staatsbürgern machte, indem sie ihnen einen Anteil an der Staatsregierung gab. Sei das erreicht, dann würde sich der Blick aus den engeren Kreisen des individuellen Wirkens zu den größeren Bewegungen des allgemeinen Interesses heben. »Die schaffende Tätigkeit in ihrer Freiheit beschränken heißt: das Walten des göttlichen Schöpfungswerks zu hemmen; – sie der Freiheit zu berauben, um sie zu bevormunden und zu leiten, heißt: durch menschliche Einsicht die Vorsehung vertreten zu wollen«. (ebda., 149).
Noch eindeutiger vertrat der Franzose *Frédéric Bastiat* (1801–1850) in der Nachfolge von Say in seinem Hauptwerk *Harmonies économiques* (1850) die Auffassung, daß ein System des völlig unbehinderten Wettbewerbs den größten Nutzeffekt bringe. Die natürliche Ordnung des freien Marktes erschien ihm als Offenbarung der unparteiischen Vorsehung Gottes, als ein Abbild der großen Ordnung des Alls. Selbstverständlich war er bedingungsloser Freihändler. Er trug wesentlich dazu bei, die Lehren Cobdens in Frankreich bekannt zu machen. Mit den düsteren Prognosen von Malthus und Ricardo konnte er überhaupt nichts anfangen. So war er der platteste Verfechter der liberalen Harmonielehre, aber er hatte in Frankreich großen Einfluß; seine Werke erlebten zahlreiche Auflagen.

List

Friedrich List (1789–1846), württembergischer Schreiber, Professor in Tübingen, aus politischen Gründen Emigrant, in den 30er Jahren zunächst Konsul der USA in Deutschland, dann Publizist, widmete seine Lebensarbeit dem Ziel, die Deutschen zur politisch-ökonomischen Einheit zu erziehen. Sein Hauptwerk war das *Nationale System der politischen Ökonomie* (1841). Er war der Ansicht, daß eine Nationalökonomie, die keine konkreten Wege wies, wertlos sei. Deshalb hielt er nicht viel von den Bemühungen der Klassiker, den gegenwärtigen Reichtum zu analysieren, ihm war wichtiger, die »persönlichen, gesellschaftlichen und materiellen Kräfte« zu untersuchen, »wodurch die Reichtümer hervorgebracht werden« (Nationales System, Werke VI, 167). Jede Nation sollte, so lehrte er, die in ihr liegenden Möglichkeiten entwickeln, sie durfte keine produktive Kraft vernachlässigen, mußte also gleichermaßen im agrarischen, im gewerblichen und im kaufmännischen Bereich tätig sein. Sie mußte stets darauf blicken, ihre Macht weiter zu entfalten, gegebenenfalls, wenn sie allein zu schwach war, durch einen Zusammenschluß mit anderen. »Macht ist wichtiger als Reichtum..., weil die Macht der Nation eine Kraft ist, neue produktive Hilfsquellen zu eröffnen, und weil die produktiven Kräfte der Baum sind, an welchem die Reichtümer wachsen...« (ebda., 99f.) Um die produktiven Kräfte zu entwickeln, scheute er auch Eingriffe des Staates in die Wirtschaft nicht, insbesondere forderte er die Einführung des Schutzzolles so lange, bis die Industrie in der Lage war, sich in freier Konkurrenz gegen die Englands zu behaupten. Wenn er den Gedanken auch in den Mittelpunkt stellte, daß die Ausbildung und Vervollkommnung der Nationalität der Hauptgegenstand des Strebens einer Nation sein müsse, so wollte er damit doch nicht einem kalten Egoismus das Wort reden. Er war der Überzeugung, daß das Streben der Nationen nach Prosperität oder überwiegender Macht nur dann legitim sei, »wenn es dem höheren Zweck der Menschheit, der künftigen Universalkonföderation nicht feindselig entgegentritt« (ebda., 50). Mit Kant war er darin einig, daß die Vereinigung aller Menschen unter dem Rechtsgesetz durch die Vernunft geboten sei, aber er hielt die Zeit dazu noch nicht für reif. Seine Gegenwart betrachtete er als Zeit der Nationalität – aber die Nationen waren ihm Individualitäten, und von der Entwicklung dieser Individualitäten versprach er sich das Wachstum der Universalkonföderation.

37. Weiterbau des Liberalismus

Die liberale Diskussion der beiden ersten Drittel des 19. Jhs. bewegte sich im wesentlichen innerhalb der von den bisherigen Autoren abgesteckten Positionen. Großen Einfluß auf die Entfaltung des liberalen Selbstbewußtseins hatte dabei der Positivismus des Auguste Comte, auf die Auffassung der liberalen Staatslehre das System des Benjamin Constant. Indessen wurde zunehmend auch erkannt, daß Liberalismus sich nicht in der Rechtfertigung der Individualität erschöpfen dürfe, sondern sich den Ansprüchen der Masse stellen müsse. In diese Richtung wiesen die Blicke zunächst Hegel, dann vor allem Tocqueville und John Stuart Mill.

Allerdings ist es problematisch, den Privatsekretär Saint-Simons und Publizisten *Auguste Comte* (1798–1857) selbst als Liberalen zu bezeichnen. Seine Leistung für den Weiterbau des Liberalismus bestand vor allem darin, daß mit seinem Denksystem für viele Liberale unzweifelhaft nachgewiesen schien, die Zukunft gehöre ihnen. Die entscheidende Publikation Comtes war der 1822, während der Zusammenarbeit mit Saint-Simon vorgelegte *Prospectus des travaux scientifiques nécessaires pour réorganiser la société*, eine Schrift, die ihr Verfasser bis zur letzten Fassung (als *Système de politique positive*, 1851/54) fortlaufend umarbeitete. Comte ging es nicht wie Constant um den Triumph der Individualität, sondern, unter dem Einfluß Saint-Simons, darum, einen Zustand der Gesellschaft zu entdecken, in dem wieder Ordnung und Stabilität möglich waren. Den Schlüssel zur Lösung des Problems schien ihm das im Prospectus sogenannte Dreistadiengesetz zu liefern. Er unterschied die theologische, die metaphysische und die positive Phase der Auseinandersetzung des Menschen mit der Natur. Die positive Phase war gekennzeichnet durch eine klare Beschreibung der Naturereignisse und die Feststellung ihres inneren Zusammenhanges. Comte verwies darauf, daß die Wissenschaften zu sehr verschiedenen Zeitpunkten in den Rang des Positivismus aufstiegen. Die soziale Wissenschaft, die soziale Ethik oder Soziologie, wie er auch sagte und damit namengebend wirkte, würde dieser Schritt sogar erst im Laufe des 19. Jhs. tun, und wegen ihres schwierigen Arbeitsbereiches könne das auch gar nicht anders sein. Die Entwicklung der Welterkenntnis setzte Comte in Beziehung zur Entwicklung der Gesellschaft. Jedem der drei Stadien entsprach eine bestimmte Gesellschaftsordnung, dem positivistischen das der industriellen Gesellschaft. Comte konstatierte also einen durchgehenden Geschichtsprozeß, dessen Ziel es sei, die Einwirkung von Menschen auf Menschen völlig zu beseitigen. Er behauptete weiter, daß diese Entwicklung von den Menschen nicht prinzipiell beeinflußt oder gar abgebogen, sondern nur etwas behindert werden könne. Allerdings warnte er vor jeder Verzögerung: Die unabweisbare Folge würden Revolutionen sein. Das alles war für die Liberalen eine gern gehörte Bestätigung, und so war Comtes Echo denn auch in liberalen Kreisen groß, zumal in denen Frankreichs. Wenn zivilisatorische und soziale Entwicklung stets in Übereinklang blieben, dann mußte das 19. Jh., da sein zivilisatorischer Stand Werk des Bürgertums war, schließlich ein Jahrhundert der bürgerlichen Herrschaft werden. Die Ausführungen des Comteschen Spätwerks wurden dagegen sehr viel weniger rezipiert, da sie nicht mehr im strengen Gewande der Wissenschaft daherkamen. Comte sah die Soziabilität des Menschen zunehmen und deshalb ein Zeitalter der Allgemeinheit, der Solidarität in Gesellschaft und Wirtschaft erwachsen.

Er hoffte auf das Entstehen einer neuen einheitlichen geistigen Gewalt, während die zeitliche Gewalt den Leitern der Industrie zufallen sollte. Diese Art der politischen Romantik sagte den Liberalen nichts mehr.

Liberalismus der Mitte: Constant und Dahlmann

Ungleich mehr Bedeutung für den politischen Alltag hatte das Werk des aus schweizerischem Adel stammenden französischen Publizisten *Benjamin Constant* (1767–1830). Im Laufe seines wechselvollen Lebens gewann Constant vielfältige Anregungen in Frankreich, Deutschland und Großbritannien. Seine eigentliche schöpferische Phase war, wie erst jüngst überzeugend gezeigt wurde, das Jahrzehnt um die Wende vom 18. zum 19. Jh.: 1806 war sein Liberalismus, wesentlich in der Auseinandersetzung mit Napoleon, voll ausgebildet. Allerdings konnte er seine *Principes de politique applicables à tous les gouvernements* wegen der Zeitverhältnisse nicht drucken lassen; sie wurden erst 1980 ediert. Auf seine Zeitgenossen wirkte er mit einer Vielzahl späterer Schriften, die zum Teil Entlehnungen aus dem unveröffentlicht gebliebenen Werk waren. Gegen Napoleon wandte er sich mit der Broschüre *De l'esprit de conquête*. Es folgten innerhalb kurzer Zeit die *Réflections sur les constitutions et les garanties*, und, zur Erläuterung der Absichten, die er mit dem für Napoleon nach dessen Rückkehr von Elba entworfenen *Acte additionnel aux Constitutions de l'Empire* verfolgt hatte, die *Principes de politique*. Seine zahlreichen Veröffentlichungen und Reden, darunter auch der wichtige Vergleich der Freiheit des Altertums mit der Gegenwart (1819), faßte er 1818–1820 in seinem vierbändigen *Cours de politique constitutionelle* zusammen und gab damit ein handliches System der liberalen Staatslehre.
Constant ging davon aus, daß »das Ziel der Modernen ... die Sicherheit in den privaten Genüssen« sei; Freiheit definierte er als »den gesetzlichen Schutz dieser Genüsse« (Freiheit, 40). Sein Denken kreiste darum, wie die Freiheit und die unveräußerlichen und ewigen Menschenrechte (persönliche Freiheit einschließlich der Glaubens-, der Presse- und der Wirtschaftsfreiheit, ferner das Recht auf Urteil durch Geschworene auf Grund vereinbarter Gesetze und mittels vorgeschriebener Formen) gewährleistet werden könnten. Nachdrücklich unterstrich er als »ewigen Grundsatz«, daß »keine Macht auf Erden ... unbeschränkt« sei, »weder die des Volkes, noch die der Menschen« (71, Über die Volkssouveränität und ihre Grenzen, 1818). Die Schranken der Macht sah er in der Gerechtigkeit und in den persönlichen Rechten. Er glaubte mit großem Optimismus, daß niemand eine unbeschränkte Macht fordern werde, wenn erst die öffentliche Meinung davon durchdrungen sei, daß die Souveränität nicht grenzenlos sei. »Wenn man die Volkssouveränität in ihre gerechten

Grenzen einschließt, hat man nichts zu fürchten« (73, ebda.). Institutionell wollte er dieses Ziel durch die Gewaltenteilung und das Repräsentativsystem erreichen. Er kannte vier Gewalten, die ausführende, die gesetzgebende, die richterliche und die Gemeindegewalt, zeigte sich durch diese Ergänzung des traditionellen Schemas also als entschiedener Föderalist. In den Mittelpunkt seiner konstitutionellen Doktrin rückte er den Gedanken, daß im Zentrum der drei klassischen Gewalten der König als neutrale und vermittelnde Autorität stehen müsse; er habe dafür zu sorgen, daß das Gleichgewicht der Gewalten nicht gestört würde, indem er bei Bedarf eingriffe: durch Auflösung der Legislative, durch Abberufung der Exekutive oder durch Ausübung des Begnadigungsrechts. Constant war davon überzeugt, daß der König keinem eigenen Interesse folgen, sondern sich wirklich neutral verhalten werde. Die Autorität des Monarchen sollte aus seiner Übereinstimmung mit der öffentlichen Meinung fließen, wobei unterstellt wurde, daß diese öffentliche Meinung stets einheitlich gestimmt und ohne weiteres erkennbar sei. Daß damit der Prozeß der politischen Willensbildung allzu vereinfacht gesehen wurde, liegt auf der Hand, auch wenn man berücksichtigt, daß mit öffentlicher Meinung von Constant nur eine kleine Gruppe von Menschen gemeint war, nämlich diejenigen, die das Recht zur politischen Tätigkeit haben sollten. Constant war entschiedener Anhänger eines zensitären Systems. Nur die Besitzenden hatten seines Erachtens Zeit genug, um die für eine Wirksamkeit in der Politik nötigen Einsichten zu erwerben. Er zweifelte auch hier nicht daran, daß die politische Schicht nicht im eigenen, sondern im Interesse aller tätig sein würde. Die Julimonarchie entsprach in der Struktur ihrer Verfassung am ehesten seinen Vorstellungen, aber gewiß nicht in ihrer Wirklichkeit.

In Deutschland läßt sich der Göttinger, später Bonner Historiker *Friedrich Christoph Dahlmann* (1785–1860) am ehesten mit Constant vergleichen. Das Bemühen um die Sicherung der Freiheit war hier wie dort gleich intensiv, aber Dahlmann bewertete die Stellung des Monarchen wesentlich höher. Er betonte, daß die Mehrzahl des Volkes »zu allen Zeiten dieser verständlichsten und gemütvollsten aller Regierungsweisen« bedürfe (Politik. Nr. 137) und unterstrich darüber hinaus nachdrücklich, daß die Monarchie gerade für die Minderzahl als unübersteigbare Schranke des persönlichen Ehrgeizes nötig sei. So erschien ihm die Monarchie als beste Garantie der Ordnung und damit der Freiheit, aber sie mußte konstitutionell sein, die Mitwirkung von Volksvertretern gestatten, allerdings dergestalt, daß die ausübende Gewalt einen Anteil an der Legislative hätte, »der nicht kleiner sein darf als der Anteil, welcher nicht in königlichen Händen liegt« (Nr. 100). Auch Dahlmann glaubte an die Möglichkeit einer innigen Verbindung von Fürst und Volk. Als eines der prominentesten Mitglieder der Nationalversammlung hatte er 1848/49 erheblichen Einfluß auf die Formulierung der Verfassung, jedoch hatten die gemäßigten Liberalen nicht die starke Stellung, die ihnen erlaubt hätte, ihre Vorstellungen voll durchzusetzen. Dahlmann konnte weder verhindern, daß das absolute Veto in ein suspensives abgeschwächt, noch daß das allgemeine Wahlrecht eingeführt wurde.

Hegel

Das philosophische Werk *Georg Wilhelm Friedrich Hegels* (1770–1831) war gewaltig und äußerst folgenreich. Die Hegel-Schule umfaßte eine Generation nach dem Ableben ihres Meisters mehr als 70 Namen innerhalb und außerhalb Deutschlands, die in sehr verschiedenen politischen Lagern standen und sich z. T. erbittert bekämpften. Hegel wirkte sowohl auf die äußerste Linke wie auf die äußerste Rechte und auf das breite Spektrum zwischen den Extremen ein. Mit seinem Einfluß auf Marx machte er philosophisch Weltgeschichte, aber auch der Faschismus des 20. Jhs. verdankte ihm viel. Es ist angesichts dieser Breitenwirkung nicht verwunderlich, daß Hegel, zunächst Stipendiat des Tübinger Stifts, dann Hauslehrer, Redakteur, Gymnasialdirektor, ab 1816 Professor der Philosophie in Heidelberg, ab 1818 in Berlin, im Mittelpunkt erbitterter Auseinandersetzungen über seine politische Einordnung steht. Er wurde immer wieder als Lobredner der preußischen Restauration angegriffen; dabei stützten sich seine Kritiker vor allem auf einige Sätze aus seinem staatsphilosophischen Hauptwerk, den *Grundlinien der Philosophie des Rechts* (1821). Namentlich der Satz der Vorrede »Was vernünftig ist, das ist wirklich, und was wirklich ist, das ist vernünftig« (VII, 33) und die §§ 257 bis 258, in denen der Staat als Wirklichkeit der sittlichen Idee bezeichnet wird, mußten als Ansatzpunkt der Kritik dienen. In jüngerer Zeit wurde Hegel als derjenige Philosoph verleumdet, der »den Platonismus mit den modernen totalitären Lehren verbindet«, so von Karl Richard Popper (40). Es ist jedoch unbillig, ihn, wie Popper es tut, für »Marx und die Folgen« verantwortlich zu machen. Eine nüchterne Betrachtung wird sich dem Urteil des Hegel-Schülers Gans aus dem Jahre 1833 anschließen können, daß die Freiheit nicht bloß das Grundelement, sondern der einzige Stoff der »Rechtsphilosophie« gewesen sei (VII, 6), ja, man kann dieses Votum ohne weiteres auf das Gesamtwerk Hegels ausdehnen.
Noch im Alter erinnerte Hegel sich fasziniert, wie die Französische Revolution, da sie es erstmals unternahm, eine Gesellschaftsordnung auf die Idee der Freiheit zu gründen, alle denkenden Wesen ansprach, als herrlicher Sonnenaufgang empfunden wurde: der Mensch stellte sich auf den Gedanken und erbaute die Wirklichkeit danach (XI, 557f., Phil. d. Gesch.). Freiheit definierte er im Rückgriff auf die Traditionen der anti-

ken Philosophie als das an sich alle Beschränkung Aufhebende, als das Bei-sich-selbst-Sein des Menschen (XI, 44). Dabei stellte sich jedoch das Dilemma, daß Freiheit in der Gemeinschaft mit anderen aufgegeben werden mußte. Sie wollte und setzte einerseits die Autonomie des Individuums, sie bedingte andererseits die Gesellschaft. Das Problem bestand darin, gesellschaftliche Einrichtungen zu schaffen, die Freiheit möglich machten. Die Lösung erblickte er im Rechtsstaat, also in der gesetzlichen Bestimmung der Pflichten des Staates und der Pflichten der Bürger, der Anerkennung der Macht des Gerechten und der sittlichen, statt der zufälligen Naturgewalt, wie er in einer langen und polemischen Anmerkung der Rechtsphilosophie gegen die ›Kruditäten‹ des konservativen Theoretikers Karl Ludwig v. Haller sagte (§ 258 A). Nur im Rechtsstaat ist konkrete Freiheit gewährleistet, so daß gleichermaßen die persönliche Einzelheit und deren besondere Interessen, die vollständige Entwicklung und Anerkennung ihres Rechts zu genießen, wie das Interesse der Allgemeinheit gesehen werden. Die Konstituentien des liberalen Rechtsstaates wurden von Hegel gegenüber seinen Vorgängern durchaus nicht erweitert, wir finden hier die üblichen Freiheitsrechte. Im Bereich der staatlichen Organisation blieb Hegel teilweise hinter den entschiedeneren Liberalen sogar zurück. Die Volkssouveränität gehörte ihm »zu den verworrenen Gedanken, denen die wüste Vorstellung des Volkes zu Grunde liegt« (§ 279), die öffentliche Meinung wollte er zwar geachtet wissen, er hielt eine Korrektur »jenes prickelnden Triebes, seine Meinung zu sagen und gesagt zu haben« in polizeilichen und Rechtsgesetzen und Anordnungen aber durchaus für angezeigt und äußerte sich damit sehr skeptisch zu der von den Liberalen als Grundsicherung der Freiheit bewerteten Pressefreiheit (§ 319). Die staatlichen Institutionen wollte er so ausgebildet wissen, daß sich ein System der Vermittlung ergab, er entwarf hier das konventionelle Modell mit Teilung der Gewalt, verstanden als Gewaltverschränkung, und starker Stellung des Monarchen, damit die Einheit des Staates gewährleistet sei. Hegel unterstrich aber, daß in einer wohlgeordneten Monarchie dem Gesetz allein das entscheidende Gewicht zukomme (§ 280, Zusatz). Er betonte den Wert der Selbstverwaltung und wies endlich auf die Notwendigkeit hin, den Staat und die Regierten gegen Machtmißbrauch der Behörden zu sichern. Es handelte sich bei seinen Ausführungen insgesamt um das Programm des gemäßigten Liberalismus, basierend auf der Überzeugung, daß das Prinzip der neueren Zeit die Freiheit der Subjektivität sei. Jede Verfassung, die dieses Prinzip nicht in sich zu ertragen vermochte, erschien ihm als einseitig (§ 273).

Nach dem bisher Gesagten ist klar, daß Hegel Freiheit damit durchaus nicht ins Belieben stellen wollte. Im Gegenteil. Mit dem Vulgärliberalismus setzte er sich sehr kritisch auseinander. Diese Diskussion unternahm er hauptsächlich in den der bürgerlichen Gesellschaft gewidmeten Paragraphen seiner Rechtsphilosophie. Damit gedieh er weit über die übliche Perspektive des Liberalismus hinaus. Die bürgerliche Gesellschaft war ihm ganz eindeutig Schöpfung der modernen Welt und erst jüngst zwischen Familie und Staat getreten. Sie war Kampfplatz des individuellen Privatinteresses aller gegen alle, charakterisiert dadurch, daß jeder sich Zweck, alles andere ihm aber nichts ist. Sie bot mithin ein Schauspiel der Ausschweifung, des Elends und des physischen und sittlichen Verderbens. Befand sie sich in ungehinderter Wirksamkeit, »so ist sie innerhalb ihrer selbst in fortschreitender Bevölkerung und Industrie begriffen« (§ 243). Das bedeutete Anhäufung der Reichtümer in wenigen Händen, dagegen auf der anderen Seite wachsende Abhängigkeit und Not der an die Arbeit gebundenen Klasse, daraus folgend die »Unfähigkeit der Empfindung und des Genusses der weiteren Freiheiten und besonders der geistigen Vorteile der bürgerlichen Gesellschaft« (ebda.), ferner der Verlust des Gefühls für Recht und Rechtlichkeit und für die Ehre, durch eigene Arbeit zu bestehen. Hegel erkannte, daß die bürgerliche Gesellschaft nicht reich genug war, um dem Übermaß der Armut und der Erzeugung des Pöbels zu steuern (§ 245), daß sie mithin durch diese ihre Dialektik über sich hinausgetrieben werden mußte, um in anderen Völkern, die ihr noch nachstanden, »Konsumenten und damit die nötigen Subsistenzmittel zu suchen« (§ 246). Damit wurde die ganze Erde zum Aktionsfeld der bürgerlichen Gesellschaft. In klarer Absetzung von der klassischen Nationalökonomie, die ihn ein Vierteljahrhundert zuvor angeregt hatte, zeigte Hegel, daß der liberale Harmonieglaube an die Selbstregulierung der Wirtschaft müßig war. Er prognostizierte einen materiell bedingten Imperialismus und bejahte ihn insofern vorsichtig, als so einem Teil der Bevölkerung auf neuem Boden »die Rückkehr zum Familienprinzip« (§ 248) ermöglicht würde. Dabei beruhigte er sich aber nicht, vielmehr mußte »die allgemeine Macht« (§ 241) eingreifen, beispielsweise mit öffentlichen Armenanstalten oder Krankenhäusern. Dem Staat wurde damit eine soziale Aufgabe gestellt: Das selbstsüchtige Interesse mußte zur Allgemeinheit zurückgeführt werden (§ 236).

Der Not- und Verstandes-Staat, den die bürgerliche Gesellschaft wollte, weil sie sehr wohl sah, daß die einzelnen ohne eine Beziehung auf andere ihre Zwecke nicht in vollem Umfang erreichen konnten, mußte weiterentwickelt werden zum Vernunftstaat. Als bester Staat erschien Hegel nicht derjenige, in dem die größte individuelle Freiheit bestand, sondern dasjenige Gemeinwesen, in dem die Individuen ihren Willen nach sittlicher Einsicht in die Besonderheit einbrachten. Gerade diese soziale Komponente des Hegelschen Liberalismus wirkte weiter, einerseits auf Marx, andererseits, über Lorenz Stein, auf die Ansätze bürgerlicher Reform.

Für die Bewertung des Hegelschen Konzeptes ist es unerläßlich, zu sehen, daß all diese Überlegungen metaphysisch eingebunden sind. Es hat mancherlei Verwirrung gestiftet, daß das oft nicht genügend beachtet wurde. Allerdings ist zuzugeben, daß Hegel durch seine problematische Sprache und durch die Unschärfe mancher Begriffe selbst dazu beigetragen hat. So wird beispielsweise ›Staat‹ von ihm mehrdeutig benutzt, teils im Sinne der konstitutionellen Monarchie, teils im Sinne einer Zielvorstellung. Wenn er den Staat lapidar teils als Wirklichkeit der sittlichen Idee, als Gang Gottes in der Welt bezeichnete, war nicht der Staat hier und jetzt gemeint, sondern eine Aufgabe formuliert, die kontinuierliche Schaffung des Vernunftstaates: »Der Staat an und für sich ist das sittliche Ganze, die Verwirklichung der Freiheit.« Es war ihm, wie er in einem kurzen Satz das Ziel aller Geschichte formulierte, »absoluter Zweck der Vernunft, daß die Freiheit wirklich sei« (§ 258 Zusatz).

Tocqueville und John Stuart Mill

In den Jahren 1832 bis 1834 schrieb *Alexis de Tocqueville* (1805–1859), ein junger französischer Richter mit liberalen Neigungen, einen Bericht über eine einjährige Amerikareise, *Über die Demokratie in Amerika*, der sogleich nach Erscheinen einen außerordentlichen Erfolg hatte und den Autor so mit einem Schlage berühmt machte. Fünf Jahre später erschien der zweite gewichtigere Teil. Die Absicht des Werkes ging in zweierlei Richtung. Der Verfasser wollte seinen Lesern ein demokratisches Volk vorführen, um den Verklärern der Demokratie darzutun, daß ihr Bild mit falschen Farben ausgemalt sei, und um gleichzeitig den Gegnern der Demokratie zu zeigen, daß auch in demokratischen Formen ein Volk regiert werden könne, ohne daß Besitz, Recht, Freiheit und Glaube angetastet würden, ferner, daß es wohl im Schöpfungsplan liege, ein mittelmäßiges Glück auf alle auszubreiten, statt eine große Menge Glücks auf einige wenige zu beschränken. Tocqueville wollte also die Begeisterung der Demokraten kühlen und die Furcht der Konservativen mildern, um damit zu erreichen, daß die Gesellschaft firedlicher zur notwendigen Erfüllung ihres Schicksals schreite. Denn daß über die weitere Entwicklung kein Zweifel mehr bestehen könne, schien ihm erwiesen: »Die Gesellschaft hat sich in Marsch gesetzt und führt die Menschen jeden Tag mehr der Gleichheit der Bedingungen entgegen« (Brief an E. Stoffels, 21.2.1835, Mayer, S. 52 f.).
Die 1835 erschienenen Partien des Werks versuchten ihr Ziel vor allem durch die Deskription zu erreichen, der Schlußband von 1840 vornehmlich durch Reflexion.
Den Autor faszinierte und ängstigte das intensiv ausgeprägte Gleichheitsstreben der Amerikaner. Die rechtliche und soziale Gleichheit würde im-

mer wieder betont, die Furcht vor Tyrannis stehe demgegenüber ganz zurück, obwohl auch die Amerikaner sich Sorgen um die Freiheit machen müßten. Denn es gebe in den USA durchaus eine absolute Gewalt, die Majorität. Außerhalb der Mehrheit könne sich nichts behaupten. nur sie entscheide, nur sie bewirke Rechtskraft; eine Appellationsinstanz gebe es nicht, denn da alle Institutionen gewählt würden, sei die Mehrheit überall. So resümierte er: »...was mich in Amerika am meisten abstößt, ist nicht die weitgehende Freiheit, die dort herrscht, es ist die geringe Gewähr, die man dort gegen die Tyrannei findet.« (I,291) Immerhin sah er einige Barrieren, die Selbstverwaltung, die Presse- und Bekenntnisfreiheit, die Garantie der richterlichen Unabhängigkeit und die Idee der Gerechtigkeit.
Eingehender kam er im Schlußband auf seine Befürchtungen zu sprechen. Er ging davon aus, daß die demokratische Revolution die Signatur der Zeit sei; die Zukunft gehöre der Gleichheit. Damit sei die Freiheit stets gefährdet, da die Zentralisierung der Staatsmacht durch den mit der Herstellung von immer mehr Gleichheit Hand in Hand gehenden Abbau von Privilegien, Sonderrechten und Institutionen unaufhaltsam sei und zugleich die Zahl der öffentlichen Bediensteten wachse. Überall werde die Staatsmacht mehr als je in die Privatangelegenheiten eindringen, sie werde sich zudem in das Wirtschaftsleben einschalten und schließlich zum ersten Industriellen des Landes werden. Er forderte deshalb »die wahren Freunde der Freiheit« zur strengsten Wachsamkeit auf, damit die Sozialgewalt nicht leichtfertig die Privatrechte der Menschen der allgemeinen Ausführung ihrer Pläne opfere (II,351). Um diese Gefahr möglichst zu verkleinern, unterstrich Tocqueville neuerlich die institutionellen Gegengewichte, die er schon bei der Beschreibung der USA genannt hatte. Dabei hob er namentlich die Pressefreiheit hervor; sie erschien ihm als das demokratische Instrument der Freiheit schlechthin. So glaube er der unvermeidbaren Demokratie doch einigermaßen ruhig entgegensehen zu können. Tocqueville war ein großer Theoretiker der Demokratie und der Prophet des Massenzeitalters, aber er war es aus kritischer Distanz, ein Liberaler, der erkannte, daß der Liberalismus sich der Demokratie öffnen mußte, um die besten Traditionen des Liberalismus, die Sicherung der Freiheit, in das Zeitalter der Gleichheit retten zu können.
Die Sorge vor der Tyrannis der Masse verband ihn mit seinem Freunde *John Stuart Mill*, den er 1836 bei einer England-Reise kennengelernt hatte. Mill (1806–1873), von seinem Vater James Mill stark geprägt, war der bedeutendste Exponent des britischen Liberalismus in der Mitte des 19. Jhs. Seine Hauptwerke erschienen seit den 40er Jahren. Ersten Ruhm gewann er mit seinem 1843 vorgelegten *System der Logik*, es folgten 1848 die *Principles of Political Economy*, 1859 seine bekannteste Arbeit *On Liberty*, zwei Jahre später die *Considerations on Representative Govern-*

ment, schließlich 1863 der *Utilitarianism*. Mills Problem war zunächst die Frage, wie den Gefährdungen der individuellen Freiheit durch die Gesellschaft begegnet werden könne. Er sah (in: On Liberty) die Lösung im betonten Mut zur Individualität. Von der Gesellschaft erwartete er andererseits äußerste Zurückhaltung. Eingriffe in den privaten Bereich hielt er nur dann für erlaubt, wenn es darum ging, Schaden von anderen abzuhalten. Zeigte er sich hier ganz als Verfechter der Individualität, so hatte er andererseits doch durchaus sozialen Sinn. In seinen ›Principles of Political Economy‹ legte er zwar die Ansichten der Klassiker dar und schloß neomalthusianische Überlegungen an, er wies aber auch darauf hin, daß eine gesellschaftliche Gleichstelung der Geschlechter, die Beteiligung der Arbeiter an Unternehmungen und die Gründung von Produktionsgenossenschaften die Übergangsschwierigkeiten der Industrialisierung mindern könnten; den ständigen Kampf um die Selbstbehauptung, den die meisten Menschen zu führen gezwungen seien, könne er nicht als Ideal ansehen. Ergänzend trug er ein Jahrzehnt später, in den Überlegungen zur Repräsentativverfassung, vor, daß den Arbeitern ein weiteres politisches Kampffeld durch die Ausweitung des Wahlrechts eröffnet werden müsse; nur dann könnten sie ihre Lage wirklich verbessern. Nur wenn die ganze Bevölkerung durch Wahlrecht und Selbstverwaltung am öffentlichen Leben teilhabe, könne der Staat den nötigen sozialen Charakter annehmen. Allerdings wollte er das allgemeine Wahlrecht nicht ganz ohne Einschränkungen und nicht ohne das Korrektiv der öffentlichen Abstimmung. Um unpopuläre Meinungen gegen die Mehrheit zu stützen und Minderheiten auf jeden Fall zu sichern, vertrat er zudem den Proporz. Insgesamt verfocht er einen sozial sehr offenen Liberalismus; er sah das Zeitalter der Gleichheit nicht nur kommen, sondern war auch bereit, an seiner Herbeiführung aktiv mitzuwirken. Gleichzeitig aber versuchte er durch pädagogische Mittel – die Forderung nach dem Mut zur Individualität – dem künftigen Massenzeitalter einen erträglichen Charakter zu geben.

38. Demokratische Konzeptionen

Von den Grundbegriffen, die im Rahmen einer politischen Ideengeschichte der jüngeren Neuzeit behandelt werden müssen, hat das Wort Demokratie die längste Tradition; es reicht bis in die erste Hälfte des 5. vorchristlichen Jahrhunderts zurück. Freilich blieb der Terminus bis in das 18. Jh. hinein wesentlich Bestandteil der Gelehrtensprache, erst in der Französischen Revolution wurde er endgültig popularisiert, und zwar in den mittleren 90er Jahren. Zu einer theoretischen Neufundierung kam es dabei nicht, die Definitionen der Encyclopédie und Rousseaus hatten weiterhin unangefochten Geltung. Für das Schicksal des Begriffs wurde es durch Jahrzehnte hin bestimmend, daß sich Maximilien Robespierre, ein glühender Verehrer Rousseaus, zu seinem bedingungslosen Sachwalter machte und ihn dabei mit negativen Affekten behaftete. Demokratie wurde damit zum Reizwort und schied die Geister. Es dauerte Jahrzehnte, bis der Terminus seine Sprengkraft verlor.

Jakobinismus

Maximilien de Robespierre (1758–1794), zunächst Anwalt, dann Richter, hatte 1788 mit einer Schrift über die Reform der Stände des Artois debütiert. Er wurde 1789 in die Generalstände gewählt, schloß sich dem Club der Jakobiner an und wurde im Frühjahr 1790 deren Präsident. Da seine Forderung auf Aufhebung der Wahlrechtsbeschränkungen nicht durchdrang, beantragte er, daß die Mitglieder der Nationalversammlung nicht wiedergewählt werden durften und hatte damit Erfolg. So gelangte er erst 1792 wieder in den Konvent, wo er zur Berg-Partei hielt. Im Juli 1793 wurde er in den Wohlfahrtsausschuß gewählt und als dessen Leiter schnell faktisch der Diktator Frankreichs. Seinem Sturz am 27.7.1794 folgte am Tage darauf die Hinrichtung. Die Begriffe Republik und Demokratie waren für ihn identisch, so wie für sein Vorbild Rousseau eine demokratische Republik die höchstentwickelte Staatsform darstellte. Robespierre definierte als Republik ein Staatswesen, in dem das souveräne Volk im Rahmen der von ihm selbst beschlossenen Gesetze alles das selbst erledigte, was es allein besorgen konnte, und das übrige seinen Mandataren (Abgeordneten) überließ, freilich unter steter Kontrolle. Um die Abgeordneten so eng wie möglich an das Volk zu binden, wollte er die Schaffung großer Versammlungen, kurze Legislaturperioden, also häufige Wahlen, und ein Höchstmaß an Publizität. Die Konventsverfassung von 1793 entsprach mit ihren institutionellen Bestimmungen im wesentlichen seinen Vorstellungen, nicht jedoch in ihren Aussagen über Wirtschaft und Gesellschaft. Eigentumsrecht und Wirtschaftsfreiheit wurden ausdrücklich garantiert, das Konzept einer konsequenten politischen Demokratie also mit einem ausgesprochenen Wirtschaftsliberalismus verbunden. Robespierre hätte es lieber gesehen, wenn die Demokratie ein stärker soziales Gesicht angenommen hätte. Zwar hielt er die Gleichheit der Güter für ein Hirngespinst, aber er war doch der Überzeugung, daß eine sehr ungleiche Verteilung der Vermögen die Quelle vieler Übelstände sei. Zielvorstellung war ihm ein mittelständisch-mittelbäuerliches Frankreich, und die Republik

versuchte immerhin einige Schritte in dieser Richtung. Allerdings war der Wirtschaftsliberalismus im Umkreis Robespierres zu stark vertreten, als daß wirkliche Strukturveränderungen hätten in Angriff genommen werden können. Entscheidende Bestandteile von Robespierres Demokratiebegriff waren die ›vertu publique‹ und die ›amour d'égalité‹. Nicht nur war ihm die Tugend die Seele der Demokratie, sie konnte auch nur in dieser Staatsform existieren. Mehr noch: Jeder Bürger war verpflichtet, nach ihren Prinzipien zu leben. Auf der anderen Seite war Unsittlichkeit die Grundlage des Despotismus. Wer verderbt war, war gegenrevolutionär. Daraus wurde in der kritischen Situation der Republik mit Aufständen im Innern und einem von außen andrängenden Feind die unmittelbare Konsequenz gezogen. Die Bekämpfung der Tugendlosigkeit wurde zur zwingenden Aufgabe der Regierung, wollte das Land sich behaupten. Während der Schreckensherrschaft wurden zum Teil in justizförmigen Verfahren, die aber eine Farce waren, zum Teil ohne Verfahren annähernd 40000 Menschen zu Tode gebracht.
Der Sturz Robespierres am 9. Thermidor war noch kein antidemokratischer Gegenschlag, sondern eher Notwehr gegen die Selbstvernichtung der Demokratie, aber in den folgenden Monaten setzte sich ein großbürgerlicher Liberalismus der im Laufe der Revolution zu Reichtum Gekommenen immer mehr durch, während das Elend der breiten Bevölkerung nach der Aufhebung der von den Jakobinern betriebenen Zwangswirtschaft zunahm. Es kam zu Aufständen. In Reaktion darauf wechselten die Thermidorianer 1795 die demokratische Konventsverfassung von 1793 gegen die bourgeoise Direktorialverfassung mit zensitärem Wahlrecht aus. Frankreich blieb unruhig, im Direktorium gab es starke Spannungen. Den innenpolitischen Wirren machte endlich Napoleon mit seinem Staatsstreich des 18. Brumaire (= 9. 11. 1799) ein Ende. Das von ihm eingeführte Regierungssystem war alles andere als demokratisch. Zwar blieb die von der Revolution geschaffene bürgerliche Gesellschaft mit allgemeinem Staatsbürgertum, Rechtsgleichheit und privatkapitalistischer Wirtschaft erhalten, die individuellen Freiheitsrechte, soweit sie unpolitischer Natur waren, wurden nicht angetastet, aber die politische Freiheit wurde völlig zerstört.
Unter den Jakobinern hatte es eine funktionierende Demokratie nicht gegeben, sie hatte vielmehr durch Robespierre ein inhumanes, ja ein totalitäres Gesicht bekommen. Das ihr anklebende Blut ließ sich nur schwer wieder abwaschen. In der Folge wurden jahrzehntelang Demokratie und »terreur« in unmittelbare Beziehung gesetzt, das Wort erhielt eine deutlich pejorative Bedeutung. Die Zahl der Demokraten war klein.

Anders lagen die Dinge in Amerika. So brach sich hier der Demokratiebegriff zuerst Bahn. Die Vereinigten Staaten und ihre Glieder basierten zwar auf der Volkssouveränität, aber sie waren anfänglich keine Demokratien. Die Bundesverfassung überließ den Einzelstaaten die Ausgestaltung ihres Wahlrechts; sie machten von ihrer Vollmacht maßvoll im zensitären Sinne Gebrauch. Die frühe Union war sowohl nach dem Kriterium Wahlrecht wie nach dem Konzept der Gewaltenbalancierung ein eindeutig liberales Staatswesen. Aber die Demokratisierung setzte doch sehr früh ein. Dabei spielten weniger ideologische als vielmehr ökonomische und demographische Faktoren die entscheidende Rolle. Die 13 Gründerstaaten vermochten die ständig zunehmenden Einwandererscharen nicht mehr aufzunehmen, man überstieg Ende des 18. Jhs. die Appalachen und besiedelte das westlich anschließende Waldland. Diese neu erschlossenen Landschaften entwickelten eine gänzlich andere soziale Struktur als der alte Osten. Hier gab es keine Pflanzeraristokratie wie im Süden und kein Großgrundbesitzertum, das auf Rentenbasis lebte, wie in New York, und zunächst auch keine arrondierten Farmer, Kaufleute oder Unternehmer. Das Lebensgefühl war deshalb sehr viel egalitärer, ein Zensuswahlrecht verbot sich von selbst. Seit 1821 galt im mittleren Westen uneingeschränkt das allgemeine und gleiche Männerwahlrecht und breitete sich von hier nach Osten aus. Die liberalen Gründerstaaten wurden in einem heftigen Parteikampf, in einer Art demokratischer Revolution, die nach ihrem wichtigsten Führer, Andrew Jackson, den Namen Jacksonian Revolution trägt, überrollt.

Andrew Jackson (1767–1845), ein aus South Carolina stammender Anwalt und Politiker, der sich 1806 aus der Politik zurückgezogen hatte, gewann im Englisch-Amerikanischen Krieg 1812/14 und vor allem in den Seminolen-Kriegen in Florida 1816–1821 als Oberbefehlshaber der Miliz große Popularität, auf Grund deren er 1821 eine zweite politische Karriere begann. Er kandidierte 1824 für den demokratischen Flügel der Republikaner für die Präsidentschaft, unterlag jedoch dem von den Föderalisten kommenden John Quincy Adams. Erst 1828 konnte er in einem zweiten Kräftemessen den Sieg erringen, gestürzt vor allem auf Wähler nicht-englischer Herkunft, und 1832 wiedergewählt werden. Die Jacksonian Democrats waren antibritisch, weil sich die Briten in den Grenzauseinandersetzungen immer wieder als Hintermänner der Indianer ausgewiesen hatten, sie waren zumeist Angehörige des kleinen Mittelstandes und der ärmeren Volksschichten, deshalb antioligarchisch, antimonopolistisch und überhaupt gegen alle Privilegien, gegen Geldgeschäfte und gegen Banken und lebten mit der Formel ›Gleiches Recht für alle, besondere Vorrechte für niemanden‹. Die Herrschaft der von Jackson begründeten Demokratischen Partei dauerte über Jacksons Amtszeit hinaus bis zum Ende der 40er Jahre an. In dieser Zeit wurde überall das Wahlrecht demokratisiert und die regionale Verwaltung dergestalt reorganisiert, daß die Direktwahl für zahlreiche Kommunalbeamte und Richter eingeführt wurde; in Verbindung damit wurde das Patronagesystem ausgebaut. Die Bundesbank wurde als Symbol plutokratischer Macht beseitigt. Zugleich wurde die staatliche Tätigkeit soweit als irgend möglich reduziert. Diese amerikanische Demokratie entstand nicht als Resultat ausformulierter und durchdiskutierter Ideen, sie war vielmehr das Werk von Praktikern. Bezeichnend dafür ist, daß Jacksons Vorgänger Adams, ein Repräsentant der alten amerikanischen Führungsschicht, ein umfangreiches literarisches Werk hinterließ, während Jackson ganz ein Mann der Tat war. Das Amerika Jacksons war es, das Tocqueville in seinem Werk bekanntmachte und an dem er darlegte, daß auch demokratisch verfaßte Großstaaten lebensfähig seien. Das ausgewogene Urteil Tocquevilles stand freilich auf einsamer Höhe; auch in der Folge blieb der Wert der staatlichen Einrichtungen der Union bei europäischen Beobachtern umstritten.

Frankreich

Die intellektuellen Führer des demokratischen Denkens in Frankreich vor 1848 waren der Historiker *Jules Michelet* (1798–1874) und der Literat *Alphonse de Lamartine* (1790–1869). Michelet legte zwischen 1833 und 1867 eine neunzehnbändige, ganz von demokratischen Vorstellungen geprägte Geschichte Frankreichs vor, in der mehr als ein Drittel des Raumes dem Jahrzehnt von 1789 bis 1799 gewidmet war. Diese Relation verdeutlicht, welchen Stellenwert für ihn die Revolution hatte, um sie kreiste sein Denken. In romantischer Unbestimmtheit war Michelet davon überzeugt, daß das Volk Geschichte mache. Dabei unterstrich er, daß die Bourgeoisie nicht mit dem Volk gleichzusetzen sei, denn sie folge nur ihren eigenen Interessen und teile damit das Volk. Damit tauchte die 1789 entwickelte Konzeption in verändertem Gewand wieder auf. Auch damals waren es ja die Privilegierten, die nach Sieyès die Nation spalteten. Lamartine entwickelte erst nach der Juli-Revolution wachsendes politisches Interesse und wurde 1833 Abgeordneter. Sein Demokratieverständnis war betont christlich fundiert. Daraus ergab sich, daß er auch für die soziale Frage einen offenen Sinn hatte. Er forderte, daß der Staat zugunsten der schwächeren Schichten in die Wirtschaft eingreifen müsse. Außerdem propagierte er die genossenschaftliche Selbsthilfe. Dabei sollte das Eigentum aber nicht angetastet werden; Lamartine war nur gegen eine hemmungslose Geltung des Konkurrenzsystems und gegen wirtschaftliche Machtzusammenballungen. Hinsichtlich der politischen Organisation waren sich die französischen Demokraten vor der Februar-Revolution einig in ihren Forderungen nach allgemeinem und gleichem Wahlrecht, nach dem Einkammersystem und dem Vorrang der Volksvertretung vor der Regierung. Die Exekutive hatte allen Willensäußerungen des Parlaments zu folgen. Die Existenz von regionalen Selbständigkeiten hielten sie für unvereinbar mit dem Konzept der »nation une et indivisible«: sie waren Zentralisten.

Bei den Verfassungsberatungen 1848 vermochten sie das Einkammersystem durchzusetzen, aber es gelang ihnen nicht, auch eine Konventsherrschaft aufzurichten. Der Einfluß der Liberalen und Konservativen in der Nationalversammlung war so stark, daß das amerikanische Modell eines volksgewählten Präsidenten übernommen wurde, der der Kammer unverbunden gegenüberstand. Für die Regelung von Konflikten zwischen diesen beiden demokratisch legitimierten obersten Staatsorganen wurde keine Vorsorge getroffen, wie denn auch in der politischen Diskussion der Jahrzehnte zuvor wenig Wert auf institutionelle Sicherungen der Freiheitsrechte gelegt worden war. Dieser Mangel ermöglichte es Louis Napoleon, der zum ersten Präsidenten der Republik gewählt wurde, innerhalb von 4 Jahren das Kaisertum wieder einzuführen. Er kam zwar mit plebiszitären Methoden an die Macht, aber seine Herrschaft war durch einen ausgesprochenen Gewaltenmonismus charakterisiert. Die Führer der Linken gingen ins Exil, so daß in den folgenden Jahren der demokratische Gedanke in Frankreich nur mehr eine schwache Stimme hatte.

Deutschland

In Deutschland wurde im Gefolge der Französischen Revolution vielerorts der Gedanke vertreten, daß die wahre Freiheit nur die Folge einer demokratischen Verfassung sein könne. In diesem Sinne warben etwa die Mainzer Clubbisten um *Georg Wedekind* und *Georg Forster* oder die Wiener Jakobiner um *Andreas Riedel*, der 1792 die Deutschen zur Bildung eines antiaristokratischen Gleichheitsbundes aufforderte. Das Denken konzentrierte sich dabei auf die politische Gleichheit; soziale Kategorien wurden noch kaum miterfaßt. In der nachrevolutionären Zeit sammelte sich der demokratische Radikalismus zunächst an den Universitäten. Die von hier ausstrahlende Unruhe gab Anlaß zu den einschneidenden Karlsbader Beschlüssen. Trotz der intensiven Verfolgung aller demokratischen und der zu entschieden liberalen Tendenzen ließ sich aber die Ausbreitung demokratischen Gedankenguts nicht verhindern. Gegen Ideen kann man nicht zu Felde ziehen. Gleichwohl

konnte erst im Gefolge der inneren Liberalisierung nach 1840 wieder breit über demokratische Positionen diskutiert werden.
Der führende Repräsentant dieser erneuerten demokratischen Bewegung war *Julius Fröbel* (1805–1893), ein Mann, der 1833–1846 als Lehrer und Publizist im Züricher Exil wirkte, 1848/49 in Deutschland politisch tätig war, danach in die Vereinigten Staaten emigrierte und sich nach seiner Rückkehr nach Deutschland dem liberalen Lager anschloß. Fröbels Hauptwerk war das sich an Hegel anlehnende *System der sozialen Politik* (1847). Gesellschaft war ihm nur die Organisation des Egoismus; durch eine allgemein anerkannte Rechtsordnung wurde sie zum Staat. Staat war mithin die sittliche Gemeinschaft all derer, die sich über ihre hauptsächlichen Zwecke verständigt hatten und ein gemeinsames Rechtssystem aufbauten. Hinsichtlich der Staatsorganisation meinte Fröbel, daß auch großflächige Staaten in den Formen der direkten Demokratie leben könnten. Gleichwohl wollte er die Gesetzgebung einem aus zwei Kammern bestehenden Parlament überlassen. Der direkt gewählte Volksrat sollte in enger Verbindung mit Urversammlungen der Wähler die Verfassungsgesetzgebung ausüben, wobei der Letztentscheid über Annahme oder Ablehnung dem Volk zukam. Der Senat, eine Versammlung von Fachleuten, hatte sodann die Folgegesetze zu erlassen. Das Volk sollte in Urversammlungen jederzeit die Deputierten abwählen und das Recht der Gesetzesinitiative ausüben können. Außerdem wies Fröbel ihm einen erheblichen Anteil an der Justiz zu. Jedem Individuum kam ein Urrecht zu, nämlich »für sich selbst und für andere anerkannter Zweck zu sein«. Daraus ergab sich ein Katalog allgemeiner und unveräußerlicher Menschenrechte, und zwar das Recht auf Besitz der physischen Lebens- und Entwicklungsmittel, das Recht auf vormundschaftliche Sorge für die Entwicklung und das Recht auf freie mündige Selbstentwicklung. Fröbel ging es also nicht so sehr, wie den Liberalen, um die Garantie vorstaatlicher Rechte, sondern um die Bedürfnisse des einzelnen. Menschenrechte waren als Forderungen des einzelnen an die Gesellschaft eine öffentliche Angelegenheit. Die Gesellschaft war so zu organisieren und hatte ihre Politik so einzurichten, daß jedem zu einigem Wohlstand verholfen werden konnte; dabei sollte keineswegs allgemeine Gütergleichheit erstrebt werden. Das Bestehen von Eigentum erschien Fröbel als durch die Sittlichkeit ausdrücklich geboten.
Ähnlich argumentieren auch die anderen vormärzlichen Demokraten. Ihr Ziel war eine soziale Demokratie. Sowohl in den Offenburger 13 Punkten vom September 1847 wie im Antrag Struve in der Paulskirche wurden diese Forderungen katalogisiert, aber der demokratische Radikalismus war während der Revolution zu schwach, um etwas bewirken zu können. Das Scheitern der Revolution trieb seine führenden Repräsentanten in die innere oder äußere Emigration, aus der sie erst um 1860

zurückkehrten. Neben dem Liberalismus hatte die Stimme der Demokratie aber auch in den 60er Jahren nur schwaches Gewicht.

Großbritannien

Auch in Großbritannien hatte der demokratische Gedanke einen schweren Stand. Schon im Mai 1792 erließ die Regierung ein Verbot aufrührerischer Druckschriften und Zusammenkünfte, auf Grund dessen unter anderen *Thomas Paine* (1737–1809) verurteilt wurde, ein Mann, der 1776 mit seiner Schrift *Common sense* der amerikanischen Revolution ungeheure Impulse gegeben hatte, der seit einigen Jahren wieder in England weilte und hier 1792 ganz im Geiste Rousseaus in seiner Broschüre über die *Rights of man* die Revolution in Frankreich verteidigte und sich nun dem Zugriff der britischen Justiz entzog, indem er nach Frankreich ging, wo er in der Zeit des Schreckens der Guillotine nur mit Mühe entkam. 1794 wurde sogar die Habeas-Corpus-Akte für ein halbes Jahr aufgehoben und ein neuerliches Gesetz gegen aufrührerische Versammlungen verabschiedet, 1799 wurde das Vereinsrecht scharf eingeschränkt.
Unter diesen Bedingungen erlahmte die anfänglich recht kräftige demokratische Bewegung in England blad. Erst nach der Jahrhundertwende verschaffte sie sich wieder Gehör. Der wichtigste Wortführer wurde dabei *Jeremy Bentham* (1748–1832), ein Angehöriger der oberen Mittelklasse, der wegen seines Wohlstandes seinen juristischen Beruf nicht auszuüben brauchte, sondern sich ganz seinen philosophischen Neigungen hingeben konnte. Bentham war zeitlebens davon überzeugt, daß Großbritannien sein Recht endlich übersichtlich gestalten und kodifizieren müsse. In diesem Sinne hatte er sich schon 1776 in seinem Jugendwerk *A fragment on Government* gegen die Beschreibung der britischen Verfassungszustände durch Blackstone gewandt. Die Schrift wurde aufmerksam gelesen, aber berühmt wurde er erst 13 Jahre später mit seinem Hauptwerk *An Introduction to the Principles of Morals and Legislation* (1789). Hier lehrte er, daß jeder Mensch von Natur aus die Lust wolle und den Schmerz fliehe, auf dieser Erkenntnis müßten Kultur und Sittlichkeit und alle Gesetzgebung wurzeln, das Ziel müsse, wie er aphoristisch in Anlehnung an eine Formulierung des Naturforschers und Radikalen Joseph Priestley sagte, das größte Glück für die größte Zahl sein. Damit wurde der Nutzen von Sachen und Handlungen, ihre Eignung, den Menschen Lust zu bereiten und Schmerz von ihnen fernzuhalten, zum Prinzip der Sittlichkeit und zur Basis der Politik. Aus den Prinzipien des Utilitarismus, den Bentham systematisch begründete, ergab sich logisch das Erfordernis der Demokratie. Nur in einem demokratischen Gemeinwesen konnte die Gesetzgebung sich am größten Glück der größten Zahl orien-

tieren. Bentham sah in der Feststellung dieses größten Glücks keine besonderen Schwierigkeiten. Er war davon überzeugt, daß die Wünsche der Menschen ungefähr den gleichen Inhalt hatten, und zwar über die Grenzen hinweg. Er hielt die Menschen für so gleichartig, daß ihm eine universale Gesetzgebung möglich erschien. Daß die Mehrheit die Minderheit vergewaltigen würde, nahm er nicht an. Wenn England eine Demokratie werden sollte, dann mußte das Parlament grundlegend reformiert werden. Der wichtigste Schritt in dieser Richtung war die Einführung des allgemeinen, gleichen und geheimen Wahlrechts, für das er 1817 (*Plan of parliamentary reform*) und 1819 (*Radical Reform Bill*) eintrat. Auch verlangte er, daß das Parlament die Regierung wähle.
Mit seinen Schriften zur Parlamentsreform wurde er das Haupt der sogenannten Philosophischen Radikalen, einer relativ kleinen Schule demokratischer Theoretiker, die im Laufe des 19. Jhs. den britischen Liberalismus kräftig durchsäuerte und erheblichen Einfluß auf die Gesetzgebung des Landes gewann. Wichtigstes Mitglied der Gruppe war neben Bentham *James Mill* (1773–1836), Historiker im Dienst der Britischen Ostindischen Kompanie, ein Mann auf der Grenze von Demokratie und Liberalismus. Mill arbeitete mit Bentham seit 1808 zusammen und hatte erheblichen Anteil an dessen Plan der Parlamentsreform. Mit seinem Beitrag *On Government* zu den Supplementen der Encyclopaedia Britannica, der 1820 erschien, formulierte er das staatspolitische Credo der Philosophischen Radikalen. Er legte dar, daß der Zweck des Staats darin bestehe, das Wohl der Einwohner so sehr wie möglich zu fördern. Deshalb müsse jedem ein möglichst großer Teil vom Ertrag seiner Arbeit verbleiben. Damit sei zugleich aber die Frage gestellt, wie man die Beauftragten des Volkes daran hindern könne, die ihnen zum Schutz aller gegebene Macht zum eigenen Vorteil zu benutzen. Das Problem hielt er weder in der Aristokratie noch in einer uneingeschränkten Monarchie für lösbar; jeder privilegierte Stand und jeder einzelne Herrscher würden der Versuchung unterliegen, ihren Vorteil auf Kosten der anderen zu mehren. Andererseits sei eine reine Demokratie nicht erreichbar, da man das ganze Volk nicht versammeln könne. So müsse ein geschäftsführender Ausschuß eingesetzt werden, der, damit die Neigung zur Förderung des eigenen Nutzens nicht allzu groß würde, ständigen Kontrollen unterliegen müsse, indem er sich regelmäßig der Wiederwahl zu stellen hatte. Dann würde das Interesse an der Wiederwahl der Verfolgung des Egoismus steuern. Dem allgemeinen Stimmrecht stand er freilich skeptisch gegenüber, er hielt es für das Beste, wenn die Mehrheit oder etwas weniger abstimmen durfte. Als Kriterium der Stimmfähigkeit nannte er das Eigentum.
Der Millsche Aufsatz hatte erhebliche Bedeutung für die Meinungsbildung der britischen Öffentlichkeit im Jahrzehnt vor der ersten Parla-

mentsreform. Eine entschiedenere Agitation war nach den sogenannten Alarmgesetzen von 1817 und den Knebelgesetzen von 1819 nur schwer möglich. Erst in den 30er Jahren gewann die demokratische Bewegung neuen Schwung. 1836 wurde in London die London Working Men's Association gegründet; sie stand unter maßgeblichem Einfluß des Tischlers William Lovett, ihr Ziel war es, die Situation der Lohnarbeiter auf dem Wege über die Demokratisierung zu verbessern. Für Lovett waren Demokratie und allgemeines Wahlrecht nur Zwischenstufen, er dachte daran, daß die Arbeiter auf die Dauer die Bestimmung über Kapital, Produktion und Verteilung erhalten sollten. Allerdings ließ sich die breite Bewegung des *Chartismus*, die sich aus den Londoner Anfängen entwickelte, nie eindeutig auf Lovett festlegen. Ihr Programm von 1837 forderte jährliche Parlamente, geheime Stimmabgabe, gleich große Wahlkreise, Lösung jeder Bindung des passiven Wahlrechts an die Einkommensverhältnisse, Diäten und das allgemeine Männerwahlrecht. Mit diesem Programm wurde der Chartismus zur Massenbewegung. 1839 wurde dem Unterhaus eine von 1,2 Millionen Unterschriften gestützte Petition auf Realisierung der 6 Punkte vorgelegt, von den Parlamentariern freilich überhaupt nicht diskutiert. Damit kam die Bewegung vorerst zum Stillstand. Immerhin wurden 1842 schon 3,3 Millionen Unterschriften zusammengebracht, der erneuerten Petition erging es jedoch nicht besser als der alten, dasselbe Bild ergab sich 1848/49. In der Folge beschieden sich die demokratischen Kräfte entweder mit gewerkschaftlicher Arbeit oder mit Wirksamkeit im Gefolge der Liberalen. Der Chartismus kam zum Erliegen.

39. Konservative Gegenwehr

Zur Gesamtkennzeichnung

Die Revolution von 1789 weckte nicht nur Zustimmung, sondern auch erbitterten Widerstand, wie in Frankreich die umfangreiche Emigration oder die jahrelangen und blutigen Auseinandersetzungen mit den Royalisten, der sogenannten Vendée, zeigen. Auch die öffentliche Meinung Europas spaltete sich in begeisterte Anhänger, sympathisierende Beobachter und erbitterte Gegner. In intellektuellen Kreisen überwog anfänglich die Zustimmung eindeutig, das Urteil schlug aber sehr schnell um, vor allem infolge der Schreckensherrschaft. Innerhalb weniger Jahre entwickelten sich politische Haltungen, die schon vor der Revolution bestanden, zum bewußten Konservativismus. Die Sammelbezeichnung ent-

stand allerdings erst im zweiten Jahrzehnt des 19. Jhs. im Anschluß an die 1818–1820 von Chateaubriand herausgegebene Zeitschrift ›Le Conservateur‹ und setzte sich nur mühsam durch. Noch in der Mitte des Jahrhunderts war Konservativismus keineswegs überall ein Lexikonstichwort, erst in den 50er Jahren erstarrte der Begriff definitiv zur Parteibezeichnung. Das änderte aber nichts an der Tatsache, daß der Konservativismus als modernes politisches Phänomen in der Auseinandersetzung mit der Französischen Revolution schlagartig entstand, indem die bis dahin vorhandenen traditionalistischen Haltungen mit bewußten, zweckhaften Überzeugungen erfüllt wurden. Sein Ursprung ist in dem Bemühen zu sehen, den Prozeß beschleunigten Wandels zu verlangsamen oder ganz zu stoppen, in den Europa 1789 eingetreten war. Den Charakter einer Widerstandsbewegung gegen kontinuierliche Neuerungen verlor er bis in das 20. Jh. hinein kaum. Die Zahl der Konservativen, die die Notwendigkeit einer stetigen Modernisierung anerkannten, war stets und fast überall kleiner als die der starren Gegner der Bewegungspartei.
Diese entschiedene Haltung der Konservativen war aufs engste verbunden mit ihrer sozialen Basis. Etwas vereinfacht läßt sich sagen, daß sie eher auf dem Lande lebten, während Liberalismus und Demokratie eher städtischen Charakter hatten. Diese Scheidung der großen, miteinander konkurrierenden Strömungen gilt jedoch nur idealtypisch. Die starke Verwurzelung auf dem Lande zeigt, daß Konservativismus abseits aller literarischen Verbrämungen die Sache bestimmter Gruppen war, vornehmlich des landsässigen Adels; er wurde später aber auch von Teilen der bäuerlichen Bevölkerung angenommen. Der Adel kämpfte für seine Privilegien, die Bauern handelten oft aus Traditionalismus, später auch aus berufsständischen Erwägungen. In den Städten stellte sich sehr häufig die Geistlichkeit auf die Seite des Status quo ante, mit ihnen zahlreiche betont kirchlich Gesinnte. Das ist weniger materiell zu erklären denn als Reaktion auf die deistische Haltung des linken Flügels der Revolution und die antikirchliche Einstellung vieler Liberaler. Für überzeugte Christen ließ sich zudem die plötzliche Erschütterung der Verhältnisse am ehesten erklären, wenn man eine Verschwörung der Aufklärer, namentlich der Freimaurer, gegen Kirche und Staat unterstellte. In den 90er Jahren des 18. Jhs. fanden Veröffentlichungen dieses Tenors ein dankbares Publikum, so aus der Feder des französischen Jesuiten *Augustin Barruel*, des schottischen Philosophen *John Robinson* oder des deutschen Pastors *Johann August Starck*. Neben landsässigem Adel respektive bäuerlicher Bevölkerung und überzeugten Christen gab es noch eine dritte Gruppe, die sich bald auf die Seite des Konservativismus schlug, nämlich Handwerker, die sich von der Liberalisierung ihres Gewerbes keine Vorteile versprachen.

Burke

Unter den Begründern des modernen Konservativismus muß an erster Stelle der in Dublin als Sohn eines protestantischen Anwalts und einer katholischen Mutter geborene *Edmund Burke* (1729–1797) genannt werden. Burke machte als Whig eine gute politische und administrative Karriere und trat schon früh mit durchaus beachteten philosophischen Schriften hervor. Seine Ordnungsvorstellungen gingen von dem im 18. Jh. vielfältig vertretenen Gedanken einer universalen Harmonie aus. Burke glaubte, daß die Natur trotz all ihres Reichtums niemals einfach Überfluß schaffe, daß die grenzenlose Vielfalt des Lebens vielmehr nach den unverrückbaren Gesetzen der höchsten Weisheit in völliger Harmonie stehe. In der Folge vertrat er immer wieder die Auffassung, daß entsprechend der Erkenntnis der Natur zu handeln sei, nur dann sei die Übereinstimmung mit der göttlichen Vorsehung gegeben. Der Mensch sei, so lehrte Burke weiter, auf ein vorgegebenes Relationsgefüge hin angelegt. Die menschliche Gemeinschaft sei der von Gott gesetzte Raum, in dem der Mensch sich sittlich zu vervollkommnen habe. Sie wurde damit zur moralischen Essenz, Religion zur Grundlage des Zusammenlebens. Von diesen Auffassungen ausgehend, konnte seine Einstellung zur Revolution in Frankreich nur negativ sein. Aus aktuellem Anlaß – der nonkonformistische Geistliche Richard Price, einer der englischen Rousseau-Anhänger, hatte während einer Feier zum Gedenken der Landung Wilhelms von Oranien in England am 4. 11. 1688 das Recht der Regierten zur Änderung ihrer Verfassung unterstrichen und die Entwicklung in Frankreich begrüßt – griff Burke zur Feder und brachte seine gegenteiligen Auffassungen in den annähernd 400 Seiten umfassenden *Reflections on the Revolution in France* (1790) zu Papier. Diese in vielen Auflagen verbreitete Schrift hatte einen ganz außerordentlichen Erfolg und trug sehr wesentlich dazu bei, daß die allgemeine vorsichtig-positive Beurteilung der Ereignisse in Frankreich zunehmend Skepsis und Ablehnung wich. Burke unterstrich, daß der Staat nicht nur eine aktuelle Verbindung der Menschen sei, sondern eine Gemeinschaft zwischen den schon vergangenen, der jetzt lebenden und den künftigen Generationen. Die Menschen und alles was sie besitzen stehen also in einem Kontinuum. In dieser Kontinuität sind, da der Mensch die freie Entscheidung hat, Abirrungen möglich, und natürlich kann das auch in der Kontinuität des Staates geschehen. Dann ist Widerstand geboten. Die Natur schreibt geradezu eine Revolution vor, um die Kontinuität wiederherzustellen. Nichts anderes war 1688 in England der Fall. Anders Frankreich. Die dortige Revolution hat nicht ein verlorengegangenes sinnvolles Verfassungsgleichgewicht wiederhergestellt, sie ist vielmehr ein Vergehen gegen die Natur, da die Franzosen, indem sie auf den Boden abstrakter Prinzipien traten, die Verbindung mit der Vergangenheit, den Sitten, den Charten, den Grundlagen der Gerichtsbarkeit zerstörten. Zwar bestritt Burke nicht, daß die Menschen in der bürgerlichen Gesellschaft zahlreiche Rechte hätten, aber er vermochte nicht zu sehen, daß auch das Recht zur Teilhabe an der Leitung der Staatsgeschäfte dazugehöre und hielt es deshalb für absurd, daß 24 Millionen über 200000 herrschen sollten. Anspruch auf Teilhabe müsse auf Eigentum beruhen. So wurde für Burke die Verteidigung des adligen Landbesitzes und seines politischen Gewichts geradezu zur Verteidigung der gottgewollten Harmonie. Er ließ immer wieder erkennen, daß er die britische Verfassung, wie sie sich seit 1688 entwickelt hatte, voll und ganz billigte. Auch wenn er der Ansicht war, daß Verfassungen nicht übertragen werden könnten, blieb für ihn die ungeschriebene englische Verfassung das eigentliche Ideal.

In späteren Schriften setzte Burke seine Auseinandersetzung mit der Französischen Revolution fort. Namentlich in den *Thoughts on French Affairs* (1791) griff er den im Vorjahr geäußerten Gedanken wieder auf, daß Frankreich im Kriege mit der Natur lebe. Das innere Gleichgewicht des Landes sei zerstört, damit sei auch das äußere Gleichgewicht, die europäische Ordnung gefährdet. Frankreich befinde sich somit im Kriegszustand mit Europa, es müsse nach den hergebrachten Grundsätzen des Völkerrechts mithin von ganz Europa bekämpft werden. Mit seiner Polemik lieferte Burke ein wirksames Rüstzeug für alle diejenigen, die der Neuordnung in Frankreich feindselig gegenüberstanden.

Metternich

In der ideengeschichtlichen Literatur wird häufig die antirationale Wendung des Konservativismus betont. Daß Konservativismus in Wahrheit ebenso aufklärerischen Ursprungs sein konnte wie der Liberalismus, wird bei Burke evident. Es läßt sich ebenso mit dem wirksamsten konservativen Politiker belegen, den Europa in der ersten Hälfte des 19. Jhs. hatte, mit *Clemens Lothar Reichsgraf v. Metternich* (1773–1859). Wie Burke, so ging auch Metternich von einem prinzipiellen Gleichgewichtsgedanken aus; dieser naturwissenschaftlich-rationalistische Gedanke gewann bei ihm eminent politische Bedeutung. Er verabsolutierte den Status quo vor der Revolution. Auf Grund seiner Stellung an der Spitze einer der europäischen Großmächte vermochte er die politische Entwicklung großer Teile Kontinentaleuropas erheblich zu retardieren.

Metternich war gänzlich von der Aufklärung geprägt. Sein Vater, ein kurtrierischer Diplomat und Freimaurer, hielt den Kindern zeitweilig einen protestantischen Hofmeister. Mit dem Gedankengut der Aufklärung kam Metternich auch an der Universität Straßburg in Verbindung, wo er seit

1788 studierte. Nach Ausbruch der Revolution ging er nach Mainz, dort wurde der Historiker *Niklas Vogt*, ein einflußreicher literarischer Verfechter des Gleichgewichtsdenkens, sein maßgeblicher Lehrer. Vogt sah in seinem *System des Gleichgewichts* (1785) und in seinem fünfbändigen Hauptwerk *Über die europäische Republik* (1787/92) alle Wesen von zwei gegensätzlich wirkenden Kräften bestimmt, Anziehung und Abstoßung, Liebe und Haß, Verlangen und Abscheu, aber er meinte auch eine ständige Tendenz zum Ausgleich beobachten zu können, die den Sieg der echten Aufklärung mit sich bringen werde, das feste und glückliche Gleichgewicht menschlicher und bürgerlicher Kräfte und Massen. Dieses Vogtsche Gleichgewichtskonzept wurde für Metternich zur Leitlinie seiner jahrzehntelangen Tätigkeit als österreichischer Diplomat, Außenminister und Staatskanzler. Der menschliche Geist, so meinte er, gefällt sich im Extremen. Ein Jahrhundert der Religionslosigkeit und falscher philosophischer Doktrinen muß deshalb notwendig von einer Epoche moralischer und religiöser Reaktion abgelöst werden. Auf den Sturmschritt nach 1789 muß jetzt eine langsamere Gangart folgen. Anders ist die Ausbalancierung des zerstörenden und des bewahrenden Prinzips, die in der Welt ständig gegeneinander wirken, nicht zu erreichen. Im unmittelbar politischen Raum dachte Metternich, wie zahlreiche Briefe und Denkschriften aufweisen, an ein zweifaches Gleichgewicht, einmal das der europäischen Staaten untereinander, zum anderen das innerhalb der einzelnen Staaten. Das dynamische Element muß wieder aus der Innenpolitik verschwinden, die Gesellschaftsordnung stabilisiert werden. Metternich sprach in diesem Zusammenhang von einem sozialen Gleichgewicht. Es war für ihn identisch mit Wahrung von Ordnung und deshalb Anerkennung von Autorität, die nur als starke Ein-Mann-Herrschaft existieren könne. Die ideale Staatsordnung war ihm deshalb die reine Monarchie; sie mußte die Mitte zwischen der Tyrannis der Masse und der Despotie eines einzelnen halten. Als Aufgabe des Staates erachtete Metternich die Sorge für das Wohl der Untertanen und die Garantie der individuellen Freiheit, soweit sie mit der gesetzlichen Ordnung in Übereinklang zu bringen war. Gegen allzu stürmisches politisches Wollen mußte der Staat immer präventiv, eventuell aber auch repressiv vorgehen. Gegenüber Staaten, die sich nicht in dieses notwendige Gleichgewichtssystem einfügten, bestand nach Metternichs Ansicht das Recht der Intervention.

Wie Metternich, so vertrat auch sein enger publizistischer Mitarbeiter, der von Kant geprägte *Friedrich Gentz* (1764–1832) einen rational bestimmten Konservativismus. Auch er ging davon aus, daß zwei Prinzipien miteinander rängen, das des ständigen Fortschritts und das der Beharrung. Keines dürfe allein regieren, jedes müsse durch das andere korrigiert werden. So bestand für ihn in der gegenwärtigen Situation die Notwendigkeit, sich gänzlich auf die Seite des Erhaltungsprinzips zu stellen. Großen Einfluß erlangte Gentz durch die Übersetzung und Kommentierung Burkes. Er wurde zum eifrigsten Verfechter des europäischen Gleichgewichts.

Karl Ludwig v. Haller

Neben Burke und Metternich hatte in der ersten Hälfte des 19. Jhs. der Berner Professor des Staatsrechts *Karl Ludwig von Haller* (1768–1854) den stärksten Einfluß auf die Formierung des europäischen Konservativismus. Mit seinem seit 1816 in 6 Bänden erschienenen Hauptwerk, der *Restauration der Staatswissenschaft oder Theorie des natürlich-geselligen Zustands, der Chimäre des künstlich-bürgerlichen entgegengesetzt*, gab er der gesamteuropäischen Epoche nach 1815 ihren zusammenfassenden Namen. Mit diesem Buch wollte er die rechtmäßige Staatswissenschaft endlich wieder auf den Thron setzen, und ihre Lehren breit ausmalen, nachdem er zuvor seine politischen Ansichten in einer Vielzahl kleinerer Schriften vorgetragen hatte, namentlich in seinem *Handbuch der allgemeinen Staatenkunde* (1808).
Haller wurde nicht müde, gegen die Lehre vom Gesellschaftsvertrag anzukämpfen. Er blieb beim Naturrecht stehen. Der Stand der Natur habe nie aufgehört, schrieb er im 12. Kapitel der ›Restauration‹, Herr sei derjenige, der am stärksten sei, das Gefühl von Ohnmacht und Hilfsbedürftigkeit bringe die Schwächeren dazu, sich ihm unterzuordnen. So beruhte für Haller fürstliche Herrschaft gänzlich auf eigenem Recht. Der Fürst war zuerst da und sammelte nach und nach die Untertanen um sich. Weil er zuerst da war, ist er im wörtlichen Sinne Besitzer des Staates, ihm gehört alles, was nicht seinen Untertanen gehört, er kann völlig über den Staat verfügen und gänzlich nach eigenem Willen entscheiden. Dabei kann er seine Untertanen um Rat fragen, er muß es aber nicht. Wenn Haller den Staat so ganz auf Macht und das Verhältnis von Über- und Unterordnung reduzierte, so wollte er natürlich nicht schrankenloser Willkür das Wort reden. Die Über- und Unterordnung war gottgewollt, jede Machtausübung war auf Gott bezogen. Haller meinte, daß die Macht an sich gut sei. Der Mächtige habe keine natürliche Veranlassung, den Schwachen zu unterdrücken, die Natur wolle im Gegenteil, daß er sich als Beschützer und Wohltäter erweise, im natürlichen Verhältnis von Macht und Schwäche ergebe sich so ein friedlicher Austausch von wechselseitigen Wohltaten. Im Grunde malte Haller den Staat nach dem Bilde einer großen Familie, in der das Familienoberhaupt mit unumschränkter Gewalt, aber gerecht und liebevoll für alle sorgte. Modell gestanden für diesen Patrimonialstaat hatten die Berner Verhältnisse des 18. Jhs. Hier

schien Haller die Macht richtig angewendet worden zu sein. Er wollte den Kleinstaat. Übersichtliche Verhältnisse schienen ihm der einfachen Ordnung der Natur zu entsprechen und zugleich der nötigen Vielfalt Raum zu geben. Auch im Inneren sollten die Strukturen überschaubar bleiben. Den vielfach tätigen oder gar allpräsenten Staat wollte Haller nicht.

Die Thesen Hallers machten tiefen Eindruck vor allem auf die Konservativen Preußens. Der Generaladjutant Friedrich Wilhelms IV., *Leopold von Gerlach* (1790–1861), und ähnlich sein Bruder *Ernst Ludwig von Gerlach* (1795–1877) bekämpften, gestützt auf Haller, jede Veränderung des Status quo.

Ähnlich entschieden griff der französische Offizier, Emigrant und Politiker *Louis-Gabriel Vicomte de Bonald* (1754–1840) auf die alten Verhältnisse zurück. In seiner *Théorie du pouvoir politique et religieux* (Konstanz 1796) legte er seine Ansichten erstmals zusammenfassend dar, er führte sie in späteren Arbeiten, so in den *Recherches philosophiques sur les premiers objets de connaissances morales* (1818) fort. Die Aufnahme des Gedankens der Volkssouveränität war für ihn gleichbedeutend mit der Vertreibung aus dem Paradies; damit fielen die Menschen aus Ordnung und Glück heraus. Bonald ging aus von Gott als dem Ursprung aller Gewalt. Nur eine Staatsordnung, die sich dieser Grundsituation stets bewußt sei, entspreche der Natur, nur sie berücksichtige die allgemeinen und überall aufzuweisenden Kategorien des Seins, Ursache, Mittel und Wirkung, die im staatlichen Bereich als Gewalt, Minister (im allgemeineren Sinne der Staatsdiener) und Untertanen begegnen. Jede irdische Gewalt müsse unabhängig von den Untertanen sein, verhalte es sich nicht so, werde die natürliche Ordnung umgestürzt. So kam für Bonald nur die absolute Monarchie in Betracht, das vorrevolutionäre Frankreich wurde sein Ideal. Die staatliche Willensbildung durfte ausschließlich der Gewalt, dem Monarchen, anvertraut sein; der Monarch hatte sich dabei am Wohl des Volkes zu orientieren, auch war er den Gesetzen unterworfen. Der Adel hatte sich in erblicher Hingabe dem Staatsdienst zu widmen, wobei Bonald als wesentliche Staatstätigkeiten die Verteidigung nach außen durch die Armee, nach innen durch die Justiz sah. Im Zusammenwirken von Gewalt und Ministern konnten dem Volk die nötigen Lebensbedingungen geschaffen werden.

de Maistre und Stahl

Von den Positionen aus, die Metternich, Haller oder Bonald einnahmen, hatte der Konservativismus wenig Entwicklungsmöglichkeiten, er mußte sich vielmehr den neuen Gedanken öffnen, wollte er Bestand haben. Diesen Weg wies als erster der savoyische Jurist *Joseph de Maistre*

(1753–1821), ein Mann, der anfänglich durchaus mit der Revolution sympathisierte, sich aber unter dem Eindruck der terreur von ihr abwandte und in seinen *Considérations sur la France* (1796) sehr scharf mit ihr ins Gericht ging, wenn er ihr auch insofern Gerechtigkeit widerfahren ließ, als er sie als Strafgericht für Versäumnisse der Oberschicht empfand. De Maistre war zutiefst von einem unmittelbaren Walten Gottes in der Geschichte überzeugt, freilich zu einem Ziel, das die Menschen nicht erkennen könnten. Keine menschliche Einrichtung kann bestehen, wenn sie nicht von der Hand gehalten wird, die alles hält, wenn sie bei ihrer Entstehung nicht ausdrücklich Gott geweiht ist. Das Fehlen des religiösen Prinzips äußert sich zerstörerisch. Da der Mensch nichts vollbringen kann, wenn er sich nicht auf Gott stützt und sich damit zu seinem Werkzeug macht, können auch Verfassungen nicht gemacht werden, sie müssen wachsen. Wie es nicht den Menschen schlechthin gibt, so auch keine Verfassungen schlechthin. »Da die Bevölkerung, die Sitten, der Glaube, die geographische Lage, die politischen Beziehungen, der Wohlstand, die guten und schlechten Eigenschaften eines bestimmten Volkes gegeben sind, gilt es, die ihnen angemessenen Gesetze zu finden« (Betrachtungen, 72). Damit erwies sich de Maistre als eifriger Schüler Montesquieus, und wie sein Lehrer favorisierte er die englische Verfassung als das schönste Gleichgewicht der politischen Kräfte, das die Welt je gesehen habe. Die beste Grundlage für eine Nation, so führte er in seinem nachgelassenen *Étude sur la souveraineté* aus, sei diejenige, die der größtmöglichen Zahl von Menschen innerhalb der kürzesten Zeit die größten Summen von Glück und Stärke bringe. Nur dann hielt er auch die Stabilität für gewährleistet, die die Menschen mehr als alles andere brauchten. Er zweifelte nicht daran, daß das monarchische Prinzip, ergänzt durch die Idee der Gewaltenteilung, hierzu am besten in der Lage sei.

De Maistres große Leistung besteht darin, dem Konservativismus entschlossen den Weg zum Konstitutionalismus gewiesen zu haben. In Deutschland leistete dies der Rechtsphilosoph *Friedrich Julius Stahl* (1802–1861). Stahl vertrat (in seiner *Philosophie des Rechts*, 1830/37) die These, daß die Bildung des positiven Rechts nach dem Urbild der göttlichen Weltordnung zu erfolgen habe, daß es also darum gehen müsse, die Gedanken Gottes in Rechtsgestalt zu gießen. Freiheit und Gleichheit galten ihm als Urrechte des Menschen; namentlich die Gleichheit vor dem Gesetz war ihm eine Wahrheit und ein Fortschritt der Zeit, aber das durfte nicht zur Nivellierung der wohlerworbenen Rechte anderer führen. Stahl bejahte also den bürgerlichen Rechtsstaat voll und ganz, er gelangte darüber aber ebensowenig wie die meisten Liberalen hinaus zur Idee der politischen Gleichheit. Wie er an der Bedeutung historisch gewachsenen Rechts festhielt, so beharrte er auf dem christlichen Charakter des Staates, an der Obrigkeit von Gottes Gnaden. Da alle gegebene Ordnung von Gott sei, könne ein Gemeinwesen Legitimität nur auf dieser Grundlage haben. Aber das schloß nicht aus, daß der Staat einen konstitutionellen Charakter annahm. Zumal in seiner Schrift *Das monarchische Prinzip* (1845) legte er dar, daß im Verfassungsleben durchaus konstitutionelle Gedanken aufgenommen werden könnten, wenn nur gewährleistet sei, »daß die fürstliche Gewalt dem Rechte nach undurchdrungen über der Volksvertretung stehe und daß der Fürst tatsächlich der Schwerpunkt der Verfassung, die positiv gestaltende Macht im Staate, der Führer der Entwicklung bleibe« (S. 12). Stahl war durchaus bereit, Mitwirkungsrechte des Volkes in die (von oben zu erlassende preußische) Verfassung aufnehmen zu lassen, durch sie durfte die Machtstellung des Königs aber nicht nachhaltig eingeschränkt werden, und sie durften keineswegs eine Entwicklung ermöglichen, die schließlich zur Sinnentleerung des Königtums führte. Das parlamentarische Prinzip war für Stahl ebenso unannehmbar wie das absolute Veto des Königs unbedingt nötig war. Ebenso stellte er sich 1848 in der Broschüre *Die Revolution und die constitutionelle Monarchie* mit Entschiedenheit auf den Boden eines richtig verstandenen, von der Legitimität und nicht von der Volkssouveränität ausgehenden Konstitutionalismus. Er focht für das Zweikammersystem, wobei die Erste Kammer besitzständisch gebildet sein, die Zweite aus zensitärer Wahl hervorgehen sollte, und für das absolute Veto. Innerhalb des deutschen Konservativismus bot Stahl die Alternative zu Haller. Er legte damit die Basis, von der die deutschen Konservativen bis 1918 nicht mehr abwichen.

Disraeli

Den stärksten Einfluß auf die Modernisierung des britischen Konservativismus hatte *Benjamin Disraeli* (1804–1881), für ein Vierteljahrhundert Führer der Konservativen und zweimal Premierminister. Disraeli begann seine Karriere als Schriftsteller und hatte durchaus auch Erfolge, ehe er sich dazu entschloß, in die aktive Politik einzutreten. Mit 26 Jahren wurde er politisch tätig, zunächst als unabhängiger Reformer, sodann bei den Tories. Von Anfang an schwebte ihm als Ziel seines Ehrgeizes der Stuhl des Ministerpräsidenten vor. Ein Unterhausmandat erreichte er 1837, erstmals in ein hohes Staatsamt berufen wurde er 1852, Premierminister wurde er 1868. Seine politischen Anschauungen sind außer in seinen Reden und einer Reihe kleinerer politischer Schriften, so die *Vindication of the English Constitution* (1835), auch in einigen politischen Tendenzromanen aus den 40er Jahren enthalten. Zu nennen ist vor allem *Sybil, or the Two Nations* (1845), eine auf eigenen Eindrücken in den Fabrikbezirken Englands beruhende Anprangerung der dortigen Lebens- und Arbeitsbedingungen. Diesen Zustand legte er den Whigs zur Last. Ähnlich führte er in *Coningsby, or the new Generation* (1844) aus, daß die regierende Oligarchie jahrzehntelang nur ihren eigenen Interessen gedient habe, statt sich als Treuhänder des gesamten Volkes zu verstehen. England bedurfte einer Erneuerung. Gegen den Eigennutz seiner politischen Gegner verfocht er eine Stärkung des religiösen Fundaments, er unterstrich die Stellung der Krone, das Gewicht des Adels und die Bedeutung der Landbevölkerung. So machte er sich zum Führer des ländlichen Protests gegen die whiggistische, merkantile und städtische Mittelklasse. Sein Verfassungsideal war eigentlich das der konstitutionellen Monarchie, wie sie auf dem Kontinent ausgebildet war. Disraeli blickte insofern hinter den Entwicklungsstand seiner Zeit zurück, aber er unternahm nie konkrete Schritte, um das Rad zurückzudrehen. Er postulierte, daß die starke Monarchie sich der Sache der sozial Schwächeren annehmen müsse. Nach seinem Befund bestand England aus zwei Nationen, einer kleinen reichen und einer großen armen. Diese Situation durfte nicht andauern, sollte England noch eine Zukunft haben, es mußte vielmehr eine Harmonie der Interessen gebildet werden. Fand sich der Konservativismus mit den radikalen Massen zusammen, würde, so meinte er, auch die Zukunft des britischen Reiches gesichert sein. So sympathisierte er mit dem Chartismus und machte die Sache der Wahlrechtsausweitung nach dessen Scheitern immer wieder zu seiner eigenen, bis er 1867 die zweite Reformbill durchbrachte, freilich in anderer Gestalt als er erwartet hatte. Es war eine außerordentliche Leistung, die Partei für dieses Ziel gewonnen zu haben. Der Praxis des Parlamentarismus half er durch seinen Rücktritt nach verlorener Wahl 1868 voran. So trug er ganz wesentlich dazu bei, das konservative Denken sozial zu öffnen und es in Richtung der Demokratie zu führen.

40. Vor- und Frühsozialismus

Gracchus Babeuf

Seit dem ausgehenden 18. Jh. war überall eine sich mit verschiedener Intensität vollziehende Massenverelendung zu beobachten, die nach der englischen Formulierung bald als Pauperismus bezeichnet wurde und ihren Höhepunkt in England in den 20er und 30er Jahren, auf dem Kontinent im Jahrzehnt danach erreichte. Die meisten Liberalen sahen dieses Phänomen wohl, fanden sich jedoch mit der Unaufhebbarkeit der Situation ab. Es gab indessen seit dem späten 18. Jh. zahlreiche Autoren, die sich mit der sozialen Frage befaßten und nach Mitteln für die Beseitigung des Elends suchten. Als besonderes geistiges Experimentierfeld erwies sich dabei Frankreich. Üblicherweise werden diese Autoren als Frühsozialisten zusammengefaßt, da viele von ihnen sozialistische und auch kommunistische Konzepte lebhaft vertraten. Der Begriff ist jedoch problematisch, denn wir können durchaus nicht bei allen Elemente des Sozialismus finden, sondern sehen uns gelegentlich einem ausgeprägten Individualismus gegenüber. So dürfte es gerechtfertigt sein, vom Vor- und Frühsozialismus zu sprechen.

Schon während der Französischen Revolution waren unterströmig Tendenzen zugunsten einer völligen Nivellierung der materiellen Unterschiede deutlich wirksam. Seit 1792 wurde in der Öffentlichkeit über ein sogenanntes Ackergesetz diskutiert, also über den Vorschlag, Grund und Boden gleichmäßig zu verteilen. Der Konvent hielt die sich damit aussprechende Neigung zur Antastung des Eigentums für so gefährlich, daß er sich im März 1793 dazu entschloß, die Anhänger eines solchen Gesetzes mit dem Tode zu bedrohen. Nach dem Thermidor wurden derartige Überlegungen vollends in den Untergrund gedrängt; sie verdichteten sich schließlich im Mai 1796 zu der Verschwörung der Gleichen unter Führung von *François Noël Babeuf* (1760–1797). Als Grundbuchkommissar hatte Babeuf die agrarischen Verhältnisse nur zu gut kennengelernt und darüber nachgedacht, wie man sie verbessern könne. So schlug er schon vor der Revolution die Schaffung kollektiver Güter vor; von einer Parzellierung erwartete er nur ein Absinken der Ernteerträge. Die 1789 postulierte Gleichheit sah er nur als Gleichheit dem Namen nach an und setzte dagegen die Aufgabe, eine reale Gleichheit zu schaffen. Zunehmend bekannte er sich zu der Einsicht, daß jeder Schritt in dieser Richtung nur vorübergehende Wirkungen haben könne, wenn nicht das Privateigentum aufgehoben werde. So entwickelte er endlich das Konzept eines agrarischen Verteilungskommunismus. Im *Manifest der Plebejer* vom November 1795 hieß es, daß das einzige Mittel zur Realisierung der tatsächlichen Gleichheit in der Abschaffung des Privateigentums liege. Jeder Mensch sei seiner Begabung und seinem Fleiß entsprechend einzusetzen und habe den Ertrag seiner Arbeit in Naturalform in einem gemeinsamen Lager zu deponieren, wo die so angesammelten Vorräte gemeinsam verwaltet und mit genauer Gleichheit an alle verteilt werden sollten. Mit Gesinnungsfreunden, darunter die überlebenden Anhänger des *Jacques René Hébert* (1757–1794), der radikalsten Gruppe des Konvents, fand er sich zu einer Verschwörung zusammen; sie wurde allerdings entdeckt, Babeuf zum Tode verurteilt und hingerichtet. Von den zu Haftstrafen verurteilten Verschwörern wurde besonders *Philippe Buonarrotti* (1761–1837) wichtig, weil er 30 Jahre später der Geschichtsschreiber des Kreises wurde und damit für ein Neuaufleben babouvistischer Gedanken in den 30er Jahren sorgte. Die von Buonarotti überlieferten Texte der Verschwörung geben ein genaues Bild der um Babeuf vertretenen Ansichten. Allerdings gestatten sie keinen genauen Einblick in die Grundsätze der politischen Organisation, aber alles weist darauf hin, daß die »Egalitaires« einen straff organisierten Staat schaffen wollten, in dem jeder strikt an seine Pflichten gebunden war. Eine große nationale Gütergemeinschaft sollte entstehen, aus deren Ertrag alle Mitglieder in einem gleichen mäßigen Wohlstand leben sollten und für die jedes Mitglied bis zu 60 Jahren nützliche Arbeit leisten mußte. Was nützliche Arbeit war, wurde genau definiert. Selbstverständlich zählten hierzu auch Unterricht und Wissenschaft, indessen nur, wenn ihre Vertreter Zeugnis ihrer staatsbürgerlichen Zuverlässigkeit ablegen konnten. Wer keine nützliche Arbeit leistete, sollte auch keine politischen Rechte haben. Am Horizont von Babeufs Versuch, die Ungleichheit zu beseitigen und ein gemeinsames Glück herzustellen, stand mithin die Diktatur. Die wichtigste Persönlichkeit des durch Buonarotti erneuerten Babouvismus der 30er Jahre wurde *Auguste Blanqui* (1805–1881). Er verfocht die absolute Gütergemeinschaft im Sinne Babeufs und war zu ihrer Realisierung auch zum Einsatz von Gewalt bereit. Ein Putschversuch 1839 scheiterte. Blanqui wurde zum Tode verurteilt, aber zu lebenslanger Haft begnadigt. Die Wechselfälle der weiteren französischen Geschichte gaben ihm die Freiheit wieder, er versuchte es wieder mit Aufständen und wurde neuerlich verurteilt, so daß er von seinen 76 Lebensjahren schließlich die Hälfte in politischer Haft verbrachte. Ein derartiger Mann der Tat konnte keinen großen theoretischen Beitrag zur Ideengeschichte leisten, aber die von ihm ausgehenden Impulse waren beträchtlich.

Neben Blanqui muß als Schüler von Babeuf vor allem der Rechtsanwalt *Etienne Cabet* (1788–1856) genannt werden, der sich Ende der 30er Jahre vom Demokraten zum Kommunisten entwickelte. Sein System der Brüderlichkeit stellte er in seinem 1839 erschienenen Roman *Le voyage en Icarie* (Paris 1839) dar. Hier malte er einen Staat der Gleichheit liebevoll aus. Er glaubte, daß in einer nationalen Gütergemeinschaft das Einzelinteresse mit dem Allgemeininteresse zusammenwachsen würde. Besonderen Wert legte er auf die Erziehung zur Gleichheit; Zwangsmittel lehnte er ab. Schließlich versuchte er, seine Ideen in Illinois zu realisieren, aber das Projekt scheiterte 1848 nach heftigen Auseinandersetzungen.

Fichte

Der in Jena und später in Berlin wirkende Philosoph *Johann Gottlieb Fichte* (1762–1814) war der Überzeugung, daß die Politik das Geschäft auch des spekulativen Philosophen sei. So waren viele seiner Schriften der konkreten Gestaltung der Gesellschaft gewidmet, insbesondere sein *Naturrecht* (1796) und *Der geschloßne Handelsstaat* (1800). Den wirklichen Staat sah er in der Entwicklung zum Vernunftsstaat begriffen; Politik war ihm die stete Linie, auf der sich der wirkliche in den Vernunftstaat wandelte. Das höchste Recht jedes Individuums war ihm das, leben zu können, daraus entsprangen das Recht auf persönliche Freiheit und das auf Eigentum. Der liberalen Konzeption konnte er nichts abgewinnen; es reiche nicht, zu sagen, der Staat solle den einzelnen in seinem Eigentum schützen, es sei vielmehr »die Bestimmung des Staats, jedem das Seinige zu geben, ihn in sein Eigentum erst einzusetzen, und sodann erst, ihn dabei zu schützen« (Handelsstaat, Werke III, 399). Vorbehaltlos anerkannte er nur das Eigentumsrecht auf Handlungen, nicht aber auf Sachen; namentlich Grundbesitz sollte nur treuhänderisch sein. Die individuellen Interessen der Bürger hielt er nur für harmonisierbar, wenn die Regierung eine sehr starke Stellung hatte. Sie sollte die Tätigkeiten der drei Grundstände, Bauern, Handwerker und Kaufleute, genau regeln, damit die nötigen Produkte immer in ausreichender Zahl vorhanden seien. Fichte hielt den Staat dabei nicht nur für berechtigt, jedem seinen Tätigkeitsbereich zuzuweisen, sondern auch dazu, die Arbeitsleistungen festzusetzen und die Preise vorzuschreiben. Er entwarf eine Planwirtschaft, in der die Gemeinschaft schlechthin Vorrang vor den Individuen hatte. Damit die Wirtschaftsplanung nicht immer wieder gestört würde, war eine weitgehende Abschließung vom Ausland notwendig. Der Staat sollte möglichst autark sein, und er mußte auf jeden Fall das Monopol des Außenhandels haben. Geschah all dies »mit Ordnung, Übersicht des Ganzen, und nach einem festen Plan« (III,507), so machte sich der Staat weitgehend entbehrlich, ein Gedanke, der in vielen Schriften Fichtes begegnet, das Personal der Regierung konnte vermindert, auf stehende Heere Verzicht geleistet, der Abgabendruck verringert und das Wohlbefinden der Bürger so gesteigert werden. Schließlich erachtete er die Bildung geschlossener Handelsstaaten als sicherste Gewähr für einen dauerhaften Frieden. – Unmittelbare politische Wirkungen hatte Fichte nicht, jedoch ist nirgends in dieser frühen Zeit der Gedanke einer gelenkten Wirtschaft so klar entwickelt wie bei ihm.

Saint-Simon und seine Schüler

Ungleich folgenreicher war das Werk von *Henri de Saint Simon* (1760–1825) und das seiner Schüler. Zwar war Saint-Simon selbst kein Sozialist, doch in seinen Deduktionen und den Überlegungen seines Kreises begegnen zahlreiche Termini, die später in der sozialistischen Diskussion sehr geläufig wurden. So gingen von ihm lebhafte Impulse auf das sozialistische Denken aus. Da er gleichzeitig, über die Zusammenarbeit mit Comte, auch auf den Liberalismus einwirkte, muß er als einer der einflußreichsten Denker Frankreichs im 19. Jh. angesehen werden.
Saint-Simon war zunächst Offizier, nahm aber nach dem amerikanischen Unabhängigkeitskrieg den Abschied. In der Revolutionszeit legte er den Adelstitel ab, wurde Sansculotte und betätigte sich mit einigem Erfolg als Kreditmakler, so daß er eine Reihe von Jahren ein großes Haus führen konnte. Ertrag der dabei gepflegten vielfältigen Verbindungen war eine Reihe von Schriften, in denen Saint-Simon an Modellen für die beste Regierungsform arbeitete. Er wollte (1803) einen Rat der Weisen schaffen, er kreierte (1807/08) den Physizismus als dritte Religion der gebildeten Klassen nach Polytheismus und Deismus und sah die physizistische Priesterschaft an der Arbeit, die neuen Lebensgrundsätze zu formulieren und zu realisieren. In dem 1813 publizierten *Mémoire sur la science de l'homme*, das sich über den Obskurantismus der früheren Werke kaum erhob, ließ er erstmals den später von Comte entwickelten Gedanken einer Positivierung der Geistes- und Sozialwissenschaften aufblitzen. Politik sollte zur Wissenschaft werden, indem die Gesetze der Geschichte aufgesucht wurden. Erst 1814 in der *Réorganisation de la société européenne* gelang es ihm, seine Gedanken allgemein lesbar und klar gegliedert vorzutragen, vermutlich, weil er hier gemeinsam mit einem Mitarbeiter schrieb, mit dem jungen Historiker *Augustin Thierry* (1795–1856), der später Geschichte betont als einen Kampf der Klasseninteressen verstehen und damit erheblichen Einfluß auf Marx gewinnen sollte. Diese Schrift trug Saint-Simon die Sympathie und Subventionen liberaler Kreise ein, so daß ihm die Finanzierung der Zeitschrift ›L'Industrie‹ und die Honorierung von Mitarbeitern möglich wurde, darunter seit 1817 Comte. Da das Blatt zunehmend von den Auffassungen der Liberalen abwich, mußte es 1819 eingestellt werden. An seine Stelle trat der auch von Comte gestützte ›Organisateur‹, mit dem Saint-Simon erstmals breitere Aufmerksamkeit fand. Hier unterbreitete er in einer Reihe von Briefen seine Pläne zum Neubau der Gesellschaft. Im *Système industriel* (1821) und im *Catéchisme des industriels* (1823) wurden diese Gedanken fortgeführt und ausgebaut. Dabei kam es Saint-Simon darauf an, den richtigen, nämlich gesetzmäßigen Fortschritt der Gesellschaft zu erkennen und danach die richtigen politischen Entscheidungen zu treffen. Er

ging aus von einem sehr breit verstandenen Begriff der Industrie. Hierzu zählte er alle nützlichen Tätigkeiten, die Arbeit des Geistes sowohl wie die der Hand. Somit konnte er unbedenklich erklären, daß die Industriellen mehr als 24/25 der Bevölkerung umfaßten und daß in ihnen alle physische, geistige und moralische Kraft der Gesellschaft ruhe. Industrie hatte für Saint-Simon mithin denselben Stellenwert, wie 30 Jahre zuvor der Dritte Stand für Sieyès: sie war das Eigentliche und Ganze neben einer sehr kleinen und unwichtigen Minderheit von Parasiten. Ihre Fortschritte hatten fundamentale Bedeutung für die Gesellschaft, sie war Quelle des Fortschritts und Glücks, alle Nationen waren Industriegesellschaften. Dieser gewichtigen tatsächlichen Stellung entsprach die rechtliche Bedeutung in keiner Weise, denn die Macht lag noch immer in den Händen der ökonomisch schwachen feudalen Kräfte. Die Auseinandersetzung zwischen Feudalismus und Industrie sah Saint-Simon seit Jahrhunderten im Gang, die Industrie hatte dabei mehr und mehr Boden gewonnen, mit der Revolution war der Konflikt in seine entscheidende Phase eingetreten: Die Nation war gespalten in zwei schroff sich gegenüberstehende Lager, in diejenigen, die die Arbeit leisteten und in diejenigen, die verzehrten und nicht produzierten. Die beiderseitigen Interessen schlossen sich aus. Jetzt mußten die Arbeitenden sich von der Unterjochung durch die Minderheit befreien und ihr Recht durchsetzen. Alle Mächte der Vergangenheit mußten vom Entscheidungsprozeß ausgeschlossen werden, eine Entwicklung, die Saint-Simon sich durchaus gewaltlos vorstellen konnte. Waren so die Träger des wirtschaftlichen und gesellschaftlichen Lebens und die Inhaber der politischen Macht zur Deckung gebracht, konnte die staatliche Tätigkeit weitgehend auf die Verwaltung von Sachen reduziert werden. Die politische Verfassung interessierte Saint-Simon nicht besonders. Er neigte zu der Annahme, daß sie nicht sonderlich verändert werden müsse. So sah er auch keinen Grund, warum auf Monarchie und Zensus verzichtet werden sollte. Wichtig war ihm nur, daß überall die Aristokratie der Geburt durch den Adel der Tüchtigkeit ersetzt wurde. Auch durfte die neue Führungsschicht nicht das Interesse der Masse der industriellen Schicht vergessen. Saint-Simon erklärte nachdrücklich, daß das Freiheitsverständnis der jetzigen Mittelklasse für die anderen Schichten nicht tauge, daß Freiheit vielmehr allen Menschen ermöglichen müsse, sich selbst zu verwirklichen. Deshalb mußte das Eigentumsrecht, das prinzipiell unangestastet bleiben sollte, im Sinne einer größeren Achtung vor den Produzenten reformiert werden.
Die Auffassungen Saint-Simons wurden durch seine Schüler weiter systematisiert und ergänzt. Das geschah vor allem in der Zeitschrift ›Le Producteur‹ (1825/26), deren wichtigste Mitarbeiter *Armand Bazard* (1791–1832) und *Prosper Enfantin* (1796–1864) waren, und in der gemeinsamen Darstellung von Bazard und Enfantin, der *Doctrine de Saint-*

Simon. Exposition (1829/30). Die Autoren betonten, daß die Entwicklung der Gesellschaft gesetzmäßig vorangehe, allerdings im Wechsel von organischen und kritischen Zeiten. In kritischen Zuständen sei die Gesellschaft ein Konglomerat vereinzelter und einander bekämpfender Individuen, in den organischen Zeiten sei das menschliche Zusammenleben durch eine allgemeine Theorie geordnet. Daß es mit Hilfe der Saint-Simonschen Gedanken galt, aus der Zeit der Krise in einen organischen Zustand zu gelangen, liegt auf der Hand. Als Ziel des historischen Prozesses sahen die Autoren die Aufhebung aller Gegensätze zwischen den Menschen; die Ausbeutung von Menschen durch Menschen müsse durch ihre vereinte und harmonische Arbeit an der Natur ersetzt werden. Wenn das menschliche Zusammenleben ganz auf die Fähigkeiten gebaut werden sollte, dann durfte das Erbrecht nicht mehr störend einwirken, es sollte deshalb von der Familie auf den Staat übergehen. Dann würde das Privateigentum Ergebnis persönlicher Leistungsfähigkeit sein. Auch mußte sichergestellt werden, daß die bisherige Anarchie der Produktion aufhörte. Es galt, die Arbeit zu organisieren. Dafür sollte eine zentrale Verwaltungsbehörde zuständig sein, die für den Ausgleich zwischen Produktion und Konsumtion sorgte, die Produktionsmittel zuwies, die Arbeit einteilte und zugleich erzieherisch wirkte. Diese Institution sollte das künftig sozial verpflichtete Bankwesen zum Fundament haben, an der Spitze sollte eine banque universitaire stehen. Saint-Simons Schüler gingen mithin wesentlich über ihren Meister hinaus. Sie entwickelten ein klares und geschlossenes System einer zentral verwalteten Gesellschaft, die streng auf den Prinzipien individueller Tüchtigkeit fußen sollte.
Der Einfluß Saint-Simons und seiner Schule war groß. Hier begegnen die Organisation der Arbeit, der Klassenkampf, das Zwei-Schichten-Modell, die Ausbeutung des Menschen durch den Menschen, also Schlüsselworte des späteren Sozialismus, erstmals als geläufige Ausdrücke, und hier wurde der Terminus socialisme zuerst regelmäßig benutzt. Mit Recht konnte deshalb Wilhelm Roscher 50 Jahre nach dem Tode Saint-Simons in seiner *Geschichte der Nationalökonomie in Deutschland* (1874) schreiben, daß die Saint-Simonisten einen ungleich größeren Einfluß auf ihre Zeit gehabt hätten als die späteren Sozialistenführer; in der jüngeren sozialistischen Literatur kämen nur wenig erhebliche Gedanken vor, die nicht bereits von jenen Franzosen ausgesprochen seien. Aber auch auf bürgerliche Denker wirkte die Schule im Sinne der Sozialreform ein. Für England läßt sich auf die Verbindung zu John Stuart Mill, für Deutschland etwa zu Carl Rodbertus, für Italien zu Mazzini und Garibaldi verweisen. Unter den französischen Politikern verstand sich *Napoleon III.* (1808–1873) durchaus als Schüler Saint-Simons. In einer Reihe von Publikationen, namentlich der *L'exstinction du pauperisme* (1840), entwik-

kelte er an Saint-Simon angelehnte Gedankengänge, ihre Benutzung im Wahlkampf 1848 trug wesentlich mit bei zu seiner triumphalen Wahl zum Präsidenten der II. Republik.

Louis Blanc

Das Schlagwort der Saint-Simonisten von der Organisation der Arbeit nahm 1839 der Journalist *Louis Blanc* (1813–1882) recht nüchtern auf. In einer Artikelreihe in der von ihm geleiteten ›Revue du progrès‹, die bald darauf auch als Buch erschien und mehrfach aufgelegt wurde (*L'Organisation du travail*, 1840, [9]1850), regte er an, daß die Arbeiter mit staatlicher Unterstützung Produktivgenossenschaften gründen sollten. Um den Staat zur Hergabe der gewünschten Kredite zu veranlassen, mußte er zunächst aber selbst reformiert werden. Von der bestehenden, hochzensitär gewählten Volksvertretung erwartete Blanc mit Recht nichts, von einem auf dem allgemeinen Wahlrecht beruhenden Parlament erhoffte er die nötige Unterstützung seines Plans. Also war erste Voraussetzung der Produktivgenossenschaften die grundlegende Reform des Wahlrechts. Die danach zu schaffenden Genossenschaften sollten sodann in Wettbewerb mit der traditionellen Privatwirtschaft treten. Blanc glaubte, daß sie sich nach technischen Fähigkeiten, Qualität der Produktion und Betriebsklima der privaten Wirtschaft als überlegen erweisen und sie so schließlich verdrängen könnten, eine sehr optimistische Sicht, die rund 20 Jahre später bei Lassalle fast unverändert wiederkehrte. Um den unsozialen Charakter der Julimonarchie darzustellen, schrieb Blanc 1841/44 eine Geschichte des ersten Jahrzehnts des Julikönigtums und zeigte die Spannungen zwischen besitzender Minderheit und nichtbesitzender Mehrheit. Als populärer Gegner des Systems wurde er nach der Revolution 1848 in die Nationalversammlung gewählt, vermochte jedoch nicht, eine bedeutende politische Rolle zu spielen.

Fourier und Proudhon

Der einflußreichste französische Sozialtheoretiker in der ersten Hälfte des 19. Jahrhunderts neben Saint-Simon war *Charles Fourier* (1772–1837). Von wohlsituierter Herkunft, verlor er in der Revolution sein Vermögen und brachte sich fortan als Handlungsgehilfe mühsam durch. Die ihn zentral beschäftigende Frage ging dahin, wie der Widerspruch zwischen den Begierden und ihrer Befriedigung in der gegenwärtigen Gesellschaft beseitigt werden könne. Die Lösung meinte er in der Gesellschaftung der Familien, der Aufhebung der Einzelwirtschaften, der Teilung des Produkts nach Maßgabe der Arbeit, des Talents und des

Kapitals finden zu können. Nach einem ersten unbeachtet gebliebenen Werk, der *Théorie des quatres mouvements* (1808), malte er seine Vorstellungen im *Traité de l'association domestique agricole* (1822) neuerlich liebevoll aus und ging dabei minutiös auf alle Einzelheiten des menschlichen Lebens ein. Landwirtschaft und Gewerbe sollten vergesellschaftet werden, der eine Bereich in der association agricole, der andere in der attraction industrielle, und zwar dergestalt, daß die bisherigen Besitzer den eingebrachten Wert gutgeschrieben erhielten und daraus Zinsen ziehen könnten. Diese Zinsen erachtete Fourier als höher denn die Erträge individuellen Wirtschaftens, so daß schon mit ihnen ein erheblicher Anreiz für die Vergesellschaftung gegeben sein würde. Allerdings durfte auf dieser Stufe nicht stehengeblieben werden, denn dann würden die Reichen wieder nicht arbeiten wollen und durch ihr Nichtstun andere dazu zwingen, mehr als an sich nötig zu tun. Die Arbeit mußte deshalb mit vergesellschaftet werden. Fourier unterstrich dabei, daß Arbeit nicht nur der Reichtumsmehrung diene, sondern auch an sich Wert habe und somit eine Quelle des Glücks sei. Wenn jeder nur die Arbeit übernehme, zu der er Lust habe, werde sie ihm zum Genuß. Gruppiere man die Menschen in Gemeinschaften von maximal 2000 Personen, so werde jede anfallende Arbeit auch ihren Liebhaber finden. Die so zu bildenden Gruppen nannte Fourier Phalangen. Jede Phalange sollte einen Landstrich von etwa einer Quadratmeile bewohnen, und zwar in einem gemeinsamen Gebäude, wobei die Haushaltungen individuell bleiben, aber doch vieles gemeinsam erledigt werden sollte. Die Vergabe der Arbeiten werde sich dabei problemlos lösen; durch die völlige Freiwilligkeit werde zudem eine große Energie freigesetzt und damit ein erheblicher Überschuß erwirtschaftet werden können, der je nach dem eingebrachten Kapital, Fleiß und Talent zu verteilen sei. Da dies freiwillig geschehen würde, hielt Fourier eine Obrigkeit prinzipiell für unnötig, er sah als Oberhaupt der Phalangen gleichwohl einen Duarchen vor. Er war davon überzeugt, daß in den Phalangen ein völliges Ausleben der individuellen Wünsche bei völligem Frieden möglich sei; nur eine einzige Phalange müßte real existieren, um die Menschen die Vorteile des Systems erkennen zu lassen, dann würde sich, von diesem Beispiel ausgehend, die Harmonisierung der Welt von selbst ergeben. So utopisch diese Spekulationen anmuten, so sehr die Menschennatur auch verkannt ist, so darf doch nicht übersehen werden, daß es in der Wirklichkeit Annäherungen an Fouriers Ideen gab. Zwar schlug ein Realisierungsversuch, den der eifrigste Fourier-Schüler, *Victor Considérant* (1800–1893), in den 50er Jahren in Texas unternahm, fehl, aber die Kibbuzim in Israel erinnern in manchem noch an Fouriers Konzept.

Wie Fourier, so wollte auch *Pierre-Joseph Proudhon* (1809–1865) keine Aufhebung des Eigentums, sondern nur eine tiefgreifende Reform. Zwar erklärte Proudhon 1840 in seiner Antwort auf eine von der Akademie in

Besançon formulierte Preisfrage ›Qu'est-ce que la propriété?‹, Eigentum sei Diebstahl, womit er nur eine 1778 von dem späteren Girondisten Brissot geprägte Formel wieder aufnahm, aber er meinte damit nur das auf Nichtstun beruhende Privateigentum. Den auf eigene Arbeit gegründeten Besitz erkannte er voll an. Ließ sich der Druck des Eigentums auf den Besitz aufheben, dann erschienen Proudhon die politischen und sozialen Probleme der Zeit lösbar. Zwischen der herrschenden Eigentumsordnung, der Unterdrückung der Schwachen durch die Starken, und dem Kommunismus als der Unterdrückung der Starken durch die Schwachen mußte, wie Proudhon vor allem in seiner zweiten bedeutenden politischen Schrift, dem *Système des contradictions économiques, ou philosophie de la misère* (1846) ausführte, ein Mittelweg gefunden werden. Das Eigentum mußte verallgemeinert werden, jeder sollte in beschränktem Umfang Besitzer sein können. Der Weg zu einer derartigen gerechten Wirtschaftsordnung des allgemeinen kleinen Besitzes ließ sich eröffnen durch die Abschaffung aller Zinsen und die Proklamation des Rechts auf Kredit für jedermann. Proudhon wollte deshalb eine Tauschbank errichtet sehen, bei der jeder für den Wert der von ihm eingelieferten Güter andere Güter oder zinslose Kredite erhalten konnte. Ein dergestalt mutualistisches System hielt Proudhon für konfliktfrei, weshalb er denn zunächst auch auf Staat und Regierung verzichten zu können meinte. Erst in späteren Schriften setzte er den Staat wieder in seine Aufgabe der Friedens- und Rechtswahrung ein; dabei nahm er die Idee des Staatsvertrags ganz wörtlich und wollte das Gemeinwesen föderalistisch von unten nach oben aufbauen. Der Mutualismus seiner mittleren Jahre begegnet so auf anderer Ebene neu. Ein 1849 unternommener Versuch einer Tauschbank scheiterte. Das änderte aber nichts an der Faszination, die für viele von dem Projekt ausging. Namentlich der deutsche Finanztheoretiker *Silvio Gesell* (1862–1930) propagierte später mit seiner Freigeld-Lehre die These vom zinslosen Kredit.

Deutsche Stimmen: Weitling und Moses Heß

Die deutsche sozialtheoretische Diskussion in der ersten Hälfte des 19. Jhs. läßt sich nach Breite und Intensität in keiner Weise mit der Frankreichs vergleichen. Das lag schon an den äußeren Bedingungen, namentlich der streng gehandhabten Zensur. So wurde der deutsche Beitrag denn auch in starkem Maße von Emigranten geleistet. Am wichtigsten wurde hier *Wilhelm Weitling* (1808–1871), der in den 30er Jahren als wandernder Handwerker nach Paris kam und 1838, angeregt von Fourier, eine Schrift *Die Menschheit wie sie ist und wie sie sein sollte* publizierte, in der er einer gütergemeinschaftlichen Organisation das Wort redete. Nach-

drücklich trug er der Arbeiterschaft vor, daß ihre Befreiung nur ihr eigenes Werk sein könne. In seinem zweiten Werk, den *Garantien der Harmonie und Freiheit* (1842), wie das erste in einer kraftvollen und leicht verständlichen Sprache geschrieben, vertiefte er seine Gedanken, namentlich die Kritik am Geldsystem. Mit Berufung auf den paradiesischen Urzustand griff er die Begriffe Eigentum, Staat, Recht, Vaterland, Ehe und die Auslegung der Religion scharf an und forderte, daß die bestehende Ordnung von Grund auf vernichtet werden müsse. Zur Begründung verwies er im *Evangelium eines armen Sünders* (1843) gerade auf die Heilige Schrift.
Unter den deutschen Intellektuellen war *Moses Heß* (1812–1875) der erste, der mit Entschiedenheit Konsequenzen aus der deutschen Philosophie nach der Seite des Sozialismus hin zog. Im Anschluß an Hegel formulierte er 1837 in der Schrift *Die Heilige Geschichte der Menschheit*, daß das Wachstum der Industrie auf der einen Seite, die Verarmung der Massen auf der anderen Seite den Reichtum der Kapitalisten förderte. Darin erkannte er einen zwangsläufigen und autonomen ökonomischen Prozeß. Er sah keinen anderen Weg, der wachsenden Lawine des Pauperismus Einhalt zu tun, als den, die menschliche Gesellschaft nach kommunistischen Grundsätzen zu organisieren. So forderte er seit den 40er Jahren unablässig, daß die Philosophie Tat werden müsse.

Carl Rodbertus

Der deutsche Jurist und Gutsbesitzer *Carl Rodbertus* (1805–1875) entwickelte seine sozialpolitischen Ideen angeregt vor allem durch Saint-Simon und seinen Kreis. 1839 veröffentlichte er in der liberalen Augsburger ›Allgemeinen Zeitung‹, die damals in Deutschland führenden Rang hatte, den Aufsatz *Die Forderungen der arbeitenden Klassen*; wichtig wurden daneben die Schrift *Zur Erkenntnis unserer staatswirtschaftlichen Zustände* (1842) und in späterer Zeit die sozialen Briefe an v. Kirchmann (1851). Mit seiner Wirksamkeit leistete Rodbertus einen wichtigen Beitrag zur sozialpolitischen Erziehung der Deutschen. Er diagnostizierte als Folge des herrschenden Wirtschaftsliberalismus ein Chaos. Im stets wachsenden Mißverhältnis zwischen der Menge des Produzierten und der Kaufkraft der Lohnarbeiter, deren Konkurrenz untereinander dafür sorgte, daß sie nicht über das Existenzminimum hinauskamen, sah er das Ende des Kapitalismus sich ankündigen. Inmitten der gegenwärtigen Zivilisation lebte, so trug er den Lesern der AZ vor, ein Volk von Barbaren, lüstern nach den Schätzen, den Genüssen und der Kultur der anderen, von dem Recht auf einen Anteil daran überzeugt. Sollte die drohende Katastrophe verhindert werden, mußte die soziale Parole ausgegeben und die gesellschaftliche Organisation verändert werden. Rodbertus wollte das rentierende Eigentum aufgehoben, Boden und Kapital zu Gemeingut der Gesellschaft gemacht sehen, und er verlangte, daß die Arbeiter nach dem Maß der von ihnen geleisteten Arbeit Anteil an dem von ihnen Produzierten erhielten. Diese 1839 nur skizzierte Konzeption wurde in den späteren Arbeiten ausgefeilt und breiter dargelegt. Rodbertus wollte dem Staat – und zwar durchaus dem monarchischen seiner Zeit – die zentrale Lenkung des Wirtschaftslebens zuweisen; die Wirtschaft sollte Staatswirtschaft werden. Besonderen Rang maß er der Lohnpolitik zu: Nicht mehr aus Angebot und Nachfrage, sondern aus staatlicher Weisung sollte sich der Lohn ergeben. Alle Mittel des Klassenkampfes lehnte er ab.

England: Robert Owen

Der bedeutendste englische Sozialtheoretiker in der ersten Hälfte des 19. Jhs. war *Robert Owen* (1771–1858), ein Mann, der zugleich in starkem Maße sozialreformerisch wirkte. In kleinen Verhältnissen geboren, schaffte er den Aufstieg zum einflußreichen Textilfabrikanten in New Lanarck in der Nähe Edinburghs. Die erste Phase seines Wirkens war durchaus praktisch orientiert. Gegen den Widerstand seiner Teilhaber setzte er eine Heraufsetzung des Mindestalters für die Arbeit von Kindern und überhaupt eine Verbesserung der Arbeitsverhältnisse durch. Später, als Alleineigentümer, setzte er die Arbeitszeit generell herab, baute Werkswohnungen und schuf eine Volksküche, und zwar alles, ohne die Rentabilität seines Betriebes zu beeinträchtigen. Bald begann er, seine sozialpolitischen Vorstellungen durch eine Vielzahl von Vortragsreisen allgemein bekannt zu machen. Schon 1813 erschien seine erste theoretische Schrift *A View of Society, or Essay on the Principles of the Formation of the Human Character*, deren Untertitel deutlich machte, worum es ihm ging. Geprägt von der pädagogischen Begeisterung des 18. Jhs. lehrte Owen, daß man jedermann die Gelegenheit geben müsse, seinen Charakter zu bilden. Dazu seien andere Verhältnisse nötig, dann würden andere Menschen entstehen. In den folgenden Jahrzehnten ließ Owen eine lange Reihe weiterer Schriften und Reden erscheinen. Sie verfochten zunächst sein praktisches sozialpolitisches Programm und legten dabei besonderen Wert auf ein ausgebautes nationales Schulwesen. Allmählich wandte Owen sich aber einer Kritik der bestehenden Gesellschaftsordnung überhaupt zu. Schon 1817 schlug er in seinem *Report to the Committee to the House of Commons on the Poor Law* die Schaffung kommunistisch organisierter Gemeinden als Mittel zur Beseitigung der drängenden Mißstände vor und vertiefte diesen Gedanken 1820 in seinem Hauptwerk *The*

Book of the New Moral World. Diese Gedanken der autonomen, sich selbst genügenden Genossenschaften wiesen auf die Fourierschen Phalangen voraus, allerdings unterschieden sie sich prinzipiell dadurch von ihnen, daß Owen auf Privateigentum verzichten wollte. Da er wegen seiner atheistischen Neigungen in England Schwierigkeiten bekam, ging er 1825 nach Indiana und versuchte dort in New Harmony sein genossenschaftliches Ideal zu verwirklichen. Das Unternehmen scheiterte ebenso wie das eines Freundes und Schülers in Schottland. Einen neuen Versuch konkreter Sozialreform unternahm er 1832. Owen war längst der Ansicht, daß die Einkommensverteilung grundverkehrt sei, da nicht der volle Arbeitsertrag den Arbeitern zufiel. Er entwickelte und wagte deshalb das Projekt einer Tauschbank, aber wie Proudhon fast zwei Jahrzehnte später ohne Erfolg. Seine Zuwendung zu gewerkschaftlicher Arbeit 1833 weckte bei den Arbeitern anfänglich große Hoffnungen, aber die mit großer Begeisterung begonnene Grand National Consolidated Trades Union zerfiel sehr rasch. Bessere Resonanz hatte Owen mit seinen Hinweisen auf den Sinn der genossenschaftlichen Selbsthilfe. Seit 1844 gaben die sogenannten Pioniere von Rochdale ein vielbeachtetes Beispiel für Eigeninitiative.

41. Die Begründung des Marxismus

Marx und Engels. Biographisches

Die Vor- und Frühsozialisten konnten für einige Zeit Schulen bilden, und namentlich Saint-Simon hatte weitreichende geistige Wirkungen, aber sie vermochten die Massen, für die sie schrieben, nicht zu mobilisieren. Ganz anders *Karl Marx* (1818–1883) und *Friedrich Engels* (1820–1895). Sie erlebten es, daß sich um ihr gedankliches System nach zögernden Anfängen immer rascher Anhänger sammelten, sich zu Parteien formierten und wachsenden Einfluß gewannen. Als Engels starb, war der Sozialismus eine geistige Weltmacht, und heute lebt mehr als ein Drittel der Menschen in Staaten, die sich ausdrücklich auf Marx und Engels berufen. Diese ungeheure Diskrepanz zwischen der anfänglichen und späteren Wirkung läßt sich durch drei Phänomene erklären. Die Vor- und Frühsozialisten, um Jahrzehnte älter als die beiden Begründer des Marxismus, entwickelten ihre Konzepte, ehe der Pauperismus seine volle Dimension erreicht hatte. Sie beschränkten sich darauf, Modelle einer besseren Welt zu entwerfen, unterließen es aber, in intensiver politischer Arbeit eine Gruppe

zu formieren, die diese bessere Welt herbeiführen sollte – die jahrzehntelange Geduld, mit der Fourier auf einen Mäzen für die Finanzierung der ersten Phalange wartete, ist rührend-hilflos –, und sie verstanden es oft nicht, das klare, allgemeinverständliche Wort zu finden. Dagegen begannen Marx und Engels auf dem Höhepunkt des Pauperismus zu schreiben und konnten die Entwicklung der industriellen Gesellschaft denkerisch und agitatorisch begleiten; sie arbeiteten zeitlebens intensiv politisch, um die Arbeiterschaft auf die von ihnen formulierte Aufgabe zu verpflichten, und sie trugen ihre Grundüberzeugungen in einer Vielzahl von Publikationen immer wieder knapp und eindringlich vor. Ihre zeithistorische Stellung im 19. Jh., ihr ausgesprochener Tatwille und die Präzision ihres Vortrags ermöglichten es, daß sie eine ständig wachsende Zahl von Mitkämpfern fanden und der Marxismus zu seiner weltpolitischen Bedeutung heranwuchs.
Wenn man von Marxismus spricht, wird die Realität freilich verschoben. Denn dieses System ist keineswegs Marxens Leistung allein, zu der Engels als Adlatus nur einige Beiträge geleistet hätte; es ist vielmehr in Gänze ihr gemeinsames Werk. Der Anteil von Engels sollte nicht unterschätzt werden.
Marx stammte aus wohlhabendem bürgerlichen Hause. An der Universität studierte er offiziell Jura, tatsächlich aber handelte es sich um ein umfassendes Bildungsstudium. Den entscheidenden Denkanstoß brachte ihm die Begegnung mit der Hegelschen Philosophie. Er begann im Wirklichen selbst die Idee zu suchen. Die erste große Auseinandersetzung mit Hegel vollzog er in seiner Dissertation über die Epikureische Naturphilosophie. Schon hier brachte er zum Ausdruck, daß es darum gehen müsse, die Idee aus der Sphäre des reinen Denkens in die Praxis zu überführen, er wollte wie Heß eine Philosophie der Tat. Nach dem Abschluß des Studiums wurde er, da es offenkundig unmöglich war, an der Universität zu bleiben, in Köln Journalist und sah sich genötigt, sich intensiv mit materiellen Verhältnissen zu befassen. Sein aggressiver Journalismus trug dazu bei, daß die Rheinische Zeitung im Mai 1843 verboten wurde. Das und ein allgemeiner Überdruß an den Verhältnissen in Deutschland veranlaßten ihn dazu, Ende 1843 nach Paris zu gehen. Zu den dort gemeinsam mit *Arnold Ruge* (1802–1880) edierten Deutsch-Französischen Jahrbüchern, deren erster und einziger Band im Frühjahr 1844 erschien, steuerte er zwei Aufsätze bei, *Zur Judenfrage* und *Kritik der Hegelschen Rechtsphilosophie. Einleitung.* Im Anschluß daran befaßte er sich intensiv mit dem Verhältnis von Nationalökonomie und Philosophie; dieses erst 1932 publizierte Pariser Manuskript zog eine Summe des bisherigen Marxschen Denkens. Im Spätsommer 1844 kam es zu einem ersten längeren Besuch von Engels; damit begann die lebenslange Freundschaft der beiden Männer. Engels, gelernter Kaufmann und 1841 während der Mili-

tärzeit in Berlin mit den Junghegelianern in Berührung gekommen, war seit 1842 im väterlichen Betrieb in Manchester tätig und hatte dort die Lebenswirklichkeit der britischen Industriearbeiter kennengelernt. Daraus erwuchs seine 1845 publizierte Schrift über *Die Lage der arbeitenden Klasse in England*, deren Schluß ebenso wie ein Beitrag zu den Deutsch-Französischen Jahrbüchern die Quintessenz seines Denkens enthält. 1848 waren Marx und Engels in Deutschland, um hier auf eine radikaldemokratische Republik hinzuwirken, sie gingen 1849 wieder ins Ausland, Engels nach Manchester, Marx zunächst nach Paris, im August 1849 nach London, im Glauben, es sei dies nur für eine kurze Zeit nötig. Aber aus der vermeintlich kurzen Zeit wurden fast 34 Jahre des Forschens, Publizierens und Agitierens. Marx gedachte seine bisherigen Überlegungen soziologisch und nationalökonomisch zu fundieren. Eine erste Fassung des ersten Teils des geplanten Werks gab er 1859 unter dem Titel *Zur Kritik der politischen Ökonomie* heraus, 1867 folgte der erste Band der definitiven Fassung, *Das Kapital*. Das Werk blieb ein Torso. Engels veröffentlichte 1885 und 1894 die beiden weiteren Bände aus dem Nachlaß.

Das Konzept des frühen Marx

Der Beitrag zur Judenfrage war eine Absage an die ganz auf den Egoismus gebaute bürgerliche Demokratie. Marx beklagte, daß keines der sogenannten Menschenrechte über den egoistischen Menschen hinausgehe; der Mensch sei Bourgeois, statt Citoyen zu sein und sich als Gattungswesen zu verwirklichen. Zur Abhilfe reiche eine bürgerliche Revolution nicht aus, es bedürfe auch einer sozialen. »Alle Emanzipation ist Zurückführung der menschlichen Welt, der Verhältnisse auf den Menschen selbst. ... erst wenn der Mensch seine forces propres als gesellschaftliche Kräfte erkannt und organisiert hat und daher die gesellschaftliche Kraft nicht mehr in der Gestalt der politischen Kraft von sich trennt, erst dann ist die menschliche Emanzipation vollbracht« (MEW I,1, 1. Halbbd., S. 599). Noch entschiedener ging Marx dem Problem der Emanzipation in der Kritik der Hegelschen Rechtsphilosophie nach. Aus dem Studium der Französischen Revolution folgerte er, daß in Deutschland, obwohl die Verhältnisse hier ›unter aller Kritik‹ seien, eine politische Revolution nicht zu erwarten sei, da es an einer Klasse fehle, die sich zum Repräsentanten der ganzen Gesellschaft erheben könne. Da eine politische Revolution unmöglich sei, müsse es zu einer universalen kommen. »Das gründliche Deutschland kann nicht revolutionieren, ohne von Grund auf zu revolutionieren.«

Marx bezeichnete die Klasse, die diese Aufgabe in die Hand nehmen würde, ganz genau:

»Eine Klasse mit radikalen Ketten, eine Klasse der bürgerlichen Gesellschaft, welche keine Klasse der bürgerlichen Gesellschaft ist, ein Stand, welcher die Auflösung aller Stände ist, eine Sphäre, welche einen universellen Charakter durch ihre universellen Leiden besitzt und kein besonderes Recht in Anspruch nimmt, weil kein besonderes Unrecht, sondern das Unrecht schlechthin an ihr verübt wird, welche nicht mehr auf einen besonderen historischen, sondern nur noch auf den menschlichen Titel provozieren kann..., eine Sphäre endlich, welche sich nicht emanzipieren kann, ohne... damit alle übrigen Sphären der Gesellschaft zu emanzipieren, welche mit einem Wort der völlige Verlust des Menschen ist, also nur durch die völlige Wiedergewinnung des Menschen sich selbst gewinnen kann. Diese Auflösung der Gesellschaft als ein besonderer Stand ist das Proletariat... Wenn das Proletariat die Auflösung der bisherigen Weltordnung verkündet, so spricht es nur das Geheimnis seines eigenen Daseins aus, denn es ist die faktische Auflösung dieser Weltordnung« (ebda., S. 619f.).

Mit diesem Satz hatte der damals 25jährige Marx den Bundesgenossen gefunden, der die erhoffte totale Revolution durchführen würde. Die Philosophie hat, so schrieb er weiter, im Proletariat ihre materiellen Waffen, das Proletariat in der Philosophie seine geistigen. »Sobald der Blitz des Gedankens gründlich in diesen naiven Volksboden eingeschlagen hat, wird sich die Emanzipation des Deutschen zum Menschen vollziehen.« Damit war das Ziel proklamiert und der Weg gewiesen: Emanzipation des Menschen, eines Menschen, der sich als Gattungswesen versteht und nicht als egoistisches Einzelwesen, als Weg dazu Erleuchtung des Proletariats durch die Philosophie und die soziale Revolution.
Im Pariser Manuskript aus dem Jahre 1844 führte Marx seine Gedanken weiter. Die Geschichte war ihm der Weg der Selbstverwirklichung des Menschen; alles Denken über den Menschen mußte deshalb historisch sein. Marx sah als Menschen das ganz auf sich selbst gestellte gegenständliche Wesen, das dem Naturstoff zunächst selbst als Naturmacht gegenübertrat, die Natur war gleichsam der unorganische Leib des Menschen. Aber diese ursprüngliche Einheit ist dialektisch angelegt, und so mußte der Mensch notwendig den Sündenfall begehen, durch den er aus der Natur herausfiel. Marx bewertete die Arbeit als Grundtatsache der Geschichte und des Menschen. Indem der Mensch sich über die Natur erhob, die in ihr schlummernden Potenzen entwickelte und seiner Botmäßigkeit unterwarf, geriet er in eine neue Abhängigkeit. Die Arbeit ließ ihm die Natur entgleiten und wurde so zu einer außer ihm stehenden fremden Macht. Damit begann die Entfremdung. Ihr Einsetzen war für Marx mit dem Einsetzen der Geschichte selbst identisch. Hier begegnet ein Terminus, der für Marx zentrale Bedeutung hat. Entfremdung meint, auf eine kurze Formel gebracht, daß der Mensch aufhörte das zu sein, was er sein sollte. Sollte der Mensch wieder zum Menschen werden, so mußte, wie weiter unten näher zu zeigen sein wird, die Entfremdung aufgehoben werden.

In der Folge gab Marx, ausgehend vom Übergang der naturwüchsigen Teilung in die Arbeiten zur Arbeitsteilung in materielle und geistige Tätigkeiten bis hin zum Zeitalter der modernen Industrie einen trotz aller aufzuweisenden Fehler großen universalhistorischen Entwurf, in dem er die Weltgeschichte als die Erzeugung des heutigen und des künftigen Menschen durch die Arbeit darstellte. Dabei handelte es sich insofern, wie Engels später einmal erläuterte, um eine materialistische Geschichtsauffassung, als Produktion und Reproduktion als die in letzter Instanz bestimmenden Momente der Geschichte angesehen (MEW 37, 463, 1890) wurden. Weil die Arbeit wie alles Seiende ein in sich widersprüchliches Moment ist, mußte auch die Geschichte in sich widersprüchlich sein, ohne Gegensatz konnte es keinen Fortschritt geben. Zentrale Bedeutung hatte für Marx die Teilung in materielle und geistige Tätigkeiten, weil damit Produktion und Konsumtion verschiedenen Menschen zufielen. Die Folge war die Entstehung des Privateigentums und die Entstehung der Konkurrenz, der Übergang von der Bedarfsdeckungs- zur Erwerbswirtschaft, die Ausdifferenzierung der Bedürfnisse und eines Systems von Geld, Markt und Handel. Aus dem Erwerb jeweils neuer Produktivkräfte, Werkzeuge oder Maschinen, erwuchs die Notwendigkeit, auch die Produktionsverhältnisse, die Struktur der Gesellschaft, zu ändern, sie den neuen Bedingungen der Produktion anzugleichen und damit den Widerspruch zwischen den fortgeschrittenen Produktivkräften und der im Verhältnis dazu rückständigen Sozialordnung aufzuheben. Bestimmte Produktivkräfte konnten nur innerhalb bestimmter Sozialstrukturen mit der Aussicht auf größte Wirksamkeit angewandt werden; zudem bedeuteten Produktivkräfte Macht, und es war nur folgerichtig, daß neue Produktionsmächte nach dem Besitz der allgemeinen Macht strebten, die zu Beginn der neuen Epoche noch von derjenigen Klasse ausgeübt wurde, die in der vorausgehenden Epoche über den fortschrittlichsten und bedeutendsten Produktionszweig verfügte. Die neue Klasse bedurfte, um sich durchzusetzen, der Unterstützung aller anderen nicht herrschenden Klassen; sie erhielt diese auch, da es im allgemeinen Interesse lag, die nicht mehr haltbaren Strukturen abzulösen. Aus dem bisherigen Geschichtsablauf meinte Marx folgern zu können, daß der Wechsel im Besitz der Macht nur durch eine Revolution gelingen könne. Er deduzierte weiter, daß jede siegreiche Klasse denselben Fehler mache: ihre eigene Sozialordnung wieder gegen alle anderen Klassen aufzurichten, und zwar durch das Mittel der Unterdrückung.

Je differenzierter die Arbeitsbedingungen wurden, desto mehr nahm die Entfremdung zu. Marx erläuterte das in fünffacher Weise. Entfremdung bedeutete für den Menschen einmal den Verlust des Produkts, das er sich, obwohl er es selbst erzeugt hat, für Geld kaufen muß; zweitens den Verlust der freien Tätigkeit und damit die Verkehrung der an sich zu bejahenden Arbeit in Zwangsarbeit; drittens den Verlust des eigenen Ichs, indem der Arbeiter sich selbst als Ware verkaufen muß, um in den Besitz des Geldes zu gelangen, das er für den Erwerb seiner Subsistenzmittel benötigt; viertens den Verlust der menschlichen Beziehungen zu anderen Menschen und zu seiner Gattung, also Erschöpfung aller Bezüge in Tausch und Handel; fünftens den Verlust der Natur. Im modernen Proletarier, auf den alle Teilmomente dieses Entfremdungsprozesses zutrafen, sah Marx mithin den völligen Verlust des Menschen, die Inkarnation von Entfremdung. Die Vielfältigkeit der in der Geschichte zu beobachtenden Antagonismen war für Marx auf zwei klare Pole reduziert, auf das Kapital und die Arbeit, auf die Bourgeoisie und das Proletariat. Damit erschien ihm der Punkt in der geschichtlichen Entwicklung erreicht, an dem die vielerlei Einzelantagonismen zusammenliefen zur letzten großen Auseinandersetzung, an dem die Dialektik ansetzte zu ihrem letzten großen Umschlag, der nach dem völligen Verlust des Menschen dessen völlige Wiedergewinnung bringen würde und damit die Einheit von Individuum und Allgemeinheit. Der weltgeschichtliche Augenblick schlechthin war da; das Proletariat würde sich mit Hilfe der Philosophie formieren und die Eigentumsverhältnisse radikal ändern. Der Kommunismus als positive Aufhebung des Privateigentums ermöglichte die Rückkehr des Menschen zu sich als eines gesellschaftlichen, d. h. menschlichen Menschen. Kommunismus wurde so zum vollendeten Humanismus; »er ist die wahrhafte Auflösung des Widerstreites zwischen dem Menschen mit der Natur und mit dem Menschen, die wahre Auflösung des Streits zwischen Existenz und Wesen, zwischen Vergegenständlichung und Selbstbetätigung, zwischen Freiheit und Notwendigkeit, zwischen Individuum und Gattung. Er ist das aufgelöste Rätsel der Geschichte und weiß sich als diese Lösung« (MEW Erg. Bd. 1, 536).

Zum Gelingen der Revolution, mittels der die Geschichte vollstreckt werden sollte, war für Marx und Engels noch eine weitere Voraussetzung zu erfüllen. Da die Produktivkräfte innerhalb eines universellen Verkehrs existierten, mußte die Aneignung der Produktivkräfte durch die Proletarier, der Beginn des radikalen Umsturzes, von vornherein einen universellen Charakter haben. In ihrer gemeinsam verfaßten *Deutschen Ideologie* (1845) unterstrichen beide Autoren: »Der Kommunismus ist empirisch nur als die Tat der herrschenden Völker auf einmal und gleichzeitig möglich« (MEW 3, 35). Vollzöge sich die Bewegung nur in einem einzelnen Land, so würde sie sogleich von außen erstickt werden. Die Revolution muß also Weltrevolution sein und damit ein weltgeschichtliches Ereignis.

Friedrich Engels schrieb u. a. für die Deutsch-Französischen Jahrbücher einen Aufsatz über die Lage Englands und einen Beitrag *Umrisse zu einer Kritik der Nationalökonomie.* Hier meinte er, man solle diese Wissenschaft besser Privatökonomie nennen, da England zwar die reichste Nation der Welt sei, aber die meisten Engländer in bitterer Armut lebten. Die öffentlichen Beziehungen existierten nur um des Privateigentums willen, jeder sei auf seine eigene rohe Einzelheit reduziert. So stehe jeder Grundbesitzer, jeder Kapitalist und jeder Arbeiter dem anderen feindselig gegenüber, jeder Konkurrierende müsse wünschen, das Monopol für sich zu haben. Im Konkurrenzverhältnis sah Engels die Unsittlichkeit des bisherigen Zustandes der Menschheit vollendet. Ferner wies er auf die regelmäßig wiederkehrenden Handelskrisen hin, von denen jede mehr Elend mit sich brächte als früher die großen Seuchen. Aus Konkurrenz und Krisen leitete er ab, daß die Kluft zwischen Besitzern und Arbeitern sich ständig vertiefen müsse, und er prophezeite, daß auch die Handelskrisen blieben, wenn nicht endlich mit Bewußtsein von Menschen als Menschen produziert würde. Jede »folgende muß universeller, also schlimmer werden als die vorhergehende, muß eine größere Menge kleiner Kapitalien verarmen und die Anzahl der bloß von der Arbeit lebenden Klasse in steigendem Verhältnis vermehren, also die Masse der zu beschäftigenden Arbeit... zusehends vergrößern und endlich eine soziale Revolution herbeiführen, wie sie sich die Schulweisheit der Ökonomen nicht träumen läßt« (MEW 1, 515). Mit diesen knappen Ausführungen war das Engelssche Denken im Kern formuliert. Anderthalb Jahre später, 1845, gab Engels eine neuerliche kurze Zusammenfassung. Er war zu dieser Zeit gemeinsam mit Moses Heß in Wuppertal eifrig mit kommunistischer Propaganda befaßt und schrieb zu diesem Zweck Broschüren. Die wichtigste wurde die *Lage der arbeitenden Klasse in England.* Das Buch, eine schnelle Zusammenstellung aus Zeitungsberichten, war insgesamt deskriptiv, nur auf den Schlußseiten faßte Engels die Dinge grundsätzlich ins Auge. Er resümierte, daß die Lage der britischen Arbeiterklasse schlechterdings unerträglich sei und daß die Bourgeoisie des Landes im Grunde keine Aussichten mehr habe. Denn selbst wenn es gelänge, das industrielle Monopol gegenüber den USA zu behaupten, was Engels bezweifelte, so würden doch die Handelskrisen bleiben »und mit der Ausdehnung der Industrie und der Vermehrung des Proletariats immer gewaltsamer, immer schauderhafter werden. Das Proletariat würde durch den fortschreitenden Ruin der kleinen Mittelklasse, durch die mit Riesenschritten sich entwickelnde Zentralisation des Kapitals in den Händen weniger in geometrischer Proportion zunehmen und bald die ganze Nation mit Ausnahme weniger Millionäre ausmachen. In dieser Entwicklung tritt aber eine Stufe ein, wo das Proletariat sieht, wie leicht es ihm wäre, die bestehende soziale Macht zu stürzen, und dann folgt die Revolution« (MEW 2, 504). Mit diesen wenigen Sätzen aus dem Frühjahr 1845 formulierte Engels die seither vom Marxismus verfochtenen Grundthesen erstmals ausdrücklich und in denkbarster Knappheit, nämlich die These der immer wiederkehrenden Krisen, die These der Akkumulation und Konzentration des Kapitals, die These der fortschreitenden Verelendung und die These der unausbleiblichen Revolution.

Das Kommunistische Manifest

Zwischen dem Spätherbst 1843, als Marx bei der Abfassung seiner Hegelkritik den weltgeschichtlichen Moment zu entdecken und im Proletariat den Vollstrecker der Geschichte zu erkennen meinte, und dem Frühjahr 1845, als Engels in der ›Lage‹ die Chancen der britischen Bourgeoisie abwog und als aussichtslos erkannte, wurde von diesen beiden Männern das ganze System des späteren Marxismus skizziert. Alle weitere intellektuelle Arbeit war nur noch Überprüfung des damit gegebenen Grundrisses, Ausbau und Sicherung des darauf errichteten Gebäudes und ständiger Kampf um die Popularisierung dieser Gedanken. Für die Popularisierung gewann langfristig das im Februar 1848 publizierte, von Marx und Engels als Programmschrift im Auftrage des Bundes der Kommunisten abgefaßte *Manifest der kommunistischen Partei* ganz außerordentliche Bedeutung; zunächst freilich blieb es weitgehend wirkungslos. Die gerade 2 Bogen füllende Broschüre wiederholte in kurzer und leicht faßlicher Sprache die von den beiden Autoren in den Vorjahren gewonnenen Positionen, entwickelte daraus ein direktes politisches Programm und gab so Richtlinien für die aktuelle politische Arbeit.
Marx und Engels forderten, daß die Proletarier sich erstens endgültig als Klasse formierten, daß zweitens der Sturz der Bourgeoisieherrschaft und die Eroberung der politischen Gewalt so bald wie möglich vorzunehmen sei, und daß drittens die radikale Veränderung der überlieferten Eigentumsverhältnisse als des Garanten der Unmenschlichkeit des Menschen unmittelbar darauf folgen müsse. Von diesen drei Phasen des revolutionären Prozesses sahen sie die erste so gut wie abgeschlossen. Die zweite erkannten sie als unmittelbar bevorstehend; sie meinten, daß sie sofort in die dritte übergeleitet werden mußte. Sie setzten große Hoffnungen auf Deutschland, weil es am Vorabend einer bürgerlichen Revolution stand. Für die dritte Phase formulierten sie einen Maßnahmenkatalog, der es ermöglichen sollte, der Bourgeoisie nach und nach alles Kapital zu entreißen, alle Produktionsinstrumente in den Händen des Staats, d. h., des als herrschende Klasse organisierten Proletariats, zu zentralisieren und

die Masse der Produktivkräfte möglichst rasch zu vermehren. Sie machten keinen Hehl daraus, daß sie sich den Übergang gewalttätig vorstellten. Schon in den Schlußsätzen der Schrift *Elend der Philosophie* (1847) hatte Marx von einem Zusammenstoß Mann gegen Mann gesprochen, und im ›Manifest‹ war ebenso die Rede von dem gewaltsamen Umsturz aller bisherigen Gesellschaftsordnung. Aber die sozialistische Revolution war, wie Engels Jahrzehnte später in einem Brief formulierte, »kein über Nacht abzumachendes Ding, sondern ein mehrjähriger Entwicklungsprozeß« (an Bernstein, 27.8.1883, MEW 36, 55). Verschwanden im Laufe der Entwicklung die Klassenunterschiede und war die Produktion in den Händen der assoziierten Individuen konzentriert, dann konnte die öffentliche Gewalt ihren politischen Charakter verlieren. »Die politische Gewalt im eigentlichen Sinne ist die organisierte Gewalt einer Klasse zur Unterdrückung einer anderen. Wenn das Proletariat im Kampfe gegen die Bourgeoisie sich notwendig zur Klasse vereint, durch eine Revolution sich zur herrschenden Klasse macht und als herrschende Klasse gewaltsam die alten Produktionsverhältnisse aufhebt, so hebt es mit diesen Produktionsverhältnissen die Existenzbedingungen des Klassengegensatzes, die Klassen überhaupt und damit seine eigene Herrschaft als Klasse auf. An die Stelle der alten bürgerlichen Herrschaft mit ihren Klassen und Klassengegensätzen tritt eine Assoziation, worin die freie Entwicklung eines jeden die Bedingung für die freie Entwicklung aller ist« (MEW 4, 482).

Das Kapital

Nach dem Scheitern der Revolution versuchte Marx, seine bisherigen Überlegungen in jahrzehntelanger Arbeit nationalökonomisch zu vertiefen und auszubauen. Eine erste größere Teilveröffentlichung legte er 1859 mit der Studie *Zur Kritik der politischen Ökonomie* vor; in ihrem Vorwort faßte er seine gedanklichen Positionen in klassischer Kürze zusammen. Mit der bürgerlichen Gesellschaft sah er die »Vorgeschichte der menschlichen Gesellschaft« abgeschlossen; an der Bestimmung des weltgeschichtlichen Moments hatte sich trotz der Enttäuschung nach 1849, als es zu dem für bald erhofften Wiederausbruch der Revolution nicht kam, nichts geändert. Der geistige Inhalt blieb derselbe, nur der Ton wurde nüchterner; er war nicht mehr so enthusiastisch wie in den Jugendschriften. Es ging Marx in der Folge vor allem darum, das Problem der Krisen tiefer zu durchdringen, um über die Entwicklung des Kapitalismus besser urteilen zu können. Einer Automatik des Zusammenbruchs redete er auch jetzt nicht das Wort. Er blieb dabei, daß die Revolution schließlich doch gemacht werden müsse.

Marx ging aus von der Ware, an der er Gebrauchswert und Tauschwert unterschied, wobei in entwickelteren Gesellschaften der Tauschwert zum Geldausdruck des Wertes, zum Preis, würde. Der Gebrauchswert interessierte ihn nicht weiter, eingehend konzentrierte er sich dagegen auf den Tauschwert. Dies war der Weg, der Marx ins Zentrum des Kapitalismus führte. Mit eindringlichen Worten beklagte er im berühmt gewordenen Kapitel I/1/4 des ›Kapitals‹, daß der Tauschwert in der modernen Kommerzwelt nachgerade vergötzt worden sei, daß die Ware einen Fetischcharakter angenommen habe, daß unter ihrem Einfluß die Verhältnisse der Personen versachlicht, verdinglicht, verfremdet worden seien. Fußend auf Ricardo, entwickelte er eine umfassende Theorie der volkswirtschaftlichen Wertschöpfung. Dabei ergänzte er Ricardos Arbeitswertlehre um den Begriff der durchschnittlich gesellschaftlich notwendigen Arbeitszeit: Der Wert eines Gutes ergibt sich aus der Arbeitszeit, die unter Heranziehung der dem Stand der Technik entsprechenden Produktionsmittel durchschnittlich aufgewendet werden muß. Unter den Bedingungen der kapitalistischen Produktion benötigte nun der Arbeiter für die Erzeugung des dem Wert seiner Arbeitskraft entsprechenden Wertes nur einen Teil des Arbeitstages, obwohl er den ganzen Tag an den Kapitalisten verkauft hatte. Die Differenz der Werte von Arbeit (Produkt) und Arbeitskraft bezeichnete Marx als Mehrwert; ihn eigne der Kapitalist sich an. Marx erklärte dabei ausdrücklich, daß die Arbeitskraft nach ihrem Wert bezahlt werde; der Kapitalist kaufe nicht die Arbeit, sondern die Leistungsfähigkeit des Arbeiters, und die Gesetze des Preises erlaubten es ihm nicht, mehr als zur Reproduktion der Arbeitskraft nötig zu bezahlen. Arbeitskraft sei die einzige Ware, deren Gebrauchswert die eigentümliche Beschaffenheit besitze, Quelle von Wert zu sein, deren wirklicher Verbrauch also selbst Vergegenständlichung von Arbeit sei, und damit Wertschöpfung. Bei diesen Formulierungen orientierte sich Marx sehr eng an einigen Passagen aus John Stuart Mills Grundsätzen der politischen Ökonomie.

Dem Kapitalisten sei daran gelegen, Geld in Ware und diese wieder in Geld zu verwandeln, dabei aber eine höhere Geldsumme zu erwirtschaften, als er zunächst eingebracht habe. Die Operation Geld – Ware – mehr Geld verwandle Geld in Kapital, mache den Geldbesitzer zum Kapitalisten.

Die Summe der für Lohnauszahlungen verwendeten Beträge nannte Marx das variable Kapital, die in den Produktionsprozeß eingebrachten übrigen Mittel das konstante Kapital, die Mischung beider die organische Zusammensetzung. Das Verhältnis von variablem Kapital und Mehrwert gab den Ausbeutungsgrad an. Diese sogenannte Mehrwertrate interessierte nun nach Marx die Kapitalisten weit weniger als die Profitrate, das Verhältnis des Mehrwerts zum insgesamt eingesetzten Kapital, also zur

Summe von variablem und konstantem Kapital. Bei der organischen Zusammensetzung konstatierte Marx eine ständige Tendenz zugunsten des konstanten Kapitals. Bei unverändertem Ausbeutungsgrad mußte das ein Sinken der Profitrate zur Folge haben, eine Annahme, die Marx mit den meisten Ökonomen des 19. Jhs. teilte. Dem konnte durch eine Erhöhung der Mehrwertrate entgegengewirkt werden; allerdings gab es dabei eine natürliche Grenze. Andererseits meinte Marx in einer Intensivierung des Außenhandels Mittel zu erblicken, den tendenziellen Fall der Profitrate zu verhindern. Seine Aussagen zu diesen Punkten waren mithin sehr unsicher. Das hinderte ihn aber nicht daran, mit einem periodischen Zusammenbruch der Profitrate überhaupt zu rechnen. Da die Kapitalisten den äußersten Profit zu erzielen trachteten, und zwar im heftigen Wettbewerb mit ihren Konkurrenten, träten immer wieder Situationen ein, wo der Absatz infolge Überforderung der Märkte ins Stocken geriete, so daß Preise und Profite verfielen. War der Tiefstand erreicht, begann ein neuer Preisanstieg, und schon damit bereitete sich für Marx die nächste Krise vor. Bei jeder dieser periodisch wiederkehrenden Krisen blieben aber Unternehmen auf der Strecke, so daß das Kapital sich auf immer weniger Hände konzentrierte. Als Parallelerscheinung dazu sah er eine Akkumulation des Elends. Er rechnete mit dem ständigen Vorhandensein einer industriellen Reservearmee und meinte, daß sie mit den Potenzen des Reichtums wüchse. Zusammenfassend konstatierte Marx:

»Mit der beständig abnehmenden Zahl der Kapitalmagnaten, welche alle Vorteile dieses Umwandlungsprozesses usurpieren und monopolisieren, wächst die Masse des Elends, des Drucks der Knechtschaft, der Entartung, der Ausbeutung, aber auch die Empörung der stets anschwellenden und durch den Mechanismus des kapitalistischen Produktionsprozesses selbst geschulten, vereinten und organisierten Arbeiterklasse. Das Kapitalmonopol wird zur Fessel der Produktionsweise, die mit und unter ihm aufgeblüht ist. Die Zentralisation der Produktionsmittel und die Vergesellschaftung der Arbeit erreichen einen Punkt, wo sie unverträglich werden wird mit ihrer kapitalistischen Hülle. Sie wird gesprengt. Die Stunde des kapitalistischen Privateigentums schlägt. Die Expropriateurs werden expropriiert.
Die aus der kapitalistischen Produktionsweise hervorgehende kapitalistische Aneignungsweise, daher das kapitalistische Privateigentum, ist die erste Negation des individuellen, auf eigene Arbeit gegründeten Privateigentums. Aber die kapitalistische Produktion erzeugt mit der Notwendigkeit eines Naturprozesses ihre eigne Negation. Es ist Negation der Negation. Diese stellt nicht das Privateigentum wieder her, wohl aber das individuelle Eigentum auf Grundlage der Errungenschaft der kapitalistischen Ära: der Kooperation und des Gemeinbesitzes der Erde und der durch die Arbeit selbst produzierten Produktionsmittel« (MEW 23, S. 790f.).

Die künftige Gesellschaftsordnung

Marx und Engels haben darauf verzichtet, das Bild der nachkapitalistischen Gesellschaft breit auszumalen. Angesichts einer so stark auf die Zukunft gerichteten philosophischen Bemühung ist das erstaunlich. Zwischen der kapitalistischen und der kommunistischen Gesellschaft lag, wie Marx in der *Kritik des Gothaer Programms* der SPD (1875) ausführte, eine Periode des Übergangs der einen in die andere; ihr entsprach auch eine politische Übergangsperiode, in der der Staat nichts anderes sein konnte als die Diktatur des Proletariats. In dieser Phase würde zur Gesinnung einer neuen Gesellschaft erzogen. Engels erklärte zu dieser Frage in *Herrn Eugen Dührings Umwälzung der Wissenschaft* (1878), daß das Proletariat bei Ergreifen der Staatsgewalt und Verwandlung der Produktionsmittel zunächst in Staatseigentum sich selbst als Proletariat, damit die Klassenunterschiede und Klassengegensätze und folglich auch den Staat als Staat aufhöbe. »Der erste Akt, worin der Staat wirklich als Repräsentant der ganzen Gesellschaft auftritt – die Besitzergreifung der Produktionsmittel im Namen der Gesellschaft – ist zugleich sein letzter selbständiger Akt als Staat. Das Eingreifen einer Staatsgewalt in gesellschaftliche Verhältnisse wird auf einem Gebiete nach dem anderen überflüssig und schläft dann von selbst ein. An die Stelle der Regierung über Personen tritt die Verwaltung von Sachen und die Leitung von Produktionsprozessen. Der Staat wird nicht ›abgeschafft‹, er stirbt ab« (MEW 20, 261f.). Vermittels der gesellschaftlichen Produktion könne jetzt allen Gesellschaftsmitgliedern eine Existenz gesichert werden, die von Tag zu Tag besser würde und die ihnen auch die vollständige freie Ausbildung und Betätigung der körperlichen und geistigen Anlagen garantiere. Über die kommunistische Gesellschaft hatte Marx sich bereits in den frühen Schriften, über Andeutungen hinausgehend, geäußert. Durch die Aufhebung all der Elemente, die die Welt verkehrten, der entfremdeten Arbeit und der sie bedingenden unmenschlichen Arbeitsteilung, des Eigentums und des Geldes, des Staates als Unterdrückungsmomentes, durch die Aufhebung all dessen, was sich zwischen die menschlichen Verhältnisse schob, würden die Menschen wieder zu konkret sinnlichen Individuen werden, die alle ihre Anlagen frei entfalteten. Wenn er in den Pariser Manuskripten sagte: »Setze den Menschen als Menschen und sein Verhältnis zur Welt als menschliches voraus, so kannst du Liebe nur gegen Liebe austauschen« (MEW EB 567), so war das ebenso konkret gemeint wie die Bemerkung, daß erst in der kommunistischen Gesellschaft die fünf Sinne wirkliche Sinne seien und zu dem dienten, wozu sie eigentlich angelegt seien. Marx war der Überzeugung, daß der Mensch dann endlich seinen Gemeinschaftscharakter verwirklichen könne und daß Brüderlichkeit zur Wahrheit würde.

Er sah mit großem Optimismus auf die Zeit, die er als eigentliche Geschichte der Menschheit betrachtete. Insofern entwickeltener und Engels ein idealistisches philosophisches System. Ihre Deduktionen wurden und werden häufig als wissenschaftlicher Sozialismus bezeichnet, um sie von dem utopischen Vor- und Frühsozialismus abzusetzen. Indessen sollte Wissenschaft befähigt sein, ihre Aussagen zu verifizieren. Unzweifelhaft haben Marx und Engels im Bereich der Nationalökonomie und der Soziologie lebhafte wissenschaftliche Impulse gegeben, es ist ihnen jedoch nicht gelungen, ihr System in allen Teilen wissenschaftlich abzusichern. Bei der tragenden Überzeugung vom völligen Wandel des Menschen nach der Aufhebung der Entfremdung wäre ein derartiger Nachweis auch gänzlich unmöglich. Dabei handelt es sich um nichts anderes als eine Setzung. Somit sollte nicht von einem empirisch-wissenschaftlichen, sondern von einem philosophisch-ökonomischen Sozialismus die Rede sein.

42. Lassalleaner, Revisionisten, Reformisten

Zwar hatte der Marxismus von den vielerlei sozialistischen Systemen am meisten Zukunft, aber er beherrschte das Feld durchaus nicht allein und mußte sich vor allem in den ersten Jahrzehnten sehr mühsam durchsetzen. Selbst in seinem Stammland Deutschland – England war nur der zufällige Ort der Entstehung und die in England an Marx' und Engels' Denken Interessierten mußten sich die meisten Texte erst mühsam aus dem Deutschen übersetzen oder den Zugang über französische Ausgaben suchen – stand er nicht allein. 1848/49 ging die von *Stephan Born* (1824–1898) gegründete Arbeiterverbrüderung sehr andere Wege, obwohl Born aus dem Brüsseler Umkreis von Marx und Engels kam, während Marx' Tätigkeit in Köln keine Wirkungen hatte; und als die Arbeiterbewegung in den 60er Jahren neu begann, orientierte sie sich zunächst viel stärker an Lassalle als an den Gründervätern des Marxismus.

Ferdinand Lassalle

Lassalle (1825–1864) gehörte unzweifelhaft zu den bedeutendsten Agitatoren in der Geschichte des Sozialismus, sein Beitrag zur Theorie war indessen nicht sonderlich eigenständig. Schon in den 40er Jahren war er eifriger Leser sozialistischer und kommunistischer Schriften. Er überzeugte sich davon, daß der Kommunismus als Negation des Eigentumsprinzips die unmittelbare und logische Weiterentwicklung des Industrialismus sei. In der Folge arbeitete er politisch, publizistisch und philosophietheoretisch und schrieb dabei ein Standardwerk über *Die Philosophie Herakleitos des Dunklen von Ephesus.* Eine 1861 publizierte rechtsphilosophische Schrift, *Das System der erworbenen Rechte,* sollte dazu dienen, dem Entzug bestehender Rechte die theoretische Basis zu geben. Diese Studien wiesen Lassalle als Denker von hohem Rang aus, hatten aber keine unmittelbaren politischen Wirkungen. Große Resonanz erzielte er dagegen mit einer Reihe kleinerer Arbeiten, die schon länger vertretene Meinungen aufgriffen; hier ist vor allem sein im April 1862 gehaltener Vortrag *Über den besonderen Zusammenhang der gegenwärtigen Geschichtsperiode mit der Idee des Arbeiterstandes* zu nennen, später als *Arbeiterprogramm* überschrieben. Lassalle legte dar, daß die Geschichte drei Phasen kenne: die Herrschaft des Grundbesitzes, die des Bürgertums und die des vierten Standes. Den vierten Stand definierte er als letzten denkbaren, als Zusammenfassung aller Enterbten und Entrechteten. Da er 95 Prozent der Menschheit umfasse, sei seine Sache die Sache der ganzen Menschheit, seine Herrschaft die Herrschaft aller, seine sittliche Idee die der Solidarität aller, der Gemeinsamkeit und Gegenseitigkeit der Entwicklung. Die von ihm sogenannte Nachtwächteridee des liberalen Staates, derzufolge der Zweck des Staates einzig darin bestehe, die persönliche Freiheit des einzelnen und sein Eigentum zu schützen, wies er scharf zurück. »Der Zweck des Staates ist vielmehr gerade der, durch die Vereinigung die einzelnen in den Stand zu setzen, solche Zwecke, eine solche Stufe des Daseins zu erreichen, die sie als einzelne niemals erreichen könnten, sie zu befähigen, eine Summe von Bildung, Macht und Freiheit zu erlangen, die ihnen sämtlich als einzelnen unersteiglich wäre« (S. 57). War der Zweck des Staates mithin die Erziehung und Entwicklung des Menschengeschlechts zur Freiheit, so mußte das Herrschaftsmittel das allgemeine Wahlrecht sein. Diesen Punkt unterstrich Lassalle in seinem *Offenen Antwortschreiben* von 1863 an das Leipziger Arbeiterkomitee: Die Aufgabe der Arbeiterschaft sei es, sich zu organisieren und mit allen gesetzlichen Mitteln für das allgemeine Wahlrecht zu kämpfen, weil nur so, durch die Mobilisierung der Arbeiterwählermassen, der Staat dazu veranlaßt werden könne, zugunsten der Arbeiterschaft zu intervenieren. Der Staat des allgemeinen Wahlrechts als die große Assoziation der ärmsten Klassen müsse und werde dann den Arbeitern ermöglichen, Assoziationen zu gründen, mit deren Hilfe sie ihre Lage grundsätzlich verbessern könnten. Das kapitalistische System hielt er prinzipiell nicht für reformierbar. Die vom Liberalismus vorgeschlagenen Krankenkassen, Sparkassen oder Genossenschaften seien nur Aushilfsmittel, die an der Wirksamkeit des ehernen Lohngesetzes nichts änderten. Das eherne Lohngesetz unterstrich Lassalle mit allem Nachdruck. Der durchschnittliche Arbeitslohn kreise ständig um einen Schwerpunkt. In Perioden der Prosperität liege er etwas darüber, in Perioden des mehr oder minder allgemeinen Notstandes etwas darunter. Wenn durch die Fortschritte der Produktivität auch viele Waren zu äußerster Billigkeit herabsinken könnten, so daß der Umfang dessen, was gewohnheitsmäßig zum lebensnotwendigen Unterhalt eines Volkes zum Existenzminimum gehöre, zunehme, so seien diese Verbesserungen insgesamt doch minimal. Das einzige wirksame Mittel zur Besserung der Lage der Arbeiterschaft bestand nach Lassalle darin, die Arbeiter zu Wirtschaftssubjekten zu machen. In Anlehnung an Louis Blanc und die Saint-Simonisten wollte er eine genossenschaftliche Organisation der Arbeit. Die Produktivassoziationen der Arbeiter mit Staatskredit sah er nicht als Lösung der sozialen Frage an, aber doch als das leichteste und mildeste Übergangsmittel dahin. Er rechnete auf diesem Wege mit einer längeren Frist. In ein- bis zweihundert Jahren konnte nach seiner Schätzung die Ablösung des Grund- und Kapitaleigentums und die gänzliche Vergesellschaftung der Produktion erreicht sein.

Die Resonanz solcher Gedankengänge war groß. So war es kein Zufall, daß Marx ähnliche Überlegungen in seiner Inauguraladresse für die 1. Internationale Arbeiterassoziation (Nov. 1864) vortrug, dabei aber nachhaltig unterstrich, daß es nicht bei vereinzelten Versuchen kooperativer Arbeit bleiben dürfe, daß sie vielmehr zur nationalen Dimension ausgedehnt werden müsse. Daß in Deutschland zunächst die Lassalleaner mehr Gewicht hatten als die Marxisten, läßt sich am *Gothaer Programm der Sozialistischen Arbeiterpartei Deutschlands* (1875) ablesen, in dem (in II, 1) ausdrücklich der freie Staat und die sozialistische Gesellschaft, die Zerbrechung des ehernen Lohngesetzes und (in II, 3) »die Errichtung von sozialistischen Produktivgenossenschaften mit Staatshilfe« gefordert wurde, und zwar die Produktivgenossenschaften in einem solchen Umfange, »daß aus ihnen die sozialistische Organisation der Gesamtarbeit entsteht«. Sowohl Marx wie Engels übten an diesem Programm massive Kritik. Engels meinte, daß fast jedes Wort an diesem saft- und kraftlos redigierten Programm zu kritisieren wäre; Marx und er könnten sich nie zu der auf dieser Grundlage errichteten Partei bekennen, die Sozialisten hätten den Lassalleanern viel zu viel zu Gefallen getan, so könne die Partei nicht lange halten, und nach ihrem Auseinanderbrechen würden die Lassalleaner stärker als zuvor sein (MEW 19,3ff.).

Der Revisionismus

Vielleicht hätte Engels' Prophezeiung sich bewahrheitet, wenn nicht der Druck polizeilicher Verfolgung ab 1878 (Sozialistengesetz) die SPD zusammengeschweißt hätte. Auch drang unter der Herrschaft des Sozialistengesetzes verstärkt marxistischer Geist in die Partei ein. Aber die SPD wurde nie eine eindeutig marxistische Partei. Sie bot immer vielfältigen Positionen Raum, doktrinären Sozialisten verschiedener Intensität, ethischen Humanisten und praktischen Reformern. Seit den 90er Jahren wurde dieses Spektrum durch den sogenannten Revisionismus ergänzt. Der Revisionismus-Streit war eine primär unter den Parteiintellektuellen ausgetragene Debatte darüber, welche Grundpositionen die Partei künftig einnehmen werde; die breite Mitgliedschaft wurde davon anfänglich kaum berührt. Charakteristisch dafür war, daß auf dem Parteitag in München 1902 allen Ernstes beantragt wurde, die Akademiker in der Partei sollten künftig einen Vorab-Parteitag halten, um ihre Grundsatzdebatten unter sich auszufechten.

Der Wortführer der Revisionisten war *Eduard Bernstein* (1850–1932), zunächst Privatsekretär des ethischen Sozialisten *Karl Höchberg* (1853–1885), der die Partei auf den Weg der Reform hatte weisen wollen, ab 1880 Parteizeitungsredakteur in Zürich, dann in London, wo er bis 1901 blieb. Bernstein begann die Revisionismus-Debatte im Herbst 1896 mit einer Artikelserie im theoretischen Organ der SPD, der ›Neuen Zeit‹, *Probleme des Sozialismus,* die 1899 auch als Buch unter dem Titel ›Die Voraussetzungen des Sozialismus und die Aufgaben der Sozialdemokratie‹ erschien. Seine Ansichten wurden zunächst wenig beachtet, bis sie nach fast zwei Jahren von *Rosa Luxemburg* (1871–1919) sehr scharf besprochen wurden. Bernstein nahm schon die beginnende Kritik zum Anlaß, sich 1898 in einem Schreiben an den unmittelbar bevorstehenden Parteitag entschieden zu wehren und hierbei seine Ansichten präzise zusammenzufassen. Er wies darauf hin, daß sich die Zuspitzung der gesellschaftlichen Verhältnisse nicht so vollzogen habe, wie es im Kommunistischen Manifest prognostiziert wurde. Es sei nutzlos und töricht, sich das zu verheimlichen. Die Zahl der Besitzenden sei größer und nicht kleiner geworden, die enorme Vermehrung des gesellschaftlichen Reichtums werde nicht von einer zusammenschrumpfenden, sondern im Gegenteil von einer wachsenden Zahl von Kapitalisten aller Grade begleitet, die Mittelschichten verschwänden durchaus nicht aus der gesellschaftlichen Stufenleiter, sondern änderten nur ihren Charakter. Auch sei die Konzentration der Produktion sehr viel differenzierter, als im Manifest unterstellt. Im politischen Bereich sei zu beobachten, daß die Privilegien der kapitalistischen Bourgeoisie in allen fortgeschrittenen Ländern allmählich demokratischen Einrichtungen wichen, während die Arbeiterbewegung sich immer kräftiger rege. Das zeige, daß eine gesellschaftliche Gegenaktion gegen die ausbeuterischen Tendenzen des Kapitalismus eingesetzt habe, die jetzt noch zaghaft sei, aber immer mehr Bereiche des Wirtschaftslebens ihrem Einfluß unterwerfe. Er nannte namentlich die Demokratisierung der Gemeindeverwaltung, die Rolle der Gewerkschaften und die Fabrikgesetzgebung. All das bedeutete für Bernstein, daß die Gefahr großer politischer Katastrophen immer kleiner wurde. So wandte er sich entschieden dagegen, an den Katastrophentheorien weiterhin festzuhalten. Er stellte der SPD in Anlehnung an Formulierungen des späten Engels die Aufgabe, noch auf lange Zeit die Arbeiterschaft politisch zu organisieren und zur Demokratie auszubilden sowie für Reformen im Staat zu kämpfen, die geeignet seien, die Arbeiterschaft zu heben und das Staatswesen im Sinn der Demokratie umzugestalten. Was er darlegte, wollte er auch für die romanischen Länder als zutreffend ansehen, wo an sich die Tradition der Katastrophentheorie sehr viel mehr entgegenkomme als in Deutschland. Auch für diese Länder hielt er »eine Revision von ihr hinweg für geboten« – damit begegnete der Terminus, von dem der Name der ganzen Richtung abgeleitet wurde. Mit diesen Ausführungen an den Parteitag referierte Bernstein seine Ansichten kurz und bündig. Er ließ nur einen Aspekt gegenüber der Artikelserie etwas zurücktreten. Dort hatte er mit Hinweis auf die Ausdehnung des Weltmarktes, auf das noch nicht abzusehende Ende der europäischen Expansion, auf die Elastizität des modernen Kreditwesens und auf das Aufkommen der Kartelle erklärt, daß aus rein wirtschaftlichen Gründen wenigstens für eine längere Zeit allgemeine Geschäftskrisen nach Art der früheren überhaupt als unwahrscheinlich zu betrachten seien.

Wenn Bernstein so der bürgerlich-kapitalistischen Gesellschaft eine erhebliche Anpassungsfähigkeit bescheinigte, so wollte er ihr damit doch keine bleibende Existenz zuerkennen. Er meinte vielmehr, daß der Kapitalismus nach aller geschichtlichen Erfahrung vergänglich sei, daß also der Sozialismus komme. Über den Weg zum Sozialismus äußerte er sich 1898 in seinem Aufsatz *Der Kampf der Sozialdemokratie und die Revolution der Gesellschaft* mit einer später geflügelten Formulierung: »Ich gestehe es offen, ich habe für das, was man gemeinhin unter ›Endziel des Sozialismus‹ versteht, außerordentlich wenig Sinn und Interesse. Dieses Ziel, was es immer sei, ist mir gar nichts, die Bewegung alles. Und unter Bewegung verstehe ich sowohl die allgemeine Bewegung der Gesellschaft, d. h. den sozialen Fortschritt, wie die politische und wirtschaftliche Agitation und Organisation zur Bewirkung dieses Fortschritts« (S. 169).

Diese, wie es scheinen mochte, kühle Absage an die klassenlose Gesellschaft und der Rückzug ganz auf den Boden der Reform löste entschiedenen Widerspruch aus. Bernstein sah sich deshalb zu der Erklärung genötigt, er habe keine Gleichgültigkeit gegenüber der endlichen Durchführung sozialistischer Grundsätze ausdrücken wollen, nur gelte sein Sinnen und Trachten den Aufgaben der Gegenwart und der nächsten Zukunft. Er meinte, daß der Einfluß der Sozialdemokratie erheblich steigen würde, wenn sie »den Mut fände, sich von einer Phraseologie zu emanzipieren, die tatsächlich überlebt ist, und das scheinen zu wollen, was sie heute in Wirklichkeit ist, eine demokratisch-sozialistische Reformpartei« (S. 165). Mit seinen Thesen fand Bernstein lebhaften Zuspruch bei jüngeren Intellektuellen der Partei. Sie gründeten als ihr Sprachrohr die Sozialistischen Monatshefte. Aber die Ablehnung überwog. Auf dem Parteitag in Hannover 1899 setzte *August Bebel* (1840–1913) sich in langer Rede von Bernstein ab und ließ eine Resolution verabschieden, die klipp und klar sagte, daß die SPD nach der bisherigen Entwicklung der bürgerlichen Gesellschaft keine Veranlassung habe, ihre Grundanschauungen aufzugeben. Zugleich wurde unterstrichen, daß die Partei keine gewaltsame Revolution wolle, aber auf eine von Grund auf andere Gesellschaftsordnung nicht verzichten werde. Um das zu erreichen, werde sie jedes erfolgversprechende Mittel einsetzen. Bebel kam Bernstein also in gewisser Weise entgegen, doch die Abstände blieben groß. Mehr konnte Bebel indessen nicht konzedieren, wollte er die Einheit der Partei nicht aufs Spiel setzen. Auch spätere Parteitage verwarfen den Revisionismus mit überwältigenden Mehrheiten, gleichwohl drang er ständig weiter vor. Das Funktionärskorps der Partei, das auf den Parteitagen eine erhebliche Rolle spielte, blieb auf dem Boden der marxistischen Orthodoxie, wie sie Ende des 19. Jhs. unter Weglassung mancher differenzierter Gedankengänge Marx' und Engels' ausgebildet worden war, der Akademikerflügel, die Gewerkschaften und die süddeutschen Parteiorganisationen wandten sich dagegen zunehmend dem Revisionismus zu. Der wichtigste Wortführer gegen den Revisionismus wurde *Kark Kautsky* (1854–1938). Kautsky war mehr als Bernstein überzeugt, daß der Kapitalismus abgewirtschaftet habe, er sah die Theorien von Marx und Engels nicht als durch die Entwicklung widerlegt an und hielt Bernstein vor, daß er seine Ansichten aus falschen oder falsch interpretierten statistischen Materialien gewonnen habe. So rechnete er für die Auflösung des Kapitalismus mit nur mehr kurzen Fristen. Die Partei warnte er davor, die Dinge sich einfach entwikkeln zu lassen. Ohne tatkräftiges Eintreten der von den herrschenden Zuständen am meisten Bedrückten für die Besserung sei noch nie eine soziale Reform vor sich gegangen. Aber er gab doch zu, daß es unbekannt sei, wann und wie die politische Herrschaft des Proletariats kommen werde, ob in einem großen Sturm oder in mehreren Katastrophen oder in allmählicher Verwirklichung.

Es ist nicht möglich, aus der Breite des revisionistischen Schrifttums hier weitere Titel und Namen zu nennen. Die Revisionisten waren das bele-

bende und sie wurden mehr und mehr auch das dominierende Element der Partei. Mit dem Ersten Weltkrieg setzten sie sich definitiv durch. Jedoch muß eine Verbindung ausdrücklich hergestellt werden:
Der Revisionismus fand Unterstützung bei einer Reihe von Philosophen, die vor allem die ethische Seite des Sozialismus unterstrichen und sich dabei auf Kant beriefen. Die Marburger Richtung des Neukantianismus wurde begründet von *Hermann Cohen* (1842–1918), der besonders in seiner *Ethik des reinen Willens* (1904) geltend machte, daß im vollendeten Rechtsstaat die Idee der sozialen Gerechtigkeit realisiert sei. Die bedeutendsten Angehörigen dieser Schule mit Blick auf die Fortbildung der sozialistischen Theorie waren der Marburger Philosophiehistoriker und Kant-Editor *Karl Vorländer* (1860–1928) und der hessische Oberlehrer *Franz Staudinger* (1849–1921). Vorländer bemühte sich in verschiedenen Arbeiten, Kant und Marx miteinander zu verbinden, so in *Kant und Marx* (1911) oder in *Kant und der Sozialismus* (1900). Staudinger setzte sich intensiv mit dem Verhältnis von *Ethik und Politik* und den *Kulturgrundlagen der Politik* auseinander (so zwei seiner Werke von 1899 und 1914) und lehrte, daß ein Kantianer zu Marx finden müsse, wolle er konsequent sein. In besonderem Maße interessierten ihn die Genossenschaften, namentlich die Konsumgenossenschaft, der er 1908 eine eigene Studie widmete. Sie bewertete er als wichtigste Bausteine der zu schaffenden politischen Gemeinschaft. Den Konsumgenossenschaften schrieb er nicht nur die Fähigkeit zur Verbilligung der Produktion und zur Reduzierung der Bedeutung des Kapitals zu, er machte bei ihnen auch moralische Wirkungen aus. Sie prägten seines Erachtens Verhaltensweisen, die denen der kapitalistischen Konkurrenz gänzlich entgegenständen. Auch sah er durch die Genossenschaften den Sinn für die Selbstverwaltung sich nachhaltig entwickeln. So konnte er resümieren, daß das Prinzip der Genossenschaft die oberste Kulturforderung sei.

Austromarxismus

In Österreich fanden die neukantianischen Gedanken ihren lebhaftesten Ausdruck bei dem Wiener Soziologen *Max Adler* (1873–1937). Er war zusammen mit *Rudolf Hilferding* (1877–1941) ab 1904 Herausgeber der *Marxstudien. Blätter zur Theorie und Politik des wissenschaftlichen Sozialismus,* und damit des Blattes, in dem die österreichische Sozialdemokratie diskutierte. In zahlreichen Arbeiten bemühte Adler sich, den Marxismus im kantischen Geist zu erneuern. Er wandte sich gegen einen schieren Materialismus und erklärte, daß die ökonomischen Verhältnisse letztlich geistige Verhältnisse seien und demzufolge die Produktivkräfte geistige Kräfte; Psychisches sei nicht aus Physischem ableitbar. Wenn Marx

und Engels gleichwohl Materialisten waren, so für Adler aus Gründen ihrer zeitlichen Stellung; er bezeichnete sie als realistische Positivisten. Den Marxismus sah er deshalb ganz betont als Wissenschaft, als »Anfang einer neuen exakten Theorie von der Gesellschaft, einer Soziologie, die auf den Namen wirklich wird Anspruch machen können« (Marxistische Probleme, 1913, S. 63). Die Ziele des Marxismus verfocht er unbeugsam. Es kam ihm auf die Realisierung der sozialen Demokratie an, und er unterstrich – in seiner *Staatsauffassung des Marxismus* (1922) und in *Politische oder soziale Demokratie* (1926) – nachdrücklich, daß die volle Demokratie, die soziale Demokratie, nur in der klassenlosen Gesellschaft möglich sei. Demgegenüber bewertete er die politische Demokratie und die Herrschaft des Majoritätsprinzips in gewisser Weise als Diktatur, da für sie noch Klassenherrschaft charakteristisch sei. Von dieser Position aus konnte er die Diktatur des Proletariats als Ablösung der bürgerlichen durch die proletarische Diktatur in den Formen der politischen Demokratie verstehen; sie hörte jedenfalls auf, etwas Unerhörtes zu sein.
Karl Renner (1870–1950), Jurist, Parlamentsbibliothekar und ab 1907 Abgeordneter, einer der maßgeblichen Führer des gemäßigten Flügels der österreichischen Sozialdemokratie, legte unter dem Eindruck der Kriegswirtschaft mit seinem Buch *Marxismus, Krieg und Internationale* (1917) einen gewichtigen theoretischen Beitrag vor. Die intensive Intervention des Staates, die er als »Durchstaatlichung der Volkswirtschaft« (S. 379) bezeichnete, schien ihm das Verhältnis von Staat und Proletariat auf eine neue Basis zu stellen: Das Schicksal des Proletariats und das des Staates fielen zusammen. So konnte er den Staat dann als Hebel zum Sozialismus verstehen, wenn die Durchstaatlichung fortgesetzt wurde. Die Privatwirtschaft sollte bis in ihre Zellgewebe durch die Staatlichkeit durchdrungen werden, so daß der private Wille der Kapitalisten zunehmend verdrängt würde. Diese Gedanken baute er nach dem Kriege weiter aus. So erklärte er in der Schrift *Die Wirtschaft als Gesamtprozeß und die Sozialisisierung* (1924), daß der Kapitalismus nicht aus innerer Notwendigkeit in den Sozialismus umschlüge, daß man dazu vielmehr etwas tun müsse, und zwar am besten durch Fortsetzung der Kartellierung und durch kontrollierende Leitung des Staates. Das Ergreifen dieser Möglichkeiten mache den revolutionären Weg überflüssig. Zwar betonte Renner, daß die Sozialisten auch des gewaltsamen Weges gegenwärtig sein müßten, jedoch hatte dieser Hinweis mehr den Charakter einer Reservatio mentalis für den Fall, daß die Träger des alten Systems durch ihr Verhalten zur Anwendung von Gewalt zwängen. Ähnliche Gedanken entwickelte *Otto Bauer* (1882–1938), wenn er davon sprach, daß die Demokratie planmäßig aus dem politischen Bereich auf den der Volkswirtschaft ausgedehnt werden müsse (*Bolschewismus oder Sozialdemokratie,* 1920, S. 99), oder wenn er auf dem Linzer Parteitag 1926 die Bereitschaft zur

Anerkennung von Gewalt für den Fall ankündigte, daß die Bourgeoisie versuchte, die Demokratie zu stürzen.
Die von Renner 1917 formulierte These, daß die kapitalistische Gesellschaft, so wie Marx sie gesehen hatte, schon längst verschwunden sei, wurde von Rudolf Hilferding in eine einprägsame Formel gefaßt. In seinem Referat über *Die Aufgaben der Sozialdemokratie in der Republik* auf dem Kieler Parteitag der SPD 1927 sprach er davon, daß augenblicklich eine Periode des Kapitalismus existiere, in der die Ära der freien Konkurrenz überwunden sei »und wir zu einer kapitalistischen Organisation der Wirtschaft kommen, also von der Wirtschaft des freien Spiels der Kräfte zur organisierten Wirtschaft«. Hilferding definierte weiter: »Organisierter Kapitalismus... bedeutet in Wirklichkeit den prinzipiellen Ersatz des kapitalistischen Prinzips der freien Konkurrenz durch das sozialistische Prinzip planmäßiger Produktion.« Mit Hilfe des Staates, mit Hilfe bewußter gesellschaftlicher Regelung müsse nun diese von den Kapitalisten organisierte und geleitete Wirtschaft umgewandelt werden. (Protokoll, S. 166 und S. 168f.) Die empirisch-theoretische Basis zu diesen Ausführungen hatte Hilferding schon 1910 durch sein gewichtiges Werk *Das Finanzkapital* gelegt, damals aber noch nicht so weitgehende Konsequenzen gezogen. Hier beschrieb er die Ausdehnung des Aktienwesens, die Schaffung von Kartellen und Trusts und die damit zusammenhängende Konzentration im Bankwesen. Er legte dar, daß ein wachsender Teil des Industriekapitals nicht mehr den Industriellen, sondern den Banken gehörte, und nannte das Bankkapital, das dergestalt zu Industriekapital wurde, das Finanzkapital. Als Folge der Kartellierung sah er eine zurückgehende Bereitschaft zur Investition an, weil die Kartelle dazu neigten, die Produktion einzuschränken, und damit verbunden eine wachsende Tendenz zum Kapitalexport. Demzufolge sei das Finanzkapital an einem starken Staat interessiert, der kräftig genug sei, überall in der Welt zu intervenieren und die eigenen Interessen zu vertreten. So war Hilferding mit der Entwicklung des Finanzkapitals nicht unzufrieden; er erblickte darin eine ganz wesentliche Erleichterung bei dem Bemühen um Überwindung des Kapitalismus. Die gegenläufigen Interessen der Staaten würden, so prognostizierte er, sich immer mehr zuspitzen, während im Innern der Kampf gegen den Imperialismus den Klassengegensatz verschärfen, die Herrschaft des Kapitals immer unverträglicher mit den Interessen der Volksmassen werden lassen würde. »In dem gewaltigen Zusammenprall der feindlichen Interessen schlägt schließlich die Diktatur der Kapitalmagnaten um in die Diktatur des Proletariats« (S. 507), so lautete der Schlußsatz dieses gewichtigen Beitrags zur Ideengeschichte des Marxismus.

Frankreich: Possibilisten und Reformisten

Im französischen Sozialismus dominierten sehr lange die Gedanken der Vorsozialisten; erhebliches Gewicht hatte hier das geistige Erbe Proudhons. Erst seit Ende der 70er Jahre wurde der Marxismus in Frankreich stärker heimisch, namentlich durch den Einsatz von *Jules Guesde* (1845–1922), wobei Guesde in erheblichem Maße kollektivistische Vorstellungen einbrachte, namentlich in seiner Schrift *Collectivisme et socialisme* (1879). Der von ihm gegründete Parti Ouvrier Français war von Anfang an sehr heterogen. Während die Guesdisten sich als Wahrer der reinen Lehre verstanden, ging die sich abspaltende Föderation der sozialistischen Arbeiter unter *Paul Brousse* (1844–1912) auf reformistischen Kurs und versuchte den Kampf um das Ziel durch eine betont föderalistische Organisation zu fraktionieren. Zeitweilig neigte Brousse auch dazu, durch auffällige Aktionen auf seine Bestrebungen hinzuweisen; er hatte gewisse anarchistische Tendenzen. Brousse verfocht die Meinung, daß nur Ziele angestrebt werden sollten, die im Bereich des Möglichen lagen; seine Richtung wurde deshalb von den Guesdisten verächtlich als die der Possibilisten bezeichnet. Für bald möglich hielt Brousse besonders eine Durchdringung der Gemeindeverwaltungen und damit eine allmähliche Sozialisierung der öffentlichen Dienste; von unten nach oben sollte dann der Anteil an der Macht immer weiter ausgebaut werden. Die Possibilisten hatten innerhalb des insgesamt schwachen französischen Sozialismus zunächst gutes Gewicht, wurden aber bald von unabhängigen Sozialisten in den Hintergrund gedrängt. In erster Linie fochten hier *Alexandre Millerand* (1859–1943), der vom Radikalismus herkam, und sein anfänglicher Gefolgsmann *Jean Jaurès* (1859–1914), ursprünglich ebenfalls ein Radikaler, der nach seiner Zuwendung zum Sozialismus mit Entschiedenheit reformistische Thesen vertrat und damit eine beachtliche Resonanz fand. Millerand formulierte 1896 in einer Wahlrede im Pariser Vorort St. Mandé das französische reformistische Programm kurz und bündig: Ersetzung des Kapitalismus durch Gemeineigentum mit Hilfe des allgemeinen Wahlrechts und des parlamentarischen Kampfes. Als er ins bürgerliche Lager übertrat, wurde Jaurès das anerkannte Haupt der Reformisten. Er bestimmte den Kurs des 1902 gegründeten Parti Socialiste Français, dem die meisten Unabhängigen und die Possibilisten beitraten, und fand damit große Resonanz bei den französischen Arbeitern: zwei von drei sozialistischen Stimmen wurden für den PSF abgegeben. Die Zweite Internationale intervenierte indessen zugunsten der Guesdisten. In der 1905 auf ihren Druck zustande gekommenen Section Française de l'Internationale Ouvrière mußte Jaurès einige Konzessionen machen, aber das hinderte ihn nicht, weiterhin seinen reformistischen Kurs zu verfolgen, mit Hilfe der parlamentarischen Majorität den Staat im gemeinwirtschaftlichen Sinne umzuwandeln und die Verwaltung der Wirtschaftsmacht dabei Berufsverbänden zu übertragen.

England: die Fabier

Die 1884 ins Leben gerufene Fabian Society, der einige hervorragende Intellektuelle angehörten, so *George Bernard Shaw* (1856–1950), *Herbert George Wells* (1866–1946) und *Sidney und Beatrice Webb* (1859–1947 resp. 1858–1943), wollte niemals eine Massenorganisation sein, sondern intellektuell auf die öffentliche Meinung einwirken, um so die Politik auf den richtigen Weg zu bringen; daneben hatte sie einigen Einfluß auf die Vorgeschichte der Labour Party. Einige Fabier hatten Gedanken von Marx rezipiert, viel gewichtiger waren jedoch die geistigen Einflüsse Benthams und Mills, vor allem aber der Ricardos. Die Fabier übertrugen dessen Grundrententheorie auf den Kapitalismus überhaupt, indem sie den Unternehmergewinn als besondere Form der Rente bewerteten. Unverdiente Wertzuwächse sollte es aber nicht mehr geben. Einen sozialistischen Staat sahen sie für unabwendbar an, er mußte in einer allmählichen Entwicklung erreicht werden. Eine wichtige Rolle wurde dabei dem Ausbau der Tätigkeit der Stadtgemeinden zugewiesen, dem Gemeindesozialismus. Aber auch die wirtschaftliche Tätigkeit des Staates sollte gesteigert, Produktion und Distribution zunehmend von ihm gesteuert werden. Die Fabier verlangten die Nationalisierung von Grund und Boden und der Schlüsselindustrien, freilich nicht durch Enteignung, sondern durch Aufkauf zu Marktpreisen. Insgesamt verfochten sie die Meinung, daß der Sozialismus die ökonomische Seite der Demokratie sei.

43. Anarchismus

Anfänge

Der Marxismus setzte sich im 19. Jh. nur langsam gegen seine Konkurrenten durch. Er faßte hauptsächlich in Mitteleuropa und in Skandinavien Fuß, während er im führenden Industriestaat, England, nur schwach rezipiert wurde und in Frankreich lange hinter dem Einfluß von Proudhon zurückstehen mußte. In Italien und Spanien blieb seine Bedeutung sogar für Jahrzehnte hinter der des Anarchismus zurück.
Die erste eingehende anarchistische Schrift wurde 1793 in England vorge-

legt. Sie stammte aus der Feder des vormaligen Geistlichen und späteren Beamten im Schatzamt *William Godwin* (1756–1836) und trug den Titel *Enquiry Concerning Political Justice and its Influence on General Virtue and Happiness.* Godwin war, wie so viele andere Kritiker der bestehenden Gesellschaftsordnung, der Überzeugung, daß die ungleiche Verteilung des Eigentums das größte aller Übel unter den Menschen sei. Er entwarf deshalb das Bild einer sozial ausgeglichenen Gesellschaft von kleinen Eigentümern, die in weitgehender Freiheit leben sollten. Jede Staatsgewalt und jede staatliche Institution stand für ihn im Widerspruch zur freiheitlichen Natur des Menschen, mithin war der Staat abzuschaffen und durch freie, etwa kirchspielgroße Assoziationen von Individuen zu ersetzen, die sich um das Prinzip der Gerechtigkeit gruppierten; diese Ausrichtung würde es ermöglichen, ohne leitende und schlichtende Einrichtungen auszukommen. Da keine staatliche Gewalt existieren würde, konnte es auch keine zwischenstaatlichen Konflikte geben. Godwin verfocht entschieden die Ansicht, daß der Mensch von Geburt aus weder gut noch böse sei und daß er prinzipiell die Fähigkeit zur Vervollkommnung habe. Ein sich selbst überlassener Mensch werde sich ganz natürlich der Wahrheit nähern, während institutionelle Einwirkungen nur nachteilige Folgen haben könnten. Einzig die Moral sollte verpflichtenden Charakter haben; ihr Instrument würde die öffentliche Meinung sein. In ähnliche Richtung ging ein halbes Jahrhundert später auch das Denken Proudhons; in seiner mittleren Lebensphase hatte er deutlich anarchistische Ansichten, allerdings bewertete er das Problem höher, wie Ordnung und Herrschaftslosigkeit in Übereinklang gebracht werden könnten. In Deutschland nahm gleichzeitig der unter dem Pseudonym *Max Stirner* publizierende gescheiterte Gymnasiallehrer Kaspar Schmidt (1806 bis 1856) mit seinem Buch *Der Einzige und sein Eigentum* (1845) eine extrem individualistische Position ein, die sich von der Godwins durch ein ungleich dunkleres Menschenbild unterschied. Weiter als hier konnte die Negation der bestehenden Ordnung nicht getrieben werden, und so empfand Nietzsche Stirner denn auch später als den kühnsten Denker seit Hobbes. Stirner schrieb dem Individuum das Recht zu allem zu, dessen es fähig sei; halte das Individuum etwas für Recht, so sei es recht, außerhalb gebe es kein Recht. Er war jedem Zwang gänzlich abgeneigt und propagierte einzig und allein die Freiwilligkeit. So dachte er auch für die Gesellung der Menschen an die freie Assoziation. In Deutschland blieben seine Gedanken ohne jedes Echo, dagegen wurden sie in den Kreisen des russischen Anarchismus und Nihilismus viel gelesen.

Bakunin

Da vor allem russische Autoren anarchistische Gedankengänge aufnahmen und ausbauten, wird man Rußland als das eigentliche Mutterland des Anarchismus bezeichnen dürfen. Der Grund dafür, daß er gerade hier nachhaltige Resonanz fand, lag in den besonders rückständigen Strukturen des Zarenreiches. Nirgends diskreditierte sich Herrschaft so sehr wie hier. Der für die Entwicklung des anarchistischen Denkens entscheidende Mann wurde *Michail Bakunin* (1814–1876), Sohn einer altadligen russischen Familie und ausgesprochener Tatmensch. Er war zunächst Offizier, schied 1838 aber aus der Armee aus und kam zu philosophischen Studien nach Westeuropa. Berlin, Dresden, die Schweiz, Paris und Brüssel waren seine zum Teil mehrfach aufgesuchten Stationen. In Prag nahm er 1848 am Slawenkongreß teil. 1849 beteiligte er sich in Dresden an der Erhebung zugunsten der Reichsverfassung. Er wurde deshalb zum Tode verurteilt, aber zu lebenslanger Haft begnadigt und nach Österreich ausgeliefert, wo man ihm wegen des Prager Studentenaufstandes, von dem er abgeraten hatte, ebenfalls ein Todesurteil zuerkannte, aber nach Rußland abschob. Dort saß er zunächst in St. Petersburg, dann bis 1857 in Sibirien in schwerer Haft. Von Sibirien aus konnte der Exilierte 1860 über Japan und die USA nach Europa entkommen. Er versuchte 1863 im Gefolge des polnischen Aufstandes Rußland zu revolutionieren, lebte seit 1864 für einige Jahre in Italien, dann in Genf, ab 1869 in Locarno. 1870 betrieb er einen Aufstand in Lyon; an der Pariser Kommune waren seine Anhänger beteiligt. Ein wahrhaft revolutionäres Leben also, vergleichbar etwa dem Weg Blanquis durch die Zeit. Besonders fruchtbar war sein Aufenthalt in Italien, weil seine Werbetätigkeit hier beachtliche Erfolge hatte. Hier formulierte er seine anarchistischen Ideen endgültig, hier gründete er die Internationale Allianz der sozialistischen Demokratie, und von hier aus wurde der Gedanke der Anarchie durch Emissäre nach Spanien getragen, wo er ganz besonders Wurzel schlug.

Bakunin war nicht nur ein Mann der Tat, sondern auch der Feder. In zahllosen Briefen und in vielen Publikationen legte er seine Gedanken dar, so etwa in der *Programmschrift für die Allianz* (1865). Er forderte, daß die politische und die ökonomische Organisation der Menschen von jedem Zwang frei seien und deshalb nach den Prinzipien der Assoziation und der Föderation von unten nach oben entwickelt würden. Also wollte er Abschaffung des zentralistischen Staates und aller seiner Institutionen und die Reorganisation des Zusammenlebens unter Ausschluß jeder Bevormundung auf der Basis konsequenter Freiheit. Das Eigentum an Produktionsmitteln sollte an die Gemeinden übertragen werden; sie hätten sich im Sinne Proudhons locker zu föderieren. Dem kommunistischen Konzept des Marxismus stand er außerordentlich kritisch gegenüber. Er erwartete davon eine Eigentumskonzentration in der Hand des Staates, eine unerträgliche Bevormundung und die Negierung der Freiheit. Den Übergang zur neuen Ordnung erwartete er von einer Revolution. Er war nicht der Ansicht, daß Revolutionen gemacht werden könnten, sie sollten vielmehr aus den Volksmassen selbst hervorbrechen. Allerdings konnte dieser Prozeß gefördert werden, indem Mitglieder von Geheimgesellschaften im Volk aufklärend wirkten und so für seine Empörung sorgten.

In den späten 60er Jahren geriet er für einige Zeit unter den Einfluß des wesentlich jüngeren Sergej Netschajew, mit dem zusammen er im *Katechismus eines Revolutionärs* (1869) sich dahin aussprach, daß ein Revolutionär sich bei Verfolgung seiner Ziele ohne Rücksicht auf Recht und Moral jedes Mittels bedienen durfte.

Die Propaganda durch die Tat

Netschajew (1847–1882), ein Mann von sehr kleiner Herkunft, der sich zum Lehrer emporgearbeitet hatte, wurde früh mit den Ansichten des unentwegten Kämpfers für den Umsturz des sozialen Systems in Europa, des Gründers von Geheimgesellschaften und Initiators von Aufständen, Buonarrotti, bekannt. Von *Peter N. Tkatschew* (1844–1885) übernahm er den Gedanken einer revolutionären Elite; mit Tkatschew zusammen verfaßte er auch ein revolutionäres Aktionsprogramm. Er war durchaus bereit, seine Vorstellungen zu praktizieren; so beging er 1869 einen von Dostojewski in den ›Dämonen‹ literarisch verarbeiteten politischen Mord. Netschajew war ganz und gar der Typ eines unruhig vorwärtsdrängenden, alle moralischen Bindungen verachtenden Menschen, so wie in Deutschland Jahrzehnte zuvor der Anstifter des Attentats auf Kotzebue, *Karl Follen* (1795–1840), gemeint hatte, ein Mord könne das Volk politisch beflügeln. Diese Auffassung wurde 1877 von Paul Brousse in die einprägsame Formel ›Propaganda durch die Tat‹ gebracht. Das letzte Viertel des 19. Jhs. war unter dieser Leitlinie von einer Vielzahl von Gewalttaten erfüllt. Es kam nicht nur zu zahlreichen mißglückten oder erfolgreichen Anschlägen auf Staatsoberhäupter, so auf den französischen Präsidenten Carnot und den amerikanischen Präsidenten MacKinley, auf Elisabeth von Österreich oder den deutschen Kaiser Wilhelm I., sondern auch auf viele andere Personen, besonders auf Angehörige der Polizei, zu vielfältigen Terroranschlägen und Akten ganz gewöhnlicher Kriminalität, die nur notdürftig politisch motiviert wurden. Die Täter beriefen sich zumeist auf die anarchistische Gedankenwelt. Mit diesen Aktionen wurde der Sinn des Anarchismus völlig verkehrt. Was bei Godwin als soziale Utopie begonnen hatte, getragen vom Glauben an die Fähigkeit des Menschen zur Vervollkommnung, mündete in platten terroristischen Aktivismus ein, durch den der Anarchismus völlig diskreditiert wurde.

Kropotkin

Wortführer eines jüngeren und wieder vom Aktivismus weglenkenden Anarchismus wurde *Peter A. Kropotkin* (1842–1921), wie Bakunin Angehöriger des russischen Adels und Offizier, zudem qualifizierter Geograph. Während seiner dienstlichen Tätigkeit in Sibirien verlor Kropotkin den Glauben an die Staatsdisziplin. 1872 ging er nach Zürich und öffnete sich dort den sozialistischen und anarchistischen Gedankengängen. Er wurde in der Folge rastlos für die Sache der Revolution tätig und neigte bis zum Anfang der 80er Jahre zum Gedanken der Propaganda durch die Tat. In seinen späteren Jahren legte er das Konzept der Herrschaftslosigkeit ruhig und eingehend in einer größeren Zahl von systematischen Schriften dar. Unter ihnen sind besonders zu nennen *La conquête du pain* (1892, zugleich dt.), *Memoirs of a Revolutionist* (1899, dt. 1900) und *Mutual aid* (1902, dt. 1904); das zuletzt genannte Buch richtete er gegen das sozialdarwinistische Konzept von Thomas Henry Huxley (1825–1895). Kropotkins Utopie war rückwärtsgewandt. Er setzte sich für autarke sozialistische Gemeinschaften ein, die möglichst nach handwerklichen Methoden produzieren sollten. Von jedem Mitglied erwartete er, daß es freiwillig nach Maßgabe seiner Kräfte und Fähigkeiten tätig würde, als Gegenleistung sollte es alles erhalten, was es benötigte. Den Darwinismus wies er scharf zurück. Für das Verhältnis von Lebewesen der gleichen Art zueinander sah er nicht den erbarmungslosen Kampf ums Dasein als typisch an, sondern die spontane Solidarität und die wechselseitige Hilfe. Sozialismus erschien ihm deshalb als eine sehr natürliche Haltung. Daß das angestrebte Ziel nicht ohne Umsturz zu erreichen war, gab Kropotkin zu. So dachte er darüber nach, wie es mit möglichst wenig Opfern Wirklichkeit werden konnte. Er hielt eine geduldige gedankliche Arbeit für nötig, um die Vorstellungen des Anarchismus zum Siege zu führen, die Revolution verstand er als längeren Prozeß. 1917 kehrte er nach mehr als 40jährigem Exil nach Rußland zurück, aber die russische Wirklichkeit unter Lenin fand er höchst unbefriedigend. So scheute er sich nicht, Lenin zu erklären, daß manche seiner Handlungen der Ideen nicht würdig seien, die er zu haben vorgebe.

Von Herzen zu den Narodniki

Obwohl der Anarchismus wesentlich russischer Provenienz war, wurde Rußland von der Welle der Gewalttätigkeiten im Sinne der Propaganda durch die Tat nur am Rande erfaßt. Der von Netschajew begangene Mord war Beseitigung eines Mitverschwörers, der Kritik geäußert hatte. Das erfolgreiche Attentat auf Alexander II. 1881 war letztes Mittel einer Gruppe junger Menschen, die mit ganz anderen Voraussetzungen begonnen hatten.

Hier ist zurückzugreifen auf den Altersgenossen Bakunins, *Alexander Herzen* (1812–1870). Herzen stammte aus einer Moskauer Adelsfamilie und war Mitglied eines westlich orientierten Kreises, in dem auch Turgenjew und Bakunin verkehrten. Da er in den Verdacht geriet, ein Anhänger Saint-Simons zu sein, wurde er 1834 aus Moskau verbannt, er übersiedelte 1847 nach Westeuropa und war ab 1852 in London Herausgeber der Zeitschrift *Kolokol* (Die Glocke), die heimlich nach Rußland gebracht wurde und ihm hier einen erheblichen intellektuellen Einfluß verschaffte. In seinen politischen Auffassungen ging Herzen den Weg vom Liberalismus westlicher zu seinem Sozialismus spezifisch russischer Prägung. Je länger desto mehr zweifelte er daran, daß westliche Einrichtungen nach Rußland übertragen werden könnten. Demgegenüber begann er es als großes Glück zu verstehen, daß Rußland außerhalb der politischen Strömungen des übrigen Europa geblieben war und daß das Gemeindeeigentum nicht durch das Privateigentum zerstört worden war. So sah er in der russischen Dorfgemeinde und ihrem Kollektivismus, im »Mir«, den Ansatz zu einer Reorganisation Rußlands auf kollektivistisch-sozialistischer Basis. Die Nähe seiner Vorstellungen zum anarchistischen Denken ist unverkennbar. In der ›Glocke‹ ermunterte Herzen die russischen Studenten, zur Propagierung dieser Ansichten unters Volk zu gehen.

Ähnlich, wenngleich mit radikalerer Tendenz, tat das auch Bakunin. In diesen Aufforderungen der 60er Jahre liegt der Ursprung des Narodnitschestvo, des »In's-Volk-Gehen«, das besonders 1873 große Resonanz fand, als einige Tausend junge Leute aufs Land zogen, um Bildungs-, Erweckungs- und Aufklärungsarbeit zu leisten. Ihre Aktion wurde allerdings ein totaler Mißerfolg: Die Bauern waren für die von Herzens und Bakunins Auffassungen abgeleiteten Thesen der Volksfreunde nicht ansprechbar.

Aus Verärgerung über das Einschreiten der Obrigkeit und aus Enttäuschung über die Passivität der Bauern entstand 1876 der Geheimbund ›Land und Freiheit‹ (Zemlja i volja), der sich 1879 dazu entschied, planmäßig Terror anzuwenden. Hier ging die Saat Netschajews auf.Das Attentat auf den Zaren am 13.3.1881 bedeutete den Höhepunkt und das faktische Ende dieses Terrorismus, die Bewegung der Narodniki erfuhr

zwanzig Jahre später eine gewisse Wiederbelebung, als V. M. Tschernow die Sozialrevolutionäre Partei gründete.
Wichtigster Schüler Herzens war *N. G. Tschernyschewski* (1828–89), der zusammen mit zwei anderen Publizisten an der linken Zeitschrift *Sovremennik* (Der Zeitgenosse) wirkte; alle drei hatten für die Figur des Nihilisten Bazarow in Turgenjews ›Väter und Söhne‹ Pate gestanden. Tschernyschewski war mit Herzen Anhänger des Bauernsozialismus. 1862 wurde er wegen eines Aufrufs an die Fronbauern verhaftet und schrieb im Gefängnis einen Roman *Was tun?* (1863, dt. 1889), der die Generation der Revolutionäre nach ihm erheblich beeinflußte. Darin vertrat er die Ansicht, daß Rußland eine lockere Föderation sich selbst verwaltender, genossenschaftlich organisierter Gemeinwesen werden müsse.

Syndikalismus in Frankreich

In Frankreich gewann der Anarchismus seine konkrete Gestalt in der Form des Syndikalismus, also im Rahmen von Gewerkschaften (syndicats). Zur Parteibildung wollte er nicht vordringen. Das Neue dieser Gewerkschaften war die Zusammenfassung der Arbeiter nach Industriezweigen und nicht mehr nur nach Berufen. Damit wurde ihre Durchsetzungskraft erhöht. Ziel der Bewegung war auch hier eine völlige Umwandlung der Gesellschaft. Die Syndikate erstrebten die Vergesellschaftung der Produktion, jedoch nicht zugunsten des Staates, sondern unmittelbar zugunsten der Arbeiter, die eine Selbstverwaltung aufzubauen hätten. Für diesen Zweck konnten örtlich die Bourses du Travail herangezogen werden, die an sich als Stellenvermittlungen gedacht waren, sich aber sehr schnell zu Bildungszentren der Arbeiter entwickelt hatten. Die überörtlichen Probleme sollten durch Föderationen gelöst werden. Als wichtigstes Kampfmittel sahen die Syndikalisten den Streik, namentlich den Generalstreik an, daneben auch Boykotte und andere direkte Aktionen. Motor der Bourses du Travail und wichtiger Vorkämpfer der anarcho-syndikalistischen Ideen war *Fernand Pelloutier* (1867–1901). Er unterstrich mit allem Nachdruck die Freiheit der Arbeiter und wandte sich gegen jede Form des autoritären Sozialismus. So konnte wegen seines betonten Individualismus die Bewegung zu seinen Lebzeiten nicht ihre volle Schlagkraft erreichen. Nach Pelloutiers Tod wurden die Bourses mit der 1895 gegründeten syndikalistischen Confédération Générale du Travail (CGT) unter deren Namen verschmolzen. Diese Sammlung verfocht sehr entschieden den Gedanken der direkten Aktion. 1906 bezeichnete sie sich ausdrücklich als revolutionäre Organisation, die durch revolutionäre Aktionen die Macht in die Hände der

Arbeiterschaft bringen wollte; sie gedachte dabei vom Einzelstreik zum Generalstreik aufzusteigen und mit Hilfe des Generalstreiks die Revolution einzuleiten.

Zeitweilig stand *Georges Sorel* (1847–1922) den syndikalistischen Vorstellungen sehr nahe, ein privatisierender Ingenieur, der viel publizierte und wegen der Heterogenität seines Denkens schwer einzuordnen ist, aber doch am ehesten hier seinen Platz findet. Sorel gelangte vom demokratischen zum revolutionären Sozialismus, wechselte von da zum Rechtsradikalismus, erwärmte sich für Lenin und gewann am Ende seines Lebens auch Mussolini einige Sympathien ab. Seine Wendung zum Anarcho-Syndikalismus entsprang der tiefen Enttäuschung über die Parteien nach der Affäre Dreyfus. Sorel verfocht jetzt den Gedanken, daß Sozialismus und Demokratie getrennt werden müßten, sollte der Sozialismus sich behaupten. Nach dem Tode Pelloutiers wurde er das intellektuelle Haupt der Syndikalisten. In diesen Zusammenhang gehören seine 1906 als Artikelfolge und 1908 als Buch veröffentlichten *Réflexions sur la violence,* eine sehr unsystematische Verherrlichung richtig verstandener Gewalt und irrationaler Lebenskräfte. Sorel rechnete scharf mit der bürgerlichen Gesellschaft und mit dem demokratischen Prozeß ab. Den parlamentarischen Sozialismus griff er an, weil er alles tue, den Staat zu erhalten, statt ihn zu zerschlagen. Ohne Apologie der Gewalt (violence), ohne ihren Einsatz gegen die Macht (force) des Bürgertums könne der Sozialismus nicht bestehen, die Revolution nicht gerettet werden. Dabei unterstrich er, daß die violence nicht mit Brutalität verwechselt werden dürfe. Vom Einsatz der Gewalt erwartete Sorel weitere Effekte als nur die Sicherung der Revolution. Unter dem Einfluß von Bergsons Lebensphilosophie meinte er so eine Revitalisierung der verflachten und humanitär beschränkten europäischen Nationen erreichen zu können. Mit aller Entschiedenheit wies er das Proletariat auf das zentrale Kampfmittel des Generalstreiks hin. Der Generalstreik erschien ihm als der Mythos der Proletarier, als der Ausdruck ihres unverbrüchlichen Willens zum Sieg. Mythen hielt er auch im politischen Alltag für unerläßlich; aus ihnen sah er die entscheidenden Antriebe des Handelns fließen, der Mythos des Generalstreiks gewährleistete, daß das Proletariat nicht in den allgemeinen Verfall der Werte einbezogen wurde.

Der Syndikalismus hatte von Frankreich aus erhebliche Ausstrahlungskraft, vor allem auf romanische Länder. Aber auch in England fand er in Form des Gildensozialismus ein Echo; das Ziel dieser zahlenmäßig kleinen Bewegung war es, die Lohnarbeit abzuschaffen und die Selbstverwaltung der Arbeiter in der Industrie mit Hilfe eines demokratischen Systems nationaler Gilden durchzusetzen, allerdings in Verbindung mit dem Staat, nicht, wie der Anarchismus, gegen ihn.

Anarchismus und Syndikalismus in Spanien

Als 1868 die Monarchie in Spanien stürzte, entsandte Bakunin seinen Mitarbeiter *Giuseppe Fanelli* (1827–1877) mit dem Auftrag dorthin, für den Anarchismus zu werben. Die Aktivitäten Fanellis fanden unter dem Landproletariat des Südens und unter der Industriearbeiterschaft des Nordens lebhafte Resonanz. So bildete sich 1870 die Alianza de Democracia Social, die beim Ende der spanischen Republik 1874 schon 50000 Mitglieder zählte. In Spanien wurde der Anarchismus so binnen kurzem zu einer Massenbewegung. Die Restauration der Bourbonen 1874 erschwerte ihm die Wirksamkeit ungemein, aber ab 1881 konnten die Anarchisten wieder breiter tätig werden, und das Wachstum der Bewegung setzte sich fort; an vielen Stellen des Landes kam es zu immer erneuerten Unruhen und massiver staatlicher Repression, vielerorts wurde Propaganda durch die Tat betrieben. Ihren Höhepunkt erreichte die krisenhafte Lage im Sommer 1909, als sich die gereizte Stimmung in Barcelona explosionsartig Luft machte. Als Reservisten für den Feldzug in Marokko einberufen werden sollten, wurde der Generalstreik proklamiert, die Arbeiterschaft brachte die Stadt in ihren Besitz, und es kam nach demagogischen Reden des Radikalrepublikaners *Alejandro Lerroux* (1864–1949) zu schrecklichen Übergriffen gegen die Kirche. Opfer der Militärgerichte nach Niederwerfung des Aufstandes wurde auch der den Anarchisten nahestehende Pädagoge *Francisco Ferrer* (1859–1909), ein militanter Atheist. Wenig später wurde in Barcelona die Confederacion National de Trabajo gegründet, die in intensiver Werbetätigkeit die Gedanken des Anarcho-Syndikalismus verbreitete, eine Vielzahl von Streikbewegungen inszenierte und das Land damit immer wieder an den Rand des Chaos brachte. So trug die CNT erheblich dazu bei, den Boden zu bereiten, auf dem die Spanische Tragödie nach 1936 möglich wurde. So intensiv die Gedanken des Anarchismus in Spanien verfochten wurden, so wichtig die von hier vor allem nach Lateinamerika ausgehenden Ausstrahlungen waren, so ist doch festzuhalten, daß bedeutsame Beiträge zur Fortbildung des Anarchismus hier nicht formuliert wurden.

44. Sozialreform

Lorenz Stein

Die soziale Problematik des 19. Jhs. führte zwar vielfach dazu, daß über eine ganz neue Gesellschaftsordnung nachgedacht wurde, doch das Bild würde verzeichnet, wenn man die zahlreichen Vorschläge zu einem grundlegenden Umbau der Gesellschaft als die typische Antwort auf die soziale Frage betrachtete. Häufiger wurde zweifellos an eine Reform des Bestehenden gedacht, nur eben gemeinhin ohne große theoretische Ansprüche. So könnten in diesem Zusammenhang zwar sehr viele Namen genannt werden, aber es wären darunter nur wenige Namen großer politischer Denker.

Zu diesen wenigen gehörte *Lorenz Stein* (1815–1890), zunächst Jurist in Kiel, sodann, ab 1855, Nationalökonom in Wien und einer der maßgeblichen Väter der Verwaltungswissenschaft. Stein befruchtete das politische Denken im deutschsprachigen Mitteleuropa, in Italien, Ungarn und selbst in Japan, in anderen Ländern blieb er dagegen so gut wie unbekannt. Schon in jungen Jahren erwarb er sich einen geachteten Namen, als er die sozialistischen und kommunistischen Ideen in Frankreich studierte und darüber ein tiefschürfendes Buch schrieb, das 1850 kräftig erweitert in drei Bänden neu erschien, die *Geschichte der sozialen Bewegung in Frankreich von 1789 bis auf unsere Tage.* Schon in der ersten Ausgabe (von 1842) hatte er die Erhebung der niederen Klassen zu einer sittlich und materiell verbesserten Lage als höchste und absolute Aufgabe der Zeit bezeichnet; an dieser Position hielt er lebenslang fest. Seine gesellschaftswissenschaftlichen Anschauungen legte er im *System der Staatswissenschaft* (1852/56) nieder.

Stein ging aus von der Persönlichkeit; ihr schrieb er ein ausgeprägtes Streben nach Selbstverwirklichung zu. Da der Mensch dazu allein nicht in der Lage war, mußte er in Gemeinschaft leben. Auch die Gemeinschaft war eine Persönlichkeit, ihre höchste materielle Form war der Staat. Prinzip des Staates war die vollste persönliche Entfaltung aller. Dem Staat stellte Stein die Gesellschaft gegenüber. Als Gesellschaft bezeichnete er die von den Gesetzen des Güterlebens bewirkte Ordnung der Menschen. Er legte dar, daß jede Gesellschaftsordnung mit der Verteilung von Besitz begann; Eigentum war ihm untrennbar mit der Persönlichkeit verbunden. Auch er wies der Arbeitsteilung einen hohen Stellenwert zu; sie war der Organisation des Güterlebens stets immanent, Besitzende und Arbeitende bedingten sich ständig gegenseitig. So war ihm die nach den Gesetzen des Güterlebens sich bildende Gesellschaft »im wesentlichen stets und unabänderlich die Ordnung der Abhängigkeit derer, welche nicht besitzen, von denen, welche besitzen« (Soziale Bewegung, I, S. 24). Die Existenz dieser beiden Klassen war durch keine Bewegung der Geschichte aufzuheben. Stein meinte, daß es nie eine Gemeinschaft gegeben habe oder geben werde ohne eine herrschende und eine beherrschte Klasse. Er wies weiter darauf hin, daß Staat und Gesellschaft ständig aufeinander einwirkten; jede Gesellschaft sei bestrebt, den Staat nach ihrem Willen zu gestalten, jeder Staat sei bemüht, seine eigene Gesellschaftsordnung zu schaffen. Diese Grundkonzeption breitete er in großem historischen Aufriß aus. Die Gesellschaft seiner eigenen Zeit bezeichnete er als Erwerbs- oder industrielle Gesellschaft; sie sah er dadurch charakterisiert, daß sich in ihr die Kapitalien nach der Größe ordneten. Stein entwickelte so ebenfalls eine Akkumulations- und eine Verelendungstheorie; auch er sah einen schroffen Gegensatz von Massenreichtum in Form einzelner großer Kapitalien auf der einen, Massenarmut auf der anderen Seite. Die Verarmung der kapitallosen Arbeit mußte schließlich zur Selbstvernichtung des wirtschaftlichen Lebens führen. Diese Situation konnte nicht dauern. Stein sah für die Zukunft nur zwei Möglichkeiten: entweder entschloß die herrschende Klasse sich zur Reform, oder aber es kam zur sozialen Revolution, die Europa in die Barbarei zurückstoßen würde. Da das Proletariat nur eine Minderheit war, würde sein Sieg identisch sein mit dem Sieg der Unfreiheit. Mit allem Nachdruck unterstrich er, daß endlich die gegenseitige Bedingtheit von Kapital und Arbeit anerkannt würde, daß die industrielle Gesellschaft sich fortentwickeln müsse zur Gesellschaft der gegenseitigen Interessen. Für den sozialen Ausgleich machte er viele konkrete Vorschläge; dabei sah er besonders auf eine starke Stellung der Mittelklassen. Die Fähigkeit eines Volkes, den Prozeß der Klassenentscheidung zu überstehen, wollte er geradezu an der Fähigkeit ablesen, einen Mittelstand hervorzubringen. Verfassungspolitisch kam es ihm besonders darauf an, den Staat so einzurichten, daß er keinem besonderen Interesse dienen konnte, sondern über die Gesellschaft und ihren Gegensatz der Interessen emporgehoben wurde. So mußte der Fürst der Mittelpunkt des Staates sein und durch seine Beamten »selbständig gegen den Willen und die natürliche Tendenz der herrschenden Klassen für die Hebung der niederen, bisher gesellschaftlich und staatlich unterworfenen Klasse« auftreten (Soziale Bewegung, III, S. 38); das Königtum mußte sich zu einem Königtum der sozialen Reform entwickeln. Den von der Krone zu leistenden Ausgleich dachte Stein sich nicht einfach bürokratisch, vielmehr wollte er, wie er vor allem in der Verwaltungslehre darlegte, in diesen Prozeß in starkem Maße Prinzipien der Selbstverwaltung aufnehmen. Insgesamt erwartete er von der Reform eine immer stärker fortschreitende Bildung und Erhebung der unteren Bevölkerungsklassen zu höherer Leistungsfähigkeit, höheren Bedürfnissen und besseren Lebensmöglichkeiten.

Kathedersozialisten

In den folgenden Jahrzehnten wurden die Zweifel immer stärker, ob die dominierenden volkswirtschaftlichen Theorien geeignet seien, die großen sozialen Probleme zu lösen. So fand sich schließlich 1872 in Eisenach ein Kreis von Gelehrten und Beamten, Industriellen und Landwirten zusammen, die in Frontstellung zu der herrschenden Nationalökonomie und in klarer Absetzung von den utopischen und revolutionären Konzepten des früheren 19. Jhs. »an das Bestehende anknüpfend für die soziale Reform eintreten wollten«, eine kleine Gruppe, die nicht die Massen um ihre Fahne sammeln, sondern nur durch ihre Tätigkeit aufklären, durch ihre Reden und Schriften, ihre Versammlungen und Publikationen eine größere Erkenntnis der sozialen Dinge bewirken und »den berechtigten praktischen Idealen einer durchführbaren sozialen Reform die Wege bahnen« wollte (Schmoller, S. 25). Als *Gustav Schmoller* (1838–1917), eines der hervorragendsten Mitglieder, im Rückblick auf das erste Vierteljahrhundert des *Vereins für Socialpolitik* die eben zitierte Kennzeichnung der Bestrebungen gab, konnte er davon überzeugt sein, daß der Verein die deutschsprachige Nationalökonomie repräsentierte, und so meinte er denn auch an anderer Stelle, zwei Jahre später, weder strikte Marxianer noch strikte Smithianer könnten noch den Anspruch erheben, für vollwertig gehalten zu werden. In der Tat hatte der Verein einen starken Einfluß auf die öffentliche Meinung und auf die Reichsgesetzgebung; es war wesentlich auch sein Werk, daß Deutschland den Weg zum Sozialstaat einschlug. Die im Verein verfochtenen Ansichten lassen sich nicht auf einen Nenner bringen, viele Fragen wurden durchaus kontrovers diskutiert, ohne daß eine Einigung erzielt werden konnte. Als allen Mitgliedern gemeinsam meinte Schmoller bei der Gründung die Auffassung angeben zu können, daß der Staat kein notwendiges, möglichst zu beschränkendes Übel sei, sondern das großartigste sittliche Institut zur Erziehung des Menschengeschlechts, ferner, daß es keine wechselnde Klassenherrschaft der einander bekämpfenden wirtschaftlichen Klassen geben dürfe, daß vielmehr eine starke Staatsgewalt existieren müsse, die, über den egoistischen Klasseninteressen stehend, die Gesetze gebe, die Schwachen schütze, die unteren Klassen hebe und mit gerechter Hand die Verwaltung leite. Diese Formulierung zu Beginn der Wirksamkeit vermochte die späteren Spannungen nicht vorwegzunehmen; im Verein gab es Liberale und Konservative, und von jüngeren Mitgliedern wurde auch die partielle Rezeption des Marxismus eingebracht, gemeinsam war aber allen, auf die soziale Reform hinzuwirken.

Genossenschaftliche Bestrebungen

Die Idee der Assoziation, der genossenschaftlichen Selbsthilfe, war im 19. Jh. weitverbreitet und wurde von zahlreichen Autoren vorgetragen, wie denn auch die Zeitgenossen selbst sehr vereinsfreudig waren. Am nachhaltigsten für die Überwindung der sozialen Probleme durch die Bildung von Genossenschaften trat *Hermann Schulze-Delitzsch* (1808 bis 1883) ein, ein preußischer Richter, der nach schweren Konflikten mit seiner Regierung auf eigenen Wunsch verabschiedet wurde und seine Arbeitskraft in den folgenden mehr als 3 Jahrzehnten völlig in den Dienst der genossenschaftlichen Arbeit stellte. Von Staatshilfe hielt Schulze-Delitzsch als orthodoxer Liberaler des linken Flügels gar nichts, er verkündete lapidar, daß Almosen erschlafften, und forderte die handarbeitenden Schichten schon in seiner ersten Schrift, den *Mitteilungen über gewerbliche und Arbeiterassoziationen* (1850) und verstärkt im *Assoziationsbuch für deutsche Handwerker und Arbeiter* (1853) dazu auf, sich zur Selbsthilfe zusammenzufinden, nicht über die Übermacht des Kapitals zu klagen, sondern sich das Kapital selbst dienstbar zu machen. Er schlug vielerlei Typen von Genossenschaften vor: Rohstoff- und Magazingenossenschaften, Kreditvereine, Konsumgenossenschaften, Krankenkassen und als Krönung des genossenschaftlichen Baus, die Assoziationen für gemeinschaftliche Rechnung, die Produktivgenossenschaften. Im übrigen setzte er sich mit erheblichem Nachdruck für eine verbesserte Bildung ein; mit vielen Zeitgenossen teilte er die Auffassung, daß die soziale Frage auch eine Bildungsfrage sei. In der Praxis bewährten sich von seinen Vorschlägen vor allem die Kreditgenossenschaften und die Konsumvereine.

Carlyle

Der intellektuelle Führer der englischen Sozialreformer war *Thomas Carlyle* (1795–1881), ein aus Schottland stammender wortgewaltiger Mann, der mit seiner *Geschichte der Französischen Revolution* (1837) lange Zeit das Bild der Revolution in der englischsprachigen Welt prägte und damit zugleich ein Musterbeispiel seiner Geschichtsauffassung gab. Für Carlyle war Geschichte die Addition von zahllosen Biographien. Unter dem Einfluß der deutschen Romantik sah er in ausgesprochenem Maße die individuelle Seite des historischen Prozesses. Das befähigte ihn, das Burkesche Verständnis der Revolution als eines Übels schlechthin zu überwinden. Die Beschäftigung Carlyles mit der Revolution war nicht nur Selbstzweck, vielmehr wollte er eine Warnung vor Materialismus, Eigennutz und Demokratie geben. Der Selbstsucht stellte er die Selbstverleugnung, die Zucht und die Tugend entgegen. Er meinte, daß das echte Glück in der Arbeit bestünde und daß nur stete äußere und innere Arbeit die moderne Gesellschaft vor dem Untergang bewahren könne. Mit den sozialen Verhältnissen seiner Zeit war er zutiefst unzufrieden. In einer Reihe von politischen Broschüren und Romanen stellte er England als Zwei-Klassen-Gesellschaft dar, und er fürchtete den letzten großen Zusammenstoß. Das Parlament griff er an, weil es sich um soziale Probleme viel zu wenig kümmerte. Eintreten des Staates zugunsten der Schwachen hielt er für unbedingt erforderlich. Er verlangte ein verbessertes Bildungswesen, und er stand dem Gedanken einer Sozialisierung von Grund und Boden nicht feindlich gegenüber. Bitter registrierte er, wie langsam soziale Fortschritte erreicht wurden. So wurde er mit zunehmendem Alter immer retrospektiver. Die Weisheit sollte die Macht übernehmen; dies sei das Rückgrat jeder zukünftigen Gesellschaft, meinte er schließlich.

Katholische Sozialpolitiker

Die christliche Botschaft birgt einen starken sozialen Gehalt. Du sollst Deinen Nächsten lieben wie Dich selbst, heißt es in Matth. 22,39. Gewiß wurden die Gebote der Barmherzigkeit und der Nächstenliebe immer wieder vorgetragen, aber die Kirche tat sich im 19. Jh. doch schwer, diesen Komplex umfassend zu verdeutlichen oder daraus gar sozialpolitische Konsequenzen zu ziehen. Im wesentlichen orientierte sie sich am Status quo. Allerdings gab es innerhalb des Katholizismus Ausnahmen von Gewicht. So wies der progressive Katholik *Félicité de Lamennais* (1782–1854) in seiner 1830/31 erscheinenden, dann durch eine päpstliche Enzyklika verurteilten Zeitschrift *L'Avenir* den Klerus auf seine soziale Verpflichtung hin. Nach dem Programm des Blattes durfte bei der Arbeit an der materiellen Vervollkommnung des sozialen Körpers nicht vergessen werden, daß dieser Körper auch eine Seele hatte, ein Prinzip höheren Lebens, das zu finden war im Glauben und im Gewissen der Menschen. Lamennais und sein Kreis unterstrichen die Bedeutung der Religion nachhaltig, aber sie wandten sich ebenso aufmerksam dem Diesseits zu. Dem Staat hielten sie die Gesellschaft und ihre unverlierbaren Freiheiten entgegen. Der Staat sollte sich legitimerweise nicht einmischen dürfen in Angelegenheiten, die der Selbstverwaltung gemäß waren, er sollte nur die Gesamtheit des sozialen Körpers überwachen, um Kollisionen zu vermeiden, die sonst zwischen verschiedenen Interessen erfolgen könnten. Damit wurde er zu einer Ausgleichsstelle. Der künftige Staat würde sich seiner Verpflichtung gegenüber den Armen bewußt sein müssen, ebenso aber auch die Kirche. Ja, bei der Lösung der sozialen Frage hatte für Lamennais der Priester eine wichtige Rolle, nämlich die, den Vereinigun-

gen der Armen den nötigen moralischen Charakter zu geben und auf die Einigung zwischen den sozialen Parteien hinzuwirken.
Ein reiches statistisches Material zur Bewertung der sozialen Frage trug *Frédéric Le Play* (1806–1882) zusammen. Diesem Thema wandte sich der Bergwerksingenieur in sehr jungen Jahren unter dem Einfluß der Julirevolution zu, indem er das Volksleben zu studieren begann. Die dabei gewonnenen Kenntnisse und Einsichten verwertete er bis 1855 in einer großen soziographischen Arbeit über die Lebensverhältnisse der Arbeiter in Frankreich, England, Deutschland und Rußland, *Les ouvriers européens* (1855). Damit war eine Studie geschaffen, die kein Vorbild hatte und die deshalb methodisch außerordentlich stark wirkte, auch über die Grenzen Frankreichs hinaus. Was es bis dahin an exakter Deskription gab, war nur auf ein Land bezogen; die eindringlichste Untersuchung dieser Art war die um Jahrzehnte ältere von *Frederick Morton Eden* (1766–1809), *The State of the Poor, or a History of the Labouring Classes in England,* die in 3 Bänden 1797 erschien. Als Soziologe der sozialen Frage erreichte Le Play zweifellos denselben Rang wie der Analytiker Stein. Es ging auch Le Play nicht nur um Beschreibung, sondern um Heilung; so ließ er einige Jahre später ein theoretisches Werk folgen, *La réforme sociale* (1864). Als scharfer Kritiker der Philosophie des 18. Jhs. wandte er sich gegen die von ihm als falsch aufgefaßten Dogmen von 1789, namentlich gegen das Recht auf Aufstand und die These von der Gleichheit aller, und forderte, daß die Autorität des Vaters über die Familienmitglieder, des Patrons über die Arbeiter, des Staates über die Einwohner, der Moral und der Religion über die Politik wiederhergestellt würde. Ohne materielle Förderung mußte eine solche Stärkung allerdings in der Luft hängen. So wollte Le Play ganz konkret Sozialpolitik, insgesamt schätzte er den Wert intellektueller und moralischer Reformen jedoch höher ein.
In Deutschland wies *Franz v. Baader* (1765–1841) in seiner kleinen Schrift *Über das dermalige Mißverhältnis der Vermögenslosen oder Proletairs zu den Vermögen besitzenden Klassen der Societät in Betreff ihres Auskommens, sowohl in materieller als intellektueller Hinsicht* (1835) auf das Problem der Einbürgerung der Proletairs in die Gesellschaft hin. Bei der Lösung der Aufgabe hatten die Priester eine gewichtige Stellung. Nachdrücklich redete er der Reform das Wort. In seinen nationalökonomischen Ansichten nahm er teilweise die Lists vorweg. *Wilhelm Emmanuel v. Ketteler* (1811–1877), später Bischof von Mainz, predigte im Dezember 1848 im Dom von Mainz über die großen sozialen Fragen der Gegenwart. Er bezeichnete die sozialen Zustände der Zeit als die notwendige Folge der weitverbreiteten unwahren Auffassungen vom Recht des Eigentums und suchte so das soziale Gewissen wachzurütteln. In den 60er Jahren setzte er seine Hoffnungen auf das Konzept der Assoziation. Sie sollten nicht mit Staatshilfe errichtet werden, sondern ihre Existenz

den Spenden aus christlichem Geist verdanken. Damit hielt er an seiner schon 1848 vorgetragenen Auffassung fest, daß die Lösung der sozialen Frage aus der christlichen Liebestätigkeit erwachsen müsse. Er mußte sich jedoch mehr und mehr eingestehen, daß damit auf die Dauer im Großen nichts bewirkt werden könne, und so entschied er sich denn dazu, auch die Gesetzgebung des Staates in diesem Sinne zu verpflichten. 1869 stellte er sich öffentlich hinter die Forderungen nach Erhöhung des Arbeitslohnes, Verkürzung der Arbeitszeit, Gewährung von Ruhetagen, Verbot der Kinderarbeit und Verbot der Arbeit von Frauen und Mädchen in der Fabrik.

Der christliche Sozialismus, zu dessen Konstituierung in Deutschland Ketteler einen erheblichen Beitrag leistete, hatte stets einen sehr pragmatischen Charakter. Er zielte auf Sozialreform durch Sozialpolitik. Die Wohlfahrtsaufgaben des Staates wurden stark betont durch den Geistlichen und Parlamentarier *Franz Hitze* (1851–1921), der die soziale Frage in seiner Schrift *Kapital und Arbeit und die Reorganisation der Gesellschaft* (1880) analysierte. Ähnlich unterstrich *Georg Frhr. v. Hertling* (1843–1919) in seinen Arbeiten, beispielsweise in *Naturrecht und Sozialpolitik* (1893), daß sich aus der christlichen Lehre und dem Naturrecht keine für immer gültige soziale Ordnung ableiten lasse. Die soziale Frage verstand er als ein Bündel von Aufgaben, durch deren Lösung insgesamt den Individuen ein auskömmliches Dasein gewährleistet werden sollte. Dazu aufgerufen war der Staat, er hatte zugleich für den Ausgleich der verschiedenen gesellschaftlichen Interessen zu sorgen.

Aus dem Bereich individueller Tätigkeit wurde die soziale Frage endgültig 1891 gelöst, als Papst *Leo XIII.*, der schon in früheren Rundschreiben einzelne Aspekte der industriellen Gesellschaft aufgegriffen hatte, seine *Enzyklika Rerum Novarum* (15.5.1891) ganz in den Dienst der Arbeiterfrage stellte. Der Papst erklärte, daß die Arbeiter nicht als Sklaven angesehen und behandelt werden dürften, daß ihre persönliche Würde stets zu achten sei, daß Handwerk und Arbeit nichts Erniedrigendes darstellten, daß es vielmehr ehrenvoll sei, das eigene Leben selbständig und unter vieler Mühe zu erhalten, während es als unehrenvoll angesehen werden könne, die Menschen nur zum eigenen Gewinn auszubeuten und sie nur so hoch zu taxieren, wie ihre eigene Arbeitskraft reiche. Er ermahnte die Arbeitgeber, den Grundsatz ›Jedem das Seine‹ stets vor Augen zu behalten und ihn auch auf die Höhe des Lohnes Anwendung finden zu lassen. Es sei eine himmelschreiende Sünde, dem Arbeiter den ihm gebührenden Verdienst vorzuenthalten. Das war ein klares Wort. Ebenso unmißverständlich forderte die Enzyklika die Staaten dazu auf, ihre Autorität zugunsten der Arbeiter einzusetzen, indessen jeweils nur so weit, wie es zur Hebung des Übels und zur Entfernung von Gefahr nötig sei. Konflikte sollten tunlichst einvernehmlich geschlichtet werden; so wurden denn

auch Streiks abgelehnt. Insgesamt unterstrich die Enzyklika das Recht jedes Menschen auf Privateigentum, die Pflicht des Staates zu sozialpolitischer Tätigkeit, und sie anerkannte das Koalitionsrecht, wenngleich unter Ausklammerung des Streiks.
Die Quintessenz des christlichen Sozialismus war ›Jedem das Seine‹. Aber was war dies, das Seine? Die Frage bedurfte weiterhin permanenter Diskussion. Dabei war der zentrale Punkt die Förderung des Eigentums, nicht seine Beseitigung. Zu jeder anderen Art von Sozialismus wurde damit eine unzweideutige Gegenposition bezogen.

45. Nationalismus

Grundlagen

Der Nationalismus prägte die Haltungen der Völker und Staaten zueinander im 19. Jh. zutiefst. Nach dem Ausmaß der Rezeption in der Bevölkerung war er zweifelsohne die breiteste politische Denkströmung der jüngeren Neuzeit. Ohne weiteres konnte er mit allen anderen Grundkonzeptionen eine innige Verbindung eingehen. Er entsprach ganz unmittelbar sozialen Tatbeständen und Bedürfnissen. *Hans Kohn,* der mit seinem Buch *Die Idee des Nationalismus* und anderen Publikationen die am breitesten aufgenommenen Forschungsbeiträge zu diesem Thema geliefert hat, sagt mit vollem Recht, daß einige der Elemente, aus denen der Nationalismus besteht, zu den ältesten und ursprünglichsten Gefühlen der Menschen gehören, nämlich die natürliche Veranlagung, den Geburtsort oder den Ort der Kindheit besonders zu lieben, eine selbstverständliche Vorliebe für die Muttersprache und für einheimische Sitten und Gebräuche, schließlich die Neigung, auf die eigene Lebensweise stolz zu sein, auf andere Lebensarten herabzublicken oder ihnen doch mit Mißtrauen zu begegnen. Erst an der Wende vom 18. zum 19. Jh. war jedoch die Politisierung breiterer Kreise der Bevölkerung in den einzelnen Staaten so weit fortgeschritten, daß das bis dahin eher gemüthafte und spontane Nationalgefühl reflektiert und damit ideologisch fundiert wurde. Erst damit wurde aus eher nebensächlichen Bestandteilen des politischen Denkens ein zentraler Komplex.
Für die Ausbildung des modernen Nationalismus hatte das Zeitalter des Absolutismus eine nicht wegzudenkende Bedeutung, weil in dieser Zeit durch die Fürsten der moderne Staat geschaffen und damit das Gefäß des modernen Nationalismus bereitet wurde. Ohne die Konzentration von

Macht beim Souverän und ohne die damit eingeleitete Nivellierung älterer sozialer Strukturen hätten die wesentlichsten Voraussetzungen für die Durchsetzung des Nationalismus gefehlt. Die Straffung des staatlichen Betriebs im Machtstaat nach innen und außen war schon im 17. Jh., namentlich in den Auseinandersetzungen Europas mit Louis XIV., von ausgesprochen nationalistischen Stimmungen begleitet. In England gab die Umgestaltung der politischen Verhältnisse des Landes in der revolutionären Epoche des 17. Jhs. zusätzliche Impulse eines neuen Selbstwertgefühls.

Herder

Die entscheidende geistige Arbeit für die Formierung des Nationsverständnisses wurde jedoch erst in der zweiten Hälfte des 18. Jhs. geleistet, und hier vor allem durch den Ostpreußen *Johann Gottfried Herder* (1744–1803), der nach Anfängen in Riga und einer längeren Frankreich-Reise ab 1776 als Hofprediger in Weimar tätig war. Wichtig sind vor allem die Abhandlung *Über den Ursprung der Sprache* (1772), der *Auszug aus einem Briefwechsel über Ossian und die Lieder alter Völker* (1773), die *Vorrede* zur Sammlung *Stimmen der Völker in Liedern* (1778), schließlich die *Ideen zur Philosophie der Geschichte der Menschheit* (1784/91) und die *Briefe zur Beförderung der Humanität* (1793/97). Herder meinte in den Volksliedern den Charakter der Völker erkennen zu können, ihre Gesänge erschienen ihm als ihr Archiv, als Schatz ihrer Wissenschaft und Religion, als Ausdruck ihres Herzens. Er verwies darauf, daß alle Einzeläußerungen des Lebens eines Volkes in ihrer Gesamtheit gesehen werden müßten; sie seien Ausstrahlungen der je eigenen Lebensprinzipien, Ausdruck einer Volksseele oder eines Volksgeistes. Für Herder waren die Völker Individualitäten, die sich organisch entwickelten, somit Geschöpfe Gottes, die sich von anderen Individualitäten durch ein eigenes Schicksal und eine eigene Aufgabe unterschieden. Jedes Volk hatte entsprechend der ihm mitgegebenen Anlagen je eigene Möglichkeiten und Aufgaben, keinem durfte die Entwicklung gestört werden, und alle hatten den gleichen Rang.

Der moderne Nationalismus. Frankreich

Mit der Französischen Revolution gelangte der moderne Nationalismus zur vollen Entfaltung. Die von *Sieyès* am eindrucksvollsten formulierte Konzeption des Dritten Standes als Nation war vor allem als Angriffswaffe gegen antiquierte soziale Schichtungen gedacht, sie wurde sehr schnell aber auch nach außen gerichtet. In den äußeren Kämpfen der Revolutionszeit wurde die Loyalität der Franzosen nachhaltig auf die Nation ausgerichtet. Dabei ging es nicht nur darum, die von der Nation 1789 gewonnenen Rechte gegen den Widerstand des monarchischen Europa zu verteidigen, vielmehr wurde die Auffassung ganz bewußt gepflegt, daß Frankreich durch seine jüngste Geschichte eine Menschheitstat vollbracht und damit den Anspruch auf die Führung in Europa gewonnen habe, daß es die Freiheit auch den anderen Völkern bringen müsse. Diese Überzeugungen blieben im französischen Nationalismus des 19. Jhs. lebendig. Eindringlich wurden sie etwa von *Jules Michelet* in seinen Geschichtswerken vorgetragen. Auf den dort entwickelten Kult des Volkes wurde schon verwiesen. Für Michelet waren Volk oder Nation nicht einfach eine Summe von Individuen, sondern selbst Persönlichkeit. Er meinte, daß sich die nationale Persönlichkeit in Frankreich am stärksten der individuellen Persönlichkeit angenähert habe, er vermenschlichte die Nation, und so erschien es selbstverständlich, daß Frankreich Gefühle entgegenzubringen waren wie anderen Menschen. Im ausgeprägten Persönlichkeitscharakter des Individuums Frankreich war seine Überlegenheit begründet. Wie die französische Nation 1789 der Welt erst eigentlich die erhabene Tugend der Gerechtigkeit offenbart hatte, wie sie den anderen Völkern von ganzem Herzen Freiheit und Frieden angeboten hatte, so bestand auch jetzt ihre Mission darin, die Welt zu beschenken. Die Erhöhung Frankreichs zu einem lebendigen Wesen machte in starkem Maße Schule; ansonsten vertrat Michelet Gedanken, die überall in Frankreich im 19. Jh. selbstverständlich waren. Für den fruchtbaren und vielgelesenen Historiker *Henri Martin* (1810–1883) etwa war die moralische und intellektuelle Konstitution der französischen Nation die schönste und stärkste und allgemeinste, die es auf Erden gab (*De la France, de son génie et de ses destinées,* 1847). Für *François Guizot* (1797–1874), der als liberaler Historiker, Publizist und Politiker einen außerordentlichen Einfluß hatte, war Frankreich das Zentrum und der Herd der europäischen Zivilisation. Zwar sei es nicht immer und überall an der Spitze gewesen, aber immer dann, wenn andere Nationen irgendwo die Führung übernahmen, habe es sich mit großem Elan wieder auf die Höhe der Zeit gebracht. Die meisten zivilisatorischen Ideen gingen von Frankreich aus oder erfuhren hier ihre Veredelung. Guizot hielt das für ganz selbstverständlich; darauf wirkte der Charakter des französischen Geistes hin, namentlich seine Klarheit (*Histoire générale de la civilisation en Europe,* 1828). Ebenso war für *Lamartine* Frankreich die Avant-garde der modernen Zivilisation. Bei dem Historiker *Edgar Quinet* (1803–1875) findet sich die These, daß Frankreich mit dem Universalgeist in unmittelbare Berührung getreten sei, es habe dadurch eine Stellung höher als die römische Kirche errungen, und niemand könne es zwingen, diese Position wie-

der aufzugeben (*L'Ultramontanisme,* 1844). Die Individualisierung der französischen Nation erfolgte ohne Rücksicht darauf, daß die Bevölkerung des Landes sprachlich keine Einheit darstellte, sondern nationale Minderheiten zählte. Zumal in der jakobinischen Phase der Revolution wurde deren Existenz nicht nur nicht zur Kenntnis genommen, vielmehr erschienen die Unterschiede als außerordentlich gefährlich für die nationale Einheit. So hatte die jakobinische Sprachenpolitik im Elsaß und in den annektierten rheinischen Gebieten einen durchaus integralen Charakter; schon 1798 wurde das Französische zur alleinigen Verwaltungssprache bestimmt. Auch während des 19. Jhs. kam es in der Sprachenpolitik nur zeitweilig zu einer liberaleren Praxis.
Entsprechende Denkweisen breiteten sich auch in den anderen europäischen Ländern aus. Von der Herderschen These, daß die Völker gleichen Rang hätten, blieb nach 1789 sehr schnell nichts mehr übrig. Wenn, wie bei Michelet, etwa darauf verwiesen wurde, daß die Nationen in sich und untereinander in Freundschaft leben sollten, so war das angesichts der überall vorgenommenen Selbstüberhöhung zumeist ein leeres Wort.

Italien

Der italienische Nationalismus wurde vor allem von *Giuseppe Mazzini* (1805–1872) beflügelt. Auch seine Konzeption war, wie die Michelets oder Quinets, ausgesprochen romantisch. Als Carbonaro 1831 nach längerer Haft vor die Wahl zwischen Internierung und Exil gestellt, entschied Mazzini sich für die Verbannung und führte fortan das Leben eines Berufsrevolutionärs; sein wichtigstes Instrument war dabei die 1831 gegründete Gruppe ›Junges Italien‹, die er 1834 zum ›Jungen Europa‹ ausweitete. In seiner Publizistik und seiner Korrespondenz trug er immer wieder den Gedanken vor, daß Italien eine weltgeschichtliche Rolle zu spielen habe. Wie es schon in der Antike und wieder in der Renaissance Europa reich beschenkt habe, so falle ihm auch jetzt die Aufgabe zu, durch seine Wiedergeburt das Zeitalter der Nationen zu eröffnen und dabei die geistige Führung zu übernehmen. Mazzini war durch und durch Demokrat. Nur die Demokratie konnte, so lehrte er, die Völker heben. Er war Republikaner, weil nur in der Republik Freiheit, Gleichheit und Brüderlichkeit gewährleistet waren, und er war Unitarier, da nur in der Einheit Kraft zu finden war. Das Volk wurde von ihm ähnlich vergöttlicht wie im romantischen französischen Nationalismus.
Für die Masse der Italiener waren Mazzinis Thesen zu abstrakt, für das italienische Bürgertum wegen ihrer demokratischen Einbindung zu radikal. So fand er Resonanz vor allem bei jüngeren Intellektuellen. Aber auch, wenn er abgelehnt wurde, wirkte er in vielem befruchtend. So hatte

er indirekt einen außerordentlichen Einfluß auf das politische Denken Italiens.
Wortführer des liberalen Antimazzinismus war *Vincenzo Gioberti* (1801–1852), ein Geistlicher und Philosoph, der sich ursprünglich Mazzini angeschlossen hatte und deshalb ebenfalls ins Exil gehen mußte. Unter seinen Schriften ragte besonders *Del primato morale e civile degli Italiani* (1845) hervor, wo ganz im Geist Mazzinis vorgetragen wurde, daß die Italiener immer allen anderen Völkern in Kunst und Wissenschaft voraus waren; sie waren die universellste Nation, sie waren das Zentrum der Christenheit. Daß Italien von seiner einstigen Größe herabgesunken war, erklärte Gioberti mit der Abwendung vom Katholizismus und mit der Zuwendung zum politischen Denken Frankreichs.
Daraus folgerte er, daß eine Rückbesinnung auf den katholischen Gedanken Italiens Sendung erneuern würde. Katholizismus und Papsttum gewannen damit einen hohen Stellenwert. Gioberti betrachtete das Papsttum nicht als Hindernis, sondern im Gegenteil als förderlich für die italienische Einigung. Der Papst müsse das moralische Haupt des Zusammenschlusses sein, so wie der König von Sardinien-Piemont das politische. Die italienischen Fürsten forderte er auf, nach liberalen Reformen einen staatenbündischen Zusammenschluß zu suchen.

Ostmitteleuropa

Herders Ideen von den Völkern als Gedanken Gottes, von denen jedes auf seine Art die Bestimmung der Menschen erfüllt, seine Hervorhebung der Sprache als des Zentrums der Existenz jeden Volkes, wurden außer in Mittel- auch in Ostmitteleuropa sehr schnell rezipiert. Das sogenannte Slawenkapital aus den Ideen zur Philosophie der Geschichte der Menschheit hatte lebhaften Anteil daran, daß die verschiedenen slawischen Nationalitäten in die Entwicklung des europäischen Nationalismus voll mit einbezogen wurden; überall bildete sich ein stark romantisch geprägtes Nationalgefühl. Dabei spielten Historiker eine wichtige Rolle. Für die Tschechen kann auf das Werk *Franz Palackys* verwiesen werden (1789–1876), für Polen auf den Dichter *Adam Mickiewicz* (1798–1855), der wie kein anderer die Sendungsidee seines eigenen Volkes betonte und damit den romantischen Nationalismus auf einen sonst nicht erreichten Höhepunkt führte.

Es ist nicht nötig, die Gedankenwelt des Nationalismus für alle europäischen Länder mit ihren wichtigsten Verfechtern vorzustellen, Deutschland darf jedoch nicht außer acht gelassen werden. Hier wurden seit dem ausgehenden 18. Jh. Volk und Nation in besonders starkem Maße als eigentümliche, gewachsene Wesenheiten verstanden. Dabei wurde vor allem der Ausdruck Volk benutzt; man beschäftigte sich mit der Erfassung des deutschen Volkstums – so ein 1810 durch *Friedrich Ludwig Jahn* (1778–1852) geprägter Ausdruck – und fragte nach dem deutschen Volksgeist, dessen Ausprägungen Sitte, Recht, Verfassung, Sprache, die ganze Welt des Denkens waren. Da Volk und Volksgeist historische Bildungen waren, erschien die Gegenwart ohne geschichtliche Betrachtung als unbegreifbar.
Häufig wurde die These vertreten, daß das deutsche Volk im historischen Prozeß einen ganz besonderen Rang eingenommen habe, und daraus wurden Folgerungen auch für die Gegenwart gezogen. Im ganzen 19. Jh. war der Verweis auf die große Vergangenheit ein beliebtes Argument des deutschen Nationalismus, aber schon im Winter 1806/07 bediente sich Fichte dieses Mittels sehr eindringlich. *Johann Gottlieb Fichte* (1762–1814) war zunächst von der Französischen Revolution tief beeindruckt und stimmte ihr vorbehaltlos zu. In seiner ersten politischen Schrift *Zurückforderung der Denkfreiheit von den Fürsten Europas* (1793) wie in dem wenig späteren Werk *Beiträge zu einer Berichtigung der Urteile des Publikums über die französische Revolution* (1793) feierte er die Entwicklung in Frankreich als Freisetzung des Individuums. Auf Frankreich konzentrierten sich seine Erwartungen; er stand nicht an, dieses Land als Vaterland eines jeden gebildeten Europäers zu betrachten; die Heimat mochte wo auch immer liegen, das Vaterland des Gebildeten müsse im allgemeinen Europa, im besonderen aber der Staat sein, der auf der Höhe der Kultur stand. Unter dem Eindruck der französischen Expansion änderte sich seine Einstellung zu dem einst so bewunderten Nachbarland erheblich. Jetzt wurde ihm Deutschland zum wichtigsten Gemeinwesen der Zeit, die Deutschen betrachtete er als Hoffnungsvolk. In seinen im Winter 1806/07 in Berlin gehaltenen *Reden an die deutsche Nation* beschwor er seine Landsleute, in der Auseinandersetzung mit Frankreich das zu tun, was die Franzosen selbst nicht vermocht hatten, nämlich das Reich der wahren Freiheit zu begründen; die Deutschen seien unter allen neueren Völkern diejenigen, in denen der Keim der menschlichen Vervollkommnung am entschiedensten liege, ihnen sei deshalb der Fortschritt in der Entwicklung derselben aufgetragen. Ja: Fichte sah nur die Deutschen als dafür geeignet an. Sie waren für ihn das Urvolk des europäischen Völkerkreises, das Volk schlechthin, das als einziges sich seine

ursprüngliche Sprache bewahrt habe und deshalb das tiefste und wahrste geistige Leben besitze. Allerdings mußten die Deutschen sich dessen noch mehr bewußt werden, sie brauchten eine nationale Erziehung und einen Zwingherrn zur Deutschheit.

Was von Fichte mit vielerlei Abstraktionen so vorgetragen wurde, daß es keine unmittelbare Wirkung erzielen konnte, das begegnete bei den vielen, die sich unter dem französischen Druck bis 1813 engagiert Deutschland zuwandten, mit voller Herzenswärme. Der sich ausprägende deutsche Nationalismus fand deshalb auch lebhaften Ausdruck in der Dichtung, er wurde wenig theoretisch analysiert. Vor allem dem liberalen Schriftsteller und Historiker *Ernst Moritz Arndt* (1769–1860) gelang es, populäre dichterische Formulierungen zu finden, so wenn er fragte, was des Deutschen Vaterland sei, und die Antwort gab ›soweit die deutsche Zunge klingt‹. Abgesehen von ganz wenigen Ausnahmen war es allen Deutschen im ersten und mittleren Drittel des 19. Jhs. selbstverständlich, daß alle diejenigen, die eine gemeinsame Sprache redeten, auch innerhalb gemeinsamer Grenzen leben sollten. Arndt formulierte den Gedanken 1802 in seiner Schrift *Germanien und Europa,* und er erneuerte die Forderung in seinem *Geist der Zeit* (1805/06). Noch in der deutschen Nationalversammlung sah die Mehrheit der Abgeordneten es 1848 als ganz selbstverständlich an, daß alle Deutschen in einen Staat gehörten, und viele hofften auf die Rückkehr vermeintlich entfremdeter Brüder wie der Niederländer und der Schweizer, wenn nur erst das erneuerte Deutschland wieder Macht und Ansehen gewonnen habe. Es bedurfte noch einer längeren Zeit, bis die große Mehrheit der Deutschen die Einsicht akzeptierte, daß die Zusammenfassung aller Deutschredenden in einem Staat nicht möglich war.

Kulturnation und Staatsnation

Da nicht alle Deutschsprechenden in einem Staat vereinigt werden konnten, da mithin Staat und Nation nicht zur Deckung kommen konnten, war die Definition von Nation hier problematischer als in den tatsächlich oder vermeintlich geschlossenen Nationalstaaten. So behalf man sich mit einer Hilfskonstruktion, indem man Kulturnation und Staatsnation sonderte. Diese Unterscheidung wurde 1888 von *Fr. J. Neumann* in seinem Buch *Volk und Nation* vorgeschlagen, sie erlangte allgemeine Verbreitung, als *Friedrich Meinecke* (1862–1954) sie 1908 im ersten Kapitel seines Werkes *Weltbürgertum und Nationalstaat* aufnahm. In Mittel- und Osteuropa, wo wegen der Gemengelage der Nationalitäten Staat und Nation durchaus nicht zur Deckung gebracht werden konnten, ließ sich die nationale Einheit nur in der gemeinsamen Kultur finden, ein Gedanke, den Schiller

schon 1801 in seinem Gedichtfragment ›Deutsche Größe‹ zum Ausdruck gebracht hatte, als er davon sprach, daß deutsches Reich und deutsche Nation zweierlei Dinge seien; auch wenn das Imperium unterginge, bliebe die deutsche Würde unangefochten.
Für das übrige Europa mochte man den Begriff der Staatsnation als zutreffend erachten. Er wurde 1882 durch *Ernest Renan* (1832–1892) auf eine seither vielzitierte Formel gebracht. Renan, ein bedeutender und fruchtbarer Orientalist, der 1863 mit einem ›Leben Jesu‹ großes Aufsehen erregte, äußerte sich gern zu politischen Fragen. So hatte er in *La Réforme intellectuelle et morale de la France* (1871) die Niederlage gegenüber Deutschland zu erklären versucht und sie in der Hinwendung zur Demokratie gesehen. Damit müsse Frankreich für die Revolution büßen, die Heilung könne nur in einer antidemokratischen Wende, vor allem aber in einer moralischen und intellektuellen Umkehr gefunden werden. In seinem Vortrag in der Sorbonne 1882, *Qu'est-ce qu'une nation?*, wandte er sich entschieden gegen die Tendenz, zum Verständnis des Begriffs Sprache und Volkstum heranzuziehen. Er meinte, daß eine Nation nicht durch die ethnische oder sprachliche Zugehörigkeit konstituiert werde, sondern durch Geist und Geschichte. So sei eine Nation eine durch Leiden und Freuden der Geschichte entstandene geistige Gemeinschaft, die den Willen habe, das ihr von der Geschichte übertragene Erbe aufzunehmen und weiterzugeben. Sie bestehe durch den klaren Willen, auch in Zukunft zusammenzubleiben, ihre Existenz beruhe damit auf einer täglichen Volksabstimmung, auf täglich erneuerter Zustimmung. Streitigkeiten über die Grenzen einer Nation wollte Renan durch Befragung der betroffenen Bevölkerung entscheiden.
Die Ausführungen zielten eindeutig auf Elsaß-Lothringen, dessen Loslösung von Frankreich in der deutschen öffentlichen Meinung 1870/71 wie selbstverständlich mit sprachlichen und ethnischen Gründen betrieben worden war. Renan konnte sicher sein, daß das von ihm angeregte Plebiszit zugunsten Frankreichs ausgehen würde; es ist indessen mehr als fraglich, ob er auch ein etwaiges Votum gegen Frankreich hingenommen hätte. Seine Formel darf nicht als Liberalisierung des Verständnisses der Nation angesehen werden. Von der Nation une et indivisible wollte er nicht abgehen.

Wachstum des Nationalismus: Chauvinismus

Im Laufe des 19. Jhs. kam es überall zu einer Ausweitung der vom Gedanken des Nationalismus erfaßten Bevölkerungskreise. Was zu Beginn des Jahrhunderts Sache der Oberschichten war, gewann immer breitere Resonanz. Gleichzeitig wurde der Nationalismus allgemein intensiver, da

die Beziehungen zwischen den Völkern immer dichter wurden, so daß sich immer mehr Berührungs- und Konfliktpunkte ergaben, an denen sich nationalistische Stimmungen entzünden konnten. Die italienische und die deutsche Einigung weckten Emotionen nicht nur in den unmittelbar betroffenen Ländern, sondern auch in den Nachbarstaaten. Vor allem in Frankreich, wo die Verträge von 1815 nie gänzlich akzeptiert worden waren, wurde der Aufstieg Preußens mit Mißtrauen und einer Steigerung der nationalen Empfindsamkeit beobachtet. Hinzu kamen Wandlungen in den Grundanschauungen. Die prinzipiell harmonistische liberale These wurde zurückgedrängt durch agonale Konzeptionen, wie sie seit der Jahrhundertmitte durch Übertragung der Auffassungen Darwins auf das soziale Leben immer häufiger wurden. Alle diese Faktoren wirkten darauf hin, daß der Nationalismus immer mehr in Gefahr geriet, zum Chauvinismus übersteigert zu werden, zu einer Haltung, die nur noch und ausschließlich das eigene Interesse sah. Natürlich gab es diese Tendenz auch schon in der ersten Jahrhunderthälfte. (Der Name geht zurück auf einen aufgeblasenen Rekruten *Chauvin,* den die *Brüder Cogniard* 1831 in ihrem Lustspiel ›La cocarde tricolore‹ auf die Bühne stellten.) Aber im letzten Viertel des 19. Jhs. nahm diese Tendenz doch bedenklich zu.
In Frankreich war die Entwicklung besonders mit den Namen Déroulède und Barrès, in Deutschland mit dem Kreis der Alldeutschen verknüpft. *Paul Déroulède* (1846–1914) gründete 1882 die Ligue des Patriotes. Aus der Niederlage Frankreichs zog er den Schluß, daß das Land sich regenerieren müsse, geistig, militärisch und politisch, geistig durch die Entwicklung von mehr patriotischer Leidenschaft, militärisch durch eine Verbesserung des Potentials, politisch durch Abkehr vom Parlamentarismus. Déroulède predigte, daß die Revanche kommen müsse, daß die Franzosen sich nicht durch Gewinne in Übersee ablenken lassen, sondern das Loch in den Vogesen schließen sollten; der Krieg sei eine unabwendbare Notwendigkeit; erst nach dem Sieg könne wieder über Völkerverständigung gesprochen werden. *Maurice Barrès* (1862–1923), Schriftsteller und Politiker, war als boulangistischer Abgeordneter innenpolitisch zunächst links orientiert, ohne jedoch für demokratische Institutionen einzutreten. Er wollte einen starken Staat mit sozialer Haltung. Dem Parlamentarismus gewann er nichts ab. In seinen späteren Jahren wandte er sich nach rechts. Sein Nationalismus blieb von dieser Schwenkung unberührt. Kompromißlos verfocht er die Fronstellung gegenüber Deutschland. Die *Alldeutschen* waren eine nicht sonderlich große, aber doch recht einflußreiche Gruppe, der es auf die Belebung und Kräftigung des vaterländischen Gedankens in der Heimat, die Unterstützung deutschnationaler Bestrebungen in allen Erdteilen und die Förderung einer tatkräftigen deutschen Interessenpolitik in Europa und Übersee ankam. *Ernst Hasse* (1846–1908), langjähriger Vorsitzender des Vereins, meinte, daß das

Volk das einzige sei, das im Flusse der tausendjährigen Entwicklung Bestand habe; es könne alle Wandlungen aber nur dann überdauern, wenn es im Vergleich mit anderen maßgebenden Völkern groß, mächtig und frei sei.

46. Rassismus, Sozialdarwinismus, Antisemitismus

Gobineau

In den Jahren 1853 bis 1855 erschien in Paris ein voluminöses vierbändiges Werk aus der Feder des Diplomaten und Orientalisten *Joseph Arthur Comte de Gobineau* (1816–1882), das den Titel *Essai sur l'Inégalité des Races Humaines* trug. Das Buch war nicht eigentlich eigenständig, wenn es auch eigene Beobachtungen mit dem Versuch einer Synopsis der damaligen Diskussion über anthropologische und sprachgeschichtliche Fragen verbinden wollte, und es hatte keinen sonderlichen Rang. Aber es hatte weitreichende Folgen, so daß ihm in der neueren politischen Theorie eine fundamentale Stellung zuerkannt werden muß: Gobineaus Darlegungen regten Autoren wie Nietzsche, Wagner, Chamberlain oder Vacher de Lapouge an, und so waren direkt oder indirekt die Rechtsextremen des 20. Jhs. allesamt Schüler Gobineaus.
In gewisser Weise war Gobineaus Buch eine Reaktion auf den Staatsstreich Napoleons III. und auf die plebiszitäre Legitimierung dieses Vorgangs. Gegen das drohende Zeitalter der Massen setzte Gobineau den Wert des Adels, zumal des französischen, und um diese Auffassungen zu belegen, lieferte er einen universalhistorischen Entwurf, der beim Begriff der Rasse anknüpfte. Er vertrat die These, daß die Eigenarten der vielfältigen Kulturen vom Geist der in ihnen herrschenden Rassen bestimmt waren. Die Rassen, von denen er prinzipiell drei unterschied und beschrieb, nämlich die weiße, die schwarze und die gelbe, besaßen unterschiedliche, unveränderliche Befähigungen. Schöpferische Kraft erkannte er nur der weißen Rasse zu, während die gelbe Rasse sich durch eine besondere Qualifikation für Handel und Handwerk auszeichnete und die schwarze wenig Wert hatte. Die Rassen waren nicht einheitlich, sie hatten vielmehr die Tendenz zur Vermischung und damit verbunden zur Minderung der jeweils höheren der sich mischenden Rassen. Den höchsten Rang gestand Gobineau den in Nordwesteuropa lebenden langschädeligen germanischen Ariern zu; sie hatten sich am wenigsten vermischt, ihnen war deshalb auch am stärksten die Fähigkeit zum Herr-

schen geblieben, ihre besten Vertreter lebten noch im französischen Adel, während das Bürgertum beachtliche Einschläge der gelben, das Volk Einflüsse der schwarzen Rasse enthielt. Die Deutschen bewertete er gering, Germanentum enthielten sie wenig, sie waren vielmehr ein keltisch-slawisches Mischvolk. Die Leitlinie der Geschichte war für Gobineau eine ständige Degeneration, die Zukunft würde den Massen gehören, ein Schicksal, das unabänderlich war, dem man sich aber doch entgegenstemmen konnte. Diesen Gedanken führte er in seinem Spätwerk *La Renaissance* (1877) weiter aus, das Eliteprobleme am Beispiel Savonarolas und Cesare Borgias diskutierte.
Die Idee der rassisch-bedingten Überlegenheit des französischen Adels als des Blutserben der Franken konnte Gobineau aus dem 1727 erschienenen Buch des ähnlich adelsstolzen französischen Grafen *Henri de Boulainvilliers* (1658–1722) entnehmen; er wurde eindeutig von diesem angeregt. Allgemein legte das ethnologische und anthropologische Interesse des 18. die Basis für die Rassentheorien des 19. Jhs. Was zunächst überwiegend Beschreibung von Auffälligkeiten und Verschiedenheit war, wurde unter dem Einfluß der Romantik mit Wertungen befrachtet; die im 18. Jh. gestellte Frage nach der Verschiedenartigkeit wurde jetzt durch die nach der Verschiedenwertigkeit ersetzt. Gleichzeitig trat bei der Diskussion über Rassen das anthropologische Moment zunehmend zugunsten sprachphilosophischer, sprachgeschichtlicher oder historischer Argumente zurück. Eindrucksvoll zeigte sich dieser Wandel beispielsweise in *Friedrich Schlegels* Abhandlung *Über die Sprache und Weisheit der Inder* (1808), die die Überlegenheit der Arier über andere Völker sprachlich zu begründen suchte: Griechisch, Lateinisch, Deutsch und ihr gemeinsamer Wurzelboden, das Sanskrit, wurden hier als eng verwandte und organische Sprachen dargestellt, während Sprachen, die nicht aus dem Indischen kamen, als zufällig und ohne innere Zusammenhänge und damit als weniger leistungsfähig betrachtet wurden.

Zeitgenossen und Schüler Gobineaus

Zu ähnlichen Überzeugungen wie Gobineau kam fast gleichzeitig, aber völlig unabhängig von ihm der britische Anatom *Robert Knox* (1798–1862) in seinem Buch *The Races of Men* (1850). Wie Gobineau im französischen Adel die besten rassischen Elemente zu erblicken meinte, so Knox in den Sachsen und, neben ihnen, in den Slawen. Die Nicht-Weißen hatten für Knox noch geringeren Wert als für Gobineau, und der schwarzen Rasse begegnete er mit voller Verachtung. Auch die Juden, die bei Gobineau durchaus einige Bewunderung erregt hatten, wurden von Knox sehr negativ beurteilt.

In Frankreich hatte nächst Gobineau *Georges Comte Vacher de Lapouge* (1854–1936) die größte Bedeutung als rassistischer Schriftsteller, namentlich mit seinem Hauptwerk *L'Aryen, son rôle social* (1899); seine unmittelbare Wirkung war sogar erheblich größer als die seines Vorgängers. Auf die Gesinnungen des französischen Rechtsradikalismus, vor allem der Action Française, hatte er beträchtlichen Einfluß. Die arische war für Lapouge die höchste Rasse, sie hatte die Kultur geschaffen und ihre Überlegenheit vielfach bewiesen. Schwärmerische Verehrung brachte er den Griechen entgegen. Auch hier begegnet die These der Degeneration, ja, sie war durch die Aufnahme sozialdarwinistischer Gedankengänge sogar sehr ausgeprägt. Die Arier lebten nach Lapouge in ständiger Auseinandersetzung mit minderwertigen Rassen. Da sie sich dessen nicht immer bewußt waren, sondern sich ständig mit ihnen vermischten, verloren sie zunehmend an Wert. Besonders scharf wandte Lapouge sich gegen die Juden als die wichtigsten Konkurrenten der Arier. Die auf die Vermischung zurückgehende Degeneration sah er schon äußerlich manifestiert im Rückgang der edlen Langschädligen und im Vordringen der Rundköpfe; das versuchte er mit vielen Datenreihen zu belegen. Bei dem endlich zu erwartenden großen Rassenkampf mußten mit Notwendigkeit diejenigen siegen, die mehr Langschädel aufbieten konnten. So sah Lapouge bei allem Pessimismus doch einen Silberstreif am Horizont. Da Rassenmischung für die Arier höchst verderblich war, trat er mit aller Entschiedenheit dafür ein, sie zu verbieten und gegen ihre Folgen vorzugehen, so vor allem in *Les sélections sociales* (1896).

In Deutschland wurde der Wert der indogermanischen Völker insbesondere von dem hier lehrenden norwegischen Orientalisten *Christian Lassen* (1800–1876) in seiner *Indischen Altertumskunde* (1844–61) verfochten. Indessen blieb die Wirkung solcher Schriften doch auf recht enge Kreise beschränkt. Für die Ausbreitung des Rassismus hatte die Tatsache viel mehr Bedeutung, daß Gobineau in seiner letzten Lebensphase mit *Richard Wagner* (1813–1883) in enge Berührung kam und von dessen Freundes- und Schülerkreis popularisiert wurde; Wagner war ja voller rassistischer und namentlich antisemitischer Vorurteile und sein musikdramatisches Werk hatte auch die Funktion, den Hörern in Wagners Sinn positive Haltungen vor Augen zu führen. Eifrigster Verbreiter Gobineaus wurde der aus dem Wagner-Kreis kommende Bibliothekar *Ludwig Schemann* (1852–1938), der 1894 eine Gobineau-Gesellschaft gründete, 1898 dessen Hauptwerk auf deutsch publizierte und viel über Gobineau schrieb.

Gobineausche Gedankengänge wurden auch aufgenommen von Wagners Schwiegersohn, dem seit 1885 in Deutschland lebenden, aus England stammenden Schriftsteller und Kulturphilosophen *Houston Steward Chamberlain* (1855–1927). In seinem wichtigsten Buch *Die Grundlagen des XIX. Jahrhunderts* (1899) beschrieb Chamberlain die »Germanischen Völker« als höchststehende Rasse; namentlich in den Deutschen sah er die germanische Rassenseele voll ausgeprägt. Der Gegenpol waren die Juden, auf deren rassische Reinheit er nachdrücklich hinwies. Zwischen Germanen (unter Führung der Deutschen) und Juden mußte es schließlich zur entscheidenden Auseinandersetzung kommen. Auf der Basis rassistischen Denkens gab Chamberlain so weltgeschichtliche Betrachtungen, er verband mit seinem Rassismus jedoch nicht, wie so viele Rechtsradikale, autoritäre Haltungen, sondern war innenpolitisch durchaus liberal. Dem Christentum stand er sehr aufgeschlossen gegenüber, von Christi jüdischer Herkunft wollte er jedoch nichts wissen.

Sozialdarwinismus

Im August 1858 erschien im Journal of the Proceedings of the Linnean Society ein Artikel von *Charles Darwin* und *Alfred Russel Wallace, On the Tendency of Species to Form Varieties, and on the Perpetuation of Varieties and Species by Natural Selection*. Hier legte Darwin (1809–1882) Erkenntnisse vor, die ihn seit zwei Jahrzehnten bewegten, die er indessen noch nicht publiziert hatte; zur Veröffentlichung entschloß er sich, als er im Sommer 1858 von seinem jüngeren Landsmann Wallace (1823–1913), der damals eine Forschungsreise im malayischen Archipel durchführte, ein Manuskript mit ähnlichen Schlußfolgerungen, wie er sie selbst aus seinen Beobachtungen entwickelt hatte, zur Begutachtung erhielt. Im folgenden Jahr legte Darwin dann seine Ansichten in seinem Buch *On the Origin of Species by Means of Natural Selection* (1859) dar. Er hatte 1831–1836 die Reise des Vermessungsschiffs Beagle nach Südamerika mitgemacht und dabei die vielfältigsten Anregungen gewonnen. Die Beobachtung von Finken auf den Galapagos-Inseln wurde zu einem wissenschaftlichen Schlüsselerlebnis. Diese Tiere unterschieden sich von den entsprechenden Arten auf dem Festland in charakteristischer Weise; sie mußten sich an ihre Umgebung angepaßt haben. Der tragende Gedanke zur Ordnung der gesammelten Eindrücke kam Darwin 1838, als er Malthus las und dabei mit dem Begriff des Kampfes ums Dasein konfrontiert wurde. Hiervon ausgehend entwickelte er seine eigene Theorie: Er ging davon aus, daß die Häufigkeit der Individuen einer Tier- oder Pflanzenart langfristig nur geringfügig schwankte; die Mehrzahl aller Nachkommen ging vor der Fortpflanzung zugrunde. Er führte weiter aus, daß die Individuen einer Art sich nur wenig voneinander unterschieden; die Variationen hielt er für erblich. Jedes Individuum suche sich der Umgebung anzupassen, allerdings sei die Fähigkeit dazu je nach Variation verschieden ausgeprägt. Da nun in der Natur ein ständiger Kampf ums Dasein stattfinde,

würden, so folgerte Darwin, im Laufe einer langen Entwicklung die weniger angepaßten Formen ausgemerzt, es komme zu einer natürlichen Selektion, zum Überleben der Geeignetsten, zum survival of the fittest.
Darwins Darlegungen haben eine zentrale Stellung für die Entwicklung des naturwissenschaftlichen Denkens im 19. Jh., sie setzten sich sehr schnell durch und revolutionierten damit das biologische Weltbild. Das war indessen nur möglich, weil der Boden für die Revolutionierung schon vorbereitet war. Schon der *Comte de Buffon* (1707–1788) ging mit seiner *Histoire Naturelle* (1749 ff.) bei der Darlegung tier-geographischer Gesichtspunkte, die er erstmals erkannte, in Darwins Richtung. Darwins Großvater, *Erasmus Darwin,* beschäftigte sich ebenfalls mit Fragen der Abstammungslehre, was sein Enkel allerdings erst relativ spät zur Kenntnis nahm. Der Gedanke tauchte dann bei Kant an verschiedenen Stellen auf, so 1784 in einer Besprechung von Herders ›Ideen zur Philosophie der Geschichte der Menschheit‹ (1784) und in seiner ›Kritik der Urteilskraft‹ (1790). Der wichtigste Verfechter der Evolutionstheorie vor Darwin war aber der französische Zoologe *Jean Lamarck* (1744–1829), der in seiner *Philosophie Zoologique* (1809) die Grundgedanken der Entwicklungslehre vortrug, wenn er sie auch irrig begründete. Das veranlaßte Darwin zunächst dazu, Lamarck abzulehnen. Aber schon 1861, als er der dritten Auflage seines großen Buches eine kurze Abhandlung über die Geschichte seiner Lehre beifügte, gab er unumwunden zu, Lamarck habe wohl als erster die Aufmerksamkeit darauf gelenkt, daß wahrscheinlich alle Veränderungen in der organischen wie in der anorganischen Welt Wirkung von Naturgesetzen und nicht von eingreifenden Wundern gewesen seien.
All das waren Aussagen zu naturwissenschaftlichen Fragen. Aber die Evolutionstheorie gewann bald auch politische Bedeutung, als sie von Anhängern Darwins auf den sozialen Bereich übertragen wurde. Besondere Bedeutung erlangten dabei in England *Herbert Spencer* (1820–1903), der vor allem in den Vereinigten Staaten schulebildend wirkte, in Deutschland *Ernst Haeckel* (1834–1919).
Spencer, der sicherlich bedeutendste englische Sozialphilosoph in der zweiten Hälfte des 19. Jhs., kam politisch vom philosophischen Radikalismus her und blieb stets ein unbeugsamer Liberaler. Von Comte war er stark beeinflußt, aber er hatte allgemeiner die Erträge der jüngeren Forschung in sich aufgenommen und versuchte sie zu einer synkretistischen Philosophie zu verarbeiten. So war er auch ausgesprochener Lamarckianer, und er war natürlich mit dem Werk von Malthus wohlvertraut. Es ist deshalb nicht verwunderlich, daß er den Gedanken des Kampfes ums Dasein schon vor Darwin formulierte, und zwar ausdrücklich für den sozialen Bereich. In seinem ersten Buch, *Social Statics* (1850), verband er die Prinzipien des Laissezfaire mit biologischen Erkenntnissen. Er wandte

sich entschieden gegen staatliche Hilfe für die Armen; sie waren ungeeignet, und deshalb mußten sie verschwinden. Denn die Natur wolle, daß sich die Besten durchsetzten. Denselben Gedanken trug er ausführlicher in zwei Aufsätzen des Jahres 1852 vor, in *A Theory of Population* in der Westminster Review, und in *The Development Hypothesis*. Hier prägte er auch das Wort vom survival of the fittest, immerhin 6 Jahre, ehe Darwin und Wallace mit ihren Erkenntnissen an die Öffentlichkeit traten. Der Sozialdarwinismus war also fertig formuliert, ehe es den Darwinismus gab – vielleicht fehlte ihm zur Breitenwirkung schon jetzt nur das würdige naturwissenschaftliche Gewand. In seinen späteren Arbeiten, in seinem *System der synthetischen Philosophie* (1862ff.) und in den *Principles of Sociology* entwickelte Spencer breit die These, daß sowohl zwischen einzelnen wie zwischen sozialen Organismen ein Kampf um die Existenz geführt werde.
Haeckel, ab 1865 ordentlicher Professor für Zoologie in Jena, nahm den Darwinismus sogleich an und stellte ihn schon 1866 in seiner *Generellen Morphologie der Organismen* und 1868 in seiner populären und sehr einflußreichen *Natürlichen Schöpfungsgeschichte* zusammenfassend dar. In den folgenden Jahrzehnten focht er an vielen Fronten für seine Ansichten, wobei er immer wieder politisch auswertbare oder unmittelbar politische Bemerkungen machte. Sein erfolgreichstes Buch *Die Welträtsel* (1899), das einer monistischen Philosophie der Einheit von Materie und Geist die Bahn brechen sollte, griff beispielsweise den Katholizismus durchgehend scharf an. Haeckel teilte rassistisch-antisemitische Auffassungen und hielt eugenische Maßnahmen uneingeschränkt für richtig. Von der Geltung des Kampfes ums Dasein auch im sozialen Bereich war er tief durchdrungen.
Die Schule der Sozialdarwinisten blühte um die Jahrhundertwende in England und Deutschland gleichermaßen. Schon 1869 hatte der englische Naturforscher *Francis Galton* (1822–1911), ein Vetter Darwins, in seinem Buch *Hereditary Genius, its laws and consequences,* getragen von seiner Überzeugung, daß physische und psychische Eigenschaften erblich seien, gefordert, daß die Vermehrung weniger wertvoller Menschen beschränkt, die hochwertiger Ehepaare dagegen mit allen Mitteln gefördert werden müsse. Die Sorge um den Nachwuchs erklärte er zur zentralen Aufgabe des Staates, und er wollte eine Art Zensussystem für Ehetauglichkeit eingeführt sehen. Galton wurde so zum Begründer der Eugenik. Viel für die Übertragung des Darwinismus auf das soziale Leben tat auch *Thomas Henry Huxley* (1825–1895), ein berühmter Physiologe und Anatom, der in seiner letzten Lebensphase eine große Zahl sozialer Essays vorlegte, die die Fragen des Kampfes ums Dasein diskutierten, aber für die engagierten Sozialdarwinisten noch viel zu sehr auf dem Boden der Nächstenliebe standen und deshalb aus dem richtig Erkannten nicht die

entsprechenden Konsequenzen zogen. Anführer dieser entschiedenen Sozialdarwinisten war in England der Physiologe *John Berry Haycraft,* in Deutschland der außer von Darwin auch stark von Nietzsche beeinflußte *Alexander Tille* (1866–1912); der eine trat 1895 mit drei Vorlesungen, *Darwinism and Race Progress,* hervor, der andere gleichzeitig mit einem Buch *Von Darwin bis Nietzsche. Ein Buch zur Entwicklungsethik* und 1893 mit einer anonymen Schrift *Volksdienst.* Sie beklagten, daß infolge der Verbesserung der Hygiene eine ständige Rassenverschlechterung zu konstatieren sei. Die natürliche Selektion mittels Krankheiten müsse der Mensch jetzt durch bewußtes Handeln ersetzen, wolle er nicht schließlich empfindlich für seine Eingriffe in den natürlichen Prozeß büßen. So verlangten sie, daß die Gesellschaft der Bevölkerungspolitik große Aufmerksamkeit zuwende, daß insbesondere die Schwachen sich nicht fortpflanzten; sie redeten einerseits Förderungsmaßnahmen das Wort und sprachen sich andererseits für Isolation oder Zwangssterilisierung aus. Insgesamt meinten sie die menschliche Entwicklung in bestimmte Richtungen lenken zu können; sie hielten den Menschen für züchtbar. Dieser konsequente Sozialdarwinismus mußte notgedrungen das Individuum ganz der Gemeinschaft unterordnen. Es liegt deshalb auf der Hand, daß Liberalismus und Demokratie hier als politische Konzeptionen scharfe Ablehnung erfuhren. Vor allem Tille wollte das soziale System gänzlich ändern und eine auf Darwin fußende Sozialethik durchsetzen. Wichtigstes Mittel dazu schien ihm die Abschaffung des Erbkapitalismus zu sein, weil dadurch die Tüchtigkeit gefördert würde. Als politisches System schwebte ihm eine ständisch-hierarchische Staatsform vor, eine Sozialaristokratie. Für die Beziehungen der Völker zueinander erkannte er das Recht der stärkeren Rasse bedingungslos an, die schwächere zu verdrängen oder zu vernichten. Er hielt es für richtig und erstrebenswert, daß die besseren die schlechteren Rassen überall überwanden. Der Kampf ums Dasein wurde hier also uneingeschränkt auf die internationalen Beziehungen übertragen. Allerdings stellte Tille sich diese Verdrängung friedlich, auf dem Wege der größeren Fruchtbarkeit vor.

Antisemitismus

Eine feindselige Einstellung gegen die Juden hatte in vielen europäischen Ländern eine lange Tradition. Darauf wirkten religiöse und wirtschaftliche Motive ebenso hin wie eine emotionale Fremdenfeindlichkeit gerade einfacher Bevölkerungsschichten. Mit zunehmender Assimilation der Juden gewannen diese Haltungen im Laufe des 19. Jhs. an Gewicht, sie wurden zudem breiter motiviert. Das Verhältnis zu den Juden wurde in wachsendem Maße als Rassenfrage verstanden, die Juden wurden nicht mehr nur als Händler, Spekulanten, Geldverleiher gleichsam individuell abgelehnt, sie wurden vielmehr als unheilvolle Schwungkräfte der Modernisierung und des Kapitalismus vor allem von konservativer Seite angeprangert, und ihnen wurde vorgeworfen, daß sie die europäischen Völker kulturell überfremdeten und damit ihres eigenen Gesichts beraubten. Auffälligerweise nahmen die Angriffe auf die Juden gerade in kritischen Zeiten zu. So verdichtete sich die Polemik auch in der Weltwirtschaftskrise seit 1873, und in diesen Jahren, wohl 1879 und vermutlich durch den deutschen Schriftsteller *Wilhelm Marr,* wurde der zusammenfassende Ausdruck Antisemitismus geprägt; aus der deutschen fand er raschen Eingang auch in andere europäische Sprachen. In Frankreich und Österreich entstanden zeitweilig antisemitische Massenorganisationen, in Rußland wurde die traditionelle Judenfeindschaft der Bevölkerung in der Ära Alexanders III. bedenkenlos von der Regierung angefacht und machte sich wiederholt in Pogromen Luft, überall aber waren antisemitische Tendenzen, Stimmungen und Argumente weit verbreitet, während es entschiedene und unerschrockene Gegner des Antisemitismus nur wenige gab. Zweifellos war die Linke Juden gegenüber toleranter, aber es wäre nicht richtig, verstünde man Antisemitismus ausschließlich als Angelegenheit der Rechten; er war eine sehr breite Grundströmung, die sich sowohl mit sozialistischen wie liberalen, christlichen wie konservativen Haltungen verbinden konnte.

Die schärfsten Angriffe gegen die wirtschaftliche Gesinnung der Juden formulierte beispielsweise 1844 *Karl Marx* in seinem Aufsatz *Zur Judenfrage,* als er davon sprach, daß die Juden weder Religionsgemeinschaft noch Volk seien; der weltliche Grund des Judentums sei der Eigennutz, ihr weltlicher Kultus der Schacher, ihr weltliches Gut das Geld, ihr wirklicher Gott der Wechsel, und der praktische Geist der Juden sei jetzt praktischer Geist der christlichen Völker. Die bürgerliche Gesellschaft erzeuge aus ihren eigenen Eingeweiden den Juden, und so sei das Judentum der höchste praktische Ausdruck der menschlichen Selbstentfremdung.

Das wirtschaftliche Gewicht der Juden beklagte der Schüler Fouriers, *Alphonse de Toussenel* (1803–1885), als er 1845 sein Buch *Les Juifs, rois de l'époque* vorlegte und darin ausführte, daß die Juden die Welt finanziell beherrschten und das Land ausplünderten. Er war damit ein Vorläufer des antisemitischen Publizisten, Agitators und Vereinsgründers *Édouard Drumont* (1844–1917) und seines Hauptwerkes *La France juive* (1886); auch hier wurde die Enteignung Frankreichs durch jüdische Kapitalisten weinerlich beschrieben. Drumont meinte, dieser Prozeß vollziehe sich mit der Regelmäßigkeit eines Naturgesetzes. Als Auskunftsmittel dagegen sah er die Austreibung an, so wie dies Jahrzehnte zuvor auch Proudhon vorgeschlagen hatte. Das Buch wurde ein außerordentlich großer verlegerischer Erfolg. Deutsche Gegenstücke dieser Thesen wurden geliefert von *Otto Glagau* (1834–1892), der in der vielgelesenen Zeitschrift ›Die Gartenlaube‹ eine 1876 auch als Buch herausgegebene Artikelfolge erscheinen ließ, *Der Börsen- und Gründungsschwindel in Berlin.* Wilhelm Marr wies in seinem Buch *Der Sieg des Judentums über das Germanentum* (1879) die üblichen christlichen Argumente gegen die Juden zwar zurück, er erklärte aber, daß sie als Rasse unmittelbar vor dem Sieg stünden. Der Volkswirt und Publizist *Karl Eugen Dühring* (1833–1921) betrachtete die *Judenfrage als Frage des Racencharakters* (1880) und häufte hier und in seinen anderen antisemitischen Schriften alle Vorurteile auf, die sich nur denken ließen. Die Juden waren die Ausbeuter, das Judengemüt – wenn sie denn eins hatten – war öde; der ewige Jude vermochte nach dem Höheren und Edleren nicht aufzuschauen und mußte sich in den Niederungen der Weltgeschichte ruhelos herumtreiben, beladen mit dem Fluch, alle anderen Völker heimzusuchen und selbst nicht zur Ruhe zu kommen. Dühring kannte keine Schlechtigkeit, die man den Juden nicht anlasten konnte. Die Judennatur hielt er für in der Hauptsache unabänderlich; gegen die Wirkungen des Judentums mußte der Staat Abwehrmaßnahmen ergreifen. Das Bild des ewigen Juden wurde auch von dem Wiener Orientalisten *Adolf Wahrmund* (1827–1913) in seinem Buch *Das Gesetz des Nomadentums und die heutige Judenherrschaft* (1887) gezeichnet. Der Prager Theologie-Professor *August Rohling* (1839–1931) stellte 1871 den Talmud-Juden vor; er bewertete den Talmud als Brevier des Unrechts im Kampf gegen das Christentum, das den Juden alles erlaubte, und als Programmschrift der jüdischen Weltherrschaft, und er sah als einziges Abwehrmittel die Vertreibung an. Im Jahre 1903 legte der junge Österreicher *Otto Weininger* (1880–1903) ein in der kommenden Zeit sehr viel gelesenes und mehrfach übersetztes Buch *Geschlecht und Charakter* vor, in dem unter anderem Arier und Juden nebeneinandergestellt wurden, sehr zu ungunsten der Juden, denen der Verfasser den Sinn für Höheres absprach. Alle diese Themen wurden auch durch die Belletristik popularisiert; gerade für diesen Bereich erwies sich die Literatur als wirksames Medium für die Ausbreitung politischer Thesen.

Für die Praxis des Antisemitismus in Rußland gewann der seit 1880 amtierende Oberprokureur des Heiligen Synods *Konstantin Petrowitsch Pobedonószew* (1827–1907) außerordentliche Bedeutung, da er großen Einfluß auf Alexander III. hatte, dessen Lehrer er gewesen war. Er verfocht einen harten Konservativismus und war unbeugsam antiwestlich eingestellt. Daraus ergab sich eine straffe Russifizierungspolitik, die auch die Juden traf. Ihm wurde das Wort zugeschrieben, die Lösung der Judenfrage werde darin liegen, daß ein Drittel der Juden sich assimiliere, ein weiteres auswandere und das dritte untergehe. Die Feindschaft der russischen Konservativen und Rechtsradikalen gegenüber den Juden fand in den 1903 erstmals in gekürzter Fassung veröffentlichten sogenannten Protokollen der Weisen von Zion ihren markantesten Ausdruck. Von allen Antisemiten für echt genommen, traten sie nach 1917 ihren Zug durch die Welt an und entfalteten dabei eine außerordentliche Wirksamkeit; so erschienen z. B. in Deutschland in 18 Jahren 22 Auflagen. Die volle Fassung wurde 1905 durch *Sergej Nilus* (1862–1930) in der dritten Auflage eines mystischen Werks über den Antichrist als nahe politische Möglichkeit publiziert. Bei den Protokollen handelte es sich um Berichte über angebliche Geheimsitzungen auf dem Baseler Zionistenkongreß 1897, die sich mit der Erlangung der Weltherrschaft durch die Juden befaßt haben und für die Erreichung dieses Ziels die Anwendung jedes Mittels als berechtigt angesehen haben sollten. Sie hatten in Wahrheit mit Basel jedoch nichts zu tun, vielmehr gingen sie auf eine französische Satire auf Napoleon III. aus dem Jahre 1864 zurück, die eine Generation später von einem russischen Auslandskorrespondenten auf den Finanzminister Sergej Witte umgemünzt und dann von dem Chef des russischen Auslandsgeheimdienstes, *Pjotr I. Ratschkowski* (gest. 1911) nochmals umgearbeitet wurde. Allerdings ist an der Entstehungsgeschichte sehr viel dunkel. Die Urheber hatten alles Interesse an der Verwischung der Spuren, um ihr Werk authentisch erscheinen zu lassen.

47. Imperialismus

Europäisches Selbstbewußtsein

Das Selbstbewußtsein der Europäer gegenüber den Bewohnern anderer Kontinente erreichte im 19. Jh. eine Dimension, die im 18. Jh. ganz undenkbar war. Es erschien fast allgemein als unzweifelhaft, daß die Europäer die außereuropäischen Völker weit überragten. Auch sehr Gebildete nahmen keinen Anstand, die Asiaten, Afrikaner oder Südamerikaner sehr negativ zu charakterisieren. Für List war Afrika der Pfuhl der abscheulichsten Barbarei. Der Wiener Forschungsreisende *Karl Scherzer* (1821–1903) sprach wie selbstverständlich davon, »daß schiefaugige Mongolen, halbvertierte Aethiopier« oder edlere Indianer dazu bestimmt seien, beherrscht oder zermalmt zu werden, wenn sie der arischen Rasse auf ihrer welterobernden Bahn begegneten (*Wanderungen durch... Nicaragua*, 1857, S. 4). Der nationalliberale deutsche Historiker *Heinrich v. Treitschke* (1834–1896) stellte in seiner oft gehaltenen und einflußreichen Vorlesung »Politik« lapidar fest, die schwarze Rasse sei von jeher eine dienende gewesen (I, 273), und für Lorenz Stein war der Europäer der geborene Beherrscher der Asiaten. Generell erschienen die anderen Kontinente schon lange vor dem Aufkommen des Hochimperialismus als das natürliche Herrschaftsgebiet Europas. Es bestand eine ständige Annexionsbereitschaft, und es kam während des ganzen 19. Jhs. zu vielfältigen imperialistischen Akten, gleich ob in Südafrika, Indien, Zentralasien, Algerien oder Ozeanien. Diese Aktivitäten konnten sich auf eine erhebliche Zustimmung in den Mutterländern stützen, wenn imperialistisches Denken auch lange nicht so verbreitet war wie der Nationalismus. Eine zusammenfassende Bezeichnung für diese weltpolitische Orientierung gab es nicht. Erst in den 70er Jahren des 19. Jhs. wurde in England der Terminus Imperialismus geprägt und schnell in die anderen europäischen Sprachen übernommen.

Zur weltpolitischen Diskussion in England

Es ist selbstverständlich, daß in England als dem Land mit den ausgedehntesten überseeischen Besitzungen eine ständige weltpolitische Debatte geführt wurde. Die Lebhaftigkeit und Vielseitigkeit dieser Erörterungen zeigt, daß von einer Kolonialmüdigkeit in Großbritannien auch in der Jahrhundertmitte nicht gesprochen werden kann. Zwar gab es keine breite Front, die auf eine permanente Ausweitung des Imperiums hingewirkt und das theoretisch begründet hätte, aber es gab andererseits auch nur selten die Bereitschaft, auf den gegenwärtigen Besitz Verzicht zu leisten oder auch nur weniger Kräfte auf seine Sicherung zu verwenden. Seit in den späten 20er Jahren Rußlands Asien-Interessen sichtbar wurden, bekam das Problem der Sicherheit Indiens und damit einer wesentlichen Quelle des britischen Reichtums neue Bedeutung. Die politische Publizistik begann darauf hinzuwirken, daß Vorkehrungen gegen die weitere russische Expansion in Asien und gegen die Zurückdrängung des dortigen britischen Einflusses zu treffen seien, namentlich durch Errichtung einer britischen Sicherheitszone vor Indien. Unumstritten war die Voraussetzung, daß zivilisierte Staaten dazu neigten, sich in das Gebiet schwächerer ›barbarischer‹ Gebilde hinein auszudehnen. Keine starke Nation habe jemals freiwillig auf Eroberung verzichtet, wenn die Möglichkeit dazu bestand, schrieb etwa *George de Lacy Evans (On the Design of Russia,* 1828, S. 104).

Wurde die Bereitschaft zu expansiver Kolonialpolitik in Asien durch die beginnende russische Konkurrenz geweckt, so sahen die sogenannten Colonial Reformers, eine Gruppe der Philosophischen Radikalen, zwingende Gründe für eine aktive Kolonialpolitik in den inneren Verhältnissen des Landes. Das Haupt dieser Richtung war *Edward Gibbon Wake-*

field (1796–1862). Wakefield trat 1829 mit seinem ersten Buch, *A Letter from Sidney,* hervor; weitere Schriften folgten, darunter sein *England and America* (1834), das voller tiefer soziologischer und national-ökonomischer Einsichten war. Wakefields Gedanken waren vom Pauperismus angeregt. Wie andere vor ihm – so etwa der *Earl of Selkirk,* in *Observations on the Present State of the Highlands of Scotland* (1806) –, sah er eine Lösung in der organisierten Auswanderung. Er verband diesen Aspekt jedoch mit einem andern. Gegen Ricardo erkannte er, daß in Großbritannien stets mehr Kapital vorhanden war, als sich gewinnbringend anlegen ließ, daß das Land also nicht nur einen Überschuß an Arbeit, sondern auch an Kapital habe. Beides müsse, so lehrte er, gemeinsam ins Ausland gehen. Man dürfe den Nutzungsbereich des Kapitals nicht nur durch Ausdehnung des Handelsimperiums erweitern, sondern müsse ebenso Siedlungskolonien schaffen. Hier könnten die Kapitalisten zur Investition veranlaßt werden, wenn man ihnen einen gewissen Überschuß an Arbeitskraft zur Verfügung stellte. Die Einwanderer müßten deshalb eine Reihe von Jahren im Status von Lohnabhängigen verbleiben, ohne daß ihnen der Aufstieg zur Selbständigkeit unmöglich gemacht werde. Das hielten die Reformer ohne weiteres über die Regulierung der Bodenpreise für erreichbar, die, wie die gesamte Einwanderungspolitik, zentral und nach einheitlichen Gesichtspunkten vorgenommen werden sollte. Eine Ausweitung des britischen Gebiets nach diesen Prinzipien konnte die sonst im Innern drohende soziale Katastrophe verhindern. Den festen Zusammenhalt des Weltreiches sahen die Reformer dann gewährleistet, wenn den Kolonien unter Vorbehalt imperialer Funktionen für die Zentrale weitgehende Selbstverwaltung zuerkannt wurde. Die Ideen der Reformer fanden weite Resonanz, auch außerhalb Englands. Neuseeland und Teile Australiens wurden nach Wakefields System besiedelt, und das Konzept der Selbstverwaltung wurde nach Vorschlägen von *Lord Durham* (1792–1840) zunächst in Kanada realisiert. Von hier führte der Weg zum späteren Commonwealth.

Von erheblichem Einfluß auf die Bildung der öffentlichen Meinung vor allem im Lager der Tories war der Historiker *Archibald Alison* (1792–1867), der die Tagesereignisse jahrzehntelang in Zeitschriften kommentierte und seine Kommentare 1850 als *Political and Historical Essays* gesammelt herausgab. Für Alison war die Weltgeschichte der Siegeszug der christlichen Zivilisation, und die entscheidende Kraft dieses Siegeszugs sah er in der Expansion der Briten, jedenfalls in der westlichen Welthälfte, denn für Asien erwartete er dieselbe zivilisatorische Leistung von den Russen. Was bei den Briten friedlich erfolgte, würde bei den Russen allerdings mit Gewalt geschehen. Das Beharren auf kolonialer Expansion war für Alison danach selbstverständlich. Die gemeinsame Kultur der englischsprechenden Völker wurde häufig apostrophiert.

Hieran mochten sich auch Hoffnungen auf eine dereinstige Wiedergewinnung der USA knüpfen. Am beredtesten gab *Charles Dilke* (1843–1911) der Überzeugung von den kulturellen Gemeinsamkeiten Ausdruck. In seinem umfangreichen Werk *Greater Britain* (1868) berichtete er über eine 1866/67 unternommene Reise durch die englischsprachigen Länder und vermittelte dabei einen nachhaltigen Eindruck von der Größe der englischen Rasse – der Ausdruck Volk ließ sich ja nicht verwenden –, die vielleicht dazu bestimmt sei, sich schließlich über die ganze Erde auszubreiten. Dilke hatte mit seinem ›Greater Britain‹ vor allem die kulturelle Gemeinschaft Englands und seiner weißen Siedlungskolonien gemeint, von seinen Nachfolgern und Vergröberern wurde daraus eine unmittelbare Aufforderung zur kolonialen Expansion gemacht. Eine Intensivierung der Diskussion über die Probleme des britischen Imperiums begann, als *Disraeli* in seiner Rede im Kristallpalast in London im Juni 1872 seine Politik im Falle einer Regierungsübernahme darlegte und dabei dem Weltreich breite Aufmerksamkeit zuwandte. Er warf den Liberalen in wahlkämpferischer Vereinfachung eine verstohlene Tendenz zur Auflösung des Reiches vor und unterstrich demgegenüber, daß es vielmehr zu einer imperialen Konsolidierung kommen müsse; als deren Mittel sah er einen Reichszolltarif, militärische Verabredungen und den Ausbau der Selbstverwaltung.
In der Phase des Hochimperialismus hatten die 1883 publizierten Vorlesungen des hochgeachteten Historikers *John Robert Seeley* (1834–1895), *The Expansion of England,* außerordentlichen Einfluß. Seeley wollte die Ausdehnung der britischen Rasse erklären und gleichzeitig zu historisch begründeten Aussagen über die Zukunft des Imperiums kommen. Er wandte sich mit aller Entschiedenheit gegen eine Auflösung des Reiches. Dafür machte er die Notwendigkeit einer weiteren kontinuierlichen Auswanderung geltend, er sah im Erhalt des Imperiums erhebliche militärische Vorteile, und er wies darauf hin, daß Rußland und die Vereinigten Staaten die am schnellsten wachsenden Staaten seien. England stand für ihn bei der Ausrichtung seiner Kolonialpolitik deshalb vor der Wahl, entweder in künftigen Tagen auf die gleiche Höhe zu kommen, oder auf die Stufe einer rein europäischen Macht herabzusinken und wehmütig auf die großen Tage zurückzublicken, in denen es den Anspruch erhob, Weltmacht zu sein. Seine Argumente betrafen in erster Linie den Zusammenhalt des Greater Britain. Aber auch hinsichtlich des großen Untertanenlandes Indien sprach er von der Notwendigkeit eines festeren Zusammenschlusses von Mutterland und Kolonie. England würde unter einem Bruch schwer leiden, vor allem aber dürfe es die dort eingeleiteten Wandlungen nicht in der Mitte abbrechen. Hier wurde also die zivilisatorische Mission betont, ein Thema, dem sich später *Rudyard Kipling* (1865–1936) in seinen in Indien spielenden Romanen und Erzählungen

besonders widmete. Der engagierteste Verfechter englischer imperialer Größe wurde schließlich der Unternehmer und Premierminister der Kap-Provinz *Cecil Rhodes* (1853–1902). Für Rhodes war es unbestritten, daß die Engländer die erste Rasse der Welt seien und daß es um so besser für die Menschheit sei, je mehr England von der Welt besäße. Er war von der Ansicht durchdrungen, daß Gott die Engländer zu seinem auserwählten Werkzeug gemacht habe, um Gerechtigkeit, Freiheit und Frieden auf der Erde zu verbreiten. Danach war es nur Dienst an den göttlichen Absichten, wenn möglichst große Teile der Erdkarte mit dem britischen Rot eingefärbt wurden. Rhodes hielt den Traum britischer Universalherrschaft und damit eines dauernden Friedens, einer Pax britannica, für realisierbar. Freilich war dieser Überschwang wesentlich Verbrämung eines lebhaften materiellen Interesses an der Annexion fremder Territorien.

Vereinigte Staaten

Die Verbindung von Sendungsbewußtsein und materiellen Zielen begegnete ebenso in den Vereinigten Staaten. Den Amerikanern war es selbstverständlich, daß Amerika ein eigenes politisches System war, in dem die USA die entscheidende Rolle zu spielen hatten. Das Interesse an Europa war sehr viel weniger ausgeprägt. Eine frühe Ausnahme machte hier das Buch von *Alexander Hill Everett* (1790–1847), *Europe, or a General Survey of the Present Situation of the Principal Powers* (1821), dem später ein entsprechender Band über Amerika folgte. Everett sah künftig drei Weltreiche, das amerikanische, das englische und das russische. Dabei ging er davon aus, daß Europa durch Rußland geeinigt würde. Er hielt es für selbstverständlich, daß Europa über die barbarischen Verhältnisse Asiens und Afrikas einfach hinwegginge, es sollte dabei nicht nur seine Gesittung, sondern auch seine Bevölkerung auf diese beiden Kontinente ausdehnen. Sehr viel realistischer äußerte sich zu weltpolitischen Fragen *William Henry Seward* (1801–1872), Rechtsanwalt, Schriftsteller, Parlamentarier und 1861–1869 Staatssekretär des Äußeren. In Wort und Tat setzte er sich für eine permanente amerikanische Westexpansion ein. Damit meinte er nicht nur die Durchdringung des nordamerikanischen Halbkontinents, sondern des gesamten pazifischen Raumes. Den Fernen Westen der USA, Ostasien, bezeichnete er als natürliches Einflußgebiet der Union; hier würde künftig das Zentrum des Welthandels liegen, und hier würde sich entscheiden, ob die Vereinigten Staaten Großbritannien überrunden konnten. Unmittelbar wollte er Kanada, Alaska und die arktischen Gebiete in Besitz genommen wissen, in späterer Zeit Mexiko und den karibischen Raum. Südamerika sollte sich der Führung des Nordens anvertrauen, die Beziehungen nach Asien sollten die wirtschaftliche Durchdringung ermöglichen. Seward strebte so eine ökonomische Weltherrschaft an.

Deutschland

Auch in Deutschland hatten schon in der Mitte des 19. Jhs. imperialistische Tendenzen erhebliches Gewicht. Eine Vielzahl von Autoren ließ sich dabei von der Verärgerung darüber leiten, daß die umfangreiche deutsche Auswanderung ausschließlich den Vereinigten Staaten zugute kam. Daneben wurde die Expansion mit ökonomischen Notwendigkeiten begründet. Auf die Rolle von überseeischen Besitzungen in *Lists* nationalem System wurde schon verwiesen. Ähnlich setzte sich *Lorenz Stein* für eine Expansion außerhalb Europas ein. Ihm schien es ein Naturgesetz zu sein, daß das Aufsuchen fremder Märkte in dem Grade dringlicher wurde, als die Konzentration des Kapitals im Innern zunahm, und er warnte mit beredten Worten davor, diesen Zusammenhang zu übersehen. Auch für *Julius Fröbel* war in seiner *Theorie der Politik* (1864) Expansion selbstverständlich. Besitzungen und Handelsverbindungen in Asien, Afrika und den unselbständigen Teilen Amerikas, Macht auf den Meeren, die Beherrschung großer Weltverbindungsstraßen, die Verfügung über Arbeitskräfte und Militärkräfte, die rohen Rassen zu entnehmen seien, ferner die Sicherheit für den Besitz unentbehrlicher Stoffe, waren ihm wesentliche Gesichtspunkte für die große Politik. Einen Staat, der seine Stellung in diesem ökonomischen Weltsystem nicht zu behaupten wußte, hielt er für verloren. Die imperialistische Diskussion auf breiter Front wurde in Deutschland dann 1879 von *Friedrich Fabri* (1824–1891) durch eine Broschüre mit dem suggestiven Titel *Bedarf Deutschland der Kolonien?* eingeleitet. Fabri ging von der Überlegung aus, daß Deutschland relativ übervölkert sei. Dem sollten eine organisierte Massenauswanderung und eine Intensivierung des Exports abhelfen. Er propagierte deshalb den Erwerb von Ackerbau- und von Handelskolonien, und er schlug gleichzeitig vor, Verbrecherkolonien in Besitz zu nehmen, um hier die ›Grimmigen‹ unter den Sozialdemokraten unterzubringen. Dergestalt wollte er die soziale Frage exportieren. In seiner kolonialen Werbung argumentierte er aber ebenso mit dem Gedanken einer besonderen deutschen Kulturmission wie mit dem Hinweis, daß die Machtstellung eines modernen Staates an seinem Kolonialbesitz abgelesen werden könne.
War koloniale Begeisterung in der Mitte des 19. Jhs. Sache des Liberalismus schlechthin, so verlagerte sich das Interesse im letzten Jahrhundertdrittel zunehmend nach rechts. Erst seit der Wende vom 19. zum 20. Jh. wurden auch die progressiven Liberalen für den Imperialismus gewonnen. Hier hatte besonders das Votum *Friedrich Naumanns* Gewicht

(1860–1919). Er hielt die wirtschaftliche und politische Machtentfaltung nach außen für die Voraussetzung aller größeren sozialen Reformen im Innern, aber er betrieb keineswegs Außenpolitik nur als Funktion der Innenpolitik. Er war vom ständigen Vorhandensein von Machtfragen überzeugt. Durchdrungen vom darwinistischen Konzept des Kampfes ums Dasein hielt er Staaten für Raubtiere, geprägt von einem ständigen Ausdehnungstrieb. In seiner einflußreichen Schrift *Demokratie und Kaisertum* (1900) sagte er: »Wer leben will, muß kämpfen. Das gilt vom einzelnen, von der Klasse, vom Volk. Weil wir bald ein Volk von 60 Millionen Menschen sind und in nicht ferner Zeit ein solches von 70 Millionen sein werden, deshalb müssen, deshalb können wir um die deutsche Existenz auf der Erdkugel kämpfen...« (3. Aufl. 1904, S. 207).

Weitere Stimmen

Es ist hier nicht möglich, auch auf die Propagandisten des Imperialismus in anderen Ländern breiter hinzuweisen. In Frankreich wurde dieses Gedankengut etwa von dem Liberalen *Anatole Prevost-Paradol* (1829–1870) in seinem Buch *La France Nouvelle* (1868) vorgetragen. Frankreich brauchte Raum und Volkskraft, wollte es sich behaupten. Ähnlich schrieb der Nationalökonom *Paul Leroy-Beaulieu* (1843–1916) in *De la colonisation chez les peuples modernes* (1874), diejenige Nation werde die größte der Welt sein, die am meisten kolonisiere. Das russische Sendungsbewußtsein wurde vor allem durch das Buch *Rußland und Europa* (1871) von *Nikolaj J. Danilevski* (1822–1885) formuliert. Der Verfasser entwickelte eine Kulturzyklentheorie, derzufolge das germanisch-romanisch geprägte Abendland abgewirtschaftet hatte und Rußland jetzt die führende Stellung in der Weltgeschichte einnehmen würde. Politisch entwickelte er daraus die These, daß Rußland das Haupt einer slawischen Föderation mit dem Zentrum in Konstantinopel werden müsse; das setzte die Vernichtung der Donaumonarchie und des Osmanischen Reiches voraus. Dieses Konzept kann als ein kulturell motivierter, auf Südosteuropa und den Nahen Osten zielender Imperialismus verstanden werden.
Wie imperialistisches Denken – in verschieden starker Ausprägung – alle großen und zahlreiche kleinere europäische Länder durchdrang, so erfaßte es auch alle Bevölkerungsschichten und alle politischen Richtungen. Selbst die Sozialdemokratie vermochte sich davon nicht fernzuhalten. Im revisionistischen Lager sprach sich *Bernstein* in seinen ›Voraussetzungen‹ und in einigen Aufsätzen dafür aus, sich der Kolonialpolitik grundsätzlich positiv zuzuwenden. Er argumentierte handelspolitisch, indem er erklärte, daß der Absatz in den Kolonien die materielle Lage im Mutterland verbessern werde, also der Arbeiterschaft zugute komme,

und er nannte kulturelle Motive, indem er den unterentwickelten Bevölkerungen nur ein bedingtes Recht auf ihr Land zugestehen wollte, da sie es nicht wirklich bewirtschafteten. Wie verbreitet die Neigung auch bei den sozialistischen Parteien war, aus den Kolonien Vorteile zu ziehen, ergibt sich aus der Tatsache, daß auf dem Internationalen Sozialistenkongreß in Stuttgart 1907 ein Antrag nur knapp verworfen wurde, das Kolonialwesen anzuerkennen. Im Umfeld des Kongresses hatte ein Belgier, *Modeste Terwagne,* in einem dem Kongo gewidmeten Artikel der Sozialistischen Monatshefte diese Stimmung mit der Bemerkung zusammengefaßt, die Kolonien seien gegen die Arbeiterschaft gegründet worden, nun müßten sie für sie nutzbar gemacht werden. Er vergaß dabei nicht den Hinweis, daß mit der Entwicklung der Kolonien auch eine moralische Pflicht gegenüber den dortigen Bevölkerungen erfüllt würde. Das führte auch die Schrift *Kautskys Sozialismus und Kolonialpolitik* (1907) breiter aus. Er redete einer Entwicklungshilfe das Wort, die in einer noch recht entfernt liegenden Zeit die Freigabe der Kolonien bewirken wollten.

Theoretische Durchdringung des Imperialismus

Den einflußreichsten Versuch zu einer geschlossenen Interpretation des Imperialismus unternahm der linksliberale britische Publizist *John Atkinson Hobson* (1858–1940) mit seinem Buch *Imperialism* (1902), das vom Burenkrieg ausgehend den Imperialismus nicht fördern, sondern ihn bekämpfen wollte. Hobson war bedingungsloser Freihändler. Auf der Basis statistischen Materials vertrat er die These, daß die britische Expansion im späten 19. Jh. in direktem Zusammenhang mit dem Anstieg der britischen Überseeinvestitionen stehe. Daraus zog er den Schluß, daß die entscheidenden Antriebe in dem Bestreben zu suchen seien, angesichts der Übersättigung des Binnenmarktes einträgliche Anlagemöglichkeiten im Ausland zu finden. Diese Tendenz hielt er nicht für ein Resultat des Kapitalismus, sondern für das Ergebnis der britischen Gesellschaftsstruktur. Da dem 4. Stand der ihm gebührende Anteil am Sozialprodukt vorenthalten werde, sei die mangelnde Nachfrage auf dem Binnenmarkt zwangsläufig. Die Alternative zum Imperialismus mußte danach die Sozialreform sein. Diese auf ältere Vorläufer zurückgreifende Unterkonsumptionstheorie erfaßte das Phänomen des Imperialismus indessen nur partiell. In ähnlich grandioser Einseitigkeit verstand knapp zwei Jahre später der österreichische Nationalökonom *Joseph Schumpeter* (1883–1950) in seinem Aufsatz *Zur Soziologie der Imperialismen* (1918/19) den Imperialismus als objektlose Disposition eines Staates zu gewaltsamer Expansion ohne angebbare Grenzen. Danach war Imperialismus nicht ökonomisch motiviertes zielgerichtetes Handeln, sondern irrationales Tun, resultierend aus den Traditionen der alten Herrenschichten, ihren kriegerischen Leidenschaften und ihres Urtriebs zur Eroberung. Um diese These zu erhärten, griff Schumpeter weit in die Geschichte aus und suchte seine Beispiele vom altpersischen Reich an. Beide Interpretationen waren sehr einflußreich. Schumpeter fand ebenso Nachfolger wie Hobson, auf den sich vor allem die marxistischen Imperialismus-Interpretationen stützten. Trotz einer nun schon seit 80 Jahren währenden wissenschaftlichen Diskussion ist noch keineswegs Übereinstimmung über das Wesen des Imperialismus erzielt. Als politisches Schlagwort ist der Ausdruck nach wie vor in regem Gebrauch; es liegt auf der Hand, daß eine abgewogene Begriffserklärung damit ungemein erschwert wird.

48. Sieg und Krise der Demokratie

Die Entwicklung zur Demokratie

An der Wende vom 18. zum 19. Jh. und in den ersten Jahrzehnten des 19. Jhs. entwickelten sich liberale und demokratische Kräfte in scharfer Konkurrenz und in vielen Punkten in eindeutiger Gegnerschaft. Der Liberalismus stand dem Gedanken mit großer Skepsis gegenüber, daß größere Volkskreise auf die Politik einwirken können sollten, er verfocht zwar uneingeschränkt die Prinzipien individueller Freiheit, wollte zu den Freiheitsrechten aber nicht ohne weiteres auch das Recht der politischen Betätigung zählen, und er sah Gleichheit nur als Gleichheit vor dem Gesetz. Die Demokraten dagegen hielten die Teilnahme des Volkes an den politischen Entscheidungen für selbstverständlich, und sie waren der Ansicht, daß der Staat nicht nur die rechtliche Gleichheit gewährleisten durfte, sondern auch etwas für mehr reale Gleichheit tun mußte. Die Übergänge zwischen den beiden Lagern waren immer fließend, und im Laufe der Zeit verwischten sich die Gegensätze zunehmend. Der Liberalismus mußte sich demokratischen Überzeugungen öffnen, wollte er sich behaupten, und der Konservativismus mußte sich diesen Entwicklungen insofern anpassen, als auch er sich bereitfand, dem Wählervotum ein immer höheres Gewicht beizumessen. In der Auseinandersetzung und dem Ausgleichungsprozeß der politischen Lager des Bürgertums wurden neue intellektuelle Formeln kaum noch geprägt, man bediente sich vielmehr des begrifflichen Instrumentariums, das in der ersten Hälfte des 19. Jhs. formuliert worden war. Die Hauptfelder der Auseinandersetzung waren dabei die Fragen des Wahlrechts und der Stellung des Parlaments: Allge-

meines Wahlrecht und Parlamentarismus waren die Parolen der vorwärtsdrängenden Kräfte.
Im Kampf um diese beiden Größen entwickelten sich die europäischen Staaten allmählich zu Demokratien. Der Prozeß war so langwierig und vielschichtig, daß er sich nicht auf eine allgemeine Formel bringen läßt. In Großbritannien dauerte er von 1832 bis 1918, in Frankreich vollzog er sich relativ schnell zwischen dem Sturz des Zweiten Kaisertums im September 1870 und der Stabilisierung der 3. Republik 1879, in der Schweiz zwischen 1847 und 1874, wobei freilich das Wahlrecht als Kantonssache noch lange danach administrativ eingeschränkt werden konnte. In einer ganzen Reihe von Staaten wurde das parlamentarische Regierungssystem lange vor dem allgemeinen und gleichen Wahlrecht für Männer erreicht (– die Durchsetzung des Frauenwahlrechts dauerte ja noch viel länger –), so in Dänemark, den Niederlanden, Italien und Belgien, die 1915, 1917, 1918 und 1919 die Demokratisierung mit der Modernisierung ihres Wahlrechts abschlossen. Schweden kam in den Jahren 1907 bis 1909 zum Parlamentarismus auf der Basis eines allgemeinen und gleichen Wahlrechts. Das Deutsche Reich hatte dieses Wahlrecht zwar seit 1867, aber die Parlamentarisierung kam nicht voran, da keine der bürgerlichen Parteien ein wirkliches Interesse daran hatte; sie wurde erst im Oktober 1918 erreicht. In Österreich wurde das allgemeine und gleiche Wahlrecht erst 1907 angenommen, zum Parlamentarismus kam das Land infolge der Revolution. Die nach dem Ersten Weltkrieg begründeten Staaten begannen alle mit der Demokratie, 1918 schien diese Staatsform sich somit endgültig durchgesetzt zu haben.
Es ist nicht nötig, die in diesen vielfältigen Auseinandersetzungen gebrauchten Argumente hier zusammenzufassen. Nur auf die demokratischen Konzeptionen in Frankreich und Deutschland sei ein kurzer Blick geworfen.

Frankreich: Alain

Die politischen Führer des demokratischen Lagers in Frankreich, der Radikalen Partei, – zunächst *Léon Gambetta* (1838–1882), dann *Georges Clemenceau* (1841–1929) – und ihre Mitkämpfer orientierten ihre Auffassungen an der in der Juli-Monarchie von Jules Michelet vorgetragenen Konzeption. Sie unterstrichen jedoch einen Aspekt stärker, den der Erziehung. Der französische Radikalismus sah die Emanzipation des Menschen sehr wesentlich als pädagogische Aufgabe an, Sozialpolitik spielte daneben eine geringe Rolle. Schuf man für breite Schichten der Bevölkerung die Möglichkeit einer guten Ausbildung, so gab man ihnen auch die Möglichkeit des sozialen Aufstiegs. Die Klassengegensätze mußten sich

damit abschwächen und eine demokratische Staats- und Gesellschaftsordnung von selbst entstehen. Dementsprechend betrieb der Radikalismus, als er seit Ende der 70er Jahre, gestützt auf das ländliche Frankreich, mehr und mehr an Gewicht gewann, im Verein mit den fortschrittlichen Liberalen eine engagierte Schulpolitik, die sich schroff gegen die Kirche wandte. Der französische Radikalismus war ausgesprochen antiklerikal, und so flackerte der Kulturkampf hier bis 1905 immer wieder auf, ehe er mit der Trennung von Staat und Kirche zu einem gewissen Abschluß kam.
Der führende demokratische Intellektuelle der 3. Republik war *Alain*. Hinter diesem Pseudonym verbarg sich *Émile Chartier* (1868–1951), ein Lyceallehrer für Philosophie, der mit seinen Artikeln in der *Dépêche de Rouen* durch Jahrzehnte hindurch dem Radikalismus die Parolen formulierte. Alain gab sich als Vorkämpfer der petits, der kleinen Leute, gegen die Großen der Welt, gegen Militär, Adel, Kirche, Bürokratie und Wirtschafts- und Finanzmagnaten. Sein Staatsverständnis war nicht naiv-demokratisch dergestalt, daß der Allgemeinwille problemlos zu erkennen wäre und der Staat ihn nur zu vollstrecken hätte, er sah im Staat vielmehr die Konkretisierung von Macht, und er meinte, daß man vor jeder Macht auf der Hut sein müsse, auch in der Demokratie. Er nahm damit die Besorgnis Tocquevilles um die Sicherung der Freiheit des Individuums in der Demokratie auf und führte das demokratische Denken damit stärker zur Mitte hin – wie es sich für eine Zeit, in der der Radikalismus eine Massenbewegung war, von selbst verstand. Hätte der Radikalismus auf doktrinär-demokratischen Positionen beharrt, so hätte er die breite Resonanz schwerlich gefunden.

Deutschland: Friedrich Naumann und Max Weber

Wenn sich in Frankreich die demokratische Bewegung gleichsam liberalisierte, so demokratisierte sich der deutsche Liberalismus. Den wichtigsten Beitrag dazu leistete *Friedrich Naumann*, der von konservativen Positionen ausging und über die christliche Sozialarbeit zum Konzept der Sozialreform kam. In der Arbeit an seiner sozialpolitischen Wochenschrift *Die Hilfe* gewann er zunehmend demokratische Substanz. Anfänglich waren die Forderungen nach Demokratisierung der einzelstaatlichen Wahlrechte eher beiläufig, aber ab Mitte der 90er Jahre setzte er sich immer entschiedener für sie ein. In der Republik sah er nur die Gefahr eines verschärften Klassenkampfes beschlossen. So wollte er die Monarchie unbedingt erhalten wissen, aber das Kaisertum sollte sich auf die Mehrheit des Volkes stützen und sozial sein. Diese in der ›Hilfe‹ in den 90er Jahren entwickelten Gedanken legte er in seinem Anfang 1900 erschienenen Hauptwerk *Demokratie und Kaisertum* eingehend dar. Die Demokratie bezeichnete er hier als die natürliche politische Formel für denjenigen Volksteil, der neu in die Geschichte eintrat und in ihr eine große Zukunft haben würde. Er unterstrich nachhaltig das Recht des demokratischen Stimmzettels, dabei argumentierte er aber nicht mit den alten Formeln von Freiheit und Gleichheit und mit dem Naturrecht, er sah Demokratie vielmehr begründet in der Pflicht gegenüber der Schicht, zu der die Individuen gehörten, und gegenüber dem Volk. Daß Naumann die Demokratie als nationalen Machtstaat verstand, wurde an anderer Stelle erwähnt. Seine Position fand nur schwer Eingang im deutschen Liberalismus. Erst im Laufe des Ersten Weltkrieges brachte es die Mehrheit der Liberalen fertig, traditionellen Ballast abzuwerfen und ein konsequentes demokratisches Wahlrecht und den Parlamentarismus anzuerkennen.

Naumanns demokratische und nationalsoziale Position wurde von *Max Weber* (1864–1920) geteilt, dem zweiten großen Erneuerer des demokratischen Denkens in Deutschland um die Jahrhundertwende. Allerdings wurde Webers Urteil über die Demokratie in den letzten Jahren seines Lebens skeptischer. Er glaubte nicht, daß das Volk sich in der Demokratie selbst regiere. Wie Mosca oder Michels verwies auch er auf eine Herrschaft der Minderheit, nur sah er den Zusammenhang zwischen Regierenden und Regierten als recht eng an und schrieb dem Volk einen merklichen Einfluß auf die Auswahl der Persönlichkeiten an der Spitze seiner Verwaltung zu; als Mittel der Einflußnahme bezeichnete er die öffentliche Meinung. Der Bürokratie als einem der wichtigsten rationalisierenden Momente der Gesellschaft widmete er breite Aufmerksamkeit. Er war der Überzeugung, daß ihr Gewicht fortlaufend demokratisierend wirke, da sie aus ihrem rationalen Ansatz heraus Nivellierung und Rechtsgleichheit wollen müsse. Zwar sah er Tendenzen zur Verselbständigung der bürokratischen Herrschaft, wozu ihm gerade Deutschland Belege bot, insgesamt hielt er aber an der Ansicht fest, daß das bürokratisch-rationale System die Verwaltungsform der modernen Demokratie sein könne. Diese Art der Herrschaft bezeichnete er als die legale, daneben unterschied er die traditionale und die charismatische. Traditional war ihm Herrschaft, wenn ihre Legitimität sich stützte und geglaubt wurde auf Grund der Heiligkeit altüberkommener Ordnungen und Herrengewalten. Als sehr positiv für die Festigung der Demokratie sah er es an, wenn sie, wie in Großbritannien, auch traditionale Momente enthielt. Als charismatische Herrschaft bezeichnete er jede Herrschaft, die sich vom Charisma, einer spezifischen Gnade, ableitete, in der außeralltägliche Qualitäten der führenden Persönlichkeiten eine gewichtige Rolle spielten. Dabei stellte er an die Außergewöhnlichkeit niedrige Anforderungen. Für Parteiführer etwa schien ihm eine besondere Eloquenz zu genügen.

Charismatische Herrschaft war danach keine Besonderheit. Weber hielt sie für eine positive Möglichkeit, den Gefahren einer umfassenden Bürokratisierung zu begegnen. Als er 1918/19 dazu aufgefordert wurde, über die neue deutsche Verfassung mitzuberaten, versuchte er das Moment des Charismatischen einzubringen. Er entwickelte den Gedanken einer plebiszitären Führerdemokratie, weil nur die damit mögliche Personalisierung der Politik ihm geeignet erschien, die Demokratie vor den aus dem Massenzeitalter resultierenden Gefährdungen zu retten.

Krisenbewußtsein angesichts des Massenzeitalters

Der kontinuierliche Prozeß der Demokratisierung von Liberalismus und Konservativismus schloß natürlich nicht aus, daß aus diesen beiden Lagern weiterhin die traditionellen Argumente gegen die Demokratie vorgetragen wurden. Neben diesen dutzendfachen Argumenten entwickelte sich seit dem ausgehenden 19. Jh. eine tieferblickende und neue Aspekte aufgreifende Kritik. Ob die in diesem Zusammenhang zu nennenden Autoren eher dem demokratischen und liberalen Lager zuzurechnen waren wie Michels oder Tönnies, oder ob sie eindeutig zu den Konservativen gehörten wie Mosca, Le Bon oder Spengler, war für die Grundzüge ihrer Kritik gleichgültig, sie alle waren angesichts des heraufziehenden Zeitalters der Massen von Skepsis erfüllt, ob bei den sich wandelnden Verhältnissen Demokratie überhaupt noch praktizierbar sei. Sie waren von einem tiefen Krisenbewußtsein beseelt.

Gemeinschaft und Gesellschaft: Ferdinand Tönnies

Daß die Entwicklung Europas einen Wendepunkt erreicht hatte, wurde von dem deutschen Soziologen *Ferdinand Tönnies* (1855–1935) in seinem schon 1887 erschienenen, aber erst in der Weimarer Zeit zur Geltung gekommenden Werk *Gemeinschaft und Gesellschaft* hervorgehoben. Die Formen des dauernden und echten Zusammenlebens definierte Tönnies als Gemeinschaft, die des vorübergehenden und scheinbaren als Gesellschaft. Gemeinschaft war ihm lebendiger Organismus, Gesellschaft ein mechanisches Aggregat. Bei den historischen Völkern konstatierte er den Aufbruch aus ursprünglichen gemeinschaftlichen Lebensformen zu willkürlichen gesellschaftlichen Gebilden, von der Kultur des Volkstums zur Zivilisation des Staatstums. Charakteristisch für diesen wesentlich ökonomisch bedingten Prozeß waren ihm die Verdrängung von Sitte durch Gesetzesrecht, von Religion durch Wissenschaft, von Haus, Dorf und Stadt durch die Großstadt. Die Großstadt sah er als charakteristisch für die Gesellschaft schlechthin an; hier konnten gemeinschaftliche Lebensweisen nicht mehr existieren, jeder lebte vielmehr für sich allein und in ständiger Spannung zu den anderen. Die Liebe des Autors gehörte ganz eindeutig den gemeinschaftlichen Lebensformen. So hoffte er denn auch, daß die Entwicklung auf einen genossenschaftlichen Sozialismus hingelenkt werden könne. Ihre eigentliche Wirkung entfaltete seine Hochschätzung des Gemeinschaftlichen und seine negative Charakterisierung der Gesellschaft in der vor allem bei der jungen Generation nach 1918 stark ausgeprägten Gemeinschaftssehnsucht.

Die Psychologie der Massen: Le Bon

Die *Psychologie des foules* von *Gustave le Bon* (1841–1931), die 1895 erstmals erschien, wurde nicht nur in Frankreich fast alljährlich wieder aufgelegt, sie wurde zudem in viele Sprachen übersetzt und erlebte auch in diesen viele Auflagen. Der Autor gewann sein Material für die Begründung der Massenpsychologie vornehmlich aus Beispielen der Französischen Revolution und der Pariser Kommune von 1871. Das einzelne Individuum bewertete er hoch, in dem Augenblick jedoch, wo es seinen eigenen Willen aufgab und sich dem Einheitswillen einer Masse anschloß, wurde es für le Bon ein gefährliches Wesen, bar jeder Persönlichkeit, Bestandteil einer Horde mit ausgesprochener Neigung zur Gewaltsamkeit. Le Bon unterschied sich ad hoc bildende, momentane Massen und permanente Massen. Auch für die permanenten Massen, als deren größte er das Volk ansah, konstatierte er, daß sie leicht beeinflußbar und leicht zu erregen seien und daß sie moralisch ohne weiteres enthemmt werden könnten. Deshalb hielt er die Demokratie psychologisch nicht für möglich. Er unterstellte, daß die Massen Autorität wünschten, und zwar keine, die an die Vernunft appellierte, sondern Tatmenschen, von denen eine Faszination ausging. Die in die Analyse eingebrachten Beobachtungen waren im einzelnen zutreffend, aber sie wurden fehlerhaft kombiniert; der Autor übersah, daß seine Daten ausschließlich Ausnahmesituationen entstammten und deshalb nicht einfach verallgemeinert werden durften. Aber sein Buch war ohnehin nicht in ausschließlich wissenschaftlicher Absicht geschrieben, le Bon wollte Material gegen die Demokratie zusammentragen. Mit seinen Ausführungen, die zudem noch rassistisch durchsetzt waren, fand er viele Nachahmer; sein Buch hatte deshalb sehr breite Wirkungen.

Die herrschende Klasse: Gaetano Mosca und Robert Michels

Sehr viel fundierter setzte der italienische Staatsrechtslehrer und Soziologe *Gaetano Mosca* (1858–1941) seine Demokratie-Kritik an. In seinem Hauptwerk *Elementi di scienza politica* (1895) – in deutscher Sprache erstmals 1950 unter dem treffenden Titel ›Die herrschende Klasse‹ veröffentlicht – trug er vor, daß die Existenz einer herrschenden und einer beherrschten Klasse die konstanteste Erscheinung der Geschichte sei. Mosca beschrieb den Honoratiorenbetrieb in der Politik und folgerte daraus, daß Demokratie eine Fiktion sei. Der in den Demokratien angeblich realisierte Volkswille sei über Presse, Parteien und Verbände und über die Auswahl der Kandidaten zu Wahlen das Produkt der herrschenden Klasse, nämlich der Bürokratie und des Offizierskorps, des Besitzbürgertums und des Adels sowie der Intelligenz oder doch wenigstens von Teilen davon. Die von der herrschenden Klasse benutzten Ideologien waren ihm nur Leerformeln, die die Herrschaft verbrämen und die beherrschte Klasse integrieren sollten. Als wesentlichen Bestandteil individuellen Strebens wertete Mosca den Kampf um den Aufstieg in die herrschende Klasse, er meinte, daß dabei eher negative als positive Charaktereigenschaften entwickelt würden, so daß Politik keinen hohen moralischen Rang haben könne. Schließlich unterschied er zwei Formen der Herrschaftsausübung, die autokratische und die liberale. Da er sich selbst mit dem wachsenden Illiberalismus in Italien immer stärker von konservativen zu liberalen Positionen hinbewegte, unterstrich er in der letzten Auflage seines Werkes die liberalen Gesichtspunkte besonders. Wie Mosca stieß sich auch der aus Deutschland stammende, in Italien seßhaft gewordene Soziologe *Robert Michels* (1876–1936) in seiner *Soziologie des Parteiwesens* (1911) an den oligarchischen Tendenzen des Parteiwesens und goß damit Wasser in den Wein des demokratischen Idealismus. Er begann als überzeugter Demokrat und Sozialist mit der kritischen Untersuchung der Frage, was sich der Realisierung von Demokratie in den Weg stelle und fand die Antwort in den Strukturen der demokratischen Parteien selbst. Die Neigung zur Bürokratisierung sei gleichbedeutend mit der Tendenz zur Erstarrung und damit zur Minderung der Durchschlagskraft der eigenen Ideen. Er war davon überzeugt, daß es gegen diese Entwicklung kein Rezept gab. So sprach er von einem ehernen Gesetz der Oligarchie, das für alle menschlichen Verbände galt und der permanenten Unmündigkeit der meisten Menschen und ihrer daraus sich ergebenden Bereitschaft entsprang, sich Minderheiten zu unterwerfen. Auch für Michels war Demokratie deshalb real eine Unmöglichkeit, er verlangte aber doch, daß so viel wie möglich von ihr verwirklicht würde. Erst in seinen späteren Lebensjahren wandte er sich dem Faschismus zu.

Kreislauf der Eliten: Pareto

Am stärksten unterstrich der Italiener *Vilfredo Pareto* (1848–1923) den Gedanken von der Herrschaft der Minderheiten; er übte damit großen Einfluß auf Mosca und Michels aus, wenngleich er seine Elitentheorie zusammenfassend erst 1916 im *Trattato di sociologia generale* vorlegte. Als Inhaber des Lehrstuhls für Nationalökonomie in Lausanne war Pareto mit einer Vielzahl von Arbeiten hervorgetreten, darunter in seinen *Systèmes Socialistes* (1902/03), einer scharfen Sozialismus-Kritik; er hielt den Sozialismus für eine mystische Utopie, anerkannte aber seine elitebildenden Qualitäten und betrachtete den Klassenkampf deshalb partiell auch als positiv. In seinem Hauptwerk unterschied er zwei Arten des Handelns: das logische und das nicht-logische, wobei die Grenze zwischen beiden fließend war. Er meinte, daß das nichtlogische Handeln von Residuen oder von Derivaten gesteuert würde. Residuen definierte er als ständig wirksame und wesentlich unveränderliche Grundinstinkte, Derivate als deren Interpretationen, also als Prinzipien und Theorien. Als wichtigste Residue betrachtete er den Kombinationsinstinkt und die Gruppenbeharrung. Er meinte, daß die Eliten, die Träger der Herrschaft, denn die Masse der Bevölkerung verhielt sich seines Erachtens passiv, wesentlich von diesen beiden Residuen bestimmt würden. Die vom Kombinationsinstinkt geprägten Menschen hielt er in Aufnahme von Gedanken Machiavellis für geschickt operierende Taktiker mit einem Manko an Glaubensfähigkeit und Heroismus, die von der Gruppenbeharrung bestimmten Menschen sah er als Menschen der Tat und der Glaubenskraft. Er legte dar, daß in stabilen politischen Systemen vor allem die erste, in Krisensituationen die zweite Gruppe nötig sei. Er meinte weiter beobachten zu können, daß in stabilen Systemen erstere deutlich zunahmen, daß durch das Wachstum des Taktierens aber das System geschwächt würde, so daß endlich eine Erneuerung des Staatslebens nötig sei, die von der zweiten Gruppe auf dem Wege des Umsturzes vorgenommen würde. Damit sah Pareto einen neuen Zyklus über Stabilisierung, Vordringen der Taktiker, Aushöhlung des Staatslebens und Umsturz durch die Männer der Tat beginnen. Dieser deprimierende Kreislauf ließ sich nach Pareto vermeiden, wenn die Eliten sich offen zeigten und so in sich eine Ausgewogenheit der Residuen bewirkten. Von diesem Ideal sah er seine eigene Zeit jedoch weit entfernt. Er hielt die Dekadenz für sehr fortgeschritten, die Staaten durch die Konkurrenz der großen politischen Strömungen Liberalismus, Demokratie und Sozialismus für geschwächt, die Stunde der Tatmenschen für nahe. So stand Europa am Vorabend einer großen Krise.

Untergangsstimmung: Oswald Spengler

Ausdruck des Krisenbewußtseins war in hohem Maße auch das 1918/22 in zwei Bänden erschienene Werk *Oswald Spenglers* (1880–1936) *Untergang des Abendlandes*, ein Buch, das zu den am meisten diskutierten Veröffentlichungen in der ersten Hälfte des 20. Jhs. gehörte. Der Verfasser, ein ehemaliger Gymnasiallehrer, wollte eine Morphologie der Weltgeschichte geben. Die zentrale dabei von ihm benutzte Kategorie war der Begriff der Kultur. Spengler hielt Kulturen für Organismen; ihr Wachstum und Verfall machte insgesamt die Weltgeschichte aus. Er nannte 8 große Kulturen, die aegyptische, die indische, die babylonische, die chinesische, die antike, die arabische, die abendländische und die der Mayas. Jede erwuchs nach einer archaischen Phase zur Hochkultur, trat von da in eine Periode des Verfalls ein und mußte es schließlich erleben, daß ein junges Volk sie überrannte und damit einen neuen Kulturzyklus einleitete. Für die Entwicklungsstufen der Kulturen waren ihm besonders die Kunststile charakteristisch. Überall folgten archaische, gotische, barocke und moderne Formen aufeinander, dabei waren jeweils nur die drei ersten lebensvoll, die Moderne hielt Spengler dagegen für unfähig zu Eigenem. Das Abendland war inzwischen in die Moderne eingetreten, also unfruchtbar, es war weit entfernt von der Höhe der mittelalterlichen Kultur, in der die beiden Urstände Adel und Priester herrschten. Seither war an die Stelle der Kultur Zivilisation getreten, der Intellekt hatte über den Instinkt triumphiert, der Rationalismus, inkarniert in Bürokratie, Militär, Technik, Wissenschaft und Handel war an der Macht, während in den Weltstädten ein kulturloser Pöbel lebte, hungrig nach Brot und Spielen. So stand für Spengler die Zeit der Cäsaren bevor, er fürchtete, daß sich aus ihren Kämpfen miteinander eine geschichtslose Fellachenwelt entwickeln könnte. Aber er war nicht schlechthin Fatalist. Er glaubte, daß die Entwicklung verlangsamt werden konnte, wenn eine realistische Politik betrieben wurde. So empfahl er, immer wieder begründet in seinen späteren politischen Schriften, den Ersatz der von ihm verachteten Demokratie durch einen autoritären Militarismus. In diesem Sinne setzte er große Hoffnungen auf Preußen und warb für seine Erneuerung. Von Preußen erwartete er die Durchsetzung des Prinzips Gemeinnutz vor Eigennutz, der Unterordnung des Individuums unter die Gemeinschaft, des Gedankens von Befehl und Gehorsam. Nur auf dieser Basis hielt er die Kräftigung für möglich, die nötig war, sollte Europa dem Ansturm der farbigen Völker standhalten können.

49. Von Lenin zu Stalin

Zu Beginn des 20. Jahrhunderts war der Marxismus zu einer breit und auch innerhalb des marxistischen Lagers sehr kontrovers diskutierten politisch-geistigen Strömung geworden. Neben einem linken Flügel voller revolutionärer Unruhe stand ein geduldiger Attentismus der Mitte, der zwar am Worte nichts geändert wissen wollte, aber zunehmend auf einen pragmatischen Kurs einschwenkte, daneben wiederum standen revisionistische und reformistische Positionen. Die Orthodoxie verlor langsam an Boden. Dieser Prozeß hätte sich vermutlich ungestört fortgesetzt, wenn nicht der Erste Weltkrieg eine ganz entschiedene Verschlechterung der materiellen Verhältnisse und damit verbunden eine Verschärfung der Klassengegensätze bewirkt hätte, wodurch die Resonanz von Pragmatismus und Revisionismus innerhalb der Sozialisten verringert wurde. Noch bedeutsamer für die Entwicklung des Marxismus erwies sich die Tatsache, daß im Jahre 1917 in Rußland die erste durch eine sozialistische Partei betriebene Revolution gelang, und zwar aus einer eindeutigen Minderheitenposition heraus, und daß die Sowjetregierung sich in der Folge gegen innere Widerstände und äußere Interventionen behaupten konnte. Für den entschiedenen Sozialismus wurde Rußland so zu einer Verheißung – was dort möglich gewesen war, mußte auch anderswo erreichbar sein –, zu einem Kristallisationspunkt und zu einem stabilen Rückhalt. Die kommunistische Bewegung spaltete sich vom zwar zerklüfteten, aber äußerlich doch noch einheitlichen Lager des marxistischen Sozialismus ab und vertraute sich der Führung aus Moskau an. Von Moskau gingen in den folgenden Jahrzehnten wesentliche Impulse für die Diskussion marxistischer Probleme aus; das größte Gewicht hatte dabei die Stimme Lenins.

Lenin

Wladimir Iljitsch Uljanow (1870–1924), der sich *Lenin* nannte, war der Sohn eines persönlich geadelten Beamten, an sich Anwalt, aber doch bald der Revolution ganz und gar verschrieben. Seit den frühen 90er Jahren hatte er Verbindung mit marxistischen Kreisen und beteiligte sich an deren Kampf gegen die Volksfreunde. Seine revolutionäre Wirksamkeit trug ihm 1897 eine dreijährige Verbannung nach Sibirien ein, die er zu seiner ersten größeren Arbeit, *Die Entwicklung des Kapitalismus in Rußland* (1899), nutzte. Hier bemühte er sich um den Nachweis, daß auch die russische Bauernschaft eine für kapitalistische Entwicklungsstufen typische Differenzierung aufweise und daß auch der Bauer, nicht nur der Großgrundbesitzer, agrarischer Unternehmer sei. Bei der Besprechung der russischen Schwerindustrie fand er die Thesen von Marx bestätigt, daß die Großindustrie die Lebensbedingungen der Bevölkerung gänzlich umwandle; aus all dem zog er den Schluß, daß der Kampf um den Sozialismus auch in Rußland eine reale Basis habe. Daraus ergab sich die Frage, was zu tun sei. Ihr stellte Lenin sich 1902, jetzt im Ausland lebend, unter Aufnahme des von Tschernyschewski verwendeten Titels mit der Broschure ›Was tun?‹ Dabei unterstrich er nachhaltig die Rolle des bewußt revolutionären Moments und wies alle Thesen von der Spontaneitat der Massen zurück. Die Arbeiterbewegung sei von sich aus nur in der Lage, sich gewerkschaftlich zu organisieren, aber damit begebe sie sich unter die Fittiche der Bourgeoisie, sie gehöre indessen unter die Fittiche der revolutionären Sozialdemokratie. Auch durfte der Kampf nicht nur um die Arbeitsverhältnisse gehen, sondern mußte umfassend politisch geführt werden. Nur eine feste und bewußte Organisation der Sozialdemokratie konnte die Arbeiterbewegung auf diesen Weg bringen. Lenin verlangte nichts anderes als eine Organisation von überzeugten Sozialisten, die die Revolution zu ihrem Beruf machten, eine Partei, die möglichst konspirativ arbeiten sollte, und für die sich jedes Mitglied aktiv einsetzte, also eine kleine straffe und revolutionäre Kaderpartei. Damit wollte Lenin aber natürlich keiner Selbstisolation das Wort reden. Die Speerspitze der Arbeiterschaft, die Kaderpartei, und jeder einzelne Sozialdemokrat sollten Bundesgenossen werben, indem sie überall bei der Aufrollung, Zuspitzung und Lösung allgemein demokratischer Fragen vorangingen, ohne dabei freilich auch nur einen Augenblick die eigene Überzeugung zu verheimlichen. Diese Thesen vermochte Lenin zwar in der (1898 gegründeten) Sozidaldemokratischen Russischen Arbeiterpartei nicht völlig durchzusetzen, aber auf dem Parteitag von 1903 gewann er doch die Mehrheit (Bolschewiki) für sich. Die Minderheit (Menschewiki) blieb dem Gedanken einer Massenpartei verhaftet.

In der Auseinandersetzung mit der russischen Revolution von 1905 festigte Lenin seine Überzeugung von der Notwendigkeit der Diktatur des Proletariats im Bündnis mit der Bauernschaft; als Grundlage der revolutionären Herrschaft des Proletariats im Bündnis sah er die Sowjets, die Räte. Nach dem Scheitern der Revolution ging er wiederum in die Emigration und verwandte die folgenden Jahre auf eine intensive Parteiarbeit und eine rege publizistische Tätigkeit. Im Zentrum stand dabei die Auseinandersetzung mit den Menschewiki, die 1912 zum endgültigen Bruch und zur Konstituierung einer eigenständigen bolschewistischen Partei führte. Der wichtigste theoretische Ertrag dieser Jahre war die Schrift *Materialismus und Empiriokritizismus* (1909), die die Grundprinzipien des Materialismus neuerlich verdeutlichen sollte. Hier stellte Lenin die später noch von ihm breiter diskutierte These auf, daß die Entwicklung in

Natur und Geschichte sich nicht nur auf dem Wege quantitativer Veränderung, sondern auch mittels eines qualitativen Sprunges vollziehen könne. Er hoffte auf eine baldige erneuerte Revolution und ließ sich deshalb schließlich in der Nähe der russischen Grenze nieder, um den erwarteten Ereignissen näher sein zu können. Nach Kriegsausbruch 1914 ging er in die Schweiz. Hier beschäftigte er sich wesentlich mit der Frage, warum die Arbeiterschaft im Sommer 1914 versagt hatte, indem sie sich überall auf die Seite ihrer Regierungen stellte. Lenin meinte den Grund dafür in einer tiefgreifenden Korrumpierung durch den Kapitalismus sehen zu können. Das erläuterte er in seiner 1917 geschriebenen Schrift *Der Imperialismus als höchstes Stadium des Kapitalismus*. Dabei handelte es sich um eine Arbeit, die nicht die Theorie weiterbilden wollte – hier griff er auf Hobson und Hilferding zurück –, sondern eine momentane Standortbestimmung suchte. Lenin sah den Imperialismus als Kapitalismus auf jener Entwicklungsstufe an, »wo die Herrschaft der Monopole und des Finanzkapitals sich herausgebildet, der Kapitalexport hervorragende Bedeutung gewonnen, die Aufteilung der Welt durch die internationalen Trusts begonnen hat und die Aufteilung des gesamten Territoriums der Erde durch die größten kapitalistischen Länder abgeschlossen ist« (Werke, Bd. 22, S. 270f.). Dabei unterschied er nicht sonderlich zwischen Kolonien und indirekt abhängigen Gebieten. Er gab zu, daß die großen imperialistischen Mächte aus ihrem Besitz und Einfluß erhebliche Lebenskraft zogen. Das kleine Häuflein ganz reicher Länder, England, Frankreich, die USA und Deutschland, könne durch seinen Imperialismus riesige Extraprofite erwirtschaften, die sie in die Lage versetzten, die Oberschichten ihrer Arbeiterschaft zu bestechen und sich damit zu Verbündeten zu machen, so daß diese Arbeiteraristokratie sich im Konflikt zwischen Proletariern und Kapitalisten auf die Seite der letzteren stelle. Gleichwohl sah Lenin den Imperialismus eindeutig als letztes Stadium des Kapitalismus. Nicht nur, daß der Klassenkampf auf die internationale Ebene verlagert war, so daß revolutionäre Prozesse sich auch vom Rand aus in Gang setzen ließen, vielmehr ließ die völlige Aufteilung der Welt gar keine andere Möglichkeit als die des Konflikts zwischen den großen kapitalistischen Mächten. In diesen Konflikten mußte der Kapitalismus sich schließlich selbst vernichten.

Kurz nach der Fertigstellung der Imperialismus-Schrift konnte Lenin infolge der Revolution vom März 1917 (nach neuer Zeitrechung) nach Rußland zurückkehren. Damit begann die letzte Phase seiner Tätigkeit, die des unmittelbaren Kampfes für die Revolution und der Sicherung ihrer Resultate. Lenin kämpfte hier mit nimmermüdem Einsatz und erheblicher Flexibilität. Unmittelbar nach der Rückkehr verfocht er in den Aprilthesen ultralinke Positionen; wenige Jahre später griff er den linken Radikalismus in Auseinandersetzung mit westeuropäischen Theoretikern als eine Kinderkrankheit des Kommunismus scharf an. Im Sommer 1917 befaßte er sich mit dem Absterben des Staates nach der Revolution; in seiner politischen Praxis nach 1918 schob er viel des hierzu Gesagten einfach beiseite. Mit dem Kriegskommunismus der Bürgerkriegszeit wurde ein weiter Sprung in den Kommunismus hinein getan; nach der Revolution der Kronstädter Matrosen (1921) und angesichts der wachsenden Unzufriedenheit innerhalb wie außerhalb der Partei warf Lenin das Steuer mit der Neuen Ökonomischen Politik weit herum und ließ erhebliche Entwicklungen in Richtung einer erneuerten Privatwirtschaft zu, wenn auch die Partei die Großwirtschaft und das Geldwesen weiterhin uneingeschränkt beherrschte und damit die Gesamtwirtschaft fest im Griff hatte. Er ließ das Endziel niemals aus dem Blick, er vergaß niemals, daß die Partei Verbündete brauchte, und er achtete strikt darauf, daß die Partei weder die Führung verlor noch sich – wie das mit der unvermeidbaren Umwandlung zur Massenpartei nach geglückter Machtergreifung Hand in Hand ging – zu sehr durch weitläufige Diskussionen schwächte. Auf dem 10. Parteitag im Frühjahr 1921 erklärte er, daß es an der Zeit sei, der innerparteilichen Opposition ein Ende zu machen; er wandte sich damit gegen die Kommunisten in den Gewerkschaften, die in gewerkschaftlicher Arbeit durchaus Sinn sahen, und gegen die sogenannten Demokratischen Zentralisten, ehemalige linke Kommunisten, die für mehr regionale Entscheidungsmöglichkeiten eintraten. Seinen Standpunkt setzte er in zwei Resolutionen durch: die über die Einheit der Partei verlangte unverzügliche Auflösung aller innerparteilichen Gruppen mit eigener programmatischer Plattform; die gegen die anarchistischen und syndikalistischen Abweichungen unterstrich die Rolle der Partei ganz im Sinne seiner Schrift von 1902: der Marxismus lehre, daß nur die kommunistische Partei die Vortruppe des Proletariats einigen, schulen und organisieren könne. Der hier erstmals gebrauchte Terminus Abweichung – für Lenin noch etwas Korrigierbares – unterstellte, daß es eine genau feststellbare Norm gab; sie zu definieren war Sache der Partei.

Nur einmal während der letzten Kampfjahre fand Lenin Gelegenheit, abgelöst von der Last des alltäglichen Vorantreibens, Agitierens und Korrigierens grundsätzlicher nachzudenken, als er nach dem fehlgeschlagenen Revolutionsversuch vom Juli 1917 in Finnland wieder im Untergrund lebte. In dieser Situation entstand seine Schrift *Staat und Revolution*, die allerdings unvollendet blieb. Lenin führte aus, daß bis zur völligen Herstellung der klassenlosen Gesellschaft die Diktatur des Proletariats nötig sei, daß demzufolge die staatliche Organisation aufrechterhalten bleiben müsse, nur jetzt eben als Mittel proletarischer statt vorher bürgerlicher Gewalt, er unterstrich aber, daß der Staat sogleich abzusterben beginne. In der ersten Phase dieses Prozesses sah er die sich bildende kommunistische Gesellschaft noch mit den Muttermalen der alten Gesellschaft behaftet. Hier waren zwar die Kapitalisten enteignet, die Produktionsmittel vergesellschaftet, damit die bisherige Ungerechtigkeit beseitigt, ferner der Staat zum Staat des bewaffneten Proletariats gemacht, aber die Konsumtionsmittel wurden nach wie vor nach der geleisteten Arbeit verteilt. Diese erste Phase war eine Lernphase, in der Produktion und Konsumtion noch kontrolliert werden mußten, und zwar wesentlich in der Form der Selbstkontrolle. Erwies sich das als wirksam, so würde sich das Verschwinden aller Bürokratie vorbereiten, das Absterben des Staates sich beschleunigen. Am Ende stünde dann die Abschaffung jeder organisierten und systematischen Gewalt, jeder Gewaltanwendung gegen Menschen überhaupt; die Menschen würden sich daran gewöhnen, die elementaren Regeln des gesellschaftlichen Lebens ohne Gewalt und ohne Unterordnung einzuhalten. Als Lenin dies schrieb, schätzte er den Zeitraum der Gewöhnung als relativ kurz ein; er ahnte zweifellos nicht, daß der Staat sich im Laufe der kommenden Jahre zu einer immer stärkeren Apparatur entwickeln würde. Allerdings nahm sein Mißtrauen gegen die Bürokratisierung nach der Revolution erheblich zu. Das Problem, wie der sozialistische Staat aussehen könnte und wie die Kontrollmechanismen einzurichten seien, beschäftigte ihn unablässig, ihm widmete er etwa die Schrift *Die nächsten Aufgaben der Sowjetmacht* (1918); gerade hier warnte er vor einer Diktatur der Bürokratie und wies auf die Teilnahme der armen Bevölkerung an der Verwaltung (mit Hilfe der Räte) als entscheidendes Mittel zur Festigung des Sozialismus hin.

Bucharin

Die innerparteiliche Diskussion war in den ersten Jahren nach der Revolution außerordentlich lebhaft, bis sie nach 1921 Schritt für Schritt eingeschränkt wurde. Als stärksten Theoretiker der Partei bezeichnete Lenin *Nikolai Iwanowitsch Bucharin* (1888–1938), setzte freilich hinzu, daß er ein Scholastiker sei, allerdings mit beachtlichen Schwächen in der Dialektik. Bucharin trat schon in jungen Jahren mit zahlreichen nationalökonomischen Analysen hervor. Zwischen 1918 und 1921 versuchte er den Kommunismus mit einer Reihe von Schriften zu popularisieren, so in dem zusammen mit *E. A. Preobrashenski* (1886–1937) verfaßten *ABC des Kommunismus* (1918) und der *Theorie des historischen Materialismus* (1921), die er als gemeinverständliches Lehrbuch verstand. Charakteristisch für Bucharins Arbeiten und Publikationen ist eine erhebliche Wendigkeit. Er war durchaus kein starrer Dogmatiker. Von einem Hauptverfechter des Kriegskommunismus, also einem Angehörigen der Linken, wandelte er sich sehr schnell zum Verfechter der NEP; er ging nach rechts. In einer etwa gleichzeitig mit der Lenins geschriebenen Analyse des Imperialismus kam er zu entsprechenden Ergebnissen, wenn er den Imperialismus auch nicht so deutlich als Stadium des Kapitalismus ansah, sondern mehr als Politik. Er unterstrich vor allem die Trustbildung und die damit verbundene riesige Stärkung der Großbourgeoisie und die sich aus der Konkurrenz der kapitalistischen Staaten ergebenden verheerenden Kriege. Der Übergangsgesellschaft wandte er besondere Aufmerksamkeit zu. Die Diktatur des Proletariats war ihm gekennzeichnet durch die Tatsache, daß die Produktionsmittel nicht der Gesamtgesellschaft, sondern nur dem Proletariat gehörten. Damit existierte noch eine Klassengesellschaft. Er meinte aber, daß die Gesellschaftsordnung der proletarischen Diktatur ohne jede weitere Revolution in den Kommunismus übergehen werde. Auch er betonte die Selbstverwaltung und warnte vor der Bürokratisierung.

Trotzkij

Neben Lenin war die profilierteste Persönlichkeit des frühen Sowjetrußland *Leo Dawidowitsch Bronstein* genannt *Trotzkij* (1879–1940). Als Organisator der Roten Armee und Sieger im Bürgerkrieg besaß er große Popularität; Lenin bezeichnete ihn in seinem sogenannten Testament als fähigsten Mann im Zentralkomitee, konnte sich aber ganz und gar nicht entschließen, ihn als das Mittel zu bezeichnen, mit dem Stalin verhindert werden könne. Dazu hatte Trotzkij zu lange gegen Lenin gestanden. Schon als Student beteiligte er sich an der revolutionären Arbeit und wurde deshalb nach Sibirien verbannt, von wo aus er nach London entkommen konnte. Dort hielt er zu den Menschewiki. Während des revolutionären Jahres 1905 war er wieder in Rußland und gab dem Petersburger Sowjet zahlreiche Impulse. Nach seiner Verhaftung und Verbannung floh er neuerlich ins Ausland und kehrte im Mai 1917 nach Rußland zurück. Jetzt schloß er sich den Bolschewiki an, trug wesentlich dazu bei, ihnen im Petrograder Sowjet die Mehrheit zu verschaffen und organisierte die Oktoberrevolution. Er war danach zunächst für das Auswärtige zuständig, wobei er wiederum in Gegensatz zu Lenin geriet, da er für die Ablehnung des Friedens von Brest-Litowsk war, dann für das Kriegswesen. Im Nachfolgekampf gegen Stalin nach Lenins Tod vermochte er sich nicht durchzusetzen, er wurde schrittweise entmachtet, 1929 aus der Sowjetunion ausgewiesen, um endlich 1940 in Mexiko von der russischen Geheimpolizei ermordet zu werden.

Wie Lenin, so formulierte auch Trotzkij seinen tragenden Gedanken früh. Ausgehend von in Deutschland gewonnenen Anregungen, die ihm besonders durch den (in seinen jungen Jahren) radikalen Marxisten *Israel Helphand* genannt *Alexander Parvus* (1867–1923) vermittelt wurden, entwickelte er angesichts der russischen Revolution von 1905 das Konzept der permanenten Revolution, an dem er lebenslang festhielt und das schließlich zum wichtigsten Punkt seiner Auseinandersetzung mit Stalin wurde. Im ›Ergebnisse und Perspektiven‹ überschriebenen Schlußkapitel des Buches *Unsere Revolution* (1906) führte er aus, es sei sehr wohl möglich, daß das Proletariat in einem rückständigen Land eher an die Macht komme als in einem kapitalistisch fortgeschritteneren; dahinter stand die Ablehnung eines revolutionären Automatismus und die Überzeugung von der Wichtigkeit des bewußt revolutionären Elements. Er glaubte aber nicht, daß das russische Proletariat sich an der Macht halten konnte, ohne durch die europäische Arbeiterklasse unterstützt zu werden. Immer wieder betonte er, auch später, daß die Probleme einer Arbeiterregierung in einem rückständigen Land mit einer überwiegenden Mehrheit des Bauerntums nur im internationalen Maßstab gelöst werden könnten, daß deshalb die Revolution in dem einen Land das Vorspiel zur Weltrevolution sein müsse. Der Durchsetzung dieser Auffassung widmete er den größten Teil seiner Kraft, zumal in seinem endgültigen Exil nach 1929; er faßte seine Ansichten in dem Buch *Die permanente Revolution* (1930) zusammen: Zurückgebliebene Länder, koloniale und halbkoloniale, können ihre Probleme nur in einer proletarischen Diktatur lösen; sie müssen dazu ein Bündnis des Proletariats und des Bauerntums schaffen, dabei hat das Proletariat unbedingt zu führen. Die sozialistische Revolution kann zwar im nationalen Rahmen beginnen, sie läßt sich hier aber nicht zu ihrem Ende führen. Die Weltrevolution bleibt geboten. Wie Trotzkij konzessionslos für die permanente Revolution focht, so trat er auch unermüdlich gegen alle Bürokratisierungstendenzen in die Schranken. Immer wieder setzte er sich für mehr Diskussionsfreiheit ein und verlangte die Demokratisierung des Parteilebens. Aus seinem endgültigen Exil griff er Stalin als Verräter der Revolution an: Am Ende des zweiten Jahrzehnts nach der Revolution sei der Sojwetstaat weder abgestorben noch im Absterben begriffen, er sei vielmehr zu einem in der Geschichte noch nicht dagewesenen Zwangsapparat ausgewuchert, die Bürokratie sei zu einer unkontrollierten, die Massen beherrschenden Kraft geworden. Damit sah er eine Revolution gegen die Sowjetbürokratie sich abzeichnen. Trotz der Verfremdung unter Stalin hielt er die Sache der proletarischen Revolution in Rußland aber durchaus nicht für verloren, da die neuen Eigentumsformen noch nicht aufgehoben seien. Die Sowjetunion schien ihm ein Übergangsregime zwischen Kapitalismus und Sozialismus zu sein. Es lag für ihn auf der Hand, daß der Prozeß der Fortentwicklung der Revolution sich wieder in Gang setzen ließ.

Stalin

Der Sieger in den Nachfolgekämpfen war *Josef Wissarionowitsch Dschugaschwili* mit dem Decknamen *Stalin* (1879–1953). Er wirkte seit 1899 im Dienst der Revolution und wurde deshalb mehrfach nach Sibirien verbannt. Nach der Revolution wurde er Volkskommissar für die Nationalitäten, 1922 Generalsekretär der Partei. Lenin hielt ihn in seinem Testament für zu rücksichtslos und schlug deshalb vor, ihn vom Posten des Generalsekretärs zu entfernen, aber gerade diese Rücksichtslosigkeit ermöglichte es Stalin, zunächst im Bündnis mit *Grigorij Sinowjew* (1883–1936) und Leo Rosenfeld, gen. *Kamenjew* (1883–1936), dann über sie hinweggehend die Nachfolge Lenins anzutreten und zur absoluten Macht auszubauen. Indem er sich zum Testamentsvollstrecker Lenins machte, schuf er den Leninismus, aber dabei floß soviel vom Geiste Stalins ein, daß man nur von Leninismus-Stalinismus sprechen kann. Besonderes Gewicht hatten seine 1924 an der Moskauer Universität gehaltenen Vorlesungen über die *Grundlagen des Leninismus* und die Broschüre *Zu den Fragen des Leninismus* (1926); des weiteren sind zu nennen der Bericht *Über den Entwurf der Verfassung der Union der SSR* (1936), die Schrift *Über dialektischen und historischen Materialismus* (1938), die *Linguistikbriefe* von 1950 und eine Vielzahl von Reden. Er neigte allgemein dazu, das von der marxistischen Diskussion abgesteckte Feld entschieden zu verkleinern und sehr pragmatisch zu entscheiden. Die Grundlagendiskussion interessierte ihn wenig; das Problem der Entfremdung hatte keinen besonderen Stellenwert für ihn, ebenso beschäftigte er sich nicht sonderlich mit den Fragen der Übergangswirtschaft. Stalin stand unbeugsam auf dem Standpunkt, daß die Errichtung des Sozialismus mit den Kräften eines Landes möglich sei, wenn er auch zugab, daß sich ein solches Land, in dem die Diktatur des Proletariats errichtet war, nicht als völlig gesichert gegen eine feindliche Intervention und die Restauration der alten Ordnung betrachten dürfe. Mit allem Nachdruck unterstrich er die Rolle der Partei. Er betonte, daß keine einzige wichtige politische oder organisatorische Frage durch die Räte oder die Massenorganisationen ohne leitende Weisung der Partei entschieden werden könne. Die Führung durch die Partei war ihm das Wesentliche an der Diktatur des Proletariats. Den Sozialismus hielt er mit der Beseitigung des Privateigentums für verwirklicht. Um dieses Ziel, das er schon auf dem 17. Parteitag der KPdSU (1934) als realisiert bezeichnete, so schnell wie möglich zu erreichen, betrieb er eine entschiedene Verschärfung des Klassenkampfes. Nur durch eine maximale Verstärkung der Staatsmacht konnte seines Erachtens das Absterben des Staates bewirkt werden, denn nur so war es möglich, die Überreste der absterbenden Klassen endgültig zu vernichten und den Sozialismus gegen die kapitalistische Umkreisung zu verteidigen. Wider-

sprüche innerhalb des Sozialismus sah er kaum. Damit war auch die Notwendigkeit weiterer Veränderungen eliminiert.
Da die Partei von monolithischer Geschlossenheit sein sollte und immer recht hatte, lag es nahe, alle taktischen Maßnahmen zur Theorie zu erheben und ihnen in dieser Form absolute Geltung zu verleihen. Das wiederum bedingte bei Kursänderungen ein Umschreiben der Theorie unter völliger Tilgung der früheren Auffassung. Neben die ideologischen Säuberungen wurden scharfe und blutige Bekämpfungen der Abweichungen gestellt. Im Weltkommunismus beanspruchte die KPdSU unter Stalin dieselbe straffe Führung wie im eigenen Lande.
Die auswärtigen Beziehungen des stalinistischen Rußland waren von der Überzeugung bestimmt, daß ein Zusammenstoß zwischen der UdSSR und den kapitalistischen Staaten auf die Dauer unvermeidlich sei. Die Sowjetunion als die führende Macht des Kommunismus mußte deshalb die Revolution allenthalben fördern. Das schloß aber nicht aus, daß sie normale Beziehungen auch zu nichtsozialistischen Ländern unterhielt. Auf dem 17. Parteitag sah Stalin nicht einmal Grund für ein schlechtes Verhältnis zum nationalsozialistischen Deutschland. Erst die schroffe Stellung Hitlers gegenüber Rußland sorgte für eine Revision dieser Haltung, und so beschloß denn der 17. Kongreß der Komintern 1935, zum Kampf gegen den Faschismus überall breite Volksfronten zu bilden. Das bedingte eine gewisse Lockerung der dogmatischen Strenge, ein Prozeß, der durch das Bündnis mit den Westmächten während des Krieges noch weiter gefördert wurde. Diese Tendenzen wirkten bis in die Linguistik-Briefe hinein, die insofern mit marxistischen Denktraditionen brachen, als sie die Sprache nicht mehr als Bestandteil des Überbaus sahen und damit die Möglichkeit boten, das Volk höher zu bewerten, woran sich freilich wieder der Führungsanspruch der Russen aufhängen ließ. Die Periode einer engeren Kooperation mit dem Westen endete nach längeren heftigen Auseinandersetzungen in der Führungsspitze der KPdSU 1947; die Rede von *Andrej Shdanow* (1896–1948) bei der Gründung des Kominform im September 1947 kennzeichnete auch äußerlich den Sieg der auf Konfrontation setzenden Gruppe. Shdanow führte aus, daß die Periode der Zusammenarbeit beendet und die Welt in zwei große Lager gespalten sei, die sich einem unvermeidbaren Konflikt gegenübersähen. Die offizielle Sowjetunion kehrte damit zu Thesen zurück, die bis Anfang der 30er Jahre uneingeschränkt gegolten hatten

50. Italienischer Faschismus und benachbarte Bewegungen

Zum Begriff

Das Wort Faschismus, abgeleitet von fascio und über dieses zurückgehend auf die Rutenbündel der römischen Liktoren, hat ähnlich dem Ausdruck Imperialismus nicht nur eine wissenschaftliche Bedeutung, sondern deckt in starkem Maße auch politisch-polemische Inhalte. So ist seine wissenschaftliche Verwendbarkeit zweifelhaft. Indessen konnte es sich, da ein eindeutiges Bedürfnis nach zusammenfassender Benennung der vielfältigen rechtsradikalen Bestrebungen der Zwischenkriegszeit bestand, in den letzten anderthalb Jahrzehnten allgemein durchsetzen, und zwar in breiter Auslegung, unter Einschluß sehr maßvoller Positionen wie auch der extremen Ausprägung im Nationalsozialismus. Die Nationalsozialisten allerdings wendeten den Ausdruck nur sehr selten auf sich selbst an, aber das schließt natürlich nicht aus, daß die historische Betrachtung es dennoch tut, wenn sich genügend Gründe dafür anführen lassen.

Die zusammenfassende Benennung der verschiedenen Rechtsradikalismen als Faschismus wurde in den 20er Jahren von den Kommunisten eingeführt. Ende 1922 sprach Sinowjew auf dem 4. Kongreß der Kommunistischen Internationale unter dem Eindruck des Marsches auf Rom von einer Epoche des Faschismus. Der Italiener *Amadeo Bordiga* bezeichnete den Faschismus gleichzeitig als Helfer der Bourgeoisie in der Phase des Niedergangs des Imperialismus, und *Karl Radek* verstand ihn als eine sich überall vollziehende Konterrevolution, die sich der psychologischen und ökonomischen Krise des Kleinbürgertums bediene. Damit war die Identifikation von Faschismus und Italien aufgegeben. In der weiteren Entwicklung einigte sich die marxistische Diskussion auf eine Definition, derzufolge der Faschismus die offene terroristische Diktatur der am meisten reaktionären, chauvinistischen und imperialistischen Elemente des Finanzkapitals war. Er erschien als neue Form der bürgerlichen Herrschaft über die Massen, über die durch die ökonomische Krise aus der Bahn geworfenen Kleinbürger und rückständigen Teile des Proletariats, da die Demokratie zu diesem Zweck nicht mehr ausreiche.

In der westlichen Diskussion wurde der Faschismus sehr verschieden interpretiert, jedoch zumeist nur auf Italien bezogen. Als zusammenfassender Begriff für die harten Diktaturen dieses Jahrhunderts wurde hier sehr lange der Ausdruck Totalitarismus vorgezogen, zumal damit die Möglichkeit gegeben schien, auch das stalinistische Rußland in die Betrachtung mit einzubeziehen. In diesem Sinne wirkten namentlich Arbeiten von *Franz Neumann, Carl J. Friedrich* und *Hannah Arendt.* Erst in den 60er Jahren wurde der Faschismus als »ein kennzeichnendes, nicht auf Deutschland und Italien beschränktes, durch ideologische und strukturelle Eigentümlichkeiten sowohl vom Bolschewismus wie von der parlamentarischen Demokratie wie von bloßen Entwicklungsdiktaturen verschiedenes Phänomen der europäischen Zwischenkriegszeit« herausgearbeitet, namentlich durch *Ernst Nolte*, von dem die eben zitierte Formulierung stammt (Geschichtliche Grundbegriffe, Bd. 2, S. 335). Nolte versteht den Faschismus als einen Anti-Marxismus, der den Gegner durch die Ausbildung einer radikal entgegengesetzten und doch benachbarten Ideologie und die Anwendung von sehr ähnlichen, aber doch charakteristisch umgeprägten Mitteln zu vernichten trachtet, aber streng im Rahmen der nationalen Autonomie. In dieser Definition scheinen die antimarxistischen Bestrebungen etwas überbetont, die antiliberalen und antidemokratischen Absichten etwas zu gering bewertet, aber sie gab der Diskussion doch endlich eine verläßliche Basis. In der Fortführung seiner Interpretation rückte Nolte die Tendenzen des Faschismus zur Überwindung des liberalen Systems stärker in den Blick.

Allgemeines

Der Faschismus hat keinen bestimmten geistigen Vater, er kann nicht wie der weitausladende Wuchs des marxistischen Denkens auf einige große Wurzeln zurückgeführt werden. Er wurde vielmehr von vielen Denkern zumeist kleineren Zuschnitts vorbereitet, die sich vom Unbehagen an der immer deutlicheren Tendenz zu einer nivellierten Massengesellschaft bestimmen ließen, dagegen Elitetheorien und darwinistische Kategorien als Leitbilder aufrichteten und dem Kult der Gewalt und des großen Individuums huldigten. In Verbindung damit gehören zu seiner Vorgeschichte auch rassistische und antisemitische Konzepte, auch wenn gerade dieses Element nicht in allen Ausprägungen des Faschismus sichtbar wurde. Ebenso aber wurde er durch vielerlei soziale und sozialistische Sehnsüchte breiter Volkskreise mitbegründet. Ohne den sich steigernden Nationalismus wäre er undenkbar. Er war nicht Produkt der Zwischenkriegszeit, sondern Resultat der geistigen Gärung zwischen dem offenen Ausbruch der Krise des liberalen Konzepts in den 70er Jahren und Erstem Weltkrieg. Die mit dem Kriege verbundene Kräftigung kollektiven Denkens und Fühlens verstärkte nur die vorher gelegten Fundamente. Außer den oben in den erwähnten Zusammenhängen schon genannten Namen wären als Vorbereiter des Faschismus noch *Friedrich Nietzsche* (1844–1900) mit seiner These vom Vorrang des Lebens vor dem Intellekt, seiner Gegnerschaft gegen die Mitleidsethik, seiner Betonung des Diesseits und seinem Verlangen nach dem Übermenschen anzuführen, ferner der französische Lebensphilosoph *Henri Bergson* (1859–1941) mit seiner Wendung gegen das hochstilisierte deterministische und naturwissenschaftliche Weltbild des 19. Jhs. Beide hatten insbesondere auf Mussolini eine starke Wirkung. Insgesamt verarbeiteten die Begründer des faschistischen Denkens so viele Anregungen, daß es nicht möglich ist, einige an seinem Anfang stehende Grundschriften zu nennen.

Die Action Française

Nach der Einschätzung Noltes erfuhr das faschistische Denken und Handeln seine erste abgerundete Ausprägung in den von der Action Française entwickelten Vorstellungen und Arbeitsformen. Diese Gruppe entstand 1898/99 im Streit um die Affaire Dreyfus; sie entsprang einer Initiative des Schriftstellers *Maurice Pujo* (1872–1955), der im Dezember 1898 mit einem Aufruf *Action Française* hervortrat und darin Individualismus, abstrakte Menschenrechte, Anarchismus, Humanitätsschwärmerei und Parlamentarismus angriff und Frankreich zur Besinnung auf seine Kräfte aufforderte; das intellektuelle Profil wurde in der Folge vor allem durch *Charles Maurras* (1868–1952) bestimmt. Maurras begann in den 90er Jahren ästhetisch-literarisch zu publizieren. Schon in seinen frühen Schriften waren zahlreiche politische Äußerungen und Stimmungen enthalten, aber entscheidend politisiert wurde er erst durch die Affäre Dreyfus. Mit einem Artikel *Das erste Blut*, in dem er den Freitod des Oberstleutnants Henry beklagte und der Republik anlastete, erregte er 1898 Aufsehen. In den folgenden 5 Jahrzehnten erschien eine Unzahl von Aufsätzen, Essays und Schriften, als deren wichtigste für seine politische Konzeption die *Enquête sur la monarchie* (1901), die Überlegung *Si le coup de force est possible* (1910) und die Zusammenfassung *Mes idées politiques* (1937) genannt seien. Maurras hatte einen nicht unbeträchtlichen Einfluß auf die öffentliche Meinung und damit indirekt auch auf die Politik der III. Republik, wenn seine Resonanz auch nie so weit ging, daß er dem Staat ernsthaft gefährlich werden konnte. Hier standen ihm wohl auch sein Intellektualismus und Ästhetizismus im Wege. Obwohl er die Gewalt pries, war er nicht eigentlich ein Mann der Gewalt. Immerhin, die Sturmtruppe der Action Française, die Camelots du roi, sorgte ab 1908 für einige Unruhe.

Die Grundstimmung bei Maurras war ein aufs höchste gesteigerter Nationalismus. Frankreich stand ihm weit über allem, und im Zweifel war immer zugunsten Frankreichs zu entscheiden. Dieses Land war von innen und außen gefährdet, und so lebte Maurras denn in ständiger Angst um sein Frankreich, und sein Denken kreiste darum, wie der Gefahr zu steuern sei. Außenpolitisch waren die Gegner die großen Weltmächte, namentlich Deutschland, in dem ihm alles Böse inkarniert schien und dessen Zerstörung deshalb eine wesentliche Entlastung für Frankreich bedeuten würde. Deutschland und deutscher Geist bildeten ihm das Zentrum der Weltrevolution. Daß sich diese Haltung in den 30er Jahren änderte, liegt auf der Hand. Innenpolitisch lag die größte Gefahr für Frankreich in dem seit Jahrhunderten andauernden Modernisierungsprozeß, dessen größter Erfolg 1789 zu verzeichnen war. Die politischen Strömungen, die sich seither entwickelt hatten, Liberalismus, Demokratie, Sozialismus, Kommunismus und Anarchismus, waren nur verschiedene Realisierungen ein und derselben Gefahr; sie waren samt und sonders unfranzösisch. So konnte Maurras denn auch klagen, daß Frankreich von außen bestimmt wurde; es wurde seines Erachtens regiert durch Freimaurer, Protestanten, Juden und Fremde, die er Metöken nannte. Am schärfsten wandte er sich gegen die Demokratie. Sie erschien ihm als der größte Irrtum der neueren Entwicklung, weil sie das Allgemeininteresse getötet, Sitte, Familie, Nation zerstört, die Gesetze des Geldes an die Stelle der Gesetze des Geistes gesetzt und den Kapitalismus ermöglicht hatte. Da sie nivellierte, war sie nicht nur böse, sondern widernatürlich, so konnte sie nicht verbessert, sondern mußte zerstört werden. Maurras war zutiefst davon überzeugt, daß die Natur die Verschiedenheit wolle; in seinem Denken hatten biologistische Vorstellungen breite Spuren hinterlassen. Die Kategorie des Blutes spielte für ihn eine große Rolle. So war er von der Notwendigkeit erblicher Führungsschichten überzeugt. Die Rettung erhoffte Maurras sich von der Tat einer entschlossenen Minderheit; ein Massenaufstand konnte hilfreich sein, aber die eigentliche Arbeit der Umformung Frankreichs begann doch erst nach dessen Erfolg. Er wünschte sich eine Truppe junger Fichtes, so wie Deutschland zu Beginn des 19. Jhs. Männer besaß, die es retten konnten. Das erneuerte Frankreich würde sich dann auf seine großen Traditionen zurückbesinnen, ein auf Kirche und Armee, Grundaristokratie und Bauern, schließlich auf das Bürgertum gestütztes Königtum würde im Innern die Autorität wieder herstellen und die Parteisucht bekämpfen, nach außen Frankreichs alte starke Stellung in Europa erneuern.

Den Krieg wertete Maurras uneingeschränkt als gut; es kam nur darauf an, den richtigen Zeitpunkt zu wählen. Sein Königtum war nicht einfach eine Restauration; wenn erbliche Führungsschichten nötig waren, ergab es sich von selbst, und seine Basis sollte es vor allem in der militärischen Tüchtigkeit haben. Für die künftige soziale Gliederung orientierte Maurras sich besonders am Korporatismus von *René de la Tour du Pin* (1834–1924), der während seiner Kriegsgefangenschaft in Aachen 1870/71 stark von den sozialen Ideen des deutschen Katholizismus beeindruckt wurde und fest auf dem Boden des Syllabus errorum stand. De la Tour du

Pin wollte ein berufsständisches System; darauf berief sich Maurras, ohne daß ihn diese Thematik besonders interessiert hätte. Sein Hauptthema war nicht die soziale Struktur, sondern Größe und Glanz Frankreichs. An einem Vergleich zwischen Maurras und de la Tour du Pin läßt sich sehr gut sehen, daß Maurras, trotz der zahlreichen konservativen Elemente in seinem Denken den Konservativismus, von dem er ausgegangen war, nach 1900 hinter sich ließ und mit Recht dem Faschismus zugerechnet wird.

Der italienische Faschismus. Mussolini

Benito Mussolini (1883–1945) kam anders als der gutbürgerliche Intellektuelle Maurras aus kleinen Verhältnissen. Sein Vater war ein von der Agitation Bakunins geprägter Hufschmied, der Gewalt für ein völlig legitimes Mittel zur Durchsetzung politischer Ziele hielt. Diese Auffassungen übertrug er auf seinen Sohn. Betonter Sozialismus, Bereitschaft zum Einsatz von Gewalt, leidenschaftliche politische Betätigung waren für Benito Mussolini charakteristisch. In der ersten Hälfte seines politischen Lebens war er entschiedener Sozialist, erst dann wandelte er sich zum Faschisten. Allerdings war auch sein Marxismus durch Einflüsse Paretos, Sorels, Bergsons und Nietzsches schon sehr individuell ausgeprägt. Im Partito Socialisto Italiano stieg er bis zum Führer des linken Flügels und (Ende 1912) zum Redakteur des offiziellen Parteiblattes ›Avanti‹ auf. Er dachte ausgesprochen internationalistisch und revolutionär. Diese gradlinige Entwicklung wurde durch den Ersten Weltkrieg umgebogen. Mussolini wandte sich gegen Italiens Neutralität, weil er im Krieg eine Möglichkeit zur Zuspitzung der revolutionären Situation sah und weil er die Irredenta erlösen wollte. Als er im Oktober 1914 im *Avanti* erklärte, der Geist des Sozialismus verlange den Kriegseintritt, wurde er vom Parteivorstand amtsenthoben. Damit begann sein eigenständiger Weg; seine Plattform wurden eine neue Zeitung, *Popolo d'Italia*, und Bünde, die für den Kriegseintritt werben sollten, die Fasci d'azione rivoluzionaria. Jetzt wurde Mussolini aus der Partei ausgeschlossen, Anlaß für seine fortan ständig sich verschärfende Bekämpfung des Parteisozialismus. Die folgenden Jahre brachten die innere Ablösung vom Marxismus. Mussolini gewann die Überzeugung, daß der Kapitalismus noch keineswegs in sein letztes Stadium eingetreten sei, sondern gerade im Krieg seine Lebenskraft beweise. Damit wurde sein Glaube an die Weltrevolution erschüttert, statt ihrer sah Mussolini eine lange und geduldige Kleinarbeit im nationalen Rahmen als nötig an. Er wurde Revisionist, als sein Forum schuf er Anfang 1919 die Fasci di combattimento, die im Sinne eines reformistischen nationalen Sozialismus tätig werden sollten. Das von ihm vorgelegte Programm fand aber keine Resonanz. So verlagerte sich die

Bedeutung der Bünde immer mehr auf ihren Charakter als Wehrverband.
Diese Entwicklung wurde nachhaltig gefördert durch Mussolinis Zuwendung zu dem Nationalistenführer *Gabriele d'Annunzio* (1863–1938), der sich im September 1919 mit einer Freischar der von der Friedenskonferenz nicht Italien, sondern Jugoslawien zugesprochenen mehrheitlich italienisch besiedelten Stadt Fiume bemächtigte, sich dort 15 Monate hielt und damit ungeheure Popularität in Italien gewann. In der Berührung mit D'Annunzio verschärfte auch Mussolini seinen Nationalismus; zugleich dachten beide über die Möglichkeit eines Marsches auf Rom nach.
Währenddessen glitten die Fasci Mussolini immer mehr aus der Hand. Sie machten sich in der Konfrontation mit den maximalistischen Sozialisten des PSI, die die Revolution sofort wollten, zu Anwälten des Status quo, gewannen dabei erheblichen Zulauf und lebten sich in einem brutalen Aktivismus aus. Durch seine Beschwichtigungsversuche, den Hinweis auf die Berechtigung der Forderung nach Bodenreform und genossenschaftliche Leitung der Fabriken, durch seine Bereitschaft zur Zusammenarbeit mit dem PSI isolierte sich Mussolini in den Bünden immer mehr. Nur gestützt auf seinen populären Namen und die Drohung, die Bewegung zu verlassen, konnte er seine Position verbessern, die Bünde zu einer Partei umwandeln und sie damit straffen. Allerdings mußte auch er Konzessionen machen und auf die Annäherung an den Sozialismus verzichten. Ein Jahr später, im Oktober 1922, nutzte er die wachsende soziale Unruhe dazu aus, mit dem Marsch auf Rom ultimativ an die Macht zu kommen; ab 1924 begann er, Italien zum totalitären Einparteienstaat umzubauen.
Mussolini war immer mehr Tatmensch als politischer Theoretiker, und so betonte er in den ersten Jahren des Weges vom Sozialismus zum Faschismus denn auch immer wieder, daß die Doktrin des Faschismus die Tat sei. Aber in Reden und Artikeln begann er doch früh ein neues Weltbild zu zimmern; schon 1921 erschienen *Disvorsi politici*, 1925 *La nuova politica dell'Italia*, 1927 *Il nuova Stato unitario italiano*. Die Beseitigung der Reste des Liberalismus im Staatsleben ab 1924 ließen das Bedürfnis nach einer konsistenten ideologischen Fundierung des neuen Staates wachsen. Ihm wurde vor allem durch einen Artiekl *Dottrina del Fascismo* im 14. Bd. der Enciclopedia Italiana (1932) entsprochen, der zwar von Mussolini gezeichnet, aber doch von verschiedenen Autoren geschrieben war. Der korporative Faschismus des 20. Jhs. wurde hier als Gegenlehre gegen das liberale und demokratische Denken des 19. Jhs. dargestellt, die alte Formel Freiheit, Gleichheit und Brüderlichkeit wurde durch die Formeln Ordnung, Autorität und Gerechtigkeit abgelöst. Es wurde nachdrücklich betont, daß der Mensch nicht allein stehe, sondern in einer Gemeinschaft und mit ihr in der Generationsfolge, so daß er auch Nation und Vaterland

und den Wert ihrer Überlieferungen verkörpere. Bereitschaft zum Kampf sei ein wesentliches Charakteristikum des Individuums, ebenso sei der Staat durch den Willen zur Macht gekennzeichnet, und Expansion sei Ausdruck seiner Vitalität. Die Dottrina erhielt mit ihren vitalistischen Einschlägen eine gewisse Eigenständigkeit, ansonsten lebte sie von Anleihen aus konservativen und nationalistischen Beständen. Besonders augenfällig ist die nachhaltige Unterstreichung des moralischen Wertes des Staates, in der Hegelsche und Fichtesche Vorstellungen, hier vermittelt durch den Philosophen *Giovanni Gentile* (1875–1944), begegnen.

Die Dottrina blieb akademisch. Viel charakteristischer für den Geist des Faschismus in Italien waren seine gesetzgeberischen Manifestationen. Mussolini verzichtete darauf, seine Diktatur hinter liberaler Fassade zu führen, er ließ sie Ende 1925 durch das Gesetz über die Befugnisse und Vorrechte des Regierungschefs und 1928/29 durch die Gesetze über den Großen Faschistischen Rat formalisieren. Die Arbeitsverhältnisse wurden durch das Arbeitsgesetz von 1926 und die Carta del Lavoro von 1927 auf eine neue Basis gestellt. Das Arbeitsgesetz anerkannte die Unternehmer- und Gewerkschaftsverbände und machte sie nicht nur für die Vertretung wirtschaftlicher Interessen zuständig, sondern auch für die Bildung und die nationale Erziehung ihrer Mitglieder, es führte eine obligatorische Schiedsgerichtsbarkeit ein, verbot Streiks und Aussperrungen und gab dem Staat erhebliche Rechte bei der Bestellung der Verbandsführer. Die Carta del Lavoro unterstrich die Bedeutung der nationalen Produktion, machte die Arbeit zur sozialen Pflicht und erklärte als Zweck der Arbeit die Hebung des Wohls der Produzierenden und die Förderung der nationalen Macht. Sie entwickelte sodann das System der Korporationen als staatliche Verwaltungen mit den Aufgaben der Schlichtung bei Konflikten, der Normierung und Kontrolle der Arbeitsverhältnisse, der Arbeitsvermittlung und der sozialen Fürsorge. Viel konkrete Sozialpolitik wurde daran allerdings nicht geknüpft. Die Korporationen blieben ein hohler Apparat, weil staatliche Intervention in die Produktion nur dort stattfand, wo politische Interessen betroffen waren. Die Privatinitiative blieb weitgehend unangetastet. Im Innern erwies sich Mussolini so als Opportunist, der sich mit der Stabilisierung des bestehenden Sozialsystems zufriedengab und keine Anstalten machte, seine sozialistischen Jugendträume zu verwirklichen. Er wollte den Machtstaat nach außen; nationalistische Tendenzen und die Unterstreichung des kulturellen italienischen Primats gewannen deshalb in der faschistischen Selbstdarstellung immer mehr Gewicht.

Andere faschistische Gruppierungen

Die Action Française war und blieb nicht die einzige faschistische Gruppe in Frankreich. Zwischen den Kriegen entwickelten sich hier die Faisceau des *Georges Valois* (1880–1944) der Francisme von *Marcel Bucard* (1895–1946) und vor allem der sich durch einen besonderen Antikommunismus auszeichnende Parti Populaire Français des *Jacques Doriot* (1898–1945), eines kommunistischen Renegaten. Ähnliche Strömungen entstanden in vielen anderen Ländern Europas, so die Heimwehrbewegung in Österreich, die Eiserne Garde in Rumänien, die Pfeilkreuzler in Ungarn, um nur die wichtigeren zu nennen. Sie alle enthielten, wenn auch in sehr verschiedener Mischung, die Bausteine faschistischen Denkens: einen ausgeprägten Nationalismus, Antiliberalismus, Demokratiefeindlichkeit, Antimarxismus, Antisemitismus, Kult des Heroismus und der Gewalt, Verlangen nach sozialen Reformen. Das gilt ebenso für die Juntas de Ofensiva Nacional Sindicalista von *Ramiro Ledesma Ramos* und *Onésimo Redondo Ortega* in Spanien und ihre Konkurrenz, die Falange Española des *José Antonio Primo de Rivera*, die beide in starkem Maße Sozialreformen wollten und sich 1933 vereinigten, dabei aber nie wirklich zusammenwuchsen. In Franco-Spanien wurde die Falange als Massenorganisation entschärft; Franco selbst war eher ein Konservativer als ein Faschist, wenn auch sein Staat im politischen Alltag faschistischer Züge nicht entbehrte. Eine klare Scheidung faschistischer Ideen und nur autoritärer Konzeptionen, die davon ausgingen, daß Liberalismus und Demokratie versagt hatten und ohne sie besser regiert werden könne, ist schwer zu ziehen. Vermutlich wird man das Argentinien *Perons* eher dem faschistischen Typ, das Portugal *Salazars* eher dem autoritären zurechnen müssen, wenn auch Salazar einige Schritte in Richtung des Korporatismus zu tun vorgab. Bedeutende Beiträge zur Entwicklung des politischen Denkens wurden von all diesen Strömungen nicht geleistet, sie waren Derivat von Action Française, italienischem Faschismus und Nationalsozialismus. So genügt es, daß auf sie hier nur pauschal verwiesen wird.

51. Der Nationalsozialismus

Die ideologischen Bausteine des Nationalsozialismus waren keineswegs originell. Es gab in seinem gedanklichen System nichts, was nicht schon Jahrzehnte vorher gedacht und breit diskutiert worden wäre, und so sprach Hitler denn auch mit vollem Recht davon, daß die von ihm vertretenen Ideen auf der Straße lägen. Aber durch die Art, wie diese Ideen aufgelesen und zusammengesetzt wurden, gewann der Nationalsozialismus ein sehr eigenständiges Gesicht, durch die Intensität, mit der seine Führer ihr Konzept zu realisieren versuchten, erhielt er weltgeschichtliche Dimensionen. Blieb der Faschismus Italiens auf dem Boden eines imperialistisch in die Weite gedachten Nationalstaates mit straff autoritärer Struktur, so gingen die Absichten des Nationalsozialismus auf eine Revolutionierung der Welt. Er erreichte, daß aus dem Ersten Weltkrieg ein Zeitalter der Weltkriege wurde, und er bewirkte die weltpolitischen Strukturen, die seit 1945 gelten. Angesichts dieser ungeheuren Geschichtsmächtigkeit ist die Frage unabweisbar, ob es richtig ist, ihn unter dem verwaschenen Namen des Faschismus mitzuerfassen.

Hitler

Natürlich brauchte *Adolf Hitler* (1889–1945) Mitkämpfer und Helfer, und er hatte deren viele. Aber der Nationalsozialismus, so wie er konkret bestand, war doch in erster Linie sein Werk, das nationalsozialistische Deutschland wesentlich der Staat Hitlers. Ohne Hitler wäre die NSDAP wohl eine der vielen faschistischen Bewegungen geblieben, wie sie überall bestanden, durch ihn hob sie sich weit über die Konkurrenten hinaus. Darauf deutete in Hitlers Biographie zunächst freilich nichts. War Mussolini ein Mann, der aus eigener Kraft sehr schnell eine beachtliche politische Karriere machte, so war Hitler das genaue Gegenteil. Der 1889 in Braunau Geborene trat bis zur Vollendung seines 30. Lebensjahres aus der Anonymität überhaupt nicht heraus. Bis 1914 ließ er sich treiben; erst der Krieg schien seinem Leben einen Sinn zu geben. Er meldete sich freiwillig und verbrachte vier Jahre als verläßlicher, allerdings von den Kameraden als sehr eigenwillig angesehener Soldat an der Westfront. Niederlage und Revolution erschütterten ihn tief. So beschloß er, Politiker zu werden. Seinen Weg über die unbedeutende Deutsche Arbeiterpartei des Jahres 1919 bis zum Faktor von nationalem Gewicht 10 Jahre später verdankte er vor allem seiner charismatischen Rednergabe, der endgültige Durchbruch der von ihm geführten Partei 1930/33 wurde freilich von äußeren Umständen und schweren Fehlern der Weimarer Spitzenpolitiker begünstigt. Das braucht hier nicht zu interessieren. Ebenso müssen die in neuerer Zeit vielfach angestellten Versuche unberücksichtigt bleiben. Hitler psychologisch zu erklären, zumal sie keine präzise Deutung erlauben. Sein Antisemitismus, der zentrale Punkt seines Denkens, stammte aus dem antisemitischen Milieu Wiens unter *Karl Lueger* (1844–1910) und der Alldeutschen Partei *Georg v. Schönerers* (1842–1921); viel entnahm der junge Hitler auch obskuren Broschüren *Adolf Lanz zu Lieben-*

fels' (1874–1955). Hinzu traten 1919 die Protokolle der Weisen von Zion, namentlich in der Kommentierung Alfred Rosenbergs von 1923. Bei Lueger beeindruckte ihn die Offenheit, für soziale Probleme bei Schönerer die nationale Entschiedenheit. So entstand allmählich das Konzept, daß das Nationale und das Soziale auf rassisch-völkischer Grundlage miteinander kombiniert werden müßten. Als Hitler an der Jahreswende 1918/19 beschloß, Politiker zu werden, war sein Weltbild weitgehend fertig formuliert; in seinen vielerlei Reden der 20er Jahre und in dem auf weite Strekken autobiographischen Grundsatzwerk *Mein Kampf* (1925/27) legte er es breit dar. Entwicklungen von Belang gab es dabei nicht mehr. In ›Mein Kampf‹, das 1935 anläßlich des 10. Jahrestages des Erscheines als Richtschnur des Lebens und Strebens jedes Deutschen bezeichnet wurde, findet sich nur eine wichtige Änderung durch die vielen Auflagen: die Verstärkung der Stellung des Führers.

Volk und Rasse

Das 11. Kapitel des ersten Buches von ›Mein Kampf‹ mit dem Titel ›Volk und Rasse‹ enthält den Kern von Hitlers Vorstellungen. Hier hieß es, daß schon eine oberflächliche Betrachtung als nahezu ehernes Grundgesetz des Lebenswillens der Natur ihre in sich begrenzte Form der Fortpflanzung und Vermehrung erkennen lasse. Jedes Tier paare sich nur mit Genossen der gleichen Art, gegen Ausnahmen wehre sich die Natur, entweder durch Verweigerung der weiteren Zeugungsfähigkeit für die Bastarde oder durch abgeschwächte Fruchtbarkeit, zumeist aber dadurch, daß sie die Widerstandskraft gegen Krankheit und sonstige Angriffe raube.

»Das ist nur zu natürlich. Jede Kreuzung zweier nicht ganz gleich hoher Wesen gibt als Produkt ein Mittelding zwischen der Höhe der beiden Eltern.... Solche Paarung widerspricht aber dem Willen der Natur zur Höherzüchtung des Lebens überhaupt. Die Voraussetzung hierzu liegt nicht im Verbinden von Höher- und Minderwertigen, sondern im restlosen Siege der ersteren. Der Stärkere hat zu herrschen und sich nicht mit dem Schwächeren zu verschmelzen, um so die eigene Größe zu opfern. Nur der geborene Schwächling kann dies als grausam empfinden...« (S. 312).

Da Hitler zwischen menschlichen und tierischen Rassen keine Unterschiede sah und zudem Rassen und Arten verwechselte, hielt er auch die Unterschiede zwischen den menschlichen Rassen für unaufhebbar: Die Überschreitung der Grenze sah er unter schwere Strafe der Natur gestellt. Daß die Natur die Herrschaft des Starken wolle, war für ihn das Fundament, auf dem ein Staat stehen müsse, der mehr sein wolle als ein volksfremder Mechanismus wirtschaftlicher Belange und Interessen, nämlich ein völkischer Organismus. Am Schluß seines Werkes prophezeite er: »Ein Staat, der im Zeitalter der Rassenvergiftung sich der Pflege seiner besten rassischen Elemente widmet, muß eines Tages zum Herrn der Erde werden.« (S. 782)

Stellung zu den Juden

Die arische Rasse hatte für Hitler unbezweifelbar den höchsten Rang, ihre Qualitäten pries er immer wieder mit flammenden Worten. In der Rangfolge der Arier stand ihm die nordische Rasse auf dem ersten Platz. Auf der anderen Seite wies er fraglos den Juden den geringsten Wert zu. Sie bildeten für ihn in allem den extremsten Gegensatz zu den Ariern. Juden haben, so hieß es, keinen Idealismus, sondern nur Intellekt, sie können nicht konstruktiv, sondern nur destruktiv wirken. Hitler wurde nicht müde, den zerstörerischen Charakter der Juden zu beschreiben: Sie waren schuld an der Auflösung der Einheit aller Industrievölker. Einerseits waren sie die treibende Kraft des Kapitalismus, andererseits benutzten sie den Marxismus als ihr Werkzeug. Die jüdische Presse vergiftete die Seele und lieferte das Denken dem Judentum aus, der Parlamentarismus förderte die Zwietracht. Den Höhepunkt des ›jüdischen Völkermords‹ sah Hitler im Bolschewismus erreicht: an Rußland sei zu sehen, wie aus dem demokratischen Volksjuden der Blutjude und Völkertyrann werde, der die Träger der Intelligenz ausrotte, das Volk damit seiner natürlichen Führung beraube und es so reif mache zum Sklavenlos einer dauernden Unterjochung. Der russische Bolschewismus sei der im 20. Jh. unternommene Versuch des Weltjudentums, sich die Weltherrschaft anzueignen.
Schon im ersten Band stand 1925 die Bemerkung, es wäre die Pflicht einer besorgten Staatsregierung gewesen, diese »Verhetzer... unbarmherzig auszurotten« (S. 185). Im zweiten Band, 1927, stand noch deutlicher, wie Hitler über das Schicksal der Juden dachte. Den Ausgang des Krieges führte er darauf zurück, daß man sich scheute, »zwölf- oder fünfzehntausend dieser hebräischen Volksverderber so unter Giftgas zu halten, wie es Hunderttausende an der Front erdulden mußten.... Zwölftausend Schurken zur rechten Zeit beseitigt, hätten vielleicht einer Million ordentlicher, für die Zukunft wertvoller Deutschen das Leben gerettet« (S. 772). An vielen Stellen des Buches war im Zusammenhang mit den Juden immer wieder die Rede von Ungeziefer, Krankheitskeimen, Bazillen oder Viren. Alle diese Ausdrücke mußten die Notwendigkeit der Vernichtung suggerieren, während das Parteiprogramm nur von Zurückdrängung und Erlaß eines auf die Juden gemünzten Fremdenrechts sprach. Später bewertete Hitler die Entdeckung des jüdischen Virus als

eine der größten Revolutionen in der Weltgeschichte und sagte, daß die Gesundheit erst wiedergefunden werde, wenn die Juden eliminiert würden (1932). Anfang 1939 drohte er im Reichstag, also vor der internationalen Öffentlichkeit, daß der Untergang der Juden die Folge sein würde, wenn es dem Weltjudentum noch einmal gelingen solle, die Welt in einen großen Krieg zu stürzen. Diese Ankündigung war ihm, wie er wenig später unter Beweis stellte, blutiger Ernst. Bis zu seinem letzten Atemzug blieb Hitler der Auffassung, daß er mit seinem Versuch einer Ausrottung der Juden Europa einen großen Dienst getan habe und daß spätere Generationen ihm dafür einmal dankbar sein würden.

Streben nach der Weltherrschaft als ständige Aufgabe

Der Rassenkampf zwischen der alles verderbenden jüdischen Rasse und den anderen Rassen war für Hitler das permanente Thema der Geschichte. Aber auch unabhängig von den Juden dachte Hitler in der Kategorie des ewigen Rassenkampfes, waren die Völker doch verschiedenwertig. Auch hier verwies er darauf, daß der aristokratische Grundgedanke der Natur den Sieg des Stärkeren und die Vernichtung oder bedingungslose Unterwerfung des Schwächeren wolle. Neben den Antisemitismus stellte er so einen konsequenten Sozialdarwinismus. Jedes Volk, jede Rasse strebte, so glaubte er, nach Weltherrschaft. Sich daran zu beteiligen und dafür die günstigsten Voraussetzungen zu schaffen, war mithin eine unabweisbare Aufgabe des Staates. Er mußte deshalb alle Faktoren der Schwächung ausscheiden, sich also gegen Liberalismus, Demokratie, Marxismus, Parlamentarismus und Parteien und gegen die Gleichheit wenden, er mußte auf der anderen Seite die Prinzipien der Hierarchie in ihre natürlichen Rechte einsetzen und alles tun, um die Rasse zu erneuern und ihr den notwendigen Lebensraum zu sichern. Erste Pflicht war die Verhinderung weiterer verderblicher Rasseneinwirkungen. Hitler empfahl so eugenische Maßnahmen, die nicht nur eine Vermehrung der Schwachen verhindern, sondern ebenso der systematischen Höherzüchtung des Volkes dienen sollten, wenn er auch, als er ›Mein Kampf‹ schrieb, meinte, dazu bestünden noch keine realen Möglichkeiten. Um allen die rassisch-völkischen Aufgaben nahezubringen, mußte der Staat ständig erzieherisch tätig sein, nicht nur durch die Schule, sondern auch durch eine umfassende Propaganda. Erziehungsideal war ihm der Kämpfer, nicht der Intellektuelle. Er wollte eine Generation, die für die letzten und größten Entscheidungen auf diesem Erdball reif war. Hitlers konkrete außenpolitische Vorstellungen griffen nicht auf die Vorkriegszeit zurück, noch orientierten sie sich am Bild eines Großdeutschland, sie waren vielmehr unmittelbar aus seinen Grundanschauungen abgeleitet. Seine Raumpolitik der Zukunft zielte, wie er 1927 im zweiten Band seines Werkes frank und frei erklärte, auf Rußland und die ihm unterstehenden Randstaaten. Das Riesenreich im Osten erschien ihm als reif für den Zusammenbruch. Denn der bolschewistische Triumph über den Zarismus war ihm identisch mit der Vernichtung des germanischen Kerns der dort ehemals herrschenden Klasse. Das nun von den Juden beherrschte Rußland hielt er für unfähig zur Staatlichkeit. Wenn Deutschland die Judenherrschaft in Rußland vernichtete, dann beseitigte es auch Rußland als Staat. Hitler ermahnte seine Nachfolger, jeden Versuch der Schaffung einer zweiten Militärmacht in Europa neben Deutschland zu verhindern und das Reich so lange nicht für gesichert zu halten, wie nicht auf Jahrhunderte jedem Sproß des deutschen Volkes sein eigenes Stück Grund und Boden gegeben werden konnte. Als Vorspiel der deutschen Außenpolitik bezeichnete er die Vernichtung Frankreichs, aber die eigentliche deutsche Aufgabe lag, wie er nachdrücklich unterstrich, im Osten. Diese Thesen waren Anfang 1927 in den Buchhandlungen zu haben: Deutschland als einzige Kontinentalmacht, Rußland und Frankreich zerfallen, die Juden zum Untergang verurteilt, die nordarische Rasse in der Lage, den Kampf um die Weltherrschaft aufzunehmen. An diesem Bilde änderte Hitler fortan nichts mehr, er verfeinerte es nur, so vor allem auf dem Höhepunkt seiner Macht in den Tischgesprächen im Führerhauptquartier. Die zeitweilige Verständigung mit Rußland hatte nur taktischen Wert. Fast gleichzeitig mit der Weisung des Auswärtigen Amts an den deutschen Botschafter in Moskau, den Russen die Wiederherstellung der deutsch-russischen Freundschaft vorzuschlagen, erklärte er dem Völkerbundskommissar in Danzig:

»Alles was ich unternehme, ist gegen Rußland gerichtet. Wenn der Westen zu dumm oder zu blind ist, um dies zu begreifen, werde ich gezwungen sein, mich mit den Russen zu verständigen, den Westen zu schlagen und nach seiner Niederlage mich mit meinen versammelten Kräften gegen die Sowjetunion zu wenden. Ich brauche die Ukraine, damit man uns nicht wieder, wie im letzten Kriege, aushungern kann.« (11.8.1939, Burckhardt, Danziger Mission, S. 272).

Der Hinweis auf die Hungerblockade im Ersten Weltkrieg erklärt, warum Hitler die These vom Volk ohne Raum so intensiv vertrat, aber diese Erklärung ist doch nur partiell. Hinzu kamen weitere Motive. Für Hitler konnte sich nur das gesunde Volk im Lebenskampf behaupten. Ein gesundes Volk konnte aber nur bestehen, wenn die Menschen ihren natürlichen Instinkten folgten, wenn sie der Natur wieder verbunden waren. Deshalb mußte das Bauerntum erneuert werden. Trotz aller persönlichen Faszination durch die Technik wollte Hitler die Deutschen wieder zu einem Volk der Bauern machen, und die tüchtigsten Bauern sollten im neuen Osten leben, als ständig sich im Kampf bewährende Wehrbauern an der Grenze.

Er wollte sich die Möglichkeiten des industriellen Zeitalters zunutze machen, um die besten Elemente des Deutschtums wieder in die vermeintlich heilen vorindustriellen Strukturen zurückversetzen zu können.

Heinrich Himmler

Das Europa und das europäische Rußland dominierende Deutschland sollte schließlich mit den Angelsachsen und den Japanern um die Weltherrschaft konkurrieren können. Während die deutsche Herrschaft den west- und nordeuropäischen Nationen eine relative Selbständigkeit belassen sollte, war für Osteuropa an den völligen Umsturz aller bisherigen Verhältnisse gedacht. So legte der Reichsführer SS *Heinrich Himmler* (1900–1945) Hitler im Mai 1940 *Einige Gedanken über die Behandlung der Fremdvölkischen im Osten* vor. Himmler wollte das Bewußtsein der Nationalitäten für die eigene Nation zum Absterben bringen. In einer »rassischen Siebung« sollten die wertvollen Elemente herausgefischt und zur Assimilierung nach Deutschland gebracht werden, während die »verbleibende minderwertige Bevölkerung... als führerloses Arbeitsvolk zur Verfügung stehen« würde, um »unter der strengen, konsequenten und gerechten Leitung des deutschen Volkes« berufen zu sein, »an dessen ewigen Kulturtaten... mitzuarbeiten« und sie mit Übernahme der groben Arbeit vielleicht erst zu ermöglichen. (Vierteljahreshefte f. Zeitgesch., 1957, S. 196–198). Noch drastischer äußerte sich der von Ende 1941 bis Mai 1942 ausgearbeitete Generalplan Ost des Reichssicherheitshauptamtes, der die Masse der Bewohner westlich der Linie Ladoga-See – Schwarzes Meer hinter den Ural aussiedeln wollte, um den Deutschen genügend Siedelraum zu geben. Von der künftigen Ostgrenze aus sollte die Luftwaffe das amorphe Rußland jederzeit beherrschen können. Himmler wollte nicht, daß die neue Ostgrenze fest würde. Noch im August 1944, als der deutsche Zusammenbruch nur noch eine Frage der Zeit war, sprach er bei einem Gauleitertreffen von der Rückeroberung und erklärte, daß von der offenen Grenze aus Generation für Generation in der Lage sein müsse, neue Bauerntrecks auszurüsten, um vorzustoßen in das noch nicht unmittelbar beherrschte Gebiet, hier Siedlungsschwerpunkte anzulegen und von da aus eine flächenmäßige Besiedlung anzugehen:

»Der Osten drüben wird unser Truppenübungsplatz sein, wo wir jeden Winter mit soundsoviel Divisionen in Eis und Schnee und Kälte üben werden. Wie die Väter im Jahre 1941, so werden die Söhne in späteren Jahren dort üben, werden dort ihre Zelte aufschlagen, werden im Finnenzelt leben, und jede Generation wird hier im scharfen Schuß üben, wird sich bewähren können, so daß wir die Gefahr, die ein Sieg mit sich bringen könnte, daß man wohlhabend und damit weich und bequem wird, wohl für die nächsten Jahrzehnte und Jahrhunderte bannen können.« (Ebda. 1953, S. 394)

Himmler, der zweitmächtigste Mann des Dritten Reiches, ein völkischer Ideologe und zutiefst überzeugt von der Möglichkeit und vom Nutzen der Menschenzüchtung, entwarf hier ein aberwitziges Bild von Deutschlands wildem Osten, dessen Bevölkerung als minderwertiges »Untermenschenvolk« zu Übungszwecken beliebig getötet werden konnte. Gewiß, derlei Äußerungen wurden nur im kleinen Kreis enger Vertrauter getan, sie waren nicht offiziell vertretenes Programm, aber die nationalsozialistische Massenpropaganda trug alle Bausteine dieser Konzeption doch vielfältig und täglich an die Deutschen heran. Eine Zuspitzung wie in Himmlers Wunschträumen konnte so ohne weiteres auch von anderen gläubigen Nationalsozialisten vorgenommen werden und wurde es auch. Daß die Deutschen das Herrenvolk, die unterworfenen Völker das Arbeitsvolk stellen würden, war eine gängige Vorstellung. Himmlers ideologischen Träumen fehlte jeder Bezug zur Realität.

Zur Resonanz von Hitlers Ideen

Es sollte betont werden, daß der Nationalsozialismus nicht wegen dieser nur vertraulich geäußerten Ansichten seiner wichtigsten ideologischen Exponenten eine so große Resonanz in der deutschen Bevölkerung fand. Der Aufstieg der NSDAP zur Massenpartei war weitgehend ein nicht ideologisch bedingtes Phänomen. Diejenigen weltanschaulichen Elemente, die eine gewisse Attraktivität entfalteten, stammten nicht aus der Teufelsküche von Rassismus und Sozialdarwinismus, sondern waren konservativer Provenienz. Hier ist vor allem an das Konzept der Volksgemeinschaft zu denken, das Streben nach sozialer Einheit innerhalb der Gruppe, in die das Individuum hineingestellt war, und das eine ausgleichende Gerechtigkeit mit einschloß. Mit dem Gedanken der Volksgemeinschaft und dem Versprechen nach innerer Einheit – Thesen, die auf der anderen Seite des politischen Spektrums ihr Äquivalent in der klassenlosen Gesellschaft hatten – erzielte der Nationalsozialismus seine großen Erfolge; derartige Verheißungen mußten auf ein so vielfältig zerrissenes Volk, wie es das deutsche in den ersten Jahrzehnten dieses Jahrhunderts war, verlockend wirken. Das Streben nach Volksgemeinschaft zusammen mit den Schwierigkeiten des Parlamentarismus in der Weimarer Zeit gaben auch dem Modell des von Hitler in ›Mein Kampf‹ ausgemalten Führerstaates, der nicht mehr nach Majoritätsentscheidungen lebte und in dem mit natürlicher Sicherheit die besten Köpfe der Volksgemeinschaft zu führender Bedeutung aufsteigen sollten, erhebliche Anziehungskraft.

Dasselbe gilt für die immer wieder betonte Notwendigkeit der Zerschlagung des Marxismus. Unzweifelhaft hatte auch die Verheißung neuer Macht und Größe Werbekraft, die Anhänger des Nationalsozialismus blieben dabei aber gemeinhin an traditionellen Denkkategorien von Groß- oder Weltmacht orientiert; das Konzept des Rassenkampfes ums Überleben und der Notwendigkeit, ein nicht zu stürzendes Weltreich zu schaffen, wurde von ihnen am wenigsten mitvollzogen. So ist festzustellen, daß die weltanschaulichen Positionen der Führungsgruppe in der NSDAP und der Masse der Mitglieder und Anhänger sich nur partiell deckten. Es dürfte nicht nötig sein, weitere nationalsozialistische Artikulierungen des Unbehagens an der modernen Welt hier zu entwickeln. Auch kann nur allgemein darauf verwiesen werden, daß der Nationalsozialismus außerhalb der deutschen Grenzen Nachahmer fand. Auf zahlreiche Faschismen machte er Eindruck, auch entstanden eigenständige Nationalsozialistische Parteien; erwähnt sei hier nur Norwegen mit Vidkun Quisling.

52. Neuere Entwicklungen im Kommunismus

In den – mit Lenin zu sprechen – kolonialen und halbkolonialen Ländern fand der Kommunismus teilweise schon nach dem Ersten Weltkrieg, zumeist aber erst nach 1945 Eingang. Die Voraussetzungen seiner Entwicklung waren hier naturgemäß ganz anders als in den Industriestaaten oder in Rußland. Das Zarenreich war zweifellos noch wenig entwickelt, aber im Vergleich zu den Entwicklungsländern hatte es doch schon einen weiten Weg zurückgelegt. Hier, in der Dritten Welt, sahen sich die Vorkämpfer des Kommunismus noch ganz überwiegend traditionell-agrarischen Strukturen gegenüber, während es ein Proletariat im westlichen Sinne und eine einheimische Bourgeoisie gar nicht oder kaum gab. Darauf mußte sich die politische Praxis einstellen. Das leninistische Modell konnte hierher nicht übertragen werden- obwohl man es zuerst versuchte, und das stalinistische schon gar nicht. Der Kommunismus mußte in der Dritten Welt seinen eigenen Weg gehen. Aber auch in Europa waren seine Führer zunehmend weniger geneigt, sich der straffen Führung Moskaus zu unterwerfen. Die jugoslawische Position, der polnische und ungarische Oktober oder der Prager Frühling bezeugen hier den Willen zur Eigenständigkeit.

China

China ist das klassische Beispiel für eine gleichsam naturgegebene Sonderentwicklung des Kommunismus. Hier begann die Revolution unter Führung des von dem Arzt *Sun Yat-sen* (1866–1925) 1905 gegründeten Chinesischen Revolutionsbundes 1911 mit den Parolen Nationalismus, Demokratie und Wohlstand; mit Sun Yat-sens Partei, der Kuomintang, arbeitete die 1921 gegründete KP Chinas zunächst eng zusammen. In Übereinklang mit Lenin und der Komintern kam es ihr zunächst darauf an, die innerchinesischen Auseinandersetzungen zu beenden, das Land zu demokratisieren und den Einfluß imperialistischer Mächte zu beseitigen. Als nach dem Tode Sun Yat-sens in der Kuomintang der rechte und militaristische Flügel unter *Tschiang Kai-Shek* (1887–1975) sich durchsetzte, kam es schnell zu heftigen Spannungen zwischen den Bundesgenossen, 1927 schließlich zu schweren Kämpfen, die unmittelbar in den Bürgerkrieg führten. Gleichzeitig wurde das Bündnis aber auch von kommunistischer Seite in Frage gestellt. *Mao Tse-tung* (1893–1976) begann die These zu vertreten, daß nicht das von der Kuomintang angesprochene Bürgertum, sondern die Riesenmasse des Bauerntums der entscheidende Verbündete der chinesischen Kommunisten sein müßte. Mao hatte ein ausgesprochen klares Verhältnis zum Pragmatismus; selbst in seinen am stärksten theoretischen Schriften *Über die Praxis* und *Über den Widerspruch*, die er Ende der 30er Jahre verfaßte, lehrte er, daß durch die Praxis die Wahrheit aufgedeckt und entwickelt werden müsse. Daß das Werben um die Bauern das Land in Bewegung bringen konnte – Mao sprach in diesem Zusammenhang einmal davon, daß aus einem Funken ein Steppenbrand werden könne – lag auf der Hand, aber es war in dieser Ausschließlichkeit doch eine Abweichung von dem in Moskau gutgeheißenen Kurs. Zwar bekam er den Auftrag, die bäuerliche Unruhe zu organisieren, aber die Art, wie er das tat – sofortiger Guerillakrieg mit Stützung vor allem auf die Bauern – erregte doch lebhaften Widerspruch des Zentralkomitees. Erst nach langem Ringen konnte Mao deutlich machen, welche ungeheure Bedeutung die Bauernfrage hatte. Am Ende dieser Kontroverse stand 1935 seine Wahl zum Vorsitzenden des Zentralkomitees.

Als Japan die inneren Gegensätze Chinas ausnutzte, um hier zu expandieren, wurde die Verbindung zwischen Kuomintang und KPCh wiederhergestellt; Mao hörte aber auch jetzt nicht auf, die Wichtigkeit der Bauernfrage zu betonen. In seinen Arbeiten dieser Zeit, so *Strategische Probleme des revolutionären Krieges in China* (1936) oder *Über den Partisanen-Krieg* (1938), legte er den engen Zusammenhang zwischen bäuerlichem Volk und Armee dar. Er sah alle Macht aus den Gewehrläufen stammen, unterstrich aber, daß die Armee sich nur halten konnte, wenn sie beim Volk Unterstützung fand, daß sie mithin alles tun mußte, um es für sich zu gewinnen. Sie mußte nicht nur kämpfen, sondern der bäuerlichen Bevölkerung auch ganz konkret bei ihren Sorgen beistehen. Tat sie das, dann konnte sie sich wie der Fisch im Wasser im Volke bewegen, sich da zurückziehen, wo es geboten war, und dort angreifen, wo sie des Erfolgs sicher sein konnte. Mao war der Ansicht, daß alle gegenwärtige Tätigkeit noch Kampf um die demokratische Phase der Revolution war. Dabei sollte unter straffer diktatorischer Führung der revolutionären Klassen der Weg für die Entwicklung des Kapitalismus in China bereitet werden. Er wollte nur das große Kapital – Banken, Großindustrie und Großhandel – nationalisiert sehen, damit sichergestellt würde, daß nicht das große Kapital die Lebenshaltung des Volkes kontrolliere; ebenso sollte der Großgrundbesitz zerschlagen werden. Damit war die von Sun Yat-sen ausgegebene Parole ›Jedem Pflüger sein Feld‹ zu verwirklichen. Das Großbauerntum durfte daneben ebenso weiterbestehen wie die privatwirtschaftliche Aktivität des mittleren Bürgertums und der Kleinbürger. (*Über die neue Demokratie*, 1940.) Mao war überzeugt, daß wegen der Rückständigkeit der chinesischen Wirtschaft auch nach dem Sieg der Revolution noch ein breiter privatkapitalistischer Sektor nötig sei. So konnte noch Ende 1946, als der Bürgerkrieg schon wieder im Anlaufen war, Tschou En-lai (1898–1976) dem amerikanischen Sonderbeauftragten in China, General Marshall, erklären, man sei durchaus bereit, die Demokratie nach westlichem Vorbild und die freie Marktwirtschaft zu akzeptieren. Selbst noch in der Phase des Sieges über die Kuomintang meinte Mao, daß sich unter Führung der KPCh die Arbeiter, die Bauern, das städtische Kleinbürgertum und die nationale Bougeoisie zusammenschließen könnten, um China gegen den Imperialismus zum eigenen Staat zu machen.

Diese Einstellung änderte sich aber bald. Schon nach wenigen Jahren begann die Kollektivierung und die Verdrängung der nationalen Bourgeoisie. Zunehmend begann Mao zu fürchten, daß sich in China eine lähmende Bürokratisierung breit machen könne. Um dagegen die Initiative des Volkes zu mobilisieren, gab er die Parole der »hundert Blumen« aus, wies also darauf hin, daß vielerlei Wege zum Ziel gangbar seien. Als er mit den Resultaten nicht zufrieden war, versuchte er es 1958 mit dem »Großen Sprung nach vorn« und inaugurierte die Volkskommunebewegung. Nach Aufhebung des Privateigentums sollten auf großen Flächen jeweils zahllose Menschen zu vielfältiger gemeinsamer Arbeit, gemeinsamer Entwicklung des Landes – Stadt und Land gleichmäßig – und gemeinsamem Leben zusammengefaßt werden. An die Stelle zentralistischer Planung sollte eine weitgehende Autonomie der einzelnen Kommunen treten. Der Widerstand dagegen aus dem Volk und innerhalb der Parteiführung erwies sich aber schon nach kurzer Zeit als so groß, daß Mao

erhebliche Konzessionen machen und 1959 sogar auf das Amt des Staatspräsidenten verzichten mußte. Das hinderte ihn aber nicht, wiederum die Mobilisierung der Massen zu versuchen, um den Geist der Revolution lebendig zu erhalten, diesmal mit Hilfe der 1965 in Gang gesetzten Großen Proletarischen Kulturrevolution. Dabei stützte er sich besonders auf die junge Generation. Der Kampf galt den von den alten Ausbeuterklassen hinterlassenen Ideen, Sitten und Gewohnheiten. Der freien Meinungsäußerung wurde erheblicher Raum zugestanden. Gerade deshalb aber wurde die Bewegung sehr riskant. Da sie zudem die kontinuierliche Produktion beeinträchtigte, mußte sich Mao dazu verstehen, sie zu bremsen. Zwar wurde auf dem Parteitag 1969 seine Stellung nochmals unterstrichen, aber seit dem Beginn der 70er Jahre begann die Zurückdrängung seines Einflusses.
Maos Kampf gegen die Bürokratisierung im Innern hatte eine Entsprechung in den auswärtigen Beziehungen. Schon zur Zeit Stalins waren die Beziehungen zwischen Moskau und Peking nicht gut gewesen; in den 60er Jahren, zur Zeit Chruschtschows, verschlechterten sie sich ganz beträchtlich, weil die Sowjetunion sich der Politik der aktiven Koexistenz zuwandte. Für Mao waren die Führer im Kreml jetzt die größten Revisionisten, Chruschtschow ein Pseudokommunist, Bürokrat und Spalter der kommunistischen Weltbewegung. Viele dieser Angriffe Maos auf die Kremlführung waren indirekt Angriffe auf Gegner im eigenen Lande, auf die dogmatische, bürokratische Funktionärsschicht, aber die Stellungnahme gegen Rußland war durchaus nicht nur praktischer Natur. Abgesehen von rein machtpolitischen Gründen, die mit der Weltanschauung nichts zu tun haben, tauchte in diesen Gegensätzen die alte Streitfrage vom Kommunismus in einem Land resp. permanenter Revolution wieder auf. So pragmatisch der jüngere Mao gewesen war, so ungeduldig und unruhig wurde offenbar der ältere; er wollte die Revolution möglichst rasch ein möglichst großes Stück vorantreiben.
Die Auseinandersetzungen um die Nachfolge Maos begannen noch zu seinen Lebzeiten; sie gewannen ab 1973 große Intensität. Dabei ging es nicht nur um Machtpositionen, sondern mehr noch um die ideologische Ausrichtung. Pragmatismus und Orthodoxie stießen heftig zusammen.
In einer seiner letzten bedeutsamen politischen Äußerungen gab Tschou En-Lai im Januar 1975 die Parole der vier Modernisierungen aus. Die Volksrepublik China sollte sich mit aller Kraft der Verbesserung von Landwirtschaft, Industrie, Verteidigung und von Wissenschaft und Technik zuwenden. Der wichtigste Vorkämpfer einer unorthodoxen Weiterentwicklung Chinas wurde *Deng Xiaoping* (1904–1997). Als ›Kapitalist‹ zu Beginn der Kulturrevolution kaltgestellt, wurde er 1973 rehabilitiert, fiel aber bald wieder in Ungnade und kehrte erst im Sommer 1977 endgültig in seine alten Ämter zurück. Am Ende der Nachfolgekrise wurde

er in sehr kurzer Zeit zum mächtigsten Mann Chinas, ohne in Partei und Staat formell an der Spitze zu stehen. Er behielt seinen entscheidenden Einfluß auch, als er sich auf den Vorsitz der Militärkommission zurückzog. Im Mai 1978 distanzierte er sich während einer nationalen Konferenz von Politkommissaren der Volksbefreiungsarmee von jeder Buchstabengläubigkeit. Nur die Wirklichkeit könne Norm der Wahrheit sein, nicht aber eine Doktrin oder eine Ideologie. Mit bemerkenswertem Pragmatismus leitete er ab Anfang 1979 ein umfassendes Reformprogramm ein. Das Privatland wurde (über Pachtverhältnisse, die inzwischen fast alle Bauern einbeziehen) ganz beträchtlich ausgeweitet, die Preisbindung weitestgehend beseitigt, den Industriebetrieben Autonomie für die unternehmerischen Entscheidungen gewährt, die Privatinitiative bei Kleingewerbe, Dienstleistungen und freien Berufen gefördert, das Leistungsprinzip in Entlohnung und Erziehung eingeführt und das Land stärker nach außen geöffnet. Die Entwicklung kulminierte im Beschluß des Zentralkomitees der KPCh über die Reform des Wirtschaftssystems vom 20. September 1984; damit wurde das Vorgehen der zurückliegenden fünf Jahre von höchster Stelle abgesegnet. Als Ziel wurde die Verwirklichung eines Sozialismus chinesischer Prägung aufgestellt. Der wesentliche Grund für die Schwäche der chinesischen Volkswirtschaft wurde in der Orientierung an einem allzu starren ökonomischen Modell gesehen, das mit den Erfordernissen der wachsenden Produktivkräfte nicht mehr übereinstimme. Das war eine eindeutige Absage an den russischen Weg. In China sollte es in Zukunft drei verschieden behandelte wirtschaftliche Bereiche geben, den Schlüsselbereich mit weiterhin verbindlicher Planung, den durch Rahmenpläne gelenkten Bereich der Konsumgütererzeugung und den weitgehend sich selbst überlassenen Bereich der Dienstleistungen.
Die unter Deng Xiaoping eingeleitete Reformpolitik basiert nicht auf einem großen gedanklichen Entwurf, sondern mutet eher experimentell an. In seinen Anfang 1983 erschienenen ausgewählten Werken grenzt Deng seine Politik der Modernisierung vom ›gleichmacherischen‹ Kurs der Kulturrevolution wie von bürgerlichen Rechtsabweichungen ab. Als Hauptübel, die das sozialistische System bisher hinderten, seine besondere Qualität zu zeigen, bezeichnet er Bürokratismus, Zentralismus, den Mißbrauch von Privilegien und die Neigung zu patriarchalischer Amtsführung. Als wichtigste Ziele nennt er: den wirtschaftlichen Gleichstand mit den kapitalistischen Ländern zu erreichen und ihnen gegenüber ein Mehr an Demokratie vorzuweisen. Seine Politik sucht das weiterhin prinzipiell marxistisch bestimmte Wirtschaftssystem durch kräftige individuelle Motivationen zu ergänzen und es dadurch produktiver zu gestalten. Die von Deng betriebene Wirtschaftspolitik hatte in den 80er Jahren beachtliche Erfolge. Umfang und Qualität der Produktion stiegen deutlich

an. Dieser Aufschwung bewirkte jedoch keine Beruhigung im Lande, er förderte vielmehr das Wachstum der Gegensätze. Nicht nur traten die Unterschiede zwischen den verschiedenen Regionen Chinas stärker hervor, auch die gesellschaftlichen Spannungen nahmen zu. Die Stadtbevölkerung allgemein und die Intelligenz speziell wurden selbstbewußter, die auch von Deng angeprangerten Übelstände wie Patriarchalismus und Bürokratismus stießen auf wachsenden Widerspruch. Die Partei setzte als Heilmittel gegen derlei Fehlentwicklungen auf vermehrte Demokratisierung, also auf die Dezentralisierung von Entscheidungsbefugnissen bei gleichzeitiger Stärkung der unteren Ebenen, auf die Kaderreform und den weiteren Ausbau der Rechtsstaatlichkeit. Entsprechende Beschlüsse wurden 1980 und neuerlich, durch den XIII. Parteitag 1987, gefaßt; zusätzlich wurde jetzt noch die Institutionalisierung des Dialogs in der Gesellschaft gefordert.
Diese Absichten stießen auch in der Partei auf breite Sympathie. Besonders die Studenten der Hauptstadt sahen sich seit Mitte der 80er Jahre als Vorhut der Emanzipationsbewegung; sie meinten mit ihrer Forderung nach mehr Demokratie zugleich auch mehr Verwestlichung. Im April 1989 gründeten sie einen unabhängigen Studentenverband und forderten Presse- und Demonstrationsfreiheit, eine wirklichkeitsgetreue Berichterstattung über Demonstrationen, die Rehabilitierung politisch Verfolgter und überhaupt eine Besserstellung der Intellektuellen. Um die Dringlichkeit dieser Wünsche zu unterstreichen, traten ab Mitte Mai schließlich Tausende von Studenten auf dem Tienanmen-Platz in Peking in den Hunger- und Sitzstreik. Da diese Aktion in der Stadtbevölkerung viel Zustimmung fand, entschloß sich der Staatspräsident Yang Shangkun zum harten Durchgreifen. Die Armee schlug in der Nacht vom 3. auf den 4. Juni zu, und Tausende von Toten blieben auf dem Platz. Damit wurde die keimende Opposition ganz empfindlich getroffen und in den Untergrund oder das Exil gedrängt. Die Militäraktion kräftigte die Stellung der von Deng gestützten Konservativen in der Parteiführung aber nur vorübergehend. An der Spitze dominiert diese Gruppe zwar nach wie vor, in den nachgeordneten Kadern nahm die Reformbereitschaft aber zu, und insgesamt wurde das Ansehen der Partei und der von ihr vertretenen Ideen durch den Schlag gegen die Studenten schwer geschädigt.
Deng gab 1989 seine öffentlichen Ämter auf, behielt aber weiter großen Einfluß. Mit Chen Yun, dem mächtigsten Wortführer der Orthodoxen, verständigte er sich auf *Jiang Zemin* (geb. 1926) als neuen Mann an der Spitze. Im Juni 1989 wurde Jiang zum Generalsekretär der Partei, im folgenden Jahr zum Vorsitzenden der Militärkommission und 1993 zum Staatspräsidenten gewählt. Damit hatte er eine außerordentliche Machtfülle, tatsächlich aber blieb die Führung kollektiv, wobei die verschiedenen Kräfte in der Partei ausgewogen berücksichtigt waren. Die von Deng

eingeleitete Liberalisierung und Modernisierung des Wirtschaftslebens wurde fortgesetzt und vom XIV. Parteitag im Herbst 1992 nachdrücklich unterstützt. 1993 ersetzte der Nationale Volkskongreß den Begriff ›Planwirtschaft‹ in der Verfassung durch ›Sozialistische Marktwirtschaft‹. Damit war das inzwischen entstandene gemischtwirtschaftliche System verfassungsrechtlich bestätigt. Insgesamt bewirkte die 1978 eingeleitete Entwicklung erhebliche Wandlungen. Das rapide Wirtschaftswachstum vergrößerte die Kluft zwischen Stadt und Land, die Arbeitslosigkeit nahm stark zu, und es kam eine riesige Binnenwanderung in Gang. Die Gewaltbereitschaft und die Kriminalitätsrate stiegen, die Korruption wurde zum alltäglichen Übel. Auf der unteren Ebene verlor die Partei an Vitalität, informelle Netzwerke wurden zunehmend wichtiger, die Regionen gewannen an Bedeutung. Die Partei betonte bei jeder sich bietenden Gelegenheit ihren Führungsanspruch nachdrücklich, so etwa anläßlich der Feiern zum 50. Jahrestag der Staatsgründung am 1. Oktober 1999. Auch blieb der staatliche Repressionsapparat in voller Funktion. Nichts spricht mittelfristig für eine Demokratisierung.

Vietnam, Kuba

Die von Mao in den 30er Jahren entwickelten Konzeptionen machten vielfältig Schule. Die Formulierung von der Armee, die wie ein Fisch im Wasser im Volke schwimmen soll, wurde ebenso zum geflügelten Wort wie die These, daß alle Macht aus den Gewehrläufen komme. Im Hauptquartier Maos gewann der Stratege der vietnamesischen Revolution *No Nguyen Giap* (geb. 1912) in den frühen 40er Jahren viele Anregungen, ehe er ab 1944 in Vietnam eine Partisanenarmee gegen die japanische Besatzungsmacht aufbaute und den Weg des Guerillakrieges betrat. Giap definierte drei Stadien des Kampfes: das der Defensive, das durch Partisanentätigkeit gekennzeichnet sei, das Gleichgewicht der Kräfte, charakterisiert durch das Operieren mit mittleren Verbänden, und das der Offensive, bestimmt durch den großen Feldzug. Wegen des Sieges über die französische Kolonialarmee 1954 und mehr noch wegen des zweiten Vietnam-Krieges, in dem die Amerikaner 1960–1975 zur Aufgabe gezwungen wurden, erlangten Giap und der Gründer und Staatspräsident Nordvietnams *Ho Chi Minh* (1890–1969) im Lager der Linken des Westens außerordentliche Popularität, indessen ist ihr Beitrag zur Entwicklung des kommunistischen Denkens doch nicht sonderlich gewichtig. *Ho Chi Minh* war eher charismatischer Führer als eigenständiger Theoretiker, wenngleich die Art, wie er den Kommunismus, den er um 1920 in Frankreich kennengelernt und 1923/24 in Moskau eingehend studiert hatte, seinem Volk vortrug, durchaus besonderen Charakter hatte; er war von einem

ausgesprochenen Nationalismus beseelt und betonte stets die hohen ethischen Anforderungen an jeden einzelnen.
Natürlich war Mao nicht der Erfinder der Guerilla-Taktik. Sie hatte seit dem 19. Jh. eine reiche Tradition, auch in Lateinamerika. Hier wurde sie insbesondere in Kuba zum Mittel des revolutionären Kampfes gemacht. Dabei war es bemerkenswert, daß die Revolution sich erst im Lauf der Zeit zu einer sozialistischen entwickelte. Als *Fidel Castro* (geb. 1926) 1956 mit 80 Gefolgsleuten seinen zweiten Angriff auf Kuba unternahm, war er progressiv, aber keineswegs ein Kommunist. Auf diesen Weg begab er sich erst, als die Vereinigten Staaten die castristische Machtübernahme in Kuba (1959) mit den Mitteln des Boykotts und der Blockade zu bekämpfen versuchten. Seit Anfang der 60er Jahre wurde der Kommunismus zunehmend praktischer Alltag, der Marxismus die theoretische Grundlage des Landes. Deswegen verdiente Kuba allerdings keine besondere Erwähnung. Das vollzog sich auch in anderen Entwicklungsländern. Zu nennen ist es deshalb, weil von hier der Kommunismus in den zurückliegenden beiden Jahrzehnten durch die besondere Interpretation des Guerillakampfes wichtige Impulse erhielt.
Die Stilisierung des Kleinkrieges wurde vor allem durch den Argentinier *Ernesto ›Che‹ Guevara* (1928–1967) vorgenommen, der nach sozialreformerischen Versuchen 1954 sein Land verlassen und sich Castro angeschlossen hatte. Guevara zog aus der siegreichen Erhebung gegen den kubanischen Diktator Batista drei Schlüsse: daß 1. die Kräfte des Volkes den Sieg über eine reguläre Armee davontragen könnten, daß 2. nicht abgewartet werden müsse, bis alle Bedingungen für eine Revolution reif seien, daß der Aufstand vielmehr selbst die Reife erzeugen könne und daß 3. der bewaffnete Kampf vor allem in den landwirtschaftlichen Gebieten Lateinamerikas geführt werden müsse. Guevara wollte möglichst viele Vietnams schaffen, um überall die Sache des Sozialismus voranzubringen. Er blickte ungeduldig in die Zukunft. Um den Kommunismus voranzutreiben, wollte er zugleich den neuen Menschen, und ihn gedachte er gleichermaßen durch materielle Maßnahmen – in mancher Hinsicht versuchte auch Kuba einen großen Sprung nach vorn – wie durch moralische Impulse zu formen. So sollte das Volk eine große Schule werden, die den Menschen die Notwendigkeit ihrer Eingliederung in die Gesellschaft mit jedem Tag bewußter zu machen hatte. Allerdings mußte er zugeben, daß die Konturen des neuen Menschen noch nicht ganz sichtbar seien; das Erziehungsziel war also etwas vage. Aber er meinte doch auf eine wesentlich vollere Entwicklung des Menschseins rechnen zu können.
Um die Revolution auf dem lateinamerikanischen Kontinent voranzutreiben, trennte Guevara sich 1965 von Castro und ging nach Bolivien, wo er beim Versuch, eine Guerilla-Truppe aufzubauen, in die Hand von Regierungstruppen fiel und ermordet wurde. Bei dem Versuch, zwischen

Guevara und den bolivianischen Marxisten zu vermitteln, geriet auch der Franzose *Régis Debray* (geb. 1941) in die Hände der Polizei und wurde zu langjähriger Haft verurteilt. Auch Debray systematisierte in seinem gemeinsam mit Castro geschriebenen Buch *Revolución en la Revolución* (1967), das gleichzeitig auch in anderen Sprachen erschien, die Guerilla-Taktik. Er forderte, daß in Zukunft möglichst viele militärische ›Foci‹ geschaffen würden. Es sei – wie das Beispiel Kuba ja gelehrt hatte – selbstverständlich, daß man von militärischer auch zu politischer Aktion übergehe, während es sehr wahrscheinlich sei, daß politische Aktivität niemals in die entscheidende militärische einmünden würde. So wurde unmißverständlich erklärt, daß die Volksarmee der Kern der Partei sein müsse. Allein aus der Entwicklung der Guerillas könne eine wahre Partei entstehen. Unter den heutigen Bedingungen müsse der Hauptakzent deshalb auf der Tätigkeit der Guerillas und nicht auf der Parteiarbeit liegen; die politische Arbeit heute sei die Arbeit am bewaffneten Aufstand. Debray wollte die Revolution aus ihrem Ghetto herausholen, sie vom akademischen Geschwätz befreien, sie machen. Mit Castro war er der Ansicht, daß das Schlachtfeld der kubanischen Revolution gegen den Imperialismus die ganze Welt umfasse. Von dieser Maxime war in den zurückliegenden Jahrzehnten ein wichtiger Teil der kubanischen Außenpolitik bestimmt, zumal in Afrika, wo kubanische Truppen in Angola und in Äthiopien kraftvoll intervenierten.

Jugoslawien

Generalsekretär der illegalen Kommunistischen Partei Jugoslawiens war seit 1937 *Josip Broz* gen. *Tito* (1892–1980). Als treuer Gefolgsmann Stalins stand er 1939 positiv zum Hitler-Stalin-Pakt. Als das Deutsche Reich im April 1941 Jugoslawien angriff und in einem kurzen Feldzug überrannte, wurde er zum wichtigsten Organisator des Widerstandes. Dabei verlangte er, daß das Ziel des Kampfes gegen Deutschland allen anderen Zielen voranzugehen habe. So konnte er für seine Widerstandsbewegung auch Nichtkommunisten gewinnen, aber er beherrschte das Feld doch nie ausschließlich, und zwischen seinen Truppen und bürgerlichen Partisanen kam es teilweise zu heftigen und blutigen Auseinandersetzungen. Da der Beitrag der Kommunisten zur Befreiung Jugoslawiens (mit gewisser Unterstützung der Briten, aber kaum der Russen) der eindeutig größte aller Widerstandsgruppen war, war Tito nach Kriegsende der Mann der Stunde. Zwar war das Land formell noch eine Monarchie, aber innerhalb ganz kurzer Zeit wurde es mit Hilfe einer eindeutig von den Kommunisten beherrschten Volksfront zur Volksdemokratie umgestaltet. Schon Anfang 1946 trat die neue Verfassung in Kraft. Auch auf dem

Weg zum Sozialismus drängte die KPJ kräftig voran. Die Regierung machte sich energisch an Kollektivierung und Sozialisierung. Innerhalb des Weltkommunismus schien die Stellung des Landes nicht problematisch, auch wenn es den Weg zum Sozialismus entschiedener als andere ostmitteleuropäische Staaten zurückzulegen suchte. Noch im Herbst 1947 wurde Belgrad zum Sitz des soeben gegründeten Kominform erklärt. In diese Situation hinein platzte am 28. Juni 1948 eine Entschließung des in Bukarest tagenden Kominform, in der Jugoslawien schwere Abweichungen von der Linie des Marxismus-Leninismus vorgeworfen wurden: Identifikation mit der Außenpolitik der imperialistischen Mächte, Glaube an den friedlichen Übergang zum Sozialismus, Unterstützung kapitalistischer Elemente auf dem Dorf, Verzicht auf den demokratischen Zentralismus und anderes. Diese Vorwürfe waren mit Sicherheit nicht der Grund für die Entschließung; sie waren sachlich nicht berechtigt. Vermutlich entsprang die Resolution einer allgemeinen Verärgerung der sowjetischen Führungsschicht über das jugoslawische Selbstbewußtsein; speziell zielte sie vielleicht auf Titos damalige Bestrebungen, eine Donauföderation zu schaffen, was praktisch den Verlust der sowjetischen Machtstellung auf dem Balkan bedeutet hätte. Hinzu kamen Animositäten zwischen Stalin und Tito, und möglicherweise hatte der Beschluß auch eine Funktion in Stalins Auseinandersetzungen mit Shdanow. Er kam nur äußerlich aus heiterem Himmel, untergründig bereitete ein Konflikt sich seit längerem vor. Da Tito sich nicht unterwarf, schied Jugoslawien aus dem Ostblock aus und gewann innerhalb des Kommunismus damit eine einmalige Stellung. Während ›Titoist‹ im Ostblock ein gefährlicher Anklagepunkt wurde, näherte sich das Land über den Balkanpakt (1953) indirekt sogar der Nato, nicht ohne unablässig zu betonen, daß es den Weg einer Dritten Kraft gehen wollte. Innenpolitisch blieb der stalinistische Kurs zunächst erhalten, ein Wandel begann erst 1950, vor allem mit dem Grundgesetz über die Leitung der staatlichen Wirtschaftsbetriebe und der höheren Wirtschaftsverbände durch die Arbeitskollektive vom Juni 1950. Damit wurde in starkem Maße der Gedanke wirtschaftlicher Selbstverwaltung realisiert. Weitere Schritte in dieser Richtung folgten. Gleichzeitig wuchs aber die staatliche Bürokratie weiter an. Zu einer sehr zurückhaltenden politischen Liberalisierung kam es erst in den 60er Jahren, vor allem nach Schaffung der Verfassung von 1963, die auch dekretierte, daß das gesellschaftliche Eigentum den Belegschaften der jeweiligen Fabriken gehöre, nicht der Arbeiterschaft insgesamt oder dem Staat, und die das Privateigentum der selbständigen Bauern und Handwerker anerkannte. Die Rechte der Teilstaaten wurden vermehrt, aber die Praxis, Jugoslawien über die – 1952 in Bund der Kommunisten umbenannte – Partei straff zu führen, blieb ebenso unangetastet wie die Tätigkeit der Geheimpolizei. Bei weitgehender Basierung des Wirtschaftsle-

bens auf genossenschaftlichen Prinzipien blieb das Land politisch eine Diktatur. Anfang der 50er Jahre waren die wirtschaftspolitischen Wandlungen von Tito als Beginn des Absterbens des Staates bezeichnet worden, während *Edvard Kardelj* (1910–1979), damals Außenminister, in verschiedenen Publikationen diese Maßnahmen als Beginn der sozialistischen Demokratie feierte. Wenn Kardelj aber davon sprach, daß es nicht bei den Möglichkeiten der demokratischen Selbstverwaltung im wirtschaftlichen Bereich und in manchen gesellschaftlichen Veranstaltungen (bes. im Bildungswesen) bleiben dürfe, daß vielmehr die allmähliche »Errichtung des neuen demokratischen Mechanismus« folgen müsse, »der organisch aus der neuen sozialökonomischen Basis wachsen wird, und der in letzter Konsequenz nur eine Form des Absterbens des Staates als eines Machtinstruments der Herrschaft sein wird«, daß demokratische Organisationsmechanismen geschaffen werden sollten, die die arbeitenden Massen direkt und täglich zu Wort kommen lassen würden (1954, Vortrag in Oslo, zit. bei Vranicki, 1020), so blieb das eine Absichtserklärung. Sehr viel deutlicher sprach sich *Milovan Djilas* (1911–1995), lange ein sehr enger Mitarbeiter Titos, aus. Schon Ende 1953 beklagte er in der Parteizeitung ›Borba‹ in einer Artikelserie das Überwuchern des Bürokratismus und forderte, daß es mehr Demokratie, freiere Diskussion und freiere Wahlen geben müsse. Daraufhin verlor er seine Partei- und Staatsämter, blieb aber in Freiheit. 1954 trat er aus der Partei aus und verlangte in einem der ›New York Times‹ gegebenen Interview die Zulassung einer zweiten Partei. Das trug ihm eine zur Bewährung ausgesetzte Haftstrafe ein. Erst als er die ungarische Revolution des Jahres 1956 begrüßte, wurde er neuerlich verurteilt. Als sein die Bürokratie anprangerndes Buch *Die neue Klasse* (1957) erschien, wurde die Strafe auf 10 Jahre erhöht. Zwar wurde er vorzeitig entlassen, aber wegen einer weiteren Veröffentlichung (*Gespräche mit Stalin*, 1962) neuerlich bestraft und bis 1966 in Haft genommen. Im Laufe der Zeit löste Djilas sich immer mehr von seinen kommunistischen Anfängen und entwickelte sich zum demokratischen Sozialisten, der allerdings den Sozialismus als Grundwort des Begriffs verstand. Den Kommunismus empfand er nur noch als vorübergehende Phase der geschichtlichen Entwicklung; er meinte, daß an seine Stelle einmal ein natürliches und weniger idealistisches System treten müsse (*Die unvollkommene Gesellschaft*, 1969). In der Forderung nach einem Zweiparteiensystem unterstützte ihn 1965 der Literaturwissenschaftler *Mihajlo Mihajlov* (geb. 1934); auch er mußte sein Verlangen nach Änderung der politischen Struktur mit Zuchthaus büßen.
Nach dem Tode Titos ging die (auch vorher nie ganz problemfreie) Geschlossenheit der kommunistischen Partei schnell verloren. Die ökonomischen Schwierigkeiten wurden immer größer, regionale Gegensätze traten hinzu. Zeitweilig rückte der Selbstverwaltungsgedanke ins Zen-

trum der Diskussion. Aufsehen erregte namentlich *Slavko Goldstein* mit seinem Buch *Prijedlog 85* (Vorschlag 85), als er forderte, den Direktoren der Betriebe wesentlich mehr Entscheidungsfreiheit zuzugestehen und insgesamt die wirtschaftlichen Gesichtspunkte stärker zu berücksichtigen. Tatsächlich erzwang die Lage 1984 die Erarbeitung eines Sanierungskonzeptes mit marktwirtschaftlicher Färbung. Der rapide Ansehensverlust der Partei konnte damit nicht verhindert werden, da keine materielle Besserung eintrat. Jugoslawien geriet in eine tiefe Krise. Der (ab 1987 amtierende) serbische Parteiführer *Slobodan Milosevic* (geb. 1941) suchte die Stellung des Bundes der Kommunisten zu stärken, indem er den serbischen Nationalismus scharf betonte und ihn namentlich gegen die Albaner im Kosovo wandte, die mit vollem Recht über eine serbische Repressionspolitik klagten. Im übrigen steuerte er einen rücksichtslos autoritären Kurs und baute seine Machtstellung dabei aus (1989 serbischer Staatspräsident). Die slowenischen Kommunisten zogen aus der Situation ganz andere Konsequenzen. Sie wandten sich der Auffassung zu, daß das Land demokratisiert werden müsse, und mußten bald erleben, wie schnell sich dieser Prozeß tatsächlich vollzog, als der Staat nicht mehr dagegen einschritt. Der Entwicklung zur Demokratie folgte 1990 auch Kroatien. Jugoslawien fiel damit auseinander. Milosevic wollte das zunächst militärisch verhindern lassen und zog sich dann auf die Position zurück, wenigstens ein Großserbien zu erkämpfen. Dabei wurden weite Teile Bosniens und einige Jahre später das Kosovo zum Schauplatz eines grausamen, Genozid und Vertreibung nicht scheuenden Krieges.

Warschau, Budapest und Prag

Was Djilas gegen Tito literarisch durchfechten wollte, versuchten ungarische Reformkommunisten 1956, tschechische Reformkommunisten 1968 konkret durchzusetzen. Den Anstoß zu den Ereignissen des Jahres 1956, langfristig aber auch zu denen des Jahres 1968 gab die von *Nikita S. Chruschtschow* (1894–1971) auf dem XX. Parteitag der KPdSU im Februar 1956 gegen Stalin gehaltene Geheimrede *Über den Personenkult und seine Folgen*, in der der 1953 verstorbene Diktator, beginnend mit Lenins Kritik an Stalin in Lenins Testament, scharf angegriffen wurde, ohne daß der Sprecher willens gewesen wäre, die vielen Machtkämpfe innerhalb der Sowjetführung seit 1924 ganz aufzurollen oder die Diktatur auch nur irgendwie in Frage zu stellen. Aber die Rede bewirkte innerhalb der Führungen der einzelnen kommunistischen Parteien ein erhebliches Maß an Unsicherheit und steigerte die Bereitschaft zur Selbständigkeit und zur Lockerung der Herrschaftsstrukturen. Es kam zu einem politischen Tauwetter, in dessen Verlauf die Bevölkerung der Staaten des Ostblocks von erheblicher Unruhe erfaßt wurde. Das hatte zunächst Konsequenzen in Polen, wo schon im Juni Arbeiterunruhen ausbrachen. Im Oktober wurde die politische Führung ausgewechselt. Die Gärung im Lande bewirkte eine gewisse Milderung der Pressekontrolle, so daß die polnische Studentenschaft in ihrer Zeitung ›Po prostu‹ sich freier äußern konnte. Wichtigster Wortführer der jungen Generation wurde *Leszek Kolakowski* (geb. 1927), 1958 Philosophieprofessor in Warschau, seit 1970 im westlichen Ausland und seither Verfasser einer großen Geschichte des Marxismus. Kolakowski setzte sich schon als Student für eine Revision des Marxismus, für seine Reinigung durch Rückkehr zu den Ursprüngen, Abschaffung der Polizeiwillkür und maximale Teilnahme der Arbeiterschaft am Regierungssystem ein. In seinen späteren Schriften entfernte sich Kolakowski immer weiter vom Marxismus. Er legte dar, daß viele der Voraussagen Marx' falsch gewesen seien, daß die Hoffnung auf die vollkommene Einheit der menschlichen Gemeinschaft ein nicht zu realisierender Traum sei und daß nur die politische Demokratie zu einer Beseitigung der Ausbeutung führen könne.

Der polnische Oktober wirkte auf Ungarn weiter, wo schon seit 1955 eine lebhafte Gärung zu spüren war. Zentrum der Unruhe wurde der im Frühjahr 1956 gegründete studentische Petöfi-Kreis. Wortführer einer Reform des Kommunismus im Sinne einer Entdogmatisierung und Liberalisierung waren die Literarhistoriker *Georg Lukács* (1885–1971), der Antistalinist *Imre Nagy* (1896–1956) und der Soziologe *András Hegedüs* (geb. 1922), 1955/56 Ministerpräsident. Über ihre Bemühungen, den Sozialismus zu vermenschlichen, ging der Volksaufstand spontan hinweg, der sich im Oktober 1956 aus einer Demonstration entwickelte, nachdem bekannt geworden war, daß die Regierung in Polen umgebildet worden war. Innerhalb weniger Tage war die Diktatur völlig beseitigt, die Partei der ungarischen Werktätigen deformiert, der Pluralismus wieder hergestellt, allerdings nur für kurze Zeit, bis zum bewaffneten Eingreifen der sowjetischen Armee.

Dasselbe Schicksal wurde im August 1968 dem sogenannten Prager Frühling bereitet. Hier hatte die Unruhe im Lande ebenfalls zu einem vorsichtigen Reformkurs geführt. Seine hervorragendsten intellektuellen Vertreter waren der Wirtschaftswissenschaftler *Ota Šik* (geb. 1920) und der Philosoph *Karel Kosik* (geb. 1926). Šik vertrat die These, daß auch der Sozialismus auf spezielle Marktverhältnisse Rücksicht nehmen müsse, Kosik suchte nach Wegen zu einer Realisierung der sozialistischen Demokratie. Als Anfang 1968 *Alexander Dubček* (1921–1992) zum Ersten Sekretär der KP der ČSSR gewählt und im April auch die Regierung umgebildet wurde – u. a. wurde Dubček Stellvertretender Ministerpräsident –, formulierte die KPČ unter dem Einfluß vor allem Šiks ein Reformprogramm, das die bürokratischen Gewichte mindern, die Entscheidungsprozesse demokratisieren, die sozialisierten Unternehmen selbständiger stellen, den Mechanismus eines preisregulierten, auf Konkurrenz der Unternehmen basierenden Marktes in das System einbeziehen und die Bevölkerung materiell interessieren wollte. Es entwickelte sich für einige Monate eine fast völlig freie Diskussion, deren Höhepunkt im Juni das Manifest der *Zweitausend Worte* des Schriftstellers *Ludvik Vaculik* (geb. 1926) war. Vaculik wollte eine Erneuerung des politischen Systems dergestalt, daß die KP nur mehr eine politische Kraft neben anderen sein sollte, neben Gewerkschaften und unabhängigen Bürgerausschüssen. All dem wurde am 20. 8. 1968 durch die militärische Intervention des Warschauer Paktes ein Ende gesetzt.

Die Protestbewegung. Herbert Marcuse

In den 60er Jahren gab es in den meisten westlichen Industriestaaten eine jäh und heftig aufflackernde Protestwelle aus Teilen der jungen Intelligenz gegen die Gesamtheit der politischen, wirtschaftlichen und sozialen Verhältnisse. Die Antriebe dazu waren vielfältig. Die Situation der Studierenden an der Massenuniversität, die amerikanische Bürgerrechtsbewegung, die Friedenskampagnen seit den 50er Jahren und die Befreiungsbewegungen in den noch verbliebenen Kolonien gaben wichtige Impulse. Sehr starke Anstöße gingen auch von der amerikanischen Teilnahme am Vietnam-Krieg (1964–1975) aus. Insgesamt war die Protestwelle sehr diffus, gemeinsam war aber allen ihren Gruppen das Gefühl, in einer ausgesprochen repressiven Welt zu leben. Als entscheidende Antriebskraft der Unterdrückung wurde ›das Kapital‹ ausgemacht. Die Bewegung war durch und durch antikapitalistisch, und so lag es bei der Suche nach neuen Strukturen denn nahe, auf marxistische Kategorien zurückzugreifen, freilich nicht in der orthodoxen Spielart. Besonders intensiv war die marxistische Orientierung in Deutschland, weniger ausgeprägt in den USA. Dort spielten radikalliberale Auffassungen stets eine Rolle.
Zu den wichtigsten Ideenlieferanten gehörte in den Vereinigten Staaten der marxistisch beeinflußte Soziologe *Charles Wright Mills* (1916–1962) mit seiner Schrift *The Power Elite* (1956). Mills legte dar, daß die Macht in den USA sich in den Händen kleiner eng miteinander verknüpfter Eliten befinde und im wesentlichen auf der Kontrolle über die Produktionsmittel beruhe. Da auch Parteien und Gewerkschaften in diese Vernetzung einbezogen seien, sei die öffentliche Austragung von Konflikten nicht mehr möglich, das Individuum von seinem Recht, auf alle es betreffenden Entscheidungen Einfluß zu nehmen, abgeschnitten.
Viel radikaler formulierte der aus Deutschland stammende und 1933 mit dem Frankfurter Institut für Sozialforschung über Genf in die USA

emigrierte Literaturwissenschaftler und Philosoph *Herbert Marcuse* (1898–1979). Für seinen Einfluß auf die Studentengeneration der 60er Jahre ist vor allem das Spätwerk heranzuziehen. Im Laufe der Zeit hatte Marcuse ein immer kritischeres Urteil über die Verhältnisse in den USA entwickelt. Seine Kritik legte er namentlich in der Schrift über den eindimensionalen Menschen 1964 dar. Der moderne westliche Industriestaat befinde sich im festen Griff des Kapitals. Die Überproduktion erzwinge eine aggressive und imperialistische Politik nach außen, die Verschwendung in der Konsumgesellschaft nach innen. Zugleich sei aber selbst in den reichsten Staaten der Erde eine wachsende Massenarmut zu beobachten, und der Abstand zwischen der Ersten und der Dritten Welt sei riesig und werde fortlaufend größer. Militarisierung und Verrohung seien überall festzustellen, und die Demokratie degeneriere zur Garantin des Status quo. Die Menschen seien diesem System ganz und gar ausgeliefert, zur Eindimensionalität manipuliert und hätten keine Chance, ihre Autonomie zu wahren. Gegen diese Entwicklung müsse Widerstand geleistet werden. Marcuse proklamierte die große Verweigerung und forderte dazu auf, neue Strukturen zu schaffen. Da auch die Arbeiterschaft voll in den bestehenden Staat integriert sei, sah er hier keine Ansatzpunkte zu systemübergreifenden Veränderungen. Die entscheidenden Anstöße zum Wandel erhoffte er von Minderheiten.
Das war der Punkt, an dem sich die unruhige Studentenschaft angesprochen fühlte. Über ihre Kreise ging die Resonanz von Marcuses Darlegungen freilich nicht hinaus. Die Bewohner der von Marcuse beschriebenen Industriestaaten empfanden sich nicht als manipuliert, wollten keine grundlegenden Veränderungen. So verlief sich die Bewegung recht schnell. Einzelne ihrer Angehörigen gingen den Weg in Terrorismus und Untergrund und hofften, so die von ihnen gewünschte Revolution auslösen zu können.

Eurokommunismus

Die kommunistischen Parteien der romanischen Länder äußerten sich seit 1975 mehrfach in einem Sinne, der darauf zu deuten schien, daß sie sich der Demokratie in westlichem Verständnis öffneten. Am 11. 7. 1975 gaben die KP-Führer Italiens und Spaniens, am 15. 10. 1975 die Italiens und Frankreichs gemeinsame Erklärungen ab. Hier hieß es, daß die gegenwärtige Krise des Kapitalismus es dringlich mache, die Demokratie zu entwickeln und zum Sozialismus fortschreiten zu lassen. Sie definierten Sozialismus als bis zum Ende vorangetriebene Demokratie und proklamierten, daß in diesem Geist die Grundrechte garantiert werden müßten, Gedanken- und Meinungsfreiheit, Pressefreiheit, Versammlungs-, Demonstrations- und Vereinsfreiheit, religiöse Freiheit, das Recht zur freien Bewegung im In- und Ausland und die Unverletzlichkeit des Privatlebens. Sie sprachen sich für die Pluralität politischer Parteien unter ausdrücklicher Wahrung der Tätigkeit einer Opposition aus und anerkannten die Möglichkeit eines demokratischen Wechsels der Mehrheit. Sie verlangten die innerbetriebliche Demokratie und sicherten Kleinbauern und Handwerkern, kleinen und mittleren Industrie- und Handelsunternehmen eine spezifische Rolle beim Aufbau des Sozialismus zu.

An diese Thesen wurden von der Öffentlichkeit sogleich große Hoffnungen geknüpft. Der monolithische Kommunismus unter der russischen Führung schien in Bewegung zu geraten und sich nachhaltig zu modernisieren. Die Publizistik fand für das Phänomen alsbald den Namen Eurokommunismus. Vater des Begriffs war der in Italien lebende, aus Kroatien stammende Journalist *Frane Barbieri.* Der Optimismus der interessierten Beobachter wuchs, als in der Folge die Erklärungen von 1975 mehrfach bekräftigt wurden, so als sich im März 1977 die drei Parteichefs *Georges Marchais* (geb. 1920), *Enrico Berlinguer* (1922–1984) und *Santiago Carrillo* (geb. 1915) in Madrid trafen. Santiago Carrillo löste mit seinem Buch *Eurokommunismus und Staat* (1977) schließlich eine scharfe Attacke der Moskauer ›Neuen Zeit‹ auf sich aus, die ihn als antisowjetischen Spalter des einheitlichen Kommunismus bezeichnete.

Bald wurde es um das Phänomen merklich ruhiger. Die Erklärungen von 1975 sollten keinen grundsätzlichen Sinneswandel bekunden, sondern nur den Weg zur Macht erleichtern, ohne daß dabei die Parole ›Sozialismus‹ in Frage gestellt wurde. Das gilt namentlich für Italien, wo Berlinguer erstmals im Oktober 1973 einen ›historischen Kompromiß‹ zwischen Kommunisten, Sozialisten und Katholiken vorgeschlagen hatte. Die Impulse des Jahres 1975 vermochten keine der kommunistischen Parteien des romanischen Westeuropa nachhaltig zu verändern. Sie alle taten sich mit der prinzipiellen Annahme pluralistischer Strukturen, deren Vorteile sie selbstverständlich genossen, schwer, aber überall gab es parteiinterne Auseinandersetzungen über den künftigen Weg. Besonders heftig platzten die Meinungen im Dezember 1984 auf dem Parteitag der spanischen KP aufeinander, als der Generalsekretär *Gerardo Iglesias* für den Eurokommunismus eintrat. Carrillo erschien die Partei nun nicht mehr gebühr rend marxistisch, und er verließ sie.

Gorbatschow

An der Wende der 70er zu den 80er Jahren stellte sich die Sowjetunion als die zukunftsweisende Weltmacht dar, der es aufgegeben sei, das Versprechen einer klassenlosen Gesellschaft nicht nur im eigenen Lande, sondern weltweit einzulösen. Indessen war ihre wirtschaftliche Situation schon damals schwierig und wurde schnell kritischer. Jahrzehntelange Fehlentwicklungen zeigten jetzt ihre fatalen Auswirkungen, die Priorität der quantitativen Expansion vor der qualitativen, der absolute Vorrang der Schwer- und Rüstungsindustrie, die zu geringe Berücksichtigung der landwirtschaftlichen Probleme und die Vernachlässigung des Konsumgüterbereichs. Die Wirtschaft stagnierte und war aus eigener Kraft nicht mehr in der Lage, wieder Schwung zu gewinnen und die zutage tretenden Mängel zu beheben.

Jurij W. Andropow (1914–1984), der im November 1982 nach dem Tode von *Leonid Breschnew* (1906–1982) dessen Amt als Generalsekretär der KPdSU übernahm, wies auf die Notwendigkeit einer Kursänderung hin, war aber zu kurze Zeit im Amt, um etwas bewirken zu können; daß er die Probleme früher als andere Spitzenfunktionäre erkannte, dürfte Frucht seiner Tätigkeit an der Spitze des KGB gewesen sein. Sein Nachfolger *Tschernenko* starb schon nach einem Jahr. Nun wurde im März 1985 *Michail Gorbatschow* (geb. 1931) mit knapper Mehrheit zum Generalsekretär gewählt. Schon von früheren Positionen aus hatte Gorbatschow auf die wirtschaftlichen Probleme verwiesen und betont, daß man die objektiven ökonomischen Faktoren berücksichtigen müsse. Dementsprechend verlangte er in seiner Dankesrede nach der Wahl eine Wende in der Wirtschaft, und er nahm in der Folge jede Gelegenheit wahr, Verbesserungen anzumahnen; die Zahl seiner Reden und Artikel ist sehr groß. Seine Vorstellungen trug er 1987 in seinem Buch *Perestroika* umfassend vor. Perestroika heißt Umbau oder Wandel. Der Verfasser ließ keinen Zweifel daran, daß er einen sehr entschiedenen Wandel wollte. So definierte er Perestroika als Revolution in der Revolution, nötig, um eine entscheidende Beschleunigung der sozialökonomischen und kulturellen Entwicklung der sowjetischen Gesellschaft zu bewirken und diese damit auf einen neuen Stand zu heben. Es gelte, auf dem Wege des Sozialismus einen Sprung nach vorne zu tun. Niemand habe das Recht, sich auch nur einen Tag auszuruhen, erforderlich sei die Zerstörung all dessen, was den schnellen Fortschritt hindere. Das Verantwortungsbewußtsein müsse auf allen Ebenen gesteigert, bei allen Handlungen und Vorgängen mehr Offenheit erreicht, die Achtung vor dem Recht gestärkt werden. Die Betriebe sollten ausgedehntere Entscheidungsbefugnisse erhalten, in das Wirtschaftsleben mehr Marktelemente eingebaut werden. Gorbatschow plädierte für die Ausweitung der Mitbestimmungsmöglichkeiten und trat somit für eine Kräftigung der Sowjets ein. Auch wollte er den Gewerkschaften eine neue Rolle zuweisen. Schließlich machte er eine lange Reihe sozialpolitischer Versprechungen. Er ließ bei allem keinen Zweifel daran, daß durchaus nicht daran gedacht sei, vom sozialistischen Kurs abzuweichen. »Nicht außerhalb, sondern innerhalb des Sozialismus suchen wir nach Antworten auf die Fragen, die sich uns stellen ... Wir werden uns weiter auf einen besseren Sozialismus zubewegen« (*Perestroika*, S. 42f.). In seinen zahlreichen Reden und Artikeln unterstrich Gorbatschow noch deutlicher, daß es ihm um eine nachhaltige Verbesserung des bestehenden Systems, nicht um den Übergang in ein anderes gehe. Er betonte häufig, daß man von Lenin lernen könne und müsse. Die Sowjetunion werde auf dem Wege weitergehen, den sie 1917 eingeschlagen habe, und das Volk werde durch die sozialistische Demokratie in die Leitungsprozesse einbezogen, nicht anders. Gorbatschow charakterisierte die spezifisch sozialistische Demokratie wiederholt und hob sie von der westlichen Ausprägung ab. »Wenn man uns zum bürgerlichen Liberalismus drängt und uns seine ›Werte‹ unterschieben will, dann ist dies eine Rückwärtsbewegung und ein Rückschritt« (*Prawda*, 13. 1. 1988, *Wettig*, S. 21). Damit legte er sich eindeutig auf die Führungsrolle der Partei fest. Selbst im November 1989 vertrat er noch die Berechtigung der Herrschaft der einen Partei; mit dem pluralistischen System der westlichen Industriestaaten konnte er nichts anfangen. Ginge die Sowjetunion in dieser schwierigen Phase der Geschichte dazu über, so wären Anarchie und Chaos seines Erachtens die unmittelbare Folge. Daß der Sozialismus in der Systemkonkurrenz überlegen sei, hielt er für unbestreitbar, und in den aktuellen Schwierigkeiten des sowjetischen Imperiums sah er kein Argument gegen den Sozialismus.

Gorbatschow hatte mit seinen Vorschlägen ein sehr gemischtes Echo. Er fand in Partei und Staatsapparat treue Gefolgsleute, die Weg und Ziel wie er einschätzten und auch in der Bewertung des Tempos mit ihm übereinstimmten. Daneben gab es Politiker, die ein beschleunigteres Vorgehen und entschiedenere Reformen wollten. Als prominentester Repräsentant dieser Gruppe ist *Boris Jelzin* (geb. 1931) zu nennen. Die Masse der Funktionsträger in KPdSU und Staat war aber skeptisch, zögernd, kritisch. Der bekannteste Vertreter dieses breiten Lagers wurde *Jegor K. Ligatschow* (geb. 1920). Das weitverbreitete Beharren auf tief eingewurzelten Vorstellungen und Verhaltensweisen erwies sich für Gorbatschow als unüberwindliches Hindernis.

Sehr viel unspektakulärer und lange vor dem Auftreten Gorbatschows wurde in Ungarn ein Reformkurs gesteuert, sehr vorsichtig zwar, um der Sowjetunion keinen Grund zum Einschreiten zu geben, aber doch mit spürbaren Wirkungen. Der Urheber war *János Kádár* (1912–1989), der nach dem Oktoberaufstand 1956 Generalsekretär der nunmehrigen Ungarischen Sozialistischen Arbeiterpartei wurde und dieses Amt bis Mai 1988 innehatte. Mit seiner Politik reagierte er auf die schwere Erschütterung von 1956; derartiges sollte sich nicht wiederholen können. Ideologisch blieb Kádár durchaus linientreu, aber die Innenpolitik war doch etwas weniger repressiv als in anderen Ostblockstaaten, die Kulturpolitik wenigstens streckenweise großzügiger, die Wirtschaftspolitik flexibler. Ungarn öffnete sich dem Westen vergleichsweise stark, und es ließ privater Initiative bis zu einer bestimmten Betriebsgröße mehr Raum. So wirkte das geistig-politische Klima im Lande frischer als andernorts; es herrschte eine für Osteuropa untypische beschränkte Toleranz. Unter diesen Bedingungen konnte sich auch in der Arbeiterpartei die Bereitschaft zur Infragestellung tradierter Prinzipien entwickeln.

53. Behauptung, Stabilisierung und wachsende Anziehungskraft der Demokratie

Vorbemerkung

An den Schluß seines letzten großen Werkes *Modern Democracies* (1921) stellte der englische liberale Politiker und Politikwissenschaftler *James Bryce* (1837–1922) den Satz »Die Demokratie wird niemals zugrunde gehen, solange die Hoffnung lebt« (Bd. 3, S. 304). Er hatte diese Staatsform am Beispiel Frankreichs, der Schweiz, der USA, Kanadas, Australiens und Neuseelands eingehend und mit viel Sympathie beschrieben, dabei als ihr entscheidendes Moment herausgearbeitet, daß der Wille der Mehrheit der Aktivbürger sich in allen wesentlichen Angelegenheiten durchsetzen könne, sie als Schutzschirm von Freiheit und Gleichheit interpretiert und sie als einzig rechtmäßige Form der Regierung bezeichnet. Mit großer Befriedigung hatte er konstatiert, daß sich das demokratische Konzept im Laufe nur eines Jahrhunderts als äußerst erfolgreich erwiesen hatte. Zugleich aber hatte er sein Augenmerk auf mögliche Gefährdungen gerichtet; gerade jetzt sah er erhebliche Schwierigkeiten voraus. Welch großen Belastungen die Demokratie tatsächlich entgegenging, blieb seinem Blick verborgen. Anderthalb Jahrzehnte nach Abschluß seines Werkes war in Deutschland die nationalsozialistische, in Italien die faschistische und in Spanien die franquistische Diktatur errichtet, die Demokratie auch in den meisten osteuropäischen Ländern beiseite geschoben. Spätestens seit 1930 war das demokratische System in einer tiefen Krise, und seit dem Ausbruch des Zweiten Weltkrieges wurde es dort, wo es noch funktionierte, durch den Angriff der Diktaturen bedroht. Bis dahin waren Hitlers Maximen außerhalb Deutschlands kaum beachtet worden, obwohl seit 1933 fortlaufend Übersetzungen von ›Mein Kampf‹ erschienen. Jetzt änderte sich das grundlegend. Es gab, wie *Winston Churchill* (1874–1965) in seiner ersten Parlamentsrede als britischer Premierminister am 13. Mai 1940 sagte, nur noch eins: den Kampf bis zum

Sieg um jeden Preis, gegen eine monströse Tyrannei, wie sie ihresgleichen im finsteren Katalog der Verbrechen der Menschheit nicht finde. Von diesem Motto waren die folgenden fünf Jahre erfüllt. Der Kampf gegen das nationalsozialistische Deutschland war zugleich ein Kreuzzug für die Demokratie, vor allem nach dem Kriegseintritt der Vereinigten Staaten 1941. Tatsächlich bedeutete die Auseinandersetzung mit den Diktaturen eine erhebliche Stärkung des demokratischen Gedankens. Zwar konnte das in Rußlands Einflußbereich geratene Ostmitteleuropa nicht für die Demokratie zurückgewonnen werden, aber in Deutschland wirkten die Stürme des Krieges, die in seinem Verlauf immer härter zupackende nationalsozialistische Diktatur, der Zusammenbruch des Dritten Reiches und die Flucht und Vertreibung von Millionen Menschen, schließlich die nach Kriegsende allgemein bekannt werdenden Verbrechen des Nationalsozialismus wie ein Purgatorium für das politische Denken; es ging aus den Stürmen der Zeit erneuert hervor. Gewiß gab es unverbesserliche Anhänger der extremistischen Ideen, aber sie wurden mehr und mehr zu Sektierern. Der Nationalsozialismus ist tot, sowohl in Deutschland wie dort, wo sich Tochterparteien der NSDAP gebildet hatten. In seinen Sturz wurde auch sein Bundesgenosse, der Faschismus, hineingezogen.
Vermochte der demokratische Gedanke im Nachkriegsdeutschland sofort eine große und seither stetig anwachsende Mehrheit der Bevölkerung auf sich zu vereinigen, so setzte er sich ebenso in Italien durch, wenn auch mit etwas geringerer Resonanz. Die kommunistische Partei hatte hier immer großes Gewicht. Eindeutig war die Zuwendung zum demokratischen Gedanken schließlich beim dritten Angehörigen der Verliererkoalition von 1945, in Japan; dort hat der Pluralismus freilich eine spezifische Gestalt. Die Anziehungskraft des demokratischen Konzepts erwies sich Mitte der 70er Jahre auch in Spanien, Portugal und Griechenland, und ein gutes Jahrzehnt später zerbrachen die kommunistischen Diktaturen des Ostblocks – und mit ihnen er selbst. In allen diesen Staaten entschied man sich ebenfalls für die Demokratie als neue politische Lebensform. Allerdings sind die Übergangsschwierigkeiten dabei sehr groß, und es wird noch erhebliche Zeit dauern und viel Kraft kosten, bis sie gemeistert sind.
Aus dem Ringen zwischen individualistisch-freiheitlichen und kollektivistisch-diktatorischen Konzeptionen, das für die historische Großepoche zwischen 1914 und 1989 charakteristisch ist, ging die Demokratie eindeutig als Gewinner hervor. Ihre wachsende Anziehungskraft verdankte diese Staatsform nicht nur dem Umstand, daß sie allen Bürgern die Beteiligung an der Willensbildung ermöglicht und ihre Freiheitsrechte schützt, sondern auch der Tatsache, daß sie bei den wirtschaftlichen und sozialen Problemen zu angemessenen Lösungen fand. Auf diesen Aspekt ist in der Folge ebenfalls zu blicken.

Konkurrierende Interpretationen der Demokratie

In den knapp neun Jahrzehnten seit dem Ausbruch des Ersten Weltkrieges war die theoretische Diskussion über die Demokratie außerordentlich lebhaft. Aus der Vielzahl der Interpretationen seien einige besonders einflußreiche genannt.

Der österreichische, später in der amerikanischen Emigration lehrende Jurist *Hans Kelsen* (1881–1973) trat in den 20er Jahren mit einer auch heute noch lesenswerten kleinen Schrift *Vom Wesen und Wert der Demokratie* hervor, in der er nachdrücklich unterstrich, daß Demokratie ohne kritisch-relativistische Denkweise überhaupt unmöglich sei. Nur der Relativismus erlaube den freien Wettbewerb politischer Überzeugungen, gebe der jeweiligen Opposition, der Minorität, die gebührende Stellung und ziele auf steten Kompromiß. Parteien hielt Kelsen für unerläßlich; ihre Existenz sei eine zentrale Lebensbedingung der modernen Demokratie. Diesen Aspekt unterstrich *Gerhard Leibholz* (1900–1982) besonders nachdrücklich. Die Entwicklung der westlichen Demokratien seit dem 19. Jahrhundert sah er als fortschreitenden Prozeß einer radikalen Egalisierung. Das habe zu einer großen Machtanstrengung der Parteien geführt. »Sie sind es, die die Millionen von politisch mündig gewordenen Aktivbürgern erst organisieren und aktionsfähig machen« (*Gestaltwandel*, S. 224). Die westliche Demokratie des 20. Jahrhunderts war für Leibholz ausgesprochen parteienstaatlich und damit grundsätzlich geschieden von ihrer liberal-repräsentativen Vorgängerin im 19. Jahrhundert; die plebiszitäre Komponente spielte nun eine große Rolle. Über die Gewichtsverlagerung vom Parlament zu den Parteien war Leibholz keineswegs glücklich. Er verwies auf die Notwendigkeit, die innerparteiliche Demokratie zu stärken, damit oligarchischen Tendenzen entgegengewirkt würde. Daß auch jede demokratische Regierung oligarchisch sei, stand für den französischen Politikwissenschaftler *Maurice Duverger* (geb. 1917) außer Frage, freilich in dem Sinne, daß der Aufstieg in diese herrschende Schicht möglich ist. So bezeichnete er als entscheidende Aufgabe der Parteien die Elitenbildung. Das sei der wahre Begriff der Repräsentation. Demokratie sei nicht als Regierung des Volkes durch das Volk zu definieren, sondern als »Regierung des Volkes durch eine aus dem Volk hervorgegangene Elite« (*Die politischen Parteien*, S. 431).

Auch *Joseph A. Schumpeter* hielt in seinem Buch *Capitalism, Socialism and Democracy* (1942) die klassische Demokratie-Lehre für unzulänglich. Es gebe keinen allgemeinen Willen des Volkes, die Konkurrenz der Ansichten über das Gemeinwohl sei vielmehr außerordentlich groß, der durchschnittliche Bürger gar nicht in der Lage, aus diesem Angebot rationale Folgerungen zu ziehen, das politische Interesse ohnehin zumeist nicht sonderlich ausgeprägt. So sei das Entscheidende an der Demokra-

tie, daß sie eine sinnvolle Methode zur Hervorbringung und Ablösung der Regierung biete, eben durch den rechtlich geordneten Konkurrenzkampf um die Stimmen der Bürger. Schumpeters Interpretation der Demokratie ist als Konkurrenz- oder Marktmodell zu verstehen. Die Notwendigkeit der Führung unterstrich der Autor nachdrücklich, als wesentlich hob er zugleich hervor, daß jeder die Freiheit habe, sich um derartige Führungspositionen zu bewerben.
Über die Vielfalt der politischen Angebote in der Demokratie wurde seit den 50er Jahren vor allem von amerikanischen Autoren unter dem Leitbegriff des Pluralismus lebhaft diskutiert. Für *Robert A. Dahl* war die Regierung dabei die zentrale Vermittlungsinstanz. Der Autor besprach detailliert die Kriterien, nach denen der Ausgleich der Meinungen am besten zu ordnen sei. In der weiteren Debatte wurden von *William A. Kelso* verschiedene Pluralismus-Typen herausgearbeitet, der des Laisser-faire, der korporative und der öffentliche oder soziale. Letzterem galt Kelsos besondere Neigung, denn nur in dieser Form werde das Interesse der Schwachen gebührend berücksichtigt. Der entschiedenste Vorkämpfer des Pluralismus-Konzepts in Deutschland war *Ernst Fraenkel* (1898–1975), der 1951 aus dem amerikanischen Exil zurückkehrte. Der Pluralismus war ihm – wie der Totalitarismus – eine spezifische Erscheinung des postliberalen 20. Jahrhunderts. Nur auf dem Wege des Zusammenschlusses könne das Individuum seine Interessen noch wirksam vertreten, nur so lasse sich eine freiheitliche Sozialverfassung unter den Bedingungen der Massengesellschaft erreichen. Fraenkel warnte dabei vor pluralistischer Anarchie. Der Wettbewerb der Gruppen bedürfe gewisser staatlich gesetzter Grenzen, ohne daß dabei die Konkurrenz unmöglich gemacht werde.

Der New Deal

Die Vereinigten Staaten wurden von der Weltwirtschaftskrise nicht weniger betroffen als das Deutsche Reich. Hier wie dort waren auf dem Höhepunkt der Krise rund 10 Prozent der Bevölkerung – oder jeder fünfte Erwerbsfähige – arbeitslos. Es wurde das große Verdienst des 1933 ins Amt kommenden 31. Präsidenten der USA, *Franklin Delano Roosevelt* (1882–1945), diese Situation zu einer Neuverteilung der Chancen nutzen zu wollen. Sein New Deal, den er gemeinsam mit einem Beraterstab entwickelte, entsprang nicht langwieriger theoretischer Reflexion oder langfristig gehegten Überzeugungen, er war vielmehr die Reaktion auf die konkret gegebenen Verhältnisse. Roosevelt erkannte, was nötig war, und wenn sein Einsatz konjunkturpolitisch auch nicht die eigentlich gehegten Erwartungen erfüllte, so hatte er psychologisch doch einen ganz erheblichen Wert, da er eine neue Perspektive eröffnete, damit die lähmende Lethargie durchbrach und so das nötige Maß an Hoffnung weckte. Zudem bewirkte der New Deal nicht unwichtige soziale Wandlungen. Hatte die Jacksonian Revolution hundert Jahre zuvor die Vereinigten Staaten aus einem liberalen in ein demokratisches Gemeinwesen umgewandelt, so fügte Roosevelt jetzt unumgängliche soziale Institutionen hinzu. Sie griffen indessen schwerlich so tief, daß man von einer Revolution Roosevelts sprechen darf.

Der 1. New Deal (1933/34) umschloß vornehmlich Notstandsmaßnahmen zur Linderung unmittelbarer Not, zu struktureller Hilfe für besonders problematische Gebiete, zur Sanierung des Bank- und Börsenwesens und zur Beschaffung von Arbeitsplätzen; ferner wurde versucht, die Überproduktion in der Industrie durch wettbewerbshemmende Vorschriften, Verringerung der Arbeitszeit und Erhöhung der Mindestlöhne, in der Landwirtschaft durch (prämienbegünstigte) Verringerung der Anbauflächen abzubauen. Der 2. New Deal (1935/38) konzentrierte sich stärker auf dauerhafte sozialpolitische Erträge und brachte mit dem National Security Act vom August 1935 die Basis des Sozialstaates. Das Arbeitsrecht wurde im gewerkschaftsfreundlichen Sinne ausgebaut. Die Arbeitsbeschaffungsprogramme dauerten an, wobei eine bewußt defizitäre Haushaltspolitik betrieben wurde.

Der Hinweis auf die Bemühungen um Produktionsminderungen einerseits, die Vollbeschäftigung andererseits zeigt, daß der New Deal alles andere als ein geschlossenes System war, sondern sehr heterogene Momente vereinigte, so daß viele Maßnahmen sich wechselseitig in der Wirkung beeinträchtigten. Die Anregungen für den New Deal stammten z.T. aus älteren Reformvorschlägen, z.T. wurden sie europäischen Vorbildern entnommen, z.T. kamen sie aus den Erfahrungen der amerikanischen Kriegswirtschaft. Auch in Amerika äußerten sich während der Wirtschaftskrise radikale Tendenzen der verschiedensten Art. Es war das Verdienst der Politik der Neuverteilung, daß sie sich nicht gefährlich zuspitzten; die Massen hielten vielmehr Roosevelts Demokraten unverbrüchlich die Treue.

Keynes

In der zweiten Hälfte der 20er Jahre wurde in England durch eine Gruppe innerhalb der Liberalen Partei ein Wirtschaftsprogramm entworfen, das man als englischen New Deal verstehen könnte, das indessen zu kühn war, um die Zustimmung der Wähler zu finden. Das bedeutendste Mitglied dieses Kreises war *John Maynard Keynes* (1883–1946), Mitarbeiter des Schatzamtes, politischer Publizist und Nationalökonom in Cambridge. Als Mitglied des Schatzamtes war er Angehöriger der Friedensdelegation gewesen und hatte noch 1919 die Art des Friedensschlusses in seinem Buch *The Economic Consequences of the Peace* beklagt: die Belastung, die Deutschland mit den Reparationen auferlegt sei, werde es entweder zum Zusammenbruch bringen oder es mit allen Kräften auf den Weltmarkt dringen lassen, auf jeden Fall werde der Weltmarkt gestört. Den liberalen Glauben an die Selbstregulierungskraft der Wirtschaft hielt er für Illusion (bes. in: *The End of Laissez-faire*, 1926). So trat er für eine umfassende Arbeitsbeschaffung unter Einsatz öffentlicher Mittel ein und berechnete sorgfältig die dafür notwendigen Kosten (*Can Lloyd George do it?*, 1929).

Auch die theoretische Arbeit von Keynes blieb stets aktuellen Fragen verhaftet. In *A Treatise on Money* (1930) führte er im Widerspruch zu den herrschenden Ansichten aus, daß Abweichungen zwischen Spar- und Investitionssumme Störungen im Wirtschaftsleben verursachen könnten. Seine hier entwickelten Ansichten baute er in den folgenden Jahren weiter aus, wobei er sie allerdings so stark revidierte, daß Kritiker meinten, er habe sie widerrufen. Das Ergebnis dieser mehrjährigen Weiterarbeit war sein Hauptwerk *General Theory of Employment, Interest and Money* (1936), ein Buch, das nach Keynes' Absicht die nationalökonomischen Probleme endlich umfassend, gesamtwirtschaftlich sehen sollte und das ganz außerordentlichen Eindruck machte, so daß Lawrence B. Klein 1947 eine Analyse unter dem Titel ›The Keynesian Revolution‹ vorlegen konnte. Unzweifelhaft gehört Keynes zu den großen Volkswirten des 20. Jhs.

Er sah es als ein psychologisches Grundgesetz an, daß mit steigendem Einkommen der Verbrauch weniger zunehme als die Sparneigung, so daß ein wachsender Rest der Einkommen nicht ausgegeben würde. Mit dieser und der damit verbundenen These, daß sich Güterangebot und Güternachfrage nicht notwendigerweise über den Marktmechanismus angleichen, stellte er sich in völligen Widerspruch zur klassischen Theorie. Immerhin ließen sich die Reste auf dem Wege des Kredits an Unternehmer übertragen, die sie wiederum investieren könnten. Keynes war jedoch der Ansicht, daß die Unternehmerschaft eine langfristige Tendenz zur Zurückhaltung bei den Investitionen zeige, daß mithin die gesparten Einkommensteile nicht automatisch einer Belebung der Nachfrage nach Investitionsgütern zugute kämen. Es mußte eine Nachfragelücke entstehen, der sich die Produktion durch Senkung ihres Angebotes anpassen würde, so daß es unweigerlich zu einem Beschäftigungsrückgang kommen mußte. Er fürchtete eine langfristige Stagnation und eine chronische Unterbeschäftigung. So erklärte er das Bemühen um Vollbeschäftigung zur zentralen Aufgabe der Wirtschaftspolitik. Durch eine Politik des niedrigen Zinses wollte er die Sparneigungen beschränken und die Investitionsneigungen fördern. Vor allem aber mußte der Staat als öffent-

licher Auftraggeber für die mangelnde Investitionsbereitschaft einspringen. In Anlehnung an *Richard Ferdinand Kahns* 1931 veröffentlichte These vom Investitionsmultiplikator – durch zusätzliche Beschäftigung werden die verteilten Einkommen erhöht und damit der Konsum gesteigert – zeigte er, daß öffentliche Investitionen die Beschäftigungslage schnell verbessern konnten; zu ihrer Finanzierung empfahl er eine defizitäre Haushaltspolitik durch Kreditaufnahme bei der Notenbank, also zusätzliche Geldschöpfung. Keynes hielt »eine ziemlich umfassende Verstaatlichung der Investition« für »das einzige Mittel zur Erreichung einer Annäherung an Vollbeschäftigung« (Allg. Theorie, S. 319).
Wenn Keynes in den 30er Jahren unter dem Einfluß der Weltwirtschaftskrise auch eine chronische Unterbeschäftigung fürchtete, so war er doch schon 1940 bereit, seine Theorie auch an eine Übernachfrage anzupassen und Dämpfungsmaßnahmen vorzusehen. Von seinen Schülern wurde das System weiter differenziert und auf alle wirtschaftlichen Situationen anwendbar gemacht. In dieser Form, als Keynesismus, hatten seine Gedanken erheblichen Einfluß auf die Wirtschaftspolitik der letzten Jahrzehnte. Allerdings war der Sieg des Keynesismus keineswegs vollkommen.

Ordoliberalismus und soziale Marktwirtschaft

Die Kritiker Keynes' machten nach 1945 geltend, daß sein System zu unbedenklich aus einer extremen Situation heraus verallgemeinert worden sei. Gegen die Theorie der antideflatorischen resp. antiinflatorischen Finanzpolitik beharrten sie auf der Marktwirtschaft, also auf dem Mechanismus von Preisen, Löhnen und Kapitalkosten. Sie wiesen auf die vielerlei Probleme hin, die auch nur mit der Annäherung an Vollbeschäftigung verbunden waren, vor allem aber unterstrichen sie am Beispiel der skandinavischen Staaten oder Großbritanniens, daß die Politik der Vollbeschäftigung einen ständigen Inflationsdruck erzeuge. Eine solche Gegenposition konnte es mit dem Rückzug auf die klassische Theorie ihr Bewenden haben lassen, aber die bewußteren Vertreter des ökonomischen Liberalismus lehnten das ab; sie verlangten, daß das wirtschaftliche Kräftespiel als Teil einer Gesamtordnung gesehen werde. Die Marktwirtschaft sollte nicht angetastet, aber sie sollte sozial verpflichtet werden. In Deutschland waren die geistigen Väter dieses Konzepts der in Freiburg wirkende *Walter Eucken* (1891–1950) und der Jenaer Zivilrechtler *Franz Böhm* (1895–1977); zu ihrem Kreise gehörten ferner der Freiburger Volkswirt *Leonhard Miksch* (1901–1950) und der Kölner Finanzwissenschaftler *Günter Schmölders* (1903–1991) sowie von der Schweiz aus die 1933 emigrierten Nationalökonomen *Wilhelm Röpke* (1899–1966) und *Alexander Rüstow* (1885–1963). Bei der Umsetzung in praktische Politik kamen wesentliche Impulse von *Ludwig Erhard* (1897–1977), 1949–1963 Wirtschaftsminister der Bundesrepublik Deutschland, 1963–1966 Bundeskanzler, und von seinem Staatssekretär der Jahre 1958–1963, *Alfred Müller-Armack* (1901–1978); auf ihn geht die Formel ›Soziale Marktwirtschaft‹ zurück, die er 1947 in seinem Buch *Wirtschaftslenkung und Marktwirtschaft* prägte. Diese jüngere Benennung hat seither die ältere Bezeichnung als ›Ordoliberalismus‹ zurückgedrängt. Indessen sind Ordoliberalismus und soziale Marktwirtschaft nicht ganz identisch; der Ordoliberalismus ist systematisch geschlossener und strenger.

Die größte Bedeutung für die Entwicklung des ordoliberalen Konzepts dürfte Eucken gehabt haben. In seinen vielfach aufgelegten *Grundlagen der Nationalökonomie* (1940) entwickelte er idealtypisch eine Typologie der Wirtschaftssysteme. Dabei ging er von dem Dualismus zentralgeleitete Wirtschaft einerseits, Verkehrswirtschaft oder Marktwirtschaft andererseits aus und verfeinerte jede dieser Größen in Unterformen. Insbesondere für die Verkehrswirtschaft zeigte er, daß sie zu stark differenzierenden Ergebnissen führen konnte, je nachdem, welche Marktform bestand. Eucken war unbedingter Anhänger der Marktwirtschaft. Er betonte unablässig, daß der – um mit dem Titel seines Beitrages zu einem von G. Schmölders 1942 herausgegebenen Sammelband über den Wettbewerb zu reden – *Wettbewerb als Grundprinzip der Wirtschaftsverfassung* erhalten bleiben müsse. Um eine Beeinträchtigung des Wettbewerbs durch Akkumulation wirtschaftlicher Macht zu verhindern, verlangte er einen kräftigen Staat, der sich auch gegen mächtige Wirtschaftspotentiale durchsetzen und sichern könne, daß eine möglichst vielseitige Konkurrenz existiere. Nur dann sei die Selbstregulierung über den Preis und die Verwirklichung sozialer Gerechtigkeit seines Erachtens möglich. Die nur liberale Marktwirtschaft hielt er für selbstverständlich überwunden, der zentralgeleiteten Wirtschaft konnte er keinen Geschmack abgewinnen, da der Staat als zentraler Leiter des Wirtschaftsprozesses selbst Partei und damit unfähig zur Bekämpfung sozialer Mißstände sei, ferner weil die mit dieser Wirtschaftsform verbundene Konzentration wirtschaftlicher und politischer Macht in einer Hand die Freiheit gefährde oder zerstöre, und schließlich, weil die Reibungsverluste zu groß seien. Euckens Anforderungen an das künftige Wirtschaftssystem lassen sich in sieben konstituierende Prinzipien zusammenfassen: Gewährleistung des Privateigentums an den Produktionsmitteln, Garantie der Vertragsfreiheit, sofern sie nicht die Freiheit anderer beeinträchtigt, Sicherung des freien Zugangs zu den Märkten, Schaffung eines Preissystems der vollständigen Konkurrenz, volle Haftung des Unternehmers, Stabilität der Währung und Dauerhaftigkeit der Wirtschaftspolitik.

Der Staat hatte nach Meinung der Ordoliberalen den rechtlichen Rahmen für die wirtschaftliche Gestaltung zu schaffen. Sie machten dafür zahlreiche Vorschläge, die weit über eine traditionelle Wirtschaftspolitik hinausgingen und eine umfassende Sozialpolitik wollten. Nicht nur waren die Maßnahmen zur Verbesserung der Betriebs- und Arbeitsverhältnisse zu treffen und das Lohn- und Tarifwesen auszubauen, auch der Beschäftigungspolitik war große Aufmerksamkeit zu widmen, der Wettbewerb mußte auf eine solide Basis gestellt werden, einerseits durch eine antimonopolistische Gesetzgebung, andererseits durch die Förderung mittelständischer Existenzen, über steuerliche Möglichkeiten resp. Subventionen sollte ein Einkommensausgleich hergestellt werden, die individuellen Bildungschancen sollten durch eine Verbesserung des Bildungssystems vermehrt werden; Wohnungsbau, Siedlungspolitik und Städteplanung stellten ebenfalls große Anforderungen. Röpke – in seiner *Gesellschaftskrisis der Gegenwart* (1942) – und im Anschluß an ihn Rüstow sprachen in diesem Zusammenhang davon, daß die tradierte Sozialpolitik, die sich nur um Lohn- und Arbeitsverhältnisse und um eine umfassende materielle Sicherung gekümmert hatte, zu einer »Vitalpolitik« ausgebaut werden müsse. Die Ordoliberalen hielten sich also eindeutig auf sozialreformerischem Kurs, aber sie wahrten ihren Anspruch auf den Titel Liberale, indem sie warnend darauf verwiesen, daß ein Zuviel an Wohlfahrtsstaat in den Kollektivismus führen könne und daß deshalb immer auch die individuelle Tüchtigkeit mit angesprochen werden müsse.

Wegen ihrer Sorge vor dem Kollektivismus waren die Ordoliberalen gegenüber allen totalitären Bestrebungen besonders sensibilisiert. Gegen diese schrieb *Karl Richard Popper* (1902–1994) sein gegen Plato, Marx und Hegel gerichtetes Buch *Die offene Gesellschaft und ihre Feinde*, das allen Sozialutopien eine scharfe Absage erteilte und ihnen eine von kritischer Rationalität ausgehende, für schrittweise Reform offene Gesellschaft gegenüberstellte; gegen sie richtete *Friedrich August v. Hayek* (1899–1992), ein unermüdlicher Vorkämpfer des Individualismus, sein Buch *Der Weg zur Knechtschaft* (1944, dt. 1947).

Die Erneuerung des Liberalismus blieb nicht auf Mitteleuropa beschränkt. In Frankreich nahmen an ihr führend teil *Louis Baudin* (*L'aube d'un nouveau libéralisme*, 1953), *Bertrand de Jouvenel* mit verschiedenen Arbeiten (*Du pouvoir*, 1945, *De la souveraineté*), in Amerika *Walter Lippmann* (1899–1974), der die Schwelle des Kollektivismus in seinen einflußreichen Kommentaren noch niedriger ansetzte und deshalb noch lebhafter warnte als die vorgenannten.

John Rawls (1921–2002) stellte sich in seiner *Theorie der Gerechtigkeit* (1971) die Frage, wie die institutionelle Grundstruktur einer modernen demokratischen Gesellschaft beschaffen sein müsse, wenn eine angemessene distributive Gerechtigkeit erreicht werden solle. Das Buch fand eine außergewöhnliche Resonanz und löste eine lebhafte Diskussion aus. In den anschließenden Arbeiten untersuchte Rawls das Problem unterschiedlicher Auffassungen über Gerechtigkeit genauer, dessen Erörterung ihm 1971 sehr idealistisch geraten war. Seit den 70er Jahren entwickelten etliche Sozialwissenschaftler und Philosophen wie *Charles M. Taylor* (geb. 1931), *Robert N. Bellah* (geb. 1929) oder *Michael Walzer* (geb. 1937) das Konzept des Kommunitarismus; sein eifrigster Vorkämpfer bei der praktischen Umsetzung wurde *Amitai Etzioni* (geb. 1929). Hier geht es um die Erziehung zum Bürgersinn, um die Ermöglichung von mehr Partizipation und um die Entwicklung einer verantwortungsfähigeren Gesellschaft.

Demokratischer Sozialismus

Dem Konzept der sozialen Marktwirtschaft wurde seit den 50er Jahren das des demokratischen Sozialismus gegenübergestellt; die theoretische Diskussion darüber vollzog sich, veranlaßt von der schweren Wahlniederlage 1953, vor allem innerhalb der deutschen Sozialdemokratie. Dabei wurde der Terminus Sozialismus weit von seinen Ursprüngen gelöst, so daß es scheint, als werde das Wort nur mehr aus traditionellen Gründen benutzt. Als Wurzeln des demokratischen Sozialismus bezeichnete das Godesberger Programm der SPD (1959) die christliche Ethik, die klassische Philosophie und den Humanismus, wobei unter letzterem auch Marx integriert werden konnte, während aller dogmatische und vulgäre Marxismus über Bord geworfen wurde. Als Ziel des demokratischen Sozialismus läßt sich die Absicht bezeichnen, eine soziale Ordnung zu schaffen, in der gleiche Lebenschancen für alle gewährleistet und Konfliktmöglichkeiten damit minimalisiert sind. Dabei wurde unterstrichen, daß Gleichheit primär eine Gleichheit der Chancen sein sollte und daß bei Konflikten zwischen Gleichheit und Freiheit zugunsten letzterer zu entscheiden sei; die Freiheit wurde ausdrücklich als oberster Grundwert des demokratischen Sozialismus bezeichnet. Freiheit wurde dabei nicht unbegrenzt verstanden, sie sollte vielmehr eingebunden sein in die sittliche Pflicht zur Solidarität.
Für die Regelung des politischen Systems im engeren Sinne legte der demokratische Sozialismus sich ganz selbstverständlich auf die Demokratie fest. Der Staat sollte Rechts-, Sozial- und Kulturstaat sein, und er sollte einer Konzentration von allzuviel Macht begegnen, Pluralität ermöglichen. Die wirtschaftlichen Ansichten gingen davon aus, daß die soziale Marktwirtschaft nicht das geleistet habe, was man sich von ihr versprach. Sie erschien eher als Verschleierung eines nach wie vor kaum eingeschränkten kapitalistischen Systems mit anarchischer Konkurrenz und starken Tendenzen zur Anhäufung wirtschaftlicher Macht in wenigen

Händen denn als sozial bestimmte Alternative des Kapitalismus. Jedenfalls habe sie die soziale Frage noch kaum ihrer Lösung nähergeführt; das Volkseinkommen sei nach wie vor höchst ungerecht verteilt, immer noch gebe es reine Besitzeinkommen, die Bemühungen um Vermögensbildung in breiteren Kreisen seien kaum von Erfolg gekrönt gewesen, und die Existenz großer Teile der Bevölkerung sei durchaus noch nicht gesichert. Der demokratische Sozialismus sah sich also einem langen Aufgabenkatalog gegenüber. Die Lösung wollte er mit undogmatischen Mitteln angehen. Dabei wurde der Wettbewerb in weitestmöglichem Maßstab als richtig anerkannt, er sollte indessen durch vornehmlich globale Planungen ergänzt werden. Die Sozialbindung des Eigentums sollte durchgesetzt werden, gegebenenfalls auch durch Überführung in Gemeineigentum, dies allerdings nur als ultima ratio, ferner durch Mitbestimmung, durch Kontrolle des wirtschaftlichen Handelns im Interesse des Gemeinnutzes und durch Beschränkung der Ansammlung von Macht. Als weitere große Aufgabe wurde die Intensivierung der Neuverteilung der Einkommen und Vermögen gesehen.

Osteuropäische Vorkämpfer für die Bürgerrechte

Im Jahre 1965 standen in Moskau die beiden Schriftsteller *Daniel* und *Sinjavskij* vor Gericht. Ihnen wurde vorgeworfen, literarische Arbeiten in den Westen geschmuggelt zu haben. Dieser Prozeß hatte für die Bereitschaft der Intellektuellen, ihre Unzufriedenheit mit dem bestehenden System zu äußern, katalytische Bedeutung. Die Neigung wuchs, Texte unautorisiert zu veröffentlichen. So entwickelte sich schnell eine breite Untergrundliteratur, die über vielerlei Themen handelte, ihr besonderes Augenmerk aber der Erkämpfung der Bürgerrechte widmete.
Die Teilnehmer an dieser nach Tausenden zählenden Bewegung entstammten verschiedenen politischen Traditionen, und so waren die vorgetragenen Meinungen sehr vielfältig. Namentlich im Exil, in das viele Bürgerrechtler gedrängt wurden, entwickelte sich bald eine kontroverse Diskussion. Einigkeit aber bestand darin, daß jedermann das Recht habe, seine Bürgerrechte einzufordern. Die Schlußakte des KSZE-Prozesses von 1975, in der auch die Ostblockstaaten diese Rechte anerkannten, gab der Bewegung erhebliche Argumentationshilfen, aber sie hatte überall gegen das staatliche Repressivsystem einen äußerst schweren Stand und fand keine Massengefolgschaft.
Von den Dissidenten in der Sowjetunion wurden Andrej Amalrik, Alexander Solschenizyn und Andrej Sacharow am bekanntesten. Der Schriftsteller *Andrej Amalrik* (1938–1980) wurde 1965 verhaftet und wegen angeblicher parasitärer und gesellschaftsfeindlicher Lebensführung

nach Sibirien verschickt. Über das gegen ihn durchgeführte Verfahren und die Verbannung gab er in *Unfreiwillige Reise nach Sibirien*, einer 1970 in Westeuropa veröffentlichten Schrift, einen ungeschminkten Bericht und attackierte damit die politische Justiz der Sowjetunion vor der Weltöffentlichkeit scharf. Auch *Alexander Solschenizyn* (geb. 1918) erregte mit seinen Schilderungen des Lageralltags weites Aufsehen. Er hatte die Jahre 1945–1953 in Straflagern verbracht. Sein literarischer Erstling, *Ein Tag im Leben des Iwan Denissowitsch* (1962), gab über die Verhältnisse dort offen Auskunft. Da die Erzählung zu der damals noch zulässigen Stalin-Kritik paßte, wurde sie auch in der Sowjetunion zunächst freundlich aufgenommen. Der Verfasser bekam jedoch schon bald Schwierigkeiten, da er weiterhin Mißstände angriff, für die Rechte des Individuums eintrat, von der Verantwortung des Schriftstellers sprach und dazu aufrief, nicht in der Lüge zu leben, also dem eigenen Gewissen zu folgen. Seine Romane durften nicht mehr veröffentlicht werden, da sie die Lagerberichterstattung fortsetzten; sie erschienen also nur im Ausland (*Der erste Kreis der Hölle*, dt. 1968, *Krebsstation*, dt. 1969). Dem Thema Lager war auch die umfangreiche Darstellung *Der Archipel Gulag* (1973/74) gewidmet. Nun wurde Solschenizyn, der 1970 den Nobelpreis für Literatur erhalten hatte, ausgebürgert. Fortan war seine Stimme die wichtigste des russischen Exils. Solschenizyn bejahte den Westen aber keineswegs uneingeschränkt. Er unterstrich die Eigenständigkeit der russischen Entwicklung und forderte dazu auf, an sie anzuknüpfen. So vertrat er die ›slawophile‹ Richtung des Dissidententums, während Amalrik, der die UdSSR 1976 verließ, eine eindeutig westliche Orientierung proklamierte.
Der international hoch angesehene Atomphysiker *Andrej Sacharow* (1921–1989) trat im Frühsommer 1968 mit einer kleinen Schrift *Wie ich mir die Zukunft vorstelle* an die Öffentlichkeit. Er wies darauf hin, daß die Menschheit vielfach gefährdet sei, durch einen jederzeit möglichen thermonuklearen Krieg, durch Natur- und Hungerkatastrophen, aber auch durch Verdummung in der Massenkultur und durch bürokratischen Dogmatismus. Das Interesse an der Erhaltung der Zivilisation verlange die weltweite Zusammenarbeit in geistiger Freiheit und unter Beseitigung jeder Orthodoxie und jeden Drucks. Den Rang und die Notwendigkeit geistiger Freiheit unterstrich er nachdrücklich. Er wandte sich mit Schärfe gegen Rassismus, Faschismus, Stalinismus und Maoismus und wies die These von der Unvereinbarkeit der beiden großen Weltideologien zurück. Dem sozialistischen Weg sprach er durchaus Lebensfähigkeit zu, betonte zugleich aber, daß der Kapitalismus nicht in die Sackgasse führe. Sacharow erwartete eine Konvergenz beider. In der Folge ließ er sich bei der Vertretung seiner Ansichten auch durch zahlreiche Maßregelungen – von 1980 bis 1986 war er nach Gorkij verbannt – nicht einschüchtern. Mit Entschiedenheit trat er immer wieder für eine ernsthafte Friedenspolitik

und für die Wahrung der Menschenrechte ein. Im Zusammenhang damit plädierte er für den Pluralismus. Das Recht der Bürger, die Entscheidungen der Führer zu kontrollieren, also in demokratischen Strukturen zu leben, war für ihn ein untrennbarer Teil der Menschenrechte. Für sein Wirken wurde er schon 1975 mit dem Friedensnobelpreis geehrt.
Die tschechischen Dissidenten konnten durch die militärische Niederwerfung des Prager Frühlings nur für eine kurze Zeit zum Verstummen gebracht werden und meldeten sich bald wieder zu Wort. Für die Wahlen im Herbst 1971 riefen sie zum Boykott oder wenigstens zur Abgabe einer ungültigen Stimme auf, da es sich nicht um ernstzunehmende Wahlen handle. Ansonsten traten sie mit zahlreichen offenen Briefen an Prominente des In- und Auslandes hervor, namentlich 1975, also im Schlußjahr der Helsinki-Konferenz. Der Dramatiker *Václav Havel* (geb. 1936), der schon 1968 in der ersten Reihe gefochten hatte, richtete im April 1975 ein offenes Schreiben an den Staatspräsidenten Husak, beschrieb darin eingehend die tiefe geistige und moralische Krise, in der sich das Land befand, und forderte Husak und alle anderen führenden Repräsentanten des Regimes dazu auf, die von ihm beschriebenen Zusammenhänge zu überdenken und aus dieser Sicht das Maß ihrer historischen Verantwortung zu erwägen. Er sprach davon, daß die geltenden Herrschaftspraktiken die Menschen zu Angst und Apathie führten und sie in die Schlupfwinkel einer nur materiellen Existenz trieben, er sah die allmähliche Aushöhlung aller moralischen Normen voraus und fürchtete ein Herabsinken auf das Niveau des biologischen Vegetierens, »also zu jener ›Tiefendemoralisierung‹, die aus dem Verlust der Hoffnung kommt und aus der Krise des Gefühls, daß das Leben einen Sinn hat« (S. 51). Er geißelte die amtliche Verwüstung der Kultur und sah eine lange Sterilität voraus. Die bestehende Ordnung sei eine Ordnung ohne Leben, und die im Lande herrschende Ruhe sei die der Leichenhalle und des Grabes. Die Geschichte lasse sich nicht ersticken, sie müsse zu neuem Leben erweckt werden. Das aber bedinge, daß der Wettkampf um die Macht offen ausgetragen werde, und das sei zugleich die einzig wirksame Garantie der öffentlichen Kontrolle von Macht und folglich jeder Freiheit des Wortes. Unter diesen Bedingungen müsse die gesellschaftliche Macht, wie Havel die Staatsgewalt hier nannte, »ob sie es will oder nicht, in einem ständigen und offenen Dialog mit dem Leben der Gesellschaft leben, sie ist gezwungen, laufend verschiedene Probleme zu lösen, die ihr das Leben auferlegt. Wo es keine offenen Machtkämpfe gibt ..., dort paßt sich die gesellschaftliche Macht nicht dem Leben an, sondern versucht das Leben sich anzupassen« (S. 70f.). Statt die realen Probleme zu sehen, verschleiere sie sie. Unnachsichtig und schneidend trug Havel seine Argumente vor und verwies auf die schwere Hypothek, die die Machthaber damit auf sich luden, daß sie die Geschichte zum Stehen zu bringen versuchten.

Die spektakulärste Aktion der Dissidenten war die mit dem 1. Januar 1977 datierte *Charta 77*, deren 240 Unterzeichner unter Berufung auf Helsinki die Gewähr der Menschen- und Bürgerrechte forderten. Ein geschlossen oppositionelles Programm stellten sie ganz bewußt nicht auf, wie sie denn auch politisch sehr verschieden einzuordnen waren. Hier fanden sich ebenso nonkonformistische Kommunisten wie konservative Vertreter der Kirchen und zahlreiche ungebundene Intellektuelle, die am ehesten einer bürgerlichen Demokratie zuzurechnen wären. Von den drei Wortführern der Charta, Havel, dem Philosophen *Jan Patocka* (1907–1977) und *Jiri Hajek* (geb. 1913), war nur Hajek Mitglied der KP gewesen; zur Zeit des Prager Frühlings Außenminister, hatte er 1969 alle seine Staatsämter verloren und war 1970 auch aus der Partei ausgeschlossen worden. Das Manifest fand im Laufe der folgenden drei Jahre mehr als 1000 Unterzeichner, und der Name der Charta 77 wurde dabei die Bezeichnung für die ganze Gruppe. Weitere Erklärungen zu bestimmten Fragen folgten. Nach dem Tode Patockas wurde Havel zur wichtigsten Persönlichkeit der Bewegung. Er trat dafür ein, daß die Verfechter der Charta ein moralisches Beispiel geben sollten, indem sie jedem Opportunismus absagten und offen und konsequent für ihre Überzeugungen eintraten. Er selbst lebte das unbeugsam vor; von 1979 bis 1984 war er in Haft.
Auch die Andersdenkenden in Ungarn waren nicht einheitlich gestimmt. Es gab unter ihnen Marxisten, Liberale und Konservative. Offenbar waren sie durch das Trauma von 1956 zu besonderer Vorsicht geneigt. Kennzeichnend dafür ist, daß der Widerspruch gegen die Besetzung der Tschechoslowakei, vorgetragen von *Georg Lukács* und einigen seiner Schüler, der erste öffentliche Protest im Lande seit 1956 war, und charakteristisch ist auch, daß die ungarischen Oppositionellen recht unspektakulär vorgingen, was dem Staat die Möglichkeit bot, ihnen ein gewisses Entgegenkommen zu zeigen. In der Lukács-Schule wurden Anfang der 70er Jahre Überlegungen darüber angestellt, wie man Pluralismus in den Marxismus bringen könne. Das hatte bei einigen Angehörigen dieses Kreises die Lösung vom Marxismus überhaupt zur Folge. Die vorsichtige Position von *András Hegedüs*, der 1955/56 Ministerpräsident war, geriet aber bald in die Minderheit. Hegedüs wollte Pluralismus, aber nicht in der Form eines Mehrparteiensystems. Eine derartige Entwicklung nämlich würde zur Destabilisierung der ganzen Region führen und damit schwere Gefahren in sich bergen. So trat er für die Bildung autonomer Gruppen ein, die die Staatsmacht kontrollieren, aber nicht an ihr teilhaben sollten. Eine solche Organisation bewertete er als authentische Form der sozialistischen Demokratie. Die Mehrheit der Dissidenten, so die Philosophen *János Kis* (geb. 1943) und *György Bence* (geb. 1941), hielt das für naiv. Man wollte den westlichen Pluralismus, sah bis dahin aber noch eine lange Strecke Wegs, zumal man aus der Bevölkerung keine Unterstützung erfuhr. So galt

der Kampf für die Menschenrechte als vordringliches Ziel – erst dann konnte man ja Öffentlichkeit herstellen. Veränderungen innerhalb des Systems – das war die Parole.

Ganz anders war die Situation in Polen. Die Opposition war hier von Anfang an breiter als in allen anderen Ostblockstaaten, da sie immer auch Anklang in der Arbeiterschaft fand. 1970 gab es Zusammenstöße zwischen Arbeitern und Sicherheitskräften. Daraufhin wurde Gomulka als Erster Sekretär der Vereinigten Polnischen Arbeiterpartei durch den sehr viel flexibleren *Edward Gierek* ersetzt, und der neue Mann schlug sogleich einen gemäßigteren Kurs ein. Er nahm die Präsenz der Partei zurück, ließ in der ideologischen Erziehung den Nationalismus mehr in den Vordergrund treten – ein Faktor, der durch die Wahl eines polnischen Papstes 1978 ungemein verstärkt wurde – und handhabte die Repression zurückhaltend. All das und die fortdauernde Unfähigkeit des Staates bei der Lösung der Versorgungsfragen ließ die Autorität der Partei schnell zerfallen. Zur Formierung einer bleibenden Opposition kam es ab 1975 aus drei Gründen, in Reaktion auf die KSZE-Schlußakte, als Folge der Diskussion darüber, ob der Führungsanspruch der Partei in der Verfassung verankert werden sollte, und schließlich wegen der neuerlichen Arbeiterunruhen, in Radom 1976. Überall bildeten sich Diskussionszirkel verschiedener politischer Ausrichtung. Die Klubs der katholischen Intelligenz hatten eine feste Stütze an den Fakultäten in Krakau und Lublin; hier gehörte *Tadeusz Mazowiecki* (geb. 1927) zu den einflußreichsten Persönlichkeiten. Die Bewegung zur Verteidigung der Menschen- und Bürgerrechte schloß an die nationaldemokratischen Traditionen in Polen an. Daneben gab es auch radikaldemokratische Zirkel. Das *Komitee zur Verteidigung der Arbeiter* (KOR), 1977 umbenannt in *Komitee zur gesellschaftlichen Selbstverteidigung* (KSS), widmete sich den Interessen der Arbeiter. Es wollte Rechtsschutz und Hilfe gewähren und die Arbeiter über ihre Rechte aufklären.

Als im Sommer 1980 die Preise erhöht wurden, kam es zu Unruhen und Streiks, deren Zentrum schnell Danzig wurde. Das hier gebildete überbetriebliche Streikkomitee stellte an die Spitze seiner Forderungen die Schaffung einer unabhängigen Gewerkschaft und die Garantie des Streikrechts, zudem die Respektierung der in der Verfassung gewährten Meinungsfreiheit, das Ende der Unterdrückung unabhängiger Meinungen und die Öffnung der Medien für Vertreter aller Konfessionen. Verlangt wurden – neben etlichen sozialpolitischen Einzelforderungen – wirksame Maßnahmen, um das Land aus der Krise herauszuführen, deshalb Offenlegung der ökonomischen Situation und die Teilnahme aller sozialen Gruppen an der Reformdiskussion, schließlich die Ernennung aller Führungskräfte nach Eignung und die Beseitigung der Sonderrechte für die bisher Privilegierten. Diese 21 Punkte wurden an der ganzen Küste anerkannt, und die Regierung willigte sehr schnell in die Einlösung der Hauptforderungen ein, allerdings unter der Bedingung, daß der Führungsanspruch der Partei unangetastet bleibe und daß die neue Gewerkschaft sich nicht zu einer Partei entwickle; ein entsprechendes Abkommen wurde am 31. 8. 1980 abgeschlossen. Wenig später entstand die Landesorganisationskommission unter Vorsitz des Elektrikers *Lech Walesa* (geb. 1943); als Hinweis auf das tragende Prinzip Solidarismus wurde der Name Solidarität gewählt. Im wesentlichen handelte es sich um eine christliche Gewerkschaft, wenn auch das Mitgliederspektrum politisch schnell heterogen wurde. Mazowiecki spielte eine große Rolle, und Walesa war gänzlich von den Anschauungen der katholischen Soziallehre durchdrungen. Rasch entstanden Nebenorganisationen, so eine Bauernsolidarität, und die Bewegung zählte bald 10 Millionen Mitglieder. Pluralismus schien damit keine Vokabel eines übersehbaren Kreises von Dissidenten zu sein, sondern Wirklichkeit. Als aber die Landeskommission Ende 1981 beschloß, im Februar 1982 eine Volksabstimmung über Verbleib oder Abgang der Regierung durchzuführen, zeigte sich, daß der Machtapparat von Partei und Staat durchaus noch Kraft hatte. Der seit 1980 als Vertrauensmann der Sowjetunion amtierende Ministerpräsident Jaruzelski – seit 1981 war er auch 1. Sekretär des Zentralkomitees – stellte das Land unter Ausnahmerecht, ließ die Führungsschicht der unabhängigen Gewerkschaft verhaften und die Solidarität einige Monate später auch offiziell auflösen. Die Bewegung konnte aber nur geschwächt, nicht vollends unterdrückt werden. Es begann ein zähes Ringen zwischen Staat und Parteigängern der Solidarität, in das die Kirche immer wieder mäßigend und vermittelnd eingriff, dabei aber natürlich eher zur Solidarität neigte. Die Partei konnte ihre Autorität nicht wieder im alten Umfang herstellen, sie mußte zahlreiche Konzessionen machen und das politische System stärker verrechtlichen. Partei und Staat waren ersichtlich in der Defensive. Polen lebte in einem Schwebezustand, der nicht auf Dauer bestehen konnte.

Die osteuropäische demokratische Revolution

Seit 1988 wurde ganz Osteuropa in einem stürmischen Prozeß, der seine entscheidende Phase im Winter 1989/90 hatte und den man mit guten Gründen als osteuropäische demokratische Revolution bezeichnen kann, grundlegend umgestaltet. Die entscheidenden Impulse gingen dabei von Ungarn und Polen aus. Es ist hier unnötig, diese Entwicklung eingehend zu betrachten. Nur die wesentlichen Momente seien genannt.

Für Ungarn hatte einer der führenden Dissidenten, *Miklós Haraszti* (geb. 1945), einst beklagt, daß niemand unbedingter Vorkämpfer der Freiheit sei und daß die Werktätigen erst handeln würden, wenn sie sonst verhungern müßten. So kritisch war die ökonomische Situation längst noch nicht. Die Initiative zum Wandel kam aus dem Zentrum der Macht. Im Mai 1988 wurde Kádár als Generalsekretär der Partei durch *Károly Grósz* ersetzt. Im Januar 1989 wurden Vereins- und Versammlungsfreiheit gewährleistet, wenige Wochen später erteilte die Partei ihre Zustimmung zur Schaffung eines Mehrparteiensystems. Ungarn war damit der erste Ostblockstaat, der sich offen zu demokratischen Strukturen bekannte. Im Juni 1989 bildeten diejenigen Männer, die die Entwicklung so entschieden vorangetrieben hatten, mit Grósz ein Vierergremium zur Führung der Partei, nämlich *Imre Poszgay* (geb. 1933), *Rezsö Nyers* (1923) und *Miklós Németh* (1948). Im einzelnen gingen ihre Ansichten wohl auseinander, aber sie waren sich einig, daß Ungarn völlige Rechtsstaatlichkeit, politischen Pluralismus und eine sozialistische Marktwirtschaft erhalten müsse. Darüber verhandelten sie mit dem Runden Tisch, der sich im März aus den oppositionellen Gruppen gebildet hatte, und kamen Mitte September zu einem Schlußabkommen. Damit war der Weg zur Demokratisierung des Landes frei. Im Oktober verabschiedete das Parlament die notwendigen Verfassungsänderungen. In Ungarn dankte der Kommunismus freiwillig ab, das revolutionäre Element der Entwicklung bestand in einigen Massendemonstrationen, die Antriebskräfte für den Wandel waren primär verfassungspolitischer Natur.

In Polen spielten materielle Faktoren und Druck von unten durch Streiks und Demonstrationen eine viel größere Rolle, und der Verzicht auf die Macht fiel den Kommunisten viel schwerer: Sie hofften auf Machtteilung. Im Mai 1988 kam es neuerlich zu Streiks, die sich bald ausweiteten. Daraufhin fand sich die Regierung zu Verhandlungen mit der Opposition bereit. Sie dauerten monatelang und führten Anfang 1989 zur Wiederzulassung der Solidarität. Danach konnten im Februar Gespräche am Runden Tisch beginnen. Sie führten schon am 5. April zu einem umfangreichen Abkommen, in dem einleitend festgestellt wurde, daß dies der Beginn des Weges zur parlamentarischen Demokratie sei. Tatsächlich war die Arbeiterpartei nach wie vor privilegiert, und viele Fragen waren offen. Nach der Verabschiedung der nötigen Verfassungsänderungen und Gesetze konnten schon am 4. Juni Parlamentswahlen stattfinden. Im Sejm waren die Sitze vorab quotiert, der Solidarität dabei mit 35 % aber eine Sperrminorität gegen Verfassungsänderungen eingeräumt. Im wiederhergestellten Senat errang die Solidarität mit 99 von 100 Sitzen einen glänzenden Sieg. Kurz danach wurde *Mazowiecki* zum Ministerpräsidenten gewählt. Das Innen- und Verteidigungsministerium blieben allerdings noch in der Hand der Arbeiterpartei, und Jaruzelski war weiter – wie seit 1985 – Staatspräsident. Nun begann die zweite Phase des Machtkampfes. Sie wurde im Dezember 1990 mit dem vorzeitigen Rücktritt Jaruzelskis zugunsten der demokratischen Bewegung entschieden; wenig später wurde Walesa zum Staatspräsidenten gewählt.

In den Satellitenstaaten der UdSSR vollzog sich der Übergang zur Demokratie weitgehend gewaltfrei, nur in Rumänien war der Machthaber Ceauşesco nicht zum Nachgeben bereit. Er wurde Ende Dezember 1989 durch einen Volksaufstand gestürzt und von einem geheimen Militärgericht wegen schwerer Verbrechen zum Tode verurteilt.

Die jahrzehntelange wirtschaftliche Fehlsteuerung in der Sowjetunion hatte die Lage dort besonders schwierig werden lassen. Die Einleitung von Reformen war außerordentlich mühsam, da große Teile des Partei- und Staatsapparats völlig in Orthodoxie erstarrt waren und das Offizierskorps, auf das ebenso Rücksicht zu nehmen war, ähnlich dachte. *Michail Gorbatschow* mußte deshalb vorsichtig zwischen Ligatschow und seinem Anhang auf der einen und den Radikalreformern um Jelzin auf der anderen Seite lavieren und verbrauchte damit viel Kraft. Die Partei erschien ihm deshalb zunehmend als Hindernis, und das führte zu der Einsicht, daß ihr Einfluß zurückzudrängen, die staatliche Seite mehr zu betonen sei. Im Mai 1988 kündigte er Verfassungsänderungen an, einige Monate später wurden sie präzisiert. Sie liefen auf eine Stärkung des Präsidentenamtes und auf die Einbindung des Volkes in den politischen Prozeß durch Änderung des Wahlverfahrens hinaus. Etwa gleichzeitig beschnitt Gorbatschow in der Partei die Macht Ligatschows und des Apparates.
Die Wahlen zum Volksdeputiertenkongreß im März 1989, bei denen die verschiedenen Richtungen in der Partei und unabhängige Kandidaten miteinander konkurrierten, waren am ehesten ein Votum für Gorbatschows Mittelkurs, und im Kongreß gelang es ihm auch immer wieder, Mehrheiten zu finden. Der Reformprozeß vollzog sich aber weiter äußerst langsam, da es in der Administration weiterhin Widerstände gab und schnell wirksame Lösungen für die großen Probleme nicht gefunden werden konnten. Vielfach war das staatliche Handeln nur Nachvollzug dessen, was sich, wie die Herstellung der Meinungspluralität seit 1987, selbst seinen Weg gebahnt hatte.
Der Winter 1989/90 mit seinen tiefgreifenden Veränderungen in den anderen Ostblockstaaten trieb die Entwicklung auch in der Sowjetunion voran. Erst jetzt ging Gorbatschow nach außen erkennbar mehr auf Distanz zu den alten Dogmen – in der Rückschau setzte er den Beginn dieses Prozesses relativ früh an, ohne ihn doch genau datieren zu können. Der für 1991 geplante 28. Parteitag wurde auf den Juli 1990 vorgezogen. Dafür traf das Plenum des Zentralkomitees im Februar 1990 die Vorentscheidungen. Hier sprach Gorbatschow davon, daß es um einen humanen demokratischen Sozialismus und eine selbstverwaltete sozialistische Gesellschaft gehe. Die Demokratisierung könne in einer bestimmten Etappe zur Entstehung weiterer Parteien führen, die KPdSU werde sich dann mit denjenigen Kräften verbinden, die die Erneuerung des Sozialismus woll-

ten, und auf jeden Fall ihre Sache im demokratischen Prozeß vertreten. Dementsprechend wurde beschlossen, auf den verfassungsmäßig verbrieften Führungsanspruch der Partei zu verzichten.
Auch in der Folge kamen die Dinge nur langsam voran. Die Wirtschaftskrise wurde immer gravierender, und das Selbständigkeitsstreben vieler Teile des Imperiums einschließlich des Ringens der Russischen Föderation um mehr Eigenständigkeit brachten zusätzliche Belastungen. Nach dem Augustputsch 1991 rückte für Gorbatschow der Kampf um die Erhaltung der Union ganz in den Vordergrund. Er konnte ihn – im Dezember – nicht in seinem Sinne entscheiden, an die Stelle der Sowjetunion trat die verkleinerte Gemeinschaft unabhängiger Staaten. In den Monaten nach dem Putsch präzisierten sich aber auch Gorbatschows verfassungspolitische Vorstellungen. Er entwickelte sich jetzt definitiv zum demokratischen Sozialisten. Nicht der Sozialismus sei gescheitert, meinte er, sondern das Stalinsche Modell. Wahrer Sozialismus sei »Freiheit, Demokratie, realer Anteil des Volkes an den Staatsgeschäften« (*Zerfall der Sowjetunion*, S. 207). In diesem Sinne wollte er weiterhin an der Suche nach Gerechtigkeit teilnehmen. Jetzt verwandte auch Gorbatschow den Begriff Demokratie nicht mehr im alten ideologisch befrachteten Sinne. In einem Gespräch mit dem Nobelpreisträger Elie Wiesel sagte er Mitte Dezember 1991, der richtige Weg sei: »in der Politik Pluralismus, freie Wahlen, Gewaltenteilung in Legislative, Exekutive und Jurisdiktion, Entwicklung zum Rechtsstaat; in der Wirtschaft unternehmerische Freiheit, Anerkennung aller Eigentumsformen und des Markts, wobei der Wettbewerbscharakter gesichert sein und jedem die Möglichkeit geboten sein muß, seine Fähigkeiten zu verwirklichen« (ebd., S. 96).
Gorbatschows großer Rivale *Boris Jelzin* löste sich früher und auch stärker von den Vorstellungen, die ihn durch den größten Teil seines Lebens begleitet hatten. Das Wort Sozialismus behielt bei ihm nicht die Leuchtkraft wie bei Gorbatschow; er wurde nicht zum demokratischen Sozialisten, sondern zum bürgerlichen Demokraten. Die Wege der beiden Männer begannen sich im Herbst 1987 zu trennen, Jelzin verfocht sehr viel entschiedener eine durchgreifende Demokratisierung, so etwa vor dem Kongreß der Volksdeputierten im Mai 1989. Bei den Vorarbeiten für die neue Verfassung der Russischen Föderation mußte er sich 1990 intensiv mit Verfassungsfragen auseinandersetzen. Die dabei leitenden Gedanken entwickelte er vor den russischen Volksdeputierten im Mai 1990. Die Verfassung »garantiert politischen Pluralismus und ein Mehrparteiensystem, das im Rahmen einer parlamentarischen Demokratie wirkt«, sagte er da. »Ein Machtmonopol jedweder Form wird ausgeschlossen.« Politisches Handeln könne sich nur im Rahmen der Gesetze vollziehen, das Eigentum sei zu gewährleisten, die Gewaltenteilung konsequent durchzuführen. Und er forderte auf zum »Zusammenschluß aller nationalen

und patriotischen Kräfte im Kampf um den Ausbau einer demokratischen bürgerlichen Gesellschaft in Rußland« (*Die Alternative*, S. 87 und S. 91). Die Wirklichkeit sah anders aus. Im Mai 1991 gab sich die Russische Föderation eine Präsidialverfassung. Kurz danach trat Jelzin an die Spitze. Die folgenden Jahre waren krisenhaft. Dabei baute Jelzin seine Machtstellung deutlich aus. Der Weg zur Demokratie fiel Rußland und den meisten anderen Nachfolgestaaten der Ende 1991 aufgelösten UdSSR außerordentlich schwer.

Ausblick

Die Unterschiede zwischen den politischen Lagern sind in den entwickelten Industriestaaten nicht mehr sonderlich groß. Die Postulate des Rechtsstaates, des Kulturstaates, des Sozialstaates, die Thesen, daß das Eigentum sich seiner sozialen Verpflichtung immer bewußt sein müsse, daß Macht immer zu kontrollieren und daß im Zweifel für die Freiheit zu entscheiden sei, sind allgemein anerkannt. Aber der Grundkonsens bietet natürlich viele Möglichkeiten der Auslegung und damit lebhafter Auseinandersetzungen. Namentlich die Kosten des Sozialstaates werden strittig. In den fortgeschrittenen Sozialstaaten Nord- und Westeuropas scheint die Grenze der Leistungsfähigkeit inzwischen erreicht, in der Bundesrepublik wird lebhaft über die Berechtigung zur weiteren Kreditaufnahme diskutiert. Die Besorgnis nimmt zu, daß der weitere Ausbau des Sozialstaats die Freiheit gefährden könnte. Namentlich die amerikanischen Liberalen führen einen Feldzug für die Einschränkung der staatlichen Tätigkeit; stellvertretend seien hier nochmals *F. A. v. Hayek* oder der Nationalökonom *Milton Friedman* (geb. 1912) genannt, der die Finanzierung öffentlicher Aufgaben auf dem Kreditwege normalerweise für unstatthaft hält. Kennzeichnend für die neueste Zeit ist zudem ein wachsendes Unbehagen an der Gedankenlosigkeit des Konsums in der westlichen Wohlstandsgesellschaft. Die Ansicht gewinnt an Boden, daß nicht mehr wie bisher aus dem Vollen geschöpft und damit auf Kosten künftiger Generationen gelebt werden darf. Auch die Probleme des Umweltschutzes finden zunehmende Aufmerksamkeit. Mit der Diskussion dieser Fragen wird nicht selten das Suchen nach alternativen Lebensformen verbunden, daneben die Forderung nach einer Neudefinition von Demokratie, nach dem Ausbau der repräsentativen Konzeption und der Aktivierung der demokratischen Basis; hierher gehört auch eine latente oder ausgesprochene Bürokratiefeindlichkeit. Die politische Grundsatzdiskussion ist so lebhaft wie stets in den zurückliegenden beiden Jahrhunderten.

54. Politisches Denken in der Dritten Welt

Gemeinsamkeiten

Die Durchdringung und Beherrschung der Welt durch die europäischen Mächte im 19. Jh. war kein friedlicher Prozeß, sie erfolgte vielmehr gegen zum Teil heftigen und lang andauernden Widerstand der unterworfenen Völker. Jeder imperialistische Staat war in den von ihm in Anspruch genommenen Gebieten zu Zwangsmaßnahmen, Strafexpeditionen und Kolonialkriegen genötigt, die insgesamt einen sehr schmerzhaften, erst um 1900 einigermaßen abgeschlossenen Prozeß der Pazifizierung bedeuteten. Damit waren jedoch die Widerstände gegen die europäische Anwesenheit nicht überwunden, es änderten sich nur die Formen der Auseinandersetzung. An die Stelle des häufigen offenen Kampfes traten mehr und mehr vielfältige Formen intellektueller Gegenwehr, zivilen Ungehorsams und politischen Drucks; es bildeten sich allenthalben nationale Bewegungen, die das Streben nach Unabhängigkeit auf ihre Fahnen schrieben. Obwohl sich England und Frankreich schon während des Ersten Weltkriegs veranlaßt sahen, in einigen ihrer Besitzungen – vor allem in Indien – den einheimischen Nationalisten Zugeständnisse zu machen, taten sie sich nach 1918 doch sehr schwer damit, den Beziehungen zu den asiatischen und den afrikanischen Völkern ein neues Fundament zu geben. Frankreich versuchte selbst nach 1945 noch, sein überseeisches Imperium zu behaupten; die in Indochina und Algerien geführten erbitterten und opferreichen Kriege liefern dafür die anschaulichsten Beispiele.
So vielfältig die Strukturen und Denkweisen der nationalen Bewegungen auch waren, gemeinsam war ihnen, daß sie einerseits selbstverständlich auf eigene Traditionen zurückgriffen, daß sie zudem aber auch bereit waren, vom Westen soviel als nur möglich zu lernen. Die politischen Ideenkreise des Westens, Liberalismus, demokratischer Radikalismus und Sozialismus, dazu der Nationalismus, wurden in der Dritten Welt rezipiert, nicht nur, weil ihre Kraft manifest erschien, sondern auch, weil viele der afrikanischen und asiatischen Nationalisten Bildungsgänge nach europäischem Muster durchlaufen oder längere Zeit in Europa oder Amerika gelebt hatten. Besonders leicht wurde der Nationalismus übernommen, schien er doch die Voraussetzung für die Mobilisation der Kräfte zu sein, die zur Wiederherstellung der Unabhängigkeit geweckt werden mußten. Zunehmend fand auch der Sozialismus Resonanz, während die Werbekraft des Liberalismus oder der Demokratie europäischen Zuschnitts zurücktrat; für die Übertragung dieser Ideen waren die sozialen Voraussetzungen nicht in genügendem Maße gegeben.
Der die Länder der Dritten Welt verbindende Antikolonialismus und der

Wunsch, die gemeinsamen Probleme nicht durch den Ost-West-Gegensatz überlagern zu lassen, führte sie zum Konzept der Blockfreiheit. Die während der ersten Blockfreien-Konferenz in Bandung im Frühjahr 1955 verabredeten fünf Prinzipien der friedlichen Koexistenz – gegenseitige Achtung der territorialen Unverletzlichkeit und Souveränität, Verzicht auf Angriffe gegeneinander, Nichteinmischung in die inneren Angelegenheiten, Gleichheit und gegenseitiger Nutzen sowie friedliche Koexistenz – waren freilich eher deklaratorischer Natur. Sehr viel konkreter waren die in der Einladung zur Konferenz der Blockfreien in Belgrad 1961 ausgesprochenen Formeln. Hier war die Rede von einer unabhängigen Politik auf der Grundlage der Koexistenz, von der ständigen Unterstützung für nationale Unabhängigkeitsbewegungen und von der Nichtteilnahme an Bündnissen, die in den Kontext der Großmacht-Gegensätze gehören. Seither gibt es eine ständig an Mitgliedern zunehmende informelle Allianz der Dritten Welt, deren zentrales Ziel die Durchsetzung respektive Erhaltung staatlicher Unabhängigkeit von Entwicklungsländern ohne Rücksicht auf das jeweilige politische und soziale System ist. Wegen der Größe dieser Gruppierung fällt es ihr allerdings sehr schwer, einheitlich zu agieren.

Sun Yat-sen

Wenn auch China seine Unabhängigkeit formell behaupten konnte, mußte es den imperialistischen Mächten im 19. Jh. doch erhebliche Zugeständnisse machen und seine Souveränität stark beschneiden lassen. Diese Situation führte einerseits zu dem Bemühen intellektueller Kreise, nach dem Beispiel Japans China durch Lernen vom Westen zu modernisieren, ohne dabei den Prinzipien der konfuzianischen Philosophie untreu zu werden, andererseits zu fremdenfeindlichen Reaktionen, besonders im Boxeraufstand 1900/01, an dessen Ende freilich nur eine neue Demütigung durch die europäischen Mächte stand.
Sun Yat-sen (1866–1925) gehörte frühzeitig zu den Vorkämpfern des Gedankens einer Reform nach westlichem Vorbild. In jungen Jahren war er nach Hawaii ausgewandert, hatte dort eine englische Missionsschule besucht und später in Kanton und Hongkong Medizin studiert. Seit 1883 war er Christ. Seine politischen Vorstellungen waren stark vom angelsächsischen Kulturkreis geprägt, er war Demokrat und Republikaner, und er erhoffte sich den Aufschwung Chinas von der Übernahme westlicher Bildungssysteme und westlicher Technik. Nach einem fehlgeschlagenen Putsch mußte er seine Wirksamkeit ins Ausland verlegen; allein 16 Jahre seines Exils verbrachte er in Japan, unterbrochen allerdings von zahlreichen Reisen nach Europa, Amerika und Asien. In Tokio gehörte

er 1905 zu den Gründern eines revolutionären Geheimbundes, der Schwurbrüderschaft. Er wurde ihr erster Präsident. Als es Ende 1911 in China zur Revolution kam, hatte der Bund allerdings noch nicht die Stellung, die Sun Yat-sen fraglos zum politischen Führer Chinas gemacht hätte; er mußte das Amt des Staatspräsidenten dem einstigen kaiserlichen Minister Yüan Schi-kai überlassen und es hinnehmen, daß dieser seine Position mehr und mehr diktatorisch ausgestaltete. Nach dem Tode Yüan Schi-kais versuchte Sun Yat-sen, die Führung Chinas wieder in die Hand zu bekommen, ohne daß ihm das jedoch voll gelang.

So war er mehr Lehrer als Führer seines Volkes. Seine historische Bedeutung rührt nicht so sehr daher, daß er tatkräftig mithalf, China zur Republik zu machen, sondern daher, daß er mit seinen politischen Vorstellungen der nationalrevolutionären Bewegung seines eigenen Landes vielfältige Impulse gab und damit ein Echo auch in anderen Ländern fand. Am besten zusammengefaßt sind seine Gedanken in der Schrift *Drei Grundlehren vom Volk* (1924). Darin entwarf er das Bild einer die ethnischen und religiösen Verschiedenheiten der riesigen chinesischen Bevölkerung übergreifenden chinesischen Nation, der alle ihre Loyalität zuwenden sollten; nur auf dieser Basis sei die Erneuerung Chinas möglich. Der Nation stellte Sun Yat-sen die Aufgabe, die volle Souveränität über das Land zurückzugewinnen; darüber hinaus sollte sie anderen unterdrückten Völkern bei der Wiedererlangung der Freiheit helfen. Er glaubte an die Solidarität der Unterdrückten, zu denen er auch die besiegten Deutschen rechnete, und er meinte, daß eine gemeinsame Erhebung gegen die imperialistischen Mächte möglich sei. Neben diese erste Aufgabe, die Freiheit der Nation durchzusetzen, stellte Sun Yat-sen die zweite, eine demokratische Gesellschaft auszubilden. Er wußte, daß das nicht in raschem Zugriff möglich war. Nach der Wiederherstellung der Einheit Chinas würde die revolutionäre Partei (– die Schwurbrüderschaft war 1912 in die Nationale Volkspartei, die Kuomintang, umgewandelt worden –) das Volk zur Demokratie zu erziehen und während dieser Zeit eine Vormundschaftsregierung auszuüben haben. Die Selbstverwaltung sollte stufenweise von unten nach oben aufgebaut werden. Nach westlichem Vorbild dachte Sun Yat-sen an die Übernahme der drei Gewalten Legislative, Exekutive und Judikative, daneben stellte er aber aus chinesischer Tradition noch eine vierte und fünfte Gewalt, nämlich die prüfende Gewalt, der die Auswahl der Beamten obliegen sollte, und die kontrollierende Gewalt, die darauf zu achten hatte, daß die Exekutive recht- und gesetzmäßig handelte. Die Staatsgewalt band er strikt an die Pflicht zur Gerechtigkeit und zur Sorge für das Wohl des Volkes; auch diese Teile seines Programms konnte er aus der chinesischen Tradition begründen. Das dritte seiner Grundprinzipien war die Lehre vom Volkswohlstand. Es entsprach gänzlich der sozialen Struktur Chinas, daß

Sun Yat-sen die Agrarreform in den Mittelpunkt seiner sozialpolitischen Vorstellungen rückte. Das Land sollte Eigentum der Bebauer sein, und unverdienter Wertzuwachs sollte weggesteuert werden. Er wollte jedoch nicht, daß China ein Agrarstaat blieb, vielmehr forderte er die Industrialisierung, und er hoffte sie mit einer gemeinsamen Hilfsaktion der großen Industriestaaten erreichen zu können. Aber er wollte sie nur in Verbindung mit sozialen Sicherungen für die Arbeiterschaft. Die Basisindustrien und das Verkehrswesen sollten in Staatshand liegen.
Obwohl Sun Yat-sen im Januar 1923 ein Bündnis mit Rußland schloß und mit der Kommunistischen Partei Chinas zusammenarbeitete, blieb er davon überzeugt, daß der Marxismus durch die historische Entwicklung widerlegt sei. In der mit dem Sowjetdiplomaten Joffe gemeinsam herausgegebenen Erklärung vom Januar 1923 ließ er ausdrücklich hervorheben, daß der Kommunismus in China nicht eingeführt werden könne.

Gandhi und Nehru

Die englische Inbesitznahme und Pazifierung Indiens bedeutete auch die Beendigung jahrzehntelanger innerer Wirren. So konnte hier zunächst durchweg Zustimmung zu der neuen Herrschaft erwachsen und die Bereitschaft sich entwickeln, von den neuen Herren zu lernen. Unter den nach England blickenden einflußreichen Männern ist an erster Stelle *Ram Mohan Roy* (1772–1833) zu nennen, der seinen Kampf gegen verknöcherte soziale Strukturen wie etwa die schroffe Kastentrennung mit dem Einsatz für die Übernahme des englischen Bildungswesens verband. In der Folge sorgte der allmähliche Aufbau eines der Oberschicht und dem Mittelstand zugute kommenden Erziehungssystems nach englischem Vorbild dafür, daß die maßgeblichen Schichten des Landes sich in ihrer Mehrheit an England orientierten, wenn sie auch selbstverständlich eigene wertvolle Traditionen nicht aufgeben wollten. Der Bezug auf England hatte zur Folge, daß es im 19. Jh. kaum eine Tendenz zur Abschüttlung der britischen Herrschaft gab, sondern nur den Willen, ihren Charakter zu ändern und mehr Rechte für die Inder zu erringen. Diese Bestrebungen organisierten sich seit Mitte des 19. Jhs. im regionalen Rahmen politisch, und alle diese Gruppierungen mündeten schließlich in den 1885 gegründeten Indian National Congress ein, eine alljährliche Tagung Gleichgesinnter, aus der sich allmählich eine Honoratiorenpartei entwickelte. Der Kongreß erhob den Anspruch, über den Religionen stehend Indien gegenüber England zu vertreten, seine Ziele waren mehr Selbstverwaltung und eine stärkere Berücksichtigung von Indern innerhalb der Verwaltung. Wenn er auch überkonfessionell sein wollte, blieb er doch weitgehend eine Sache der Hindus, da die Moslems von einer Verwirk-

lichung der Kongreß-Forderungen eine Majorisierung befürchteten und es vorzogen, sich selbständig zu organisieren.
Die Einmütigkeit innerhalb des Kongresses blieb nicht lange erhalten. Nur der gemäßigte Flügel unter *Gopal Krishna Gokhale* (1866–1915) bewahrte England die Loyalität, beschränkte sich also auf die Forderung nach Selbstverwaltung und verzichtete auf das Drängen auf Home Rule. Eine wichtige Forderung war daneben das Verlangen nach einer anderen britischen Wirtschaftspolitik, damit die Ausbeutung des Landes aufhöre. Dieses Programm war dem linken Flügel unter *Bal Gangadhar Tilak* (1856–1920) nicht ausreichend. Er proklamierte nationalistisch-egalitäre Forderungen, Selbstregierung und Gleichstellung aller Menschen, und war bereit, zur Durchsetzung dessen auch Gewalt anzuwenden. Die Gegensätze waren schließlich so heftig, daß der Kongreß sich für fast ein Jahrzehnt spaltete. Erst 1916 kehrte Tilak, jetzt gemäßigter, zurück.
Die überragende Persönlichkeit des Kongresses wurde *Mohandas Karamchand Gandhi* (1869–1948). Er hatte nach dem Studium der Rechte in Großbritannien lange in Südafrika gewirkt und sich für die Rechte der dort lebenden Inder eingesetzt. Als er 1914 nach Indien zurückkehrte und in die indische Politik eintrat, waren seine politischen Überzeugungen längst voll ausgeprägt. Das hinduistische Gebot des Ahimsa, nicht zu töten und freundlich gegenüber allem Lebenden zu sein, vertrat er mit aller Strenge, obwohl er sich durchaus bewußt war, in einer Welt des Kampfes leben zu müssen. Damit verband er das Prinzip Satyagraha, des Übereinkommens mit der Wahrheit, der sukzessiven Annäherung an sie durch ständiges Bemühen um Wahrhaftigkeit, durch permanente Selbstkontrolle und durch Reduzierung der Lebensbedürfnisse auf das wirklich nötige Maß. Aus dem Sichbeugen unter die Wahrheit sah er Liebe, Fürsorglichkeit und Demut entspringen. Die Anwendung dieser Überzeugungen auf das politische Leben bedeutete, daß die eigenen Ziele gewaltlos durchgesetzt werden sollten. Gewaltlosigkeit war ihm geradezu das Gesetz der menschlichen Art, die deutlichste Unterscheidung von dem in der Sphäre der Gewalt lebenden Tier. Nicht mit Gewalt, sondern allein mit der Kraft der Wahrheit sollte der Gegner besiegt werden. Ein Satyagrahi konnte sich im politischen Alltag nach Gandhis Lehre sehr verschiedener Mittel bedienen. Er konnte etwa – am einfachsten – jede Zusammenarbeit mit den Engländern verweigern, um sie damit zum Eingehen auf seine Forderungen zu zwingen, er konnte auch aktiver werden, um der Wahrheit weiterzuhelfen, und zu diesem Zweck bewußt und öffentlich Gesetze brechen, er konnte vielerlei gewaltlose Aktionen unternehmen, etwa Sitzstreiks auf wichtigen Straßen, und er konnte schließlich demonstrativ fasten. Die Anwendung dieser Mittel war natürlich nicht auf Indien beschränkt. Gandhi konnte sich den gewaltlosen indischen Freiheitskampf durchaus als Vorbild für andere Völker in entsprechender Lage denken.

Als 1919 die sogenannten Rowlatt-Bills die Bekämpfung terroristischer Gruppen ermöglichen sollten, trug Gandhi das Konzept des Satyagraha den Indern erstmals in einem offenen Brief vor, indem er sie dazu aufforderte, einen Tag der Wahrheitssuche, der inneren Einkehr, zu begehen und so in einen allgemeinen Streik zu treten. Die Parole wurde vielfach befolgt. In den folgenden fast drei Jahrzehnten bis zu seiner Ermordung im Januar 1948 ließ Gandhi viele weitere Aktionen dieser Art folgen; die wichtigste wurde der Marsch zum Meer im Jahre 1930, mit dem er die Brechung des Salzmonopols erreichen wollte. Die vielfältigen Unternehmungen und die ihm von den Engländern immer wieder auferlegten Strafen machten ihn im Lande ungeheuer populär und sorgten dafür, daß sich breite Massen für die nationale Sache begeisterten. Die Praxis des Ungehorsams wurde zu einer umfangreichen Bewegung und nötigte den Engländern immer weitere Konzessionen und schließlich die Entlassung in die Unabhängigkeit ab.
Es war die große Leistung Gandhis, dieses Ziel in knapp drei Jahrzehnten gewaltloser Politik erreicht zu haben. Nicht von Erfolg gekrönt war dagegen sein Bemühen um die Schaffung einer einheitlichen indischen Nation. Obwohl er sich den Moslems zeitweilig stark annäherte – in den 20er Jahren arbeitete er beispielsweise in der Kalifats-Bewegung mit ihnen zusammen –, konnte er die Spaltung des Subkontinents in einen hinduistischen und einen mohammedanischen Staat nicht verhindern. Sein Kampf um eine bessere Stellung der Frau und eine Reform des Kastenwesens vor allem durch die Aufhebung der Kaste der Unberührbaren hatte nur bedingte Erfolge. Namentlich auf dem Lande waren diese Strukturen viel zu tief eingewurzelt, als daß eine breitere Bereitschaft zu ihrer Änderung entstanden wäre.
Jawaharlal Nehru (1889–1964), ein typischer Angehöriger der anglisierten Oberschicht und Sohn eines im Kongreß an führender Stelle tätigen Mannes, wurde durch Gandhis erste Aktionen tief beeindruckt. Seine weitere Arbeit widmete er der Unabhängigkeitsbewegung, wobei er aber durchaus nicht gänzlich auf Gandhis Linie trat. Er war viel stärker von westlichen politischen Ideen beeinflußt und dachte deshalb auch nicht so sehr über die Methoden als vielmehr über die Ziele nach. Es war ihm selbstverständlich, daß Indien eine parlamentarische Demokratie sein sollte; Voraussetzung für ihr Funktionieren war, daß es kasten- und klassenlos war. Die Gesellschaftsordnung dachte er sich sozialistisch-genossenschaftlich, wobei jede Vergesellschaftung streng rechtsstaatlich nur bei Festsetzung einer Entschädigung möglich sein sollte. Auch er war davon überzeugt, daß Indien beispielhaft für andere Völker sein könne. Neben dem Einfluß Gandhis machte sich hier vor allem der Eindruck geltend, den ihm die weltbürgerlichen Ideale des Dichters *Rabindranath Tagore* (1861–1941) gemacht hatten.

Unter den Politikern der heute 46 selbständigen Staaten Schwarzafrikas besaß vermutlich *Léopold Sédar Senghor* (1906–2001), bis 1980 Präsident des Senegal, die stärkste theoretische Kraft. Anders als die meisten seiner Amtskollegen in Afrika war er nicht nur Empiriker, sondern bei allem seinem Tun um durchdringende Reflexion bemüht. In noch stärkerem Maße als viele Angehörige der indischen Oberschicht war er von Europa geprägt. Er verbrachte lange Jahre in Paris als Student, Lehrer, Hochschullehrer und Politiker; gegen Ende der IV. Republik wurde er Staatssekretär in der französischen Regierung. Gleichzeitig war er im und für den Senegal politisch tätig. Nach diesem Lebenslauf war es nur natürlich, daß er eine Vermittlung zwischen Afrikanern und Europäern anstrebte und an das Entstehen einer planetarischen Zivilisation glaubte. Dabei wies er jeder Nation die Aufgabe zu, nach ihren Kräften am Aufbau dieser Weltkultur mitzuwirken. Sie muß sich deshalb aller ihrer Kräfte und Fähigkeiten bewußt werden, also eine kulturelle Renaissance erleben. Senghor ging es nicht darum, Unterschiede zu verwischen, er wollte sie vielmehr als gleichwertig deutlich machen. So betonte er stets den Wert der Négritude und wurde der wichtigste Theoretiker dieses in den 30er Jahren von *Aimé Césaire* aus Martinique geprägten und mit anderen Formeln, beispielsweise dem der authenticité oder der autenticidad, in anderen afrikanischen Staaten übernommenen Begriffs. Das Ziel ist stets der Rückgriff auch auf eigene Werte und Fähigkeiten. Zur Entwicklung dieser Fähigkeiten bedarf es freilich einer materiellen Basis. Senghor unterstrich deshalb die Notwendigkeit eines gerechten Weltwirtschaftssystems. Hinsichtlich der gesellschaftlichen Verfassung bemühte er sich um Verbindung der europäischen Werte des Sozialismus mit afrikanischen Traditionen. Dabei griff er vor allem auf Anregungen aus dem Vorstellungskreis der Saint-Simonisten und Proudhons zurück. Die Gedanken der Selbsthilfe, der wechselseitigen Unterstützung und des Föderalismus können in Afrika zweifellos in besonderem Maße zum Tragen gebracht werden und so in einen afrikanischen Sozialismus integriert werden; sie passen am ehesten zu den tradierten Strukturen. Aus demselben Grunde wird auch in anderen afrikanischen Staaten von einem Sozialismus eigenständiger Prägung gesprochen. Am Marxismus anerkannte Senghor zwar die humanitäre Absicht, aber als gläubiger Katholik beklagte er die atheistische Tendenz. Insgesamt war Senghor sehr pragmatisch und wußte, daß man die Dinge nicht übers Knie brechen kann, sondern daß sie ihre Zeit brauchen. Immer unterstrich er den Wert religiöser und ethnischer Toleranz; es war ihm bewußt, daß anders in den vielfältig geschichteten afrikanischen Staaten, die weder sprachliche noch religiöse Einheit besitzen und große Unterschiede zwischen Stadt und Land bewältigen müssen, moderne Nationen nicht aufgebaut werden können. Allerdings neigte er dazu, Schwarzafrika insgesamt als Nation zu begreifen und die einzelnen schwarzafrikanischen Staaten als Vaterländer innerhalb dieser Nation zu sehen.

Blick auf die islamische Welt

Religion und Politik sind im Islam, wie in Kapitel 15 dargelegt wurde, so eng miteinander verbunden, daß es ein vom religiösen Bereich klar geschiedenes Staatsdenken an sich nicht gibt. Das schloß freilich zu keinem Zeitpunkt eine Diskussion über die richtige Ordnung des menschlichen Zusammenlebens aus. Die vorherrschende Sehweise im 20. Jahrhundert läßt sich wie folgt zusammenfassen: Herrschaft ist ein Depositum. Der eigentliche Souverän des islamischen Staates und damit der Gesetzgeber ist Gott. Regierende und Regierte sind wesensgleich und gleich in ihrer Abhängigkeit von Gott. Sie sind frei, weil sie nur ihm gehorchen. Grundlage allen gesellschaftlichen Lebens ist die Gesamtheit der heiligen Gesetze, die Scharia. Jede Herrschaft ist Gott dafür verantwortlich, daß die Menschen den Vorschriften des Islam entsprechend regiert werden, sie muß das Gemeinwohl verwirklichen, insbesondere für Gerechtigkeit und für den Schutz der Armen und Schwachen sorgen. Entspricht sie dieser Aufgabe nicht, verwirkt sie ihre Existenz. Der Herrscher oder das Staatsoberhaupt soll aus einer Ratsversammlung hervorgehen, und die wichtigsten Mitglieder des Gemeinwesens sollen über die Dinge, die durch die Scharia nicht eindeutig geregelt sind, mitberaten. Das Zustandekommen eines solchen Gremiums bleibt gemeinhin unerörtert. An ein modernes Parlament ist dabei nicht zu denken, denn eigentlich kann es Parteiungen und eine Opposition nicht geben, da die Interessen der Menschen letztlich gleichgerichtet sind. Auch soll nicht mit Mehrheit entschieden werden. Vielmehr muß bei Meinungsverschiedenheiten unter Rückgriff auf den Koran und die sunna, die Überlieferung über Leben und Wirken Mohammeds, sowie unter Berücksichtigung des Gemeinwohls eine Lösung gefunden werden, der alle Beteiligten zustimmen können. Von westlichen parlamentarischen Vorstellungen ist dieses Konzept weit entfernt, es erinnert eher an einen wohlwollenden Absolutismus, in dem der Herrscher und seine Ratgeber einträchtig für das Gemeinwohl wirken.
Angesichts der fortschreitenden europäischen Expansion stellte sich bereits im 19. Jahrhundert die Frage, wie man dem zunehmenden Gewicht des Westens am besten begegnen könnte. Die für den Widerstand erforderliche Kraft konnte man auf zwei Wegen zu gewinnen versuchen, durch Anpassung an die europäischen Verhaltensweisen oder gar ihre weitgehende Übernahme oder durch verstärkte Rückbesinnung auf die eigenen

Traditionen. Beide Wege wurden beschritten, zunächst eher der erstgenannte, in jüngerer Zeit verstärkt der letztere.

Auf den unverkennbaren Niedergang der osmanischen Macht reagierten die Sultane mit Reformen nach westlichem Vorbild. Höhepunkte dieser Politik der Neuordnung (Tanzimat) waren das Edikt vom 3. November 1839, das weite Perspektiven eröffnete, und das unter internationale Garantie gestellte kaiserliche Handschreiben vom 18. Februar 1856, das erneut Reformvorhaben benannte und alle Untertanen ohne Ansehen der Religion weitgehend gleichstellte. Damit wurde die Bevorzugung der Muslime beseitigt, die nur etwas mehr als die Hälfte der Bewohner des Reiches stellten. Zwanzig Jahre später setzte *Midhat Pascha* (1822–1884) einen neuen Modernisierungsschub in Gang. Ende 1876 erhielt das Reich sogar eine Verfassung und wurde damit zur Konstitutionellen Monarchie. Abdulhamid II. wollte sich die ihm von Gott anvertraute Gewalt aber nicht nehmen lassen, schob das Parlament beiseite und regierte dreißig Jahre autoritär, bis er die Verfassung im Juli 1908 unter dem Druck meuternder Truppenteile, die von jungtürkischen Offizieren geführt wurden, wieder in Kraft setzte. Als er 1909 zur Autokratie zurückzukehren suchte, wurde er gestürzt. Das Sultanat blieb erhalten. Die Jungtürken, die fortan die entscheidende Stellung hatten, waren ein Kreis von Intellektuellen, die den Staat gründlich erneuern wollten. Sie sahen jeden Türken als Mitglied der türkischen Nation, der islamischen Völkerfamilie und der europäischen Zivilisation. Ihre Wirksamkeit konzentrierten sie auf den dritten dieser Aspekte. Im einzelnen gingen ihre Ziele weit auseinander.

Unter allen Jungtürken erlangte *Mustafa Kemal* (1881–1938) die größte Bedeutung. Bei Kriegsende 1918 als General verabschiedet, ging er nach Anatolien und kämpfte von dort aus für einen demokratischen türkischen Nationalstaat (die arabischen Bestandteile des Reiches gingen schon während des Krieges verloren). 1920 berief er eine Nationalversammlung als einzige Quelle des Rechts. In wenigen Jahren setzte er sich gegen den Sultan durch, schlug die griechische Invasion zurück und erreichte 1923 von den Alliierten einen neuen Friedensvertrag. Jetzt proklamierte er die Republik. Mit dem Sultanat wurde auch das Kalifat abgeschafft. Der neue Staat sollte ganz laizistisch sein; im Islam sah Kemal die entscheidende Ursache für die Rückständigkeit und den Niedergang des Osmanischen Reiches. So wurde der öffentliche Religionsunterricht zurückgedrängt und schließlich ganz aufgehoben, das Tragen religiöser Abzeichen und Gewänder in der Öffentlichkeit verboten, der Sonntag zum Ruhetag gemacht, das islamische Recht durch die Übernahme von Recht aus Europa verdrängt. Schließlich erhielten die Frauen gleiche politische Rechte. Die Republikanische Volkspartei, die Staatspartei, schrieb die sechs Prinzipien Republikanismus, Nationalismus, Säkularismus, Reformismus,

Populismus und Etatismus auf ihre Fahne. Populismus meinte die Einheit des Volkes ohne Klassenschranken, Etatismus die lenkenden Eingriffe des Staates in die Wirtschaft. Die Privatinitiative sollte aber möglichst unangetastet bleiben. Die Denkweise Kemals, der ab 1935 den Beinamen Atatürk (Vater der Türkei) führte, und seine Politik lassen sich als Kemalismus zusammenfassen. Um ein geschlossenes ideologisches System handelte es sich nicht. Obwohl Kemal ein demokratisches Gemeinwesen wollte, machte er die Türkei wegen der Ruhe und Stetigkeit der Reformen zu einem Einparteienstaat. Sie war eine Erziehungsdiktatur, der Übergang zu demokratischen Strukturen für später vorgesehen. In diese Richtung entwickelte sie sich nach Kemal auch. Der strenge Laizismus wurde dabei etwas zurückgenommen. Nirgends in der islamischen Welt wurde eine so konsequente Politik der Säkularisierung und Verwestlichung getrieben wie in der Türkei Mustafa Kemals.
In der Literatur gab es schon seit dem 19. Jahrhundert gewichtige Stimmen für eine Verwestlichung. Der indische Jurist *Sayyid Ahmad Khan* (1817–1898) sprach sich früh dafür aus, die Zukunft seines Landes mit den Briten zu suchen, nicht gegen sie. Bei einem England-Besuch 1869/70 wurde ihm bewußt, wie sehr groß der Unterschied zwischen Europa und Indien tatsächlich war. Jetzt riet er seinen Landsleuten zur Übernahme der westlichen Kultur, ohne die Religion dabei aber an den Rand zu drängen. Den Muslimen unter ihnen sagte er, daß der Islam in Übereinklang mit den modernen Erkenntnissen gebracht werden müsse. So legte er den Koran und die Hadithe, die Überlieferungen und Handlungen, Worte und Lehren des Propheten, ganz im Sinne des Rationalismus aus. Nachdrücklich trat er für die Humanisierung des Strafrechts ein und kämpfte gegen Sklaverei und Vielehe. Der aus dem Iran stammende Journalist *Gamal ad-Din al-Afghani* (1839–1897), der wiederholt auch in Europa war, warb ebenfalls lebhaft für die Übernahme westlicher Wissenschaft, technischer Neuerungen und institutioneller Strukturen, warnte aber vor blinder Nachahmung. Er erinnerte daran, daß Europa im Mittelalter viel von der islamischen Welt gelernt habe, und folgerte daraus, daß der jetzige Rückstand gegenüber dem Westen nicht gottgewollt sei. Auch der Islam sei zu Entwicklung fähig, wenn er sich von Überkrustungen und Verformungen befreie. Zu den Vorkämpfern moderner Anschauungen einschließlich der Theologie gehörte auch der Ägypter *Mohammed Abduh* (1849–1905), der einige Jahre im Pariser Exil verbrachte und sich dort intensiv mit westlichen Denkern befaßte, namentlich mit Comte und Spencer. Mit al-Afghani arbeitete er eng zusammen. Nach der Rückkehr setzte er sich besonders für die Verbesserung des Bildungswesens und die Reform der Schariatsgerichte ein und kämpfte gegen unbegründete Glaubenspraktiken. Durch eine vernunftgemäße Auffassung des Islam wollte er es den Intellektuellen ermöglichen, sich weiter an die

Religion zu halten. Ebenso setzte sich *Mohammed Iqbal* (1873/77–1938), ein bedeutender Urdu-Dichter, in vielfältigen Äußerungen für einen erneuerten Islam ein. 1930 schlug er einen von Indien getrennten Staat der indischen Muslime vor und gilt deshalb als Vater Pakistans.

Seit dem mittleren 19. Jahrhundert entwickelte sich von Beirut ausgehend ein arabischer Nationalismus. Ihn vertraten zunächst christliche Araber, aber schließlich fand er auch bei Muslimen Anklang. Seinen ersten organisatorischen Rahmen erhielt er in der 1904 in Paris gegründeten Ligue de la Patrie arabe, die einen als Demokratie organisierten arabischen Nationalstaat wollte. Der lange Zeit einflußreichste Vertreter des arabischen Nationalismus war der aus dem Jemen stammende und vornehmlich im Irak tätige *Sati al-Husri* (1882–1968), an sich ein Lehrer, der schließlich eine hohe Position in der Arabischen Liga einnahm. Er legte ein ausgedehntes publizistisches Werk über Geschichte und Wesen des arabischen Nationalismus vor. Anregungen entnahm er dabei auch dem Denken Herders, Arndts und Fichtes und sah sich selbst als Nationalpädagoge nach der Art Fichtes. Seinem Wirken vor allem war es zuzuschreiben, daß die Araber endlich auch Ägypten als arabischen Staat verstanden und daß Ägypten sich stärker Arabien öffnete. Bis dahin hatte der ägyptische Nationalismus einen eigenständigen Charakter, ohne daß es hier, wie besonders *Mustafa Kamil* (1874–1908) zeigte, an panislamischen Tendenzen fehlte.

Schon al-Afghani befaßte sich Ende des 19. Jahrhunderts mit dem Verhältnis von Sozialismus und Islam; die Schrift wurde allerdings erst 1931 gedruckt. Kurz zuvor, 1929, untersuchte der Syrer *Muhsin al-Barazi* das Verhältnis der beiden Größen und erklärte sie für unvereinbar. Er betonte aber, daß auch der Islam das Wohl des Volkes anstrebe. Die Wirtschafts- und Soziallehren des Islam sah er als dritten Weg zwischen Kapitalismus und Sozialismus. In der Folge wurde das Thema oft besprochen. Dabei ging es mehr um sozialpolitische Maßnahmen als um den Anschluß an den sogenannten Wissenschaftlichen Sozialismus, der allerdings ebenfalls Anhänger fand. Gewisse Zusammenfassungen gaben 1959 der Syrer *Mustafa Sibai* (1915–1964) und ein gutes Jahrzehnt später sein Landsmann *Muhammed al-Mubarak* mit der Abhandlung *Die Ordnung des Islam* (1972). Hier waren Berührungspunkte mit der christlichen Soziallehre unverkennbar. Die Menschen stünden in gegenseitiger sozialer Verantwortung, der Ausgleich zwischen Arm und Reich sei ihnen aufgetragen. Die Herstellung völliger materieller Gleichheit lehnte Mubarak ebenso ab wie die Anhäufung großen Reichtums. Der Staat habe dafür zu sorgen, daß in den ökonomischen Beziehungen Gerechtigkeit herrsche und daß aller Besitz in diesem Sinne verwendet werde, sonst aber solle er sich nicht in das wirtschaftliche Handeln einmischen.

Von allen arabischen Politikern des 20. Jahrhunderts erlangte vermutlich der Ägypter *Gamal Abdel Nasser* (1918–1970) den größten Bekanntheitsgrad, ja einen charismatischen Rang. Am Sturz König Faruks 1952 hatte er führenden Anteil. Im Herbst 1954 trat er als Präsident an die Spitze des Staates. Die Anfang 1956 erlassene Interimsverfassung definierte Ägypten als Teil der arabischen Nation und erklärte die Bekämpfung des Imperialismus zum Hauptziel der Außen-, des Feudalismus zur zentralen Aufgabe der Innenpolitik. Von den Briten erreichte er die Zusage, daß sie bis 1956 ihre am Suezkanal stationierten Truppen abziehen würden. Als das geschehen war, verstaatlichte er die Wasserstraße. Das steigerte sein Ansehen in der arabischen Welt sehr. Als England und Frankreich im Oktober mit einem Angriff auf Ägypten reagierten und Israel in den Krieg eintrat, wurde Nasser vollends zum Heros der meisten Araber. Ein erster großer Schritt in Richtung eines Vereinigten Arabien schien getan, als Syrien und Ägypten sich 1958 zur Vereinigten Arabischen Republik zusammenschlossen, auf Betreiben vornehmlich des syrischen Präsidenten, der sich davon Hilfe in der Auseinandersetzung mit der Kommunistischen Partei seines Landes versprach. Die Gemeinsamkeiten zwischen den beiden ungleichen Teilen des neuen Gemeinwesens waren freilich so gering, daß die VAR schon 1961 auseinanderbrach. In der Innenpolitik wurde gleich nach der Revolution die bis dahin sehr einflußreiche Schicht der Großgrundbesitzer durch eine Agrarreform entmachtet. 1957 erklärte Nasser den demokratischen und kooperativen Sozialismus zum Leitwert des Staates und entwickelte in einem gleichzeitigen Manifest die Philosophie der Revolution. Seit 1960 wurde, beginnend mit den Banken, in größerem Umfang Privateigentum vergesellschaftet und damit eine Wirtschaftsordnung geschaffen, in der öffentliches Eigentum eine starke Position hatte. In der Nationalen Charta von 1962 wurde der Sozialismus deutlich betont. Nasser sagte aber ausdrücklich, daß es sich um einen besonderen Sozialismus handle, um einen arabischen, der mit dem Islam vereinbar sei. Die Verfassung von 1964 nannte Ägypten einen demokratischen und sozialistischen Staat. Tatsächlich aber führte Nasser das Land autoritär. Nach seinem plötzlichen Tode im September 1970 wurde der Nasserismus bald aufgegeben. Der neue Präsident *Anwar as-Sadat* (1918–1981) gestand eine gewisse Liberalisierung der inneren Strukturen zu, setzte stärker auf die Marktwirtschaft und bemühte sich um eine Minderung des Nahostkonflikts. So kam es 1979 zu einem Friedensvertrag mit Israel. Als er 1981 einem Mordanschlag zum Opfer fiel, trat *Mohammed Hosni Mubarak* (geb. 1928) an die Spitze. Er führte Sadats Kurs fort.

Nicht nur in Ägypten, sondern auch in anderen arabischen Staaten spielte oder spielt das Konzept des Sozialismus eine erhebliche Rolle. Die Nationale Charta Algeriens vom April 1976 nannte beispielsweise den revolutionären Sozialismus neben dem Islam als Grundlage des politischen Lebens. Dem Sozialismus schrieb sie die Lösung dreier Aufgaben zu: die

Konsolidierung der nationalen Unabhängigkeit, die Schaffung einer Gesellschaft, in der der Mensch vor der Ausbeutung durch den Menschen sicher ist, und die Förderung der freien menschlichen Entwicklung. In dieser und in vielen anderen gleichgerichteten Äußerungen sind Bestandteile der marxistischen Terminologie deutlich zu erkennen.

Als Vorkämpfer des gesamtarabischen Nationalismus suchte der libysche Staatspräsident *Muammar al-Gaddafi* (geb. 1942) das Erbe Nassers anzutreten, blieb aber an Bedeutung und Resonanz weit hinter ihm zurück. Er proklamierte einen Weg zwischen kapitalistischem Materialismus und kommunistischem Atheismus. Religion und Nationalismus seien die Anreize, die die Menschheit seit jeher in Bewegung gehalten hätten. Nur die Religion könne moralische Haltungen wecken, die Menschheit müsse dringend zu ihrem Sinn zurückkehren und zu dem Schöpfer, der sie hervorrief. Dementsprechend wurde der Koran 1976 zum Grundgesetz des Landes erklärt. In der Wahl seiner Mittel ist Gaddafi nicht zimperlich, wie seine Rolle als Schirmherr von Terroristen zeigt.

Fundamentalistische Tendenzen gab und gibt es in jeder Religion; der Begriff Fundamentalismus wurde Ende des 19. Jahrhunderts in polemischer Absicht in der innerprotestantischen Auseinandersetzung in den USA entwickelt. Für den Bereich des Islam und für das 20. Jahrhundert empfiehlt sich der Ausdruck Islamismus, für die Anhänger dieser Richtung die Bezeichnung Islamisten. Dabei handelt es sich nicht um Traditionalisten, denen es darum ginge, ihre Religion in der herkömmlichen Gestalt zu bewahren, auch nicht um Antimodernisten. Islamisten lehnen naturwissenschaftliche und technische Kenntnisse nicht ab, sie reiben sich am rationalistischen Denken im kulturellen Bereich, weil ihnen damit eine Relativierung der Religion und der Verfall der Sitten verbunden scheint. Wegen dieses rationalistischen Denkens sind sie scharf antiwestlich eingestellt. Es geht ihnen um eine nachhaltige Kräftigung des Islam und um seine Politisierung.

Einen ersten organisatorischen Rahmen fand der Islamismus in der 1928 in Ägypten von *Hasan al-Banna* (1906–1949) gegründeten Muslim-Bruderschaft, die zunächst noch einen gemäßigten Kurs steuerte und sich erst seit den 40er Jahren radikalisierte. Sie wollte die Gesellschaft durch Erziehung erneuern, wobei der Religion eine wichtige Rolle zukam. Rechtspolitisch trat sie für die unbedingte Geltung der Scharia ein, sozialpolitisch für einen islamischen Weg. Verfassungspolitisch war sie nicht auf einen bestimmten Typ festgelegt, wies aber auch hier auf die Wahrung der islamischen Besonderheiten hin. Sie fand Resonanz in vielen Ländern, hatte ihren Schwerpunkt aber immer in Ägypten. Dort entwikkelte sie sich in der letzten Phase der Monarchie zu einer sehr einflußreichen Massenorganisation. Nach der Revolution von 1952 wurde sie verfolgt und Ende 1954 verboten.

Die wirkungskräftigsten islamistischen Publizisten waren *Sayyid Qutb* (1906–1966) und, in Pakistan, *Abul-A'la al-Maududi* (1904–1979), der Gründer der Partei Jamaat-e-Islami. Sie verstanden den Islam als eine alle Lebensbereiche umfassende Totalität und lehnten jegliche Trennung zwischen Religion und Politik ab. Daß Menschen über sich selbst herrschen könnten, bestritten sie; der Mensch sei in allem und jedem Gott unterworfen, es müsse mithin die Gottesherrschaft, Hakimiyyat Allah, hergestellt werden, und zwar schließlich weltweit. Denn hieß es nicht in Sure 3, Vers 110, der Islam sei »die beste Gemeinschaft, die unter den Menschen entstanden ist«? So sind Islamisten von einem Überlegenheitsgefühl schlechthin über alle anderen Kulturen erfüllt. Insbesondere der Westen galt und gilt als krank und verderbt. Bis zur Herstellung der weltumspannenden Gottesherrschaft ist die Welt zweigeteilt in das Haus des Islam und das Haus des Krieges, und zwischen beiden kann nur ein zeitweiliger Waffenstillstand bestehen.

Im letzten Drittel des 20. Jahrhunderts gewann der Islamismus erheblich an Kraft und erlangte in etlichen Ländern großen Einfluß, so in Pakistan, wo es nach 1977 gut zehn Jahre einer intensiven Islamisierungspolitik gab, oder im Sudan. In Algerien, wo die Islamische Heilsfront in stetem Angriff ist und die Auseinandersetzungen im letzten Jahrzehnt weit über 200 000 Menschenleben forderten, steht er in schwerem Konflikt mit dem Staat. In Syrien wurde eine Erhebung der Vereinigten Islamischen Front 1982 blutig niedergeschlagen. In Ägypten sah sich die Regierung seit der Spätzeit Sadats zu manchen Konzessionen an die Islamisten genötigt. Die Vorkämpfer des Islamismus sind gemeinhin gutausgebildete jüngere Leute, vielfach Akademiker, oft Technokraten. Ihre Anhänger findet die Bewegung vorzugsweise in Städten bei jüngeren Menschen, die keine angemessene Zukunftsperspektive haben. Hier zeigt die Verheißung sozialer Gerechtigkeit, mit der die Islamisten werben, große Wirkungen. Der starke Bevölkerungszuwachs, mit dem die wirtschaftliche Entwicklung nicht Schritt halten kann, ist eine sehr wichtige Bedingung für das Wachstum der Bewegung. In Algerien etwa verdreifachte sich die Bevölkerungszahl von 1963 bis 1994 nahezu, von 10,3 auf 27,8 Mio., in Ägypten verdoppelte sie sich im gleichen Zeitraum von 28,4 auf 57,3 Mio. Menschen. Für die daraus erwachsenden Schwierigkeiten werden nicht so sehr die eigenen Eliten verantwortlich gemacht, sondern eher der Westen. Ihm wirft man vor, daß er seine eigene Überlegenheit rücksichtslos einsetze. Besonders schmerzlich wird das bei der Behandlung des Palästina-Problems empfunden. Die Begegnung zwischen den islamischen Völkern und dem Westen in den letzten 200 Jahren wird insgesamt als tiefe Demütigung gesehen, gleichsam als Zeit eines neuen Kreuzzugs. All das hat eine schwere Identitätskrise bewirkt, die durch verstärkten Rückgriff auf die eigenen Werte geheilt werden soll. Verbreitet wird die islamistische Sehweise in vielen Moscheen, den meisten der etwa 40000 Koranschulen weltweit, durch einen Teil der Medien und teilweise auch im normalen Schulunterricht. Ein großer Teil der Bevölkerung in den arabischen Ländern, im Iran, in Afghanistan und wohl auch in Pakistan dürfte inzwischen islamistisch denken. Der erste Staat, der sich völlig islamistisch ausrichtete, war der Iran. Hier gilt der Islam in seiner schiitischen Richtung. Die Schiiten sehen nur die Nachkommen aus der Ehe Alis (gest. 661) mit der Prophetentochter Fatima als berechtigte Leiter, Imame, der Gesamtgemeinde an. Die Zwölferschiiten, die weitaus wichtigste Untergruppe dieser Glaubenspartei, kennen bis 874 elf Imame, der zwölfte wurde entrückt, lebt seither verborgen, erscheint freilich gelegentlich und wird einstmals als Endzeitherrscher wiederkehren. Während der Zeit der Entrückung kann jede Herrschaft nur stellvertretend und damit nur bedingt legitim sein. Über den Grad der Legitimität entscheiden die obersten Gottesgelehrten; sie haben damit eine zentrale Funktion. Dieser Sehweise stand die weltliche Macht im Iran lange schroff entgegen. Der 1925 durch einen Staatsstreich an die Macht gekommene *Resa Khan* (1878–1944) nannte seine Dynastie unter Anknüpfung an die Parther Pahlewi und betrachtete die Zeit seit der Islamisierung Persiens als Jahrhunderte der Überfremdung. Nach dem Vorbild des Kemalismus betrieb er eine Modernisierungspolitik, wenn auch mit geringerer Intensität. Er regierte autokratisch, hob aber die Verfassung von 1906, die eine konstitutionelle Monarchie wollte, nie auf. Sein Sohn *Resa Pahlewi* (1919–1980) griff sogar auf das altpersische Geschlecht der Achaimeniden zurück und ließ 1971 eine pompöse 2500-Jahr-Feier durchführen. Die amtlich betriebene Iranisierung blieb aber die Sache weniger Intellektueller. Die autokratische Modernisierung – Bodenreform, Schaffung ländlicher Genossenschaften, Ausbau des Gesundheitswesens, Gewinnbeteiligung der Arbeiter, verbesserte Rechtsstellung der Frauen – rief zunehmenden Widerstand hervor, zumal bei der Geistlichkeit. Einer der schärfsten Kritiker dieser Politik war *Ruhollah Mussawi Hendi* (1900–1989), ein führender Rechtsgelehrter (Ajatollah), der nach seinem Geburtsort Khomeini genannt wurde. Er wertete die laizistische Politik von Resa Pahlewi als systematisches Bestreben zur Zerstörung der islamischen Kultur, 1963 wurde er verhaftet, im Jahr darauf landesverwiesen. Von Paris aus schürte er die Opposition gegen den Schah weiter. Auch im Lande selbst wuchs die Unruhe, zumal in den Städten. Resa Pahlewis Stellung wurde immer unhaltbarer, im Januar 1979 mußte er fliehen. Wenig später kehrte Khomeini zurück und wurde begeistert empfangen. Man sah in ihm weithin den Retter.

Die Verfassung von 1979 schuf zwar die üblichen staatlichen Institutionen, wies den Gottesgelehrten aber einen besonderen Rang zu, da sie mit dem göttlichen Gesetz am besten vertraut seien. Ein vorwiegend aus

ihren Kreisen rekrutierter Überwachungsrat hatte die Einhaltung des islamischen Rechts ständig zu kontrollieren. Der Faqih, der führende Gottesgelehrte und Stellvertreter des entrückten Imam, konnte in alle Gewalten eingreifen und war Oberbefehlshaber der Armee. Er war die höchste Autorität im Lande. In dieses Amt wurde selbstverständlich Khomeini gewählt. In der Folge wurde das Land mit harter Hand regiert, jede abweichende Meinung rigoros verfolgt. Dabei spielten die Revolutionswächter, die Pasdaran, eine wichtige Rolle. Die von Khomeini aufgebaute Theokratie hatte durchaus totalitäre Züge. Nach seinem Tode wurde die Verfassung beträchtlich geändert und dabei das Amt des Staatspräsidenten gestärkt. Aber der Faqih ist nach wie vor die höchste Autorität. Er übt sein Amt freilich zurückhaltender aus als Khomeini, und die Regierungspraxis wurde gemildert. Die antiwestliche Frontstellung ist scharf ausgeprägt. Khomeini nannte die USA 1979 den großen Satan und sagte, es könne nicht zugelassen werden, daß die Ungläubigen weiterhin ihre verderbliche Rolle auf Erden spielten. Auf der ganzen Welt sei Krieg zu führen, bis alle Verderbnis und aller Ungehorsam gegen die islamischen Gesetze aufgehört habe. Und sein Nachfolger *Ali Khamenei* (geb. 1940) erklärte, die Pflicht zum Kampfe bestehe so lange, bis die ganze Welt sich unter die Herrschaft des Islam gebeugt habe oder, besser, übergetreten sei.
In Afghanistan entstand nach einem Putsch 1978 eine kommunistische Staatsordnung. Als die Regierung in Bedrängnis geriet, intervenierte Ende 1979 die Sowjetunion. Dieser Schritt richtete sich indirekt auch gegen den Iran, wie ebenso die USA mit ihrer Unterstützung des Irak im Ersten Golfkrieg (1980–1988) indirekt Front gegen das Khomeini-Regime machten. Die russischen Truppen in Afghanistan wurden mit dem landesweiten Widerstand, an dem auch Freischärler aus anderen Ländern, die sogenannten arabischen Afghanen, teilnahmen, nicht fertig; 1988 zog Gorbatschow sie ab. Aus dem nun ausbrechenden Bürgerkrieg gingen 1995 die radikal-islamistischen Taliban als Sieger hervor und unterwarfen das Land einer kompromißlosen islamistischen Herrschaft, die keinerlei Modernisierungswillen erkennen ließ. Ein Teil der arabischen Afghanen war in Afghanistan verblieben und baute von hier aus ein weltweites Terrornetz auf, an dessen Spitze der aus Saudi-Arabien stammende Millionär *Osama bin Laden* (geb. ca. 1957) steht. Angehörige dieser Organisation Al-Qaida zerstörten am 11. September 2001 bei einem Selbstmordattentat mit dem World Trade Center in New York einen symbolträchtigen Ort des amerikanischen Wirtschaftslebens und rissen etwa 3000 Menschen in den Tod. Auch das Pentagon und wohl das Weiße Haus in Washington wurden zu Angriffszielen. Präsident George W. Bush sah damit den ersten Krieg des 21. Jahrhunderts eröffnet. In einem kurzen Feldzug konnte zwar die Taliban-Herrschaft beseitigt, Al-Qaida aber

nicht zerschlagen werden. Mit weiteren Terroranschlägen ist zu rechnen.

Das heißt natürlich nicht, daß nun der Kampf der Kulturen ausgebrochen wäre, den der amerikanische Sozialwissenschaftler Samuel P. Huntington vor wenigen Jahren für das 21. Jahrhundert voraussah. Die Thesen des iranischen Faqih finden bei den islamischen Eliten wenig Anklang und schon gar nicht die Gewaltsamkeit von Al-Qaida. Die meisten Politiker in der islamischen Welt setzen weiterhin auf Modernisierung durch gemäßigt autoritäre Regime. Viel hängt freilich von einer einsichtigen Politik des Westens und besonders der USA ab.

Anhang
Kommentierte Bibliographie

Die Bibliographie will nicht den Forschungsstand repräsentieren, sondern dem Benutzer Hinweise zu weiterführender Lektüre geben. Daher werden Textausgaben in der Regel nur für sog. Klassiker genannt, aber jeweils in Verbindung mit einer wohlfeilen deutschen Übersetzung. Die Angaben zur Sekundärliteratur beschränken sich auf wenige wichtigere Werke, möglichst solche neueren Datums mit Quellen- und Literaturangaben und solche in deutscher oder englischer Sprache.

Allgemeines

Bibliographien zur gesamten Geschichte der politischen Ideen gibt es nicht; auf Spezialbibliographien zu einzelnen Bereichen wird an der entsprechenden Stelle hingewiesen. Allgemein sind die abgeschlossenen und laufenden Bibliographien zur Geschichte, Philosophie und Politik zu konsultieren, in verschiedenen Fällen können solche zu klassischen oder nationalen Literaturen und zu den Sozialwissenschaften von Nutzen sein. – Dasselbe gilt für wissenschaftliche Zeitschriften; doch erscheinen in: The Journal of the History of Ideas, 1939 ff., und in: Der Staat, 1961 ff., vergleichsweise häufig Beiträge zur Geschichte der politischen Ideen.
Zusammenfassungen: *Hans-Joachim Lieber* (Hg.), Politische Theorien von der Antike bis zur Gegenwart, Bonn/München 1991. *John S. MacClelland*, A History of Western Political Thought, London 1996.
Breit angelegtes Handbuch unter Mitarbeit zahlreicher Autoren: *Iring Fetscher/Herfried Münkler* (Hg.), Handbuch der politischen Ideen, Bd. 1, Frühe Hochkulturen und europäische Antike, München 1988, Bd. 2, Mittelalter. Von den Anfängen des Islam bis zur Reformation, München 1993, Bd. 3, Neuzeit. Von den Konfessionskriegen bis zur Aufklärung. München 1985, Bd. 4, Neuzeit. Von der Französischen Revolution bis zum europäischen Nationalismus, München 1986, Bd. 5, Neuzeit. Vom Zeitalter des Imperialismus bis zu den neuen sozialen Bewegungen, München 1987 (in allen Bänden reiche bibliographische Angaben).
Wertvolle Textsammlungen sind: *Gerhard Möbus/Otto Heinrich v. d. Gablentz* (Hg.), Politische Theorien, Bd. 1 … von der Antike bis zur Renaissance, Köln ^{2}1964, Bd. 2 … im Zeitalter der absoluten Monarchie bis zur Französischen Revolution, Köln ^{2}1966, Bd. 3 … seit der amerikanischen Unabhängigkeitserklärung, Köln ^{2}1966. *Rudolf Weber-Fas* (Hg.), Der Staat. Dokumente des Staatsdenkens von der Antike bis zur Gegenwart, 2 Bde., Pfullingen 1977. In engl. Sprache, gut kommentiert, die Reihe: *Raymond Geuss/Quentin Skinner* (Hg.), Cambridge Texts in the History of Political Thought.
Einführungsbände zu (politischen) Philosophen in den meist nicht einzeln nachgewiesenen Reihen: Akademie Verlag: Klassiker auslegen – Beck'sche Reihe: Denker – Campus Einführungen – Herder Spektrum: Meisterdenker – Junius (Hamburg): NN zur Einführung – Parerga (Düsseldorf) Einführungen.
Sammlungen von Abhandlungen zu wichtigen Denkern: *Hans Maier* u. a. (Hg.), Klassiker des politischen Denkens, 2 Bde., München 1968. *John Dunn* (Hg.), Great Political Thinkers, Cheltenham 1997.
Zusammenfassende Werke für bestimmte Abschnitte oder Aspekte: *Jean-Jacques Chevallier*, Denker, Planer, Utopisten, Frankfurt/M. 1966; Geschichtliche Grundbegriffe. Historisches Lexikon zur politisch-sozialen Sprache in Deutschland, 7 Bde., Stuttgart 1972 ff., analysiert die Entwicklung der wesentlichen Begriffe bes. im 19. und 20. Jh. *Alfred Voigt* (Hg.), Der Herrschaftsvertrag, Neuwied 1965, Texte

und kurze Angaben zu den Verfassern. *Harold J. Laski*, The rise of European liberalism, London 1936. *Kurt von Raumer*, Ewiger Friede. Friedensrufe und Friedenspläne seit der Renaissance, Freiburg 1953.
Ernst Reibstein, Völkerrecht. Eine Geschichte seiner Ideen in Lehre und Praxis, 2 Bde., Freiburg 1958–63, in eine fortlaufende Erörterung eingestreute Quellentexte. *Horst Claus Recktenwald*, Geschichte der politischen Ökonomie. Eine Einführung in Lebensbildern, Stuttgart 1971, führt von Quesnay bis Eucken. *Joachim Starbatty* (Hg.), Klassiker des ökonomischen Denkens, 2 Bde., München 1989 (28 Abhandlungen, von Plato bis Eucken). *Günter Schmölders*, Geschichte der Volkswirtschaftslehre, Reinbek 1962, knappe Darstellung mit Leseproben an Hand von 15 Autoren. *Louis J. Zimmerman*, Geschichte der theoretischen Volkswirtschaftslehre, Köln [3]1967, kurzer, sehr instruktiver Gesamtüberblick. *Henri Denis*, Geschichte der Wirtschaftstheorien, 3 Bde., Rheinfelden 1974/77, Gesamtüberblick seit der Antike mit Schwerpunkt auf dem 18. und 19. Jh. *Wilfried Röhrich*, Sozialgeschichte politischer Ideen, Reinbek 1979, ausgewählte Autoren, Auswahl anfechtbar. *Kurt Schilling*, Geschichte der sozialen Ideen. Individuum, Gemeinschaft, Gesellschaft, Stuttgart [2]1966. *Georg Stadtmüller*, Geschichte des Völkerrechts, Hannover 1951. *Friedrich Überweg*, Grundriß der Geschichte der Philosophie, 5 Bde., Stuttgart [12]1923–1928, Neue Ausgabe Stuttgart 1967ff. *Bernard Wilms*, Die politischen Ideen von Hobbes bis Ho Tschi Minh, Stuttgart 1971.

Zu Teil I
Griechenland und Rom

Allgemeine Bibliographie

Eine Spezialbibliographie gibt es nicht. Wichtigstes bibliographisches Hilfsmittel: L'année philologique. Bibliographie critique et analytique de l'antiquité gréco-latine, begr. *J. Marouzeau*, hrsg. *P.-P. Corsetti* u.a., Paris 1924ff. (Die Jahresbände verzeichnen im Abstand von etwa zwei Jahren sämtliche wissenschaftliche Literatur; Aufsätze mit kurzem Resümee in französisch, englisch oder deutsch; Textausgaben und Monographien mit Rezensionen. Teil I: Antike Autoren; Teil II: Sachgebiete. Arbeiten zur politischen Ideengeschichte seit 1998 unter »Philosophie et histoire des idées«, zuvor unter »Histoire sociale, économique, administrative« und unter »Philosophie«).
Wichtigstes Rezensionsorgan: Gnomon. Kritische Zeitschrift für die gesamte klassische Altertumswissenschaft, München 1925ff.
Forschungsberichte zu einzelnen Autoren und Sachgebieten: Anzeiger für die Altertumswissenschaft, hrsg. Österreichische Humanistische Gesellschaft, Innsbruck 1948ff.; Lustrum. Internationale Forschungsberichte aus dem Bereich des klassischen Altertums, Göttingen 1956ff.; Aufstieg und Niedergang der römischen Welt (ANRW). Berlin 1972ff.

Quellen; Übersetzungen

Von allen behandelten Autoren liegen wissenschaftliche Ausgaben in den großen Standardreihen klassischer Texte vor:
Bibliotheca Teubneriana, Leipzig (seit 1953 auch Stuttgart, seit 1999 Saur, München–Leipzig) (BT)
Bibliotheca Oxoniensis (Oxford Classical Texts), Oxford (OCT)
Collection des Universités de France (mit Übersetzung, Einleitung und Erläuterungen), Paris (»Collection Budé«)

Kirchenväter:
Corpus Scriptorum Ecclesiasticorum Latinorum, Wien (»Wiener Corpus«, CSEL)
Die griechischen christlichen Schriftsteller der ersten (drei) Jahrhunderte, Berlin (GCS)
Corpus Christianorum, Turnhout (CC)
Sources chrétiennes (mit Übersetzung, Einleitung und Erläuterungen), Paris (SCh)
Fontes christiani (mit Übersetzung, Einleitung und Erläuterungen), Freiburg u. a.

Weitere zweisprachige Reihen:
Loeb Classical Library, London–Cambridge, Mass.; Reclam, Leipzig–Stuttgart; Tusculum-Bücherei, München

Übersetzungsreihen:
Kröners Taschenausgaben, Stuttgart
Reclams Universalbibliothek, Stuttgart
Rowohlts Klassiker der Literatur und der Wissenschaft, Hamburg

Zweisprachige Ausgaben und Übersetzungen der wichtigsten im Text behandelten Autoren:

Aischylos	Tragödien (griechisch-deutsch), übers. O. Werner (Tusculum)
Archilochos	übers. M. Treu (Tusculum)
Aristoteles	Die Nikomachische Ethik, eingel. und übers. O. Gigon (Artemis-dtv); auch griechisch-deutsch, hrsg. R. Nickel (Tusculum)
	Nikomachische Ethik, übers. F. Dirlmeier (Reclam)
	Politik, eingel. und übers. O. Gigon (Artemis-dtv)
	Politik, übers. F. F. Schwarz (Reclam)
	Der Staat der Athener, übers. M. Dreher (Reclam)
Augustin	Vom Gottesstaat 1–2, übers. W. Thimme, hrsg. C. Andresen (Artemis-dtv)
Augustus	Meine Taten. Res gestae divi Augusti, übers. E. Weber (Tusculum)
	Res gestae. Tatenbericht (lateinisch-griechisch-deutsch), übers. E. Giebel (Reclam)
Cicero	De re publica. Vom Gemeinwesen (lateinisch-deutsch), übers. K. Büchner (Reclam)
	Der Staat (lateinisch-deutsch), übers. K. Büchner (Tusculum)
	Über die Gesetze/Stoische Paradoxien (lateinisch-deutsch), übers. R. Nickel (Tusculum)
	Vom rechten Handeln (De officiis, lateinisch-deutsch), übers. K. Büchner (Tusculum)

Epikur	Briefe, Sprüche, Werke (griechisch-deutsch), übers. H. W. Krautz (Reclam)
Euripides	Ausgewählte Tragödien, übers. E. Buschor, hrsg. B. Zimmermann (Tusculum)
Herodot	Historien, übers. A. Horneffer (Kröner)
	Historien 1–2, übers. J. Feix (Tusculum)
Hesiod	Theogonie/Werke und Tage, übers. A. von Schirnding (Tusculum)
Homer	Ilias, übers. H. Rupé (Tusculum)
	Ilias, übers. R. Hampe (Reclam)
	Odyssee, übers. A. Weiher (Tusculum)
	Odyssee, übers. (in Prosa) W. Schadewaldt (rororo)
Pindar	Siegeslieder, übers. O. Bremer (Tusculum)
	Oden (griechisch-deutsch), übers. E. Dönt (Reclam)
Platon	Studienausgabe 1–8 (griechisch-deutsch; griechischer Text der Collection Budé), hrsg. G. Eigler, Darmstadt 1971–1977
	Bd. 4: Der Staat, übers. F. Schleiermacher, bearb. D. Kurz
	Bd. 8,1–2: Gesetze, übers. K. Schöpsdau
	Sämtliche Werke 1–4, übers. F. Schleiermacher, hrsg. U. Wolf. Politeia: Bd. 2, 1990; Nomoi: Bd. 4 (rororo)
	Der Staat, übers. A. Horneffer (Kröner)
	Der Staat, übers. K. Vretska (Reclam)
	Der Staat, übers. R. Rufener, Komm. T. A. Szlezák (Tusculum)
Polybios	Geschichte 1–2, übers. H. Drexler (Artemis)
Sallust	Die Verschwörung des Catilina (lateinisch-deutsch), übers. K. Büchner (Reclam)
	Der Krieg mit Jugurtha (lateinisch-deutsch), übers. K. Büchner (Reclam)
	Werke, übers. W. Eisenhut/J. Lindauer (Tusculum)
Seneca	Über die Güte (lateinisch-deutsch), übers. K. Büchner (Reclam)
Sophokles	Dramen, übers. W. Willige–K. Bayer (Tusculum)
Tacitus	Historien (lateinisch-deutsch), übers. H. Vretska (Reclam)
	Annalen 1–2, übers. W. Sontheimer (Reclam)
Thukydides	Der Peleponnesische Krieg, übers. P. Landmann (Artemis)
	Politische Reden, übers. O. Regenbogen (kongeniale Übersetzung), Leipzig 1949
Vorsokratiker	Die Vorsokratiker 1–2 (Auswahl), übers. I. Mansfeld (Reclam)

Gesamtdarstellung einzelner Themen

L. Firpo (Hg.), Storia delle idee politiche, economiche e sociali I: l'antichità classica. Turin 1982; *K. Adomeit*, Antike Denker über den Staat. Eine Einführung in die politische Philosophie. Heidelberg 1982; *I. Fetscher/H. Münkler* (Hgg.), Handbuch der politischen Ideen 1: Frühe Hochkulturen und europäische Antike. München 1988; *A. Demandt*, Der Idealstaat. Die politischen Theorien der Antike. Köln–Weimar–Wien 1993; *K. Raaflaub* (Hg.), Anfänge politischen Denkens in der Antike (Schriften des Historischen Kollegs, Kolloquien 24). München 1993; *W. Schuller* (Hg.), Politische Theorie und Praxis im Altertum. Darmstadt 1998;

H. Ottmann, Geschichte des politischen Denkens. Köln–Stuttgart–Weimar 2001 ff. Bd. 1.1: Die Griechen. Von Homer bis Sokrates. Bd. 1.2: Die Griechen. Von Platon bis zum Hellenismus. Bd. 2.1: Die Römer; *E. W. Böckenförde*, Geschichte der Rechts- und Staatsphilosophie. Antike und Mittelalter. Tübingen 2002.

Zur Entwicklung und Bedeutung politischer Grundbegriffe
Ch. Meier, in: Geschichtliche Grundbegriffe, a. a. O. s. Adel – Aristokratie, Demokratie, Anarchie, Freiheit, Macht und Gewalt, Revolution; *J. Martin*, ib. Monarchie; *F. Loos/H. L. Schreiber*, ib. Recht – Gerechtigkeit; *E. Ch. Welskopf* (Hg.), Soziale Typenbegriffe im alten Griechenland und ihr Fortleben in den Sprachen der Welt. Berlin 1982; *K. Raaflaub*, Die Entdeckung der Freiheit. Zur historischen Semantik und Gesellschaftsgeschichte eines politischen Grundbegriffs der Griechen. München 1985.

Verfassungsgeschichte
J. Gaudemet, Institutions de l'antiquité. Paris 2000^{6}; *E. Meyer*, Einführung in die antike Staatskunde. Darmstadt 1992^{6}. In der Reihe Wege der Forschung (WdF) der Wisssenschaftlichen Buchgesellschaft Darmstadt sind erschienen: *E. Berneker* (Hg.), Zur griechischen Rechtsgeschichte. 1968; *F. Gschnitzer* (Hg.), Zur griechischen Staatskunde. 1969; *H. Oppermann* (Hg.), Römertum. 1984^{5}; *R. Klein* (Hg.), Das Staatsdenken der Römer. 1980^{3}; *H. Oppermann* (Hg.), Römische Wertbegriffe. 1983^{3}; *R. Klein* (Hg.), Prinzipat und Freiheit. 1969; *H. Kloft* (Hg.), Ideologie und Herrschaft in der Antike. 1979.

Allgemeine Geschichtsdarstellungen mit Bibliographien
Oldenbourg Grundriß der Geschichte Bd. 1–4. München 1980 u. ö.; *H. Bengtson*, Griechische Geschichte. Von den Anfängen bis in die römische Kaiserzeit. München 1977^{5} (Nachdruck 1996); *I. Weiler*, Griechische Geschichte. Einführung, Quellenkunde, Bibliographie. Darmstadt 1988^{2}; *H. Bengtson*, Grundriß der römischen Geschichte mit Quellenkunde. Bd. 1: Republik und Kaiserzeit bis 284 n. Chr. München 1982^{3}; *A. Heuss*, Römische Geschichte. Paderborn 2001^{8}; *H. Bellen*, Grundzüge der römischen Geschichte 1–2. Darmstadt 1995^{2}–1998; *A. Demandt*, Die Spätantike. Römische Geschichte von Diocletian bis Justinian 284–565 n. Chr. München 1989 (= id., Geschichte der Spätantike. Das römische Reich von Diocletian bis Justinian 284–565 n. Chr. München 1999^{2} [Sonderausgabe]); *H. Brandt*, Das Ende der Antike. Geschichte des spätrömischen Reiches. München 2001.

Literaturgeschichte
A. Lesky, Geschichte der griechischen Literatur. München 1993^{3} (dtv); *E. Vogt*, Neues Handbuch der Literaturwissenschaft. Bd. 2: Griechische Literatur. Frankfurt 1978; Bd. 3: *M. Fuhrmann* (Hg.), Römische Literatur. Frankfurt 1974; *M. v. Albrecht*, Geschichte der römischen Literatur von Andronicus bis Boethius. München 1997^{2} (dtv); *M. Fuhrmann*, Geschichte der römischen Literatur, Stuttgart 1999.

1. Griechenland

Einführende Skizzen zum Thema
H. Patzer, Die Entstehung der wissenschaftlichen Politik bei den Griechen. SB Wiss. Ges. Frankfurt. Bd. 4,2. Wiesbaden 1966. *Ch. Meier*, Die Entstehung des Politischen bei den Griechen. Frankfurt 1980.

Allgemein zur frühen und klassischen Zeit
E. Barker, Greek Political Theory. Plato and his Predecessors. London 1918; 1970^{5}; *M. Pohlenz*, Staatsgedanke und Staatslehre der Griechen. Leipzig 1923; *T. A. Sinclair*, A History of Greek Political Thought. London 1951; 1959^{2}; *W. Jaeger*, Paideia 1–3. Berlin $1955–1959^{2-4}$ (= Berlin 1978); *E. Wolf*, Griechisches Rechtsdenken, 1–4. Frankfurt 1950–1970; *E. Voegelin*, Order and History. Bd. 2: The World of the Polis; Bd. 3: Plato and Aristotle. Baton Rouge 1957.

Verfassungsgeschichte
V. Ehrenberg, Der Staat der Griechen. Zürich–Stuttgart 1964^{3}; *F. Gschnitzer*, Gemeinde und Herrschaft. Von den Grundformen griechischer Staatsordnung. SB Heidelberg 1961 (= id., Polis und Imperium. Beiträge zur Alten Geschichte. Zürich–Stuttgart 1965, 105–138); *A. W. H. Adkins*, Moral Values and Political Behaviour in Ancient Greece from Homer to the Fifth Century. London 1972; *M. Austin/P. Vidal-Naquet*, Gesellschaft und Wirtschaft im alten Griechenland. München 1984; *K.-W. Welwei*, Die griechische Polis. Verfassung und Gesellschaft in archaischer und klassischer Zeit. Stuttgart 1983; *H.-I. Gehrke*, Stasis. München 1985; *F. Gschnitzer*, Die Stellung der Polis in der politischen Entwicklung des Altertums. Oriens antiquus 27, 1988, 287–302; *E. Stein-Hölkeskamp*, Adelsstruktur und Polis-Gesellschaft. Studien zum griechischen Adel in archaischer und klassischer Zeit. Stuttgart 1989.

Homer
Forschungsberichte: *H. Mette*, Lustrum 1, Abt. 10: Soziologie und Recht, 49–50 (1930–1956); Lustrum 11, 1966, 57 (1956–1966); Lustrum 15, 1970, 114 (1966–1971); Lustrum 19, 1976, 27–30 (1971–1977); *J. Latacz* (Hg.), Zweihundert Jahre Homerforschung, Rückblick und Ausblick. Stuttgart–Leipzig 1991.
J. Latacz (Hg.), Homer, WdF. Darmstadt 1988; *I. Morris/B. Powell* (Hgg.), A New Companion to Homer. Leiden 1997.
H. Strasburger, Der soziologische Aspekt der homerischen Epen. Gymnasium 60, 1953, 97–114 (= id., Studien zur Alten Geschichte I. Hildesheim–New York 1982, 491–518); *M. I. Finley*, Die Welt des Odysseus. Frankfurt 1992 (erw. Fassung); *J. Halverson*, Social Order in the Odyssey. Hermes 113, 1985, 129–145; *J. V. Andreev*, Die homerische Gesellschaft. Klio 70, 1988, 5–85; *Ch. Ulf*, Die homerische Gesellschaft. Materialien zur analytischen Beschreibung und historischen Lokalisierung (Vestigia 43). München 1990; *D. Hammer*, The Politics of the Iliad. Classical Journal 94, 1998, 1–30.

Hesiod
W. J. Verdenius, A Commentary on Hesiod: Works and Days. Leiden 1985; *E. Heitsch* (Hg.), Hesiod, WdF. Darmstadt 1966; *P. Walcott*, Hesiod and the Near East. Cardiff 1966; *E. Will*; Hésiode: Crise agraire? Ou recul de l'aristocratie? Revue des Études grecques 78, 1965, 542–556; *M. L. West*, Theogony. Oxford 1966; id., Works and Days. Oxford 1978; *P. C. Millet*, Hesiod and his World. Proceedings of the Cambridge Philological Society 210, 1984, 85–115.

2. Solon

Ch. Mülke, Solons politische Elegien und Iamben (Frg. 1–13; 32–37 West). Einleitung, Text, Übersetzung, Kommentar (Beiträge zur Altertumskunde). München u. a. 2002; *E. Ruschenbusch*, Solōnos Nomoi. Historia Einzelschriften 9, 1966 (Nachdruck 1983).

Vorsokratiker
G. S. Kirk, J. E. Raven, M. Schofield, Die vorsokratische Philosophie. Einführung, Text und Kommentar. Stuttgart–Weimar 1994, 2001 (Studienausgabe); *A. A. Long* (Hg.), Handbuch frühe griechische Philosophie. Stuttgart–Weimar 2001; *W. Nestle*, Vom Mythos zum Logos. Die Selbstentfaltung des griechischen Denkens von Homer bis auf die Sophistik und Sokrates. Stuttgart 1941[2], Nachdruck 1975; *H. Fränkel*, Wege und Formen des frühgriechischen Denkens. Literarische und philosophische Studien. München 1968[3]; *W. H. Pleger*, Die Vorsokratiker. Stuttgart 1991.

Zur Tyrannis
K. H. Kinzl (Hg.), Die ältere Tyrannis bei den Griechen, WdF. Darmstadt 1979; *H. Berve*, Die Tyrannis bei den Griechen, 1–2, München 1967.

3. Das athenische Jahrhundert

K. H. Kinzl (Hg.), Demokratia: Der Weg zur Demokratie. Stuttgart 1983; *Ch. Meier/P. Veyne* (Hgg.), Kannten die Griechen die Demokratie? Berlin 1988; *Ch. Meier*, Die Entstehung des Begriffs Demokratie. Vier Prolegomena zu einer historischen Theorie. Frankfurt 1970; *Ch. Meier*, Athen. Ein Neubeginn der Weltgeschichte. Berlin 1993 (1995 Goldmann); *J. Bleicken*, Die athenische Demokratie. Paderborn 1995[4] (UTB); *M. H. Hansen*, Was Athens a Democracy? Popular Rule, Liberty and Equality in Ancient and Modern Political Thought. Kopenhagen 1992; *K.-W. Welwei*, Das klassische Athen. Demokratie und Machtpolitik im 5. und 4. Jahrhundert. Darmstadt 1999.

Sparta
E. N. Tigerstedt, The Legend of Sparta in Classical Antiquity, 1–2. Lund 1965–1972; *E. Rawson*, The Spartan Tradition in European Thought. Oxford 1969; *M. Clauss*, Sparta. Eine Einführung in seine Geschichte und Zivilisation. München 1983; *E. Baltrusch*, Sparta. Geschichte, Gesellschaft, Kultur. München 1999.

Tragödie
A. Wartelle, Bibliographie historique et critique d'Éschyle et de la tragédie grecque 1518–1974. Paris 1978; *H. Kuch* (Hg.), Die griechische Tragödie in ihrer gesellschaftlichen Funktion. Berlin 1983; *J. P. Euben* (Hg.), Greek Tragedy and Political Theory. Berkeley u. a. 1986; *M. S. Silk* (Hg.), Tragedy and the Tragic. Oxford 1996; *Ch. Meier*, Die politische Kunst der griechischen Tragödie. München 1988; *J. P. Euben*, The Tragedy of Political Theory. Princeton 1990; *A. v. Schirnding*, Maske und Mythos, Die Welt der griechischen Tragödie. München 1991; *J. Griffin*, The Social Function of Attic Tragedy. The Classical Quarterly 48, 1998, 39–61; *R. Seaford*, The social function of Attic tragedy: a response to Jasper Griffin. The Classical Quarterly 50, 2000, 30–44.

Aischylos
H. Hommel (Hg.), Aischylos, WdF. Darmstadt 1974; *C. W. Macleod*, Politics and the Oresteia. The Journal of Hellenic Studies 102, 1982, 124–144; *A. Bowie*, Religion and Politics in Aeschylus' Oresteia. The Classical Quarterly 43, 1993, 10–31; *M. Griffith*, Brilliant Dynasts: Power and Politics in the Oresteia. Classical Antiquity 14, 1995, 62–129; *M. J. Lossau*, Aischylos. Darmstadt 1998; *M. Brown*, Die Eumeniden des Aischylos und der Areopag. Tübingen 1998.

Sophokles
V. Ehrenberg, Sophokles und Perikles. München 1956; *H. Patzer*, Hauptperson und tragischer Held in Sophokles' Antigone. SB Wiss. Ges. Frankfurt. Bd. 15,2. Wiesbaden 1978; *H. Flashar*, Sophokles. Dichter im demokratischen Athen. München 2000.

Euripides
Forschungsbericht: *H. J. Mette*, Lustrum 23–24, 1981–1982; *E. R. Schwinge* (Hg.), Euripides, WdF. Darmstadt 1968; *G. Murray*, Euripides und seine Zeit. Darmstadt 1957; *H. Kuch*, Euripides. Leipzig 1984; *H. E. Yunis*, A New Creed: Fundamental Religious Beliefs in the Athenian Polis and Euripidean Drama (Hypomnemata 91). Göttingen 1988; *J. Gregory*, Euripides and the Instruction of the Athenians. Michigan 1991.

Herodot
F. Bubel, Herodot-Bibliographie 1980–1988. Hildesheim 1991; Forschungsbericht: *L. Bergson*, Lustrum 11, 1966, 88–94 (1937–1960); *W. Marg* (Hg.), Herodot, WdF. Darmstadt 1965[2]; *H. Apffel*, Die Verfassungsdebatte bei Herodot. Erlangen 1957; *K. Bringmann*, Die Verfassungsdebatte bei Herodot 3,80–82 und Dareios' Aufstieg zur Königsherrschaft. Hermes 104, 1976, 266–279; *J. Bleicken*, Zur Entstehung der Verfassungstypologie im 5. Jahrhundert v. Chr., Historia 28, 1979, 148–172; *W. Schadewaldt*, Die Anfänge der Geschichtsschreibung bei den Griechen. Frankfurt/M. 1985; *K. Raaflaub*, Herodotus, Political Thought, and the Meaning of History. Arethusa 20, 1987, 221–248; *B. Shimron*, Politics and Belief in Herodotus (Historia Einzelschriften 58). Wiesbaden 1989; *J. M. Alonso Núñez*, Die Verfassungsdebatte bei Herodot, in: W. Schuller (Hg.), Politische Theorie und Praxis im Altertum. a. O. 19–29.

Thukydides
A. W. Gomme, A Historical Commentary on Thucydides 1–5. Oxford 1945–1980; *S. Hornblower*, A Commentary on Thucydides. Oxford 1991 ff.; *H. Herter* (Hg.), Thukydides, WdF. Darmstadt 1968; *J. de Romilly*, Thucydide et l'imperialisme athénien. Paris 1951; ead., Histoire et raison chez Thucydide. Paris 1956; *M. Palmer*, Love of Glory and the Common Good. Aspects of the Political Thought of Thucydides. Lanham 1992; *H. Leppin*, Thukydides und die Verfassung der Polis. Ein Beitrag zur politischen Ideengeschichte des 5. Jahrhunderts v. Chr. (Klio Beiheft N. F. 1). Berlin 1999.

Pseudoxenophontische Verfassung der Athener
J. M. Moore, Aristotle and Xenophon on Democracy and Oligarchy. London 1975.

4. Die Krise der Polis

Sophisten
H. Diels/W. Kranz, Fragmente der Vorsokratiker; *M. Untersteiner*, Sofisti. Testimonianze e frammenti 1–4. Florenz 1949–1962$^{1-2}$; *A. J. Classen* (Hg.), Sophistik, WdF. Darmstadt 1976; *M. Dreher*, Sophistik und Polisentwicklung. Frankfurt/M.–Bern 1983; *H. Flashar*, Die Sophistik. in: id. (Hg.), Grundzüge der Geschichte der Philosophie. Begründet von *F. Überweg*. Die Philosophie der Antike. Bd. 2,1. Basel 1998, 1–138.

5. Staatsutopien und Reformprogramme

F. Seck (Hg.), Isokrates, WdF. Darmstadt 1976; *E. Mikkola*, Isokrates. Seine Anschauungen im Lichte seiner Schriften. Helsinki 1954; *Chr. Bruell*, Xenophons politische Philosophie. München 1990; *A. Masaracchia*, Isocrate: retorica e politica. Rom 1995; *R. Bichler*, Von der Insel der Seligen zu Platons Staat. Geschichte der antiken Utopie 1. Wien u. a. 1995.

6. Platon

Sokrates
A. Patzer (Hg.), Der historische Sokrates, WdF. Darmstadt 1987; *H. Kessler* (Hg.), Der historische Sokrates. Gestalt und Idee. Heitersheim 1993; *T. C. Brickhouse/N. C. Smith*, Plato's Socrates. Oxford 1993.
U. Zimbrich, Bibliographie zu Platons Staat. Die Rezeption der Politeia im deutschsprachigen Raum von 1800–1970. Frankfurt/M. 1994; Forschungsberichte: *H. Cherniss*, Lustrum 4, 1959 (1950–1957); *L. Brisson*, Lustrum 20, 1977 (1958–1975); *L. Brisson/H. Ioannidi*, Lustrum 25, 1983, 31–320 (1975–1980); 30, 1988, 11–94; 34, 1992, 7–338 (1980–85 und Addenda).
Chr. J. Rowe (Hg.), Reading the Statesman. St. Augustin 1995; *E. Rudolph* (Hg.), Polis und Kosmos. Naturphilosophie und politische Philosophie bei Platon. Darm-

stadt 1996; *T. Kobusch/B. Mojsisch* (Hgg.), Platon. Seine Dialoge in der Sicht neuer Forschungen. Darmstadt 1996; *R. Kraut* (Hg.), Plato's Republic. Critical Essays. Boston–Oxford 1997; *O. Höffe* (Hg.), Platon: Politeia. Berlin 1997; *E. Ostenfeld* (Hg.), Essays on Plato's Republic. Aarhus 1998.
E. Sandvoss, Soteria. Philosophische Grundlagen der platonischen Gesetzgebung. Göttingen 1971; *O. Gigon*, Gegenwärtigkeit und Utopie. Eine Interpretation von Platons »Staat« 1–6. Zürich–München 1976; *J. Annas*, An Introduction to Plato's Republic. Oxford 1981; *R. F. Stalley*, An Introduction to Plato's Laws. London 1983; *L. Strauss*, Studies in Platonic Political Philosophy. Chicago–London 1983; *H. G. Gadamer*, Platons Denken in Utopien. Ein Vortrag vor Philologen (1983), in: id., Gesammelte Werke Bd. 7. Tübingen 1991, 270–289; *H. Flashar*, Der platonische Staat als Utopie, in: *O. Gigon/M. W. Fischer* (Hgg.), Antike Rechts- und Sozialphilosophie. Frankfurt/M. u. a. 1988, 23–36; *J. F. M. Arends*, Die Einheit der Polis. Eine Studie über Platons Staat. Mnemosyne Suppl. 106, 1988, 1–30; *C. D. C. Reeve*, Philosopher Kings. The Argument of Plato's Republic. Princeton N. J. 1988; *M. F. Reeves*, Problems of Philosophy and Society: a Conversation with Plato. Lanham 1988; *G. Picht*, Platons Dialoge Nomoi und Symposion. Vorlesungen und Schriften. Stuttgart 1990 (Studienausgabe); *Z. Planinc*, Plato's Political Philosophy. Prudence in the Republic and the Laws. London 1991; *R. Kraut*, The Cambridge Companion to Plato. Cambridge 1992; *K. Trampedach*, Platon, die Akademie und die zeitgenössiche Politik. Stuttgart 1994; *A. Schubert*, Platon: Der Staat. Ein einführender Kommentar. Paderborn u. a. 1995; *N. Pappas*, Philosophy Guide Book to Plato and the Republic. London 1995; *A. Neschke-Hentschke*, Platonisme politique et théorie du droit naturel, Louvain u. a. 1995; *W. Kersting*, Platons Staat. Darmstadt 1999; *S. Bernadete*, Plato's Laws. The Discovery of Being. Chicago–London 2000.

7. Aristoteles

Forschungsbericht: *J. Toulomakos*, Aristoteles' »Politik« 1925–1985. Lustrum 32, 1990, 177–282; 35, 1993, 181–289; 39, 1997, 7–305; 40, 1998, 7–197.
Deutsche Aristoteles-Gesamtausgabe Bd. 6: Nikomachische Ethik, übers. und komm. *F. Dirlmeier*. Berlin 1974[6]; Bd. 9: Politik 1–3, übers. und komm. *E. Schütrumpf/H. J. Gehrke*. Berlin 1991–1996; *M. Davis*, The Politics of Philosophy. A Commentary on Aristotle's Politics. Lanham 1996; *P. Moreaux* (Hg.), Aristoteles in der neueren Forschung, WdF. Darmstadt 1968; *D. Keyt/F. D. Miller* (Hgg.), A Companion to Aristotle's Politics. Oxford–Cambridge, Mass., 1991; *P. Aubenque/A. Tordesillas* (Hgg.), Aristote Politique. Études sur la Politique d'Aristote. Paris 1993; *O. Höffe* (Hg.), Die Nikomachische Ethik. Berlin 1995; *W. Nippel*, Mischverfassungstheorie und Verfassungsrealität in Antike und früher Neuzeit. Stuttgart 1985; *W. Kullmann*, Der Mensch als politisches Lebewesen bei Aristoteles. Hermes 108, 1980, 419–443; id., Die politische Philosophie des Aristoteles. in: *O. Gigon/M. W. Fischer* (Hgg.), Antike Rechts- und Sozialphilosophie. a.a.O. 70–79; *G. Patzig*, Aristoteles' Politik. Göttingen 1990.

8. Der Hellenismus

H. Flashar (Hg.), Die Philosophie der Antike. Bd. 4,2: Hellenistische Philosophie. Basel 1994; *A. Laks/M. Schofield* (Hgg.), Justice and Generosity. Studies in Hellenistic Social and Political Philosophy. Cambridge 1995; *P. Scholz*, Der Philosoph und die Politik. Die Ausbildung der philosophischen Lebensform und die Entwicklung des Verhältnisses von Philosophie und Politik im 4. und 3. Jh. v. Chr. Stuttgart 1998.

Stoa und Epikur
A. Erskine, The Hellenistic Stoa. Political Thought and Action. London 1990; *M. Schofield*, The Stoic Idea of the City. Cambridge 1991; *T. Engberg-Pedersen*, The Stoic Theory of Oikeiosis. Aarhus 1990. Epikur: *M. Hossenfelder*, Epikur. München 1991.

Polybios
Forschungsbericht: *D. Musti*, Polibio negli studi dell' ultimo ventennio (1950–1970). ANRW 1,2, 1114–1118; *W. Walbank*, A Historical Commentary on Polybius 1–3. Oxford 1957–79; *K. v. Fritz*, The Theory of the Mixed Constitutions in Antiquity. A Critical Analysis of Polybios' Political Ideas. New York 1954; *P. Pédech*, La méthode historique de Polybe. Paris 1964; *H. H. Schmitt*, Polybios und das Gleichgewicht der Mächte, in: Polybe, Fondation Hardt, Entretiens 20. Genf 1974, 67–93; *K. Stiewe/N. Holzberg* (Hgg.), Polybios, WdF. Darmstadt 1982; *A. M. Eckstein*, Moral Visions in the Histories of Polybios. Berkeley–Los Angeles 1995; *D. E. Hahn*, Polybios' Applied Political Theory, in: *A. Laks/M. Schofield* (Hgg.), Justice and Generosity, a. a. O. 7–47; *J. M. Alonso Núñez*, The Mixed Constitution in Polybius. Eranos 97, 1999, 11–19.

9. Die römische Republik

Quellensammlungen
C. Nicolet, Les idées politiques à Rome sous la république. Collection U. Paris 1964; *A. Michel*, La philosophie politique à Rome d'Auguste à Marc Aurele; Collection U. Paris 1969; *D. Flach*, Die Gesetze der frühen römischen Republik. Darmstadt 1994.

Recht; Verfassung; Gesellschaft
F. Schulz, Prinzipien des römischen Rechts. Berlin 1954²; *F. Wieacker*, Vom römischen Recht. Zehn Versuche. Stuttgart 1961²; *E. Meyer*, Römischer Staat und Staatsgedanke. Zürich–Stuttgart 1964; Ch. Meier, Res publica amissa. Eine Studie zu Verfassung und Geschichte der späten römischen Republik. Wiesbaden 1966; Frankfurt 1997³; *C. Nicolet*, Le métier de citoyen dans la Rome républicaine. Paris 1976; *R. Rilinger*, Die Interpretation des Niedergangs der römischen Republik durch »Revolution« und »Krise ohne Alternative«. Archiv für Kulturgeschichte 64, 1982, 279–306; *J. Bleicken*, Die Verfassung der römischen Republik. Paderborn u. a. 1999⁸ (UTB); id., Verfassungs- und Sozialgeschichte des römischen Kaiserreiches 1–2. 1994–95³⁻⁴ Paderborn u. a. (UTB); *G. Alföldy*, Römische Sozialge-

schichte. Wiesbaden 1984^{3}; *F. Wieacker*, Römische Rechtsgeschichte. Einführung, Quellenkunde, Frühzeit und Republik. München 1988; *K. Bringmann*, Römische Geschichte. München 2000^{5}; *I. König*, Kleine römische Geschichte. Stuttgart 2001.

Grundwerte; politische Terminologie; Ideologie
R. Klein (Hg.), Das Staatsdenken der Römer, WdF. Darmstadt 1966; *H. Oppermann* (Hg.), Römische Wertbegriffe, WdF. Darmstadt 1967; *W. Suerbaum*, Vom antiken zum frühmittelalterlichen Staatsbegriff. Über Verwendung und Bedeutung von Res publica, Regnum, Imperium und Status von Cicero bis Jordanes. Münster 1977^{3}; *J. Hellegouarc'h*, Le vocabulaire latin des relations et des partis politiques sous la république. Paris 1963.
P. D. A. Garnsey/C. R. Whittaker (Hgg.), Imperialism in the Ancient World. Cambridge 1978; *R. Werner*, Das Problem des Imperialismus und die römische Ostpolitik im 2. Jahrhundert v. Chr. ANRW 1,1, 501–563; *D. Flach*, Der sogenannte römische Imperialismus. Sein Verständnis im Wandel der neuzeitlichen Erfahrungswelt. Historische Zeitschrift 222, 1976, 1–42; *E. Erdmann*, Römischer »Imperialismus« – Schlagwort oder Begriff? Geschichte in Wissenschaft und Unterricht 28, 1977, 461–477; *E. Badian*, Römischer Imperialismus. Stuttgart 1980; *J. L. Ferrary*, Philhéllenisme et impérialisme. Aspects ideologiques de la conquête Romaine du monde hellenistique. Rom 1988; *R. M. Errington*, Neue Forschungen zu den Ursachen der römischen Expansion im 3. und 2. Jahrhundert v. Chr. Historische Zeitschrift 250, 1990, 93–106; *J. C. Edmondson*, Instrumenta Imperii: Law and Imperialism in Republican Rome, in: *B. Halpern/D. W. Hobson* (Hgg.), Law, Politics and Society in the Ancient Mediterranean World. Sheffield 1993.

Ältere römische Geschichtsschreibung
Quellensammlung: *H. Beck/U. Walter* (Hgg.), Die frühen römischen Historiker 1 (griechisch/lateinisch-deutsch). Darmstadt 2001; *V. Pöschl* (Hg.), Römische Geschichtsschreibung. WdF. Darmstadt 1969; *D. Flach*, Römische Geschichtsschreibung. Darmstadt 1998^{3}; *A. Mehl*, Römische Geschichtsschreibung: Grundlage und Entwicklung. Eine Einführung. Stuttgart u. a. 2001.

Sallust
V. Pöschl (Hg.), Sallust, WdF. Darmstadt 1981^{2}; *R. Syme*, Sallust. Darmstadt 1995 (Nachdruck); *K. Heldmann*, Sallust über die römische Weltherrschaft. Ein Geschichtsmodell im Catilina und seine Tradition in der hellenistischen Historiographie. Stuttgart–Leipzig 1993; *St. Schmal*, Sallust. Hildesheim 2001.

10. Cicero

Forschungsberichte: *P. L. Schmidt*, Cicero »De re publica«: Die Forschung der letzten fünf Dezennien. ANRW 1,4, 262–333; *W. Suerbaum*, Studienbibliographie zu Ciceros De re publica. Gymnasium 85, 1978, 59–88.
S. Mariotti (Hg.), Cicerone e lo stato: Atti del VII Colloquium Tullianum. Varsavia, 11–14 maggio 1989. Ciceroniana N. S. 7, 1990; *J. G. F. Powell* (Hg.), Cicero's Republic, Bulletin of the Institute of Classical Studies, University of London, Sup-

plement 76, 2001; *H. Strasburger*, Concordia ordinum. Eine Untersuchung zur Politik Ciceros. Borna 1931 (Nachdruck Amsterdam 1965); *E. Rawson*, The Interpretation of Cicero's ›De legibus‹. ANRW 1,4, 334–356; *G. Gottlieb*, Politische Theorie und politische Wirklichkeit. Dargestellt am Beispiel Cicero. Politische Studien 33, 1982, 281–296; *K. M. Girardet*, Die Ordnung der Welt. Ein Beitrag zur philosophischen und politischen Integration von Ciceros Schrift De legibus (Historia Einzelschrift 42). Wiesbaden 1983; *P. Weber-Schäfer*, Ciceros Staatstheorie und ihre Bedeutung für die moderne Politikwissenschaft. Gymnasium 90, 1983, 478–493; *L. Perelli*, Il pensiero politico di Cicerone: tra filosofia greca e idologia aristocratica romana. Florenz 1990; *J. L. Ferrary*, The Statesman and the Law in the Political Philosophy of Cicero, in: *A. Laks/M. Schofield* (Hgg.), Justice and Generosity, a. a. O. 48–73; *E. Lefèvre*, Panaitios' und Ciceros Pflichtenlehre: vom philosophischen Traktat zum politischen Lehrbuch (Historia Einzelschriften 150). Stuttgart 2001.

11. Der Prinzipat

R. Klein (Hg.), Prinzipat und Freiheit, WdF. Darmstadt 1969; *A. Wlosok* (Hg.), Römischer Kaiserkult, WdF. Darmstadt 1978; *W. Schmitthenner* (Hg.), Augustus, WdF. Darmstadt 1985^2; *C. Binder* (Hg.), Saeculum Augustum 1–3, WdF. Darmstadt 1987, 1988, 1991; *M. Clauss* (Hg.), Die römischen Kaiser. München 2001^2; *J. Béranger*, Récherches sur l'aspect idéologique du principat. Basel 1953; *F. Millar*, The Emperor in the Roman World (31 B. C. – A. D. 337). London 1977; *J. Bleicken*, Zum Regierungsstil des römischen Kaisers, Eine Antwort auf Fergus Millar. SB der Wiss. Ges. Frankfurt. Bd. 18,5. Wiesbaden 1982 (= id., Gesammelte Schriften. Stuttgart 1998 I 843–875); *A. Wallace-Hadrill*, The Emperor and his Virtues. Historia 30 (1981), 298–321; id., Civilis Princeps: Between Citizen and King. Journal of Roman Studies 72, 1982, 32–48; *H. Kloft*, Aspekte der Prinzipatsideologie im frühen Prinzipat. Gymnasium 91, 1984, 306–326; *K. Christ*, Geschichte der römischen Kaiserzeit. München 1995^3; id., Die römische Kaiserzeit. München 2001.

Tacitus

W. Suerbaum, Zweiundvierzig Jahre Tacitus-Forschung. Systematische Gesamtbibliographie zu Tacitus' Annalen 1939–1980. ANRW 2,33,2, 1032–1476; *H. W. Benario*, Six Years of Tacitean Studies. An analytic bibliography on the Annales (1981–1986). ANRW 2,32,2, 1477–1498; Forschungsbericht: *R. Hanslik*, Lustrum 16, 1971–72, 143–304; 17, 1973–74, 71–216.
V. Pöschl (Hg.), Tacitus, WdF. Darmstadt 1986^2; *M. P. Morford*, How Tacitus defined Liberty. ANRW 2,33,5, 3420–3450; *D. C. A. Shotter*, Tacitus' View of Emperors and the Principate. ANRW 2,33,5, 3263–3331.

Seneca

M. Fuhrmann, Die Alleinherrschaft und das Problem der Gerechtigkeit (Seneca de clementia). Gymnasium 70, 1963, 481–514 (in: Prinzipat und Freiheit, WdF a. a. O. 421–463); *E. Lefèvre*, Die politische Bedeutung der römischen Tragödie und Senecas Oedipus. ANRW 2,32,2, 1242–1262; *V. Sørensen*, Seneca. Ein Humanist an Neros Hof. München 1985^2; *M. Fuhrmann*, Seneca und Kaiser Nero. Eine Biographie. Berlin 1990; *H. Kloft*, Seneca und die Politik, in: *B. Kühnert/V. Rie-*

del/R. Gordesiani (Hgg.), Prinzipat und Kultur im 1. und 2. Jahrhundert. Bonn 1995; *B. Mortureux*, Les idéaux stoiciens et les premières responsabilités politiques: le »De Clementia«. ANRW 2,36,3, 1639–1685.

12. Spätantike und Christentum

Quellensammlungen: *V. Keil*, Quellensammlung zur Religionspolitik Konstantins des Großen. Darmstadt 1995^{2}; *P. Guyot/R. Klein*, Das frühe Christentum bis zum Ende der Verfolgungen. Eine Dokumentation. Darmstadt 1997^{2}; *A. D. Lee*, Pagans and Christians in Late Antiquity. A Sourcebook. London–New York 2000.
R. Klein (Hg.), Das frühe Christentum im römischen Staat, WdF. Darmstadt 1971; *A. Momigliano* (Hg.), The Conflict between Paganism and Christianity in the Fourth Century. Oxford 1963, Nachdruck 1970; *B. Kytzler* (Hg.), Rom als Idee, WdF. Darmstadt 1993; *R. v. Haehling* (Hg.), Rom und das himmlische Jerusalem. Die frühen Christen zwischen Anpassung und Ablehnung. Darmstadt 2000; *M. Labahn/J. Zangenberger* (Hgg.), Zwischen den Reichen: Neues Testament und Römische Herrschaft (Texte und Arbeiten zum neutestamentlichen Zeitalter 36). Tübingen 2001.
J. Geffcken, Der Ausgang des griechisch-römischen Heidentums. Heidelberg 1929, Nachdruck Darmstadt 1963; *E. Peterson*, Der Monotheismus als politisches Problem. Ein Beitrag zur Geschichte der politischen Theologie im Imperium Romanum. Leipzig 1935 (= id., Ausgewählte Schriften Bd. 1: Theologische Traktate. Würzburg 1994, 23–81); *O. Gigon*, Die antike Kultur und das Christentum. Gütersloh 1966; *F. Dvornik*, Early Christian and Byzantine Political Philosophy. Origins and Background. Bd. 2. Washington D. C. 1966; *I. Paschoud*, Roma aeterna. Études sur le patriotisme romain dans l'occident latin à l'époque des grandes invasions. Rom 1967; *F. Vittinghoff*, Zum geschichtlichen Selbstverständnis der Spätantike. Historische Zeitschrift 207, 1968, 529–574 (= id., Civitas Romana. Stadt und politisch-soziale Integration im Imperium Romanum der Kaiserzeit); *J. Wytzes*, Der letzte Kampf des Heidentums in Rom. Leiden 1977; *F. Klingner*, Römische Geisteswelt. Stuttgart 1984 (Nachdruck von 1965^{5}); *Ch. Gnilka*, Zur Rede der Roma bei Symmachus Rel. 3. Hermes 118, 1990, 464–470; *B. Colpe/L. Honnefelder/M. Lutz-Bachmann*, Spätantike und Christentum. Berlin 1992; *M. Fuhrmann*, Rom in der Spätantike. Portrait einer Epoche. München–Zürich 1994; *K. Rosen*, Fides contra dissimulationem: Ambrosius und Symmachus im Streit um den Victoriaaltar. Jahrbuch für Antike und Christentum 37, 1994, 29–36; *J. Taubes*, Die politische Theologie des Paulus. München 1995^{2}; *F. Winkelmann*, Geschichte des frühen Christentums. München 1996; *P. Brown*, Macht und Rhetorik in der Spätantike. Der Weg zu einem »christlichen Imperium«. München 1995 (dtv).

Kirchenväter
Bibliographia patristica, hrsg. *W. Schneemelcher*. Berlin 1959–1997; *B. Altaner/B. Stuiber*, Patrologie. Leben, Schriften und Lehre der Kirchenväter. Freiburg u. a. 1993 (Sonderausgabe); *S. Döpp/W. Geerlings* (Hgg.), Lexikon der antiken christlichen Literatur. Freiburg u. a. 2002^{3}. *E. Dassmann*, Kirchengeschichte. Ausbreitung, Leben und Lehre der Kirche in den ersten drei Jahrhunderten. Stuttgart u. a. 2000^{2}.

Augustinus
C. Andresen, Bibliographia Augustiniana. Darmstadt 1973²; *R. Lorenz*, Zwölf Jahre Augustinusforschung (1959–1970). Theologische Rundschau. N. F. 40, 1975, 107–123; Augustinus-Lexikon, hrsg. *C. Mayer.* Basel 1986 ff.; *H. Fuchs*, Augustin und der antike Friedensgedanke. Untersuchungen zum 19. Buch der Civitas dei. Berlin 1926 (Nachdruck Berlin–Zürich 1965); *R. A. Markus*, Saeculum. History and Society in the Theology of St. Augustine. Cambridge 1970; *O. Zwierlein*, Der Fall Roms im Spiegel der Kirchenväter. Zeitschrift für Papyrologie und Epigraphik 32, 1978, 45–80; *K. Thraede*, Das antike Rom in Augustins De civitate Dei. Recht und Grenzen eines verjährten Themas. Jahrbuch für Antike und Christentum 20, 1977, 90–148; *K. Flasch*, Augustin. Einführung in sein Denken. Stuttgart 1980; *J. von Oort*, Jerusalem and Babylon, A Study into Augustine's City of God and the Sources of his Doctrine of the Two Cities. Vigiliae Christianae Suppl. 14, 1991; *P. Brown*, Augustinus von Hippo. Eine Biographie, erw. Neuausgabe. München 2001 (dtv); *E. Dassmann*, Augustin. Heiliger und Kirchenlehrer. Stuttgart u. a. 1993.

Zu Teil II
Geschichte der politischen Ideen im Mittelalter

13. »Mittelalter« – Heilsgeschehen – Politik

J. H. J. van der Pot, De periodisering der geschiedenis. En overzicht der theorieën. s'Gravenhage 1951. – *R. Schmidt*, Aetates mundi. Zeitschrift für Kirchengeschichte 67 (1956), 288–317. – *A. D. von den Brincken*, Weltären. Archiv für Kulturgeschichte 39 (1957), 133–149.
Zu den Kapiteln 14 bis 22 vgl. die Gesamtdarstellung (mit ausführlichen Literaturangaben): Pipers Handbuch der politischen Ideen, hg. von *I. Fetscher* und *H. Münkler*, Bd. 2, Mittelalter: Von den Anfängen des Islams bis zur Reformation, München 1993.

14. Byzanz

D. M. Nicol, Byzantine political thought. In: *Burns* 1988 (zu Kap. 16), S. 51–79. – Die übersichtliche und eigenwillige Zusammenfassung von *Hélène Ahrweiler*, L'idéologie politique de l'Empire byzantin, Paris 1975 (Coll. SUP, L'Historien 20) ist nicht ohne Widerspruch geblieben; vgl. die Rezension von *H. V. Beyer* im Jahrbuch der österr. Byzantinistik 25 (1976) 286–290, und *J.-L. van Dieten*, Politische Ideologie und Niedergang im Byzanz der Palaiologen. In: Zs. f. hist. Forschung 6 (1979) 1–35. Die Standardwerke zur byz. Geschichte und Literatur: *G. Ostrogorsky*, Geschichte des byzantinischen Staates, München ³1963; *H.-G. Beck*, Kirche und theologische Literatur im Byzantinischen Reich, München 1959; *H. Hunger*, Die hochsprachliche profane Literatur der Byzantiner. 2 Bde., München 1978. Aus den Aufsatzsammlungen von *F. Dölger*, Byzanz und die europäische Staatenwelt, Ettal 1953, und *H.-G. Beck*, Ideen und Realitäten in Byzanz, London 1972, sind hier jeweils mehrere Aufsätze einschlägig. – *O. Treitinger*, Die oströmische Kaiser- und Reichsidee nach ihrer Gestaltung im höfischen Zeremoniell, Jena 1938 (Repr. Darmstadt 1956). – *H. Hunger* (Hg.), Das byzantinische Herrscherbild, WdF, Darmstadt 1975. – *H. G. Beck*, Theodoros Metochites, München 1952. – *F. Masai*, Pléthon et le platonisme de Mistra, Paris 1956. – *C. M. Woodhouse*, George Gemistos Plethon, the last of the Hellenes, Oxford 1986. – *W. Lettenbauer*, Moskau das Dritte Rom. Zur Geschichte einer politischen Theorie, München 1961.

15. Islam

Zum historischen Zusammenhang von *G. E. von Grunebaum*, Islam. In: Propyläen Weltgeschichte, hg. von *G. Mann* und *A. Nitschke*, Bd. 5, Wien 1963, 21–179. Eine anschauliche Einführung auch in das politische Denken bietet die kulturgeschichtliche Darstellung *desselben* Verfassers: Der Islam im Mittelalter, Zürich–Stuttgart 1963. – Meisterhafte Gesamtdarstellung: *E. I. J. Rosenthal*, Political Thought in Medieval Islam, Cambridge 1958. *A. Black*, The History of Islamic Political Thought, Edinburgh 2001. – Im einzelnen: Koran: *Rudi Paret*, Der Koran, Übersetzung Stuttgart 1968, Kommentar und Konkordanz ebd. 1971; dazu *ders.*, Mohammed und der Koran, Stuttgart ^{8}2001 (Urban TB 32). – Al Mawardi, Les statuts gouvernementaux, übers. von *E. Fagnan*, Algier 1915. – *I. Goldziher*, Die Streitschrift des Gazali gegen die Batinija-Sekte, Leiden 1916. – *Al-Farabi*, »Der Musterstaat«, übers. von *F. Dieterici*, Leiden 1900 (Hildesheim 1985), und »Die Staatsleitung«, Leiden 1904; Al-Farabi on the perfect state, hg. u. komm. von *Richard Walzer*, Oxford 1985. Dazu auch *T. Struve*, Die Entwicklung der organologischen Staatsauffassung im Mittelalter, Stuttgart 1978, 71–86. – Ibn Rushd: *E. I. J. Rosenthal*, Hg., Averroes' Commentary on Plato's ›Republic‹, hebr.-engl., Cambridge 1956. Ibn Chaldun: *E. Rosenthal,* Ibn Khalduns Gedanken über den Staat, München, phil. Diss. 1931. *P. von Sivers*, Khalifat, Königtum und Verfall, die politische Theorie Ibn Khalduns, München 1978. – *A. Al-Azmeh*, Ibn Khaldun, an essay in reinterpretation, London 1990.

16. Lateinisches »Mittelalter«

Eine Spezialbibliographie zur Geschichte des politischen Denkens im Mittelalter bietet für die Erscheinungsjahre 1956–1987 *J. Miethke*, Politische Theorien vom 5. bis 15. Jahrhundert. In: *G. Floistadt – R. Klibansky* (Hg.), Contemporary Philosophy. A new survey. Bd. VI, Dordrecht u. a. 1990, 837–882. Des weiteren sind die entsprechenden Abschnitte in den allgemeinen Bibliographien heranzuziehen: *Dahlmann-Waitz*, Quellenkunde zur deutschen Geschichte. 10. Aufl. Hg. von *H. Heimpel* u. *H. Geuss*, Bd. 1 ff., Stuttgart 1969 f., hier bes. Bd. 2, Abschnitt 39/1841–1943. Als laufende Bibliographie am vielseitigsten: Revue d'histoire ecclésiastique, Löwen. Das ausgehende Mittelalter ist in der Althusius-Bibliographie, hg. von *H. U. Scupin*

u. *U. Scheuner*, 2 Bde., Berlin 1973, berücksichtigt. Außerdem ist jeweils zu den Autoren das Lexikon des Mittelalters Bde. 1–9, München, Stuttgart 1980–1998 u. Stuttgart, Weimar 1999; in Geschichtliche Grundbegriffe, hg. von *O. Brunner, W. Conze, R. Koselleck*, 8 Bde., Stuttgart 1972–1997, zu den Begriffen »Herrschaft«, »Macht«, »Monarchie«, »Politik«, »Reich«, »Stand«, »Volk«.

Gesamtdarstellungen: Als ganze unentbehrlich, auch durch reiche Quellenzitate und gute Register wertvoll die monumentale Gesamtdarstellung der Gebrüder *R. W.* and *A. J. Carlyle*, A History of Medieval Political Theory in the West. 6 Bde., Edinburgh 1903–1936, Reprint 1962. – *E. Lewis*, Medieval Political Ideas, 2 Bde., London 1954. – *J. B. Morrall*, Political Thought in Medieval Times, London, [3]1971. – *W. Ullmann*, Medieval Political Thought. 1979 (Peregrine Books – Penguin Books); dazu von *dems.* die systematische Darstellung Principles of Government and Politics in the Middle Ages, London [2]1966 (zuerst 1961). – *J. H. Burns* (Hg.), The Cambridge History of Medieval Political Thought, c.350–c.1450, Cambridge 1988. – *J. Miethke*, Politische Theorien im Mittelalter. In: *J.-J. Lieber* (Hg.), Politische Theorien von der Antike bis zur Gegenwart, Bonn 1991, 47–156. *J. Canning*, A History of Medieval Political Thought 300–1450, London–New York 1996. Die folgenden Längsschnitte oder Aufsatzsammlungen sind heranzuziehen für die meisten oder sehr viele der Kapitel 17–20 bzw. ihrer Unterabschnitte und werden dort nur in Ausnahmefällen wieder genannt:

W. Berges, Die Fürstenspiegel des hohen und späten Mittelalters, Stuttgart 1938, Nachdruck 1952 (MGH-Schriften 2). – *Gerd Tellenbach*, Die westliche Kirche vom 10. bis zum frühen 12. Jahrhundert. In: *Bernd Moeller* (Hg.), Die Kirche in ihrer Geschichte, Bd. II, Lieferung F 1, Göttingen 1988. – *L. Buisson*, Potestas und Caritas. Die päpstliche Gewalt im Spätmittelalter, Köln–Graz 1958. – *J. Miethke*, De potestate papae (Spätmittelalter und Reformation, Neue Reihe 16). Tübingen 2000. – *J. Miethke / A. Bühler*, Kaiser und Papst im Konflikt. Zum Verhältnis von Staat und Kirche im späten Mittelalter, Düsseldorf 1988. – *A. Dempf*, Sacrum Imperium. Geschichts- und Staatsphilosophie des Mittelalters und der politischen Renaissance, Darmstadt [4]1973 (zuerst 1929). – *O. Gierke*, Das deutsche Genossenschaftsrecht, Bd. 3, Berlin 1881. – *A. Black*, Guilds and Civil Society in European Political Thought from the Twelfth Century to the Present, London 1984. – *W. Goez*, Translatio imperii, Tübingen 1958. – *Hasso Hofmann*, Repräsentation. Studien zur Wort- und Begriffsgeschichte von der Antike bis ins 19. Jhdt., Berlin 1974 (Schriften zur Verfassungsgeschichte 22). – *E. H. Kantorowicz*, The King's Two Bodies. A Study in Mediaeval Political Theology, Princeton 1957 (dt. München 1990). – *W. Kölmel*, Regimen christianum. Weg und Ergebnisse des Gewaltenverhältnisses und des Gewaltenverständnisses (8.–14. Jhdt.), Berlin 1970. – *G. de Lagarde*, La naissance de l'esprit laïque au déclin du moyen âge. 5 Bde., Louvain 1956–1970 (zuerst 1934–1946 in 6 Bdn.). –*H. A. Myers*, Medieval Kingship. Chicago 1982. – *H. Quaritsch*, Staat und Souveränität. Bd. 1: Die Grundlagen, Frankfurt/M. 1970. – *P. E. Schramm*, Kaiser, Könige und Päpste. 4 Bde. in 5, Stuttgart 1968–1971. – *P. E. Schramm*, Der König von Frankreich. 2 Bde., 2. verb. Aufl. Darmstadt 1960. – *B. Smalley* (Ed.), Trends in Medieval Political Thought, Oxford 1968. – *T. Struve*, Die Entwicklung der organologischen Staatsauffassung im Mittelalter, Stuttgart 1978. – *W. Stürner*, Peccatum et potestas. Der Sündenfall und die Entstehung der herrscherlichen Gewalt im mittelalterlichen Staatsdenken, Sigmaringen 1987. – *W. Ullmann*, Law and Politics in the Middle Ages, Cambridge 1975. –

W. Ullmann, Medieval Foundations of Renaissance Humanism, London 1977. – *D. Wyduckel*, Princeps Legibus Solutus. Eine Untersuchung zur frühmodernen Rechts- und Staatslehre, Berlin 1979 (Schriften zur Verfassungsgeschichte 30) mit sehr reichen Literaturangaben. – *J. Canning / O. G. Oexle*, Politisches Denken und die Wirklichkeit der Macht im Mittelalter (Veröff. des Max-Planck-Instituts für Geschichte 147), Göttingen 1998. – *Th. Stammen, G. Riescher, W. Hofmann*, Hauptwerke der politischen Theorie (Kröners Taschenausgabe 379), Stuttgart 1997.

17. Schriften, Quellen und Methoden politischen Denkens

Humanismus: Sprache und politische Pädagogik
K.-O. Apel, Die Idee der Sprache in der Tradition des Humanismus von Dante bis Vico, Bonn ^{4}1992. Mit einem völlig anderen, auf den Gegensatz von (menschlicher) Natur und Gnade projizierten Humanismus-Begriff operiert dagegen *W. Ullmann*, Medieval Foundations. – *P. O. Kristeller*, Humanismus und Renaissance, 2 Bde., München o. J. (UTB 914, 915). *E. Garin*, Geschichte und Dokumente der abendländischen Pädagogik I–II, Reinbek 1964–1966 (rde 205/06 und 250/51). *O. Herding*, Probleme des frühen Humanismus in Deutschland. In: Archiv f. Kulturgeschichte 38 (1956) 344–389.

Aristoteles-Rezeption
Die Forschungen Grabmanns sind grundlegend: *M. Grabmann*, Die Geschichte der scholastischen Methode. 2 Bde., Freiburg 1909–1911, Nachdruck Graz 1957; *ders.*, Die mittelalterlichen Kommentare zur Politik des Aristoteles, München 1941 (SB Bayer. Akad. Wiss., Phil.-hist. Abt. 1941 II, 10); *Chr. Flüeler*, Rezeption und Interpretation der aristotelischen »Politica« im späten Mittelalter, 2 Bde., Amsterdam–Philadelphia 1992. Die gesamte lat. Aristoteles-Kommentierung erfaßt *Ch. Lohr*, Medieval Latin Aristotle Commentaries. In: Traditio 20 (1967) 30 (1974); Latin Aristotle Commentaries Bde. 2–3, Firenze 1988–1995. Als Zusammenfassung der Umwälzungen des 13. Jhdts. am besten *G. de Lagarde*, La naissance Bd. 1 (1956) und Bd. 2 (1958). Für die Bedeutung bezüglich der Politikwissenschaft s. *Hans Maier*, Die Lehre von der Politik an den deutschen Universitäten vornehmlich vom 16. bis 18. Jhdt. In: *D. Oberndörfer* (Hg.), Wissenschaftliche Politik. Eine Einführung in Grundfragen ihrer Tradition und Theorie, Freiburg/Br. ^{2}1966, 59–116.

›Politik‹ und Rechtswissenschaft
P. Koschaker, Europa und das römische Recht, ^{4}1966. – *F. Wieacker*, Privatrechtsgeschichte der Neuzeit, Göttingen ^{2}1967 – *H. Coing*, Handbuch der Quellen und Literatur der neueren europäischen Privatrechtsgeschichte Bd. 1, München 1973, Einleitung 3–35. – *Ders.*, Römisches Recht in Deutschland, Mailand 1964 (Ius Romanum Medii Aevi V, 6). – *H. Krause*, Kaiserrecht und Rezeption, Heidelberg 1952 (Abh. Heidelberger Adad. Wiss., Phil.-hist. Kl. 1952, 1). – *H. E. Feine*, Kirchliche Rechtsgeschichte, Köln–Wien ^{5}1972. – *H. Fuhrmann*, Das Reformpapsttum und die Rechtswissenschaft. In: Investiturstreit und Reichsverfassung. Hg. von *J. Fleckenstein*, Sigmaringen 1973 (Vorträge und Forschungen 17) 175–203. – *S. Gagnér*, Studien zur Ideengeschichte der Gesetzgebung, Stockholm 1960. – *K. Pennington*, The prince and the Law 1200–1600. Berkeley 1993.

Herrscherethik und christliche Herrschertheologie
E. Ewig, Zum christlichen Königsgedanken im Frühmittelalter. In: Das Königtum. Hg. von *Th. Mayer*, Lindau–Konstanz 1956 (Vorträge und Forschungen 3) 7–73. – Standardwerk zur Herrscherethik: *H.-H. Anton*, Fürstenspiegel und Herrscherethos in der Karolingerzeit, Bonn 1968 (Bonner hist. Forschungen 32). – *Sibylle Mähl*, Quadriga virtutum. Die Kardinaltugenden in der Geistesgeschichte der Karolingerzeit, Köln–Wien 1969. – Über die Rolle der Bibel in der Auffassung vom Königtum s. die beiden Beiträge von *P. E. Schramm* und *W. Ullmann:* La Bibbia nell'alto medioevo, Spoleto 1963 (Settimane di Studio del Centro Italiano di Studi sull'alto medioevo X), 181–227, 229–255. – Das grundlegende Werk zu den Herrschaftszeichen: *P. E. Schramm*, Herrschaftszeichen und Staatssymbolik. 3 Bde., Stuttgart 1954–1956 (MGH-Schriften 13, I–III).

Genealogie und heidnische Theologie
Das Königtum (wie oben) mit den Beiträgen von *O. Höfler*, 75–104, und *W. Schlesinger*, 105–184. – *K. Hauck*, Lebensnormen und Kultmythen in germanischen Stammes- und Herrschergenealogien. In: Saeculum 6 (1955) 186–223; *ders.*, Von einer spätantiken Randkultur zum karolingischen Europa. In: Frühmittelalterliche Studien 1 (1967) 3–93. – *K. Schmid*, Geblüt, Herrschaft, Geschlechterbewußtsein. Grundfragen zum Verständnis des Adels im Mittelalter. Aus dem Nachlaß hg. von *D. Mertens* und *Th. Zotz* (Vorträge und Forschungen 44), Sigmaringen 1998.

18. Königtum vor dem Investiturstreit

Sakrales Königtum
Zur epochalen Bedeutung des päpstlich-fränkischen Bündnisses s. *K. Hauck*, Von einer späten Randkultur (wie oben zu ›Genealogie‹). Das Standardwerk zum Gottesgnadentum und zum Idoneitätsgedanken ist das Buch von *F. Kern*, Gottesgnadentum und Widerstandsrecht im früheren Mittelalter. Hg. von *R. Buchner*, Darmstadt [6]1973; die spätere Auslegung des Herrschaftswechsels durch das Kirchenrecht verfolgt die ausgezeichnete Arbeit von *Edward Peters*, The Shadow King. Rex inutilis in Medieval Law and Literature 751–1327. New Haven–London 1970. – Zum Kaisertum und seiner Begründung durch Karl: *G. Wolf*, Hg., Zum Kaisertum Karls d. Gr., WdF, Darmstadt 1972; *P. Classen*, Karl d. Gr., das Papsttum und Byzanz, Düsseldorf 1968 (erweiterte Separatausgabe aus Karl d. Gr. I, hg. von *H. Beumann*, ebd. 1965); *E. Eichmann*, Die Kaiserkrönung im Abendland. 2 Bde., Würzburg 1942. – *W. Ohnsorge*, Das Zweikaiserproblem im frühen Mittelalter, Hildesheim 1947; *ders.*, Abendland und Byzanz, Weimar 1958. – Zum Europa-Begriff im frühen Mittelalter s. *Jürgen Fischer*, Oriens – Occidens – Europa, Wiesbaden 1957.

Fürstenspiegel
Text der Via regia MPL 102, Sp. 931–970. Dazu das weit ausgreifende Buch von *O. Eberhard*, Via Regia, München 1977 (Münsterische Mittelalterschriften 28). Im übrigen *H.-H. Anton* (wie oben zu 17).

Liturgie
P. E. Schramm, Kaiser, Könige und Päpste, Bd. 3 (s. o.), 33 ff. mit dem Text des Ordo. – Zur Reichskrone *ders.*, Herrschaftszeichen, Bd. 2 (wie oben zu 17), 560–637 (*H. Decker-Hauff* und *P. E. S.*).

19. Kirchliche Weltverantwortung und päpstliche Primatsidee

Kirchliche Selbstverantwortung
Für das Verständnis des Investiturstreits und seiner Bedingungen unentbehrlich *G. Tellenbach,* Libertas. Kirche und Weltordnung im Zeitalter des Investiturstreits, Stuttgart 1936 (Nachdruck 1996). – Zur Herrscherethik der fränkischen Synoden s. *H.-H. Anton* (wie o. zu 17). – *L. Knabe.* Die gelasianische Zweigewaltentheorie bis zum Ende des Investiturstreits, Berlin 1936. – Zu Agobard: Texte MPL 104, MGH Epp. V. Lit.: *E. Boshof*, Erzbischof Agobard von Lyon, Köln–Wien 1969. – Hinkmar: De regis persona et ministerio MPL 125 Sp. 833–856. Als Gesamtdarstellung *J. Devisse*, Hincmar. Archevêque de Reims 845–882, 3 Bde., Genf 1975–1976.

Tyrannenspiegel
Textedition mit Übersetzung: *G. Goetz*, Hg., Attonis qui fertur Polipticum quod appellatur perpendiculum, Leipzig 1922 (Abh. Sächs. Akad. Wiss. 37, 2). Dazu *P. E. Schramm*, Kaiser, Könige und Päpste (wie oben zu 4), Bd. 3, 17–29. – *S. F. Wemple*, Atto of Vercelli, Rom 1979.

Kirchenreform
Zuvor *G. Tellenbach*, Libertas (wie oben). – Zu Ps.-Isidor *H. Fuhrmann*, Einfluß und Verbreitung der pseudoisidorischen Fälschungen, 3 Bde. Stuttgart 1972–1974 (MGH-Schriften 24,I–III); von *dems.* die Edition des Constitutum Constantini in den MGH Fontes iuris Germanici antiqui X, Hannover 1968. *Ders.*, Das frühmittelalterliche Papsttum und die Konstantinische Schenkung. In: Settimane di Studio del Centro Italiano di Studi sull'alto medioevo XX, Spoleto 1973, 257–292. Die Literatur zum Investiturstreit ist Legion; darum sei hier auf eine magistrale Darstellung, eine Übersicht über die Publizistik und einen neueren Aufsatz zur Einstellung der Reformer um Gregor mit einer ausführlichen und kritischen Literaturübersicht verwiesen. *Tellenbach*, Die westliche Kirche (wie oben zu 16); *C. Mirbt*, Die Publizistik im Zeitalter Gregors VII., Leipzig 1894, Nachdruck 1965; *H. Fuhrmann*, Über den Reformgeist der 74-Titel-Sammlung (Diversorum patrum sententiae). In: Festschrift H. Heimpel Bd. 2, Göttingen 1972, 1101 ff.; s. a. den Aufsatz *Fuhrmanns* oben zu 17 mit vorsichtigen, aber sicher zutreffenden Schlußfolgerungen.

Papsttum
Die wichtigsten Texte: Register Innozenz' III MPL 214–216. Regestum Innocenti III papae super negotio Romani imperii, hg. von *F. Kempf*, Rom 1947. – *F. Kempf*, Papsttum und Kaisertum bei Innozenz III., Rom 1954. – Hugo v. St. Viktor, De sacramentis christianae fidei MPL 176, Sp. 173–618, weitere Schriften MPL 175–177. – Bernhard v. Clairvaux, De consideratione, MPL 184, Sp.727–804, jetzt hg. v. *L. Lec-*

lercq u. a., S. Bernardi opera 3, Rom 1963. Deutsche Übers. von *J. H. Reinkens,* Papst und Papstthum ..., Münster 1870. – Zur Zweischwerterlehre: *W. Levison*, in: Deutsches Archiv 9 (1951), 14–42; *H. Hoffmann*, ebd. 20 (1964) 78–114; *A. Borst*, in: Staat und Kirche im Wandel der Jahrhunderte. Hg. von *W. P. Fuchs*, Stuttgart 1966, 34–52.

Hierokratische Weltverantwortung
Zur Hierokratie der Päpste grundlegend *M. Pacaut*, La théocratie. L'Eglise et le pouvoir au moyen âge, Paris 1957. *J. Miethke*, Geschichtsprozeß und zeitgenössisches Bewußtsein. Die Theorie des monarchischen Papats im hohen und späteren Mittelalter. In: Hist. Zs. 226 (1978) 564–599. Zu Innozenz IV. als Juristen: *J. A. Watt*, The theory of Papal Monarchy in the thirteenth century, London 1966 (= Traditio 20 [1964] 179–317).

20. Die weltliche Herrschaft und ihr Recht

Römisches Recht
S. oben zu 17; ferner bes. *E. H. Kantorowicz* (wie oben zu 16); *ders.*, Kaiser Friedrich der Zweite, 2 Bde., Berlin 1927–1931; *ders.*, Selected studies, New York 1965; bes. 151–166. *H. Wieruszowski*, Vom Imperium zum nationalen Königtum, München–Berlin 1933. *H. J. Kirfel*, Weltherrschaft und Bündnispolitik, Bonn 1959 (Bonner hist. Forschungen 12).

Rex Imperator
S. Mochi Onory, Fonti canonstiche dell'idea moderna dello Stato, Mailand 1951. – *F. Calasso*, I glossatori e la teoria della sovranità, Mailand ³1957. – *G. Post*, Studies in Medieval Legal Thought. Public Law and the State 1100–1322, Princeton 1964 (faßt wichtige frühere Arbeiten Posts zusammen). – *J. A. Watt*, The Theory of Papal Monarchy in the 13ᵗʰ Century. The Contribution of the Canonists. In: Traditio 20 (1964), 139–317. – Mit reichen Literaturangaben *H. G. Walther*, Imperiales Königtum, Konziliarismus und Volkssouveränität, München 1976. – *G. Tellenbach*, Vom Zusammenleben der abendländischen Völker im Mittelalter. In: Festschrift f. G. Ritter, Tübingen 1950, 1–60.

Königtum und Konsens
Zur Bedeutung des Lehnswesens für die Königsherrschaft sei hier nur auf die Standardwerke von *H. Mitteis*, Lehnrecht und Staatsgewalt, Weimar 1933 (Nachdrucke bis 1974), und Der Staat des hohen Mittelalters, Weimar 1948, verwiesen sowie an *W. Ullmann*, Principles (wie oben zu 16) erinnert. – Zu Beaumanoir: Die Coutumes sind hg. von *A. Salmon*, 2 Bde., Paris 1899–1900, Nachdruck Paris 1970, Bd. 3 (Kommentar von *G. Hubrecht*), Paris 1974. S. dazu *M. David*, La souverainité et les limites juridiques du pouvoir monarchique du 9' au 15' siècles, Paris 1954. – Bractons Werk De legibus et consuetudinibus Angliae libri V, hg. von *G. E. Woodbine*, 4 Bde., New Haven 1915–1942. Dazu *W. Fesefeldt*, Englische Staatstheorie des 13. Jhdts. Henry de Bracton und sein Werk, Göttingen 1962 (Göttinger Bausteine ... 33). Zur ständischen Repräsentation *H. Rausch*, Hg., Zur Theorie und Geschichte der Repräsentation und Repräsentativverfassung, WdF, Darmstadt 1968.

21. Philosophie und politische Theorie

Ethik und Seinsordnung

Text: Johannis Saresbariensis ... Policratici sive de nugis curialium et vestigiis philosophorum libri VIII. Ed. *C. C. I. Webb*, 2 Bde., Oxford 1909. *H. Liebeschütz*, Mediaeval humanism in the life and writings of John of Salisbury, London 1980 (um einen Beitrag von 1968 erweiterter Nachdruck der Auflage von 1950). *M. Kerner*, Johannes von Salisbury und die logische Struktur seines Policraticus. Wiesbaden 1977. *M. Wilks*, Tbe World of John of Salisbury Oxford 1984. – *P. v. Moos*, Geschichte als Topik, Hildesheim 1988.

Thomas von Aquin

Leicht verständlich geschriebene Einführungen in das Werk des Thomas: *M. Grabmann*, Thomas von Aquin, München ^{8}1949, und *J. Pieper*, Hinführung zu Thomas von Aquin, Freiburg 1967 (Herder TB 297). – Texte zur Politik hg. von *R. M. Spiazzi*: In decem libros Ethicorum Aristotelis ad Nicomachum expositio, Turin ^{2}1949; In octo libros Politicarum Aristotelis expositio, Turin 1951; De regno ad regem Cypri. Hg. von *H. F. Dondaine*, in: Opera omnia Bd. 42, Rom 1979. Ferner aus der Summa theologica bes. I^{a} II^{ae}, 90–114 (Über die Gesetze), in verschiedenen Ausgaben zugänglich, z. B. Turin 1948 ff. – Übersetzungen: Die deutsche Thomas-Ausgabe, hg. v. *H. Christmann*, 1934 ff., noch nicht abgeschlossen, daraus Bd. 13, 1977 (= I^{a} II^{ae}, 90–105: Das Gesetz). *F. Schreyvogel*, Ausgewählte Schriften zur Staats- und Wirtschaftslehre des Thomas von Aquino, Jena 1923. Daraus separat von *U. Matz* zum Abdruck gebracht: Thomas von Aquin, Über die Herrschaft der Fürsten, Stuttgart 1994 (Reclam Nr. 9326). – *M. Grabmann*, Studien über den Einfluß der aristotelischen Philosophie auf die mittelalterlichen Theorien über das Verhältnis von Kirche und Staat, München 1934 (SB Bayer. Akad. Wiss., phil.-hist. Abt. 1934, 2); diese Arbeit ist auch für die hier folgenden Kapitel wichtig. *A. P. Verpaalen*, Der Begriff des Gemeinwohls bei Thomas von Aquin, Heidelberg 1954 (Sammlung Politeia 6). *F. Faller*, Die rechtsphilosophische Begründung der gesellschaftlichen und staatlichen Autorität bei Thomas von Aquin, Heidelberg 1954 (Sammlung Politeia 5). *T. Struve* (wie o. zu 16), 149 ff. *Miethke*, De potestate papae (wie o. zu 16), 25 ff.

Umkämpfter Thomismus

Aegidius Romanus, De regimine principum, Rom 1607, Neudruck Aalen 1967; De ecclesiastica potestate. Hg. von *R. Scholz*, Weimar 1929, Neudruck Aalen 1961: Zu diesen Schriften vor allem *Berges* bzw. *Kölmel* (wie oben zu 16). Ferner *W. Ullmann*, Die Bulle Unam sanctam: Rückblick und Ausblick. In: Römische historische Mitteilungen 16 (1974) 45–77. – Johannes von Paris: *F. Bleienstein*, Johannes Quidort von Paris ›Über königliche und päpstliche Gewalt‹, Stuttgart 1969 (Textedition, Übers. und gute Einführung). *A. Podlech*, Die Herrschaftstheorie des Johannes von Paris. In: Der Staat 16 (1977), 465–492. – Vorzüglicher strukturierender Überblick: *J. Miethke*, Zeitbezug und Gegenwartsbewußtsein in der politischen Theorie der ersten Hälfte des 14. Jhdts. In: *A. Zimmermann* (Hg.), Antiqui und Moderni (Miscellanea Mediaevalia 5), Berlin–New York 1974, 262–292. – *Ders.*, Zur Bedeutung der Ekklesiologie für die politische Theorie im späteren Mittelalter. In: *A. Zimmermann* (Hg.), Soziale Ordnung im Selbstverständnis des

Mittelalters (Miscellanea Mediaevalia 12,2), Berlin–New York 1980, 369–388. – *Ders.*, Die Rolle der Bettelorden im Umbruch der politischen Theorie an der Wende zum 14. Jahrhundert. In: *K. Elm* (*Hg.*), Stellung und Wirksamkeit der Bettelorden in der städtischen Gesellschaft (Berliner Historische Studien 3), Berlin 1981, 119–153. – *Ders.*, Die Traktate »De potestate papae« – ein Typus politiktheoretischer Literatur im späteren Mittelalter. In: R. *Bultot / L. Genkot* (Hg.), Les genres littéraires dans les sources théologiques et philosophiques médiévales, Louvain 1982, 198–211. –*Ders.*, Politische Theorie in der Krise der Zeit. In: *Gert Melville* (Hg.), Institutionen und Geschichte, Köln u. a. 1992. 157–186.– *Ders.*, Das Publikum politischer Theorie im 14. Jahrhundert, München 1992. – Der weitere Zusammenhang ausführlich bei *M. Wilks*, The Problem of Sovereignty in the Later Middle Ages, Cambridge 1963. – *Heiner Bielefeldt*, Von der päpstlichen Universalherrschaft zur autonomen Bürgerrepublik. Aegidius Romanus, Johannes Quidort von Paris, Dante Alighieri und Marsilius von Padua im Vergleich. In: Zs. f. Rechtsgeschichte, Germanist. Abt. 73 (1987) 70–130. – Zu Wyclif, auf den hier aus systematischen Gründen verwiesen wird, vgl. *A. Kenny*, Wyclif, Oxford 1985.

Universalmonarchie
Bester Text: *P. G. Ricci*, Ed., Dante Alighieri, Monarchia, Mailand 1965 (Edizione Nazionale V). Lat.-dt. Studienausgabe hg. von *R. Imbach / Chr. Flüeler*, Stuttgart 1989 (Reclam Nr. 8531), mit philosophiehistorischer Einführung und ausgezeichnetem Literaturverzeichnis. *O. Herding*, Über Dantes Monarchia. In: *H. Grundmann / O. Herding / H. C. Peyer*, Dante und die Mächtigen seiner Zeit, München 1960, 37–57. – Über Vernani und mit Edition der Reprobatio: *Thomas Käppeli O. P.*, Der Dantegegner Guido Vernani O. P. von Rimini. Quellen u. Forschungen aus ital. Archiven u. Bibl. 28 (1937/38) 107–146 und: *N. Matteini*, Il più antico oppositore politico di Dante: Guido Vernani da Rimini, Padua 1958. – *F. Cheneval*, Die Rezeption der Monarchia Dantes bis zur Editio princeps im Jahre 1559, mit einer kritischen Ed. von Guido Vernanis Tractatus de potestate summi pontificis. (Humanistische Bibliothek 1, 47), München 1995.
Dubois: Textedition von *Ch.-V. Langlois*, Paris 1891 (Collection de Textes 9). Lit.: *O.-G. Oexle*, Utopisches Denken im Mittelalter: Pierre Dubois. In: Hist. Zs. 224 (1977) 293–339. – Engelbert: *M. Hamm*, Engelbert von Admont als Staatstheoretiker. In: Studien und Mitteilungen z. Gesch. des Benediktinerordens ... 85 (1974) 343–495.

22. Strukturen der Herrschaft

Marsilius von Padua
Kritische Ausgabe des Defensor pacis von *R. Scholz* (Fontes iuris Germanici VII), 2 Bde., Hannover 1932. Lat.-dte. Ausgabe von *H. Kusch*, 2 Bde., Berlin 1958. Dte. Auswahl, besorgt von *H. Rausch*, Stuttgart 1971 (Reclam Nr. 7964–66), mit guter und knapper Literaturauswahl. Ausgewogene Interpretation ebenfalls von *Rausch* in: *H. Maier* u. a., Klassiker der Politik I^{6}, 150 ff. Im Sinne des l'esprit laïque behandelt von *Lagarde* Bd. 3, 1970 (wie oben zu 16). Mit Betonung der Volkssouveränität *H. G. Walther* (wie oben zu 20). *J. Miethke*, Marsilius von Padua. In: *H. Boockmann* u. a. (Hg.), Lebenslehren und Weltentwürfe im Übergang vom Mittelalter zur Neu-

zeit (Abh. d. Akad. d. Wiss. in Göttingen, Phil.-Hist. Kl. III 179), Göttingen 1989, 52–76. – Marsilio da Padova, Convegno internazionale (Padova ... 1980). 2 Bde., Padova 1982 = Mediaevo 5 (1979), 6 (1980). – *M. Damiata*, Plenitudo potestatis e universitas civium in Marsilio di Padova, Firenze 1983. – Zum Konziliarismus s. den Sammelband mit ausführlicher Bibliographie hg. von *R. Bäumer*, Die Entwicklung des Konziliarismus, WdF, Darmstadt 1976.

Ockham
Texte: Guillelmi de Ockham Opera politica, 3 Bde., Manchester 1940/74–1963; Breviloquium de principatu tyrannico, hg. von R. *Scholz*, Leipzig 1944 und Stuttgart 1952. – Guillelmus de Ockham, Texte zur politischen Theorie: Exzerpte aus dem Dialogus. Lat./Deutsch, hg. von *J. Miethke*, Stuttgart 1995 (Reclam Nr. 9412). – *W. Kölmel*, Wilhelm Ockham und seine kirchenpolitischen Schriften. Essen 1962 (inhaltliche Analyse der einzelnen Schriften). Gesamtdarstellung *A. S. McGrade*, The Political Thought of William of Ockham, Cambridge 1974. *J. Miethke*, Ockhams Weg zur Sozialphilosophie, Berlin 1969. Texte zur politischen Theorie hg. von *J. Miethke*, Stuttgart 1995 (Reclam Nr. 9412). *Ders.*, Ockhams Theorie des politischen Handelns. In: *E. Mock* u. a. (Hg.), Rechts- und Sozialphilosophie des Mittelalters, Frankfurt/M. u. a. 1990, 103–114.

Bartolus
Bartolus, Opera omnia, 5 Bde., Basel 1588–1581. De regimine civitatis, u. a. ediert in: *D. Quaglioni*, Politica e diritto nel trecento italiano (Il pensiero politico. Biblioteca 11), Firenze 1983, Bd. 5, 417–421. Bartolo da Sassoferrato. Studi e documenti per il VI centenario, Università degli studi di Perugia. 2 Bde., Mailand 1962, bes. Bd. 2, 7–25 (*J. Baskiewicz*), 705–733 (*W. Ullmann*). – *Joseph Canning*, The Political Thought of Baldus de Ubaldis, Cambridge 1987. – *H. G. Walther*, in: *Stammen/Riescher/Hofmann*, Hauptwerke (wie oben zu 16) 52–54.

Basler Konzil
Dietrich von Niem, De modis uniendi et reformandi ecclesiam in concilio universali. Hg. von *H. Heimpel*, Leipzig 1933. Dazu *H. Heimpel*, Dietrich von Niem, Münster 1932. – Johannes de Segovia, Gesta concilii Basiliensis. In: Monumenta conciliorum generalium Seculi XV. Concilium Basiliense. 4 Bde. (hier Bd. 2 und 3), Wien–Basel 1857–1935. – Johannes de Torquemada (Turrecremata), Summa de ecclesia, Venedig 1561. – *J. Helmrath*, Das Basler Konzil 1431–1449. Forschungsstand und Probleme, Köln 1987, 408–491. Für die noch wenig erforschten Auseinandersetzungen sind die Arbeiten von *A. Black* grundlegend. Das Buch Monarchy and Community. Political Ideas in the Later Conciliar Controversy 1430–1450, Cambridge 1970, enthält im Anhang die wichtigsten Texte aus Segovias und Torquemadas Werken. Den wesentlichen Inhalt des Buches gibt schon der Aufsatz wieder, der in den Sammelband von *R. Bäumer* (Hg.), Die Entwicklung des Konziliarismus (s. oben zu 22), 295–328 aufgenommen ist. *A. Black*, Council and Commune. The conciliar movement and the fifteenth-century heritage, London 1979. – Zu Augustinus Triumphus *M. Wilks* (wie oben zu 21).

Spätmittelalterliche Reichstheorie
Enea Silvios Traktat mit Übers. *G. Kallen*, Aeneas Silvius Piccolomini als Publizist, Köln 1939 (Veröff. des Petrarca-Hauses I, 4). – Rosellis Monarchia bei *M. Goldast*, Hg., Monarchia Sacri Romani Imperii, Bd. 1, Hanau 1612, Nachdruck Graz 1960, 252–556. Dazu die ausgezeichnete Arbeit von *K. Eckermann*, Studien zur Geschichte des Monarchischen Gedankens im 15. Jhdt., Berlin 1933. – Alexander von Roes, Schriften, hgg. von *H. Grundmann* und *H. Heimpel*, Stuttgart 1958 (MGH-Staatsschriften I, 1), lat.-dte. Ausgabe von *denselben*, Weimar 1949 (Deutsches Mittelalter, Studientexte 4). Lit. *H. Heimpel*, Deutsches Mittelalter, Leipzig 1941, 74–104; *W. Mohr*, A. v. R. ..., in: Miscellanea Medieaevalia 5, Berlin 1968, 270–300. – Lupold: Straßburg 1508 u. ö., moderne Ausgabe wird von *J. Miethke* vorbereitet. Lit. *G: Barisch*, Lupold von Bebenburg. In: 113. Bericht des Historischen Vereins Bamberg, 1977, 219–432. Peter von Andlau, Kaiser und Reich (lat./dt.). Hg. von *Rainer A. Müller*. Frankfurt am Main 1998 (Bibliothek des deutschen Staatsdenkens 8). *H. Hürbin*, P. v. A., Straßburg 1897. Zu Theorie und Verfassungswirklichkeit: *E. Schubert*, König und Reich, Göttingen 1979.

Philosophie des Konsenses
Nicolaus Cusanus, De concordantia catholica libri III. Hg. v. *G. Kallen*, Hamburg 1959–1968 (Opera omnia XIV, 1–4). Zum Kusaner insgesamt *N. Grass*, Hg., Cusanus-Gedächtnisschrift, Innsbruck 1970. *P. E. jr. Siegmund*, Nicholas of Cusa and Medieval Political Thought, Cambridge, Mass. 1963. *G. Kallen*, Die politische Theorie im philosophischen System des Nikolaus von Kues. In: *Ders.*, Probleme der Rechtsordnung in Geschichte und Theorie, Köln 1965, 141–171 (Deutung der concordantia in Hinblick auf die späteren Schriften). *F. H. Schubert*, Die Reichstage in der Staatslehre der frühen Neuzeit, Göttingen 1966. *E. Meuthen*, Konsens bei Nikolaus von Kues und im Kirchenverständnis des 15. Jahrhunderts. In: Politik und Konfession, Festschr. Konrad Repgen. Hg. v. *D. Albrecht*, Berlin 1983, 11–29.

Monarchie, Staat, Nation
W. Mager, Zur Entstehung des modernen Staatsbegriffs, Wiesbaden 1968 (Abh. Akad. Wiss. u. Lit. Mainz, Geistes- u. sozialwiss. Kl. 1968, 9). – *W. Reinhard*, Geschichte der Staatsgewalt. München ^{3}2002. – *H. Münkler, H. Grünberger, K. Mayer*, Nationenbildung. Die Nationalisierung Europas im Diskurs humanistischer Intellektueller (Politische Ideen 8), Berlin 1998. – *G. Post*, Studies (wie oben zu 20).

23. Vergleichender Aspekt: Säkularisierung

A. Rauscher, Hg., Säkularisierung und Säkularisation vor 1800, München 1978, darin bes. *A. Baruzzi*, Zum Begriff und Problem »Säkularisierung«, 121–131. – *E. W. Böckenförde*, Die Entstehung des Staates als Vorgang der Säkularisation. In: *H. H. Schrey* (Hg.), Säkularisierung, WdF, Darmstadt 1981.

Zu Teil III
Vom italienischen Humanismus bis zum Vorabend der Französischen Revolution

24. Leitmotive politischen Denkens

Gesamtdarstellung der politischen Ideen dieses Zeitraums s. *Peter Nitschke*, Einführung in die politische Theorie der Prämoderne 1500–1800, Darmstadt 2000. – Handbuch: *Iring Fetscher, Herfried Münkler* (Hg.), Pipers Handbuch der politischen Ideen, Bd. 2 (Von den Anfängen des Islams bis zur Reformation, München 1993), Bd. 3 (Neuzeit: Von den Konfessionskriegen bis zur Aufklärung, München 1985), sowie eine ausgezeichnete Bibliographie mit dem irreführenden Titel: Althusius-Bibliographie. Bibliographie zur politischen Ideengeschichte des 16.–18. Jhs. Hg. *Hans Ulrich Scupin* und *Ulrich Scheuner*, 2 Bde., Berlin 1973, reicht bis 1972. Die wichtigste Spezialzeitschrift für den Zeitraum: Zeitschrift für historische Forschung, seit 1972, sowie ebenfalls seit 1972: Archiv für Reformationsgeschichte. Beiheft Literaturbericht, mit Fünfjahresregistern, aber nur bis 1648. Für Frankreich bemerkenswert, freilich allzu teleologisch: *Martin Göhring*, Weg und Sieg der modernen Staatsidee in Frankreich, Tübingen 1947.
Für das 16. Jh. gibt es zwei gute ältere Gesamtdarstellungen: *J. W Allen*, A history of political thought in the sixteenth century London [2]1928, 1957. *Pierre Mesnard*, L'essor de la philosophie politique au XVIe siècle, Paris [3]1935, 1969.

Für Kapitel 25 und 26 eine glänzende Zusammenfassung: *Quentin Skinner*, The foundations of modern political thought. Vol. I: The Renaissance, Cambridge 1978.

25. Analyse der wachsenden Staatsgewalt zu Beginn der Neuzeit

Zu den Florentiner Humanisten vor Machiavelli: *Walter Rothholz* (Hg.), Das politische Denken der Florentiner Humanisten, Kastelaun 1974. Zur politischen Umwelt und dem politischen Denken in Florenz in der Zeit Machiavellis und Guicciardinis: *Rudolf von Albertini*, Das florentinische Staatsbewußtsein im Übergang von der Republik zum Prinzipat, Bern 1955, von 1494 bis zum Prinzipat Cosimos I. Ebenfalls über Machiavelli hinausgreifend, mit dem Leitgedanken des Republikanismus, auch mit Bezug auf Venedig: *J. G. A. Pocock*, The Machiavellian moment. Florentine political thought and the Atlantic republican tradition, Princeton 1975.
Eine kritische Gesamtausgabe Machiavellis gibt es nicht, zu empfehlen: *Niccolò Machiavelli*, Opere. Hg. *Sergio Bertelli.* 8 Bde., Mailand 1960–1965, Bd. 1 enthält Principe und Discorsi. Deutsch: Principe, Discorsi (Auswahl), Geschichte von Florenz (Auswahl) und weitere Schriften bei *Herfried Münkler* (Hg.), Machiavelli. Politische Schriften, Frankfurt/M. 1991. Die italienische Standardinterpretation in deutscher Übersetzung: *Gennaro Sasso*, Niccolò Machiavelli, Geschichte seines

politischen Denkens, Stuttgart 1965. Weiter wichtig: *Herfried Münkler,* Machiavelli. Die Begründung des politischen Denkens der Neuzeit aus der Krise der Republik Florenz, TB Frankfurt/M. 1984 u. ö. *August Buck*, Machiavelli, Darmstadt 1985. *Maurizio Viroli*, Machiavelli, Oxford 1998.
Die Schriften *Francesco Guicciardinis* wurden von *Roberto Palmarocchi* in der Reihe »Scrittori d'Italia« herausgegeben, Storie fiorentine, Bari 1931, Dialogo e discorsi del reggimento di Firenze, Bari 1932, Scritti politici e Ricordi, Bari 1933. Eine eigenwillige deutsche Ausgabe der Ricordi: *Francesco Guicciardini*, Das politische Erbe der Renaissance (»Ricordi«). Hg. *Ernesto Grassi*, Bern 1946. Ansonsten sind *Albertini* und *Pocock* sowie der Sammelband: Francesco Guicciardini 1483–1983, Florenz 1984, heranzuziehen.
Zum Einfluß Machiavellis und dem damit verbundenen Problem der Staatsräson immer noch: *Friedrich Meinecke*, Die Idee der Staatsräson in der neueren Geschichte, München ³1963, dazu *Michael Stolleis*, Fr. Meineckes »Die Idee der Staatsräson« und die neuere Forschung. In: Fr. Meinecke heute, Berlin 1980, 46–66, und *ders.*, Arcana Imperii und Ratio Status. Bemerkungen zur politischen Theorie des frühen 17. Jahrhunderts, Göttingen 1980, *Herfried Münkler*, Im Namen des Staates. Staat und Staatsräson in der frühen Neuzeit, Frankfurt/M. 1990, ferner *Erwin Faul*, Der moderne Machiavellismus, Köln 1961, und: Staatsräson. Hg. *Roman Schnur*, Berlin 1975. Zum »Tacitismus«: *Kenneth C. Schellhase*, Tacitus in Renaissance' political thought, Chicago–London 1976. *Else-Lilly Etter*, Tacitus in der Geistesgeschichte des 16. und 17. Jhs., Basel–Stuttgart 1966. Englische Übersetzung von *Giovanni Botero*, The Reason of State. Hg. *P. J.* und *D. P. Waley*, New Haven 1956. *A. Enzo Baldini* (Hg.), Botero e la ragion di Stato, Florenz 1992 (englische und deutsche Beiträge). *Ders.* (Hg.), La ragion di stato dopo Meinecke e Croce, Genua 1999.
Zum politischen Denken in westeuropäischen Monarchien: *D. W. Hanson*, From Kingdom to commonwealth. The development of civic consciousness in English political thought, Cambridge/MA. 1970. *J. A. Fernandez-Santamaria*, The State, war, and peace. Spanish political thought in the Renaissance 1516–1559, Cambridge 1977. *Ders.*, Reason of State and Statecraft in Spanish Political Thought, 1595–1640, London 1983. *William F. Church*, Constitutional thought in 16th century France, Cambridge/MA. 1941. Eine kritische Ausgabe Commynes': *Philippe de Commynes*, Memoires. Hg. *J. Calmette.* 3 Bde., Paris 1924, Ndr. 1964–1965. Deutsch: *Philippe de Commynes*, Memoiren. Europa in der Krise zwischen Mittelalter und Neuzeit. Hg. *Fritz Ernst*, Stuttgart ²1972. Lehrreich, wenn auch nicht auf Ideengeschichte zugeschnitten: *Wolfgang J. Meyer*, Erlebte Geschichte. Möglichkeiten ihrer Darstellung am Beispiel der Memoiren von Philippe de Commynes, München 1977.

26. Humanistisches Reformprogramm und Utopie

Bis zum vollständigen Vorliegen der neuen Ausgabe der Werke des *Erasmus von Rotterdam*, Opera omnia, Amsterdam 1969ff., in der inzwischen in Bd. IV–I (1974) die »Institutio« und in Bd. IV–2 (1977) die »Querela« vorliegen, Hg. *Otto Herding*, ist noch die alte Gesamtausgabe Opera omnia. Hg. *J. Clericus* (= Leclerc). 11 Bde., Leiden 1703–1706, Ndr. Hildesheim 1961–1962, zu benutzen. »Institutio« und

»Querela« in: *Erasmus von Rotterdam*, Ausgewählte Schriften. Lateinisch und deutsch, Bd. 5, Darmstadt 1968. Die wichtigsten Untersuchungen: *Ferdinand Geldner*, Die Staatsauffassung und Fürstenlehre des Erasmus von Rotterdam, Berlin 1930. *Eberhard von Koerber*, Die Staatstheorie des Erasmus von Rotterdam, Berlin 1967. *Otto Schottenloher*, Erasmus und die Respublica christiana. In: Historische Zeitschrift 210 (1970) 295–323. *August Buck* (Hg.), Erasmus und Europa, Wiesbaden 1988.
Thomas Morus, Utopia. Hg. *E. Surtz* und *H. H. Hexter* (Complete Works Bd. 4), New Haven 1965, kritische Ausgabe mit instruktiver Einleitung der Hg. Deutsch: *Thomas Morus*, Utopia. Hg. *Gerhard Ritter* und *Eberhard Jäckel*, Stuttgart (Reclam) ²1970, sowie zusammen mit weiteren utopischen Texten in: Der utopische Staat. *Morus*, Utopia, *Campanella*, Sonnenstaat, *Bacon*, Neu-Atlantis. Hg. *Klaus J. Heinisch*, Reinbek 1960. *Albert J. Geritz*, Thomas More. An Annotated Bibliography of Criticism, 1935–1997, Westport 1998. Biographie: *Peter Ackroyd*, The Life of Thomas More, London 1998. Zur Einführung in die Quellen- und Interpretationsprobleme nützlich: *Hans Süßmuth*, Studien zur Utopia des Thomas Morus, Münster 1967; zur Rezeption *Jenny Kreyssig*, Die Utopia des Thomas Morus. Studien zur Rezeptionsgeschichte und zum Bedeutungskontext, Frankfurt/M. 1988.
Zur Entwicklung der Utopie: *Richard C. S. Trahair*, Utopias and Utopians: an Historical Dictionary, London 1999. *Richard Saage*, Utopieforschung, Darmstadt 1997. *Ders.* Politische Utopien der Neuzeit, Bochum 2000. *Ders.*, Utopische Profile I: Renaissance und Reformation, II: Aufklärung und Absolutismus, Münster 2001–02. *Sabine Rahmsdorf*, Stadt und Architektur in der literarischen Utopie der frühen Neuzeit, Heidelberg 1999. *Stephan Meyer*, Die antiutopische Tradition, Frankfurt/M. 2001.

Zu Kapitel 27 und teilweise auch Kapitel 28 und 29 zusammenfassend: *Quentin Skinner*, The foundations of modern political thought. Vol. II: The age of Reformation, Cambridge 1978.

27. Reformation zwischen Obrigkeit und Widerstand

Die beiden wichtigsten Schriften *Luthers* »Von weltlicher Obrigkeit« und »Ob Kriegsleut …« finden sich in der maßgebenden Weimarer Ausgabe in Bd. 11 der Werke (= WA) sowie der Studienausgabe *Luthers* Werke in Auswahl. Hg. *Otto Clemen*. Bd. 2 und Bd. 3, Berlin ⁶1966–1967. In modernisierter Fassung in: *Martin Luther*, Von weltlicher Obrigkeit (Calwer Luther-Ausgabe Bd. 4), Hamburg (Siebenstern TB) ³1979. Den besten Zugang zur wissenschaftlichen Diskussion bieten zwei Sammelbände: Reich Gottes und Welt. Die Lehre Luthers von den zwei Reichen. Hg. *Heinz-Horst Schrey*, Darmstadt 1969. Luther und die Obrigkeit. Hg. *Günther Wolf*, Darmstadt 1972. Dazu das informative theologische Monumentalwerk: *Ulrich Duchrow*, Christenheit und Weltverantwortung. Traditionsgeschichte und systematische Struktur der Zweireichelehre, Stuttgart 1970.
Für Melanchthon, Zwingli und Bucer gibt es keine geeignete moderne Gesamtdarstellung der politischen Ideen. Vgl. aber *Marijn de Kroon*, Studien zu Martin Bucers Obrigkeitsverständnis, Gütersloh 1984.

Calvins Institutio deutsch: *Johannes Calvin*, Unterricht in der christlichen Religion. Hg. *O. Weber*, Neukirchen ²1963. Klassische, wenn auch nicht mehr erschöpfende Darstellungen: *Josef Bohatec*, Calvins Lehre von Staat und Kirche mit besonderer Berücksichtigung des Organismusdenkens, Breslau 1937, Ndr. Aalen 1961. *Wilhelm Niesel*, Die Theologie Calvins, München ²1957. Dazu: *Ralph C. Hancock*, Calvin and the Foundation of Modern Politics, Ithaca 1989. *Max Engammare*, Calvin monarchomaque?, in: Archiv für Reformationsgeschichte 89 (1998) 207–226. *William R. Stevenson*, Sovereign Grace: the Place and Significance of Christian Freedom in John Calvin's Political Thought, New York 1999.
Zum Problem des Widerstandsrechts allgemein: Widerstand gegen die Staatsgewalt. Dokumente der Jahrtausende. Hg. *Fritz Bauer*, Frankfurt/M. 1965. *O. Jászi, J. D. Lewis*, Against the tyrant. The tradition and theory of tyrannicide, Glencoe 1957. Widerstandsrecht. Hg. *Arthur Kaufmann* und *Leonhard E. Backmann*, Darmstadt 1972. Deutschland: *Tobias Quilisch*, Das Widerstandsrecht und die Idee des religiösen Bundes bei Thomas Müntzer, Berlin 1999. Das Widerstandsrecht als Problem der deutschen Protestanten 1523–1546. Hg. *Heinz Scheible*, Gütersloh 1969, Quellentexte. *Eike Wolgast*, Die Wittenberger Theologie und die Politik der evangelischen Stände. Studien zu Luthers Gutachten in politischen Fragen, Gütersloh 1977. *Ders.*, Die Religionsfrage als Problem des Widerstandsrechts im 16. Jahrhundert, Heidelberg 1980 (Sitzungsber. d. Heidelberger Ak. d. Wiss., Phil.-Hist. Klasse 1980, 9). *Tilman Peter Koops*, Die Lehre vom Widerstandsrecht des Volkes gegen die weltliche Obrigkeit in der lutherischen Theologie des 16. und 17. Jhs. Diss. phil., Kiel 1968. Frankreich: *Théodore de Bèze*, Du droit des Magistrats. Hg. *Robert M. Kingdon*, Genf 1970, sowie die deutsche Ausgabe der drei Hauptschriften mit guter Einleitung: *Beza*, *Brutus*, *Hotman*, Calvinistische Monarchomachen. Hg. *Jürgen Dennert*, Köln–Opladen 1968. Dazu: *Günter Stricker*, Das politische Denken der Monarchomachen, Diss. phil. Heidelberg 1967. *Stefan Bildheim*, Calvinistische Staatstheorien. Historische Fallstudien zur Präsenz monarchomachischer Denkstrukturen im Mitteleuropa der Frühen Neuzeit, Frankfurt/M. 2001.

28. Katholiken zwischen Monarchie, Volkssouveränität und Völkerrecht

Eine Gesamtdarstellung für das altgläubige politische Denken existiert nicht, vgl. aber: *Eckehard Quin*, Personenrechte und Widerstandsrecht in der katholischen Widerstandslehre Frankreichs und Spaniens um 1600, Berlin 1999, sowie: *Bernice Hamilton*, Political thought in 16th century Spain. A study of the political ideas of Vitoria, De Soto, Suárez and Molina, Oxford 1963. Lateinisch-spanische Gesamtausgabe Vitorias: Obras de *Francisco de Vitoria.* Relecciones teológicas, Madrid 1960. Deutsch: Die Grundsätze des Staats- und Völkerrechts bei *Francisco de Vitoria.* Hg. *Antonio Truyol y Serra*, Zürich ²1957. *Francisco de Vitoria*, Vorlesungen I–II, Stuttgart 1995–97. Weitere Texte und Angaben zu Spanien bei *Reibstein*, Völkerrecht, in den unten genannten Werken zu *Althusius* und bei *Voigt*, Herrschaftsvertrag.
Wichtiges Liga-Pamphlet: *François Cromé*, Le dialogue d'entre le Maheustre et le Manant. Hg. *Peter Ascoli*, Genf 1978.
Franz Xaver Arnold, Die Staatslehre des Kardinals Bellarmin, München 1934, ist

nicht mehr auf der Höhe der Forschung. Zu den spanischen Jesuiten Mariana und Suárez: *Guenter Lewy*, Constitutionalisms and Statecraft during the Golden Age of Spain: a study of the political philosophy of Juan de Mariana, S. J., Genf 1960. *Francisco Suárez*, De legibus. Hg. *E. Elorduy* u. a. 6 Bde., Madrid 1971–1977. Die »Defensio fidei« in Bd. 24 der Gesamtausgabe von *L. Vives*, Paris 1856–1861. Deutsch wenigstens ein wichtiger Teilaspekt: *Francisco Suárez*, Ausgewählte Texte zum Völkerrecht. Lateinisch und deutsch. Hg. *J. de Vries* (Die Klassiker des Völkerrechts Bd. 4), Tübingen 1965. *Josef Soder*, Francisco Suárez und das Völkerrecht. Grundgedanken zu Staat, Recht und internationalen Beziehungen, Frankfurt/M. 1973. *Reijo Wilenius*, The social and political theory of Francisco Suárez, Helsinki 1963.

29. Politische Integration gegen religiöse Desintegration

Von Modrzewksi besitzen wir eine kritische Ausgabe: *Andreae Fricii Modrevii* Opera Omnia. Bd. 1: Commentariorum de Republica emendanda libri quinque. Hg. *Kasimir Kumaniecki*, Warschau 1953, aber nur eine altertümliche Übersetzung aus dem 16. Jh. durch den Basler *Wolfgang Wissenburg* unter dem Titel »Von Verbesserung des gemeinen Nütz« (1557). Eine bequeme Einführung ist möglich durch: *Aleksander Luczak*, Die Staats- und Rechtslehre des polnischen Renaissancedenkers Andrzei Frycz Modrzewski (Andreas Fricius Modrevius), Zürich 1966. Zum Umfeld *Mieczyslaw Markowski*, Der polnische königliche Hof und der Absolutismus in De republica emendanda von Andrzei Modrzewski. In: Daphnis 11 (1982) 145–166. *Tadeusz Wyrwa*, La pensée politique polonaise à l'époque de l'humanisme et de la renaissance, Paris 1978.
In das Denken der französischen »Politiker« führt knapp, aber instruktiv ein: *Roman Schnur*, Die französischen Juristen im konfessionellen Bürgerkrieg des 16. Jhs. Ein Beitrag zur Entstehungsgeschichte des modernen Staates, Berlin 1962. Zeitgenössische Ausgabe letzter Hand der politischen Hauptschrift Bodins: *Jean Bodin*, Les six livres de la République. 1583, Ndr.: Aalen 1961. Deutsch *Jean Bodin*, Sechs Bücher über den Staat, übersetzt von *Bernd Wimmer*, München 1981–1986. Eine geschickte Auswahlausgabe in deutscher Übersetzung: *Jean Bodin*, Über den Staat. Hg. *Gottfried Niedhart*, Stuttgart (Reclam) 1975. Die derzeit beste deutsche Darstellung aus juristischer Sicht in: *Helmut Quaritsch*, Staat und Souveränität. Bd. 1: Die Grundlagen, Frankfurt/M. 1971. Die Breite des Forschungsstandes zu den verschiedenen Aspekten Bodins in den Beiträgen zu: Jean Bodin. Verhandlungen der internationalen Bodin-Tagung in München. Hg. *Horst Denzer*, München 1973, mit einer guten Bodin-Bibliographie. Brauchbare Zusammenfassung: *Gerd Treffer*, Jean Bodin. Zum Versuch einer juridisch-philosophischen Bewältigung des religiösen Bürgerkrieges in Frankreich, München 1977. Zuletzt: Actes du colloque international Jean Bodin, Angers 1985.
Von Bodin, *Lipsius*, anderen Theoretikern des ausgehenden 16. Jhs., vor allem aber ihrer Verbindung zur politischen Praxis handelt: *Ernst Hinrichs*, Fürstenlehre und politisches Handeln im Frankreich Heinrichs IV. Untersuchungen über die politischen Denk- und Handlungsformen im Späthumanismus, Göttingen 1969. Zu Justus Lipsius, dem Neustoizismus und dessen Einfluß auf das politische Denken: *Gerhard Oestreich*, Antiker Geist und moderner Staat bei Justus Lipsius

(1547–1606). Der Neustoizismus als politische Bewegung, Göttingen 1989. *Günter Abel*, Stoizismus und Frühe Neuzeit. Zur Entstehungsgeschichte modernen Denkens im Feld von Ethik und Politik, Berlin 1978. *Gerhard Oestreich*, Calvinismus, Neustoizismus und Preußentum. Eine Skizze. In: Jahrbuch für Geschichte Mittel- und Ostdeutschlands 5 (1956) 157–181. *Karl Siedschlag*, Der Einfluß der niederländisch-neustoischen Ethik in der politischen Theorie zur Zeit Sullys und Richelieus, Berlin 1978.
Die kritische Ausgabe des Hauptwerkes von *Hugo Grotius*, De iure belli ac pacis. Hg. *B. J. A. de Kanter van Hettinga Tromp*, Leiden 1939. Deutsche Übersetzung: *Hugo Grotius*, Vom Recht des Krieges und des Friedens (1625). Hg. *Walter Schätzel* (Klassiker des Völkerrechts Bd. 1), Tübingen 1950. Eine neuere deutsche Gesamtdarstellung gibt es nicht, zur Einführung geeignet die Beiträge in *Hans Maier* (Hg.), Klassiker, in *Michael Stolleis* (Hg.), Staatsdenker im 17. und 18. Jh. Reichspublizistik, Politik, Naturrecht, Frankfurt/M. 1977 und: Hugo Grotius, a great European, 1583–1645, Delft 1983. Zu den Niederlanden außerdem Bibliography of Dutch Seventeenth Century Political Thought. An Annotated Inventory, 1581–1710, Amsterdam–Maarssen 1987. *Eco O. Haitsma Mulier*, The myth of Venice and Dutch republican thought in the seventeenth century, Assen 1980. *Heinz Schilling*, Der libertär-radikale Republikanismus der holländischen Regenten. In: Geschichte und Gesellschaft 10 (1984) 498–533. Nicht unproblematisch *Richard Saage*, Herrschaft, Toleranz, Widerstand. Studien zur politischen Theorie der niederländischen und der englischen Revolution, Frankfurt/M. 1981.
Zu Absolutismus und Staatsraison in Frankreich Ende des 16. und Anfang des 17. Jhs. neben *Meinecke*, *Hinrichs* und *Siedschlag: Rudolf von Albertini.* Das politische Denken in Frankreich zur Zeit Richelieus, Marburg 1951. *Etienne Thuau*, Raison d'État et pensée politique à l'époque de Richelieu, Paris 1966. *William F. Church*, Richelieu and reason of state, Princeton 1972. *Jean-Louis Thireau*, Les idées politiques de Louis XIV, Paris 1973. Zur parallelen »Bekehrung zum Absolutismus« bei Calvinisten und Katholiken: *Hartmut Kretzer*, Calvinismus und französische Monarchie im 17. Jh., Berlin 1975, und *Ernst Albert Seils*, Die Staatslehre des Jesuiten *Adam Contzen*, Beichtvater Kurfürst Maximilians I. von Bayern, Lübeck 1968.
Vom Hauptwerk des *Althusius*, das zwischen den Monarchomachen und dem 17. Jh. vermittelt, besitzen wir keine kritische Ausgabe. Zu benutzen: Johannes Althusii Politica methodice digesta, Herborn ^{3}1614, Ndr. Aalen 1961. Eine deutsche Gesamtübersetzung existiert nicht, aber eine gekürzte englische Übertragung: The Politics of Johannes Althusius. Hg. *F. S. Carney* und *C. J. Friedrich*, Boston 1964/London 1965. Außerdem bietet *Carl J. Friedrich*, Die politische Wissenschaft, München 1961, 97–129, einige wichtige Passagen in deutscher Übersetzung. Dazu Untersuchungen mit unterschiedlicher Beurteilung: *Carl J. Friedrich*, Johannes Althusius und sein Werk im Rahmen der Entwicklung der Theorie von der Politik, Berlin 1975. *Ernst Reibstein*, Johannes Althusius als Fortsetzer der Schule von Salamanca. Karlsruhe 1955. *Peter Jochen Winters*, Die »Politik« des Johannes Althusius und ihre zeitgenössischen Quellen, Freiburg/Br. 1963. *Karl-Wilhelm Dahm* u. a. (Hg.), Politische Theorie des Johannes Althusius, Berlin 1988.
Michael Stolleis, Geschichte des öffentlichen Rechts in Deutschland, Bd. 1: Reichspublizistik und Polizeiwissenschaft, München 1988, sowie dessen oben genannte Sammlung wichtig für die Reichsverfassung, ferner: *Friedrich Hermann*

Schubert, Die deutschen Reichstage in der Staatslehre der frühen Neuzeit, Göttingen 1966. Ergänzend *Bernd Roeck*, Reichsherkommen und Reichssystem. Die Diskussion über die Staatlichkeit des Reiches in der politischen Publizistik des 17. und 18. Jahrhunderts, Wiesbaden 1984. *Horst Dreitzel*, Monarchiebegriffe in der Fürstengesellschaft. Semantik und Theorie der Einherrschaft in Deutschland von der Reformation bis zum Vormärz, Köln 1991. Die bekannteste Quellenschrift: *Samuel Pufendorf*, Die Verfassung des deutschen Reiches. Hg. *Horst Denzer*, Stuttgart (Reclam) 1976. *Armin Augat*, Die Aufnahme der Lehre Samuel von Pufendorfs in das Recht der Vereinigten Staaten von Amerika, Kiel 1985. Zur Herrschaftslehre *Wolfgang Weber*, Prudentia gubernatoria. Studien zur Herrschaftslehre in der deutschen politischen Wissenschaft des 17. Jahrhunderts, Tübingen 1992. *Hans Maier/Michael Stolleis* (Hg.), Bibliothek des deutschen Staatsdenkens, Frankfurt/M. 1994ff., enthält Texte von Pufendorf, Heineccius, Conring u. a.

30. Englische Revolutionen und Reflexionen

Für England im 16. Jh. siehe *Allen*, *Hanson* und *Whitney R. D. Jones*, The Tudor Commonwealth, 1529–1559, London 1970. Für die frühe Stuart-Zeit: *John W. Allen*, English political thought, 1603–1660. Vol. I: 1603–1644, London 1938, mehr nicht erschienen. Zu der Auseinandersetzung um die Monarchie: *Robert Eccleshall*, Order and reason in politics. Theories of absolute and limited monarchy in early modern England, London 1978. Der König als Theoretiker: *King James VI and I*, Political Writings, Cambridge 1994. Da praktische Verfassungsfragen eine große Rolle spielen, empfiehlt sich die Benutzung der Quellenauswahl: *J. P. Kenyon* (Hg.), The Stuart Constitution. Documents and commentary, Cambridge 1966. Einflüsse aus Frankreich: *J. H. M. Salmon*, The French religious wars in English political thought, London 1959, und: *Ulrike Krautheim*, Die Souveränitätskonzeption in den englischen Verfassungskonflikten des 17. Jhs. Eine Studie zur Rezeption der Lehre Bodins … Bern–Frankfurt/M. 1977. Zum einflußreichsten »Common Lawyer« der Opposition: *Stephen D. White*, Sir Edward Coke and »The Grievances of the Commonwealth«, Chapel Hill 1979.
Für die erste Revolution: *Perez Zagorin*. A history of political thought in the English revolution, London 1954. *Stephen Baskerville*, Not Peace but Sword. The Political Theology of the English Revolution, London 1993. *Michael Mendle*, Henry Parker and the English Civil War, Cambridge 1995. Die wichtigsten Dokumente der Verfassungsentwicklung: *Samuel R. Gardiner* (Hg.), The constitutional documents of the Puritan revolution, 1625–1660, Oxford ^{3}1906, Ndr. Oxford 1968, und der Publizistik: *W. Haller* (Hg.), Tracts on liberty in the Puritan Revolution, 1638–1647. 2 Bde. in 3 Teilen, New York 1934, Ndr. London 1965. Für die republikanische Strömung und den Venedig-Mythos: *Zera S. Fink*, The classical republicans. An essay in the recovery of a pattern of thought in 17th century England, Evanston 1945. Zu dem als politischer Schriftsteller höchst einflußreichen Dichter *Milton*: *Don M. Wolfe*, Milton in the Puritan Revolution, New York 1941. *William R. Parker*, Milton. A biography. 2 Bde., Oxford 1968, dagegen: *Christopher Hill*, Milton and the English Revolution, London 1977.
Zu der radikalen Gruppe der sog. *Levellers*: *Andrew Sharp* (Hg.), The English Levellers, Cambridge 1998. *Richard L. Greaves*, *Robert Zaller* (Hg.), Biographical

Dictionary of the British Radicals in the seventeenth century, Brighton 1983. Quellenausgaben: The Levellers tracts, 1647–1653. Hg. *William Haller* und *Godfrey Davies*, New York 1944. Leveller manifestoes of the Puritan revolution. Hg. *Don M. Wolfe*, New York 1944, Ndr. London 1967. Darstellung: *Henry N. Brailsford*, The Levellers and the English Revolution, Stanford 1961. *Michael Mendle*, The Putney Debates of 1647. The Army, the Levellers, and the English State, Cambridge 2001. *Manfred Brocker*, Die Grundlegung des liberalen Verfassungsstaates von den Levellern zu John Locke, Freiburg 1995. Zum Führer der Extremistengruppe der *Diggers*: *Gerrard Winstanley*, The Law of Freedom and other writings. Hg. *Christopher Hill*, Harmondsworth (Penguin) 1973. *Gerrard Winstanley*, Gleichheit im Reiche der Freiheit. Sozialphilosophische Pamphlete und Traktate, Frankfurt/M. 1991. Dazu kritisch: *L. Mulligan* u. a., Winstanley: a case for the man as he said he was. In: Journal of Ecclesiastical History 28 (1977) 57–75. Die englischen Radikalen wurden bei der europäischen Linken populär gemacht durch: *Eduard Bernstein*, Sozialismus und Demokratie in der großen englischen Revolution, Stuttgart [4]1922, Ndr. Berlin 1974, zuerst 1895 als fünfter Abschnitt von »Die Vorläufer des neueren Sozialismus« in *Eduard Bernstein* und *Karl Kautsky*, Geschichte des Sozialismus in Einzeldarstellungen. Bd. 1. Die Ausgabe von 1922 wurde 1930 ins Englische übersetzt und 1963 neu aufgelegt. Ein deutscher Beitrag: *Hans-Christoph Schröder*, Die Levellers und das Problem der Republik in der Englischen Revolution. In: Geschichte und Gesellschaft 10 (1984) 461–497. Daß Common-Law-Interessen und volkstümliche Freiheitsvorstellungen nicht identisch waren, ergibt sich auch aus: *Donald Veall*, The popular movement for law reform, 1640–1660, Oxford 1970.

Eher längerfristig einflußreich war auch der eigenwillige Republikaner *Harrington*, vgl. *Fink* und: The political works of *James Harrington*. Hg. *J. G. A. Pocock*, London 1977. *Alois Riklin*, Die Republik von James Harrington 1656, Bern/Wien 1999.

Neben der unabgeschlossenen Clarendon-Edition der Werke des *Thomas Hobbes* die unvollständige ältere Gesamtausgabe: *Thomas Hobbes* Malmesburiensis Opera philosophica quae latine scripsit. Hg. *William Molesworth*. 5 Bde., London 1839–1845, The English Works of *Thomas Hobbes* of Malmesbury. *William Molesworth*. 11 Bde., London 1839–1845, beide Ndr. Aalen 1966. Das englische Hauptwerk: *Thomas Hobbes*, Leviathan. Hg. *Crawford B. MacPherson*, Harmondsworth (Penguin) 1968. Politische Schriften in deutscher Übersetzung: *Thomas Hobbes*, Naturrecht und allgemeines Staatsrecht in den Anfangsgründen (= The Elements of Law). Hg. *Ferdinand Tönnies*, Berlin 1926, Neudruck Darmstadt 1976. *Thomas Hobbes*, Vom Menschen. Vom Bürger. Hg. *Günter Gawlick*, Hamburg 1959. *Thomas Hobbes*, Leviathan oder Stoff, Form und Gewalt eines bürgerlichen und kirchlichen Staates. Hg. *Iring Fetscher*, Neuwied 1966, TB Frankfurt/M. 1976, gute Einführung; Text berücksichtigt z.T. auch Zusätze der lateinischen Fassung. *Thomas Hobbes*. Behemoth oder das lange Parlament. Anhang zu *Julius Lips*, Die Stellung des Thomas Hobbes zu den politischen Parteien der großen englischen Revolution, Leipzig 1927. Neudruck Darmstadt 1970. Von der älteren Literatur immer noch informativ der Klassiker: *Ferdinand Tönnies*, Thomas Hobbes. Leben und Lehre, Stuttgart [3]1925. Über englische Hobbes-Literatur informiert: *Bernard Willms*, Einige Aspekte der neueren englischen Hobbes-Literatur. In: Der Staat 1 (1962) 93–106. *Ders.*, Von der Vermessung des Leviathan. Aspekte neuerer Hobbes-Literatur. In: ebd. 6 (1967) 75–100, 220–236. *Ders.*, Der Weg des Leviathan. Die Hobbes-Forschung von 1968–1978 (Beihefte zu »Der Staat« 3), Berlin 1979, und: Bulletin Hobbes I. Bilan international des dix dernières années de recherches. In: Archives de philosophie 51 (1988) 231–336. Am meisten Aufsehen erregte: *Crawford B. MacPherson*, Die politische Theorie des Besitzindividualismus. Von Hobbes bis Locke, Frankfurt/M. 1967, engl. 1962, deutsch TB 1973. Den Einfluß der Bürgerkriegserfahrung betont *Jules Steinberg*, The Obsession of Thomas Hobbes. The English Civil War in Hobbes' Political Philosophy, New York 1988. *Arnold A. Rogow*, Thomas Hobbes. Radical in the Service of Reaction, New York–London 1986. Sehr informativ: Hobbes-Forschungen. Hg. *Reinhart Koselleck* und *Roman Schnur*, Berlin 1969, mit Bibliographie zu Hobbes im deutschen Sprachraum. Von deutschen Büchern wohl am wichtigsten: *Bernard Willms*, Die Antwort des Leviathan. Thomas Hobbes' politische Theorie, Neuwied–Berlin 1970. Schließlich neuerdings: *Horst Bredekamp*, Thomas Hobbes' visuelle Strategien, Berlin 1999. *Laurie M. Johnson*, Thucydides, Hobbes, and the Interpretation of Realism, DeKalb 1993. *Preston King* (Hg.), Thomas Hobbes. Critical Assessments, 4 Bde., London 1993. *Bernd Ludwig*, Die Wiederentdeckung des epikureischen Naturrechts, Frankfurt/M. 1998, und ebenso extravagant wie anregend *Thomas Mohrs*, Vom Weltstaat. Hobbes' Sozialphilosophie, Soziobiologie, Realpolitik, Berlin 1995.

Zu der »liberalen« Variante der Hobbesschen Theorie bei Spinoza: *Baruch de Spinoza*, Tractatus theologico-politicus. Hg. *Günter Gawlick* und *Friedrich Niewöhner* (Spinoza Studienausgabe Bd. 1), Darmstadt 1978, lateinisch und deutsch. *Lucien Mugnier-Pollet*, La philosophie politique de Spinoza, Paris 1977. *Joachim Kreische*, Konstruktivistische Politiktheorie bei Hobbes und Spinoza, Baden-Baden 2000.

Zu der für die weitere Entwicklung strategischen Figur des *George Lawson* und seinem Einfluß vgl. *Julian H. Franklin*, John Locke and the theory of sovereignty. Mixed monarchy and the right of resistance in the political thought of the English revolution, Cambridge 1978.

Grundlegend zu Locke: *John Locke*, Two treatises of Government. Hg. *Peter Laslett*, Cambridge 1960, kritische Ausgabe, Einleitung mit Neudatierung. Deutsch: *John Locke*, Zwei Abhandlungen über die Regierung. Hg. *Walter Euchner*, Frankfurt/M. 1977, mit Forschungsbericht. Dazu: *Jean S.* and *John W. Yolton*, John Locke. A Reference Guide, Boston 1985 (1699–1982). *Richard Ashcraft* (Hg.), John Locke. Critical Assessements, 4 Bde., London 1991. *Ian Harris*, The Mind of John Locke, Cambridge 1994. *John Marshall*, John Locke: Resistance, Religion, and Responsibility, Cambridge 1994. *James Tully*, An Approach to Political Philosophy: Locke in Contexts, Cambridge 1993. Deutsche Werke mit unterschiedlicher Fragestellung: *Walter Euchner*, Naturrecht und Politik bei John Locke, Frankfurt/M. 1969. *Michael Rostock*, Die Lehre von der Gewaltenteilung in der politischen Theorie von John Locke, Meisenheim 1974. *Hans Medick*, Naturzustand und Naturgeschichte der bürgerlichen Gesellschaft. Die Ursprünge der bürgerlichen Sozialtheorie als Geschichtsphilosophie und Sozialwissenschaft bei Samuel Pufendorf, John Locke und Adam Smith, Göttingen 1973. *Frank Hugelmann*, Die Anfänge des englischen Liberalismus, Frankfurt/M. 1992.

Bei Locke taucht das Problem des modernen Privateigentums auf, vgl. dazu *MacPherson* und allgemein: *Reinhard Brandt*, Eigentumstheorien von Grotius bis

Kant, Stuttgart 1974. *Helmut Rittstieg*, Eigentum als Verfassungsproblem. Zur Geschichte und Gegenwart des bürgerlichen Verfassungsstaates, Darmstadt ²1976. *Damian Hecker*, Eigentum als Sachherrschaft. Zur Genese und Kritik eines besonderen Herrschaftsanspruchs, Paderborn 1990. *Matthew H. Kramer*, John Locke and the Origins of Private Property, Cambridge 1997.
Außerdem hat Locke zu der vor der Wende zum 18. Jh. wieder auflebenden Diskussion über Toleranz beigetragen: *John Locke*, Ein Brief über Toleranz. Hg. *Julius Ebbinghaus*, Hamburg 1975. Allgemein dazu: *Joseph Lecler*, Geschichte der Religionsfreiheit im Zeitalter der Reformation. 2 Bde., Stuttgart 1965. Zur Geschichte der Toleranz und Religionsfreiheit. Hg. *Heinrich Lutz*, Darmstadt 1967. *Henry Kamen*, Intoleranz und Toleranz zwischen Reformation und Aufklärung, München 1967. Quellensammlung *Hans R. Guggisberg* (Hg.), Religiöse Toleranz. Dokumente zur Geschichte einer Forderung, Stuttgart–Bad Cannstatt 1982. *Ders.*, Sebastian Castellio 1515–1563, Göttingen 1997. *Horst Dreitzel*, Gewissensfreiheit und soziale Ordnung. Religionstoleranz als Problem der politischen Theorie am Ausgang des 17. Jahrhunderts, in: Politische Vierteljahresschrift 35 (1995) 3–34. *John Christian Laursen* (Hg.), Religious Toleration, New York 1999 (mit Bibliographie). *Alan Levine* (Hg.), Early Modern Scepticism and the Origins of Toleration, Lanham 1999.
Zum Revolutionsbegriff: *Karl Griewank*, Der neuzeitliche Revolutionsbegriff. Entstehung und Geschichte, TB 1973, zuletzt Hamburg 1992.
Zur politischen Theorie des 18. Jhs. in England: *Harold J. Laski*, Political thought in England. Locke to Bentham, London 1920, Ndr. London 1961. *Harry T. Dickinson*, Liberty and Property. Political ideology in eighteenth-century Britain, London 1977. *Peter Wende*, Vernunft und Tradition in der englischen Staatslehre der frühen Neuzeit. In: Historische Zeitschrift 226 (1978) 317–348.

Zum geistesgeschichtlichen Zusammenhang der Kapitel 31, 32 und 33 sind allgemeine Darstellungen der Aufklärung heranzuziehen: *Paul Hazard*, Die Krise des europäischen Geistes 1680–1715, Hamburg 1939. *Ders.*, Die Herrschaft der Vernunft. Das europäische Denken im 18. Jh., Hamburg 1949. Dazu *Margaret C. Jacob*, The Crisis of the European Mind. Hazard Revisited. In: Politics and Culture in Early Modern Europe. Essays in Honour of *H. G. Koenigsberger*, Cambridge 1987, 251–271. *Fritz Valjavec*, Geschichte der abendländischen Aufklärung, München 1961. *Peter Gay*, The Enlightenment: an interpretation. 2 Bde., New York 1966–1969.

31. Absolutismus und Aufklärung in Frankreich

Für das politische Denken Frankreichs grundsolide: *Henri Sée*, Les idées politiques en France au XVIIe siècle, Paris 1920, Ndr. Genf 1978. *Ders.*, L'évolution de la pensée politique en France au XVIIIe siecle, Paris 1925. Etwas knapp: *Kingsley Martin*, French liberal thought in the 18th century, Boston 1929.
Für die Opposition gegen Ludwig XIV. vgl. *Sée*, XVIIe siècle, und *Ernst Hinrichs*, Krisen des Absolutismus und das Problem des politischen Radikalismus in Frankreich im 16. und 17. Jahrhundert. In: Geschichte und Gesellschaft 10 (1984) 427–460. Zu den wichtigsten Vertretern der aristokratischen und frühaufklärerischen Reformrichtung: *Werner Gembruch*, Reformforderungen in Frankreich um

die Wende vom 17. zum 18. Jh. In: Historische Zeitschrift 209 (1969) 265–317. *Herbert Hömig*, Absolutismus und Demokratie. Das Reformprogramm des Marquis d'Argenson. In: Historische Zeitschrift 226 (1978) 349–380. *Herbert Hömig/Franz-Joseph Meißner* (Hg.), Charles-Irenée Castel de Saint-Pierre. Kritik des Absolutismus, München 1988. Vgl. auch *Rolf Reichardt* u. a. (Hg.), Handbuch politisch-sozialer Grundbegriffe in Frankreich 1680–1820, Heft 1 ff., München 1983 ff. Zu dem italienischen Philosophen Vico am bequemsten der Text selbst: *Giambattista Vico*, Die neue Wissenschaft über die gemeinschaftliche Natur der Völker, Reinbek 1966. Dazu *Richard Wilhelm Schmidt*, Die Geschichtsphilosophie G. B. Vicos, Würzburg 1982.
Ältere Montesquieu-Ausgaben sind überholt durch: Œuvres complètes de *Montesquieu.* Hg. *André Masson.* 3 Bde., Paris 1950–1955. Gute deutsche Auswahl aus dem sehr breiten Hauptwerk: *Montesquieu.* Vom Geist der Gesetze. Hg. *Kurt Weigand*, Stuttgart (Reclam) 1974. Eine grundsolide informative Einführung: *John R. Loy*, Montesquieu, New York 1968. Die Standardbiographie, mit Interpretationen: *Robert Shackleton.* Montesquieu. A critical biography, London 1961, franz. 1977. Detailstudie zu Kapitel XI 6: *Jean J. Granpré Molière*, La théorie de la constitution anglaise chez Montesquieu. Diss., Leiden 1972. Weiter: *Bertrand Binoche*, Introduction à De l'esprit des lois de Montesquieu, Paris 1998. *Rebecca Kingston*, Montesquieu and the Parlement of Bordeaux, Genf 1996. *Paul-Ludwig Weinacht* (Hg.), Montesquieu, 250 Jahre *Geist der Gesetze*, Baden-Baden 1999.
Instruktive Textauswahl zu Voltaire (in derselben Reihe, Collection »U« Idées politiques, auch zu anderen Denkern): Politique de *Voltaire.* Hg. *R. Pomeau*, Paris 1963. *Peter Gay*, Voltaire's politics. The Poet as realist, Princeton 1959. Zur anderen führenden Figur der Hochaufklärung: *Denis Diderot*, Œuvres politiques. Hg. *P. Vernière*, Paris 1963. *Arthur M. Wilson*, The development and scope of Diderot's political thought. In: Studies an Voltaire and the 18th century 27 (1963) 1871–1900. Für die ganze Gruppe der »Enzyklopädisten«: *Eberhard Weis*, Geschichtsschreibung und Staatsauffassung in der französischen Enzyklopädie, Wiesbaden 1956. Und die Materialisten: *Arno Baruzzi* (Hg.), Aufklärung und Materialismus im Frankreich des 18. Jhs. La Mettrie, Helvétius, Diderot, Sade, München 1968.
Die Rousseau-Forschung verfügt über eine eigene Zeitschrift, die Annales de la société Jean-Jacques Rosseau, Genf 1905 ff. Brauchbarste kritische Ausgabe: Œuvres complètes de *Jean-Jacques Rousseau.* Hg. *B. Gagnebin* und *M. Raymond.* 4 Bde., Paris (Gallimard: Pléiade) 1959–1969, Bd. 3 enthält die politischen Schriften. Neueste und reichhaltigste deutsche Taschenbuchausgabe: *Jean-Jacques Rousseau*, Politische Schriften. Hg. *Ludwig Schmidts*, und: Diskurs über die Ungleichheit. Hg. *Heinrich Meier*, Paderborn (UTB) 1978–1984. Einführung in die Rousseau-Lektüre: *Roger D. Masters*, The political philosophy of Rousseau, Princeton 1968. *Raymond Trousson* (Hg.), Dictionnaire de Jean-Jacques Rousseau, Paris 1996. Umfassende, gut lesbare Biographie mit Interpretationen: *Lester G. Crocker*, Jean-Jacques Rousseau. 2 Bde., New York 1968–1973. Von der deutschen Forschung ebenso anspruchsvoll wie gut lesbar: *Otto Vossler*, Rousseaus Freiheitslehre, Göttingen 1963. Die wohl verbreitetste Darstellung: *Iring Fetscher*, Rousseaus politische Philosophie. Zur Geschichte des demokratischen Freiheitsbegriffs, Frankfurt/M. (TB) [7]1993, sieht die Grenzen der Modernisierbarkeit R.s im Sinne eines modernen Radikalismus. Knappe Einführung in das Gesamtwerk: *Maximilian Forschner*, Rousseau, Freiburg 1977. *Jacob L. Talmon*, Die Ent-

stehung der totalitären Demokratie, Köln 1960, amerik. 1952, sah bei R. Anfänge des Totalitarismus. Zu R. in der Revolution: *Roger Barny*, Le droit naturel à l'épreuve de l'histoire, Paris 1995. *Nathalie-Barbara Robisco*, Jean-Jacques Rousseau et la Révolution Française, Paris 1998.
Zu den Radikalen die beiden »Klassiker« *André Lichtenberger*, Le socialisme utopique, Paris 1898, Ndr. Genf 1978, und *Hans Girsberger*, Der utopische Sozialismus des 18. Jhs. in Frankreich, Wiesbaden ^{2}1973, zuerst 1925. Dazu *Charles Rihs*, Les philosophes utopistes. Le mythe de la cité communautaire en France au 18e siècle. Rousseau, Mably, Brissot, Meslier, Morelly, Descamps, Paris 1970. *Gabriel Bonnot de Mably*, Politische Texte 1751–1783, Baden-Baden 2000. *Johnson Kent Wright*, A Classical Republican in Eighteenth-Century France. The Political Thought of Mably, Stanford 1997.
Klassische Darstellung der Physiokratie: *Georges Weulersse*, Le mouvement physiocratique en France de 1756 à 1770. 2 Bde., Paris 1910, Neudruck Paris–Den Haag 1968. *Ders.*, La physiocratie à la fin du règne de Louis XV. (1770–1774), Paris 1959. *Ders.*, La physiocratie sous les ministères de Turgot et de Necker (1774–1781), Paris 1950. Zur einführenden Information geeignet: *Folkert Hensman*, Staat und Absolutismus im Denken der Physiokraten, Frankfurt/M. 1976.
Über den vorrevolutionären Condorcet: *Rolf Reichardt*, Reform und Revolution bei Condorcet. Ein Beitrag zur späten Aufklärung in Frankreich, Bonn 1973. Gesamtdarstellung: *Keith Michael Baker*, Condorcet. From natural philosophy to social mathematics, Chicago–London 1975.

32. Naturrecht, Aufklärung und Absolutismus in Deutschland

Für Deutschland im 18. Jh. vgl. *M. Stolleis* und *G. Lenz* (Hg.), Deutsches Staatsdenken im 18. Jh., Neuwied 1965, sowie Zwi *Batscha*, *Jörn Garber* (Hg.), Von der ständischen zur bürgerlichen Gesellschaft. Politisch-soziale Theorien im Deutschland der zweiten Hälfte des 18. Jahrhunderts, Frankfurt/M. 1981. Zu Grundfragen des Naturrechts: *Brian Tierney*, The Idea of Natural Rights, Atlanta 1997. *Merio Scattola*, Das Naturrecht vor dem Naturrecht, Tübingen 1999. *Pauline C. Westerman*, The Desintegration of Natural Law Theory: Aquinas to Finnis, Leiden 1998. Sowohl für das Naturrecht als für die Kameralistik wichtig: *Jutta Brückner*, Staatswissenschaften, Kameralismus und Naturrecht. Ein Beitrag zur Geschichte der politischen Wissenschaften im Deutschland des späten 17. und frühen 18. Jhs., München 1977.
Neben *Maier/Stolleis*, Bibliothek des deutschen Staatsdenkens u. a. *Samuel Pufendorf*, De jure naturae et gentium, hg. *Frank Böhling* (Gesammelte Werke 4, 1–2) Berlin 1997: *Horst Denzer*, Moralphilosophie und Naturrecht bei Samuel Pufendorf, München 1972. *Thomas Behme*, Samuel von Pufendorf. Naturrecht und Staat, Göttingen 1995. *Bodo Geyer/Helmut Goerlich* (Hg.), Samuel Pufendorf und seine Wirkungen bis auf die heutige Zeit, Baden-Baden 1996. *Fiammetta Palladini/Gerald Hartung* (Hg.), Samuel Pufendorf und die europäische Frühaufklärung, Berlin 1996. *Friedrich Vollhardt* (Hg.), Christian Thomasius 1655–1728, Tübingen 1997 (mit Bibliographie 1989–1995). *Martin Kühnel*, Das politische Denken von Christian Thomasius, Berlin 2001. *Hanns-Martin Bachmann*, Die naturrechtliche

Staatslehre Christian Wolffs, Berlin 1977. *Werner Schneiders* (Hg.), Christian Wolff, Hamburg 1983.
Zur Kameralistik und der übrigen Verwaltungslehre vgl. außer *Brückner: Magdalene Humpert*, Bibliographie der Kameralwissenschaften, Köln 1937, und *Hans Maier*, Die ältere deutsche Staats- und Verwaltungslehre (Polizeiwissenschaft), 2. neubearb. Auflage München 1980. Bibliographie zur Physiokratie in Deutschland in: Das achtzehnte Jahrhundert 9 (1985) 128–143. Ferner *Herwig Birk* (Hg.), Ursprünge der Demographie in Deutschland, Frankfurt/M. 1986.

33. Politische Ökonomie und britische Moralphilosophie

Zu den Anfängen der politischen Ökonomie in Spanien: *Michael D. Gordon*, The science of politics in seventeenth-century Spanish thought. In: Il pensiero politico 7 (1974) 379–394, und *Marjorie Grice-Hutchinson*, Early economic thought in Spain 1177–1740, London 1978. Zu Frankreich: *Antoine de Montchrestien*, Traicté de l'oeconomie politique, hg. *François Billacois*, Genf 1999. Zu England: *William Letwin*, The origins of scientific economics. English economic thought 1660–1776, London 1963. *Joyce Oldham Appleby*, Economic thought and ideology in seventeenth-century England, Princeton 1978. *J. G. A. Pocock*, Virtue, Commerce, and History, Cambridge 1985.
Deutsche Übersetzung der Bienenfabel, mit Einleitung: *Bernard de Mandeville*, Die Bienenfabel. Hg. *Walter Euchner*, Frankfurt/M. 1968. *M. M. Goldsmith*, Private Vices, Public Benefits. Bernard Mandeville's Social and Political Thought, Cambridge 1985. *E. J. Hundert*, The Enlightenments Fable. Bernard Mandeville and the Discovery of Society, Cambridge 1994.
Texte der schottischen Moralphilosophen mit Einleitung: The Scottish moralists on human nature and society. Hg. *Louis Schneider*, Chicago 1967. *David Hume*, Political Essays, hg. *Knud Haakonssen*, Cambridge 1994. *Duncan Forbes*, Hume's philosophical politics, Cambridge 1975, sehr schwierig, setzt viel voraus, einfacher: *John B. Stewart*, The moral and political philosophy of David Hume, New York 1963. *Peter Kopf*, David Hume. Philosoph und Wirtschaftstheoretiker. Wiesbaden 1987.
Adam Smith' Hauptwerk in neuer Übersetzung, mit guter Einleitung: *Adam Smith*, Der Wohlstand der Nationen. Hg. *Horst Claus Recktenwald*, München 1978. Ferner: *Donald Winch*, Adam Smith's politics. An essay in historiographic revision, Cambridge 1978. *Franz-Xaver Kaufmann/Hans-Günter Krüsselberg* (Hg.), Markt, Staat und Solidarität bei Adam Smith, Frankfurt/M.–New York 1984. *D. D. Raphael*, Adam Smith, Frankfurt/M.–New York 1991.

34. Revolution und Verfassung Nordamerikas

Gesamtdarstellungen zum politischen Denken Nordamerikas: *Vernon L. Parrington*, Main currents in American thought. 3 Bde., New York 1930. *Jacob M. Jacobson*, The development of American political thought. A documentary history, New York 1932. *Alan P. Grimes*, American political thought, New York 1955. *Forrest McDonald*, Novus Ordo Seclorum. The Intellectual Origins of the Constitution,

Lawrence/KA 1985. *Jerome Huyler*, Locke in America: the Moral Philosophy of the Founding Era, Lawrence 1995. *C. Bradley Thompson*, John Adams and the Spirit of Liberty, Lawrence 1998.
Zu der wichtigen Gruppe der Puritaner: *Edmund S. Morgan*, Puritan political ideas 1558–1794, New York 1965, und zum revolutionären Chiliasmus der Calvinisten in der Revolution: *Nathan Orr Hatch*, The sacred cause of liberty. Republican thought and the millenium in revolutionary New England, New Haven 1977. Vgl. *Ellis Sandoz*, A Government of Laws. Political Theory, Religion and the American, Baton Rouge London 1990. Zur Pamphlet-Literatur: *Bernhard Bailyn*, The ideological origins of the American Revolution, Cambridge/Ma. 1967. *Zu Franklin* eine lehrreiche ältere Studie: *Eduard Baumgarten*, Die geistigen Grundlagen des amerikanischen Gemeinwesens. Bd. 1: Benjamin Franklin. Der Lehrmeister der amerikanischen Revolution, Frankfurt/M. 1936.
Zur Unabhängigkeitserklärung die klassische Analyse: *Carl L. Becker*, The Declaration of Independence. A study in the history of political ideas, New York 1922, Ndr. 1960. *Garry Wills*, Inventing America, Garden City 1978. Ergänzend zum traditionellen Aspekt: *Erich Angermann*, Ständische Rechtstradition in der amerikanischen Unabhängigkeitserklärung. In: Historische Zeitschrift 200 (1965) 61–91. Zu dem Konzept »Verfassung« allgemein: *Werner Näf*, Der Durchbruch des Verfassungsgedankens im 18. Jh. In: Schweizer Beiträge zur allgemeinen Geschichte 11 (1953) 108–120. Zum Ideengehalt der neuen Einzelstaatsverfassungen: *Willi P. Adams*, Republikanische Verfassung und bürgerliche Freiheit. Die Verfassungen und politischen Ideen der amerikanischen Revolution, Neuwied 1973. Zur Bundesverfassung: *Hans Gustav Keller*, Die Quellen der amerikanischen Verfassung. In: Schweizer Beiträge zur allgemeinen Geschichte 16 (1953) 107–141. *Paul Eidelberg*, The philosophy of the American constitution, New York 1968, weniger Ideen- als Textgeschichte.
Von den verschiedenen Ausgaben des Federalist wegen der guten Einleitung bevorzugt: The Federalist. Hg. *Benjamin F. Wright*, New York 1961. Deutsche Übersetzung: Die Federalist-Artikel, hg. *Angela* und *Willi Paul Adams*, Paderborn 1994. Zur Kontroverse: Anti-Federalists versus Federalists. Selected documents. Hg. *John D. Lewis*, San Francisco 1967. *Herbert J. Storing/Murray Dry* (Hg.), The Complete Anti-Federalist, Chicago 1981. *Jackson T. Main*, The Antifederalists. Critics of the Constitution 1781–1788, Chapel Hill 1961. *David F. Epstein*, The political theory of »The Federalist Papers«, Chicago–London 1984.
Zu Jefferson und den Menschenrechten: *Robert A. Rutland*, The birth of the Bill of Rights, 1776–1791, Chapel Hill 1955. *Dumas Malone*, Jefferson and his time. 4 Bde., Boston 1948–1970.
Zu den Menschenrechten allgemein: *Arthur P. Monahan*, From Personal Duties Towards Personal Rights … 1300–1600, Montreal 1994. *Siegfried König*, Zur Begründung der Menschenrechte: Hobbes – Locke – Kant, Freiburg 1994. Die Entwicklung der Menschen- und Bürgerrechte von 1776 bis zur Gegenwart. Hg. *Fritz Hartung*, Göttingen [3]1964, Quellensammlung. Zur Geschichte der Erklärung der Menschenrechte. Hg. *Roman Schnur*, Darmstadt 1964. *Gerhard Oestreich*, Geschichte der Menschenrechte und Grundfreiheiten im Umriß, Berlin [2]1978. *Günter Birtsch* (Hg.), Grund- und Freiheitsrechte im Wandel von Gesellschaft und Geschichte. Göttingen 1981. *Günter Birtsch* (Hg.), Grundfreiheiten, Menschenrechte 1500–1850. Eine internationale Bibliographie, Stuttgart 1991.

Zu Teil IV
Von der Französischen Revolution bis zur Gegenwart

Außer den im allgemeinen Teil der Bibliographie genannten Titeln ist zu diesem Teil generell zu verweisen auf die laufende Bibliographie der Vierteljahrshefte f. Zeitgesch. (1953 ff.) und auf *Karl Dietrich Bracher* u. a. (Hg.), Bibliographie zur Politik in Theorie und Praxis. Aktualisierte Neuauflage, Düsseldorf 1976. Vorzügliche Nachschlagewerke sind: Sowjetsystem und Demokratische Gesellschaft. Eine vergleichende Enzyklopädie, hg. von *C. D. Kernig*, 6 Bde., Freiburg/Br. 1966–71, und: International Encyclopedia of the Social Sciences, ed. by *David L. Sills*, London, 16 Bde. u. Reg. Bd. 1968. Darstellungen wichtiger Politiker bei *Rolf K. Hočevar/Hans Maier/Paul Ludwig Weinacht* (Hg.), Politiker des 20. Jhs:, 2 Bde., München 1970/71. Instruktiver und gedankenreicher Überblick über die ideologischen Auseinandersetzungen des 20. Jahrhunderts bei *Karl Dietrich Bracher*, Zeit der Ideologien. Eine Geschichte des politischen Denkens im 20. Jahrhundert, Stuttgart 1982 (als Taschenbuch München 1985).

35. Die Fundierung des klassischen Liberalismus

Trotz einer inzwischen unübersehbaren Literatur zum Liberalismus gibt es keine eingehende Gesamtdarstellung. Klassischen Rang hat nach wie vor *Guido de Ruggiero*, Geschichte des Liberalismus in Europa, München 1930, Neudr. Aalen 1964 (ital. 1925). *Frederick Watkins*, The Political Tradition of the West. Cambridge/Mass. 1948, versteht den Liberalismus als polit. Tradition des Westens schlechthin. Für das 19. Jh. sind heranzuziehen *Irene Collins*, Liberalism in Nineteenth Century Europa, London 1957, Neudr. 1971. Wichtige neuere Beiträge bei *Lothar Gall* (Hg.), Liberalismus, Köln 1976 (umfangreiche Bibl.). *Dieter Langewiesche* (Hg.), Liberalismus im 19. Jh. Deutschland im europäischen Vergleich, Göttingen 1988. Instruktive Quellenzusammenstellungen: *Michael Freund* (Hg.), Der Liberalismus in ausgewählten Texten, Stuttgart 1965. *E. K. Bramstedt/K. J. Melhuish* (Hg.), Western Liberalism. A History in Documents from Locke to Croce, London 1978, sowie für Deutschland *Federico Federici* (Hg.), Der dt. Liberalismus. Die Entwicklung einer politischen Idee von Immanuel Kant bis Thomas Mann, Zürich 1946.
Eberhard Schmitt, Einführung in die Geschichte der Französischen Revolution, München 1976, ist sehr nützlich. Ertragreiche Sammelwerke: *Bronislaw Baczko* (Hg.), The French Revolution and the Creation of Modern Political Culture, Oxford 1988; *Reinhart Koselleck/Rolf Reichardt* (Hg.), Die Französische Revolution als Bruch des gesellschaftlichen Bewußtseins, München 1988; *Holger Böning* (Hg.), Französische Revolution und deutsche Öffentlichkeit, München 1992. Standardwerke für die Analyse der Nationalversammlung: *Robert Redslob*, Die Staatstheorien der französ. Nationalversammlung von 1789, Leipzig 1912, sowie *Karl Loewenstein*, Volk und Parlament nach der Staatstheorie der französ. Nationalversammlung von 1789, München 1922. Sehr gute Dokumentation: *Wolfgang Heidel-*

meyer (Hg.), Die Menschenrechte. Erklärungen, Internationale Abkommen und Verfassungsartikel, Paderborn ²1977. Vgl. sonst die oben S. 631 genannten Titel von *Schnur*, *Oestreich* und *Hartung*.

Eine vollständige Sammlung der Schriften von Sieyès gibt es nicht. *Emmanuel Sieyèes*, Qu'est-ce que le Tiers Etat. Edition critique avec une introduction et des notes par *Roberto Zapperi*, Genf 1970, ist die beste Ausgabe; dt.: E. J. S., Politische Schriften 1788–1790. Mit Glossar und krit. Sieyès-Bibliographie übersetzt und hg. von *Eberhard Schmitt* und *Rolf Reichardt*, Darmstadt/Neuwied 1975 (danach oben zit.). E. J. S., Politische Schriften. Übers. u. hg. von *E. Schmitt* und *R. Reichardt*, München 1980. E. S., Was ist der Dritte Stand? Hg. u. bearb. von *Otto Dann*, Bonn 1988. Die umfangreichste Gesamtdarstellung lieferte *Paul Bastid*, Sieyès et sa pensée, Paris 1939, erweit. Neuauflage ebd. 1970.

Kants gesammelte Schriften, hg. von der Preuß. Akademie d. Wissenschaften, 23 Bde., Berlin 1900–1955 (Neudr. als Paperback 1968 f.) sowie Vorlesungen ebda. 1966 ff., ist die maßgebliche Ausgabe. Sehr gute handliche Edition: Kant-Studienausgabe, hg. von *Wilhelm Weischedel*, 6 Bde. Wiesbaden/Darmstadt 1956–64, ⁴1975 (danach zit.), auch als Paperback-Ausgabe in 12 Bdn. 1968, ⁴1975. Polit. Schriften, hg. von *Otto Heinrich v. d. Gablentz*, Köln/Opladen 1965; Schriften zur Anthropologie, Geschichtsphilosophie, Politik u. Pädagogik, 2 Bde., Frankfurt/M. 1977 (in der Suhrkamp-Werkausgabe). Gute biographische Einführung: *Uwe Schultz*, Kant, Reinbek 1965. Eindringliche Analyse des Kantschen Denkens bei *Karl Jaspers*, Die großen Philosophen, Bd. 1, München 1957, S. 397–618, auch als Paperback, München 1961. Der politische Kant erstmals breiter bei *Kurt Borries*, Kant als Politiker, Leipzig 1928, ganz im Mittelpunkt dann bei *Hans Saner*, Kants Weg vom Krieg zum Frieden. Bd. 1, München 1967. Ausführlich auch *Georges Vlachos*, La pensée politique de Kant, Paris 1962. Neuerlich *Peter Burg*, Kant und die Französische Revolution, Berlin 1974, *Gerhard Luf*, Freiheit und Gleichheit. Zur Aktualität im polit. Denken Kants, Wien 1978.

36. Wirtschaftsliberalismus

Zum Wirtschaftsliberalismus sind die oben genannten Geschichten der Volkswirtschaftslehre zu vergleichen, zudem *Joachim Starbatty*, Die englischen Klassiker der Nationalökonomie. Lehre und Wirkung, Darmstadt 1985. *Jean-Baptiste Say*, Traité d'économie politique. 2 Bde., Paris 1803 u. ö. Neudruck 1972, dt.: Abhandl. über die Nationalökonomie, 2 Bde., Halle 1807, 3. Auflage als Darstellung d. Nationalökonomie, 3 Bde., Heidelberg 1830/31; Catéchisme d'économie politique, Paris 1815, ⁶1881, Neudruck 1972; dt.: Katechismus der Nationalwirtschaft, Karlsruhe 1816, Stuttgart ⁵1827; Cours complet d'économie politique pratique, 6 Bde., Paris 1828/30, ³1852, dt.: Vollständ. Handbuch d. prakt. Nationalökonomie. 6 Bde., Leipzig 1829/30, Neuausgabe 1845/46. Über ihn zuletzt eingehend *Patrick Guillaumont*, La pensée démo-économique de J. B. S. et de Sismondi, Paris 1969.

Thomas Robert Malthus, An essay on the principle of population, London 1798 (anonym); ²1803 u. ö. mit Namensnennung, letzter dt. Druck: Th. R. M., Das Bevölkerungsgesetz, München 1977; *ders.*, Principles of political economy, London 1820, dt. Grundsätze d. polit. Ökonomie, Leipzig 1910. Standardwerk: *J. Bonar*, Malthus and his work, London 1885, ²1924. Sehr nützlich *D. V. Glass* (Ed.), Intro-

duction to Malthus, London 1953. – *David Ricardo*, The Works and Correspondence, ed. by *Piero Sraffa*, 11 Bde., Cambridge 1953–73. On the Principles of Political Economy, London 1817, zuletzt Hildesheim 1977, letzte dt. Ausgabe: Grundsätze d. Polit. Ökonomie u. d. Besteuerung, Frankfurt/M. 1972. Zusammenfassend *Henning Bydekarken*, Die Interpretation der Theorie David Ricardos als geschlossenes nichtarbeitswertaxiomatisches Gleichgewichtssystem, Berlin 1965.
Zur Entwicklung der Freiheitslehre *W. Bickel*, Die ökonomische Begründung der Freihandelspolitik, Zürich 1926. – Alle wichtigen Arbeiten von *Richard Cobden* in: The Political Writings of R. C. With a Preface by *Lord Welby*, London 1903, New York 1969. – Dt.: Richard Cobden und das Manchestertum, hg. von *Carl Brinkmann*, Berlin 1924 (danach oben zit.). – *John Prince-Smith*, Gesammelte Schriften, hg. von *Otto Michaelis* und *Karl Braun*, 3 Bde., Berlin 1877–1880. *Frédéric Bastiat*, Harmonies économiques. Paris 1850, dt.: Volkswirtschaftliche Harmonien, Leipzig 1850.
Friedrich List, Schriften, Reden, Briefe, hg. von *E. v. Beckerath* u. a., 10 Bde., Berlin 1927–36; F. L., Wegbereiter einer neuen Wirtschaft. Ausgewählt und erläutert von *Hans Gehrig*, Berlin 1966; *Hans Gehrig*, F. L. und Deutschlands politisch-ökonomische Einheit, Leipzig 1956, wichtig auch *Werner Strösslin*, F. L.s Lehre von der wirtschaftlichen Entwicklung, Basel 1968.

37. Weiterbau des Liberalismus

Gesammelte Schriften von *Auguste Comte* liegen nicht vor. Das Système de politique positive, Paris 1851–54, [5]1912, Neudrucke Osnabrück 1967 und Brüssel 1969, wurde nicht ins Deutsche übersetzt. Sehr gute Auswahl: Œuvres choisies, introd. par *Henri Gouhier*, Paris o. J. (1943); Discours sur l'esprit positif, Paris 1844, dt.: Rede über den Geist des Positivismus, eingeleitet, hg. u. übers. von *Iring Fetscher*, Hamburg [3]1956, 1979; der Prospectus des travaux scientifiques (1822) jetzt dt.: Plan der wissenschaftl. Arbeiten, die für eine Reform der Gesellschaft notwendig sind, Einl. von *Dieter Prokop*, München 1973. – Standardwerk: *Henri Gouhier*, La jeunesse d'Auguste Comte et la formation du positivisme. 3 Bde., Paris 1933/41. Wichtige neuere Arbeiten: *Margarete Steinhauer*, Die polit. Soziologie A. C.s und ihre Differenz zur liberalen Gesellschaftstheorie Condorcets, Meisenheim 1966, *Otwin Massing*, Fortschritt und Gegenrevolution. Die Gesellschaftslehre C.s in ihrer sozialen Funktion, Stuttgart 1966, *Raymond Aron*, Hauptströmungen des klassischen soziologischen Denkens, Montesquieu, Comte, Marx, Tocqueville, Reinbek 1979.
Benjamin Constant, Œuvres complètes, Paris 1946 ff., dt. Auswahl: B. C., Werke, hg. von *Axel Blaeschke* u. *Lothar Gall*, 4 Bde., Berlin 1970/72. Gute kleine Sammlung wichtiger Schriften: *B. C.*, Über die Freiheit, eingeleitet und übertragen von *Walter Lüthi*, Basel 1946 (danach oben zit.). Grundlegend für jede Beschäftigung mit B. C.: *Etienne Hofmann*, Les ›Principes de politique‹ de Benjamin Constant, tome I: La genèse d'une œuvre et l'évolution de la pensée de leur auteur (1789–1806), tome II: Texte établi d'après manuscrits de Lausanne et de Paris avec une introduction et des notes, Genf 1980. Unerläßlich ist *Alfred Fabre-Luce*, B. C., Paris 1978 (erstmals 1939), für die Einwirkungen auf Deutschland *Lothar Gall*, B. C. Seine polit. Ideenwelt u. d. dt. Vormärz, Wiesbaden 1963. – *Friedrich Christoph Dahl-*

mann, Die Politik auf den Grund und das Maß der gegebenen Zustände zurückgeführt. Mit einer Einführung von *Otto Westphal*, Berlin 1924 = WA der 2. Aufl. 1847, die 1. Aufl. erschien 1835 (danach oben zit.); F. C. D., Die Politik, Einl. von *Manfred Riedel*, Frankfurt/M. 1968. – Gute biograph. Einführung: *Reimer Hansen*, Dahlmann, in: *Hans-Ulrich Wehler* (Hg.), Dt. Historiker, Bd. 5, Göttingen 1972, 27–53.

Georg Wilhelm Friedrich Hegel, Sämtliche Werke. Jubiläumsausgabe in 20 Bänden, neu hg. von *Hermann Glockner*, dazu eine Hegel-Monographie und ein Hegel-Lexikon, 26 Bde., Stuttgart 1927/40, [3]1949/59, darin Bd. 7 Grundlinien d. Philos. d. Rechts oder Naturrecht u. Staatswissenschaft im Grundrisse. Mit einem Vorwort von *Eduard Gans* (1833, die formelle Gestaltung der Zusätze rührt von Gans her). Gesammelte Werke. Historisch-kritische Gesamtausgabe, hg. von der Dt. Forschungsgemeinschaft in Verbindung mit der Rhein. Westfäl. Akad. d. Wiss., Hamburg 1968ff. Hegel-Studienausgabe, hg. von *Karl Löwith* und *Manfred Riedel*, Frankfurt/M. 1968, Hegel, Politische Schriften, Nachwort von *Jürgen Habermas*, Frankfurt/M. 1966. *G. W. F. Hegel*, ›Die Philosophie des Rechts‹. Die Mitschriften *Wannemann* (Heidelberg 1817/18) und *Homeyer* (Berlin 1818/19), hg. von *Karl Heinz Ilting*, Stuttgart 1984. – Kurzbiographie *Franz Wiechmann*, Hegel, Reinbek 1965. Vorzügliche Einleitung bei *Joachim Ritter*, *Hermann Lübbe*, *Karlfried Gründer*, *Max Müller*, *Theodor Steinbüchel*, Hegel, in: Staatslexikon, Freiburg/Br. [6]1958, Bd. 4, Sp. 35–48. Noch zu konsultieren ist *Karl Rosenkranz*, G. W F. H.s Leben, Berlin 1844, Neudruck, Darmstadt 1969; *Franz Rosenzweig*, H. u. d. Staat, 2 Bde., München 1920, sieht H. als preuß. Staatsphilosophen. Schroffe Wendung gegen H. und Inanspruchnahme für den Totalitarismus bei *Karl Richard Popper*, Die offene Gesellschaft und ihre Feinde, Bd. 2, Falsche Propheten. Hegel, Marx und die Folgen, Bern 1958, [6]1980 (engl. London 1944). Abgerundetes Verständnis bei *Eric Weil*, Hegel et l'état, Paris 1959, vor allem aber bei *Joachim Ritter*, H. u. d. Französische Revolution, Köln/Opladen 1957, erw. Frankfurt/M. 1965. – Aus der neueren Literatur sind zu nennen: *Manfred Riedel*. Bürgerliche Gesellschaft und Staat bei Hegel, Neuwied 1970; *ders.*, Theorie und Praxis im Denken Hegels, Frankfurt/M. 1976, *Alfred von Martin*, Macht als Problem, Hegel u. seine polit. Wirkung, Wiesbaden 1976, *Horst-Henning Ottmann*, Individuum und Gemeinschaft bei Hegel. Bd. 1, H. im Spiegel der Interpretationen, Berlin 1977.

Die große Werkausgabe von Tocqueville ist weit vorangetrieben, *Alexis de Tocqueville*, Œuvres, papiers et correspondances. Ed. définitive publiée sous la direction de *J. P. Mayer*, Paris 1951ff., 13 Bde.: Werke und Briefe, auf Grund d. franz. historisch-krit. Ausgabe hg. von *J. P. Mayer*, *Th. Eschenburg* und *H. Zbinden*. Bd. I/II: Über die Demokratie in Amerika, Stuttgart 1959, als Tb. München 1976; Der alte Staat u. d. Revolution, München 1978; Der alte Staat u. d. Revolution. Mit einem Essay ›Zum Verständnis des Werkes‹ hg. von J. P. Mayer, Reinbek 1969. Gute Auswahl: A. d. T., Das Zeitalter der Gleichheit, hg. von *Siegfried Landshut*, Stuttgart [3]1954; Köln 1967. Standardwerk: *J. P. Mayer*, A. d. T. – Prophet des Massenzeitalters, München [2]1972 (frz. 1948). Sehr beachtenswert: *Otto Vossler*, A. d. T., Freiheit und Gleichheit, Frankfurt/M. 1973, *Michael Hereth*, A. d. T. Die Gefährdung der Freiheit in der Demokratie, Stuttgart 1979. *André Jardin*, A. d. T. Sein Leben und Werk, Frankfurt/M. 1991.

John Stuart Mill, Collected Works. Ed. by *Francis E. Mineka*, 19 Bde., Toronto 1963/78; J. St. M., Gesammelte Werke. Autorisierte Übersetzung unter Red. von

Theodor Gompertz, 12 Bde., Leipzig 1869/89, Neudruck Aalen 1968; Principles of Political Economy, 2 Bde., London 1848, zuletzt 1936, dt. Grundsätze d. polit. Ökonomie mit einigen Anwendungen auf d. Sozialphilosophie, 2 Bde., Hamburg 1852, Jena [4]1914/21; On Liberty (1859), Consideration on Representative Government (1861) und Utilitarianism (1863) zusammen in Everyman's Library, introduced by *A. D. Lindsay*, London 1910 u. ö.; Über die Freiheit und Der Utilitarismus auch in Reclams Universalbibliothek. Wichtigste Darstellungen: *John M. Robson*, The Improvement of Mankind. The social and political Thought of J. St. M., London 1968. *Gregory Claeys,* Der soziale Liberalismus John Stuart Mills, Baden-Baden 1987. *John Plamenatz*, The English Utilitarians, Oxford 1958 ([1]1949).

38. Demokratische Konzeptionen

Tiefgreifender Überblick über die Geschichte des Demokratiebegriffs seit der Antike bei *Christian Meier, Hans Leo Reimann, Hans Maier, Reinhart Koselleck, Werner Conze*, Demokratie, in: Geschichtl. Grundbegriffe, Bd. 1, Stuttgart 1972, 821–899. Ferner *Jens A. Christophersen*, The Meaning of Democracy as used in European Ideologies from the French to the Russian Revolution, Oslo 1966. Zum Komplex insgesamt *Carl Joachim Friedrich*, Demokratie als Herrschafts- und Lebensform, Heidelberg 1959, *Richard Löwenthal* (Hg.), Die Demokratie im Wandel der Geschichte, Berlin 1968. Sehr eigenwillig, aber fruchtbar: *Jacob L. Talmon*, Die Ursprünge der Totalitären Demokratie, Köln 1961, *ders.*, Die Geschichte der Totalitären Demokratie, ebd. 1963 (engl. 1952 und 1960).
Zu den Jakobinern zusammenfassend *Crane Brinton*, The Jacobins, New York 1950. –Œuvres complètes de *Maximilien Robespierre*, 9 Bde., Paris 1910/58; Œuvres complètes, Ed. critique, Paris 1962 ff., Textes choisies, 3 Bde., Paris 1974; Ausgewählte Texte. Mit einer Einleitung von *Carlo Schmid*, Hamburg 1971; Unentbehrlich *G. Walter*, Robespierre, 2 Bde., Paris [2]1961 (Bibl.), *M. Gallo*, Robespierre, München 1970 (frz. 1968).
Für die USA zusammenfassend *R. H. Gabriel*, Die Entwicklung des demokrat. Gedankens in den Vereinigten Staaten von Amerika, Berlin 1951, ferner *J. L. Blau* (Hg.), Social Theories of Jacksonian Democracy, New York 1954, *L. Benson*, The Concept of Jacksonian Democracy, Princeton 1961, und *Edward Pessen*, Jacksonian America: Society, Personality and Politics, Homewood [2]1978.
Gute Überblicke für Frankreich: *Felix Ponteil*, Les classes bourgeoises et l'avènement de la démocratie 1815–1914, Paris 1968, *J. A. Scott*, Republican Ideas and the liberal Tradition in France, New York 1951. – Für Michelet grundlegend *G. Monod*, La vie et la pensée de Jules Michelet, 2 Bde., Paris 1923, für Lamartine *Paul Hazard*, Lamartine, Paris 1925.
Zur demokrat. Bewegung in Deutschland zusammenfassend *John L. Snell*, The Democratic Movement in Germany 1789–1914. Ed. and completed by *Hans A. Schmidt, Chapel* Hill 1976; immer noch heranzuziehen ist *Fritz Valjavec*, Die Entstehung d. polit. Strömungen in Deutschland 1770–1815. Kronberg [2]1977 (mit Nachwort von *Jörn Garber* und umfangreichen Lit.-Angaben). Unerläßlich *Helmut Reinalter* (Hg.), Jakobiner in Mitteleuropa, Innsbruck 1977. Grundlegend für die Zeit bis 1848 *Peter Wende*, Radikalismus im Vormärz. Untersuchungen zur polit. Theorie d. frühen dt. Demokratie, Wiesbaden 1975, für Fröbel zudem *Rainer*

Koch, Demokratie und Staat bei Julius Fröbel 1805–1893, Wiesbaden 1978; *Fröbels* wichtigstes Werk, System der sozialen Politik, 2 Bde., Mannheim 1847, in Aalen 1975 nachgedruckt.
Für Großbritannien: *Albert Goodwin*, The Friends of Liberty: British Democratic Movements at the Time of the French Revolution. Harvard 1978. Grundlegend *Elie Halévy*, The Growth of Philosophic Radicalism, Oxford 1949, Boston [2]1955, *S. Macoby*, English Radicalism, Bd. 1, 1832–1852, London 1955. – *Thomas Paine*, Rights of Man, 2 Bde., London 1790, Th. P., The Complete Writings, ed. by *P. S. Foner*, 2 Bde., New York 1945; – *Jeremy Bentham*, The Collected Works, ed. by *J. J. Burne*, London 1968 ff.; Introduction of the Principles of Morals and Legislation, ed. by *L. J. Lafleur*, New York 1948 (orig. 1789, dt. Köln 1933); *D. J. Manning*, The Mind of Jeremy Bentham, London 1968 (Bibl.), *David Lyons*, In the Interest of the Governed. A Study in Benthams political Philosophy of Utility and Law, Oxford 1973; *James* and *John Stuart Mill*, Papers of the Centenary Conference ... held at the University of Toronto ... 1973 ..., ed. by *John H. Robson* und *Michael Laine*, Toronto 1976; Utilitarian Logic and Politics: *James Mill's* ›Essay an Government‹, *Macaulay's* Critique and the ensuing Debate. Ed. and introd. by *Jack Lively* and *John Rees*, Oxford 1978; *Asa Briggs* (Ed.), Chartist Studies, London 1959.

39. Konservative Gegenwehr

Zur Einführung in die Geschichte des konservativen Denkens *Hans-Gerd Schumann* (Hg.), Konservativismus, Königstein [2]1984, mit wichtigen Aufsätzen und Bibliographie. *Karl Mannheim*, Konservatismus. Ein Beitrag zur Soziologie des Wissens. Hg. von *David Kettler, Volker Meja* und *Nico Stehr*, Frankfurt/M. 1984. *Kondylis Panajotis*, Konservativismus. Geschichtlicher Gehalt und Untergang, Stuttgart 1986. – Gute Quellensammlung *Hans Barth* (Hg.), Der konservative Gedanke. In ausgewählten Texten dargestellt, Stuttgart 1958; Portraits großer Konservativer bei *Friedrich Glum*, Konservatismus im 19. Jh., Bonn 1969, Überblick über den Kons. im angelsächsischen Raum *Kirk Russell*, Lebendiges konservatives Erbe ... 1790–1958, Zürich 1959 (engl. 1953).
Sorgfältige Aufarbeitung der kons. These von der Franz. Revolution als Ergebnis einer Verschwörung bei *Johannes Rogalla von Bieberstein*, Die These von der Verschwörung 1776–1945, Bern 1979.
Eine kritische Burke-Ausgabe existiert nicht. *E. Burke*, The Works, 12 Bde., London [6]1887, Writings and Speeches of E. B., hg. von *Peter Langford*, Oxford 1981 ff., *ders.* Reflections on the Revolution in France and on the Proceeding of certain Societies in London relative to that Event, ed. with an Introduction of *Conor Cruise O'Brien*, Harmondsworth 1976 (Tb). Neudruck der ersten dt. Übersetzung (1793), Betrachtungen über die Französische Revolution. In der Übertragung von *Friedrich Gentz*, Frankfurt/M. 1967. Grundlegend für den jungen Burke *A. P. J. Samuels*, The early Life. Correspondence and Writings of E. B., Cambridge 1923, insgesamt die Biographie von *Sir Ph. Magnus*, The Character and Private Life of Burke, London 1949; sehr eindringend *Stephan Skalweit*, Burke und Frankreich, Köln/Opladen 1956, und *Hans-Gerd Schumann*, E. B.s Anschauungen vom Gleichgewicht in Staat und Staatensystem. Mit einer E.-B.-Bibliographie, Meisenheim 1964. *F. P. Lock*, Burke's Reflections on the Revolution in France, London 1985.

Standardwerk für die Anfänge des kons. Denkens in Deutschland *Klaus Epstein*, The Genesis of German Conservatism, Princeton 1966, dt. 1973, für das 19. Jh. *Hans-Joachim Schoeps*, Dt. Geistesgeschichte der Neuzeit, Bd. 5, Die Formung d. polit. Ideen im 19. Jh., Mainz 1979. Für Metternich grundlegend *Heinrich Ritter von Srbik*, Metternich. Der Staatsmann und der Mensch, 3 Bde., München 1925 und 1954; Aus *Metternichs* nachgelassenen Papieren, hg. vom *Fürsten Richard Metternich-Winneburg*, geordnet und zusammengestellt von *A. v. Klinckowström*, 8 Bde., Wien 1880. – *Niklas Vogt*, System des Gleichgewichts als nützliches u. praktisches Resultat der Geschichte d. Philosophie oder Erfahrungen, Mainz 1785, *ders.*, Über die europäische Republik, 5 Bde., Frankfurt/M. 1787/92, dazu *Magdalena Herrmann*, N. V, ein Historiker der Mainzer Universität, München 1917. – Das Material zu Gentz ist weit verstreut. Auf jeden Fall zu benutzen: Ausgewählte Schriften von F. v. G., hg. von *Wilderich Weick*, 5 Bde., Stuttgart 1836/38, Schriften von F. v. G. Ein Denkmal, hg. von *Gustav Schlesier*, 5 Bde., Mannheim 1838/40, *Golo Mann*, Friedrich von Gentz, Zürich 1947.
Karl Ludwig von Haller, Restauration der Staatswissenschaften oder Theorien des natürlich-geselligen Zustands; der Chimäre des künstlich-bürgerlichen entgegengesetzt, 6 Bde., Winterthur 1816/34, Reprint Aalen 1964, *ders.*, Handbuch d. Allgemeinen Staatenkunde, Winterthur 1808. *H. Weilenmann*, Untersuchungen zur Staatstheorie K. L. v. H.s, Aarau 1955. Zu den Gerlachs *Hans-Joachim Schoeps*, Das andere Preußen (1957), Berlin ^{4}1974. – Beste Einführung in das Denken Bonalds *Henri Moulinié*, De Bonald, Paris 1915.
Joseph de Maistre, Œuvres complètes. 14 Bde., Lyon 1884/86, Paris ^{2}1924/28, *ders.*, Considérations sur la France, hg. von *F. Johannet* u. *F. Vermale*, Paris 1936, dt.: Betrachtungen über Frankreich. Über den schöpferischen Urgrund der Staatsverfassungen, hg. von *Peter Richard Rohden*, Berlin 1924. Vorzügliche Darstellung P. R. Rohden, J. d. M. als politischer Theoretiker, München 1929. – *Friedrich Julius Stahl*, Die Philosophie des Rechts nach geschichtlicher Ansicht, 2 Bde. 1830/37, Neudruck Aalen 1963, *ders.*, Das monarchische Prinzip. Eine staatsrechtlich-politische Abhandlung, Heidelberg 1845, *ders.*, Die Revolution und die constitutionelle Monarchie, Berlin 1848. Unentbehrlich: *Dieter Grosser*, Grundlagen und Struktur der Staatslehre Friedrich Julius Stahls, Köln/Opladen 1963.
The Works of *Benjamin Disraeli*, Earl of Beaconsfield, 20 Bde., 1904, Neudruck New York 1976. Standardwerk: *W. F. Monypenny/G. Buckle*, The Life of Benjamin Disraeli, 6 Bde., London 1929, Neuausgabe London 1968.

40. Vor- und Frühsozialismus

Grundlegende Darstellung aller sozialist. Anschauungen, Strömungen und Gruppen: *George Douglas Howard Cole*, A History of socialist Thought, 7 Bde., London 1953 ff., 1. The Forerunners, 1953, 2. Marxism and Anarchism 1850/90, 1954, 3. (1.2) The Second International, 1956, 4. (1.2) Communism and Social Democracy 1914–1933, 1958, 5. Socialism and Fascism 1931/39, 1960; *Jacques Droz* (Hg.), Geschichte des Sozialismus, 12 Bde., Frankfurt/M. 1974 (Tb., frz. 1972); *Thilo Ramm*, Die großen Sozialisten, Bd. 1, Stuttgart 1955; *Carl Landauer*, European Socialism. A History of Ideas and Movements from the Industrial Revolution to Hitlers Seizure, 2 Bde., Berkeley 1959; *George Lichtheim*, Kurze Geschichte des Sozialismus,

München 1975 (engl. 1972); *Werner Hofmann*, Ideengeschichte d. sozialen Bewegung des 19. und 20. Jhs., (1962) 6. erw. Aufl. unter Mitwirkung von *Wolfgang Abendroth* und *Iring Fetscher*, Berlin 1979. Immer noch lesenswert *Friedrich Muckle*, Die großen Sozialisten, Leipzig 1920. Gesamtdarstellungen der gedanklichen Entwicklung in Frankreich: *Paul Louis*, Histoire du socialisme en France, Paris [5]1946, 1950, *Maxime Leroy*, Histoire des idées sociales en France, 3 Bde., Paris 1946/53. – Wichtige Zeitschrift: International Review of Social History, Amsterdam 1936ff. und 1956ff. (Bibl.).

Für den Vor- und Frühsozialismus in Frankreich vor allem *Maxime Leroy*, Les précurseurs français du socialisme de Condorcet à Proudhon, Paris 1948 (Texte), *Thilo Ramm* (Hg.), Der Frühsozialismus. Quellentexte, Stuttgart, 2. erw. Aufl. 1968, *Fritz Kool* und *Werner Krause* (Hg.), Die frühen Sozialisten, Olten/Freiburg 1967, *Michael Vester* (Hg.), Die Frühsozialisten, 1789–1848, Reinbek 1970; *Manfred Hahn* (Hg.), Vormarxistischer Sozialismus, Frankfurt/M. 1974, ist eine wichtige Aufsatzsammlung.

Babeuf. Textes choisis. Introd. et notes par *Claude Mazauric*, Paris 1965; Œuvres de Babeuf. Ed. par *D. Daline*. Paris 1977; *Robert Barrie Rose*, Gracchus Babeuf: The First Revolutionary Communist, London 1978; – *Philipp Buonarrotti*, Conspiration pour l'égalité dite de Babeuf, zuletzt Paris 1957; Ph. B., Babeuf und die Verschwörung für die Gleichheit. Mit dem durch sie veranlaßten Prozeß und den Belegstücken. Übersetzt und eingeleitet von *Anna* und *Wilhelm Blos*, 1909, Bonn [2]1975; – *Louis Auguste Blanqui*, Œuvres complètes. Introd. par ... *Arno Münster*, Bd. 1, Paris 1977, *ders.*, Schriften zur Revolution, Nationalökonomie und Sozialkritik, hg. von *Arno Münster*, Reinbek 1971; *Samuel Bernstein*, Auguste Blanqui and the Art of Insurrection, London 1971; *Etienne Cabet*, Voyage en Icarie, Paris 1839 u. ö., Clifton NJ 1973, *ders.*, Reise nach Ikarien, eingel. von *Alexander Brandenburg*, Neudr. d. Ausgabe Paris 1847, Berlin 1979; zusammenfassend *Christopher Johnson*, Utopian Communism in France. Cabet and the Icariens, 1839/51, Ithaca 1974.

Johann Gottlieb Fichte, Ausgewählte Werke, hg. von *F. Meiners*, 6 Bde. Stuttgart 1962; J. G. F., Ausgewählte, politische Schriften, hg. von *Zwi Batscha* und *Richard Saage*, Frankfurt/M. 1977; J. G. F., Schriften zur Revolution, hg. und eingel. von *Bernard Willms*, Köln/Opladen 1967, als Taschenbuch Frankfurt/M. 1973; *Zwi Batscha*, Gesellschaft und Staat in der polit. Philosophie Fichtes, Frankfurt/M. 1970.

Œuvres de *Saint-Simon et d'Enfantin*, 47 Bde., Paris 1865/78, Neudruck Osnabrück 1963/64, daraus: Œuvres de C. H. de Saint-Simon, Neudruck Paris 1966, 6 Bde.; Œuvres, 6 Bde., Genf 1978; *ders.*, Textes choisies. Préface, commentaires et notes explicatives par *J. Dautry*, Paris 1951; *ders.*, Ausgewählte Werke, hg. von *K. Lullu*, Berlin 1957; Saint-Simonistische Texte. Abhandlungen von Saint-Simon u. a. in zeitgenöss. Übersetzungen, hg. u. eingeleitet von *Rütger Schäfer*, 2 Bde., Aalen 1975; sehr lesenswert *Friedrich-August von Hayek*, Mißbrauch und Verfall der Vernunft. Ein Fragment, Frankfurt/M. 1959; *Manfred Hahn*, Präsozialismus. C. H. de S. S. Ein Bericht, Stuttgart 1970; *Thomas Petermann*, C. H. de S. S. Die Gesellschaft als Werkstatt, Berlin 1979, Analyse der gedankl. Entwicklung. – Für Saint-Simons Schüler unentbehrlich: *C. Bouglé / E. Halévy* (Hg.), Doctrine de Saint-Simon. Exposition (1829/30), 2 Bde., Paris 1924, dt. *Gottfried Salomon-Delatour* (Hg.). Die Lehre Saint-Simons, Neuwied 1962. *S. Charlévy*, Histoire du Saint-Simonisme, Paris 1896, ^{2}1931, *Georg Iggers*, The Cult of Authority. The political Philosophy of the Saint-Simonians. A Chapter in the History of Totalitarianism, Den Haag 1958. – Über Augustin Thierry: *Peter Stadler*, Geschichtsschreibung und historisches Denken in Frankreich 1789/1871, Zürich 1958. – Œuvres de Napoleon III, Paris 1854/69, 6 Bde., dt. Leipzig 1864/68, 4 Bde.

Louis Blanc, Organisation du travail, Paris 1839, ^{9}1850, dt. Berlin 1899, übersetzt von *Robert Prager; L. A. Loubère*, Louis Blanc. His Life and his Contribution to the Rise of French Jacobin-Socialism, Evanston/Ill. 1962.

Charles Fourier, Œuvres complètes, 12 Bde., Paris 1966/68; *ders.*, Theorie der vier Bewegungen und der allgemeinen Bestimmungen, hg. von *Theodor W. Adorno*, Frankfurt/M. 1966; *Käthe Asch*, Die Lehren Ch. F.s, Jena 1914; *Jean Goret*, La pensée de Fourier, Paris 1974. – *Victor Considérant*, Exposition abrégée du système phalanstèrier de Fourier, Paris 1845, *ders.*, Fouriers System der sozialen Reform. Einleitung von *Georg Adler*, 1906, Neudruck Berlin 1977; *M. Dommanget*, V. C. Sa vie, son œuvre, Paris 1929. – *Pierre-Joseph Proudhon*, Œuvres complètes, 13 Bde., hg. von *C. Bouglé* und *M. Moysset*, Paris 1923/36; *ders.*, Ausgewählte Schriften, hg. von *Arnold Ruge* u. *Alfred Damiron*, 3 Bde., Leipzig 1850/51, Neudruck Aalen 1973; *ders.*, Ausgewählte Texte, hg. und eingeleitet von *Thilo Ramm*, Stuttgart 1962 (ausführl. Bibl.), *ders.*, Qu'est-ce que la propriéte? Paris 1840, dt. 1844, Neudruck d. dt. Ausgabe von 1896 mit einer mod. Einführung von *M. Kramer*, Graz 1971; *ders.*, Système des contradictions économiques ou Philosophie de la misère, 2 Bde., Paris 1846, dt. Die Widersprüche der Nationalökonomie oder die Philosophie der Noth. Übersetzt von *Jordan*, 2 Bde., Leipzig 1847. Grundlegend *Karl Diehl*, P.-J. P. – seine Lehre und sein Leben, 3 Bde., Jena 1888/95, Neudruck Aalen 1965; *Edward Hyams*, P.-J. P. His revolutionary Life, Mind and Works, London 1979. – Das Hauptwerk von *Silvio Gesell* ist: Natürliche Wirtschaftsordnung durch Freiland und Freigeld, 1911, Berlin ^{9}1949.

Wilhelm Weitling, Garantien der Harmonie und Freiheit, 1842, Neudruck Berlin 1908 und, hg. von *Bernhard Kaufhold*, Berlin 1955; *ders.*, Das Evangelium des armen Sünders/Die Menschheit wie sie ist und wie sie sein sollte, hg. von *Wolf Schäfer*, Reinbek 1971 (orig. 1843 und 1838); *Waltraud Seidel-Höppner*, Wilhelm Weitling, der erste dt. Theoretiker des Kommunismus, Berlin 1961, *Wolfgang Schieder*, Anfänge der dt. Arbeiterbewegung, Stuttgart 1963. – *Moses Heß*, Die heilige Geschichte der Menschheit, Stuttgart 1837, Neudruck Hildesheim 1980, *ders.*, Ausgewählte Schriften. Ausgewählt und eingeleitet von *Horst Lademacher*, Köln 1962; *Bruno Frei*, Im Schatten von Karl Marx. Moses Heß – hundert Jahre nach seinem Tod, Wien 1977.

Carl Rodbertus, Gesammelte Werke und Briefe. Zusammengestellt von *Thilo Ramm*, 6 Bde., Osnabrück 1972; *Erich Thier*, Rodbertus, Lassalle, A. Wagner. Ein Beitrag zur Theorie und Geschichte des dt. Staatssozialismus, Jena 1930.

Robert Owen, A new View of Society or Essays on the Formation of the human Character, Nachdruck der 2. Aufl., London 1816, ebd. 1972 (^{1}1813), dt.: Eine neue Auffassung von der Gesellschaft. Vier Aufsätze über die Bildung des menschlichen Charakters, Leipzig 1900, *ders.*, The Book of the New Moral World, London 1820, Neudruck New York 1970, *ders.*, A new View of Society and other Writings, hg. von *G. D. H. Cole*, London 1927 u. ö., zuletzt 1966; *John F. C. Harrison*, Robert Owen and the Owenites in Britain and America, London 1969, umfangreiche Bibl.

41. Die Begründung des Marxismus

Umfassendste Ausgabe der Werke von Marx und Engels: *Karl Marx/Friedrich Engels*, Werke, 39 Bde. und 2 Erg.-Bde., Berlin 1956ff., zeitlich geordnet (MEW); die historisch-kritische Gesamtausgabe K. M. / F. E., Werke, Schriften, Briefe, Moskau 1927ff., blieb nach 12 Bd. stecken (MEGA); Karl-Marx-Studienausgabe, hg. von *Hans-Joachim Lieber*, 6 Bde., Stuttgart–Darmstadt 1960ff.; K. M. / F. E., Studienausgabe in 4 Bänden, hg. von *Iring Fetscher*, Frankfurt/M. 1966; K. M., Die Frühschriften, hg. von *Siegfried Landshut*, Hamburg 1953 u. ö.; F. E., Studienausgabe, 4 Bde., hg. und eingel. von *Hartmut Mehringer* und *Gottfried Mergner*, Reinbek 1973; von zahlreichen Schriften liegen preiswerte Einzelausgaben vor. *Cecil Eubanks*, K. M. and F. E. An analytical Bibliography, New York 1977, *Franz Neubauer*, Marx-Engels-Bibliographie, Boppard 1979. Sehr nützlich *Hans-Joachim Lieber/Gerd Helmer*, Marx-Lexikon. Zentrale Begriffe der politischen Philosophie von Karl Marx, Darmstadt 1988; ferner *Iring Fetscher* (Hg.), Grundbegriffe des Marxismus. Eine lexikalische Einführung, Hamburg 1976. *C. D. Kernig* (Hg.), Marxismus im Systemvergleich, 6 Bde., Frankfurt/M. 1973. Solide und gut lesbare kurze Biographien: *Werner Blumenberg*, K. M., Reinbek 1962, *Helmut Hirsch*, F. E., Reinbek 1968 u. ö. – Wesentliche Werke der Marx-Interpretation: *Heinrich Popitz*, Der entfremdete Mensch. Zeitkritik und Geschichtsphilosophie des jungen Marx, Frankfurt/M. ²1967 (¹1953), *Manfred Friedrich*, Philosophie und Ökonomie beim jungen Marx, Berlin 1960, *Peter Stadler*, K. M. Ideologie und Politik, Göttingen 1966, *Klaus Hartmann*, Die Marxsche Lehre. Eine philosophische Untersuchung zu den Hauptschriften, Berlin 1970, *Helmut Fleischer*, Marx und Engels. Die philosoph. Grundlagen ihres Denkens, Freiburg/Br. 1970, *Gesine Schwan*, Die Gesellschaftskritik von K. M. Politökonomische und philos. Voraussetzungen, Stuttgart 1974, ²1975. – Zur Wirkungsgeschichte des Marxismus außer den oben genannten Gesamtdarstellungen des Sozialismus die außerordentlich reichhaltige Quellensammlung von *Iring Fetscher*, Der Marxismus. Seine Geschichte in Dokumenten. 3 Bde., München 1962/65, ³1976/77, einbändige Ausgabe 1967, ²1973, *Predrad Vranicki*, Geschichte des Marxismus, Frankfurt/M. 1972/74 (serbokroat. 1961), 2 Bde., umfassend und sehr instruktiv vom Standpunkt der jugoslaw. Praxis-Gruppe, ferner *Leszek Kolakowski*, Die Hauptströmungen des Marxismus. Entstehung, Entwicklung, Zerfall, 3 Bde., München 1977/79, kämpferische Darstellung eines ehemaligen Marxisten.

42. Lassalleaner, Revisionisten, Reformisten

Zu Born vor allem *Frolinde Balser*, Social-Demokratie 1848/49–1863. Die erste dt. Arbeiterorganisation ›Allgemeine deutsche Arbeiterverbrüderung‹ nach der Revolution, 2 Bde., Stuttgart 1962, daneben *Max Quarck*, Die erste dt. Arbeiterbewegung. Geschichte der Arbeiterverbrüderung 1848/49, Leipzig 1924.
Eine gute *Lassalle*-Ausgabe ist ein Desiderat. F. L., Reden und Schriften. Neue Gesamtausgabe, hg. von *Eduard Bernstein*, 3 Bde., Berlin 1892/93, *ders.*, Gesammelte Reden und Schriften, hg. und eingeleitet von *E. Bernstein*, 12 Bde., Berlin 1919/20, *ders.*, Nachgelassene Briefe und Schriften, hg. von *Gustav Mayer*, 6 Bde., Berlin 1921/25, Neudruck 1967. Gute Auswahlen: *Thilo Ramm* (Hg.), Ausgewählte Texte,

Stuttgart 1962; F. L., Reden und Schriften. Mit einer Lassalle-Chronik, hg. von *Friedrich Jenaczak*, München 1970. Immer noch lesenswert *Hermann Oncken*, Lassalle, Stuttgart 1904, ^{5}1966; *Thilo Ramm*, F. L. als Rechts- und Sozialpolitiker. Meisenheim 1953, ^{2}1966, *Shlomo Na'aman*, Lassalle, Hannover 1970.
Zum Revisionismus zusammenfassend *Helga Grebing*, Der Revisionismus. Von Bernstein bis zum ›Prager Frühling‹, München 1977. – *Karl Höchberg* (Hg.), Die Zukunft. Soziale Revue, Berlin 1877/79, *ders.*, (unter dem Pseudonym Ludwig Richter) (Hg.), Jb. für Sozialwiss. und Sozialpolitik, Zürich 1879. – *Eduard Bernstein*, Die Voraussetzungen des Sozialismus und die Aufgaben der Sozialdemokratie, Stuttgart 1899 (dort auch Zuschrift an den Parteitag 1898), 7. Aufl. eingeleitet von *Dieter Schuster*, Bonn 1977, *ders.*, Texte zum Revisionismus, ausgewählt von *Horst Heimann*, Bonn 1977; *ders.*, Zur Geschichte und Theorie des Sozialismus, Berlin 1961, enthält die wichtigsten Aufsätze Bernsteins aus den Jahren 1896/99. Sehr kenntnisreich *Thomas Meyer*, Bernsteins konstruktiver Sozialismus, Berlin 1977; *Horst Heimann/Thomas Meyer* (Hg.), B. und der demokratische Sozialismus, Berlin 1978 (Kongreßbericht). – *Karl Kautsky*, Bernstein u. d. sozialdemokratische Programm. Eine Antikritik, Stuttgart 1899, Neudruck Bonn 1976; *Walter Holzheuer*, Karl Kautskys Werk als Weltanschauung, München 1972, erste umfassende Analyse Kautskys.
Hermann Cohen, Ethik des reinen Willens. Berlin 1904; *Karl Vorländer*, Kant, Fichte, Hegel und der Sozialismus, Berlin 1900, *ders.*, Kant und Marx, Berlin 1911, ^{2}1926, Darstellung der marxistischen Kantianer; *Franz Staudinger*, Ethik und Politik, Berlin 1899, *ders.*, Kulturgrundlagen der Politik, Jena 1914.
Max Adler, Marxistische Probleme; Beiträge zur Theorie der marxist. Geschichtsauffassung und Dialektik, Stuttgart 1913, ^{5}1922, *ders.*, Die Staatsauffassung des Marxismus, Wien 1922, Darmstadt ^{2}1964, *ders.*, Politische oder soziale Demokratie, Berlin 1926. Zusammenfassend *Peter Heintel*, System und Ideologie. Der Austromarxismus im Spiegel der Philosophie Max Adlers, Wien 1967. – *Karl Renner*, Marxismus, Krieg und Internationale, Stuttgart 1917, *ders.*, Die Wirtschaft als Gesamtprozeß und die Sozialisierung, Berlin 1924; *Jacques Hannak*, Karl Renner und seine Zeit, Wien 1965; *Otto Bauer*, Bolschewismus oder Sozialdemokratie, Wien 1920; Rudolf Hilferding, Das Finanzkapital, Wien 1910 u. ö., zuletzt Frankfurt/M. 1973. Die Formel vom organisierten Kapitalismus schon bei R. H., Arbeitsgemeinschaft der Klassen, in: Der Kampf, 8, 1915, 322 ff. Unentbehrliche Darstellungen: *Norbert Leser*, Zwischen Reformismus und Bolschewismus. Der Austromarxismus als Theorie und Praxis, Wien 1968, *Peter Kulemann*, Am Beispiel des Austromarxismus, Sozialdemokrat. Arbeiterbewegung in Österreich, Hamburg 1979.
Zu den französ. Sozialisten außer den oben genannten Titeln *Daniel Ligou*, Histoire du socialisme en France 1871–1961, Paris 1962, *Claude Willard*, Le mouvement socialiste en France 1893–1905: Les Guesdistes, Paris 1965, *ders.*, Hg., *Jules Guesde.* Textes choisis, Paris 1959, *ders.*, *Jules Guesde*, Ausgewählte Texte, Berlin 1962; *Jean Jaurès*, Œuvres, 9 Bde., Paris 1931/39, *ders.*, Sozialistische Studien. 1902, Neudruck Berlin 1974, *Urs Brand*, Jean Jaurès. Internationalist und Patriot, Göttingen 1973.
Fabian Essays, *George Bernard Shaw*, *Sidney Webb* et al. (1889) With a new Introduction by *Asa Briggs*, London ^{6}1962; *George Bernard* Shaw, What Socialism is. The Fabian Society, London 1961; *A. M. McBriar*, Fabian Socialism and English Politics 1884–1918, Cambridge 1962; *Peter Witting*, Der englische Weg zum Sozia-

lismus. Die Fabier und ihre Bedeutung für die Labour Party und die englische Politik, Berlin 1982.

43. Anarchismus

Die klassische Darstellung des Anarchismus ist *Max Nettlau*, Der Vorfrühling der Anarchie ... bis zum Jahre 1864, Berlin 1925, Der Anarchismus von Proudhon bis Kropotkin ... 1859–1880, Berlin 1927, Anarchisten und Sozialrevolutionäre ... 1880–1886, Berlin 1931, Neudruck Glashütten 1972; neuere und kürzere Darstellungen von Ideen und Aktionen *George Woodcock*, Anarchism. A History of Libertarian Ideas and Movements, Gloucester/Mass. 1962, *James Joll*, Die Anarchisten, Berlin 1966 (engl. 1964), *Justus Franz Wittkop*, Unter der schwarzen Fahne. Aktionen und Gestalten des Anarchismus, Frankfurt/M. 1973, *M. Fleming*, The Anarchist Way to Socialism, London 1919. Zusammenfassung des Diskussionsstandes: *Peter Lösche*, Anarchismus, Darmstadt 1977. Wichtigste Quellensammlung: *Erwin Oberländer* (Hg.), Der Anarchismus, Olten/Freiburg 1972.

William Godwin, An Enquiry concerning Political Justice and its Influence on general Virtue and Happiness, London 1793, neu hg. in 3 Bdn. von *J. B. F. Priestley*, London 1946, Bd. 3, dt. Frankfurt/M. 1803. – *Max Stirner*, Der Einzige und sein Eigentum, Leipzig 1845, *H. G. Helms* (Hg.), M. S. Der Einzige und sein Eigentum und andere Schriften, München 1968.

Œuvres complètes de *Bakounine*, Publ ... Arthur Lehning, 6 Bde., Paris 1973/78; *Michail Bakunin*, Gesammelte Werke. Bearb. und hg. von *Max Nettlau*, 3 Bde., Berlin 1921/24, Neudruck 1975; *Michail Bakunins* Beichte aus der Peter-Pauls-Festung ... Mit Autorisation des Hg. der russ. Originalausgabe *W. Polanski* in dt. Sprache veröffentlicht von *Kurt Kersten*, Frankfurt/M. 1973; *Rainer Beer* (Hg.), Michail Bakunin, Philosophie der Tat. Auswahl aus seinem Werk, Köln 1968; Staatlichkeit und Anarchie und andere Schriften, hg. und eingeleitet von *Horst Stuke*, Frankfurt/M. 1972; unerläßlich *Fritz Brupbacher*, Marx und Bakunin, 1922, Neudruck Berlin 1976. Gründliche Einführung *J. F. Wittkop*, Bakunin, Reinbek 1974.

Zu Tschernyschewski, Tkatschew und Netschajew sehr materialreich *Astrid von Borcke*, Die Ursprünge des Bolschewismus. Die jakobinische Tradition in Rußland und die Theorie der revolutionären Diktatur, München 1977, ferner *Peter Scheibert*, Geschichte der russischen revolut. Ideologien 1840–1895, Leiden 1956.

Alexander Herzen, Ausgewählte philosophische Schriften, Leipzig 1949; *Peter A. Kropotkin*, Memoiren eines Revolutionärs. Aus dem Russischen von *Max Pannwitz*, Nachwort von *George Woodcock*, Frankfurt/M. 1973, *ders.*, Die Eroberung des Brotes und andere Schriften, hg. von *Hans G. Helms*, München 1973, *ders.*, Gegenseitige Hilfe in der Tierwelt und Menschenwelt, übersetzt von *G. Landauer*, hg. von *Henning Ritter*, Frankfurt/M. 1976; *Martin A. Miller*, Kropotkin, Chicago 1979.

Für Frankreich sehr informativ *Jean Maitron*, Histoire du mouvement anarchiste en France (1880–1914), Paris 1951, *Robert Goetz-Girey*, La pensée syndicale française, Paris 1948; *Fernand Pelloutier*, L'histoire des bourses du travail, préface de *Georges Sorel*, Paris 1946; *Maurice Pelloutier*, F. P., sa vie et son œuvre, Paris 1911. –

Georges Sorel, Réflexions sur la violence, nouv. édit., Paris 1972, dt. Über die Gewalt, Frankfurt/M. 1972, *ders.*, Décomposition du Marxisme, Paris 1908, dt. Die Auflösung des Marxismus, Hamburg 1930; *Hans Barth*, Masse und Mythos. Die Theorie der Gewalt. Georges Sorel, Hamburg 1959, *Helmut Berding*, Rationalismus und Mythos. Geschichtsauffassung und polit. Theorie bei Georges Sorel, München 1969.
Murray Bookchin, Spanish Anarchists. The Heroic Years 1868–1936, New York 1978.

44. Sozialreform

Lorenz von Stein, Geschichte der sozialen Bewegung in Frankreich von 1789 bis auf unsere Tage. 3 Bde., Leipzig 1850, Neudruck der von *Gottfried Salomon* hg. Ausgabe von 1921, Darmstadt 1959 u. ö., *ders.*, System der Staatswissenschaft, 2 Bde., Stuttgart 1852/56, Neudruck Osnabrück 1964. Sehr wertvoll: Staat und Gesellschaft. Studien über Lorenz von Stein, hg. und eingeleitet von *Roman Schnur* mit einer Bibliographie von *Max Mundig*, Berlin 1978. Bilanz der jetzt sehr lebhaften Stein-Diskussion: *Dirk Blasius/Eckart Pankoke*, L. v. S. Geschichts- und gesellschaftswissenschaftliche Perspektiven, Darmstadt 1977.
Gustav Schmoller, Zwanzig Jahre deutscher Politik (1897–1917). Aufsätze und Vorträge, München 1920. Außerordentlich wertvoll für die Beschäftigung mit dem Verein für Sozialpolitik *Dieter Lindenlaub*, Richtungskämpfe im Verein für Sozialpolitik, Wiesbaden 1967. Facettenreiche Aufsatzsammlung: *Rüdiger vom Bruch* (Hg.), Weder Kommunismus noch Kapitalismus. Bürgerliche Sozialreform in Deutschland vom Vormärz bis zur Ära Adenauer, München 1985.
Hermann Schulze-Delitzsch's Schriften und Reden, hg. von *F. Thorwart*, 5 Bde., Berlin 1909/13; *Helmut Faust*, Geschichte der Genossenschaftsbewegung, Frankfurt/M. 1965.
Thomas Carlyle, Works, ed. by *F. D. Traill*, 30 Bde., London 1896/99; Ausgewählte Werke, 9 Bde., dt. Leipzig 1895–1907. Grundlegend: *David A. Wilson*, Life of Carlyle, 6 Bde., London 1923/34.
Für die französ. Katholiken immer noch unentbehrlich *Waldemar Gurian*, Die politischen und sozialen Ideen des französ. Katholizismus 1789–1914, Mönchengladbach 1929; *Félicité de Lamennais*, Le livre du peuple (1838), dt. Das Volksbuch, übersetzt von *A. Ploetz*, Leipzig 1905; *C. Carcopino*, Les doctrines sociales de Lamennais, Paris 1942; – *Frédéric le Play*, Les ouvriers européens. Organisation du travail, Paris 1855, ^{7}1906, *ders.*, La réforme sociale en France, 3 Bde., Paris 1864, ^{8}1901; Recueil d'études sociales à la mémoire de F. L. P., Paris 1956. – *F. J. Stegmann*, Geschichte der sozialen Ideen im dt. Katholizismus, in: *Helga Grebing* (Hg.), Geschichte der sozialen Ideen in Deutschland, München 1969; *Franz Prinz*, Kirche und Arbeiterschaft, München 1974. – *Franz von Baaders* Gedanken über Staat und Gesellschaft, Revolution und Reform/Über das dermalige Mißverhältnis der Vermögenslosen oder Proletairs zu den Vermögen besitzenden Klassen der Societät, Darmstadt 1968 (orig. 1890 und 1835). – *Wilhelm Emmanuel v. Ketteler*, Schriften, hg. von *Joh. Mumbauer*, Bd. 2 und 3, Kempten 1911, ^{2}1924. – *Franz Hitze*, Die soziale Frage und die Bestrebungen zu ihrer Lösung mit bes. Berücksichtigung der verschiedenen sozialen Parteien in Deutschland, Paderborn 1877, *ders.*,

Kapital und Arbeit und die Reorganisation der Gesellschaft, Paderborn 1880. – *Georg Frhr. v. Hertling*, Naturrecht und Sozialpolitik, Freiburg 1893; Die sozialen Rundschreiben. *Leo XIII.* Über die Arbeiterfrage. *Pius XI.* Über die gesellschaftliche Ordnung. Mit Erläuterungen von *Paul Jostock*, Freiburg/Br. 1948, [2]1958; Die soziale Frage und der Katholizismus. Festschrift zum 40jährigen Jubiläum der Enzyklika Rerum Novarum, Paderborn 1931.

45. Nationalismus

Karl W. Deutsch/Richard Merrit, Nationalism and National Development. An interdisciplinary Bibliography, Cambridge/Mass. 1970; *Heinrich August Winkler/Thomas Schnabel*, Bibliographie zum Nationalismus, Göttingen 1979; *H. A. Winkler* (Hg.), Nationalismus, Kronberg/Ts. 1978, grundlegende Aufsätze zu Theorie und Typologie des Nationalismus; kurze Zusammenfassung: *Peter Alter*, Nationalismus, Frankfurt/M. 1984; sehr gute Gesamtdarstellung: *Hans Kohn*, Die Idee des Nationalismus. Ursprung und Geschichte bis zur Französ. Revolution, Frankfurt/M. 1962 (engl. 1944), *ders.*, Von Machiavelli zu Nehru. Zur Problemgeschichte des Nationalismus, Freiburg 1964 (engl. 1955), *ders.*, Die Slawen und der Westen. Zur Problemgeschichte des Panslawismus, Wien 1956. Sehr instruktiv auch *Eugen Lemberg*. Nationalismus. 2 Bde., Reinbek 1964; ferner *Isaiah Berlin*, Der Nationalismus, Frankfurt/M. 1990.

Johann Gottfried Herder, Sämtliche Werke, hg. von *Bernhard Suphan*, 33 Bde., Berlin 1877–1913, Neudruck Hildesheim 1967/68, Register in Bd. 33; Schriften, hg. von *Carl Otto Conrady*, Reinbek 1968, 3 Bde.; Ideen zur Philosophie der Geschichte der Menschheit, Darmstadt 1966; Sprachphilosophische Schriften. Aus dem Gesamtwerk ausgewählt von *Erich Heintel*, Hamburg 1960; einführend *Friedrich Wilhelm Kantzenbach*, Herder, Reinbek 1970.

Jules Michelet, Œuvres complètes, éd. par *Paul Viallaneix*, 7 Bde., Paris 1971/78; *Henri Martin*, De la France, de son génie et de ses destinées, Paris 1847; *François Guizot*, Histoire générale de la Civilisation en Europe, Paris 1828; *Alphonse de Lamartine*, Mémoires politiques, in: Œuvres complètes, Bd. 37–40, Paris 1866; *Edgar Quinet*, L'Ultramontanisme, Paris 1844, *ders.*, Histoire de mes idées, Paris 1878, beide Titel auch in Bd. 17 und Bd. 15 der Œuvres complètes, 1873. *Beatrice Fry Hyslop*, French Nationalism in 1789, New York 1934, *Heinz-Gerhart Haupt*, Nationalismus und Demokratie. Zur Geschichte der Bourgeoisie im Frankreich der Restauration, Frankfurt/M. 1974.

Giuseppe Mazzini, Auswahlen in dt. Sprache: G. M., Politische Schriften. Ins Deutsche übertragen und eingeleitet von *Siegfried Flesch*, Leipzig 1911, G. M.s Schriften, hg. von *Ludmilla Assing*. 2 Bde., Hamburg 1868; *Vincenco Gioberti*, Del primato morale e civile degli Italiani, Brüssel 1845; *F. Perfetti* (Hg.), Il nazionalismo italiano, Mailand 1970; *Hartmut Ullrich*, Bürgertum und nationale Bewegung im Italien des Risorgimento, in: *Otto Dann* (Hg.), Nationalismus und sozialer Wandel, Hamburg 1978.

Zu Palacky *Hans Raupach*, Der tschechische Frühnationalismus. 1939, Darmstadt 1969.

Friedrich Ludwig Jahn, Gesammelte Werke, hg. von *C. Euler*, 3 Bde., Hof 1883/87. – Zu *Fichte* s. o. S. 635; *Ernst Moritz Arndt*, Schriften für und an seine lieben Deut-

schen, 4 Bde., Leipzig 1845/55; Werke, Auswahl in 12 Teilen, hg. von *August Leffson* und *Wilhelm Steffens*, Leipzig 1912; *Johannes Paul*, E. M. A. ›Das ganze Teutschland soll es sein!‹, Göttingen 1971.
Fr. J. Neumann, Volk und Nation, Leipzig 1888; *Friedrich Meinecke*, Weltbürgertum und Nationalstaat. Studien zur Genesis des dt. Nationalstaates. 1908, Werke, Bd. 5, München 1962.
Ernest Renan, La réforme intellectuelle et morale, 1871, *ders.*, Qu'est-ce qu'une nation? 1882, beides in Œuvres complètes, hg. von *Calmann-Lévy*, Bd. 1, Paris 1947.
Paul Déroulède, Pages françaises, Paris 1909, *ders.*, Qui vive? France, quand-même! Notes et discours (1883–1910), Paris 1910; *Maurice Barrès*, Scènes et doctrines du nationalisme, 2 Bde., Paris 1911; *Z. Sternhell*, Maurice Barrès et le nationalisme français, Paris 1972; *Karl Epting*, Das französische Sendungsbewußtsein im 19. und 20. Jh., Heidelberg 1952.
Ernst Hasse, Deutsche Weltpolitik, München 1897; *Alfred Kruck*, Geschichte des Alldeutschen Verbandes 1890–1938, Wiesbaden 1954.

46. Rassismus, Sozialdarwinismus, Antisemitismus

Überblick über die Situation der Juden von der Antike bis zur Gegenwart und über die Entwicklung der Judenfeindschaft: *Bernd Martin/Ernst Schulin* (Hg.), Die Juden als Minderheit in der Geschichte, München 1981. Eine sehr instruktive Darstellung der Entwicklung von Rassismus und Antisemitismus bei *George L. Mosse*, Rassismus. Ein Krankheitssymptom in der europ. Geschichte des 19. und 20. Jhs., Königstein 1978 (engl. 1978); *Imanuel Geiss*, Geschichte des Rassismus, Frankfurt/M. 1988; *Eleonore Sterling*, Judenhaß. Die Anfänge des polit. Antisemitismus in Deutschland (1815–1850), Frankfurt/M. 1969; *Hannah Arendt*, Elemente und Ursprünge totaler Herrschaft, Frankfurt/M. 1958 (engl. 1955); *Peter G. J. Pulzer*, Die Entstehung des polit. Antisemitismus in Deutschland und Österreich 1867–1914, Gütersloh 1966 (engl. 1964); *Herbert A. Strauß/Norbert Kampe* (Hg.), Antisemitismus. Von der Judenfeindschaft zum Holocaust, Bonn 1985; *Léon Poliakov*, Der arische Mythos, München 1977; *Robert F. Barnes*, Antisemitism in modern France. 2 Bde., New Brunswick 1950; *Hedwig Conrad-Martius*, Utopien der Menschenzüchtung. Der Sozialdarwinismus und seine Folgen, München 1955; *Hans-Günther Zmarzlik*, Der Sozialdarwinismus in Deutschland als geschichtl. Problem, in Vjh. f. Zeitgesch. 11, 1963, S. 246–275; *W. H. Koch*, Der Sozialdarwinismus und sein Einfluß auf das imperialist. Denken, München 1973; *Hans-Georg Marten*, Sozialbiologismus. Biologische Grundpositionen der politischen Ideengeschichte, Frankfurt/M. 1983.
Joseph Arthur Comte Gobineau, Essai sur l'inégalité des races humaines. 4 Bde., Paris 1853/55, Paris 1967, dt. Versuch über die Ungleichheit der Menschenrassen, übersetzt von *Ludwig Schemann.* 4 Bde., Leipzig 1898, ^{5}1939/40; *ders.*, La Renaissance, Paris 1877, dt. Die Renaissance, Leipzig 1896; *Michael D. Biddis*, Father of Racist Ideology. The socialist and political Thought of Count Gobineau, London 1970.
Friedrich Schlegel, Über die Sprache und Weisheit der Inder, Heidelberg 1808, Krit. Schlegel-Ausgabe, hg. von *Ernst Behler*, Darmstadt 1958ff., 1. Abt. Bd. 8; beste Einführung: *Ernst Behler*, F. S., Reinbek 1966; *Robert Knox*, The Races of Men,

London 1850; *Georges Comte Vacher de Lapouge*, L'Aryen, son rôle social, Paris 1899, dt. Der Arier. Seine Bedeutung für die Gemeinschaft, Frankfurt/M. 1939; *ders.*, Les sélections sociales, Paris 1896; *Christian Lassen*, Indische Alterthumskunde. 4 Bde., Bonn 1847/61; *Richard Wagner*, Gesammelte Schriften und Dichtungen. 16 Bde., [4]1912/16; *Houston Stewart Chamberlain*, Die Grundlagen des 19. Jhs., 2 Teile, München 1899, *ders.*, Auswahl aus seinem Werk, Breslau 1934; zusammenfassend *Winfried Schuler*, Der Bayreuther Kreis, Münster 1971.

Charles Darwin/Alfred Russel Wallace, On the Tendency of Species to form Varieties and on the Perpetuation of Varieties and Species by Natural Law, in: Journal of the Proceedings of the Linnean Society, III, 9, 1858; *Charles Darwin*, On the Origin of Species by Means of Natural Selection, London 1859, [3]1861 u. ö., dt. Über die Entstehung der Arten durch die natürliche Zuchtwahl. Übers. von *H. G. Bronn*, Stuttgart 1860 u. ö.; *August Weismann*, Charles Darwin und sein Lebenswerk, Jena 1909; *Norman F. Cantor/Michael S. Werthan*, The Making of the Modern World, New York 1967, darin *Karl Pearson*, Ch. D. 1809–1882, *Charles C. Gillispie*, The Darwinian Heritage; eindringliche Biographie *Ronald W. Clark*, Charles Darwin. Aus d. Engl. von Joachim Frank, Frankfurt/M. 1985. – *Jean Baptiste Lamarck*, Philosophie Zoologique. 2 Bde. Paris 1809. – *Herbert Spencer*, Social Statics, London 1851; *ders.*, System of Synthetic Philosophy. 11 Bde., London 1860/96, dt. 11 Bde., 1875/1902; *ders.*, Essays 1858/63, London [5]1891, 3 Bde.; *ders.*, Principles of Sociology, New York 1874/75. – *Ernst Haeckel*, Generelle Morphologie der Organismen, Berlin 1866; *ders.*, Natürliche Schöpfungsgeschichte, Berlin 1868; *ders.*, Die Welträtsel, Berlin 1899, viele Auflagen; vgl. zu Haeckel *Daniel Gasmann*, The Scientific Origins of National Socialism. Social Darwinism in Ernst Haeckel and the German Monist League, London 1971. – *Francis Galton*, Hereditary Genius, its Laws and Consequences, London 1869, [2]1892; *Thomas Henry Huxley*, Social Diseases and Worse Remedies, London 1891, dt: Soziale Essays, dt. von *A. Tille*, Weimar 1897. – *John Berry Haycraft*, Darwinism and Race Progress, London 1895, dt. Natürliche Auslese und Rassenverbesserung, Leipzig 1895. – *Alexander Tille*, Von Darwin bis Nietzsche. Ein Buch zur Entwicklungsethik, Leipzig 1895; *ders.*, anonym: Volksdienst. Von einem Sozialaristokraten, Berlin 1893.

Wilhelm Marr, Der Sieg des Judenthums über das Germanenthum, Bern 1879; zur begriffl. Entwicklung *Thomas Nipperdey/Reinhard Rürup*, Antisemitismus, in: Geschichtl. Grundbegriffe, Bd. 2, 1972, 129–153. – *Alphonse de Toussenel*, Les Juifs, rois de l'époque, Paris 1845; *Edouard Drumont*, La France juive, Paris 1886; *Otto Glagau*, Der Börsen- und Gründungsschwindel in Berlin, Leipzig 1876; *Karl Eugen Dühring*, Die Judenfrage als Frage des Racencharakters, 1880, Leipzig [5]1930, *Adolf Wahrmund*, Das Gesetz des Nomadentums und die heutige Judenherrschaft, Berlin 1887; *August Rohling*, Der Talmud-Jude, Münster 1871, viele Auflagen; *Otto Weininger*, Geschlecht und Charakter, Wien 1903, [21]1920, Neudruck 1980. – Zum russischen Antisemitismus erstmals tiefgreifend: *Heinz Dietrich Löwe*, Antisemitismus und reaktionäre Utopie. Russ. Konservativismus im Kampf gegen den Wandel von Staat und Gesellschaft, Hamburg 1978; *Norman Cohn*, Die Protokolle der Weisen von Zion. Der Mythos von der jüdischen Weltverschwörung, Köln 1969. *Gottfried zur Beek (Ludwig Müller)* (Hg.), Die Geheimnisse der Weisen von Zion, Charlottenburg 1919, [22]1938. *Alfred Rosenberg*, Die Protokolle der Weisen von Zion und die jüdische Weltpolitik, München 1923.

47. Imperialismus

Karl Scherzer, Wanderungen durch die mittelamerikanischen Freistaaten Nicaragua ..., Braunschweig 1857; *Heinrich v. Treitschke*, Politik. Vorlesungen gehalten an der Universität zu Berlin. 2 Bde., Leipzig 1898 u. ö.
Hans-Ulrich Wehler, Bibliographie zum Imperialismus, Göttingen 1977. Zur Begriffsgeschichte umfassend *R. Koebner/H. D. Schmidt*, Imperialism. The Story and Significance of a Political Word 1840–1960, Cambridge 1964; wichtige Aufsätze: *Hans-Ulrich Wehler (Hg.)*, Imperialismus, Köln 1970, ^{3}1976. Sehr anregend: *Heinz Gollwitzer*, Geschichte des weltpolit. Denkens, Bd. 1., Göttingen 1972, Bd. 2, ebd. 1982.
Zur gedanklichen Entwicklung in England: *Klaus E. Knorr*, British Colonial Theories, 1570–1850, Toronto 1944, ^{2}1963; *C. C. Eldridge*, England's Mission. The Imperial Idea in the Age of Gladstone and Disraeli, 1868–1880, London 1973.
George de Lacy Evans, On the Design of Russia, London 1828; *Edward Gibbon Wakefield*, A Letter from Sidney, London 1829; *ders.*, England and America, New York 1834, dazu *Bernard Semmel*, Die ›Philos. Radikalen‹ und die Kolonien, in: *H. U. Wehler* (Hg.), Imperialismus, 170ff. (orig. 1961); *Thomas Douglas Earl of Selkirk*, Observations on the Present State of the Highlands of Scotland, Edinburgh ^{2}1806; *John G. L. Earl of Durham*, Report on the Affairs of British North America. 1839, Neudruck hg. von *C. P. Lucas*, 3 Bde., Oxford 1912; *Archibald Alison*, Political and Historical Essays, 3 Bde., London 1850; *Charles Dilke*, Greater Britain. A Record of Travel in English-speaking Countries 1866/67. 2. Bde., London 1868. – Selected Speeches of ... the *Earl of Beaconsfield* (B. Disraeli), ed. by *T. E. Kebbel*, Bd. 2, London 1882, 523–535; *John Robert Seeley*, The Expansion of England. 1883, dt. Die Ausbreitung Englands. Bis zur Gegenwart fortgeführt von *Michael Freund*, Frankfurt/M. 1954. – Zu Kipling: *H. L. Varley*, Imperialism and R. Kipling, in: Journal of the History of Ideas, 14, 1953, 124–135; – The Last Will and Testament of *C. J. Rhodes*, ed. by *W. T. Stead*, London 1902.
Für die USA grundlegend *Albert K. Weinberg*, Manifest Destiny. A Study of Nationalist Expansionism in American History. 1935, Gloucester ^{3}1963; *Alexander Hill Everett*, Europe or a General Survey of the Present Situation of the Principal Powers, Boston 1822., dt. Bamberg 1823; *ders.*, America. Philadelphia 1827, dt. Hamburg 1828. – The Works of *W. H. Seward*, ed. by *G. E. Baker*, 5 Bde., New York 1882/90; *C. D. van Deusen*, W. H. Seward, New York 1964.
Zur Entwicklungsgeschichte des imperialistischen Denkens in Deutschland: *Hans Fenske*, Imperialistische Tendenzen in Deutschland vor 1866, in: Hist. Jahrbuch, 97/98, 1978, 336–383, insgesamt *W. D. Smith*, The Ideology of German Colonialism 1840–1906, in: Journal of Modern History, 46, 1974. 641–642; *Klaus Wernecke*, Der Wille zur Weltgeltung, Düsseldorf 1970. – *Friedrich Fabri*, Bedarf Deutschland der Kolonien?, Gotha 1879; *Klaus J. Bade*, Friedrich Fabri und der Imperialismus in der Bismarckzeit, Freiburg 1975, für jede Beschäftigung mit dem dt. Imperialismus wertvoll. – *Friedrich Naumann*, Demokratie und Kaisertum, Berlin 1900.
Anatole Prevost-Paradol, La France Nouvelle, Paris 1868, *Paul Leroy-Beaulieu*, De la colonisation chez les peuples modernes, Paris 1874, ^{6}1908; *Nikolaj J. Danilevski*, Rußland und Europa. 1920 (übers. von *K. Nötzel*, gekürzt, russ. Orig., St. Petersburg 1871). – Zu den sozialist. Kontroversen um den Imperialismus zusammenfassend *Hans Christoph Schröder*, Sozialismus und Imperialismus. 1968, Bonn ^{2}1975.

Klare Aufarbeitung der verschiedenen Imperialismus-Deutungen: *Wolfgang J. Mommsen*, Imperialismus-Theorien. Ein Überblick über die neueren Imperialismus-Deutungen, Göttingen 1977. – *John A. Hobson*, Imperialism, London 1902, ^{3}1938, dt. Der Imperialismus. Mit einer Einleitung von *H. Chr. Schröder*, Köln 1968. – *Joseph Schumpeter*, Zur Soziologie der Imperialismen, in: Archiv f. Soz. Wiss. u. Soz. Pol. 46, 1918/19, sowie in *ders.*, Aufsätze zur Soziologie, Tübingen 1953, 72–146.

48. Sieg und Krise der Demokratie

Geoffrey Bruun, Clemenceau, London 1962, *Jacques Chastenet*, Gambetta, Paris 1868, *Albert Milhaud*, Histoire du radicalisme, Paris 1951; *Alain*, Eléments d'une doctrine radicale, Paris 1925; *Georges Pascal*, Pour connaître la pensée d'Alain, Paris ^{3}1957.

Peter Gilg, Die Erneuerung des demokrat. Denkens im wilhelminischen Deutschland, Wiesbaden 1965; *Friedrich Naumann*, Werke, hg. von *Theodor Schieder* u. a., 6 Bde., Köln 1964/69; *Max Weber*, Gesammelte Polit. Schriften, München 1921, Tübingen ^{3}1971, hg. von J. *Winckelmann*. In der Gesamtausgabe der Werke Max Webers, hg. von der Bayer. Akad. d. Wiss. (Tübingen 1984 ff.), liegen inzwischen vor: Abt. I, Bd. 2, Römische Agrargeschichte, 1986; Bd. 3, Zur Lage der Landarbeiter im ostelbischen Deutschland 1892, 1984; Bd. 10, Zur Russischen Revolution von 1905. Schriften und Reden 1905–1912, 1989; Bd. 15, Zur Politik im Weltkrieg. Schriften und Reden 1914–1918, 1984 (als Paperback 1988); Bd. 16, Zur Neuordnung Deutschlands. Schriften und Reden 1918–1920, 1988; Bd. 17, Wissenschaft als Beruf 1917/19, Politik als Beruf 1919, 1992; Bd. 19, Die Wirtschaftsethik der Weltreligionen Konfuzianismus und Taoismus, Schriften 1915–1920, 1989; Abt. II; Bd. 5, Briefe 1906–1908, 1990.

Wolfgang Mommsen, Max Weber u. d. dt. Politik, 1890–1920, Tübingen ^{2}1974; *Reinhard Bendix*, M. W., Darstellung, Analyse, Ergebnisse, München 1964; *Dirk Käsler*, Einführung in das Studium Max Webers, München 1979; *Johannes Winckelmann*, Max Webers hinterlassenes Hauptwerk: Die Wirtschaft und die gesellschaftlichen Ordnungen und Mächte. Entstehung und gedanklicher Aufbau, Tübingen 1986. Sehr lesenswerte Aufsatzsammlungen: *Wolfgang J. Mommsen/Wolfgang Schwentker* (Hg.), Max Weber und seine Zeitgenossen, Göttingen 1988. *Friedrich Tenbruck*, Das Werk Max Webers. Gesammelte Aufsätze zu Max Weber. Hg. von Harald Homann, Tübingen 1998. *Edith Hanke/Wolfgang J. Mommsen* (Hg.), Max Webers Herrschaftssoziologie, Tübingen 2001.

Ferdinand Tönnies, Gemeinschaft und Gesellschaft. Grundbegriffe der reinen Soziologie (1887), Darmstadt 1979; *E. G. Jacoby*, Die moderne Gesellschaft im sozialwiss. Denken von F. T., Stuttgart 1971; *Gustave le Bon*, Psychologie des foules. Paris 1895 u. ö., dt. erstmals 1908, Psychologie der Massen, ^{14}1973; *Gaetano Mosca*, Elementi di scienza politica. 1895, Bari ^{4}1947, dt. Die herrschende Klasse, Bern 1950; *J. H. Meisel*, Der Mythos der herrschenden Klasse. G. M. u. d. Elite, Düsseldorf 1962; *Erwin Faul*, Der moderne Machiavellismus, Köln 1961; *Robert Michels*, Zur Soziologie des Parteiwesens in der mod. Demokratie. 1911, Neudruck der 2. Aufl. hg. von *Werner Conze*, Stuttgart 1957; *Vilfredo Pareto*, Trattato di sociologia generale, Florenz 1916, engl. The Mind of Sociology, New York 1935; dt. Auswahl:

Allgemeine Soziologie, ... übersetzt von *C. Brinkmann*, Tübingen 1955; *Gottfried Eisermann*, V. P.s System der allg. Soziologie. Einleitung, Texte und Anmerkungen, Stuttgart 1962; V. P., Les systèmes socialistes. 2 Bde., Paris 1902/03, ²1926; *Gottfried Eisermann*, V. P. als Nationalökonom und Soziologe, Tübingen 1961; *Oswald Spengler*, Der Untergang des Abendlandes. 2 Bde., Berlin 1918, München 1922, Neudruck 1979; *E. Stutz*, Oswald Spengler als polit. Denker, Bern 1958.

49. Von Lenin zu Stalin

Zur Geschichte der Sowjetunion zusammenfassend: *Helmut Altrichter*, Kleine Geschichte der Sowjetunion, München 1991. *ders.*, Staat und Revolution in Sowjetrußland 1917–1922/23, Darmstadt 1981; Die Sowjetunion bis zu Stalins Tod. Bd. 1: Staat und Partei, hg. von *Helmut Altrichter*, Bd. 2: Wirtschaft und Gesellschaft, hg. von *Helmut Altrichter* und *Heiko Haumann*, München 1986/87; *Dimitri Wolkogonow*, Die sieben Führer, Frankfurt/M. 2001 (behandelt Lenin, Stalin, Chruschtschow, Breschnew, Andropow, Tschernenko, Gorbatschow); *Leonhard Schapiro*, Die Geschichte der Kommunistischen Partei der Sowjetunion, Frankfurt/M. 1962 (engl. 1960); *B. D. Wolfe*, Lenin, Trotzki, Stalin, Frankfurt/M. 1965.

W. I. Lenin, Werke, 40 Bde., Berlin 1961/64 (nach der 4. russ. Ausgabe von 1941) (danach zit.), Ausgewählte Werke, 6 Bde., Berlin 1970 ff., Aus den Schriften 1895–1923, hg. von *Hermann Weber*, München 1967, Lenin-Studienausgabe, hg. von *Iring Fetscher*, Frankfurt/M. 1970, Für und wider die Bürokratie. Schriften und Briefe 1917–1923, hg. von *Günter Hillmann*, Reinbek 1970. Biogr. Einleitung: *Hermann Weber*, Lenin, Reinbek 1970; zur Entwicklung des russ. Marxismus bis Lenin: *S. V. Utechin*, Geschichte der polit. Ideen in Rußland, Stuttgart 1966; Bertram D. Wolfe, Leninism, in: *M. Drachkovitch* (Hg.), Marxism in the Modern World, Stanford 1965, 47–89. *Peter Scheibert*, Lenin an der Macht. Das russische Volk in der Revolution 1918–1922, Weinheim 1984.

Nikolaj Bucharin/E. A. Preobrashenski, Das ABC des Kommunismus, dt. Hamburg 1921; *N. I. Bucharin*, Theorie des historischen Materialismus, dt. Hamburg 1922; *Peter Knirsch*, Die ökonomischen Anschauungen Nikolai I. Bucharins, Berlin 1959.

Grundlegende Trotzki-Biographie *Isaak Deutscher*, Trotzki. 3 Bde., Stuttgart 1962/63 (engl. 1954/63); *Leo Trotzki*, Ergebnisse und Perspektiven. Die treibenden Kräfte der Revolution, Frankfurt/M. 1967; *ders.*, Die permanente Revolution, Berlin 1930.

Josef W. Stalin, Werke, 13 Bde., Berlin 1950/55; *ders.*, Fragen des Leninismus, Moskau 1947; *ders.*, Über dialektischen und historischen Materialismus, hg. von *Iring Fetscher*, Frankfurt/M. 1956; *ders.*, Marxismus und Fragen der Sprachwissenschaft, hg. von *H. P. Gentz*, München 1968. – *Heinz-Dietrich Löwe*, Stalin. Der entfesselte Revolutionär, Göttingen 2002; *Boris Souvarine*, Stalin, Frühgeschichte des Bolschewismus, München 1979; *ders.*, Art Stalinism, in: *M. Drachkovitch*, Marxism in the Modern World, 90–107. – *A. Shdanow*, Über die internationale Lage, Berlin 1952.

Hans-Joachim Lieber/Karl-Heinz Ruffmann (Hg.), Der Sowjetkommunismus, Bd. 1, Die politisch-ideologischen Konzeptionen, Bd. 2, Die Ideologie in Aktion, Köln 1963/64.

50. Italienischer Faschismus und benachbarte Bewegungen

Philip Rees, Facism and pre-facism in Europe 1890–1945. A bibliography of the extreme Right, Brighton 1984. Zum Faschismus-Begriff *Ernst Nolte*, Faschismus, in: Geschichtl. Grundbegriffe, Bd. 2, 1972, 329–336. *Renzo de Felice*, Die Deutungen des Faschismus. Hg. von *Josef Schröder* ... aus dem Italienischen von *Elisabeth Lauer*, Göttingen 1980 (Standardwerk). Präzise *Wolfgang Wippermann*, Faschismus-Theorien. Zum Stand der gegenwärtigen Diskussion, Darmstadt 1975, [3]1976. – Prot. des IV. Kongresses der Kommunist. Internationale, Hamburg 1923; XIII. Plenum des Exekutiv-Komitees der Kommunist. Internationale, Dezember 1933, Moskau 1934.

Zum Totalitarismus: *Franz Neumann*, Behemoth, New York 1942; dt. Frankfurt/M. 1977; *Carl J. Friedrich*, Totalitäre Diktatur, Stuttgart 1957 (engl. 1954); *Hannah Arendt*, Elemente und Ursprünge totaler Herrschaft, Frankfurt/M. 1958 (engl. 1955). Wichtige Diskussionsbeiträge bei *Bruno Seidel/Siegfried Jenkner* (Hg.), Wege der Totalitarismus-Forschung, Darmstadt 1968, bei *Manfred Funke* (Hg.), Totalitarismus. Ein Studienreader, Düsseldorf 1978; zusammenfassend *Walter Schlangen*, Die Totalitarismus-Theorie. Entwicklung und Probleme, Stuttgart 1976; Totalitarismus und Faschismus. Eine wissenschaftliche und politische Begriffskontroverse, hg. vom Institut für Zeitgeschichte, München 1980; *Juan José Linz*, Totalitäre und autoritäre Regime, Berlin 2000.

Unerläßlich: *Ernst Nolte*, Der Faschismus in seiner Epoche. Die Action française. Der italienische Faschismus. Der Nationalsozialismus, München 1963 u. ö.; *ders.*, Die faschistischen Bewegungen, München 1966.

Für die politischen Wirkungen Nietzsches: *Hans Barth*, N. u. d. polit. Ideologien der Gegenwart, in: *ders.*, Fluten und Dämme, Zürich 1943; *Friedrich Glum*, Philosophen im Spiegel und Zerrspiegel, München 1954. – Zu Bergson *A. Cresson*, H. B., sa vie et son œuvre. Paris 1941, [6]1964. *H. B.*, Œuvres Completès. 4 Bde., Genf 1945/46.

Charles Maurras, Enquête sur la Monarchie. 1901, Paris 1936; *ders.*, Mes idées politiques, Paris 1937; *H. Naumann*, Ch. M. und die Weltanschauung der Action française, Leipzig 1935; *M. Curtis*, Three against the Third Republic, Sorel, Barrès and Maurras, Princeton 1959; *René Rémond*, Les droites en France, Paris [4]1982; *Ariane Chebel de Appollonia*, L'extrême droite en France des Maurras à le Pen, Brüssel 1988. *René de la Tour du Pin*, Vers un ordre social chrétien, Paris 1907.

Opera Omnia di *Benito Mussolini.* A cura de *Edoardo e Duilio Susmel.* 36 Bde., Florenz 1951/65; *ders.*, Schriften und Reden. Autorisierte Gesamtausgabe, Zürich 1934/37 (erschienen nur 4 Bde.); *ders.*, Dottrina del Fascismo, 1932, dt., Doktrin des Faschismus, Zürich 1934, Der Geist des Faschismus, München 1940 u. ö., Vom Kapitalismus zum korporativen Staat, Reden und Gesetze, Stuttgart 1936. – *Giovanni Gentile*, Origine e dottrina del fascismo, 1929, dt. Grundlagen des Faschismus, Stuttgart 1936. – Die Standardbiographie Mussolinis ist *Renzo de Felice*, Mussolini. 5 Bde., Turin 1966–1981, Neuauflage ebd. 1986–1988. Von den nicht in italienischer Sprache vorgelegten Biographien ist heranzuziehen *Laura Fermi*, Mussolini, Chicago 1961. Zur Entwicklungsgeschichte des Faschismus in Italien *Robert Paris*, Les origines du fascisme, Paris 1968.

Weitere faschistische Bewegungen: *Hans-Ulrich Thamer/Wolfgang Wippermann*, Faschistische und Neofaschistische Bewegungen, Darmstadt 1977 (Spanien, Argentinien, Südosteuropa, Frankreich, Italien). Internationaler Faschismus 1920–1945, hg. von *Walter Laqueur* und *George L. Mosse*, München 1966; *Eugen Weber*, Varieties of Fascism, London 1964. – *J. Plumyène/R. Lasièrra*, Les Fascismes Français 1923–1963, Paris 1963, *Dieter Wolf*, Die Doriot-Bewegung, Stuttgart 1967; *Yves Guchet*, Georges Valois: l'Action française, le Faisceau et la république syndicale, Paris 1975. *Michèle Cointe-Labrousse*, Vichy et le fascisme, Brüssel 1988. *Bernd Nellessen*, Die verbotene Revolution. Aufstieg und Niedergang der Falange, Hamburg 1963, vor allem aber *Stanley G. Payne*, Falange. A History of Spanish Fascism, Stanford [2]1962; *Bernd Nellessen* (Hg.), José Antonio Primo de Rivera, der Troubadur der span. Falange. Auswahl und Kommentar seiner Reden, Stuttgart 1963. *Brian Crozier*, Franco. Eine Biographie, München 1987.

51. Der Nationalsozialismus

Ablehnung eines allgemeinen Faschismus-Begriffs, in den auch der Nationalsozialismus eingeordnet wird, bei *Karl Dietrich Bracher*, zuletzt in dem Kolloquium des Instituts für Zeitgeschichte, s. o. S. 647; in Italien entsprechend sehr dezidiert; *Renzo de Felice*, Der Faschismus. Ein Interview von *Michael A. Ledeen*. Mit einem Nachwort und übersetzt aus dem Italienischen von *Jens Petersen*, Stuttgart 1977; ebenso natürlich *ders.*, Die Deutungen (s. o. Kap. 50). Ebenfalls ablehnend und sehr instruktiv *Bernd Martin*, Zur Tauglichkeit eines übergreifenden Faschismus-Begriffs. Ein Vergleich zwischen Japan, Italien und Deutschland, in: Vjh. f. Zeitgeschichte, 29, 1981, 48–73.

Adolf Hitler, Mein Kampf, Bd. 1, Eine Abrechnung, München 1925, Bd. 2, Die nationalsozialistische Bewegung, München 1927, ab der 4. Auflage 1930 Ausgabe in einem Band, hier zit. nach der 78.–84. Auflage 1933. Über die geringfügigen Unterschiede der einzelnen Ausgaben *Hermann Hammer*, Die dt. Ausgaben von Hitlers ›Mein Kampf‹ in: Vjh. f. Zeitgeschichte, 4, 1956, 161–178. – Hitlers Zweites Buch. Ein Dokument aus dem Jahre 1928, eingeleitet und kommentiert von *Gerhard L. Weinberg*, Stuttgart 1961. – *Adolf Hitler*, Reden, Schriften, Anordnungen. Februar 1925–Januar 1933, hg. vom Institut für Zeitgeschichte, 5 Bde. in 12 Teilbdn., München 1992–1998. Für die Frühzeit: *Eberhard Jäckel/Axel Kuhn* (Hg.), Hitler. Sämtliche Aufzeichnungen 1905–1924, Stuttgart 1981. Wichtigste Ausgabe von Gesprächen: A. H., Monologe im Führerhauptquartier 1941–1945. Die Aufzeichnungen *Heinrich Heims*, hg. von *Werner Jochmann*, Hamburg 1980; *Werner Maser* (Hg.), Hitlers Briefe und Notizen, Düsseldorf 1973. – Zur Resonanz von ›Mein Kampf‹: *Karl Lange*, Hitlers unbeachtete Maximen. ›Mein Kampf‹ und die Öffentlichkeit, Stuttgart 1968. Sehr gehaltvolle Analyse: *Barbara Zehnpfennig*, Hitlers ›Mein Kampf‹. Eine Interpretation, München 2000. Äußerst materialreich: *Werner Maser*, Adolf Hitler. Legende, Mythos, Wirklichkeit, München 1971 u. ö., vor allem aber *Joachim C. Fest*, Hitler. Eine Biographie, Frankfurt/M. 1973 u. ö.; sehr anregend *Rainer Zitelmann*, Hitler. Selbstverständnis eines Revolutionärs, Hamburg 1987, wo besonders die sozialen und ökonomischen Ziele betont sind. *Ian Kershaw*, Hitler, Bd. 1: 1889–1936, Bd. 2: 1936–1945, Stuttgart 1998/2000 (Standardwerk). Für die Frühzeit *Brigitte Hamann*, Hitlers Wien. Lehrjahre eines Diktators, München 1996; *Anton Joachimsthaler*, Hitlers Weg begann in München 1913–1923, München 2000. Vergleich mit Mussolini: *Walter Rauscher*, Hitler und

Mussolini. Macht, Krieg und Terror, Darmstadt 2001. Lesenswert *Sebastian Haffner*, Anmerkungen zu Hitler, München 1978. Wertvolle Analyse: *Eberhard Jäckel*, Hitlers Weltanschauung, Tübingen 1970; *Rupert Breitling*, Die nationalsozialistische Rassenlehre, Meisenheim 1971; eindrucksvolle Zusammenfassung *Andreas Hillgruber*, Die ›Endlösung‹ u. d. dt. Ostimperium als Kernstück des rassenideolog. Programms d. NS, in: Vjh. f. Zeitgeschichte, 20, 1972, 133–153. – Zur Geschichte von Partei und Staat *Gerhard Schulz*, Der Aufstieg des Nationalsozialismus. Frankfurt/M. 1975; *Martin Broszat*, Der Staat Hitlers. München 1969; *Norbert Frei*, Führerstaat. Nationalsozialistische Herrschaft 1933–1945, München 1987. – *Carl J. Burckhardt*, Meine Danziger Mission 1937/39, München 1962.
Josef Ackermann, Heinrich Himmler als Ideologe, Göttingen 1970; Denkschrift *Himmlers* über die Behandlung der Fremdvölkischen im Osten (Mai 1940), in: Vjh. f. Zeitgeschichte, 5, 1957, 194–198; Die Rede *Himmlers* vor den Gauleitern am 3. August 1944, ebd., 1, 1953, 557–594; *Götz Aly*, »Endlösung«. Völkerverschiebung und der Mord an den europäischen Juden, Frankfurt/M. 1995.

52. Neuere Entwicklungen im Kommunismus

Wolfgang Leonhard, Die Dreispaltung des Marxismus. Ursprung und Entwicklung des Sowjetmarxismus, Maoismus und Reformkommunismus, Düsseldorf 1970, [2]1975. *Mao Tse-tung*, Ausgewählte Schriften, 4 Bde., Berlin 1956 (aus dem Russischen); *ders.*, Ausgewählte Schriften. Aus dem Chinesischen übersetzt, hg. und mit einem Kommentar und Anmerkungen versehen von *Tilemann Grimm*, Frankfurt/M. 1963; *ders.*, Ausgewählte Werke, 4 Bde., Peking 1968/69. – Sehr gute biograph. Einführung *Tilemann Grimm*, Mao Tse-tung, Reinbek 1968 u. ö.; *Stuart R. Schram*, The Political Thought of Mao Tse-tung, New York 1963, 2. erw. Aufl. 1969 (kommentierte Textpassagen Maos); *Deng Xiaoping*, Speeches und Writings, hg. von *Robert Maxwell.* Oxford 1984: *ders.*, Die Reform der Revolution. Eine Milliarde Menschen auf dem Weg, hg. von *Helmut Martin*, Berlin 1988; *David Goodman*, Deng Xiaoping, London 1990. Beijing-Rundschau Nr. 44, 1984 (Beschluß des Zentralkomitees der KPCh zur Reform des Wirtschaftssystems).
Y. P. Chen, Chinese Political Thought. Mao and Liu Shao-chi, Den Haag 1971; *Peter J. Opitz* (Hg.), Maoismus, Stuttgart 1972; *Dieter Heinzig*, Die Krise der Kommunistischen Partei Chinas in der Kulturrevolution, Hamburg 1989; *Oskar Weggel*, China im Aufbruch, München 1997, *S. Heilmann*, Das politische System der Volksrepublik China im Wandel, Hamburg 1996, *Carsten Hermann-Pillath/Michael Lackner* (Hg.), Länderbericht China. Politik, Wirtschaft und Gesellschaft im chinesischen Kulturraum, Bonn 1998.
No-nguyen Giap, Guerre du peuple, armée du peuple, Paris 1961; *Ho Chi Minh*, Selected Works. 4 Bde., Hanoi 1960; *ders.*, Ausgewählte Schriften und Reden 1920–1968, Reinbek 1968; *Reinhold Neumann-Hoditz*, Ho Tschi Minh, Reinbek 1971; *William J. Duiker*, Ho Chi Minh, New York 2000.
Materialien zur Revolution in Reden, Aufsätzen, Briefen von *Fidel Castro*, *Ché Guevara*, *Régis Debray*, hg. von *Heinrich v. Nußbaum*, Darmstadt 1968; *Fidel Castro Ruz*, Fanal Kuba, Reden und Schriften 1960/62. Mit einem Dokumentenanhang, Berlin 1963; *Ernesto Ché Guevara*, Der Partisanenkrieg, Hamburg 1968; *ders.*, Brandstiftung oder Neuer Friede?, Reinbek 1969; *Régis Debray*, Révolution

dans la révolution, Paris 1967; *Theodore Draper*, Castroism. Theory and Practice, New York 1965; *Volker Skierka*, Fidel Castro – Eine Biographie, Berlin 2002.
Josip Broz-Tito, Politischer Bericht des Zentralkomitees der Kommunistischen Partei Jugoslawiens; Belgrad 1948; *ders.*, Der jugoslawische Weg. Sozialismus und Blockfreiheit. Aufsätze und Reden, München 1976; Tito contra Stalin. Der Streit der Diktatoren in ihrem Briefwechsel, Hamburg 1949; biographisch einführend *G. Brunk/A. Rühle*, Josef Tito, Reinbek 1973, aber immer noch unentbehrlich *Vladimir Dedijer*, Tito. Autorisierte Biographie, Berlin 1953; *Milovan Djilas*, Die neue Klasse, München 1958; *ders.*, Anatomie einer Moral, eine Analyse in Streitschriften, Olten 1961 (= Artikel in der Borba, dt.); *ders.*, Gespräche mit Stalin. Frankfurt/M. 1962 (engl. 1962); *Günter Bartsch*, Milovan Djilas, München 1971; *Mihajlo Mihajlov*, A Historical Proposal, New York 1966 (orig. 1965); *George Zaninovich*, The Yugoslav Communist Party, in: *Klaus-Detlev Grothusen* (Hg.), Südosteuropa-Handbuch, Bd. 1, Jugoslawien. Göttingen 1965; *Hannelore Hamel* (Hg.), Arbeiterselbstverwaltung in Jugoslawien, München 1974; *Pedro Ramet* (Hg.), Yugoslavia in the 1980s, Godstone/Surrey 1985 (Aufsatzsammlung zu den in Jugoslawien sich vollziehenden Wandlungen); *Jens Reuter*, Jugoslawien im Umbruch, in: Aus Politik und Zeitgeschichte. 45/1990, S. 3–15.
Reinhard Crusius/Manfred Wilke (Hg.), Entstalinisierung. Der XX. Parteitag der KPdSU und seine Folgen, Frankfurt/M. 1977; *Gotthold Rhode*, Der ›Polnische Oktober‹ und seine Folgen, Osteuropa-Handbuch, Bd. 1, Polen, hg. von *Werner Markert*, Köln 1959, S. 251–267; *Hans Georg Wehling* (*Hg.*), Polen. Eine politische Landeskunde, Stuttgart 1986; *Gesine Schwan*, Leszek Kolakowski. Eine marxistische Philosophie der Freiheit, Stuttgart 1971; *L. Kolakowski*, Der Mensch ohne Alternative. Von der Möglichkeit und Unmöglichkeit, Marxist zu sein, München 1960, ²1976; *Georg Lukács*, Marxismus und Stalinismus. Polit. Aufsätze, Reinbek 1970; *ders.*, Schriften zur Ideologie und Politik, ausgewählt und eingeleitet von *Peter Ludz*, Darmstadt ²1973; *Hans Heinz Holz* u. a., Gespräche mit G. L., Reinbek 1967; Individuum und Praxis. Positionen der Budapester Schule, Beiträge von G. L. u. a., Frankfurt/M. 1975; *Imre Nagy*, Politisches Testament, München 1959 (aus dem Engl.); Der Volksaufstand in Ungarn. Bericht der Sonderkommission der Vereinten Nationen, Bonn/Frankfurt/M. 1957; *Ota Šik*, Plan und Markt im Sozialismus, Wien 1967; *Karel Kosík*, Dialektik des Konkreten, Frankfurt/M. 1967; *H. G. Skilling*, Interrupted Revolution, New York 1976; *O. Pustejovsky*, In Prag kein Fenstersturz, München 1968 (darin das Manifest der 2000 Worte in dt. Sprache); *Zdenek Hejzlar*, Reformkommunismus. Zur Geschichte der Komm. Partei der Tschechoslowakei, Köln 1976.
Manfred Steinkühler, Eurokommunismus im Widerspruch. Analyse und Dokumentation, Köln 1977, bietet die wichtigsten Texte, ebenso *Manfred Spieker* (Hg.), Der Eurokommunismus – Demokratie oder Diktatur?, Stuttgart 1979 (Referate und Diskussionen zweier Tagungen); sehr präzise Einführung bei *Hans-Joachim Veen*, Sozialismus, Kommunismus und die Integration Europas, Melle 1978; *Santiago Carrillo*, Eurokommunismus und Staat, Berlin 1977. *Klaus Kellmann*, Pluralistischer Kommunismus? Wandlungstendenzen eurokommunistischer Parteien in Westeuropa und ihre Reaktion auf die Erneuerung in Polen. Einführung von Karl Dietrich Erdmann, Stuttgart 1984 (Analyse der ideologisch-programmatischen Entwicklungen von PCI, PCF und PCE).
Herbert Marcuse, Das Ende der Utopie, Berlin 1967; *ders.*, Der eindimensionale

Mensch, Neuwied 1967; *ders.*, Konterrevolution und Revolte, Frankfurt/M. 1973. – *Charles Wright Mills*, Die amerikanische Elite. Gesellschaft und Macht in den Vereinigten Staaten, Hamburg 1962. – *Gerhard Langguth*, Protestbewegung. Entwicklung – Niedergang – Renaissance. Die neue Linke seit 1968, Köln 1983; knapp und instruktiv: *Ingrid Gilcher-Holtey*, Die 68er Bewegung. Deutschland – Westeuropa – USA, München 2001; *Günter Bartsch*, Anarchismus in Deutschland, 2 Bde., Hannover 1973; *Karl-Heinz Sahmel*, Vernunft und Sinnlichkeit. Eine kritische Einführung in das philosophische und politische Denken Herbert Marcuses, Königstein 1979.
Michail Gorbatschow, Die wichtigsten Reden, Köln 1987; *ders.*, Perestroika. Die zweite russische Revolution. Eine neue Politik für Europa und die Welt, München 1987. *Wolfgang Fritz Haug*, Gorbatschow. Versuch über den Zusammenhang seiner Gedanken, Hamburg 1989.
Gerd Biro, Weltmarktorientierte Reform des Wirtschaftslenkungssystems in Ungarn, Tübingen 1989; *Judy Batt*, Economic Reform and political Change in Eastern Europe. A comparison of the Czechoslovak und Hungarian experience, Basingstroke 1988. *Klaus von Beyme*, Systemwechsel in Osteuropa, Frankfurt/Main 1994.

53. Behauptung, Stabilisierung und wachsende Anziehungskraft der Demokratie

James Bryce, Moderne Demokratien. 3 Bde., München 1923/26 (engl. 1921); *Winston S. Churchill*, Reden. Aus dem Engl. übertragen. 7 Bde., Zürich 1946/50; vorzügliche biogr. Einführung *Sebastian Haffner*, Churchill, Reinbek 1967; *Hans Kelsen*, Vom Wesen und Wert der Demokratie. Neudruck der 2. umgearb. Auflage von 1929, Aalen 1963; *Gerhard Leibholz*, Das Wesen der Repräsentation und der Gestaltwandel der Demokratie im 20. Jahrhundert, Berlin 1929, [3]1966, Nachdruck 1973 u. d. T.: Die Repräsentation in der Demokratie; *ders.*, Strukturprobleme der modernen Demokratie, Karlsruhe [3]1967; *Maurice Duverger*, Die politischen Parteien, Tübingen 1959; *Joseph A. Schumpeter*, Kapitalismus, Sozialismus und Demokratie, Bern [2]1950; *Robert A. Dahl*, Pluralist Democracy in the United States, Chicago 1957; *ders.*, Vorstufen zur Demokratietheorie, Tübingen 1976 (amerik. Orig. Chicago 1956); *Ernst Fraenkel*, Deutschland und die westlichen Demokratien, Stuttgart [4]1968; *William Alton Kelso*, American Democratic Theory. Pluralism and its Critics, Westpoint Ct. 1978. – *Heinrich Oberreuter* (Hg.), Pluralismus. Grundlegung und Diskussion, Opladen 1980.
Paul K. Conkin, The New Deal. New York 1967; *William E. Leuchtenburg*, Franklin D. Roosevelt and the New Deal 1932/40, New York 1963.
John Maynard Keynes, Vom Gelde. München 1932 (engl. 1930); *ders.*, Allgemeine Theorie der Beschäftigung, des Zinses und des Geldes, Berlin 1955 (engl. 1936); *Harald Scherf*, John Maynard Keynes (1883–1946), in: *Joachim Starbatty* (Hg.), Klassiker des ökonomischen Denkens, Bd. 2, Von Karl Marx bis Walter Eucken, München 1989, S. 273–291. *Lawrence B. Klein*, The Keynesian Revolution, New York 1947, [2]1963; *Richard F. Kahn*, The relation of home investment to unemployment, in: Economic Journal, 41, 1931, 173–198.
Franz Böhm, Die Ordnung der Wirtschaft als geschichtl. Aufgabe und rechtschöp-

ferische Leistung, Stuttgart 1937; *ders.*, Die Idee des Ordo im Denken Walter Euckens, in: Ordo, 3, 1950, S. XV ff., *Walter Eucken*, Die Grundlagen der Nationalökonomie, Jena [4]1944; *ders.*, Das ordnungspolitische Problem, in: Ordo, 1, 1948, S. 56 ff., *ders.*, Die Wettbewerbsordnung und ihre Verwirklichung, in: Ordo, 2, 1949, S. 1 ff., *ders.*, Grundsätze der Wirtschaftspolitik, hg. von *Edith Eucken-Erdsiek*, Reinbek 1961; *Lüder Gerken* (Hg.), Walter Eucken und sein Werk. Rückblick auf den Vordenker der sozialen Marktwirtschaft, Tübingen 2000 (Aufsätze zu Leben und Werk Euckens); *Wilhelm Röpke*, Civitas Humana. Grundfragen der Gesellschafts- und Wirtschaftsreform, Erlenbach–Zürich 1944, [3]1949, *ders.*, Die Gesellschaftskrise der Gegenwart, ebd. 1942; *Alexander Rüstow*, Das Versagen des Wirtschaftsliberalismus, Düsseldorf [2]1950; Günter Schmölders (Hg.), Der Wettbewerb als Mittel volkswirtsch. Leistungssteigerung, Berlin 1942; *Alfred Müller-Armack*, Wirtschaftslenkung und Volkswirtschaft, Hamburg 1947; *Ludwig Erhard*, Gedanken aus fünf Jahrzehnten. Reden und Schriften, hg. von *Karl Hohmann*, Düsseldorf 1988; *Karl Hohmann* u. a. (Hg.), Grundtexte zur Sozialen Marktwirtschaft, Bd. 2, Das Soziale in der Sozialen Marktwirtschaft, Stuttgart 1988.
Louis Baudin, L'aube d'un nouveau libéralisme, Paris 1953; *Bertrand de Jouvenel*, Du Pouvoir, Genf 1947; *Walter Lippmann*, Essays in the Public Philosophy, Boston 1956, *ders.*, Philosophia publica. Vom Geist des guten Staatswesens, München 1956; *Friedrich August v. Hayek*, Der Weg zur Knechtschaft, Erlenbach–Zürich 1947; *ders.*, Recht, Gerechtigkeit und Freiheit. Eine neue Darstellung der liberalen Prinzipien der Gerechtigkeit und der politischen Ökonomie. 3 Bde., Landsberg/Lech 1980/81 (Zusammenfassende Darstellung der Ansichten des Verf.). Biographische Würdigung: *Hans Jörg Hennecke*, Friedrich August von Hayek. Die Tradition der Freiheit, Düsseldorf 2000.
John Rawls, Eine Theorie der Gerechtigkeit, Frankfurt/M. 1979 (amerik. Orig. 1971), *ders.*, Die Idee des politischen Liberalismus. Aufsätze 1978–1989, hg. von *Wilfried Hinsch*, Frankfurt/M. 1992, *ders.*, Politischer Liberalismus, Frankfurt/M. 1998; *Otfried Höffe* (Hg.), Über John Rawls' Theorie der Gerechtigkeit, Frankfurt/M. 1977; *Amitai Etzioni*, Jenseits des Egoismus-Prinzips. Ein neues Bild von Wirtschaft, Politik und Gesellschaft, Stuttgart 1994, *ders.*, Die Entdeckung des Gemeinwesens, Stuttgart 1995; *Michael Walzer*, Sphären der Gerechtigkeit. Ein Plädoyer für Pluralität und Gleichheit, Frankfurt/M. 1992 (amerik. Orig. 1983); *Axel Honneth* (Hg.), Kommunitarismus. Eine Debatte über die Grundlagen moderner Gesellschaften, Frankfurt/M. 1993 (wichtige Texte in dt. Übersetzung); *Walter Reese-Schäfer*, Was ist Kommunitarismus? Frankfurt/M. 1995, (knappe einführend Monographie).
Dieter Klink, Vom Antikapitalismus zur sozialistischen Marktwirtschaft. Die Entwicklung der ordnungspolitischen Konzeptionen der SPD, Hannover 1965; *Helmut Köser*, Die Grundsatzdebatte in der SPD von 1945/46 bis 1958/59, Diss., Freiburg 1971; *Iring Fetscher*, Vom Wohlfahrtsstaat zur neuen Lebensqualität. Die Herausforderungen des demokratischen Sozialismus, Köln 1982 (Studien zu einzelnen Problemen).
Andrej Amalrik, Unfreiwillige Reise nach Sibirien, Reinbek 1977; *Alexander Solschenizyn*, Ein Tag im Leben des Iwan Denissowitsch, München 1963; *ders.*, Der erste Kreis der Hölle, Frankfurt/M. 1968; *ders.*, Der Archipel Gulag, 3 Bde., Bern/München 1974–1976; *Andrej Sacharow*, Wie ich mir die Zukunft vorstelle. Gedanken über Fortschritt, friedliche Koexistenz und geistige Freiheit, Zürich

1968; *ders.*, Den Frieden retten. Ausgewählte Aufsätze, Briefe, Aufrufe 1978–1983, hg. von *Cornelia Gerstenmaier*, Stuttgart 1983; *Václav Havel*, Versuch, in der Wahrheit zu leben. Von der Macht der Ohnmächtigen, Reinbek 1980; *ders.*, Am Anfang war das Wort. Texte von 1969 bis 1990, Reinbek 1990 (darin: Offener Brief an Gustáv Husák); Gründungsproklamation der Charta 77, in: Archiv der Gegenwart vom 1. Januar 1977, S. 20687 A; *Hans-Henning Paetzcke*, Andersdenkende in Ungarn, Frankfurt/M. 1986; *Lech Walesa*, Ein Weg der Hoffnung. Autobiographie, Wien 1987.
Vergleichende Darstellung der Dissidentenbewegung in der Sowjetunion und der Tschechoslowakei: *Miroslav Novak*, Du Printemps de Prague au Printemps de Moscou (Janvier 1968–Janvier 1990). Les Formes de l'Opposition en Union Soviétique Tschecoslovaquie depuis 1968, Genf 1990; *Cornelia Gerstenmaier*, Die Stimme der Stummen. Die demokratische Bewegung in der Sowjetunion, Stuttgart ³1972; *George Bailey*, Sacharow. Der Weg zur Perestroika, München 1988; *Györgi Dalos*, Archipel Gulasch. Die Entstehung der demokratischen Opposition in Ungarn. Mit einem Dokumentenanhang, Bremen 1986; *Hans-Georg Wehling* (Hg.), Polen, Stuttgart 1986.
Michail Gorbatschow, Der Zerfall der Sowjetunion, Gütersloh 1992; *Boris Jelzin*, Die Alternative. Demokratie statt Diktatur, München 1991; *Imre Poszgay*, Die Erde bebt. Ungarn und der Zerfall des Kommunismus in Osteuropa, Bonn 1992; *Eduard Schewardnadse*, Die Zukunft gehört der Freiheit, Reinbek 1991.
Lothar Rühl, Zeitenwende in Europa. Der Wandel der Staatenwelt und der Bündnisse, Stuttgart 1990; *Roger East/Martin Wright*, Revolution in Eastern Europe, London 1991; *Timothy Garton Ash*, Ein Jahrhundert wird abgewählt. Aus den Zentren Mitteleuropas 1980–1990, München 1990; *Konrad Löw* (Hg.), Ursachen und Verlauf der deutschen Revolution von 1989, Berlin 1991; *Ulrich Druwe*, Das Ende der Sowjetunion. Krise und Auflösung einer Weltmacht, Weinheim 1991.
Milton Friedman, Kapitalismus und Freiheit, Frankfurt/M. 2002 (amerik. Orig. 1962).
André Brodocz/Gary S. Schaal (Hg.), Politische Theorien der Gegenwart, 2 Bde., Opladen 2002.

54. Politische Ideen in der Dritten Welt

Gerhard Baumann, Die Blockfreien-Bewegung. Konzept – Analyse – Ausblick, Melle 1982 (dokumentierter historischer Abriß, bis 1979); *Werner Link/Paul Tücks*, Der Nord-Süd-Konflikt und die Zusammenarbeit der Entwicklungsländer, Berlin 1985 (kurze, prägnante Einführung); *Dieter Nohlen* (Hg.), Lexikon Dritte Welt. Länder, Organisationen, Theorien, Begriffe. 2. vollständig überarbeitete, aktualisierte und erweiterte Auflage, Reinbek 1984 (informatives Nachschlagewerk); *Paul E. Sigmund*, The Ideology of the developing countries, New York 1972.
Sun Yat-sen, Three Principles of the People, Shanghai 1927, Taipeh ²1953 (gekürzt); Memoiren eines chines. Revolutionärs, hg. von *K. A. Wittfogel*, 1927 (engl. 1918); Sun Yat-sen. His Political and Social Ideas. A Source Book, hg. und übersetzt von *L. S. L. Hsü*, Los Angeles 1935; *Gottfried Karl Kindermann* (Hg.), Konfuzianismus, Sunyatsenismus und chinesischer Kommunismus. Dokumente zur

Begründung und Selbstdarstellung des chinesischen Nationalismus, Freiburg/Br. 1963; *Johannes Chang*, Der Sozialismus Sun-Yat-Sens, Diss., Münster 1965.
Mohandas Karamchand Gandhi, The Story of my Experiment with Truth. Aus dem Original von *M. Desai.* 2 Bde, Ahmedabad 1927/29 u. ö., dt. Mein Leben, hg. von *C. F. Andrews*, Leipzig 1930. Die Geschichte meiner Experimente mit der Wahrheit, Freiburg 1960 (bis 1925); *ders.*, Nonviolence in Peace and War, Ahmedabad 1948; *W. E. Mühlmann*, M. G., Der Mann, sein Werk und seine Wirkung, Tübingen 1950; *Dietmar Rothermund*, Mahatma Gandhi – Der Revolutionär der Gewaltlosigkeit. Eine politische Biographie, München 1989; *Heinz Lehmann*, Jawaharlal Nehru, Göttingen 1965; R. K. *Karanjia*, The Philosophy of Mr. Nehru, London 1966; *S. Gopar*, Jawaharlal Nehru, A Biography. Abriged to one volume, Oxford 1990; *Dietmar Rothermund*, The Phases of Indian Nationalism and other Essays, Bombay 1970.
Leopold Sédar Senghor, Négritude and Humanismus, Düsseldorf 1964; *ders.*, Rede zur Verleihung des Friedenspreises, Frankfurt/M. 1969; *J. J. Hymans*, L. S. S. An intellectual Biography Edinburgh 1972.
Michael Fitzgerald u. a. (Hg.), Mensch, Welt, Staat im Islam, Graz 1977; *K. Kreiser*, *W. Diem*, *H. G. Majer* (Hg.), Lexikon der Islamischen Welt. 3 Bde., Stuttgart 1974; *Ralf Elger* (Hg.), Kleines Islam-Lexikon. Geschichte, Alltag, Kultur, München 2001 (knappe präzise Darstellung); *Werner Ende/Udo Steinbach* (Hg.), Der Islam in der Gegenwart, München 1984 (Standardwerk), Die Welt des Islam zwischen Tradition und Fortschritt, Stuttgart 1986 (= Zeitschrift für Kulturaustausch 1985, 3 und 4; eine Reihe kürzerer Abhandlungen zu diversen Problemen); *Tilman Nagel*, Staat und Glaubensgemeinschaft im Islam. Geschichte der politischen Ordnungsvorstellungen der Muslime, Bd. 2, Vom Spätmittelalter bis zur Neuzeit, Zürich/München 1981 (gründlich orientierende Darstellung). – *Bernd Rill*, Kemal Atatürk. Mit Selbstzeugnissen und Bilddokumenten, Reinbek 1985 (solide einführende Information). *Udo Steinbach*, Die Türkei im 20. Jahrhundert, Bergisch-Gladbach 1996; – *N. R. Keddie/E. Hooglund* (Hg.), The Iranian revolution and the Islamic Republic, Boulder 1985. *Ruballah Humaini*, Der islamische Staat, Berlin 1983; *Bahman Nirumand/K. Daddjou*, Mit Gott für die Macht. Eine politische Biographie des Ayatollah Chomeini, Reinbek 1987; *Ervand Abrahamian*, Khomeinism. Essays an the Islamic Republic, Berkeley 1993.
– Die Arabische Revolution. *Nasser* über seine Politik, hg. und kommentiert von *Fritz René Allemann*, Frankfurt/M. 1958; *Jean Lacouture*, Nasser, Paris 1971; *N. Rejwan*, Nasserist Ideology. Its Exponents and Crisis, New York 1974; *F. Tachau* (Hg.), Political Elites and political Development in the Middle East, New York 1975; *Bassam Tibi*, Vom Gottesreich zum Nationalstaat. Islam und panarabischer Nationalismus, Frankfurt/M. 1987.
Jürgen Schwarz (Hg.), Der politische Islam. Intentionen und Wirkungen. Paderborn 1993; *Nazih Ayubi*, Political Islam. Religion and Politics in the Arab World, London 1994; *William Maley* (Hg.), Fundamentalism Reborn? Afghanistan and the Taliban, New York 1998; *Gudrun Krämer*, Gottes Staat als Republik. Reflexionen zeitgenössischer Muslime zu Islam, Menschenrechten und Demokratie, Baden-Baden 1999; *Albrecht Metzger*, Der Himmel ist für Gott, der Staat für uns. Islamismus zwischen Gewalt und Demokratie, Göttingen 2000; *Bassam Tibi*, Fundamentalismus im Islam. Eine Gefahr für den Weltfrieden? Darmstadt 2000; *Kai Hirschmann/Peter Gerhard* (Hg.), Terrorismus als weltweites Phänomen, Berlin

2000, darin S. 180–192: *Rolf Tophoven*, Osama bin Laden als neuer Typ des Terroristen; *Hans-Peter Raddatz*, Von Gott zu Allah? Christentum und Islam in der liberalen Fortschrittsgesellschaft, München 2001 (grundlegend); *Abel Theodor Khoury*, Der Islam und die westliche Welt. Religiöse und politische Grundfragen, Darmstadt 2002.

Die Verfasser des Buches

Hans Fenske, geboren 1936 in Geesthacht; Studium der Geschichte, der Politischen Wissenschaften und der Geographie in Tübingen und Freiburg, ab 1963 Wissenschaftlicher Assistent an der Hochschule für Verwaltungswissenschaften in Speyer; 1965 Dr. phil., 1971 Habilitation für Neue und Neueste Geschichte; 1973 Universitätsdozent und 1977–2001 Professor in Freiburg.
Hauptarbeitsgebiete: Deutsche Geschichte 1830–1918, Verfassungs- und Verwaltungsgeschichte des 19. und 20. Jahrhunderts, Geschichte des politischen Denkens, besonders im 19. Jahrhundert.

Dieter Mertens, geboren 1940 in Hildesheim, studierte Geschichte, Klassische Philologie und Philosophie in Münster und Freiburg; Promotion zum Dr. phil. und Habilitation in Freiburg; Lehrstuhlvertretung in Augsburg 1980/81; Heisenberg-Stipendium; 1984 ordentlicher Professor für Mittlere und Neuere Geschichte (mit Schwerpunkt Geschichtliche Landeskunde) in Tübingen, seit 1990 Professor für Mittlere und Neuere Geschichte in Freiburg.
Arbeiten zur Geistes- und Sozialgeschichte des Mittelalters und der Frühen Neuzeit.

Wolfgang Reinhard, geboren 1937 in Pforzheim; Studium der Geschichte, Anglistik und Geographie in Freiburg und Heidelberg; 1963–1966 in Schuldienst und Schulverwaltung; 1966–1973 Forschungsstipendien, bis 1970 in Rom; 1973 Habilitation für Neuere und Neueste Geschichte in Freiburg; 1973–1977 Lehrstuhlvertreter, Dozent und außerplanmäßiger Professor in Freiburg; 1977–1986 ordentlicher Professor für Geschichte der Frühen Neuzeit in Augsburg; 1985/86 Visiting Professor an der Emory University in Atlanta/USA; 1986 Professor für neuere und außereuropäische Geschichte in Augsburg, seit 1990 in Freiburg.
Forschungsgebiete: Europäische Geschichte des 16. und 17. Jahrhunderts, vor allem Zusammenhang zwischen Politischem System, Kirche und Gesellschaft sowie Geschichte der europäischen Expansion vom 15. Jahrhundert bis zur Gegenwart.

Klaus Rosen, geboren 1937 in Mannheim; 1966 Promotion zum Dr. phil.; 1970 zum Dr. litt. et phil. (Pretoria/Südafrika); 1974 Habilitation in Freiburg; 1977 Professor dortselbst; 1978–1982 ordentlicher Professor für Alte Geschichte in Eichstätt; seit 1982 ordentlicher Professor in Bonn.
Hauptforschungsgebiete: Geschichte der politischen Ideen in der Antike; Geschichte der Spätantike.

Personen- und Sachregister

Erich und Hildegard Bulitta

Wörterbuch der Synonyme und Antonyme

18000 Stichwörter mit
200000 Worterklärungen
Sinn- und sachverwandte Wörter und Begriffe
sowie deren Gegenteil und Bedeutungsvarianten

Band 15754

Ein hilfreiches Wörterbuch, das auf den Schreibtisch eines jeden gehört, der differenzierter mit der deutschen Sprache arbeitet! Die Wortgegensätze werden umfassend in den verschiedenen Bedeutungsvarianten aufgeführt und einander zugeordnet. Der Begriff der Antonyme ist dabei weit gefasst und bezieht auch Bereiche ein, auf die der Suchende nicht so leicht gekommen wäre. Auch werden schwierige, nicht sofort erkennbare Bedeutungsvarianten der Gegenwörter aufgeführt. Ob Redner, Schriftsteller, Wissenschaftler, Lehrer, Studenten, Schüler, Journalisten, Redakteure oder Texter – sie alle können mit Hilfe dieses Buches ihre Sprache bewusster und variationsreicher einsetzen, Kreativität beweisen. Das »Wörterbuch der Synonyme und Antonyme« gibt dem Benutzer Anregung, Hilfe und Unterstützung im täglichen Leben. Es verleiht Sicherheit im Umgang mit der deutschen Sprache und aktiviert den passiven Wortschatz.

Fischer Taschenbuch Verlag

fi 15754 / 1

Albert Hourani

Die Geschichte der arabischen Völker

Aus dem Englischen
von Manfred Ohl und Hans Sartoriusl

Band 15085

Albert Hourani, einer der ganz großen Orientalisten, erzählt die Geschichte der arabischen Völker vom frühen 7. Jahrhundert bis in die jüngste Vergangenheit und endet mit der Intifada der Palästinenser und dem Golfkrieg. Der Altmeister der Arabistik hat seine moderne Darstellung für ein breites Publikum geschrieben. Nicht umsonst wurde sein Werk in den Vereinigten Staaten, aber auch in der Bundesrepublik zum Bestseller. Hourani beschreibt plastisch und analysiert klug und originell das Entstehen der muslimischen Gemeinde mit ihren vielfältigen Aufspaltungen und Rivalitäten. Er zeigt, wie das islamische Großreich in einer stürmischen Aufbruchphase die arabische Halbinsel, den Nahen Osten, Nordafrika und einen großen Teil Spaniens erobert und beherrscht hat. Umfassend wird das osmanische Zeitalter seit dem 16. Jahrhundert dargestellt, dem das Aufkommen der Nationalstaaten nach dem Ersten Weltkrieg ein Ende bereitete.

Albert Houranis Werk ist eines der seltenen Beispiele von – wie dies ein amerikanischer Rezensent vermerkte – »guter alter erzählender Geschichtsschreibung«.

Fischer Taschenbuch Verlag

fi 15085 / 1

Paul Kennedy

Aufstieg und Fall der großen Mächte

Ökonomischer Wandel und militärischer Konflikt von 1500 bis 2000

Aus dem Englischen von Catharina Jurisch

Band 14968

Im sechzehnten Jahrhundert war es das Haus Habsburg, das nach der Vormacht in Europa strebte, im siebzehnten waren es die Könige Frankreichs, und im achtzehnten begann der Aufstieg Großbritanniens zur kolonialen Hegemonialmacht in der Welt. Im zwanzigsten Jahrhundert schlug Deutschlands kurze Stunde, ehe sich das bipolare System der letzten fünfzig Jahre herausbildete. Im ökonomischen und militärischen Wandel der Jahrhunderte spürte Kennedy einen gleichbleibenden Rhythmus auf: Aufstieg, Überdehnung, Erschöpfung, Abstieg – von den Habsburgern im 16. Jahrhundert bis zur UdSSR und den Vereinigten Staaten an der Schwelle zum 21. Jahrhundert. Kaum je ist ein Geschichtswerk so breit aufgenommen und diskutiert worden wie Kennedys »Aufstieg und Fall der großen Mächte«. Monatelang stand es an der Spitze der Bestsellerlisten der USA, Großbritanniens und Japans. Ausgelöst wurde dieses für ein historisches Werk sensationelle Interesse durch Kennedys geschichtlich untermauerte Prognosen: Er sagt den Abstieg Rußlands, der Vereinigten Staaten, den Aufstieg Chinas und Japans und unter bestimmten Bedingungen auch Europas voraus.

Fischer Taschenbuch Verlag

fi 14968 / 1